L'implicite et le contenu contractuel

Ali Zarrouk

L'implicite et le contenu contractuel

Étude de droit comparé :
droit français et droit tunisien

Préface de Philippe Delebecque

Avant-propos de Mohamed Kamel Charfeddine

L'HARMATTAN

5-7, rue de l'École-Polytechnique ; 75005 Paris

http://www.librairieharmattan.com
diffusion.harmattan@wanadoo.fr
harmattan1@wanadoo.fr

ISBN : 978-2-296-96253-8
EAN : 9782296962538

A mon frère Malek

A mes parents

A mon Ami Khaled Lamine dont la disparition m'a énormément attrristé

Préface

« Cela va sans dire, mais cela va mieux en le disant ». Le bons sens populaire aurait-il une fois encore raison ? L'implicite – le « cela va sans dire » – ne serait-il pas sur le même plan que l'explicite – « le cela va mieux en le disant » – ? Lorsqu'il s'agit d'apprécier le champ contractuel et de déterminer le contenu des droits et des obligations des parties, la volonté implicite n'aurait-elle pas le même poids que la volonté expresse ? On connaît ce débat entre la volonté interne et la volonté déclarée qui a longtemps agité la doctrine et l'on sait que dans cette dialectique, c'est la volonté affichée qui l'emporte. La sécurité juridique est à ce prix. La même prime à l'extériorisation s'impose-t-elle dans le clivage de l'implicite et de l'explicite qui ne recouvre pas exactement le précédent ? Ce n'est pas certain, dans la mesure où l'implicite ne se réduit pas à la volonté interne ou réelle. L'implicite est beaucoup plus riche et puise ses sources dans les usages et dans l'équité, dans ce qu'il est convenu d'appeler les « suites du contrat » (C. civ. art. 1135 ; Code tunisien des obligations et des contrats, art. 243). La volonté implicite reste ainsi déterminante dans la construction de l'équilibre contractuel et n'a pas à être minorée. On doit à l'implicite le comblement des lacunes de telle ou telle opération contractuelle et finalement tout le supplétif contractuel. On peut en convenir, mais en s'interrogeant immédiatement sur le fondement et les limites de l'implicite. C'est ce questionnement que Monsieur Zarrouk entreprend dans sa thèse de doctorat en cherchant sinon à valoriser l'implicite, du moins à le réhabiliter. C'est à cette recherche de l'implicite que Monsieur Zarrouk s'est livré en cheminant à travers toutes les périodes du contrat, en entrant dans le droit des contrats spéciaux et, surtout, en comparant sinon les différents systèmes juridiques, du moins les grandes législations, qu'il s'agisse du droit français, du droit tunisien et d'autres droits écrits. Faire parler l'implicite, tel est donc l'objet de la thèse. Ce n'était pas simple, car l'implicite n'est pas seulement la voix du juge, celle dans une large mesure de la raison, c'est aussi celle de l'expérience.

La première partie de la thèse est consacrée à l'implicite en tant qu'expression du contenu contractuel. L'auteur insiste alors sur deux thèmes essentiels : celui de la bonne foi qui est inhérente à l'idée même de contrat et celui de l'obligation fondamentale qui prolonge l'idée de cause. S'agissant de cette dernière obligation, l'observation de l'auteur est particulièrement pertinente. Certains ont à l'esprit ce litige entre un architecte et une association cultuelle. L'architecte devait construire une mosquée. La mosquée avait été cependant réalisée d'une manière pour le moins bizarre : on ne sait trop pourquoi ni comment, mais elle n'avait pas été orientée vers La Mecque. Pourtant, cela allait sans dire. La condamnation de l'architecte a malgré tout été discutée au regard de clauses et de stipulations prétendument obscures ou absentes. Pour autant, l'implicite commandait la solution. L'obligation fondamentale ne tombait-elle pas sous le sens, sinon sous la diligence la plus élémentaire attendue de tout contractant ? Sa violation ne faisait aucun doute.

La thèse ne cantonne toutefois pas l'implicite dans une simple mission de géomètre. L'implicite ne sert pas uniquement à cerner le périmètre naturel du contrat. C'est aussi un facteur d'enrichissement du contenu contractuel. C'est ce que nous dit Monsieur Zarrouk dans la seconde partie de sa thèse où il revient sur les différentes obligations intégrées dans le contrat par la jurisprudence et particulièrement sur les obligations de renseignement, d'information, de mise en garde, de conseil, d'assistance ou encore de sécurité dont il souligne le caractère nécessairement contractuel. L'idée d'efficacité mise en relief par l'auteur à travers cette seconde série d'analyses est très actuelle et reflète les évolutions contemporaines et les besoins d'une société toujours plus exigeante.

Monsieur Zarrouk n'oublie cependant pas d'évoquer les relations constantes que la pratique entretient avec les règles et les réponses juridiques. La clause de *dessaisine saisine*, un temps expresse et nécessairement expresse, n'est-elle pas devenue aujourd'hui implicite ? De même en est-il de la clause résolutoire toujours sous-entendue dans les contrats synallagmatiques (C. civ. art. 1184 ; C. tunisien, art. 273). Que dire aussi des usages qui complètent si utilement les conventions les plus informelles ? Mais bien d'autres développements encore retiendront l'attention du lecteur qui ne pourra qu'être séduit par la science et l'enthousiasme de l'auteur. Monsieur Zarrouk fait preuve tout au long de sa thèse d'une excellente maîtrise des grands arrêts de jurisprudence, des belles théories de la doctrine, et plus généralement des mécanismes les plus élaborés du droit des obligations. Mais au-delà de cette science, c'est sa culture générale, notamment littéraire, et son profond humanisme que nous voudrions saluer. C'est du reste ce sentiment qu'un jury unanime composé de M. Charfeddine, MEKKI, M., GRIMALDI, C., F.J. Pansier et le soussigné n'a pas hésité une seule seconde à partager, en accordant à la thèse que l'on est invité désormais à lire et à son brillant auteur, les plus hautes distinctions universitaires.

Philippe Delebecque
Professeur à l'Université de Paris-I (Panthéon-Sorbonne)

Avant-propos

Peut-on réduire un contrat à ses dispositions explicites ? La question ainsi posée parait aussi simple que la réponse qui s'impose : il est impossible de réduire le contenu contractuel aux seules stipulations explicites convenues par les parties. Il y a donc inévitablement, et à des degrés variables, une place indéniable à l'implicite dans tout contrat. Partant de ce constat, M. Ali Zarrouk a pu édifier une construction théorique assez dense pour répondre à la problématique suivante : quelle étendue et quelle fonction convient-il de reconnaître à l'implicite dans le champ obligatoire du contrat ? L'auteur soutient que l'implicite est un mode de perfectionnement du contenu contractuel. C'est dire que le non écrit dans un contrat est aussi important que ce qui y est exprimé. L'exploration par l'auteur des zones de l'implicite, lui permet d'atteindre les confins du contenu contractuel et de présenter les deux facettes du perfectionnement atteint grâce au recours à l'implicite. Intrinsèquement, l'implicite apparaît comme un révélateur du fond caché du contrat. Les notions de bonne foi, de bon sens, d'économie générale du contrat, non exprimées explicitement par les parties, apparaissent parfaitement fédérées par le recours à l'implicite. Celui-ci leur donne, ainsi, une expression, une place importante et parfois déterminante dans le contenu contractuel. Extrinsèquement, l'implicite s'avère un instrument efficace d'enrichissement du contenu contractuel par le développement d'une pléiade d'obligations utiles et efficaces, telles les obligations de conseil ou de sécurité. Ainsi l'auteur a-t-il pu cerner la place, la fonction, le fondement et les limites de l'implicite dans le champ contractuel.

Mais, il faut reconnaître que tout résumé est, par essence, réducteur et il n'est point aisé de rendre compte en quelques lignes de toute la richesse d'une thèse qui s'est voulue une vaste exploration comparative de deux systèmes juridiques. Le Code des Obligations et des Contrats de 1906, est l'un des descendants du Code Civil de 1804. La similitude de deux systèmes juridiques est bien connue mais ce constat n'efface guère les singularités du code tunisien dont les sources s'étendent également au droit musulman, au droit allemand et au droit suisse. Dans cette perspective, l'apport jurisprudentiel bâti sur la base des articles fondateurs de la théorie générale du contrat aussi bien en droit français qu'en droit tunisien, a été examiné avec soin et précision. Des enseignements riches ont été dégagés de l'étude comparative ainsi menée.

Il est difficile de conclure la présentation de la thèse sans signaler, même en un éclair, deux mérites indéniables de son auteur : la rigueur et la persévérance.

Mohamed Kamel CHARFEDDINE

Professeur à la Faculté de Droit et des Sciences Politiques de Tunis

Sommaire

Introduction

1. Dans le roman de Stendhal, *La Chartreuse de Parme*, une discussion entre Fabrice et Cécile, les protagonistes, paraît intéressante. Si son père est sauvé d'une tentative d'empoisonnement, Cécile a promis à la Madone de ne plus voir Fabrice. Toutefois son cœur ne la suit pas, et elle décide de rencontrer Fabrice en pleine obscurité, elle l'entend mais ne le voit pas. Ce dernier profite de cette faiblesse et demande à la voir. Cécile refuse en affirmant : « c'est déjà beaucoup que, par une interprétation forcée et sans doute criminelle, je consens à vous entendre… Je ne puis te parler qu'un instant, car c'est sans doute un grand péché ; et lorsque j'ai promis de ne te voir jamais, sans doute j'entendrais aussi promettre de ne te point parler »[1]. De cette discussion jaillit l'idée de l'implicite. L'interprétation faite par la jeune femme sur l'étendue de son serment est-elle soutenable ? Toutes ces questions ne peuvent être résolues que par une analyse de l'implicite. Cette notion apparaît d'emblée concernant essentiellement le domaine littéraire et linguistique[2]. Cependant, en matière de droit, où il est souvent conseillé d'être succinct et laconique, l'implicite est censé revêtir une grande importance. Celle-ci atteint son paroxysme en matière contractuelle où les contrats sont souvent conclus en très peu de mots, voire verbalement.
En concluant un contrat en peu de mots, on l'expose parfois au risque de l'adjonction de ce qui y est implicite. Ce risque est complètement opposé à celui provenant le bouleversement des circonstances entourant son exécution, souvent étudié dans le cadre de la théorie de l'imprévision[3]. Le risque de l'adjonction de

---

[1] Stendhal, La Chartreuse de Parme, édition de Mariella Di Maio, Collection Folio Classique, éd. Gallimard 2008, p. 575.
[2] C. Kerbat-Orecchioni, L'implicite, éd. A. Colin 1986.
[3] Consulter sur ce point surtout : P. Voirin, De l'imprévision dans les rapports de droit privé, thèse Nancy 1922 ; E. de Gaudin De Lagrange, La crise du contrat et le rôle du juge, thèse Montpellier 1935 ; Le rôle du juge en présence des problèmes économiques, Travaux de l'association Henri Capitant, t. XXII 1970 ; STOFFEL-MUNCK, Ph., Regards sur la théorie de l'imprévision : vers une souplesse contractuelle en droit privé français contemporain, éd. PUAM 1994 ; L. Gryubaum, Le contrat contingent : l'adaptation du contrat par le juge sur habilitation du législateur, LGDJ 2004 ; MAZEAUD, D., Le juge et le contrat : variation optimiste sur un couple illégitime, Mélanges J. -L Aubert, éd. Dalloz 2005, p.235 ; FAUVARQUE-COSSON, B., RDC. janvier 2004, p.67 ; AYNES, L., L'imprévision en droit privé, revue de la jurisprudence commerciale 2005, p. 397 ; CATALA, P., La renégociation des contrats, *In* Mélanges DIDIER, P., éd. Economica 2008, p. 91 ; LEQUETTE, Y., De l'efficacité des clauses de Hardship, In Liber Amicorum LARROUMET, Ch., éd. Economica 2010, p. 267. En droit tunisien : voir surtout : MEZGHANI, A., Le cadre juridique des relations commerciales internationales de la Tunisie, éd. Imprimerie Officielle de la Tunisie 1981, p. 335 et s ; ZINE, M., Théorie générale des obligations, éd. Cérès 1997, n° 333, p. 246 (en Arabe) ; MAHFOUD, M., Théorie générale des obligations, Acte unilatéral, Contrat et Responsabilité civile, Publications du Centre d'études Juridiques et Judiciaires, éd. Orbis 2008, p. 138, n° 188 (en Arabe) ; JERBI, S., L'interprétation du contrat (en arabe), thèse Tunis, éd. CPU 2000, p. 575, n° 428 ; CABRILLAC, R. et BEN FADHEL, O., Introduction au droit des affaires, Abrégé de droit tunisien des obligations contractuelles, éd. CPU

l'implicite ne provient pas de l'extérieur, il est déduit de la nature intrinsèque du contrat et de ses éléments intérieurs. Les prévisions des parties, quant à l'étendue de leur engagement, seront ainsi déjouées à la suite d'un développement inattendu du contenu du contrat ; le contrat prendra alors plus d'ampleur que prévu. Il en est ainsi lorsque les parties, après avoir signé leur accord et avoir cru recenser, définitivement, les obligations qu'il produit, se voient tenues de nouvelles obligations qui ne puisent pas leur origine dans leurs volontés exprimées lors de la conclusion. Le contrat, qui était à leurs yeux hermétiquement fermé, ferait objet d'ajout et d'addition au nom de plusieurs idées et valeurs.

Tel est aussi le cas lorsque les parties se trouvent en désaccord sur le contenu exact de leur convention ou précisément sur le fait qu'une telle obligation ou telle autre fait ou non partie de leur accord. L'une d'elles peut défendre son extranéité du contenu du contrat puisqu'elle n'était pas explicitement exprimée. L'autre partie, à l'inverse de la première, peut soutenir qu'une telle obligation, vu son importance, est incluse dans le contrat sans qu'il soit nécessaire de l'exprimer formellement ; elle est de toute évidence dans le contrat[1]. Dans ce même ordre d'idées, un auteur a précisé : « il y a une latence de nombre des obligations enfouies à l'intérieur de tout contrat lesquelles font surface lorsqu'il en est besoin »[2].

2. Il apparaît ainsi que tout contrat contient un volet caché, discret, qui ne rebondit qu'au moment opportun. Ce volet *discret*, lorsqu'il est mis en lumière, ne serait-il pas de nature à déstabiliser le contenu du contrat de la même manière que s'il s'agissait d'un événement imprévu, sauf qu'il est intrinsèque, étant issu des profondeurs du contrat par rapport à l'autre qui est, quant à lui, extrinsèque ? Le volet caché du contrat dont parlait Gérard Lyon-Caen, n'est autre que ***l'implicite*** dans le contenu contractuel. Cet implicite n'est pas visible dans le contrat de façon aisée, mais il en constitue indubitablement une partie intégrante et non négligeable.

3. D'un point de vue étymologique, ***l'implicite*** est ce « qui est virtuellement contenu dans une proposition, un fait, sans être formellement exprimé, et peut en être tiré par déduction, induction »[3]. Selon le dictionnaire Le Petit Robert, l'implicite est « ce qui est sous-entendu, non formulé, présupposé ». Il est synonyme du « non-dit »[4].

2006, p. 165, n° 200 ; BEN AÏCHA, N., La révision du contrat pour exorbitance : développements récents, *In* Mélanges M.-L. Hachem éd. CPU 2006, p. 166.

[1] LYON-CAEN, G., L'obligation implicite, APD, t. 44, 2002, p.109.

[2] LYON-CAEN, G., art. cit, p. 109.

[3] Définition donnée par le dictionnaire Le Petit Robert de la langue française « mots », éd. 2007.

[4] Le Petit Robert de la langue française « mots » éd. 2007 précité.

Selon Le vocabulaire juridique de l'Association Henri Capitant, l'implicite est ce « qui est impliqué en l'absence de toute volonté exprimée par la nature d'un acte ou d'un comportement (et parfois en vertu de la loi ou des usages) en sorte que l'on peut admettre l'existence, en dépit de ce silence, du fait de l'acte ou du comportement »[1].

Quant au terme « impliqué » qui paraît avoir le même sens ou presque que le terme implicite[2], il signifie, dans l'une de ses éventuelles significations, « entraîner comme conséquence »[3]. Il semble ainsi que l'implicite est tout d'abord ce qui n'est pas dit expressément dans le contrat, mais qui y est impliqué ; les parties l'estiment comme allant de soi sans besoin de le dire d'une façon expresse. L'implicite est également ce qui est impliqué ou déduit de la nature de l'acte ou de l'opération envisagée par les parties, même si elles n'y ont fait ni attention ni allusion. Gérard Lyon-Caen souligne à cet égard que l'implicite est ce qui « n'est pas formellement ou explicitement énoncé dans le texte écrit du contrat »[4]. De ce fait, on en déduit que tout acte ou contrat contient deux volets : un volet exprimé explicité par les parties et un autre non-dit, sous-entendu et discret, les deux formant un tout indissociable qui est le contenu de l'acte ou de l'opération voulue par les parties contractantes. L'implicite s'avère être ainsi un complément de l'accord explicité par les parties et qui partage avec lui un même objectif : celui de réaliser l'opération ou le *projet contractuel*[5] escompté par les parties contractantes. L'un ne peut pas aller sans l'autre sinon le contrat risque de se voir amputé et tronqué.

4. Au niveau des textes, l'implicite n'est pas complètement inconnu. Sur le plan international, certains textes accordent à l'implicite une importance capitale au point de le rendre source des obligations[6]. Tel est le cas de l'article 6-102 des Principes Européens du Droit des Contrats qui dispose qu'« en plus des clauses expresses, un contrat peut contenir des clauses implicites »[7]. L'article 5-1 des principes d'Unidroit énonce à son tour que « les obligations contractuelles des

---

[1] Vocabulaire juridique, Association Henri Capitant, sous la direction de Gérard Cornu, éd. Presse Universitaire de France, 8e éd., 2002.
[2] Certains auteurs soutiennent l'existence d'une différence entre le terme implicite et impliqué, voir à ce propos essentiellement : JACQUES, Ph., Regards sur l'article 1135 du Code civil, éd. Dalloz, 2005, n°104, p. 207.
[3] Le Petit Robert de la langue française « mots », éd. 2007 précité.
[4] LYON-CAEN, G., art. préc., p.109.
[5] ROUVIERE, F., Le contenu du contrat : essai sur la notion d'exécution, éd. Presse Universitaire Aix-Marseille, 2005, n°105 p. 101.
[6] Certains auteurs ont même envisagé une possibilité de forger une théorie générale des obligations complétives déduites d'une volonté implicite dans un contrat ou dans d'autres sources peu ou prou objectives. Voir dans ce sens : JACQUES, Ph., Regards sur l'article 1135 de Code civil, éd. Dalloz. 2005, p 707 et s.
[7] Pour une étude sur le droit européen des contrats voir surtout : C. Prieto (direction), Regards croisés sur les principes de droit européen des contrats et sur le droit français, éd. PUAM 2003.

parties sont expresses ou implicites »[1]. Une conscience de l'implicite et de son importance ne cesse donc de s'accroître, surtout sur la scène internationale ; mais qu'en est-il des législations internes, en l'occurrence des législations françaises et tunisiennes ?
Au niveau du droit comparé, l'implicite revêt également une importance particulière en droit anglo-saxon où il prend l'appellation de *implied terms*[2]. Cette importance, trouve sa justification dans le caractère moins formaliste du droit anglais, et ce malgré le fait que ce caractère n'est plus aussi net qu'auparavant du fait que le droit anglais commence à être formaliste[3].
En droit anglais, souvent, l'on distingue trois sortes de clauses implicites[4]. Les clauses implicites qui résultent de volonté des parties souvent dites « Terms Implied in Fact ». Il y a aussi les clauses implicites impliquées par les usages « Custom or Usage ». La dernière catégorie est celle des clauses impliquées par la loi « Terms Implied in Law ».

5. Le droit français n'ignore pas l'implicite. Plusieurs articles y font référence directement ou indirectement. Qui plus est, certains articles du Code civil ont des histoires particulièrement liées à l'idée de l'implicite. Parmi les articles souvent cités en droit français, et incarnant une importance incontestable pour cette étude, on trouve l'article 1135 du Code civil qui dispose : « les conventions obligent non seulement à ce qui est exprimé, mais encore à toutes les suites que l'équité, l'usage ou la loi donnent à l'obligation d'après sa

---

[1] Pour une étude sur les principes d'Unidroit consulter : International institue for Unification of Private Law, Unidroit Principles of international commercial contracts Rome 2004 ; G. Gregory Letterman, Unidroit's Rules in Practice, Standard international Contracts and Applicable Rules, éd. Kluwer Law 2001 ; DEUMIER, P., Les Principes d'Unidroit ont dix ans: bilan en demi teinte, RDC 2004, p. 774. Pour la relation entre le droit tunisien et les principes d'Unidroit voir surtout : S. Kammoun, Problématique pour un Etat émergent, la Tunisie et les principes d'Unidroit relatifs aux contrats de commerce international, *In* La codification du droit des affaires en Tunisie (acte de colloque organisé à Tunis le 14-15 décembre 2007), RJL février 2008, p. 99.

[2] DAVID, R., Les contrats en droit anglais, par D. Pugsley avec la collaboration de F. Givart de Kerstrat, éd. LGDJ 1985, n° 365 et s, p. 264 et s ; O. Motéreau, Droit anglais des affaires, éd. Dalloz 2000 ; P.-S. Atiyah, An introduction to the law of the contract, Clarendon press, Oxford, 1985. Voir aussi : Chitty on contracts, Volume I, General principals, 39th Edition, Sweet & Maxwell 2004, p. 773, n° 13-001 ; MCKENDRICK, E., Contract law, Text, Cases and Materials, éd. Oxford University 2005, p. 370 ; TREITEL, G. H., The law of the contract, Sweet & Maxwell 2003, p. 201.

[3] DAVID, R., Les contrats en droit anglais, op. cit., n° 365 et s, p. 264 et s ; BOSCO, D., Obligations implicites *In* Regards croisés sur les principes du droit européen du contrat et sur le droit français, éd. Presse Universitaire d'Aix-Marseille 2003, p. 325.

[4] Voir sur ce point surtout : TREITEL, G. H., The law of the contract, Sweet & Maxwell 2003, p. 201. Cet auteur souligne : « Implied terms may be divided into three main groups. The first consists of terms implied in fact, that is, terms which were not expressly set in the contract, but which the parties must have intended to included. The second consists of terms implied in law that is, terms imported by operation of law, although the parties may not have intended to include them. The third consists of terms implied by custom ».Voir également : P. S. Atiyah, An introduction to the Law of Contract, Clarendon Press. Oxford, 5th 1995, p. 201.

nature ». Une référence à l'implicite apparaît, même si ce n'est que d'une façon non expresse. L'implicite n'est autre que ce qui n'est pas exprimé dans une convention ou un accord, et qui trouve sa source dans le *triptyque*, la loi, les usages ou l'équité. De plus, une telle référence est ancienne, puisqu'elle remonte à 1804, année de la promulgation du Code civil. La référence à l'implicite siège donc en droit français, plus particulièrement dans l'article 1135, et toute étude relative à ce sujet doit obligatoirement passer par ledit article. Le professeur Jacques Mestre l'a signalé à juste titre : « l'article 1135 amène à quitter le domaine exprimé pour atteindre celui de l'implicite»[1].
Aux termes de cet article, l'on doit adjoindre au contenu du contrat des suites, même si elles ne sont pas exprimées, du moment qu'elles puisent leur fondement dans l'équité, l'usage ou la loi et qu'elles sont justifiées par la nature même de l'obligation visée par les parties contractantes.

6. Par ailleurs, quand on parle de l'implicite, l'article 1184 du Code civil relatif à la condition résolutoire « sous-entendue » est automatiquement évoqué. Les termes sont ici plus explicites : « la condition résolutoire est toujours sous-entendue dans les contrats synallagmatiques, pour le cas où l'une des deux parties ne satisfera point à son engagement »[2]. Selon cet article, tout contrat synallagmatique est assorti d'une clause implicite de résolution qui surgit en cas d'inexécution d'engagements. L'exécution par un contractant de ses obligations est conditionnée implicitement par l'exécution de l'autre contractant des siennes[3]. L'inexécution fausse une réciprocité essentielle pour les contrats synallagmatiques. Cette condition sous-entendue de résolution fait partie du contenu du contrat même en l'absence de volonté explicite des parties. Elle s'ajoute au contenu explicite de la convention.
En effet, l'idée d'une clause implicite de résolution, même maintenue par le Code civil, trouve des justifications purement historiques[4]. En droit romain, « les contrats synallagmatiques ou non, n'étaient point sujets, en principe et d'eux-mêmes, à la résolution pour inexécution des obligations ; mais la pratique apparut et se développa d'introduire dans certaines conventions synallagmatiques, notamment dans la vente à crédit, une clause dite lex

---

[1] MESTRE, J., Observation sous com. 19 décembre 1989, RTD civ 1990, p. 649 spéc. p. 651.
[2] Voir sur ce point surtout : TALLON, D., L'article 1184 du code civil : un texte à rénover ? *In* Clés pour le siècle, Dalloz 2000, p. 253 ; GENICON, T., , La résolution du contrat pour inexécution, LGDJ 2007.
[3] GENICON, T., , La résolution du contrat pour inexécution, LGDJ 2007, p. 70, n° 94. Voir aussi : J. Borricand, La clause résolutoire expresse dans les contrats, RTD civ. 1957, p. 433, spéc. p. 435, n° 5. C'est une application de l'adage : *Frangenti fidem, non est fides servanda (à celui qui rompt la foi, la foi n'est plus due).* Voir sur ce point : TERRE, F., SIMLER, Ph. et LEQUETTE, Y., Droit civil, Les obligations, éd. Dalloz 2009, p. 652, n° 644.
[4] Voir à ce sujet essentiellement : G. Boyer, Recherches historiques sur la résolution des contrats (origines de l'article 1184 C.civ), thèse Toulouse 1924. Voir également : J.-Ph. Lévy et A. Castaldo, Histoire du droit civil, éd. Dalloz 2002, p. 746, n° 503.

commissoria, en vertu de laquelle le contrat serait résolu de plein droit faute de paiement des prix »[1]. Ce n'est qu'avec le droit canonique et l'ancien droit que les idées de généralisation[2] de cette clause résolutoire et celle de son implication d'office n'ont été adoptées. Domat, puis Pothier ont défendu l'idée d'une clause résolutoire sous-entendue[3], ce qui signifie que la résolution pour inexécution peut être demandée, même en l'absence de clause expresse[4]. L'article 1184 du Code civil faisant allusion à la clause implicite de résolution doit être appréhendé dans ce cadre historique[5]. Un écho favorable à la clause résolutoire implicite est également vérifiable à travers l'article 1654 du Code civil qui dispose : « si l'acheteur ne paye pas le prix, le vendeur peut demander la résolution de la vente ».

Toutefois, la clause sous-entendue de résolution n'est pas toujours valable[6]. Dans certains cas, le Code civil l'exclut. Dans ces hypothèses, la résolution ne peut être qu'expresse, elle ne ressort plus du domaine de l'implicite[7]. C'est le cas par exemple de l'article 1978 du Code civil sur le contrat de rente viagère[8].

---

[1] JOSSERAND, L.,Cours de droit civil positif français, t2,éd. Sirey 1939, p. 207, n° 375. Voir également sur ce point : J.-Ph. Lévy et A. Castaldo, Histoire du droit civil, éd. Dalloz 2002, p. 746, n°503.

[2] En droit romain, la résolution n'est envisageable que pour le contrat de louage « où le caractère successif des prestations rend plus sensible la corrélation des obligations » (PLANIOL, M. et RIPERT, G., Traité pratique de droit civil français, t4 Obligations, éd. LGDJ 1952, p. 570, n° 420).

[3] TERRE, F., SIMLER, Ph. et LEQUETTE, Y., Droit civil, Les obligations, éd. Dalloz 2009, p. 652, n° 644.

[4] PLANIOL, M. et RIPERT, G., Traité pratique de droit civil français, t4 Obligations, éd. LGDJ 1952, p. 571, n° 420. Voir également sur ce point : DEMOLOMBE, Ch.Traité des contrats ou des obligations conventionnelles en général, Tome 2, éd. Durand et Hachette, Paris 1871, p. 461 et s, n° 482 et s. Demolombe a cité dans ces passages Grenier : « de tout temps, il a été de principe que la condition résolutoire est toujours sous-entendue dans les contrats synallagmatiques, en cas d'inexécution des conventions » (Grenier, Traité des privilèges et des hypothèques, Tome I, n° 379).

[5] TERRE, F., SIMLER, Ph. et LEQUETTE, Y., Droit civil, Les obligations, éd. Dalloz 2009, p. 652, n° 644.

[6] Voir surtout : Résiliation du bail commercial pour défaut d'exploitation : la clause résolutoire s'impose, RLDC 2009, n°64. (Il s'agit en fait d'un commentaire de deux arrêts de la Cour de cassation défavorable à la condition résolutoire implicite en cas de non exploitation du fonds de commerce (cass. 3e civ., 10 juin 2009, n° 08-14.422, P+B ; cass. 3e civ., 10 juin 2009, n° 10 juin 2009, n° 07-18.618, P+B).

[7] La jurisprudence française est favorable à la validité des clauses de résolutions introduites dans les contrats de rente viagère : Cass. Civ. 24 juin1913, DP 1917, I, p. 38 ; Lyon, 1er juin 1972, GP 1972, 2, p. 873 ; Cass. 1re civ., 3 novembre 1965, Bull. civ. I, n° 585, p. 443 ; Cass. 1re civ., 6 janvier 1987, Bull. civ. I, n° 6, p. 5 ; Cass. 3e civ., 10 novembre 1992, JCP 1993, II, 22136, note Enama.

[8] Art. 1978 du C. civ. : « le seule défaut de payement des arrérages de la rente n'autorise point celui en faveur de qui elle est constituée, à demander le remboursement du capital, ou à rentrer dans le fonds par lui aliéné... ». Voir également sur ce point : PLANIOL, M. et RIPERT, G., Traité pratique de droit civil français, t4 Obligations, éd. LGDJ 1952, p. 573, n° 422.

L'histoire de la condition de résolution résume parfaitement le chemin parcouru par l'implicite. Cette condition a commencé en droit romain comme explicite, devant être expressément exigée, c'est l'idée de *lex commissoria* qui le prouve. Ensuite, sous les auspices des canonistes, elle quitte le contenu explicite des contrats, pour se rallier à l'implicite en devenant sous-entendue dans les contrats de vente. Dans une dernière étape, c'est sa généralisation qui est posée ; elle devient valable pour tous les contrats et non cantonnée au contrat de vente. Le Code civil consacre cette règle pour les contrats synallagmatiques à travers l'article 1184, et à travers l'article 1654 pour le contrat de vente[1]. Dans les deux cas, la condition résolutoire est présumée.
La marge laissée à l'implicite s'est élargie suite à cette évolution. On implique dans un contrat, tout ce qui fait la suite naturelle de ce qui est exprimé, mais également la condition implicite de résolution, clause qui accorde au contractant la possibilité de demander la dissolution de son contrat.

7. Il est utile de citer dans ce cadre la clause dite de *dessaisine-saisine*[2]. En droit romain, il existait une dissociation entre le contrat de vente et le transfert de propriété[3]. Le vendeur était obligé, afin d'assurer le transfert de propriété de la chose vendue, de signer un acte distinct s'ajoutant à la vente[4]. Le contrat de vente ne produisait pas de lui-même un transfert de propriété[5]. Afin d'éviter cette dissociation, et en vue d'assurer un transfert immédiat de la propriété, une pratique a été poursuivie permettant d'insérer dans le contrat de vente une clause sur le transfert de propriété dite clause de dessaisine-saisine[6] ; « le vendeur déclarait se dessaisir de la chose vendue « de droit et à l'instant »[7], ce

---

[1] Art. 1654 C. civ. « si l'acheteur ne paye pas le prix, le vendeur peut demander la résolution ».

[2] Le mot « saisine », d'origine germanique, est souvent utilisé pour désigner la propriété et la possession. Voir sur ce point : HALPERIN, J.-L., Histoire du droit des biens, éd. Economica 2008, p. 69 : « d'origine germanique, la saisine a remplacé pendant plusieurs siècles les notions romaines de propriété et de possession. Les textes de chartes, des coutumiers et des arrêts de Parlement affirment que le seigneur, le vassal, le tenancier roturier ou le crédirentiers a la saisine d'un bien ou qu'il en est saisi».

[3] J.-Ph. Lévy et A. Castaldo, Histoire du droit civil, éd. Dalloz 2002, p. 730, n° 493. Voir également sur ce point : P.-F. Girard, Manuel élémentaire de droit romain (Réédition présentée par J.-Ph. Lévy), éd. Dalloz, 2003, p. 319 ; R. Robaye, Le droit romain, Tome 1, Sources du droit-Personnes-Successions-Biens, éd. Bruylant 2001, p. 184.

[4] Ph. Malaurie, L. Aynès et P.-Y. Gautier, Les contrats spéciaux, éd. Defrénois 2009, p. 162, n° 252 ; P.-H. Antonmattei et J. Raynard, Droit civil, Contrats spéciaux, éd. Litec 2008, p. 126-127, n° 155.

[5] R. Robaye, Le droit romain, Tome 1, Sources du droit-Personnes-Successions-Biens, éd. Bruylant 2001, p. 179.

[6] R. Aubenas, Cours d'histoire du droit privé, Tome V, Contrats et obligations d'après les actes de la pratique, éd. La pensée universitaire 1956, p.54. L'auteur cite un exemple de clause de dessaisine-saisine pratiquée au XVIe siècle : « le vendeur déclare se dessaisir de la chose et en investir l'acheteur ».

[7] Ph. Malaurie, L. Aynès et P.-Y. Gautier, Les contrats spéciaux, éd. Defrénois 2009, p. 162, n° 252.

qui permettait de ne pas recourir à l'acte d'*ensaisinement* par le seigneur foncier[1]. Le transfert de propriété s'opère ainsi en se passant de tout acte matériel, de toute tradition même[2]. Cette clause devient ensuite une clause de style[3]. Dans ce même ordre d'idées, un arrêt du Parlement de Province du 8 octobre 1635 a décidé qu'il n'était pas nécessaire que l'acte de vente renfermât ces clauses de style par lesquelles le vendeur déclare qu'il s'est démis de la propriété et en a investi l'acheteur[4]. Domat considère que cette clause doit être réputée sous-entendue[5].
Le Code civil, en abandonnant cette dissociation entre l'acte de vente et le transfert de propriété, se contente de prendre acte de cette évolution[6], sinon de la parachever[7]. Le transfert de propriété se réalise par le seul effet du contrat sans nécessité de le mentionner. Il s'avère dès lors que le transfert de propriété qui a commencé explicite, expressément exigé, non immédiatement né du contrat, devient implicite dans le contrat de vente, sans nécessité de l'exiger expressément. Dès lors, le domaine de l'implicite s'enrichit et prend de l'ampleur.

8. Dans ce même contexte, la clause *rebus sic stantibus* peut également être citée. La différence entre cette clause et les clauses de résolution ou de dessaisine-saine ce qu'elle n'a pas été adoptée par le Code civil de façon expresse, son application est souvent analysée comme une conséquence de l'exécution de bonne foi des contrats. Elle est souvent évoquée en même temps avec la condition résolutoire implicite. L'existence sous-entendue de ces clauses peut être justifiée par l'idée de bonne foi[8].

---

[1] J.-Ph. Lévy et A. Castaldo, Histoire du droit civil, éd. Dalloz 2002, p. 730, n° 493.
[2] J.-Ph. Lévy et A. Castaldo, Histoire du droit civil, éd. Dalloz 2002, p. 730, n° 493.
[3] F. Collart Dutilleul et DELEBECQUE, Ph., Contrats civils et commerciaux, éd. Dalloz 2007, p. 175, n° 186.
[4] Cet arrêt est cité par : R. Aubenas, Cours d'histoire du droit privé, Tome V, Contrats et obligations d'après les actes de la pratique, éd. La pensée universitaire 1956, p.61.
[5] Cité par : P.-H. Antonmattei et J. Raynard, Droit civil, Contrats spéciaux, éd. Litec 2008, p.127, n° 155. Pour une étude détaillée sur cette clause et l'évolution qu'a connue le contrat de vente du droit romain jusqu'à la promulgation du Code civil voir surtout : VIOLLET, P., Histoire du droit civil français, éd. Société du Recueil Général des Lois et des Arrêts, Paris 1905, p. 650, n° 604 et spéc. p. 655, n° 609 où l'auteur a parlé de la clause de *dessaisine-saisine*.
[6] F. Collart Dutilleul et DELEBECQUE, Ph., Contrats civils et commerciaux, éd. Dalloz 2007, p. 175, n° 186.
[7] P.-H. Antonmattei et J. Raynard, Droit civil, Contrats spéciaux, éd. Litec 2008, p. 126-127, n° 155.
[8] G. Ripert traite les deux questions ensemble. Voir ici : G. Ripert, La règle morale dans les obligations civiles, éd. LGDJ 1949, n° 76, p. 132-133. Cet auteur justifie le caractère tacite de la condition résolutoire par des idées qui sont également valables pour la clause rebus sic stantibus : « qu'on fasse de la résolution judiciaire une application de la théorie de la cause, qu'on y voie une manifestation du principe d'équivalence des prestations dans le contrat, ses fins pratiques et son exécution de bonne foi, l'idée profonde est toujours la même : le contrat était respectable quant il a été conclu, parce qu'il répondait à des fins légitimes ; postérieurement à sa conclusion il a été

La clause *rebus sic stantibus* est souvent présentée comme une atténuation de la règle *pacte sunt servanda*. Cette clause permettant d'infléchir la rigueur des stipulations contractuelles est, selon une frange de la doctrine française, sous-jacente dans tout contrat[1]. « Bartole disait que dans tout contrat il faut supposer la clause rebus sic stantibus, c'est-à-dire supposer que les parties n'ont entendu maintenir le contrat que si les circonstances ne changent pas »[2].
Il s'avère ainsi que la notion d'implicite n'est pas inconnue du droit français, plusieurs règles du Code civil y font allusion. Toutefois, pour bien cerner sa place, il faut remonter aux sources matérielles du Code civil. En recherchant le particularisme de l'implicite en droit français, l'on ne fait que dévoiler l'histoire particulière de certains textes et clauses. Etudier l'implicite dans les contrats, c'est se replonger dans les sources du droit français. C'est également retracer l'histoire spéciale de certaines règles adoptées par le Code civil français. Finalement, discuter de l'implicite en droit français, c'est se livrer à un « exercice d'archéologie juridique »[3] où une fouille dans les vestiges du passé est indispensable.

9. Le droit tunisien n'est pas très loin de son homologue français. L'implicite occupe une place avérée à travers toute la législation tunisienne. Plusieurs articles du Code des obligations et des contrats le citent directement ou indirectement. L'article 243 dudit code, contenant les mêmes dispositions que l'article 1135, ou presque, apparaît le plus important[4].

---

déséquilibré soit par la faute de l'une des parties, soit par un événement purement fortuit ; exécuter ce contrat boiteux serait singulièrement immoral ; il faut que le juge puisse en contrôler et, par conséquent, en refuser l'exécution ». Ce rapprochement est également vérifiable chez d'autres auteurs qui l'avouent d'une façon explicite. Voir surtout : R. Cassin, Réflexions sur la résolution judiciaire des contrats pour inexécution, RTD civ. 1945, p. 159, spéc. p. 168. La morale s'avère un fondement valable pour les deux clauses.

[1] Voir surtout : A. P. Caviadès, De la clause *rebus sic stantibus* à la clause de révision dans les conventions internationales, RCADI, 1966, T 2, p. 173 ; J. B. Witton, La règle *pacta sunt servanda*, RCADI, 1924, T3, p. 151.

[2] Cité par : G. Ripert, La règle morale dans les obligations civiles, éd. LGDJ 1949, p. 144, n° 82. Pour une étude historique de cette clause et du problème de l'imprévision consulter : DEROUSSIN, D., Histoire du droit des obligations, éd. Economica 2007, p. 477 et s.

[3] D. Ferrier, Préface de la thèse de Mme MOULY-GUILLEMAUD, C., Retour sur l'article 1135 du Code civil : une nouvelle source du contenu contractuel, thèse Montpellier 2005, éd. LGDJ 2006, op. cit. (l'auteur parle en réalité de l'article 1135 du C. civ). A. Bénabent souligne dans ce sens que « le code civil est un peu comme le sol égyptien : on a beau le retourner de toutes parts depuis bien longtemps, on y fait toujours des découvertes nouvelles alors même que son bicentenaire approche à grands pas », Rapport français, *In* La bonne foi, Travaux de l'Association H. Capitant (TAHC), 1992, p. 291.

[4] MAHFOUD, M., Théorie générale des obligations, Acte unilatéral, Contrat et Responsabilité civile, Publications du Centre d'études Juridiques et Judiciaires, éd. Orbis 2008, p. 135, n° 185. L'auteur précise que l'article 243 est une transcription littérale de l'article 1135 du Code civil. Le Code des obligations et des contrats fait aussi référence à l'implicite dans l'article 1049 *in limine* qui énonce que « Le dépôt est essentiellement gratuit. Toutefois, le dépositaire a droit à un salaire,

Ledit article, datant de 1906, année de la promulgation du Code des obligations et des contrats, dispose que « Tout engagement doit être exécuté de bonne foi, et oblige, non seulement à ce qui y est exprimé, mais aussi à toutes les suites que la loi, l'usage ou l'équité donnent à l'obligation d'après sa nature ». Une observation se dégage d'emblée : l'article 243, contrairement à l'article 1135 du Code civil, associe l'exigence de l'exécution du contrat de bonne foi à l'article déterminant les obligations implicites qui doivent être jointes au contenu du contrat.

Sur ce point, une divergence est manifeste entre le droit français et le droit tunisien. Le premier, contrairement au second, parle de l'exigence de bonne foi dans l'exécution du contrat à travers l'article 1134, alinéa 3, du Code civil, similaire en droit tunisien à l'article 242 du Code des obligations et des contrats. Il n'est pas sans utilité de signaler dans ce sens que les articles 1134 et 1135 n'en constituaient qu'un seul dans les œuvres de Pothier, et que la dissociation n'a vu le jour que lors de la codification[1], et ceci pour des raisons demeurant inconnues. Un imposant attachement à l'individualisme justifie probablement la dissociation entre les deux articles.

Le législateur tunisien, en choisissant d'associer l'exigence de bonne foi à l'article 243, s'est attaché à mettre l'accent sur le rôle devant être joué par la bonne foi dans la détermination des obligations nées du contrat. Plus encore, cette formulation de l'article 243 du Code des obligations et des contrats prouve que les rédacteurs du Code tunisien concevaient le principe de l'autonomie de la volonté comme allant de pair avec d'autres idées et contraintes[2].

L'idée d'une exigence de bonne foi, toujours sous-entendue dans les contrats pourrait être encore plus facilement déduite de cette affirmation. Egalement, le législateur tunisien vise surtout à mettre en évidence le lien étroit qui unit la bonne foi à la détermination du contenu contractuel. Tout ce qui est impliqué par la bonne foi fait partie du contenu inexprimé du contrat. Cette originalité de la formulation de l'article 243 du Code tunisien des obligations et des contrats par rapport à l'article 1135 du Code civil français est expliquée de manière différente.

Pour certains auteurs tunisiens, le législateur de l'époque a puisé dans une autre source que celle du droit français : l'école germanique. L'influence du BGB sur

---

s'il l'a expressément stipulé, ou s'il était implicitement entendu, d'après les circonstances et l'usage, qu'un salaire lui serait alloué ».

[1] MOULY-GUILLEMAUD, C., Retour sur l'article 1135 du Code civil : une nouvelle source du contenu contractuel, op.cit, p. 120, n°112.

[2] Mohamed Zine souligne dans ce sens que le principe de l'autonomie de la volonté « se trouve mis à mal à travers plusieurs articles du code des obligations et des contrats ». Voir sur ce point : ZINE, M., De l'esprit et de l'effectivité de certaines dispositions du Code des obligations et des contrats, *In* Le livre du centenaire du Code des obligations et des contrats, 1906-2006, éd. CPU 2006, p. 437, spéc. p. 441.

le Code des obligations et des contrats était indubitable[1]. D'ailleurs, cette même école a influé sur le législateur tunisien à plusieurs niveaux[2].
Un autre auteur y voit un attachement au droit musulman, les termes utilisés étant une preuve irréfutable[3]. Toutefois, un commentateur tunisien, tout en insistant sur l'inspiration religieuse du Code tunisien, ne cite pourtant pas l'article 243 parmi ceux dont l'influence est patente[4]. Cette idée d'inspiration religieuse du texte de l'article 243 du Code des obligations et des contrats fut même avouée par le rapporteur de la commission qui avait préparé le projet du Code. David Santillana, a précisé dans le rapport où il a introduit ce projet, qu'il avait repris la bonne foi et la loyauté citées à l'article 243 du droit musulman « où elle en constitue un pilier »[5].

10. En dehors de l'article 243 du C.o.c, l'implicite est vérifiable. La clause résolutoire sous-entendue est également connue du droit tunisien. Les articles 870 et 871 font allusion à la clause résolutoire implicite[6], mais uniquement pour le contrat de louage d'ouvrage. Dans ces articles, « la condition résolutoire est toujours sous-entendue dans les contrats de louage d'ouvrage pour le cas où l'une des parties ne satisfait point son engagement »[7]. Cette clause n'est pas prévue par l'article 273 du C.o.c, texte de base sur la résolution, mais par des articles concernant un contrat nommé. La question mérite une attention particulière. Si la formulation actuelle de l'article 273 du Code des obligations et des contrats ne fait aucune allusion à la clause implicite de résolution, ce n'était pas le cas de l'article 300 du projet préliminaire du Code qui le faisait, par contre, de façon expresse. En effet, cet article avait quasiment la même formulation que l'article 1184 du Code civil. Ce n'est qu'avec la promulgation du Code des obligations et des contrats que le paragraphe relatif à la clause

---

[1] HAMMOUDA, M., De l'exécution de l'obligation avec loyauté, *In* Mélanges S. Ben Halima, éd. CPU 2005, p. 1031, spéc. p. 1046. L'auteur précise que l'article évoque l'article 242 du BGB plutôt que l'alinéa 3 de l'article 1134 du Code civil français.

[2] HAMMOUDA, M., art. préc. p. 1046.

[3] ROUATBI, H., Le Code des obligations et du contrat et l'islam, *In* Livre du centenaire du Code des obligations et des contrats 1906 – 2006, op. cit., p. 185, spéc. p.199. L'auteur cite l'article 243 mais aussi l'article 1412 du Code dont les expressions évoquent indubitablement une influence avérée du droit musulman.

[4] M. Bouzghiba, Les origines doctrinales du Code des obligations et des contrats (en arabe), *In* Livre du centenaire du Code des obligations et des contrats 1906 – 2006, op. cit., p. 39.

[5] Rapport de Santillana publié avec le Code des obligations et des contrats (en arabe). Voir aussi : ZINE, M., op. cit., p. 238, n° 322.

[6] Art. 870 in limine: « La clause résolutoire est de droit en faveur du commettant après sommation faite au locateur ». Art. 871 : « s'il est nécessaire, pour l'exécution de l'ouvrage, que le commettant accomplisse quelque chose, le locateur d'ouvrage aura droit de l'inviter formellement à l'accomplir. Après délai raisonnable et si le commettant n'a pas fait ce qu'il doit, le locateur d'ouvrage a le choix soit de maintenir le contrat, soit d'en poursuivre la résolution, avec les dommages-intérêts dans les deux cas ».

[7] CABRILLAC, R. et BEN FADHEL, O., Introduction au droit des affaires. Abrégé de droit tunisien des obligations contractuelles, éd. CPU 2006, p. 245, n°296.

sous-entendue de résolution a été supprimé. Toutefois, la suppression ne signifie guère que la résolution n'est plus impliquée dans tout contrat en cas d'absence d'une clause expresse. Il s'ensuit que le législateur tunisien n'ignore pas complètement la condition résolutoire sous-entendue, même s'il n'y fait pas allusion à travers l'article 273 du C.o.c.
Quant à la clause de *dessaisine-saisine*, la question n'a pas été évoquée en droit tunisien, ceci s'expliquant par l'absence *d'un précédent du droit romain*[1]. Le Code des obligations et des contrats se contente de disposer comme principe général un transfert immédiat de la propriété[2]. Dans cette règle, une influence du droit musulman[3], mais également du droit français semble être manifeste[4]. Le transfert de la propriété est un effet inhérent à l'idée de contrat de vente. Ce caractère va même sans le préciser explicitement. L'article 583 du Code des obligations et des contrats le dispose de façon non équivoque : « l'acheteur acquiert de plein droit la propriété de la chose vendue, dès que le contrat est parfait par le consentement des parties ». Il est toutefois utile de préciser que le législateur tunisien a introduit, en 1992, une modification importante dans le Code des droits réels qui conditionne le transfert de propriété à l'inscription de la vente au titre foncier lorsqu'il s'agit d'une vente d'un immeuble immatriculé[5]. Cette modification produit une dissociation entre les divers effets de la vente et subordonne le transfert de la propriété à une formalité administrative[6]. Hormis ces cas, le transfert de propriété est en principe lié au contrat lui-même et va de soi sans nécessité de le préciser.

11. La place qu'occupe l'implicite en droit tunisien est en réalité majoritairement héritée du droit musulman. L'article 243 du Code des obligations et des contrats ne constitue ici qu'une rémanence du droit musulman dans le Code tunisien. Il est l'une des survivances du droit musulman dans le

[1] CHARFEDDINE, M.-K.,Les droits des tiers et les actes translatifs de propriété immobilière, éd. CERP. Tunis 1993, p. 9, n°3.
[2] Art. 583 du C.o.c : « l'acheteur acquiert de plein droit la propriété de la chose vendue, dès que le contrat est parfait par le consentement des parties ».
[3] En droit musulman, le transfert de la propriété se fait aussitôt que le contrat de vente est parfait. D'ailleurs, les jurisconsultes musulmans considèrent non avenue la clause qui permet au vendeur de conserver la possession de la chose vendue pendant un certain temps. Voir sur ce point : COMAIR-OBEID, N., Les contrats en droit musulman des affaires, éd. Economica 1995, p. 34. Voir également : MELLOUI, S., L'objet de la délivrance dans le contrat de vente (Etude des sources historiques du C.o.c), RTD 2001, p. 409, spéc. p. 411 ; BEN AMMOU, N.,Droit civil, Les contrats spéciaux, La vente et l'échange (en arabe), éd. CPU 2007, p. 192-193, n° 162.
[4] BEN AMMOU, N.,Droit civil, Les contrats spéciaux, La vente et l'échange (en arabe), éd. CPU 2007, p. 192-193, n° 162. Voir également : A. A. Sanhoury, Traité de droit civil, t4, Les contrats portant sur la propriété, La vente et l'échange, éd. Entreprise Al Maarif, 2004, p. 352, n° 231.
[5] Loi du 4 mai 1992. Voir sur ce point : CHARFEDDINE, M.-K.,L'effet constitutif de l'inscription à travers la loi du 4 mai 1992 (en arabe), RTD 1993, p. 99.
[6] BEN AMMOU, N.,Droit civil, Les contrats spéciaux, La vente et l'échange (en arabe), éd. CPU 2007, p. 205, n° 179.

droit tunisien[1]. En droit musulman, la bonne foi est déduite d'un verset coranique ou de quelques *hadiths* du prophète[2], ce qui lui accorde une suprématie et une force obligatoire indéniable[3].
De surcroît, les jurisconsultes musulmans soulignent qu'à ce qui est exprimé par les contractants, il faut adjoindre ce que commande la *Chariaa.* Généralement, en droit musulman, le laconisme semble être préférable à une surabondance de clauses, « un contrat qui comporte trop de clauses adjointes, disparates, manque d'unité et risque dès lors d'être une source de conflits »[4]. Cette préférence oblige les contractants à s'exprimer en peu de mots, ce qui laisse une marge importante à l'implicite. Très souvent, le jeu est inversé, les parties adhèrent aux structures contractuelles connues[5] tout en faisant assortir leur accord d'une certaine spécificité en y insérant de nouvelles clauses que les jurisconsultes musulmans appellent « les clauses adjointes »[6]. La doctrine musulmane exige que ces clauses soient conformes aux enseignements de la religion et qu'elles ne provoquent pas une dénaturation du contrat en le dépouillant de sa fin propre[7].

Du reste, en droit tunisien, comme en droit français, l'implicite occupe une place importante, qui est souvent liée à des histoires particulières à chacune des législations. Qui plus est, la place qu'occupe cette notion semble être au-delà de toute discussion. Les projets successifs de réforme de Code civil français[8] ou du Code des obligations et des contrats ne l'ont pas affecté. A titre d'exemple, pour le Code civil, l'Avant Projet Catala sur la réforme du droit des obligations et de la prescription garde la même formulation que l'article 1135 du Code civil, mais il lui ajoute d'autres alinéas. Dans le projet de réforme du Code civil proposé par la Chancellerie en septembre 2008, la place de l'implicite semble être

---

[1] Terme emprunté à Ch. Chehata, Les survivances musulmanes dans la codification du droit civil égyptien, RIDC 1965, n°4, p. 839.
[2] Voir sur ce point surtout : HAMMOUDA, M., De l'exécution de l'obligation avec loyauté *In* Mélanges S. Ben Halima, éd. CPU 2005, p. 1031, spéc. p.1043. L'auteur cite plusieurs Hadiths du prophète. Il se réfère aussi à certains versets coraniques.
[3] Le verset Coranique souvent citée ici est : « O vous qui croyez ! Respectez vos engagements » (Coran, S.2/V. 282).
[4] DE BELLEFONDS, Y.-L., Traité de droit musulman comparé, t1 Théorie générale de l'acte juridique, éd. Mouton & Co 1965, p. 231, n° 275. L'auteur cite ici l'école hanbalite qu'il qualifie de libérale.
[5] COMAIR-OBEID, N., Les contrats en droit musulman des affaires, éd. Economica 1995, p. 33.
[6] COMAIR-OBEID, N., Les contrats en droit musulman des affaires, éd. Economica 1995, p. 33.Voir également : Ch. Chehata, Essai d'une théorie générale de l'obligation en droit musulman, préface de I. Fadlallah, éd. Dalloz 2005, p107, n° 118 ; DE BELLEFONDS, Y.-L., Traité de droit musulman comparé, t1, Théorie générale de l'acte juridique, éd. Mouton & Co 1965, p. 224.
[7] DE BELLEFONDS, Y.-L., Traité de droit musulman comparé, t1 Théorie générale de l'acte juridique, éd. Mouton & Co 1965, p. 231, n° 275.
[8] Pour une étude comparative des différents projets de réforme du Code civil, voir récemment : MAZEAUD, D., La réforme du droit français des contrats : trois projets en concurrence, *In* Liber Amicorum LARROUMET, Ch., éd. Economica 2010, p. 329.

poussée encore plus loin[1]. Tout d'abord, l'article 79 dudit projet énonce que « les obligations contractuelles sont expresses ou implicites ». L'article 80 ajoute que « les obligations implicites se déterminent par référence à l'intention des parties et à leur relation habituelle, mais également en considération de la nature du contrat éclairée par la loi, les usages et l'équité ». Dans ces dernières dispositions, le législateur français reconnaît l'existence des obligations implicites ; toutefois, cette reconnaissance expresse n'ajoute pas grand-chose à la matière. L'article 1135 du Code civil permettait d'englober la notion d'obligations implicites connues en droit anglais. Qui plus est, l'article 80 du projet de réforme fait double emploi avec l'article 135 du même projet[2].
C'est dans ce sens que le professeur Rémy Cabrillac souligne : « cette notion [obligation implicite] parfaitement inconnue de droit français sous cette appellation n'est qu'une influence du droit anglais et des principes de droit européen du contrat. Si le droit français ignore cette notion, c'est que les lacunes des obligations des parties sont comblées par le droit supplétif »[3]. Cet auteur ajoute aussi que « la jurisprudence n'a pas besoin du détour par la notion de l'obligation implicite pour créer des obligations à la charge d'une partie au contrat »[4]. Dans ce même ordre d'idées, Madame Muriel Fabre-Magnan note également que la notion d'obligation implicite est assez proche de l'article 1135[5].
Pour le droit tunisien, l'article 243 du Code des obligations et des contrats et les autres articles incarnant l'implicite semblent résister à toutes les modifications du Code dont la dernière date du 15 août 2005[6].

12. En somme, parmi les articles touchant à l'implicite, que se soit en droit français ou en droit tunisien, l'article 1135 pour le premier et 243 *in fine* pour le second, attirent plus l'attention que les autres. Ils sont en lien étroit avec le contenu contractuel et mettent en évidence la relation entre l'implicite et le contenu du contrat, de telle sorte que lorsqu'on parle de « l'implicite et du

---

[1] Pour une idée sur le projet de la Chancellerie voir surtout les interventions publiées sous le titre « La réforme du droit français des contrats », RDC 2009, n°1, p. 265 et s. Voir également les interventions publiées à : Revue de droit d'Assas, n°1, 2010, p. 61 et s.

[2] L'article 135 du projet de réforme du Code civil dispose que : « les conventions obligent non seulement à ce qui y est exprimé mais encore à toutes les suites que l'équité, l'usage ou la loi donnent à l'obligation d'après sa nature ».

[3] R. Cabrillac Le projet de réforme du droit des contrats. Premières impressions, JCP G, n° 40, du 1er octobre 2008, I, 190.

[4] R. Cabrillac Le projet de réforme du droit des contrats. Premières impressions, JCP G, n° 40, du 1er octobre 2008, I, 190.

[5] FABRE-MAGNAN, M., Réforme du droit des contrats : un très bon projet, JCP G, n° 43, du 22 octobre 2008, I, 199 (il s'agit en fait d'un entretien avec Mme M. Fabre-Magnan).

[6] Pour une idée générale sur les modifications introduites au Coc depuis sa promulgation jusqu'à présent voir surtout : CHARFEDDINE, M.-K.,Le Code des obligations et des contrats : esquisse d'une évaluation de l'œuvre, *In* Livre du centenaire du Code des obligations et des contrats 1906 – 2006, éd. CPU 2006, p. 675.

contenu contractuel », ils sont systématiquement évoqués. Ces articles constituent les textes de base sur l'implicite surtout lorsque ce dernier est mis en rapport avec le contenu contractuel. Les autres articles renvoyant directement ou indirectement à l'implicite, même incarnant parfois une certaine spécificité, n'en sont que des applications[1].
De surcroît, ces articles sont reproduits partout, ce qui confirme leur utilité. Plusieurs législations adoptent dans leurs Codes civils un article similaire à l'article 1135 du Code civil ou à l'article 243 du Code des obligations et des contrats. Il en est ainsi du Code civil canadien dont l'article 1024 adopte la même philosophie[2]. C'est également le cas pour les Codes civils des pays arabes contenant aussi des dispositions similaires[3]. L'article 1135 laisse apparaître une disposition, comme l'a justement noté un auteur, qui « tend vers l'universalité »[4].

Au terme de cet aperçu légal, il s'avère que l'implicite existe et qu'il est reconnu, mais qu'en est-il de son existence dans la pratique, aux yeux de la jurisprudence ?

13. La jurisprudence semble ne pas avoir d'objection sur l'existence de l'implicite, elle lui accorde parfois une place considérable. En outre, cette considération n'est pas nouvelle puisqu'elle remonte au début du XXe siècle, voire à la fin du XIXe [5]. Cette idée d'implicite a essentiellement été concrétisée en 1911, année durant laquelle la Cour de cassation française a découvert une obligation implicite de sécurité dans les contrats de transport[6] avant que cette obligation ne soit greffée dans plusieurs autres contrats.[7] A cette même époque,

---

[1] Un auteur français a depuis longtemps étudié l'article 1135 et a recensé ses applications dans le Code civil. DURANTON, M.,Cours de droit français suivant le Code civil, Tome 6e, éd. Alex-Gobelet, Paris 1834, p. 400, n° 385.
[2] CREPEAU, P.-A., Le contenu obligationnel du contrat, Revue du Barreau Canadien, mars 1965, n°1 p. 3.
[3] A titre d'exemple : l'art. 231 du Dahir marocain des obligations et des contrats qui reprend pratiquement les mêmes termes de l'article 243 du Coc : « tout engagement doit être exécuté de bonne foi, et oblige, non seulement à ce qui y est exprimé, mais encore à toutes les suites que la loi, l'usage ou l'équité donnent à l'obligation d'après sa nature ». Il y a aussi l'article 107 du Code civil algérien qui énonce : « le contrat doit être exécuté conformément à son contenu et de bonne foi. Il oblige le contractant non seulement, à ce qu'y est exprimé, mais encore à tout ce que la loi, l'usage et l'équité considère comme une suite nécessaire de ce contrat d'après la nature de l'obligation ». L'article 148, al. 1 du Code civil égyptien énonce que « le contrat doit être exécuté conformément à son contenu, d'une manière répondant aux exigences de bonne foi ». Voir pour le droit égyptien : M. –E. Arafa, La bonne foi en droit international privé, *In* La bonne foi, TAHC, éd. Litec 1992, p. 533, spéc. 534.
[4] JACQUES, Ph., regards sur l'article 1135 du code civil, op. cit., n° 116, p. 230.
[5] L'obligation d'information a été découverte par la jurisprudence vers la fin du XIXe.
[6] Cass. Civ., 21 nov. 1911, DP 1913. 1. 249 note Sarrut ; S. 1912.1.73 note Lyon-Caen.
[7] JOURDAIN, P., L'obligation de sécurité : à propos de quelques arrêts récents, GP 1993. II. doct. 1171 ; J-L Halpérin, La naissance de l'obligation de sécurité, *In* Le développement de l'obligation

une stipulation implicite pour autrui a également été découverte par la jurisprudence[1]. Cette découverte a été faite d'une façon plus ou moins *contra legem*. En effet, le Code civil français ne l'admet que très exceptionnellement[2]. La jurisprudence, en donnant naissance à la stipulation implicite pour autrui commet deux dépassements aux dispositions légales : d'un côté elle élargit sensiblement les cas d'admission exceptionnelle de cette technique au point d'inverser le principe qui devient de validité[3] ; d'un autre côté, elle outrepasse les règles de la preuve de la stipulation pour autrui dont une volonté implicite, souvent illusoire, suffit désormais à l'établir[4].
Dans toutes ces découvertes, c'est l'implicite qui rebondit et qui paraît à lumière du jour. Cette reconnaissance de l'importance de l'implicite n'a cessé de se développer et d'une seule obligation implicite, l'on est arrivé à *un lacis d'obligations implicites* dont l'existence ne dépend pas d'une volonté expresse. De surcroît, la liste ne cesse encore de s'allonger au point que certains auteurs ont envisagé le risque d'aller trop loin dans cette tendance[5].

Pour sa part, la jurisprudence tunisienne a découvert depuis longtemps de nouvelles obligations auxquelles les parties n'avaient pas songé. A titre d'exemple, l'obligation de sécurité[6] a été découverte en Tunisie en 1954[7], voire auparavant[8]. La jurisprudence tunisienne n'a pas cessé, elle non plus, d'ajouter au contrat cet accessoire de sécurité et éventuellement d'autres obligations.

---

de sécurité, colloque de Chambéry, GP 1997, II, doct. 1176 ; Y. Lambert-Faivre, Fondement et régime de l'obligation de sécurité, D 1994 ch. 81 ; BLOCH, C., L'obligation contractuelle de sécurité, éd. PUAM 2002 ; E. Bramat, L'obligation de sécurité (produit et service mis sur le marché), thèse Montpellier, 2000 ; A. Béguin, La sécurité d'une personne dans le contrat, thèse Angers, 2002.

[1] Voir à titre d'exemple : Cass. civ. 6 décembre 1932 et 24 mai 1933, D. 1933, I, p. 137, note L. Josserand ; S. 1934, I, p. 84, note Esmein. Voir également sur ce point : G. Marty et P. Raynaud, Droit civil, Les obligations, éd. Sirey 1962, p. n° 255-2, p. 233 ; PLANIOL, M. et RIPERT, G., Traité pratique de droit civil français, t.4 Obligations, éd. LGDJ 1952, p. 460, n° 356.

[2] Art. 1121 C. civ. l'admet exceptionnellement tout en la soumettant à des conditions précises. Le principe semble être celui de l'interdiction. Art. 1119 C. civ. : « on ne peut, en général, s'engager, ni stipuler en son propre nom, que pour soi même ».

[3] FABRE-MAGNAN, M., Droit des obligations, 1- Contrat et engagement unilatéral, éd. PUF 2008, p. 506, n° 201.

[4] Voir sur ce point : TERRE, F., SIMLER, Ph. et LEQUETTE, Y., Droit civil, Les obligations, éd. Dalloz 2009, n° 516-517.

[5] CHAZAL, J.-P., Les nouveaux devoirs des contractants. Est-on allé trop loin ? *In* La nouvelle crise du contrat, éd. Dalloz, 2003, p. 99.

[6] Voir sur ce point récemment : R. Jlassi, L'obligation de sécurité, *In* Cinquante ans de jurisprudence civile, éd. CPU 2010, p. 991.

[7] TPI Tunis, 16 janvier 1954, RTD 1954, p. 406 (publié en sommaire).

[8] Les termes utilisés par le tribunal de première instance de Tunis dans l'arrêt de 1954 prouvent que la découverte de l'obligation de sécurité est devenue en Tunisie à cette époque quelque chose d'ordinaire. D'ailleurs, cet arrêt ne fait qu'en étendre le domaine en la greffant sur un contrat de spectacle. Voir sur l'adjonction de l'obligation de sécurité par les tribunaux tunisiens surtout : ZINE, M., Théorie générale des obligations, 1 – Le contrat, éd. Tunis 1993, p. 270, n° 363.

Quant à la stipulation pour autrui, elle semble nourrir, en droit tunisien, la même discussion qu'elle a fait naître en France ; l'influence du droit français est ici très patente[1]. L'article 37 du Code des obligations et des contrats émet le même principe que l'article 1119 du Code civil, celui de l'interdiction de s'engager ou de stipuler pour autrui[2]. Toutefois, l'article 38 du Code tunisien des obligations et des contrats, prévoit une admission exceptionnelle soumise à de nombreuses conditions[3]. La jurisprudence tunisienne, afin de protéger les tiers, a découvert une stipulation implicite pour autrui, ce qui a permis aux ayants droit des victimes des accidents de circulation d'obtenir une indemnité[4]. Cette stipulation implicite est souvent associée à une obligation de sécurité dont profite le passager dans un contrat de transport[5].

L'implicite semble ainsi être pris en considération par la jurisprudence des deux pays, ce qui prouve l'utilité pratique de cette notion.

14. L'utilité de cette notion est encore plus évidente lorsqu'elle est mise en relation avec le contenu contractuel. Toutefois, pour bien cerner cette utilité, la définition de ce dernier semble s'imposer au préalable.
La première des tentatives est celle de Pothier qui, sans définir directement le contenu du contrat, a procédé à la classification des obligations le formant. L'auteur, en suivant dans ce qu'il adopte, les jurisconsultes du XVIIe siècle, distinguait « trois différentes choses dans chaque contrat : celles qui sont de l'essence du contrat, celles qui sont seulement de la nature du contrat, et celles qui sont purement accidentelles au contrat »[6]. Selon Pothier, le contenu du contrat est l'ensemble de ces trois éléments.
En effet, Pothier a voulu ajouter à ce qu'avait établi Cujas. Ce dernier avait précisé que le contrat était uniquement composé des choses qui sont de son

---

[1] ZINE, M., Théorie générale des obligations, 1- Le contrat, éd. Tunis 1997, p. 355, n° 436 (en arabe).
[2] Art. 37 C.o.c : « nul ne peut engager autrui, si stipuler pour lui, s'il n'a pouvoir de le représenter en vertu d'un mandat ou de la loi ». Pour une comparaison entre le droit tunisien et le droit français sur ce point voir : ZINE, M., ZINE, M., Théorie générale des obligations, 1- Le contrat, éd. Tunis 1997, p. 355, n° 436 (en arabe) ; R. Demogue, Traité des obligations en général, II, Effets des obligations, éd. Librairie Arthur Rousseau 1933, p. 255, n° 877.
[3] MAHFOUD, M., Théorie générale des obligations, Acte unilatéral, Contrat et Responsabilité civile, Publications du Centre d'études Juridiques et Judiciaires, éd. Orbis 2008, p. 120-121, n° 161 (en Arabe) .
[4] Voir sur ce point : ZINE, M., Théorie générale des obligations, 1- Le contrat, éd. Tunis 1997, p. 350, n° 431. Cet auteur cite une abondante jurisprudence : Cass. Civ (tn), n° 58210, du 28 mars 1967 (inédit) ; Cass. Civ (tn), n°58082, du 13 décembre 1966 (inédit) ; Cass. Civ (tn)., n°58238 du 13 décembre 1966 (inédit) . L'auteur cite également l'étude de : M.-S. Ayari, A propos de l'application de l'article 38 du C.o.c en matière d'accidents de circulation, RJL 1968, n°2, p. 20.
[5] ZINE, M., Théorie générale des obligations, 1- Le contrat, éd. Tunis 1997, p. 350, n° 431.
[6] Borgon et Fribach, Œuvres complètes de Pothier, éd. Depelafol, Paris 1835, 1re Partie, p. 412, n°5.

essence et des accidentelles[1]. Pothier a ajouté ce qui est de la nature du contrat. Selon ces auteurs, la définition du contenu contractuel est une analyse de sa composition ; définir le contenu d'un contrat, c'est déterminer les choses dont il est composé.

Dans les deux hypothèses, il ne s'agit pas d'une vraie définition du contenu contractuel. Il faut revenir un peu plus dans l'histoire pour trouver une définition complète de ce contenu.

Concernant les autres auteurs du XIXe siècle, pour définir le contenu contractuel ils se posent un ensemble de questions : « [se] demander quels sont les effets des contrats ou des obligations conventionnelles, c'est donc [se] demander quels devoirs ils imposent à l'une des parties, quels droits ils confèrent à l'autre »[2]. Le contenu contractuel apparaît comme l'ensemble des droits et obligations engendrés par un contrat.

C'est cette définition qui est majoritairement admise en doctrine contemporaine. A titre d'exemple, le professeur Philippe Delebecque a précisé dans sa thèse que « le contenu du contrat est l'ensemble des droits et obligations auxquels le contrat donne naissance »[3]. Un autre auteur a avancé une autre définition faisant du contenu du contrat « l'ensemble des éléments relatifs à la constitution et à l'exécution du contrat et qui concourent tous, chacun pour leur part, à la réalisation de l'acte envisagé par les parties »[4]. Pour d'autres encore, le contenu du contrat est en même temps la cause et l'objet du contrat[5] ; ils soulignent : « pour qu'un contrat se forme valablement, il faut que les parties accordent leur volonté. Mais cet accord ne se réalise pas dans l'abstrait. Les parties veulent quelque chose de précis, pour une raison précise. Rechercher ce qu'elles veulent, c'est déterminer l'objet du contrat ; rechercher pourquoi elles le veulent, c'est déterminer la cause du contrat. En précisant ces deux notions, on concrétise donc le contenu du contrat, lequel était jusqu'alors demeuré dans l'ombre »[6].

Un point est commun entre les diverses définitions du contenu du contrat lorsqu'elles renvoient toutes aux droits et obligations nés du contrat, c'est-à-dire à une analyse « horizontale » du contrat permettant de « connaître le nombre exact des prestations dues par le débiteur »[7]. Il apparaît ainsi que le contenu du

---

[1] Cité par Pothier : Borgon et Fribach, Œuvres complètes de Pothier, éd. Depelafol, Paris 1835, 1re Partie, p. 412, n°5.

[2] TOULLIER, C.-B-M. et DUVERGIER, J.-B., Le droit civil français suivant l'ordre du Code, 3e Volume, 2 partie, éd. Cotillon, et Jules Renouard 1843, p. 121, n° 188.

[3] DELEBECQUE, Ph., Les clauses allégeant les obligations dans les contrats, thèse faculté de droit et des sciences politiques d'Aix-Marseille, 1981, n°161, p. 196.

[4] H. Mayer, L'objet du contrat, thèse Bordeaux 1978, p. 70 (cité par M. DELEBECQUE, Ph., thèse précitée).

[5] TERRE, F., SIMLER, Ph. et LEQUETTE, Y., Doit civil, les obligations, éd. Dalloz 2005, n° 264, p. 324.

[6] TERRE, F., SIMLER, Ph. et LEQUETTE, Y., Doit civil, les obligations, op. cit, n° 264, p. 324.

[7] CREPEAU, P.-A., L'intensité de l'obligation juridique ou des obligations de diligence, de résultat et de garantie, les éd. Yvon Blais INC, 1969, n° 1, p. 1 où il distingue analyse horizontale

contrat évoque systématiquement les obligations que l'accord des parties produit, et répond à la question : « à quoi s'engagent les parties contractantes ? »[1].

15. Il est important de signaler, dans ce même ordre d'idées, que certains auteurs évoquent l'existence d'une variété de contenus contractuels ; on ne se trouve pas face à un seul contenu du contrat mais, devant plusieurs. M. Delebecque, à titre d'exemple, distingue le « contenu fondamental du contrat »[2], qui contient les éléments centraux traduisant l'opération juridique et économique que les parties veulent réaliser, et un autre contenu du contrat qui n'est pas fondamental, mais simple. Un auteur distingue le contenu apparent [3] d'un autre, caché.
Une fois admis, L'implicite, permet lui aussi d'établir une nouvelle dichotomie du contenu du contrat. La distinction, à l'aune de ce dernier, se fait désormais entre contenu contractuel déclaré et *contenu contractuel implicite* ou non déclaré. L'article 243 du Code tunisien des obligations et des contrats, mais aussi l'article 1135 du Code civil français, permettent de soutenir une telle idée. D'ailleurs, ces deux articles précisent qu'à côté des obligations expresses contenues dans le contrat, il faut tenir compte de celles non exprimées mais qui y sont impliquées par la nature même de celui-ci. Aux termes de ces deux articles, normalement, tout contrat contient deux sortes de contenu ; un contenu explicite, et un autre implicite, invisible d'emblée, adjoint au premier, et devant faire surface en cas de besoin. Certains auteurs parlent déjà d'un « contenu implicite d'un contrat »[4].

16. Après avoir défini l'implicite et le contenu contractuel, une question se pose : savoir ce qui pourrait être considéré comme évident et allant de soi ou de puissance[5], c'est-à-dire comme implicite dans le contrat.
Les parties dans un contrat peuvent ne pas trop détailler leur accord et se contenter d'en retracer les grandes lignes. Un détail peut ainsi leur échapper, que ce soit par inadvertance ou à dessein. Leur contrat, une fois soumis au crible de l'exécution, peut alors se révéler incomplet[6] ou silencieux sur certains points. Les parties, afin de combler une telle lacune, peuvent alors soutenir

---

qui permet de préciser l'entendue des obligations nées du contrat et analyse verticale qui permet de déterminer l'intensité des obligations.

[1] CREPEAU, P.-A., Le contenu obligationnel du contrat, art. cit., p. 2.

[2] DELEBECQUE, Ph., Les clauses allégeant les obligations dans les contrats, thèse faculté de droit et des sciences politiques d'Aix-Marseille, 1981, n°164, p. 198.

[3] DANIS-FATOME, A., Apparence et contrat, éd. LGDJ 2004, n°376, p. 239.

[4] P.- A. Crépeau, Le contenu obligationnel du contrat, Revue du Barreau Canadien, mars 1965, n°1, p.1.

[5] JACQUES, Ph., Regards sur l'article 1135 de code civil, éd. Dalloz 2005, n° 105 p. 210.

[6] M.-H Maleville, Pratique de l'interprétation des contrats, étude jurisprudentielle, éd. de Presse Universitaire de Rouen 1991, p 254, n°520.

qu'elles ont implicitement voulu telle chose ou qu'une telle obligation est d'évidence dans leur accord. Seulement, l'implicite n'est pas une idée ni un procédé derrière lequel peuvent se retrancher les étourdis ou les paresseux. Et, ce n'est pas non plus un outil permettant d'introduire dans le contenu du contrat n'importe quelle obligation sans aucun examen, sans la soumettre à des conditions précises. Il est alors admis que certaines idées peuvent être considérées comme impliquées dans un contrat et que d'autres peuvent en être exclues. Par conséquent, se pose l'épineuse problématique du départ entre ce qui en fait partie et ce qui n'en fait pas partie ?

17. A cet égard, il est depuis longtemps admis que la bonne foi est toujours sous-entendue dans le contrat, même si les parties contractantes ne l'ont pas expressément citée. Domat va dans ce sens en écrivant qu'« il n'y a aucune convention où il ne soit sous-entendu que l'on doit à l'autre la bonne foi avec tous les effets que l'équité peut y demander, tant de la manière de s'exprimer que pour l'exécution de ce qui est convenu. C'est un caractère essentiel à toutes les conventions que l'on y traite avec sincérité et fidélité »[1]. La bonne foi constitue sans aucun doute une idée ou une obligation que l'on doit toujours trouver dans les contrats. Elle s'applique même en l'absence de toute stipulation expresse. Tout contractant peut soutenir cet implicite de bonne foi dans les contrats avec tous ses corollaires tels que l'absence d'abus, des mauvaises intentions et de l'exploitation. La bonne foi apparaît comme « un principe dirigeant de l'exécution du contrat » [2] et c'est la raison qui permet de la présumer dans tous les contrats. Nul ne peut imaginer un contrat sans bonne foi, elle en est indispensable.

---

[1] Domat, Traité des lois, Chapitre 5, n°5. On trouve la même idée chez Toullier et Duvergier qui avaient observé : « Il n'y a point de convention où il ne soit sous-entendu que l'un doit à l'autre la bonne foi, avec tous les effets qu'elle exige, tant dans la manière de traiter que dans l'exécution de ce qui est convenu et de toutes les suites » (TOULLIER, C.-.B-M. et DUVERGIER, J.-B., Le droit civil français suivant l'ordre du Code, 3e Volume, 2 partie, éd. Cotillon, et Jules Renouard, Paris 1843, p. 219, n° 336).

[2] C. Mouly, Les causes d'extinction du cautionnement, éd. Litec 1979, n°449 ; pour une bibliographie générale sur la bonne foi consulter surtout : MESTRE, J., Pour un principe directeur de bonne foi mieux précisé, RLDC mars 2009, n° 58, p. 7 ; LYON-CAEN, G., De l'évolution de la notion de bonne foi, RTD civ. 1946, p.75 ; R. Vouin, La bonne foi, notion et rôle actuel en droit privé français, thèse Bordeaux1939 ; PICOD, Y., Le devoir de loyauté dans l'exécution du contrat, thèse Dijon, éd. LGDJ 1989 ; PICOD, Y., L'exigence de bonne foi dans l'exécution du contrat, *In* Le juge et l'exécution du contrat, Presse Universitaire d'Aix-Marseille 1993, p. 57 ; BENABENT, A., La bonne foi dans l'exécution du contrat, travaux de l'association H. Capitant 1992, p. 291 ; R. Desgorges, La bonne foi dans le droit des contrats : rôle actuel et perspectives, thèse Paris 1992 ; AYNES, L., L'obligation de loyauté, archives de philosophie du droit, t. 44, 2000, p. 195. En droit tunisien voir surtout : HAMMOUDA, M., De l'exécution de l'obligation avec loyauté *In* Mélanges S. Ben Halima, éd. CPU 2005, p. 1031.

18. Dans ce contexte, se pose la question des dispositions légales surtout supplétives. Ces dispositions, qui font partie par défaut du contenu contractuel s'y ajoutent normalement, même en l'absence de toute stipulation contractuelle le disposant. Toutefois, l'implicite, même s'il couvre la notion de règle supplétive, n'en est pas réductible. Les articles 1135 du Code civil et 243 du Code des obligations et des contrats accordent implicitement et explicitement une possibilité d'aller au-delà. D'abord, ces articles associent à la loi comme source de l'implicite, une possibilité de consulter l'usage et l'équité. Ces derniers sont consultés même prioritairement à la loi afin de compléter le contenu contractuel explicite. Ces deux sources assurent un rôle très important dans le cadre de la détermination du contenu implicite du contrat. D'un autre côté, en poursuivant une interprétation téléologique, l'implicite peut même être puisé dans d'autres notions non citées par ces articles qui présentent une utilité particulière au contrat. C'est le cas surtout de la notion du raisonnable et de la notion de l'économie du contrat.
Il s'ensuit qu'à côté des valeurs morales, fait également partie de l'implicite tout ce qui concerne le milieu contractuel ou l'environnement social et temporel dans lequel est conclu le contrat. Les données économiques ne sont pas, non plus loin de l'implicite dans le contrat ; tout ce qui facilite la réalisation de l'opération économique projetée par les parties y est impliqué. En somme, *l'implicite est un peu de partout* ; de la morale, de l'économie et du contexte contractuel.

19. Pour ***le juge***, « décodeur de l'implicite »[1], dont le passage semble être ici inévitable, voire souhaitable, la distinction entre les deux sortes de contenu contractuel, explicite et implicite, est basée sur l'effort fourni pour les délimiter. Le contenu explicité ne requiert pas un grand effort, en principe, ses frontières sont claires et même si un léger flou plane autour d'un détail quelconque, la tâche du juge ou de l'arbitre est moins difficile. Souvent, à ce stade, le juge ne fait que réparer la physionomie, travail d'esthéticien, qui se contente de réparer les apparences sans s'attaquer aux profondeurs.
Quant au contenu implicite, les difficultés sont innombrables. Il importe essentiellement de le *dévoiler*[2]. Le juge doit ainsi « révéler le contenu implicite du contrat »[3] ; il procède à son « extraction »[4].
Par ailleurs, son travail n'est pas uniquement celui de révéler ce qui est enfoui dans le contrat. Il peut aller plus loin en renforçant l'opération désirée par les parties contractantes. Celles-ci sont convenues sur l'essentiel, et il incombe au

---

[1] C. Kerbat-Orecchioni, L'implicite, éd. A. Colin 1986, p. 5.
[2] Cette affirmation sera nuancée plus tard dans la thèse.
[3] ROUVIERE, F., Le contenu du contrat : essai sur la notion de l'inexécution, op. cit., n° 183, p. 158 ; voir aussi : BOSCO, D., Obligations implicites *In* Regards croisés sur les principes du droit européen du contrat et sur le droit français, op. cit., p. 325.
[4] C. Kerbat-Orecchioni, L'implicite, éd. A. Colin 1986, p. 5.

juge de fixer le détail. Ce dernier passe donc de la simple révélation du contenu du contrat à son enrichissement, et ce faisant, il prend la relève des parties. Elles ont exprimé une volonté dans un sens, et c'est au juge de les aider à poursuivre leur finalité. Le juge, en saisissant l'opération voulue par les parties, les aide à la réaliser, à la performer, en y injectant de nouvelles obligations, ce qui enrichit indubitablement la matière de leur contrat.
Ces deux fonctions assurées par l'implicite ne sont pas faciles à accomplir. Elles doivent reposer sur des critères à la fois clairs et précis tendant à éviter l'arbitraire. L'implicite ne doit pas servir d'alibi au juge pour façonner le contrat à sa guise. Un préalable à ces opérations est nécessaire ; celui d'appréhender le contrat, son objectif et sa philosophie, avant de révéler ou de dévoiler. Se pose alors dans ce cadre, l'obligation pour le juge de déterminer la nature du contrat.

20. L'utilisation de l'implicite débouche très souvent sur une hypertrophie du contenu obligatoire[1] du contrat et sur sa densification[2]. Elle engendre une « amplification du contenu obligatoire des contrats » [3]. Cette utilisation est de nature à remettre en cause plusieurs idées sur lesquelles reposait le contrat. L'analyse volontariste du contrat est directement visée. Celui-ci était toujours analysé comme étant le fruit d'une volonté saine et libre, volonté qui le forgeait et en déterminait le contenu, et qui restait prépondérante sa vie durant. François Geny l'a avoué depuis longtemps : « dans le vaste domaine des actes juridiques, règne, en maître souverain, le principe de l'autonomie de la volonté individuelle, qui, sous réserve d'un petit nombre de restrictions impératives laisse un libre champ à la détermination des droits et à la modification de leur contenu »[4]. Par l'effet de l'implicite, cette analyse se trouve ébranlée. Ce qui est ajouté au contrat n'est pas forcément déduit de la volonté des parties.
Faire resurgir l'implicite évoque le problème du fondement d'une telle opération ; va-t-on se référer uniquement à la volonté des parties ou peut-on la dépasser en faisant triompher d'autres valeurs et principes qui vont de pair avec l'autonomie de la volonté ? D'autres principes, très souvent présentés comme corollaires ou conséquents au principe de l'autonomie de la volonté, seront eux aussi ébranlés. Tel est le cas du principe de la force obligatoire au contrat et du

---

[1] JOSSERAND, L.,Le contrat dirigé, DH 1933, p. 89.
[2] MAZEAUD, D., Le juge et le contrat : variations optimistes pour un couple illégitime *In* Mélanges J-L Aubert, éd. Dalloz 2005, p. 244.
[3] JOSSERAND, L.,L'essor moderne du concept contractuel, *In* Mélanges F. Geny, t II, P333.
[4] F. Geny, Méthode d'interprétation et sources en droit privé positif ; essai critique, éd. Chevalier-Marescq & Cie, 1899, p. 169-170.

principe de l'intangibilité des conventions[1]. Le contrat n'est plus, tout au moins dans son contenu, uniquement ce qu'ont voulu les parties contractantes[2].
Les articles 243 du Code des obligations et des contrats et 1135 du Code civil français, invitent le juge à joindre au contrat un assortiment des obligations qui n'ont pas été précisées par les parties mais qui y sont impliquées par la nature même du contrat.

21. Suite à l'ajout de l'implicite, le contenu contractuel apparaît composé de deux sortes d'éléments : ceux voulus expressément par les parties contractantes et ceux ajoutés au contenu au nom de certaines valeurs et selon d'autres critères. Mme Fabre-Magnan précise dans ce contexte : « de plus en plus, le contrat ne contient pas seulement ce que les parties y ont prévu, mais également toute une série d'obligations introduites plus ou moins de force par la loi ou par le juge »[3]. Un autre auteur a précisé que cette intégration de l'implicite dans le contrat signifie que ce dernier « n'est pas hypertrophié, [mais] mieux appréhendé »[4]. Le doyen Carbonnier a retracé, à juste titre, cette dualité de composition du contenu contractuel lorsqu'il a souligné : « il n'y a qu'une fraction du contrat (peut-être très réduite) qui entre sous le faisceau lumineux de la volonté, le reste, qui demeure dans l'ombre, n'en est pas moins tenu pour consenti-tacitement consenti, précise-t-on souvent, consenti par le seul silence, par le seul fait de n'avoir pas dit le contraire »[5]. Cette citation évoque un autre problème qui est celui de la source de l'implicite ; d'où celui-ci provient-il ? Est-il le produit d'une volonté tacite ou d'autres sources non volontaires ?

22. Certes, il existe un implicite lié à la volonté, même s'il est de faible portée, qui n'est pas explicité par les parties contractantes. Par exemple, dans un quelconque contrat, les parties peuvent ne pas préciser qu'une telle obligation fasse partie de leur accord, soutenant que son existence va de soi dans un tel contrat. L'implicite est également lié à la volonté lorsqu'on le déduit du « vécu du contrat»[6] ou du comportement des contractants et de leurs réactions ou

---

[1] JAMIN, Ch., Révision et intangibilité du contrat ou la double philosophie de l'article 1134 du Code civil, *In* Que reste-t-il du principe de l'intangibilité des contrats ? Droit et Patrimoine, n° 58, mars 1998, p 46.
[2] ZINE, M., De l'esprit et de l'effectivité de certaines dispositions du Code des obligations et des contrats, *In* Le livre du centenaire du Code des obligations et des contrats, 1906-2006, éd. CPU 2006, p. 437, spéc. p. 446-447.
[3] FABRE-MAGNAN, M., De l'obligation d'information dans les contrats, essai d'une théorie, éd. LGDJ, 1992, n° 453, p. 364.
[4] P. Chazal, Les nouveaux devoirs des contractants. Est-on allé trop loin ? Art. préc., p. 133.
[5] CARBONNIER, J., Droit civil, les obligations t4, éd. PUF 2000, n° 34, p. 86. Cette même idée est vérifiée dans la doctrine tunisienne. Voir sur ce point : ZINE, M., De l'esprit et de l'effectivité de certaines dispositions du Code des obligations et des contrats, *In* Le livre du centenaire du Code des obligations et des contrats, 1906-2006, éd. CPU 2006, p. 437, spé. p. 446.
[6] FAGES, B., Quand la manière d'exécuter rejaillit sur le contenu du contrat, Droit et Patrimoine n°67, janvier 1999, p. 28.

attitudes. Cependant, il est souvent difficile, voire impossible de prouver qu'une telle obligation est implicitement voulue. En outre, il est souvent délicat de départir entre implicite voulu par les parties et implicite imposé.
D'une façon générale, tout ce qui est déduit de la bonne foi ou de la règle morale est le plus souvent considéré comme implicitement voulu par les contractants. Le fondement de cet implicite est la bonne foi prévue à l'article 1134-3 du Code civil ou à l'article 243 *in limine* du Code des obligations et des contrats.

23. En revanche, il existe un implicite ou des obligations impliquées dans le contrat qui n'ont aucun lien avec la volonté des parties. Elles sont adjointes au contrat objectivement et uniquement sur la base des critères objectifs. L'article 243 *in fine* du Code des obligations et des contrats mais également l'article 1135 du Code civil français, semblent favoriser une telle interprétation. Lesdits articles, recommandent d'adjoindre à ce qui est exprimé dans le contrat toutes les suites non explicitées sur la base du critère de la nature du contrat déterminée par la référence à l'équité, à l'usage et à la loi. Le critère de l'adjonction, qui est la nature du contrat, est objectif. Aucune référence n'est faite à la volonté des parties ni à leur intention.
L'essentiel est que ce qui est exprimé, normalement voulu, est complété par ce qui est non exprimé et a priori, non voulu. Il s'ensuit que tout contrat contient normalement une part d'imposé, une fraction des obligations imposées aux parties par le juge et qui appartiennent sans conteste au contenu du contrat, même non voulues *ab initio.* Le contenu du contrat apparaît alors comme un alliage entre la volonté et d'autres éléments qui lui sont extérieurs. « La composition du contrat n'est pas unitaire, mais duale. La première source est ce qui est exprimé, alors que les suites que l'équité, l'usage ou la loi donne à l'obligation d'après sa nature constitue la seconde »[1].

24. La prise en considération de l'implicite se traduit concrètement par l'adjonction au contrat de certaines obligations nouvelles auxquelles les parties n'ont pas songé. Ce sont des obligations greffées au contrat[2], insérées[3] ou incorporées dans le cercle contractuel[4]. Cette adjonction engendre un enrichissement[5] avéré du contenu contractuel par l'efflorescence[6] des obligations implicites contenues dans le contrat. Ce phénomène a été

---

[1] MOULY-GUILLEMAUD, C., Retour sur l'article 1135 du Code civil : une nouvelle source du contenu contractuel, op.cit, p. 14, n° 9.
[2] VINEY, G. et JOURDAIN, P., Traité de droit civil : les conditions de la responsabilité, éd. LGDJ 1998, n° 483 p. 378.
[3] SEFTON-GREEN, R., La notion d'obligation fondamentale : comparaison franco-anglaise, éd. LGDJ, n° 541, p. 310.
[4] CREPEAU, P.-A., Le contenu obligationnel du contrat, art. cit., p.5.
[5] Ph. Jacques, Regards sur l'article 1135 du code civil, op. cit., n° 2, p. 3.
[6] Ibid.

appréhendé de différentes manières. Certains auteurs y voient la consécration d'une tendance du dirigisme contractuel rendant le contrat pour les parties « qu'on leur impose »[1]. Une frange de la doctrine dénonce l'existence d'un « forçage du contrat »[2] favorisant une intervention accrue du juge dans la vie des contrats, qui empiète sur la volonté des parties contractantes en les obligeant à respecter des obligations qu'elles n'ont pas choisies[3].
Par ailleurs, une telle adjonction est de nature à favoriser la conclusion ou la multiplication des contrats incomplets et inachevés. Les parties, sachant par avance que leur contrat va être complété ou enrichi par le juge ou l'interprète, vont se contenter d'un minimum d'effort.
D'un autre côté, les obligations implicites adjointes au contrat favorisent l'uniformisation des contrats, de telle sorte que tous ceux issus du même type produisent les mêmes obligations ou presque[4].
Aux yeux d'autres auteurs plus optimistes, ce phénomène engendre que « la substance obligatoire devient de plus en plus riche, [que] les contrats s'affirment toujours plus productifs, toujours plus féconds »[5]. Pour une autre partie de la doctrine, l'ajout des obligations implicites aide à rétablir une entente longtemps recherchée entre le contrat et son environnement, car « le contrat ne vit pas détaché de tout contexte temporel ou spatial, isolé de la société civile, à l'abri des vents de l'économie et des poids des idées dominantes, le contrat est tout imprégné des données économiques et sociales »[6].

25. Quelle qu'en soit la raison ou l'effet produit par une telle adjonction au contrat, nul ne peut en nier l'existence. Elle puise son fondement dans un texte de loi et non dans une interprétation jurisprudentielle *contra legem* ou dans des idées doctrinales infondées. Les tribunaux ayant découvert les obligations nouvelles, n'ont fait en réalité qu'aviver, ou rendre hommage à un texte du Code civil longtemps placé dans les gouffres de l'oubli, non pas par inutilité, mais par respect immodéré au principe de l'autonomie de la volonté qui l'a empêché de remplir le rôle qui lui était assigné par les rédacteurs du Code civil, et par-là de s'affirmer correctement.

26. Donner une expression à l'implicite, le révéler et l'intégrer au contenu contractuel, n'est pas une pléthore ni quelque chose d'adventif ; c'est une

---

[1] JOSSERAND, L.,Le contrat dirigé, DH 1933, p. 91.
[2] LEVENEUR, L., Le forçage du contrat, droit et Patrimoine, n° 58, mars 1998, p. 69 ; GUIDERDONI, B., le forçage du contrat par le juge, thèse Caen 2002. Voir aussi récemment BLOUGH, R., Le forçage, du contrat à la théorie générale, Thèse Paris Sud, 2008.
[3] Voir sur ce point pour le droit tunisien : MAHFOUD, M., Théorie des suites du contrat, RJL 2008, n° 6, p. 99.
[4] DELEBECQUE, Ph., Les clauses allégeant les obligations dans les contrats, op. cit. , 1981, n°330, p. 371.
[5] JOSSERAND, L.,L'essor moderne du concept contractuel *In* Mélanges F. Geny, t II, p. 339.
[6] LYON-CAEN, G., L'obligation implicite, archives de philosophie du droit, t 44 2000, p. 109.

obligation que nul ne peut normalement outrepasser. Qui plus est, ce dévoilement de ce qui est enfoui dans le contrat, conditionné et soumis à des critères, est de nature à le rendre plus efficace et plus proche des aspirations des parties et de leur attente légitime[1], mais également aux exigences sociales et économiques. Une obligation d'information adjointe au contrat ne fait que rendre plus fructueuse et satisfaisante[2] l'exécution dudit contrat. L'implicite paraît ainsi nécessaire au contrat, lui garantissant une bonne exécution et lui permettant d'établir et de maintenir une harmonie entre son contenu et l'objectif visé par les parties, de telle sorte qu'on ajoute tout ce qui est nécessaire à sa réalisation, sans abondance ni parcimonie.

27. Par ailleurs, une interrogation s'impose : comment révéler l'implicite dans le contrat et selon quel procédé ? Découvrir ce qui est implicite dans un contrat et le faire sortir à la lumière du jour entre dans le cadre de ce que certains appellent « l'art de faire parler le contrat »[3]. Cette mission exige de « fouiller le fond contractuel »[4], de déplier ou d'ausculter le contrat[5] « pour y déceler les obligations implicites »[6]. Le juge ou l'arbitre doivent sonder la profondeur du contrat afin de dévoiler l'impliqué de ce contenu, et de compléter conformément aux articles 1135 du Code civil et 243 du Code des obligations et des contrats ce qui est exprimé par les parties.
Cette opération se situe aux confins de l'interprétation sans qu'elle s'y identifie pour autant. L'interprétation est un procédé auquel on fait appel en cas de flou ou d'imprécision entourant la volonté des parties, alors qu'une telle condition n'est pas nécessaire lorsqu'on veut révéler l'implicite gisant dans le fond contractuel[7]. L'objectif des deux techniques n'est pas identique ; alors que l'interprétation vise normalement à éclairer la volonté des parties, l'implicite tend à délimiter le contenu du contrat et à préciser si telle obligation ou telle autre y est vraiment impliquée. L'interprétation est basée sur l'imprécision et le flou de la volonté des parties alors que l'implicite est généré par un laconisme de la volonté des parties[8] voire du contenu contractuel.
Contrairement à cette distinction, certains auteurs défendent l'idée que les obligations implicites découvertes dans le contrat peuvent être mises en lumière

---

[1] CALAIS-AULOY, J., L'attente légitime une nouvelle source de droit subjectif, *In* Mélanges Y. Guyon, éd. Dalloz, 2003, p. 171.
[2] FABRE-MAGNAN, M., De l'obligation d'information dans les contrats, essai d'une théorie, op. cit., n° 410, p. 332 ; voir aussi : FABRE-MAGNAN, M., Les obligations, éd. PUF 2004, n° 162, spéc. p. 421.
[3] G. Ripert et Boulanger, Droit civil, t II, p. 183.
[4] JOSSERAND, L.,L'essor moderne du concept contractuel *In* Mélanges F. Geny, t II, p. 340.
[5] CREPEAU, P.-A., Le contenu obligationnel du contrat, art. cit., p.5.
[6] *Ibidem.*
[7] MAHFOUD, M., Théorie des suites du contrat, RJL 2008, n° 6, p. 99, spéc. P. 101.
[8] Pour ample comparaison voir la deuxième partie de la thèse.

par une interprétation qu'ils dénomment « objective »[1] ou « constructive »[2], ou encore « créatrice »[3], voire « amplificatrice et dynamique »[4]. Elle est aussi « intégrative »[5] pour certains auteurs. Pour Madame Hélène Maleville, l'interprétation qui ajoute au contrat de nouvelles obligations est une « interprétation personnalisée », fondée essentiellement sur l'équité[6].

28. Ces « soi-disantes » interprétations n'ont aucun lien avec la volonté des parties, ce qui explique qu'elles prennent ces nouvelles connotations qui les écartent du sens orthodoxe de l'interprétation. Tant qu'il n'y a aucun lien avec la volonté, il n'est pas soutenable de prétendre qu'il s'agit d'une interprétation. Il conviendrait par conséquent, de choisir un autre procédé qui pourrait justifier l'amplification du contenu contractuel par l'ajout ou la révélation des obligations non exprimées. Cette solution est préférable à une distorsion des institutions ou des mécanismes en les forçant à mettre de nouveaux habits étriqués, surannés et peu commodes.

Le procédé le mieux adapté à une éventuelle opération d'ajout au contrat de nouvelles obligations est, en l'occurrence, l'utilisation des articles 1135 du Code civil et 243 du Code des obligations et des contrats, siège de l'implicite dans le contrat, où s'entremêlent objectif et subjectif, moral et économique dans le seul but d'assurer la floraison du contenu du contrat. Philippe Jacques précise dans ce sens que « l'article 1135 ne concerne que l'accroissement du contenu d'un accord au-delà de ce qui se trouve exprimé ; ne visant pas la détermination de leur commune volonté »[7]. Christian Larroumet souligne dans le même sens que « le dirigisme contractuel jurisprudentiel n'a rien à voir avec l'interprétation du contrat. On a quelquefois considéré que lorsque la jurisprudence avait impérativement inclus des obligations dans les contrats, le juge procédait par voie d'interprétation divinatoire. Mais, il ne s'agit plus d'interprétation. Il s'agit, pour le juge, de créer purement et simplement une règle de droit impérative au nom de l'ordre public contractuel »[8].

Les articles 243 du c.o.c et 1135 du Code civil ne partagent donc pas les traits caractéristiques des règles d'interprétation puisque l'enrichissement du champ contractuel peut opérer à partir d'un accord clair et précis[9]. Un auteur rejoint

---

[1] LEVENEUR, L., Le forçage du contrat, droit et patrimoine, n° 58, mars 1998, p. 74.
[2] GHESTIN, J., JAMIN, Ch. et BILLIAU, M., Les effets du contrat, éd. LGDJ 1998, n° 42, p. 58.
[3] TERRE, F., SIMLER, Ph. et LEQUETTE, Y., Les obligations, éd. Dalloz 2005, n° 461, p. 465.
[4] PICOD, Y., Articles 1134 et 1135 du code civil, fascicule 11, n° 36.
[5] ROCHFELD, J., Cause et type de contrat, éd. LGDJ 1999, n° 386, p. 350.
[6] MALEVILLE, M.-H., Pratique de l'interprétation des contrats, étude jurisprudentielle, éd. Presse Universitaire de Rouen, 1991, n°514, p. 253.
[7] Ph. Jacques, Regards sur l'article 1135 du Code civil, op. cit., n° 137 p 258.
[8] LARROUMET, Ch., Droit civil : les obligations, le contrat, 1re Partie, Conditions de formations, éd. Economica 2007, n° 141, p. 121.
[9] Ph. Jacques, Regards sur l'article 1135 du Code civil, op. cit., n° 137 p 258.

cette idée en affirmant : « il faut bien voir qu'avec l'article 1135 l'objet de la recherche de l'interprète se déplace : il ne s'agit plus de scruter l'intention réelle des parties, mais de rechercher objectivement quelles sont les suites du contrat imposées par la loi, les usages ou l'équité »[1]. De même, un auteur tunisien a souligné à cet égard : « alors que l'interprétation tend par l'usage de certaines techniques subjectives à découvrir l'intention des parties, l'adjonction des suites, le procédé est objectif, le juge ajoute au contrat des obligations rendues exigibles par la nature du contrat, la loi ou même les usages »[2].

29. Ceci se fait grâce à l'article 1135, qui lui permet clairement de l'accomplir. Le juge est autorisé en droit tunisien, mais aussi en droit français, à procéder à un ajout au contrat, même si ce dernier n'est pas déduit de la volonté, et ce, à condition de remplir les critères avancés par les articles 243 et 1135. Comme un auteur l'a justement affirmé, le juge a pu, par l'entremise de cet article, s'arroger « un droit de regard sur le contenu du contrat »[3].
Le pouvoir du juge est important à ce stade, il « dose souverainement le potentiel obligatoire d'une catégorie conventionnelle »[4], et doit compléter le contrat par ce que les parties ont omis d'exprimer. Il doit réputer écrit ce qui ne l'est pas. C'est souvent l'inverse de ce que commande la sanction de « réputer non écrit »[5]. Cette clause exclut du contenu contractuel ce qui est matériellement exprimé, alors que l'implicite réintègre au contenu ce qui n'y est pas exprimé mais dont l'existence est rendue vraisemblable sur la base de certains critères. Il suppose écrit ce qui ne l'est pas.
La tâche du juge est ici très sensible ; il doit savoir bien doser le contrat des obligations nouvelles. Un surdosage risquerait de provoquer la mort du contrat en tant qu'instrument au service de la volonté. Un dosage de moins empêcherait le contrat de réaliser l'objectif qui lui est assigné par les parties. Le juge doit ainsi concilier entre plusieurs idées et principes. Il lui est impératif de préserver l'utilité que représente le contrat pour les parties. Les obligations découvertes ou dévoilées dans le contrat n'ont aucun intérêt si ce n'est de satisfaire les attentes légitimes des parties et leur permettre d'atteindre l'utilité à laquelle elles aspirent. Le juge détient ainsi, au nom de l'implicite, un pouvoir très important qu'il est contraint d'exercer au sein du contenu contractuel.

30. Le juge, lorsqu'il exerce son « pouvoir » de faire émerger l'implicite, le fait-il sous le contrôle de la Cour de cassation ou agit-il librement ? Tout dépend de

---

[1] Gille Goubeaux, La règle de l'accessoire en droit privé : étude sur la maxime "accessorium sequitur principale", éd. LGDJ 1969, p. 147, n° 94.
[2] MAHFOUD, M., Théorie des suites du contrat, RJL 2008, n° 6, p. 99, spéc. p. 101.
[3] MAZEAUD, D., Le juge et le contrat : variations optimistes pour un couple illégitime, art. préc., p. 237. C'est là la même idée d'un auteur tunisien. Voir sur ce point ZINE, M., Théorie générale des obligations, 1 – Le contrat, éd. Tunis 1997, p. 312, n° 387-2.
[4] JOSSERAND, L.,L'essor moderne du concept contractuel *In* Mélanges F. Geny, t II, p.339.
[5] Consulter surtout : GAUDEMET, S., La clause réputée non écrite, éd. Economica 2006.

la qualification que l'on donne à l'implicite ; s'il est un élément de fait, il sera par conséquent hors du contrôle de la Cour de cassation, mais s'il est un élément de droit, il sera alors soumis à son contrôle[1].
Un examen attentif et réfléchi du rôle joué par le juge dans le cadre de l'implicite permet de favoriser l'idée que celui-ci, tout en révélant ce qui est implicite, contribue à la création des nouvelles obligations contractuelles. La tâche du juge apparaît ainsi de droit, et non de fait ce qui favorise l'idée de sa soumission au contrôle de la Cour de cassation. Cette dernière doit vérifier que le contrat n'a pas été dénaturé par l'ajout de nouvelles obligations. Elle vérifie également le respect par le juge des conditions de l'adjonction de l'implicite au contenu contractuel déclaré. La doctrine française n'est pas unanime sur la question. Toutefois, l'idée du contrôle semble plus défendable aussi bien en droit français qu'en droit tunisien[2].

31. L'implicite dans le contrat évoque une autre difficulté, celle relative à son domaine. En d'autres termes, l'implicite dans le contenu contractuel est-il toujours un accessoire au contrat ou peut-il en être fondamental ? Une lecture des articles 1135 du Code civil français et 243 du Code des obligations et des contrats, permet de déduire qu'a priori, ce que le juge procède à adjoindre au contenu du contrat, c'est la suite de ce qui est exprimé dans le même contrat. Le terme *suite* signifie-t-il forcément *l'accessoire* ? Le dictionnaire le Petit Robert définit la suite comme étant la « situation de ce qui suit, vient après »[3]. Le même dictionnaire observe que ce terme signifie également « prolonger ». Il s'ensuit que l'implicite est ce qui prolonge ou complète l'explicite. Il y a, dans le mot « suite » l'idée d'une apparition tardive ou ultérieure par rapport à ce qu'elle suit ou en fait le prolongement.
D'un point de vue étymologique, l'implicite est nécessairement accessoire à ce qui est explicité ou déclaré. En choisissant l'essentiel, l'implicite permet d'adjoindre les accessoires. C'est la question de l'étendue de l'opération qui se pose dans ce cadre. Les applications sont ici nombreuses[4]. En matière de vente,

---

[1] Pour le contrôle de la Cour de cassation en Tunisie voir surtout : BEN AMMOU, N.,Le pouvoir de contrôle de la Cour de cassation, Thèse Tunis 1996.
[2] Sont favorables au contrôle de la Cour de cassation : LEVENEUR, L., Le forçage du contrat, Droit et Patrimoine, n° 58, mars 1998, p. 69, spéc. p. 76 ; G. Marty et P. Raynaud, Droit civil, Tome II, 1er volume, Les obligations, éd. Sirey 1962, p. 202, n° 219 ; Y. Picod Juris-classeur civil – articles 1134 à 1135. Effet obligatoire des conventions - Exécution de bonne foi des conventions (date de fraicheur 19 décembre 2006), n° 62. En droit tunisien : BEN AMMOU, N.,Le pouvoir de contrôle de la Cour de cassation, Thèse Tunis 1996.
[3] Le Petit Robert de la langue française « mots », éd. 2007 précité.
[4] En droit tunisien, plusieurs articles du Code des obligations et des contrats peuvent être cités ici. Hormis l'article 610 qui concerne la vente, on peut également citer les articles suivants : 619 relatif à la vente d'un navire (cet article est à rapprocher de l'article 14 du Code tunisien de commerce maritime) ; 620 relatif à la vente d'un fonds de commerce ; 621 sur le vente de l'emballage. Voir pour toutes ces questions : Voir sur ce point : JERBI, S., L'interprétation du contrat, Thèse Tunis 1998, éd. CPU 1999, p. 203, n° 189. Ces mêmes solutions sont

les textes précisent que la vente d'une chose emporte la vente de ses accessoires, même si rien n'est précisé[1]. En matière des sûretés, le nantissement d'un bien emporte par défaut ses accessoires[2]. Toutefois, l'adjonction de l'accessoire n'est pas toujours possible. Dans certains cas, le législateur exclut ce principe et exige une volonté expresse pour que l'accessoire puisse passer avec le principal[3].

Il est utile de signaler, à cet égard, que la perfection du contrat peut être mise en cause lorsque les parties ne sont pas d'accord sur les éléments essentiels du contrat conformément à l'article 23 du Code des obligations[4]. Cependant, elles peuvent s'entendre sur un élément essentiel sans le préciser dans le texte du contrat. De surcroît, elles peuvent elles-mêmes décider d'essentialiser un élément normalement accessoire comme elles peuvent reléguer au rang d'accessoire un élément qui est d'habitude essentiel[5].

Le qualificatif de principal ou d'accessoire n'est pas une question facile à trancher[6]. Ce qui est certain, et loin de tout jugement de valeur, c'est que ce qui est déclaré, détermine ce qui est implicite. Cette idée se dégage facilement des termes des articles 1135 et 243. Le juge ajoute ainsi quelque chose de nécessaire à ce qu'ont déclaré les parties. Il parfait l'opération désirée par les parties. Ce qui est déclaré détermine alors ce qui est non-dit ou caché. L'essentiel est qu'il existe entre les deux volets du contenu contractuel une complémentarité et une harmonie, de sorte que le contrat soit un tout cohérent où l'on n'entend pas la moindre dissonance[7].

---

envisageables en droit français, mais sur la base d'une jurisprudence. Consulter : F. Collart Dutilleul et DELEBECQUE, Ph., Contrats civils et commerciaux, éd. Dalloz 2007, p. 208, n° 228 ; Ph. Malaurie, L. Aynès et P.-Y. Gautier, Les contrats spéciaux, éd. Défrenois 2009, p. 186, n° 307.

[1] Art. 1615 C. civ. : « l'obligation de délivrer la chose comprend ses accessoires et tout ce qui a été destiné à son usage perpétuel ». C'est l'équivalent de l'article 610 C.o.c. Voir sur ce point : JERBI, S., L'interprétation du contrat, Thèse Tunis 1998, éd. CPU 1999, p. 203, n° 189.

[2] Art. 2359 C. civ. : « le nantissement s'étend aux accessoires de la créance à moins que les parties n'en conviennent autrement ».

[3] Ex : Art. 1278 C. civ. : « les privilèges et hypothèques de l'ancienne créance ne passent point à celle qui lui est substituée, à moins que le créancier ne les ait expressément réservés ».

[4] La même solution est adoptée en droit français, mais grâce à une jurisprudence ancienne de la Cour de cassation française. Voir ici : Req. 19 janvier 1863, D.P. 1863, 1, 185 (cité par M. Delebecque dans sa thèse précitée, les clauses allégeant les obligations dans les contrats, op. cit., p. 202-203, n° 169).

[5] LAUDE, A., La reconnaissance par le juge de l'existence d'un contrat, éd. du Presse Universitaire d'Aix-Marseille 1992, n° 373, p. 243 et s pour la dessentialisation et n° 392, p. 257 pour l'essentialisation d'un élément normalement accessoire.

[6] Voir surtout : GOUBEAUX, G., La règle de l'accessoire en droit privé : étude sur la maxime "accessorium sequitur principale", éd. LGDJ 1969 ; Chr. Juillet, Les accessoires de la créance, éd. Défrenois 2009.

[7] Certains auteurs parlent de nos jours d'un principe de cohérence. Consulter dans ce sens : FAGES, B., Le comportement du contractant, éd. presse universitaire d'Aix-Marseille 1997, n° 595 et s où il développe une obligation de cohérence ; HOUTCIEFF, D., Le principe de cohérence en matière contractuelle, thèse université de Paris XI 2000 ; J. Mestre et FAGES, B.,

35. D'un autre côté, l'implicite pose lui-même des questions supplémentaires concernant la nature des obligations dont il favorise l'adjonction au contrat ou vis-à-vis des personnes qui ont intérêt à voir le contrat à contenu intangible. Pour ce qui est de la nature des obligations ajoutées au contrat par lesquelles l'implicite assure un enrichissement, il est préférable de les considérer comme contractuelles, même si elles peuvent être puisées dans des principes généraux de droit. La qualification de contractuelle apparaît la plus défendable. Elle a le mérite de soumettre le contrat dans toute sa composition à un seul régime ; c'est l'exigence d'homogénéité qui l'impose.
Enrichir le contrat en lui ajoutant de nouvelles obligations non voulues par les contractants, peut, dans certaines hypothèses, perturber les prévisions et les intérêts des personnes qui ont composé avec la fixité du contenu du contrat, celles qui se sont basées uniquement sur ce qui est exprimé. Cette hypothèse est vérifiable surtout pour les garants et les cautions. Une personne qui a donné son cautionnement pour un débiteur a souvent intérêt à voir les engagements de ce dernier allégés et non aggravés ou alourdis. En étendant le contenu du contrat principal, l'extension est-elle valable également pour l'engagement de la caution. Cette idée est rendue vraisemblable par le caractère accessoire du cautionnement et des autres sûretés personnelles[1]. En vertu de ce caractère accessoire, la caution devrait assumer toutes les suites de l'obligation principale[2]. Cette extension de l'étendue du cautionnement n'est en réalité, pas très compatible avec une interprétation stricte souvent recommandée en la

---

TOURNEAU, Ph., De l'art et de la manière de négocier et de conclure des contrats internationaux, GP. n° 5 du 05 janvier 1996, p.2 ; WICKER, G., Force obligatoire et contenu du contrat, *In* Les concepts contractuels français à l'heure des principes du droit européen des contrats, éd. Dalloz 2003, p. 175 ; FAGES, B., Portée de la clause désignant la version linguistique qui fait foi entre les parties, note sous CA Versailles, 12e Chambre, section 2, 7 juin 2007. En droit tunisien : voir surtout : MZID, N., Essai sur la négociation du contrat en droit civil, RTD 2000, p.313, spéc. p. 356..

[1] Voir sur ce point : SIMLER, Ph., Le cautionnement est-il encore une sûreté accessoire, *In* Mélanges GOUBEAUX, G., éd. LGDJ 2009, p. 497. Consulter aussi : Ph. Simler et DELEBECQUE, Ph., Droit civil, Les sûretés, La publicité foncière, éd. Dalloz 2009, p. 38, n°47 ; SIMLER, Ph., Cautionnement, Garanties autonomes, Garanties indemnitaires, éd. Litec 2008, p.52, n° 47, M. Cabrillac, Ch. Mouly, S. Cabrillac et Ph. Pétel, Droit des sûretés, éd. Litec 2007, p. 57, n°77 ; L. Aynès et P. Crocq, Les sûretés, La publicité foncière, éd. Defrénois 2008, p. 25, n°121. En droit tunisien : MELLOUI, S., L'évolution des sûretés personnelles au cours du XXe siècle, RTD 1999, p. 301 ; A. Jellouli, L'extinction du cautionnement, RTD 2001, p. 271 ; A. Jellouli, La prise en considération de l'intérêt du créancier dans les règles du cautionnement (en arabe), *In* Etudes de droit des sûretés personnelles et réelles, ouvrage collectif, sous la direction de B. Ferchichi, éd. Tunis 2009, p. 413; L. Boucetta, Les spécificités du cautionnement, *In* Etudes de droit des sûretés personnelles et réelles, ouvrage collectif élaboré sous la direction de B. Ferchichi, éd. Tunis 2009, p. 376. Voir également : I. Memmiche, L'efficacité du cautionnement : une analyse à travers la spécificité du caractère accessoire de l'engagement de la caution, thèse Tunis 2003-2004.

[2] SIMLER, Ph., Cautionnement, Garanties autonomes, Garanties indemnitaires, éd. Litec 2008, p. 276, n° 263. Voir également : MELLOUI, S., L'évolution des sûretés personnelles au cours du XXe siècle, RTD 1999, p. 301,spéc. p.304-305.

matière[1]. En application de cette règle d'interprétation, s'il subsiste un doute sur le fait de savoir si telle obligation doit ou non être comprise parmi celles qui sont couvertes par la garantie, son exclusion doit être favorisée[2]. Cette règle, limite sensiblement la marge laissée à l'implicite, c'est l'explicite qui l'emporte le plus souvent.

36. A un autre niveau, ces contrats de cautionnement et de garantie sont souvent propices à l'idée de l'implicite[3]. Dans ce domaine, l'article 1135 du Code civil incarne une utilité particulière. Très souvent un problème se pose concernant l'étendue du cautionnement ; est-ce qu'il couvre uniquement l'obligation principale ou même ses accessoires[4] ? Le problème a été posé depuis un certain temps devant la Cour de cassation française qui l'a résolu comme suit : « qu'il est de principe que, lorsque les termes du cautionnement sont généraux et indéfinis, la caution est engagée à toutes les obligations, tant principales qu'accessoires, qui dérivent de la convention à laquelle elle a accédé »[5]. Cette position sera confirmée un peu plus tard par la même Cour : « le cautionnement qui garantit en termes généraux et indéfinis l'exécution du contrat s'étend à tous les accessoires de ce contrat, et notamment aux dommages-intérêts que peut entrainer l'inexécution des obligations qui en découlent »[6].
Il en ressort que le problème de l'étendue matérielle[7] des engagements de la caution s'accentue davantage pour le cautionnement général[8]. A titre d'exemple, dans le contrat de bail, qui paraît très révélateur[9] de cette relation entre implicite et cautionnement, celui qui cautionne un preneur, sans autre

---

[1] Art. 2292 C. civ. « le cautionnement ne se présume point ; il doit être express, et on ne peut l'étendre au-delà des limites dans lesquelles il a été contracté ». Voir sur ce point : MALEVILLE, M.-H., Pratique de l'interprétation des contrats, éd. PU de Rouen 1991, p. 175, n° 316. L'auteur souligne que cette recommandation d'interprétation n'est qu'une application de l'article 1162 du C. civ. (spéc. p.176).
[2] SIMLER, Ph., Cautionnement, Garanties autonomes, Garanties indemnitaires, éd. Litec 2008, p. 280-281, n°.267.
[3] Voir ce point surtout : P. Grosser, La Cour de cassation et l'article 2293 du Code civil, *In* Mélanges GOUBEAUX, G., éd. LGDJ 2009, p. 203, spéc. p. 212.
[4] SIMLER, Ph., Cautionnement, Garanties autonomes, Garanties indemnitaires, éd. Litec 2008, p. 281, n° 267.
[5] Req., 22 juillet 1891, DP 1893, I, p. 259.
[6] Req., 20 mars 1922, DP. 1923, I, 21.
[7] Etendue matérielle se dit par opposition à étendue temporelle des engagements de la caution. Ce second cas semble ne pas alimenter beaucoup de discussions. La jurisprudence française semble être souvent défavorable à une prolongation de la durée du cautionnement en cas de reconduction tacite du contrat cautionné sauf si une clause contractuelle le dispose expressément. Cette position qui semble défendable, a été annoncée à plusieurs reprises pour un contrat de bail (ex : CA Paris, 16 juin 1993, JCP N 1994, II, 49, note B. Wertenshlag) comme pour un contrat d'ouverture de crédit (ex : 11 février 1997, D. 1998, 552, note D. D. Boccara).
[8] Art. 2293 C. civ. : « le cautionnement indéfini d'une obligation principale s'étend à tous les accessoires de la dette ».
[9] J. François, Droit civil, tome VII, Les sûretés personnelles, éd. Economica 2004, p. 175, n° 200.

précision, est-il tenu seulement au titre des loyers, ou également à toutes les autres obligations que la loi ou le contrat mettent à la charge du preneur[1]. La jurisprudence française semble favorable à une extension de l'engagement de la caution. Cette dernière peut se voir obligée de payer également les frais des dégradations commises[2]. Elle est aussi tenue, dans cette hypothèse, de réparer les dégâts causés par un incendie qui a ravagé le bâtiment[3].

37. Au sujet de l'étendue de l'engagement de la caution, l'article 2293 du Code civil est d'une grande utilité. Cet article détermine l'étendue du cautionnement ; ce que l'on peut présumer comme faisant partie du contenu de ce contrat, même en l'absence de toute stipulation contractuelle. Certains auteurs, en analysant l'article 2293, envisagent de le rattacher à l'article 1135 du même Code[4]. En réalité, la parenté entre ces deux articles est évidente ; ils traitent d'un même point, la portée des engagements contractuels, ce que l'on ajoute à l'expression des parties. En effet, l'article 2293 paraît à cet égard une application de la philosophie adoptée par l'article 1135 ; aux obligations contractuelles expressément choisies par les parties, la loi en adjoint de nouvelles, ce qui donne davantage d'étendue au contenu du contrat. La question se complique davantage en cas d'existence des assurances. Dans ces hypothèses, l'obligation de couverture des assureurs peut être sujette à des discussions. A travers toutes ces situations, l'implicite n'est pas toujours le bienvenu.

38. Ces mêmes inquiétudes et interrogations que suscite l'implicite en droit français sont également valables en droit tunisien. En matière des sûretés, la ressemblance entre le droit français et le droit tunisien est évidente[5], le législateur s'est beaucoup inspiré des législations occidentales dont les textes sur les sûretés étaient clairs et précis. Le droit musulman a également exercé

---

1 Consulter : MALEVILLE, M.-H., Pratique de l'interprétation des contrats, éd. PU de Rouen 1991, p. 177, n° 319.

2 Voir à cet égard : Cass. 1re civ., 23 juin 1992, Bull. Civ. I, n° 193. Voir également : SIMLER, Ph., Cautionnement, Garanties autonomes, Garanties indemnitaires, éd. Litec 2008, p. 305, n° 294.

3 CA Chambéry, 10 avril 1867, S. 1867, 2, p. 212 ; CA Orléans, 7 décembre 1988, RTD civ. 1989, p. 359, Obs. Bandrac. Cette jurisprudence est citée par : SIMLER, Ph., Cautionnement, Garanties autonomes, Garanties indemnitaires, éd. Litec 2008, p. 305, n° 294.

4 Cette idée est très ancienne. Un auteur l'a depuis longtemps précisée : DURANTON, M.,Cours de droit français suivant le Code civil, Tome 6e, éd. Alex-Gobelet, Paris 1834, p. 400, n° 386. Récemment un autre l'a réclamée :
P. Grosser, La Cour de cassation et l'article 2293 du Code civil, *In* Mélanges GOUBEAUX, G., éd. LGDJ 2009, p. 203, spéc. n° 9, p. 212.

5 B. Mannoubi Ferchichi, Réflexions sur l'éclatement du droit des sûretés après sa codification en 1906 (en arabe), *In* Livre du centenaire du Code des obligations et des contrats 1906 – 2006, éd. CPU 2006, p. 461, spéc. p. 462. Il est utile de signaler à cet égard que seuls les textes relatifs au cautionnement figurent au Code des obligations et des contrats, les autres sûretés figurent depuis 1965 au Code des droits réels.

une influence indéniable. Les rédacteurs du Code des obligations et des contrats ont cité les sources du droit musulman[1]. Les textes sur le cautionnement n'échappent pas à cette remarque, ils sont très proches de ceux admis par le droit musulman[2]. En matière de cautionnement, et afin de déterminer l'étendue de l'engagement de la caution, c'est à l'article 1492 du Code des obligations et des contrats qu'il faut s'adresser[3]. La doctrine tunisienne a, depuis un certain temps, éveillé la jurisprudence sur l'utilité que pourrait incarner l'article 243 dans ce domaine[4]. Très souvent, la jurisprudence tunisienne a tendance à donner à l'engagement de la caution la même étendue que celui de la personne cautionnée, c'est ce qui ressort du moins de certaines décisions tunisiennes[5].

39. L'exploration de cet implicite, en utilisant les outils offerts par les articles 243 du Code des obligations et des contrats, et 1135 du Code civil et éventuellement d'autres, est tributaire, dans une large mesure, de l'audace des juges et de leur perspicacité. Marty l'a déjà affirmé depuis 1949 : les juges doivent *se débarrasser de la timidité et épouser la hardiesse*[6]. Le juge est l'inspirateur de l'implicite, et c'est de son effort que dépendent l'affirmation de l'implicite et l'importance du rôle qu'il pourrait remplir dans le contenu du contrat. Est-il arrivé à bien exploiter les trésors de cet article et à nous en faire découvrir les merveilles ?
Pour les parties contractantes, l'étude de l'implicite et de son effet sur le contenu contractuel, invite à être plus précis et les pousse à conclure des contrats parfaits qui ne laissent pas de place à cet intrus, souvent indésirable, ou du moins à rétrécir autant que possible son domaine d'intervention[7]. Le

---

[1] MELLOUI, S., L'évolution des sûretés personnelles au cours du XXe siècle, RTD 1999, p. 301, spéc. p. 307 (l'auteur cite les jurisconsultes musulmans dont les livres étaient consultés par les rédacteurs du Coc).
[2] BEN TALEB, A., Aperçu sur les sûretés en droit musulman (en arabe), *In* Etudes en droit des sûretés réelles et personnelles, ouvrage collectif élaboré sous la direction de B. Ferchichi, éd. Tunis 1997, p. 177.
[3] Art. 1492 : « Lorsque le cautionnement n'est pas expressément limité à une somme fixe, ou à une partie déterminée de l'obligation, la caution répond aussi des dommages-intérêts et des dépenses encourues par le débiteur principal, à raison de l'inexécution de l'obligation. La caution ne répond pas des obligations nouvelles contractées par le débiteur principal après la constitution de l'engagement qu'elle a garanti. Cependant lorsque la caution a expressément garanti l'exécution de tous les engagements contractés par le débiteur à raison du contrat, elle dépend, comme le débiteur principal, de toutes les obligations dont ce dernier peut être tenu de ce chef ». Cet article est l'équivalent de l'article 2293 du C. civ.
[4] HACHEM, M.-L., observations sous C. App. Tunis, n° 4911, du 12 juillet 1978, RTD 1978, I, p. 15, spéc. p. 24.
[5] Ex : C. App. Tunis, n° 23531 du 25 octobre 1995, RJL 1995, n° 11, p. 77.
[6] MARTY, G., Le rôle du juge dans l'interprétation des contrats, travaux de l'association H. Capitant 1949, p.84 spéc. p. 91.
[7] Voir sur ce point : PUTMAN, E., L'introuvable contrat complet, RRJ 2008, n° 22, p. 2477, spéc. p. 2482, n° 19.

laconisme des parties sera comblé par l'implicite. Qui plus est, le comblement est souvent objectif.
D'un autre côté, l'implicite est une invitation indirecte aux parties de répudier avec les intentions malsaines qu'elles introduisent souvent dans leur contrat tel que l'abus ou l'intention de s'enrichir injustement aux dépens de son cocontractant[1]. L'implicite est à ce niveau synonyme de réfutation de l'abus et de l'exploitation dans le contrat. A ce stade, l'implicite paraît une technique reliant le dernier alinéa de l'article 1134 et l'intégralité de l'article 1135 du Code civil. En réfutant la duperie et l'abus et en enjoignant la bonne foi et la droiture, l'implicite rend hommage à l'article 1134-3 du Code civil. En permettant d'aller encore plus loin et d'assurer au contrat un véritable ajout d'obligations nouvelles, il invoque l'article 1135 du Code civil. Pour le droit tunisien, cela est plus simple, ce qui est méritoire ; l'implicite est réduit à un seul article qui est l'article 243 du Code des obligations et des contrats.

Il est utile de souligner que le domaine de l'implicite est plus vaste que cette étude. Celui-ci n'est étudié ici que dans sa relation avec le contenu contractuel. D'emblée sont exclus du domaine de cette étude les cas où le lien avec le contenu contractuel n'est pas direct. Il en est ainsi des clauses de reconduction tacite des contrats[2]. Ces dernières qui font indubitablement partie du contenu contractuel, ne concernent que le renouvellement du contrat ; un nouveau contrat prend naissance au terme du premier. La volonté tacite n'ajoute rien au contenu contractuel, elle lui offre une nouvelle vie, une nouvelle durée contractuelle, ce qui est différent de l'effet de l'implicite qui assure un enrichissement au contrat tout en le maintenant sans provoquer sa prorogation ni son remplacement.

40. En somme, aborder le sujet de l'implicite et le contenu contractuel, c'est préciser, finalement, l'effet que produit le premier sur le second. C'est l'étendue du contenu contractuel qui va être étudiée. L'idée cardinale est que l'implicite est un procédé de perfectionnement du contenu contractuel mis à la disposition du juge qui pourrait l'utiliser en cas de réalisation de certaines conditions. Ce perfectionnement ne signifie pas forcément un ajout de nouvelles obligations au contrat. D'ailleurs, dans une première étape, l'implicite n'ajoute pas vraiment au contrat de nouvelles obligations. Il ne l'enrichit donc pas par l'adjonction de nouvelles obligations. Il se contente d'exprimer ce qu'enjoignent la morale, le bon sens et la logique. Il donne une expression à certaines exigences indispensables à l'intelligibilité du contrat. A ce stade, l'implicite n'est qu'une expression du contenu contractuel **(Première Partie).**
Dans une seconde étape, l'implicite pousse d'un cran ses effets et permet un véritable ajout au contenu contractuel. Il permet au juge de prendre la relève des

[1] Tel est le cas de l'introduction d'une clause dérisoire de réparation.
[2] Voir ici : C. Najm-Makhlouf, Tacite reconduction et volonté des parties, Thèse Paris 2, 2009.

parties contractantes et de fournir à l'opération qu'elles ont lancée, les garanties nécessaires à sa bonne réalisation. Il le fait bien évidemment à la lueur de ce qu'elles ont exprimé. Ici, l'implicite permet un enrichissement du contenu contractuel **(Seconde Partie).**

Première Partie

L'implicite ou l'expression du contenu contractuel

La première des fonctions de l'implicite, celle systématiquement évoquée, est la révélation de ce qui est enfoui dans les recoins du contenu du contrat. Ce qui est d'évidence dans un contrat doit être ressorti par le juge.

Il est utile de signaler à cet égard que ce qui va être révélé dans cette étape n'est pas forcément voulu par les parties. Ce caractère permet de démarquer davantage l'implicite de l'interprétation[1]. En effet, l'implicite permet de donner une expression à certaines idées qui figurent par défaut dans tout contrat, même si aucun signe n'est donné par les parties. Ce sont des idées qui font indubitablement partie du contenu contractuel, abstraction faite de la volonté des parties. Parmi les idées inhérentes à tout contrat, la morale s'élève la première. Elle a son mot à dire, même si cela n'est pas explicitement exigé. L'implicite va aider à donner une expression à cette exigence. Durant l'exécution du contrat, tout ce qui contrevient aux valeurs morales va être neutralisé. Ceci concerne surtout les prérogatives contractuelles. Le contractant doit respecter dans l'exercice de ses prérogatives ce que dispose la morale. Une exigence de modération est requise même si rien n'est stipulé expressément dans le contrat.

A côté de la morale, c'est à la logique qu'il faut s'adresser pour puiser une autre idée qui est évidente dans tout contrat. La logique commande de respecter une exigence de cohérence. L'implicite donne également une expression à cette exigence et favorise son introduction au sein du contenu contractuel. La cohérence, bien que visant directement la matière du contrat ne permet pas de la modifier ni de l'enrichir. Elle favorise uniquement un réaménagement, une mise en ordre du contenu contractuel. Elle s'adresse également au comportement du contractant.

Il est utile de préciser que dans cette étape, l'effet que produit l'implicite sur le contenu contractuel concerne essentiellement ce qui est exprimé par les parties contractantes. Sur ce point, l'implicite permet de donner une expression à la morale contractuelle **(Titre premier)** et à la cohérence contractuelle **(Titre second).**

---

[1] Pour une plus ample comparaison entre l'adjonction de l'implicite et l'interprétation, voir la seconde partie de cette étude.

Titre premier

L'expression de la morale contractuelle

41. Depuis longtemps, un auteur a réclamé l'introduction de la règle morale dans la sphère contractuelle[1]. M. Alain Bénabent, parlant également du contrat, a souligné qu'un souci de moralité « doit y présider »[2]. Lorsqu'on parle de la règle morale, se pose d'emblée la question de la bonne foi[3]. Celle-ci est, pour certains auteurs, toujours sous-entendue dans les contrats[4] de telle sorte qu'on ne peut imaginer un contrat sans cette exigence.

En effet, l'article 243 *in limine* du Code des obligations et des contrats ou encore l'article 1134, alinéa 3 du Code civil français, favorisent cette idée de bonne foi sous-entendue, et souvent généralisée dans les contrats. La formulation desdits articles conforte une telle analyse. René Rodière, qui était du même avis, avait précisé à cet égard : « la loi veut de façon impérative que les contrats soient exécutés de bonne foi »[5]. La bonne foi est ainsi impliquée dans tout contrat, même en l'absence de toute stipulation contractuelle ; elle est présupposée dans tous les contrats. L'implicite permet à ce stade de donner expression à cette exigence.

En sous-entendant la bonne foi dans le contrat, on favorise la souplesse plutôt que la rigidité de ce contrat[6]. Depuis longtemps, l'on associe à la bonne foi

---

[1] G. Ripert, La règle morale dans les obligations civiles, éd. LGDJ 1949.

[2] BENABENT, A., Rapport français *In* La bonne foi, travaux de l'association H. Capitant, 1992, p. 293.

[3] Consulter : LYON-CAEN, G., De l'évolution de la notion de bonne foi, RTD civ. 1946, p.75 ; R. Vouin, La bonne foi, notion et rôle actuel en droit privé français, thèse Bourdeaux1939 ; PICOD, Y., Le devoir de loyauté dans l'exécution du contrat, thèse Dijon, éd. LGDJ 1989 ; PICOD, Y., L'exigence de bonne foi dans l'exécution du contrat, *In* Le juge et l'exécution du contrat, Presse Universitaire d'Aix-Marseille 1993, p. 57 ; BENABENT, A., La bonne foi dans l'exécution du contrat, travaux de l'association H. Capitant 1992, p. 291 ; Desgorges, La bonne foi dans le droit des contrats : rôle actuel et perspectives, thèse Paris 1992 ; AYNES, L., L'obligation de loyauté, archives de philosophie du droit, t44, 2000, p. 195. Pour le droit tunisien voir surtout : HAMMOUDA, M., De l'exécution de l'obligation avec loyauté *In* Mélanges S. Ben Halima, édition CPU 2005, p. 1081.

[4] Domat l'a bien précisé en affirmant qu' « il n'y a aucune convention où il ne soit sous entendu que l'on doit à l'autre la bonne foi », Domat, Traité des lois, ch. 5, n°5.

[5] R. Rodière, Répertoire civil, responsabilité contractuelle, n°167.

[6] STOFFEL-MUNCK, Ph., Regards sur la théorie de l'imprévision, vers une souplesse contractuelle en droit privé français contemporain, éd. PUAM 1994.

l'idée d'une révision sous-entendue du contrat. Se pose ainsi, l'idée d'un contrat implicitement révisable **(chapitre premier).**

En sous-entendant la bonne foi, l'on sous-entend en même temps l'élimination de l'abus dans les contrats **(chapitre second).**

Chapitre premier

De l'idée d'un contrat implicitement révisable

42. M. Christophe Jamin définit la révision du contrat comme étant « toute modification du contrat par rapport à son architecture originaire, quels qu'en soient le motif et la source »[1]. La question de la révision des contrats se pose en cas de changement des circonstances au cours de l'exécution du contrat rendant cette dernière très onéreuse. Les parties contractantes en concluant leur accord ont compté sur la stabilité du milieu dans lequel s'exécute le contrat. La question qui se pose est de savoir si leur contrat est révisable, même s'il ne contient aucune stipulation sur son éventuelle révision.

Depuis longtemps, certains auteurs soutiennent l'idée d'un contrat implicitement révisable. La révision serait implicite dans tout contrat, sans besoin de l'exprimer. Chaque contrat renferme une clause implicite de révision qui rebondit en cas de changement de circonstances.

La question de révision du contrat constitue l'un des problèmes les plus épineux en droit des contrats. C'est un écueil sur lequel s'offusque toute tentative d'assouplissement du droit des contrats. La question n'est pas récente puisqu'elle remonte à des siècles où les ancêtres du droit français parlaient d'une clause implicite de révision du contrat **(section I)**. Cependant, la question est toujours d'actualité **(section II).**

Section I : Apparition de l'idée de révision implicite

Lorsqu'on parle de la révision du contrat, on pense d'emblée à la règle *rebus sic stantibus* **(§1)** et à la position jurisprudentielle **(§2)**

§1 : La règle rebus sic stantibus

43. La règle *rebus sic stantibus* se dit très souvent par opposition à la règle *pacta sunt servanda.* La première signifie que lorsqu'« un contrat est passé rebus sic habentibus – les choses étant ce qu'elles sont- en fonction des

---

[1] JAMIN, Ch., Révision et intangibilité du contrat, *In* Que reste-t-il de l'intangibilité du contrat ? Droit et Patrimoine n°58, mars 1998, p 46.

circonstances présentes »[1], il doit être modifié en cas de changement de ces circonstances. La règle *pacta sunt servanda* indique, en revanche, que les conventions doivent être respectées[2]. La clause *rebus sic stantibus* a été avancée par la doctrine classique en vue d'adoucir la rigueur de la règle *pacta sunt servanda* et d'ouvrir une possibilité de révision du contrat en cas de changement des circonstances. La relation a toujours été dialectique entre ces deux règles qui se disputent la vie du contrat. Pour certains auteurs, la règle *pacta sunt servanda* doit l'emporter puisqu'elle favorise la stabilité du contrat et la sécurité juridique. Pour une autre frange de la doctrine, un souci de mutabilité doit l'emporter sur celui de la stabilité[3]. Pour d'autres auteurs, « la règle rebus sic stantibus n'a pas pu détrôniser la règle pacta sunt servanda »[4].

44. Le problème qui a été posé, était celui de trouver un fondement à cette règle visant l'assouplissement de la loi contractuelle. Afin de résoudre cette question de la révision du contrat en cas d'imprévision, plusieurs fondements ont été avancés par la doctrine. L'un d'eux présentait une certaine originalité : celui de réviser, non pas sur la base des éléments extérieurs, mais sur la base de la volonté elle-même. La volonté qui crée l'engagement aménage sa révision et son maintien ; mais de quelle volonté s'agit-il ? L'originalité de cette thèse est qu'elle ne se base pas sur une volonté explicite, une volonté implicite déduite suffit à fonder la révision du contrat bouleversé par l'imprévision. Le contrat est adapté aux nouvelles circonstances sans porter atteinte à la volonté des contractants. Ce fondement est donc respectueux de la volonté des parties contractantes. Cette possibilité est consacrée dans la règle *rebus sis stantibus*[5]. Celle-ci, comme l'a dit un auteur, a pu « traverser les siècles, les frontières et, peut-être hermétique encore, les diverses branches de droit »[6]. D'autres précisent que cette règle remonte au droit canonique[7]. Au terme de ladite règle,

---

[1] H. Roland et L. Boyer, Adages de droit français, quatrième éd. Litec 2004, p. 767, n° 389. Voir aussi : ZINE, M., Théorie générale des obligations, 1 – Le contrat, éd. Tunis 1997, p. 268, n°334.

[2] H. Roland et L. Boyer, Adages de droit français, quatrième éd. Litec 2004, p.613, n° 309.

[3] Consulter : THIBIERGE-GULLFUCCI, C., Libres propos sur la transformation du droit des contrats, RTD civ. 1997, p. 357 ; JAMIN, Ch., Révision et intangibilité du contrat *In* Que reste-t-il de l'intangibilité du contrat ? Droit et Patrimoine n°58, mars 1998, p 46 et s.

[4] FAUVARQUE-COSSON, B., Le changement de circonstances, RDC 2004, n°1, p. 67 spéc. p. 69.

[5] H. Roland et L. Boyer, Adages de droit français, éd. Litec 1999, p. 767, n° 389 ; CERMOLACCE, A., Cause et exécution du contrat, thèse Aix-Marseille 2000, p. 229 et suivants ; JACQUES, Ph., Regards sur l'article 1135 du cde civil, éd. Dalloz 2005, p. 328, n°169-2 ; MALAURIE, Ph., AYNES, L. et STOFFEL-MUNCK, Ph., Les obligations, éd. Défrenois 2005, p367, n° 760.

[6] FAUVARQUE-COSSON, B., art. préc. p. 69.

[7] TERRE, F., SIMLER, Ph. et LEQUETTE, Y., Droit civil, Les obligations, éd. Dalloz 2005, p.474, n° 470. Ces auteurs ajoutent que Saint Thomas d'Aquin déclarait que « ne pas tenir sa promesse c'est mentir, mais seulement si les circonstances qu'on a pu prévoir lors du contrat se sont maintenues ; si au contraire, les circonstances sont profondément changées, celui qui a promis quelque chose ne commet aucune faute s'il refuse d'exécuter ».

« la convention conserverait toute sa force à la condition que les éléments et le contexte dans lequel elle avait été conclue restent les mêmes »[1].

Cette thèse, paraît *a priori* séduisante, elle joint l'utile à l'agréable en assurant en même temps la révision du contrat et le respect de la volonté des contractants. Une telle règle repose sur une volonté implicite des parties rendant le contrat révisable dès lors que les circonstances l'entourant changent sensiblement. Deux idées ont vocation à fonder une telle règle de révision implicite du contrat ; il existe tout d'abord des idées morales (A), côtoyées par des idées économiques (B).

A - Fondement moral de la règle

45. Il est enseigné depuis longtemps que la bonne foi est toujours sous-entendue dans les contrats[2]. Toutefois, l'implication de la bonne foi n'est pas une fin en soi. Cette notion doit être exploitée dans le sens qui favorise la mutabilité et la pérennité du contrat, ainsi que l'enrichissement de son contenu. En impliquant la bonne foi dans un contrat, on implique, en réalité, un ensemble d'obligations qui lui sont corollaires. Un contractant exige au nom de la bonne foi de son vis-à-vis, toutes les obligations attachées à cette notion, même non exprimées, entre autres l'exigence de réviser le contrat lorsque l'exécution de celui-ci est confrontée à un problème épineux la rendant très onéreuse pour le débiteur. Cette exigence de révision sous-entendue du contrat est en fait déduite de la bonne foi et de ses enseignements.

Il apparaît ainsi que par application de la clause *rebus sis stantibus,* tout contrat renferme implicitement une possibilité de son adaptation en cas de changement des circonstances entourant son exécution. La règle puise son fondement dans la bonne foi contractuelle : sous-entendre la bonne foi revient à sous-entendre la révision du contrat. L'exigence de bonne foi, comme l'ont démontré certains auteurs, « peut obliger les parties à adapter le contrat de longue durée aux circonstances économiques nouvelles, le cas échant en proposant la modification ou la renégociation »[3].

Les termes utilisés par l'article 243 *in limine* du Code des obligations et des contrats ou ceux de l'alinéa dernier de l'article 1134 du Code civil, laissent entendre que la bonne foi est une donnée à prendre impérativement en compte lors de l'exécution du contrat et que son exclusion est impossible par les parties contractantes. Un auteur a précisé dans ce sens qu'un « comportement de bonne foi englobe l'acceptation de la prise en compte des changements des circonstances survenant postérieurement à la formation du contrat »[4].

---

[1] CERMOLACCE, A., Cause et exécution du contrat, thèse Aix-Marseille 2000, p. 229, n° 359.

[2] Domat, Traité des lois, ch. 5, n°5.

[3] MALAURIE, Ph., AYNES, L. et STOFFEL-MUNCK, Ph., Les obligations, éd. Défrenois 2005, p. 372, n° 764.

[4] CERMOLACCE, A., Cause et exécution du contrat, thèse Aix-Marseille 2000, p. 232, n° 361.

46. En effet, cette idée paraît dans une certaine mesure défendable puisqu'aucun contractant n'aurait accepté de contracter s'il avait su, dès le début, que son contrat pouvait devenir pour lui source de malheur et de charges supplémentaires en cas de changement des circonstances. De plus, dire que tout contrat doit être exécuté de bonne foi, évoque systématiquement à l'esprit du contractant une possibilité de sa révision en cas de changement des circonstances. Le contrat ne demeure inchangé que lorsque les circonstances demeurent, elles aussi, inchangées. De cette façon, tout changement des circonstances peut entraîner un changement des stipulations contractuelles. Cette solution permet de toujours garder une harmonie d'un côté entre le contrat et son milieu et de l'autre, entre le contrat et les aspirations des parties. Les contractants ont donné leur consentement dans des conditions bien définies et ils savent très bien que tout changement dans ces circonstances affecterait leur consentement.
Une partie de la doctrine a tenté de fonder la règle *rebus sis stantibus* sur l'équité. Monsieur Cermolacce a souligné à cet égard qu'« il pourrait être déduit de l'équité ou de l'usage l'existence d'une telle clause non expressément formulée »[1]. Il ajoute aussi que « l'équité constituait ainsi le fondement juridique d'où la clause rebus sis stantibus tirait sa force et sa légitimité »[2].

47. Cette règle *rebus sis stantibus* qui fonde la révision du contrat sur la volonté implicite des parties ou sur une condition implicite que les circonstances demeurent les mêmes, bien que très bénéfique pour le contrat lui-même et pour les parties, a été critiquée par bon nombre d'auteurs. Le professeur Laurent Aynès précise qu'il est inutile d'inventer une clause *rebus sic stantibus* sous-entendue qui déboucherait sur la résolution du contrat[3]. Quant au doyen Carbonnier, il estime qu'il est « peu raisonnable de présumer une volonté d'instabilité sous des engagements apparemment fermes »[4]. Pour un autre auteur, fonder cette règle visant la révision du contrat sur les valeurs morales revient à les élargir, au point qu'elles seraient diluées dans une définition trop large.[5]
Sous ce même angle, un auteur a avoué : « il est difficile d'admettre que les parties aient eue une commune intention sur ce qu'elles n'avaient pas prévu.

---

[1] CERMOLACCE, A., Op. cit, p. 230, n° 360.
[2] CERMOLACCE, A., Op. cit, p. 230, n° 360 qui privilégie au terme de son analyse la cause comme fondement de la règle *rebus sic stantibus. Il précise à cet égard que* « toutes ces situations pourraient parfaitement être expliquées en se référant à la notion de cause, particulièrement si on lui reconnaît une existence au-delà de la formation du contrat »*, p. 234, n° 365.*
[3] AYNES, L., L'imprévision en droit privé, RJC 2005, p. 397, spéc. p. 400.
[4] CARBONNIER, J., Droit civil, Tome 2, les biens, les obligations, éd. PUF 2004, n° 1060, spéc. 2173.
[5] CERMOLACCE, A., Op. cit, p. 231, n° 360 qui parle surtout de l'équité.

Les parties ignorent par hypothèse que les événements vont se modifier ; elles ne peuvent avoir à ce sujet aucune volonté »[1].

48. Pour certains auteurs, l'inconvénient de cette règle ne réside pas dans l'absence de fondement. Son défaut majeur est qu'elle ne favorise pas le maintien du contrat, mais sa résolution[2]. La règle *rebus sic stantibus* débouche sur une résolution du contrat[3]. Pour M. Cermolacce l'application de ladite règle « aboutit précisément à un résultat inverse dans la mesure où il est arbitrairement imposé aux parties une clause contractuelle qui n'a pas été négociée ni acceptée par elles et qui peut-être, n'est pas souhaitée »[4].

M. Denis Tallon a adopté quasiment la même idée lorsqu'il a affirmé que « la volonté implicite des parties, qualifiée d'implied terms de présupposition, justifiait la disparition ou plus difficilement la révision du contrat en cas d'imprévision »[5]. Ces reproches paraissent aux yeux d'une autre frange de la doctrine, très discutables, puisque l'existence de cette intention de résoudre le contrat qui retranche derrière la clause *rebus sic stantibus* n'est pas vérifiable dans tous les cas. Qui plus est, cette idée est même critiquable par la doctrine[6]. Une autre objection a aussi été adressée contre l'admission de cette règle. Elle ne découle pas de l'intention commune des parties[7].

49. Contrairement à cette thèse, on trouve chez les contractants soutenant l'existence d'une clause implicite de révision, une intention de maintenir le contrat plus qu'une autre destructive du lien contractuel[8]. En outre, rien ne vaut pour les contractants que de maintenir leur contrat tout en assurant son adaptation aux conjonctures changeantes. Plus encore, cette règle est aussi justifiée de nos jours par l'instabilité qui imprègne le monde et qui laisse penser que les circonstances sont constamment changeantes et que tout consentement donné est subordonné à la persistance de l'état de fait qui existait au jour où il a été exprimé[9].

---

[1] Ch. Besson, La force obligatoire et les changements des circonstances, thèse Lausanne, 1955, cité par M. Stoffel-Munck, op.cit., p. 63, n° 89.

[2] AYNES, L., art. préc., RJC 2005, p. 397, spéc. p. 400.

[3] AYNES, L., art. préc. p. 397, spéc. p. 400.

[4] CERMOLACCE, A., Op. cit, p. 231, n° 359, p. 230

[5] TALLON, D., Réflexions comparatives *In* colloque « Les modifications du contrat au cours de son exécution en raison des circonstances », sous la direction de R. Rodière et TALLON, D., éd. Pedone 1986, p. 186, spéc. p. 188, n° 3.

[6] STOFFEL-MUNCK, Ph., Regards sur la théorie de l'imprévision, vers une souplesse contractuelle en droit privé français contemporain, éd. PUAM 1994, p.20 note n°15 et la bibliographie qu'il cite.

[7] STOFFEL-MUNCK, Ph., op.cit., p. 63, n° 89.

[8] Ce terme est emprunté à M. Cermolacce qui l'emploie dans sa thèse pour préciser le rôle destructeur de la cause voir à cet effet : CERMOLACCE, A., Cause et exécution du contrat, thèse précitée.

[9] TERRE, F., SIMLER, Ph. et LEQUETTE, Y., Droit civil, les obligations, éd. Dalloz 2005, p.474, n° 470.

Par ailleurs, lorsque l'on s'attache à appliquer la règle *rebus sic stantibus*, il n'est pas nécessaire de chercher l'intention commune des parties puisqu'on n'est pas dans le cadre de l'interprétation des contrats ; on ne fait que déterminer ou délimiter le contenu contractuel[1].

En somme, une clause *rebus sic stantibus* peut trouver une application en se basant sur une volonté implicite des parties, rendue vraisemblable pour un changement de circonstances fort probable, lors de l'exécution du contrat. Une analyse morale du contrat conforte une telle solution. Ladite clause se trouve en parfaite harmonie avec la bonne foi et la loyauté qui doivent guider l'exécution du contrat. Toutefois, il ne faut pas que l'usage de ce fondement débouche sur un abus. Le contrat doit toujours demeurer un acte de prévision et de volonté. La bonne foi ne saurait fonder un principe général de révision des contrats en cas de changement des circonstances. La bonne foi, de la même façon qu'elle peut justifier l'existence dans certaines circonstances de la règle *rebus sic stantibus,* exige également une fidélité à la parole donnée.

Pour les défenseurs de l'existence de cette clause implicite de révision, une analyse économique du contrat peut la justifier.

B - Fondement économique de la règle

50. Maintenir les circonstances inchangées, c'est maintenir en fait les mêmes données économiques ayant gouverné la conclusion du contrat. Dans les profondeurs de tout contrat, gît une opération économique qui détermine, dans une large mesure, sa physionomie extérieure et anime ses parties. Tout contrat repose donc sur un certain nombre de données économiques. Quand ces données se trouvent bouleversées, le contrat sera, lui-même, bouleversé et ébranlé[2]. Ainsi, la règle *rebus sic stantibus* repose essentiellement sur un fondement économique[3].

51. Témoignant de l'importance de l'analyse économique du contrat, un auteur a récemment précisé : « l'économie du contrat est devenue un instrument de

---

[1] Pour une distinction entre interprétation et délimitation du contenu contractuel voir : M. JACQUES, Ph., Regards sur l'article 1135 du code civil, éd. Dalloz, 2005, n°137 et s, p. 258 et s ; MOULY-GUILLEMAUD, C., Retour sur l'article 1135 du Code civil : une nouvelle source du contenu contractuel, thèse Montpellier 2005, éd. LGDJ 2006, n° 105, p. 107.

[2] Voir à ce propos : PIMONT, S., L'économie du contrat, éd. PUAM 2004 ; ZELCEVIC-DUHAMEL, A., La notion d'économie du contrat en droit privé, JCP. Ed. G, n°9 du 28 février 2001, p. 423 ; MOURY, J., Une embarrassante notion : L'économie du contrat, recueil Dalloz 2000, n° 24, doctrine, p. 382 ; RODIERE, P., Le juge et les appréciations économiques : opposition de deux approches *In* Le droit du travail confronté à l'économie, acte de colloque organisé sous la direction de M. Antoine Jeammaud, éd. Dalloz 2005, p. 125 ; Antoine Lyon-Cean, A propos de l'adjectif « économique » dans la langue du droit, *In* le droit du travail confronté à l'économie éd. Dalloz 2005, p. 137 ; WAQUET, Ph., Le droit du travail et l'économie à la cour de cassation. L'exemple de licenciement pour motif économique, *In* Le droit du travail confronté à l'économie, Dalloz 2005, p. 115.

[3] ZINE, M., Théorie générale des obligations, 1 - Le contrat, éd. 1997, p. 274, n° 274. L'auteur souligne en fait que la question de l'imprévision est essentiellement une question économique.

contrôle ou de redressement du contrat, là où certains outils essentiels, la cause notamment, paraissent insuffisants, ou ne permettaient pas d'aboutir à la solution la plus équitable »[1]. Un auteur avait déjà constaté qu' « en France aujourd'hui, toutes idiologies exorcisées, l'appel à l'économie [pourrait] servir à asseoir une conception vigoureuse et revigorante du contrat, en réaction aux tendances molles de la fin du siècle ».[2] Sébastien Pimont a résumé le rôle de l'économie dans le contrat en affirmant que « l'économie du contrat présente d'indéniables atouts : elle permet une vision globale et unitaire du contenu de l'accord ; elle incite à définir la volonté commune de façon purement objective : équilibre financier de l'opération, fonction concrète du contrat, fonction pratique à réaliser »[3].

Pour une partie de la doctrine française, l'économie du contrat est un concept rangé parmi les concepts qui « fascinent, intriguent et irritent » [4]. Elle est aussi « un instrument d'analyse du contrat »[5]. Dans ce cadre là, la référence à l'économie permet d'apprécier la volonté exprimée par les parties contractantes et de suppléer à l'absence de volonté exprimée[6]. Dans ce contexte, il s'agit de la question d'une révision implicite du contrat, basée sur des données économiques. Par conséquent, le problème de la justification économique de la règle *rebus sic stantibus* est posé.

L'idée est simple : les contractants, lors de la conclusion de leur contrat, ont envisagé la réalisation d'une opération économique et ont compté sur la stabilité du contexte entourant sa réalisation. Une fois le contexte bouleversé, leur contrat le sera aussi, devenant ainsi incapable de réaliser l'opération économique assignée par les parties.

52. Il apparaît alors qu'une analyse économique du contrat favorise la prise en compte du changement des circonstances dans l'exécution d'un contrat afin de préserver son utilité économique. Par l'entremise de cette analyse, on passe, comme le disait M. Pimont, du « contrat-obligation » au « contrat-opération »[7]. Le même auteur a ajouté que l'analyse économique du contrat favorisait sa mutabilité plutôt que son intangibilité. L'économie du contrat permet de

---

[1] J. Beauchard, Préface de la thèse de : PIMONT, S., L'économie du contrat, op. cit, éd. PUAM 2004.

[2] CARBONNIER, J., Droit civil, tome 4, les obligations, éd. PUF 2000, n° 64.

[3] PIMONT, S., L'économie du contrat, éd. PUAM 2004, n° 12.

[4] ZELCEVIC-DUHAMEL, A., La notion d'économie du contrat en droit privé, JCP. Ed. G, n°9 du 28 février 2001, p. 423.

[5] ZELCEVIC-DUHAMEL, A., art. cit., p. 424.

[6] *Ibidem.*

[7] PIMONT, S., L'économie du contrat, éd. PUAM 2004, p. 23-24, n° 15, « avec l'économie du contrat le contrat-obligation fait place au contrat-opération, il se dote d'une matière indépendante des obligations qu'il a pour but de poursuivre, ni cause ni objet de l'obligation, le contenu de la convention s'entend d'une opération économique globale et concrète ».

« redéfinir le principe de l'intangibilité du contrat sans pour autant recourir à des principes extérieurs au contrat »[1].
La notion d'économie du contrat permet ainsi d'expliciter ou de révéler une exigence sous-entendue d'adaptation du contrat aux circonstances nouvelles afin de toujours en garder une utilité économique. Derrière une analyse économique, peut être retranchée l'intention d'assurer une adaptation permanente du contrat aux circonstances là où il est implanté. Madame Zelcevic-Duhamel observe que « dans le silence du contrat, plutôt que de rechercher une volonté implicite ou hypothétique des contractants, il convient de localiser le contrat objectivement, en se référant à l'économie de la convention, expression substituée à celle étroite de termes du contrat »[2]. Suivant cette analyse, lorsque les circonstances changent, le contrat doit aussi changer pour préserver toujours son équilibre économique et pour que l'opération économique escomptée par les parties puisse être parfaitement réalisée.
Une telle analyse s'avère ainsi plus adaptée à la règle *rebus sic stantibus* et peut lui constituer un fondement acceptable. Une analyse économique du contrat peut ainsi aider à révéler une obligation implicite de révision du contrat.

53. Cependant, pour qu'un changement des circonstances soit pris en compte, il faut que certaines conditions soient tout d'abord réalisées. La première concerne l'effet du changement sur le contrat. Les auteurs parlent à cet égard d'un bouleversement de l'économie du contrat produit par le changement des circonstances.[3] Un changement de faible portée ne produirait rien sur le contenu contractuel.
M. Pimont définit le bouleversement requis pour qu'un contrat puisse être modifié en déclarant que « le mot bouleversement signifie, comme les termes excessif, substantiel, ou fondamental, que l'altération est importante et que la fonction économique du contrat est devenue irréalisable ».[4] Le bouleversement de l'économie du contrat signifie la ruine de ce contrat. Ce dernier ne satisfait plus ni les attentes légitimes des parties, ni l'objectif qu'elles ont exprimé lors de la conclusion du contrat. Lorsque le bouleversement est de cette envergure, le contrat devrait être révisé afin de restaurer son utilité et son équilibre bafoué. L'analyse économique du contrat paraît ainsi au service de la finalité du contrat, délimitée non seulement sur la base des éléments objectifs, mais également

---

[1] PIMONT, S., L'économie du contrat, op. cit, p. 27, n° 19.
[2] ZELCEVIC-DUHAMEL, A., La notion d'économie du contrat en droit privé, JCP. éd. G. n° 9, 28 février 2001, p. 423, spéc. p. 426 ; la même idée se trouve chez un autre auteur qui prévoit que l'économie permet au juge d'aller « au-delà de ce qui est exprimé ». Voir à ce propos : MOURY, J., Une embarrassante notion : L'économie du contrat, recueil Dalloz 2000, n° 24, doctrine, p. 382.
[3] Voir à cet égard : D.-M. Philippe, Changement de circonstances et bouleversement de l'économie contractuelle, thèse Bruxelles, éd. Bruylant 1986 ; PIMONT, S., L'économie du contrat, op. cit, n° 374 et s.
[4] PIMONT, S., L'économie du contrat, op. cit, n° 388, p. 257.

subjectifs en se référant aux intentions des parties. Muriel Fabre-Magnan a précisé dans ce cadre : « l'économie du contrat sert à identifier la finalité du contrat dans l'esprit et donc dans l'accord des parties »[1].
Le débat relatif à la relation entre le contrat et l'économie semble être relancé par la crise économique de 2008-2009. La question a été posée de nouveau sur « les contrats à l'épreuve de la crise »[2].

54. Il apparaît, dès lors que les analyses morale et économique du contrat convergent en vue d'assurer un objectif commun, celui de sa pleine exécution ou de ce que certains auteurs appellent l'exécution « à fond du contrat »[3]. Une telle exécution du contrat, donnant à son contenu sa pleine affirmation, fait ainsi expliciter et sortir à la lumière du jour tout ce qui y est déguisé. Cette convergence de ces deux analyses a été démontrée par certains auteurs. Le professeur Jacques Ghestin l'a bien affirmé en précisant qu'une analyse économique du contrat permet d'aboutir aux mêmes résultats qu'une analyse morale du contrat[4]. Madame Muriel Fabre-Magnan défend la même idée dans sa thèse.[5] Les deux analyses ont ainsi vocation à dévoiler une obligation implicite de révision du contrat.

La règle *rebus sic stantibus* s'avère ainsi doublement fondée, mais qu'en est-il de son application jurisprudentielle ?

§2 : L'application jurisprudentielle

Pour qu'on puisse vérifier l'importance et l'efficacité d'une règle de droit, l'analyse de la position jurisprudentielle semble inévitable. Seul cet examen peut nous montrer son utilité pratique, ainsi que l'accueil qui lui est réservé par la jurisprudence. Lorsque l'on parle du problème de la révision du contrat et de la position jurisprudentielle envers ce problème, il est nécessaire de parler de la jurisprudence française (A) avant d'aborder le traitement des tribunaux tunisiens concernant le même problème (B)

---

[1] FABRE-MAGNAN, M., Les obligations, éd. PUF 2004, p. 387, n° 149.
[2] Voir ici surtout : Réflexions croisées : Les contrats à l'épreuve de la crise, RLDC, n° 62, juillet-août 2009, p. 51.
[3] FABRE-MAGNAN, M., De l'obligation d'information dans les contrats, Essai d'une théorie, éd. LGDJ 1992, n° 74.
[4] GHESTIN, J., Traité de droit civil, la formation du contrat, éd. LGDJ/ DELTA 1996, p. 188-189, n° 211.
[5] Muriel Fabre-Magnan, De l'obligation d'information dans les contrats, essai d'une théorie, op. cit., n° 74.

A- La position de la jurisprudence française

55. Il va sans dire que l'imprévision ne concerne que les contrats dont l'exécution s'étale dans le temps[1]. Ces contrats s'insérant « dans un environnement politique et économique en perpétuelle évolution »[2], sont plus vulnérables que les autres. En revanche, ceux instantanés, dont l'exécution est concomitante à la formation[3], ne sont pas concernés par la question de changement des circonstances ; le temps n'y exerce pas un grand effet. En examinant la position de la jurisprudence française sur la question de l'imprévision, trois étapes peuvent être analysées. La première est celle de l'affirmation d'un refus pur et simple (a), la seconde retrace une volonté d'infléchissement (b), et la dernière étape est celle de la réaffirmation de principe de refus (b).

a - L'affirmation d'un principe de refus de la théorie de l'imprévision :

La jurisprudence française a dit son mot depuis longtemps ; le juge n'a pas le droit de réviser le contrat bouleversé par un changement des circonstances, fut-il radical.

56. La question remonte à l'année 1876, année au cours de laquelle la Cour de cassation française s'est opposée à toute modification du contrat par le juge, fut-elle légère et au nom de l'équité. Dans l'espèce, Adam De Craponne s'était engagé à construire un canal destiné à arroser les vergers, vignes, prés et autres propriétés des habitants de la commune de Pelissanne. La convention stipulait notamment que pour assurer l'entretien du canal, les particuliers devraient payer à Adam De Craponne ou à ses héritiers, une redevance de 3 sols par carteirade chaque fois qu'ils arroseraient leur propriété. Trois siècles plus tard, la redevance stipulée était devenue très dérisoire par rapport au coût réel de l'entretien du canal[4].

Les juges de fond, saisis d'une affaire en révision, étaient convaincus de la nécessité de majorer ou de revaloriser la redevance. La cour d'Appel d'Aix en Provence a affirmé que « si les conventions légalement formées tiennent lieu de loi aux parties et si elles ne peuvent être modifiées que du consentement commun, il n'en est de même pour les contrats qui ont un caractère successif »[5]. Aux antipodes de cette solution, la Cour de cassation française précisait, dans des mots encore résonnants de nos jours, que « dans aucun cas, il n'appartient

---

[1] CARBONNIER, J., Droit civil, tome 4 les obligations, éd. PUF 2000, p. 280, n° 144 ; PIMONT, S., op. cit., p. 245 ; GHESTIN, J., JAMIN, Ch. et BILLIAU, M., Traité de droit civil, Les effets du contrat, éd. LGDJ 1996, n° 265, p. 312.

[2] MEZGHANI, A., Le cadre juridique des relations commerciales internationales de la Tunisie, éd. imprimerie officielle de la république tunisienne 1981, p. 335-336.

[3] GHESTIN, J., JAMIN, Ch. et BILLIAU, M., Traité de droit civil, Les effets du contrat, op. cit., n° 265, p. 312.

[4] Muriel Fabre-Magnan, Les obligations, op. cit., p. 427, n° 163.

[5] D. 1876, 1, 197.

aux tribunaux, quelque équitable que puisse leur paraître leur décision, de prendre en considération le temps et les circonstances pour modifier les conventions des parties et substituer des clauses nouvelles à celles qui ont été librement acceptées par les contractants»[1].

57. Cet arrêt, dont on trouve l'écho jusque dans les pays influencés par le système juridique français[2], et qu'un auteur le considère, ironiquement, comme le *onzième commandement que Moïse aurait bêtement oublié de transcrire sur ses Tables*[3], constitue une empreinte qui marque, encore aujourd'hui, la jurisprudence française et dont elle n'a pu s'éloigner définitivement. Il demeure « comme un dogme inébranlable»[4]. En filigrane à cette position, se trouve l'intention de protéger la parole donnée et la sécurité des transactions. Celui qui a donné une parole doit la respecter, coûte que coûte[5], même si l'exécution devient onéreuse et difficile pour le débiteur à cause d'un changement imprévu des circonstances. Cette interprétation sacralise le contrat et qualifie de sacrilège toute modification judiciaire de son contenu.

58. La jurisprudence française maintient toujours cette position et refuse dans tous les cas d'admettre comme principe la révision judiciaire du contrat. Cette position de la cour de cassation a été confirmée à plusieurs reprises[6] à tel point qu'elle est devenue, pour certains auteurs, une des caractéristiques du droit français. Jean Carbonnier confirme cette position statique de la jurisprudence française, « malgré les cyclones économiques (et monétaires) provoqués par les deux guerres mondiales, la Cour de cassation a maintenu sa solution de principe »[7].

59. Au vu de cette jurisprudence, un contrat qui ne contient pas une clause de révision n'est pas révisable. Il n'est pas question de dévoiler une clause

---

[1] Cass. civ. 6 mars 1876, De Galliffet c/ Commune de Pelissanne, D. 1876, 1, 193, note Giboulot.
[2] Ici, l'allusion est faite surtout à la jurisprudence tunisienne dont la position va être analysée ultérieurement.
[3] JESTAZ, Ph., Rapport de synthèse, *In* Les concepts contractuels français à l'heure des Principes de droit européen des contrats, éd. Dalloz 2003, p. 263, spéc. p. 273.
[4] PIMONT, S., op. cit., p. 247, n° 375.
[5] SERIAUX, A., Droit des obligations, éd. PUF 1992, n° 46.
[6] Civ. 15.11.1933, G. P. 1934.1.50 ; Com. 18.1.1950, Dalloz 1950, 227; Com. 3 janvier 1979, G. P. 1979. 1. Somm. 214 ; Y. Picod confirme lui aussi cette stabilité de la position jurisprudentielle envers l'admission de l'imprévision en précisant que « la Cour de cassation a constamment réaffirmé son hostilité au pouvoir judiciaire de révision du contrat », Le devoir de loyauté dans l'exécution du contrat, op. cit., p. 203, n° 180.
[7] CARBONNIER, J., Droit civil, tome 4 les obligations, op. cit., p. 281, n° 144 ; PICOD, Y., Le devoir de loyauté dans l'exécution du contrat, éd. LGDJ 1989, p. 202, n° 180 où il précise que « malgré la période d'inflation consécutive à la première guerre mondiale, la jurisprudence a maintenu sa position à propos du bail de cheptel » ; BENABENT, A., Droit civil, les obligations, éd. Montchrestien 2005, p. 220, n° 293.

implicite de révision. La Cour de cassation exclut toute possibilité de révision du contrat par le juge, qu'une telle révision soit fondée sur une volonté implicite ou sur des valeurs morales telle que l'équité[1]. Il est important de signaler à cet égard que la jurisprudence française, bien qu'elle ait accepté d'ajouter au contrat, quelque temps après (1911) un lacis d'obligations fondées sur une volonté implicite des parties, refuse continuellement de procéder à la même analyse afin d'adjoindre au contrat une obligation de révision. Une telle « discrimination », ou *hypocrisie* est-elle vraiment infondée, voire injustifiable ? En cas d'ajout d'une obligation de sécurité ou d'information, le contenu du contrat a bel et bien été touché et ainsi, désacralisé. Dans ce cadre, n'est-il pas également plausible d'ajouter une obligation de révision du contrat ou de procéder directement à sa révision ? Il est probable qu'aux yeux de la jurisprudence, la révision judiciaire du contrat est plus attentatoire à la volonté des parties que l'ajout d'une obligation de sécurité ou d'une obligation d'information.

Dans l'hypothèse de l'ajout d'une obligation de sécurité, le juge ne fait que compléter la volonté des parties. Elles ont choisi une opération à laquelle il manque une obligation nécessaire à sa parfaite réalisation. Le juge ne fait que compléter ce qui est voulu, étant au service de la volonté. Alors que dans l'hypothèse de la révision du contrat pour imprévision, l'intervention du juge n'a aucun lien avec l'opération de l'ajout, il modifie les prévisions des parties. Son intervention constitue ainsi un empiétement flagrant sur la volonté des parties.

Quelle que soit la raison de cette réticence jurisprudentielle envers l'obligation de révision du contrat, celle-ci demeure soutenue afin d'éviter certaines craintes comme l'arbitraire des juges et le recours à l'équité[2]. La Cour de cassation récuse tout recours à l'équité par le juge[3]. Certains auteurs précisent que le refus objecté par la Cour de cassation contre l'admission de la révision des contrats pour imprévision est doublement fondé.

D'un point de vue juridique, les tribunaux craignent que les contractants de mauvaise foi se retranchent derrière cette possibilité pour éluder à leurs obligations. Ils ont aussi peur que cette admission « favorise l'arbitraire du juge »[4] et que « l'instabilité du contrat se retourne contre la sécurité juridique »[5].

---

[1] La Cour de cassation dans l'arrêt Canal de Craponne ne faisait référence qu'à l'équité et ne cite pas la bonne foi ni les autres valeurs morales.

[2] TALLON, D., La révision du contrat pour imprévision au regard des enseignements récents du droit comparé *In* Le droit et la vie des affaires, études à la mémoire d'Alain Sayag, éd. Litec 1997, p. 403, spéc. 405 ; FAUVARQUE-COSSON, B., Changement des circonstances, art. cit., p. 80, n° 21.

[3] TERRE, F., SIMLER, Ph. et LEQUETTE, Y., Droit civil, les obligations, éd. Dalloz 2005, p.475, n° 471.

[4] TERRE, F., SIMLER, Ph. et LEQUETTE, Y., op. cit, p.474, n° 470.

[5] *Ibid.*

D'un point de vue économique, accepter la révision d'un contrat déséquilibré par l'imprévision, c'est généraliser ce déséquilibre. La révision du contrat, si elle est « moralement souhaitable », est « économiquement dangereuse » puisque la révision appelle la révision[1]. D'autres précisent que l'admission de l'imprévision est une question qui revient au législateur et non aux juges[2]. D'autres auteurs sont pour le maintien de cette position, exprimant ainsi la nécessité de maintenir la loi contractuelle coûte que coûte, ne voyant dans cela « rien d'injustice »[3]. Par contre, une autre partie de la doctrine décrie cette position et réclame l'admission de la révision du contrat en cas d'imprévision dont la *reconnaissance est une nécessité*[4]. Face à ces différentes réactions critiques et contestations « la jurisprudence n'a point cillé »[5], elle faisait toujours la sourde oreille.

60. Au rebours de cette position de la Cour de cassation et des tribunaux judiciaires, le Conseil d'Etat avait admis la révision du contrat conclu avec l'administration en cas de changement des circonstances[6]. Dans l'affaire Gaz de Bordeaux du 30 mars 1916, le Conseil d'Etat a appliqué la théorie de l'imprévision sur les contrats administratifs[7]. Il a justifié sa position par les idées d'intérêt général et de continuité de service public. Il était donc admis que « l'impérieuse nécessité du maintien de l'exécution du service public justifiait l'entorse au principe pacta sunt servanda »[8]. Pour le doyen Carbonnier, certains contrats de droit privé peuvent aussi servir un intérêt général, allant même jusqu'à s'avérer indispensables à la bonne marche du service public[9], il était donc possible d'admettre l'imprévision sur cette base en droit privé et ce, par analogie à la solution du Conseil d'Etat. Cette différence de position envers la théorie de l'imprévision, entre droit civil et droit administratif, crée ce que certains appellent « le caractère boiteux du droit français »[10].

---

[1] J. Flour et J.-L. Aubert, les obligations, L'acte juridique, éd. A. Colin 2006, n° 410, p. 336.

[2] J. Flour et J.-L. Aubert, les obligations, L'acte juridique, op. cit., n° 412-429 ; Ph. Malaurie et AYNES, L., Droit civil, les obligations, éd. Cujas 1995-1996, n° 615-621. C'est aussi l'idée d'un auteur tunisien qui la déduit de la formulation de l'article 243 *in fine* du Coc. Voir ici : MAHFOUD, M., Théorie des suites du contrat, RJL 2008, n° 6, p. 99, spéc. p. 104.

[3] SERIAUX, A., Droit des obligations, éd. PUF 1992, n°46.

[4] STOFFEL-MUNCK, Ph., Regards sur la théorie de l'imprévision,..., p. 20, n° 11 ; GHESTIN, J., JAMIN, Ch. et BILLIAU, M., Traité de droit civil, les effets du contrat, op. cit., n° 317.

[5] STOFFEL-MUNCK, Ph., op. cit., p. 20, n° 11.

[6] Voir sur ce point récemment : R. Noguellou, L'imprévision en droit public, RDC 2010, n°1, p. 494.

[7] Sirey 1916, 3, 17 conclusions Chardenet, note Hauriou.

[8] STOFFEL-MUNCK, Ph., op. cit., p. 22, n° 13.

[9] CARBONNIER, J., Droit civil, tome 4 les obligations, éd. PUF 1994, n° 149.

[10] TALLON, D., La révision du contrat pour imprévision au regard des enseignements récents du droit comparé, *In* Etudes A. Sayag, op. cit., p. 404.

Quel que soit le raisonnement ou la motivation, la jurisprudence judiciaire française maintient toujours sa position de principe ; le juge ne peut sous aucun prétexte réviser un contrat bouleversé par des circonstances imprévues.
Toutefois, il ne faut oublier que la jurisprudence française a donné à certaines occasions des signes qui ont été interprétés par une partie de la doctrine comme des signes avant-coureurs à une admission de la théorie de l'imprévision.

b - Les tentatives d'admission :

61. Un auteur a précisé que l'arrêt du Canal de Craponne avait créé un « particularisme de façade car, dans la réalité, les occasions de rappeler l'interdiction de la révision pour imprévision ne sont pas nombreuses, tandis qu'abondent les assouplissements ou les exceptions au principe »[1]. Selon cet auteur, la jurisprudence française commence peu à peu à s'éloigner du dogme de l'arrêt du Canal de Craponne. Cet éloignement est vérifiable dans l'adoption de certaines nouvelles positions qui n'auraient pu être adoptées si les juges français avaient vraiment tenu trop à la jurisprudence du Canal de Craponne, dont l'aura commençait à flétrir sous l'effet des coups de butoir de la doctrine. La doctrine française parle d'un frémissement de sa jurisprudence afin d'accueillir la théorie de l'imprévision. Pour un auteur, les jalons sont posés pour assurer l'avènement d'une telle théorie[2].

62. L'infléchissement de la rigidité du contrat et l'accueil de l'imprévision dans le contrat ont commencé par un arrêt isolé rendu par la Cour d'Appel de Paris en 1976. Elle a imposé au contractant une obligation de renégociation du contrat[3].
Deux espèces plus ou moins récentes confirment également un tel changement. Il s'agit de l'affaire BP contre Huard du 3 novembre 1992 et de l'affaire du 25 février 1992[4]. Dans le premier arrêt la chambre commerciale de la Cour de cassation française avait réprimandé la société BP sur le refus de modifier le contrat qui la liait à M. Huard. Elle avait enfermé son contractant dans une alternative simple : soit il devenait mandataire, soit il devait pratiquer des prix non concurrentiels. La Cour de cassation a précisé que la société BP avait manqué à l'obligation d'exécution du contrat de bonne foi qui l'obligeait à renégocier le contrat[5]. Les termes utilisés par la cour avaient résonné : « en privant, en l'absence de tout cas de force majeure, un distributeur agréé des moyens de pratiquer des prix concurrentiels, une société pétrolière n'a pas

---

[1] FAUVARQUE-COSSON, B., Le changement des circonstances, RDC janvier 2004, p. 67.
[2] STOFFEL-MUNCK, Ph., Regards sur la théorie de l'imprévision, op. cit., p. 163, n° 320.
[3] Paris, 1re Ch. A, 28 septembre 1976 ; EDF c/ Shell, JCP 1978, II, 18810, note J. Robert.
[4] Il y a en effet d'autres arrêts qui consacrent une nouvelle approche du contrat ; à titre d'exemple, voir : Cass. Com. 24 novembre 1998, JCP 1999, I, 143, n°5, note Ch. Jamin ; II 10210, note Y. Picod.
[5] Cass. Com. 3 novembre 1992, Contrats, conc. consom. 1993, n° 45, JCP 1992. I. 3610, n° 8, obs. D. Gatumel, RTD. civ. 1993, p. 124, obs. J. Mestre.

exécuté le contrat de bonne foi et doit dédommager le contractant du préjudice subi ».

Dans une seconde espèce, la Cour de cassation est allée plus loin dans la concrétisation de l'exigence de la bonne foi dans l'exécution des contrats. Dans les faits d'espèce, une salariée a été licenciée pour suppression de poste ; mais dix jours plus tard, son ex-employeur avait embauché une nouvelle personne pour un poste que la première aurait pu occuper. La chambre sociale de la Cour de cassation avait affirmé : « l'employeur est tenu d'une obligation de bonne foi dans le contrat de travail, il a le devoir d'assurer l'adaptation des salariés à l'évolution de leur emploi »[1]. Un auteur précise que la Cour de cassation dans cet arrêt a rendu la bonne foi très exigeante[2].

D'autre considèrent que les arrêts sur la détermination des prix[3] constituent également un pas vers la consécration de la théorie de l'imprévision en droit français[4] et c'est dans ces arrêts que le frémissement a atteint son apogée.

63. Le frémissement est aussi évident dans un autre arrêt, plus récent et qui rappelle celui de la Cour d'appel de Paris de 1976. La Cour d'appel de Nancy[5] a invité les parties dans un jugement interlocutoire à procéder à la négociation d'un avenant au contrat de fourniture de vapeur régissant les conséquences financières de l'entrée en vigueur de la réglementation sur les quotas d'émission de gaz à effet de serre. Ledit jugement a obligé les parties à remettre au greffier une copie de l'avenant conclu ou, en cas d'échec des négociations, chaque partie devait verser aux débats, en son dernier état, la proposition qu'elle aurait formulée.

En effet, cet arrêt de la Cour de Nancy est très critiquable ; certains auteurs disent que le droit de l'environnement vient polluer le droit de contrats[6]. Ce qui est vraiment critiquable dans cet arrêt, c'est que la Cour a fait appel à la théorie de l'imprévision sans que les conditions de mise en œuvre de cette dernière ne soient remplies ; « aucun des éléments n'était présent : le contrat ne devenait pas pour l'une des parties excessivement onéreux, une clause avait prévu la répartition des risques et le changement législatif était d'ordre écologique »[7].

---

[1] Cass. Soc. 25 février 1992, RTD civ. 1992, p. 760, obs. J. Mestre.

[2] MESTRE, J., une bonne foi décidemment très exigeante, RTD civ. 1992, p. 760.

[3] Ass. Plein., 1er décembre 1995, quatre arrêts, D. 1996. 13, concl. Joël, note Aynès ; JCP 1996, II, 22565, note Ghestin ; G. P. 1995, 626, note De Fontbressin ; RTD civ. 1996, 153, obs. J. Mestre.

[4] TERRE, F., SIMLER, Ph. et LEQUETTE, Y., Doit civil, les obligations, éd. Dalloz 2005, n° 471, p. 476.

[5] B. Fages Une invitation judicaire à adapter le contrat, obs. sous Nancy, 26 septembre 2007, SAS Novacarb c/ SNC Socoma, RTD civ. 2008, n° 2, p. 295 ; CACHARD, O., note sous Nancy, 26 septembre 2007, RLDC 2008/ 49, n° 2969.

[6] S. Amrani Mekki et FAUVARQUE-COSSON, B., Chr. contrats et obligations D. 2008, p. 2965. CACHARD, O., L'ombre de la révision judiciaire du contrat, RLDC, 2008, n°49, spéc. n°12.

[7] S. Amrani Mekki et FAUVARQUE-COSSON, B., Chr. contrats et obligations D. 2008, p. 2965. Voir également :

« En l'absence de situation d'imprévision, et alors même que les clauses contractuelles étaient claires, rien n'aurait ici autorisé la cour d'appel à imposer une obligation de renégociation du contrat, sauf à céder au paternalisme »[1]. Toutefois, des auteurs y voient une invitation judiciaire à adapter le contrat[2]. Cet arrêt laisse toujours planer l'ombre de la question de révision judiciaire des contrats[3] en cas de changement des circonstances.

64. Derrière cette évolution ou tout au moins cet assouplissement de la position de la jurisprudence, réside un changement de l'analyse du contrat et des principes sur lesquels il reposait depuis longtemps. Le contrat était examiné uniquement sur la base de la volonté des parties ; c'est la règle *pacta sunt servanda*[4] qui régnait sans partage, elle était déduite de l'alinéa 1er de l'article 1134 du Code civil français. Au nom de cette règle, le contenu de contrat est intangible, il est fixé une fois pour toutes par les parties contractantes et ne peut être modifié ni révisé que par leur commune volonté. Aucune possibilité n'était envisagée pour tenir compte du changement des circonstances. Le contrat, comme l'a démontré un auteur, était présenté comme « un îlot sorti du flux du temps et du changement »[5] ou encore comme un « bloc cristallisé de droits et des obligations constitué une fois pour toutes indifférent à ses propres déséquilibres internes qu'ils soient concomitants ou postérieurs à sa conclusion »[6]. Il était aussi présenté comme « une citadelle imprenable, sauf le consentement de ceux –là mêmes qui l'ont édifiée »[7].

Les inconvénients d'une analyse individualiste et purement volontariste du contrat sont indéniables ; essentiellement celui-ci devient anachronique par rapport au milieu où il est implanté[8]. Georges Morin l'a aussi démontré : « en prétendant fixer l'avenir par le contrat et par la loi, l'individualisme méconnaît le mouvement de la vie »[9]. L'évolution de la vie sociale et de ses exigences ont indiqué la faillite d'un déni absolu de changement des circonstances. L'intangibilité absolue du contrat n'est plus utile au contrat ni aux parties. Une évolution vers sa souplesse est bien affirmée[10].

Un passage est alors accompli « de l'intangibilité absolue à la possible adaptation des termes des contrats »[11]. Celui-ci n'a été possible que parce que le

---

[1] CACHARD, O., art. préc. n°15.
[2] FAGES, B., observations précitées, RTD civ. 2008, p. 295.
[3] CACHARD, O., L'ombre de la révision judiciaire du contrat, RLDC, 2008, n° 49, n° 2969.
[4] STOFFEL-MUNCK, Ph., Regards sur la théorie de l'imprévision, op. cit., p. 100, n° 164.
[5] THIBIERGE-GULLFUCCI, C., Libres propos sur la transformation du droit des contrats, RTD civ. 1997. 2. 357, spéc. 360.
[6] Ibidem (C. Thibierge-Gullfucci p. 360).
[7] PAISANT, G., introduction au colloque : Que reste-il du principe de l'intangibilité des contrats ? Droit et Patrimoine n° 58, mars 1998, p. 43.
[8] G. Ripert, Le régime démocratique et le droit civil moderne, Paris LGDJ, 1936, p. 304.
[9] G. Morin, La révolte des faits contre le Code, Grasset, 1920, p. 131.
[10] THIBIERGE-GULLFUCCI, C., art. préc., RTD civ. 1997, n° 2, p. 357, spéc. 366.
[11] THIBIERGE-GULLFUCCI, C., art. préci., RTD civ. 1997. 2. 357, spéc. 367.

principe de l'intangibilité du contrat a déposé son bilan, comme le souligne un auteur[1]. L'on s'approche ainsi d'une nouvelle définition du contrat qui prend en compte d'autres éléments liés surtout à la morale et à l'économie et qui préconisent l'adaptation du contrat au lieu de son immuabilité. Le contrat tel qu'il était analysé par la jurisprudence de Canal du Craponne était purement volontariste ; il était le fruit d'une volonté et c'est uniquement cette dernière qui aurait pu, le cas échéant, le modifier. Le contrat était intangible et aucune force ne pouvait lui ôter cette qualité. Cette analyse a débouché sur des résultats aberrants pour les parties elles-mêmes avant d'atteindre la société toute entière. Le contrat, qui est normalement un instrument au service de la finalité fixée par ses parties, peut arriver à défavoriser l'une des parties au détriment de l'autre sans que le juge puisse intervenir pour redresser les choses et rendre au contrat sa physionomie de départ ou une autre, plus équilibrée.

65. Cette évolution du droit des contrats, selon un auteur, était due à un changement de l'analyse de l'article 1134 du Code civil. Le centre de gravité de cet article se voit déplacé de l'alinéa 1er à l'alinéa 3 du même article[2]. Le changement, ou plus exactement ce frémissement, de la position jurisprudentielle en vue d'accueillir favorablement la théorie de l'imprévision, est accompli grâce à l'introduction de la morale dans les rapports contractuels. Celle-ci ne se trouvait pas, en réalité, loin des yeux des rédacteurs du Code civil, puisqu'ils ont associé dès le départ la force obligatoire du contrat à la morale. Ils ont exigé au sein du même article que les conventions, légalement formées et qui tiennent lieu de loi entre ceux qui les ont faites, soient exécutées de bonne foi. En disposant ainsi, l'on ne peut rien reprocher aux rédacteurs du Code, toutes les désapprobations devant s'adresser à ceux qui ont interprété l'article 1134 suivant leurs convictions.
Le problème, c'est qu'au lieu de s'incliner devant la loi, on fait moduler la loi suivant les convictions des interprètes ou des commentateurs. Le Code civil n'a pas adopté et n'a jamais adopté un volontarisme pur et simple. L'article 1135 en est une preuve irréfutable. Le contrat, mais également les articles du Code civil, étaient analysés à l'aune des percepts du volontarisme et du libéralisme dominant lors de la promulgation. La bonne foi était là et n'attendait que la bonne exploitation des juges pour qu'elle puisse produire ses effets sur le contrat et le conduire de la rigidité décriée à la souplesse recherchée. M. Stoffel-Munck a affirmé : « l'imprévision reste au seuil de la porte. Seules des

---

1 PAISANT, G., introduction au colloque : Que reste-il du principe de l'intangibilité des contrats, art. préc., p. 42 qui qualifie le principe de l'intangibilité des contrats comme étant un principe « hors du temps ».

2 JAMIN, Ch., Révision et intangibilité du contrat ou la double philosophie de l'article 1134 du Code civil, *In* Que reste-il du principe de l'intangibilité des contrats ? Droit et Patrimoine n° 58, mars 1998, p. 46, spéc. p. 47. L'auteur parle d'une « tentative de renversement du centre de gravité de l'article 1134 qui le ferait passer de l'alinéa 1er à l'alinéa 3 ».

considérations d'ordre moral peuvent permettre de franchir le pas »[1]. La même idée a été avancée par un autre auteur lorsqu'il précise qu' « en usant de l'article 1134, alinéa 3, nous aurions trouvé la parade à l'article 1134, alinéa 1er, un moyen susceptible d'assouplir dans un certain nombre de cas la règle technique de l'intangibilité ; un moyen permettant en définitive d'admettre la révision pour imprévision, sans heurter l'interdiction pour les juges de statuer en équité »[2].

R. Demogue avait prophétisé depuis longtemps : « le contrat moderne peut être conçu d'une façon plus vivante et plus complexe en faisant sortir de l'idée de bonne foi de nouveaux rameaux »[3]. Les « nouveaux rameaux » de la bonne foi sont les obligations qui en découlent et qui doivent être dégagées par la jurisprudence pour que le contrat retrouve sa pleine consécration et réponde à merveille aux attentes et aux objectifs de ses auteurs.

Au grand malheur des solidaristes et de ceux qui réclament une admission de la théorie de l'imprévision, une nouvelle tendance jurisprudentielle tend à réaffirmer le principe de refus de la théorie de l'imprévision.

c - La réaffirmation du principe de refus de la théorie de l'imprévision :

66. Cette jurisprudence, ce soi-disant frémissement ayant été applaudi par une partie de la doctrine, a récemment été mis à mal par un certain nombre d'arrêts rendus par la Cour de cassation française qui a voulu réaffirmer son ancienne position de refus de la théorie de l'imprévision.

Tout a commencé en été 2007. Dans un arrêt du 10 juillet 2007, la Chambre commerciale de la Cour de cassation, a repris pratiquement la même philosophie de l'arrêt Canal de Craponne de 1876. Elle a souligné que la mauvaise foi du contractant ne permettait pas aux tribunaux d'attaquer la matière du contrat. Seules les prérogatives contractuelles pouvaient être bloquées[4].

---

[1] Stoffel-Munck, Regards sur la théorie de l'imprévision… op. cit., n° 160, p. 99.

[2] JAMIN, Ch., Révision et intangibilité du contrat ou la double philosophie de l'article 1134 du Code civil, art. cit. p. 54.

[3] R. Demogue, Traité des obligations en général, éd. A. Rousseau, tome 6, 1931, n°3.

[4] Cass. com. 10 juillet 2007 qui fut commenté par plusieurs auteurs : DELEBECQUE, Ph., La bonne foi contractuelle : quid novi sub sole ?, RLDC, n° 46, du 1er février 2008, p. 1 ; STOFFEL-MUNCK, Ph., Créancier déloyal dans l'exécution n'est pas moins créancier, note sous cass. com. du 10 juillet 2007, D. 2007, n° 40, p. 2839 ; RDC 2007 n° 4, p. 1107, note L. Aynès ; RDC 2007 n° 4, p. 1110, note D. Mazeaud (La mauvaise foi du créancier ne permet pas au juge de réviser le contenu obligationnel du contrat) ; F. Rome, Contrat et bonne foi : l'été sera froid (note sous l'arrêt du 10 juillet 2007), D. 2007, p. 2017 ; SAVAUX, E., Une précision neuve et essentielle : la mauvaise foi du créancier n'est pas une cause d'extinction de l'obligation, note sous cass. com. du 10 juillet 2007, Défrenois 2007, n° 20, p. 1454 ; Dimitri Houtcieff, Du vieux vin dans une nouvelle outre, ou la « substantifique moelle » contractuelle, note sous cass. com. 10 juillet 2007, JCP, éd. G, n° 36 du 19 septembre 2007, 10154 ; S. Amrani Mekki et FAUVARQUE-COSSON, B., note sous cass. com. 10 juillet 2007, D. 2007, panorama, p. 2972.

Cet arrêt, même récent, et reflétant encore mieux les convictions actuelles des juges, ne doit pas être pris comme étant un changement de cap tant qu'il n'a pas été confirmé par d'autres arrêts de la Cour de cassation ou qu'il n'a pas encore été appliqué par les juges de fond. Toutefois, il a le mérite de remettre les choses en ordre, il a marqué des limites certaines à la morale et à la bonne foi. L'utilisation de ces notions ne doit pas déboucher sur l'apparition de contrats mous, dénués de forces obligatoires. « La Cour vient ici, selon un auteur, rassurer et aussi assurer la force obligatoire du contrat »[1].

Plus d'un siècle après, la Cour de cassation, par l'arrêt du 10 juillet 2007, active son ancienne position proclamée à travers l'arrêt Canal de Craponne. La révision du contrat ne saurait être admise par les tribunaux français.

Cet arrêt menace de sonner le glas des espoirs placés dans ce mouvement[2] face auquel une frange de la doctrine était enthousiaste. Il a été critiqué par certains auteurs comme « asséchant de l'exécution de bonne foi »[3] des contrats. On lui reproche également qu'il sacrifie « l'alinéa 3 de l'article 1134 sur l'autel de l'alinéa 1 »[4]. Cet arrêt, même s'il ne touche pas directement à la question de la révision du contrat pour imprévision en produira certains effets. D'ailleurs, certains auteurs le rangent parmi les arrêts qui révèlent un refus de révision du contrat pour imprévision[5] ; il est classé dans le cadre de toute une ligne restrictive des effets engendrés par la bonne foi en matière contractuelle[6].

Pour une frange de la doctrine française, cette nouvelle position constitue un pas en arrière, là où tout le monde attend un accueil de la théorie de l'imprévision, le juge fait encore preuve de servilité au contrat et à sa force obligatoire. C'est le principe de l'intangibilité qui, à la surprise de tous, a été confirmé par la Cour de cassation[7]. Certains auteurs ont pu en déduire que rien n'autorisait le juge de

---

[1] CHABAS, C., Force obligatoire contre exécution de bonne foi, note sous Cass. com. 10 juillet 2007, JCP, éd. G, n° 29 du 18 Juillet 2007, 10154

[2] F. Rome, Contrat et bonne foi : l'été sera froid (note sous l'arrêt du 10 juillet 2007), D. 2007, p. 2017. Voir également : MAZEAUD, D., RDC 2007 n° 4, p. 1110, spéc. p. 1113 (La mauvaise foi du créancier ne permet pas au juge de réviser le contenu obligationnel du contrat). L'auteur observe que cet arrêt sonne « le glas des espoirs de ceux qui voyaient dans l'article 1134, alinéa 3, du Code civil, le ferment de la révision judiciaire pour imprévision ».

[3] SAVAUX, E., Une précision neuve et essentielle : la mauvaise foi du créancier n'est pas une cause d'extinction de l'obligation, note sous cass. com. du 10 juillet 2007, Défrenois 2007, n° 20, p. 1454, spéc. 1455.

[4] HOUTCIEFF, D., Du vieux vin dans une nouvelle outre, ou la « substantifique moelle » contractuelle, note sous cass. com. du 10 juillet 2007, JCP G n° 36 du 19 septembre 2007, 10154.

[5] DELEBECQUE, Ph., La bonne foi contractuelle : quid novi sub sole ? RLDC, février 2008, p. 6 ; MAZEAUD, D., La mauvaise foi du créancier ne permet pas au juge de réviser le contenu obligationnel du contrat, RDC 2007, n° 4, p. 1111.

[6] S. Amrani Mekki et FAUVARQUE-COSSON, B., note sous Cass. com. 10 juillet 2007, D. 29 novembre 2007, panorama, p. 2972. Les auteurs citent notamment l'arrêt cass. 3e civ. du 14 septembre 2005, D. 2006, Juri. p. 761, note Mazeaud ; RTD civ. 2005, p. 776, obs. J. Mestre et B. Fages. La même idée est confirmée dans l'arrêt cass. 3e civ. du 17 janvier 2007, D. 2007, p. 1051, note D. Mazeaud.

[7] DELEBECQUE, Ph., art. préc. p. 6 ; MAZEAUD, D., note précitée, p. 1111.

porter atteinte à la substance du contrat[1]. Le juge, « n'est pas investi d'un pouvoir de révision du contrat »[2].
Par ailleurs, un arrêt, encore plus récent de la Cour de cassation française, celui du 18 mars 2009[3] confirme cette tendance des tribunaux à revigorer les anciennes positions hostiles à l'intervention des tribunaux au sein des contrats. Cet arrêt est rendu par la troisième chambre civile de la Cour de cassation. Dans ledit arrêt, la Haute Cour a réprimé la Cour d'appel d'Aix-en-Provence pour avoir accepté de convertir une obligation de surveillance insérée dans un contrat de bail en une obligation financière. Cette solution de substitution n'est pas conforme à l'article 1134 du Code civil. Cet arrêt démontre, comme le souligne un auteur, que le principe de l'intangibilité du contrat est bien vivant[4] et qu'il n'a pas déposé son bilan comme l'ont présumé certains auteurs[5].
Par ailleurs, la troisième Chambre civile de la Cour de cassation française a rendu récemment un arrêt qui a repris la même philosophie, voire les mêmes termes que l'arrêt du 10 juillet 2007. Elle annonce que « si la règle selon laquelle les conventions doivent être exécutées de bonne foi permet au juge de sanctionner l'usage déloyal d'une prérogative contractuelle, elle ne l'autorise pas à porter atteinte à la substance même des droits et obligations légalement convenus entre les parties ni à s'affranchir des dispositions impératives du statut des baux commerciaux »[6].
Dans autre arrêt rendu par la Chambre commerciale de la Cour de cassation du 27 octobre 2009, cette dernière souligne que le commerçant qui ne formule pas de contre offre à la proposition de négociation qui lui est faite par son partenaire, ne manque pas à la bonne foi requise lors de l'exécution du contrat. En effet, dans cet arrêt, le commerçant, en recevant la proposition de négociation de son partenaire, lui répond en demandant une indemnité de fin de contrat[7].
D'un seul arrêt on passe ainsi à toute une tendance jurisprudentielle défavorable à la révision du contrat pour imprévision et appelant à limiter la règle de l'exécution de bonne foi des contrats dans un cadre bien précis. Certains auteurs

---

[1] DELEBECQUE, Ph., art. préc. p. 6.
[2] MAZEAUD, D., note précitée, p. 1111.
[3] Cass. 3e Civ., 18 mars 2009, pourvoi n°07.21.260, RTD civ. 2009, n°3, p. 528, obs. B. Fages ; RJDA 2009, n°513, p. 489.
[4] Cass. 3e Civ., 18 mars 2009, pourvoi n°07.21.260, RTD civ. 2009, n°3, p. 528, obs. B. Fages.
[5] PAISANT, G., introduction au colloque : Que reste-il du principe de l'intangibilité des contrats, art. préc., p. 42.
[6] Cass. 3e civ. 9 décembre 2009, N° de pourvoi : 04-19.923, D. 2010, p. 87 ; L'essentiel Droit des contrats, n° 2 février 2010, note O. Deshayes (La troisième chambre civile fait sienne la jurisprudence « Les Maréchaux » sur l'exécution de bonne foi des contrats).
[7] Cass. Com., 27 octobre 2009, n° 08-18.650 (inédit). Voir pour cet arrêt : N. Mathey, La rupture de relations commerciales établies en période de crise. Difficulté d'application de l'article L. 442-6, I, 5° du Code de commerce en période de crise économique, Cont. Conc. Consomm. 2010, n°2, p. 10, spéc. n° 14.

ont récemment déduit que « le rejet de la théorie de l'imprévision est certain en droit français »[1].
Ces dernières évolutions obligent les optimistes, ceux qui pensent que les tribunaux français sont tout prêts à proclamer une admission de la révision du contrat, à revoir leurs idées. A l'aune de cette nouvelle jurisprudence, c'est une position de refus qui apparaît plutôt soutenable[2].

Cette hostilité à l'égard de la révision du contrat est également vérifiable dans la jurisprudence tunisienne.

B – La position de la jurisprudence tunisienne

En examinant la position de la jurisprudence tunisienne, on constate que celle-ci est marquée par deux étapes : une où le refus de la théorie de l'imprévision est catégorique (a) et une seconde étape où l'on peut pressentir un infléchissement sans pour autant arriver à une admission pure et simple de cette théorie (b).

a- Le refus pur et simple de l'imprévision

67. Le droit tunisien ressemble beaucoup à son similaire français ; d'ailleurs ce dernier lui a constitué une source d'inspiration, voire une source matérielle qu'il faut consulter en cas de défaillance ou d'ambiguïté du droit tunisien[3]. La question de l'imprévision confirme une telle ressemblance. En effet, le législateur tunisien, à la manière de son homologue français, n'a pas admis la théorie de l'imprévision. Une telle position est une exception par rapport aux législations des pays arabes et musulmans[4]. Elle ne peut être expliquée que par une influence, voire un mimétisme du droit français[5]. Qui plus est, le Code des

---

[1] N. Mathey, La rupture de relations commerciales établies en période de crise. Art. préc., spéc. n° 13, Cont. Conc. Consomm. 2010, n°2, p. 10, spéc. n° 14.

[2] LEQUETTE, Y., L'efficacité des clauses de Hardship, *In* Liber Amicorum LARROUMET, Ch., éd. Economica 2009, p. 267, spéc. p. 276-277, n°9.

[3] Voir à ce propos la controverse relative à l'interprétation de l'article 535 du code des obligations et des contrats : CHARFI, M., Introduction à l'étude du droit, éd. Cérès 1997, p. 200, n° 424 ; CHARFEDDINE, M.-K.,Introduction à l'étude de droit civil, éd. CPU 2002 (En arabe) ; MELLOUI, S., Droit civil, Introduction à l'étude du droit, éd. IORT 2000, p. 25 et s, n° 84 et s et aussi p. 149, n° 491. Voir également pour une étude jurisprudentielle surtout : BEN TALEB, A., Le Code des obligations et des contrats devant les chambres réunies de la Cour de cassation (en arabe), *In* Livre du centenaire du Code des obligations et des contrats 1906 – 2006, éd. CPU 2006, p. 241, spéc. p. 291, n° 54.

[4] Plusieurs pays arabes ont admis de façon explicite l'imprévision en particulier ; le Code civil algérien consacre expressément dans son article 107 le pouvoir du juge de réviser un contrat en cas de changement des circonstances. Le Code civil égyptien admet la révision pour imprévision (art. 147). Le droit libyen adopte aussi la révision pour imprévision (art. 147 du Code civil libyen). Voir sur ce point : MEZGHANI, A., Le cadre juridique des relations commerciales internationales de la Tunisie, éd. Imprimerie Officielle de la Tunisie 1981, p. 338-339.

[5] Voir à ce propos : ZINE, M., La théorie générale des obligations, 1 – Le contrat, éd. Tunis 1997, p. 267 et s ; n° 33. L'auteur étudie la position du droit tunisien au vu de l'expérience des droits étrangers. Voir aussi sur ce point : MEZGHANI, A., Le cadre juridique des relations commerciales internationales de la Tunisie, op. cit., p. 335.

obligations et des contrats a été promulgué en 1906 alors que la Tunisie était sous Protectorat français. La commission chargée à l'époque d'élaborer le Code des obligations et des contrats avait comme rapporteur[1] un italien qui avait privilégié sur plusieurs points la position adoptée par le législateur français ou prônée par la doctrine française, voire appliquée par les tribunaux français[2].

68. Partant ainsi des mêmes données, la jurisprudence tunisienne, comme son similaire français, avait refusé de réviser un contrat rendu manifestement déséquilibré à la suite d'un changement imprévisible des circonstances. La jurisprudence fonde très souvent sa position sur l'article 242 du Code des obligations et des contrats. Ledit article, similaire à l'article 1134 *in limine* du Code civil français, énonce : « les conventions légalement formées tiennent lieu de loi entre ceux qui les ont faites et ne peuvent être révoquées ou modifiées que de leurs volonté ». Cet article constitue, aux yeux de la jurisprudence tunisienne, un obstacle majeur à toute tentative judiciaire de révision du contrat. Une telle tentative est blasphématoire à la volonté des parties et au principe de l'autonomie de la volonté.

69. La Cour de cassation tunisienne l'avait affirmé depuis longtemps à haute voix et sans détour : « la règle posée par l'article 242 du Code des obligations et des contrats est générale et absolue »[3] et n'admet aucune exception[4]. Elle fait ainsi preuve de servilité envers le principe de l'autonomie de la volonté et envers l'individualisme qui imprégnait l'époque. Aux yeux des tribunaux tunisiens, le contrat appartient uniquement aux parties et, de ce fait, le juge ne peut sous aucun prétexte s'en mêler ou intervenir ; l'article 242 s'insurge contre une telle intervention. Un contrat, une fois conclu ne peut être modifié que du commun accord de ceux qui l'ont forgé. Cette sacralisation du principe de l'autonomie de la volonté a été critiquée par une très grande frange de la

[1] Santillana était un rapporteur qui a dépassé les limites de sa fonction au point de douter qu'il en était le président effectif. Voir sur ce point : SAKRANI, R., SAKRANI, R., Sources doctrinales du Code des obligations et des contrats tunisien, thèse Paris II, 2003. Cet auteur met en question la véritable mission du rapporteur.

[2] SAKRANI, R., Sources doctrinales du Code des obligations et des contrats tunisien, thèse Paris II, 2003 ; ROUATBI, H., Le Code des obligations et du contrat et l'islam (en arabe), *In* Livre du centenaire du Code des obligations et des contrats 1906 – 2006, éd. CPU 2006, p. 185.

[3] Cass. Civ. n° 4020 du 16 avril 1940, RJL 1960, n° 9-10, p. 152.

[4] La Cour de cassation tunisienne a utilisé dans cet arrêt les mêmes termes employés par la Cour de cassation française dans l'arrêt Canal de Craponne. Cette dernière avait précisé elle aussi que « la règle que consacre l'article 1134 c. civ. étant générale et absolue » (les grands arrêts de la jurisprudence civile, par F. Terré et LEQUETTE, Y., 10e éd. Dalloz 1994, p. 406).

doctrine tunisienne[1] qui y voit une rigueur injustifiée et peu fondée, voire « choquante[2] ».

70. Ce qui est plus inquiétant, c'est que la jurisprudence tunisienne n'a même pas tenté de chercher une pseudo volonté implicite de révision du contrat en cas de changement des circonstances afin de légitimer une révision judiciaire. Les juges tunisiens n'ont pas essayé non plus, de procéder à une interprétation extensive de l'accord des parties afin de découvrir une possibilité de révision du contrat lors d'un changement des circonstances entourant celui-ci.
Qui plus est, cette position de la jurisprudence tunisienne envers l'imprévision ne s'est pas assouplie. Elle garde toujours son éclat et la Cour de cassation tunisienne guette les occasions pour la réaffirmer[3]. Malgré les opportunités offertes à la jurisprudence tunisienne d'infléchir sa position, elle ne fait au contraire que confirmer l'interdiction opposée aux juges de s'immiscer dans la vie du contrat, le considérant toujours comme *la chose* des parties contractantes.

71. La déférence pour le principe de l'autonomie de la volonté par les tribunaux tunisiens est patente. Les juges tunisiens auraient dû imiter leurs collègues français et trouver d'autres procédés permettant d'atténuer la rigueur de la loi contractuelle en cas de changement significatif des circonstances. Ils avaient la possibilité de concilier l'article 242 du Code des obligations et des contrats et l'article 243 du même Code. Le second article n'est qu'une humanisation du premier. Celui-ci renferme un principe d'ordre général indiquant que la volonté doit être respectée dans le contrat, alors que le second lui porte un frein naturel[4] en disposant que les conventions doivent être exécutées de bonne foi.
Introduire la bonne foi dans les contrats, haussée au rang de devoir ou d'une obligation et non une simple faculté, serait de nature à fléchir la loi contractuelle. L'article 243 du C.o.c dispose dans des termes assez fermes que « tout engagement doit être exécuté de bonne foi ». Ce qui implique qu'on doit dévoiler dans tout contrat ce que la bonne foi dispose, fut-elle ignorée ou oubliée par les parties contractantes. La bonne foi est toujours sous-entendue dans tout contrat et le juge est tenu de faire sortir ce que sous-tendent les parties sous l'égide de cette notion.

---

[1] MEZGHANI, A., Le cadre juridique des relations commerciales internationales de la Tunisie, éd. Imprimerie Officielle de la Tunisie 1981, p. 339.
[2] F. Nemchi, note sous Cass. Civ. Chambres réunies, n° 7919 du 28 avril 1975, RTD 1976, II, p. 166, spéc. p. 176 on réserve cette discussion à l'étude de l'abus dans les contrats. Voir aussi ZINE, M., op. cit., p. 310, n° 387 ; HAMMOUDA, M., De l'exécution de l'obligation avec loyauté *In* Mélanges S. Ben Halima, éd. CPU 2005, p. 1031.
[3] A titre d'exemple on peut citer les arrêts suivants rendus dans des périodes distantes sans que la Cour de cassation tunisienne révise sa position : Cass. Civ (tn). n°4195 du 25 janvier 1944, RJL 1960, n° 9-10, p. 152 ; Cass. Civ. n° 1403 du 19 octobre 2000, Bull. section civile, tome 1, p. 101.
[4] TERRE, F., SIMLER, Ph. et LEQUETTE, Y., Doit civil, les obligations, éd. Dalloz 2005, n° 438, p. 442.

Contrairement à cette interprétation favorable à l'admission de l'idée d'une révision du contrat, l'on ne trouve pas dans l'œuvre jurisprudentielle tunisienne, du moins celle publiée, de grandes allusions à la règle *rebus sic stantibus* ou à une révision sous-entendue dans tout contrat. Comme le disait un auteur, dans la jurisprudence tunisienne, peut-être y a-t-il plus de timidité que d'audace[1].

72. En somme, les tribunaux tunisiens affichent toujours un respect inébranlable au principe de l'autonomie de la volonté. Ils croient à l'intangibilité des conventions plus qu'à leur souplesse et à leur mutabilité. En filigrane, on trouve la crainte de l'arbitraire des juges. L'on trouve également la volonté de protéger la sécurité et la prévisibilité. Aux yeux de cette jurisprudence un contrat n'est pas révisable par défaut. Seule une clause contractuelle peut étayer sa révision.

73. Quant à la jurisprudence administrative tunisienne, même si elle ne s'est pas prononcée sur cette question de façon explicite, elle semble l'admettre. Selon la doctrine administrative tunisienne, rien n'empêche d'accepter la révision judiciaire des contrats administratifs. Le droit administratif tunisien n'est pas hostile à l'admission d'une telle solution. D'ailleurs, les mêmes arguments adoptés par le Conseil d'Etat français, peuvent être transposés en droit tunisien[2]. D'un autre côté, l'exigence de bonne foi et de loyauté dans l'exécution des obligations contractuelles est valable, même pour les contrats administratifs et les marchés publics[3]. Dans cette matière, c'est à l'article 243 du Code des obligations et des contrats qu'il faut se référer pour étayer un devoir de loyauté couvant l'exécution des marchés publics[4].
Cette position de refus catégorique de la théorie de l'imprévision commence ces dernières années à s'infléchir au point que certains auteurs tunisiens pressentent une admission éminente[5].

b - L'infléchissement de la position ?

74. La jurisprudence tunisienne était statique sur le refus d'admettre qu'un contrat puisse être révisé par le juge en cas de changement des circonstances. Les décisions favorables à l'admission de la théorie de l'imprévision ne sont

[1] J. Marty, Le rôle du juge dans l'interprétation des contrats, *In* Travaux de l'Association H. Capitant 1949, p.84 spéc. p. 91 (parlant de la jurisprudence française).
[2] Voir sur ce point surtout : T. Bouacheba, Principes du droit administratif tunisien (en arabe), éd. ENA 1995, p. 359 et s.
[3] T. Ghanaye, L'obligation du cocontractant de l'administration d'exécuter le marché (en arabe), Etudes Juridiques, n° spécial Marchés publics, 2007, p. 135.
[4] T. Ghanaye, L'obligation du cocontractant de l'administration d'exécuter le marché, Etudes Juridiques, n° spécial Marchés publics, 2006, p. 265, spéc. p. 155 et 159.
[5] MAHFOUD, M., Théorie générale de l'obligation. Acte unilatéral, Contrat et Responsabilité civile, Publications du Centre d'Etudes Juridiques et Judiciaires (CEJJ), éd. Orbis 2008, p. 139, n° 188.

que très exceptionnelles. De plus, elles ne concernent pas directement la question de l'imprévision[1].

La position de principe est celle de refuser au juge toute possibilité de révision du contrat sous prétexte de changement de circonstances puisque le contrat est toujours analysé comme étant la chose des parties, et personne ne peut le toucher. Le principe de l'autonomie de la volonté est toujours avancé comme le fondement indispensable d'une telle motivation[2].

75. Toutefois, ces dernières années, la jurisprudence tunisienne, à partir de certaines espèces, semble s'infléchir et commence à adopter une nouvelle analyse du contrat. Il s'agit surtout du problème de la clause pénale pour laquelle la Cour de cassation tunisienne a radicalement changé sa position, au point que certains auteurs tunisiens ont déclamé l'éruption d'un volcan longtemps couvé[3].

La jurisprudence tunisienne a en fait rejeté ses anciennes positions longtemps maintenues, ayant été affirmées à plusieurs reprises et dont la plus célèbre est celle de 1975. La Cour de cassation tunisienne avait affirmé dans cet arrêt que la clause pénale, affirmation de la volonté des parties, ne pouvait en aucun cas être révisée même si elle s'avérait excessive et non proportionnée à la faute ayant engendré sa mise en œuvre. En filigrane, gît le principe de l'autonomie de la volonté et l'article 242 du Code des obligations et des contrats[4].

76. En 1994, la Haute cour tunisienne décide de ne plus maintenir le cap et procède au changement de position. Au lieu de se référer à l'article 242 pour interdire au juge, comme elle l'a fait très souvent, la révision d'une clause pénale, elle se rapporte à la bonne foi et aux valeurs morales qui doivent accompagner l'exécution du contrat pour fonder une possibilité de modification judiciaire de cette clause lorsqu'elle est excessive. Ce changement de position de la Cour de cassation, longtemps attendu, a été approuvé par la doctrine tunisienne[5] qui y voit une évolution notoire du droit tunisien des contrats.

En effet, le mérite de cet arrêt est qu'il ôte au principe de l'autonomie de la volonté et à l'article 242 son caractère sacré. Il laisse présager une évolution de

---

[1] Ces décisions sont relatives à la révision de la clause pénale.

[2] Voir à ce propos les arrêts tunisiens précédemment cités.

[3] BEN AMMOU, N.,La clause pénale, trente ans après : éruption d'un volcan (en arabe), RTD 1996, p. 237.

[4] Cass. Civ (tn). Ch. Réunies, n° 7919 du 28 avril 1975, RTD 1976, II, p. 166, note Mme. Fatiha Nemchi. Pour une étude encore plus générale sur la notion de clause pénale en droit tunisien consulter surtout : BAGBAG, M., De la possible réception de la notion de clause pénale par le Code des obligations et des contrats, RTD 1998, p. 41. Voir aussi : F. Loksaier, La clause pénale en droit tunisien, Etudes Juridiques, 2000, p. 75 ; H. Ben Slima, La clause pénale et pouvoir modérateur du juge, RJL 1998, n° 2.

[5] BEN AMMOU, N.,art. préc., p.256, n° 22 ; ZINE, M., Théorie générale des obligations, 1 – Le contrat, éd. 1997, p. 312, n° 38762.

la jurisprudence tunisienne dans le sens de l'assouplissement de l'analyse contractuelle. Cette position, même si elle ne touche pas directement la question de l'imprévision permet, selon certains auteurs tunisiens, d'en conjecturer un frémissement de la part de la position des tribunaux tunisiens[1].
Un auteur se réjouit de cette nouvelle position de la Cour de cassation tunisienne et en souligne les effets importants[2]. La solution doit être analysée non seulement dans le cadre de la clause pénale, mais aussi dans le cadre de la question du rôle du juge dans le contrat. A la suite de cet arrêt de la Cour de cassation tunisienne, le juge s'arroge un « droit de révision des contrats »[3]. Cet arrêt annonce la rétrogradation de l'article 242 du C.o.c devant la priorité désormais accordée aux percepts de l'équité et de justice[4] contenus dans à l'article 243 du C.o.c.

77. Un autre arrêt de la Cour de cassation confirme ce frémissement en faveur d'un changement de l'analyse du contrat. Il ouvre une brèche d'espoir vers un accueil positif de la théorie de l'imprévision. L'arrêt concerne une interprétation libérale de l'article 273 du Code des obligations et des contrats et il accorde, contrairement aux anciennes positions jurisprudentielles, le choix au créancier, entre l'exécution forcée du contrat et sa résolution. Un tel arrêt ne protège pas autant le lien contractuel[5] et minimise ainsi la chance de voir le juge assurer le rôle de sauveur du contrat. Il contredit aussi une tendance jurisprudentielle protégeant le lien contractuel[6].
Que cette interprétation de l'article 273 du C.o.c faite par la Cour de cassation soit vivement critiquée ou non[7], elle n'est en réalité qu'un retour au texte de l'article 273, conforme à son esprit et à ses lettres. C'est ce qui manque parfois aux tribunaux, surtout en matière d'imprévision. Si un tel retour était fait à l'article 243 du C.o.c, on aurait admis depuis longtemps, et encore plus facilement, la révision du contrat par le juge en cas de changement des circonstances. Le retour à l'article 243 n'est finalement qu'un retour à la bonne foi qui serait capable, dans une certaine mesure, de fonder l'existence d'une révision implicite du contrat que le juge ne fait que dévoiler. Un tel retour favorise ainsi « la montée du moralisme et le rôle croissant de la bonne foi »[8].

---

[1] MAHFOUD, M., Théorie générale de l'obligation. Acte unilatéral, Contrat et Responsabilité civile, Publications du Centre d'Etudes Juridiques et Judiciaires (CEJJ), éd. Orbis 2008, p. 139, n° 188.
[2] ZINE, M., Théorie générale des obligations, 1 – Le contrat, éd. Tunis 1997, p. 312, n° 287-2.
[3] ZINE, M., Théorie générale des obligations, 1 – Le contrat, éd. Tunis 1997, p. 312, n° 287-2.
[4] ZINE, M., Théorie générale des obligations, 1 – Le contrat, éd. Tunis 1997, p. 312, n° 287-2.
[5] M.-E. Pancrazi-Tian, La protection judiciaire du lien contractuel, éd. PUAM 1996.
[6] BEN AMMOU, N.,note sous Cass. Civ (tn). n° 35350, du 29 février 1996 RTD 1996, p. 267.
[7] Voir aussi sur ce point : ZINE, M., Théorie générale des obligations, 1 – Le contrat, éd. Tunis 1997, p. 322, n° 399-1 ; MAHFOUD, M., L'extinction du contrat pour impossibilité d'exécution (en droit tunisien), Etudes juridiques 2001, p. 167.
[8] TALLON, D., art. préc., p. 416.

78. D'un autre côté, on assiste aujourd'hui à une nouvelle tendance du droit des contrats consistant dans la prise en compte de l'attente du créancier au lieu de l'intérêt, longtemps protégé et rehaussé, du débiteur[1]. De ce point de ce vue, la Cour de cassation tunisienne, lorsqu'elle avait interprété l'article 273 C.o.c sur la base de l'intérêt du créancier, n'a fait que se conformer à une tendance établie en droit français. L'arrêt pourrait être méritoire de ce point de vue.

79. Un autre arrêt, rendu cette fois-ci par la Cour d'Appel de Tunis[2] conforte très bien la constatation d'un frémissement au sein de nos tribunaux. Ledit arrêt élimine une clause abusive dans un contrat de leasing pour le simple fait qu'elle n'est pas conforme à la bonne foi[3].

80. Cependant, et contrairement à tous les pronostics, la Cour de cassation tunisienne vient d'emboiter le pas à cette nouvelle tendance des tribunaux tunisiens. Dans un arrêt récent de la Haute Cour tunisienne, celle-ci semble lancer un appel à l'apaisement[4]. Le contrat doit toujours être analysé comme un acte de volonté. Sa modification n'est possible que par l'accord des parties. Cet arrêt, même s'il ne s'est pas prononcé directement sur la question de l'imprévision, semble vouloir remettre les choses en ordre. Le juge doit respecter la volonté des parties. La mauvaise foi du créancier ne saurait être un prétexte pour lui permettre d'oublier les dispositions de l'article 242 du Code des obligations et des contrats[5].
C'est pratiquement la même philosophie adoptée par la Cour de cassation française dans ses arrêts du 10 juillet 2007 et du 9 décembre 2009.

81. En somme, on observe, au sein des tribunaux tunisiens, un frémissement qui risque d'ébranler l'édifice classique de la jurisprudence tunisienne basée sur un volontarisme immodéré. Ce frémissement est compréhensible ; la jurisprudence tunisienne ne peut vivre à l'écart du monde et du mouvement qui secoue le droit des contrats. Approuver cette évolution des tribunaux tunisiens

---

[1] LECUYER, H., Redéfinir la force obligatoire du contrat ? LPA, 6 mai 1998, n° 54, p. 44 ; voir aussi : OPPETIT, B., L'endettement et le droit *In* Mélanges Breton et Derrida, Dalloz 1991, p. 295 et s qui parle d'un « déplacement de la valeur de l'engagement de la personne du débiteur – approche classique – vers celle du créancier » ; J. Carbonnier confirme aussi cette tendance en précisant : «ce qui fonde la force obligatoire du contrat, c'est l'attente du créancier, qui ne doit pas être déçue. Corollaire : le débiteur n'est obligé que dans la limite de ce qu'attendait le créancier, de ce à quoi il pourrait s'attendre – raisonnablement », introduction aux journées R. Savatier sur l'évolution contemporaine du droit des contrats, éd. PUF 1986, p. 29, spéc. p. 35. Voir aussi sur ce point en droit tunisien : ZINE, M., Théorie générale des obligations, 1 – Le contrat, éd. Tunis 1997, p. 323, n° 399-2.

[2] App. Tunis, arrêt n° 65016 du 4 avril 2000 (inédit).

[3] Le débat sur cette question des clauses contractuelles est réservé au chapitre second de ce titre. Même chose pour le débat relatif à la clause pénale.

[4] Cass. Soc (tn), n° 19001, du 19 avril 2008, Bull. civ. I, p. 321.

[5] Cass. Soc (tn), n° 19001, du 19 avril 2008, Bull. civ. I, p. 321.

ne signifie guère l'approbation d'un principe général de révision du contrat en cas de changement des circonstances. La révision du contrat par le juge doit toujours demeurer une exception qui ne s'applique que dans des circonstances exceptionnelles. Un auteur tunisien se prononce contre l'adoption d'un principe général de révision du contrat pour imprévision[1]. La révision ne se conçoit qu'exceptionnellement[2]. L'arrêt du 19 avril 2008 de la Cour de cassation tunisienne doit être analysé dans ce sens[3].

Quelle que soit l'ancienneté de la question de l'imprévision, cette dernière n'a jamais perdu son importance ; elle est toujours à la une des événements juridiques et préoccupe les commentateurs[4] et les tribunaux, au point qu'un auteur la qualifie comme étant un « serpent des mers du droit des contrats»[5]. Se pose ainsi la question de l'évolution de ce problème de l'imprévision : y a-t-il un changement de position, que se soit des tribunaux, du législateur ou des contractants ou le problème garde-t-il toujours ses anciennes caractéristiques ?

Section II : L'évolution de l'analyse de la révision pour imprévision

82. L'imprévision, ancienne question qui est toujours d'actualité, ne cesse d'occuper une place importante dans les débats juridiques[6]. L'analyse de ce problème, comme toute branche du droit, a évolué et ce que l'on disait autrefois sur l'imprévision n'est pas nécessairement la même chose que ce qu'on réitère aujourd'hui.

Cette évolution présage-t-elle un frémissement du droit (§1) préparant l'accueil de la théorie de l'imprévision ? Face à ce retard de l'acceptation pure et simple

---

[1] HAMMOUDA, M., De l'exécution de l'obligation avec loyauté *In* Mélanges S. Ben Halima, éd. CPU 2005, p. 1031 spéc. p. 1102.

[2] HAMMOUDA, M., De l'exécution de l'obligation avec loyauté *In* Mélanges S. Ben Halima, éd. CPU 2005, p. 1031 spéc. p. 1102.

[3] Cass. Soc (tn), n° 19001, du 19 avril 2008, Bull. civ. I, p. 321.

[4] A titre d'exemple voir les interventions récentes sur la question publiées à la rubrique : Réflexions croisées, Les contrats à l'épreuve de la crise, RLDC n° 62, juillet août 2009, p. 51.

[5] JACQUES, Ph., Regards sur l'article 1135 du Code civil, éd. Dalloz 2005, p. 325, n° 169.

[6] La doctrine française n'a cessé d'écrire sur le sujet de l'imprévision. Parmi les récents articles on cite à titre d'exemple : AYNES, L., l'imprévision en droit privé, RJC 2005, p. 397 ; FAUVARQUE-COSSON, B., Le changement des circonstances, RDC janvier 2004, p. 67 ; TALLON, D., La révision du contrat pour imprévision au regard des enseignements récents du droit comparé, *In* Etudes A. Sayag, op. cit. p. 403. Plusieurs thèses récentes consacrent de grandes parties au problème de l'imprévision : S. Simont, l'économie du contrat, éd. PUAM 2006 ; JACQUES, Ph., Regards sur l'article 1135 du code civil, éd. Dalloz 2005. Voir également plus récent : Les prévisions contractuelles à l'épreuve de la crise économique, acte de colloque du 22 octobre 2009, RDC 2010, p. 379 et s. Pour la doctrine tunisienne, voir surtout : ZINE, M., Théorie générale des obligations, 1 – Le contrat, éd. Tunis 1997, p. 267, n° 333 ; HAMMOUDA, M., De l'exécution de l'obligation avec loyauté *In* Mélanges S. Ben Halima, éd. CPU 2005, p. 1031, spéc. p. 1098 ; BEN AÏCHA, N., La révision du contrat pour exorbitance : développements récents, *In* Mélanges M.-L. Hachem éd. CPU 2006, p. 166.

et à la persistance de la position de refus, les parties ne resteront pas les bras croisés ; elles organiseront elles-mêmes la révision et l'adaptation de leur accord, se posant ainsi la question de l'issue ou de l'échappatoire conventionnelle (§2).

§1- Le frémissement du droit ?

Le frémissement du droit doit être vérifié aussi bien pour le droit tunisien (A) que pour le droit français (B).

A – En droit tunisien :

83. Le droit tunisien des contrats est un peu statique par rapport au droit français et l'on n'a pas assisté depuis la promulgation du Code des obligations et des contrats à de grandes modifications[1]. Les dispositions du Code bénéficiaient ainsi d'une certaine fixité dans le temps et même si le législateur tunisien a légiféré un ensemble de textes spéciaux, allant de pair avec le Code, on n'a pas encore atteint le stade du droit français où certains auteurs ont sonné l'alerte du dépassement du Code civil transformant la théorie générale des obligations en un simple mythe[2]. A titre d'exemple, on peut citer le droit de la consommation qui a énormément grandi en droit français au point que certains plaident pour son autonomie par rapport à la théorie générale des contrats[3].

84. En Tunisie, le droit consumériste n'a pas encore atteint ce stade. D'ailleurs, on ne compte que des textes épars et rarissimes dans ce domaine[4]. Cette différence entre le droit tunisien et son homologue français est explicable par le développement de la vie dans la société française ainsi que l'effet des règles du droit européen qui ne cessent de prévoir de nouvelles dispositions en matière de protection du consommateur européen qui sont à incorporer au sein du droit

---

[1] Certaines récentes modifications du Code des obligations et des contrats se contentent de supprimer des termes qui sont devenus hors d'usage ou dont l'appellation prête à confusion. La dernière modification est celle du 15 août 2005 n'était en réalité qu'un simple nettoyage du Code. Voir dans ce sens : ROUATBI, H., Le Code des obligations et du contrat et l'islam (en arabe), *In* Le livre du centenaire du Code des obligations et des contrats 1906 – 2006, éd. CPU 2006, p. 185. Voir aussi surtout : CHARFEDDINE, M.-K.,Le Code des obligations et des contrats : esquisse d'une évaluation de l'œuvre, *In* Livre du centenaire du Code des obligations et des contrats 1906 – 2006, éd. CPU 2006, p. 675.

[2] SAVAUX, E., La théorie générale du contrat, mythe ou réalité, éd. LGDJ 1997.

[3] CALAIS-AULOY, J., L'influence du droit de la consommation sur le droit civil des contrats, RTD civ. 1994, p. 239 et s. Du même auteur, voir : Droit de la consommation, éd. Dalloz 2003. Le droit de la consommation passé de la revendication à la concrétisation. Consulter à cet effet surtout : CALAIS-AULOY, J., Propositions pour un nouveau droit de la consommation, la documentation française 1985 ; voir aussi : MAZEAUD, D., Droit commun des contrats et droit de la consommation. Nouvelles frontières ? *In* Liber Amicorum CALAIS-AULOY, J., Etude de droit de la consommation, éd. Dalloz 2004, p. 697.

[4] Il y a surtout la loi n° 92-117 du 7 décembre 1992 sur la protection du consommateur. Il existe aussi d'autres : n° 98-39 du 2 juin 1998 sur les ventes avec facilités de payement, ou n° 98-40 du 2 juin 1998 sur les techniques de vente et la publicité commerciale.

français[1]. Le législateur tunisien n'avait donc pas la même pression ni les mêmes facteurs pesant sur son homologue français.

85. Cependant, de son propre gré, il a décidé de s'engager sur la voix de la mondialisation l'obligeant à actualiser et à moderniser sa législation afin de garantir un minimum d'harmonie entre les différentes législations des pays signataires des accords de l'Organisation Mondiale du Commerce. Il a également signé des accords de partenariat avec l'Union Européenne aux termes desquels il a été tenu de revigorer la législation tunisienne dont celle relative aux contrats. A titre d'exemple, le législateur a d'emblée, juste après la signature de l'accord de partenariat avec l'Union Européenne, modifié les textes relatifs à l'arbitrage, en promulguant le Code de l'arbitrage[2]. Ce législateur a encore, et pour la première fois en Tunisie, instauré un régime de redressement des entreprises en difficulté[3].

Une vague d'interventions législatives a ainsi été déclenchée, variant entre l'actualisation et la promulgation des nouveaux textes. Cette vague a-t-elle affecté la révision du contrat par le juge ou spécifiquement la question de l'imprévision dans les contrats ? La réponse ne pourrait être que négative, puisque le législateur tunisien n'a pas touché directement à cette question et n'a pas, non plus, adopté un texte d'ordre général qui consacre l'acceptation de la théorie de l'imprévision en offrant au juge la possibilité de modifier les termes du contrat secoué par un changement des circonstances.

86. Seulement, l'on n'en est pas très loin, car, avec un peu de recul, on peut constater qu'il existe un frémissement du droit tunisien permettant de présager une admission prochaine de la théorie de l'imprévision. Les textes récemment promulgués ne cessent d'accroître le phénomène de l'immixtion du juge dans la vie des contrats. De son côté, la loi sur le redressement permet au juge chargé de superviser une telle procédure de prendre plusieurs mesures en vue de sauver ou de redresser l'entreprise en difficultés, touchant ainsi directement au sacro-saint principe de l'autonomie de la volonté. Dans ce cadre, le juge peut suspendre l'exécution d'un contrat ou le cours des intérêts légaux ou conventionnels. Il peut aussi décider d'une remise obligatoire des dettes de l'entreprise en difficulté. Toutes ces mesures ne sont décrétées autoritairement par le juge qu'afin de prendre en compte la difficulté dont souffre l'entreprise.

---

[1] E. Poillot, Droit européen de la consommation et unification du droit des contrats, éd. LGDJ 2006.

[2] La loi n° 42-93 du 26 avril 1993 portant promulgation du Code de l'arbitrage.

[3] La loi 118-1995 du 17 avril 1995 sur le régime de sauvetage des entreprises en difficultés économiques telle que modifiée à plusieurs reprises. Ce texte a supprimé les anciennes dispositions du Code de commerce relatives au concordat préventif.

87. Le Code des sociétés commerciales[1] qui vient d'être promulgué, contient plusieurs dispositions permettant au juge de s'immiscer dans la vie de la société en vue de brandir très haut l'intérêt social. Ledit code accorde au juge une marge d'intervention plus grande que celle qui lui était offerte sous l'empire des anciens textes. L'immixtion vaut aussi bien pour le juge du référé que pour celui du fond. En filigrane de cette évolution, l'on assiste à l'adoption d'une nouvelle analyse de la société. Elle n'est plus analysée comme un contrat. L'analyse institutionnelle semble plus défendable. Cette évolution permet d'accueillir plus facilement l'intervention du juge. Il est le sauveteur de la société[2].

88. Dans tous ces points, un *manque de respect* au contrat est avéré. Mais de quel contrat parle-t-on ? Le manque de respect ne sera qualifié comme tel que lorsqu'on adopte une analyse purement volontariste et individualiste du contrat qui est loin de le résumer entièrement. Une telle analyse est vouée à la disparition car elle s'accommode davantage avec l'évolution de la société moderne, qui requiert autant de souplesse que de rigidité. Un auteur tunisien a précisé dans ce sens que « la vénération sans limite d'un principe cesse d'être réellement du droit »[3]. Mohamed Zine a aussi souhaité voir le droit tunisien accordant au juge, même avec des limites certaines, la possibilité de réviser le contrat en cas d'imprévision[4].

89. Le législateur tunisien, à travers les nouveaux textes, est en train d'évoluer et de marquer la distance par rapport aux dogmes de l'autonomie de la volonté et de l'individualisme. Il se rapproche progressivement des idées qui analysent le contrat comme une « chose vivante »[5] et qui « ne peut être absolument rigide »[6].
La voie, tant recherchée, de la souplesse contractuelle passe nécessairement par l'introduction de la morale dans le droit des contrats. La bonne foi et ses corollaires, une fois introduites dans le contrat, garantissent une souplesse contractuelle qui accueillera plus chaleureusement une révision du contrat par le juge.

90. En effet, l'on ne peut rien reprocher au législateur tunisien de 1906. Même s'il n'a pas dit expressément que le contrat pouvait être révisé par le juge en cas

---

[1] La loi du 3 novembre 2000 relative à la promulgation du Code des sociétés commerciales telle que modifiée par de subséquentes lois.
[2] Consulter : BEN AMMOU, N.,Cours de droit commercial pour la troisième année de la maîtrise en droit, tome 2, cours polycopiés, faculté de droit et des sciences politiques de Tunis 2005-2006.
[3] MEZGHANI, A., Le cadre juridique des relations commerciales internationales de la Tunisie, éd. Imprimerie Officielle de la Tunisie 1981, p. 340.
[4] ZINE, M., Théorie générale des obligations, 1 – Le contrat, éd. Tunis 1997, p. 276, n° 339.
[5] R. Demogue, Traité des obligations en général, tome 3, éd. 1931, n°3.
[6] *Ibidem* (Demogue).

de survenance des événements imprévus, il a fourni les ingrédients nécessaires à une telle admission en prévoyant dans l'article 243 du Code des obligations et des contrats, que ceux-ci devaient être exécutés de bonne foi. Cette exigence n'est-elle pas suffisante pour en déduire une possibilité de révision du contrat par le juge basée sur une volonté implicite des parties contractantes ? Le juge n'a qu'à préparer la solution nécessaire à partir des ingrédients qui sont déjà sous ses yeux. Car comme l'a précisé un auteur, c'est « au nom de la bonne foi (que) les juges s'arrogent le droit de solliciter la révision du contrat »[1].

91. La doctrine tunisienne, face au silence du législateur à résoudre lui-même d'une façon expresse la question de l'imprévision, s'ingénie à trouver une solution au dit problème, tirée du Code des obligations et des contrats. Le Code tunisien contient certains articles pouvant aider à inspirer la solution. Dans ce sens, Mohamed Hammouda réclame une utilisation dynamique de l'article 243 du Code des obligations et des contrats permettant à la question de se résoudre merveilleusement[2].

Cette même idée est aussi partagée par un autre auteur qui précise que la solution au problème d'imprévision en droit tunisien est envisageable à travers une association des articles 243 et 531[3] du Code des obligations et des contrats[4]. Cet auteur ajoute aussi l'article 556 du même Code à la liste des articles du Code pouvant aider à résoudre l'épineuse question de l'imprévision. Cet article dispose qu' « entre deux inconvénients, il faut choisir le moindre ». Le débiteur doit, selon cet auteur, choisir entre une exécution devenue plus onéreuse et l'inexécution d'un contrat déséquilibré par les nouvelles circonstances. Ce choix s'étend aussi au juge qui doit opter entre les deux solutions, pour celle la moins endommageable[5].

Une autre frange de la doctrine tunisienne ne voit pas la solution dans l'article 243 du Code des obligations et des contrats, ni dans l'article 531 du même code. La solution suggérée est d'appliquer l'article 541 du Code qui dispose que « l'interprétation peut, en cas de nécessité, modérer la rigueur de la loi, elle ne doit jamais l'aggraver »[6].

---

[1] JAMIN, Ch., Révision et intangibilité du contrat ou la double philosophie de l'article 1134 du Code civil, art. préc. p. 55.

[2] HAMMOUDA, M., De l'exécution de l'obligation avec loyauté *In* Mélanges S. Ben Halima, éd. CPU 2005, p. 1031 spéc. p. 1104.

[3] L'article 531 du Code des obligations et des contrats dispose que « lorsqu'une interprétation, soit au propre, soit au figuré, ne donne pas un sens raisonnable et conforme à la loi, la clause est non avenue ».

[4] JERBI, S., l'interprétation du contrat (en arabe), thèse Tunis 1998, éd. CPU 1999, p. 592 - 593, n° 441.

[5] JERBI, S., l'interprétation du contrat, thèse Tunis 1998, éd. CPU 1999, p. 593, n° 441.

[6] BEN AÏCHA, N., La révision du contrat pour exorbitance : développements récents, *In* Mélanges M.-L. Hachem éd. CPU 2006, p. 166, spéc. p. 187, n° 27.

92. Toutefois, le législateur tunisien n'a pas ignoré totalement l'imprévision ni la possibilité pour le juge d'intervenir dans la vie des contrats[1]. Des dispositions éparses lui permettent de rééquilibrer un contrat face à un événement imprévu. L'article 137 du Code des obligations et des contrats lui offre la possibilité d'accorder au débiteur éprouvant des difficultés un délai de grâce. Ce délai accordé autoritairement par le juge n'est en fait qu'une violation de force obligatoire du contrat. Le contrat qui doit normalement être exécuté aux termes convenus par les parties contractantes, se voit prolonger de terme, à la suite de l'intervention du juge qui prendrait en compte des circonstances particulières ayant entouré son exécution. La technique de la révision triennale adoptée par la loi du 25 mai 1977, régissant les rapports entre locataires et bailleurs des locaux à usage commercial, industriel ou artisanal est une autre illustration de la prise en compte du changement des circonstances afin de modifier un élément essentiel de la location qu'est le loyer. Un pouvoir de modification des prévisions des parties est accordé au juge pour qu'il assure toujours une harmonie entre le loyer et la conjoncture économique.

93. En somme, le législateur tunisien n'a pas admis l'imprévision de façon expresse et n'a pas organisé non plus la révision du contrat par le juge, ce qui constitue un aspect négatif[2] de la législation tunisienne. Le remède, comme l'a préconisé M. Denis Tallon pour le droit français, mais qui est aussi valable pour le droit tunisien, réside dans un « recours à ces deux textes passe-partout, l'article 1134 alinéa 3, du Code civil, selon lequel s'exécutent de bonne foi, et l'article 1135, le réaménagement judiciaire du contrat étant une suite que l'équité donne au contrat »[3]. Pour le droit tunisien, c'est vers l'article 243 qu'il faut se retourner.

Le risque est ici de voir le législateur tunisien contraint d'adopter un principe général de révision du contrat. La mondialisation et le partenariat avec l'Europe ne riment pas avec les idées d'intangibilité du contrat et de rigidité. Ils riment, en revanche, avec la révision et la souplesse du contrat. Le législateur pourrait ainsi être acculé à reconnaître explicitement au juge la possibilité de réviser un contrat en cas de changement des circonstances. Ce frémissement du droit tunisien est-il également vérifiable en droit français ?

B – En droit français

94. Le problème de l'imprévision en droit français est identique à celui posé en droit tunisien. De surcroît, la question de l'imprévision présente en droit français une certaine originalité qu'on ne trouve pas ailleurs.

---

[1] ZINE, M., Théorie générale des obligations, 1 – Le contrat, éd. Tunis 1997, p. 269, n° 334.
[2] TALLON, D., art. cit, p. 416.
[3] TALLON, D., art. cit, p. 413.

95. Le droit français, même s'il a adopté certaines idées pouvant fonder une révision du contrat en cas de changement des circonstances, n'a pas pour autant admis de façon expresse la théorie de l'imprévision dans les contrats. Cette position, qui fait la spécificité du droit français par rapport à plusieurs pays européens dont les législations admettent de façon explicite la théorie de l'imprévision[1], est menacée par les exigences du droit européen.
En effet, le droit civil français, ou plus exactement le droit français des contrats qui comportait auparavant plusieurs caractéristiques le distinguant des autres droits, commence, depuis ces dernières années, à s'en débarrasser. Ce changement de traits ou cette mue du droit français est due au moins à deux explications. D'un côté, le législateur français a senti la nécessité de s'actualiser et de s'adapter à l'évolution de la société française. Certaines modifications législatives répondent parfaitement à des exigences de la vie sociale ou économique. De l'autre, la France fait partie d'une société internationale qui tend à rapprocher autant que faire se peut ses législations. De surcroît, elle fait partie de l'Union Européenne qui a pu véhiculer ses propres règles qui s'imposent à tous les pays adhérents[2].
En matière d'imprévision, les Principes de Droit Européen des Contrats adoptent l'imprévision et permettent au juge de réviser le contrat en cas de leur survenance. C'est ainsi que l'article 2-117 desdits principes dispose dans le second paragraphe que « les parties ont l'obligation d'engager des négociations en vue d'adapter leur contrat ou d'y mettre fin si cette exécution devient onéreuse à l'excès pour l'une d'elle en raison d'un changement de circonstances ».
La même disposition ou presque se trouve également dans les règles d'Unidroit à travers l'article 6-2-1 qui dispose que « les parties sont tenues de remplir leurs obligations, quand bien même l'exécution en serait devenue plus onéreuse, sous réserve des dispositions suivantes relatives au hardship ». Ensuite, les articles 6-2-2 et 6-2-3 précisent les conditions du hardship et les effets qu'elle produit, où l'on trouve essentiellement la possibilité de demander au tribunal saisi d'ouvrir une période de renégociation du contrat.
Il s'avère ainsi que plusieurs règles consacrent, de nos jours, la théorie de l'imprévision et le pouvoir accordé au juge afin de modifier le contrat. Jean Carbonnier a affirmé à cet égard : « la révision pour imprévision a pénétré un peu partout »[3]. Cette évolution doit être adoptée par le législateur français qui

---

[1] Certains pays européens admettent l'imprévision : ex : Grèce, Pays-Bas, Danemark, Italie, et la liste ne cesse de s'allonger puisque plusieurs pays viennent de rejoindre l'union européenne et certains autres changent leur position envers l'imprévision.
[2] F. Barrière, Le Code civil français aujourd'hui : influences *In* Le code civil français dans le droit européen, éd. Bruylant 2005, p. 95.
[3] CARBONNIER, J., Droit civil, tome 4, Les obligations, op. cit. n° 149, p. 287.

doit lui-même, selon certains auteurs, modifier sa position envers l'imprévision car « il y a là un appel au législateur français »[1].

96. D'autre part, abstraction faite de l'évolution extrinsèque au droit français, dont il est tenu de s'adapter, celui-ci a lui-même évolué afin de permettre une considération peu ou prou importante du changement des circonstances surtout lorsqu'un tel changement s'avère très sensible. Au terme de chaque guerre mondiale, une inflation monétaire est souvent apparue. Afin d'en limiter les effets, le législateur est intervenu afin de remédier à l'intransigeance des juges qui refusaient toute révision du contrat. Le législateur avait alors promulgué un certain nombre de lois. A la suite de la Première guerre mondiale, il avait promulgué la loi du 21 janvier 1918 qui donnait au juge la possibilité de résilier ou de suspendre les marchés à livre et autres contrats commerciaux conclus avant le 1er août 1914, à condition que l'exécution devînt très onéreuse pour l'un des contractants. Après la Seconde guerre mondiale ou la guerre d'Algérie, le législateur français avait également promulgué un certain nombre de lois permettant au juge d'intervenir dans la vie des contrats[2].
Par ailleurs, et loin de ces circonstances exceptionnelles, on trouve quelques dispositions légales traitant de l'imprévision et du changement des circonstances. Il en est ainsi du décret sur les baux commerciaux de 1953, intégré par la suite dans le Code de commerce à travers les articles L. 145-1 et suivants, qui consacre également une prise en considération des changements des circonstances à travers l'admission de l'utilisation de la règle de l'échelle mobile, ou à travers la révision triennale du contrat qui est une révision judiciaire du loyer visant à l'adapter aux circonstances économiques[3].
Un autre cas enregistre aussi la possibilité pour le juge de s'immiscer dans la vie d'un contrat ; c'est celui du régime de redressement des entreprises en difficulté permettant au juge de privilégier certaines solutions afin de sauver l'entreprise en difficulté. Il peut ainsi suspendre l'exécution des contrats en cours ou interrompre le cours des intérêts conventionnels ou légaux[4].
L'intervention législative du 9 juillet 1975 qui a modifié les dispositions relatives à la clause pénale s'insère également dans ce cadre[5]. Le législateur est intervenu en vue de dépasser le refus des tribunaux de modifier la clause pénale excessive.

---

[1] CARBONNIER, J., op. cit., n° 149, p. 287.
[2] Loi du 22 avril 1949 ; Loi du 11 décembre 1963. Consulter : PICOD, Y., Le devoir de loyauté dans l'exécution du contrat, op. cit., p. 204-205, n°181-182.
[3] Voir sur ce point : M. de Juglart et B. Ippolito, Cours de droit commercial, premier volume (acte de commerce, commerçant, fonds de commerce, effets de commerce), éd. Montchrestien 1995, p. 471 et s.
[4] La loi sur le redressement des entreprises en difficulté ne cesse d'être modifiée. La dernière modification est celle du 26 juillet 2005, n° 2005-845 telle que complétée par le décret n° 2005-1677 du 28 décembre 2005.
[5] La question de la clause pénale sera traitée au chapitre suivant.

97. Il s'avère ainsi que le droit français n'est pas resté figé concernant la question de l'imprévision. Il a essayé de remédier à la position hostile adoptée par la jurisprudence envers cette même question sans pour autant aller jusqu'à consacrer d'une façon générale la révision du contrat pour imprévision. L'admission demeure à portée limitée. Cependant, pour le législateur français, ce qu'il n'adopte pas volontiers aujourd'hui risque d'être imposé demain et l'on arrivera au stade où cette position qui a longtemps marqué le droit français, ne sera qu'un « caractère vieillot »[1], et dépassé.

98. Ce frémissement de droit français, afin de préparer l'avènement de la théorie de l'imprévision démontre, selon certains auteurs[2], l'inexactitude des fondements soutenus jadis pour son refus. « L'insécurité redoutée »[3] n'était qu'une illusion. L'expérience en droit comparé le démontre très bien ; l'admission de la révision du contrat pour imprévision n'a pas engendré l'insécurité qui inquiète le législateur français. D'un autre côté, l'instabilité qui secoue aujourd'hui le monde incite non pas à s'enfermer dans un contrat immuable mais à choisir un moyen d'adaptation et de mutabilité car « dans l'instabilité générale le contrat cesse d'être un îlot de stabilité »[4].

99. La mutabilité du contrat n'est plus, de nos jours, une faculté mais une nécessité. Le contrat, pour qu'il puisse survivre, doit s'adapter et rompre avec certaines idées passéistes[5] qui ne font qu'embarrasser sa vie. Un auteur avait ainsi conclu « dans cette perspective, il est difficile d'affirmer, comme l'a fait l'arrêt Canal de Craponne, que peu importe l'iniquité de la situation pourvu que le principe de la force obligatoire du contrat soit respectée. Il apparaît aujourd'hui plus normal de répartir équitablement la charge des événements imprévus. Après tout et sans tomber dans le volontarisme borné, l'idée d'une clause de **rebus sic stantibus** n'est pas si ridicule »[6]. Cet auteur réclame un retour à la clause *rebus sic stantibus* car elle permet sans heurt ni accroc de fonder une adaptation du contrat au changement de circonstances.
Au grand réconfort de ce frémissement du droit français en vue d'accueillir favorablement la théorie de l'imprévision, l'avant-projet de réforme du droit des obligations et de la prescription souvent dit « avant-projet Catala », autorise « la

---

[1] TALLON, D., La révision du contrat pour imprévision au regard des enseignements récents du droit comparé, *In* Etudes A. Sayag, op. cit, p. 404.
[2] TERRE, F., SIMLER, Ph. et LEQUETTE, Y., Doit civil, les obligations, éd. Dalloz 2005, n° 471, p. 475.
[3] TERRE, F., SIMLER, Ph. et LEQUETTE, Y., Doit civil, les obligations, éd. Dalloz 2005, n° 471, p. 475.
[4] MALAURIE, Ph., AYNES, L. et STOFFEL-MUNCK, Ph., Les obligations, éd. Défrenois 2005, p370, n° 763.
[5] TALLON, D., art. cit, p. 404.
[6] TALLON, D., art. cit, p. 416.

partie qui perd son intérêt dans le contrat » à demander au Président du tribunal de grande instance « d'ordonner une nouvelle négociation »[1].

Par ailleurs, le projet de réforme du Code civil proposé par la chancellerie en septembre 2008[2] adopte une position médiane. L'article 136 dudit projet oblige les parties à renégocier le contrat dont l'exécution est devenue très onéreuse. A défaut de cette renégociation spontanée, le même article offre au juge la possibilité de procéder lui-même à l'adaptation du contrat. La nouveauté est que l'intervention du juge n'est admise que si les parties y consentent, ce qui indique que c'est aux parties que revient le vrai pouvoir en la matière. En cas d'un refus de leur part, le juge n'a qu'à mettre fin au contrat. Le professeur Yves Picod a déduit de l'article 135 du projet de réforme que l'idée selon laquelle le contrat est l'affaire des parties reste bien ancrée[3]. Un autre auteur en a déduit un accueil pur et simple de l'imprévision qui permet au droit français de rejoindre le cortège des autres pays[4].

Le droit français est actuellement caractérisé par sa position négative envers l'imprévision. Les exceptions sont de portée très réduite et ne permettent pas d'affirmer un changement de position. Toutefois, la position actuelle des tribunaux français et du droit français, hostiles à la révision du contrat pour imprévision n'est pas de pur malheur. Elle renferme une incitation aux parties à chercher elles-mêmes à se prémunir contre ce risque. Madame Fauvarque-Cosson affirme dans ce sens qu' « en interdisant la révision pour imprévision, le droit français incite les parties à prévoir une révision conventionnelle en cas de changement de circonstances »[5].

En l'absence de l'admission expresse de la révision pour imprévision, les parties contractantes doivent se débrouiller seules en aménageant elles-mêmes la révision de leur accord. On passe ainsi d'une révision pour imprévision impliquée à une autre exigée, explicitée.

§2- L'échappatoire conventionnelle

Deux questions se posent à cet égard : l'utilité de cette échappatoire conventionnelle (A) et la pratique contractuelle la concernant (B)

---

[1] Article 1135-2 du projet de reforme.

[2] Consulter à cet égard les interventions publiées sur le titre « Le réforme du droit français des contrats en droit français en droit positif », RDC 2009, n°1, p. 265 et s. Voir également : F. Terré (direction), Pour une réforme du droit des contrats, éd. Dalloz 2009.

[3] PICOD, Y., Les projets français sur la réforme du droit des obligations, InDret, octobre 2009.

[4] WITZ, C., Effets, interprétation et qualification du contrat, RDC 2009, n°1, p. 318, spéc. p. 321.

[5] FAUVARQUE-COSSON, B., art. préc., p. 83, n° 26. Voir aussi dans ce sens : TERRE, F., SIMLER, Ph. et LEQUETTE, Y., Droit civil, les obligations, éd. Dalloz 2005, p. 467, n° 471. Ces auteurs précisent que « l'absence de révision pour imprévision est préférable en ce qu'elle est une puissante incitation à l'adoption de clauses qui apportent une réponse sur mesure aux difficultés nées de l'instabilité économique et monétaire ».

A – L'utilité de cette technique

100. La position défavorable des tribunaux français et tunisiens à l'égard de la révision du contrat pour imprévision a transformé celle-ci en une sorte de « carcan »[1]. Devant la persistance de cette position en droit tunisien et en droit français, et en vue de répudier ces solutions[2], face au flou qui plane encore autour des positions futures, les parties contractantes, craignant un avenir pouvant déjouer leurs prévisions contractuelles, insèrent très souvent des clauses de révision du contrat dans leurs accords[3]. Ces clauses contractuelles constituent « les répliques »[4] des parties contre cette hostilité jurisprudentielle à la révision du contrat pour imprévision. Certains auteurs précisent à cet égard que, « certes, instruits par l'expérience, les contractants s'efforcent de parer aux conséquences désastreuses de l'instabilité économique ou monétaires au moyen des clauses diverses »[5]. D'autres ajoutent : « en refusant la révision pour imprévision, la haute juridiction cherche à inciter les contractants à prendre en main leurs affaires afin qu'ils apportent une réponse sur mesure à l'irruption de l'imprévu au sein du contrat »[6]. Les parties en se voyant « victimes des meurtrissures du temps »[7], assurent elles-mêmes la protection de leur accord.
Une révision conventionnelle[8] du contrat s'impose ainsi afin de pouvoir garantir au contrat une adaptation aux circonstances changeant en permanence. La révision conventionnelle du contrat[9] est la révision organisée par les parties contractantes elles-mêmes. Celles qui pressentent le danger incarné dans le bouleversement des circonstances, garantissent à leur contrat une adaptation qui lui permet de retrouver son équilibre, malgré le changement des circonstances survenu au cours de son exécution.
Cette considération du changement des circonstances par les parties est concrétisée par l'insertion des clauses de révision du contrat dans leur accord[10].

---

[1] TERRE, F., SIMLER, Ph. et LEQUETTE, Y., op. cit., p. 476, n° 472.
[2] TERRE, F., SIMLER, Ph. et LEQUETTE, Y., op. cit., p. 475, n° 471.
[3] MAHFOUD, M., Théorie générale des obligations, Acte unilatéral, Contrat et Responsabilité civile, Publications du Centre d'études Juridiques et Judiciaires, éd. Orbis 2008, p. 140, n° 188.
[4] STOFFEL-MUNCK, Ph., Les répliques contractuelles, RDC 2010, n°1, p. 430.
[5] TERRE, F., SIMLER, Ph. et LEQUETTE, Y., op. cit., p. 475, n° 471.
[6] LEQUETTE, Y., L'efficacité des clauses de Hardship, *In* Liber Amicorum LARROUMET, Ch., éd. Economica 2009, p. 267, spéc. p. 268, n°1.
[7] LEQUETTE, Y., L'efficacité des clauses de Hardship, *In* Liber Amicorum LARROUMET, Ch., éd. Economica 2009, p. 267, spéc. p. 270, n°2.
[8] G. Rouhette, La révision conventionnelle du contrat, RID. Comp. 1986, 2, 370 ; MALAURIE, Ph., AYNES, L. et STOFFEL-MUNCK, Ph., Les obligations, éd. Défrenois 2005, p. 368, n° 761 qui classent la révision du contrat faite par les parties parmi les alternatives au problème de révision du contrat à côté de la révision faite par la loi ou celle admise par le juge dans certains cas.
[9] MAHFOUD, M., Théorie générale des obligations, Acte unilatéral, Contrat et Responsabilité civile, Publications du Centre d'études Juridiques et Judiciaires, éd. Orbis 2008, p. 140, n° 188.
[10] MAHFOUD, M., Théorie générale des obligations, Acte unilatéral, Contrat et Responsabilité civile, Publications du Centre d'études Juridiques et Judiciaires, éd. Orbis 2008, p. 140, n° 188.

Ces clauses sont de deux sortes ; les clauses d'adaptation monétaire (ex : les clauses d'indexation du prix) et les clauses de révision purement et simplement. Elles sont validées sur la base du principe de l'autonomie de la volonté qui incite les parties à aller très loin dans leur imagination.

101. Pour les clauses d'indexation, dites également clauses à variation automatique ou clauses d'échelle mobile[1], le prix varie selon un indice convenu au préalable par les parties contractantes. Certains auteurs définissent l'indexation comme étant « un procédé qui permet de corriger les effets produits sur les obligations par la dépréciation de la monnaie et l'écoulement du temps »[2]. Pour d'autres auteurs, la clause d'indexation qui constitue le meilleur exemple des clauses d'adaptation automatique a pour effet de faire « varier le prix à payer par référence à la valeur de tel produit ou de tel service »[3], permettant aux parties de se mettre à l'abri des perturbations monétaires et de l'inflation[4].

102. En droit tunisien, ces clauses ne sont pas réglementées par la loi et la jurisprudence a précisé, d'une façon indirecte et après une certaine hésitation, qu'elles étaient valables, affirmant ainsi que l'article 1090 du Code des obligations et des contrats n'est pas d'ordre public[5] et que par conséquent toute convention contraire est valable sauf si elle contrevient à la réglementation de change. Ledit article 1090 incarne en droit tunisien le principe de nominalisme monétaire. Il est le similaire de l'article 1895 du Code civil français.

103. La question de la validité des clauses d'indexation a ennuyé la jurisprudence française avant que la loi n'intervienne afin d'organiser la matière[6] et de conditionner la validité d'une clause d'indexation à l'existence

---

Voir également : LEQUETTE, Y., L'efficacité des clauses de Hardship, *In* Liber Amicorum LARROUMET, Ch., éd. Economica 2010, p. 267.

[1] MALAURIE, Ph., AYNES, L. et STOFFEL-MUNCK, Ph., op. cit., , p. 369, n° 762.

[2] MALAURIE, Ph., AYNES, L. et STOFFEL-MUNCK, Ph., op. cit., p. 598, n° 1100.

[3] TERRE, F., SIMLER, Ph. et LEQUETTE, Y., Doit civil, les obligations, éd. Dalloz 2005, n° 472, p. 477.

[4] TERRE, F., SIMLER, Ph. et LEQUETTE, Y., op. cit., n° 1331, p. 1269.

[5] Cass. Civ (tn). n° 24631 du 14 mai 1992 (inédit) ; voir aussi : S. Romdhana, Le risque de change à travers la jurisprudence tunisienne, RJL 1992, n° 10, p. 33 ; I. Memmiche, Les monétaires dans les contrats internes, mémoire de DEA droit privé à la faculté de droit et des sciences politiques de Tunis 1991.

[6] Après une certaine fluctuation la Cour de cassation française a tranché dans l'arrêt Guyot Cass. Civ. 27 juin 1957, D. 1957, p. 649, note G. Ripert en faveur de la validité des clauses d'indexation. La loi est intervenue par la suite dans la matière par l'ordonnance du 30 décembre 1958 telle que modifiée en 4 février 1959.

d'une relation entre celle-ci et l'objet du contrat ou avec l'activité de l'une des parties[1].

104. Les clauses d'indexation ont été critiquées par une partie de la doctrine française[2] qui y voit un instrument inflationniste puisque « l'indexation entraîne l'indexation »[3]. Elles ne permettent qu'une adaptation incomplète du contrat qui ne concerne que les charges monétaires sans toucher ni chercher une adaptation complète de ce contrat. Il faut à long terme réviser le contrat ou prévoir d'autres clauses de révision *stricto sensu* bien que ces clauses d'indexation existent[4]. Deux remarques peuvent en être tirées ; la première, c'est que les clauses d'adaptation automatique peuvent parfois paraître insuffisantes pour assurer une adaptation parfaite du contrat au changement des circonstances. La deuxième remarque porte sur le fait que les deux modes de révision peuvent coexister dans un seul et unique contrat afin de mieux assurer son adaptation à la conjoncture qui l'entoure.

105. A côté de ces clauses d'indexation, il s'en trouve d'autres qui assurent une adaptation ou un réajustement[5] automatique du contrat. C'est surtout le cas des clauses qui assurent la variation des prestations produites par le contrat telles que la clause de « l'offre concurrente », clause du « prix habituellement pratiqué sur le marché » ou la clause du « client le plus favorisé »[6]. L'inconvénient pour ces clauses d'adaptation automatique du contrat est qu'elles jouent de façon « aveugle »[7].

106. La seconde possibilité offerte aux parties afin d'assurer l'adaptation de leur accord est d'y insérer une clause non pas d'adaptation automatique, mais de révision du contrat, révision dont les termes ne sont pas arrêtés initialement par

---

[1] La jurisprudence a interprété de manière très souple les conditions requises par la loi, à savoir l'objet du contrat ou l'activité de l'une des parties poussée en cela par la critique acerbe adressée par la doctrine contre les dispositions légales régissant la matière. Pour de plus amples informations sur la question consulter : TERRE, F., SIMLER, Ph. et LEQUETTE, Y., Doit civil, les obligations, éd. Dalloz 2005, n° 1331, p. 1269 et s ; MALAURIE, Ph., AYNES, L. et STOFFEL-MUNCK, Ph., Les obligations, éd. Défrenois 2005, p. 598, n° 1100 ; R. Savatier, Dépréciation monétaire et vie juridique des contrats, D. 1972, ch. P. 1 ; F. Dion et C. Thiérache, Faut-il abroger les ordonnances 1985-1959 sur les indexations ? D. 1995, ch. 55 ; L. Boyer, A propos des clauses d'indexation : du nominalisme monétaire à la justice contractuelle *In* Etudes MARTY, G., 1978, p. 87 ; J. Honorat, les indexations contractuelles et judiciaires *In* Etudes Flour, Défrenois 1979, p. 251.

[2] MALAURIE, Ph., AYNES, L. et STOFFEL-MUNCK, Ph., op. cit. p. 599, n° 1101.

[3] *Ibidem.*

[4] MALAURIE, Ph., AYNES, L. et STOFFEL-MUNCK, Ph., op. cit. p. 600, n° 1101.

[5] SERIAUX, A., Manuel de droit des obligations, éd. PUF 2006, p. 63, n° 55.

[6] J.-M. Mousseron, Technique contractuelle, éd. Francis Lefebvre, 1988, n° 1381 et s. L'auteur les classe sous le nom de clauses d'alignement puisqu'elles ont pour objet d'aligner le prix initialement prévu par le contrat sur un autre prévu ultérieurement par un autre contrat.

[7] SERIAUX, A., Manuel de droit des obligations, éd. PUF 2006, p. 63, n° 55.

les parties. La spécificité de ces clauses est qu'elles permettent une révision du contrat au cours de son exécution. Ce sont généralement des clauses de renégociation du contrat ou des clauses de *hardship*[1], encore appelées clauses de sauvegarde. Les parties contractantes doivent ainsi se rencontrer en cas de survenance d'un événement imprévisible et négocier une éventuelle modification du contrat. La négociation est obligatoire puisqu'elle fait partie du contenu contractuel convenu entre les parties.

Ces clauses, comme l'a justement signalé un auteur, permettent de supprimer le déséquilibre contractuel, mais elles soulèvent d'autres difficultés[2], particulièrement le risque de rendre l'objet du contrat indéterminé[3]. De plus, une partie de la doctrine craint qu'une généralisation de négociation des conventions puisse compromettre la stabilité économique en provoquant une réaction en chaîne[4]. Les parties contractantes ayant dans leur contrat une clause de renégociation doivent, en cas de survenance d'un changement de circonstances nécessitant sa mise en œuvre, ouvrir une période de négociation afin d'arriver à un amendement à leur accord.

L'ouverture de la négociation est une obligation de résultat[5] et la partie qui refuse de l'entamer serait en faute. Par contre, l'aboutissement à un accord n'est pas obligatoire. Au cours de la négociation, les parties doivent se comporter de bonne foi. Elles doivent faire de leur mieux pour aboutir à un accord. Toutefois, leur obligation est de moyens[6]. Afin d'éviter que les négociations engagées par les parties en vue de modifier le contrat n'aboutissent à un échec, la renégociation du contrat se fait très souvent par le biais de l'intervention d'un organisme ou d'un observateur dont les pouvoirs qui lui sont accordés lui permettent d'imposer une solution en cas d'échec des négociations[7]. Dans d'autres cas, les parties stipulent qu'en cas d'échec des négociations, un arbitre ou un juge sera chargé de la question.

---

[1] OPPETIT, B., L'adaptation des contrats internationaux aux changements de circonstances ; la clause de hardship, JDI, 1974, p. 794 ; P. Van Ommesleghe, Les clauses de force majeure et d'imprévision (hardship) dans les contrats internationaux, Rev. dr. Intern. et dr. comp. 1980, p. 7 ; LEQUETTE, Y., L'efficacité des clauses de Hardship, *In* Liber Amicorum LARROUMET, Ch., éd. Economica 2010, p. 267. En droit tunisien voir surtout : MEZGHANI, A., Le cadre juridique des relations commerciales internationales de la Tunisie, éd. IORT 1981, p. 345.

[2] Ch. Jarrosson, Les clauses de renégociation, de conciliation et de médiation, colloque d'Aix-en-Provence, *In* Les principales clauses des contrats conclues entre professionnels, éd. PUAM, 1990, p. 141.

[3] MALAURIE, Ph., AYNES, L. et STOFFEL-MUNCK, Ph., op. cit. p. 369, n° 762.

[4] *Ibidem.*

[5] TERRE, F., SIMLER, Ph. et LEQUETTE, Y., Doit civil, les obligations, éd. Dalloz 2005, n° 474, p. 478.

[6] B. Stark, H. Roland et L. Boyer, Droit civil, les obligations, tome 2, le contrat, éd. Litec 1998, n°347 et s ; pour ample idée sur la question consulter : J. Cedras, L'obligation de négocier, RTD com. p. 265 ; PICOD, Y., Le devoir de loyauté dans l'exécution du contrat, op. cit., p. 198, n° 176.

[7] MALAURIE, Ph., AYNES, L. et STOFFEL-MUNCK, Ph., op. cit. p. 369, n° 762.

Dans d'autres hypothèses, les parties ne prévoient qu'une simple tentative de médiation. Celle-ci, parfois inefficace surtout lorsqu'elle n'est pas bien détaillée par le contrat ou que l'enjeu est très important, doit être respectée par les parties qui doivent établir qu'elles l'ont mise en œuvre avant de soumettre leur litige aux tribunaux ou à l'arbitrage. Un arrêt récent de la Cour de cassation française paraît ici d'une grande importance. La Haute Cour a confirmé la décision de l'irrecevabilité de l'action introduite sans mettre en œuvre la tentative de médiation entre les parties[1]. Dans cette hypothèse, la Cour de cassation réconforte l'efficacité de la clause contractuelle de médiation.

En somme, les parties contractantes conscientes de l'effet du changement des circonstances sur leur accord ont plusieurs possibilités pour en assurer l'adaptation. Le point commun entre tous les modes d'adaptation est qu'elles constituent toutes une échappatoire à la position jurisprudentielle hostile à la théorie de l'imprévision. Cette position a stimulé l'imagination des contractants en les poussant à créer des techniques et des montages qui protègent leur contrat. Une analyse de la pratique contractuelle confirme une telle idée.

B – La pratique contractuelle en matière de révision conventionnelle

107. Face à l'hostilité des tribunaux envers l'admission de l'imprévision, mais également face aux évènements imprévisibles qui ne cessent de secouer le monde, les parties contractantes ont pris l'habitude, surtout dans le domaine du commerce international où le risque est plus grand et plus probable, d'insérer dans leurs accords des clauses contractuelles permettant de protéger leur accord des mauvaises retombées du changement des circonstances. Un aperçu général d'un certain nombre de contrats récents nous permet de constater que la majorité des clauses utilisées sont celles de la renégociation et ce, au détriment des clauses d'adaptation automatique des contrats.

Toutefois, certains contractants, surtout dans les relations commerciales établies, se contentent d'insérer des clauses les obligeant à s'informer des difficultés économiques envisageables. Dans ce contexte, ces clauses obligent le contractant d'informer son partenaire commercial des difficultés rencontrées, de la baisse très prochaine des commandes[2].

Même si ces obligations d'information peuvent aboutir à une renégociation du contrat, leur utilité est souvent réduite à la préparation de la rupture et à éviter qu'elle soit brutale et catastrophique pour les parties.

---

[1] Cass. 1re civ., 8 avril 2009, n° 08-10.866, RJC 2010, n°1, p. 32, note B. Moreau (l'échec d'une médiation contractuelle prévue, suppose qu'elle ait été effectivement mise en œuvre).

[2] N. Mathey, La rupture de relations commerciales établies en période de crise. Difficulté d'application de l'article L. 442-6, I, 5° du Code de commerce en période de crise économique, Cont. Conc. Consomm. 2010, n°2, p. 10, spéc. n°15.

Les clauses qui sont les plus utilisées sont celles de révision ou de renégociation. Dans le cadre de ces clauses, une idée est mise en évidence : une révision négociée est préférable à une autre qui ne l'est pas. Ceci s'explique par le fait qu'il est difficile de maîtriser un évènement imprévu uniquement par les clauses d'adaptation automatique du contrat. De plus, les parties contractantes veulent éviter une automatisation dans la révision qui éloigne cette dernière de leur contrôle.
D'un autre côté, la révision du contrat par une adaptation systématique, comme l'a justement signalé un auteur, n'assure qu'une adaptation aveugle[1] qui demeure insuffisante. Il est préférable, pour les parties, voire pour le contrat lui-même, de prévoir une révision négociée du contrat dont les parties déterminent la matière en cas de survenance d'un événement imprévu qui bouleverse profondément leurs prévisions[2]. Un auteur défend, à cet égard « l'opportunité de la renégociation par préférence à d'autres techniques plus brutales »[3]. Pour un autre auteur, la renégociation est « une voie royale pour résoudre enfin correctement l'irritante lacune née du rejet, par la jurisprudence, de la théorie de l'imprévision »[4].

108. Cette actuelle pratique contractuelle qui est celle d'insérer dès la conclusion des clauses de révision dans le contrat, démontre l'importance de l'adaptation du contrat aux yeux des contractants. Ceux-ci accordent une énorme importance à cette question. Les parties, face à la méconnaissance, voire à l'opposition judiciaire à cette nécessité, n'hésitent pas à l'assurer elles-mêmes. De nos jours, il est d'usage d'insérer dans les contrats, surtout internationaux, des clauses de renégociation en cas d'imprévision. C'est un caractère des contrats modernes au point que l'on pourrait se poser la question de l'existence d'une clause de renégociation de style[5].

109. Cette nouvelle pratique en droit des contrats reflète un passage des époques où les contractants n'étaient pas conscients de l'influence du changement de circonstances sur leur accord à une nouvelle époque où ils composent avec cet élément. Cette évolution est accompagnée d'une idée maîtresse : ne plus laisser le sort de la révision de l'accord à la merci du juge ; il faut en prendre l'initiative. L'époque n'est pas celle de révision implicite que le juge fait sortir de l'accord, mais celle d'une révision explicite qui s'impose même au juge au nom des principes dont il est imbu. Un passage est ainsi fait de la révision

[1] SERIAUX, A., Manuel de droit des obligations, éd. PUF 2006, p. 63, n° 55.
[2] Voir sur ce point : ZINE, M., Théorie générale des obligations, 1 – Le contrat, éd. Tunis 1997, p. 125, n° 148.
[3] STOFFEL-MUNCK, Ph., Regards sur la théorie de l'imprévision, op. cit. p. 135, n° 245.
[4] SERIAUX, A., Droit des obligations, éd. PUF 1998, n° 55, p. 229.
[5] DENIS, D., La clause de style, *In* Etudes J. Flour, éd. Défrenois 1979, p. 117.

implicite à une autre, explicite. J. Carbonnier dénote l'apparition d'« une clause rebus sic stantibus expresse»[1].
D'autres auteurs y voient « une clause de rebus sic stantibus perfectionnée »[2]. La clause *rebus sic stantibus,* qui a été exclue par jurisprudence, revient et réapparaît de nouveau, non grâce aux juges, mais grâce aux efforts des parties qui croient plus que toute autre personne à son utilité. L'insertion des clauses de renégociation dans les contrats démontre ce rebondissement de la règle *rebus sic stantibus*. D'ailleurs, un auteur l'a démontré lorsqu'il avait réclamé un retour à ladite règle[3].

110. Il s'ensuit que celui qui veut que son contrat soit révisé et adapté au changement des circonstances, doit l'assurer lui-même en y insérant une clause de renégociation[4]. En revanche, celui qui n'y insère pas une clause de révision, est présumé accepter le risque de voir son contrat figé dans sa formulation initiale qui ne s'accommode peut-être plus avec les circonstances. Il encourt également le risque de rester à la merci d'un juge dont l'hostilité envers la théorie de l'imprévision n'est pas à démontrer. La règle est renversée, la révision ne pourrait être qu'explicite et la clause *rebus sic stantibus* longtemps tenue à l'écart sort à la lumière et devient expresse. Une telle inversion est le résultat indirect d'une hostilité jurisprudentielle effrénée envers une révision du contrat en cas d'imprévision. Si un auteur a imaginé un conflit entre la règle *pacta sent servanda* et la règle *rebus sic stantibus*[5], le conflit existe maintenant entre la clause *rebus sic stantibus* « implicite » et *rebus sic stantibus* « expresse ».

111. Même si les pratiques contractuelles ont pris cette tournure, la bonne foi est capable, dans une certaine mesure, de favoriser une révision implicite du contrat en l'absence de toute stipulation expresse même si la jurisprudence ne le croit pas. Une telle révision est inhérente à la notion de la bonne foi. Les parties ont choisi de se protéger elles-mêmes non pas par mécréance dans la bonne foi, mais par pragmatisme. Il ne faut pas être trop pessimiste, car une tendance actuelle en affirmation replace le droit des contrats sur la bonne voie, celle des

---

[1] Carbonnier, Droit civil, les obligations, tome 4, op.cit., p. 282, n° 145.
[2] MALAURIE, Ph., AYNES, L. et STOFFEL-MUNCK, Ph., Les obligations, op. cit. p. 369, n° 762.
[3] TALLON, D., La révision du contrat pour imprévision au regard des enseignements récents du droit comparé, *In* Etudes A. Sayag, art. préc., p. 404.
[4] Le problème est que l'insertion d'une clause est parfois la traduction d'un rapport de force dans un contrat. La partie faible ne peut pas l'imposer, seule la partie forte peut l'exiger. A titre d'exemple, on ne trouve pas de clause de renégociation dans les contrats d'assurance signés avec des particuliers. Voir à cet égard en droit tunisien : ZINE, M., Théorie générale des obligations, 1 – Le contrat, éd. Tunis 1997, p. 125, n° 148.
[5] FAUVARQUE-COSSON, B., Le changement des circonstances, RDC janvier 2004, p. 67.

vertus et de la morale. L'espoir est toujours naissant quoique très souvent trompé.
Toutefois, il ne faut pas que les tribunaux fassent un usage excessif de cette notion. Un tel usage, même prôné par une partie de la doctrine française[1], risque de provoquer la disparition du contrat comme acte de volonté et de prévision[2]. Il faut tenter de concilier les principes gouvernant le contrat et l'exigence de sa moralisation. Il est impératif d'arriver ici à un équilibre. Dans ce contexte, un auteur a souligné : « les temps ne sont plus à l'absolutisme des principes, ou monothéisme du fondement, à la rigidité de la loi contractuelle ou à la radicalité des solutions... peut-être sont-ils aux principes à géométrie variable, à la combinaison d'impératifs complémentaires, à la conciliation des fondements, à la souplesse du lien contractuel »[3].

112. Il est aussi utile de signaler à cet égard que le passage par le juge ou l'arbitre demeure envisageable même en cas d'insertion d'une clause de révision du contrat. C'est au juge que s'adressent les parties en cas d'une difficulté dans l'exécution de cette clause. Tel est le cas où l'une des parties refuse de rencontrer son partenaire ou ne mène pas sérieusement les négociations, ce qui empêche d'arriver à une réadaptation du contrat. Le juge, en examinant de pareils cas, insuffle un grand nombre de ses convictions. Il peut estimer qu'une partie a bien conduit les négociations et que son comportement n'est pas abusif alors qu'elle a refusé tout ce que son partenaire lui proposait.
La question n'est pas de pure théorie car la chambre commerciale de la Cour de cassation française a décidé que le contractant qui refuse, dans un contrat d'installation d'une centrale thermique dont le prix est indexé, toutes les propositions de son partenaire de réviser les termes de leur contrat suite à une hausse vertigineuse des prix sans même donner une contre proposition, n'a rien d'irréprochable[4]. C'est le fournisseur, par son mauvais choix d'indice, qui supporte le risque de changement des circonstances. Cet arrêt, même s'il présente une certaine particularité, démontre que l'efficacité des clauses de renégociation des contrats dépend dans une large mesure du juge et de ses convictions[5]. Cet arrêt est une aubaine pour les solidaristes[1]. Il confirme que

---

[1] MAZEAUD, D., Regards positifs et prospectifs sur le nouveau monde contractuel, LPA du 07 mai 2004, p. 47, spéc. N° 17. L'auteur réclame un usage plus important des notions de la bonne foi et de la loyauté.
[2] MAHFOUD, M., Théorie des suites du contrat, RJL 2008, n°6, p. 99, spéc. p. 107.
[3] THIBIERGE-GULLFUCCI, C., Libres propos sur la transformation du droit des contrats, RTD civ. 1997, p. 385 ; voir aussi dans le même sens : STOFFEL-MUNCK, Ph., Regards sur la théorie de l'imprévision, op. cit. p. 135, n° 245.
[4] Cass. Com. 3 octobre 2006, D. 2007, p. 765, note D. Mazeaud (Renégocier ne rime pas avec réviser).
[5] LEQUETTE, Y., L'efficacité des clauses de Hardship, *In* Liber Amicorum LARROUMET, Ch., éd. Economica 2010, p. 267, spéc. p. 273, n°6.

« les remèdes prévus par la pratiques sont inopérants »[2]. Ce contrôle ne doit pourtant pas empêcher l'usage des clauses de renégociation ou de révision du contrat qui représentent la meilleure solution à un refus sans faille objecté par la jurisprudence contre l'idée d'admettre l'imprévision.

Le rôle de l'implicite dans le contenu contractuel ne s'arrête pas à ce stade ; il va plus loin en soutenant une élimination implicite de l'abus. Il tente ainsi de faire triompher la bonne foi et les valeurs morales dans le contrat même si aucun signe de vie n'est donné.

---

[1] LEQUETTE, Y., L'efficacité des clauses de Hardship, *In* Liber Amicorum LARROUMET, Ch., éd. Economica 2010, p. 267, spéc. p. 276, n°9.

[2] LEQUETTE, Y., L'efficacité des clauses de Hardship, *In* Liber Amicorum LARROUMET, Ch., éd. Economica 2010, p. 267, spéc. p. 276, n°9.

Chapitre deuxième

L'élimination de l'abus contractuel

113. La relation entre abus et implicite est mise en évidence depuis longtemps. Louis Josserand l'a bien retracée. Il a ainsi souligné : « pratiquement, les parties ne prévoient pas expressément toute les éventualités possibles, leur accord formel est limité à l'essentiel ; pour le surplus, c'est la loi ou c'est le juge qui, en cas de conflit, interprètent leur volonté ou la suppléent ; et ils doivent poursuivre cette double tache, non point arbitrairement, mais conformément à l'esprit du contrat et de l'institution, dans un sentiment d'équilibre et d'équité : en thèse générale les droits issus des clauses ne sont points des attributs discrétionnaires, mais des prérogatives causées, qui ne doivent donc être utilisées qu'avec mesure et à bon escient »[1].

L'implicite, en donnant expression à la morale contractuelle concrétisée surtout dans la bonne foi, justifie l'élimination de l'abus dans un contrat. Un auteur l'a récemment confirmé lorsqu'il précise que : « l'abus peut être analysé comme manquement à l'exigence de bonne foi »[2]. Un autre l'a démontré en précisant que le contrat relie « deux personnes qui se sont promis loyauté, diligence, ponctualité et bonne foi »[3]. Cette idée semble être aussi soutenue par la doctrine tunisienne dont certains auteurs réclament son instauration sur l'article 243 du Code des obligations et des contrats qui exige d'exécuter les contrats de bonne foi[4].

Implicitement, aux yeux de tout contractant et sans nécessité de l'avouer expressément, ***le contrat doit être exempt de tout abus***. L'implicite signifie ainsi l'exclusion de l'abus du contenu contractuel. Tout contractant, en acceptant de se lier par un contrat, aurait exigé implicitement que son contrat soit purgé de tout abus et que son cocontractant n'abuse pas de ses droits contractuels.

114. La notion d'abus dans le contrat n'a été admise qu'à la suite d'un grand débat qui a divisé la doctrine française[5]. Cette notion est étroitement liée à la notion de bonne foi. Elle est, pour certains auteurs, synonyme d'intolérance[6] sauf qu'elle est relativement stérile puisque le devoir de loyauté remplit le

---

[1] JOSSERAND, L.,Essor de téléologie juridique, I, De l'esprit des droits et de leur relativité, Théorie dite de l'abus de droit, éd. Dalloz 1939, n° 119.

[2] STOFFEL-MUNCK, Ph., L'abus dans le contrat, LGDJ 2000, p. 58, n° 53. L'auteur parle aussi de « l'éclipse de l'abus par la bonne foi » (n° 57, p. 61).

[3] MAZEAUD, D., Le juge face aux clauses abusives *In* Le juge et l'exécution du contrat, PUAM 1993, p. 23, spéc. p. 24.

[4] JERBI, S., L'interprétation du contrat, éd. CPU 1999, p. 422, n° 338.

[5] KARIMI, A., Essai de systématisation sur l'application de la théorie de l'abus de droit en matière contractuelle *In* Mélanges SIMLER, Ph., éd. Dalloz 2006, p. 587.

[6] PICOD, Y., Le devoir de loyauté dans l'exécution du contrat, LGDJ 1989, p. 165, n° 142.

même rôle pouvant être joué par la notion d'abus[1]. De nos jours, cette notion est admise en droit des contrats sans aucun conteste[2].
La jurisprudence présente souvent la bonne foi comme une limite efficace à toutes formes d'abus contractuel. Elle va même plus loin dans cette idée. Elle a atteint son paroxysme avec les arrêts rendus par l'assemblée plénière de la Cour de cassation française sur la détermination du prix dans les ventes, constituant, selon un auteur « une révolution contractuelle »[3]. Voici alors qu'un élément essentiel du contrat est laissé à la libre fixation d'une seule partie sans risquer de tomber dans l'abus ; la jurisprudence compte sur la bonne foi du vendeur qui garantit l'exclusion de l'abus[4].

115. Il est utile de signaler dans ce contexte que l'abus de contrat se trouve aujourd'hui concurrencé par de nouvelles notions qui ambitionnent l'indépendance comme la notion de proportionnalité[5] ou la notion d'excès[6].
Concernant la proportionnalité, un auteur ne voit dans son utilisation aucune utilité car le «droit positif recèle déjà des concepts qui suffisent à lutter contre ce fléau »[7]. Célébrer la naissance d'une telle notion de proportionnalité semble « prématuré et immérité »[8]. M. Jamin, déclame une « intrusion discrète de la

---

[1] PICOD, Y., op. cit., p. 37, n° 22 qui précise que « là encore la théorie de l'abus de droit s'avère relativement stérile pour notre étude ».
[2] Plusieurs études traitent de cette notion, consulter notamment : STOFFEL-MUNCK, Ph., L'abus dans les contrats : essai d'une théorie, LGDJ 2000 ; KARIMI, A., Essai de systématisation sur l'application de la théorie de l'abus de droit en matière contractuelle *In* Mélanges SIMLER, Ph., éd. Dalloz 2006, p. 587.
[3] MAZEAUD, D., Solidarisme contractuel et réalisation du contrat *In* Le solidarisme contractuel, collection Etudes juridiques, éd. Economica 2004, p. 57 spéc. p. 63, n°14.
[4] Cass. Ass. plén. 1er décembre 1995, Dalloz 1996, 13, 4e esp., concl. Jéol, note L. Aynès ; JCP éd. G. 1996, II, 22565, 4e esp. concl. Jéol, note J. Ghestin ; RTD civ. 1996, p. 153, obs. J. Mestre. La Cour de cassation française a confirmé sa position à plusieurs reprises dont la plus récente est celle de l'arrêt du 15 janvier 2002 dans lequel la chambre commerciale a retenu la responsabilité d'un concédant qui avait abusé de son pouvoir de fixer unilatéralement les conditions de vente (Cass. Com. 15 janvier 2002, D. 2002, p. 1974, note Ph. Stoffel-Munck ; D. 2002, obs. D. Mazeaud ; JCP, 2002, II, obs. Ch. Jamin ; RTD civ. 2002, p. 294, obs. J. Mestre et B. Fages ; voir aussi MAZEAUD, D., Solidarisme contractuel et réalisation du contrat, op. cit., p. 64, n°15).
[5] Voir le colloque : Existe-t-il un principe de proportionnalité en droit français ? LPA 30 septembre 1998, n° 3 et l'ensemble des interventions qui y sont publiées notamment : BEHAR-TOUCHAIS, M., rapport introductif, p. 3 ; MAZEAUD, D., Le principe de proportionnalité et la formation du contrat, p. 12 ; MOLFESSIS, N., Le principe de proportionnalité et l'exécution du contra, p. 21 ; LECUYER, H., Le principe de proportionnalité et l'extinction du contrat, p. 31. Voir aussi : LE GAC-PECH, S., La proportionnalité en droit privé des contrats, éd. LGDJ 2000. Pour le droit tunisien, voir surtout : REBAÏ, A., Le principe de proportionnalité et le droit de la consommation *In* Mélanges S. Ben Halima, éd. CPU 2005, p. 969.
[6] BAKOUCHE, D., L'excès en droit civil, LGDJ 2005.
[7] MAZEAUD, D., Le principe de proportionnalité et la formation du contrat, P. A. 1998, n° 117, p. 12.
[8] *Ibidem.*

proportionnalité » vérifiable dans certains cas[1]. Toutefois, une nouvelle modification du Code de la consommation a reconnu explicitement l'existence de cette notion en droit français. La modification touche au contrat de cautionnement. L'article L. 341-4 du Code de la consommation tel que réécrit par la loi numéro 2003-721 du 1er août 2003 énonce qu'« un créancier professionnel ne peut se prévaloir d'un contrat de cautionnement conclu par une personne physique dont l'engagement était, lors de la conclusion manifestement disproportionné a ses biens et revenus, à moins que le patrimoine de cette caution, au moment où celle-ci est appelée, ne lui permette de faire face à son obligation »[2].
La proportionnalité a été également appliquée en cette matière par la jurisprudence française à plusieurs reprises[3].

En droit tunisien, cette notion semble être admise en doctrine[4] mais également en jurisprudence[5]. Elle est évoquée afin de statuer sur des cas d'abus[6].
La notion d'abus est de ce fait liée à l'invocation d'une prérogative contractuelle ou à l'application d'une sanction contractuelle. Un auteur a pu le dire « la notion d'abus n'aurait ainsi intérêt qu'en présence... des prérogatives nettement définies »[7]. Un autre précise dans ce sens que l'abus est « l'usage excessif d'une prérogative juridique ou encore l'exercice d'un droit dans son intérêt personnel et en méconnaissance de ses devoirs sociaux, en méconnaissance de sa finalité »[8].

---

[1] JAMIN, Ch., Le renouveau des sanctions contractuelles : pot-pourri introductif, *In* Le renouveau des sanctions contractuelles, F. Collart Dutilleul et C. Coulon (direction), éd. Economica 2007, p. 3, spéc. p. 22.
[2] Il y a également l'article L. 313-10 du Code de la consommation : « un établissement de crédit ou un organisme mentionné au 5 de l'article L. 511-16 du Code monétaire et financier ne peu se prévaloir d'un contrat de cautionnement d'une opération de crédit relevant des chapitres Ier ou II du présent titre, conclu par une personne physique dont l'engagement était, lors de la conclusion, manifestement disproportionné à ses biens et revenus, à moins que le patrimoine de cette caution, au moment où celle-ci est appelée, ne lui permette de faire face à son obligation ».
[3] Ex : Cass. Com. 17 juin 1997, Bull. civ. IV, n° 188 ; D. 1998, p. 208, note J. Casey ; Défrenois 1997, art. 36703, n° 158, note L. Aynès.
[4] REBAÏ, A., Le principe de proportionnalité et le droit de la consommation *In* Mélanges S. Ben Halima, éd. CPU 2005, p. 969.
[5] Dans plusieurs cas la jurisprudence tunisienne se réfère à la proportionnalité. Voir surtout : Cass. civ (tn), n° 30117 du 16 décembre 1993, Bull. 1993, p. 184 ; cass. civ (tn). n° 67736 du 07 octobre 1998, Bull. 1998, II, p. 47.
[6] Surtout en matière du droit du travail qui semble très propice à la règle de proportionnalité. Voir sur ce point : LAHMAR, I., Le contrôle jurisprudentiel sur le licenciement, RJL 2007, n°4, p. 43, spéc. p. 54.
[7] G. Blanc, L'abus de droit dans les contrats en droit français *In* L'abus de droit ; comparaisons franco-suisses, publication de l'université de Saint-Étienne 2001, p. 117.
[8] BEHAR-TOUCHAIS, M., rapport introductif du colloque Existe-t-il un principe de proportionnalité en droit français ?, op. cit., p. 3, spéc. p. 8.

Deux questions sont invoquées à ce sujet : les manifestations de l'abus dans le contrat **(section 1)** et le traitement de l'abus dans les contrats **(section 2)**.

Section I : Les manifestations de l'abus contractuel

L'abus dans le contrat est lié à deux situations ; ou bien un abus lié à l'exercice d'une prérogative contractuelle (§1) ou bien aux clauses abusives (§2).

§1 – L'invocation abusive d'une prérogative contractuelle

116. Le contrat n'est en fait qu'un lacis de prérogatives accordées à chacun des contractants. Chacun d'eux possédera, conformément à sa position dans le contrat, un ensemble d'attributs qui pourrait les mettre en œuvre en cas de besoin ou si les conditions d'une telle mise en œuvre sont remplies.

Se pose d'emblée, à ce stade, la question des clauses dites de « pouvoir »[1], parmi lesquelles on cite la résiliation anticipée du contrat ou sa demande de résolution judiciaire. La clause pénale figure aussi parmi celles pouvant être entachées d'un abus lorsqu'elle est uniquement utilisée dans l'intention de nuire au cocontractant et d'une façon non proportionnée au préjudice subi. Deux idées sont essentielles à cet égard, retenant l'attention plus que les autres : d'un côté, les prérogatives qui visent à mettre fin au rapport contractuel (A) et les prérogatives qui ne tendent qu'à sanctionner ou à faire pression sur le cocontractant. Se pose ainsi le problème des clauses comminatoires (B)

A – Les prérogatives contractuelles tendant à mettre fin au contrat

L'existence d'une prérogative contractuelle ne signifie pas forcément l'existence d'une stipulation ou d'une clause contractuelle qui la prévoit. Une prérogative contractuelle tire son existence même des principes généraux de droit ; elle serait ainsi « une prérogative légale plaquée sur le contrat »[2]. M. Stoffel-Munck souligne qu'il y a abus d'une prérogative contractuelle lorsque celle-ci est utilisée dans une finalité autre que celle pour laquelle elle a été édictée[3]. Deux questions se posent dans le cadre des prérogatives permettant de mettre fin au lien contractuel ; la question de la résiliation anticipée du contrat (a) et celle de la résolution du contrat (b).

---

[1] MESTRE, J., Rapport de synthèse *In* Les clauses abusives entre professionnels, éd. PUAM 1993, p. 157.

[2] STOFFEL-MUNCK, Ph., op. cit., p. 507, n° 694 et s.

[3] STOFFEL-MUNCK, Ph., L'abus dans le contrat, op. cit., p.560, n° 768.

a – Abus et résiliation du contrat

117. Entre maintes formes de résiliations, c'est la résiliation unilatérale ou encore celle anticipée, qui retient l'attention[1]. La résiliation anticipée d'un contrat est la résiliation avant terme d'un contrat. Elle est invoquée dans les contrats à durée indéterminée comme dans ceux à durée déterminée[2]. Implicitement, cette résiliation ne peut être mise en œuvre que pour faute grave commise par le contractant qui peut la légitimer. Tout abus de l'utilisation d'une telle clause est implicitement exclu car aucun contractant n'accepte normalement de s'engager dans la précarité. Cette clause se pose surtout dans les contrats de travail ou de location. Récemment, on l'évoque aussi dans les contrats de distribution où l'on parle souvent de l'existence d'une dépendance économique[3].

118. Pour les contrats à durée indéterminée, la résiliation unilatérale est toujours possible puisqu'il est interdit de s'engager à perpétuité[4]. Cette interdiction est déduite de l'article 1780 du Code civil disposant qu' « on ne peut engager ses services qu'à temps, ou pour une entreprise déterminée ». En jurisprudence, ce principe a récemment été confirmé par la Cour de cassation française dans un arrêt rendu le 19 mars 2002[5]. Le même principe est aussi valable en droit

---

[1] DELEBECQUE, Ph., et F.-J. Pansier, Droit des obligations, Contrat et quasi-contrat, éd. Litec 2006, p. 176, n° 340. Pour le droit tunisien, voir surtout : ZINE, M., Théorie générale des obligations, 1 – Le contrat, éd. Tunis 1997, p. 317, n° 393 ; MAHFOUD, M., Théorie générale des obligations, Acte unilatéral, Contrat et Responsabilité civile, Publications du Centre d'études Juridiques et Judiciaires, éd. Orbis 2008, p. 101, n° 132.

[2] DELEBECQUE, Ph., et F.-J. Pansier, Droit de obligations, Contrat et quasi-contrat, éd. Litec 2006, p. 176, n° 340.

[3] P. Borra, La notion de dépendance économique en France, AFEC, Journée 8 janvier 1993, p. 31 ; M. Glais, L'état de dépendance économique au sens de l'article 8 de l'ordonnance du 1er décembre 1986 : analyse économique, GP 1989, Chr. I. p. 290 ; A. Pirovano et M. Salah, L'abus de dépendance économique : une notion subversive ?, LPA du 21 septembre 1990, p. 4 ; C.-L. De Leyssac et G. Parleani, droit du marché, éd. PUF 2002, p. 915 et s. Pour le droit tunisien voir surtout : LEHYANI-HAMMAMI, N., Le contrat de concession commerciale, Etudes juridiques 2007, n° 14, p. 111.

[4] G. Ghestin, Existe-t-il en droit positif français un principe général de prohibition des contrats perpétuels ? *In* Mélanges TALLON, D., 1999 ; F. Rizzo, Regards sur la prohibition des engagements perpétuels, droit et patrimoine, janvier 2000. Au rebours de cette thèse consulter : L. Vogel, Vers un retour des contrats perpétuels ? Evolution récente du droit de la distribution, CCC, août/septembre 1991, 1. En droit tunisien, le même principe est admis, celui de l'interdiction des contrats perpétuels. Cette interdiction trouve son fondement dans l'article 831 du Code des obligations et des contrats.

[5] Cass. Civ. 1re, 19 mars 2002, RTD civ. 2002, p. 510, obs. J. Mestre et B. Fages. Voir également dans ce sens, mais indirectement : Cass. Com. 26 janvier 2010, n° 09-65.086, JCP G 2010, n°18, 3 mai 2010, 516, obs. P. Grosser ; LPA, 19 mai 2010, n°99, p. 20, note O. Roumélian. La Cour a souligné dans ce dernier arrêt (2010) : « en l'absence de disposition légale particulière, toute

tunisien où l'article 832 du Code des obligations et des contrats dispose qu'« on ne peut engager ses services qu'à temps ou pour un travail ou un ouvrage déterminé par le contrat ou par l'usage à peine de nullité absolue du contrat ». Tout contractant qui détient ainsi un droit de résiliation peut normalement l'utiliser s'il juge opportun de résilier à condition d'éviter d'en abuser. L'invocation de ce droit de résiliation peut ainsi être abusive si elle n'est faite que pour nuire à son contractant. Plusieurs exemples illustrent ces cas d'abus éventuel, mais une acuité particulière est vérifiable en matière du droit de travail (α), lorsqu'il s'agit de la révocation des dirigeants sociaux (β) et en matière des baux (Ω).

α - En matière du droit de travail

119. La matière de travail est propice à l'abus. L'inégalité manifeste entre les parties au sein du contrat de travail en apporte une explication satisfaisante. Ceci demeure vrai, même si certains auteurs ont constaté « un recul certain »[1] de l'abus dans les relations de travail. « Ceci est essentiellement dû au fait que, si elle a rendu d'énormes services à une époque où le droit du travail n'existait pas ou se trouvait dans ses tout premiers débuts, la notion d'abus a été progressivement remplacée par d'autres notions dans le cadre d'une réglementation plus détaillée et mieux structurée. La règlementation du licenciement en France en est l'illustration »[2].

L'exemple le plus significatif de ce droit de résiliation est le droit pour l'employeur de rompre le contrat de travail le reliant à un salarié en procédant à son licenciement. La rupture du contrat de travail a historiquement été la première matière à laquelle a été appliquée la notion d'abus[3]. Ce droit de résilier un contrat de travail a subi une grande évolution puisque le licenciement risque d'être abusif lorsqu'il manque une cause réelle et sérieuse[4]. Ces deux

---

partie à un contrat à durée indéterminée peut, sans avoir à motiver sa décision, mettre fin unilatéralement à celui-ci, sauf à engager sa responsabilité en cas d'abus ».

[1] N. Aliprantis, L'abus de droit dans les relations du travail *In* L'abus de droit et les concepts équivalents : principe et applications actuelles, Luxembourg, 6-9 novembre 1989, p. 1 spéc. p. 2.

[2] *Ibidem.*

[3] N. Aliprantis, L'abus de droit dans les relations du travail, op. cit., p. 1 spéc. p. 3.

[4] En droit français, à partir de l'amendement de 1973 le licenciement a été gouverné par des règles spéciales et non plus par les règles de droit commun. Les notions de licenciement abusif pour défaut de cause sérieuse et réelle ont vu le jour à partir de cette date. En droit tunisien, l'amendement de 1994 a repris la même philosophie en exigeant une cause sérieuse et réelle pour que le licenciement ne soit pas abusif. Voir à cet égard l'article 14 du Code de travail tunisien. L'article L.1232-1 du Code de travail français exige que tout licenciement pour motif personnel doit être justifié par une cause réelle et sérieuse sans citer les cas constituant un motif sérieux, légitime de licenciement. En effet, une telle condition témoigne d'une évolution avérée en droit du travail où l'on est passé d'un contrat dominé par l'employeur comme étant le propriétaire de l'entreprise à un autre qui limite les pouvoirs de l'employeur et qui prend en compte d'autres

conditions, qui limitent le pouvoir de l'employeur, ont pour objectif d'éviter que le licenciement ou plus exactement l'utilisation de l'employeur de sa prérogative contractuelle de mettre fin au contrat, ne soit faite dans une intention de nuire au salarié.

Il en résulte ainsi qu'un salarié, en se liant à un contrat de travail, que se soit pour une durée déterminée ou indéterminée, sait implicitement qu'il ne peut être licencié que pour une cause réelle et sérieuse.

120. D'une façon générale, l'abus de droit rime davantage avec les droits discrétionnaires, là où la prérogative contractuelle est inconditionnée et où l'abus est plus manifeste.
Afin d'éviter l'abus dans l'exercice de ces droits, plusieurs auteurs réclament l'existence d'un préavis[1] ou d'une motivation[2]. Le préavis, qui s'insère selon certains dans le cadre *d'un devoir de patience*[3], permettra au destinataire de préparer son départ et d'éviter que la résiliation soit brusque et intempestive. Un préavis permettra aux parties de liquider leur relation dans la paix et de contenir autant que possible les effets néfastes de la résiliation du contrat à longue durée.

121. Pour une frange de la doctrine, ce préavis est requis même si la convention ne le prévoit pas[4]. Il découle d'une obligation générale de bonne foi. Selon M. Stoffel-Munck, il s'insère dans le cadre d'une obligation de se soucier des intérêts du cocontractant[5] qui met à la charge de chaque contractant l'obligation de se soucier des intérêts du partenaire et qui exclut l'indifférence du contractant[6]. Ce souci signifie « ne pas laisser son partenaire se débattre dans les ennuis, patienter en raison de l'accablement du débiteur au lieu d'exiger son dû à l'heure dite en toute rigueur, s'entraider dans l'adversité, voilà ce que constitue la pointe extrême du devoir de loyauté »[7]. Cette *règle de courtoisie*[8] qui est le préavis et qui s'insère, comme le disaient certains auteurs, dans le

---

intérêts qui ne sont pas forcément ceux de l'employeur. Dans ce sens, un auteur tunisien a observé que le droit du travail « a comme finalité première d'écarter certaines formes d'exploitation qui réduisent le travail humain en une marchandise » (MZID, N., Subordination juridique du salarié et libertés de la personne humaine, Etudes juridiques 1993-1994, p. 167).

[1] STOFFEL-MUNCK, Ph., op. cit., p.101, n° 109 qui précise que le préavis garantit un « happy end contractuel ».

[2] FABRE-MAGNAN, M., Pour la reconnaissance d'une obligation de motiver la rupture des contrats de dépendance économique, RDC 2004, p. 573.

[3] MAZEAUD, D., Faut-il avoir peur d'un droit européen des contrats ? (Bis sed non repitita…), *In* Mélanges MALINVAUD, Ph., éd. Litec 2007, p. 397, spéc. p. 422.

[4] STOFFEL-MUNCK, Ph., L'abus dans le contrat, op. cit., p.101, n°109.

[5] *Ibidem.*

[6] STOFFEL-MUNCK, Ph., op. cit., p.100, n°109.

[7] *Ibidem.*

[8] SERIAUX, A., Manuel de droit des obligations, éd. PUF 2006, p. 65, n° 56.

cadre d'un « devoir de patience »[1], est exigée en droit tunisien dans certains cas, tel celui pour le contrat de travail à durée indéterminée où elle constitue le coup d'envoi de la procédure de licenciement[2].

122. En droit français, le préavis est exigé dans plusieurs hypothèses. A titre d'exemple, le Code de commerce l'exige en matière de relations commerciales établies. C'est l'article L. 442-6, I, 5° qui le prévoit depuis la modification opérée par la loi NRE du 15 mai 2001[3]. Dans cette hypothèse, comme ailleurs, le législateur tend à éviter un abus lié à la mise en œuvre de la prérogative de résiliation unilatérale du contrat. En droit du travail, l'employeur est tenu, lorsque le contrat de travail est à durée indéterminée, de convoquer le salarié pour un entretien et ce, conformément à l'article L. 1232-2 du Code de travail tel que réécrit par l'ordonnance n° 2004-602 du 24 juin 2004[4]. Ces prérogatives doivent être utilisées pour servir leurs finalités exactes sans dévoiement ni détournement. Ce *délai congé* de l'article L 1234-1 n'est en fait que pour assurer que les deux parties ne soient pas surprises par la rupture du contrat. Le salarié aura ainsi la possibilité durant ce délai de trouver un autre emploi. Le délai de préavis permet de remédier à la brusquerie. Il est également important, puisqu'une solution à l'amiable est envisageable au cours de ce délai.
Le Code du travail tunisien, lors de sa promulgation en 1966, ne contenait aucune disposition relative à l'obligation de préavis[5]. Cette lacune a été comblée avec la modification introduite sur le Code par la loi du 21 février 1994. Grâce à cette loi, l'employeur, aux termes des nouveaux articles introduits au Code, articles 14 bis et 14 ter, se voit tenu d'adresser un préavis de licenciement au salarié. Il est également tenu d'indiquer dans le texte de préavis les motifs du licenciement[6].

123. Encore en matière de droit de travail, un autre point suscite l'attention ; celui de la période d'essai qui se caractérise par une précarité indubitable. La période d'essai est normalement destinée à permettre à l'employeur de vérifier les aptitudes professionnelles du salarié et au salarié lui-même, de s'assurer que les fonctions qui lui sont confiées lui conviennent[7]. Dans la pratique, il rare de

---

[1] MAZEAUD, D., Faut-il avoir peur d'un droit européen des contrats (Bis Sed Non Repetita...) ? *In* Mélanges MALINVAUD, Ph., éd. Litec 2007, p. 397, spéc. p. 423.
[2] Article 14 Code du travail tunisien « le contrat de travail à durée indéterminée prend fin par l'expiration du délai de préavis ».
[3] Loi n° 2001-420 du 15 mai 2001.
[4] Consulter à cet effet : F.-J. Pansier, Droit du travail, relations individuelles et collectives, éd. Litec 2005, n° 457, p. 194.
[5] F. Mechri, Le droit du travail en Tunisie, éd. Sud Editions 2009, p. 142.
[6] Voir pour tous ces points : F. Mechri, Le droit du travail en Tunisie, éd. Sud Editions 2009, p. 142-143.
[7] F. Gaudu et R. Vatinet, Les contrats du travail, Contrats individuels, conventions collectives et actes unilatéraux. LGDJ 2001, n° 83, p. 97.

voir une période d'essai résiliée par un salarié[1]. Le risque que présente une telle période est qu'elle soit détournée de sa finalité par l'employeur[2]. Afin d'éviter qu'elle ne soit propice à l'abus, le droit français comme le droit tunisien tendent à la réglementer en précisant sa durée.

124. En droit tunisien, il est utile de signaler d'abord que la période d'essai n'est pas nécessaire dans tout contrat de travail. La Cour de cassation tunisienne a précisé que l'essai n'est pas systématique dans le contrat de travail[3], n'étant pas inhérent à l'idée du contrat de travail. Par ailleurs, le Code du travail n'a pas réglementé, de manière générale, la période d'essai[4]. Toutefois, certains articles du Code du travail tunisien touchent à la question. C'est ainsi que l'article 410 du même Code, énonce que la période d'essai ne peut dépasser trois mois pour les voyageurs et représentants de commerce. Quant à l'article 18, il se contente de préciser que la détermination de la durée d'essai doit être recherchée dans les conventions individuelles, les conventions collectives, voire dans les usages[5].
A partir des conventions collectives, l'on peut déduire que la durée de la période d'essai est déterminée en fonction de la qualification professionnelle du salarié pour les contrats à durée indéterminée. Pour les contrats à durée déterminée, où l'on déplore l'absence de dispositions applicables, la durée de la période d'essai est soumise à la liberté des parties contractantes. Laisser la détermination de la durée de l'essai à la volonté des parties dans les contrats à durée déterminée, c'est la laisser très souvent à la seule volonté de l'employeur. Un auteur critique cette situation en précisant que « les facultés de repentir ou de rétractation sont généralement accordées à la partie faible au contrat... rien de tel pour la période d'essai, qui est principalement utilisée par les employeurs »[6]. Cette liberté peut ainsi être source d'abus de la part de l'employeur. Ce dernier, puisqu'il « est le seul juge de la valeur probatoire de la période d'essai »[7], peut l'interrompre à sa propre guise et dans la seule finalité de nuire au salarié. Dans ce cas, la résiliation de la période d'essai est détournée de sa finalité, la rendant ainsi abusive.
La résiliation de la période d'essai ne doit normalement être faite qu'en cas d'incompétence avérée du salarié. Cette cause de résiliation est normalement sous-entendue dans tout contrat à l'essai, il n'est pas nécessaire de l'expliciter. C'est l'exigence de la bonne foi qui la justifie. La Cour de cassation tunisienne, et contrairement à cette exclusion sous-entendue de l'abus, a récemment affirmé que la fixation de la durée de la période d'essai dans un contrat à durée

---

[1] F. Gaudu et R. Vatinet, op. cit., n° 88, p. 103 qui citent un arrêt qualifiant d'abusive une résiliation de période d'essai par un salarié.
[2] F. Mechri, Le droit du travail en Tunisie, éd. Sud Editions 2009, p. 79.
[3] Cass. civ (tn), n° 2786 du 2ç mars 1979, RTD 1981, p. 417, note Y. Knani.
[4] F. Mechri, Le droit du travail en Tunisie, éd. Sud Editions 2009, p. 79.
[5] Voir sur ce point : F. Mechri, Le droit du travail en Tunisie, éd. Sud Editions 2009, p. 79.
[6] F. Gaudu et R. Vatinet, op. cit., n° 83, p. 97.
[7] F. Mechri, Le droit du travail en Tunisie, éd. Sud Editions 2009, p. 82.

déterminée est soumise uniquement à la volonté des parties. L'employeur détient par conséquent un droit libre de la résilier à tout moment sans nécessité de motivation[1]. La Cour s'est référée à l'article 242 du Code des obligations et des contrats qui prévoit l'autonomie de la volonté.
Deux griefs peuvent être adressés contre ledit jugement. La Cour de cassation a eu tort lorsqu'elle avait laissé la détermination de la période d'essai à la libre discrétion des parties ou plus exactement à la guise de l'employeur, puisque c'est lui qui l'impose le plus souvent. Elle aurait dû ordonner une limite raisonnable de cette durée pour ne pas laisser le salarié dans une situation de précarité pour longtemps.
Dans les faits de l'espèce, l'employeur a été recruté pour une durée d'une année assortie d'une période d'essai de six mois. Déjà, la moitié de la durée du contrat de travail constitue une période d'essai, ce qui est disproportionné. De surcroît, ce contrat a été deux ou trois mois après sa signature, rompu et remplacé par un autre en vue de changer le lieu du travail du salarié. Un nouveau contrat a ainsi été signé pour une même durée d'un an, et assorti, lui aussi, d'une nouvelle période d'essai de six mois qui est entrée en application non dès la date du premier contrat, mais à compter de la date de la signature du second contrat. N'y a-t-il pas ici un abus manifeste ? La durée de l'essai est toujours de six mois, alors que le salarié avait déjà passé trois mois sous le premier contrat rompu avant terme.
La Cour de cassation aurait pu soulever un tel abus exercé par l'employeur et déjouer ainsi le détournement qu'il faisait de la finalité de la période d'essai. La Cour de cassation tunisienne n'a pas poursuivi, dans cet arrêt, les juges de fond qui ont précisé qu'il était inadmissible de prévoir une période d'essai de six mois pour un contrat conclu pour une durée d'un an[2]. La Cour de cassation n'a pas adopté ses anciennes positions en la matière[3].

125. Aux antipodes de cette position, la Cour de cassation française a, depuis longtemps, exigé à maintes reprises que la durée de la période d'essai ne soit pas excessive par rapport à la durée du travail[4]. La durée de l'essai doit être, comme l'ont justement précisé certains auteurs, « justifiée par la finalité de l'essai »[5]. Elle ne doit pas être un alibi pour éluder à la législation sur le

---

[1] Cass. soc (tn), n° 6560 / 2005 du 9 janvier 2006 (inédit).
[2] Voir : Conseil de prud'homme auprès du tribunal de 1re instance de Tunis n°18743 du 28 décembre 2004 (inédit) ; App. Prud'homal Tunis n°40193 du 1er mars 2005 (inédit).
[3] Voir sur ce point : F. Mechri, Le droit du travail en Tunisie, éd. Sud Editions, Tunis 2009, p. 78. L'auteur analyse l'ancienne position des tribunaux tunisiens.
[4] Cass. Soc (tn). du 28 décembre 1977, Bull. V, n° 727 (un essai de six mois imposé à une sténodactylographe est jugé d'une durée excessive) ; Cass. Soc. 9 juin 1988, Bull. V, n° 348 (un délai de trois mois est jugé excessif car le salarié avait déjà exercé les mêmes attributions au cours des contrats antérieurs) ; voir aussi pour de plus amples informations : LYON-CAEN, G., J. Pélissier et A. Supiot, Droit du travail, 18e éd., Dalloz 1996, n° 275 et s, p. 236
[5] LYON-CAEN, G., J. Pélissier et A. Supiot, op. cit., n° 276 et s, p. 237et s.

licenciement. Pour le Contrat de travail à durée indéterminée, la question a fait l'objet d'une nouvelle révision. Une règle est désormais posée depuis la loi du 25 juin 2008 par l'article L. 1222-19 du Code de travail qui module la durée de la période d'essai en fonction des catégories de salariés qu'elle est susceptible de concerner. Ainsi, pour les ouvriers et employés, la durée maximale ne doit pas dépasser deux mois. Pour les agents de maîtrise et techniciens, elle est fixée à trois mois ; elle est portée à quatre mois pour les cadres. L'article L. 1221-21 précise que la période d'essai ne peut être renouvelée qu'une seule fois et sous condition qu'un accord de branche étendu le prévoie. Il apparaît que la nouvelle modification du Code de Travail réduit sensiblement sur ce point la possibilité d'un abus provenant des employeurs.
Dans un contrat de travail à durée déterminée, la période d'essai doit être normalement proportionnelle à la durée du travail ; c'est la solution choisie par le droit français[1]. Il est injuste de tolérer une période d'essai équivalente à la moitié de la durée du contrat de travail et que cette période soit répétée dans les deux contrats signés par le salarié. La Cour de cassation tunisienne avait dans l'espèce de 2006, une possibilité d'adopter la position des tribunaux français en décidant de l'exclusion de la période d'essai dans le second contrat[2]. D'un autre côté, elle a raté l'occasion d'affirmer que la résiliation même d'une période d'essai devrait être motivée afin d'éviter qu'elle ne devienne source d'abus et de précarité pour le salarié qui est considéré comme la partie faible dans ce rapport contractuel.

126. Dans tous ces cas de résiliation, on exclut l'abus et l'excès du contrat sur la base d'une idée implicite qu'on trouve chez le contractant. Elle lui permet de soutenir que son contrat est, à ses yeux, exempt de tout abus, et même si son cocontractant détient autant de prérogatives contractuelles que lui, il ne va les utiliser qu'à bon escient. C'est la bonne foi et la morale qui accroissent une telle conviction chez les contractants. Le salarié compte implicitement sur la bonne foi de l'employeur qui l'oblige à ne pas abuser de ses droits ou prérogatives et de ne pas les détourner de leur finalité exacte. L'employeur est ainsi tenu de respecter la finalité des prérogatives qu'il détient de la loi ou du contrat. En cas

---

[1] Le droit français réglemente de façon minutieuse la durée de l'essai dans les contrats à durée déterminée. L'article 1242-10 dispose que «le contrat de travail à durée déterminée peut comporter une période d'essai. Sauf si les usages ou des dispositions conventionnelles prévoient des durées moindres, cette période d'essai ne peut excéder une durée calculée à raison d'un jour par semaine, dans la limite de deux semaines lorsque la durée initialement prévue au contrat est au plus égale à six mois et d'un mois dans les autres cas».

[2] Cass. Soc. 26 février 2002, RJS 2002 n° 5, p. 539 où la Cour de cassation française a affirmé que lorsque le salarié a déjà exercé le même emploi auprès du même employeur, qui a donc déjà pu apprécier ses capacités professionnelles, une période d'essai ne peut être valablement stipulée à l'occasion d'un nouvel engagement à durée déterminée.

de détournement ou de dévoiement, il y a abus[1]. Dans ces cas, il y a un « abus de prérogative[2] » car une clause est invoquée « hors de son esprit »[3].
Selon M. STOFFEL-MUNCK, Ph., il y a abus de prérogative lorsqu'une prérogative est « exercée selon sa lettre et non selon sa finalité »[4]. Lorsqu'elle est détournée de cette finalité, il y a abus ou résiliation fautive de la période d'essai[5].

127. Un autre cas suscite aussi l'attention en matière du travail ; il concerne le refus de renouvellement du contrat de travail à durée déterminée arrivant à son terme. En droit tunisien, ce refus n'a pas de sens si le salarié a pu cumuler une durée de travail supérieure ou égale à quatre années et ce, à la suite de l'amendement introduit dans le Code de travail tunisien en date du 15 juillet 1996. L'article 6-4 du Code de travail précise que le salarié est considéré comme permanent, s'il apporte la preuve de l'accomplissement d'une durée de quatre années de travail, même non continu, chez le même employeur. En deçà de ces quatre années, le salarié demeure à la merci de son employeur qui peut refuser de renouveler son contrat. Au-delà de cette limite, le salarié devient permanent et ne peut être licencié que sur la base d'une cause réelle et sérieuse. Le législateur tunisien a ainsi rétréci la marge de l'abus mais il a relativement rompu avec une jurisprudence établie qui stigmatise un recours abusif aux contrats à durée déterminée, appelés aussi « en chaîne »[6], alors que le salarié avait en réalité rempli ses fonctions pour une durée indéterminée.

128. Le droit français a également prévu le même rétrécissement de la marge de l'abus en fixant le plafond de la durée du contrat de travail à durée déterminée entre neuf et dix-huit mois suivant le cas de recours[7]. Il apparaît ainsi qu'un refus de renouvellement du contrat de travail à durée déterminée peut être qualifié comme étant une résiliation abusive surtout lorsque le salarié a pu cumuler une période du travail chez un même employeur dépassant le plafond fixé par la loi. Le refus de renouvellement d'un contrat de travail à durée déterminée peut être en soi entaché d'abus lorsqu'il est fait uniquement dans l'intention de nuire au salarié, ou afin de le priver de la possibilité de devenir

---

[1] STOFFEL-MUNCK, Ph., op. cit. p.101, n° 109 ; voir aussi : MOULY-GUILLEMAUD, C., Retour sur l'article 1135 du Code civil : une nouvelle source du contenu contractuel, thèse Montpellier 2005, éd. LGDJ 2006, p. 301, n° 314.
[2] STOFFEL-MUNCK, Ph., op. cit., p. 507, n° 693.
[3] MOULY-GUILLEMAUD, C., Retour sur l'article 1135 du Code civil : une nouvelle source du contenu contractuel, op. cit., p. 301, n° 314.
[4] STOFFEL-MUNCK, Ph., op. cit., p. 507, n° 694.
[5] F. Gaudu et R. Vatinet, Les contrats du travail, Contrats individuels, conventions collectives et actes unilatéraux, op. cit., n° 88, p. 102 qui parlent d'une résiliation fautive pouvant être sanctionnée et en citent certains cas.
[6] G. Aubert, L'abus de droit en droit suisse de travail *In* L'abus de droit comparaisons franco-suisses, publication de l'université de Saint-Étienne 2001, p. 101 et s.
[7] L. 1242-8 du Code de travail (français).

permanent. Tel est le cas lorsque l'on procède au recrutement d'un nouveau salarié pour occuper le même poste que celui partant ou en cas de refus de renouvellement justifié par l'appartenance ou par l'activité syndicale dudit salarié[1].

129. D'un autre côté, comme le signalait un auteur, la nature de l'engagement peut commander sa prolongation dans le temps au-delà des limites qui lui sont expressément assignées[2]. Les juges doivent ainsi découvrir les promesses implicites de stabilité. Celles-ci ne sont pas ajoutées à l'obligation mais « elles sont contenues dès l'origine dans l'engagement »[3]. Un contrat qui est en apparence à durée déterminée peut ainsi cacher dans son for intérieur ou ses profondeurs une promesse implicite de stabilité qui doit être révélée par les tribunaux à l'aide de la bonne foi. L'employeur commettrait un abus s'il méconnaissait une telle promesse implicite.

A côté de ces cas d'abus en matière de travail, d'autres font du droit des sociétés commerciales, leur repaire. C'est le cas de la révocation des dirigeants sociaux.

B- La révocation des dirigeants sociaux

130. Plusieurs points touchent à la question de l'abus d'une prérogative en matière des sociétés. On trouve, à titre d'exemple, la question de l'abus d'un droit de vote ou de l'abus de la majorité, de la minorité ou de l'égalité[4]. Concernant le problème de résiliation, on peut citer la révocation d'un Président Directeur Général ou d'un Président d'un Conseil d'Administration d'une société anonyme.

131. Pour les dirigeants sociaux, ce qui pose vraiment problème, c'est le cas du PDG des sociétés anonymes[5]. Le directeur d'une société anonyme est lié à cette dernière par un contrat de mandat qui lui permet de représenter la société et d'agir en son nom. Ledit directeur peut être révoqué de son mandat librement par le conseil d'administration ou indirectement par l'assemblée générale des actionnaires s'il se voit ôter la qualité d'administrateur sans la moindre

---

[1] J.-C. Javillier, Droit du travail, éd. 1990, n°233 ; N. Aliprantis, L'abus de droit dans les relations du travail, op. cit., p. 1 spéc. p. 5.

[2] ATIAS, Ch., Les promesses implicites de stabilité (crédit, emploi), D.S. 1995, ch., p. 125.

[3] *Ibidem.*

[4] Consulter sur ce point : B. Espesson-Vergeat, La spécificité de la notion d'abus de droit en droit français des sociétés *In* L'abus de droit comparaison, franco-suisse, Publications de l'Université de Saint-Étienne 2001, p. 131 ; voir aussi dans le même colloque : Ch. Chappuis, L'abus de droit en droit suisse des affaires, p. 69. Tous ces points vont être traités dans le cadre du comportement du contractant.

[5] Le gérant d'une SARL bénéficie d'une certaine protection puisqu'il ne peut être révoqué que pour un motif légitime.

justification. Yves Guyon précise à cet égard que le président « cumule… les causes de précarité »[1]. Son mandat est *ad nutum* et sa révocation intervient sans motif[2]. Ce caractère est valable aussi bien en droit français qu'en droit tunisien. L'article 208 du Code tunisien des sociétés commerciales dispose, dans ce sens, que « le conseil d'administration peut le révoquer [le PDG] à tout moment. Toute disposition contraire est réputée non écrite ».
Quant au droit français, l'article L. 225-47 alinéa 3 du Code des sociétés dispose que « le conseil d'administration peut le révoquer à tout moment. Toute disposition contraire est réputée non écrite ».
On peut déduire de ces articles que, non seulement le dirigeant est librement révocable, mais cette qualité est aussi d'ordre public et que toute convention statutaire ou extrastatutaire contraire est nulle[3]. Le législateur veut toujours garder ce caractère de révocabilité du dirigeant d'une société anonyme et ce, contrairement à sa position envers le gérant d'une société à responsabilité limitée où la révocation de ce dernier ne peut être que pour motif légitime[4]. Ces deux philosophies sont totalement distinctes, mais la différence est inexplicable, surtout que les deux sociétés présentent autant de ressemblances. Il est à signaler que cette révocation *ad nutum* ne concerne que les dirigeants des sociétés anonymes à conseil d'administration. Sont ainsi exclus de la portée de cette révocation, les dirigeants des sociétés à conseil de surveillance et à directoire.

132. La jurisprudence française ne cesse à son tour de confirmer la révocation *ad nutum* des dirigeants des sociétés anonymes[5]. Il en est de même pour la jurisprudence tunisienne qui a, elle aussi, appliqué cette règle de révocabilité du

---

[1] Y. Guyon, Droit des affaires, tome 1, droit commercial général et sociétés, éd. Economica 2003, n° 341, p.365.

[2] Consulter : Ph. Reigné, Révocabilité *ad nutum* des mandataires sociaux et faute de la société, revue des sociétés 1991, p. 499 ; J.-J. Caussain, La précarité de la fonction de mandataire social (révocation et modes de protection), Bull. Joly 1993, p. 523. Pour le droit tunisien, consulter surtout : Chr. Labastie –Dahdouh et H. Dahdouh, Droit commercial, Volume 2, Entreprises sociétaires, Tome 1, Règles communes, éd. IHE 2003, p. 409 ; MELLOULI, S. et FRIKHA, S., Les sociétés commerciales, éd. IME 2008, p. 197, n° 762.

[3] La jurisprudence française a confirmé à plusieurs reprises ce caractère d'ordre public de la révocation du dirigeant : Cass. Com. 17 mai 1971, revue des sociétés 1972, p. 698, note B. Oppetit ; Cass. Com. 2 juin 1992, JCP éd. E, I, 215, n° 4, obs. A. Viandier et J.-J. Caussain. Pour la jurisprudence tunisienne : Cass. civ (tn), n° 46113 du 16 avril 1997, Bull. section civile, II, p. 159. Dans cet arrêt la Cour a insisté sur le caractère *ad nutum* de la révocation de PDG sans signaler qu'elle est d'ordre public.

[4] Article 122 CSC (tunisien) et article L 223-25 du Code des sociétés (français) qui disposent que « si la révocation est décidée sans juste motif, elle peut donner lieu à des dommages et intérêts ». On en déduit que la révocation, pour qu'elle ne soit pas abusive, doit être pour motif juste.

[5] Cass. Com. 21 juin 1988, revue des sociétés, 1989, p. 46, note Chartier.

PDG de société anonyme[1]. C'est donc un droit ou une prérogative légale plaqué sur les statuts pouvant être source d'abus.
Dans la pratique, bien que la révocation du Président Directeur Général soit libre et discrétionnaire, celle-ci doit être mesurée car la réputation du Président peut être affectée par une révocation abusive, ce qui risque de causer des ennuis à la société. La jurisprudence de la Cour de cassation française a précisé, dans une interprétation *contra legem* mais conforme au *ratio legis*, que le droit de révocation du directeur ne devait pas être exercé de façon abusive, notamment si la révocation était prononcée dans des circonstances portant atteinte à la réputation et à l'honorabilité du directeur général[2]. La révocation est abusive lorsqu'elle est accompagnée d'une publicité portant atteinte à l'honneur[3]. Elle peut également l'être lorsqu'elle est décidée brutalement sans respect du principe de contradiction, c'est-à-dire sans que le directeur révoqué ne soit en mesure de présenter ses observations, même en cas de faute lourde commise par lui[4].
Ces solutions peuvent être facilement transposées au droit tunisien. L'article 243 du Code des obligations et des contrats peut étayer la limite d'abus attachée à l'exercice da la révocation du PDG d'une société anonyme[5]. D'ailleurs, une frange de la doctrine tunisienne le présente comme le fondement approprié à l'abus dans le contrat[6].

133. D'autre part, est jugée non abusive, la révocation du directeur, intervenue sans que les raisons ne lui aient été communiquées au préalable. La révocation figure sur l'ordre du jour de la réunion du conseil d'administration auquel il a participé. De plus, les motifs de la révocation y sont exposés[7].
Celle-ci est, par contre, abusive lorsqu'elle intervient le lendemain du jour où il assigne la société en nullité des décisions du conseil d'administration[8].
D'une façon générale, la jurisprudence examine s'il y a abus ou non sur la base des circonstances entourant la révocation. La Cour de cassation française l'a

---

[1] Cass. civ (tn), n° 46113 du 16 avril 1997, Bull. section civile, II, p. 159.
[2] Cass. Com. 2 octobre 1978, revue des sociétés 1979, p. 328 note Sibon ; Cass. Com. 15 juillet 1982, Bull. Joly 1982, p.772.
[3] B. Petit, Droit des sociétés, éd. Litec 2006, n° 92, p. 59.
[4] Cass. Com. 24 avril 1994, revue de jurisprudence de droit des affaires Francis Lefebvre (RJDA) 8-9 / 1994, n° 937 ; Cass. Com. 3 janvier 1996, RJDA 4 / 1996, n° 514 ; Cass. Com. 24 février 1998, RJDA 6/ 1998 n° 740.
[5] Cette constatation est d'autant plus défendable car la majorité de la doctrine tunisienne en matière commerciale se réfère à la jurisprudence française interdisant l'abus dans l'exerce de la prérogative de révocation du PDG. Voir sur ce point : Chr. Labastie –Dahdouh et H. Dahdouh, Droit commercial, Volume 2, Entreprises sociétaires, Tome 1, Règles communes, éd. IHE 2003, p. 409 ; MELLOULI, S. et FRIKHA, S., Les sociétés commerciales, éd. IME 2008, p. 197, n° 762.
[6] Voir sur ce point : JERBI, S., L'interprétation du contrat, éd. CPU 1999, p. 422, n° 338.
[7] Cass. Com. 22 mars 2005, n° 490, RJDA 10 / 2005, n° 1119.
[8] C. App. Paris, 28 octobre 1994, RJDA 1995, p. 37.

clairement affirmé dans un arrêt rendu le 27 mars 1990 : « la révocation du directeur général d'une société peut intervenir à tout moment, sans préavis ni précision de motifs et ne donner lieu à des dommages-intérêts que si elle revêt un caractère abusif eu égard aux circonstances dans lesquelles elle est intervenue »[1].

134. Dans d'autres hypothèses, la jurisprudence française exige le respect du principe du contradictoire avant la révocation du dirigeant. Dans certains cas, elle observe que le contradictoire n'est pas nécessaire, puisqu'il ne s'agit pas d'une mesure disciplinaire. La question est généralement de savoir comment concilier l'exigence d'un débat contradictoire avec la règle classique découlant du principe de libre révocabilité selon laquelle la révocation peut intervenir à tout moment sans indication de motif ni préavis[2]. Un auteur critique cette révocation *ad nutum* en la qualifiant de « règle d'airain, véritable épée de Damoclès »[3] suspendue au-dessus de la tête du dirigeant de la société anonyme. Le même auteur conclut son étude en affirmant qu'« une grave entorse est ainsi faite par les juges du fond au principe de la révocabilité ad nutum »[4] lorsqu'ils exigent le contradictoire ou qu'ils conditionnent l'exercice de la révocation.

135. En somme, il s'avère que le droit de révocation du directeur détenu par les administrateurs ou les actionnaires trouve sa vraie limite dans la bonne foi, capable d'exclure tout abus pouvant accompagner son exercice. Cette exigence de bonne foi est sous-entendue et produit ses effets sans nécessité de l'exiger expressément. Tout droit ou prérogative contractuelle trouve dans la bonne foi une limite implicite qu'il ne faut ni outrepasser ni contredire.
Le Président Directeur Général d'une société accepte le poste, en dépit de sa précarité apparente, pour la simple raison qu'il sait implicitement que cette prérogative ne saurait être exercée abusivement. Sa révocation n'intervient qu'en cas de faute ou de mauvaise politique poursuivie. Dans la pratique, le poste de directeur peut jouir d'une stabilité manifeste, notamment dans les sociétés où le directeur détient personnellement la majorité des actions[5].

Par ailleurs, les dirigeants des sociétés anonymes reçoivent souvent lorsqu'ils partent de la société, d'énormes indemnités fixées à l'amiable : ce sont les *parachutes dorés*. Au moment des crises, comme celle nous traversons, l'octroi de ces indemnités crée un tollé. Il est inadmissible de les allouer alors que la

---

[1] Cass. Com. 27 mars 1990, revue française de comptabilité, juillet/août 1990, p. 61, note Ph. Reigne.
[2] M. Cozian, A. Viandier et F. Deboissy, Droit des sociétés, éd. Litec 2004, p. 238, n° 508.
[3] Ph. Reigné, Révocabilité *ad nutum* des mandataires sociaux et faute de la société, RDS 1991, p. 499.
[4] Ph. Reigné, art. cit., p. 515.
[5] Y. Guyon, Droit des affaires, tome 1, droit commercial général et sociétés, op. cit., n° 341, p.365.

société éprouve des difficultés financières sérieuses. Afin d'encadrer l'allocation de ces indemnités, le législateur français a prévu quelques dispositions sur la rémunération des dirigeants dans les dernières lois réglementant la vie économique[1]. C'est le cas surtout de la loi NRE du 15 mai 2001 ou de la loi sur la sécurité financière du 1er août 2003. D'autres lois ont aussi touché à la question. Il y a essentiellement celle du 26 juillet 2005 (dite loi Breton) pour la confiance et la modernisation de l'économie et les sociétés par actions qui a exigé de soumettre les parachutes dorés au régime des conventions réglementées. Il existe également la loi TEPA en faveur du travail, de l'emploi et du pouvoir d'achat du 21 août 2007 dont certaines dispositions ont été incorporées au Code de commerce (Art. L. 225-42-1). La loi 2007 a pour sa part conditionné l'octroi de ces indemnités à la performance de la société.

La question a récemment été rouverte surtout pour les sociétés aidées par l'Etat. La matière a été recadrée par le décret n° 2009-348 du 30 mars 2009 relatif aux conditions de rémunération des dirigeants des entreprises aidées par l'Etat ou bénéficiaires du soutien de l'Etat du fait de la crise économique et des responsables des entreprises publiques[2]. La commission européenne est également intervenue afin de revoir la question à travers deux nouvelles recommandations : n° 2009/385/CE du 30 avril 2009 et n° 2009/384/CE du 30 avril 2009[3]. Toutes ces mesures internes et communautaires qui ont été adoptées en vue d'encadrer la rémunération des dirigeants sociaux ne visent qu'à moraliser ces indemnités[4]. La bonne foi, de la même façon qu'elle interdit de révoquer abusivement un dirigeant même si son mandat est *ad nutum*, interdit à ce dernier de recevoir abusivement des montants considérables en partant de la société.
En droit tunisien, l'article 200-5 du Code des sociétés commerciales, issu de la nouvelle modification du 16 mars 2009, exige que les indemnités accordées aux dirigeants à l'occasion de la cessation ou de la modification de leur fonction soient soumises à l'accord préalable du conseil d'administration. C'est la même solution prévue par le droit français où l'article L.225-38 du Code de commerce exige que les accords sur la rémunération des dirigeants sociaux soient soumis à l'accord préalable du conseil d'administration. La loi, en France comme en Tunisie, exige également que le PDG en informe le commissaire aux comptes avant de soumettre l'accord à l'approbation de l'assemblée générale.

---

[1] J.-J. Daigre (direction), Les rémunérations et avantages des dirigeants sociaux : du classique renouvelé et nouveau revisité, Bull. Joly 2008, p. 513.
[2] Voir sur ce point : J. El-Ahdab, Les parachutes dorés et autres indemnités conventionnelles de départ des dirigeants : approche pluridisciplinaire et comparée, RDS 2004, p. 18 ; Cl. Champaud, Dirigeants sociaux. Rémunération. Recommandations. MEDEF/AFEP, RTD com. 2009, p. 154.
[3] B. Lecourt, Rémunération des dirigeants sociaux : la commission européenne publie deux recommandations, RDS 2009, p. 433.
[4] S. Messaï-Bahri, Le régime juridique des parachutes dorés, Bull. Joly 2008, p. 521, spéc. p. 522.

Dans ces dernières hypothèses, l'abus change de forme. D'un abus provenant des associés et dont les victimes sont les dirigeants sociaux, on passe à un abus provenant de ces derniers et c'est la société même qui en souffre. La bonne foi assure dans les deux sens un moyen de lutte contre les différentes formes d'abus.

De même, les baux civils et commerciaux constituent un autre exemple où la bonne foi implicite dans les contrats chasse l'abus.

Ω - En matière des baux

136. Concernant les baux, surtout ceux à durée indéterminée, se pose très souvent la question de l'abus dans les contrats. En droit civil, et à côté des dispositions du Code des obligations et des contrats ou du Code civil qui constituent le droit commun des baux, l'on trouve tout un arsenal de textes spéciaux qui régissent les rapports entre bailleurs et locataires, et qui luttent contre l'abus pouvant naître dans ces rapports. Il existe ainsi, en droit tunisien[1], la loi 35-76 du 18 février 1976 relative aux relations entre bailleurs et locataires des locaux à usage d'habitation, artisanal ou d'administration publique. Cette loi a été modifiée à plusieurs reprises, et la dernière est celle de la loi 122-93 du 27 décembre 1993. Tous ces textes sont censés protéger la partie faible contre un abus de droit ou d'une prérogative contractuelle provenant du bailleur censé être la partie forte dans ce rapport[2].
Dans ces textes, suivant des fins variées, le droit du bailleur de résilier son bail et de reprendre son local loué se trouve soumis à une réglementation minutieuse qui transforme l'exercice de son droit en une idée parfois chimérique. Tantôt c'est le droit au logement qui est protégé, tantôt c'est la protection d'une activité bien précise qui est visée. Dans tous les cas, on assiste à un rétrécissement avéré du droit de la propriété. Elle est sacrifiée et immolée devant d'autres objectifs[3]. Ces textes sont inspirés d'une lutte contre les abus, comme l'a affirmé un auteur, et s'insèrent dans le cadre d'une « social legislation »[4] qui tend à assurer un minimum de stabilité pour les locataires et à l'accessibilité des loyers[5].

137. Ces objectifs associés engendrent une restriction du droit du bailleur de

[1] Voir sur ce point : ZINE, M., La théorie générale des obligations, 1 – Le contrat, éd. Tunis 1997, p. 58, n°56.
[2] Sur ce point voir surtout : B. Ben Mabrouk, Le nouveau en droit du maintien à travers la loi n° 122 -1993 du 27 décembre 1993, Etudes juridiques 1997, p. 59 ; ZINE, M., La théorie générale des obligations, 1 – Le contrat, éd. Tunis 1997, p. 58, n°56.
[3] A. De Vita, L'abus de droit dans le droit de logement, *In* L'abus de droit et les concepts équivalents : principe et applications actuelles, Luxembourg, 6-9 novembre 1989, p. 122.
[4] A. De Vita, L'abus de droit dans le droit de logement, art. cit, p. 136.
[5] *Ibidem.*

résilier le bail en vue de reprendre son local. Le bailleur ne peut ainsi le reprendre que dans certains cas bien définis par la loi ayant rapport aux nécessités du bailleur et de sa famille. Ces textes ont engendré un autre abus, l'abus inverse de celui contre lequel s'acharnait le législateur. C'est un abus commis par le locataire qui détourne la finalité des textes en insistant pour rester dans le local et ne pas le rendre au bailleur, tandis qu'il n'en a plus besoin et qu'il a parfois même pu accéder à la propriété.
C'est contre cet abus qu'il faut aujourd'hui lutter car la bonne foi doit jouer dans les deux sens. De la même façon qu'on exige du bailleur de respecter la bonne foi et de ne pas tromper l'attente de son contractant, l'on exige du locataire de ne pas abuser de ses droits et d'observer ce que dispose la bonne foi sous-entendue dans les contrats. On risque de tomber dans de tels cas dans les baux perpétuels, fréquents sous l'empire de l'ancien droit et que le Code civil entend prohiber[1].

138. Dans les baux commerciaux, le même problème se pose mais avec une acuité toute particulière, puisque le bailleur se voit pratiquement privé de son droit de résilier le bail sauf dans certains cas définis précisés avec minutie par le législateur. La loi tunisienne du 25 mai 1977 renverse le jeu normal de la règle de résiliation du contrat de bail ; le principe devient exception et l'exception devient la règle. Le bailleur ne peut résilier son bail que dans certaines conditions énumérées à titre limitatif par la loi[2]. Hormis ces cas de refus légitime ou de reprise, le bailleur ne peut exercer son droit de résiliation du bail que moyennant une importante indemnité qui doit être allouée au preneur, dénommée indemnité d'éviction[3] et qui fait l'objet de discussions nourries en doctrine[4].

139. Toutes ces restrictions du droit du bailleur de résilier son bail ou de refuser son renouvellement, tendent à éviter un abus pouvant être commis par le

---

[1] F.- C. Dutilleul et DELEBECQUE, Ph., Contrats civils et commerciaux, éd. Dalloz 2004, p. 399, n° 463.

[2] Bien évidemment en cas de remplissage des conditions énumérées par l'article 1er de la loi du 25 mai 1977 dont la première concerne la durée du bail qui doit être supérieure à deux années consécutives.

[3] Art. L. 145-14 du Code de commerce (droit français) et article 7 de la loi du 25 mai 1977 (droit tunisien).

[4] Consulter à ce propos : M. De Juglart et B. Ippolito, Cours de droit commercial, acte de commerce, commerçant, fonds de commerce, effet de commerce, éd. Montchrestien 1995, p. 464, n° 194 ; HOUTCIEFF, D., Droit commercial, acte de commerce , commerçant, fonds de commerce, instruments de paiement et de crédit, éd. A. Colin 2005, p. 176, n° 430 et s ; J. Mestre et M.-E. Pancrazi, Droit commercial, droit interne et aspects de droit international, éd. LGDJ 2006, p. 518, n° 723. En droit tunisien voir surtout : LABASTIE-DAHDOUH, Ch. et DAHDOUH, H., Droit commercial, Volume 1, Introduction générale, actes de commerce et commerçants, les biens du commerçant, éd. IORT 2002, p. 454 ; A. Omrane, Le droit au bail, Etudes juridiques 1993-1994, p. 113, spéc. p. 118.

bailleur qui insiste sur la résiliation ou sur le non renouvellement uniquement pour nuire au commerçant preneur. Dans ce cas, le bailleur utilise une prérogative contractuelle d'une façon non conforme à la finalité pour laquelle elle est accordée. D'ailleurs, l'idée d'un statut spécial pour les baux commerciaux est née d'un souci de protéger le locataire commerçant des règles du droit commun permettant au bailleur de l'évincer à l'expiration de son contrat ou de refuser son renouvellement[1].

Afin de prouver sa bonne foi, celui-ci ne doit réclamer la reprise de son bail que dans les cas où la loi le permet, en respectant la procédure qu'elle édicte. Il ne suffit pas d'alléguer un motif légitime ; il faut encore observer la procédure prévue par la loi qui exige très souvent un préavis devant être adressé au locataire assorti d'un certain délai et qui tend à éviter la brusquerie.

A titre d'exemple, l'on peut citer quelques cas de refus légitime de renouvellement du bail, sans que le bailleur ne soit tenu de payer une indemnité d'éviction. Il est à signaler à cet égard que ces cas sont pratiquement les mêmes en droit tunisien qu'en droit français[2]. Le premier est celui de l'existence d'un motif grave et légitime de refus de renouvellement à l'encontre du locataire. C'est le cas surtout lorsque ce dernier ne paie pas les loyers et que le bailleur l'a dûment constaté[3]. Il s'agit là d'un refus de renouvellement, légitimé par la lutte contre un autre abus de jouissance émanant du locataire.

Le refus de renouvellement peut aussi être légitime en cas de violentes altercations envers le bailleur ou aux autres locataires de l'immeuble[4]. Il est également légitime en cas de défaut d'exploitation du fonds sans raison sérieuse et légitime.

Un cas similaire de refus a été confirmé par la Cour de cassation tunisienne qui a précisé qu'une fermeture du fonds pour une durée de six mois était suffisante pour mettre en œuvre ce cas de refus. Une telle période est suffisante aux yeux de la Cour pour faire perdre au fonds son élément essentiel qu'est la clientèle[5].

---

[1] F.- C Dutilleul et DELEBECQUE, Ph., Contrats civils et commerciaux, éd. Dalloz 2004, p. 345, n° 377. Les auteurs parlent de l'historique des baux commerciaux. La première loi était du 30 juin 1926, contraignant les bailleurs à verser une indemnité d'éviction si le refus de renouvellement du bail n'était pas fondé sur un motif légitime.

[2] Pour le droit tunisien voir surtout : A. Omrane, Le droit au bail, Etudes juridiques 1993-1994, p. 113. Cet auteur recense en analysant la relation entre propriété commerciale et propriété immobilière les cas de refus légitime et illégitime. LABASTIE-DAHDOUH, Ch. et DAHDOUH, H., Droit commercial, Volume 1, Introduction générale, actes de commerce et commerçants, les biens du commerçant, éd. IORT 2002, p. 453.

[3] L'article 21 de la loi du 25 mai 1977 exige de sommer le locataire et d'attendre un délai de trois mois à partir de la date de la sommation. En droit français il faut laisser passer un délai d'un mois à partir de la date de la mise en demeure (article L 145-17, I, 1° du code de commerce).

[4] B. Petit, Droit commercial, éd. Litec 2000, p. 90, n° 194.

[5] LABASTIE-DAHDOUH, Ch. et DAHDOUH, H., Droit commercial, Volume 1, Introduction générale, actes de commerce et commerçants, les biens du commerçant, éd. IORT 2002, p. 457. Ces auteurs citent une abondante jurisprudence tunisienne. Il y a surtout CA Tunis arrêt n° 24118 du 24 novembre 1964, RJL 1965, n°7, p. 91 ; Cass. civ (tn). n° 1841 du 6 décembre 1979, Bull.

La jurisprudence et la doctrine françaises exigent aussi l'exploitation effective du fonds de commerce. La cessation de l'exploitation du fonds sans raison sérieuse et légitime constitue un cas de refus légitime de renouvellement[1]. Pour certains auteurs, il ne s'agit pas, à proprement parler, d'un défaut de renouvellement, mais de l'absence de l'une des conditions nécessaires à l'application du statut des baux commerciaux[2].
Il est utile de signaler en ce sens une nouvelle jurisprudence de la Cour de cassation française relative à un cas de défaut de l'exploitation d'un fonds de commerce. Selon la Cour de cassation, le défaut d'exploitation du fonds de commerce n'ouvre pas systématiquement voie à la résiliation. Ce cas de résiliation doit être expressément prévu par le contrat. La Cour énonce que « l'obligation d'exploiter est une condition d'application du statut des baux commerciaux dont l'inexécution ne peut entraîner la résiliation du bail en l'absence d'une clause imposant l'exploitation effective et contenue du fonds dans les lieux loués »[3]. Cette solution ne fait pas l'unanimité car une décision antérieure avait souligné que l'obligation d'exploiter les lieux était sous-entendue[4]. La position de 2009 semble critiquable : d'abord, elle réduit à une peau de chagrin l'utilité de l'article 1184 du Code civil qui fait de la clause résolutoire existante dans tout contrat, même en l'absence d'une stipulation contractuelle la prévoyant. Ensuite, en se plaçant du côté de la bonne foi et de la loyauté, le locataire qui refuse de rendre le local alors qu'il ne l'exploite pas, commet un abus avéré de ses prérogatives contractuelles. Il prive le propriétaire de la reprise de son local d'une façon injuste.
La reprise est aussi exempte d'abus lorsqu'elle justifiée par le caractère insalubre et dangereux de l'immeuble, reconnu par l'administration ou si elle présente le risque de démolition. La reprise du local peut être également justifiée par l'habitation. Le bailleur procède, dans ce cas, à la reprise du local s'il décide de l'habiter lui-même ou d'en faire profiter son conjoint ou encore ses ascendants ou descendants. Dans d'autres cas, la reprise est possible, sauf que le bailleur doit payer une indemnité qui varie selon la situation[5].

1979, I, p. 114. Voir aussi sur ce point : A. Omrane, Le droit au bail, Etudes juridiques 1993-1994, p. 113, spéc. p. 126.

[1] P.-H. Brault, Le droit au renouvellement du preneur et l'exploitation effective du fonds de commerce, JCP, 1993, éd. E, I, 293.

[2] Y. Guyon, Droit des affaires, Tome 1, Droit commercial général et sociétés, éd. Economica 2003, p. 735, n° 679.

[3] Cass. 3e civ., 10 juin 2009 (deux espèces : n° 08-14.422, P+B et n° 07-18.618, P+B), RLDC 2009, n° 64, Résiliation du bail commercial pour défaut d'exploitation : la clause résolutoire s'impose.

[4] CA Orléans, Ch. éco. fin., 31 mai 2007, n° 6/3044, RJDA 2008, n°382.

[5] Pour le droit tunisien voir : LABASTIE-DAHDOUH, Ch. et DAHDOUH, H., Droit commercial, Volume 1, Introduction générale, actes de commerce et commerçants, les biens du commerçant, éd. IORT 2002, p. 462 ; A. Omrane, Le droit au bail, Etudes juridiques 1993-1994, p. 113, spéc. p. 127.

140. Dans tous ces cas, le législateur tente de concilier entre l'économique et le social[1]. Le législateur tend à éviter l'abus des deux côtés : concernant le bailleur, lorsqu'il insiste sur la reprise sans motif légitime et concernant le locataire, lorsqu'il insiste pour y rester sans payer le loyer ou sans l'exploiter, ou encore en manquant de respect envers le bailleur. Même en l'absence de ces dispositions légales, il est injuste d'expulser le locataire sans motif légitime après avoir investi de ses efforts et de son temps pour attirer une clientèle.
La bonne foi stigmatise ce comportement abusif ainsi que l'abus provenant du locataire qui insiste sur une prérogative lui étant accordée par la loi en dehors de sa finalité et loin de l'objectif qui lui a été dévolu par la loi. Le locataire et le bailleur comptent l'un et l'autre sur la bonne foi du partenaire qui est capable d'exclure tout abus du contenu du contrat.

141. En droit français, la lutte contre l'abus de résiliation du bail est plus acharnée qu'en droit tunisien. Le droit français fixe dès le départ une durée minimale du contrat de bail commercial, et ce, afin d'assurer la stabilité des relations contractuelles[2]. L'article L. 145-4 du Code de commerce précise que la durée du contrat ne peut être inférieure à neuf ans. Cette règle est atténuée par une faculté de donner congé à l'expiration de chaque période triennale. Le bailleur ne peut donner ce congé que dans les cas de reprise prévus par la loi, alors que le preneur peut sortir librement du contrat tous les trois ans, sauf clause contractuelle contraire exigeant la stabilité du preneur[3]. Une telle durée minimum n'est pas prévue par le droit tunisien sur les baux commerciaux. En effet, la durée du bail est libre sauf lorsqu'elle dépasse deux années consécutives ; elle accorde dans ce cas au locataire le droit au renouvellement[4] et la location est désormais soumise à la loi sur les baux commerciaux et non plus au droit commun[5].

Une clause contractuelle peut, elle aussi, être source d'abus dans le contrat, lorsqu'elle est utilisée avec mauvaise foi. C'est le cas par exemple de la clause de résolution du contrat.

---

[1] F.- C. Dutilleul et DELEBECQUE, Ph., Contrats civils et commerciaux, éd. Dalloz 2004, p. 441, n° 505. Cette idée est vérifiable même chez un auteur tunisien qui étudie le droit au bail comme le fruit d'une conciliation législative entre la propriété immobilière et la propriété commerciale. Voir sur ce point : A. Omrane, Le droit au bail, Etudes juridiques 1993-1994, p. 113, spéc. p. 127.
[2] B. Petit, Droit commercial, op. cit., p. 87, n° 188.
[3] B. Petit, op. cit., p. 88, n° 188 ; M. Pédamon, Droit commercial, commerçants et fonds de commerce, concurrence et contrats de commerce, éd. Dalloz 2000, p.260, n° 337.
[4] Article 1er de la loi du 25 mai 1977 sur les baux à usage commercial, industriel ou artisanal.
[5] A. Omrane, Le droit au bail, Etudes juridiques 1993-1994, p. 113, spéc. p. 126. Le locataire dont la location est inférieure à 2 ans ne bénéficie pas du statut des baux commerciaux. C'est souvent la position de la jurisprudence tunisienne (Cass. civ (tn), n° 11831 du 13 janvier 1977, RJL 1977, n° 10, p. 75 ; Cass. civ (tn), n° 852 du 21 juillet 1977, Bull. 1977, II, p. 87).

b – Abus et résolution du contrat

142. La résolution du contrat, c'est « l'anéantissement du contrat »[1] en cas de manquement fautif à son exécution[2]. C'est aussi « la mise à mort d'un contrat qui ne fonctionne plus »[3], sa dissolution[4]. La résolution est ainsi présentée comme une mesure grave puisqu'elle engendre la disparition du contrat. Elle n'est pourtant pas inéluctable puisque le contractant peut ne pas la choisir et réclamer l'exécution forcée du contrat. Elle est d'un autre côté judiciaire puisque « le juge vérifie que l'importance de l'inexécution justifie le prononcé d'une telle mesure »[5].
La résolution constitue, d'autre part, une sanction qui concerne exclusivement les contrats synallagmatiques et qui repose essentiellement sur l'interdépendance qui, dans ce genre de contrats, fait de l'engagement de chaque contractant la cause de l'engagement de l'autre[6].

143. En droit français, la résolution des contrats est régie par les dispositions de l'article 1184 du Code civil qui dispose que « la condition résolutoire est toujours sous entendue dans les contrats synallagmatiques, pour le cas où l'une des parties ne satisfera point à son engagement. Dans ce cas, le contrat n'est point résolu de plein droit. La partie envers laquelle l'engagement n'a point été exécuté, a le choix ou de forcer l'autre à l'exécution de la convention lorsqu'elle est possible, ou d'en demander la résolution avec dommages et intérêts. La résolution doit être demandée en justice, et il peut être accordé au bénéficiaire un délai selon les circonstances ». Cette formulation, restée inchangée depuis 1804, a suscité beaucoup d'engouement en doctrine et en jurisprudence[7].

144. En droit tunisien[8], la matière est régie par l'article 273 du Code des obligations et des contrats qui contient des dispositions similaires à l'article

---

[1] MALAURIE, Ph., AYNES, L. et STOFFEL-MUNCK, Ph., Les obligations, Defrénois 2005, p. 443, n° 872.
[2] CARBONNIER, J., Droit civil, les obligations t4, éd. PUF 2000, n° 185, p. 339.
[3] TALLON, D., L'article 1184 du Code civil : un texte à rénover ? *In* Clés pour le siècle, Dalloz 2000, p. 253, spéc. p. 255.
[4] ZINE, M., Théorie générale des obligations, 1 – Le contrat, éd. 1997, p. 317, n° 393.
[5] TERRE, F., SIMLER, Ph. et LEQUETTE, Y., Doit civil, les obligations, éd. Dalloz 2005, n° 642, p. 631.
[6] CARBONNIER, J., op. cit., n° 185, p. 339.
[7] Consulter à ce propos : TALLON, D., L'article 1184 du code civil : un texte à rénover ? *In* Clés pour le siècle, Dalloz 2000, p. 253 qui réclame la refonte de l'article 1184 ; E. Pancrazi-Tian, La protection judiciaire du lien contractuel, éd. PUAM 1996 ; B. Teyssié, Les clauses de résiliation et de résolution, Cahiers du droit de l'entreprise 1975, 1, p. 13 ; PICOD, Y., La clause résolutoire et la règle morale, JCP 1990, I, 3447 ; F. Osman, Le pouvoir modérateur du juge dans la mise en œuvre de la clause résolutoire de plein droit, Defrénois 1993, p. 65.
[8] Voir sur ce point surtout : ZINE, M., Théorie générale des obligations, 1 – Le contrat, éd. 1997, p. 317, n° 393 ; MAHFOUD, M., Théorie générale des obligations, Acte unilatéral, Contrat et

1184 *in fine* du Code civil. Le premier alinéa de l'article 1184 n'a pas de similaire en droit tunisien[1]. L'article 273, longtemps placé dans les gouffres de l'oubli, a récemment été revigoré par une nouvelle interprétation faite par la Cour de cassation, et qui a fait remuer la doctrine tunisienne[2].
Quelle que soit la situation, en droit français ou en droit tunisien, chaque contractant détient une prérogative contractuelle expresse ou implicite lui permettant de demander au juge de résoudre le contrat dont il fait partie et ce, en cas d'inexécution du contrat.

145. Le problème ayant posé de nombreuses questions en droit français, est celui de la clause résolutoire expresse qui est très souvent insérée dans les contrats[3]. Cette clause peut être définie comme étant « la stipulation du contrat en vertu de laquelle celui-ci sera résolu de plein droit, avec ou sans sommation, en cas d'inexécution »[4]. Lorsqu'elle est insérée dans le contrat, elle devient expresse par rapport à celle sous-entendue dans le contrat conformément à l'article 1184 *in limine* du Code civil. L'insistance sur l'introduction expresse de cette clause dans le contenu explicite du contrat a, selon certains auteurs, un effet surtout comminatoire[5] ; elle ne fait que rappeler aux parties la sanction qu'elles encourent en cas de défaillance. La chambre des requêtes a confirmé cette analyse : « la résolution du contrat ne s'opère pas de plein droit et doit être prononcée par justice, s'applique quand cette condition résolutoire a été expressément prévue, comme lorsqu'elle a été sous-entendue »[6].

146. La question prend une autre tournure lorsque la clause résolutoire joue de plein droit. Les parties stipulent que leur contrat, en cas de manquement de l'une d'elles à ses obligations, sera résolu de plein droit. Une telle clause aura essentiellement pour effet d'ôter aux tribunaux tout pouvoir de contrôle sur la mise en œuvre de la résolution. En résultat à l'insertion de la clause résolutoire de plein droit, le juge est dispensé de tout contrôle, et le recours au juge est

---

Responsabilité civile, Publications du Centre d'études Juridiques et Judiciaires, éd. Orbis 2008, p. 101, n° 132 ; CABRILLAC, R. et BEN FADHEL, O., Introduction au droit des affaires. Abrégé de droit tunisien des obligations contractuelles, éd. CPU 2006, p. 244, n°296.

[1] Voir sur ce point : ZINE, M., Théorie générale des obligations, 1 – Le contrat, éd. 1997, p. 321, n° 398-1.

[2] BEN AMMOU, N.,note sous Cass. Civ. n° 35350, du 29 février 1996 RTD 1996, p. 267. Voir aussi : MAHFOUD, M., L'extinction du contrat pour impossibilité d'exécution (en droit tunisien), Etudes juridiques 2001, p. 167.

[3] Consulter sur ce point surtout : B. Teyssié, Les clauses de résiliation et de résolution, Cahiers du droit de l'entreprise 1975, 1, p. 13 ; PICOD, Y., La clause résolutoire et la règle morale, JCP 1990, I, 3447 ; F. Osman, Le pouvoir modérateur du juge dans la mise en œuvre de la clause résolutoire de plein droit, Defrénois 1993, p. 65.

[4] F. Osman, Le pouvoir modérateur du juge dans la mise en œuvre de la clause résolutoire de plein droit, Defrénois 1993, p. 65.

[5] F. Osman, art. cit., p. 66.

[6] Cass. Req. 3 mai 1937, D. H. 1937, p. 364.

même écarté[1]. « Le rôle du juge en sort singulièrement réduit ; il ne lui appartient plus de rechercher si la gravité de la défaillance justifie ou non le prononcé de la résolution »[2].

147. La clause de résolution de plein droit est valable car, comme l'a affirmé Jean Carbonnier, « le caractère judiciaire de la résolution n'est pas d'ordre public »[3]. Par conséquent, est valable la clause qui écarte tout contrôle du juge sur la mise en œuvre d'une telle clause. La validité d'une telle clause est confirmée à plusieurs reprises par la jurisprudence française[4]. En outre la clause résolutoire s'impose au juge[5]. Cependant, l'absence de contrôle du juge sur la mise en œuvre de la clause de résolution de plein droit, peut laisser une plus grande marge à l'abus dans la mise en œuvre de cette prérogative contractuelle. En droit tunisien, la clause résolutoire[6] est valable. L'article 274 du Code des obligations et des contrats l'admet expressément en disposant : « si les parties sont convenues que le contrat sera résolu dans les cas où elles n'accomplirait pas ses engagements, la résolution de contrat s'opère de plein droit par le seul fait de l'inexécution ». Une frange de la doctrine tunisienne déduit de cet article que la clause résolutoire « s'impose au juge qui ne peut se refuser à l'appliquer, aussi rigoureuse qu'elle puisse paraître, la seule limite étant l'exécution de bonne foi des conventions »[7]. De même, elle ôte au juge, selon une autre partie de la doctrine tunisienne[8], le droit de contrôle. Il n'a qu'à déclarer la résolution[9]. Dans l'objectif de remédier à la rigueur avec laquelle s'applique la clause résolutoire, la jurisprudence s'ingénie afin d'étendre ou de reprendre son contrôle sur la mise en œuvre de la clause résolutoire de plein droit, ne serait-ce indirectement ou par le biais de plusieurs détours.

1 MALAURIE, Ph., AYNES, L. et STOFFEL-MUNCK, Ph., Les obligations, op. cit., p 456, n° 888.
2 TERRE, F., SIMLER, Ph. et LEQUETTE, Y., Doit civil, les obligations, éd. Dalloz 2005, n° 662, p. 652.
3 CARBONNIER, J., op. cit., n° 188, p. 343. Cette convention est admise même en droit tunisien. Voir sur ce point : ZINE, M., Théorie générale des obligations, 1 – Le contrat, éd. 1997, p. 324, n° 400.
4 Cass. Com. 23 janvier 1968, RTD civ. 1969, p. 136, obs. G. Durry ; Cass. Civ. 1re, 25 novembre 1986, Bull. civ. I, n° 279 ; Cass. Com. 14 décembre 2004, contrats, conc., consom. 2005, n° 61, obs. L. Leveneur.
5 CABRILLAC, R. et BEN FADHEL, O., Introduction au droit des affaires. Abrégé de droit tunisien des obligations contractuelles, éd. CPU 2006, p. 246, n°297.
6 MAHFOUD, M., Théorie générale de l'obligation, L'acte unilatéral, le contrat et la responsabilité civile, publications CEJJ, éd. Orbis 2008, p. 94, n° 120.
7 CABRILLAC, R. et BEN FADHEL, O., Introduction au droit des affaires. Abrégé de droit tunisien des obligations contractuelles, éd. CPU 2006, p. 246, n°297.
8 ZINE, M., Théorie générale des obligations, 1 – Le contrat, éd. Tunis 1997, p. 324, n° 400.
9 ZINE, M., Théorie générale des obligations, 1 – Le contrat, éd. Tunis 1997, p. 324, n° 400.

148. Ce pouvoir de contrôle est très souvent subreptice[1]. Il est admis en cas de contestation de l'inexécution ou de remplissage des conditions posées[2], ou encore à l'occasion de son interprétation. L'ambiguïté de la clause de résolution peut permettre au juge de retrouver le pouvoir d'appréciation ou de contrôle que les parties veulent lui ôter[3]. Le contrôle est plus facile lorsque la clause résolutoire exige l'envoi d'un commandement ou d'une sommation. Le juge prend le contrôle de régularité de la sommation comme alibi afin d'étendre son contrôle sur la mise en œuvre de la clause de résolution de plein droit et neutralise parfois son jeu[4].

149. La jurisprudence contrôle aussi la clause de résolution de plein droit en cas de mauvaise foi du créancier ; tel est le cas d'un arrêt rendu par la Cour de cassation en date du 31 janvier 1995 où ladite Cour a affirmé qu'« une clause résolutoire n'est pas acquise si elle a été mise en œuvre de mauvaise foi par le créancier »[5]. Tel est le cas lorsque le créancier adresse une sommation au débiteur pendant les vacances tout en lui impartissant un court délai pour effectuer des travaux[6]. Dans une autre espèce, la Cour de cassation avait invité les juges à caractériser l'abus de résiliation[7].
D'une façon générale, le contractant qui détient cette clause résolutoire doit l'utiliser avec modération et strictement dans le cadre de sa finalité prévue par la loi. Tout abus peut gripper son automatisme.

150. Implicitement, cette clause existe dans tout contrat, comme l'affirme l'article 1184 et implicitement, cette clause doit aussi être utilisée de bonne foi, c'est-à-dire avec modération, sans excès ni abus. Le créancier doit la mettre en œuvre loyalement. Le juge doit, comme l'a, à juste titre prévu un auteur, « sanctionner les attitudes les plus déloyales, c'est-à-dire celles qui heurtent avec une particulière évidence de la règle morale »[8] ou « exactement à la bonne foi définie par opposition au dol, à la fraude ou à l'abus de droit de créance contractuelle »[9]. Le contractant n'est pas de bonne foi et son comportement est abusif quand il met en œuvre la clause résolutoire pour un manquement anodin. Un auteur a précisé : « le créancier commet une suprême injustice en usant de son droit avec la dernière rigueur »[10]. D'autres ont soutenu l'idée que la clause

---

[1] LAITHIER, Y.-M., Etude comparative des sanctions de l'inexécution du contrat, thèse Paris I, 2002, n° 170, p. 267.
[2] Cass. Civ. 16 décembre 1986, Bull. civ. I, n° 305.
[3] PICOD, Y., La clause résolutoire et la règle morale, JCP 1990, I, 3447, n° 7.
[4] F. Osman, art. cit., p. 67.
[5] Cass. Civ. 31 janvier 1995, Bull. civ. I, n° 57; D., 1995, p. 389, note Ch. Jamin.
[6] Cass. Civ. 3e, 21 juin 1971, revue loyers 1971, p. 495 et s.
[7] Cass. Civ. 1re, 21 janvier 1997, Defrénois 1997, art. 36591, n° 83, obs. D. Mazeaud.
[8] PICOD, Y., La clause résolutoire et la règle morale, JCP 1990, I, 3447, n° 3.
[9] *Ibidem.*
[10] G. Ripert, La règle morale dans les obligations civiles, LGDJ 1949, n°85, p. 152.

de résolution du contrat ne pourrait être mise en œuvre en cas d'une inexécution minime du contrat ou en cas d'inexécution d'une obligation accessoire[1].
Une frange de la doctrine tunisienne, sans admettre explicitement cette distinction entre inexécution mineure et majeure, souligne que la bonne foi doit être présentée comme une limite à la mise en œuvre de la clause résolutoire du contrat[2].
La Cour de cassation tunisienne a, elle aussi, adopté une position similaire lorsqu'elle avait mis échec à l'application d'une clause résolutoire du fait que le manquement du débiteur était minime[3].

151. Cette idée a été décriée par une autre partie de la doctrine puisqu'elle invoque des questions supplémentaires de la détermination de l'inexécution minime et de l'obligation secondaire ou accessoire[4]. D'un autre côté, le créancier, pour qu'il évite l'abus dans la mise en œuvre de la clause résolutoire, doit prendre en compte l'effort déployé par son débiteur et l'attitude qu'il a poursuivie. La bonne foi du débiteur fautif, ainsi que sa diligence, sa bonne volonté sont des raisons de nature à « gripper le mécanisme a priori automatique de la clause résolutoire »[5]. La bonne foi du débiteur est classée selon certains auteurs parmi les limites au jeu de la clause résolutoire[6].

---

[1] Consulter : PICOD, Y., Le devoir de loyauté dans l'exécution du contrat, LGDJ 1989, n° 144, p 167 qui précise que la loyauté infléchit le droit du créancier de demander l'exécution intégrale du contrat ; Du même auteur, La clause résolutoire et la règle morale, JCP 1990, I, 3447 qui cite certains arrêts de la Cour de cassation dans lesquels elle a constaté que le débiteur ayant satisfait aux dispositions essentielles du contrat, le créancier ne pouvait pas se prévaloir de bonne foi de la clause résolutoire pour sanctionner un manquement d'importance mineure (Cass. Civ. 14 mars 1956, D. 1956, p. 449, note J.V ; Cass. Civ., 3e, 6 juin 1984 Bull. civ. III, n° 111, p. 88 ; JCP 1984, IV, 260).

[2] CABRILLAC, R. et BEN FADHEL, O., Introduction au droit des affaires. Abrégé de droit tunisien des obligations contractuelles, éd. CPU 2006, p. 246, n°297.

[3] Cass. Civ. n° 6517 du 7 février 1983, Bull. 1983, tome I, p. 262. « L'ouverture d'une fenêtre dans le local loué alors que le contrat interdisait au preneur de faire des travaux ne constitue qu'une violation mineure de cette interdiction ne pouvant pas engendrer la résolution du contrat ». Voir aussi, HAMMOUDA, M., De l'exécution de l'obligation avec loyauté *In* Mélanges S. Ben Halima, éd. CPU 2005, p. 1031 spéc. p. 1095 où il précise qu'une telle position est conforme aux exigences de la bonne foi dans les contrats.

[4] LAITHIER, Y.-M., Etude comparative des sanctions de l'inexécution du contrat, thèse Paris I, 2002, n° 176, p. 277 ; TALLON, D., L'article 1184 du code civil : un texte à rénover ? *In* Clés pour le siècle, Dalloz 2000, p. 253, spéc. p. 262 qui critique sur ce point la solution choisie par la convention internationale de vente de marchandises de 1980 et les règles de l'Unidroit.

[5] LAITHIER, Y.-M., Etude comparative des sanctions de l'inexécution du contrat, op. cit., n° 173, p. 272.

[6] MESTRE, J., De quelques limites au jeu des clauses résolutoires, RTD civ. 1988, p. 121. L'auteur précise au vu de certains arrêts de la Cour de cassation qu' « il est permis de penser qu'une certaine bonne foi du débiteur n'est plus à présent indifférente dans l'esprit des magistrats » (p. 122).

152. En droit tunisien, la question de la clause implicite de résolution ne se pose pas avec la même acuité qu'en droit français. Seuls les articles 870 et 871 enregistrent une exception à cette règle. Dans ces articles, « la condition résolutoire est toujours sous-entendue dans les contrats de louage d'ouvrage pour le cas où l'une des parties ne satisfait point son engagement »[1].
Face à cette reconnaissance exceptionnelle de la clause résolutoire implicite par le législateur tunisien, les tribunaux se sont penchés sur la résolution en général. Dans ce cadre, la jurisprudence tunisienne a récemment revu ses anciennes positions relatives à l'interprétation de l'article 273 du Code des obligations et des contrats[2]. Avant ce revirement jurisprudentiel[3] substantiel[4], les tribunaux analysaient la résolution comme étant le dernier refuge en cas d'impossibilité d'exécution du contrat. Une telle position comme l'a rappelé la Cour de cassation, était basée sur « une interprétation non fondée voire même erronée des dispositions de l'article 273 du C.o.c »[5].

153. La position des tribunaux tunisiens était statique et ferme ; avant de passer à la résolution, il fallait tenter l'exécution et apporter la preuve de l'impossibilité de celle-ci. La Cour de cassation elle-même poursuivait depuis longtemps cette démarche[6] au point que cette position, qui faisait selon certains auteurs, partie du droit positif tunisien, a été approuvée par la majorité de la doctrine tunisienne[7]. L'ancienne position, même si elle était non conforme à l'article 273, favorisait mieux le maintien du lien contractuel ; le contrat n'était dissout qu'en dernier lieu, après avoir épuisé toutes ses tentatives de sauvetage.

154. Cette solution se trouvait en harmonie avec une évolution enregistrée en droit des contrats[8] favorisant le maintien du lien contractuel[9]. L'ancienne interprétation, en dépit de ses mérites, a été rejetée par les chambres réunies de

---

[1] CABRILLAC, R. et BEN FADHEL, O., Introduction au droit des affaires. Abrégé de droit tunisien des obligations contractuelles, éd. CPU 2006, p. 245, n°296.
[2] Cass. Civ (tn). Ch. réunies, n° 35350 du 29 février 1996, RTD 1996, p. 267, note N. Ben Ammou.
[3] BEN AMMOU, N.,note préci. p. 276 ; voir aussi pour le même auteur : Les revirements de la jurisprudence, *In* Mélanges S. Ben Halima, éd. CPU 2005, p. 95.
[4] ZINE, M., Théorie générale des obligations, 1 – Le contrat, Tunis 1997, p. 322, n° 399-1.
[5] Cass. Civ (tn). Ch. réunies, n° 35350 du 29 février 1996 précité.
[6] BEN AMMOU, N.,note préci. p. 276 qui précise que cette position était établie depuis 1959 et cite à cet effet certains arrêts.
[7] BEN AMMOU, N.,note préci. p. 277 qui cite à cet égard certains auteurs tunisiens qui ont adopté l'ancienne interprétation de l'article 273 du C.o.c spécialement ZINE, M., Théorie générale des obligations, 1 – Le contrat, Tunis 1997, p. 319, n° 397 ; M. Cheffaï, La demeure du débiteur dans l'exécution du contrat en droit tunisien, thèse, faculté de droit et des sciences politiques de Tunis, 1984, p. 178.
[8] Ben Ammou, note préci. p. 285.
[9] Cette tendance est encore plus affirmée en droit français qu'en droit tunisien. Pour le droit français, voir notamment : M.-E. Pancrazi-Tian, La protection judiciaire du lien contractuel, éd. PUAM 1996.

la Cour de cassation, favorisant désormais l'intérêt du créancier au détriment de celui du maintien du contrat.

155. Cette position, première en jurisprudence tunisienne, est fondée sur une interprétation littérale de l'article 273 du C.o.c dont les termes accordent au créancier le choix entre la résolution ou l'exécution forcée du contrat. Cette interprétation, non approuvée par une frange de la doctrine tunisienne[1], est contraire à l'esprit du législateur. Le texte de l'article 273 du C.o.c correspondait à l'article 300 dans l'avant-projet du Code civil et commercial tunisien qui avait quasiment la même formulation que l'article 1184 du Code civil français, avant que certaines dispositions ne soient supprimées lors de la promulgation ; il a ainsi obtenu sa configuration actuelle. Ce qui a été supprimé concernait essentiellement le choix du créancier entre la résolution et la tentative de l'exécution forcée. L'article 273, selon certains, doit être interprété au vu de son évolution ou exactement à la lumière de cette comparaison entre ce qu'il était à l'avant-projet et ce qu'il est actuellement dans le Code[2].
Cette interprétation, pour logique qu'elle soit, n'est pas de nature à écarter définitivement l'interprétation donnée par les chambres réunies dans l'arrêt de 1996. Celles-ci avaient fondé leur position sur une interprétation littérale des termes de l'article 273 qui prêtent sans équivoque à déduire que le créancier détient la faculté de choisir de son propre chef l'une des deux solutions qui lui sont offertes par le législateur : résoudre ou demander l'exécution forcée du contrat. Une telle interprétation, même si elle n'est pas conforme, avec la nouvelle tendance en droit des contrats ou certaines réclamations doctrinales, elle est juridiquement soutenable.

156. La Cour de cassation, dans ce même arrêt, avait évoqué une autre question relative à l'importance de l'inexécution, ouvrant ainsi la voie à la résolution. En d'autres termes, la résolution peut-elle être demandée pour un manquement à une obligation secondaire ou accessoire ? Aux yeux de la Cour de cassation, la résolution « lorsque le débiteur manque surtout à une obligation essentielle, le créancier est protégé par divers moyens. Il peut mettre en œuvre son droit à l'exception d'inexécution conformément aux articles 246-247 du c.o.c comme il détient le droit de résoudre le contrat[3]».
Cet attendu de l'arrêt permet de déduire, dans une lecture *a contrario*, que le manquement ou l'inexécution d'une obligation accessoire n'ouvre la voie pour le créancier ni à la possibilité de mettre en œuvre la technique de l'exception d'inexécution ni à celle de la résolution. Une distinction est établie par la Cour entre obligation essentielle et obligation accessoire. Ladite distinction, en plus

[1] BEN AMMOU, N.,note préci. p. 283, n° 16.
[2] *Ibidem.*
[3] Arrêt des chambres réunies (tn) de 1996.

d'être factice selon certains auteurs[1], est dangereuse[2] puisqu'elle facilite la résolution.

157. Aux antipodes de cette idée, l'on peut soutenir que cette distinction, même si elle comporte de grandes difficultés de départir entre essentiel et secondaire parmi les obligations, apparaît en conformité avec ce que réclament certains auteurs et avec certaines positions adoptées dans la jurisprudence française. La Cour de cassation française a précisé à maintes reprises que le créancier ne pouvait se prévaloir de la clause résolutoire pour sanctionner un manquement d'importance mineure[3]. Une telle idée n'a aucun fondement dans l'article 1184 du Code civil, mais elle est fondée sur l'obligation de bonne foi dans les contrats, qui interdit de se prévaloir d'une prérogative contractuelle aussi périlleuse que la résolution pour un manquement insignifiant à l'exécution du contrat. Les chambres réunies de la Cour de cassation tunisienne n'ont pas explicité le fondement d'un tel attendu. Ce dernier réside certainement dans la bonne foi dont parle l'article 243 du Code des obligations et des contrats.

158. Un élément paraît important dans cette espèce examinée par les chambres réunies : l'acheteur n'est qu'une personne de droit public, en l'occurrence la commune de La Marsa, avec tout ce que cela peut signifier de prérogatives exorbitantes et d'inégalité entre les parties. La Cour de cassation tunisienne, lorsqu'elle s'ingénie à défendre les intérêts du vendeur, partie objectivement forte dans le contrat mais qui ne l'est pas dans l'espèce, ne cherche-t-elle pas en réalité la protection de la partie faible dans un tel rapport ? Une personne de droit privé est toujours la partie faible devant une personne de droit public, elle mérite donc une protection. Une telle quête de protection a exigé un revirement de la jurisprudence. L'arrêt de la Cour de cassation paraît être casuistique et ne convient qu'à l'espèce en cause, ce qui empêche de le généraliser et d'en tirer trop de leçons. Cet arrêt de la Cour de cassation, par son originalité, nous rappelle un autre arrêt dont l'adoption a produit un tollé en doctrine et jurisprudence tunisiennes. C'est l'arrêt du 11 mars 1980[4]. La position adoptée dans cet arrêt, même si elle a eu beaucoup d'engouement et a été vivement critiquée, n'a pas été généralisée. Elle demeure toujours une position insolite des tribunaux tunisiens. Le même sort sera peut être réservé à l'interprétation de l'article 273 du C.o.c même si l'arrêt provient en l'occurrence des chambres réunies, dont l'avis est contraignant pour les juges de fond.

---

[1] BEN AMMOU, N.,note préci. 294.

[2] *Ibidem.*

[3] Cass. Civ. 14 mars 1956, D. 1956, p. 449, note J.V ; Cass. Civ., 3e, 6 juin 1984 Bull. civ. III, n° 111, p. 88 ; JCP 1984, IV, 260.

[4] Cass. civ. n° 3784, 11 mars 1980, RJL. 1980, p. 127 ; RTD 1980, p. 247. Voir aussi : MELLOUI, S., Le juge et l'équité. Réflexions sur le recours à l'équité par le juge en droit privé interne, RTD 1983, p. 507. L'auteur fait le commentaire de l'arrêt 1981 à la page 527 du même article.

159. Le législateur tunisien n'est pas, non plus, loin de ce mouvement et de cette nouvelle tendance du droit des contrats qui réfute la brusquerie et qui lutte contre les abus dans les rapports contractuels. A titre d'exemple, il a précisé à travers la loi du 26 février 1990[1], relative à la vente d'immeubles à construire, que la clause résolutoire dans un contrat de vente d'un immeuble à construire ne pouvait être mise en œuvre qu'en cas de non payement de deux échéances du prix et après avoir adressé à l'acquéreur une mise en demeure assortie d'un délai de deux mois restée infructueuse[2]. Le législateur tend par ces dispositions « à éviter le recours intempestif du promoteur immobilier à cette clause »[3]. Le législateur ne fait dans lesdites dispositions que fermer la porte à un abus éventuel d'une prérogative contractuelle.

160. Il s'avère ainsi que la clause résolutoire ou la résolution du contrat, comme toutes les autres prérogatives contractuelles, doit être utilisée sans abus et sans mauvaise foi. Elle ne doit être utilisée strictement en vue de servir sa finalité exacte sans aucun dévoiement ou dépassement qui serait implicitement exclu du contrat, car tout contractant compte sur la bonne foi de son partenaire qui est capable d'assurer une exécution paisible du contrat sans heurt ni accroc. Pour démontrer sa bonne foi et s'éloigner de tout abus pouvant entacher son action, le créancier, même si la clause ne le prévoit pas, doit adresser au débiteur une mise en demeure ou une sommation lui précisant les obligations auxquelles il a manqué et l'invitant à y remédier dans un délai imparti.
L'abus de prérogative contractuelle ne se limite pas aux clauses tendant à mettre fin au contrat. Il dépasse ce stade pour en toucher d'autres ayant une fonction comminatoire.

B – Les clauses à but comminatoire

161. Les clauses comminatoires, ou à but comminatoire, sont celles qui tendent à faire pression sur le contractant en le poussant à exécuter ses obligations et, en cas de manquement ou de défaillance, à le sanctionner. Se pose ainsi d'emblée la question des indemnités moratoires ou de retard, ainsi que la clause pénale. Quant à l'astreinte, elle est judiciaire et de ce fait, elle dépasse le cadre de cette étude. En droit tunisien, mais aussi en droit français ou encore en droit comparé, ce qui a posé le plus de problèmes, c'est la clause pénale[4] qui a fait l'objet de

---

[1] JORT n° 17 du 6 mars 1990, p. 319.
[2] REBAÏ, A., La vente d'immeuble à construire en droit tunisien, éd. LGDJ 2003.
[3] REBAÏ, A., Le principe de proportionnalité et le droit de la consommation *In* Mélanges S. Ben Halima, éd. CPU 2005, p. 969, spéc. n° 27, p. 989. Voir aussi : REBAÏ, A., La vente d'immeuble à construire en droit tunisien, éd. LGDJ 2003.
[4] Voir pour le droit tunisien surtout : ZINE, M., Théorie générale des obligations, 1 – Le contrat, éd. Tunis 1997, p. 310, n° 387.

plusieurs arrêts de la Cour de cassation tunisienne dont un est celui des chambres réunies[1].

162. Mme Fabre-Magnan précise que la clause pénale est « la clause par laquelle les contractants déterminent eux-mêmes forfaitairement le montant de l'indemnité qui sera due pour compenser le préjudice subi par le créancier du fait de l'inexécution »[2]. Une définition quasiment identique se retrouve chez Mohamed Zine qui analyse la clause pénale comme « une somme d'argent convenue entre les parties lors de la conclusion du contrat en vue de réparer un éventuel préjudice causé par une inexécution ou une exécution tardive »[3].
C'est une hypothèse où le montant des dommages et intérêts dus par le débiteur est fixé d'avance par les parties contractantes en contrepartie d'un préjudice causé au créancier. Elle évite toute discussion sur le montant de l'indemnité due[4]. La seule inexécution suffit à la mettre en œuvre sans qu'il importe de rechercher le préjudice réellement subi ou la faute commise par le débiteur[5].

163. La clause pénale comporte un caractère comminatoire du fait qu'elle incite le contractant, surtout lorsqu'elle est supérieure au préjudice subi par le créancier, à exécuter spontanément ses obligations[6].
M. Denis Mazeaud souligne dans ce sens : « la menace précise et circonstanciée émanant de la clause provoque, chez la débiteur, une crainte qui le conduit à honorer ponctuellement et parfaitement ses engagements »[7]. La clause pénale apparaît comme une « arme dissuasive»[8]ou comme « un procédé de contrainte à l'exécution, une technique de prévention de l'inexécution »[9]. La doctrine

---

[1] En fait, la Cour de cassation tunisienne a réuni toutes ses chambres au moins une fois pour statuer sur une affaire relative à la clause pénale. C'était en 1975. Un autre arrêt récent rendu en 1994 a provoqué un grand retentissement. Ces deux arrêts ont été commentés par la doctrine tunisienne et seront débattus au sein de ce paragraphe.
[2] FABRE-MAGNAN, M., Les obligations, éd. PUF 2004, n° 220, p. 590.
[3] ZINE, M., Théorie générale des obligations, 1 – Le contrat, éd. Tunis 1997, p. 310, n° 387. Voir aussi en droit tunisien la définition avancée par une autre frange de la doctrine qui souligne que la clause pénale est « la stipulation par laquelle les parties fixent forfaitairement les dommages et intérêts dus en cas d'inexécution du contrat » (CABRILLAC, R. et BEN FADHEL, O., Introduction au droit des affaires, Abrégé de droit tunisien des obligations contractuelles, éd. CPU 2006, p. 238, n° 290).
[4] SERIAUX, A., Manuel de droit des obligations, éd. PUF 2006, n°72, p. 80.
[5] *Ibidem.*
[6] MALAURIE, Ph., AYNES, L. et STOFFEL-MUNCK, Ph., Les obligations, 2e éd., Defrénois 2005, p529, n°989 ; MAZEAUD, D., La notion de clause pénale, LGDJ 1992, n° 92 et s, p. 61 et s ; CABRILLAC, R. et BEN FADHEL, O., Introduction au droit des affaires, Abrégé de droit tunisien des obligations contractuelles, éd. CPU 2006, p. 238-239, n°290.
[7] MAZEAUD, D., La notion de clause pénale, op. cit., n° 92, p. 62.
[8] M. Vasseur, note sous Paris 5 janvier 1977, D. 1977, p. 262, spéc. p. 265.
[9] MAZEAUD, D., op. cit., n° 93, p. 62 qui précise aussi que ce caractère comminatoire de la clause pénale a été vivement critiqué par la doctrine, « ces attaques ont été menées sur plusieurs

française souligne un double aspect de la clause pénale. Elle est en même temps comminatoire et réparatrice[1].

164. Cette clause pose un problème dans deux sens contraires. Elle peut être largement supérieure à tout préjudice possible, ce qui fait d'elle un instrument de pression[2]. A l'inverse, il arrive qu'elle soit délibérément trop faible : elle est alors considérée comme le moyen de sortir du contrat aux moindres frais tel un dédit[3]. Une telle clause s'avère ainsi abusive ou pouvant générer un abus puisqu'elle est appliquée arbitrairement et sans proportionnalité selon la faute du débiteur ou l'étendue de l'inexécution.

165. La révision de la clause pénale a très souvent été associée à la question de l'imprévision même si aucun point ne lie les deux questions excepté l'empêchement commun de leur consécration, tout de moins en droit tunisien, qui est le principe de l'intangibilité des conventions[4]. L'intangibilité ou le principe de l'autonomie de la volonté empêche le juge de modifier une clause pénale, fût-elle très excessive, ou de modifier un contrat bouleversé par un événement imprévu. Certains auteurs tunisiens ont traité la question de la révision de la clause pénale en même temps que la révision pour imprévision[5].

166. Influencé selon certains auteurs par le droit musulman[6], le législateur tunisien n'a pas réglementé ni même défini la clause pénale et ce, contrairement à son homologue français qui lui, a réservé l'article 1152 du Code civil. Cette indifférence à l'égard de cette clause rappelle celle de l'imprévision. Le point commun entre ces deux techniques est que leur concrétisation requiert une intervention du juge dans le contrat, ce que le législateur tunisien n'admettait pas jusqu'à présent.

167. Pour ce qui est des législateurs arabes, certains d'entre eux ont prévu des dispositions régissant la clause pénale. C'est ainsi que le législateur égyptien l'a traitée à travers les articles 223 et suivants du Code civil égyptien. Il en est de même pour le législateur des Emirats Arabes Unis où l'article 390 du Code civil

---

fronts, mais aucune, nous semble-t-il, n'a porté un coup fatal à ce trait spécifique de notre institution », p. 71, n° 121.

[1] Voir à cet égard : DELEBECQUE, Ph., et PANSIER, F.-J., Droit des obligations, Contrat et quasi-contrat, éd. Litec 2006, p.258, n° 511 ; FAGES, B., Droit des obligations, éd. LGDJ 2007, p. 303, n° 400. Cette double analyse est aussi confirmée en droit tunisien où la clause pénale peut épouser les deux formes. Voir sur ce point : ZINE, M., Théorie générale des obligations, 1 – Le contrat, éd. Tunis 1997, p. 310, n° 387-1.

[2] CARBONNIER, J., Droit civil, tome 4, les obligations, éd. PUF 2000, n° 178, p. 330.

[3] *Ibidem.*

[4] MALAURIE, Ph., AYNES, L. et STOFFEL-MUNCK, Ph., op. cit., p. 530, n° 990.

[5] MAHFOUD, M., Théorie générale de l'obligation, L'acte unilatéral, le contrat et la responsabilité civile, publications CEJJ, éd. Orbis 2008, p. 138-139, n° 188.

[6] ZINE, M., Théorie générale des obligations, 1 – Le contrat, éd. Tunis 1997, p. 310, n° 387.

Emirats définit la clause pénale et accorde au juge la possibilité de la modifier[1]. La remarque qui s'impose à cet égard est que ces législations arabes insistent sur le caractère de réparation de la clause pénale plus que sur son caractère comminatoire.

168. La question de la révision de la clause pénale est posée en Tunisie depuis longtemps devant les tribunaux, mais ces derniers se retranchent toujours derrière le principe de l'autonomie de la volonté pour refuser toute modification du montant de la réparation fixée par les parties, fût-elle manifestement injuste et disproportionnée. L'article 242 du c.o.c est toujours présenté comme un feu vert accordé aux parties pour tout faire dans leur accord sans restriction aucune et sans que le juge ne puisse y remédier[2].

169. La Cour de cassation tunisienne avait confirmé sa position hostile à la révision de la clause pénale à plusieurs reprises. Les faits étaient dissemblables mais la position était statique et inflexible. La Cour de cassation tunisienne, afin de trancher sur une hésitation qui faisait chanceler les juges de fond, avait réaffirmé la position avec ces chambres réunies[3]. Les termes de la Cour de cassation dans ledit arrêt étaient clairs et sans équivoque : « attendu que pareille clause ne touche ni à l'ordre public ni aux bonnes mœurs ; qu'elle ne viole pas la loi d'où il sied de conclure que le tribunal n'a pas le droit d'augmenter ou de diminuer son montant convenu entre les contractants »[4]. Cet arrêt constitue, selon certains auteurs, un arrêt de principe[5].

170. La Cour de cassation laisse ainsi la question de la détermination de la clause pénale à la libre fixation des parties sans exiger aucune limite. Cette clause puise son fondement dans la volonté des parties et tant qu'elle ne contredit ni l'ordre public ni les bonnes mœurs, elle reste valable. Cette position jurisprudentielle a vivement été critiquée par la doctrine tunisienne. Mme Nemchi a estimé que « le juge tunisien, aurait dû, tout en affirmant la validité de principe des clauses pénales, se réserver un certain nombre des cas où cette clause devait être annulée »[6]. La jurisprudence tunisienne avait, en refusant de

---

[1] GEMEI, H., Les clauses abusives dans les droits des pays arabes *In* les clauses abusives dans les contrats type en France et en Europe, actes de table ronde du 12 décembre 1990, éd. LGDJ 1991, p. 309 et s.

[2] ZINE, M., Théorie générale des obligations, 1 – Le contrat, éd. Tunis 1997, p. 310-311, n° 387. Cet auteur distingue en parlant de la validité des clauses pénales entre les clauses pénales à caractère de réparation qui sont valables et les autres qualifiées de peine privée qui sont nulles.

[3] F. Nemchi, note sous Cass. civ (tn). Chambres réunies, n° 7919 du 28 avril 1975, RTD 1976, II, p. 166, spéc. p. 176. Voir aussi sur ce point : CABRILLAC, R. et BEN FADHEL, O., Introduction au droit des affaires, Abrégé de droit tunisien des obligations contractuelles, éd. CPU 2006, p. 61, n° 72.

[4] Cass. Civ (tn). Chambres réunies, n° 7919 du 28 avril 1975.

[5] F. Nemchi, note préci. p. 169.

[6] F. Nemchi, note préci. p. 172.

réviser une clause contractuelle au nom du principe de l'autonomie de la volonté, « ouvert la porte à des abus flagrants »[1]. Ainsi, un contactant peut mettre en œuvre une clause pénale excessive par rapport au préjudice qu'il a subi ou par rapport à l'inexécution commise par le débiteur sans que la justice puisse intervenir.

171. Dans l'espèce examinée par les chambres réunies de la Cour de cassation en 1975, le créancier était de mauvaise foi, lorsqu'il n'a évoqué ou réclamé la mise en œuvre de la clause pénale qu'après l'écoulement d'une importante période, cinq ans en l'occurrence. Son objectif n'était plus de sanctionner l'inexécution mais plutôt de s'enrichir aux dépens du débiteur[2]. Un tel comportement de créanciers est contraire aux enseignements de la bonne foi qui exige l'exclusion de l'abus dans l'invocation des prérogatives contractuelles. Cette exigence ne tolère en aucun cas qu'une clause soit utilisée uniquement dans l'intention de nuire au débiteur, surtout lorsque ce dernier a un motif sérieux derrière l'inexécution qu'il a commise ou si le manquement est très mineur.

La Cour de cassation tunisienne, en repoussant la possibilité de révision du contrat, a ouvert la porte à des injustices et à des abus dont les victimes n'étaient que les parties faibles dans les rapports contractuels. Les créanciers, en voulant éviter l'inexécution, commettent des abus et s'enrichissent indûment aux dépens des débiteurs. M. Mazeaud a estimé dans ce sens que la « psychose de l'inexécution avait fatalement débouché sur un véritable terrorisme contractuel dont les victimes étaient le plus souvent des consommateurs négligents et imprudents aveuglés par le mirage du crédit que véhiculent des contrats alléchants, mais aussi à haut risque, tel le leasing, le renting, le crédit bail »[3].

172. Le législateur tunisien n'est pas intervenu pour redresser la situation et mettre fin à cette source d'injustice et ce, contrairement à son homologue français qui a modifié l'article 1152 du Code civil français, afin de permettre le pouvoir de réviser une clause pénale[4]. La même solution a été adoptée par le législateur algérien qui, à la suite de l'amendement de 1975, avait ouvert au juge la possibilité de réviser une clause pénale lorsqu'elle pouvait s'avérer excessive et disproportionnée. La solution réside, aux yeux d'une frange de la

---

[1] F. Nemchi, note préci. p. 177.

[2] F. Nemchi, note préci. p. 172.

[3] MAZEAUD, D., op. cit., p. 67, n° 109.

[4] La loi n° 75-597 du 9 juillet 1975 qui était la première à avoir modifié les dispositions de l'article 1152 du Code civil français, avant la succession d'autres modifications.

doctrine tunisienne[1], dans une intervention législative accordant au juge la possibilité de réviser une clause pénale source d'abus.

173. Après une vingtaine d'années, et face à l'inertie du législateur tunisien, c'est la jurisprudence elle-même qui se ravise, et réécrit ses anciennes positions, en les reniant, admettant ainsi la révision dès lors qu'elle s'avérait excessive[2]. Dans cet arrêt rendu par la Cour de cassation tunisienne, l'on assiste à un changement avéré de philosophies adoptées par la haute juridiction tunisienne. Un passage est fait de l'idée qui sacralise la volonté des parties et qui refuse d'introduire la moindre modification à une nouvelle position associant au principe de l'autonomie de la volonté d'autres données qu'il faut respecter.
Il convient désormais, aux yeux de la Cour de cassation tunisienne, de concilier le principe de l'autonomie de la volonté consacré dans l'article 242 du C.o.c et les règles de l'équité et de la justice. Cette position de la Cour de cassation est à cent lieux de ce qu'elle avait adopté dans ses anciens arrêts. Une évolution est radicale ; on passe alors du dogme de l'autonomie de la volonté à une analyse rationnelle et éclairée du problème[3]. L'équité et la justice étaient le fondement de la révision, récemment reconnue, de la clause pénale, même si la Cour de cassation a cité dans l'arrêt l'article 278 du C.o.c relatif au préjudice à réparer en matière contractuelle[4].

174. Lorsque la Cour de cassation tunisienne cite l'article 278 du c.o.c, cela signifie que la clause pénale a une fonction réparatrice sans pour autant exclure les autres fonctions de ladite clause et particulièrement sa fonction comminatoire[5]. Le caractère comminatoire de la clause est indéniable et c'est peut-être ce caractère qui est essentiel pour le créancier ; en effet, ce dernier pense, en premier lieu, à obtenir l'exécution en nature de l'engagement avant de prévoir une quelconque réparation. En outre, rien ne vaut pour un créancier d'avoir l'exécution de son contrat. Tout ce qui concerne la réparation vient en second lieu et à titre préventif.
D'ailleurs, ce caractère comminatoire paraît plus soutenable en doctrine tunisienne[6]. Un auteur l'a bien précisé, le caractère comminatoire était présent dans les articles 333 à 344 du projet préliminaire du Code des obligations et des

---

[1] F. Nemchi, note préci. p. 177 ; BEN AMMOU, N.,note sous Cass. Civ (tn). n° 42624 du 28 avril 1994, RTD 1996, p. 237 spéc. p. 256.
[2] Cass. Civ (tn). n° 42624 du 28 avril 1994, RTD 1996, p. 237, note N. Ben Ammou. Voir aussi sur ce point : CABRILLAC, R. et BEN FADHEL, O., Introduction au droit des affaires, Abrégé de droit tunisien des obligations contractuelles, éd. CPU 2006, p.24à-241, n° 291.
[3] ZINE, M., Théorie générale des obligations, 1 – Le contrat, éd. Tunis 1997, p. 312, n° 387-2.
[4] BEN AMMOU, N.,note préci. p. 251, n° 17.
[5] BEN AMMOU, N.,note préci. p. 244, n° 9.
[6] Un auteur tunisien semble être contre ce caractère comminatoire de la clause pénale en droit tunisien. ZINE, M., Théorie générale des obligations, 1 – Le contrat, éd. Tunis 1997, p. 311, n° 387-1.

contrats relatifs à la clause pénale. Leur suppression lors de la promulgation ne signifiait guère l'abandon du caractère comminatoire de la clause pénale[1] qui en constitue un caractère inhérent. D'ailleurs, la doctrine et la jurisprudence françaises contemporaines sont unanimes sur le fait que le rôle comminatoire de la clause pénale est indéniable même s'il est associé à d'autres rôles. MM. Malaurie, Aynès et Stoffel-Munck énumèrent trois caractères de la clause pénale : « elle a une triple nature : elle présente un caractère contractuel ; elle détermine une réparation forfaitaire ; elle est, en général, comminatoire »[2].

175. L'arrêt de la Cour de cassation tunisienne de 1994 enregistre ainsi un progrès jurisprudentiel indéniable et avéré qui prouve que la jurisprudence tunisienne ne vit pas loin des mouvements et des idées nouvelles animant le droit des contrats et incitant à s'éloigner des thèses monothéistes du contrat, ainsi qu'à en adopter une nouvelle analyse associant valeurs et idées à l'appréhension du contrat.

Ce changement est clair lorsque la Haute Cour tunisienne énonce ceci : « bien que la clause pénale soit le fruit d'accord de volonté des parties, elle ne doit pas contredire les règles de la justice et de l'équité ni consacrer l'hégémonie de la partie forte au contrat sur celle qui en est la partie faible »[3].

L'absence de réglementation tunisienne légale de la clause pénale ne doit pas être interprétée dans le sens de la liberté absolue des parties contractantes. L'équité doit, en cas de lacune, jouer un rôle déterminant, à savoir limiter l'abus pouvant accompagner un vide juridique. Les professeurs Cabrillac et Ben Fadhel soulignent que l'intervention du juge face à une clause pénale excessive tend surtout à la rendre équitable. Ces auteurs avancent les articles 243 et 278 du C.o.c comme fondement à une éventuelle révision judiciaire de la clause pénale[4]. Ils critiquent les anciennes positions de la Cour de cassation tunisienne refusant la révision de la clause pénale, fût-elle excessive. Ces positions ne sont que le fruit d'un abus d'interprétation des textes et n'ont abouti qu'à « un extrémisme qui les rend antinomiques »[5].

En 1994, la démarche poursuivie par la Cour de cassation tunisienne est louable puisqu'elle ouvre la voie à une rationalisation des prérogatives contractuelles

---

[1] BEN AMMOU, N.,note préci. p. 246, n° 12 spéc. p. 248 où il précise que « le caractère comminatoire de la clause pénale est en parfaite harmonie avec la philosophie du législateur qui favorise le maintien du contrat et encourage sa parfaite exécution ».

[2] MALAURIE, Ph., AYNES, L. et STOFFEL-MUNCK, Ph., Les obligations, 2e éd., Defrénois 2005, p529, n°989. C'est également l'idée d'une frange de la doctrine tunisienne : CABRILLAC, R. et BEN FADHEL, O., Introduction au droit des affaires, Abrégé de droit tunisien des obligations contractuelles, éd. CPU 2006, p. 238-239, n° 290.

[3] Cass. Civ (tn). n° 42624 du 28 avril 1994 précité.

[4] CABRILLAC, R. et BEN FADHEL, O., Introduction au droit des affaires, Abrégé de droit tunisien des obligations contractuelles, éd. CPU 2006, p. 241, n° 290.

[5] CABRILLAC, R. et BEN FADHEL, O., Introduction au droit des affaires, Abrégé de droit tunisien des obligations contractuelles, éd. CPU 2006, p. 241, n° 290.

par le recours à la morale dont l'équité constitue la meilleure illustration. Même si l'équité paraît parfois dangereuse et peu sollicitée par la doctrine, elle est préférable au carcan de l'autonomie de la volonté surtout lorsque celui-ci est appréhendé comme un principe absolu et inviolable. Dans ce sens, un auteur tunisien, même s'il approuve la solution adoptée par la Cour de cassation tunisienne dans cet arrêt, critique le soubassement de cette position. La Cour aurait dû se référer à la notion du raisonnable[1] prévue à l'article 531 du Code des obligations et des contrats[2]. L'article 531 subordonne la production par une clause de ses effets juridiques à son caractère raisonnable ou non[3].

Cette critique n'est pourtant pas de nature à amoindrir l'effort fait par la Cour de cassation tunisienne dont la position demeure toujours méritoire et révélatrice d'un changement important dans ses convictions. En outre, la distinction entre le raisonnable et l'équité est délicate à établir[4]. Qui plus est, l'article 243 du Code des obligations et des contrats peut servir de fondement à l'utilisation du raisonnable en droit tunisien, et il n'y a pas besoin d'invoquer l'article 531 du C.o.c qui ne concerne que l'interprétation des contrats.

176. Le changement des idées est une fois de plus très net, car le vide juridique a été interprété dans les arrêts précédents de la Cour de cassation tunisienne comme un laissez-passer accordé à la volonté des parties. Dans cet arrêt, l'analogie n'était pas valable et la Cour de cassation de 1994 interprète le silence de la loi dans un sens différent de celui de 1975 en préconisant de combler ce vide par les règles de l'équité et de la justice. Cet arrêt laisse ainsi prévoir une nouvelle analyse du contrat qui est en train d'être adoptée par les tribunaux tunisiens, analyse conciliant les principes qui gouvernent le droit des contrats, longtemps présentés comme des dogmes indétrônables, et les valeurs morales qui s'avèrent aujourd'hui indispensables. Cette position adoptée par la Cour de cassation tunisienne en 1994 a été poursuivie par les tribunaux de fond[5].

Certains auteurs résument la position actuelle de la jurisprudence tunisienne envers la clause pénale en soulignant qu'« une clause pénale valable en application de l'article 242 du C.o.c est susceptible de révision en application des articles 243 et 278 du Coc »[6].

Dans tous ces cas, le droit tunisien se rapproche du droit français. Le mérite revient ici à la jurisprudence tunisienne qui a pu, face au silence de la loi,

---

[1] JERBI, S., L'interprétation des contrats, éd. CPU 1999, p. 566, n° 422.

[2] L'article 531 du Coc : « lorsqu'une interprétation, soit au propre, soit au figuré, ne donne pas un sens raisonnable et conforme à la loi, la clause est non avenue ».

[3] JERBI, S., L'interprétation des contrats, éd. CPU 1999, p. 567, n° 423.

[4] Voir sur ce point la deuxième partie de cette thèse.

[5] Beaucoup de décisions inédites rendues par les tribunaux de fond consacrent ce pouvoir reconnu au juge.

[6] CABRILLAC, R. et BEN FADHEL, O., Introduction au droit des affaires, Abrégé de droit tunisien des obligations contractuelles, éd. CPU 2006, p. 241, n° 290.

s'arroger un droit de révision des clauses pénales excessives, voire un droit de révision du contrat[1] tout entier.

177. Pour sa part, la Cour de cassation française, elle aussi n'a cessé d'examiner la question de la clause pénale. Dans un arrêt de la troisième chambre civile du 20 décembre 2006[2], elle a ajouté une autre précision concernant la mise en œuvre de la clause pénale. Dans cette espèce, il s'agit d'un contrat de vente d'un immeuble à achever conclu entre des époux et un vendeur. Ledit contrat contenait une clause accordant des pénalités en cas de retard de livraison. La livraison n'ayant pas été faite au délai convenu, les époux ont assigné le vendeur en paiement des pénalités de retard. Cette demande a d'abord été rejetée par les juges de fond au motif que les époux n'avaient pas établi la preuve du préjudice qu'ils réclamaient.
La Cour de cassation censure cette position en affirmant qu'« en statuant ainsi, alors que la clause pénale, sanction du manquement d'une partie à ses obligations, s'applique du seul fait de cette inexécution, la cour d'appel a violé les textes visés ». Aux yeux de la Cour de cassation, la clause pénale s'applique sans nécessité de prouver le préjudice. Cette position adoptée n'est pas nouvelle ; certains arrêts l'ont déjà adoptée[3]. De plus, cette même position a été adoptée par une partie de la doctrine et certains auteurs précisent, à ce titre : « le créancier n'est pas obligé de prouver le préjudice que l'inexécution lui cause, puisque ce préjudice a été à l'avance présumé et évalué dans le contrat »[4].
Cette position de la Cour de cassation, même si elle convient davantage au caractère comminatoire de celle-ci, paraît critiquable du fait qu'elle ne s'accommode pas parfaitement avec le rôle d'appréciation reconnu au juge lui permettant d'apprécier le préjudice causé par l'inexécution. D'ailleurs, certains auteurs, contrairement à d'autres[5], accordent même aux juges la possibilité de supprimer la clause en cas d'inexistence de préjudice causé par l'inexécution[6]. La révision de la clause pénale, en la majorant si elle est excessive, ou en la

[1] ZINE, M., Théorie générale des obligations, 1 – Le contrat, éd. Tunis 1997, p. 312, n° 387-2. Cet auteur, non sans lyrisme, pousse très loin les enseignements tirés de cet arrêt.
[2] Cass. 3e civ. 20 décembre 2006, n° 05-20.065, JCP G, 10024, note D. Bakouche (L'inexécution fautive imputable au débiteur, condition nécessaire et suffisante à la mise en œuvre de la clause pénale).
[3] Cass. 3e civ. 2 octobre 1972, RTD civ. 1975, p. 130, note G. Cornu ; Cass. 3e civ. 12 janvier 1994, Défrenois 1994, p. 804, obs. D. Mazeaud.
[4] TERRE, F., SIMLER, Ph. et LEQUETTE, Y., Droit civil, Les obligations, éd. Dalloz 2005, p. 616, n° 624.
[5] D. Bakkouche, note précitée, qui exclut un pouvoir permettant au juge de supprimer la clause pénale en cas d'inexistence d'un préjudice.
[6] LEVENEUR, L., obs. sous cass com. 16 juillet 1991, Contrats, conc. Consom. 1991, p. 217. L'auteur affirme que « lorsque les juges de fond constatent que l'inexécution du contrat ne cause au créancier aucun préjudice réparable, ils disposent de pouvoir souverain, si la peine convenue leur apparaît manifestement excessive, ou bien de la réduire seulement en partie…ou bien de la supprimer en la réduisant à zéro ».

rabaissant lorsqu'elle s'avère dérisoire, semble préférable à sa suppression. D'ailleurs, la modération favorise la survie de la clause pénale et lui préserve certains de ses rôles, surtout celui comminatoire favorisant l'exécution des contrats et des obligations qui en découlent.

178. D'une façon générale, la clause pénale, comme toutes les clauses comminatoires, doit être utilisée avec modération et sans abus. Tout abus est implicitement exclu de la sphère contractuelle. Une telle clause doit être utilisée proportionnellement à l'inexécution commise par le débiteur et tenant compte de la situation de ce dernier et de l'effort qu'il a déployé afin d'éviter l'inexécution du contrat. Cette clause peut parfois être ajustée, non en faveur du débiteur mais du créancier lorsqu'elle prévoit un montant de réparation dérisoire par rapport au préjudice ayant touché le créancier. Dans ce cas, l'abus ne provient plus de ce dernier, censé être la partie forte dans le contrat, mais il provient du débiteur qui insiste sur la réparation suivant la clause. L'abus peut provenir de l'une ou l'autre des parties ; seule une exécution du contrat de bonne foi peut y remédier. La bonne foi ou la loyauté, comme l'a justement affirmé un auteur, « enseigne que le créancier exerce ses prérogatives contractuelles et le débiteur exécute ses engagements avec loyauté »[1].
Le juge lutte contre l'abus dans le contrat en utilisant la bonne foi et l'équité devant régner lors de l'exécution du contrat. Un auteur résume cette idée en déclarant : « l'abus de droit n'est plus seulement un fondement auquel on ne devrait normalement recourir que de manière exceptionnelle. Il constitue également un instrument que le juge utilise pour rétablir un minimum d'équité dans les relations contractuelles »[2].
Il y a abus de prérogative lorsqu'une clause est invoquée d'une façon dévoyée par rapport au rôle qu'elle doit normalement servir. L'exercice ou la mise en œuvre d'une telle clause est nécessaire pour qu'elle soit qualifiée d'abusive car la prérogative au départ n'est absolument pas abusive. Toutefois, la mise en œuvre n'est pas nécessaire pour les clauses abusives dont l'insertion dans le contrat est suffisante pour qu'elles soient considérées comme abusives.

§2 – Les clauses abusives

L'implicite en favorisant une élimination de l'abus dans le contrat et une modération dans l'exercice des prérogatives contractuelles, est également capable d'étayer une exclusion des clauses abusives, même en l'absence de toute disposition légale. Dans ce cadre, une étude des clauses abusives semble indispensable. Deux points retiennent l'attention plus que d'autres dans le cadre

---

[1] HAMMOUDA, M., De l'exécution de l'obligation avec loyauté *In* Mélanges S. Ben Halima, éd. CPU 2005, p. 1052.
[2] G. Blanc, L'abus dans les contrats en droit français, *In* L'abus de droit ; comparaisons franco-suisses, publication de l'université de Saint-Étienne 2001, p. 117, spéc. p. 123.

de cette étude ; ce que l'on entend par clauses abusives (A) et le critère de ces clauses (B)

A – Définition des clauses abusives :

179. Le vocabulaire juridique de l'Association Henri Capitant définit la clause abusive comme étant une « stipulation imposée à un non professionnel ou consommateur par abus de puissance économique de l'autre partie et conférant à celle-ci un avantage excessif »[1].
M. Jean Calais-Auloy désigne la clause abusive comme étant « la clause qui, prérédigée par la partie la plus puissante, crée un déséquilibre significatif au détriment de la partie la plus faible»[2]. Ce sont aussi, des « clauses qui donnent à la partie professionnelle un avantage excessif sur leur cocontractants consommateur »[3]. M. D. Mazeaud précise que les clauses abusives sont celles qui « érigent un des contractants en maître du contrat parce qu'elles lui confèrent un pouvoir unilatéral sur sa création, son contenu, son efficacité, son exécution, sa cession ou sa durée ; pouvoir unilatéral susceptible d'être exercé déloyalement, arbitrairement et donc dégénérer en abus »[4].

180. Cette dénomination des clauses abusives n'est apparue que tout récemment, au début du vingtième siècle. Le phénomène était surtout traité dans le cadre des contrats d'adhésion[5]. Elles étaient ainsi synonymes de clauses non négociées. Un auteur a précisé que la multiplication des contrats types, source de contrats d'adhésion, était directement à l'origine des clauses qualifiées aujourd'hui d'abusives[6].
Certains auteurs vont encore plus loin en affirmant qu'avec l'apparition des clauses abusives, la distinction entre contrat d'adhésion et contrat de gré en gré tend à s'effacer pour être remplacée par une distinction fondée sur la qualité des contractants : contrat conclu entre un professionnel et un non professionnel[7].
Ce lien constamment noué entre contrat d'adhésion et clauses abusives semble moins convainquant pour la Cour de cassation française qui a affirmé récemment : « le seul fait qu'un contrat relève de la catégorie des contrats d'adhésion ne suffit pas à démontrer que telle clause... particulière est

---

[1] Vocabulaire juridique de l'Association H. Capitant, sous la direction de G. Cornu, éd., PUF 2007.
[2] CALAIS-AULOY, J., Droit de la consommation, éd. Dalloz 2006, n° 175.
[3] FABRE-MAGNAN, M., Les obligations, éd. PUF 2004, n° 131, p. 337.
[4] MAZEAUD, D., La protection par le droit commun, *In* Les clauses abusives entre professionnels, op.cit., p. 35.
[5] MALAURIE, Ph., AYNES, L. et STOFFEL-MUNCK, Ph., Les obligations, Défrenois 2005, p205, n° 426.
[6] A. Rieg, La lutte contre les clauses abusives des contrats (Esquisse comparative des solutions allemande et française), *in* Mélanges R. Rodière, éd. Dalloz 1981, p. 221.
[7] CABRILLAC, R. et BEN FADHEL, O., Introduction au droit des affaires, Abrégé de droit tunisien des obligations contractuelles, éd. CPU 2006, p. 61, n° 72.

abusive »[1]. Il s'ensuit que « qui dit contrat d'adhésion ne dit pas forcément clause abusive »[2]. De même, « qui dit contrat de gré à gré ne dit pas forcément clause licite »[3].
De nos jours, la question des clauses abusives bénéficie d'une certaine autonomie et fait essentiellement partie des droits consuméristes et de l'ordre public de protection[4]. M. Ph. Stoffel-Munck justifie ce lien entre le qualificatif de clause abusive et le droit de la consommation par le fait qu'en cette matière, ces clauses ont eu leur consécration légale[5].

181. Le droit tunisien ne fournit nullement une définition des clauses abusives, même si certaines dispositions de la loi sur la protection du consommateur du 7 décembre 1992[6] touchent directement à cette question[7]. La loi de 1992, bien qu'elle n'ait pas consacré expressément la lutte contre les clauses abusives, puisque la loi n'utilise même pas le terme de clause abusive[8], constitue un pas vers une telle consécration. Le législateur tunisien « est dirigé vers cet objectif »[9]. D'ailleurs, cette loi annule certaines clauses considérées comme abusives, même si le législateur n'utilise pas expressément ce label et en préfère

182. Dans ce cadre, l'article 10 *in fine* de la loi 1992 annule toute clause d'exclusion de responsabilité en précisant : « dans tous les cas, la responsabilité du fournisseur, ne peut être exclue ou limitée en vertu d'une clause contractuelle ». L'article 17 de la même loi dans des termes similaires à ceux de

---

[1] Cass. 1re civ. 12 mai 2002, JCP 2002, II, 16163, obs. G. Paisant ; RTD civ 2003, p. 90, obs. J. Mestre et B. Fages. Voir aussi sur ce même point : MAZEAUD, D., Faut-il avoir peur d'un droit européen des contrats ? (Bis Sed Non Repetita...), *In* Mélanges MALINVAUD, Ph., éd. Litec 2007, p. 397, spéc. 408.
[2] J. Mestre et FAGES, B., obs. préc.
[3] MAZEAUD, D., art. préc., p. 408.
[4] STOFFEL-MUNCK, Ph., L'abus dans le contrat, op. cit., p.295, n° 349.
[5] *Ibidem* qui cite l'article 35 de la loi n° 78-22 du 10 janvier 1978 sur la protection de l'information des consommateurs de produits et de services désormais devenu l'article L. 132-1 du code de la consommation
[6] JORT n° 83 du 15 décembre 1992, p. 1571.
[7] Consulter sur ce point : REBAÏ, A., Le principe de proportionnalité et le droit de la consommation *In* Mélanges S. Ben Halima, éd. CPU 2005, p. 969 et s.
[8] JERBI, S., L'interprétation du contrat, éd. CPU 1999, p. 555, n° 416.
[9]REBAÏ, A., Le principe de proportionnalité et le droit de la consommation *In* Mélanges S. Ben Halima, éd. CPU 2005, p. 992.
[10] Sur le droit tunisien de la consommation consulter surtout : REKIK, N., Les clauses abusives et la protection du consommateur, Etudes juridiques 2000, n°7, p. 111 ; REKIK, N., Réflexions sur la nullité des clauses relatives à la garantie légale des vices cachés et du défaut de qualité dans le contrat de vente, Etudes juridiques 1997, p. 103 ; REBAÏ, A., Le principe de proportionnalité et le droit de la consommation *In* Mélanges S. Ben Halima, éd. CPU 2005, p. 992.

l'article 10 annonce que « toute convention ou contrat relatif à la non garantie est nul »[1].
Le droit tunisien de la consommation, bien qu'arrêté à un stade primaire dans la lutte contre les clauses abusives lorsqu'on le compare au droit français ou aux droits européens[2], a instauré un organisme permettant de promouvoir une telle lutte ; c'est le Conseil National de Protection du Consommateur dont la mission est d'émettre des avis et des propositions concernant la protection du consommateur[3]. Ce conseil national constitue pour certains, un indice de la bonne orientation du législateur tunisien vers une meilleure consécration de la lutte contre les clauses abusives[4]. A ce conseil vient de s'ajouter un institut national de la consommation créé par la loi n° 2008-70 du 10 novembre 2008[5] dont la mission est de « fournir l'appui technique aux organisations et institutions concernés par le domaine de la consommation »[6] et « de contribuer également à la promotion de l'information du consommateur… »[7].
Le législateur tunisien, à travers les quelques articles de la loi de 1992, s'est montré impitoyable envers les clauses de non responsabilité. Il préconise l'exclusion des clauses rejetant la responsabilité des fabricants ou encore celles l'allégeant[8]. Cette position s'insère, selon certains auteurs tunisiens, dans le cadre de l'hostilité du législateur tunisien envers l'injustice contractuelle[9].
Il en résulte qu'en droit tunisien, et à part certaines dispositions contenues dans la loi sur la protection du consommateur ou d'autres, plus rares, contenues dans des textes spéciaux, l'on ne trouve pas une réglementation spéciale des clauses abusives. Il n'est pas sans utilité de signaler à cet égard que le droit tunisien a prévu, au début du siècle passé, une protection du consommateur ou plus exactement les prémices d'une telle protection. Il s'agit en fait du décret beylical du 10 octobre 1919 sur la répression des fraudes dans la vente des

---

[1] Voir sur ce point surtout : REKIK, N., Réflexions sur la nullité des clauses relatives à la garantie légale des vices cachés et du défaut de qualité dans le contrat de vente, Etudes juridiques 1997, p. 103.
[2] Pour une étude comparative sur le droit français et les droits européens cf. Les clauses abusives dans les contrats types en France et en Europe, actes de la table ronde du 12 décembre 1990 organisée par le centre des obligations de l'université Paris I, sous la direction de GHESTIN, J., éd. LGDJ 1991.
[3] L'article de 15 de la loi du 7 décembre 1992 précise le rôle du conseil national de protection du consommateur et les points pour lesquels il fait des propositions.
[4] REBAÏ, A., art. préc. p. 992, n° 32. Voir aussi sur ce point : CABRILLAC, R. et BEN FADHEL, O., Introduction au droit des affaires, Abrégé de droit tunisien des obligations contractuelles, éd. CPU 2006, p. 61, n° 72.
[5] Publiée au JORT n° 94 du 21 novembre 2008, n° 94, p. 3629.
[6] Art. 2 *in limine* de la loi 2008-70 du 10 novembre 2008 précitée.
[7] Art. 2 *in limine* de la loi 2008-70 du 10 novembre 2008 précitée.
[8] Article 19 *in fine* de la loi du 7 décembre 1992.
[9] REKIK, N., Les clauses abusives et la protection du consommateur, Etudes juridiques 2000, n°7, p. 111, spéc. p. 113.

marchandises et des falsifications des denrées alimentaires qui n'est en réalité qu'une reproduction de la loi française du 1er août 1905[1].

183. Le droit français, contrairement au droit tunisien, a adopté, à la suite d'une certaine évolution, une définition des clauses abusives à travers l'article L. 132-1 du Code de la consommation. Ledit article définit les clauses abusives comme étant celles « qui ont pour objet ou pour effet de créer, au détriment du non professionnel ou du consommateur, un déséquilibre significatif entre les droits et obligations des parties au contrat ».

184. Les législations des pays arabes, surtout le droit égyptien et le droit des Emirats Arabes Unis ont traité cette question des clauses abusives. Les articles 248 du Code civil des Emirats et l'article 149 du Code civil égyptien permettent aux juges de modifier, et même de refuser l'application des clauses abusives dans les contrats d'adhésion. Les mêmes articles ordonnent la nullité de toute convention écartant ou limitant les pouvoirs des juges en la matière[2]. Ces deux législations arabes, même si elles traitent, dans une certaine mesure, de la question des clauses abusives, n'en prévoient pas une réglementation spéciale au sens des législations adoptées dans les pays européens. La lutte est faite par des textes épars ou de droit commun des contrats, surtout ceux concernant les contrats d'adhésion ou relevant de la théorie de l'exploitation.

185. En droit tunisien, et en dépit de l'absence d'une réglementation spéciale relative aux clauses abusives, la question peut être résolue par le recours aux règles du droit commun[3]. L'article 243 in *limine* du Code des obligations et des contrats peut servir d'outil efficace de lutte contre le fléau des clauses abusives. La bonne foi à laquelle il fait référence interdit à l'une des parties de profiter de la faiblesse ou de la nécessité de son contractant, afin de lui imposer des clauses qu'il n'aurait accepté s'il n'était pas dans une telle situation. L'équité de l'article 243 in *fine* du Code des obligations et des contrats peut, elle aussi, aider les juges à lutter contre une clause abusive et à lui infliger la sanction

[1] REKIK, N., art. préc. 112.
[2] GEMEI, H., Les clauses abusives dans les droits des pays arabes *In Les* clauses abusives dans les contrats type en France et en Europe, actes de table ronde du 12 décembre 1990, éd. LGDJ 1991, p. 309.
[3] Cette question a été débattue par certains auteurs tunisiens dont essentiellement : ZINE, M., Théorie générale des obligations, 1 – Le contrat, éd. Tunis 1997, p. 189, n° 229 ; JERBI, S., L'interprétation des contrats, éd. CPU 1999, p. 557, n° 417 ; REKIK, N., Réflexions sur la nullité des clauses relatives à la garantie légale des vices cachés et du défaut de qualité dans le contrat de vente, Etudes juridiques 1997, p. 103, spéc. p. 110 et s.

appropriée ; la biffer[1] de la sphère contractuelle ou du moins la priver de tout effet[2].
Cette idée a même été adoptée par la jurisprudence tunisienne qui précise que l'absence de réglementation des clauses abusives ne signifie pas qu'elles sont laissées à la liberté des parties ou à leur volonté. Il faut toujours respecter les principes de justice contractuelle et d'équilibre contractuel[3]qui sont deux enseignements du principe de la bonne foi et de la loyauté contractuelle.
L'application du droit commun visant à lutter contre les clauses abusives oscille entre défenseurs et laudateurs. Parmi les auteurs qui soutiennent cette idée, on trouve le professeur Mohamed Zine qui avance la théorie de la cause comme moyen permettant de lutter contre les clauses abusives dans les contrats. « La notion de la cause permet, selon cet auteur, de combler les lacunes dont souffre le droit tunisien. Elle offre aussi au juge une possibilité de réviser les clauses abusives »[4].
Le professeur Sami Jerbi va encore plus loin, en affirmant que le droit sur la protection du consommateur n'ajoute pas grand-chose au droit commun qui pourrait, avec ses propres outils et techniques, protéger efficacement le consommateur[5]. La législation sur la protection du consommateur n'est qu'une redondance des règles du droit commun[6]. Monsieur Jerbi avance, dans le cadre de son analyse, certains articles du Code des obligations et des contrats qui permettent une meilleure protection du consommateur. Au premier rang de ces articles, l'auteur cite l'article 531 du Code des obligations et des contrats qui instaure la notion du raisonnable en droit tunisien. L'article 655 du C.o.c[7] permet aussi, selon Sami Jerbi, d'assurer dans une certaine mesure, la protection du consommateur.

---

[1] DELEBECQUE, Ph., Que reste-t-il du principe de la validité des clauses de responsabilité ? D. Affaires, n° 8 1997, p. 23, spéc. p. 24.
[2] TERRE, F., SIMLER, Ph. et LEQUETTE, Y., op. cit., n° 319, p. 327.
[3] Cour d'Appel de Tunis, Arrêt n° 65016 du 4 avril 2000 - inédit -
[4] ZINE, M., Théorie générale des obligations, 1 – Le contrat, éd. Tunis 1997, p. 189, n° 229.
[5] JERBI, S., L'interprétation des contrats, éd. CPU 1999, p. 557, n° 417.
[6] JERBI, S., L'interprétation des contrats, éd. CPU 1999, p. 559, n° 418.
[7] Art. 655 C.o.c : « lorsqu'il y a lieu de rédhibition, soit pour cause de vices, soit à raison de l'absence de certaines qualités, l'acheteur peut poursuivre la résolution de la vente et la restitution du prix. S'il préfère garder la chose, il n'a droit à aucune diminution de prix. Il aura droit aux dommages : a) lorsque le vendeur connaissait les vices de la chose ou l'absence des qualités par lui promises et n'a pas déclaré qu'il vendait sans garantie : cette connaissance est toujours présumée lorsque le vendeur est un marchand ou un artisan qui vend les produits de l'art qu'il exerce ; b) lorsque le vendeur a déclaré que les vices n'existaient pas, à moins qu'il ne s'agisse de vices qui ne se sont révélés qu'après la vente, ou que le vendeur pouvait ignorer la bonne foi ; c) lorsque les qualités dont l'absence est constatée avaient été expressément stipulées ou étaient requises par l'usage du commerce ». Cet article instaure la notion du vendeur frauduleux en droit tunisien.

Cette idée de référence à l'article 531 du C.o.c est également adoptée par une autre frange de la doctrine tunisienne qui souligne la possibilité de lutter contre les clauses abusives en mettant en œuvre cet article[1].
Au rang des détracteurs, l'on trouve surtout M. Rekik qui souligne une inadaptation du droit commun à protéger le consommateur. Il observe dans ce sens que « les dispositions du Code des obligations et des contrats sont en la matière mal adaptées pour lui apporter (contractant partie faible) une protection directe et efficace »[2].

186. Cette idée d'application du droit commun, afin de lutter contre les clauses abusives est même évoquée en droit français. Un auteur l'a signalé : « la bonne foi qui doit jalonner la gestation du contrat, s'oppose en effet, à ce que le contractant qui a élaboré le contrat puisse imposer à son partenaire des clauses que celui-ci n'avait pas connues et acceptées »[3]. Ceci ne permet pas pour autant de considérer le droit de la consommation comme un simple prolongement du droit civil. L'influence, même patente, ne réduit pas le droit de la consommation[4]. Même si certaines techniques de protection du consommateur ont été puisées dans le droit commun, berceau de l'idée de la protection de la partie faible[5], le droit de la consommation est allé encore plus loin en permettant une forte accélération de cette protection[6].
Les notions de bonne foi, d'équité ont toujours un rôle à jouer dans la protection du consommateur. Ce rôle est déterminant surtout lorsqu'il s'agit d'un rapport entre professionnels. Dans les autres hypothèses, le droit commun est toujours source d'inspiration pour le juge.

187. Il ressort ainsi que la bonne foi et la loyauté contractuelle sont capables de lutter contre les clauses abusives dans les contrats en l'absence de tout texte

---

[1] CABRILLAC, R. et BEN FADHEL, O., Introduction au droit des affaires. Abrégé de droit tunisien des obligations contractuelles, éd. CPU 2006, p. 38, n° 42.
[2] REKIK, N., Réflexions sur la nullité des clauses relatives à la garantie légale des vices cachés et du défaut de qualité dans le contrat de vente, Etudes juridiques 1997, p. 103, spéc. p. 109-110.
[3] MAZEAUD, D., La protection par le droit commun, art. préc., p. 36.
[4] Voir sur ce point : J. Calais-Auloy et F. Steinmetz, Droit de la consommation, éd. Dalloz 2006, p. 19, n°18.
[5] STRICKLER, Y., La protection de la partie faible en droit civil, LPA 2004, n° 213, p. 6. Cet auteur affirme que la protection de la partie faible ou encore celle de préserver un équilibre entre les parties comme « l'une des constantes du droit civil des contrats » (p.6). Pour le droit tunisien, voir surtout : O. Ben Fadhel, Le droit applicable et la protection de la partie faible dans les contrats internationaux, *In* Mélanges H.-L. Hachem, éd. CPU 2006, p. 194, spéc. 195. L'auteur avance l'article 243 du Code des obligations et des contrats comme un outil de protection da la partie faible aussi bien dans les rapports internes que dans les rapports internationaux.
[6] S. Piedelièvre, Droit de la consommation, éd. Economica 2008, p. 20, n° 28. Voir aussi sur ce point : Pizzio, La protection du consommateur par le droit commun des obligations, RTD com. 1998, p. 57 ; STRICKLER, Y., La protection de la partie faible en droit civil, LPA 2004, n° 213, p. 6.

spécial les prohibant. L'intervention législative n'est justifiable que par la timidité des magistrats à réserver une place d'honneur au principe de la bonne foi et par la révérence qu'ils gardent envers le principe de l'autonomie de la volonté. On ne peut donc reprocher à une législation de ne pas contenir de dispositions sur les clauses abusives du moment qu'elle consacre le principe de bonne foi dans son droit positif, car, avec ce principe l'on peut atteindre le même résultat recherché par une législation spéciale sur les clauses abusives.
Une interrogation s'impose, celle de savoir quelles sont les clauses pouvant être considérées comme abusives. Faut-il établir une liste ou uniquement des critères guidant une quête de qualification ? Se pose alors le problème des critères des clauses abusives.

B – Les critères des clauses abusives :

188. La qualification des clauses abusives doit reposer sur certains critères précis permettant de les identifier parmi d'autres clauses contractuelles, de les épingler en cas de nécessité. Plusieurs critères ont été avancés par la doctrine et par la loi. M. H. Gemei précise que la clause abusive est « une clause qui crée un déséquilibre contractuel au profit de celui qui l'impose… à un contractant non avisé qui se trouve en situation d'inégalité technique, juridique ou économique face à l'autre partie »[1]. Pour certains auteurs, la clause est abusive, dès lors qu'elle rompt l'équilibre contractuel[2]. Elle est également abusive lorsqu'elle « confère au rédacteur du contrat un avantage excessif »[3].
Est aussi abusive, selon une frange de la doctrine tunisienne, la « clause imposée à un consommateur de biens ou de services par un abus de puissance public de l'autre partie et conférant à celle-ci un avantage excessif »[4].

189. Il apparait dans les citations analysées que les clauses abusives doivent présenter un certain nombre de caractères. Elles se posent très souvent en cas d'inégalité manifeste entre les parties contractantes. L'une des parties peut, lorsque sa situation le permet, en profiter pour insérer certaines clauses qui lui sont manifestement favorables. Par ailleurs, l'existence des clauses abusives n'est pas toujours liée au rapport entre professionnel et profane ; on les trouve

[1] GEMEI, H., Les clauses abusives dans les droits des pays arabes, art. préc., p. 313.
[2] TERRE, F., SIMLER, Ph. et LEQUETTE, Y., Doit civil, les obligations, éd. Dalloz 2005, n° 324, p. 332.
[3] GHESTIN, J., Rapport introductif *In Les clauses abusives entre professionnels*, acte de colloque organisé par le centre de droit des contrats de l'université de Lille II et le centre de recherche européen de droit des obligations de l'université Paris Val-de-Marne du 23 mai 1997, éd. Economica 1998, p. 3.
[4] CABRILLAC, R. et BEN FADHEL, O., Introduction au droit des affaires. Abrégé de droit tunisien des obligations contractuelles, éd. CPU 2006, p. 39, n° 42.

aussi dans un rapport entre professionnels[1]. L'abus ou les clauses abusives ne sont pas l'apanage d'un rapport professionnel / consommateur ; leur existence n'est pas tributaire de ces qualificatifs mais de l'existence d'une inégalité entre les parties contractantes.

190. Un auteur s'interroge sur l'existence d'un adage : « qui dit professionnel, dit fort »[2]. Cette formule est de nature à priver le professionnel de toute protection. Tous les contrats sont donc susceptibles d'inégalité. Là où se trouve cette dernière, l'abus aura vocation à foisonner et à fleurir. En effet, à l'instar des consommateurs, « nombreux sont les professionnels qui, parce qu'ils sont en situation d'infériorité économique ou de dépendance intellectuelle ou technique par rapport à leurs partenaires, sont privés de tout pouvoir de négocier le contenu de leur contrat et, par conséquent doivent se résigner à accepter des clauses abusives »[3]. M. Denis Mazeaud a aussi précisé : « le contrat est souvent la traduction d'inégalités économiques et intellectuelles criantes au stade de sa création et qu'il engendre, au stade de son exécution, un lien contraignant de domination et de dépendance fertile en excès et en abus »[4]. Cette inégalité rime surtout avec contrats d'adhésion[5] qui constituent une terre d'élection des clauses abusives.
Un auteur a souligné dans la même optique : « le problème des clauses abusives se pose dans tous les secteurs où existent des contrats d'adhésion : rapports entre employeurs et salariés, entre concédants et concessionnaires, entre franchiseurs et franchisés, entre fournisseurs et clients »[6]. Le même auteur explique encore que le problème des clauses abusives est ressenti avec une particulière acuité dans les contrats conclus entre professionnels et consommateurs[7].

191. A ce stade, une remarque s'impose ; l'article L. 132-1 exige que le rapport doit être établi entre, d'une part, des professionnels et, d'autre part, des non professionnels ou des consommateurs. Au début, les mots « non professionnels

---

[1] Voir à ce propos : « les clauses abusives entre professionnels », acte de colloque organisé par le centre de droit des contrats de l'université de Lille II et le centre de recherche européen de droit des obligations de l'université Paris Val-de-Marne du 23 mai 1997, éd. Economica 1998 ; A. Cathiard, L'abus dans les contrats conclus entre professionnels : L'apport de l'analyse économique du contrat, PUAM 2006.
[2] MAZEAUD, D., La protection par le droit commun, art. préc., p. 33.
[3] MAZEAUD, D., La protection par le droit commun, art. préci., p. 35.
[4] MAZEAUD, D., Le juge face aux clauses abusives, *In* Le juge et l'exécution du contrat, colloque de l'institut de droit des affaires du 28 mai 1003, PUAM 1993, p. 23, spéc. p. 25.
[5] Voir sur ce point : J. Dereux, De la nature juridique des contrats d'adhésion, RTD civ. 1910, p. 593 ; G. Berlioz, Le contrat d'adhésion, LGDJ 1973 ; F. X. Testu, Le juge et le contrat d'adhésion, JCP 1993. I. 3673.
[6] CALAIS-AULOY, J., Les clauses abusives en droit français, *In* Les clauses abusives dans les contrats types en France et en Europe, op. cit., p. 113, spéc. p. 115.
[7] *Ibid.*

et consommateurs » étaient analysés par la doctrine comme une expression redondante[1], avant que la Cour de cassation française établisse une nuance. Ladite Cour a exploité « cette redondance » dans le sens permettant un élargissement du domaine de la lutte contre les clauses abusives. La Cour de cassation française, dans un arrêt du 15 mars 2005, a étendu la protection contre les clauses abusives à une personne morale qui était en l'occurrence un syndicat professionnel. La Cour affirme que « la notion distincte de non professionnel, utilisée par le législateur français, n'exclut pas les personnes morales de la protection contre les clauses abusives »[2].
Dans l'espèce, un syndicat professionnel constitué entre éleveurs, dont l'objet social était d'effectuer des opérations de contrôle de performance, d'état civil et d'identification des animaux, a fait valoir que le contrat de location de matériel informatique avec option d'achat qu'il avait conclu avec une société, contenait une clause abusive au sens de l'article L.132-1 du Code de la consommation. La question posée est donc de savoir si une personne morale peut prétendre au bénéfice des dispositions sur la lutte contre les clauses abusives. La Cour de cassation y a répondu par l'affirmative.

192. La position de la Cour de cassation française doit, en effet, être analysée au vu de ce qu'a décidé la Cour de Justice des Communautés Européennes de ce que le consommateur doit s'entendre toujours comme personne physique[3]. La Cour de cassation a ainsi voulu protéger les personnes morales contre les clauses abusives en ravivant une nuance contenue dans l'article L. 632-1 entre consommateurs et non professionnels. La protection des faiblesses ou des incapables économiques[4], était au cœur de ce mouvement, que ce soit des personnes physiques ou morales. La qualification de personne morale n'est pas toujours synonyme d'invulnérabilité.
La question qui s'impose face à cette nouvelle jurisprudence, est celle de savoir si cette protection de la personne morale peut être étendue à tous les domaines de la protection du consommateur.
Un auteur est pour l'abandon de la distinction entre personne morale et personne physique et réclame la protection de la première aux mêmes conditions que pour la seconde[5]. Un autre estime que cette nouvelle position de

---

[1] FAGES, B., Droit des obligations, éd. LGDJ 2007, n° 223, p. 168.
[2] Cass. 1re Civ., 15 mars 2005, n° 02-13285, JCP, éd. G. 2005, II, 10114, note G. Paisant ; JCP, éd. E 2005, p. 855, note D. Bakouche.
[3] CJCE, 22 novembre 2001, D. 2002, somm. 2929, obs. J.-P. Pizzio ; JCP, éd. G 2002, II, 10047, note G. Paisant ; RTD civ. 2002, p. 291, obs. J. Mestre et B. Fages.
[4] SERIAUX, A., Droit des obligations, éd. PUF 1992, n° 225, p. 683.
[5] PAISANT, G., Note sous Cass. 1re Civ., 15 mars 2005, n° 02-13285, JCP, éd. G. 2005, II, 10114. L'auteur précise qu'il est « favorable à la première solution (supprimer les distinctions) à partir du moment où la personne morale concernée n'a contracté à titre professionnel, pour les besoins d'une activité économique ». Le même auteur ajoute qu'une telle position remet en

la Cour de cassation française met en question l'harmonisation du droit français avec le droit communautaire. Toutefois, l'harmonisation requise n'est pas totale et un minimum d'harmonisation suffit, ce qui est de nature à justifier la différence de position entre la Cour de Justice des Communautés Européennes et la Cour de cassation française[1].
Au sujet de la lutte contre l'abus entre professionnels, une nouveauté est ajoutée en droit français par la loi du 4 août 2008 sur la modernisation de l'économie (LME). Cette loi, par la modification qu'elle a introduite à l'article L. 442-6 du Code de commerce, permet de lutter contre certaines clauses contractuelles insérées dans les rapports entre professionnels. La seule condition exigée est de vérifier qu'il existe une volonté de « soumettre, ou de tenter de soumettre un partenaire commercial à des obligations créant un déséquilibre significatif dans les droits et obligations des parties »[2].

193. Ces solutions sont-elles transposables au droit tunisien ? Les textes tunisiens sur la protection du consommateur insistent sur le rapport entre commerçants, fournisseurs et consommateurs. Ils ne font aucune allusion à un abus pouvant surgir dans des rapports entre commençants ou entre fournisseurs. Cependant, comme en droit français, en cas d'absence d'un texte spécial, un retour aux règles de droit commun paraît s'imposer. Celui-ci se fait surtout à l'article 243 *in limine* du Code des obligations et des contrats, exigeant que les conventions doivent être exécutées avec bonne foi et loyauté. L'exigence de bonne foi est, à elle seule, capable d'exclure l'abus de la sphère contractuelle et s'applique, abstraction faite des qualités des parties. Un auteur tunisien semble favoriser cette solution lorsqu'il analyse l'abus dans les contrats comme un manquement à la loyauté et à la bonne foi en affirmant : « la clause abusive démontre indubitablement l'absence de la loyauté »[3].
Un autre auteur tunisien semble être également favorable à cette solution. Il propose de recourir à la notion de bonne foi afin de « déclarer inefficace » une clause abusive[4] qui ne remplit pas les conditions de la loi 1992. Au-delà des cas cités par les lois sur la protection du consommateur, c'est le droit commun qui s'applique. Cette solution est valable dans le cas d'une clause non citée par la loi telle la clause attributive de compétence territoriale[5]. Elle est aussi

---

discussion la cohérence du système de protection du consommateur qui ne peut être atteint que par une intervention législative.

[1] BAKOUCHE, D., Note sous cass. civ. 15 mars 2005, n° 02-13285, JCP, éd. E 2005, p. 855.

[2] Art. 442-6, II, 2° du Code de commerce. Ce n'est qu'un cas d'abus. L'article L. 442-6, II en cite d'autres.

[3] HAMMOUDA, M., De l'exécution de l'obligation avec loyauté *In* Mélanges S. Ben Halima, éd. CPU 2005, p. 1081.

[4] REKIK, N., Réflexions sur la nullité des clauses relatives à la garantie des vices cachés et du défaut de garantie dans le contrat de vente, Etudes juridiques 1997, p. 103, spéc. p. 120.

[5] REKIK, N., Réflexions sur la nullité des clauses relatives à la garantie des vices cachés et du défaut de garantie dans le contrat de vente, Etudes juridiques 1997, p. 103, spéc. p. 120.

normalement valable dans un rapport contractuel non concerné par ces lois consuméristes.
Rien n'interdit donc de lutter contre les clauses abusives dans les contrats conclus entre professionnels en droit tunisien. Les tribunaux tunisiens doivent, face à l'absence d'un texte spécial, se référer au doit commun des contrats qui permet, sous la casquette de la bonne foi, de lutter contre l'abus dans toutes ses manifestations.

194. Quant au consommateur, « ce personnage tentaculaire et brusquement choyé »[1], le droit tunisien, et dans certains textes relatifs à la protection du consommateur, a précisé ce qu'il entendait par le terme consommateur. La première définition est celle avancée par l'article 2 – *d* de la loi du 7 décembre 1992 qui annonce que le consommateur est « celui qui achète un produit dans le but de le consommer ». Cette définition est qualifiée par la doctrine tunisienne « d'ambigüe »[2] et « de nature à susciter la même controverse née déjà en droit français »[3]. C'est aussi une définition imprécise[4].
Le reproche que l'ont pourrait adresser à cette définition est qu'elle ne qualifie comme consommateur que celui qui consomme un produit, méconnaissant ainsi celui qui bénéficie d'un service. Une telle méconnaissance, a rapidement été rattrapée dans d'autres lois subséquentes, surtout dans celle n° 98-39 du 2 juin 1998 sur la vente avec facilités de paiement et celle n° 98-40 du 2 juin 1998 relative aux techniques de vente et à la publicité commerciale dans lesquelles la loi redéfinit le consommateur. Dans ces deux textes, le consommateur est « celui qui achète un produit en vue de le consommer ou un service pour en bénéficier à des fins autres que professionnelles »[5].
Cette définition législative, bien que louable, puisqu'elle ajoute à la définition de 1992 le cas du consommateur bénéficiant d'un service, suscite certaines remarques. La première, est que cette définition est générale et qu'elle ne fait non plus aucune distinction entre consommateur en tant personne physique et consommateur en tant personne morale[6]. Dans le cadre de cette distinction, l'on peut remarquer que le législateur utilise le pronom démonstratif « celui » suivi du pronom relatif « qui » sans autre précision, ce qui signifie la généralité de cette définition. Cette interprétation permet d'affirmer que le terme

[1] A. Rieg, La lutte contre les clauses abusives des contrats (Esquisse comparative des solutions allemande et française), *in* Mélanges R. Rodière, éd. Dalloz 1981, p. 222.
[2] REKIK, N., Réflexions sur la nullité des clauses relatives à la garantie des vices cachés et du défaut de garantie dans le contrat de vente, Etudes juridiques 1997, p. 103, spéc. p. 112.
[3] REKIK, N., Réflexions sur la nullité des clauses relatives à la garantie des vices cachés et du défaut de garantie dans le contrat de vente, Etudes juridiques 1997, p. 103, spéc. p. 112.
[4] JERBI, S., L'interprétation du contrat, éd. CPU 1999, p. 557, n° 418.
[5] L'article 2 de chacune desdites lois.
[6] JERBI, S., L'interprétation du contrat, éd. CPU 1999, p. 557, n° 418.

consommateur est valable en droit tunisien tant pour la personne physique que pour la personne morale[1].
La seconde remarque est que le critère des fins ou de l'utilisation des produits achetés a été adjoint à la première définition. Si l'achat entre dans le cadre de l'exercice de l'activité professionnelle, l'acheteur n'est pas consommateur ; si c'est pour des fins non professionnelles, il est qualifié de consommateur et mérite ainsi la protection prévue par lesdites lois. Ce renvoi au cadre professionnel paraît peu précis et risque de limiter le champ d'application desdites lois. A titre d'exemple, un avocat, lorsqu'il achète un ordinateur pour l'installer dans son cabinet, n'est pas consommateur au terme de ces deux lois et ne mérite pas la protection prévue, ce qui paraît aberrant.
Le législateur aurait dû choisir un autre critère plus précis, tel le critère d'intention lucrative, ce qui rend consommateur celui qui achète un produit à des fins non lucratives. Le consommateur est l'antonyme du commerçant. Cette interprétation semble être la plus soutenable. D'ailleurs, les lois du 2 juin 1998 définissent dans les mêmes articles le terme commerçant, ce qui implique que le clivage n'est plus fournisseur / consommateur, comme c'est le cas dans la loi du 2 décembre 1992, mais consommateur / commerçant. Il apparaît ainsi qu'un consommateur est celui qui achète un produit pour des fins autres que la spéculation et sans qu'il soit animé par une intention de réalisation de bénéfices. Cette définition corrigée est de nature à donner aux textes leur finalité exacte. D'un autre côté, cette définition du consommateur est en harmonie avec celle du commerçant en droit tunisien donnée par l'article 2 du Code de commerce tunisien faisant de la spéculation un élément déterminant.

195. Dans les différents textes sur la protection du consommateur en droit tunisien, le législateur annule certaines clauses contractuelles lorsqu'elles se trouvent insérées dans un contrat conclu entre un commerçant et un consommateur et il en a cité certaines qu'il a qualifié d'abusives. Tel est le cas des clauses de non responsabilité, prévues à l'article 10 de la loi du 7 décembre 1992 sur la protection du consommateur. Il en est de même, pour la clause de non garantie de l'article 17 de la même loi. La loi 98-39 du 2 juin 1998 sur la vente avec facilités de paiement et la loi 98-40 du 2 juin 1998 ajoutent à l'édifice d'autres clauses qualifiées d'abusives. Il en est ainsi de la clause qui accorde au commerçant la possibilité de modifier unilatéralement les caractéristiques du bien à livrer ou du service fourni.

---

[1] Voir sur ce point aussi : JERBI, S., L'interprétation du contrat, éd. CPU 1999, p. 557, n° 418 qui se réfère à l'article 533 du Coc afin de délimiter le domaine d'application de la loi. La référence de cet auteur est faite en vue de savoir si on peut qualifier de consommateur l'artisan qui achète un bien hors du cadre de son activité. L'article 533 du Coc incarne une règle d'interprétation de la loi « lorsque la loi s'exprime en termes généraux il faut l'entendre dans le même sens ». Cet article, appliqué à la définition du consommateur, permet de déduire qu'elle s'applique aussi bien pour le consommateur comme personne physique que comme personne morale.

En effet, l'article 23 de la loi 98-39 du 2 juin 1998 sur la vente avec facilités de paiement dispose dans des termes assez fermes qu' « est réputée nulle et non avenue toute clause du contrat ayant pour objet ou pour effet de réserver au commerçant le droit de modifier unilatéralement les caractéristiques du bien à livrer ou du service à fournir. Toutefois, il peut être stipulé que le commerçant puisse apporter des modifications liées à l'évolution technologique à condition qu'il n'en résulte ni augmentation du prix ni altération de qualité»[1]. La même loi accorde au consommateur un délai de réflexion ou de rétractation lui permettant de prendre son temps avant de décider définitivement. La clause qui prive le consommateur de son droit de réflexion ou de rétractation ou qui le rétrécit est normalement abusive, même si la loi ne le prévoit pas directement[2].

196. Du reste, l'on peut affirmer que le législateur tunisien, même s'il a énuméré certaines clauses considérées comme abusives, ce qui est méritoire[3], n'a pas avancé le ou les critères permettant la qualification d'une clause comme abusive. Ceci complique la tâche de la jurisprudence tunisienne qui doit forger elle-même ledit critère.
L'œuvre jurisprudentielle en la matière paraît peu importante. Cette pénurie s'explique par le caractère encore récent de ce phénomène en Tunisie, ainsi que par la révérence des juges tunisiens envers le principe de l'autonomie de la volonté. Cependant, dans un arrêt audacieux et pertinent, la Cour d'appel de Tunis, dans l'arrêt n° 65016 du 4 avril 2000, voit le critère permettant d'identifier les clauses abusives « dans des positions économiques inégalitaires... le rôle du droit est de protéger la partie faible. Le juge doit s'assurer de la conformité de ces clauses contractuelles avec les impératifs de justice et équilibre contractuel »[4].

197. Selon la jurisprudence tunisienne, la justice et l'équilibre contractuel constituent ainsi les deux critères de qualification d'une clause contractuelle comme abusive. Elle a donc adopté les critères communément admis en doctrine et en droit comparé. Ces critères ont également été admis par une frange de la doctrine tunisienne[5]. Le rôle de la jurisprudence est normalement d'étendre la protection faite par la loi contre les clauses abusives à toutes celles qui remplissent ces conditions et ce, afin que cette protection soit généralisée et plus efficace.

---

[1] Article 23 de la loi 40-98 du 2 juin 1998 relative à la vente avec facilités de paiement.
[2] REBAÏ, A., art. préc. p. 992, n° 32.
[3] Certains auteurs parlent d'un arsenal législatif pour lutter contre les clauses abusives. Voir : REKIK, N., Les clauses abusives et la protection du consommateur, Etudes juridiques 2000, n°7, p. 118.
[4] Arrêt inédit de la Cour d'appel de Tunis.
[5] CABRILLAC, R. et BEN FADHEL, O., Introduction au droit des affaires. Abrégé de droit tunisien des obligations contractuelles, éd. CPU 2006, p. 39, n° 42. Ces auteurs adoptent le critère d'avantage excessif comme critère permettant d'identifier une clause abusive.

198. La doctrine tunisienne adopte, elle aussi, la même analyse. Abdelwaheb Rebaï affirme à cet égard : « bien que la définition de la clause abusive ne soit pas donnée par la loi, il faut l'entendre comme étant celle qui fait apparaître un déséquilibre important dans les rapports entre professionnels et consommateurs. Cette acception permettra de déceler l'abus chaque fois que la clause est imposée par la partie forte au contrat pour se procurer un avantage déraisonnable »[1]. Mohamed Hammouda, de son côté, aperçoit dans l'insertion d'une clause abusive au sein d'un contrat, une atteinte indubitable au principe de la loyauté contractuelle[2] qui interdit à un contractant de s'enrichir au détriment de son cocontractant.

199. Le législateur tunisien, quant à lui, n'a pas adopté un critère général et précis délimitant les clauses abusives. Il est passé directement à la stigmatisation de certaines clauses contractuelles sans justifier sa démarche. En filigrane des interventions législatives en matière des clauses abusives, réside toujours une volonté de protection de la partie faible dans les rapports contractuels, associée à un souci législatif d'assurer un minimum de justice contractuelle[3] dans un monde qui croit au libéralisme et à la liberté.

200. Une frange de la doctrine tunisienne adresse sa critique à la démarche poursuivie par le législateur dans son traitement du problème des clauses abusives. Celui-ci s'est contenté, surtout à travers la loi du 7 décembre 1992 qui constitue « le texte de base » dans la lutte contre les clauses abusives, d'interdire certaines clauses sans prévoir de nouvelles techniques pour la lutte contre celles abusives[4].
Cette démarche paraît à la fois insuffisante[5] et incapable d'instaurer un équilibre fiable dans les rapports contractuels entre commerçants et consommateurs. Il aurait mieux valu qu'une intervention ponctuelle adopte, comme l'a fait le législateur français, un critère général permettant d'identifier les clauses abusives là où elles se trouvent et de les soumettre au régime qui leur est réservé. Ce critère général facilite encore la tâche de la jurisprudence et l'incite à aller plus loin dans cette tendance de protection de la partie faible au sein des rapports contractuels inégalitaires.

---

[1] REBAÏ, A., art. préc. p. 993, n° 32 qui cite cette clause parmi les clauses abusives énumérées par la loi alors que la loi ne la prévoit pas sauf qu'on trouve une autre clause similaire à cette clause dans la loi sur la vente avec facilités de paiement et précisément en cas de vente à distance.
[2] HAMMOUDA, M., De l'exécution de l'obligation avec loyauté *In* Mélanges S. Ben Halima, éd. CPU 2005, p. 1081.
[3] Voir sur ce point : REKIK, N., Réflexions sur la nullité des clauses relatives à la garantie légale des vices cachés et du défaut de qualité dans le contrat de vente, Etudes juridiques 1997, p. 103, *passim*.
[4] REKIK, N., art. cit. , p. 117.
[5] REKIK, N., art. cit. , p. 118.

Un auteur tunisien voit pourtant que le droit tunisien sur la protection du consommateur est parfait[1]. Selon lui, ce qui a été oublié par les textes spéciaux relatifs la protection du consommateur peut être repêché sur la base de certaines dispositions du Code des obligations et des contrats dont l'objet est de lutter contre l'abus dans des cas précis[2]. Afin d'arriver à cette protection équilibrée[3] du consommateur, l'auteur défend une association entre les textes spéciaux sur la protection du consommateur et les principes généraux adoptés par le Code des obligations et des contrats. L'article 531 du C.o.c, siège de la définition du raisonnable en droit tunisien[4], a été avancé dans ce sens comme outil de cette complémentarité. Cet article permet au juge d'aller plus loin dans la protection du consommateur et de combler les lacunes laissées par les textes spéciaux. Il permet aussi d'instaurer la notion d'obligation raisonnable. Sur ce point le droit tunisien rejoint, selon Monsieur Sami Jerbi, le système allemand[5] ou encore le droit de certains pays scandinaves, tel le droit suédois[6].

201. Quant au droit français, et face à la timidité des magistrats[7] sur ce point qui ont fait preuve de servilité envers la volonté des parties contractantes[8], le législateur a choisi d'intervenir lui-même en légiférant une règlementation relative aux clauses abusives. La première intervention a été celle de la loi n° 78-23 du 10 janvier 1978 dont le chapitre IV traite de la protection contre les clauses abusives[9]. Cette réglementation définit ce que l'on entend par clause abusive et précise le critère d'une telle qualification. Selon certains auteurs, elle est insuffisante[10] car elle subordonne la qualification de clause abusive à un

---

[1] JERBI, S., L'interprétation du contrat, éd. CPU 1999, p. 560, n° 419.
[2] JERBI, S., L'interprétation du contrat, éd. CPU 1999, p. 559, n° 418. L'auteur cite ici l'article 655 du Coc sur le vendeur frauduleux. Il cite aussi, à un autre endroit, l'article sur l'interdiction des clauses léonines (article 1301 du Coc). Cette idée est adoptée par une autre frange de la doctrine tunisienne : CABRILLAC, R. et BEN FADHEL, O., Introduction au droit des affaires. Abrégé de droit tunisien des obligations contractuelles, éd. CPU 2006, p. 39, n° 42.
[3] JERBI, S., L'interprétation du contrat, éd. CPU 1999, p. 560, n° 418.
[4] JERBI, S., L'interprétation du contrat, éd. CPU 1999, p. 559, n° 419.
[5] L'auteur cite la loi du 9 décembre 1976 (JERBI, S., L'interprétation du contrat, éd. CPU 1999, p. 560, n° 418).
[6] JERBI, S., L'interprétation du contrat, éd. CPU 1999, p. 560, n° 418.
[7] TERRE, F., SIMLER, Ph. et LEQUETTE, Y., op. cit., n° 319, p. 32. Ces auteurs comparent la timidité des magistrats sur ce point à celle concernant la clause pénale ou l'imprévision dans les contrats.
[8] MAZEAUD, D., Le juge et le contrat : « Variations optimistes pour un couple illégitime » *In* Mélanges J.-L. Aubert, éd. Dalloz 2005, p. 235, spéc. p. 237 où l'auteur parle d'un juge de moins en moins servile face à la loi du contrat.
[9] Récemment le législateur français a introduit certaines modifications au Code de la consommation : Loi n° 2008-776 du 4 août 2008. Un décret d'application a aussi été adopté, il détermine la liste des clauses grises : décret n° 2009-302 du 18 mars 2009.
[10] FABRE-MAGNAN, M., op. cit., n° 131, spéc. p. 338.

décret précisant la liste des clauses abusives[1]. Ainsi les tribunaux français, n'ont pas la possibilité de déclarer abusive une clause ne figurant pas sur la liste gouvernementale, ce qui limite sensiblement leur pouvoir dans la lutte contre ce genre de clauses. Cela pose en même temps un problème pour les clauses abusives ne figurant pas sur ladite liste.

202. La Cour de cassation française, après certaines tentatives, a précisé dans un arrêt du 14 mai 1991[2] que les juges pouvaient déclarer une clause comme abusive, dès lors que celle-ci correspond à la définition générale de l'article 35 de la loi de 1978, et ce, même si aucun décret d'application n'intervient. En l'occurrence, il s'agissait d'un particulier qui avait confié, pour développer, ses diapositives à un laboratoire qu'il avait égarées. Ce dernier invoqua alors la clause du contrat limitant la responsabilité de l'entreprise au remboursement d'une pellicule vierge. La Cour de cassation française a confirmé dans cette espèce la position des juges de fond qui avaient condamné l'entreprise à des dommages et intérêts. Ladite Cour estimait que cette clause « procurait un avantage excessif et que celle-ci [entreprise], du fait de sa position économique, se trouvait en mesure de l'imposer à sa clientèle »[3].
Ce cas est aussi fréquent dans les contrats passés avec les entreprises de nettoyage où l'on trouve souvent une clause qui limite la réparation au remboursement d'un prix forfaitaire dérisoire.

203. La jurisprudence française, en se basant sur la définition de l'article L. 132-1 du Code de la consommation, a élargi la liste gouvernementale des clauses abusives. Cette tâche, bien qu'elle témoigne de la hardiesse des juges français, a été facilitée par le critère adopté par la loi sur les clauses abusives qui était celui déduit du fait que ces clauses créent un équilibre significatif entre les droits et obligations des parties au contrat. Avant l'amendement issu de la loi 95-96 du 1er février 1995 ayant donné à l'article L. 132-1 sa formulation actuelle[4], les clauses abusives ne requièrent cette qualification que si elles « apparaissent imposées aux non professionnels ou consommateurs par un abus de puissance économique de l'autre partie et confèrent à cette dernière un avantage excessif »[5]. Cette nouvelle formule « conduit théoriquement à étendre le champ d'application de la qualification puisque certains déséquilibres ne sont

---

[1] Voir à cet égard le nouveau décret en la matière qui a abrogé celui de 1995 : D. n° 2009-302, 18 mars 2009, portant application de l'article L. 132-1 du Code de la consommation, JO 20 mars 2009, p. 5030.
[2] Bull. civ. I, n° 153; D. 1991, p. 449, note J. Ghestin; JCP 1991, éd. G, II, 21763, note G. Paisant ; Défrenois 1991, 1268, obs. J.-L. Aubert ; RTD civ. 1991, 526, obs. J. Mestre.
[3] Arrêt précité de la cour de Cassation française du 14 décembre 1991.
[4] La loi n° 2008-776 du 4 août 2008 n'a rien ajouté à ce niveau. Le texte de l'article L. 132-1 du Code de la consommation garde sa même formulation.
[5] Article 35 de la loi 78-23 du 10 janvier 1978 sur l'information et la protection du consommateur de produits et de services.

peut-être pas imposés par un abus de puissance économique »[1]. Selon certains auteurs, l'évolution du droit français concernant le critère des clauses abusives, garde un point constant, qui est « l'inégalité grave entre les prestations réciproques »[2]. En outre, la loi de la modernisation de l'économie du 4 août 2008 a adopté le même critère d'une clause engendrant un déséquilibre significatif pour statuer sur l'existence ou l'absence d'un abus dans les rapports entre professionnels[3]. Cette nouvelle modification confirme le choix du critère adopté pour découvrir les clauses abusives. Le critère est toujours celui d'un déséquilibre significatif[4].

204. Il n'est pas sans utilité de signaler dans ce contexte que l'article L. 141-4 (nouveau) du Code de la consommation, issu de la loi 2008-3 du 3 janvier 2008, a accordé au juge la possibilité d'apprécier d'office le caractère abusif d'une clause figurant dans un contrat qui lui est soumis. Cette nouvelle disposition offre au juge une nouvelle voie dans la lutte contre les clauses abusives[5]. Cette nouvelle modification permet au juge de « se substituer à l'une des parties dans la défense de ses droits »[6].
En réalité, cette nouvelle disposition permet de rabattre le droit français sur le droit communautaire qui a reconnu, depuis un certain temps, au juge ce pouvoir[7].

205. Il était donc préférable et plus bénéfique de prévoir un critère permettant de détecter les clauses abusives que de prévoir une liste de ces clauses dites abusives car personne ne peut prétendre à l'exhaustivité. Il est encore souhaitable de cumuler les deux techniques : citer certaines clauses abusives afin d'éveiller l'attention du consommateur sur le danger qu'elles incarnent, ce qui constitue une mesure préventive, et prévoir un critère général permettant à la jurisprudence de les détecter et, le cas échéant, de les stigmatiser. Qui plus

---

[1] Ph. Stoffel-Munck, L'abus dans le contrat : essai d'une théorie, op. cit., n°363, p. 307.
[2] B. Stark, H. Roland et L. Boyer, Droit civil, Les obligations, 2. Contrat, éd. Litec 1998, n° 749, p. 273.
[3] Art. L. 442-6, II, 2° du Code de commerce.
[4] M. Malaurie-Vignal, Le nouvel article L. 442-6 du Code de commerce apporte-t-il de nouvelles limites à la négociation contractuelle ? Cont. Conc. Consomm. 2008, n° 11, p. 12, spéc. p. 15, n°12. Voir également : N. Sauphanor-Brouillaud, Clauses abusives dans les contrats de consommations : critères de l'abus, Cont. Conc. Consomm. 2008, n°6, p. 7.
[5] Voir sur ce point surtout : ROCHFELD, J., L'actualité des sources du droit des contrats, Chroniques, RDC 2009, n°3, 981 et 985. Voir également : G. Poissonnier, Office du juge en droit de la consommation : une clarification bienvenue, D. 2008, Chr., p. 1285 ; S. Piedelièvre, Droit de la consommation et office du juge, D. 2009, p. 908.
[6] ROCHFELD, J., L'actualité des sources du droit des contrats, Chroniques, RDC 2009, n°3, 981 et 985, spéc. p. 986, n°3.
[7] ROCHFELD, J., L'actualité des sources du droit des contrats, Chroniques, RDC 2009, n°3, spéc. p. 986, n°3.

est, pour le juge, ce passage de l'excessif au significatif change sa mission et sa tâche, il doit déterminer « où commence le significatif »[1].

206. D'une façon générale, il est préférable de se fonder sur plusieurs critères afin de bien identifier une clause abusive. Il ne faut pas s'en contenter d'un seul car le temps n'est plus celui de l'unicité des critères mais celui de leur multiplicité et de leur concours. Par ailleurs, le contrat doit être analysé dans sa globalité afin de pouvoir décider de la nature d'une clause contractuelle. Une dissection du contrat est déconseillée car une clause peut paraître abusive lorsqu'elle est analysée de façon isolée ; cependant l'abus peut s'estomper dès lors qu'elle est analysée comme s'insérant dans un contrat incarnant un projet homogène à être réalisé. Une clause, pour qu'elle puisse être qualifiée d'abusive, doit être analysée au regard de l'intégralité du contrat, et non pas de façon isolée.

L'implicite dans les contrats, comme il permet de détecter l'abus sous toutes ses formes, offre une possibilité de le stigmatiser, ce qui pose le problème du traitement de l'abus.

Section II : Le traitement de l'abus contractuel

207. Le traitement de l'abus pose directement la question de la relation entre le juge et le contrat. Le juge, malgré les objections doctrinales rend toujours au contrat des services dont l'utilité est incommensurable, plus qu'on le pensait autrefois. Celui-ci, comme l'a justement affirmé un auteur, a pu s'arroger « un droit de regard sur le contenu du contrat afin d'en neutraliser les abus, les excès et les incohérences »[2]. Le déséquilibre contractuel n'est pas nécessairement une fatalité et « l'injustice contractuelle perd peu à peu du terrain sous les coups de butoir d'un juge de moins au moins servile face à la loi du contrat qu'il n'hésite pas à réécrire lorsqu'elle se révèle être une loi d'airain »[3]. C'est principalement lui qui détecte l'existence d'un abus dans le contrat et qui l'élimine[4] en purgeant le contrat d'un tel abus.
Le rôle du juge est important dans cette étape ; c'est à lui que revient la tâche la plus importante dans le traitement de l'abus dans le contrat. Il commence par repérer l'abus ou la clause abusive et vérifie par la suite la réalisation des

---

[1] B. Stark, H. Roland et L. Boyer, op. cit., n° 749, p. 273.
[2] MAZEAUD, D., Le juge et le contrat : variations optimistes pour un couple illégitime *In* Mélanges J.-L. Aubert, éd. Dalloz 2005, p. 235, spéc. p. 237. Dans des termes similaires un auteur tunisien a souligné ce droit arrogé par les juges tunisiens. Cet auteur parle des effets de l'arrêt 1994 relatif à la révision de la clause abusive. Voir sur ce point : ZINE, M., Théorie générale des obligations, 1 – Le contrat, éd. Tunis 1997, p. 312, n° 387-2.
[3] MAZEAUD, D., Le juge et le contrat : variations optimistes pour un couple illégitime *In* Mélanges J.-L. Aubert, éd. Dalloz 2005, p. 235, spéc. p. 237
[4] FAGES, B., Droit des obligations, éd. LGDJ 2007, n°228, p. 176.

conditions et des critères requis par la loi ou la jurisprudence. Il passe ensuite à l'étape de la sanction, infligeant celle appropriée. Le préalable à cette stigmatisation est le contrôle judiciaire exercé sur le contrat.
Le traitement de l'abus épouse deux formes qui varient selon la nature de l'abus détecté dans le contrat. Lorsqu'il ne concerne qu'une invocation abusive d'une clause, le traitement est assuré par une désactivation judiciaire de l'utilisation abusive (§1). Dans le cas où la question est relative à une clause abusive, le traitement prend alors une autre forme en assurant la stigmatisation de la clause abusive (§2).

§ - 1 : La désactivation de l'invocation abusive

208. De prime abord, il est utile de signaler que ce traitement de l'abus ne concerne que le cas où il y a détournement de la finalité d'une clause ou d'une prérogative contractuelle. La désactivation ne concerne ainsi que les cas pour lesquels la loi n'a pas prescrit de sanction précise. Sont ainsi exclues du domaine de cette étude les clauses abusives pour lesquelles le législateur, aussi bien français que tunisien, prévoit une panoplie de sanctions à appliquer. Hormis ces clauses abusives, c'est le juge qui s'efforce de lutter contre l'abus en désactivant toute machination méditée par le contractant malhonnête.

Dans le cadre de ce traitement de l'abus contractuel, le rôle du juge apparaît très important (A). Cette importance n'est pas théorique, quelques exemples permettent de le vérifier (B).

A – Le rôle du juge

Le traitement de l'abus, quelle que soit sa forme, passe très souvent par la jurisprudence dont le rôle semble indispensable[1]. Ceci demeure vrai même si les interventions législatives ont rétréci la marge laissée aux juges et ont accordé le rôle le plus important au pouvoir réglementaire[2]. Derrière cette limitation du pouvoir du juge dans la lutte contre l'abus, réside souvent une crainte de le voir manipuler le contrat suivant ses convictions et à sa guise.

209. La jurisprudence commence normalement par détecter l'abus dans l'exercice des attributs contractuels et lorsqu'elle constate, à partir des circonstances entourant l'exécution du contrat, l'existence d'une invocation abusive d'une prérogative contractuelle ou d'un pouvoir contractuel, elle procède à la désactivation de cette démarche en mettant en échec le dessein machiné par le créancier de la clause invoquée. La désactivation de la démarche

[1] JERBI, S., L'interprétation du contrat, éd. CPU 1999, p. 559, n° 419.
[2] Voir sur ce point : J. Flour, J.-L. Aubert et SAVAUX, E., Droit civil, Les obligations, 1. L'acte juridique, éd. Sirey 2006, p. 137, n° 185. Voir aussi sur ce point : MAZEAUD, D., Le juge face aux clauses abusives, *In* colloque « Le juge et l'exécution du contrat », éd. PUAM 1993, p. 23.

abusive passe indubitablement par une analyse du comportement du contractant et des circonstances entourant l'invocation ou l'exécution de façon générale.
La jurisprudence dépasse la stricte analyse du contenu contractuel pour faire appel à d'autres éléments qui lui sont extérieurs. Elle analyse le contrat à l'aune des nouveaux critères en dépassant ses termes afin de rejoindre son esprit et sa quintessence.
La jurisprudence, dans cette démarche, lorsque l'abus est avéré, grippe la systématisation de la mise en œuvre de certaines clauses contractuelles ; tel est le cas de la clause de résolution du contrat ou de la clause pénale. La clause résolutoire qui doit en principe s'appliquer d'une façon machinale, peut être écartée si des circonstances justifient l'inexécution commise par le débiteur. Il en est de même pour une clause pénale pouvant être modifiée ou révisée pour qu'elle ne soit pas abusive ni excessive. La jurisprudence ramène ainsi au raisonnable la mise en œuvre des clauses contractuelles de telle sorte que la clause ne soit appliquée que de façon appropriée au manquement commis par le contractant et en tenant compte des circonstances entourant l'exécution. Tel est le cas d'une clause de résolution mise en œuvre pour un manquement mineur ou pour une inexécution très partielle du contrat. Des idées comme le raisonnable ou la proportionnalité justifient souvent les solutions adoptées par les tribunaux.

210. L'intervention du juge de fond est ainsi inévitable[1]. C'est lui seul qui détecte l'abus et le caractérise et, le cas échéant, le réprimande[2]. Ainsi, le juge purge et purifie le contrat de tout abus pouvant l'entacher en désactivant et en mettant en échec toute démarche dévoyante[3], ne visant que nuire à autrui, s'écartant de l'esprit du contrat. Son intervention permet d'aller plus loin dans l'analyse de l'utilisation de la prérogative contractuelle : une analyse qui dépasse ce qui est apparent pour s'attaquer aux motifs réels de l'utilisation ou de l'invocation.

211. Le juge, lorsqu'il vérifie l'utilisation ou l'invocation abusive d'une prérogative contractuelle, doit intervenir et infliger la sanction appropriée. Dans ce cas, la clause en elle-même n'est pas objectivement abusive et le juge ne sanctionne que l'invocation faite abusivement. Le contrôle judicaire vient ici pour dévoiler, mettre à découvert une démarche abusive faite par l'un des contractants. Une clause de résolution est normalement non abusive, sauf si elle est invoquée dans des circonstances auxquelles elle ne doit pas normalement être utilisée. Ladite clause devient source d'abus si elle est invoquée pour une

---

[1] JERBI, S., L'interprétation du contrat, éd. CPU 1999, p. 559, n° 419.
[2] JERBI, S., L'interprétation du contrat, éd. CPU 1999, p. 564, n° 420.
[3] Le terme est emprunté à Mme. MOULY-GUILLEMAUD, C., Retour sur l'article 1135 du Code civil : une nouvelle source du contenu contractuel, op.cit, qui parle d'une clause dévoyée de sa finalité.

inexécution mineure ou pour une obligation très accessoire du contrat. Les juges doivent désactiver toute démarche animée par un abus.
La question qui se pose en matière de traitement de l'abus dans les contrats est celle d'une possibilité de lutter contre l'abus via le droit commun.

212. En droit tunisien, aucune disposition du Code des obligations et des contrats ne traite de l'abus dans les contrats. La seule disposition qui en fait allusion est celle de l'article 103 du Code[1] et qui concerne, vu son emplacement, le domaine délictuel. La jurisprudence tunisienne a déjà appliqué ce texte à un contrat de concession commerciale. L'affaire remonte à l'année 1981. Dans ce jugement rendu par le tribunal de première instance de Tunis, il a été décidé que la résiliation faite par la société Ford de son contrat de concession avec la société tunisienne Agrimoteur était abusive. Le tribunal a fait usage dans l'espèce de la notion d'abus de droit comme il était prévu à l'article 103 du C.o.c[2].
Cette solution, pour audacieuse qu'elle soit[3], a été critiquée par la doctrine tunisienne. Pour le professeur Sami Jerbi, le fondement utilisé par le tribunal de première instance de Tunis paraît inapproprié[4]. Etant dans un domaine contractuel, le tribunal de Tunis, poursuit Monsieur Jerbi, aurait dû appliquer l'article 243 du Code des obligations et des contrats qui constitue le fondement opportun[5]. C'est cet article qui permet d'étayer l'interdiction de l'abus en matière contractuelle[6].
L'absence de réglementation spéciale de l'abus en matière contractuelle ne signifie aucunement l'inexistence de tout texte pouvant régir la matière. On songe directement à l'application de l'article 243 *in limine* dudit Code. L'abus dans le contrat pourrait ainsi être analysé comme un manquement à l'obligation de bonne foi, de loyauté dans l'exécution du contrat que préconise ledit article. Un auteur tunisien l'avait déjà indiqué : « la clause abusive démontre indubitablement l'absence de la loyauté »[7].

[1] Art. 103 C.o.c : « il n'y a pas lieu à responsabilité civile lorsqu'une personne sans intention de nuire, a fait ce qu'elle avait le droit de faire. Cependant, lorsque l'exercice de ce droit est de nature à causer un dommage notable à autrui et ce dommage peut être évité ou supprimé, sans inconvénient grave pour l'ayant droit, il y a lieu à responsabilité civile si on n'a pas fait ce qu'il fallait pour le prévenir ou pour le faire cesser ».
[2] Jugement de TPI Tunis du 30 avril 1981, RTD 1981, p. 423, note A. Mezghani.
[3] La hardiesse de ce jugement est appréciée sur plusieurs plans – qualification du contrat, détermination de la loi applicable - et non seulement au plan de la constatation d'un cas d'abus de résiliation. Voir sur ce point le commentaire de M. Ali Mezghani, RTD 1981, p. 423.
[4] JERBI, S., L'interprétation du contrat, éd. CPU 1999, p. 422, n° 338.
[5] JERBI, S., L'interprétation du contrat, éd. CPU 1999, p. 421, n° 338.
[6] JERBI, S., L'interprétation du contrat, éd. CPU 1999, p. 422, n° 338.
[7] HAMMOUDA, M., De l'exécution de l'obligation avec loyauté *In* Mélanges S. Ben Halima, éd. CPU 2005, p. 1031, spéc. p. 1081.

213. En droit français, abstraction faite des textes sur les clauses abusives, la doctrine française défend depuis longtemps, la possibilité de bloquer l'abus contractuel par l'utilisation des règles de droit commun[1]. Un auteur explique : « la bonne foi qui doit jalonner la gestation du contrat, s'oppose, en effet à ce que le contractant qui a élaboré le contrat puisse imposer à son partenaire des clauses que celui-ci n'avait pas connues et acceptées »[2]. D'autres ajoutent : « afin de lutter contre ce danger [abus] les magistrats auraient pu sans doute découvrir dans certaines dispositions du code civil – l'article 1134 alinéa 3, qui vise la bonne foi ou l'article 1135 qui fait référence à l'équité – le pouvoir de priver d'effets de telles clauses »[3]. Il apparaît ainsi que l'absence d'un texte précis et express dans le droit commun disposant un traitement spécial de l'abus dans les contrats, n'indique jamais le feu vert aux contractants puissants ou en position dominante d'insérer dans les contrats, des clauses abusives ou de détourner la finalité de leurs prérogatives abusivement. Le contractant, professionnel ou profane, contredit l'obligation de bonne foi lorsqu'il exerce abusivement une de ses prérogatives contractuelles.
L'article 1134-3, consacrant l'exigence de bonne foi dans les rapports contractuels, est souvent présenté comme étant le texte permettant d'assurer cette fonction[4]. La jurisprudence en a fait plusieurs applications, dont les plus fameuses sont celles sur la détermination des prix dans les ventes[5]. En matière de concession commerciale, les applications sont également nombreuses[6]. De nos jours, l'abus en matière contractuelle ne pose plus de problème quant à son existence, mais surtout concernant ses effets et la responsabilité qu'il engendre[7].
La position jurisprudentielle relative à la désactivation de l'abus d'une prérogative contractuelle, longtemps statique et unanimement admise, en doctrine et en jurisprudence, semble être recadrée par une nouvelle position récemment adoptée par la Cour de cassation française, qui constitue un rebondissement nouveau de la question.

---

[1] KARIMI, A., Essai de systématisation sur l'application de la théorie de l'abus de droit en matière contractuelle, *In* Mélanges SIMLER, Ph., éd. Dalloz et Litec 2006, p. 587. L'auteur se livre à une analyse historique de la naissance de l'idée de l'abus en matière contractuelle.
[2] MAZEAUD, D., La protection par le droit commun, art. cit., p. 36, n° 9.
[3] TERRE, F., SIMLER, Ph. et LEQUETTE, Y., op. cit., p. 327, n° 319.
[4] BENABENT, A., Les obligations, éd. Montchrestien 2007, n° 285, p. 224.
[5] Cass. Ass. Plén., 1er décembre 1995 (4 arrêts), Defrénois 1996, p. 747, obs. DELEBECQUE, Ph., ; JCP 1996, II, 22565, concl. Jéol et note J. Ghestin ; D. 1996, 13, concl. Jéol et note L. Aynès.
[6] Ex : Cass. Com. 7 octobre 1997, D. 1998, p. 413, note Chr. Jamin ; Cass. Com. 9 avril 2002, RDC 2003, 156, obs. M. Behar-Touchais. Voir sur ces points : LE TOURNEAU, Ph., Droit de la responsabilité et des contrats, éd. Dalloz 2008-2009, p. 1406, n° 6907.
[7] Voir sur tous ces points : STOFFEL-MUNCK, Ph., L'abus dans le contrat. Essai d'une théorie, éd. LGDJ 2000, *passim*.

Dans un arrêt récent datant du 10 juillet 2007, très commenté[1], et dont les répercussions touchent même au droit des sociétés[2], la Cour de cassation a rouvert la discussion sur la question de la bonne foi et des prérogatives contractuelles. Dans cette espèce, un acte de cession des actions a été conclu entre des actionnaires et un PDG de la même société. Les actionnaires ont cédé les actions qu'ils détenaient à ce PDG. Il était stipulé que les cédants devaient un complément de prix si certaines conditions étaient réalisées. Ils devaient aussi, en cas de redressement fiscal pour des actes relevant des périodes antérieures à la cession, supporter proportionnellement à leurs actions une fraction du montant réclamé par le fisc. A la réalisation des conditions requises pour avoir droit au complément de prix, les cédants ont agi en justice réclamant ledit complément. Le PDG avait demandé en reconventionnelle un montant à titre de participation des cédants dans le redressement fiscal qui était engagé pour des faits antérieurs à la date de la cession. Les cédants ont évoqué la mauvaise foi du cessionnaire, qui savait, avant la cession, qu'un redressement fiscal pouvait être engagé contre la société. De plus, le cessionnaire, puisqu'il était dirigeant de la société, était peu ou prou responsable des irrégularités qui avaient causé le redressement.
La Cour d'appel, se fondant sur la mauvaise foi du dirigeant, a refusé sa demande reconventionnelle en précisant que la créance réclamée par le PDG n'était vraisemblablement que le fruit de sa mauvaise gestion et de ses propres fautes. Le dirigeant, lorsqu'il prétend qu'il est créancier, manque manifestement à la bonne foi.
La Cour de cassation, saisie sur pourvoi des cédants, a réprimandé la Cour d'appel pour avoir choisi une telle solution. Elle a énoncé : « si la règle selon laquelle les conventions doivent être exécutées de bonne foi permet au juge de sanctionner l'usage déloyal d'une prérogative contractuelle, elle ne l'autorise pas à porter atteinte à la substance même des droits et obligations légalement convenus entre les parties ».

---

[1] Cass. com. 10 juillet 2007 qui a été commenté par plusieurs auteurs : DELEBECQUE, Ph., La bonne foi contractuelle : quid novi sub sole ?, Revue Lamy Droit Civil, n° 46, du 1er février 2008, p. 1 ; STOFFEL-MUNCK, Ph., Créancier déloyal dans l'exécution n'est pas moins créancier, note sous cass. com. du 10 juillet 2007, D. 2007, n° 40, p. 2839 ; RDC 2007 n° 4, p. 1107, note L. Aynès ; RDC 2007 n° 4, p. 1110, note D. Mazeaud (La mauvaise foi du créancier ne permet pas au juge de réviser le contenu obligationnel du contrat) ; F. Rome, Contrat et bonne foi : l'été sera froid (note sous l'arrêt du 10 juillet 2007), D. 2007, p. 2017 ; SAVAUX, E., Une précision neuve et essentielle : la mauvaise foi du créancier n'est pas une cause d'extinction de l'obligation, note sous cass. com. du 10 juillet 2007, Défrenois 2007, n° 20, p. 1454 ; Dimitri Houtcieff, Du vieux vin dans une nouvelle outre, ou la « substantifique moelle » contractuelle, note sous cass. com. 10 juillet 2007, JCP, éd. G, n° 36 du 19 septembre 2007, 10154 ; S. Amrani Mekki et FAUVARQUE-COSSON, B., note sous cass. com. 10 juillet 2007, D. 2007, panorama, p. 2972. En effet, un arrêt de la Cour de cassation du 9 décembre 2009 (Cass. 3e civ. 9 décembre 2009, N° de pourvoi : 04-19.923, D. 2010, p. 87) a repris la même philosophie.
[2] P.-Y. Gauthier, Une étrange garantie de passif social est l'occasion d'un arrêt doctrinal sur la bonne foi contractuelle, note sous cass. com. du 10 juillet 2007, D. 2007, n° 40, p. 2844.

Cet arrêt oblige le juge de se contenter d'examiner l'apparence d'une créance sans qu'il puisse s'attaquer à ses profondeurs. Que cette créance réclamée par le dirigeant soit d'une origine pure ou non, le juge n'est pas en droit d'en débattre ; il se contente de contrôler sa mise en œuvre.

214. Selon certains auteurs, la Cour ne prononce pas quelque chose de nouveau et l'arrêt « n'est pas aussi fondamental qu'on a bien voulu le dire ou l'écrire »[1]. Il ne fait que rappeler quelques *vérités*[2] et son innovation est limitée. Ce qui compte dans cet arrêt, du moins pour cette étude, c'est que la jurisprudence confirme la possibilité pour le juge de désactiver, au nom de la bonne foi, une invocation déloyale d'une prérogative contractuelle. L'arrêt est *louable* sur ce point, puisqu'il réaffirme la possibilité pour le juge de neutraliser une utilisation déloyale d'une prérogative contractuelle[3].
Un point dans cet arrêt intrigue la doctrine ; la distinction faite par la cour entre prérogative et substance dans un contrat. La cour affirme que le juge peut contrôler la mise en œuvre de la prérogative, mais il ne peut pas s'attaquer à la substance du contrat. Ce qui soulève plus de complications, c'est que la Cour de cassation n'a pas souligné la différence entre ce qui relève de la substance des droits et obligations des parties et ce qui concerne les prérogatives[4]. Qui plus est, il est parfois difficile de démêler les prérogatives contractuelles et la substance des droits et des obligations[5].
Ce qui est confirmé à travers cet arrêt, c'est qu'une prérogative contractuelle ne doit pas être invoquée d'une façon déloyale ou abusive. La sanction d'une telle invocation doit être recherchée dans l'inefficacité. Une prérogative contractuelle ne trouve sa pleine efficacité que si « celui ou ceux qui s'en prévalent le font d'une manière légitime, loyalement, sans duplicité et sans se contredire »[6].
La jurisprudence, lorsqu'elle décide de geler une prérogative contractuelle, désactive, *in fine*, une machination malsaine méditée par le contractant qui s'en prévalait. « L'usage déloyal, s'identifie, comme le précise un auteur, au détournement de la prérogative, en un usage qui, au fond ou en la forme, surprend la confiance légitime d'autrui »[7].
La désactivation judiciaire des abus, n'est pas théorique. Des exemples concrets peuvent résumer le traitement de l'abus contractuel.

---

[1] DELEBECQUE, Ph., La bonne foi contractuelle : quid novi sub sole ?, Revue Lamy Droit Civil, n° 46, du 1er février 2008, p. 6.
[2] DELEBECQUE, Ph., art. préc., p. 6.
[3] STOFFEL-MUNCK, Ph., Créancier déloyal dans l'exécution n'est pas moins créancier, note sous cass. com. du 10 juillet 2007, D. 2007, n° 40, p. 2839.
[4] DELEBECQUE, Ph., art. préc., p. 7.
[5] SAVAUX, E., Une précision neuve et essentielle : la mauvaise foi du créancier n'est pas une cause d'extinction de l'obligation, note sous cass. com. du 10 juillet 2007, Défrenois 2007, n° 20, p. 1454, spéc. 1457.
[6] DELEBECQUE, Ph., art. préc. p. 6.
[7] AYNES, L., note sous cass. com., 10 juillet 2007, RDC 2007, n° 4, p. 1107.

B – Quelques exemples de désactivation

Les exemples sont nombreux et vérifiables partout. La jurisprudence a lutté contre l'abus dans des cas très différents[1]. Tel est le cas de ce qu'elle a fait dans les relations commerciales de longue durée, où le problème d'abus peut être posé, lorsqu'un des contractants décide de manière intempestive et subite d'y mettre fin sans préavis. L'abus peut être évité par un préavis ou un avertissement adressé au cocontractant. Dans tous ces cas, la jurisprudence, lorsqu'elle détecte l'existence d'un abus, n'oblige pas son auteur à garder le contrat en préconisant un maintien forcé de ce contrat[2]. Elle le condamne aux dommages-et-intérêts. Il n'y a ainsi aucune désactivation totale de la machination du créancier, mais uniquement une sanction du comportement abusif qui pourrait à la longue dissuader les créanciers de s'éloigner de toute manœuvre abusive et d'éviter l'abus autant que possible.

L'exemple du licenciement abusif semble très révélateur (A). D'un autre côté, le cas d'une clause pénale mérite également d'être étudié (B).

a – Le cas de licenciement abusif

215. Le droit du travail en fait une meilleure illustration. Il recommande depuis longtemps[3] une analyse minutieuse de l'utilisation des prérogatives contractuelles en invitant le juge à examiner la cause réelle justifiant la mise en œuvre des pouvoirs détenus par l'une ou l'autre des parties[4]. Toutes les prérogatives contractuelles ont vocation à devenir abusives. Toutefois, le droit de chacune des parties dans ce contrat de le résilier semble être le plus important parmi toutes les autres prérogatives.

Le licenciement, qualifié comme étant « la pièce maîtresse du droit du travail »[5], qui est souvent analysé comme une mise en œuvre de l'employeur de son droit de résiliation unilatérale[6], semble revêtir ici une importance énorme. Afin de cadrer le licenciement et éviter qu'il soit mis en œuvre de façon

---

[1] Consulter surtout : LE TOURNEAU, Ph., Droit de la responsabilité et des contrats, éd. Dalloz 2008-2009, p. 1402, n° 6894 et s.

[2] TERRE, F., SIMLER, Ph. et LEQUETTE, Y., Droit civil, Les obligations, éd. Dalloz 2005, p. 480-481, n° 479.

[3] La loi du 13 juillet 1973 modifiant le Code de travail a subordonné le licenciement à l'existence d'une cause réelle et sérieuse. En droit tunisien l'exigence d'une cause réelle et sérieuse du licenciement a été prévue pour la première fois dans le Code du travail dès sa promulgation en 1966. Toutefois, l'article 23 qui la prévoyait était extrêmement lacunaire (F. Mechri, Le droit du travail en Tunisie, Sud éditions 2009, p.151). La véritable réglementation du licenciement abusif a été introduite par la loi du 21 février 1994 qui a modifié certaines dispositions du Code tunisien du travail.

[4] LE TOURNEAU, Ph., Droit de la responsabilité et des contrats, éd. Dalloz 2008-2009, p. 1402, n° 6899 et s. L'auteur cite quelques exemples d'abus liés au contrat de travail.

[5] A. Mazeaud, Droit du travail, éd. Montchrestien 2008, p. 393, n° 487.

[6] A. Cœuret, B. Gauriau et M. Miné, Droit du travail, éd. Sirey 2009, p. 321, n° 452.

abusive, ce dernier doit être justifié par une cause réelle et sérieuse. La cause citée par l'employeur, peut ne pas être celle qui a réellement poussé l'employeur à mettre fin au contrat de travail le reliant au salarié. Le juge des prud'hommes est ainsi invité à dépasser la cause alléguée par l'employeur pour dévoiler ce qui est caché et gardé au secret[1].

216. Le traitement de l'abus par la désactivation de la démarche abusive, atteint son paroxysme en matière de travail[2] où l'employeur, lorsqu'il échoue dans la preuve de la cause réelle et sérieuse de sa décision du licenciement du salarié, risque de se voir obligé de le réintégrer dans son entreprise[3]. L'article L.1235-3 du Code du travail, dans sa formulation issue de la loi n° 86-1320 du 30 décembre 1986, précise à cet égard que « si ce licenciement survient pour une cause qui n'est pas réelle et sérieuse, le tribunal peut proposer la réintégration du salarié dans l'entreprise avec maintien des avantages acquis ». La réintégration apparaît ainsi comme une sanction suprême contre un abus commis dans l'invocation d'une prérogative contractuelle.
Cette sanction s'accommode pourtant difficilement avec la nature du contrat de travail, basé essentiellement sur la considération de la personne. Elle heurte, comme disait un auteur, « le caractère personnel de relation du travail, particulièrement sensible dans les petites entreprises »[4]. Elle heurte aussi la résiliation unilatérale d'un contrat à durée indéterminée qui est un principe d'ordre public[5]. C'est peut-être la raison pour laquelle le législateur français soumet cette réintégration du salarié à l'acceptation de l'employeur et du salarié pouvant la refuser et choisir une rupture définitive du contrat de travail.
Le même article L.1235-3 du Code du travail énonce que « si l'une des parties refuse, le juge octroie une indemnité au salarié ». Il s'agit ici, non seulement d'une simple possibilité offerte au juge, mais surtout d'une possibilité qui peut

---

[1] Consulter à ce propos : PELISSIER, J., A. Supiot et A. Jeammaud, Droit du travail, éd. Dalloz, 23ème éd., 2006, p. 510-511, n° 410-411 ; F. Gaudu et R. Vatinet, Les contrats du travail, contrats individuels, conventions collectives et actes unilatéraux, éd. LGDJ 2001, p. 395, n° 446 et s. En droit du travail tunisien voir surtout : LAHMAR, I., Le contrôle jurisprudentiel sur le licenciement (en arabe), RJL 2007, n°4, p. 43. Voir aussi pour le même auteur : LAHMAR, I., Les conflits du travail : Les solutions légales et l'interprétation jurisprudentielle (en arabe), éd. SIFEDE 2008. Voir également : MZID, N., Subordination juridique du salarié et liberté de la personne humaine, Etudes juridiques 1993-1994, p. 167. Voir aussi : N. Mzid et M. Tarchouna, Modification du contrat de travail, Revue de droit du travail 2009, p. 256.
[2] Voir sur ce point : G. Couturier, Les relations entre employeurs et salariés en droit français, *In* La protection de la partie faible dans les rapports contractuels, comparaisons franco-belges, éd. LGDJ 1996, p. 143.
[3] Voir à ce propos : G. Couturier, La réintégration des salariés non spécialement protégés, actualité ou prospective, Dr. Soc. 1981, p. 248 ; L. Rozes, La réintégration *In* Mélanges P. Hebraud, 1981, p. 751 ; B. Desjardins, La réintégration, Dr. Soc. 1992, p. 766.
[4] A. Mazeaud, Droit du travail, éd. Montchrestien 2006, p. 388, n° 523.
[5] A. Mazeaud, op. cit., Ibidem. L'auteur cite dans ce sens Cass. Soc. 4 juin 1987, D. 1988, 193, note A. Mazeaud.

être refusée par l'une des parties[1]. Elle est doublement subordonnée « au bon vouloir du juge et à l'acceptation des parties »[2].

217. Une confusion est là-dessus à éviter entre licenciement injustifié et licenciement nul[3]. « L'absence de cause réelle et sérieuse est une qualification qui souligne l'absence de légitimité de la rupture, tandis que la nullité fustige son invalidité »[4]. Le licenciement est abusif lorsqu'il est vexatoire et humiliant pour le salarié[5]. Il est irrégulier lorsque la procédure n'a pas été respectée[6] ; tel est le cas du licenciement d'un salarié protégé sans observation des formalités prescrites par la loi[7].

218. Une autre idée mérite à cet égard d'être signalée, celle du licenciement prohibé[8] ou interdit[9]. Il est des cas où le licenciement est non seulement soumis à des conditions de fond et de forme, mais il est encore purement et simplement supprimé[10]. Cette prohibition, pourtant si dangereuse, ne résulte pas toujours d'un texte légal. Dans ces cas de licenciement interdit, le législateur, mais également le juge, posent une certaine « ligne de conduite »[11] : le licenciement ne doit pas porter atteinte aux libertés individuelles ni aux droits fondamentaux du salarié[12].
Le licenciement est annulé lorsque la nullité est prévue dans un souci de protection du salarié particulièrement digne d'intérêt[13]. Tel est le cas d'un licenciement intervenu en période de suspension du contrat de travail pour maternité ou licenciement d'une salariée en état de grossesse. Une personne protégée, tel un délégué du personnel ou des délégués syndicaux, ne peut être licenciée que suite à une autorisation administrative.
La nullité sanctionne dans d'autres cas la violation du principe de non-discrimination. C'est ainsi que l'article L. 1132-1, réécrit à la suite de la

---

[1] PELISSIER, J., A. Supiot et A. Jeammaud, Droit du travail, op. cit., p. 537-538, n°439.
[2] A. Cœuret, B. Gauriau et M. Miné, Droit du travail, éd. Sirey 2006, p.311, n°435.
[3] Voir la récente étude : F. Gaudu, Les nullités de licenciement et le « principe » pas de nullité sans texte, Dt. Sc., févier 2010, p. 151. L'auteur discute à propos de deux arrêts récents de la Cour de cassation : Cass. Soc., 20 février 2008, Bull. n°38, JCP S 2008, 616 et Dt. Soc. 2008, p. 530, note Chr ; Radé ; Cass. Soc., 28 janvier 2009, Bull. n°24, RJS 2009, p. 308 et JCP S, 2009, 1226, note P.-Y. Verkindt.
[4] A. Cœuret, B. Gauriau et M. Miné, op. cit., p.315, n°441.
[5] *Ibidem.*
[6] *Ibidem.*
[7] Cass. Soc. 4 juillet 1989, Action juridique CFDT, n° 79, nov. 1989, p. 17.
[8] PELISSIER, J., A. Supiot et A. Jeammaud, Droit du travail, op. cit., p. 541, n°440.
[9] F. Favennec-Héry et P.-Y. Verkindt, Droit du travail, éd. LGDJ 2007, p. 445, n° 428.
[10] PELISSIER, J., A. Supiot et A. Jeammaud, Droit du travail, op. cit., p. 541, n°440.
[11] F. Favennec-Héry et P.-Y. Verkindt, Droit du travail, éd. LGDJ 2007, p. 445, n° 428.
[12] *Ibidem.* Voir sur ce point en droit tunisien : MZID, N., Subordination juridique du salarié et liberté de la personne humaine, Etudes juridiques 1993-1994, p. 167.
[13] A. Mazeaud, Droit du travail, éd. Montchrestien 2006, p. 388, n° 524.

modification du 27 mai 2008[1] précise qu' « aucun salarié ne peut être licencié ou faire l'objet d'une procédure discriminatoire, directe ou indirecte….en raison de son origine, de son sexe, de ses mœurs, de son orientation sexuelle, de son âge, de sa situation de famille ou de sa grossesse, de ses caractéristiques génétiques, de son appartenance ou de sa non appartenance, vraie ou supposée, à une ethnie, une nation ou une race, de ses opinions politiques, de ses activités syndicales ou mutualistes, de ses convictions religieuses… ». La Cour de cassation française a ajouté à l'édifice des licenciements prohibés le licenciement prononcé en violation d'un droit constitutionnel, en l'occurrence, le droit d'expression, devant être sanctionné par la nullité[2].
Ainsi, une autre limite s'ajoute à l'exercice de la prérogative contractuelle de résiliation du contrat de travail, celle de respecter les droits fondamentaux du salarié. Cette nouvelle limite ne fait en réalité qu'élargir le domaine de l'abus dans l'exercice des attributs contractuels.

219. En droit tunisien, où le droit du travail, surtout concernant le régime du licenciement offre majoritairement les mêmes solutions, la possibilité de réintégration du salarié licencié n'est pas adoptée. Ledit droit ne prévoit, en cas de licenciement abusif, dénué de cause réelle et sérieuse, que l'allocation des dommages-et-intérêts. En outre, la distinction entre licenciement abusif pour absence de cause réelle et sérieuse et pour violation des procédures de licenciement n'a d'importance que sur le montant de la réparation[3]. Le licenciement d'un salarié protégé, comme un délégué du personnel ou un représentant syndical, même soumis à une procédure spéciale[4], est toujours possible. Le licenciement n'engendre, lorsqu'il est abusif, que la condamnation de l'employeur aux dommages-et-intérêts. Une *nullité-réintégration*[5] est loin d'être envisagée en droit tunisien.
Le professeur Nouri Mzid déplore déjà l'absence en droit tunisien de la procédure d'annulation du licenciement et ses conséquences[6].

220. En réalité, la nullité-réintégration du salarié protégé semble être, à vrai dire, une solution qui altère l'ambiance dans l'entreprise. Une indemnisation plus importante qui prend en compte le statut du salarié lui est préférable. De plus, cette mesure de réintégration s'accommode mal avec une analyse libérale de l'entreprise. Elle est aussi en opposition avec les attributs du droit de la

[1] Loi n° 2008-496, du 27 mai 2008.
[2] Cass. Soc. 28 avril 1988, D. 1988, p. 437, note Wagner, Dr. soc. 1988, p. 429, concl. H. Ecoutin, obs., G. Couturier ; LYON-CAEN, G., Dr. ouv. 1988. p. 97 ; J. Verdier, D. 1988, chron. P. 63.
[3] Voir sur ce point : l'article 14 et s du Code tunisien du travail. Voir aussi pour les mêmes articles le commentaire de M. Tarchouna et N. Mzid dans le Code de travail annoté, éd. IO, 2002.
[4] Article 161 du Code du travail tunisien.
[5] A. Mazeaud, Droit du travail, éd. Montchrestien 2006, p. 388, n° 524.
[6] MZID, N., Subordination juridique du salarié et liberté de la personne humaine, Etudes juridiques 1993-1994, p. 167, spéc. p. 183, n°28.

propriété qui doit normalement l'emporter en dernier lieu. En droit tunisien, le droit de la propriété est un droit constitutionnel[1] et ne doit souffrir aucune restriction aussi grave que celle incarnée par la mesure de réintégration du salarié licencié.

Le traitement que réserve la jurisprudence à l'abus est également vérifiable du côté de la clause pénale.

b - Le cas d'une clause pénale

221. Un autre exemple peut aussi démontrer la désactivation judicaire de l'abus dans les contrats ; c'est le cas du traitement judiciaire de la clause pénale. En droit français, la question de la clause pénale a suscité beaucoup d'engouement en jurisprudence et en doctrine avant que le législateur n'intervienne en modifiant les articles 1152 et 1231 du Code civil par la loi 75-597 du 9 juillet 1975 et par la loi 85-1097 du 11 octobre 1985. La jurisprudence française, faisant alors la sourde oreille aux incessantes réclamations de la doctrine[2], se retranche derrière le principe de l'intangibilité des conventions pour refuser toute révision de la clause pénale, fût-elle manifestement excessive. Elle a analysé l'article 1152 du Code civil comme « une application de la règle selon laquelle la convention fait la loi des parties »[3]. La clause pénale devient suivant cette analyse, comme l'a bien décrit un auteur, « un moyen qu'a le gros pour tenir le petit à sa merci »[4]. La nouvelle modification législative était donc inéluctable afin de verser du baume de justice sur un contrat rudement interprété et exécuté.

222. Cette modification, qui a ouvert « une brèche importante dans le principe de la force obligatoire du contrat »[5] et qui a renoué avec l'Ancien Droit[6], a donné au juge un pouvoir lui permettant de modifier le montant de la clause pénale et d'atténuer ainsi sa rigueur. La jurisprudence française, avant cette intervention législative, refuse très souvent la révision des clauses pénales[7]. Le débat a été transposé dans certaines espèces au domaine de l'article 1231 du

---

[1] Article 14 de la constitution tunisienne.

[2] M. Boccara avait proposé à la jurisprudence deux démarches leur permettant d'avoir un contrôle sur la clause pénale sauf qu'elles étaient refusées par la jurisprudence. Voir à ce propos aussi Ph. Malaurie, note sous Cass. com. du 4 juillet 1972, D. 1972, jur., p. 732.

[3] STARCK, B., ROLAND. H. et BOYER, L., Droit civil, Les obligations, t 2 Contrat, éd. Litec 1998, p. 637, n° 1820.

[4] Ph. Malaurie, Note sous Cass. com. du 9 octobre 1972, D. 1972, jur., p. 730.

[5] DELEBECQUE, Ph., et F.-J. Pansier, Droit des obligations, Contrat et quasi-contrat, éd. Litec 2006, p. 259, n° 515.

[6] *Ibidem.*

[7] Voir à titre d'exemple : Cass. com. du 4 juillet 1972, D. 1972, jur. p. 732, note Ph. Malaurie.

Code civil[1]. C'est le cas où le débiteur d'une clause pénale démontre qu'il a exécuté partiellement ses obligations et qu'il demande au juge de modifier le montant de la clause pénale[2].

223. Cette démarche poursuivie par une partie de la jurisprudence française a eu pour effet d'ôter à l'article 1152 tout rôle pouvant jouer en la matière, et c'est désormais l'article 1231 qui occupera le premier rang[3]. Cette transposition du débat de l'article 1152 à l'article 1231 n'a pas fait l'objet de l'unanimité des magistrats, et certains l'ont refusé en alléguant l'indivisibilité du contrat. Il n'est pas aisé d'y faire sortir une partie principale et une partie accessoire[4].
A la suite des modifications législatives, la révision d'une clause pénale n'est plus sujette à discussion ou à controverse en droit français ; elle est légale et le juge n'a qu'à la mettre en œuvre. Qui plus est, cette révision peut être fondée sur l'article 1152 sans qu'il soit nécessaire d'aller la chercher dans l'article 1231.

224. Il est néanmoins important de signaler que la Cour de cassation, faisant preuve de fidélité à ses anciennes positions, qui déifiaient le principe de la force obligatoire du contrat, a aussitôt encadré les modifications législatives introduites dans l'article 1152 afin d'éviter que ledit article « ne devienne une clé universelle de rééquilibrage des stipulations contractuelles»[5].
Les tribunaux ont ainsi assigné une interprétation restrictive aux nouvelles dispositions de l'article 1152 du Code civil au point de vider la modification législative de son utilité ou de son apport[6]. Pour mettre en œuvre cet article, ils exigent que la clause pénale soit manifestement excessive et disproportionnée[7] ou qu'elle provoque une « inadéquation flagrante et considérable de la peine au préjudice »[8]. Cette rigueur paraît *contra legem* et ne peut être expliquée que par un souci de sécurité et de stabilité qui inquiète les juges et les rend septiques envers toute malléabilité du contrat, fût-elle ordonnée par le législateur.

---

[1] Art. 1231 C. civ. : « lorsque l'engament a été exécuté en partie, la peine convenue peut même d'office, être déterminée par le juge à proportion de l'intérêt que l'exécution partielle a procuré au créancier, sans préjudice de l'application de l'article 1152. Toute stipulation contraire sera réputée non écrite ».
[2] Cass. 3e civ., 5 mars 1970, JCP 1970, II, 16581, 1re espèce, note Boccara ; Trib. Com. Grenoble, 12 mai 1969, JCP 1970, note Boccara.
[3] STARCK, B., ROLAND. H. et BOYER, L., op. cit., p. 637, n° 1816.
[4] Voir à ce propos MM. STARCK, B., ROLAND. H. et BOYER, L., op. cit., n° 1817, qui citent certains arrêts à l'appui de cette idée : Toulouse, 8 mai 1970, JCP. 1970, II, 16481, note E.M.B ou aussi Trib. Com. Paris, 4 mars 1970 : Lomico / Lépine, inédit, cité dans la note E.M.B. préc.
[5] FAGES, B., Droit des obligations, éd. LGDJ 2007, p. 305, n° 401.
[6] MALAURIE, Ph., AYNES, L. et STOFFEL-MUNCK, Ph., Les obligations, éd. Defrénois 2007, p. 543, n° 991.
[7] FAGES, B., op. cit., p. 305, n° 401.
[8] STARCK, B., ROLAND. H. et BOYER, L., op. cit., p. 636, n° 1814.

225. A partir de 1975, et face à l'impasse qui était totale[1], sur l'impulsion de la loi, la jurisprudence française a modifié, mais aussi, unifié ses anciennes positions envers la clause pénale. Le législateur a accordé aux tribunaux un pouvoir de contrôle de la clause pénale leur permettant, le cas échéant, de la réviser pour la rehausser lorsqu'elle s'avérait dérisoire ou encore pour la réduire lorsqu'elle serait excessive. La révision de la clause pénale est ainsi le moyen de contrôle. Certains auteurs précisent à cet égard que le pouvoir du juge est «un pouvoir de révision, non pas un pouvoir de substitution »[2] puisque « la clause pénale ne peut pas être annulée...elle demeure avec son caractère forfaitaire sauf ajustement en plus ou moins lorsqu'il y a excès dans un sens ou dans un autre»[3].
La même idée fut avancée par une autre partie de la doctrine, qui souligne que le juge ne peut pas se substituer à la volonté des parties au point de s'affranchir totalement du contrat initial[4]. La révision judiciaire n'ôte donc pas à la clause pénale ses caractères qui lui sont intrinsèquement inhérents. Le caractère pénal de la clause survit ainsi malgré la révision judiciaire[5]. C'est la même chose pour sa fonction de peine privée[6].
M. Denis Mazeaud avait précisé que « l'exercice du pouvoir de révision judiciaire n'a pas provoqué une métamorphose de la notion. Conçu comme tel, le pouvoir d'équité est resté une arme contre l'excès, et cette arme ne s'est pas retournée contre le principe même de la peine réprimant le débiteur négligent ou malhonnête » [7]. Le même auteur précise encore que «malgré le pouvoir de révision instauré en 1975 et raffermi en 1985, la clause pénale n'est pas entrée dans le giron du droit commun de la responsabilité »[8].

226. Le juge ne fait ainsi que ramener au raisonnable une stipulation contractuelle. Son rôle n'est pas de refaire le contrat ni une de ses stipulations, mais uniquement d'en ôter tout excès et injustice. En procédant ainsi, il désactive toute machination abusive pouvant être méditée ou tramée par l'un des contractants lors de la conclusion du contrat.
Le caractère exceptionnel et conditionné de l'intervention du juge pour réviser une clause pénale conforte une telle déduction relative à son pouvoir. Ce contrôle judiciaire, débouchant très souvent sur la révision, à la hausse ou à la baisse de la clause pénale, présente l'avantage d'être autonome par rapport aux

---

[1] STARCK, B., ROLAND. H. et BOYER, L., op. cit., p. 639, n° 1824.
[2] STARCK, B., ROLAND. H. et BOYER, L., op. cit., p. 639, n° 1826.
[3] *Ibidem.*
[4] MAZEAUD, D., La notion de clause pénale, LGDJ 1992, p. 51, n° 73.
[5] MAZEAUD, D., op. cit., p. 352, n° 623.
[6] MAZEAUD, D., op. cit., p. 358, n° 629.
[7] MAZEAUD, D., op. cit., p. 360, n° 632.
[8] *Ibidem.*

sanctions appliquées contre les clauses abusives où se pose essentiellement la question du réputé non écrit[1].
Cette sanction infligée contre les clauses pénales est puisée dans le droit commun. Néanmoins, un cumul des sanctions est parfois envisageable entre celles du droit de la consommation et celles du droit commun[2] afin de bien « enrayer les abus »[3]. Une clause pénale excessive pourrait ainsi être considérée comme réputée non écrite. Cette idée de cumul des sanctions contre une clause pénale abusive paraît avoir une acuité particulière avec la promulgation de la loi du 1er février 1995 qui a ajouté à la liste blanche des clauses abusives celles ayant pour objet d'imposer au consommateur qui n'exécute pas ses obligations une indemnité d'un montant disproportionnellement élevé[4]. La question n'est pas d'application facile, elle exige la réalisation des critères de l'article L 632-1 du Code de la consommation.

227. Il est dans l'intérêt de la partie faible de garder la protection contre la clause pénale au stade de l'article 1152 du Code civil. Une telle solution évite le passage par les critères de l'article L 132-1 du Code de la consommation et garantit une application plus large en s'appliquant à tout débiteur, qu'il soit consommateur ou non. D'un autre côté, la clause pénale n'est pas d'emblée abusive, ni déséquilibrante du contrat. Elle ne l'est qu'en cas de survenance de certaines conditions lors de l'exécution du contrat la rendant dérisoire ou excessive. Il est ainsi plus soutenable d'analyser la clause pénale à l'aune des critères de l'article 1152 du Code civil. Cette solution permet de garder la spécificité de la clause pénale sans pour autant qu'elle soit impunissable. Le droit commun[5], à travers l'article 1152 du Code civil ou même à travers l'article 1134, al. 3, du même Code permet un traitement convenable de la clause pénale, et par là-même, de l'abus dans les contrats de façon générale.

228. En l'absence d'un texte spécial en la matière, les juges tunisiens, durant ces dernières années, après une longue résistance, ont eu recours aux règles de droit commun afin de lutter contre les clauses pénales excessives. Dans l'arrêt

---

[1] Voir à cet égard : TERRE, F., SIMLER, Ph. et LEQUETTE, Y., Droit civil, Les obligations, éd. Dalloz 2005, p. 621, n°628 qui citent plusieurs auteurs qui ont abordé cette question notamment : A. Sinay-Cytermann, Les clauses pénales et les clauses abusives : vers un rapprochement, *In* Les clauses abusives dans les contrats types en France et en Europe, LGDJ 1991, p. 167

[2] CALAIS-AULOY, J., Les sanctions en droit de la consommation *In* Mélanges, B. Bouloc, éd. Dalloz 2007, p.75, spéc. p. 84 et suivants.

[3] TERRE, F., SIMLER, Ph. et LEQUETTE, Y., op. cit., p. 621, n° 628

[4] La même solution est également prévue par le Décret n°2009-302 du 18 mars 2009 qui a modifié celui de 1995.

[5] Le vocabulaire juridique de l'association H. Capitant, sous la direction de G. Cornu, 8ème éd. PUF 2000, définit le droit commun comme étant celui qui « «s'applique en principe, sauf exception, à toute personne et à toutes les affaires, par opposition à exceptionnel, résiduellement applicable à tous les cas non exceptés». Le droit commun constitue ainsi l'ensemble des règles générales qui ont vocation générale de s'appliquer à tous les cas.

de la Cour de cassation tunisienne du 28 avril 1994, une référence était faite aux règles de la justice et de la bonne foi devant régir l'exécution du contrat pour instaurer un contrôle du juge sur la clause pénale, lui permettant en cas de besoin de la réviser[1]. La référence était aussi faite à l'article 278 du Code des obligations et des contrats concernant la réparation du préjudice contractuel et préconisant le principe indemnitaire. La référence n'était faite à aucun texte spécial. D'ailleurs, la législation tunisienne, contrairement à ce qui existe en droit français, ne contenait alors aucune disposition concernant le traitement de la clause pénale dans les contrats.
Cette même démarche a récemment été confirmée par une décision de la Cour d'appel de Tunis lorsqu'elle a précisé que la lutte contre l'abus n'attendait point qu'un texte le permettant, soit légiféré[2]. La Cour s'est basée sur la morale dans les contrats et sur les nécessités de justice et d'équilibre contractuels.
La timidité des juges tunisiens a progressivement été remplacée par une audace et une certaine hardiesse. Cette dernière est aussi méritoire puisqu'elle est faite en l'absence de tout texte spécial. Elle reflète également un changement de l'analyse du contrat. Le respect aveugle de la théorie de l'individualisme est remplacé par un contrôle activiste[3].

229. La jurisprudence tunisienne a soumis, dans ces espèces, la clause pénale à un contrôle du juge lui permettant de mettre en échec toute démarche abusive machinée par l'un des contractants. A la fin de ce contrôle pratiqué par les juges, une sanction devait être décrétée. Normalement, le contrôle ne doit pas déboucher sur la nullité de la clause pénale. Aucun texte ne permet de fonder une telle sanction. Seule l'utilisation abusive de la clause pénale est visée. Normalement, la sanction doit être la révision de la clause pénale, en la rehaussant ou en l'abaissant afin qu'elle s'accommode avec le préjudice réellement subi par le créancier.
La Cour de cassation tunisienne a précisé dans l'arrêt de 1994 que les tribunaux ont « un pouvoir de contrôle sur la clause abusive qui leur permet de l'augmenter, de la réduire ou de la supprimer selon les cas de figure »[4]. En reconnaissant au juge de fond le pouvoir de réviser une clause abusive, la jurisprudence tunisienne rejoint ainsi la solution prévue par le droit français, qui a été introduite en 1975 dans le Code civil français. D'ailleurs, la Cour de cassation tunisienne cite dans ledit arrêt 1994 la position du droit français concernant la clause pénale.

---

[1] Cass. civ (tn). 13e chambre, n° 42624 du 28 avril 1994, RTD 1996, p. 231, note N. Ben Ammou (en langue arabe).
[2] C. App. Tunis, arrêt n° 65016 du 4 avril 2000 (inédit).
[3] BENABENT, A., L'équilibre contractuel : une liberté contrôlée, P. Aff. 6 mai 1998, n° 54, p. 14.
[4] Cass. civ (tn), du 28 avril 1994, précité (Dernier attendu).

230. Dans l'arrêt de 1994, la cour précise que la clause pénale peut être révisée voire annulée par les juges. La nullité est-elle possible pour une clause pénale ? Cette possibilité d'annulation n'est pas nouvelle en jurisprudence tunisienne[1] ou même étrangère[2]. Les juges de fond avaient depuis longtemps envisagé cette possibilité d'annulation lorsque les conditions d'une telle sanction sont réunies[3]. Cette solution présuppose de traiter la clause pénale comme un contrat autonome par rapport au contrat dont il fait partie. On parle ainsi de l'annulation du contrat de clause pénale[4]. Dans ce cas, la nullité de cette clause est sans effet sur l'obligation principale[5] qui garantit normalement son exécution. Elle est à prévoir au cas où l'une des conditions de validité des contrats ferait défaut ou en cas de l'existence d'un vice de consentement tel que le dol, l'erreur ou la violence[6].

La jurisprudence française a envisagé, elle aussi, cette possibilité dans certaines espèces anciennes[7]. La nullité, même peu pratiquée, paraît plus acceptable par rapport au principe de l'autonomie de la volonté que l'instauration d'un pouvoir de révision de la clause abusive. Le juge ne modifie pas la volonté des parties, il se contente uniquement de l'annuler. C'est peut-être la raison pour laquelle les tribunaux l'envisagent sans pour autant manquer de respect à la volonté des parties ou à l'individualisme contractuel.

231. La Cour de cassation tunisienne, dans un arrêt récent[8], a annulé une clause pénale insérée dans un contrat de travail. Une telle annulation semble puiser son fondement dans la notion de l'ordre public de protection et dans un souci jurisprudentiel de protection du salarié, censé être la partie faible. Une telle clause risque, aux yeux de la Cour de cassation tunisienne, de déséquilibrer davantage un contrat de travail déséquilibré par essence. Cette clause est, selon ladite Cour, probablement imposée au salarié[9].

---

[1] BEN AMMOU, N.,Note sous Cass. civ. 28 avril 1994 précitée, p. 254.

[2] La jurisprudence belge l'applique, consulter à ce propos : Cass. 17 avril 1970, Rev. Cri. Jurisp. Belge, 1972, p. 454, note I. Moreau-Margrève.

[3] C. App. Tunis, n° 57404 du 10 février 1965, RTD 1965, p. 88, cité par BEN AMMOU, N.,noté préci. RTD 1996, p. 254.

[4] MAZEAUD, D., La notion de clause pénale, LGDJ 1992, p. 91, n° 163 et s.

[5] MAZEAUD, D., op. cit., p. 92, n° 164.

[6] BEN AMMOU, N.,note préci. p. 254.

[7] MAZEAUD, D., op. cit., p. 92, n° 164 qui cite à cet égard : Paris, 27 juin 1889, D. P. 1890, 2, p. 206 ; Colmar, 11 janvier 1964, JCP 1965, II, 14267.

[8] Cass. soc. (Tunisie) n° 8571 du 6 juin 2001, RJL, n° 2, février 2004, note I. Lahmar. Ceci au rebours de la solution adoptée par la jurisprudence française qui n'a pas annulé des clauses pénales insérées dans un contrat de travail se contentant de les soumettre aux dispositions de l'article 1152 CC, offrant au juge la possibilité de réviser ou de modifier une clause pénale. Voir à cet égard : Cass. Soc. 17 mars 1998, Bull. civ. V, n° 142 ; Cass. Soc. 3 décembre 2002, RJS n° 2, 2003, n° 185.

[9] La Cour de cassation tunisienne a précisé dans l'arrêt n° 8576 cité ci-dessus que « l'insertion d'une clause pénale dans un contrat de travail ne s'accommode pas avec la spécificité du contrat de travail qui est caractérisé par l'inégalité entre ses parties ».

232. Une autre idée a été soutenue par la Cour de cassation ; le législateur a soumis le contrat de travail à un régime spécial d'indemnisation et il est inadmissible de permettre à une clause pénale de le mettre en échec.

233. La position de la Cour de cassation est critiquable sur deux points. Elle aurait pu, au lieu d'annuler la clause pénale insérée dans un contrat de travail, la soumettre au pouvoir de révision reconnu au juge civil et auquel il est accoutumé. Une telle solution est préférable à l'annulation. Dans un second point, la Cour de cassation tunisienne fonde sa position sur une présomption qui n'est pas toujours valable : la clause pénale insérée dans un contrat de travail est toujours au profit de l'employeur. Une pratique qui est en train de se généraliser lui porte un démenti : les cadres imposent de plus en plus aux employeurs l'insertion d'une clause pénale en leur faveur qui les protège contre un risque de licenciement et leur garantit une réparation satisfaisante. D'un autre côté, une clause pénale n'est pas forcément antinomique à l'ordre public de protection ; elle peut être plus favorable au salarié si elle prévoit un montant supérieur aux indemnités légales. Au cas où elle serait en-deçà de la protection légale, le juge n'a qu'à l'écarter et privilégier le régime légal de réparation. L'ordre public de protection ne joue ainsi que dans ce second cas de figure.
De façon générale, l'annulation de la clause pénale est envisageable lorsqu'elle viole l'ordre public. Cette idée n'est en réalité pas nouvelle, la doctrine tunisienne l'a envisagée depuis quelques années[1].
Le rapprochement entre la clause insérée dans un contrat de travail déterminant l'allocation d'un montant forfaitaire en cas de licenciement du salarié et la clause pénale demeure, aux yeux d'une frange de la doctrine française, discutable. « Cette interprétation est discutable – déclarent certains auteurs – : la clause pénale est celle qui prévoit une certaine somme à titre de dommages-intérêts lorsque l'un des contractants ne respecte pas ses engagements contractuels ; en la circonstance l'employeur qui licencie un salarié ne viole pas ses engagements contractuels ; il exerce un droit qui est inhérent au contrat de travail à durée indéterminée et verse une indemnité qui est prévue par le contrat dans ce type de situation »[2]. Pour une autre partie de la doctrine, un tel rapprochement n'est pas pleinement convaincant[3]. Il provient en effet de la

---

[1] BEN AMMOU, N.,note préci. p. 255-256 qui défend l'idée de l'annulation de la clause pénale excessive qui paraît, selon lui, mieux appropriée qu'une révision basée sur l'équité dont les contours ne sont pas bien définis. Un auteur tunisien paraît aussi du même avis mais préférant une intervention législative qui fixe les critères de la révision de la clause pénale. (ZINE, M., Théorie générale des obligations, 1 – Le contrat, éd. Tunis 1997, p. 312, n° 387-2).

[2] PELISSIER, J., A. Supiot et A. Jeammaud, Droit du travail, éd. Dalloz 2006, p. 621, n° 518 ; voir aussi à cet égard : A. Mazeaud, Droit du travail, éd. Montchrestien, 2006, p. 399, n° 534 où il précise que «l'indemnité (contractuelle de licenciement) n'est réductible que dans l'hypothèse où elle s'analyse en une clause pénale à l'appui d'un engagement de garantie d'emploi».

[3] FABRE-MAGNAN, M., Les obligations, éd. PUF 2004, n° 224, spéc. p. 612-613.

confusion, très souvent commise, entre clause pénale et clause prévoyant une indemnisation forfaitaire[1].

234. L'observation à tirer de l'ensemble de l'œuvre jurisprudentielle est que les tribunaux tunisiens ont pu progressivement se libérer de l'influence de la position des chambres réunies de la Cour de cassation proclamée dans l'arrêt du 28 avril 1975 qui accordait à la clause pénale une fixité inébranlable[2]. Un passage est fait d'un respect dévot qui déifie la clause pénale à une position qui accepte de soumettre cette clause au contrôle judiciaire. La clause pénale peut ainsi être modifiée par le juge tunisien comme l'est la situation en droit français. La jurisprudence tunisienne a ainsi pu, en l'absence de tout texte légal, instaurer son pouvoir de révision sur la clause pénale. Elle a pu s'arroger un droit de révision de cette clause, voire de la révision du contrat tout entier[3]. Quant à la jurisprudence française, ce pouvoir n'est plus discutable.
Il apparaît donc que le contrôle du juge sur la mise en œuvre des clauses contractuelles est capable de désactiver une machination abusive méditée par un créancier de mauvaise foi. Ce contrôle judiciaire, pour méritoire qu'il soit, n'est pas exempt de quelques désavantages. Son inconvénient majeur, c'est qu'il déforme la fonction normalement assurée par une clause contractuelle. Un auteur a ajouté, dans ce sens, en se posant la question suivante : « existe-t-il encore des clauses fonctionnant comme prévu, des clauses résolutoires qui résolvent, des clauses pénales qui punissent et des clauses limitatives qui limitent »[4].
Cette déformation judiciaire de la fonction de certaines clauses trouve sa justification dans un souci impérieux de chasser l'abus du contenu du contrat, même si cela débouche sur une atteinte à la volonté déclarée des parties. M. Fages a précisé que la devise soutenue par la jurisprudence dans cette guerre féroce contre l'abus provenant d'une clause contractuelle était la suivante : « pas de pitié pour les clauses »[5] mais « de la pitié pour le contrat »[6]. Ce dernier sort vainqueur de cette guerre atroce du moment qu'il est maintenu et sauvegardé tout en étant purgé de l'abus.

Le rôle du juge, abstraction faite de certaines hésitations, s'avère ainsi indispensable dans la lutte contre l'abus dans le contrat. Il désactive toute machination abusive méditée par un créancier de mauvaise foi qui détourne une

---

[1] FABRE-MAGNAN, M., Les obligations, op. cit., p. 612-613. L'auteur cite à cet égard M. D. Mazeaud dans sa thèse sur la notion de clause pénale (n° 269), qui envisage la distinction dans le caractère comminatoire de la clause pénale.
[2] Cass. civ. ch. Réunies, n° 7919 du 28 avril 1975, RTD 1976, II, p. 166, note F. Nemchi.
[3] ZINE, M., Théorie générale des obligations, 1 – Le contrat, éd. Tunis 1997, p. 312, n° 387-2.
[4] FAGES, B., Le double jeu de la cour de cassation à l'égard du contenu des conventions, P. Aff. 06 mai 1998, n° 54, p. 39, n° 3.
[5] FAGES, B., art. préci. p. 39 n°3.
[6] FAGES, B., art. préci. p. 39, n°5.

prérogative contractuelle de sa fonction ordinaire. Il pousse son rôle un peu plus loin lorsqu'il passe de la désactivation à la stigmatisation d'une clause abusive.

§ - 2 La stigmatisation de la clause abusive

235. La stigmatisation d'une clause abusive, contrairement à la désactivation judiciaire de la machination abusive, n'est pas uniquement l'œuvre du juge, le législateur y contribue manifestement.
D'un autre côté, la stigmatisation d'une clause abusive ne dépend pas de sa mise en œuvre, alors que la désactivation d'une démarche abusive initiée par un créancier nécessite indubitablement la mise en application d'une prérogative ou d'un pouvoir contractuel permettant à l'abus de faire surface et de sortir à la lumière du jour. Une clause abusive est stigmatisée même si elle n'est pas encore mise en œuvre.
La question de la stigmatisation des clauses abusives n'est pas analysée de la même façon en droit français (A) et en droit tunisien (B), ce qui oblige à la traiter d'une façon séparée.

A – En droit français

236. La stigmatisation d'une clause abusive évoque une question relative aux sanctions applicables sur ce type de clauses. Applique-t-on les sanctions du droit commun ou celles des textes spéciaux[1] ? Les sanctions de droit commun sont essentiellement la nullité ou l'octroi des dommages-et-intérêts[2]. Les sanctions prévues dans les textes spéciaux sont essentiellement celles du droit de la consommation s'adressant surtout à la clause censée être abusive en lui réservant un traitement spécial, variant entre sa supprimer ou la réputer non écrite.
La différence entre les sanctions de droit commun et les sanctions du droit de la consommation, c'est que ces dernières « sont mieux adaptées à la protection du consommateur que les sanctions du droit commun »[3]. Entre les sanctions de droit commun et celles des textes spéciaux, un enchevêtrement est possible. Certains contractants se retournent vers le droit commun surtout lorsque leurs prétentions fondées sur le droit de la consommation n'aboutissent pas. Tel est le cas des prêteurs pour lesquels le juge refuse la déchéance du droit aux intérêts et attaquent ainsi en nullité le contrat de crédit immobilier pour manquement aux

---

[1] CALAIS-AULOY, J., Les sanctions en droit de la consommation, *In* Mélanges B. Bouloc, éd. Dalloz 2007, p. 75, spéc. p. 84.
[2] D'autres sanctions sont éventuellement envisageables telle que l'inopposabilité ou la caducité. Consulter à cet égard : R. Chaaban, La caducité des actes juridiques, étude de droit civil, éd. LGDJ 2005 ; C. Pelletier, La caducité des actes juridiques en droit privé français, éd. L'Harmattan 2004.
[3] CALAIS-AULOY, J., art. préci. p. 84.

conditions de forme de l'offre de crédit[1]. Entre le droit commun et le droit de la consommation, la complémentarité l'emporte sur toute autre idée[2] ; le droit de la consommation ne fait que compléter l'œuvre inachevée et non explorée, du droit commun concernant la protection de la partie faible[3] dans les rapports contractuels. Le droit commun des contrats doit beaucoup à cette nouvelle discipline juridique qui lui a permis d'avoir du « sang frais » et une nouvelle survie. Dans ce même ordre d'idées, MAZEAUD, D., précise dans des termes éloquents que « plutôt que d'entonner un requiem pour le droit commun, il paraît plus réaliste d'admettre sa cohabitation avec le droit spécial de la consommation »[4].

237. D'une façon générale, le droit de la consommation est un domaine nouveau plus protecteur pour le consommateur, luttant implacablement contre un abus dont il pourrait être victime. Il véhicule, à cet effet, des mesures intelligentes[5], telle que la clause réputée non écrite[6]. Cette nouvelle sanction du droit de la consommation, même si elle n'a suscité qu'un rare engouement du législateur français de 1804[7], n'a cessé de nos jours de conquérir des domaines plus vastes et d'infester l'intégralité du droit des contrats au point de rivaliser avec les anciennes sanctions du droit civil ayant régné pendant de longues interstices sans partage et sans ébranlement. Un auteur confirme cette idée lorsqu'il énonce : « la littérature juridique montre un recul de la clause dite nulle devant la clause réputée non écrite »[8]. Aujourd'hui « peu nombreux sont les domaines qui échappent au procédé consistant à réputer non écrite une

---

[1] Voir à ce propos le développement de cette idée exposée par CALAIS-AULOY, J., art. préci. p. 84.

[2] Y. Picod et H. Davo, Droit de la consommation, éd. Armand Colin 2005, p. 5. Lesdits auteurs parlent d'une «incontournable complémentarité entre le droit commun et le droit spécifique de la consommation».

[3] STRICKLER, Y., La protection de la partie faible en droit civil, LPA 2004, n° 213, p. 6. Voir aussi sur ce point : A. Sinay-Cytermann, Les relations entre professionnels et consommateurs en droit français, *In* La protection de la partie faible dans les rapports contractuels. Comparaisons franco-belges, éd. LGDJ 1996, p. 241 ; ROCHFELD, J., Du statut du droit contractuel « de protection de la partie faible » : les interférences du droit des contrats, du droit du marché et des droits de l'homme, *In* Mélanges VINEY, G., éd. LGDJ 2008, p. 835. Pour le droit tunisien, voir surtout : O. Ben Fadhel, Le droit applicable et la protection de la partie faible dans les contrats internationaux, *In* Mélanges H.-L. Hachem, éd. CPU 2006, p. 194, spéc. 195-196.

[4] MAZEAUD, D., L'attraction du droit de la consommation, *In* Droit du marché et droit commun des obligations, RTD com. 1998, n° 1, p. 95, spéc. p. 97, n°5.

[5] DELEBECQUE, Ph., Que reste-t-il du principe de la validité des clauses limitatives de responsabilité ? D. Aff., n° 8 1997, p. 23, spéc. p. 24.

[6] Voir à ce propos surtout : GAUDEMET, S., La clause réputée non écrite, éd. Economica 2006 ; V. Cottereau, La clause réputée non écrite, JCP, éd. G, n° 28-29, 1993, n° 3691 ; KULLMANN, J., Remarque sur la clause réputée non écrite, D. 1993, n° 9, ch. p. 59.

[7] GAUDEMET, S., La clause réputée non écrite, éd. Economica 2006, n° 1, p. 1 qui précise qu'en 1804, année de la promulgation du Code civil, la clause réputée non écrite ne fut citée qu'une seule fois à travers l'article 900 relatif au testament entre vifs.

[8] KULLMANN, J., Remarque sur la clause réputée non écrite, D. 1993, n° 9, ch. p. 59.

clause »[1]. C'est une mesure qui tend à la généralité, elle peut même l'avoir atteinte, dépassant ainsi les contours de son berceau naturel, le droit de la consommation.

238. *La clause réputée non écrite,* sanction nouvelle, n'est pas une création jurisprudentielle, mais une invention légale. Cependant, la prolifération de la clause réputée non écrite a ouvert la porte de son utilisation aux juges et même aux contractants, utilisation qui n'est plus l'apanage du législateur[2].
La stigmatisation ou la sanction des clauses abusives, est essentiellement une tâche assumée, du moins initiée par la loi. Les sanctions pouvant être infligées contre de telles clauses sont de trois catégories : pénales, administratives et civiles[3].

239. Cette nouvelle sanction, appelée « réputée non écrite », rangée parmi les sanctions civiles, est forgée par le législateur afin de lutter contre les abus dans les contrats reliant un consommateur à un professionnel. Du contrat conclu, sera éliminé ce qui est nocif pour le consommateur et y sera maintenu ce qui ne présente aucun danger particulier. On se livre à une sorte de triage, ou de criblage, des clauses contractuelles afin de séparer le bon grain de l'ivraie. L'opération a donc pour objet le contenu du contrat qui se voit analysé à la loupe afin de déloger l'abus.

240. Cette nouvelle technique de lutte contre l'abus dans les contrats ne concerne, essentiellement, que les clauses abusives dont la définition a été avancée dans l'article L. 132-1 du Code de la consommation. La jurisprudence, prenant la relève du législateur et s'inspirant de sa philosophie, a continué la lutte contre les clauses abusives et l'a poussée encore plus loin dans une quête de protection de la partie faible dans les rapports contractuels[4]. Cet élargissement jurisprudentiel du domaine de la clause réputée non écrite, même *contra legem*, est très bénéfique pour le consommateur qui voit le domaine de sa protection s'étendre. Cet élargissement était *contra legem* puisque la loi avait normalement ôté au juge tout pouvoir discrétionnaire. Le législateur avait conféré la précision des clauses dites abusives au gouvernement qui devait les recenser. La commission des clauses abusives contribue aussi à cette tâche. Le

---

[1] GAUDEMET, S., op. cit., n° 1, p. 1.
[2] KULLMANN, J., art. préc. p. 59.
[3] CALAIS-AULOY, J., Les sanctions en droit de la consommation, *In* Mélanges B. Bouloc, éd. Dalloz 2007, p. 75, spéc. p. 76.
[4] La protection de la partie faible dans les rapports contractuels : comparaison franco-belge, éd. LGDJ 1996. Voir pour le droit tunisien : O. Ben Fadhel, Le droit applicable et la protection de la partie faible dans les contrats internationaux, *In* Mélanges H.-L. Hachem, éd. CPU 2006, p. 194, spéc. 195-196.

juge n'a ainsi qu'une « tâche quasi-mécanique »[1] cantonnée dans les limites de ce qui est prévu par le décret et par la commission des clauses abusives. Le rôle du juge est essentiellement déclaratif. Il déclare, après examen, la clause abusive ou non et en inflige, par la suite, la sanction appropriée. C'est donc la décision juridictionnelle qui *révèle*[2] la clause abusive[3].
Toutefois, témoignant de leur hardiesse, les juges, avaient pris leur revanche de la loi en s'arrogeant un rôle actif à jouer dans la qualification d'une clause comme abusive. Cette revanche[4], ou ce coup d'Etat[5] jurisprudentiel, comme l'ont qualifié certains auteurs, était concrétisée dans un arrêt qui date de 1991, et à travers lequel la Cour de cassation avait reconnu aux juges le pouvoir de déclarer une clause abusive en l'absence de tout décret ou d'avis de la commission des clauses abusives[6].
Le pouvoir du juge en matière de lutte contre les clauses abusives semble être renforcé par la dernière modification introduite sur le Code de la consommation. Un article L.141-4 du Code de la consommation accorde au juge le pouvoir de soulever d'office les clauses abusives[7]. Cette possibilité de soulever d'office une clause abusive a été ovationnée par la doctrine[8] puisqu'elle accorde plus d'efficacité à la lutte contre les clauses abusives.
Qui plus est, cette même loi accorde une possibilité de lutter contre l'abus même dans les rapports entre professionnels. En effet, l'article L. 442-6-II, 2° du Code de commerce permet de stigmatiser l'abus même dans les rapports entre professionnels[9]. Toutefois, si le critère est le même, le déséquilibre significatif est toujours exigé, la sanction est différente. Celle-ci ne se limite pas à réputer la clause non écrite, mais peut aller jusqu'à décider l'annulation du

---

[1] TERRE, F., SIMLER, Ph. et LEQUETTE, Y., Droit civil, Les obligations, éd. Dalloz 2005, n° 328, p. 338.
[2] J. Flour, J.-L. Aubert et Eric Savaux, Droit civil, Les obligations, 1. L'acte juridique, éd. Sirey 2006, n° 186, p. 137.
[3] Voir sur ce point : TERRE, F., SIMLER, Ph. et LEQUETTE, Y., Droit civil, Les obligations, éd. Dalloz 2009, p. 342, n° 325. En matière de clauses abusives, une modification a été introduite par la loi 4 août 2008 sur la modernisation de l'économie qui a modifié l'article L.132-1 du Code de la Consommation. Il y a aussi le décret du 18 mars 2009 qui a établi la liste noire et la liste grise des clauses abusives.
[4] MAZEAUD, D., Le juge et le contrat : variations optimistes pour un couple illégitime *In* Mélanges J-L Aubert, éd. Dalloz 2005, p. 252.
[5] CARBONNIER, J., Droit civil, Les obligations, éd. PUF 2000, spéc. n° 83.
[6] Cass. 1re civ. 14 mai 1991, Bull. civ. I, n° 153 ; D. 1991, p. 449, note J. Ghestin ; JCP 1991, éd. G, II, 21763, note G. Paisant ; Défrenois 1991, 1268, obs. J.-L. Aubert ; RTD civ. 1991, 526, obs. J. Mestre.
[7] Cet article est issu de la loi du 3 janvier 2008.
[8] PICOD, Y., Réflexions sur la refonte du Code de la consommation, Cont. Conc. Consomm. 2008, n° 12, p. 12, spéc. n° 12.
[9] Voir sur ce point surtout : M. Malaurie-Vignal, Le nouvel article L. 442-6 du Code de la consommation apporte-t-il de nouvelles limites à la négociation contractuelle ? Cont. Conc. Consomm. 2008, n°11, p. 12 ; BOSCO, D., Les clauses abusives entre professionnels : l'étonnante protection accordée par la loi LME, LEDC novembre 2008, p.1.

contrat[1]. La condamnation aux dommages-et-intérêts du responsable est également envisageable.

241. Qualifier une clause d'abusive n'est pas une fin en soi ; ce qui est visé en dernier lieu, c'est la sanction ou la stigmatisation de l'abus. La sanction infligée contre ces clauses est de les considérer comme non écrites. C'est une fiction qui consiste à considérer « la clause réellement écrite n'est pas écrite »[2]. Cette mesure de réputer non écrite une clause, revient à prononcer son éradication[3] de la sphère contractuelle. Elle sera biffée[4] du contenu du contrat.

242. Ce régime de sanction « inhabituel »[5] présente une certaine spécificité par rapport aux sanctions classiques connues en matière civile. Pas de ressemblance avec la nullité absolue, puisque la question ne concerne pas les conditions de formation du contrat. On dépasse également d'un cran la nullité relative puisque non seulement le consommateur concerné peut agir en suppression de la clause abusive, mais aussi les organismes de la défense du consommateur[6]. Le régime, n'est pas le même entre clause réputée non écrite et clause entachée de nullité relative[7]. Il ne reste qu'une possibilité de rapprochement à la nullité partielle. Les deux sanctions ne touchent pas à l'intégralité de l'acte mais se penchent uniquement sur un seul volet, laissant ainsi intact le reste du contrat. La sanction est parcellisée et ponctuelle dans les deux cas. La doctrine française procède classiquement à une assimilation de la nullité partielle à la sanction de « réputée non écrite »[8]. Les deux sanctions sont des variétés qui aboutissent au même résultat, à savoir l'inefficacité de la clause stigmatisée. La distinction entre nullité partielle et réputer une clause comme non écrite, paraît résider dans le fait que la clause réputée non écrite est sur les limites de l'inexistence ; elle est considérée comme si elle n'était jamais entrée dans l'aire contractuelle[9]. Dans le

---

[1] M. Béhar-Touchais, La sanction du déséquilibre significatif dans les contrats entre professionnels, RDC 2009 n° 1, P. 202.
[2] KULLMANN, J., art. préci. p. 59.
[3] TERRE, F., SIMLER, Ph. et LEQUETTE, Y., op. cit. n° 329, p. 340.
[4] DELEBECQUE, Ph., art. Préc.
[5] B. Stark, H. Roland et L. Boyer, Droit civil, Les obligations, 2. Contrat, éd. Litec 1998, n° 793, p. 287.
[6] Article L. 421-6, al. 2 du Code de la consommation accorde aux associations agréées des consommateurs ainsi qu'aux organismes inscrits sur une liste du journal officiel de l'Union Européenne d'agir en suppression des clauses abusives. Cette suppression, comme l'a confirmé la Cour de cassation, ne concerne que les contrats non encore conclus et ne peut avoir pour objet des contrats déjà conclus. Cf. : Cass. 1re civ. du 1er février 2005, JCP G. 2005, I, 141, obs. J. Rochfeld.
[7] Pour ample détail consulter : KULLMANN, J., art. préci. p. 60 et suivants. L'auteur aborde la question de la prescription comme point de divergence entre les deux sanctions.
[8] Consulter dans ce sens : GAUDEMET, S., La clause réputée non écrite, éd. Economica 2006, n° 5, p. 3 et le développement qu'elle réserve à la question.
[9] Kullmann, art. préc. p. 61 où il précise que la clause réputée non écrite «est placée hors de l'aire contractuelle».

cas de la nullité partielle, la clause existe indubitablement sauf qu'elle ne produit aucun effet parce qu'elle est entachée d'une cause quelconque de nullité qui la rend annulable.
Qui plus est, la spécificité de cette technique de réputer une clause non écrite par rapport à la nullité partielle est que la question n'est plus analysée d'une façon subjective, en faisant référence à la volonté, mais d'une façon purement objective. Lorsqu'une clause présente les caractères d'une clause abusive, elle est réputée non écrite et le contrat est maintenu, abstraction faite de la volonté des parties. Une telle abstraction n'est pas possible dans les nullités relatives où une analyse de la volonté des parties semble inévitable[1]. La sanction de réputer non écrite une clause dispense ainsi le juge de se livrer à *un pronostic rétrospectif*[2] de ce qui était essentiel aux yeux des contractants. Cependant, le point commun entre les deux techniques est qu'elles limitent l'effet de la clause stigmatisée. M. Simler a précisé dans sa thèse : « le simple bon sens ne veut-il pas que la sanction soit proportionnée à l'illicite, que l'acte ne soit annulé que dans la mesure de l'excès »[3]. Dans le cadre des deux sanctions, la proportionnalité est respectée.
Concernant l'inexistence, si une confusion existe, même aux yeux de la jurisprudence[4] entre clause réputée non écrite et l'inexistence, la distinction est d'autant plus claire qu'avec la nullité relative, la clause réputée non écrite existe, mais elle ne produit aucun effet.
L'utilité de la nouvelle sanction (réputée non écrite), c'est que la loi tranche la question de la survie du contrat et la nullité de la clause[5]. La question ne dépend plus de l'appréciation des juges ou de leur bon gré.

243. La technique de réputer non écrite une clause abusive paraît être la solution la plus adéquate : le désir du consommateur est satisfait en maintenant le contrat affranchi de la clause qui lui a été extorquée[6]. La stigmatisation de la clause abusive, par le fait de la considérer comme non écrite, présente un avantage indéniable ; le contrat est sauvegardé mais amputé de la clause incarnant l'abus. Il se trouve rééquilibré, expurgé de l'abus qui l'a entaché. Réputer une clause

---

[1] TERRE, F., SIMLER, Ph. et LEQUETTE, Y., op. cit. n° 420, spéc. p. 419 et suivants.
[2] TERRE, F., SIMLER, Ph. et LEQUETTE, Y., op. cit. n° 420, spéc. p. 421.
[3] SIMLER, Ph., La nullité partielle des actes juridiques, LGDJ 1969, n° 9, spéc. p. 10.
[4] Cass. civ. 3°, 9 mars 1988, D. 1989, p. 143, note Ch. Atias. L'espèce concerne des clauses illicites d'un règlement de copropriété. Ces arrêts analysent la clause illicite comme n'ayant jamais figuré dans le contrat, de sorte qu'il n'y a pas même besoin d'en demander l'annulation et que la nullité de la clause peut être constatée à tout moment, ce qui élude en particulier la question de la prescription (voir dans ce sens J. Flour, J.-L. Aubert et SAVAUX, E., op. cit., n° 326, p. 261).
[5] J. Flour, J.-L. Aubert et SAVAUX, E., op. cit., n° 357, spéc. p. 294.
[6] B. Stark, H. Roland et L. Boyer, Droit civil, Les obligations, 2. Contrat, éd. Litec 1998, n° 793, p. 287.

non écrite revient à en limiter l'efficacité, la « paralyser »[1] ou *la gommer*[2] du contrat. C'est aussi *l'élagage* de la clause abusive[3] ou son éradication du contrat. Le juge est simplement équipé de la gomme à effacer[4].

244. Un auteur précise qu'il ne faut pas trop exagérer l'importance de la sanction « réputée non écrite ». Certaines clauses pourtant abusives, passent inaperçues et trouvent une exécution intégrale car les consommateurs n'avaient jamais pensé qu'elles seraient abusives[5]. Ce manque d'information du consommateur est probablement la raison pour laquelle le législateur a accordé aux organismes de défense du consommateur la possibilité d'agir devant les tribunaux, en vue de déclarer une clause comme réputée non écrite. Le même auteur précise davantage que dans certains cas, il ne suffit pas que la clause soit réputée non écrite ; il faudrait qu'elle ne soit pas écrite[6].
Quoi qu'il en soit, réputer une clause non écrite, c'est toujours mieux que d'annuler tout le contrat. La nullité s'avère parfois être une injustice contre laquelle il faut protéger la partie faible. Cette nouvelle sanction, et cette tendance législative de protection de la partie faible dans les rapports contractuels, ne doit pas être un alibi pour que les juges arrivent à une situation inverse où le déséquilibre est aux dépens du créancier qui voit ses intérêts sacrifiés. La suppression de la clause abusive doit être un moyen de restauration de l'équilibre et de l'équité dans le contrat et ne jamais servir une idée perverse. La clause réputée non écrite est remplacée par un autre régime équitable qui tient compte des intérêts des contractants sans favoriser une partie sur une autre.

245. L'implicite, la bonne foi impliquée dans tout contrat, favorisent normalement la stigmatisation de la clause abusive en la considérant comme réputée non écrite et en maintenant le contrat expurgé. La clause abusive incarne un degré très grave et impardonnable de la mauvaise foi. Le rôle de cette dernière est d'exclure l'abus du contenu contractuel, quelle que soit sa forme. Un contractant profane, lorsqu'il contracte avec un professionnel, est normalement en droit de compter sur sa bonne foi. Si jamais ce dernier enfreint cette obligation, le juge, à travers la stigmatisation de l'abus et en éliminant la clause abusive, redresse les choses et rend à la bonne foi la place qu'elle doit occuper au sein du contenu contractuel.

---

[1] STOFFEL-MUNCK, Ph., Regards sur la théorie de l'imprévision : vers une souplesse contractuelle en droit privé français contemporain, éd. PUAM 1994, p. 128, n° 229.
[2] J. Flour, J.-L. Aubert et SAVAUX, E., op. cit., éd. Sirey 2006, n° 186, spéc. p. 138.
[3] JACQUES, Ph., Regards sur l'article 1135 du Code civil, éd. Dalloz 2005, n° 352, p. 748.
[4] BENABENT, A., Un nouvel instrument jurisprudentiel : la gomme à effacer, *In* Mélanges LE TOURNEAU, Ph., éd. Dalloz 2008, p. 81.
[5] J. Calais-Auloy et F. Steinmetz, Droit de la consommation, éd. Dalloz 2006, n° 191, spéc. p. 227.
[6] J. Calais-Auloy et F. Steinmetz, Droit de la consommation, éd. Dalloz 2006, n° 191, spéc. p. 227

L'implicite dans toutes ses hypothèses se confond avec la sanction « réputée non écrite ». Il produit le même effet. Toutefois, pour l'implicite, il n'est pas nécessaire qu'un texte le dispose. Le même résultat peut être atteint sans aucun texte particulier à l'appui. Il suffit de donner une expression à cette élimination sous-jacente de l'abus pour que la clause ne produise aucun effet. Il s'ensuit que l'implicite qui suppose normalement écrit ce qui n'est pas écrit dans le contrat, peut favoriser dans certaines hypothèses une limitation de l'effet de ce qui est écrit, voire une paralyse des stipulations contractuelles expresses. Dans ces hypothèses, l'implicite l'emporte sur l'explicite.
Il est essentiel de citer dans ce sens que la loi sur la modernisation de l'économie du 4 août 2008 a permis de lutter contre les clauses abusives entre professionnels. Ceci est rendu possible par la modification de l'article L 442-6, I, 2° du Code de commerce qui interdit au professionnel de « soumettre ou de tenter de soumettre un partenaire commercial à des obligations créant un déséquilibre significatif dans les droits et obligations des parties ». Toutefois, la sanction n'est pas semblable à celle prévue par le Code de la consommation. Il ne s'agit plus de réputer une clause non écrite. C'est plutôt l'annulation qui est envisageable. La condamnation aux dommages-et-intérêts est également possible.

Si la stigmatisation des clauses abusives dans le droit français bénéficie d'une certaine spécificité, se pose la question de l'existence d'une telle spécificité en droit tunisien.

B – En droit tunisien

246. En droit tunisien, où le droit de la consommation n'est qu'une création récente du législateur et dont le schéma demeure encore inachevé du fait de l'absence d'un véritable droit de crédit protecteur du consommateur surendetté[1], la clause réputée non écrite n'est pas connue en tant que telle ; d'autres appellations sont utilisées, notamment, la nullité des clauses abusives. La clause abusive est stigmatisée mais avec des techniques classiques de droit civil et sans créer de mesures intelligentes, comme c'est le cas pour le droit français.
Le texte essentiel en droit tunisien de la consommation est celui du 7 décembre 1992, relatif à la protection du consommateur. Il ne prévoit que la nullité pour

[1] REBAÏ, A., Le principe de proportionnalité et le droit de la consommation *In* Mélanges Sassi Ben Halima, CPU 2005, 969, spéc. p. 997. L'auteur précise : « Il n'est pas sans intérêt de constater que certains secteurs de la vie économique et financière qui touchent directement les consommateurs restent encore soumis au droit commun des contrats. Pour ne citer qu'un seul exemple, le contrat de prêt avec constitution de garantie utilisé pour le financement des projets de première nécessité, telle que la construction d'une maison individuelle ». Au droit tunisien de la consommation, il manque surtout le droit sur le surendettement ce qui laisse la porte ouverte aux établissements financiers pour utiliser des clauses abusives sans se soumettre au glaive de la loi ou des juges.

les clauses qu'il considère comme abusives. C'est le cas par exemple de l'article 10 de ladite loi qui prohibe les clauses d'exclusion de responsabilité du fabricant. La même remarque est aussi valable pour l'article 17 de la même loi qui dispose que « toute convention du contrat relatif à la non garantie est nulle »[1].

L'article 23 de la loi tunisienne relative aux ventes avec facilités de paiement[2] dispose que la clause, qui accorde au vendeur un pouvoir de modification unilatérale du contrat, est considérée comme « nulle et non avenue ». La même sanction est aussi prévue dans la loi relative aux techniques de vente et à la publicité commerciale où l'article 33 *in fine* annule toute clause dispensant le vendeur de la charge du risque pouvant affecter le produit vendu jusqu'à l'expiration de délai de rétractation fixé à dix jours dans les ventes à distance[3].

247. On déduit ainsi, de tout ce qui précède, que le législateur tunisien ne prévoit que la nullité comme sanction à infliger contre les clauses abusives, ce qui a poussé certains auteurs tunisiens à affirmer que la nullité est la sanction normale des clauses abusives[4]. La remarque à émettre à cet égard est que le législateur tunisien ne précise pas la nature de la nullité. Cependant, et en dépit de ce manque de précision du législateur, la nullité visée par le législateur ne peut être que partielle du moment que ce dernier ne cite que la clause. Il n'y a donc pas lieu de poser une question relative à la nature de cette nullité[5]. Celle-ci est partielle même si le législateur n'a pas été très explicite là-dessus. Une telle sanction est déduite aussi d'une interprétation téléologique des interventions du législateur. Celui-ci n'est intervenu que pour protéger le consommateur contre l'abus du professionnel ; une telle protection serait vaine et inutile si la sanction était la nullité totale ou absolue du contrat[6].

---

[1] Voir sur ce point surtout : REKIK, N., Réflexions sur la nullité des clauses relatives à la garantie légale des vices cachés et du défaut de qualité dans le contrat de vente, Etudes juridiques 1997, p. 103. Voir aussi : JERBI, S., L'interprétation du contrat, éd. CPU 1999, p. 564, n° 420.

[2] Loi n° 98-39 du 2 juin 1998 relative aux ventes avec facilités de paiement, JORT du 2 juin 1998, n° 44, p. 1201.

[3] Loi n° 98-40 du 2 juin 1998 relative aux techniques de vente et à la publicité commerciale, JORT du 2 juin 1998, n° 44, p. 1203 qui contient des dispositions relatives à la vente à distance (Section 3 du chapitre 2 de ladite loi).

[4] REKIK, N., Les clauses abusives et la protection du consommateur, Etudes juridiques (revue publiée par la faculté de droit de Sfax), 2000, n° 7, p. 111, spéc. p. 123 qui cite dans ce sens M. M. Cheffaï, Essai sur la protection pénale du consommateur en Tunisie, mémoire de DES, faculté de droit, des sciences politiques et économiques de Tunis, 1975-1976. Voir aussi sur ce point : CABRILLAC, R. et BEN FADHEL, O., Introduction au droit des affaires. Abrégé de droit tunisien des obligations contractuelles, éd. CPU 2006, p. 38, n° 42. Ces auteurs soulignent que la nullité est la sanction appropriée aux clauses contraires à l'essence du contrat.

[5] Ceci est contraire à ce qu'ont envisagé certains auteurs tunisiens. Voir surtout, REKIK, N., Les clauses abusives et la protection du consommateur, art. préci. p. 123 et suivants où il a parlé de l'existence de deux nullités ; nullité absolue, qui l'écarte et nullité relative qui l'écarte, elle aussi, au profit d'une nullité partielle.

[6] REKIK, N., art. préc. p. 127.

248. La position du législateur tunisien, concernant la stigmatisation des clauses abusives, est critiquable. Il a ignoré, dans les textes relatifs à la protection du consommateur, la sanction de « réputée non écrite ». Cette sanction est pourtant existante et bien affirmée en droit français lors de la promulgation des textes tunisiens. Qui plus est, elle est également connue par la doctrine tunisienne qui l'étudiée et la classe parmi les sanctions civiles[1]. Elle est classée parmi les sanctions légales[2].

Par ailleurs, le législateur tunisien lui-même connaît la clause réputée non écrite. Tout d'abord le Code de commerce maritime qui date de 1962[3] dispose la sanction de « réputée non écrite » dans l'article 364 pour les clauses qui abrègent les délais de prescription des actions contre les assureurs[4]. Récemment, dans la réglementation relative au marché financier, le législateur, à plusieurs reprises, avait frappé certaines clauses de cette sanction. Tel est le cas des clauses d'agrément et de préemption dans les sociétés anonymes faisant un appel public à l'épargne[5]. Le Code des sociétés commerciales promulgué le 3 novembre 2000 en fournit quelques exemples. C'est ainsi que l'article 322 du Code des sociétés commerciales énonce que « les clauses d'agrément et de préemption sont réputée non écrites en cas d'exécution en bourse pour défaut de libération de la valeur de l'action »[6].

Il apparaît ainsi que la sanction de réputer une clause non écrite n'était pas ignorée par le législateur tunisien. Pourtant, il a privilégié, en abordant la question des clauses abusives, de maintenir la sanction classique de la nullité de la clause. Le choix paraît être ainsi délibéré. Il préférait peut-être prévoir une sanction dont le régime juridique est connu et dont l'application ne pose pas de

---

[1] Voir sur ce point : MAHFOUD, M., Théorie générale des obligations, Acte unilatéral, Contrat et Responsabilité civile, Publications du Centre d'études Juridiques et Judiciaires, éd. Orbis 2008, p. 100, n° 131. Voir également et surtout : CABRILLAC, R. et BEN FADHEL, O., Introduction au droit des affaires. Abrégé de droit tunisien des obligations contractuelles, éd. CPU 2006, p. 122-123, n° 144.

[2] MAHFOUD, M., Théorie générale des obligations, Acte unilatéral, Contrat et Responsabilité civile, Publications du Centre d'études Juridiques et Judiciaires, éd. Orbis 2008, p. 100, n° 131.

[3] Loi n°62-13 du 24 avril 1962 portant promulgation du Code de commerce maritime.

[4] Article 364 du Code de commerce maritime qui figure dans le titre III dudit Code et dont le titre est « de la prescription et de la compétence en matière des assurances » énonce que : « nonobstant toutes clauses contraires qui seront réputées non écrites, toutes les actions dérivant du contrat d'assurance se prescrivent par un an ».

[5] La loi du 14 novembre 1994 portant réglementation des emprunts obligataires dispose que les clauses d'agrément et préemption sont réputées non écrites lorsque la société est cotée en bourse. La même position a été transposée au Code des sociétés commerciales dont l'article 322 dispose que « les clauses d'agrément et de préemption sont réputées non écrites en cas d'exécution en bourse pour défaut de libération de la valeur de l'action ». Voir sur ce point : LABASTIE-DAHDOUH, Ch. et DAHDOUH, H., Droit commercial, Volume 2, Entreprises sociétaires, Tome 1, règles communes, éd. IHE 2003, p. 27.

[6] Voir sur ce point : LABASTIE-DAHDOUH, Ch. et DAHDOUH, H., Droit commercial, Volume 2, Entreprises sociétaires, Tome 1, règles communes, éd. IHE 2003, p. 27. Ces auteurs soulignent que dans ces sociétés les clauses d'agreement et de préemption « perdent toute efficacité ».

problème, à une sanction qui pourrait poser des questions supplémentaires sur son régime et sa nature juridique.
De plus, la nullité que dispose le législateur tunisien contre les clauses abusives produit les mêmes effets que la sanction « réputée non écrite ». Elle engendre une perte d'efficacité pour ces clauses. D'ailleurs, certains auteurs tunisiens traitent de cette sanction lorsqu'ils parlent de celle que la loi dispose pour les clauses abusives[1]. Dans ce cadre, une frange de la doctrine tunisienne analyse la sanction réputée non écrite que la loi tunisienne édicte expressément pour les clauses d'agrément et de préemption en matière de sociétés commerciales comme une perte d'efficacité de ces clauses[2].
Dans toutes ces hypothèses, matériellement, la clause figure dans le texte de l'acte, mais elle ne produit effectivement aucun effet. La différence entre la nullité de la clause que dispose souvent le législateur tunisien et la sanction « réputée non écrite » adoptée par le droit français, est plutôt de dénomination. Dans les deux cas, l'application de l'une des deux ôte à la clause tout effet qui lui est attaché[3]. Le législateur tunisien lui-même souligne dans certains cas que la sanction ne vise qu'à ôter à la clause son effet[4]. Cette sanction engendre l'amputation de la clause[5]. Un auteur tunisien souligne dans ce sens que « la régularisation du contrat par amputation est la solution la plus efficace pour atteindre l'objectif tracé par le législateur »[6].

249. La jurisprudence tunisienne, à son tour, n'a pas enrichi le droit tunisien de la consommation en adoptant les solutions de droit français et elle a maintenu dans sa stigmatisation des clauses abusives les mêmes sanctions classiques, surtout de nullité partielle. Il apparaît ainsi que la clause abusive en droit tunisien est stigmatisée par les sanctions classiques de droit civil et ne bénéficie pas d'une grande spécificité. La jurisprudence tunisienne n'a pas joué un rôle

---

[1] REKIK, N., Réflexions sur la nullité des clauses relatives à la garantie légale des vices cachés et du défaut de qualité dans le contrat de vente, Etudes juridiques 1997, p. 103, spéc. p. 120.
[2] LABASTIE-DAHDOUH, Ch. et DAHDOUH, H., Droit commercial, Volume 2, Entreprises sociétaires, Tome 1, règles communes, éd. IHE 2003, p. 27.
[3] BEN AMMOU, N.,Droit civil, Les contrats spéciaux, La vente et l'échange (en arabe), éd. CPU 2007, p.329, n° 308. L'auteur souligne que quelle que soit la terminologie, la conséquence est la même, celle d'ôter à la clause tout effet juridique. L'auteur parle en réalité de la clause d'exclusion de garantie citée à l'article 17 de loi du 07 décembre 1992 sur la protection du consommateur.
[4] A titre d'exemple voir l'article 843 du Coc qui énonce « le locataire d'ouvrage ou de services répond non seulement de son fait, mais de sa négligence, de son imprudence et de son impéritie. Toute convention contraire est sans effet ».
[5] REKIK, N., Réflexions sur la nullité des clauses relatives à la garantie légale des vices cachés et du défaut de qualité dans le contrat de vente, Etudes juridiques 1997, p. 103, spéc. p. 118.
[6] REKIK, N., Réflexions sur la nullité des clauses relatives à la garantie légale des vices cachés et du défaut de qualité dans le contrat de vente, Etudes juridiques 1997, p. 103, spéc. p. 118.

actif[1] - du moins d'un point de vue terminologique - attendu dans le domaine de la protection du consommateur. Dans les rares espèces examinées par la jurisprudence tunisienne, seule la nullité était envisageable[2]. Toutefois, il ne faut pas négliger l'effort que la jurisprudence tunisienne déploie en vue de protéger le consommateur. Avant que la notion de « professionnel » n'apparaisse en droit tunisien, les tribunaux, dans l'intention d'assurer une protection large de la partie faible dans certains rapports contractuels, avaient étendu l'application de certaines notions adoptées par le Code des obligations et des contrats. C'est le cas notamment de la notion du vendeur frauduleux qui devient, sous les coups de boutoir de la jurisprudence tunisienne, synonyme de vendeur professionnel[3].

Une autre remarque est aussi à émettre dans ce cadre ; face au nombre très réduit des clauses considérées par la loi comme abusives, la jurisprudence tunisienne va-t-elle jouer un rôle actif en allongeant la liste des clauses abusives aux autres clauses qui sont abusives, même non citées par la loi ? Normalement, la jurisprudence tunisienne doit s'inscrire dans ce mouvement universel de protection du consommateur et doit élargir la liste des clauses présumées abusives, imitant ainsi son homologue français ayant contribué positivement à la lutte contre les clauses abusives[4]. C'est le souhait d'une frange de la doctrine tunisienne qui appelle les tribunaux à associer les textes spéciaux et les principes généraux en vue d'aller encore plus loin dans cette voie[5]. La jurisprudence tunisienne trouvera dans les textes de droit commun un outil malléable pouvant être facilement dressé dans le sens de la protection de la partie faible. Un auteur tunisien met en évidence, en matière de protection du non professionnel, l'utilité d'utiliser les textes de droit commun en cas d'absence d'un texte spécial[6].

La jurisprudence tunisienne doit s'inspirer de ce qui est légiféré pour aller plus loin et pour compléter l'œuvre initiée par le législateur jusqu'à ce qu'elle arrive à dessiner les contours d'un droit tunisien de la consommation.

De nos jours, la protection du consommateur n'est plus une faculté dans laquelle une jurisprudence pourrait ou non s'inscrire. C'est un devoir qu'elle doit assumer. Cette mission est inhérente à la mission de la justice. La

---

[1] REKIK, N., Les clauses abusives et la protection du consommateur, art. préci. p. 128. L'auteur explique l'insuffisance de la protection du consommateur en droit tunisien par l'insuffisance de l'intervention législative et par le rôle actif peu affirmé de la jurisprudence dans le domaine de la protection du consommateur contre les clauses abusives.

[2] Ce sont surtout les arrêts concernant la clause pénale précités où la jurisprudence prévoit la nullité de la clause pénale avant d'envisager qu'elle est révisable. Voir sur ce point surtout : BEN AMMOU, N.,note sous cass. civ (tn). 13e chambre, n° 42624 du 28 avril 1994, RTD 1996, p. 231.

[3] BEN AMMOU, N.,Droit civil, Les contrats spéciaux, La vente et l'échange (en arabe), éd. CPU 2007, p. 328-329, n° 308.

[4] Arrêt de la Cour de cassation française de 1991(précité).

[5] Voir sur ce point : JERBI, S., L'interprétation du contrat, éd. CPU 1999, p. 559, n° 418.

[6] BEN AMMOU, N.,Droit civil, Les contrats spéciaux, La vente et l'échange (en arabe), éd. CPU 2007, p. 329, n° 308.

protection de la partie faible, et en l'occurrence le consommateur, puise son fondement dans les sources matérielles du droit positif tunisien, essentiellement en droit musulman[1]. D'un autre côté, du fait de sa signature des accords de partenariat avec l'Union Européenne et des accords du G.A.T.T, la Tunisie est tenue d'actualiser son droit positif et de l'harmoniser avec le droit communautaire, ainsi qu'avec les conventions internationales. Une telle harmonisation englobe forcément le droit de la consommation.

250. Face au caractère inachevé du droit tunisien de la consommation, la protection du consommateur paraît davantage relever du droit commun que des textes spéciaux. Même si le droit commun est capable, s'il est bien exploité, d'assurer une telle protection au consommateur, on lui préfère un droit spécial de la consommation qui véhicule des règles plus affinées et plus adaptées à la protection du consommateur. C'est là l'idée d'un auteur tunisien qui approuve l'adoption d'une réglementation spéciale protégeant le consommateur[2]. Deux raisons peuvent justifier cette idée. En premier lieu, le droit commun, s'il est appliqué en vue de protéger le consommateur, risque de favoriser parfois la disparition du contrat plutôt que son maintien amputé d'une clause.
En second lieu, l'exploitation des règles du droit commun et de ses formidables jarres de Pandore[3] est tributaire de l'audace des juges et des convictions qu'ils portent. La protection du consommateur serait ainsi laissée à la merci des juges qui gardent très souvent une révérence pour le principe de l'autonomie de la volonté, ce qui les empêchent d'aller trop loin dans la protection du consommateur.

251. Pour arriver à une protection efficace du consommateur en droit tunisien, le législateur mais également la jurisprudence, doivent accomplir certaines tâches. Le premier doit d'urgence combler les lacunes du droit tunisien de la consommation en ajoutant des dispositions relatives au surendettement et à l'épargne. Il doit aussi accorder aux associations et aux organismes de la défense de consommateur le droit d'agir en annulation des clauses abusives. Ces associations, par leur acharnement contre les professionnels, font progresser le droit de la consommation et encouragent les tribunaux à élargir la liste des clauses abusives. Dans ce contexte, un auteur tunisien a, depuis un certain temps, déploré l'absence en droit tunisien du droit d'agir en justice pour les

---

[1] Le droit musulman préconise depuis longtemps une protection de la partie faible et l'exclusion de l'abus. Voir dans ce sens : CHEHATA, C., Essai d'une théorie générale de l'obligation en droit musulman, éd. Dalloz 2005, p. 162-163, n° 241-242. Voir pour référence sur le droit tunisien et le droit musulman : ROUATBI, H., Le Code des obligations et du contrat et l'islam (en arabe), *In* Livre du centenaire du Code des obligations et des contrats 1906 – 2006, éd. CPU 2006, p. 185.
[2] REKIK, N., Réflexions sur la nullité des clauses relatives à la garantie légale des vices cachés et du défaut de qualité dans le contrat de vente, Etudes juridiques 1997, p. 103, spéc. p. 109-110.
[3] JACQUES, Ph., Regards sur l'article 1135 du Code civil, éd. Dalloz 2005, n° 13, p. 24.

associations de défense de consommateur[1]. Il doit aussi actualiser les textes promulgués en y introduisant les techniques récentes de traitement de l'abus dans les contrats, en prévoyant surtout la clause réputée non écrite et en codifiant le droit tunisien de la consommation.
En attendant l'intervention législative, la jurisprudence tunisienne est appelée à imiter son similaire français en s'arrogeant un droit de qualification des clauses abusives en dehors de celles prévues par les textes spéciaux.

Quoi qu'il en soit, l'implicite joue un rôle important en matière de protection du consommateur, et c'est en son nom que l'abus sous toutes ses formes est exclu du contenu du contrat. Au nom de l'implicite, le contenu du contrat retrouve son harmonie et sa cohérence qui va de pair avec les premiers effets de l'implicite.

---

[1] REKIK, N., Réflexions sur la nullité des clauses relatives à la garantie légale des vices cachés et du défaut de qualité dans le contrat de vente, Etudes juridiques 1997, p. 103, spéc. p. 121.

Titre second

L'expression de la cohérence contractuelle

252. L'implicite permet à ce stade de expression à une exigence de cohérence contractuelle. La cohérence est d'évidence dans le contrat. Aux yeux de tout contractant, le contrat qu'il vient de conclure est harmonieux et le comportement de son contractant est stable dès le commencement de l'exécution jusqu'à sa fin. Aucune atonie ni infléchissement ne sont possibles. Cette idée va même sans dire dans le contrat et sans être avouée de façon expresse. Elle dérive et découle de la nature des choses. Il relève de la nature humaine de chercher la cohérence et d'éviter la contradiction et l'anarchie. Il est peu concevable de dire qu'un contractant peut ne pas avoir cette idée dans la tête. Le contrat est donc implicitement cohérent.

Ce caractère cohérent du contenu contractuel est chargé de conséquences ; il permet de supprimer, d'annihiler toutes les contradictions. Il garantit ainsi un minimum de cohérence et de cohésion dans le contrat[1]. L'harmonie, qui caractérise le contenu contractuel, n'est pas parachutée de l'extérieur, elle n'est pas non plus ajoutée ; elle est dégagée par nature intrinsèque du contrat.

La cohérence est à deux niveaux : la cohérence du comportement et la cohérence du contenu. Il s'ensuit que lorsqu'on parle d'une exigence de cohérence contractuelle, il est préférable de distinguer entre ces deux sortes de cohérence. La cohérence interne, entre les différentes composantes du contenu contractuel, est celle qui se pose la première **(Chapitre premier)**. La seconde cohérence, est celle du comportement du contractant, c'est une cohérence externe qui s'intéresse à l'analyse de la manière dont le contractant va exécuter le contrat **(Chapitre second).**

---

[1] MAZEAUD, D., La formation du contrat, *In* Faut-il recodifier le droit de la consommation ? Sous la direction de D. Fenouillet et LABARTHE, F., éd. Economica 2002, p. 87, où l'auteur distingue la cohérence de la cohésion dans le contrat. Voir aussi dans la même collection Economica Etudes juridiques, colloque : De l'interdiction de se contredire dans les contrats.

Chapitre premier
La cohérence du contrat

253. La cohérence du contenu contractuel n'est pas mesurée uniquement *in globo*, en analysant le contrat dans sa généralité ; elle doit également être assurée dans les moindres détails du contrat, entre ses différentes composantes. C'est à ce niveau-là qu'elle doit être assurée. Il est dès lors nécessaire de garantir la cohérence entre les différentes clauses composant le contrat. Ces clauses entre elles doivent être en parfaite harmonie, chacune contribuant à la cohérence générale du contrat. Ceci exige que toutes les clauses doivent servir un même objectif et une même finalité. Au sein du contrat, il ne faut pas qu'on trouve la moindre dissonance ni la moindre contradiction.
Généralement, se pose l'idée de la nécessité d'un repère ou d'une référence interne à l'aune duquel peut être mesurée la cohérence au sein du contenu contractuel. Dans ce cadre, l'idée de prendre l'obligation fondamentale comme critère permettant d'assurer cette exigence de cohérence contractuelle a été avancée. L'obligation fondamentale dans le contrat, en l'absence de la moindre allusion légale à son existence et à son importance[1], n'a cessé de susciter l'attention de la doctrine et de la jurisprudence[2]. Cette obligation fondamentale,

---

[1] Le Code civil français mais aussi le Code tunisien des obligations et des contrats ne contiennent aucune disposition relative à l'obligation fondamentale.

[2] Pour le doit français consulter surtout : DELEBECQUE, Ph., Les clauses allégeant les obligations dans les contrats, thèse Aix-Marseille 1981, p. 167 et s ; SEFTON-GREEN, R., La notion d'obligation fondamentale : comparaison franco-anglaise, éd. LGDJ 2000 ; STARK, B., Observations sur le régime juridique des clauses de non responsabilité ou limitatives de responsabilité, D. 1974, Chr. p. 157 ; JESTAZ, Ph., L'obligation et sa sanction : à la recherche de l'obligation fondamentale, *In* Mélanges R. Raynaud, éd. Dalloz Sirey 1985, p. 273 ; THUNIS, X., Une notion fuyante : l'obligation essentielle du contrat, *In* Mélanges FONTAINE, M., éd. Larcier 2003, p. 521. Pour la jurisprudence, à côté des arrêts Chronopost du 22 octobre 1996 et du 29 mars 2006 rendus par la Cour de cassation française qui a fait directement référence à la notion d'obligation fondamentale, un récent arrêt fait directement aussi référence à la même notion, c'est l'arrêt cass. com. du 5 juin 2007 (l'obligation essentielle ou le voile pudique de la cohérence contractuelle, HOUTCIEFF, D., note sous cass. com. du 5 juin 2007, JCP. éd. G, n° 36 du 5 septembre 2007, 10145 ; Clause limitative de responsabilité : le manquement à l'obligation essentielle chasse la faute lourde, DELPECH, X., observations sous cass. com. du 5 juin 2007, D. n° 25 du 28 juin 2007, p. 1720). En droit tunisien, cette notion suscite aussi une grande attention. Elle est souvent citée par la doctrine et la jurisprudence. Voir sur ce point : JERBI, S., L'interprétation du contrat, éd. CPU 1999, p. 555, n° 416 ; CABRILLAC, R. et BEN FADHEL, O., Introduction au droit des affaires. Abrégé de droit tunisien des obligations contractuelles, éd. CPU 2006, p. 38, n° 42 ; MAHFOUD, M., Théorie des suites du contrat, RJL 2008, n°6, p. 99, spéc. p. 104 ; BOSTANJI, S., De la promotion des usages de commerce international par la jurisprudence Etatique, JDI 2005, n°4, p. 1067, spéc. p. 1081, n°16. Pour la jurisprudence tunisienne voir surtout : cass. civ (tn), n° 7146 du 26 avril 2005, note BOSTANJI, S., La Cour de cassation tunisienne à l'épreuve des lois politiques : réflexions à propos de l'arrêt n° 7146 du 26 avril 2005, RDAI 2007, n° 4, p. 513 ; TPI Tunis n° 11930 du 29 juin 2000 (inédit) ; TPI Mannouba –référé – n° 1896 du 3 août 2006 (inédit) ; Tribunal cantonal de Tunis n° 40765 du 5

même ignorée, à dessein ou par inadvertance par les législateurs, joue un rôle très important dans le contenu du contrat. Elle constitue le point d'ancrage et d'intelligibilité de tout le contrat et de l'opération visée par les parties contractantes. L'implicite ne dément pas une telle importance ; au contraire, il contribue manifestement à l'accroître en soutenant que les contractants, en acceptant de se contracter, ont dans leur esprit l'imagination de l'essence du contrat qu'ils projettent de nouer. Cette idée, sommaire et succincte, n'est autre que l'obligation fondamentale qui résume le contrat et retrace ce que les parties cherchent et attendent de lui.
Le contenu du contrat ne fait normalement que détailler et développer une telle obligation en lui donnant les éléments nécessaires pour qu'elle puisse s'épanouir. L'étude de cette obligation fondamentale et de son effet sur le contenu du contrat heurte le problème de sa définition **(Section I)**. Une fois cette question résolue, ce sont ses effets sur le contenu du contrat qui attirent l'attention **(Section II)**.

Section I : La notion de l'obligation fondamentale

Les tentatives de définition de l'obligation fondamentale sont nombreuses ; pourtant, elle demeure à la fois rétive à une définition unifiée et unanimement admise (§1) et inviolable (§2).

§ - 1 : Une obligation rétive à la définition

A cet égard, l'absence d'une définition légale est évidente (A). Toutefois, la jurisprudence et la doctrine ont tenté de relier la notion d'obligation fondamentale à des institutions connues et reconnues par la loi (B).

A – L'absence d'une définition légale

254. La doctrine s'est efforcée de donner une définition à la notion d'obligation fondamentale ou essentielle[1]. Les définitions se sont succédées sans pouvoir en arriver à une seule et unique, qui acquiert l'acquiescement de tous les auteurs. Pour cette raison, certains qualifient déjà l'obligation fondamentale parmi les notions imprécises[2]. Dans chaque définition, l'accent est mis sur une des

---

juillet 2006 (inédit) ; Cass. civ (tn), Ch. Réunies.11976, du 26 février 2004, Recueil des arrêts des chambres réunies de la Cour de cassation tunisienne, éd. CEJJ 2005, p. 113.

[1] La première tentative fut abordée par M. Delebecque qui, par sa thèse, a ouvert pour doctrine française « la piste de l'obligation fondamentale » (propos de SERIAUX, A., Manuel de droit des obligations, éd. PUF 2006, p. 68, n° 61.

[2] LE GAC-PECH, S., La proportionnalité en droit privé des contrats, éd. LGDJ 2000, p. 268, n° 685.

fonctions et des caractères de l'obligation fondamentale sans pouvoir l'appréhender dans sa globalité.
Parmi les tentatives de définition les plus hardies, on peut citer celle de M. Jestaz qui a affirmé : « il y a dans chaque contrat, de par son économie propre, une obligation qui en constitue la pièce essentielle »[1]. Madame Sefton-Green, précise quant à elle, que l'obligation fondamentale est « une obligation intensifiée dont l'existence et l'exécution deviennent essentielles à la survie du contrat, aux attentes légitimes des parties »[2]. L'obligation fondamentale « désigne, aux yeux d'un autre auteur, ce qui fait par nature, ou volonté des parties, la substance même du contrat »[3].
Elle est aussi, pour une autre partie de la doctrine « l'essence du contrat »[4] ou ce qui fait « le cœur de l'engament contractuel »[5], elle est « l'obligation déterminante »[6]. Selon un auteur belge, l'obligation fondamentale représente « une sorte de noyau dur du contrat auquel les parties ne sauraient porter atteinte, sous peine de dénaturer l'opération projetée et de compromettre l'utilité que le créancier est en droit d'attendre »[7]. Selon Madame Anne Laude, l'obligation essentielle ou les obligations essentielles d'un contrat sont « celles qui impriment à un contrat sa coloration propre et en l'absence desquelles ce dernier ne peut plus être caractérisé »[8]. L'obligation fondamentale est selon M. Denis Mazeaud, le « cœur du contrat» ou «son socle obligationnel »[9].
La doctrine tunisienne retient pratiquement les mêmes points quand il s'agit de définir l'obligation fondamentale. Pour le professeur Sami Jerbi, elle est « celle sans laquelle le contrat est vidé de tout contenu »[10]. Mohamed Mahfoud souligne que l'obligation fondamentale est « celle sans laquelle le contrat n'aura aucune existence »[11].

---

[1] JESTAZ, Ph., L'obligation et sa sanction : à la recherche de l'obligation fondamentale, *In* Mélanges R. Raynaud, éd. Dalloz Sirey 1985, p. 273, spéc. 279.
[2] SEFTON-GREEN, R., La notion d'obligation fondamentale : comparaison franco-anglaise, éd. LGDJ 2000, p.64, n° 103.
[3] FAGES, B., Le comportement du contractant, éd. PUAM 1997, p. 329, n° 610.
[4] TERRE, F., SIMLER, Ph. et LEQUETTE, Y., Droit civil, Les obligations, éd. Dalloz 2005, p. 602, n° 610.
[5] GRIMALDI, C., Les clauses portant sur une obligation essentielle, RDC 2008, n° 4, p. 1095, n° 3.
[6] GRIMALDI, C., Les clauses portant sur une obligation essentielle, RDC 2008, n° 4, p. 1095, n° 3.
[7] THUNIS, X., Une notion fuyante : l'obligation essentielle du contrat, *In* Mélanges FONTAINE, M., éd. Larcier 2003, p. 521.
[8] LAUDE, A., La reconnaissance par le juge de l'existence d'un contrat, éd. PUAM 1992, p. 153.
[9] MAZEAUD, D., La confiance légitime et l'estoppel, RIDC 2006, p. 363, spéc. p. 377, n° 16.
[10] JERBI, S., L'interprétation du contrat, éd. CPU 1999, p. 555, n° 416.
[11] MAHFOUD, M., Théorie des suites du contrat (en arabe), RJL 2008, n°6, p. 99, spéc. p. 104.

Sami Bostanji observe que l'obligation fondamentale est « l'obligation autour de laquelle s'articule l'économie du contrat, obligation qui constitue en quelque sorte le centre de gravité de la relation juridique »[1].

255. L'origine de toute cette polémique est l'absence d'une définition légale de la notion d'obligation fondamentale, que se soit en droit français ou en droit tunisien. Cette absence de définition n'est-elle pas synonyme d'une importance mineure de cette notion ? Le droit français ou tunisien, en ignorant cette notion, n'en a-t-il pas véhiculé d'autres pouvant remplir la même fonction? Pourquoi s'ingénie-t-on à définir une notion ignorée par le législateur ? Quelle utilité incarne-t-elle ?
Un auteur a affirmé que la notion d'obligation fondamentale n'avait pas de grande utilité en droit français et que d'autres notions et principes pouvaient la remplacer[2]. Il a ajouté : « l'obligation essentielle n'existe pas en tant que telle ; il ne s'agit que d'une formule commode, pointant le doigt sur une cohérence nécessaire du contrat »[3]. Cette *prétendue obligation fondamentale*[4], n'est qu'un voile pudique de la cohérence contractuelle auquel il faut renoncer et appliquer le principe de cohérence[5]. Dans ces propos, l'accent n'est pas mis sur l'obligation fondamentale elle-même, mais sur les effets qu'elle produit sur le contenu contractuel.

256. Une frange de la doctrine précise que la notion d'obligation fondamentale trouve sa source en droit maritime anglais[6]. C'est une notion étrangère au droit français qui tend « à s'essouffler outre-manche »[7]. Le problème est qu'au moment où cette notion suscite plus d'attention en droit français, l'on annonce son déclin en droit anglais[8].
La notion d'obligation fondamentale est une notion rétive à la définition car la doctrine n'a pas pu correctement la localiser ni la rattacher à une notion connue du droit. Elle est aussi rebelle à toute tentative de définition parce qu'elle est

---

[1] BOSTANJI, S., De la promotion des usages du commerce international par la jurisprudence étatique, JDI 2005, n° 4, p. 1067, spéc. p. 1081, n° 16.
[2] HOUTCIEFF, D., Le principe de cohérence en matière contractuelle, thèse université Paris XI, 2000.
[3] HOUTCIEFF, D., *Ibid*, p. 320, n° 474.
[4] HOUTCIEFF, D., *Ibid*, p. 320, n° 474.
[5] HOUTCIEFF, D., L'obligation essentielle ou le voile pudique de la cohérence contractuelle, note sous cass. com. du 5 juin 2007, JCP G, n° 36 du 5 septembre 2007, 10145.
[6] GHESTIN, J., Préface de l'ouvrage de Mlle SEFTON-GREEN, R., La notion d'obligation fondamentale : comparaison franco-anglaise, éd. LGDJ 2000 ; FABRE-MAGNAN, M., Les obligations, éd. PUF 2004, p. 588, n° 219.
[7] SERIAUX, A., Manuel de droit des obligations, éd. PUF 2006, p. 68, n° 61.
[8] SEFTON-GREEN, R., La notion d'obligation fondamentale : comparaison franco-anglaise, éd. LGDJ 2000, p.1 où elle précise que cette notion appartient en droit anglais au passé.

« volatile et qu'elle varie avec chaque contrat »[1]. Mme Le Gac-Pech indique dans ce sens que « le plus grave reproche que l'on puisse faire à cette notion d'obligation essentielle tient de l'impossibilité de la définir avec précision »[2]. Deux raisons justifient l'absence d'une définition satisfaisante de l'obligation fondamentale. Une raison extrinsèque, liée aux explications doctrinales, et une autre intrinsèque, liée à l'obligation elle-même du fait qu'elle est protéiforme[3]. Il est préférable de reconnaître son importance indéniable sans tenter de lui accorder une seule définition car elle est par nature polysémique. Il est impossible de lui accorder une seule définition ou de la définir une fois pour toutes[4].

Pour assurer l'efficacité de la notion d'obligation fondamentale, la doctrine et la jurisprudence ont tenté de la rattacher à des notions connues. Dans cette hypothèse, ce qui pose plus de problème, c'est le choix de l'institution à laquelle est reliée cette notion.

B – Les tentatives de réception

257. Afin d'assurer la réception en droit français de la notion de l'obligation fondamentale, plusieurs tentatives ont été faites par la doctrine et la jurisprudence française. La solution était de rapprocher la notion d'obligation fondamentale de certaines notions connues du droit français, de telle sorte qu'elle puisse trouver un ancrage ou un enracinement défendable. Ces tentatives d'ancrage de cette notion démontrent, contrairement à ce que défendent ceux qui les mènent, qu'elle n'a pas grande utilité en elle-même, en droit français, ni même en droit tunisien puisqu'elle ne peut produire des effets que si elle est associée à des notions connues de ces droits. Tant que l'ancrage est indispensable, il est préférable d'appliquer directement l'institution connue, capable avec un certain infléchissement, de produire le même effet justifiant la réception.

258. Obligation fondamentale et objet du contrat. La première tentative d'ancrage est celle de rapprocher la notion d'obligation fondamentale de la notion de l'objet du contrat. Le rapprochement est visible surtout lorsque l'objet du contrat est appréhendé comme étant « l'opération contractuelle envisagée

---

[1] HOUTCIEFF, D., L'obligation essentielle ou le voile pudique de la cohérence contractuelle, note sous cass. com. du 5 juin 2007, JCP G, n° 36 du 5 septembre 2007, 10145.
[2] LE GAC-PECH, S., La proportionnalité en droit privé des contrats, éd. LGDJ 2000, 158, n° 408.
[3] Un auteur a précisé que l'obligation fondamentale évoque une « réelle incertitude » quant à sa définition. (B. Dubuisson, Les clauses limitatives ou exonératoires de responsabilité ou de garantie en droit belge, *In* Les clauses applicables en cas d'inexécution des obligations contractuelles, éd. La Charte 2001, p. 33, spéc. p. 64).
[4] THUNIS, X., art. préc. p. 529.

par les parties »[1] ou comme étant *l'objectif juridique*[2] voulu par les contractants. On dépasse ainsi les distinctions entre objet de la prestation, objet de l'engagement et objet du contrat[3], pour ne retenir que ce dernier[4]. Une partie de la doctrine affirme que l'objet du contrat, dans certains cas, se confond avec l'obligation principale à laquelle il donne naissance et au lieu d'utiliser le terme d'objet du contrat, l'on utilise le terme d'obligation principale[5]. Cette idée est également soutenue par une frange de la doctrine tunisienne qui souligne que « l'objet du contrat se confond avec l'obligation principale et caractéristique qu'il engendre »[6].

Cette définition de l'objet du contrat, louable pour certains auteurs[7], focalise l'attention sur l'opération voulue par les contractants[8]. Elle s'accommode plus avec la notion d'obligation fondamentale qui, elle aussi, dépasse et renie la *dissection du contrat*[9] qui la réduit en un simple vecteur d'un certain nombre d'obligations, pour l'analyser dans sa globalité, en appréhendant la visée ultime

---

[1] DELEBECQUE, Ph., et F.-J. Pansier, Droit des obligations, Contrat et quasi-contrat, éd. Litec 2006, p. 91, n° 168. C'est l'idée aussi d'une frange de la doctrine tunisienne. Voir surtout : ZINE, M., Théorie générale des obligations, 1 – Le contrat, éd. Tunis 1997, p. 164, n° 194.

[2] DELEBECQUE, Ph., et F.-J. Pansier, Droit des obligations, Contrat et quasi-contrat, éd. Litec 2006, p. 91, n° 168.

[3] FABRE-MAGNAN, M., Les obligations, éd. PUF 2004, p. 320, n° 127. C'est aussi l'idée de ZINE, M., Théorie générale des obligations, 1 – Le contrat, éd. Tunis 1997, p. 164, n° 194. Relativement à ce débat, voir en droit tunisien : MAHFOUD, M., Théorie générale des obligations, Acte unilatéral, Contrat et Responsabilité civile, Publications du Centre d'études Juridiques et Judiciaires, éd. Orbis 2008, p. 138, n° 188 (en Arabe), p. 76, n°99 ; CABRILLAC, R. et BEN FADHEL, O., Introduction au droit des affaires. Abrégé de droit tunisien des obligations contractuelles, éd. CPU 2006, p.85, n°103.

[4] Selon certains auteurs, le contrat n'a pas d'objet ; son objet et de produire des obligations. Le terme utilisé par l'article 1108 serait une erreur (Cf. MALINVAUD, Ph., Droit des obligations, éd. Litec 2007, n° 232, p. 171)

[5] J. Flour, J.-L. Aubert et SAVAUX, E., Droit civil, Les obligations, 1. L'acte juridique, éd. Sirey 2006, p. 185, n° 234 ; voir aussi : LUCAS-PUGET, A.-S., Essai sur la notion d'objet du contrat, éd. LGDJ 2005 ; GHESTIN, J., Cause de l'engagement et validité du contrat, éd. LGDJ 2006, p. 679, n°1036 et s. Relativement à ce débat, voir en droit tunisien : Théorie générale des obligations, 1 – Le contrat, éd. Tunis 1997, p. 164, n° 194 ; MAHFOUD, M., Théorie générale des obligations, Acte unilatéral, Contrat et Responsabilité civile, Publications du Centre d'études Juridiques et Judiciaires, éd. Orbis 2008, p. 138, n° 188 (en Arabe), p. 76, n°99 ; CABRILLAC, R. et BEN FADHEL, O., Introduction au droit des affaires. Abrégé de droit tunisien des obligations contractuelles, éd. CPU 2006, p.85, n°103.

[6] CABRILLAC, R. et BEN FADHEL, O., Introduction au droit des affaires. Abrégé de droit tunisien des obligations contractuelles, éd. CPU 2006, p. 85, n° 103.

[7] FABRE-MAGNAN, M., op. cit., p. 588, n° 219 qui précise que « la notion (objet du contrat) apporte en réalité quelque chose car elle permet d'avoir une vision globale de l'opération voulue par les parties, et notamment de l'échange opéré par le contrat, au-delà des prestations ou des obligations considérées de chaque côté ».

[8] ZINE, M., Théorie générale des obligations, 1 – Le contrat, éd. Tunis 1997, p. 164, n° 194.

[9] FIN-LANGER, L., L'équilibre contractuel, éd LGDJ 2002, p. 235, n° 354.

des parties. L'opération juridique réalisée par les parties est analysée, non dans ses différents éléments, mais dans son tout[1].

259. Ce lien entre l'objet du contrat et l'obligation fondamentale n'est pas nouveau ; on le trouve dans la pensée de certains auteurs anciens qui l'ont adopté sans le préciser expressément. C'est ainsi que certains ont affirmé : « l'objet du contrat désigne une prestation à propos de laquelle l'accord des volontés intervient, et autour de laquelle s'ordonne l'économie du contrat »[2]. Dans cette perspective, « l'objet de contrat se confond avec celui de l'obligation principale qui caractérise la convention »[3]. Cette confusion entre objet de contrat et obligation fondamentale ou essentielle du contrat est vérifiable dans la jurisprudence belge qui déclare nulles ou inefficaces, les clauses ayant pour effet de détruire l'objet du contrat. Elles sont contraires à son essence, puisqu'elles le vident de sa substance[4].
L'avant projet de la réforme des obligations dans l'article 1121, alinéa 3 confirme ce même lien lorsqu'il parle des éléments essentiels du contrat dans les articles relatifs à l'objet et à la cause[5]. L'obligation fondamentale d'un contrat est étroitement liée à son objet. Elle est ancrée dans une « notion-base »[6] du contrat.

260. Le rapprochement entre objet du contrat et obligation fondamentale, pour séduisant[7] qu'il soit, porte un risque d'accroître les cas de nullité d'un contrat. Le contrat est déclaré nul chaque fois que son obligation fondamentale, considérée comme synonyme de son objet, est touchée. La distinction ne favorise pas la survie du contrat. Les *infirmités*[8] de la notion de l'objet du contrat, qui n'est pas si perfectionné[9] ni aussi si *affiné*[10], ne permettent pas de le prendre comme l'unique point d'ancrage de la notion de l'obligation fondamentale.
La notion de faute lourde a été également utilisée par la jurisprudence. Souvent la faute lourde est définie objectivement comme le fait de ne pas exécuter une

---

[1] TERRE, F., SIMLER, Ph. et LEQUETTE, Y., op. cit., p. 275, n° 265.
[2] Ripert et Boulanger, Traité de droit civil, t 2, n° 241.
[3] DELEBECQUE, Ph., Les clauses allégeant les obligations dans les contrats, thèse Aix-Marseille 1981, p. 199, n° 164.
[4] THUNIS, X., art. préc. p. 528 qui cite plusieurs arrêts de la jurisprudence belge qui adoptent cette confusion entre objet du contrat et obligation fondamentale du contrat.
[5] FAGES, B., Autour de l'objet et de la cause, RDC 2006, n° 1, p. 37 qui recense dans cet article les apports de l'avant-projet de réforme du droit des obligations par rapport au Code civil et surtout la suppression de la distinction entre objet du contrat et objet de l'obligation. Voir aussi : LAGARDE, X., L'objet et la cause du contrat, entre actualités et principes, LPA, 2007, n° 70, p 6.
[6] DELEBECQUE, Ph., Les clauses..., thèse préci. p. 199, n° 164.
[7] DELEBECQUE, Ph., Les clauses..., thèse préci. p. 199, n° 165.
[8] DELEBECQUE, Ph., Les clauses..., thèse préci. p. 199, n° 165.
[9] DELEBECQUE, Ph., Les clauses..., thèse préci. p. 199, n° 165.
[10] DELEBECQUE, Ph., Les clauses..., thèse préci. p. 199, n° 165.

obligation fondamentale du contrat qui en constitue la cause. Nombreux sont les auteurs ayant soutenu un tel rapprochement. La jurisprudence française a récemment eu recours à la notion de faute lourde pour justifier une élimination d'un plafond de réparation. La Cour de cassation française souligne : « constitue une faute lourde la négligence d'une extrême gravité confinant au dol et dénotant l'inaptitude du transporteur à l'accomplissement de la mission contractuelle qu'il a acceptée »[1]. Même si la Cour ne cite pas dans cet arrêt, la notion d'obligation fondamentale de façon expresse, elle n'est certainement pas loin du raisonnement adopté.

261. Obligation fondamentale et cause du contrat. Le deuxième point d'ancrage possible de l'obligation fondamentale est celle de la cause du contrat. Ce point d'ancrage a été avancé par une partie de la doctrine comme la bonne solution pour donner une signification juridique mais aussi pratique à la notion de l'obligation fondamentale.

Picard et Prudhomme ont signalé, en 1912, que la notion de cause constitue « le critérium précis de l'obligation fondamentale »[2]. Cette idée semble aussi soutenue par une frange de la doctrine tunisienne qui présente la cause comme une limite aux clauses limitatives ou élusives de responsabilité[3]. M. Zine souligne dans ce sens que la théorie de la cause, si elle est bien exploitée par les tribunaux, permet de combler beaucoup de lacunes en droit tunisien. Elle permet aussi au juge de lutter contre les clauses abusives[4].

Monsieur Philippe Delebecque l'a également affirmé dans sa thèse : « l'obligation fondamentale du contrat est bien l'expression de la notion de cause »[5]. La notion de cause, prise dans le sens de cause catégorique peut parfaitement, selon cet auteur, servir d'ancrage à la notion d'obligation fondamentale en droit français. Cette logique a été adoptée par la Cour de

[1] Cass. com., 10 mars 2009, n° 08-15.457: JurisData n° 2009-047381; Bull. civ. 2009, IV, n° 38 ; JCP G 2009, IV, 1646, note STOFFEL-MUNCK, Ph., n° 38, 14 Septembre 2009, 248.

[2] M. Picard et A. Prudhomme, De la résolution judiciaire pour inexécution des obligations, RTD civ. 1912, n° 1, p. 61, spéc. 66.

[3] Voir sur ce point surtout : MAHFOUD, M., L'extinction du contrat pour impossibilité d'exécution (en droit tunisien), Etudes juridiques 2001, p. 167, spéc. 182 ; ZINE, M., Théorie générale des obligations, 1 – Le contrat, éd. Tunis 1997, p. 189, n° 229.

[4] ZINE, M., Théorie générale des obligations, 1 – Le contrat, éd. Tunis 1997, p. 189, n° 229.

[5] DELEBECQUE, Ph., Les clauses…, thèse préci. p. 210, n° 174.

cassation française dans les arrêts dits Chronopost[1], lorsqu'elle a annoncé le *mariage*[2] de l'obligation fondamentale et de la cause.
La Cour de cassation a même maintenu cette logique dans de récents arrêts, ce qui prouve que la solution n'est pas le fruit du hasard, mais qu'elle a été adoptée à dessein. Cela accorde à cette jurisprudence *une portée très générale*[3].
Ce lien entre la cause et l'obligation fondamentale, a aussi été confirmé par une partie de la doctrine. Madame Fabre-Magnan a précisé même avant les arrêts Chronopost qu'un lien étroit existait entre la cause et l'obligation fondamentale et que la recherche de la notion d'obligation fondamentale était étroitement liée à la recherche de la cause dans le contrat[4]. Une confirmation de ce lien, peut être déduite des propos de Madame Rochfeld, lorsqu'elle affirme dans sa thèse qu'il faut « réintégrer la cause pour comprendre les ressorts de l'obligation fondamentale et lui donner sa configuration »[5].

262. Aux antipodes de cette thèse, d'autres auteurs ont désavoué l'ancrage de l'obligation fondamentale sur la notion de cause. Madame Sefton-Green, affirme que « l'obligation fondamentale en droit français,... n'est qu'un greffon par rapport à la cause »[6]. Elle craint, que cet ancrage engendre une confusion entre cause et obligation fondamentale[7]. Cette notion de cause, du fait qu'elle est cantonnée au stade de la formation du contrat, ne peut fonder la notion de l'obligation fondamentale. La même idée ou presque, est soutenue par M. Houtcieff qui affirme que « l'obligation essentielle paraît une excroissance de la cause destinée à toucher le terrain de l'exécution du contrat»[8]. Ce même auteur ajoute : « la cause ne fonde aucune obligation essentielle, mais [...] elle constitue le point névralgique de la cohérence du contrat, la clef de voûte de l'édifice contractuel »[9]. Elle n'est qu' « un leurre désignant la cohérence minimale »[10]. Dans ce contexte, le recours de la Cour de cassation à l'article

---

[1] Cass. com. 22 octobre 1996, D. 1997, Jur. P. 212, note A. Sériaux ; D. 1997, somm. p. 175, obs. Ph. Delebecque; RTD civ. 1997, p. 418, note J. Mestre; D. 1997, Chr. p. 145, note Ch. Larroumet; JCP 1997, I, 4002, obs. M. Fabre-Magnan; JCP 1997, I, 4025, obs. G. Viney; Defrénois 1997, 393, obs. D. Mazeaud. En effet, il y a plusieurs arrêts Chronopost qui se sont étalés sur plusieurs années. Dans tous ces arrêts, la Cour de cassation a maintenu le même raisonnement.
[2] Le terme est emprunté à M. D. Houtcieff qui parle d'un mariage entre l'article 1131 et 1134 du Code civil (HOUTCIEFF, D., L'obligation essentielle ou le voile pudique de la cohérence contractuelle, note sous cass. com. du 5 juin 2007, JCP. G, n° 36 du 5 septembre 2007, 10145).
[3] LOISEAU, G., Le crépuscule des clauses limitatives de réparation, RLDC, n° 38 mai 2007, p. 6. L'article est un commentaire de l'arrêt Cass. com. 13 février 2007, n° 05-17.407.
[4] FABRE-MAGNAN, M., De l'obligation d'information dans les contrats, Essai d'une théorie, éd. LGDJ 1992, p. 458, n° 577.
[5] ROCHFELD, J., Cause et type de contrat, éd. LGDJ 1999, p. 167, n° 168.
[6] SEFTON-GREEN, R., La notion d'obligation fondamentale .... op. cit., p.329, n° 579.
[7] SEFTON-GREEN, R., La notion d'obligation fondamentale .... op. cit., p.333, n° 591.
[8] HOUTCIEFF, D., Le principe de cohérence en matière contractuelle, thèse université Paris XI 2000, p. 297, n° 438.
[9] HOUTCIEFF, D., op. cit., p. 339, n° 502.
[10] HOUTCIEFF, D., op. cit., p. 339, n° 502.

1131 du Code civil dans l'arrêt Chronopost a été critiqué : « la cause de l'obligation n'a rien à faire dans cette espèce »[1]. Le raisonnement poursuivi par la Cour était non seulement « faux »[2] mais aussi « inopportun »[3].
M. Jestaz a avancé une autre idée permettant de rapprocher la notion d'obligation fondamentale du consentement dans le contrat. Il a affirmé : « l'obligation fondamentale s'identifie au consentement... [elle] se définit comme le consentement réduit à sa plus simple expression, - expression qui permet primo de dire que le contrat existe et secundo de le qualifier »[4]. Elle est le consentement même, ajoute le même auteur[5].
Cette position est vérifiable dans un ancien arrêt rendu par la jurisprudence française où elle avançait : « un contrat ne peut légitimement exister s'il ne renferme les obligations qui sont de son essence, et s'il n'en résulte pas un lien de droit pour contraindre les contractants à les exécuter »[6].

263. Pour la jurisprudence tunisienne, le rattachement de l'obligation fondamentale à une institution connue ne semble pas très évident. Dans quelques décisions inédites, les juges de fond tunisiens insistent sur la nécessité d'exécuter l'obligation fondamentale sans la rattacher expressément à aucune institution. Ils la rattachent à l'attente du contractant. Le tribunal de première instance de Tunis a souligné, à plusieurs reprises, qu'un client qui contractait avec un service de « rapid-poste » attendait de son partenaire une plus grande rapidité que d'ordinaire. La rapidité, affirme le tribunal de Tunis, doit être proportionnelle à la nature du courrier à acheminer[7].
Dans un autre jugement, le tribunal de première instance de Tunis souligne que la rapidité constitue l'une des qualités essentielles pour le contractant[8]. Dans ce dernier jugement, une référence à la cause du contrat semble latente.

264. Du reste, les tentatives de rattachement de l'obligation fondamentale à une institution connue de droit français sont nombreuses. Chaque tentative présente des avantages et certains inconvénients. Aucune justification ne peut prétendre à l'exclusivité ni à l'exactitude ; tout demeure hypothétique et conjectural. Madame Sefton-Green affirme en guise de conclusion : « il apparaît que les

---

[1] LARROUMET, Ch., Obligation essentielle et clause limitative de responsabilité, D. 1997, Chr. p. 145, n° 2.
[2] LARROUMET, Ch., Obligation essentielle et clause limitative de responsabilité, D. 1997, Chr. p. 145, n° 3.
[3] LARROUMET, Ch., Obligation essentielle et clause limitative de responsabilité, D. 1997, Chr. p. 145, n° 4.
[4] JESTAZ, Ph., L'obligation et sa sanction : à la recherche de l'obligation fondamentale, *In* Mélanges P. Raynaud, éd. Dalloz – Sirey 19985, p. 273, spéc. p. 296.
[5] JESTAZ, Ph., L'obligation et sa sanction ..., p. 297.
[6] Req. 19 janvier 1863, D.P. 1863, 1, 185 qui a été cité par M. Delebecque dans sa thèse précitée, les clauses allégeant..., p. 202-203, n° 169.
[7] TPI Tunis, 4e Ch. Com., n° 8662 du 22 décembre 2001 (inédit).
[8] TPI Tunis, 1re Ch. Civ., n° 16709, du 03 février 2001(inédit).

explications du fondement de l'obligation fondamentale sont aussi diverses que la notion même »[1].

Ce qui explique cette diversité d'analyse doctrinale de l'obligation fondamentale, c'est qu'elle est une institution étrangère, non reconnue par le législateur français ou tunisien. La meilleure solution est de dire qu'elle est doublement ancrée à la cause du contrat et à son objet. Tant que cette obligation fondamentale préconise la globalité de l'analyse du contrat, et qu'elle favorise son intelligibilité, elle diverge avec les notions qui prônent la même analyse du contrat. Elle convient à la cause typique du contrat, lorsqu'elle tend à garantir un minimum contractuel[2]ou des obligations nécessaires[3] dans le contenu contractuel. Elle se confond avec l'objet du contrat analysé comme étant l'opération visée par les parties contractantes[4]. C'est une obligation résumant le contrat et à laquelle celui-ci est réductible. Son rôle est d'unifier le contrat[5], de faciliter son appréhension par le juge ou l'interprète qui doit la chercher à la lueur et au-delà de ce qui est exprimé.

265. Le propre de cette obligation fondamentale est de rendre le contrat compréhensible, intelligible et harmonieux. L'harmonie du contrat, ou du contenu contractuel se réalise, entre autres, en brandissant l'obligation fondamentale et en lui préservant la suprématie dont elle doit normalement bénéficier par rapport aux autres obligations figurant dans le contenu contractuel. Dans ce cadre, Monsieur Laurent Aynès précise dans sa thèse que dans le contenu contractuel, il existe une pyramide des obligations dominées par celle dont l'objet est plus caractéristique[6]. Au sommet des obligations engendrées par un contrat, il s'en trouve une qui est supérieure aux autres. Ces dernières ne font que la traduire.

266. Un contractant, en signant un contrat de vente, vise essentiellement le transfert de la propriété de la chose vendue. Cette obligation, se trouvant au sommet des obligations ou des prestations engendrées par le contrat, ne peut jamais être voilée par les autres sans toucher au consentement des parties ou à la qualification du contrat[7]. Aux yeux de tout contractant, son contrat contient au

---

[1] SEFTON-GREEN, R., La notion d'obligation fondamentale …., op. cit., p. 330, n°582.

[2] VINEY, G. et JOURDAIN, P., Les conditions de la responsabilité, éd. LGDJ 2006, p. 440, n° 489. Les auteurs citent en réalité P. Durand, Des conventions d'irresponsabilité, Paris 1931, n° 85.

[3] ROCHFELD, J., Cause et type de contrat, op. cit., p. 142, n° 142.

[4] Ceci est vrai si l'on adopte cette définition du l'objet du contrat. ZINE, M., Théorie générale des obligations, 1 – Le contrat, éd. Tunis 1997, p. 164, n° 194.

[5] SEFTON-GREEN, R., La notion d'obligation fondamentale …., op. cit., p. 343, n°616.

[6] AYNES, L., La cession du contrat et les opérations juridiques à trois personnes, éd. Economica 1984, n° 257, p. 187. Voir aussi : ANCEL, M.-E., La prestation caractéristique du contrat, éd. Economica 2002, n° 5, p. 5 qui précise que « la supériorité de la prestation caractéristique sur le reste du contrat est souvent évoquée pour faire jouer à cette prestation un rôle déterminant quant au sort de l'acte entier, quant à la vie de celui-ci ».

[7] R.-J. Pothier, Traité des obligations, partie I, chap. 1, n° 6 (cité par M. Thunis, art. préci. p. 522).

moins une obligation essentielle qui incarne l'objectif qu'il entend réaliser en se contractant. Toucher à cette obligation, c'est toucher à l'engagement du contractant.

267. L'obligation fondamentale apparaît comme un palliatif « permettant au juge-chirurgien prêt avec sa valise de disséquer le contrat et le recoudre après intervention »[1]. Elle ressemble à un outil qui s'ajoute au dispositif offert au juge lui permettant, lorsqu'il parvient à la cerner, d'établir un équilibre au sein du contenu contractuel. Le juge préserve l'harmonie dans le contrat lorsqu'il défend l'obligation fondamentale. Il le fait lorsqu'il protège sa suprématie par rapport aux autres obligations nées du même contrat. En l'absence de cette suprématie accordée à l'obligation fondamentale, le contrat est un amas d'obligations, qui ne sont au service d'aucun objectif ni d'aucune idée supérieure pouvant l'expliquer. L'implicite impose au juge de rehausser cette obligation fondamentale et de la protéger contre toute tentative d'inhumation sous d'autres obligations.

268. Il n'est pas inutile de préciser que l'obligation fondamentale n'est pas forcément une seule et unique obligation. Elle peut être un « faisceau d'obligations »[2] ou un *noyau dur du contrat*[3], sur lequel sont soudés plusieurs électrons qui lui accordent une existence physique. Cette obligation puise son existence dans la nature des choses qui fait que dans un contrat, les éléments n'ont pas la même importance. Il y a des clauses qui traduisent plus que d'autres l'objectif voulu par les parties. Ces éléments ou ces clauses essentielles du contrat appartiennent au contrat, même sans le dire et l'exprimer. Un contrat de vente produit, sans pour autant le dire, un transfert de propriété et un paiement de prix. Un contrat de travail, évoque systématiquement un lien de subordination[4] et un salaire[5].
L'évidence d'une telle obligation, ou de ces obligations, est justifiée par son caractère déterminant dans le consentement des parties contractantes. Aucun acheteur ne procède à la conclusion d'un contrat d'achat sans qu'il ne soit animé d'une volonté d'être propriétaire du bien, objet de vente[6]. L'absence de cet effet mettrait en cause la conclusion du contrat car très souvent, les obligations essentielles d'un contrat se confondent avec ses éléments constitutifs sur lesquels l'échange du consentement a été fait. D'ailleurs, l'offre

---

[1] SEFTON-GREEN, R., La notion d'obligation fondamentale .... op. cit., p. 338, n°603
[2] JESTAZ, Ph., L'obligation et sa sanction ..., p. 295
[3] THUNIS, X., art. préc. p. 521
[4] LYON-CAEN, G., L'obligation implicite, Archive de philosophie du droit, T44, 2000, p.109, spéc. p. 110
[5] PELISSIER, J., La détermination des éléments du contrat de travail, Droit Ouvrier, mars 2005, p. 92. L'auteur souligne que le contrat de travail « suppose la réunion de trois éléments : une prestation personnelle de travail, une rémunération, un lien de subordination »
[6] MAHFOUD, M., Théorie des suites du contrat, RJL 2008, n° 6, p. 99, spéc. p. 105.

de contracter doit être précise et exhaustive, de façon à ce que le contrat soit parfait grâce à une acceptation conforme à l'offre[1]. Il en résulte que la notion d'obligation fondamentale, comme l'a justement démontré Madame Sefton-Green, est une notion qui relie la conclusion du contrat à son exécution. Cette distinction entre ces deux interstices s'estompe avec la notion de l'obligation fondamentale du contrat. Celle-ci aide à « combler l'abîme entre la formation et l'exécution du contrat »[2]. Elle assure le rôle de « passerelle entre la formation et l'exécution du contrat »[3]. Cette affirmation paraît être confirmée car le contrat ne peut se conclure sans qu'un accord sur les éléments essentiels ne soit fait. L'offrant pour favoriser la conclusion du contrat « doit indiquer les éléments essentiels du contrat qu'il souhaite conclure »[4]. Il est utile de signaler dans ce cadre que l'article 23 du Code tunisien des obligations et des contrats précise que « la convention n'est parfaite que par l'accord des parties sur les éléments essentiels de l'obligation, ainsi que sur toutes les autres clauses licites que les parties considèrent comme essentielles »[5].
L'exécution du contrat confirme aussi l'importance accordée à cette notion. Une exécution peut être considérée comme satisfaisante si l'obligation fondamentale est exécutée. L'inexécution n'est caractéristique que si elle touche à l'obligation fondamentale[6].

L'obligation fondamentale, même rétive à la définition et difficilement ancrée à une institution connue des droits français et tunisien, est pourtant lourde de conséquences pour le contenu du contrat en lui servant de *panacée*[7] contre les clauses qui tendent à vider son contenu de toute utilité. L'obligation fondamentale s'avère ainsi être une obligation intouchable au sein du contenu contractuel.

---

[1] Voir sur ce point pour le droit tunisien : ZINE, M., Théorie générale des obligations, 1 – Le contrat, éd. Tunis 1997, p. 111, n° 126-2 ; MAHFOUD, M., Théorie générale des obligations, Acte unilatéral, Contrat et Responsabilité civile, Publications du Centre d'études Juridiques et Judiciaires, éd. Orbis 2008, p. 39, n° 54 ; CABRILLAC, R. et BEN FADHEL, O., Introduction au droit des affaires. Abrégé de droit tunisien des obligations contractuelles, éd. CPU 2006, p. 69, n° 82. Pour le droit français consulter surtout : J. Flour, J.-L. Aubert, Droit civil, Les obligations, 1 – L'acte juridique, éd. Sirey 2008, p. 103, n° 133.

[2] SEFTON-GREEN, R., La notion d'obligation fondamentale ...., op. cit., p. 334, n° 592.

[3] SEFTON-GREEN, R., La notion d'obligation fondamentale .... ,op. cit., p. 334, n° 593.

[4] CABRILLAC, R. et BEN FADHEL, O., Introduction au droit des affaires. Abrégé de droit tunisien des obligations contractuelles, éd. CPU 2006, p. 69, n° 82.

[5] Cet article n'a pas de similaire dans le Code civil. L'idée d'une offre contenant les obligations essentielles du contrat projeté a été consacrée depuis longtemps par la jurisprudence française. Voir à ce sujet : Req. 19 janvier 1863, D.P. 1863, 1, 185 (citée par M. Delebecque dans sa thèse précitée, les clauses allégeant..., p. 202-203, n° 169).

[6] Voir infra, le rôle de l'obligation fondamentale comme étalon de mesure de l'exécution et de l'inexécution du contrat.

[7] HOUTCIEFF, D., note précitée, JCP. éd. G, n° 36 du 5 septembre 2007, 10145.

§ 2 - Une obligation inviolable

269. L'obligation fondamentale, que l'on retrouve dans tous les contrats, qu'ils soient simples ou complexes[1], par la suprématie dont elle bénéficie, apparaît comme une obligation inviolable, au-delà de l'atteinte des parties. C'est un écueil devant lequel la liberté contractuelle est altérée.

Depuis longtemps, il est reconnu aux parties contractantes le pouvoir de modifier le contenu de leur contrat[2], que se soit dans le sens de l'alourdissement, en aggravant les obligations normalement engendrées par leur accord, ou dans celui de l'allégement, qui est le sens naturel[3], en s'engageant *en deçà* de ce qui est pratiqué habituellement[4]. Boris Starck l'a ainsi résumé : « le contenu du contrat dépend de la libre volonté des contractants (sauf exception, d'ailleurs en nombre croissant, dans un régime d'économie contrôlée) ; il apparaît naturel de leur permettre de le façonner à leur gré dès lors qu'ils ne portent pas atteinte à une obligation essentielle (inhérente à la nature même du contrat) »[5]. D'autres auteurs ont précisé que « dans toute la mesure, en effet, où les parties sont libres d'aménager comme elles l'entendent, leur accord, elles peuvent, en principe, délimiter, en plus ou en moins, par rapport aux règles habituelles, la consistance des engagements assumés »[6]. Usant de cette faculté, les contractants ont pris l'habitude d'insérer dans leurs contrats des clauses aménageant leur responsabilité découlant d'un manquement à l'exécution du contrat[7].

L'obligation fondamentale, puisqu'elle est inviolable, altère l'application des clauses de responsabilité. Elle constitue, du fait qu'elle incarne l'essence du contrat[8], une limite à la validité des clauses sur la responsabilité. Celles-ci

---

[1] M.-P. Baudin-Maurin, Pour une approche empirique de l'obligation essentielle du contrat (à partir de l'exemple du contrat Chronopost), RRJ 2002, n° 4, p. 1859, spéc. 1861.

[2] ZINE, M., Théorie générale des obligations, 1 – Le contrat, éd. Tunis 1997, p. 309, n° 386.

[3] DELEBECQUE, Ph., thèse précitée, p. 1 qui cite R. Rodière lorsqu'il parle d'une « tendance qu'ont les gens de métier à s'alléger de leurs devoirs» *(Traité de droit des transports terrestres, fluviaux et aériens, éd. Sirey 1955, n° 953).* Voir sur ce point pour le droit tunisien : BEN AMMOU, N.,Droit civil, Les contrats spéciaux, La vente et l'échange (en arabe), éd. CPU 2007, p. 326, n° 305. L'auteur parle des clauses de garantie dans les contrats de vente. Il souligne que ces clauses peuvent être soit allégées, soit aggravées. Pour les clauses aggravant la responsabilité ou la garantie voir pour cet auteur : p. 330, n° 310.

[4] JESTAZ, Ph., L'obligation et sa sanction ..., p. 275.

[5] STARK, B., Observation sur le régime juridique des clauses de non responsabilité ou limitatives de responsabilité, D. 1974, Chr. p. 157, spéc. p. 158.

[6] TERRE, F., SIMLER, Ph. et LEQUETTE, Y., Droit civil, Les obligations, éd. Dalloz 2005, p. 601, n° 609 ; LE TOURNEAU, Ph., Droit de la responsabilité et des contrats, éd. Dalloz 2004-2005, p. 292, n° 1136 ; VINEY, G. et JOURDAIN, P., Traité de droit civil, Les effets de la responsabilité, éd. LGDJ 2001, n° 183, p. 350.

[7] ZINE, M., Théorie générale des obligations, 1 – Le contrat, éd. Tunis 1997, p. 309, n° 386.

[8] CABRILLAC, R. et BEN FADHEL, O., Introduction au droit des affaires. Abrégé de droit tunisien des obligations contractuelles, éd. CPU 2006, p. 38, n° 42.

constituent selon certains auteurs, un phénomène qui attire l'attention depuis le dix-neuvième siècle[1].
Traditionnellement, on distingue les clauses de non responsabilité que l'obligation fondamentale annule normalement, (A) et les clauses limitatives de responsabilité dont l'obligation fondamentale en modère la portée (B).

A – Les clauses d'exclusion de responsabilité

Les clauses d'irresponsabilité ou de non responsabilité que l'on rencontre souvent dans tout contrat[2], petit ou grand[3], sont « celles par lesquelles il est stipulé dans le contrat que le débiteur ne sera pas responsable et ne devra pas de dommages-intérêts en cas d'inexécution, d'exécution tardive ou défectueuse de ses obligations ou de certaines d'entre-elles »[4]. Elles sont aussi « celles par lesquelles un débiteur stipule qu'il ne sera pas tenu de payer des dommages-intérêts en cas d'inexécution, d'exécution tardive ou vicieuse »[5].
Ces clauses, qui paraissent choquantes[6], ont pour effet de permettre à celui qui s'en prévaut de refuser tout simplement les conséquences de cette inexécution[7].

270. Les clauses d'irresponsabilité sont souvent évoquées en même temps que les clauses de non obligation[8]. Une différence très subtile distingue en effet les deux sortes de clauses. Tandis que les clauses de non responsabilité ne visent que la réparation en cas d'inexécution, les clauses de non obligation attaquent directement l'obligation en dispensant le débiteur de son exécution. Dans le premier cas, le débiteur doit exécuter les obligations découlant du contrat, mais en cas de manquement, il n'encourt aucune responsabilité. Les dommages-et-intérêts sont dans ce cas supprimés[9]. En effet, en annihilant la responsabilité encourue normalement par le débiteur, ce dernier n'a plus d'empressement à

---

[1] P. Durant, Des conventions d'irresponsabilité, Thèse de doctorat, Paris 1931, p. 23.
[2] P. Durand, op. cit., p. 23, qui précise que ces clauses sont apparues longtemps comme une simple particularité limitée au contrat de transport, et inconcevables en dehors avant d'être généralisées. L'auteur cite dans ce sens Baudry-Lacantinerie, t2, n° 516.
[3] DELEBECQUE, Ph., Les clauses de responsabilité, *In* Les principales clauses des contrats conclus entre professionnels, colloque de l'institut de droit des affaires d'Aix-en –Provence, éd. PUAM 1991, p. 177.
[4] TERRE, F., SIMLER, Ph. et LEQUETTE, Y., op. cit., p. 605, n° 612.
[5] M. S. Al Jondi, Le juge et les clauses exonératoires et limitatives de responsabilité contractuelle, thèse Paris II, 1979, p. 13.
[6] M. S. Al Jondi, Le juge et les clauses exonératoires et limitatives de responsabilité contractuelle, thèse Paris II, 1979, p. 14.
[7] DELEBECQUE, Ph., et F.-J. Pansier, Droit des obligations, Contrat et quasi-contrat, éd. Litec 2006, n° 519, p. 261.
[8] MAHFOUD, M., Théorie des suites du contrat, RJL 2008, n°6, p. 99, spéc. p. 104.
[9] JESTAZ, Ph., L'obligation et sa sanction …, p. 275.

l'exécution du contrat ce qui revient à « une invitation à l'impéritie et à la négligence »[1].
Ces clauses incitent ainsi le débiteur à se montrer moins prudent, à commettre des fautes, puisqu'il sait qu'il n'aura pas à en supporter les conséquences[2]. Cet effet de la clause de non responsabilité sur la diligence du débiteur la rapproche des clauses de non obligation où le débiteur n'est pas tenu de l'exécution. Dans les deux cas, il y a « paralysie du droit à la réparation »[3]. Il reste qu'en cas d'insertion de clause de non obligation, le créancier ne peut pas utiliser les techniques d'exécution forcée ni même celle de l'exception d'inexécution, alors qu'il pourrait normalement les utiliser en cas d'existence d'une clause de non responsabilité.
Une autre distinction est possible. L'insertion d'une clause de non obligation dans un contrat touche, a priori, à l'existence de l'obligation[4] fondamentale dans le contrat[5]. Elle rend l'exécution tributaire de la volonté du débiteur. L'engagement devient ainsi potestatif et c'est sur cette base que la clause, voire le contrat, peut être annulée[6]. Cette clause « échoue sur le seuil de la potestativité »[7]. Elle se heurte de front à la règle *pacta sunt servanda*[8] qui constitue le pilier sur lequel repose le contrat. Quant à la clause de non responsabilité, elle touche uniquement aux conséquences de l'inexécution de l'obligation fondamentale. L'obligation existe et fait partie du contenu contractuel, sauf que son inexécution ne produit pas de responsabilité envers le débiteur.

271. Dans la pratique, cette distinction entre clauses d'irresponsabilité et celles de non obligation, n'a qu'une portée très relative[9], la plupart des restrictions qui ont été imposées aux unes par la loi ou la jurisprudence devant être, par souci de cohérence et d'efficacité, appliquées également aux autres[10].

---

[1] STARK, B., art. préc., p. 157.
[2] TERRE, F., SIMLER, Ph. et LEQUETTE, Y., Droit civil, Les obligations, éd. Dalloz 2005, p. 606, n° 613.
[3] VINEY, G. et JOURDAIN, P., Traité de droit civil, Les effets de la responsabilité, éd. LGDJ 2001, n° 181-1, p. 347.
[4] AYNES, L., Droit français, *In* Les clauses limitatives ou exonératoires de responsabilité en Europe, Colloque 1990, sous dir. GHESTIN, J., éd. LGDJ 1991, p. 7.
[5] MAHFOUD, M., Théorie des suites du contrat, RJL 2008, n°6, p. 99, spéc. p. 104.
[6] MAHFOUD, M., L'extinction du contrat pour impossibilité d'exécution du contrat (en droit tunisien), Etudes juridiques 2001, p. 167, spéc. p. 182.
[7] JESTAZ, Ph., L'obligation et sa sanction ..., p. 275.
[8] TERRE, F., SIMLER, Ph. et LEQUETTE, Y., op. cit., p. 602, n° 610.
[9] MAHFOUD, M., Théorie des suites du contrat, RJL 2008, n°6, p. 99, spéc. p. 104. Cet auteur tunisien traite déjà sans aucune distinction les deux catégories de clauses.
[10] VINEY, G. et JOURDAIN, P., op. cit., n° 181-1, p. 348 qui citent aussi : DELEBECQUE, Ph., thèse précitée, n° 50 à 65

Les clauses de non responsabilité en matière contractuelle, même graves et dangereuses[1], sont en principe valables[2] sauf exception prévue par la loi[3]. La validité de ces clauses dans les contrats est souvent avancée par opposition à leur interdiction en matière de responsabilité délictuelle[4]. Puisqu'elles sont moralement critiquées[5], ces clauses sont parfois déclarées nulles par la loi. Tel est le cas en matière de transport terrestre des marchandises où l'article L. 133-1 du Code de commerce prohibe les clauses d'irresponsabilité. Elles sont également prohibées en matière d'hôtellerie où les hôteliers ne peuvent décliner leur responsabilité en cas de vol ou de détérioration des objets des voyageurs[6].
A l'instar du droit français, le droit tunisien énumère des exemples dans lesquels les clauses élusives de responsabilité sont nulles. Tel est le cas du contrat de transport terrestre de marchandises où l'article 644 du Code de commerce[7] tunisien annule les clauses élusives de la responsabilité du transporteur.
En droit du travail, ces clauses d'irresponsabilité sont aussi interdites. Ainsi, un employeur ne peut écarter sa responsabilité en cas de licenciement abusif du salarié[8]. Une frange de la doctrine tunisienne soutient l'applicabilité de cette même solution en droit tunisien[9]. En effet, cette solution est défendable. L'arrêt de la Cour de cassation tunisienne sur l'interdiction de l'insertion d'une clause pénale dans un contrat de travail laisse présager sa validité[10].
En droit tunisien, il existe en effet des règles de portée générale qui interdisent l'exclusion de la responsabilité dans certaines hypothèses. Ainsi, l'article 244

[1] STARK, B., art. préc. p. 157.
[2] DELEBECQUE, Ph., et F.-J. Pansier, Droit des obligations, Contrat et quasi-contrat, op. cit., n° 520, p. 261 ; TERRE, F., SIMLER, Ph. et LEQUETTE, Y., op. cit., p. 606, n° 613 ; MALAURIE, Ph., AYNES, L. et STOFFEL-MUNCK, Ph., Les obligations, éd. Defrénois 2007, p. 534, n° 980.
[3] ZINE, M., Théorie générale des obligations, 1 – Le contrat, éd. Tunis 1997, p. 309-310, n° 386.
[4] La jurisprudence française a affirmé la nullité des clauses exonératoires ou limitatives de responsabilité en matière délictuelle. Cf. Cass. civ. 17 février 1955, D. 1956, p. 17 ; Cass. civ. 2e, 28 novembre 1962, D. 1963, p. 465, note Borricand. Voir aussi : VINEY, G. et JOURDAIN, P., op. cit., n° 183, p. 350 ; LE TOURNEAU, Ph., op. cit., n° 1056, p. 280. En droit tunisien, l'interdiction des clauses relatives à la responsabilité délictuelle est prévue par la loi. Les articles 82 et 83 du Coc, textes de base de la responsabilité délictuelle en droit tunisien, annulent toutes conventions contraires. La jurisprudence tunisienne a aussi consacré cette interdiction des clauses élusives de responsabilité en matière délictuelle. Voir à titre d'exemple : cass. civ (tn), n° 61672 du 18 novembre 1986, Bull. 1986, II, p. 320.
[5] DELEBECQUE, Ph., et MAZEAUD, D., Les clauses de responsabilité : clauses de non responsabilité, clauses limitatives de réparation, clauses pénales (rapport français), *In* Les sanctions de l'inexécution des obligations contractuelles, Etude de droit comparé, sous la dir. de M. Fontaine et VINEY, G., éd. Bruylant et LGDJ 2001, p. 361.
[6] Article 1953, al. 2 et 3 du Code civil.
[7] Article 644 du Code de commerce tunisien : « est nulle toute clause par laquelle le transporteur s'exonère en totalité de sa responsabilité pour perte totale ou partielle ou avarie ».
[8] Article L. 1231-4 du Code de travail français.
[9] CABRILLAC, R. et BEN FADHEL, O., Introduction au droit des affaires. Abrégé de droit tunisien des obligations contractuelles, éd. CPU 2006, p. 237, n° 288.
[10] Cass. Soc (tn), n° 8571 du 6 juin 2001, RJL 2004, n° 2, note I. Lahmar.

du Code des obligations et des contrats énonce « qu'on ne peut stipuler d'avance qu'on ne sera pas tenu de sa faute lourde ou de son dol ». Ce texte constitue une directive générale permettant de statuer sur la validité de certaines clauses d'exclusion de responsabilité. La doctrine tunisienne ne manque pas de s'y référer quand il s'agit des clauses de ce genre[1]. En outre, dans le Code des obligations et des contrats, l'on trouve certaines applications à l'article 244. Il en est ainsi de l'article 673 du C.o.c concernant le vendeur frauduleux dont la clause limitative de responsabilité est inopposable à l'acheteur[2]. Cette sanction s'applique *a fortiori* pour les clauses élusives de responsabilité. Un autre article du Code des obligations et des contrats mérite d'être cité, c'est l'article 642 du Code (C.o.c)[3]. Il pose un principe de validité des clauses de non garantie dans les contrats de vente. Il avance également deux hypothèses dans lesquelles ces clauses sont nulles. D'abord, elles ne sont pas valables lorsqu'il s'agit de la garantie du fait personnel du vendeur qui ne peut pas être exclu. Sur ce point cet article ne paraît pas novateur ; il ne fait que répéter la solution de l'article 244 du C.o.c[4]. Ensuite, les clauses de non garantie ne sont pas valables lorsqu'il y a mauvaise foi de la part du vendeur.

En effet, l'utilité de cet article semble très réduite après la promulgation de la loi sur la protection du consommateur (7 décembre 1992) qui annule dans l'article 17 les clauses de non-garantie entre fournisseurs et consommateurs. Le seul cas d'utilité de cet article semble cantonné à un litige entre professionnels[5] où le droit commun retrouve son efficacité.

En droit tunisien, on trouve en effet de nombreuses interdictions des clauses élusives de responsabilité. A titre d'exemple, l'article 843 du C.o.c, relatif à la responsabilité du locataire d'ouvrage ou de service, annule toute convention

---

[1] ZINE, M., Théorie générale des obligations, 1 – Le contrat, éd. Tunis 1997, p. 309-310, n° 386 ; BEN AMMOU, N.,Droit civil, Les contrats spéciaux, La vente et l'échange (en arabe), éd. CPU 2007, p. 285, n° 251 ; CABRILLAC, R. et BEN FADHEL, O., Introduction au droit des affaires. Abrégé de droit tunisien des obligations contractuelles, éd. CPU 2006, p. 237, n° 288 ; REKIK, N., Réflexions sur la nullité des clauses relatives à la garantie légale des vices cachés et du défaut de qualité dans le contrat de vente, Etudes juridiques 1997, p. 103, spéc. p. 108.

[2] Voir sur cette notion en droit tunisien : BEN AMMOU, N.,Droit civil, Les contrats spéciaux, La vente et l'échange (en arabe), éd. CPU 2007, p.313, n° 290 ; SAFI, Z., Pérennité des dispositions du Code des obligations et des contrats. Exemple la garantie des dommages à l'ouvrage, *In* Livre du centenaire du Code des obligations et des contrats, 1906-2006, éd. CPU 2006, p.347, spéc. p. 387.

[3] Article 642 du Coc : « les parties peuvent convenir que le vendeur ne sera soumis à aucune garantie. Cette clause n'a cependant pour effet que d'affranchir le vendeur des dommages-intérêts, mais ne peut le libérer de l'obligation de restituer, en tout ou en partie, le prix qu'il a reçu, si l'éviction s'accomplit. La stipulation de non-garantie n'a aucun effet : 1- Si l'éviction se fonde sur un fait qui est personnel au vendeur lui-même. 2- lorsqu'il y a dol du vendeur… »

[4] BEN AMMOU, N.,Droit civil, Les contrats spéciaux, La vente et l'échange (en arabe), éd. CPU 2007, p. 285, n° 251.

[5] Voir sur ce point : REKIK, N., Réflexions sur la nullité des clauses relatives à la garantie légale des vices cachés et du défaut de qualité dans le contrat de vente, Etudes juridiques 1997, p. 103, spéc. p. 129.

contraire[1]. L'article 849 établissant la responsabilité des hôteliers et des hébergistes annule toute convention de nature à limiter ou à exclure la responsabilité desdites personnes. De son côté, l'article 858 du C.o.c annule toute convention limitant ou écartant la responsabilité des employeurs pour tout manquement à la sécurité de leurs travailleurs. En matière de commerce maritime, les clauses élusives de responsabilité sont aussi interdites[2].

Bref, en droit tunisien, le principe adopté en matière de clauses élusives de responsabilité, semble être celui de la validité. Le Code des obligations et des contrats n'en aménage que les exceptions. Il en est de même pour la loi sur la protection du consommateur qui demeure un texte spécial dont l'interprétation ne doit être que stricte[3]. Même si ces exceptions « ont battu en brèche ce principe de validité et ont apportée des restrictions à sa portée »[4], le principe demeure toujours celui de la validité. Le professeur Mohamed Zine laisse entendre qu'il adopte cette idée de validité de principe des clauses relatives à la responsabilité, exonératoires ou limitatives[5]. Au contraire de cette position, certains auteurs se montrent pourtant contre l'admission d'un principe général de validité des clauses élusives de responsabilité en droit tunisien[6].

La jurisprudence tunisienne a annulé, dans certains cas, les conventions élusives de responsabilité. Tel est celui d'un arrêt de la Cour d'appel de Tunis qui a estimé que la clause d'exclusion de responsabilité était nulle et a condamné l'Office des ports à payer la valeur de la barge[7].

Sur le plan international[8], plusieurs conventions internationales consacrent la nullité des clauses de non responsabilité[9]. La convention de Bruxelles, sur les transports maritimes du 25 août 1924, prévoit que toute clause qui décharge le transporteur de toute responsabilité est considérée comme nulle et non avenue.

---

[1] Art. 843 Coc : « le locateur d'ouvrage ou de services répond non seulement de son fait, mais de sa négligence, de son imprudence et de son impéritie. Toute convention contraire est sans effet ».

[2] Voir sur ce point : MELLOUI, S., Responsabilité du transporteur maritime, éd. CPU 1993. L'auteur cite de nombreux articles du Code de commerce maritime interdisant les clauses élusives de responsabilité.

[3] BEN AMMOU, N.,Droit civil, Les contrats spéciaux, La vente et l'échange (en arabe), op. cit., p. 330, n° 309.

[4] SAFI, Z., Pérennité des dispositions du Code des obligations et des contrats. Exemple la garantie des dommages à l'ouvrage, *In* Livre du centenaire du Code des obligations et des contrats, 1906-2006, éd. CPU 2006, p.347, spéc. p. 387.

[5] ZINE, M., Théorie générale des obligations, 1 – Le contrat, éd. Tunis 1997, p. 308-309, n° 385.

[6] O. Ben Fadhel, Introduction au droit des affaires. Abrégé de droit tunisien des obligations contractuelles, éd. CPU 2006, p. 236, n° 287. Ces auteurs observent que le principe de validité est contesté.

[7] CA Tunis, arrêt n° 27766/4 du 16 avril 1997 (inédit). Cet arrêt est cité par : CABRILLAC, R. et BEN FADHEL, O., Introduction au droit des affaires. Abrégé de droit tunisien des obligations contractuelles, éd. CPU 2006, p. 237, n° 287.

[8] Consulter surtout : DELEBECQUE, Ph., Les clauses de responsabilité, *In* « Les principales clauses des contrats conclus entre professionnels », op. cit., n° 34, p. 191.

[9] Pour une étude sur les conventions internationales en matière maritime, voir surtout : MELLOUI, S., La responsabilité du transporteur maritime de marchandises, éd. CPU 1993.

La convention de Varsovie sur le transport aérien international indique, dans l'article 23, que toute clause tendant à faire exonérer le transporteur de sa responsabilité est nulle et non avenue[1].
Ces clauses d'irresponsabilité, qui sont normalement valables, deviennent annulables lorsqu'elles sont accompagnées d'un dol émanant du débiteur ou de sa faute grave. Ces clauses ne doivent pas servir de retranchement contre le dol et les mauvaises intentions. La faute lourde et le dol constituent ainsi une limite à la validité des clauses de non responsabilité. C'est là qu'on trouve la philosophie de l'article 244 du Code des obligations et des contrats.

272. En annihilant la responsabilité découlant de l'inexécution du contrat, ces clauses de non responsabilité attaquent directement l'obligation fondamentale du contrat, qui se trouve alors anéantie[2].
Dans ce cas, le risque est énorme : celui de vider le contrat de toute obligation et de le transformer en coquille vide pour le débiteur qui se voit dispensé de tout engagement ou de toute responsabilité lorsqu'il manque à ses obligations contractuelles. Le contrat n'a plus de force qu'à l'égard de l'un des contractants. Devant la gravité de ces clauses d'irresponsabilité, leur étendue est souvent limitée. Dans les rapports entre consommateurs et professionnels, elles sont réputées non écrites par le Code de la consommation[3]. Le droit tunisien à travers la loi sur la protection du consommateur, les annule également en les considérant comme nulles et non avenues[4]. Entre professionnels, ces clauses sont normalement valables à condition de ne pas vider le contrat de toute substance. Pour le droit français, la validité de ces clauses entre professionnel ne devient plus évidente à la suite de la modification de l'article L. 442-6, I, du Code de commerce qui prévoit la possibilité d'annuler les clauses qui créent un déséquilibre significatif entre les parties.

273. Ce genre de clauses de non responsabilité, trouve dans les contrats spéciaux un terrain propice pour foisonner. Dans ces contrats, très souvent, les débiteurs se dispensent d'un certain genre de responsabilité pouvant les affecter en cas d'inexécution d'une des obligations découlant du contrat. Ils annihilent un fait générateur de responsabilité. Par exemple, lorsque le propriétaire d'un parking dégage sa responsabilité de la perte de certains objets se trouvant dans le véhicule, celle-ci demeure engagée pour d'autres risques comme le vol de

---

[1] DELEBECQUE, Ph., Les clauses de responsabilité, *In* Les principales clauses des contrats conclus entre professionnels », op. cit., n° 34, p. 191 (*Ibidem*). Voir sur ce point pour le droit tunisien : CABRILLAC, R. et BEN FADHEL, O., Introduction au droit des affaires. Abrégé de droit tunisien des obligations contractuelles, éd. CPU 2006, p. 237, n° 288.
[2] MAHFOUD, M., Théorie des suites du contrat, RJL 2008, n°6, p. 99, spéc. p. 104.
[3] Article L. 132-1 al. 1 du Code de la consommation.
[4] La loi du 7 décembre 1992 relative à la protection du consommateur et les autres lois subséquentes. Les dispositions du droit de la consommation n'ont pas distingué entre les clauses exonératoires et celles limitatives de responsabilité.

cette voiture ou un incendie qui l'a ravagée. Il en est de même lorsque ce propriétaire se décharge de la surveillance[1]. L'exclusion de la responsabilité ne peut être que limitée, sinon le contrat n'a aucune utilité et devient alors un outil d'enrichissement injuste[2].
Le vendeur d'un bien ne peut pas exclure sa responsabilité de tous les troubles pouvant altérer la jouissance par l'acheteur du bien vendu. Il ne peut pas non plus se dispenser d'une garantie contre ses faits personnels[3]. L'exclusion de la garantie du vendeur ne peut être que limitée, sinon le contrat de vente n'a plus de sens, la cause n'a plus d'existence. La même chose est valable pour l'obligation de délivrance pour laquelle le vendeur ne bénéficie pas d'une liberté totale pour éluder à sa responsabilité en cas d'inexécution. Ainsi, il ne peut se dispenser de l'exécution de cette obligation sans toucher à l'essence du contrat[4].

274. Dans un contrat de transport international, il est fréquent que le transporteur se dispense d'une responsabilité engendrée par un retard, mais il demeure responsable des autres causes de responsabilité. Par exemple, il ne peut pas stipuler qu'il remettra la marchandise quand il lui plaira et dans n'importe quel état. Dans ce cas, il n'y aura plus qu'un *fantôme de contrat de transport*[5]. Dans tous ces exemples, le débiteur stipule qu'il ne doit pas telle prestation ou qu'il n'est pas responsable si elle n'est pas fournie[6]. La non responsabilité n'est

---

[1] BENABENT, A., Droit civil, Les obligations, op. cit., p. 305, n° 422.
[2] La jurisprudence tunisienne fait souvent référence à l'idée d'un enrichissement injuste qu'une clause excessive permet à un contractant au détriment d'un autre. Voir à titre d'exemple le fameux arrêt de 1994 sur la révision de la clause pénale. La haute Cour tunisienne fait usage de cette notion afin de réconforter l'idée de son illégitimité.
[3] C'est l'article 1628 du C. civ. qui l'interdit : « quoiqu'il soit dit que le vendeur ne sera soumis à aucune garantie, il demeure cependant tenu de celle qui résulte d'un fait qui lui est personnel : toute convention contraire est nulle ». (Les dispositions de l'article 1528 sont à relativiser au vue de celles de l'article 1529 qui adopte une possibilité d'exclusion de la garantie si l'acheteur est suffisamment informé). Voir sur ce point : Ph. Malaurie, L. Aynès et P.-Y. Gautier, Les contrats spéciaux, éd. Defrénois 2007, p. 218, n° 363 ; P.-H. Antonmattei et J. Raynard, Droit civil, Contrats spéciaux, éd. Litec 2008, p. 156, n° 195. Cette même solution est adoptée en droit tunisien où l'article 642 du C.o.c tout en disposant la validité de la clause de non garantie lui aménage beaucoup d'exceptions. La clause de non garantie n'est pas valable lorsqu'il s'agit du fait personnel du vendeur. Elle n'est pas non plus valable lorsqu'il s'agit du dol du vendeur. Voir sur ce point : BEN AMMOU, N.,Droit civil, Les contrats spéciaux, La vente et l'échange (en arabe), éd. CPU 2007, p. 285-286, n° 251 ; REKIK, N., Réflexions sur la nullité des clauses relatives à la garantie légale des vices cachés et du défaut de qualité dans le contrat de vente, Etudes juridiques 1997, p. 103. L'article 1529 du C. civ. n'a pas de similaire en droit tunisien.
[4] F.-C. Dutilleul et DELEBECQUE, Ph., Contrats spéciaux civils et commerciaux, éd. Dalloz 2007, p. 219, n° 240 ; voire aussi pour de plus amples idées : C. Blond, La protection de l'acheteur insatisfait de l'état de l'immeuble, PUAM, 1999. Voir aussi : CABRILLAC, R. et BEN FADHEL, O., Introduction au droit des affaires. Abrégé de droit tunisien des obligations contractuelles, éd. CPU 2006, p. 38, n° 42.
[5] CARBONNIER, J., Droit civil, Les obligations, t4, op. cit., p. 337, n° 184.
[6] BENABENT, A., Droit civil, Les obligations, éd. Montchrestien 2007, p. 306, n° 422.

pas générale, elle n'est que partielle[1], cantonnée à une ou plusieurs obligations parmi celles engendrées par le contrat. Le temps des conventions d'irresponsabilité de portée générale, dont parlaient certains auteurs, semble être révolu.
Il s'ensuit que l'irresponsabilité contre une inexécution coexiste, dans un même contrat, avec la responsabilité. Un débiteur est irresponsable en cas d'inexécution de certaines obligations et il est responsable pour l'inexécution de certaines autres obligations du même contrat. C'est un démembrement de la responsabilité contractuelle au sein d'un même contrat. Le débiteur choisit la responsabilité dont il a plus peur, et l'annihile.
Dans d'autres hypothèses, le débiteur procède à l'exclusion de sa responsabilité de certains types de dommages, tels que le dommage corporel ou matériel, le dommage économique[2].

275. L'obligation fondamentale s'élève toujours comme une limite à la validité des clauses d'irresponsabilité. Le contrat ne doit pas être vidé de sa substance par l'effet d'une clause d'irresponsabilité. Un vendeur ne peut pas ainsi se dispenser de l'exécution de son obligation de livraison de la chose vendue. Une telle obligation, qualifiée par certains d'obligation centrale et satellite[3], ne peut être exclue du contrat et le vendeur ne peut pas se déclarer par avance irresponsable de son inexécution. Les règles consuméristes constituent elles aussi une limite à la validité de ces clauses surtout dans les rapports reliant consommateurs et professionnels. Il n'est pas sans utilité de signaler à cet égard que les limites de validité des clauses exonératoires sont normalement les mêmes prévues pour les clauses limitatives de responsabilité.

Ces clauses de non responsabilité, même valables, ne sont pas très utilisées, les contractants préfèrent souvent les clauses limitatives de responsabilité.

B – Les clauses limitatives de responsabilité

Une distinction s'impose à ce stade ; distinguer entre les différentes clauses de responsabilité qui est une distinction d'ordre interne.

276. Clauses limitatives de responsabilité et clauses de non responsabilité. Entre les clauses relatives à la responsabilité, il est traditionnel de distinguer entre clauses de non responsabilité et clauses qui limitent uniquement cette

---

[1] B. Stauder, Droit suisse, *In* Les clauses limitatives ou exonératoires de responsabilité en Europe, Colloque 1990, sous dir. GHESTIN, J., éd. LGDJ 1991, p. 95, spéc. p. 99.
[2] B. Stauder, art. préc. p. 99. Voir aussi : FONTAINE, M., Observations sur les clauses limitatives ou exonératoires de responsabilité en Europe, *In* Les clauses limitatives ou exonératoires de responsabilité en Europe, Colloque 1990, sous dir. GHESTIN, J., éd. LGDJ 1991, p. 280, spéc. p. 282.
[3] P.-H. Antonmattei et J. Raynard, Droit civil, Contrats spéciaux, éd. Litec 2007, p. 139, n° 172.

responsabilité[1]. Les clauses figurant dans la première catégorie sont normalement les plus graves, puisqu'elles vident le contrat de tout intérêt. Le débiteur n'encourt aucun risque lorsqu'il n'exécute pas l'obligation découlant du contrat qu'il a signé. Elles suppriment ainsi d'une façon indirecte l'obligation, et tout se passe comme si le débiteur n'avait pas d'obligation[2]. L'existence du contrat est dans cette hypothèse mise en cause[3]. Pour les clauses qui allègent ou aggravent les obligations nées d'un contrat, celles qui posent plus de problème sont celles qui allègent les obligations dans les contrats[4]. Ces clauses visent le contenu des obligations et sa consistance.

277. La distinction entre ces deux sortes de clauses portant sur la responsabilité peut parfois n'être qu'une apparence. Tel est le cas d'une clause qui limite la responsabilité à un montant très dérisoire. Une telle clause n'est en réalité qu'une clause exonératoire déguisée. Afin d'éviter un risque d'annulation d'une clause de non responsabilité, il est plus discret d'insérer une clause limitant la responsabilité à un montant dérisoire. Une clause qui limite la responsabilité du débiteur en cas d'inexécution à un montant dérisoire ne diffère en rien d'une clause de non responsabilité. Le débiteur peut choisir, devant ce plafond de réparation, de ne pas exécuter son obligation et de payer la réparation stipulée. Dans les deux cas, le débiteur peut n'avoir aucun empressement dans l'exécution du contrat. C'est surtout de ces clauses de non responsabilité déguisée dont il faut se méfier. L'insertion de ces clauses pseudo limitatives de responsabilité peut parfois être une sorte de manœuvre permettant de détourer les dispositions légales les interdisant.
Par exemple, en droit tunisien, contrairement au droit français, la loi sur la protection du consommateur n'interdit que les clauses exclusives de garantie et laisse entendre la validité de celles uniquement limitatives. Afin d'échapper frauduleusement à cette interdiction, les professionnels de mauvaise foi peuvent insérer des clauses limitatives dans l'apparence, alors qu'elles sont en réalité

---

[1] Cette distinction est systématique aussi bien en droit français qu'en droit tunisien. La majorité des manographes l'adoptent. A titre d'exemple, voir pour le droit tunisien : ZINE, M., Théorie générale des obligations, 1 – Le contrat, éd. Tunis 1997, p. 309, n° 386 ; CABRILLAC, R. et BEN FADHEL, O., Introduction au droit des affaires. Abrégé de droit tunisien des obligations contractuelles, éd. CPU 2006, p. 236, n° 286. Pour le droit français voir : MALAURIE, Ph., AYNES, L. et STOFFEL-MUNCK, Ph., Les obligations, éd. Defrénois 2007, p. 532, n° 977 ; MALINVAUD, Ph., Droit des obligations, éd. Litec 2007, p. 521, n° 732.
[2] JESTAZ, Ph., L'obligation et sa sanction ..., p. 274.
[3] MAHFOUD, M., Théorie des suites du contrat, RJL 2008, n°6, p. 99, spéc. p. 104.
[4] Ce qui explique peut être que la majorité des auteurs ne traitent que cette catégorie des clauses allégeant les obligations. Rares sont ceux qui ont étudié les clauses aggravant les obligations. Pour ces dernières clauses, on trouve surtout les clauses de garantie qui ont pour effet d'alourdir la charge du débiteur en l'obligeant à garantir la force majeure ou en renversant son obligation d'une simple obligation de moyens à une obligation de résultat. Voir sur ce point : LE TOURNEAU, Ph., op. cit., n° 1113, p. 336.

élusives de toute garantie. Dans ce cas, la loi sur la protection du consommateur est vidée de son intérêt[1].
Qui plus est, ces clauses passent inaperçues des consommateurs et ne posent pas de grands problèmes lors de la conclusion ou la négociation du contrat. Le juge est tenu d'une obligation particulière de vigilance contre ces clauses[2]. Ces clauses « sournoises » vident le contrat de sa substance d'une façon dissimulée.

278. La jurisprudence française semble être vigilante face à ce genre de clauses et elle tient les dommages-et-intérêts pour inexistants dès lors qu'ils sont dérisoires[3]. Elle annule ainsi les clauses limitatives, si le chiffre stipulé est trop faible, partout où une clause de non responsabilité aurait été elle-même annulée[4]. Les arrêts Chronopost et certains autres arrêts plus récents traitent de cette catégorie de clauses qui ne sont limitatives de responsabilité qu'en apparence. Ce sont les clauses de quasi-irresponsabilité[5].

279. Une autre distinction est souvent faite entre les clauses qui allègent les obligations et celles qui allègent la responsabilité[6]. Les premières attaquent, comme c'est le cas pour les clauses de non obligation, l'obligation elle-même qui se voit limitée de portée et d'étendue[7]. Elles « réduisent le champ d'une obligation »[8]. Les secondes ne visent que les conséquences de l'inexécution[9], alors que les clauses allégeant les obligations s'attaquent aux conditions de la responsabilité, l'empêchant, dans une certaine mesure, de naître. Pour les clauses limitatives de responsabilité, elles ne touchent qu'à la réparation ; la responsabilité est née, mais elle n'a pas la même étendue[10].

---

[1] BEN AMMOU, N.,Droit civil, Les contrats spéciaux, La vente et l'échange (en arabe), éd. CPU 2007, p. 330, n° 309.
[2] MAHFOUD, M., Théorie des suites du contrat, RJL 2008, n°6, p. 99, spéc. p. 105.
[3] CARBONNIER, J., Droit civil, Les obligations, t 4, op. cit., p. 336, n° 183.
[4] Cass. civ. 7 mai 1945, S. 1945, 1, p. 43 ; Cass. civ. 29 juin 1948, D. 1948, p.435 (arrêts cités par CARBONNIER, J., op. cit., p. 336, n° 183).
[5] VINEY, G., note sous Cass. com. du 22 octobre 1996 (SA Banchereau / Chronopost), JCP, 1997, I, 4025.
[6] CABRILLAC, R. et BEN FADHEL, O., Introduction au droit des affaires. Abrégé de droit tunisien des obligations contractuelles, éd. CPU 2006, p. 235, n° 285.
[7] MESTRE, J., Des clauses déterminant l'étendue des obligations contractuelles des parties, RTD civ. 1992, n° 1, p. 94.
[8] CABRILLAC, R. et BEN FADHEL, O., Introduction au droit des affaires. Abrégé de droit tunisien des obligations contractuelles, éd. CPU 2006, p. 235, n° 285.
[9] AYNES, L., Droit français, *In* Les clauses … op. cit., p. 7.
[10] P. Durand, thèse précitée, p. 27. L'auteur précise qu' «au lieu de décliner une responsabilité née conformément aux règles légales, le débiteur peut s'en affranchir en l'empêchant d'apparaître, en détruisant les conditions qui lui auraient donné naissance». L'auteur ajoute dans le même ordre d'idées : « en déterminant l'objet du contrat et en le limitant, le débiteur s'est affranchi dans cette mesure même des obligations qui lui incombaient, de la responsabilité qui les eût sanctionnées ».

Cette distinction est souvent évoquée en doctrine, même si elle est délicate à établir[1]. Bien que dans la pratique, cette distinction ne soit pas de grande importance, elle est théoriquement ou « rationnellement »[2] possible. Cette distinction est, selon certains auteurs, sans intérêt, puisqu'elle repose sur un postulat fragile de distinction entre les conditions d'existence de la responsabilité et la responsabilité elle-même alors qu'en fait, « ce qui est nommé responsabilité contractuelle n'est que le prolongement de l'obligation primitive, son exécution sous forme différente »[3]. « Les deux sont donc liées et que l'on agisse sur l'obligation ou sur la responsabilité, la mesure retentit forcément sur l'autre élément »[4]. M. Dubuisson paraît passer outre cette distinction entre clauses qui allègent l'obligation et d'autres qui limitent la responsabilité dans la définition qu'il a avancée des clauses limitatives ou exonératoires de responsabilité lorsqu'il les présente comme étant « celles qui affectent les conditions de droit commun dont dépendront la responsabilité du débiteur, les conséquences ou la mise en œuvre de cette responsabilité »[5].

280. La validité de ces clauses limitatives n'a jamais posé problème. « Leur validité est admise sans discussion »[6]. Si les clauses d'irresponsabilité sont normalement valables en matière contractuelle[7], celles qui ne font que la limiter, sans la nier, sont *a fortiori* valables. D'ailleurs, elles offrent l'apparence d'un moindre mal[8]. La doctrine tunisienne est majoritairement favorable à la validité de ces clauses. Mohamed Zine souligne que ces clauses sont valables en droit tunisien. La validité est le principe, l'interdiction n'est qu'une exception[9]. Une frange de la doctrine tunisienne n'est sceptique que pour les clauses élusives de responsabilité. Les clauses limitatives sont donc normalement valables[10].
La question du fondement de la validité de ces clauses portant sur la responsabilité contractuelle a été posée d'emblée. Même si elles présentent des risques énormes, leur validité ne fait point de doute. La validité est étayée sur le principe de liberté contractuelle et sur le fait que « pouvant ne pas s'engager du tout, le contractant peut ne pas s'engager que modérément »[11].

---

[1] STARK, B., art. préc. p. 158.
[2] LE TOURNEAU, Ph., op. cit., éd. 2006-2007, n° 1101, p. 334.
[3] LE TOURNEAU, Ph., op. cit., éd. 2006-2007, n° 1101, p. 334.
[4] LE TOURNEAU, Ph., op. cit., éd. 2006-2007, n° 1101, p. 334.
[5] B. Dubuisson, Les clauses limitatives…, art. préc. p. 35.
[6] STARK, B., Observations sur le régime juridique des clauses de non responsabilité ou limitatives de responsabilité, D. 1974, Chr. p. 157, spéc. 160.
[7] Voir supra.
[8] CARBONNIER, J., Droit civil, Tome 4, Les obligations, éd. PUF 2000, n° 179, p. 332.
[9] ZINE, M., Théorie générale des obligations, 1 – Le contrat, éd. Tunis 1997, p. 309, n°386.
[10] CABRILLAC, R. et BEN FADHEL, O., Introduction au droit des affaires. Abrégé de droit tunisien des obligations contractuelles, éd. CPU 2006, p. 236-237, n° 286-287.
[11] TERRE, F., SIMLER, Ph. et LEQUETTE, Y., op. cit., p. 609, p. 602.

Il s'ensuit dès lors que ces clauses sont généralement validées sur la base du principe de la liberté contractuelle[1] qui permet, entre autres, aux parties de modeler le contenu de leur convention[2]. Le libéralisme économique constitue lui aussi un fondement soutenable à la validité de ces clauses[3] qui incitent à l'action et à l'emploi des techniques sans cesse audacieuses[4].
Comme pour les clauses de non responsabilité, la liberté n'est pas absolue. Il est donc impératif de trouver une limite à cette volonté d'allégement ou de limitation de la responsabilité du débiteur.

281. Les limites à la validité des clauses limitatives de responsabilité. Les clauses de limitation de responsabilité trouvent deux limites à leur validité et à leur efficacité. La première, qui fait l'unanimité des commentateurs, est d'ordre interne et provient du contrat lui-même. La seconde est formée par l'ordre public ; elle constitue en réalité une limite provenant de l'extérieur du contenu du contrat et se résume surtout dans les règles de protection du consommateur.

282. L'obligation fondamentale[5] dans le contrat, fleuron du contenu contractuel, doit toujours garder son éclat au sein du contenu d'un contrat. Elle constitue

---

[1] ZINE, M., Théorie générale des obligations, 1 – Le contrat, éd. Tunis 1997, p. 309, n°386.
[2] CABRILLAC, R. et BEN FADHEL, O., Introduction au droit des affaires. Abrégé de droit tunisien des obligations contractuelles, éd. CPU 2006, p. 235, n° 285.
[3] MAZEAUD, D., Les conventions portant sur la réparation, RDC, janvier 2007, p. 149, spéc. p. 151.
[4] STARK, B., art. préc. p. 157.
[5] La majorité des ouvrages et des études portant sur les clauses de responsabilité envisagent l'obligation fondamentale ou essentielle comme limite à la validité de ces clauses. Voir à titre d'exemple : DELEBECQUE, Ph., Les clauses allégeant les obligations dans les contrats, thèse précitée, p. 167 ; DELEBECQUE, Ph., et MAZEAUD, D., Les clauses de responsabilité : clauses de non responsabilité, clauses limitatives de réparation, clauses pénales (rapport français), *In* « Les sanctions de l'inexécution des obligations contractuelles, Etude de droit comparé », op. cit., p. 378 ; HOUTCIEFF, D., L'obligation essentielle ou le voile pudique de la cohérence contractuelle, note sous cass. com. du 5 juin 2007, JCP. éd. G, n° 36 du 5 septembre 2007, 10145 ; FAGES, B., Le comportement du contractant, op. cit., n° 618 ; FABRE-MAGNAN, M., L'obligation d'information dans les contrats. Essai d'une théorie, op. cit., p. 457, n° 577 ; B. Dubuisson, Les clauses limitatives ou exonératoires de responsabilité ou de garantie en droit belge, *In* Les clauses applicables en cas d'inexécution des obligations contractuelles, op. cit., p. 64 ; Eid Rawach, La validité des clauses exonératoires de responsabilité et la convention de Vienne sur la vente internationale de marchandises, RID comp. n° 1, 2001, p. 141, spéc. p. 162. Pour les ouvrages généraux voir : TERRE, F., SIMLER, Ph. et LEQUETTE, Y., op. cit., p. 610, p. 602 ; BENABENT, A., Droit civil, Les obligations, op. cit., p. 306, n° 423 ; CARBONNIER, J., Droit civil, Tome 4, Les obligations, éd. PUF 2000, n° 183, p. 336 ; DELEBECQUE, Ph., et F.-J. Pansier, Droit des obligations, Contrat et quasi-contrat, éd. Litec 2006, n° 518, p. 261 ; LE TOURNEAU, Ph., Droit de la responsabilité et des contrats, éd. Dalloz 2006-2007, p. 335, n° 1104 ; VINEY, G., Traité de droit civil, Les effets de la responsabilité, éd. LGDJ 2001, p. 360, n° 190-1. En droit tunisien voir surtout : CABRILLAC, R. et BEN FADHEL, O., Introduction au droit des affaires. Abrégé de droit tunisien des obligations contractuelles, éd. CPU 2006, p. 235, n° 285 ; JERBI, S., L'interprétation du contrat, éd. CPU 1999, p. 555, n° 416 ; MAHFOUD, M., Théorie des suites du contrat, RJL 2008, n°6, p. 99, spéc. p. 104.

ainsi un « rempart »[1] imprenable ou encore « un sanctuaire contractuel absolument imprenable et rétif à la liberté contractuelle »[2].
Les clauses limitatives de responsabilité ne peuvent pas vider le contrat de son essence ou de sa matière en annihilant l'obligation fondamentale[3]. Une frange de la doctrine tunisienne souligne que « la seule limite à la validité de ces clauses est de ne pas supprimer une clause essentielle du contrat »[4] ou de « ne pas être contraire à l'essence du contrat »[5].
Cette limite constituée par la notion d'obligation fondamentale, bien que non fondée directement sur un texte légal, s'avère logique et plausible. Il est inadmissible de laisser l'intégralité du contrat à la liberté des parties. On risque de voir les contrats vidés de leur substance, privés de leur sève. C'est pour cette raison que la liberté contractuelle, longtemps avancée comme fondement de validité des clauses limitatives de responsabilité « s'arrête là ou commence l'essence du contrat »[6]. Par cette limite, l'on évite ainsi que l'allégement soit infini, illimité. Il y a donc lieu de prévoir une limite à cette liberté reconnue aux contractants.

283. Cette obligation fondamentale, qui doit toujours être maintenue intacte au sein du contenu contractuel, incarne l'essence même du consentement des contractants. Elle désigne, à ce stade, « ce qui fait par nature, ou volonté des parties, la substance même du contrat »[7]. M. Delebecque avait affirmé la nécessité de cette limite de liberté accordée aux contractants : « l'allégement des obligations ne peut aller jusqu'à ruiner l'opération que le contrat devait réaliser »[8]. A son tour, Monsieur Jestaz a précisé : « dans cet ensemble complexe qu'est le contrat, il y a au moins une obligation que les clauses restrictives peuvent à la rigueur écorner, mais non pas vider de son contenu sous peine de nier le contrat lui-même »[9].

---

[1] DELEBECQUE, Ph., et MAZEAUD, D., Les clauses de responsabilité : clauses de non responsabilité, clauses limitatives de réparation, clauses pénales (rapport français), *In* Les sanctions de l'inexécution des obligations contractuelles, Etude de droit comparé, op. cit., p. 378
[2] MAZEAUD, D., note sous cass. com. 22 octobre 1996 (Au nom de la cause : Feu la liberté contractuelle des maîtres de temps...), Defrénois, 1997, p. 333, spéc. p. 334
[3] CABRILLAC, R. et BEN FADHEL, O., Introduction au droit des affaires. Abrégé de droit tunisien des obligations contractuelles, éd. CPU 2006, p. 235, n° 285.
[4] CABRILLAC, R. et BEN FADHEL, O., Introduction au droit des affaires. Abrégé de droit tunisien des obligations contractuelles, éd. CPU 2006, p. 235, n° 285.
[5] CABRILLAC, R. et BEN FADHEL, O., Introduction au droit des affaires. Abrégé de droit tunisien des obligations contractuelles, éd. CPU 2006, p. 236-237, n° 287.
[6] DELEBECQUE, Ph., et MAZEAUD, D., Les clauses de responsabilité : clauses de non responsabilité, clauses limitatives de réparation, clauses pénales (rapport français), *In* Les sanctions de l'inexécution des obligations contractuelles, Etude de droit comparé, op. cit., p. 379.
[7] FAGES, B., Le comportement du contractant, éd. PUAM 1997, n° 610, p. 329.
[8] DELEBECQUE, Ph., Les clauses allégeant ..., thèse précitée. p. 165, n° 132.
[9] JESTAZ, Ph., L'obligation et sa sanction ..., p. 276-277.

Monsieur Mohamed Mahfoud souligne de son côté, que l'existence d'une obligation fondamentale est une condition d'existence du contrat tout entier[1]. S'attaquer à cette obligation par l'insertion des clauses c'est s'attaquer au contrat et à son existence[2].
Une exigence de cohérence élémentaire interdit de toucher à l'obligation fondamentale du contrat, car, « on ne peut pas en même temps contracter et priver le contrat de sa substance, de son obligation fondamentale »[3]. La notion d'obligation fondamentale constitue ainsi une *panacée* contre les clauses limitatives de responsabilité qui ne font qu'*ulcérer* le contrat[4]. Ces clauses qui sont qualifiées de « pathogènes »[5] et qui « pervertissent la cohérence ou l'équilibre entre les droits et obligations des parties au contrat »[6], trouvent une limite certaine dans l'obligation fondamentale.

284. La jurisprudence française, en l'absence de toute disposition législative, était auparavant consciente de l'importance de l'obligation fondamentale pour le contrat et pour les parties. Afin de la protéger, elle a fait parfois usage de la notion de faute lourde, qui n'est qu'un « manquement à une obligation essentielle »[7]. Ainsi, elle appréhendait la faute lourde comme une « inexécution d'une obligation fondamentale du contrat »[8] ou comme une « atteinte à l'essence du contrat»[9]. En concentrant ainsi l'attention sur la fonction du contrat et non sur la conduite des parties, la jurisprudence adopte une analyse objective de la notion de faute lourde[10]. Le manquement à l'exécution de l'obligation fondamentale établit une présomption de faute lourde commise par le débiteur. Cette tendance a été poursuivie pendant une longue période dans laquelle l'obligation fondamentale était protégée de façon indirecte, à travers la notion de faute lourde[11]. Quand le créancier parvient à démontrer que le débiteur a

---

[1] MAHFOUD, M., Théorie des suites du contrat, RJL 2008, n°6, p. 99, spéc. p. 99.
[2] MAHFOUD, M., Théorie des suites du contrat, RJL 2008, n°6, p. 99, spéc. p. 99. L'auteur cite ici la jurisprudence Chronopost.
[3] AYNES, L., Droit français, *In* Les clauses ... op. cit., p. 10.
[4] HOUTCIEFF, D., L'obligation essentielle ou le voile pudique de la cohérence contractuelle, note sous Cass. Com. du 5 juin 2007, JCP G, n° 36 du 5 septembre 2007, 10145.
[5] G. Loiseau Le crépuscule des clauses limitatives de réparation, Revue Lamy droit civil, n° 38, mai 2007, p. 6, spéc. p. 8.
[6] G. Loiseau Le crépuscule des clauses limitatives de réparation, art. préc., p. 8.
[7] VINEY, G., Traité de droit civil, Les effets de la responsabilité, op. cit., p. 361, n° 190-1. Cette tendance a été inaugurée en jurisprudence à partir des années 1960. Voir dans ce sens : Cass. civ. 1re, 11 octobre 1966, JCP 1967, II, 15193, note G. De La Pradelle.
[8] DELEBECQUE, Ph., Les clauses allégeant ..., thèse précitée. p. 187, n° 152.
[9] DELEBECQUE, Ph., Les clauses allégeant ..., thèse précitée. p. 187, n° 152.
[10] DELEBECQUE, Ph., Les clauses allégeant ..., thèse précitée. p. 187, n° 152.
[11] Cass. civ. 3e, 22 mai 1969, Bull. civ. III, n° 411 ; Cass. civ. 3e, 25 janvier 1973, GP, 1973, I, 418, note G. Cornu ; Cass. civ. 1re, 22 novembre 1978, JCP 1979, II, 19139, note G. Viney.

commis une faute lourde ou dolosive, la limitation de la responsabilité « vole en éclats »[1].

La Cour de cassation a jugé dans un arrêt, critiqué par la doctrine, datant de 1973, qu'une clause limitative de responsabilité « n'exonérait pas l'architecte des conséquences des manquements à ses obligations essentielles »[2]. La jurisprudence protège dans cet arrêt et dans bien d'autres, l'obligation fondamentale du contrat. Elle insiste sur son caractère intangible. Cette attention atteint son paroxysme avec les fameux arrêts Chronopost. Dans ces arrêts[3] et dans d'autres plus antérieurs[4], la jurisprudence française s'est fondée ouvertement[5] et directement[6] sur la notion de l'obligation fondamentale comme limite à la validité des clauses limitatives de responsabilité ou de réparation, se débarrassant ainsi de la notion de faute lourde.

La Cour de cassation cesse de justifier l'exclusion de la limitation de la responsabilité, comme elle l'a fait depuis longtemps, par la référence à la faute lourde du débiteur[7]. Ce que la doctrine reproche à la Cour de cassation dans cet arrêt et dans les autres qui le suivent, c'est qu'en abandonnant ce critère de faute lourde, elle ne se dispense pas de tout autre fondement puisqu'elle se réfère à une autre notion qui est celle de la cause[8]. La Cour de cassation n'a pas fondé ses solutions uniquement sur la notion d'obligation fondamentale ; elle cherche toujours un ancrage légal concret, un socle sur lequel doit reposer cette notion d'origine anglo-saxonne. Cet alliage que la Cour de cassation s'attache souvent à établir entre la notion d'obligation fondamentale et une autre institution enracinée en droit français trouve sa justification dans l'absence d'un texte légal régissant clairement la question de l'obligation fondamentale.

Dans un arrêt récent, la Cour de cassation a écarté le jeu d'une clause limitative de responsabilité à cause de la faute lourde du débiteur. Cet arrêt date du 19

---

[1] MALAURIE, Ph., AYNES, L. et STOFFEL-MUNCK, Ph., Les obligations, op. cit., p. 538, n° 986.

[2] Cass. civ. 3e, 25 janvier 1973, GP, 1973, I, 418, note G. Cornu.

[3] Il s'agit en effet de plusieurs arrêts Chronopost dont le premier date du 22 octobre 1996 et le dernier du 30 mai 2006, un feuilleton des arrêts Chronopost, pour lesquels la Cour de cassation a maintenu la même position. Voir à ce propos : LAITHIER, Y.-M., L'éradication de la clause limitative de réparation en cas de manquement à une obligation essentielle : Chronopost, dix ans après, RDC octobre 2006, p. 1075 ; DELPECH, X., Chronopost 5 : Office du juge et manquement du transporteur à une obligation essentielle, D. 2006, Jur. 1599.

[4] Cass. civ. 19 décembre 1990, JCP 1991, II, 21656, note J. Bigot ; cass. com. 6 avril 1993, Bull. civ. IV, n° 138, p. 94 ; cass. civ. 1re, 23 février 1994, D. 1995, note S. Dion, JCP. 1994, I, 3809, n° 15, obs. VINEY, G., RTD civ. 1994, p. 616, obs. P. Jourdain.

[5] DELEBECQUE, Ph., Que reste-t-il du principe de la validité des clauses de responsabilité ? Dalloz Affaires, n° 8, 1997, p. 235.

[6] VINEY, G., Traité de droit civil, Les effets de la responsabilité, op. cit., p. 361, n° 190-1.

[7] FABRE-MAGNAN, M., note sous Cass. com. du 22 octobre 1996, JCP. 1997, 4002.

[8] FABRE-MAGNAN, M., note sous Cass. com. du 22 octobre 1996, JCP. 1997, 4002.

septembre 2007[1] et confirme l'impossibilité d'invoquer une clause limitative de responsabilité en présence d'une faute lourde du débiteur de l'obligation.

285. Cette solution de se fonder sur la cause pour ancrer l'obligation fondamentale en droit français a été poursuivie par la jurisprudence. Elle a été critiquée par la doctrine[2], car le terrain de la cause est miné[3]. Toutefois, cette solution paraît soutenable et défendable puisqu'un point commun rapproche l'obligation fondamentale de la cause : l'analyse du contrat dans son entier et la recherche à appréhender sa philosophie. Le risque qui accompagne cette *exhumation*[4] ou *réactivation*[5] de la cause par la jurisprudence afin de faire échec aux clauses limitatives de responsabilité est d'annuler le contrat tout entier. C'est-à-dire, au lieu de corriger l'injustice qu'il renferme, on anéantit le contrat. Ce risque est dissipé par une intelligente *acrobatie juridique* faite par la Cour de cassation qui prévoit uniquement l'annuler la clause stigmatisée ou de la réputer non écrite. Cette solution, même empruntée au droit de la consommation dont la sanction de « réputée non écrite » constitue la devise[6], est louable puisqu'elle permet d'offrir une protection aux personnes délaissées par le droit de la consommation[7]. C'est un cas des clauses réputées non écrites, découvertes par le juge[8].

286. La question est résolue de cette façon, parce qu'il ne s'agit pas d'une absence totale de la cause, mais simplement d'une absence partielle[9]. La cause du contrat devient un correcteur des déséquilibres contractuels et un outil du maintien de l'utilité et de l'intérêt en considération desquels un contractant s'est engagé[10]. « Ainsi, lorsqu'une clause ôte, directement ou indirectement, au contrat son intérêt essentiel, le juge, au nom de la cause, peut rééquilibrer et

---

[1] Cass. 1re civ. 19 septembre 2007, n° 05-17.769, SA. Sacer Atlantique c/ La Poste : Juris-Data n° 2007-040392, JCP E 2007, 2541, note DELEBECQUE, Ph., (Faute lourde de la poste par son inaptitude à accomplir sa mission) ; Contrats, Conc. Consom. janvier 2008, comm. 1, p. 14 -15, note L. Leveneur. Voir aussi : DELEBECQUE, Ph., Clauses d'allégement des obligations, Juris-classeur, Contrats – Distribution, Fasc. 110 (mise à jour du 04 / 02 / 2008), n° 48 et 49.

[2] LARROUMET, Ch., Obligation essentielle et clause limitative de responsabilité, D. 1997, Chr. p. 145.

[3] THUNIS, X., Une notion fuyante : l'obligation essentielle du contrat, art. préc., p. 535.

[4] BENABENT, A., L'équilibre contractuel : une liberté contrôlée, LPA, 6 mai 1998, n° 54, p. 14.

[5] MAZEAUD, D., De nouveaux instruments de l'équilibre contractuel. Ne risque-t-on pas d'aller trop loin ? , *In* La nouvelle crise du contrat, éd. Dalloz 2003, p. 135, spéc. p. 150.

[6] GAUDEMET, S., La clause réputée non écrite, éd. Economica 2006.

[7] MESTRE, J., L'article 1131 du Code civil au service de la lutte contre les clauses abusives dans les relations entre professionnels, (obs. sous. cass. com. du 22 octobre 1996 – Chronopost –), RTD civ. 1997, n° 2, p. 418.

[8] GAUDEMET, S., La clause réputée non écrite, op. cit., p. 204, n° 408.

[9] SIMLER, Ph., La sanction de l'absence de cause, *In* Mélanges SERRA, Y., éd. Dalloz 2006, p. 409.

[10] MAZEAUD, D., note sous cass. com. 22 octobre 1996 précitée, p. 336.

réécrire la loi contractuelle en l'épurant de cette clause, véritable injure à la justice contractuelle »[1].
Un auteur souligne, dans ce même contexte, que la cause est utilisée non pas pour anéantir le contrat mais dans l'objectif de le maintenir. « L'objectif (de l'utilisation de théorie de la cause dans la jurisprudence actuelle) n'est pas en effet de contrôler la validité d'un contrat pour au besoin l'annuler si le contrôle révélait une défaillance ; il est tout au contraire de maintenir le contrat, en le débarrassant de ses vices, au risque d'ailleurs de déjouer les attentes initiales de l'une des parties »[2].

287. Madame Muriel Fabre-Magnan, critiquant ce traitement jurisprudentiel des clauses limitatives de responsabilité, propose l'application du régime des clauses pénales sur les clauses de responsabilité qui prévoient un montant dérisoire[3]. Cette même idée a aussi été proposée par M. Larroumet lorsqu'il critique une distinction qu'il juge absurde, entre clauses limitatives de responsabilité prévoyant un montant dérisoire et clauses pénales[4].
Quelle que soit la réalité de cette distinction, la jurisprudence, par la référence à la notion de l'obligation fondamentale, la renforce. Une telle référence semble devenir systématique aux yeux de la jurisprudence. Aborder la question des clauses de responsabilité, c'est évoquer la notion d'obligation fondamentale.

288. Le grand obstacle qui s'élève ici est celui de la détermination de l'obligation fondamentale du contrat, tâche qui s'avère casuistique et non stéréotypée. L'obligation fondamentale, comme le disait un auteur, est « si volatile, qu'elle varie avec chaque contrat»[5]. Par exemple, dans les contrats de transport, elle n'est pas toujours la même.
Dans le contrat de transport aérien, la ponctualité et la célérité prennent une importance particulière et forment l'essence du contrat, ce qui permet d'annuler une clause de non garantie d'horaires si le retard est manifestement excessif. Cette position est adoptée par la Cour de cassation dans un arrêt du 22 juin 2004 où la chambre civile a condamné une compagnie aérienne aux dommages-et-intérêts causés à un client qui se plaignait d'un retard dépassant vingt-quatre heures. La clause de non garantie d'horaires, contenue dans le contrat de transport, était jugée contraire à l'essence du contrat de transport aérien[6].
Dans l'arrêt Chronopost, c'est presque la même philosophie qui est tracée. La société Chronopost, était une société de messagerie rapide et d'acheminement

[1] MAZEAUD, D., note sous cass. com. 22 octobre 1996 précitée, p. 336.
[2] LAGARDE, X., L'objet et la cause du contrat, entre actualité et principes, LPA, 2007, n° 70, p. 6, spéc. p. 7
[3] FABRE-MAGNAN, M., note précitée.
[4] LARROUMET, Ch., art. préc. p. 146, n° 5.
[5] HOUTCIEFF, D., L'obligation essentielle ou le voile pudique de la cohérence contractuelle art. préc., JCP 2007, 10145.
[6] Cass. civ. 22 juin 2004, RDC 2005, p. 270, obs. D. Mazeaud.

rapide des courriers. La rapidité constitue le caractère essentiel de sa mission. Une telle caractéristique essentielle ne pourrait être compromise par une clause limitative de responsabilité prévoyant un plafond dérisoire en cas de retard dans l'acheminement. La Cour avait affirmé : « spécialiste de transport rapide et garantissant la fiabilité et la célérité de son service, la société Chronopost s'engage à livrer les plis qui lui sont confiés dans un délai déterminé ; en raison du manquement à cette obligation essentielle, la clause limitative de responsabilité stipulée à son profit, parce qu'elle contredit l'engagement pris, doit être réputée non écrite »[1].

289. L'enseignement à tirer de cet arrêt est que, pour déterminer l'obligation fondamentale, il faut d'abord appréhender le contrat dans sa globalité et sa spécificité par rapport aux autres de son genre. D'ailleurs, le visa de l'article 1131 du Code civil confirme l'adoption de cette analyse. Le manquement à l'obligation fondamentale est assimilé dans cet arrêt à l'absence de cause[2]. La cause du contrat, surtout lorsqu'elle est subjectivement appréhendée, n'est que le reflet de ce que recherchent les contractants, l'intérêt attendu du contrat[3] et de cette façon, elle converge vers l'obligation fondamentale dans le contrat. Cet intérêt qu'incarne la cause dans le contrat, peut être réduit à une peau de chagrin par une clause contractuelle limitative de responsabilité du débiteur en cas d'inexécution qui annihile l'essence du contrat. Dans l'arrêt Chronopost, la Cour de cassation s'est montrée accueillante aux tentatives faites pour tenir en échec, par l'appel à des notions tirées de la théorie générale des obligations[4], les clauses limitatives de responsabilité.
Les clauses limitatives de responsabilité, qui incarnent la liberté contractuelle, sont dorénavant surveillées par le juge qui peut, s'il estime qu'elles affectent l'essence du contrat et fragilisent son socle obligatoire, les rayer du contenu contractuel[5]. Ce qui amenuise peut-être l'intérêt de cet arrêt, c'est que ces clauses limitatives de responsabilité ou de réparation, considérées comme abusives, sont réputées non écrites par le Code de la consommation. Cette sanction est désormais systématique dans tout contrat conclu entre un professionnel et un consommateur. Dans ce rapport, lesdites clauses sont stigmatisées sans nécessité pour le juge de s'ingénier à le faire. Cependant, en dehors d'un tel rapport entre consommateur et professionnel, l'enseignement tiré des arrêts Chronopost et des autres arrêts retrouve sa pleine utilité[6].

---

[1] Cass. com. 22 octobre 1996 (précité).
[2] VINEY, G., Traité de droit civil, Les effets de la responsabilité, op. cit., p. 362, n° 190-1.
[3] ROCHFELD, J., Cause et type du contrat, éd. LGDJ 1999. L'auteur fait de la cause une expression de l'intérêt dans le contrat. La cause est une attente d'un intérêt typique ou atypique (spéc. p. 13 et s, n° 13 et s).
[4] VINEY, G., Traité de droit civil, Les effets de la responsabilité, op. cit., p. 362, n° 190-1.
[5] MAZEAUD, D., note sous cass. com. 22 octobre 1996 précitée, p. 335.
[6] MESTRE, J., art. préci. RTD civ. 1997, n° 2, p. 418.

290. Cette position de la Cour de cassation est poussée encore plus loin dans un récent arrêt. Dans l'espèce, un contrat de livraison d'un nouveau logiciel informatique, suivi de certains autres contrats qui lui sont liés avaient été conclus entre la société Faurecia et la société Oracle. Ces contrats contenaient tous une clause limitative de réparation. La société Oracle a manqué à ses obligations en ne livrant pas le logiciel en temps fixé et avait opposé à la société Faurecia la clause limitative de sa responsabilité.
La Cour de cassation, sans examiner la question de faute du débiteur, ou l'analysant d'une façon objective réduite à l'absence de cas de force majeure, avait analysé la question, sous le visa de l'article 1131 et sur la base de la notion de l'obligation fondamentale. Elle en a conclu que la société Oracle avait manqué à son obligation fondamentale qui découle de l'ensemble des contrats signés avec Faurecia. L'obligation fondamentale était celle de livrer un certain type de logiciel[1]. La spécificité de cet arrêt, c'est que la Cour de cassation a identifié l'obligation fondamentale de l'ensemble des contrats conclus entre les parties. Elle s'est ainsi livrée à une analyse globale de l'opération entendue par les parties. L'obligation fondamentale transcende ainsi les limites d'un seul contrat. Il est donc « original d'extraire l'obligation essentielle du débiteur de la considération de l'ensemble contractuel et de l'envisager à travers l'objectif de l'opération économique à laquelle participaient indivisément les différents contrats »[2]. Le propre de cet arrêt est que « l'obligation fondamentale consisterait donc l'objectif final du contrat conclu dont le débiteur ne peut s'exonérer qu'en justifiant d'un cas de force majeure »[3].
Dans cet arrêt, la Cour a fait preuve d'une merveilleuse appréhension de la notion d'obligation fondamentale qui dépasse en l'occurrence les limites d'un seul contrat pour couvrir et colorer tout un ensemble contractuel confluent. La cohérence que jette l'obligation fondamentale aboutit à un *affadissement des frontières*[4] entre des contrats constituant un même et unique ensemble contractuel.

291. Dans une autre espèce encore plus récente, la Cour de cassation a poursuivi la même démarche. Une société avait confié à un commissionnaire de transport le soin d'acheminer des colis. Ceux-ci ayant été perdus, la société a assigné le commissionnaire en paiement d'une indemnité : ce dernier a opposé la clause limitative d'indemnisation. Les juges de fond ont refusé de l'écarter, ne voyant pas la trace d'une quelconque faute lourde, spécialement lorsque ni l'expéditeur

---

[1] LOISEAU, G., Le crépuscule des clauses limitatives de réparation, Revue Lamy droit civil, n° 38, mai 2007, p. 6 ; DOIREAU, S., Contrats interdépendants et manquement à une obligation essentielle, RLDC, n° 37, avril 2007, p. 12 ; BAKOUCHE, D., Obligation essentielle et clause limitative de responsabilité, Lexbase Hebdo, n° 250.
[2] LOISEAU, G., art. préci. p. 9.
[3] DOIREAU, S., art. préc. p. 12.
[4] Le terme est emprunté à HOUTCIEFF, D., L'obligation essentielle ou le voile pudique de la cohérence contractuelle, art. préc., JCP 2007, 10145.

ni le transporteur ne connaissent les conditions de cette perte. La Cour régulatrice censure cette décision sous le double visa des articles 1131 et 1134 du Code civil. La référence à ce dernier article (1134) est justifiée par le fait que le plafond de l'indemnisation dans cette affaire ne tire pas son existence d'un contrat type, comme tel était le cas dans les arrêts Chronopost, mais du contrat liant directement les parties. La Cour de cassation reproche aux juges de fond de ne pas avoir recherché « si l'impossibilité de localiser les marchandises remises pendant leur acheminement ne constituait pas un manquement à une obligation essentielle permettant de réputer non écrite la clause limitative d'indemnisation, contenue non dans un contrat type, s'agissant d'un commissionnaire de transport, mais dans la convention liant les parties »[1].

292. Le point commun entre cet arrêt et l'arrêt Chronopost est la référence à l'article 1131 du Code civil pour *neutraliser le plafond d'indemnisation*[2]. La cause est indispensable aux yeux de la Cour de cassation pour la lutte contre les clauses limitatives de responsabilité ou de réparation. Même si elle s'éloigne parfois un peu du critère de la faute du débiteur, elle ne peut se débarrasser de l'accompagnement de la cause.
Un auteur approuve ce lien que la jurisprudence établit entre la cause et les clauses limitatives de responsabilité en affirmant qu' « il est légitime »[3] de se fonder sur la cause, pour réputer non écrite une clause limitative ou exclusive de responsabilité qui rend illusoire ou dérisoire la contrepartie convenue. Quels que soient le fondement et la logique adoptée, une chose est indubitable, c'est que la jurisprudence est hostile aux clauses limitatives de responsabilité. Cet acharnement des tribunaux contre ces clauses a poussé un auteur à s'interroger : les clauses limitatives de responsabilité peuvent-elles encore être stipulées ?[4] Le même auteur ajoute que la cause ne justifie pas toujours l'écartement des clauses limitatives de responsabilité, surtout lorsqu'elles prévoient un montant plus ou moins élevé par rapport au prix du transport. D'ailleurs, la convention de Varsovie sur le transport aérien prévoit une limitation de responsabilité qui s'impose aux parties[5].
Dans la même optique, un autre auteur a observé que l'avenir apparaît « bien sombre »[6] pour les clauses relatives à la responsabilité. Un autre a, lui aussi,

---

[1] HOUTCIEFF, D., L'obligation essentielle ou le voile pudique de la cohérence contractuelle, note sous cass. com. du 5 juin 2007, JCP. éd. G, n° 36 du 5 septembre 2007, 10145.
[2] DELPECH, X., Clause limitative de responsabilité : le manquement à l'obligation essentielle chasse la faute lourde, observations sous cass. com. du 5 juin 2007, D. 2007, n° 25 du 28 juin 2007, p. 1720.
[3] BAKOUCHE, D., Obligation essentielle et clause limitative de responsabilité (cass. com. 13 février 2007), Lexbase Hebdo, n° 250.
[4] LEVENEUR, L., Des clauses limitatives de responsabilité peuvent-elles encore être stipulées ? Contrats, Concurrences, Consommation, n ° 10 Octobre 2006, p. 11.
[5] Laurent Leveneur, art. préc., p. 12.
[6] MAZEAUD, D., note sous cass. 1re, .civ. 2 décembre 1997, D. 1997, somm. comm. p. 200.

posé une question sur l'émergence d'un nouveau principe prônant *l'inefficacité*[1] des clauses limitatives de responsabilité. La multiplication des limites à la validité de ces clauses met leur validité de principe en question.

293. En réponse à ces questions clamées par certains auteurs sur l'avenir ou l'efficacité des clauses de responsabilité ou de réparation, l'avant-projet de réforme du droit des obligations, dans son article 1382, maintient le principe de validité des clauses limitatives de responsabilité et celles portant sur la réparation. Ledit projet, en énonçant un tel principe de validité, avance à la fois des limites qui sont les mêmes ou presque, que celles adoptées par la jurisprudence française tenant surtout à l'obligation essentielle et à l'ordre public. Le projet ne fait en réalité que « rapatrier dans le Code civil, les règles essentielles relatives aux conventions étudiées, jusqu'alors énoncées par la jurisprudence ou édictées dans des codes spéciaux ou par des lois particulières »[2]. D'autres auteurs, et abstraction faite de cet avant-projet de réforme de droit des obligations et des dispositions qu'il contient, défendent avec véhémence le principe de validité de ces clauses de non responsabilité et avancent des arguments irréfutables en faveur de cette validité[3].
Le projet de réforme du Code civil proposé par la chancellerie en septembre 2008, pose comme limite à la validité de ces clauses, l'intérêt des parties au contrat. L'article 88 dudit projet énonce que « la clause vidant le contrat de son intérêt est réputée non écrite ».

294. En droit tunisien, les clauses limitatives de responsabilité sont valables. Le principe de la liberté contractuelle est le fondement avancé pour cette validité[4]. La validité de ces clauses ne se conçoit pas pourtant illimitée. La doctrine tunisienne, en admettant la validité de ces clauses, en prévoit les limites.
Pour le professeur Mohamed Zine, la limitation au jeu de ces clauses est à rechercher dans la théorie de la cause. Cette théorie, si elle est bien exploitée, souligne cet auteur, permet au juge de lutter contre ces clauses[5]. L'idée paraît ici en parfaite conformité avec les dernières positions de la jurisprudence française qui a dû exhumer la notion de la cause afin de lutter contre les clauses qui

---

[1] BAKOUCHE, D., Clause limitative de responsabilité et obligation essentielle : la chambre commerciale enfonce le clou, Lexbase Hebdo n° 266 (cass. com. 5 juin 2007). L'auteur se pose la question «s'il ne faut pas plutôt aujourd'hui considérer que le principe est celui de l'inefficacité de ces clauses, les exceptions portées à leur efficacité devenant, en effet, de plus en plus importantes».
[2] MAZEAUD, D., Les conventions portant sur la réparation, RDC 2007, p. 149, spéc. 150.
[3] TERRE, F., SIMLER, Ph. et LEQUETTE, Y., Droit civil, Les obligations, éd. Dalloz 2005, n° 613, p. 606.
[4] ZINE, M., Théorie générale des obligations, Le contrat, éd. Tunis 1997, p. 309, n° 386 ; REKIK, N., Réflexions sur la nullité des clauses relatives à la garantie légale des vices cachés et du défaut de qualité dans le contrat de vente, Etudes juridiques 1997, p. 103, spéc. p. 109.
[5] ZINE, M., Théorie générale des obligations, Le contrat, éd. Tunis 1997, p. 189, n° 229.

vident le contrat de sa substance[1]. En évoquant la cause, l'auteur sous-tend certainement la notion d'obligation fondamentale.
Une frange de la doctrine tunisienne, face à la réticence[2] du Code des obligations et des contrats, se réfère ouvertement à la notion de l'obligation fondamentale afin d'annuler ces clauses en droit tunisien. MM Cabrillac et Ben Fadhel soulignent que « la seule limite à la validité de ces clauses est de ne pas supprimer la clause essentielle du contrat »[3]. Ces auteurs ajoutent aussi, ce qui est méritoire, comme limite à la validité de ces clauses, la nature du contrat ou de l'acte[4]. Ils citent dans ce sens l'article 243 du C.o.c[5].
Pour d'autres auteurs tunisiens, les limites sont nombreuses. Elles chancellent entre la cause, l'obligation fondamentale et la potestativité. Le professeur Mohamed Mahfoud souligne, dans ce sens, que la cause constitue une limite à la validité des clauses limitatives de responsabilité[6]. La potestativité est également avancée par cet auteur. La clause si elle atteint un degré très important, risque de rendre le contrat potestatif[7]. D'autre part, Mohamed Mahfoud avance l'obligation fondamentale comme limite à la validité des clauses limitatives de responsabilité[8]. L'article 243 du Code des obligations et des contrats est aussi avancé par cet auteur comme fondement de la sanction à appliquer aux clauses sur la responsabilité[9].
En outre, le professeur Mohamed Mahfoud semble être séduit par les charmes de la notion de la cause[10]. Il envisage la possibilité de l'utiliser en vue de lutter contre les clauses abusives dans les contrats. Le concours de cette notion n'est pourtant pas direct[11]. La notion de la cause permet d'instaurer une proportionnalité au sein du contrat Ce principe de proportionnalité permet

---

[1] C'est la philosophie adoptée dans les arrêts Chronopost.
[2] CABRILLAC, R. et BEN FADHEL, O., Introduction au droit des affaires. Abrégé de droit tunisien des obligations contractuelles, éd. CPU 2006, p. 236, n° 287.
[3] CABRILLAC, R. et BEN FADHEL, O., Introduction au droit des affaires. Abrégé de droit tunisien des obligations contractuelles, éd. CPU 2006, p. 235, n° 285.
[4] CABRILLAC, R. et BEN FADHEL, O., Introduction au droit des affaires. Abrégé de droit tunisien des obligations contractuelles, éd. CPU 2006, p. 125, n° 146.
[5] CABRILLAC, R. et BEN FADHEL, O., Introduction au droit des affaires. Abrégé de droit tunisien des obligations contractuelles, éd. CPU 2006, p. 125, n° 146.
[6] MAHFOUD, M., L'extinction du contrat pour impossibilité d'exécution (en droit tunisien), Etudes juridiques 2001, p. 167, spéc. p. 182.
[7] MAHFOUD, M., L'extinction du contrat pour impossibilité d'exécution (en droit tunisien), Etudes juridiques 2001, p. 167, spéc. p. 182.
[8] MAHFOUD, M., La théorie des suites du contrat (en arabe), RJL 2008, n° 6, p. 99, spéc. p. 104.
[9] MAHFOUD, M., La théorie des suites du contrat (en arabe), RJL 2008, n° 6, p. 99, spéc. p. 105.
[10] Il rejoint sur ce point ZINE, M., Théorie générale des obligations, Le contrat, éd. Cérès 1993, p. 189, n° 229.
[11] MAHFOUD, M., Théorie générale des obligations, Acte unilatéral, Contrat et Responsabilité civile, Publications du Centre d'études Juridiques et Judiciaires, éd. Orbis 2008 , p.84, n° 108.

d'annuler les clauses dénuées de contrepartie, telles que les clauses abusives et les clauses pénales[1].
Le Professeur Sami Jerbi tout en évoquant l'idée de l'obligation fondamentale[2], analyse la limite dans l'idée de raisonnable. Le raisonnable, étayé selon l'auteur sur l'article 531 du Code des obligations et des contrats, permet également de lutter contre les clauses limitatives de responsabilité[3].
Un autre auteur tunisien trouve le fondement dans la bonne foi[4] ; afin de *déclarer inefficace* une clause limitative de responsabilité ou de garantie, il y a lieu de recourir à la notion de bonne foi[5].
En guise de conclusion, l'on peut affirmer qu'en droit tunisien, les clauses limitatives de responsabilité sont valables à condition qu'elles ne portent pas atteinte à l'obligation fondamentale du contrat. L'article 243 du Code des obligations et des contrats suffit à les annuler ou à les réputer non écrites. Il s'ensuit que même si la loi sur la protection du consommateur omet de disposer la nullité pour certaines clauses limitatives de responsabilité, ces dernières sont toujours annulables, d'abord en s'inspirant de la philosophie de cette loi, ensuite et surtout par application de l'article 243 du Code des obligations et des contrats. Un auteur tunisien semble favorable à cette solution[6].
Quant à la jurisprudence tunisienne, elle a eu depuis longtemps l'occasion de statuer sur la validité des clauses limitatives de responsabilité. Souvent, cette jurisprudence avant de décider de donner effet ou de geler une clause sur la responsabilité, analyse le comportement du débiteur. Lorsqu'elle trouve que cette clause est insérée en vue de couvrir le dol ou la faute lourde du créancier, elle n'hésite pas à l'annuler ou à ne pas en tenir compte. Dans cette démarche, les tribunaux tunisiens s'inspirent de la philosophie du législateur exposée à travers les articles 244, 642 et 673 du Code des obligations et des contrats. La bonne foi, comme l'a souligné un auteur tunisien, a tout pour séduire[7]. La jurisprudence tunisienne ne peut pas résister à cette tentation. L'arrêt de la Cour de cassation sur la clause pénale et l'arrêt de la Cour d'appel de Tunis sur les clauses abusives confirment cette idée.

---

[1] MAHFOUD, M., Théorie générale des obligations, Acte unilatéral, Contrat et Responsabilité civile, Publications du Centre d'études Juridiques et Judiciaires, éd. Orbis 2008 , p.84, n° 108.
[2] JERBI, S., L'interprétation du contrat, éd. CPU 1999, p. 555, n°416.
[3] JERBI, S., L'interprétation du contrat, éd. CPU 1999, p. 564, n°420.
[4] REKIK, N., Réflexions sur la nullité des clauses relatives à la garantie légale des vices cachés et du défaut de qualité dans le contrat de vente, Etudes juridiques 1997, p. 103, spéc. p. 120.
[5] REKIK, N., Réflexions sur la nullité des clauses relatives à la garantie légale des vices cachés et du défaut de qualité dans le contrat de vente, Etudes juridiques 1997, p. 103, spéc. p. 120.
[6] BEN AMMOU, N.,Droit civil, Les contrats spéciaux, La vente et l'échange (en arabe), éd. CPU 2007, p. 330, n° 309. Cet auteur parle en réalité de la clause de non garantie dans les contrats de vente dont l'article 17 annule. N. Ben Ammou est pour l'extension de cette solution même les clauses limitatives de garantie que la loi ne cite pas. Cette solution que l'auteur adopte, il la justifie par une référence à la finalité de la loi sur la protection du consommateur.
[7] MZID, N., Le droit du travail à l'épreuve des nouvelles technologies, Etudes juridiques, 2007, n° 14, 9, spéc. p. 17, n° 20.

Un arrêt des chambres réunies de la Cour de cassation confirme aussi cette propension des tribunaux tunisiens à se référer à la bonne foi afin d'annuler une clause limitative de responsabilité[1]. Dans cet arrêt, souvent cité par la doctrine tunisienne dans ce contexte[2], la Cour de cassation avait censuré l'arrêt de la Cour d'appel donnant effet aux clauses par lesquelles une société immobilière avait exclu sa responsabilité en raison d'un retard dans la livraison d'un appartement. Dans cet arrêt, la Cour de cassation tunisienne a fait référence à l'article 243 du Code des obligations et des contrats et à la bonne foi dans l'exécution des contrats. Dans d'autres espèces, la jurisprudence tunisienne n'hésite pas à annuler la clause limitative de responsabilité quand elle découvre la faute lourde ou grave du contractant. Ainsi en est-il d'un arrêt de la Cour d'appel de Tunis rendu depuis un certain temps[3].

Avant la promulgation de la loi sur la protection du consommateur et les autres lois relatives au même domaine, la jurisprudence tunisienne se réfère souvent au texte de l'article 673 du C.o.c sur le vendeur frauduleux. Les applications jurisprudentielles relatives à ce texte sont abondantes[4]. La jurisprudence tunisienne a pu, par bribes, forger une définition du vendeur frauduleux très protectrice de l'acheteur souvent considéré comme la partie faible[5]. Elle a dressé, dans ce sens, un « pont »[6] entre l'article 673 du C.o.c et l'article 655 du même Code[7]. Elle s'est montrée très sévère envers le vendeur frauduleux. Cette sévérité, qui a même continué après la promulgation des lois sur la protection du consommateur, est patente surtout lorsqu'il s'agit des conventions élusives ou simplement limitatives de la garantie du vendeur[8]. Dans ce sens, la jurisprudence tunisienne est allée jusqu'à qualifier une clause limitant la

[1] Cass. civ (tn), Ch. Réunies, n° 31607 du 20 juin 1994, Bull. 1994, p. 456.

[2] Cet arrêt a été cité notamment par : MAHFOUD, M., L'extinction du contrat pour impossibilité d'exécution (en droit tunisien), Etudes juridiques 2001, p. 167. ; REKIK, N., Réflexions sur la nullité des clauses relatives à la garantie légale des vices cachés et du défaut de qualité dans le contrat de vente, Etudes juridiques 1997, p. 103.

[3] App. Tunis, ch. com. du 26 juin 1958, GP 1958, II, Juris. p. 316, avec une note. L'exclusion n'était pas en fait explicite, elle a été déduite.

[4] Voir sur ce point les arrêts cités par : REKIK, N., Réflexions sur la nullité des clauses relatives à la garantie légale des vices cachés et du défaut de qualité dans le contrat de vente, Etudes juridiques 1997, p. 103, spéc. p. 122-126. Voir aussi les nombreux arrêts cités par : BEN AMMOU, N.,Droit civil, Les contrats spéciaux, La vente et l'échange (en arabe), éd. CPU 2007, p. 313 et s, n° 290 et s.

[5] BEN AMMOU, N.,Droit civil, Les contrats spéciaux, La vente et l'échange (en arabe), éd. CPU 2007, p. 313 et s, n° 290 et s.

[6] BEN AMMOU, N.,Droit civil, Les contrats spéciaux, La vente et l'échange (en arabe), éd. CPU 2007, p. 319, n° 290.

[7] L'article 655 du Coc qui établit la présomption de la connaissance du vice par le vendeur.

[8] BEN AMMOU, N.,Droit civil, Les contrats spéciaux, La vente et l'échange (en arabe), éd. CPU 2007, p. 328, n° 308.

garantie ou la responsabilité du vendeur comme une clause de style ne produisant pas d'effet[1].
Ces propos édulcorés sur l'effort de la jurisprudence tunisienne sont, selon un auteur tunisien, à relativiser[2]. Cette jurisprudence se montre parfois peu soucieuse de protéger l'acheteur dans les contrats de ventes[3].
Dans d'autres domaines outre celui de la vente, la jurisprudence tunisienne a annulé des clauses limitatives de responsabilité. Elle fait souvent bon usage de certains articles du Code des obligations et des contrats qui établissent un régime spécial de responsabilité et interdisent toute convention contraire. A titre d'exemple, l'article 843 du C.o.c énonce que « le commis d'ouvrage ou de services répond non seulement de son fait, mais de sa négligence, de son imprudence et de son impéritie. Toute convention contraire est sans effet ». Sur la base de cet article, la jurisprudence tunisienne a fait de nombreuses applications[4]. La Cour de cassation a dans ce sens annulé une clause limitative de la responsabilité pratiquée dans les blanchisseries[5]. Le blanchisseur assume toute la responsabilité qui découle de sa faute sans tenir compte de la limitation qu'il a disposée[6].

295. En somme, les clauses de responsabilité ou de réparation, comme l'a affirmé M. Delebecque, depuis un certain temps, *ont encore une place sous le soleil*[7]. La multiplication des limites et des exceptions provenant surtout d'une volonté de garder un minimum de contrainte dans un contrat ou d'une tendance de protection de la partie faible dans les rapports contractuels[8] à travers la notion d'ordre public, ne font que confirmer leur utilité pratique, étant malgré tout indispensables.
Le juge, à travers l'élimination des clauses limitatives de responsabilité ou de réparation, ne fait que protéger un minimum de cohérence nécessaire pour l'intelligibilité de tout contrat, qui est implicitement requis et exigé par tout contractant. A travers l'ensemble de son œuvre relative à ces clauses, il a pu

---

[1] Voir sur ce point : BEN AMMOU, N.,Droit civil, Les contrats spéciaux, La vente et l'échange (en arabe), éd. CPU 2007, p. 328-329, n° 308. L'auteur cite l'arrêt Cass. civ (tn), 28132 du 16 février 2004, Bull. civ. p. 33.
[2] BEN AMMOU, N.,Droit civil, Les contrats spéciaux, La vente et l'échange (en arabe), éd. CPU 2007, p. 319, n° 290.
[3] BEN AMMOU, N.,Droit civil, Les contrats spéciaux, La vente et l'échange (en arabe), éd. CPU 2007, p. 319, n° 290. L'auteur cite un arrêt récent de la Cour de cassation tunisienne qui a réduit la force probante de la présomption de connaissance de vice déduite de l'article 655 du Coc. Cass. civ (tn), n° 8233 du 1er février 2005, Bull. civ. p. 45.
[4] A titre d'exemple : cass. civ (tn), n°5326 du 1er mars 1982, Bull. 1982, II, p. 317 ; cass. civ (tn), n° 10490 du 28 janvier 1985, Bull. I, 1985, p. 188.
[5] cass. civ (tn), n°5326 du 1er mars 1982, Bull. 1982, II, p. 317.
[6] cass. civ (tn), n°5326 du 1er mars 1982, Bull. 1982, II, p. 317.
[7] DELEBECQUE, Ph., Les clauses allégeant ....., thèse précitée, n° 511, p. 600.
[8] BENABENT, A., Les obligations, op. cit., n° 423, spéc. p. 307.

s'arroger un « pouvoir de contrôle de la cohérence du contrat »[1] lui permettant d'éliminer tout ce qui perturbe et altère cette cohérence. D'ailleurs, certains auteurs parlent d'un devoir pour le juge de respecter la cohérence du droit[2] d'une façon générale dont dérive l'obligation pour ce dernier de respecter et de protéger la cohérence du contrat. Un tel devoir permet d'enlever les scories qui dissimulent l'obligation fondamentale dans un contrat. Cette dernière ne fait qu'exalter le parfum de l'harmonie et la cohérence au sein du contenu contractuel. Elle verse du baume sur les clauses qui créent des égratignures au sein de ce contenu et qui pervertissent cette cohérence.
En protégeant l'obligation fondamentale, on ne fait in fine que protéger la cohérence interne du contenu contractuel. L'élément incohérent est exclu. Cette obligation protège le contrat contre tout ce qui pourrait le vider de sa substance.
L'obligation fondamentale, notion riche et protéiforme, assure aussi d'autres fonctions importantes au sein du contenu du contrat qu'il est impératif de découvrir.

Section II : Les fonctions de l'obligation fondamentale dans le contenu contractuel

296. L'obligation fondamentale, assure au sein du contenu contractuel, plusieurs autres fonctions. La première fonction est celle de garantir un minimum d'équilibre dans chaque contrat (§1). Elle assure également le rôle d'un étalon de mesure de l'inexécution ou de l'inexécution du contrat (§2).

§ - 1 La garantie d'un minimum d'équilibre contractuel

Deux idées sont à aborder dans ce cadre. Apparaît d'abord la question du lien entre l'obligation fondamentale et l'équilibre contractuel (A). Ensuite se pose l'idée de la portée de ce lien (B).

A – Obligation fondamentale et équilibre contractuel

297. L'équilibre contractuel, ou principe d'équilibre contractuel, signifie que chaque partie doit non seulement recevoir l'équivalent de ce qu'elle donne, mais aussi ne pas se trouver soumise à des obligations disproportionnées au regard de celles de l'autre[3].

---

[1] GAUDEMET, S., La clause réputée non écrite, op. cit., p. 214, n° 427.
[2] D. Gutmann, Le juge doit respecter la cohérence du droit. Réflexion sur un imaginaire article 4 ½ du Code civil, *In* Le titre préliminaire du Code civil, sous la direction de G. Fauré et G. Koubi, éd. Economica 2003, p. 109.
[3] THIBIERGE-GULLFUCCI, C., Libres propos sur la transformation du droit des contrats, RTD civ. 1997, n° 2, p. 357, spéc. p. 379.

La définition de l'équilibre contractuel ne fait pas l'unanimité en doctrine[1]. Pour certains auteurs, le contrat est en soi, par le fait qu'il est un acte de volonté, suffisant pour garantir justice et équilibre sans qu'il y ait nécessité de recourir à d'autres corrections. S'insère dans ce cadre la fameuse citation « qui dit contractuel, dit juste ». Cette idée a vivement été critiquée par la majorité de la doctrine. M. Malaurie affirme dans cet égard qu'« il ne nous suffit plus que le contrat soit volontaire, nous le voulons juste, car nous le concevons comme un instrument et non comme une fin en soi »[2]. M. Le Tourneau, précise dans ce même contexte que le contrat « doit être juste, c'est-à-dire équilibré, chacune des parties y trouvant un avantage comparable »[3].
Un auteur tunisien défend également l'inexactitude de cette diction[4]. Un déséquilibre entre la position des parties engendre indubitablement un déséquilibre au sein du contrat[5]. L'architecture du contrat n'est que le reflet de la position des parties contractantes.
D'autres auteurs précisent que le contrat, bien qu'il soit le fruit de rencontre de volonté, normalement libres, peut devenir source d'injustice et de déséquilibre entre les parties. Dès lors, parler de l'équilibre contractuel, c'est se placer au cœur du débat relatif à l'analyse du contrat. Une récente thèse retrace l'intégralité du débat relatif à cette question d'équilibre contractuel[6]. Son auteur s'en sort par une conclusion relatant que l'équilibre contractuel, qui désigne « la qualité de l'ensemble du contenu contractuel »[7], représente une situation *complexe, évolutive, globale et diversifiée*[8] qui ne peut être résolue que par l'association de plusieurs critères dont aucun ne peut prétendre à l'exclusivité[9]. Cette idée a aussi été récemment remarquée par un autre auteur qui soutient que l'équilibre contractuel réside dans une pluralité des critères[10].

298. Il s'avère par conséquent que parler de l'équilibre contractuel, c'est aussi, dans une certaine mesure, parler du contenu contractuel. Le lien entre obligation fondamentale et équilibre contractuel est indéniable. D'ailleurs, l'équilibre contractuel n'est, selon certains, que « la composition harmonieuse du contenu

---

1 Voir sur ce point : CABRILLAC, R. et BEN FADHEL, O., Introduction au droit des affaires. Abrégé de droit tunisien des obligations contractuelles, éd. CPU 2006, p. 29, n° 33.
2 Ph. Malaurie, note sous cass. civ. 4 mai 1956, D. 1957, p. 315.
3 LE TOURNEAU, Ph., Droit de la responsabilité et des contrats, éd. Dalloz 2006-2007, n° 3698, p. 3696.
4 REKIK, N., Réflexions sur la nullité des clauses relatives à la garantie légale des vices cachés et du défaut de qualité dans le contrat de vente, Etudes juridiques 1997, p. 103, spéc. p. 116.
5 CABRILLAC, R. et BEN FADHEL, O., Introduction au droit des affaires. Abrégé de droit tunisien des obligations contractuelles, éd. CPU 2006, p. 33, n° 34.
6 FIN-LANGER, L., L'équilibre contractuel, éd. LGDJ 2002.
7 FIN-LANGER, L., L'équilibre contractuel, op. cit., p. 315, n° 452.
8 FIN-LANGER, L., L'équilibre contractuel, op. cit., p. 214, n° 318.
9 FIN-LANGER, L., L'équilibre contractuel, op. cit., p. 227, n° 340.
10 CHANTEPIE, G., La lésion, éd. LGDJ 2006, p. 34, n° 49.

du contrat »[1]. Ce lien est justifié par le fait que les obligations et droits nés du contrat ne sont que la traduction concrète, vivante de cet équilibre tel que dessiné, voulu, par les parties contractantes. De ce fait, l'on peut en déduire que ce qui est cardinal pour le contenu contractuel l'est normalement pour l'équilibre du contractuel. Et puisqu'au sein de ce contenu s'élève l'obligation fondamentale comme une obligation suprême, son rôle est par conséquent prépondérant, même pour l'équilibre contractuel, de telle sorte que sa protection au sein du contenu, en supprimant l'épaisse couche de brume formée par les clauses de limitation de responsabilité, n'est finalement qu'une protection de l'équilibre contractuel.

En déblayant le contenu contractuel des clauses qui empêchent le développement de l'obligation fondamentale, le juge ne fait que protéger l'équilibre contractuel de ce qui pourrait le blesser et le rendre bancal. Ce lien entre la protection de l'obligation fondamentale dans le contrat contre les clauses limitatives ou élusives de responsabilité ou de réparation et l'équilibre contractuel devient même une « évidence »[2] pour certains auteurs. Dans ce cas, le contrat est déséquilibré puisque la clause limitative de responsabilité prive le créancier de l'obligation inexécutée, des garanties normalement attachées à la responsabilité ou en diminue considérablement la teneur[3]. L'équilibre contractuel est ainsi « directement menacé »[4] par les clauses limitatives ou exonératoires de responsabilité. Dès lors, menacer l'obligation fondamentale, c'est menacer l'équilibre contractuel.

M. Denis Mazeaud[5] confirme, à son tour, l'existence de ce lien entre obligation fondamentale et équilibre contractuel. Il présente déjà l'obligation fondamentale parmi les moyens permettant de rendre ou de restaurer l'équilibre dans un contrat[6]. L'obligation fondamentale, par sa fonction de préservation d'intérêt dans le contrat, préserve l'équilibre contractuel[7].

Certains auteurs l'ont affirmé depuis longtemps. Picard et Prudhomme ont précisé que l'obligation fondamentale dans un contrat garantissait son équilibre[8]. Les clauses limitatives de responsabilité doivent observer aussi bien l'obligation fondamentale que l'équilibre contractuel pour qu'elles puissent être déclarées valides et efficaces. Ces deux conditions de validité et d'efficacité des

---

[1] FIN-LANGER, L., L'équilibre contractuel, op. cit., p. 156, n° 225.

[2] VINEY, G., rapport de synthèse *In* Les clauses limitatives ou exonératoires de responsabilité en Europe, Colloque 1990, sous dir. GHESTIN, J., éd. LGDJ 1991, p. 327, spéc. p. 331.

[3] LASBORDES, V., Les contrats déséquilibrés, éd. PUAM 2000, p. 591, n° 691.

[4] VINEY, G., rapport de synthèse, précité, p. 31.

[5] MAZEAUD, D., note sous cass. com. 2 décembre 1997, D. 1998, somm. comm. p. 200.

[6] MAZEAUD, D., Les nouveaux instruments de l'équilibre contractuel. Ne risque-t-on pas d'aller trop loin ? *In* La nouvelle crise du contrat, éd. Dalloz 2003, p. 135, spéc. P. 142 et suivants.

[7] MAZEAUD, D., Les nouveaux instruments de l'équilibre contractuel …,art. précité.

[8] M. Picard et A. Prudhomme, De la résolution judiciaire pour inexécution des obligations, RTD civ. 1912, p. 61, spéc. p. 68. Les auteurs se placent sur le terrain de la cause afin de défendre leur idée. Ils affirment que « le contrat synallagmatique implique par sa nature un équilibre de droit et de fait entre les deux obligations essentielles » (p. 69).

clauses limitatives de responsabilité sont en fait confondues. Lesdites clauses, lorsqu'elles ne touchent pas à l'obligation fondamentale, ne présentent pas, *a priori*, de risque pour l'équilibre contractuel.
Un auteur tunisien confirme aussi cette corrélation entre suppression des clauses limitatives de responsabilité ou de garantie et restauration de l'équilibre du contrat. Il souligne l'existence d'un lien étroit entre la suppression de la clause de non garantie et l'équilibre contractuel[1]. La clause sur la responsabilité est source d'un déséquilibre ; « par là s'instaure un déséquilibre entre les partenaires économiques »[2]. Il s'ensuit donc qu'amputer la clause ou « la déclarer inefficace »[3] contribue manifestement à la restauration de l'équilibre entre les prestations des parties.
Madame Sefton-Green, affirme dans ce cadre, que l'obligation fondamentale assure, dans le contenu du contrat, une fonction de rééquilibrage ou plus exactement une fonction de détection de déséquilibre entre prestations contractuelles. L'obligation fondamentale est un « détonateur d'un déséquilibre du contrat », elle est « révélatrice de l'explosion qui a lieu au cœur du contrat, dans son essence »[4]. Il s'ensuit que l'atteinte à l'obligation fondamentale a pour résultat direct l'apparition d'un déséquilibre contractuel. Quand la jurisprudence considère comme non écrite une clause limitative de responsabilité ou de réparation dans un contrat portant atteinte à l'obligation fondamentale, elle protège dans ce cas l'équilibre contractuel qui était tronqué par ladite clause. Cette déduction est confirmée par Madame Fin-Langer. Elle indique dans ce sens que « l'obligation est déclarée essentielle car elle est à la base de cet équilibre »[5].

299. Par ailleurs, le rapprochement auquel se livre systématiquement la jurisprudence, entre la cause et l'obligation fondamentale, conforte l'existence d'un lien entre cette dernière et l'équilibre contractuel. Puisqu'elle protège l'obligation fondamentale ou vice versa, la cause protège en même temps l'équilibre contractuel.
Une frange de la doctrine tunisienne adopte cette analyse qui accorde à la cause un rôle de restaurateur d'équilibre dans le contenu contractuel. Mohamed Zine semble adopter cette position lorsqu'il souligne que la notion de la cause permet au juge de contrôler les clauses abusives et de les réviser en cas de besoin[6]. Le

---

[1] REKIK, N., Réflexions sur la nullité des clauses relatives à la garantie légale des vices cachés et du défaut de qualité dans le contrat de vente, Etudes juridiques 1997, p. 103, spéc. p. 116.
[2] REKIK, N., Réflexions sur la nullité des clauses relatives à la garantie légale des vices cachés et du défaut de qualité dans le contrat de vente, Etudes juridiques 1997, p. 103, spéc. p. 116.
[3] REKIK, N., Réflexions sur la nullité des clauses relatives à la garantie légale des vices cachés et du défaut de qualité dans le contrat de vente, Etudes juridiques 1997, p. 103, spéc. p. 120.
[4] SEFTON-GREEN, R., La notion d'obligation fondamentale. Comparaison franco-anglaise. Ed. LGDJ 2000, p 337, n° 602.
[5] FIN-LANGER, L., L'équilibre contractuel, op. cit., n° 195, spéc. p. 141.
[6] ZINE, M., Théorie générale des obligations, 1 – Le contrat, éd. Tunis 1997, p. 189, n° 229.

professeur Mohamed Mahfoud souligne que cette notion permet de garantir un minimum d'équilibre dans le contenu contractuel[1]. La cause permet selon lui de fonder le principe de proportionnalité qui élimine ce qui n'a pas de contrepartie[2]. L'auteur cite à titre d'exemple les clauses abusives et la clause pénale[3].

Madame Fin-Langer précise dans ce sens que la cause, lorsqu'elle est analysée comme étant « l'intérêt des parties à conclure un contrat », peut servir d'outil permettant de mesurer ou de déterminer le seuil du déséquilibre affectant le contrat[4]. La cause devient ainsi *un instrument de justice contractuelle*[5] qui permet au juge de rééquilibrer un contrat. Elle est promue au rang de « mécanisme de protection de l'équilibre contractuel»[6]. La cause devient ainsi « un rempart contre le déséquilibre contractuel »[7] mais aussi « l'instrument du respect de l'équilibre contractuel légitimement attendu par les parties et, en particulier, par le créancier, interdisant au débiteur de réduire son obligation principale, essentielle »[8]. L'utilisation de la cause par la jurisprudence, méritoire selon certains puisqu'elle permet de « sortir la cause du ghetto dans laquelle deux siècles de pensée juridique l'ont confinée »[9], ne fait ainsi que confirmer ce lien entre obligation fondamentale et équilibre contractuel. Le même fondement, en l'occurrence la cause, est valable pour la protection de l'équilibre contractuel et de l'obligation fondamentale. Il s'ensuit dès lors que les clauses sur la responsabilité qui égrènent l'obligation fondamentale ou qui l'ulcèrent, produisent le même effet sur l'équilibre contractuel.

300. Cette idée de lien étroit entre obligation fondamentale et équilibre contractuel, trouve un écho favorable dans le droit de la consommation qui stigmatise les clauses limitatives ou élusives de responsabilité en les qualifiant de clauses abusives. Elles sont abusives puisqu'elles produisent « un déséquilibre significatif entre les droits et obligations des parties au contrat »[10]. Ces clauses sont réputées non écrites dans le seul dessein de protéger l'équilibre

---

[1] MAHFOUD, M., Théorie générale des obligations, Acte unilatéral, Contrat et Responsabilité civile, Publications du Centre d'études Juridiques et Judiciaires, éd. Orbis 2008, p. 85, n° 108.
[2] MAHFOUD, M., Théorie générale des obligations, Acte unilatéral, Contrat et Responsabilité civile, Publications du Centre d'études Juridiques et Judiciaires, éd. Orbis 2008, p. 84, n° 108.
[3] MAHFOUD, M., Théorie générale des obligations, Acte unilatéral, Contrat et Responsabilité civile, Publications du Centre d'études Juridiques et Judiciaires, éd. Orbis 2008, p. 84, n° 108.
[4] FIN-LANGER, L., L'équilibre contractuel, op. cit., p. 310, n° 448.
[5] J.-M. Guéguen, Le renouveau de la cause en tant qu'instrument de justice contractuelle, D. 1999, Chr. p. 352. Voir aussi : LASBORDES, V., Les contrats déséquilibrés, éd. PUAM 2000, p. 586, n° 686.
[6] CHANTEPIE, G., op. cit., p. 49-50, n° 70.
[7] J.-M. Guéguen, art. cit., D. 1999, Chr. p. 355, n° 22.
[8] J.-M. Guéguen, art. préc., p. 355, n° 22.
[9] MAZEAUD, D., note sous cass. com. 2 décembre 1997, D. 1998, somm. comm. p. 200, spéc. p. 201.
[10] Article L. 132-1 du Code de la consommation.

contractuel. Dans ce sens, certains auteurs soulignent que la quête d'équilibre contractuel est haussée au rang d'*une exigence du droit de la consommation*[1].

301. Le changement du critère des clauses abusives opéré à la suite de la modification de l'article L. 132-1 du Code de la consommation conforte cette idée. Le critère était, avant la modification du 1er février 1995, celui d'un avantage excessif. Même s'il évoquait systématiquement la question de l'existence d'une non-équivalence entre les droits et les obligations conférés par un contrat, le nouveau critère est plus éloquent et met mieux en évidence le lien entre équilibre contractuel et clauses limitatives ou élusives de responsabilité. L'objectif de la protection est de garantir l'équilibre contractuel. Le lien entre ces clauses et l'équilibre contractuel est toujours présumé. Ce qui change, c'est le fondement de la lutte contre ce déséquilibre apparu. Le fondement est l'article L. 132-1 dans les rapports entre consommateurs et professionnels. Pour les rapports entre professionnels, le fondement est à rechercher dans les règles du droit commun (cause, bonne foi et obligation fondamentale)[2]. D'un autre côté, dans les rapports entre professionnels et consommateurs, la présomption du déséquilibre est irréfragable, alors qu'elle est simple dans un contrat entre professionnels. Le juge doit se livrer ici à une analyse du contrat et de l'effet de ces clauses sur l'équilibre entre droits et obligations des parties.

302. Pour certains autres auteurs, l'équilibre contractuel, pour être protégé, n'a pas besoin d'un droit spécial. Une protection est possible « à travers des mailles du filet du droit commun des contrats »[3] telle que la notion de l'obligation essentielle, cause et économie du contrat, ce qui rend les techniques du droit spécial « superflues »[4].
Bref, l'équilibre contractuel est en étroite relation avec l'obligation fondamentale de telle sorte que la protection de l'un n'est qu'une protection de l'autre. L'atteinte est aussi analysée de même ; une atteinte à l'obligation

[1] Y. Picod et H. Davo, Droit de la consommation, éd. Armand Colin 2005, p. 137, n° 232. Cette idée est vérifiable aussi en droit tunisien. Voir surtout : ZINE, M., générale des obligations, 1 – Le contrat, éd. Tunis 1997, p. 58-59, n° 57 ; CABRILLAC, R. et BEN FADHEL, O., Introduction au droit des affaires. Abrégé de droit tunisien des obligations contractuelles, éd. CPU 2006, p. 34, n° 34 ; BEN AMMOU, N.,Droit civil, Les contrats spéciaux, La vente et l'échange (en arabe), éd. CPU 2007, p. 7, n° 6.

[2] La modification introduite le 4 août 2008 sur le Code de consommation et les nouvelles dispositions du décret de 18 mars 2009 ne font que confirmer ce lien entre équilibre contractuel et lutte contre les clauses abusives. Le décret, en établissant la liste noire des clauses abusives, souligne que cette qualification est justifiée par l'atteinte grave qu'elles portent à l'équilibre contractuel. D'un autre côté, cette loi (LME) a ouvert une possibilité de lutter contre les clauses abusives entre professionnels. L'article L.442-6, I du Code de commerce adopte le critère de déséquilibre significatif.

[3] MAZEAUD, D., La formation du contrat, *In* Faut-il recodifier le droit de la consommation ? Sous la direction de D. Fenouillet et LABARTHE, F., éd. Economica 2002, p. 87, spéc. p. 100.

[4] MAZEAUD, D., La formation du contrat, *art. préc.* p. 100.

fondamentale est normalement une atteinte à l'équilibre contractuel. L'obligation fondamentale s'avère ainsi comme « le point précis sur lequel portait l'équilibre du contrat »[1]. Les juges, tout en protégeant l'obligation fondamentale, protègent du même coup l'équilibre contractuel implicitement voulu par les parties contractantes.

En somme, l'obligation fondamentale, comme elle garantit un nombre minimum d'obligations devant figurer dans le contenu contractuel, préserve un équilibre contractuel minimum. C'est une équation irréductible entre les droits et les obligations nés du contrat. Cette équation ou cette réalité mathématique est implicitement voulue par les contractants. Le juge assume l'obligation de la protéger même indirectement.

Cette protection indirecte de l'équilibre contractuel assurée, entre autres, par la notion d'obligation fondamentale et la nécessité de la protéger est-elle suffisante pour un rééquilibrage du contrat ? Se pose ainsi la question de la portée du lien établi entre obligation fondamentale et équilibre contractuel.

B – La portée du lien entre obligation fondamentale et équilibre contractuel

303. Le lien entre obligation fondamentale et équilibre contractuel, bien qu'indéniable, n'est pas d'une importance capitale. En général, le juge s'attaque ces clauses de responsabilité, non parce qu'elles déséquilibrent un contrat, mais parce qu'elles affectent l'obligation fondamentale de celui-ci. L'objectif essentiel du juge est donc de protéger cette obligation fondamentale contre une restriction qui risque de faire perdre au contrat son sens. Ces clauses relatives à la responsabilité sont ainsi doublement analysées ; elles portent atteinte à l'essence du contrat et en affectent, par conséquent, l'équilibre.

304. Le juge, lorsqu'il constate l'existence de ces clauses limitatives ou élusives de la responsabilité découvre en fait un *élément perturbateur de l'équilibre contractuel*[2] contre lequel il doit appliquer le remède convenant. Ces clauses seront normalement réputées non écrites. Une telle sanction est la même, que la clause soit insérée dans un rapport régi par le droit de la consommation ou dans un autre soumis au droit commun. Dans les deux cas de figure, le contrat est en même temps nettoyé de la clause et du déséquilibre sans que sa disparition ne soit provoquée[3]. La jurisprudence, tout en protégeant ainsi l'obligation

---

[1] M. Picard et A. Prudhomme, art. préc., p. 76. Les auteurs récitent les faits de l'arrêt de la chambre des requêtes du 27 mars 1832 (S. 1832, 1, 290).
[2] VINEY, G., rapport précité, p. 332.
[3] LASBORDES, V., Les contrats déséquilibrés, op. cit., p. 555, n°644. L'auteur distingue deux sortes de traitement du déséquilibre dans le contrat ; une correction par le rééquilibrage du contrat et une autre correction par la disparition du contrat (p. 554, n°643).

fondamentale, protège aussi, même si ce n'est qu'indirectement, l'équilibre contractuel. Cette fonction latente de l'obligation fondamentale[1] de restauration d'équilibre au sein d'un contrat se réalise en considérant comme réputée non écrite une clause qui annihile le droit du créancier à la réparation.
Le juge, à travers cette sanction, tente de rétablir l'équilibre rompu du contrat. Cette sanction nouvellement assignée au déséquilibre contractuel entre dans ce que Madame Thibierge-Gullfucci a qualifié de *palette variée de réactions*[2]. Le contrat est rééquilibré par l'élimination de la clause limitative ou élusive de responsabilité. Lorsqu'on estime qu'une clause est réputée non écrite, qu'on la remplace par le régime légal écarté par les parties ou par un autre régime confectionné par le juge, l'équilibre est plus ou moins restauré.
Cette idée est soutenue par un auteur tunisien qui souligne que l'élimination de la clause abusive n'est pas systématique, elle ne s'impose pas d'emblée[3]. Le juge tente d'abord de la rendre raisonnable en la modifiant[4]. Ces propos sont aussi valables pour les clauses limitatives ou élusives de responsabilité.
Une question se pose alors : la suppression des clauses limitatives ou exclusives de responsabilité est-elle suffisante pour corriger le déséquilibre dont souffre un contrat les contenant ?

305. La suppression de la clause relative à la responsabilité contribue indubitablement à la restauration de l'équilibre au sein du contenu contractuel, ou plus exactement à la limitation du déséquilibre contractuel. Le juge en supprimant, ou en éradiquant la clause *incohérente*[5], restaure tout à la fois cohérence et équilibre dans le contrat. Il calfeutre ainsi une source importante de déséquilibre. Mais dans un contrat, le déséquilibre ne provient pas uniquement de ces clauses de responsabilité. Les sources de ce déséquilibre dépassent ces clauses pour rejoindre une variété de cas et de situations. Un contrat peut demeurer déséquilibré même si une clause relative à la responsabilité a été éliminée de son contenu.

306. Par ailleurs, le lien entre le déséquilibre et l'atteinte à l'obligation fondamentale n'est pas toujours vérifiable. C'est ainsi qu'un contrat peut être déséquilibré, alors que son obligation fondamentale est intacte et aucune clause ne l'affecte ou ni l'étouffe. L'obligation fondamentale garantit un minimum d'équilibre contractuel, mais elle n'est pas à même de faire seule parade à tout déséquilibre contractuel. Dans certains cas, le déséquilibre peut provenir d'une

---

[1] Le terme est utilisé par Mme GAUDEMET, S., La clause réputée non écrite, op. cit., p. 282, n° 549 qui parle d'une fonction latente de la sanction de « réputée non écrite ».
[2] THIBIERGE-GULLFUCCI, C., art. préc. p. 380.
[3] JERBI, S., L'interprétation du contrat, éd. CPU 1999, p. 564, n° 420.
[4] JERBI, S., L'interprétation du contrat, éd. CPU 1999, p. 564, n° 420.
[5] GAUDEMET, S., La clause réputée non écrite, op. cit., p. 214, n° 427.

clause accessoire dans le contrat[1]. « Le déséquilibre contractuel se dissimule alors sous le couvert de stipulations accessoires qui limitent les garanties offertes, octroient certains pouvoirs à l'un des contractants ou modifient insidieusement le contenu même des obligations souscrites »[2].
Le droit de la consommation offre une profusion d'exemples de ces clauses accessoires qui sont qualifiées d'abusives alors qu'elles n'ont pas de lien direct avec la responsabilité ni avec l'obligation fondamentale. Ainsi, le déséquilibre n'est pas forcément lié à une atteinte à l'obligation fondamentale dans un contrat.

307. Lorsque le juge supprime ou considère non écrite une clause relative à la responsabilité, il ne fait que supprimer l'apparence d'un déséquilibre rendu vraisemblable par l'existence de cette clause. Le déséquilibre qu'engendre cette clause est manifeste et s'affiche d'une manière évidente. Dans ce cas de figure, il est *révélé par une clause*[3]. C'est l'existence d'une telle clause qui mine l'équilibre du contrat et invite le juge à intervenir en vue de la supprimer. Sans cette clause, ce dernier ne saurait connaître facilement l'existence de ce déséquilibre. Dans son intervention en vue de supprimer la clause, il corrige le déséquilibre par le «retranchement de l'élément qui déséquilibrait le contrat »[4]. La clause, source du déséquilibre, ne fait alors plus partie du contenu du contrat, elle est réputée non écrite.
Dans cette tâche assumée, l'équilibre n'est pas complètement restauré. Le juge n'a fait que supprimer la cause d'un déséquilibre apparent. Il n'a corrigé qu'un *déséquilibre contractuel flagrant*[5]. Seuls *les graves déséquilibres*[6] sont corrigés.
Un auteur tunisien critique le système instauré par le droit de la consommation. Ce système apparaît dans certains cas inefficace[7]. Monsieur Rekik souligne qu'il est « regrettable que le système mis en place pour équilibrer le contrat soit peu efficace »[8].
L'intervention du juge en vue de supprimer une clause, pourtant méritoire surtout lorsqu'elle se fait en l'absence de tout texte légal, s'avère insuffisante pour restaurer un équilibre solide dans le contrat renfermant la clause limitative

---

[1] CHANTEPIE, G., op. cit., p. 123, n° 182.
[2] CHANTEPIE, G., op. cit., p. 123, n° 182.
[3] LASBORDES, V., Les contrats déséquilibrés, op. cit., p. 305, n° 331. spéc. n° 348.
[4] LASBORDES, V., Les contrats déséquilibrés, op. cit., p. 556, n° 645.
[5] LASBORDES, V., Les contrats déséquilibrés, op. cit., p. 555, n° 644. L'auteur précise que «le juge s'arroge le pouvoir de corriger certains déséquilibres contractuels flagrants en dehors de tout support législatif l'autorisant».
[6] J.-P. Pizzio, La protection du consommateur par le droit commun des obligations, RTD civ. 1998, p. 63.
[7] REKIK, N., Réflexions sur la nullité des clauses relatives à la garantie légale des vices cachés et du défaut de qualité dans le contrat de vente, Etudes juridiques 1997, p. 103, spéc. p. 119.
[8] REKIK, N., Réflexions sur la nullité des clauses relatives à la garantie légale des vices cachés et du défaut de qualité dans le contrat de vente, Etudes juridiques 1997, p. 103, spéc. p. 119. L'auteur parle surtout du droit tunisien sur la consommation.

ou exonératoire de responsabilité. La restauration d'un véritable équilibre contractuel dépasse souvent cette intervention de nature « esthétique » menée par le juge au sein du contenu contractuel et qui se résume dans la suppression de la clause relative à la responsabilité. Cette intervention qui ne touche qu'à la physionomie du contrat et à son apparence *pèche,* selon certains, par son caractère passif ou *négatif*[1]. Un efficace rééquilibrage du contrat requiert une intervention qui s'attaque aux profondeurs du contrat en repérant ses plaies internes et profondes et en prescrivant, par la suite, les soins nécessaires. Une telle intervention est certainement créative, positive dépassant les limites d'une simple éradication d'une clause limitative de responsabilité qui met à mal l'obligation fondamentale.
Ce genre de rééquilibrage exige très souvent un ajout des obligations contractuelles, un perfectionnement du contenu du contrat. Cet ajout contrebalance le pouvoir accordé à un contractant au détriment de l'autre, de telle sorte que le contrat ne favorise pas un contractant au détriment d'un autre.
Il s'avère ainsi que l'obligation fondamentale est nécessaire au contenu contractuel et par conséquent à son l'équilibre, mais elle n'est pas suffisante à elle seule. Le contrat, n'est qu'un entrelacement des obligations homogènes au service d'une opération économique pour le garder équilibré ; il est indispensable de l'examiner dans ses détails les plus profonds. L'implicite ne prescrit pas dans cette étape un pareil traitement. Une telle mission requiert des nouveaux outils plus efficaces permettant de sonder les profondeurs du contenu contractuel[2].

308. Au demeurant, dans les cas où une clause est réputée non écrite, parce qu'elle provoque un engourdissement de l'obligation essentielle dans un contrat, l'équilibre contractuel est indirectement soigné. Le traitement est aussi anodin qu'indirect. L'objectif immédiat de l'intervention du juge n'est pas la suppression du déséquilibre contractuel, fût-t-il flagrant, mais son objectif est de restaurer la cohérence et l'harmonie au sein du contenu contractuel. Cet objectif se situe bien au cœur de l'effet prodigieux de la sanction de « réputée non écrite » qui s'avère être « un instrument au service de la cohérence des obligations contractuelles »[3]. Il s'ensuit ainsi que « la seule existence d'un déséquilibre contractuel ne [doit] pas justifier, en droit français, la sanction du réputé non écrit »[4] et le déséquilibre soigné par cette sanction n'est que le

[1] LASBORDES, V., op. cit., p. 556, n° 645.
[2] Ce débat est réservé à la deuxième partie de cette étude où le juge s'attaque aux profondeurs du contrat en favorisant la réalisation de l'opération contractuelle.
[3] GAUDEMET, S., op. cit., p. 254, n° 502.
[4] GAUDEMET, S., op. cit., p. 257, n° 507. L'auteur part d'une comparaison entre droit français et droit allemand.

déséquilibre né de l'incohérence du contrat qui menace la réalisation du but poursuivi par les parties contractantes[1].

309. La Professeur Geneviève Viney a remarqué qu'il existe une tendance à contester la validité des clauses de responsabilité, non uniquement parce qu'elles altèrent l'obligation fondamentale, mais parce qu'elles menacent l'équilibre contractuel[2]. Ces clauses sont ainsi doublement stigmatisées ; pour avoir porté atteinte à l'obligation fondamentale et pour avoir provoqué un déséquilibre du contrat. La clause qui sort intacte du premier crible, risque d'échouer sur l'écueil du second.
Il est donc indéniable que la sanction qui suppose non écrite une clause, même si elle ne concerne qu'une stipulation du contrat, contribue à l'instauration de l'équilibre dans les rapports contractuels. Que ce résultat soit indirectement voulu ou non par le juge, cela n'affecte en rien cette réalité.

310. En somme, une clause relative à la responsabilité lorsqu'elle est réputée non écrite, *dénuée ainsi de sa valeur obligatoire*[3], produit un double effet sur le contrat. L'effet principal, directement voulu par le juge, est celui relatif au *retour à la cohérence*[4] dans le contrat. Quant au second effet, c'est celui de restaurer relativement l'équilibre contractuel dans le contrat par l'élimination de la clause qui était source d'une sorte de déséquilibre et son remplacement par un autre régime de réparation. Le déséquilibre est guéri mais pas dans son intégralité.
Le danger que représentent certaines clauses sur le contenu du contrat, en provoquant un déséquilibre, ne provient pas uniquement des clauses limitant la responsabilité du débiteur en cas d'inexécution de ses obligations. D'autres, qui ne touchent ni à l'obligation fondamentale ni à la responsabilité du débiteur peuvent aussi produire un effet néfaste sur l'équilibre contractuel. Mme Le Gac-Pech, parlant des clauses responsabilité affirme : «certes la privation d'une telle obligation aura pour conséquence d'entraîner un déséquilibre des prestations, mais il ne s'agit que d'une illustration du principe de la proportionnalité. Il faut aller plus loin en montrant l'incidence d'une clause restrictive sur l'économie du contrat, laquelle se trouve à l'origine du déséquilibre »[5].

311. Aux antipodes de ce lien soutenu entre suppression de la clause limitative ou élusive de la responsabilité et équilibre contractuel, certains autres auteurs précisent que ladite clause fait partie de l'équilibre contractuel et son élimination ne fait que le bafouer. « La clause préserve un équilibre financier du

---

[1] GAUDEMET, S., op. cit., p. 257-258, n° 508.
[2] VINEY, G., rapport de synthèse précité, p. 335.
[3] GAUDEMET, S., op. cit., p. 270, n° 530.
[4] GAUDEMET, S., op. cit., p. 270, n° 530.
[5] LE GAC-PECH, S., La proportionnalité en droit privé des contrats, op. cit., p. 158, n° 408.

contrat »[1] comme le clamait un auteur. « Invalider cette clause aura alors pour conséquence de bouleverser cet équilibre »[2]. Un auteur[3] précise aussi que l'élimination de la clause, par le fait de la considérer comme non écrite, risque de faire tomber le contrat à l'eau, lorsqu'elle revêt une importance cardinale dans la structure du contrat. La sanction de « réputée non écrite » n'est envisageable que si la clause réprimandable ne constitue « qu'un élément secondaire de l'engagement des parties »[4]. Ce risque exige au préalable un examen de la place de ces clauses dans l'équilibre contractuel[5]. Elles ne vont être écartées que lorsqu'elles génèrent un déséquilibre ou lorsqu'elles sont manifestement inéquitables[6].
Le rétablissement d'un minimum d'équilibre contractuel, par l'élimination du contenu contractuel des clauses limitatives de responsabilité, constitue une fonction indirecte, mais importante de l'obligation fondamentale. Celle-ci joue encore le rôle d'un étalon de mesure de la satisfaction ou de l'insatisfaction du contractant.

§ - 2 Un étalon de mesure de l'exécution et de l'inexécution

L'obligation fondamentale, se trouvant au cœur du contrat, assure une fonction importante qui couvre toutes les phases de la vie du contrat. Elle se manifeste ainsi avec une acuité particulière[7]. Elle assure son rôle, comme l'a affirmé M. Delebecque, par « un jeu de miroirs»[8]. Cette importance qu'incarne cette obligation fondamentale au sein du contenu du contrat est vérifiable lorsqu'on veut analyser l'exécution du contrat (A) ou lorsque c'est sur son inexécution qu'il faut statuer (B).

A – Un étalon de mesure de l'exécution du contrat

312. Comment savoir qu'un contrat est exécuté ? Telle est la question qui se pose à ce stade. La réponse touche à plusieurs points ; satisfaction[9] du créancier

---

[1] RAWACH, E., La validité des clauses exonératoires de responsabilité et la convention de Vienne sur la vente internationale de marchandises, RID comp. 2001, n° 1, p. 141, spéc. 146.
[2] RAWACH, E., art. préc. p. 149.
[3] SERIAUX, A., note sous cass. com. 22 juin 1996, D. 1997, p. 121.
[4] SERIAUX, A., note précitée, 123.
[5] RAWACH, E., art. préc. p. 150.
[6] RAWACH, E., art. préc. p. 150.
[7] DELEBECQUE, Ph., Les clauses allégeant les obligations…, thèse précitée, p. 173, n° 141.
[8] DELEBECQUE, Ph., Les clauses allégeant les obligations…, thèse précitée, p. 173, n° 141.
[9] FABRE-MAGNAN, M., De l'obligation d'information dans les contrats, essai d'une théorie, op. cit., n° 410, p. 332 ; voir aussi : FABRE-MAGNAN, M., Les obligations, éd. PUF 2004, n° 162, spéc. p. 421. L'auteur précise que l'objectif est l'exécution satisfaisante du contrat.

ou des parties, critère de cette satisfaction, attentes légitimes des parties[1], importance des obligations exécutées.

313. Monsieur Christian Atias affirme dans ce contexte que « la première fonction de la loi contractuelle est de donner la mesure de satisfaction à laquelle le créancier peut légitimement prétendre »[2]. L'obligation fondamentale a un grand rôle à jouer dans ce cadre. Puisqu'elle incarne l'essence du contrat, normalement, l'exécution de l'obligation essentielle est une exécution du contrat en son entier. Son exécution doit normalement apporter la satisfaction du créancier. Un créancier, dont l'obligation fondamentale de son contrat a été exécutée, ne peut normalement utiliser le dispositif légal ou conventionnel pour obliger son débiteur à continuer l'exécution. L'objectif qu'il attend de son contrat est réalisé. Cette question se pose très souvent dans les contrats synallagmatiques en cas d'utilisation d'une clause de résolution ou lorsque le créancier oppose l'exception d'inexécution. Le problème se pose, surtout en cas de désaccord des parties sur l'importance de l'exécution : si elle est ou non satisfaisante. Cette question touche à la question de la rigueur contractuelle et de ses tempéraments[3]. La bonne foi et l'équité recommandent de ne pas s'en tenir à la lettre de l'engagement et de passer outre certains points jugés futiles.

314. Aubry et Rau, ont soutenu cette idée lorsqu'ils ont précisé que le juge ne devait pas annoncer la résolution du contrat dès lors que l'inexécution ne touche qu'une stipulation accessoire et que l'obligation principale est exécutée[4]. Dans un tel cas, seule l'allocation de dommages-et-intérêts est possible. Le problème qui se pose à ce stade est de savoir comment déterminer l'exécution satisfaisante d'un contrat. Le juge doit-il se livrer à une opération mathématique afin de déterminer la proportion de l'exécution par rapport à l'intégralité du contenu contractuel ? Doit-il scruter les intentions des parties afin de découvrir leurs attentes et déterminer, au vu de ces dernières, le degré de satisfaction atteint ?
Le mieux et le moins difficile pour le juge, parfois le plus conforme aux règles morales préconisant de ne pas tenir compte des peccadilles et des choses futiles, c'est de prendre l'obligation fondamentale comme critère de détermination de cette satisfaction. Cette obligation, par l'importance qu'elle incarne aux yeux des parties contractantes, par son lien étroit avec l'opération économique voulue par les parties, peut aisément occuper cette place. Elle joue ainsi un rôle

[1] CALAIS-AULOY, J., L'attente légitime, une nouvelle source de droit subjectif, *In* Mélanges Y. Guyon, éd. Dalloz 2003, p. 171.
[2] ATIAS, Ch., Précis élémentaire de contentieux contractuel, éd. Librairie de l'Université d'Aix-en-Provence et PUAM 2006, p. 119, n° 155.
[3] VAN OMMESLAGHE, P., La rigueur contractuelle et ses tempéraments selon la jurisprudence de la Cour de cassation de Belgique, *In* Mélanges GHESTIN, J., éd. LGDJ 2001, p. 881.
[4] AUBRY. C et RAU. C, Cours de droit civil français d'après la méthode de Zacharie, T 4, Les obligations, 1902, p. 126.

d'étalon de mesure de l'exécution du contrat. Son adoption comme critère de détermination de l'importance de l'exécution, n'est pourtant pas exempte de quelques difficultés. La première est de déterminer, d'une façon avérée, cette obligation fondamentale du contrat de telle sorte qu'on ne risque pas de heurter le cœur du contrat.
Au juge, il incombe un devoir d'identification de l'obligation fondamentale du contrat. « Pour identifier cette obligation (caractéristique) », souligne un auteur tunisien, « il convient, en premier lieu, de scruter les différentes obligations générées par cet accord avant de voir, en second lieu, parmi ces différentes celle qui est déterminante »[1]. Une fois identifiée, l'obligation fondamentale permet au juge de statuer sur l'importance de la proportion des obligations exécutées ou celles inexécutées.

315. La Cour de cassation a depuis longtemps, invité, les juges de fond à analyser la proportion de l'inexécution avant de déclarer recevable une action en résolution judiciaire d'un contrat[2]. Ainsi, la haute Cour invite, même indirectement, les juges de fond à apprécier l'importance de l'exécution faite du contrat et le degré de satisfaction qu'elle apporte. L'appréciation d'une telle exécution exige certainement l'inévitable passage par l'obligation fondamentale. En principe, l'exécution est suffisante si l'obligation fondamentale a été exécutée. Puisqu'elle résume le contrat et qu'elle incarne l'objectif désiré du contrat, l'exécution de cette obligation suffit pour annoncer que le contrat est exécuté ou qu'il est *suffisamment exécuté*. Même s'il reste des volets accessoires non exécutés, l'essentiel est fait. Et ce qu'attendaient les parties est majoritairement atteint.
L'obligation fondamentale incarne, comme le disait un auteur, l'attente principale des parties[3], de telle sorte que son exécution revient à la réalisation de cette attente cardinale. Quant à l'obligation accessoire, elle incarne une attente particulière et spécifique[4]. Une telle idée peut être aussi déduite du propos d'un auteur lorsqu'il affirme que « chaque contractant peut légitimement attendre que l'obligation essentielle de l'autre contractant ne soit pas détruite »[5]. Cela implique que, ce qui incarne plus l'attente des contractants, c'est l'obligation fondamentale. D'ailleurs, cet auteur fonde l'annulation des clauses qui touchent à l'obligation fondamentale sur les attentes des parties qu'il ne faut pas

---

[1] BOSTANJI, S., De la promotion des usages du commerce international par la jurisprudence étatique, JDI 2005, n° 4, p. 1067, spéc. p. 181, n°17.
[2] Chambre de requêtes, 4 juin 1888, DP 1889, I, p. 248.
[3] MOULY-GUILLEMAUD, C., Retour sur l'article 1135 du Code civil : une nouvelle source du contenu contractuel, thèse Montpellier 2005, éd. LGDJ 2006, p. 301, n°315. L'auteur le dit indirectement.
[4] MOULY-GUILLEMAUD, C., Retour sur l'article 1135 du Code civil : une nouvelle source du contenu contractuel, op. cit., p. 301, n° 315. L'auteur précise que l'obligation secondaire ou accessoire est celle qui répond à « une attente spécifique des parties ».
[5] CALAIS-AULOY, J., L'attente légitime, une nouvelle source de droit subjectif, art. préc. p. 176.

démentir[1]. Il en résulte que l'obligation fondamentale revêt une importance capitale dans l'exécution du contrat au point qu'elle peut, dans une certaine mesure, la résumer. Il serait ainsi possible d'affirmer que l'exécution du contrat n'est en réalité qu'une exécution de l'obligation fondamentale du contrat.

316. Le droit international privé, en adoptant le critère de prestation caractéristique, qui n'est qu'une des dénominations possibles de l'obligation fondamentale[2], comme un élément de rattachement permettant la détermination de la loi applicable à un contrat international[3], réconforte cette idée de lien entre exécution de l'obligation fondamentale et exécution du contrat. L'exécution d'une telle obligation est tellement déterminante au sein du contenu du contrat, qu'elle guide même la détermination de la loi applicable[4]. Le contrat n'est pas analysé dans sa globalité ; une référence est faite à sa prestation caractéristique. Il faut le disséquer afin d'en faire ressortir l'obligation la plus caractéristique. C'est-à-dire, celle « autour de laquelle s'articule l'économie du contrat, obligation qui constitue en quelque sorte le centre de gravité de la relation juridique »[5].
C'est ainsi qu'un renvoi est fait à la notion d'obligation fondamentale. C'est une reconnaissance législative explicite de l'existence de cette notion et de son utilité. Le juge, que se soit en France ou en Tunisie, doit obligatoirement rechercher dans les contrats internationaux l'existence de cette obligation. La détermination de la loi applicable sur le contrat passe souvent par sa détermination.
La jurisprudence n'a pas manqué à procéder à cette recherche. En Tunisie, on note beaucoup d'applications à ce critère. Dans chacune d'elles, la

---

[1] CALAIS-AULOY, J., art. préc. p. 176.
[2] ANCEL, M.-E., La prestation caractéristique du contrat, éd. Economica 2002, p. 104, n° 150 et s. L'auteur établit une distinction entre obligation fondamentale et différentes autres dénominations, entre autres, celle de prestation caractéristique. En droit tunisien, voir sur ce point MEZGHANI, A., Commentaire du Code de droit international privé, éd. CPU 2000, p. 245.
[3] Voir sur ce point pour le droit français : P. Mayer et HEUZE, V., Droit international privé, éd. Montchrestien 2007, p. 545, n° 726 ; Y. Loussouarn, P. Bourel et P. de Vareilles-Sommières, Droit international privé, éd. Dalloz 2007, p.
[4] De nos jours, cette solution paraît être adoptée partout dans le monde. Tout l'espace européen l'a adoptée à travers la convention de Rome de 19 juin 1980. Cette convention a été remplacée par la Règlement de Rome I, n° 593/2008 du 17 juin 2008 (relatif à la loi applicable aux obligations contractuelles. La Règlement « Rome I » a maintenu cette importance. En Tunisie une telle solution a récemment été adoptée. C'est avec la promulgation du code de droit international privé du 27 novembre 1998 que cette solution fut consacrée dans l'article 62 dudit code. L'article 62 énonce : « le contrat est régi par le droit désigné par les parties. A défaut par celles-ci de désigner la loi applicable, le contrat est régi par la loi de l'Etat du domicile de la partie dont l'obligation est déterminante pour la qualification du contrat… » . Voir sur ce point pour le droit tunisien : O. Ben Fadhel, Le droit applicable et la protection de la partie faible dans les contrats internationaux, *In* Mélanges HACHEM, M.-L., éd. CPU 2006, p. 194.
[5] Sami Bostanji, De la promotion des usages du commerce international par la jurisprudence étatique, JDI 2005, n° 4, p. 1067, spéc. p. 1081, n° 16.

jurisprudence tunisienne détermine l'obligation fondamentale du contrat. Par exemple, dans un contrat de virement bancaire international, l'obligation essentielle est celle d'inscrire l'opération et de l'exécuter[1]. Dans un contrat de prêt, l'obligation fondamentale est celle du prêteur de restituer[2]. Pour le contrat de mandat, l'obligation caractéristique est celle du mandataire d'exécuter la mission qui lui est confiée par le mandant[3]. En matière d'assurances, l'obligation caractéristique est celle de la société d'assurance d'indemniser l'assuré en cas de sinistre[4].

Dans ces arrêts et dans beaucoup d'autres[5], les tribunaux tunisiens se sont trouvés enclins à déterminer l'obligation essentielle pour certains contrats. Le choix qu'ils ont fait n'est pas toujours à l'abri des critiques adressées par la doctrine tunisienne[6].

Pour la jurisprudence française, l'utilité de l'obligation fondamentale en matière de droit international privé ne s'est pas manifestée très tôt. Avant le 1er avril 1991, la détermination de la loi applicable passe très souvent par une localisation objective du contrat. Le juge détermine cette loi en analysant « l'économie de la convention et les circonstances de la cause »[7]. Cette localisation objective, même si elle présuppose une analyse des éléments du contrat, ne signifie pas forcément le passage par l'obligation fondamentale du contrat. Après 1991, à la suite de l'entrée en vigueur de la Convention de Rome du 19 juin 1980, les choses ont changé. La convention de Rome a mis en œuvre de nouveaux critères permettant, en cas de silence des parties, de déterminer la loi applicable sur le contrat. La prestation caractéristique est érigée en critère général permettant de déterminer la loi applicable. A partir de cette date, la jurisprudence française, mais également celles des autres pays européens, doit se référer à la loi de la résidence de la partie qui fournit la prestation caractéristique[8].

La Cour de cassation française a déjà fait certaines références à cette notion dans plusieurs espèces[9]. A titre d'exemple, elle a décidé que « pour un contrat de distribution, la fourniture de produit est la prestation caractéristique »[10].

---

[1] Cass. civ (tn). n° 7146 du 26 avril 2005 (inédit). Voir aussi : BOSTANJI, S., La Cour de cassation tunisienne à l'épreuve des lois politiques : réflexions à propos de l'arrêt n° 7146 du 26 avril 2005, RDAI 2007, n° 4, p. 513.

[2] TPI Tunis n° 11930 du 29 juin 2000 – inédit-.

[3] TPI Mannouba –référé – n° 1896 du 3 août 2006 (inédit).

[4] Tribunal cantonal de Tunis n° 40765 du 5 juillet 2006.

[5] Voir sur ce point surtout : L. Chedly et M. Ghazouani, Code annoté du droit international privé, éd. CEJJ 2008, p. 688.

[6] BOSTANJI, S., La Cour de cassation tunisienne à l'épreuve des lois politiques : réflexions à propos de l'arrêt n° 7146 du 26 avril 2005, RDAI 2007, n° 4, p. 513.

[7] Cass. civ. 6 juillet 1959, Société des Fourrures Revel, Les Grands Arrêts de la Jurisprudence Française en Droit International Privé, éd. Dalloz 2006, n° 35, p. 299.

[8] Article 4, §2 de la Convention de Rome.

[9] Voir sur ce point : F. Monéger, Droit international privé, éd. Litec 2007, p. 161, n° 465 ;

[10] Cass. 1re civ. 25 novembre 2003, JDI 2004, p. 1179, note M.-E. Ancel.

La convention de Rome a été récemment remplacée par le Règlement n° 593/2008 du 17 juin 2008 dit « Rome I », relatif à la loi applicable aux obligations contractuelles. Cette nouvelle réglementation accorde une importance remarquable à la notion de l'obligation caractéristique. Sur ce point, le Règlement n'est pas très différent de la convention[1]. Selon l'article 4-2 de ce Règlement, à défaut de choix des parties et hors la série des contrats pour lesquels la loi a précisé le facteur de rattachement[2], la loi applicable est celle « du pays dans lequel la partie qui doit fournir la prestation caractéristique a sa résidence habituelle »[3].

Il est utile de signaler, à cet égard, que le critère de prestation caractéristique est écarté dans certaines hypothèses. En droit tunisien, il est mis en retrait lorsqu'il s'agit de relations internationales de travail[4] ou d'un contrat portant sur un immeuble situé en Tunisie[5]. Ce qui attire ici l'attention, c'est l'absence d'un traitement spécial pour le consommateur dans les rapports internationaux. Ce dernier mérite en réalité une protection dans ce genre de rapports où le déséquilibre entre les parties contractantes est souvent plus manifeste. Même si les règles du Code des obligations et des contrats, en l'occurrence l'article 243, et certaines conventions internationales ratifiées par la Tunisie garantissent indirectement un minimum de protection[6], celle-ci apparaît insuffisante.

Ces exceptions aux rôles déterminants du critère de prestation caractéristiques sont beaucoup plus nombreuses[7] dans le Règlement de « Rome I ». L'exclusion y touche d'abord une série de contrats pour lesquels le Règlement détermine la loi applicable sur la base des critères purement objectifs telle que la résidence

---

[1] B. Ancel, La loi applicable à défaut de choix, *In* Le nouveau règlement européen « Rome I » relatif à la loi applicable aux obligations contractuelles, Actes de la 20e journée de droit international privé, éd. Schulthess 2008, p. 77 ; M.-L. Niboyet et G. de Gouffre de La Pradelle, Droit international privé, éd. LGDJ 2009, p. 59, n° 66-1.

[2] Art. 4-1 du Règlement Rome I. Voir sur ce point : M.-L. Niboyet et G. de Gouffre de La Pradelle, Droit international privé, éd. LGDJ 2009, p. 59, n° 66-1.

[3] Art. 4-2 du Règlement Rome I.

[4] Article 67 du Code tunisien de DIP : « le contrat de travail est régi par le droit de l'Etat dans lequel le travailleur accomplit habituellement son travail. Si le travailleur accomplit habituellement son travail dans plusieurs Etats, le contrat de travail est régi par le droit de l'Etat de l'établissement de l'employeur, à moins qu'il ne résulte de l'ensemble des circonstances que le contrat de travail a des liens plus étroits avec un autre Etat, auquel cas la loi de celui-ci est applicable ».

[5] Article 59 du Code tunisien de DIP : « les biens meubles inscrits ou immatriculés sont soumis à la loi de l'Etat du lieu où ils sont immatriculés ou inscrits ».

[6] Voir sur ce point surtout : O. Ben Fadhel, Le droit applicable et la protection de la partie faible dans les contrats internationaux, *In* Mélanges HACHEM, M.-L., éd. CPU 2006, p. 194, spéc. 195-196.

[7] Le Code tunisien de DIP ne contient pas une disposition réservant aux contrats de consommation un traitement spécial favorisant la protection du consommateur. C'est peut-être le défaut de la cuirasse du Code tunisien de DIP.

de l'une des parties[1]. Il en est de même pour les contrats ayant pour objet un droit réel immobilier ou un droit d'utilisation d'un immeuble, où c'est la situation de l'immeuble qui détermine la loi applicable[2]. Ensuite, c'est le contrat de transport de marchandises qui est écarté[3]. Une solution similaire est prévue pour le contrat de travail qui bénéficie d'un traitement spécial. Pour le contrat de travail, le choix des parties peut être écartée s'il peut aboutir à priver le salarié de la protection qui en bénéficie dès lors que ce choix n'aurait pas été fait[4]. Un traitement similaire est réservé aux contrats conclus par les consommateurs[5]. Cette dernière dérogation à la règle générale s'insère dans « un souci de protection du consommateur »[6]. La spécificité apparaît même dans la définition que le Règlement « Rome I » accorde au consommateur qui est lui-même défini comme étant celui qui contracte « pour un usage pouvant être considéré comme étranger à son activité professionnelle »[7].
En dépit de ces exceptions, l'obligation fondamentale assure un rôle important en droit international privé, que se soit en France ou en Tunisie.

317. Revenons au droit interne où certains auteurs insistent sur l'utilité de la notion d'obligation fondamentale afin de statuer sur l'exécution faite d'un contrat. Dans ce sens, Monsieur Y. Picod parle, dans sa thèse, d'une pratique courante en droit anglais : celle de l'exécution suffisante d'un contrat[8] qui entre dans le cadre de l'obligation de tolérance dont un créancier doit faire preuve au cours de l'exécution du contrat[9]. « La démarche du juge consiste, selon cette conception, précise M. Picod, à apprécier non pas l'inexécution du contrat, mais à déterminer, cas par cas, si l'exécution satisfait en substance à l'ensemble des obligations stipulées malgré son imperfection »[10]. L'exécution n'est pas parfaite mais satisfaisante. Cette idée s'accommode aussi avec un contexte économique et politique changeant, qui transforme l'exécution parfaite d'un contrat en

---

[1] Ex : contrat de vente (art. 4-1-a) ; contrat de prestation de service (art. 4-1-b) ; contrat de franchise (art. 4-1-e) ; contrat de distribution (art. 4-1-f).

[2] Article 4-1-c du Règlement de « Rome I ».

[3] Article 5 du Règlement de « Rome I ».

[4] Art. 8 du Règlement « Rome I ». A défaut de choix des parties, le Règlement adopte le critère du lieu où le salarié accomplit habituellement son travail. Si ce critère ne permet pas la détermination de la loi applicable, le Règlement propose d'appliquer la loi du pays dans lequel est situé l'établissement qui a embauché le salarié. En dernier lieu, c'est la loi du pays avec lequel le contrat de travail présente le lien le plus étroit.

[5] Le Règlement « Rome I » adopte essentiellement le critère de la résidence habituelle du consommateur. Art. 6-1 du Règlement. Ce qui garantit « une protection minimale » M.-L. Niboyet et G. de Gouffre de La Pradelle, Droit international privé, éd. LGDJ 2009, p. 185, n° 214.

[6] P. Mayer et HEUZE, V., Droit international privé, éd. Montchrestien 2007, p. 547, n° 731.

[7] Article 6-1 du Règlement « Rome I ». Voir sur ce point : M.-L. Niboyet et G. de Gouffre de La Pradelle, Droit international privé, éd. LGDJ 2009, p. 185, n° 214.

[8] PICOD, Y., Le devoir de loyauté dans l'exécution du contrat, éd. LGDJ 1989, p. 168, n° 145. Voir aussi : B. Gilson, Inexécution et résolution en droit anglais, éd. LGDJ. 1969, p. 223, n° 277.

[9] PICOD, Y., op. cit., p. 167, n° 144.

[10] PICOD, Y., op. cit., p. 168, n° 145.

chimère. Le contractant, partant de cette idée, ne pourrait s'attendre qu'à une exécution satisfaisante réduite dans l'exécution de l'obligation essentielle du contrat. Implicitement, il ne cherche que cette exécution. Le droit français n'est pas si loin de cette idée de satisfaction. Une telle idée peut être déduite de l'alinéa 1er de l'article 1184 du Code civil qui inflige la résolution du contrat contre le contractant qui ne satisfait pas à un engagement. L'absence de satisfaction est un critère de résolution[1]. En outre, cette idée peut être justifiée par l'exigence de bonne foi dans l'exécution du contrat.

318. Par ailleurs, le droit anglais, en distinguant entre clauses essentielles, dites *conditions*, et clauses accessoires, dites *warranties*[2], paraît d'une façon générale, favorable à la prise de notion d'obligation fondamentale comme critère d'exécution d'un contrat. L'inexécution d'un *warranty* n'ouvre pas droit à la résolution, mais uniquement à la réparation du dommage[3]. Le contrat est considéré comme suffisamment exécuté et pour cette raison, le créancier n'a pas le droit d'utiliser les remèdes classiques à l'inexécution du contrat. Le problème qui se pose alors est celui de trouver un critère fiable de distinction entre *conditions* et *warranties*. Le juge anglais se livre très souvent à une délicate interprétation de la volonté des parties[4].

319. Ce qui complique davantage l'adoption de l'obligation fondamentale comme critère d'exécution du contrat, c'est son caractère versatile qui varie d'un contrat à un autre. Qui plus est, les parties peuvent aussi décider d'essentialiser[5] ou de dés-essentialiser[6] les obligations nées de leur contrat. Une telle possibilité exclut la standardisation, obligeant ainsi le juge à se livrer à une difficile analyse du contenu du contrat afin de distinguer l'essentiel de ce qui ne l'est pas. Il vérifie ce qui y était rehaussé par les parties et ce qu'elles ont relégué au rang d'accessoire[7].

320. L'importance accordée à l'obligation essentielle comme critère d'exécution ne signifie guère que les autres obligations nées du contrat n'ont pas d'importance. Dans certains cas, l'obligation fondamentale a été exécutée,

---

[1] TERRE, F., SIMLER, Ph. et LEQUETTE, Y., Droit civil, Les obligations, éd. Dalloz 2005, p. 638, n° 650.
[2] MOTEREAU, O., Droit anglais des affaires, éd. Dalloz 2000, p. 300, n° 524.
[3] MOTEREAU, O., op. cit., p. 300, n° 524. Voir aussi sur ce point : Chitty on contract, Thirtieth edition 2008, p. 824, n° 12-019 ; S. Guenter Treitel, The law of the contract, éd. Thomson, Sweet & Maxwell 2003, p. 788.
[4] MOTEREAU, O., op. cit., p. 324 et s, n° 565 et s.
[5] LAUDE, A., La reconnaissance par le juge de l'existence d'un contrat, éd. PUAM 1992, p. 258, n° 393 et s
[6] LAUDE, A., La reconnaissance par le juge de l'existence d'un contrat, op. cit., p. 255, n° 390 et s. L'auteur définit la des-essentialisation comme étant le fait de « soustraire un élément objectivement essentiel de la sphère de l'essentialité ».
[7] LAUDE, A., op. cit., p. 243, n° 373.

mais elle a été altérée par l'inexécution d'une obligation secondaire, ce qui est de nature à mettre en cause toute l'opération d'exécution du contrat. A titre d'exemple, dans un contrat de vente d'un fonds de commerce, le vendeur délivre le fonds avec tous ses éléments, mais il ne respecte pas une obligation de non concurrence qui lui incombe et procède à son rétablissement à proximité du fonds vendu. Dans ce cas, l'opération désirée par les parties est mise à mal par l'inexécution d'une obligation secondaire.
Certaines obligations accessoires revêtent ainsi une importance particulière, puisqu'elles contribuent d'une façon avérée à la réalisation de l'objectif assigné au contrat. Ainsi donc, il ne s'agit pas de faire l'apologie de l'obligation fondamentale et de lui permettre d'être le seul étalon de mesure de l'exécution du contrat. Un tel critère paraît parfois insuffisant. Un auteur souligne dans ce sens que « l'exécution de l'obligation principale à elle seule ne suffit que rarement pour assurer l'effet complet de l'échange économique faisant l'objet du contrat »[1]. Une telle insuffisance n'est en fait que relative car dans la majorité des cas, le critère de l'obligation fondamentale est valable et efficace pour statuer sur l'importance de l'exécution faite du contrat.

321. Un auteur, dans une thèse récente, afin de préciser l'importance de l'exécution faite d'un contrat, propose une comparaison entre le promis et l'inaccompli[2]. La règle de la proportionnalité confirme ce lien entre obligation fondamentale et exécution du contrat. Un contractant dont l'obligation fondamentale de son contrat est exécutée, enfreint la règle de la proportionnalité, s'il réclame la résolution du contrat pour un manquement à une obligation mineure.
La jurisprudence française a statué sur la question de façon indirecte lorsqu'elle a abordé la question de l'inexécution partielle. Dans un arrêt datant de 1891, la Cour de cassation affirme : « lorsque le contrat ne contient aucune clause expresse de résolution, il appartient aux tribunaux de rechercher, dans les termes du contrat et dans l'intention des parties, quelles sont l'étendue et la portée de l'engagement souscrit par celle d'entre-elles qui y aurait manqué complètement, et, ce en cas d'inexécution partielle, d'apprécier, d'après les circonstances de fait, si cette exécution a assez d'importance pour que la résolution doive être immédiatement prononcée »[3].

---

[1] V. Mayr, Une obligation de sécurité est-elle concevable au sein des principes d'Unidroit ? Revue de droit uniforme, 2005, n° 3, p. 485, spéc. p. 496.
[2] M. Faure-Abbad, Le fait générateur de la responsabilité contractuelle, éd. LGDJ 2003, p. 240, n° 278 et s.
[3] Cass. civ. 14 avril 1891, Bull. civ. n° 55, p. 103 et GAJC éd. Dalloz 2008, n° 179, p. 261. Cet arrêt est également cité par Mme Pei-Heng Chang, La résolution du contrat pour inexécution. Etude comparative du droit français et du droit chinois, éd. PUAM 2005, n° 114, p. 90. Dans le même sens : cass. com. 9 janvier 2001, pourvoi n° 97-14440 cité aussi par le même auteur. Voir également : Cass. Soc. 15 mars 2005, Bull. civ. V. n° 90.p

322. Un auteur commentant entre autres ces arrêts, précise que même dans l'inexécution partielle, la résolution est envisageable. Cette dernière ne dépend pas de l'importance de l'obligation, objet du manquement[1]. Aux antipodes de cette idée, un autre auteur défend l'existence d'un « manquement résolutoire »[2], un seuil de manquement aux obligations contractuelles qui rendrait la résolution recevable, voire inévitable. A défaut d'un tel seuil, la résolution n'est pas envisageable. La détermination de ce seuil évoque un nouveau pouvoir accordé au juge, celui de « pouvoir déterminateur »[3], lui permettant d'accepter ou de refuser la demande de résolution présentée par l'un des contractants selon une analyse propre des faits qu'il mène. Le juge, usant de ce pouvoir, peut estimer que l'exécution faite du contrat est satisfaisante et qu'il n'y a pas lieu de prononcer la résolution. Parmi les critères qui guident ce « pouvoir déterminateur », s'élève certainement l'obligation fondamentale, puisqu'elle incarne l'essence du contrat et le cœur de l'opération économique voulue par les parties contractantes ; elle est indispensable à la satisfaction des parties. Même si l'exécution de l'obligation fondamentale ne signifie pas forcément l'exécution intégrale du contrat, son exécution est normalement satisfaisante pour les parties. Dans ce cas l'exécution, même partielle, apporte une satisfaction[4].

323. La jurisprudence française semble parfois adopter cette analyse de l'exécution. La Cour d'appel de Rennes a, dans ce sens, rejeté une demande de résolution du contrat pour inexécution au motif que « le contrat a été exécuté pour l'essentiel »[5] . La Cour de cassation a, elle aussi, emprunté cette même analyse dans certains de ces arrêts[6]. Elle défendait en fait l'idée d'une utilité suffisante atteinte par la portion exécutée du contrat. Cette utilité suffisante est « une utilité certes moindre que celle qui était attendue ou méritée mais tout de même assez suffisante »[7]. Dans ces arrêts, la jurisprudence n'a pas affirmé clairement que l'exécution de l'obligation fondamentale était une exécution suffisante du contrat, mais elle n'en était, certes, pas très loin. Lorsque les tribunaux analysent l'exécution faite du contrat et affirment que celui-ci est exécuté pour l'essentiel ou lorsqu'ils forgent cette idée d'utilité suffisante, l'obligation fondamentale en est indubitablement un critère déterminant, ou du

---

[1] M. Pei-Heng Chang, La résolution du contrat pour inexécution. Etude comparative du droit français et du droit chinois, op. cit., n° 114, p. 91.
[2] GENICON, T., , La résolution du contrat pour inexécution, éd. LGDJ 2007, p. 119, n° 162.
[3] GENICON, T., , op. cit , p. 118, n° 161.
[4] GENICON, T., , op. cit, p. 317, n° 439.
[5] Rennes, 1re ch. B, 31 mars 2005, RG n° 04/01576 cité par GENICON, T., , op. cit., p. 317, n° 440-441.
[6] Cass. civ. 1re, 4 janvier 2005, inédit, n° 01-17628 cité par GENICON, T., , op. cit., p. 317, n° 440-441.
[7] GENICON, T., , op. cit., p. 317, n° 439.

moins une source d'inspiration. L'obligation fondamentale est indispensable pour apprécier l'utilité du contrat ou pour juger de l'importance de la proportion de l'exécution faite du contrat.

324. Certains jugements anciens confirment également cette analyse. La Cour de Paris, dans un arrêt ancien, a adopté cette analyse lorsqu'elle affirmait dans des termes éloquents : « l'on ne peut annuler, à raison de son inexécution survenant sur un point accessoire, une convention qui, pour la majeure et la plus importante partie, a reçu sa pleine exécution »[1]. Un autre tribunal va encore plus loin, quand il se fonde sur une interprétation originale de l'article 1184 du Code civil. Le tribunal de Laon a décidé que « l'article 1184 ne sous-entend la condition résolutoire qu'autant qu'il s'agit des engagements principaux ... quant à la violation d'un engagement accessoire, elle n'est pas un motif de résolution, mais seulement une cause de dommages-intérêts »[2].

325. Le juge, pour statuer sur l'importance de l'exécution faite, peut se placer au stade du préjudice ayant atteint le créancier. Le préjudice assure dans ce cas un *effet de miroir*[3]. Le dommage que cause l'inexécution d'une obligation secondaire est normalement minime par rapport à celui engendré par un manquement à une obligation essentielle ou fondamentale, qui est capital. Le dommage est ainsi révélateur de l'importance de l'exécution faite du contrat[4]. L'absence d'un préjudice ou son importance minime signifie ainsi que l'obligation fondamentale, analysée comme étant le point d'ancrage de l'utilité du contrat pour les parties, n'a pas été compromise[5].
M. Genicon cite un exemple révélateur de ce cas. Il s'agit en fait d'un contrat de transport maritime qui prévoit qu'un stock de biens périssables destinés à la revente doit être livré au port de Brest pour être immédiatement revendu sur place. La livraison se fait finalement à Bordeaux. Le manquement touche à une obligation principale du contrat. Mais en réalité, il existe à Bordeaux un marché permettant, malgré tout, de revendre tout le stock avant qu'il ne périsse, ce que fait immédiatement son propriétaire. Parce que les effets sont dérisoires, le manquement perd son caractère de gravité. Il ne peut être par conséquent question de prononcer la résolution du contrat[6].

---

[1] Paris, 21 avril 1896, D. 1897, 2, 177 (cité par Mme. RIGALLE-DUMETZ, C., La résolution partielle du contrat, éd. Dalloz 2003, p. 26, n° 38).
[2] Tribunal civil de Laon, 23 mars 1881 (cité par Mme. RIGALLE-DUMETZ, C., La résolution partielle du contrat, éd. Dalloz 2003, p. 26, n° 38 qui précise que ce jugement a été confirmé par Amiens, 3 août 1881, D. 1882, II, p. 130).
[3] GENICON, T., , op. cit, p. 321, n° 446.
[4] Consulter surtout : A. Pinna, La mesure du préjudice contractuel, éd. LGDJ 2007, *Passim.*
[5] GENICON, T., , op. cit, p. 323, n° 449.
[6] GENICON, T., , op. cit, p. 321, n° 446 qui cite à son tour: G.H. Treitel, Some problems of breach of contract, Modern Law Review 1967, p. 139.

Dans d'autres cas, très anciens parfois[1], la jurisprudence française a précisé qu'un léger retard dans l'exécution des obligations contractuelles n'était pas suffisant pour fonder une action en résolution. Ainsi en est-il d'un contrat de transport maritime où le retard enregistré n'a pas causé préjudice au créancier[2]. Dans ce même cadre, certains auteurs ont précisé ceci : « la résolution du contrat est exclue en cas d'inexécution partielle, si ce qui a été exécuté laisse subsister une cause suffisante de l'engagement de l'autre partie, auquel cas une condamnation à des dommages-intérêts suffit »[3].

326. La position jurisprudentielle, favorable à l'adoption de l'obligation fondamentale comme critère de recevabilité d'une action en résolution d'un contrat, peut être également comprise d'une façon indirecte. Les tribunaux, lorsqu'ils exigent que le manquement à l'exécution du contrat doit être substantiel pour déclarer recevable une demande de résolution d'un contrat affirment de façon même indirecte, qu'un manquement mineur n'est pas de nature à justifier une telle demande. Cette interprétation a contrario est soutenable sauf si la stricte exécution du contrat constitue une exigence essentielle aux yeux des parties.

327. Dans ce contexte, les Principes d'Unidroit précisent que seule une inexécution essentielle pourrait justifier la résolution du contrat sauf si « la stricte exécution de l'obligation est de l'essence du contrat »[4]. En droit comparé, l'article 1455 du Code civil italien dispose que « la résolution pour inexécution doit être refusée si l'inexécution est de faible importance eu égard aux intérêts de la partie lésée »[5]. Le Code civil de Louisiane énonce à l'article 2014 qu' « un contrat ne doit pas être résolu quand le débiteur a exécuté une part significative de la prestation due et que la part qui n'a pas été exécutée ne compromet pas significativement l'intérêt du créancier »[6].
Cet article est tout proche de l'adoption du critère de l'obligation fondamentale comme critère de l'existence et du caractère satisfaisant de l'exécution, voire qu'il l'adopte implicitement. Un tel critère, bien qu'efficace, ne repose en fait sur aucun texte légal. Il puise son fondement dans la logique des choses et dans les valeurs morales qui doivent régner lors de l'exécution du contrat. Accepter une exécution suffisante d'un contrat, qui se limite à l'exécution de l'obligation

---

[1] Ex : cass. civ. 20 octobre 1886, DP 1886, 1, p. 87 ; Rennes, 24 juillet 1858, DP 1859, 2, p. 170. Ces arrêts sont cités par M. Genicon, thèse précitée, p. 324.
[2] Cass. com. 9 juin 1960, Bull. Civ., III, n° 218.
[3] TERRE, F., SIMLER, Ph. et LEQUETTE, Y., Droit civil, Les obligations, éd. Dalloz 2005, p. 558, n° 570.
[4] Article 7. 3. 1 alinéa b des Principes d'Unidroit. Voir aussi : S. Eberhard, Les sanctions de l'inexécution du contrat et principes d'Unidroit, Publication CEDIDAC Lausanne 2005.
[5] Cité par : THUNIS, X., Une notion fuyante : l'obligation essentielle du contrat, *In* Mélanges FONTAINE, M., éd. Larcier 2003, p. 521. spéc. p. 564.
[6] Voir aussi : GENICON, T., , op. cit., p. 321, n° 445 qui cite cet article et le traduit.

fondamentale, c'est se montrer indulgent envers le débiteur ; c'est aussi tolérer sa défaillance mineure.
En droit tunisien, ces idées sont normalement valables. L'obligation fondamentale doit normalement assurer le même rôle en droit tunisien des contrats. Cette idée semble même séduire la jurisprudence de ce pays. Dans le célèbre arrêt de la Cour de cassation tunisienne sur la résolution du contrat, un attendu suscite l'attention. La Cour souligne que « lorsque le débiteur manque surtout à une obligation essentielle, le créancier est protégé par divers moyens. Il peut mettre en œuvre son droit à l'exception d'inexécution conformément aux articles 246-247 du c.o.c comme il détient le droit de résoudre le contrat [1]». Dans cet arrêt, la Cour de cassation tunisienne se réfère à la notion d'obligation fondamentale. Aux yeux de ladite Cour, seul le cas de manquement à une obligation fondamentale ouvre droit à la résolution et aux autres sanctions. En d'autres termes, si l'obligation fondamentale est exécutée, le créancier n'a pas le droit de demander la résolution du contrat ainsi que les autres sanctions prévues. L'obligation fondamentale est érigée par la Cour de cassation tunisienne, du moins dans cet arrêt des chambres réunies, en un critère permettant de statuer sur la recevabilité d'une demande de résolution du contrat. Elle est un étalon de mesure de l'importance de l'exécution.
Cette solution adoptée par la Cour de cassation tunisienne, même méritoire, puisqu'elle est conforme à ce que commande la bonne foi dans pareilles hypothèses, a été critiquée par la doctrine tunisienne. Le professeur Nadhir Ben Ammou, même s'il avoue que cette position basée sur l'exécution ou l'inexécution de l'obligation fondamentale est défendable, ne l'approuve pas[2]. En effet, elle présente un défaut majeur. Elle oblige les tribunaux à analyser les différentes obligations contractuelles et à les classer entre essentielles, dont l'inexécution emporte résolution, et obligations accessoires, dont l'inexécution ne permet pas de demander la résolution[3]. Cette analyse n'est pas exigée par l'article 273 et la Cour de cassation tunisienne, aura épargné ses efforts[4]. Qui plus est, cette distinction n'est pas adoptée non plus par l'article 273 du Code des obligations et des contrats. Cet article dispose la résolution en cas d'impossibilité d'exécution sans nuancer[5].
Cet auteur tunisien justifie en effet sa position par la difficulté de faire la distinction au sein du contenu contractuel entre ce qui est essentiel et ce qui est

---

[1] Cass. civ. Chambres Réunies (tn), n° 35350 du 29 février 1996, RTD 1996, p. 267, note N. Ben Ammou (traduction personnelle).
[2] BEN AMMOU, N.,note sous Cass. civ. Chambres Réunies (tn), n° 35350 du 29 février 1996, RTD 1996, p. 267, spéc. p. 294, n° 33.
[3] BEN AMMOU, N.,note sous Cass. civ. Chambres Réunies (tn), n° 35350 du 29 février 1996, RTD 1996, p. 267, spéc. p. 294, n° 33.
[4] BEN AMMOU, N.,note sous Cass. civ. Chambres Réunies (tn), n° 35350 du 29 février 1996, RTD 1996, p. 267, spéc. p. 294, n° 33.
[5] BEN AMMOU, N.,note sous Cass. civ. Chambres Réunies (tn), n° 35350 du 29 février 1996, RTD 1996, p. 267, spéc. p. 294, n° 33.

secondaire ou accessoire. De plus, cette tâche enlève au contrôle de la Cour de cassation son utilité et aboutit à des solutions casuistiques qui varient d'une espèce à une autre[1].
Les critiques n'affectent pourtant pas l'importance de l'arrêt 1994. La Cour de cassation tunisienne innove dans cet arrêt au moins sur deux points. D'un côté, l'intérêt du créancier est haussé au rang de critère exclusif de la demande de résolution. Celui-ci réclame la résolution quand il juge qu'il est utile pour ses intérêts d'y procéder, sans vérifier l'impossibilité de l'exécution. La seconde innovation, est que seule l'inexécution d'obligations essentielles ouvre droit à la résolution.
En effet, la distinction adoptée par la Cour de cassation dans l'arrêt 1996, entre obligations essentielles et d'autres secondaires, n'a pas été adoptée par la doctrine tunisienne. C'est ainsi que Mohamed Zine ne fait pas la différence, lorsqu'il parle de la résolution entre inexécution des obligations essentielles et inexécution des obligations secondaires[2]. Cette distinction accorde au juge un pouvoir que la loi n'accorde pas ; celui de contrôler l'opportunité de la résolution[3]. Cette même idée est aussi soutenue par autre frange de la doctrine tunisienne[4].
Dans un arrêt récent de la Cour de cassation tunisienne, celle-ci a refusé de prononcer la résolution du contrat pour un manquement futile à l'exécution du contrat[5]. Dans cet arrêt, le contrat était majoritairement exécuté. Seule une petite quantité de la marchandise n'a pas été délivrée (5%). La Cour a refusé de déclarer la résolution du contrat pour cette petite proportion non exécutée. Dans cet arrêt, la Cour de cassation, afin de fonder sa position, s'est référée à l'usage qui tolère cette petite inexécution du contrat. Cette tolérance peut aussi être facilement étayée sur les notions de bonne foi et de loyauté requises durant l'exécution du contrat.
On peut ainsi en déduire, que l'obligation fondamentale joue un rôle important dans la détermination et la qualification de l'exécution faite du contrat. Mme Sefton-Green retrace ce rôle en affirmant que « lorsqu'une obligation est fondamentale, cela ne veut pas dire simplement et négativement qu'on ne saurait l'exclure sans retirer par la même son essence au contrat. Cela signifie également de façon positive cette fois, que l'exécution d'une telle obligation est

---

[1] BEN AMMOU, N.,note sous Cass. civ. Chambres Réunies (tn), n° 35350 du 29 février 1996, RTD 1996, p. 267, spéc. p. 294, n° 34.
[2] ZINE, M., Théorie générale des obligations, 1 – Le contrat, éd. Tunis 1997, p. 324, n° 400.
[3] ZINE, M., Théorie générale des obligations, 1 – Le contrat, éd. Tunis 1997, p. 324, n° 400.
[4] CABRILLAC, R. et BEN FADHEL, O., Introduction au droit des affaires. Abrégé de droit tunisien des obligations contractuelles, éd. CPU 2006, p. 245, n° 297.
[5] Cass. Civ (tn), n° 9177 du 15 juin 2006 (inédit). Cet arrêt est cité par Mme EL EUCHE-MALLAK, S., L'usage et la coutume dans le Code des obligations et des contrats, *In* Centenaire du Code des obligations et des contrats 1906-2006, éd. CPU 2006, p. 135 (en arabe), spéc. p. 145 (note de bas de page n°64).

fondamentale à l'essence du contrat »[1]. Son rôle est donc essentiel dans l'exécution du contrat, mais il également important dans la qualification de l'inexécution du contrat.

B – Un étalon de mesure de l'inexécution du contrat

328. L'inexécution, c'est « le non accomplissement d'une obligation qui peut être total ou partiel, résulter d'une omission ou d'une initiative, être due à une faute de la part du débiteur ou à une cause étrangère »[2]. L'inexécution d'un contrat, c'est précisément, le manquement à l'exécution de l'une des obligations à laquelle il donne naissance, ou c'est mal exécuter ce qui est convenu[3]. Entre les différentes sortes d'inexécution, il est traditionnel de distinguer entre inexécution totale et inexécution partielle[4]. Etablir une telle distinction, c'est en fait avouer l'existence d'une graduation des manquements et des fautes contractuelles. Certaines fautes ou inexécutions du contrat engendrent la résolution du contrat et certaines n'aboutissent pas au même résultat. L'ancien droit français véhiculait en réalité une hiérarchie des fautes. Il existait la faute dolosive à laquelle on assimilait la faute lourde, la faute simple et la faute légère[5]. Cette théorie de gradation de la faute est connue en droit tunisien[6]. Le Code des obligations et des contrats en préserve certaines applications[7].

329. De cette variété de fautes dépend l'importance de l'inexécution du contrat. A une faute légère, l'on assimile souvent un manquement à l'exécution d'une obligation accessoire qui ne donne pas droit à une résolution du contrat. La faute lourde ou dolosive est souvent confondue avec un manquement majeur. Une autre distinction est aussi envisageable : une inexécution grave et une inexécution sans grande gravité. L'œil est placé, dans ce cas, sur le préjudice causé au débiteur. Autant ce préjudice est grave, autant l'inexécution est aussi

---

[1] SEFTON-GREEN, R., op. cit., p. 244, n° 420.
[2] Vocabulaire juridique de l'Association Henri Capitant, G. Cornu, éd. PUF 2007.
[3] Définition communément admise. Voir à titre d'exemple : DELEBECQUE, Ph., et F.-J. Pansier, Droit des obligations, Contrat et quasi-contrat, éd. Litec 2006, p. 219, n° 418 ; FABRE-MAGNAN, M., Les obligations, éd. PUF 2004, p. 562, n° 210. Voir pour le droit tunisien : CABRILLAC, R. et BEN FADHEL, O., Introduction au droit des affaires. Abrégé de droit tunisien des obligations contractuelles, éd. CPU 2006, p. 245, n° 297 ; ZINE, M., Théorie générale des obligations, 1 – Le contrat, éd. Tunis 1997, p. 286, n° 354.
[4] LE TOURNEAU, Ph., Droit de la responsabilité et des contrats, éd. Dalloz 2004 / 2005, p. 269, n° 1006 ; CABRILLAC, R. et BEN FADHEL, O., Introduction au droit des affaires. Abrégé de droit tunisien des obligations contractuelles, éd. CPU 2006, p. 245, n° 297.
[5] Voir à titre d'exemple : BENABENT, A., Droit civil, Les obligations, éd. Montchrestien 2007, p. 295, n° 412.
[6] ZINE, M., Théorie générale des obligations, 1 – Le contrat, éd. Tunis 1997, p. 296, n° 365.
[7] ZINE, M., Théorie générale des obligations, 1 – Le contrat, éd. Tunis 1997, p. 296, n° 365. L'auteur cite comme applications : les articles 1005, 1020 et 1021 sur le contrat de dépôt ; les articles 1114, 1131 et 1132 sur le contrat de mandat. Dans ces contrats, la faute du débiteur est appréciée selon qu'il est rémunéré ou non.

grave et lourde de conséquences. La question qui se pose est la suivante : au vu de quel critère faut-il apprécier la gravité du manquement commis par le débiteur [1]?

Selon Picard et Prudhomme[2], la technique de résolution garantit l'équilibre du contrat au stade de l'exécution ; si celui-ci est rompu, la résolution s'impose aux parties et au juge. Le déséquilibre qu'engendre l'inexécution du contrat est le critère de statuer sur l'importance de l'inexécution du débiteur ; s'il est important, l'inexécution est grave et la résolution s'impose. Dans le cas contraire, si le déséquilibre est léger, la résolution ne s'impose normalement pas au juge. Dans certains autres cas, « la moindre inexécution supprime l'équilibre que commande la nature du contrat »[3]. C'est le cas où l'inexécution touche à l'obligation essentielle du contrat.

Dans cette analyse, l'obligation essentielle apparaît comme étant le critérium d'un tel équilibre[4]. Cette idée semble trouver un écho favorable dans la doctrine italienne où certains auteurs précisent que la gravité du manquement est avérée si l'inexécution perturbe fortement l'équilibre contractuel[5].

330. La Cour de cassation belge a depuis longtemps confirmé une telle condition de gravité du manquement pour pouvoir passer à la résolution du contrat. « Tout manquement, affirme ladite Cour, d'une partie à ses obligations contractuelles ne justifie pas nécessairement la résolution d'un contrat synallagmatique… il appartient au juge de chercher si le manquement allégué est suffisamment grave pour justifier la résolution demandée »[6]. C'est aux juges que revient ainsi le pouvoir d'apprécier la gravité du manquement.

Cette idée a aussi été adoptée par la doctrine française. Monsieur Philippe Delebecque souligne dans sa thèse que la détermination de l'importance de l'inexécution du contrat repose sur « le pouvoir souverain d'appréciation des juges de fond, appelés ainsi à peser les différents intérêts en cause, et à décider selon les circonstances et selon le degré l'utilité conservée par le contrat » [7]. Le juge décide, comme l'a justement affirmé M. Mazeaud, « en fonction de l'influence de l'inexécution dénoncée sur la vitalité économique du contrat »[8].

---

[1] M. Vandermersch, La gravité du manquement, condition de la résolution pour inexécution fautive : approche comparative, Annales de droit de Louvain, 1993, n° 1, p. 557, spéc. 558.

[2] M. Picard et A. Prudhomme, De la résolution judiciaire pour inexécution des obligations, RTD civ. 1912, p. 61.

[3] M. Picard et A. Prudhomme, art. préc., p. 74.

[4] M. Picard et A. Prudhomme, art. préc., p. 66.

[5] THUNIS, X., Une notion fuyante : l'obligation essentielle du contrat, *In* Mélanges FONTAINE, M., éd. Larcier 2003, p. 521. spéc. p. 566.

[6] Cass. 9 septembre 1965, Pas., 1966, I, p. 47.

[7] DELEBECQUE, Ph., Les clauses allégeant les obligations…, thèse précitée, p. 174, n° 142.

[8] MAZEAUD, D., note sous cass. com. 2 juillet 1996, Défrenois 1996, p. 1364.

L'obligation fondamentale, puisqu'elle est celle autour de laquelle s'ordonne l'économie du contrat[1], peut assurément remplir un tel rôle.

331. Un autre critère est ainsi avancé : celui de l'obligation fondamentale du contrat. Ce qui accorde ici le qualificatif d'intégrale ou de partielle à une inexécution, c'est son objet ; elle est en principe totale si elle porte sur l'obligation fondamentale. « L'obligation fondamentale du contrat, affirme M. Delebecque, se trouve ainsi associée à la théorie de la résolution pour inexécution »[2].

332. Cette distinction entre différentes sortes d'inexécution est également admise sur la scène internationale. La Convention de Vienne sur la Vente Internationale de Marchandises (CVIM) a adopté cette distinction. L'article 25 de ladite convention dispose qu'« une contravention au contrat commise par l'une des parties est essentielle lorsqu'elle cause à l'autre partie un préjudice tel qu'elle la prive substantiellement de ce que celle-ci était en droit d'attendre du contrat »[3]. Cet article, en parlant de la contravention essentielle et en précisant ses conditions, adopte a contrario une distinction entre deux sortes d'inexécution, une essentielle et une qui ne l'est pas. Cette même philosophie est aussi présente sans les principes de l'Unidroit où l'article 7.3.1 dispose qu' « une partie peut résoudre le contrat s'il y a une inexécution essentielle de la part de l'autre partie »[4]. L'avant-projet du Code européen des contrats dans des termes encore plus explicites, parle d'une inexécution d'une «importance notable » touchant à « une des clauses principales du contrat »[5]. La distinction est ainsi manifeste, au stade de l'inexécution, entre obligations principales et obligations secondaires. Seule l'inexécution des obligations principales est de nature à accorder le qualificatif de notable à l'inexécution survenue.

---

[1] THUNIS, X., Une notion fuyante : l'obligation essentielle du contrat, *In* Mélanges FONTAINE, M., éd. Larcier 2003, p. 521. spéc. p. 530.

[2] DELEBECQUE, Ph., Les clauses allégeant les obligations..., thèse précitée, p. 175, n° 143.

[3] La Convention de Vienne sur la Vente Internationale de Marchandises du 11 avril 1980 qui instaure un droit uniforme de la vente internationale de marchandises. Voir à ce propos surtout : HEUZE, V., La vente internationale de marchandise. Droit uniforme, éd. LGDJ 2000 ; K.-H. Neumayer et C. Ming, Convention de Vienne sur les contrats de vente internationale de marchandises (par F. Dessemontet), éd. CEDIDAC, Lausanne 1993 ; AUDIT, B., La vente internationale de marchandises – convention des Nations Unies du 11 avril 1980, éd. LGDJ 1990 ; WEISZBERG, G., Les premières années de la jurisprudence sur la contravention non essentielle dans la convention de Vienne de 11 avril 1980 sur la vente internationale de marchandises, RDAI 2006, n° 1, p. 106.

[4] Pour une étude plus ample sur les principes d'Unidroit voir surtout : S. Eberhard, Les sanctions de l'inexécution du contrat et les principes Unidroit, éd. CEDIDAC Lausanne, 2005, spéc. p. 140 et s. Voir récemment sur ce point : J. Perovic, La contravention essentielle au contrat comme fondement de la résolution des contrats dans les codifications de droit uniforme, RDIDC, 2008, n° 2-3, p. 272.

[5] Article 107 de projet du Code Européen des contrats. Voir dans ce sens : Code européen des contrats, Livre premier. Ed. AG. Milano 2002.

333. Le droit anglais, encore plus éloquent, parle d'un *fondamental breach,* traduit par la doctrine française comme étant une « violation catégorique du contrat »[1]. Cette notion est généralement évoquée avec une distinction classique en droit anglais entre *conditions* et *warranties.* Seule l'inexécution des conditions, censées être essentielles, est de nature à envisager la résolution du contrat[2].

334. Toutes ces règlementations ne sont, en fait, que le reflet d'un ancien débat relatif à l'importance de l'obligation fondamentale dans l'inexécution du contrat et l'influence qu'elle exerce sur tous les volets du contrat[3]. Une telle obligation, puisqu'elle résume le contrat, caractérise à la fois l'exécution et l'inexécution. Un contrat ne saurait être considéré comme exécuté si son obligation fondamentale ne l'a pas été. L'inexécution de cette obligation fondamentale est différemment nommée. Derrière cette variété d'appellations, figure une même idée : l'importance de l'obligation fondamentale et la définition du « manquement grave par rapport au contenu du contrat »[4]. L'obligation fondamentale, « parce qu'elle est grave, toute atteinte qui lui est portée est nécessairement grave »[5]. « L'inexécution d'une obligation fondamentale est grave parce qu'elle touche à l'essence du contrat »[6]. Son inexécution porte, comme disait le professeur Denis Mazeaud, un coup fatal au substrat du contrat[7].

335. Cette importance qu'incarne l'obligation fondamentale au sein du contenu du contrat, oblige les juges à l'adopter comme un critère d'exécution ou d'inexécution du contrat. Le contrat est inexécuté si elle n'a pas trouvé exécution. Qui plus est, l'inexécution n'est plus tolérable, elle atteint une

---

[1] DELEBECQUE, Ph., Les clauses de responsabilité, *In* « Les principales clauses des contrats conclus entre professionnels », colloque de l'institut de droit des affaires d'Aix-en –Provence, éd. PUAM 1991, p. 177, spéc. p. 186, n° 22. Voir aussi : SEFTON-GREEN, R., La notion d'obligation fondamentale : comparaison franco-anglaise, op. cit., p. 166, n° 266 . Voir aussi : MOTEREAU, O., Droit anglais des affaires, éd. Dalloz 2000, p. 333, n° 580 et p. 387, n° 666.

[2] DELEBECQUE, Ph., Les clauses allégeant les obligations…, thèse précitée, p. 176, n° 144 qui cite une abondante bibliographie. Voir pour le droit anglais : Chitty on contracts, General principals, ed. 2008, p. 824, n° 12-019 et p. 1568, n° 24-041. Voir aussi pour le droit anglais : MCKENDRICK, E., Contract law, Texte, Cases and Materials, ed. Oxford University Press 2004, p.935.

[3] H. Capitant, De la cause des obligations (Contrats, Engagements unilatéraux, Legs), Paris 1927, p. 344, n° 154 cité par M. Genicon, op. cit., p. 291, n° 406. Voir aussi : M. Picard et A. Prudhomme, De la résolution judiciaire pour inexécution des obligations, RTD civ. 1912, p. 61 (*passim*).

[4] GENICON, T., , op. cit., p. 291, n° 406.

[5] RIGALLE-DUMETZ, C., La résolution partielle du contrat, éd. Dalloz 2003, p. 26, n° 37.

[6] RIGALLE-DUMETZ, C., op. cit., p. 28, n° 42.

[7] MAZEAUD, D., note sous Cass. com. 2 juillet 1996, Défrenois 1996, p. 1364.

gravité inacceptable, ou encore elle *a eu suffisamment d'importance*[1], lorsque l'obligation fondamentale est inexécutée.
Face à une gravité d'inexécution, le juge ne peut que prononcer la résolution du contrat. Le pouvoir d'appréciation dont il bénéficiait, en cas de manquement à une obligation accessoire, n'est plus valable. La jurisprudence française a, depuis longtemps, suivi cette logique et n'hésite pas, par conséquent, à déclarer la résolution du contrat, et à imputer au débiteur un manquement grave à ses obligations, lorsque l'inexécution touche à l'essence du contrat, à l'obligation fondamentale. Selon Mme Sefton-Green, il « parait simpliste d'associer l'étendue de l'inexécution (totale ou partielle) à la qualité de l'obligation (principale ou accessoire) »[2].
En réalité, les droits français et tunisiens ne semblent pas hostiles à cette idée de distinguer entre diverses sortes d'inexécution selon l'ampleur de celle-ci[3]. Les dispositions sur le contrat de vente, que ce soit dans l'un ou l'autre droit, semblent réconforter cette idée. Dans le cadre du contrat de vente, il est classique de prévoir d'« une palette des sanctions » suivant l'importance du vice entachant la chose vendue. Le vice rédhibitoire sanctionne un vice majeur rendant la chose complètement impropre à l'usage auquel elle est destinée par sa nature ou par le contrat[4]. Un vice mineur n'entraîne pas forcément la résolution du contrat. Dans cette variation de sanctions, le critère de l'obligation fondamentale du contrat, ici baptisé utilité de la chose, est sous-jacent. Le vice est rédhibitoire lorsque l'atteinte à l'attente des parties est irrémédiable. Il est ainsi qualifié parce qu'il touche aux profondeurs du contrat, à son essence. Par contre, le vice est non rédhibitoire lorsqu'il touche aux caractères accessoires de la chose vendue. Entre un vice rédhibitoire et un autre non rédhibitoire, les sanctions varient[5]. Le premier engendre « nécessairement la résolution de la vente »[6]. Dans le second cas, la résolution n'est pas systématique, il faut alors « apprécier s'il y a lieu d'anéantir la vente ou seulement d'en réduire le prix »[7].

---

[1] DELEBECQUE, Ph., et F.-J. Pansier, Droit des obligations, Contrat et quasi-contrat, éd. Litec 2006, p. 238, n° 459.
[2] SEFTON-GREEN, R., La notion d'obligation fondamentale : comparaison franco-anglaise, op. cit., p. 166, n° 266.
[3] Même si l'article 1184 du Code civil ne fait pas de l'inexécution grave la condition de la mise en œuvre de la résolution, rien n'empêche de l'adopter. C'est l'une des lacunes de l'article 1184. Voir sur ce point : TALLON, D., L'article 1184 du code civil : un texte à rénover ? *In* Clés pour le siècle, Dalloz 2000, p. 253, spéc. p. 258, n° 292.
[4] Article 647 du Coc et article 1641 Cc.
[5] Voir sur ce point pour le droit tunisien surtout : S. Bouraoui, Contribution à l'étude des défauts rédhibitoires en matière de vente dans le Code des obligations et des contrats, RTD 1980, p. 145.
[6] BENABENT, A., Droit civil, Les contrats spéciaux civils et commerciaux, éd. Montchrestien 2008, p. 158, n° 358. L'auteur cite certaines applications jurisprudentielles.
[7] BENABENT, A., Droit civil, Les contrats spéciaux civils et commerciaux, éd. Montchrestien 2008, p. 159, n° 358. L'auteur cite certaines applications jurisprudentielles.

Le rôle du juge est ici essentiel car c'est lui qui qualifie le vice qui a entaché la chose vendue[1].

336. Par ailleurs, l'obligation fondamentale est souvent prise en considération par la jurisprudence française [2] pour juger de l'importance de l'inexécution du contrat. Certains arrêts remontent d'ailleurs au XIXe siècle, mais d'autres tout récents, illustrent cette idée. Dans les arrêts *Chronopost*[3], la Cour de cassation insiste aussi sur la même idée. En éliminant la clause limitative de responsabilité et en acceptant de dédommager le débiteur au-delà du montant convenu, la Cour reconnaît, même d'une façon ostensible, l'existence d'une inexécution de l'obligation formant l'essence du contrat reliant les parties. L'obligation essentielle n'était pas exécutée. Cette inexécution est de nature à écarter le jeu normal d'une clause limitative de responsabilité.
Cette idée semble aussi séduire les tribunaux tunisiens. La Cour de cassation tunisienne s'est référée expressément à la question. Elle fait du manquement à l'obligation fondamentale un critère de mise en œuvre de la résolution et de l'exception d'inexécution[4].

337. Aux antipodes de ceux qui soutiennent l'idée que l'obligation fondamentale est suffisante pour statuer sur la gravité du manquement, d'autres auteurs défendent son inefficacité à remplir dans certains cas cette mission. M. Thunis, n'en voit qu'un *carcan historique* dont il faut se débarrasser[5]. L'auteur cite dans ce cadre le droit anglais qui a pu s'éloigner de ce critère et admet parfois qu'un manquement à une obligation accessoire pouvait être constitutif d'un manquement grave justifiant la résolution du contrat[6]. Selon ce même auteur, si cette distinction entre obligations principales et accessoires apparaît opportune au stade de la formation du contrat, il lui manque de la pertinence lorsqu'on se place au niveau de l'inexécution contractuelle[7]. Au lieu de chercher

---

[1] BEN AMMOU, N.,Droit civil, Les contrats spéciaux, La vente et l'échange (en arabe), éd. CPU 2007, p. 298-299-300, n° 272-273. L'auteur cite certaines applications jurisprudentielles.
[2] DELEBECQUE, Ph., Les clauses allégeant les obligations…, thèse précitée, p. 174, n° 142 qui cite plusieurs arrêts et jugements rendus par différentes juridictions françaises dont la date de certains remonte à 1881.
[3] L'ensemble des arrêts rendus par le Cour de cassation contre la société *Chronopost* à partir de 1996 jusqu'à 2006, voire après.
[4] Cass. civ (tn), Chambres Réunies, n° 35350 du 29 février 1996, RTD 1996, p. 267. Voici un attendu essentiel de cet arrêt : « Lorsque le débiteur manque surtout à une obligation essentielle, le créancier est protégé par divers moyens. Il peut mettre en œuvre son droit à l'exception d'inexécution conformément aux articles 246-247 du c.o.c comme il détient le droit de résoudre le contrat ».
[5] THUNIS, X., Une notion fuyante : l'obligation essentielle du contrat, *In* Mélanges FONTAINE, M., éd. Larcier 2003, p. 521. spéc. p. 577.
[6] THUNIS, X., art. préc., p. 577.
[7] THUNIS, X., art. préc., p. 585.

la gravité du manquement, il est plus adéquat de déterminer son ampleur[1], en mesurant le préjudice qu'il engendre. Pour certains auteurs, le critère de manquement grave, désignant une inexécution d'une obligation fondamentale est insuffisant[2]. La jurisprudence confirme cette insuffisance, lorsqu'elle refuse, dans certaines espèces, de déclarer la résolution du contrat alors que c'est l'obligation fondamentale qui a été violée, ou lorsqu'elle prononce la résolution pour un manquement à une obligation accessoire[3]. Le critère de l'obligation fondamentale « ne rend pas compte fidèlement des cas de résolution »[4]. Un tel critère est faillible aussi par sa rigidité[5] qui est capable d'ôter aux juges un pouvoir d'appréciation nécessaire pour statuer sur l'opportunité de la résolution[6].

338. Affirmer que l'obligation fondamentale incarne l'essence du contrat et l'intérêt que cherchent les parties n'est qu'une présomption permettant de qualifier l'inexécution de cette obligation comme quelque chose de très grave, voire d'intolérable. Un débiteur, animé par la bonne foi ou la loyauté, peut tolérer une inexécution mineure. Il serait philanthrope s'il tolérait l'inexécution d'une obligation essentielle sur laquelle repose tout son contrat. Aux yeux de tout contractant, les différents éléments du contenu du contrat ne bénéficient pas de la même importance. Certains sur lesquels il ne peut céder, sont plus importants que d'autres,. Les abandonner, c'est renoncer à la cause de son engagement.

339. L'obligation fondamentale revêt ainsi une importance capitale dans la vie du contrat. Cependant, prendre l'obligation fondamentale comme un critère unique pour déterminer la gravité de l'inexécution, s'avère parfois être une négligence du rôle pouvant être joué par les autres obligations, ou les autres volets du contrat. Le manquement à l'exécution d'une obligation essentielle établit une présomption de gravité, mais elle n'est pas irréfragable.
La gravité provient parfois d'un manquement à une obligation accessoire surtout que celle-ci incarne parfois mieux que toute autre l'objectif poursuivi par les parties[7]. « Les obligations accessoires, affirme un auteur, rendent l'opération contractuelle plus complète et mieux adaptée aux objectifs poursuivis par les parties »[8]. Les obligations accessoires incarnent, elles aussi, dans certains cas, une importance capitale, parce qu'elles sont au service de

---

[1] THUNIS, X., art. préc., p. 585.
[2] GENICON, T., , op. cit., p. 292, n° 407.
[3] GENICON, T., , op. cit., p. 292, n° 407 qui cite plusieurs arrêts dont les suivants : Cass. soc. 15 mars 2005, Bull ; Civ. V, n° 90 ; cass. 1re civ., 25 juin 1996, Bull. civ. I. n° 274.
[4] GENICON, T., , op. cit., p. 292, n° 407.
[5] GENICON, T., , op. cit., p. 292, n° 407.
[6] DELEBECQUE, Ph., Les clauses allégeant les obligations…, thèse précitée, p. 174, n° 142.
[7] RIGALLE-DUMETZ, C., op. cit., p. 26, n° 36.
[8] RIGALLE-DUMETZ, C., op. cit., p. 26, n° 36.

l'obligation fondamentale ; elles la soutiennent de telle sorte qu'en cas d'inexécution de l'une d'elles, toute l'opération contractuelle échoue. L'équilibre contractuel devient bancal. Accorder une importance aux obligations accessoires, revient, en dernier lieu, à protéger l'obligation fondamentale. Cette dernière est incarnée dans tous les éléments du contrat.

340. L'obligation fondamentale rend au contenu du contrat de nombreux services. Elle le rend intelligible, tournant autour d'un objectif clair et précis. Elle lui assure également une cohérence interne. Dans ce cadre, elle constitue « le point névralgique de la cohérence du contrat »[1]. Toutefois, celle-ci n'est pas uniquement interne, elle est également externe, touchant au comportement des contractants.

---

[1] HOUTCIEFF, D., Le principe de cohérence en matière contractuelle, thèse Paris XI 2000, p. 339, n° 502.

Chapitre second
La cohérence du comportement

Dans un contrat, l'exigence de cohérence à laquelle l'implicite donne expression ne s'arrête pas au stade de la protection de l'obligation fondamentale, au niveau intérieur. Cette exigence, par la protection de l'obligation fondamentale est certainement soignée, mais elle n'est pas complètement guérie. Un contrat peut être cohérent dans sa structure interne. Un examen des obligations qui le compose peut ne révéler aucune incohérence ou contradiction. L'exécution peut pourtant révéler une incohérence et une contradiction provenant du comportement du contractant. Il est donc impératif d'étendre l'exigence de cohérence au comportement des contractants, au vécu du contrat[1]. À ce stade, l'analyse est donc placée sur la relation entre le comportement et le contenu contractuel (Section I) et sur l'implicite et le comportement des contractants (Section II).

Section I : comportement et contenu contractuel

341. Le mot « comportement » dérivé du verbe se comporter qui signifie « se conduire, agir d'une certaine manière »[2]. Ce mot signifie une certaine façon d'agir ou une attitude adoptée. Il est largement débattu en philosophie, en religion, il en constitue même l'objectif final. Le civisme auquel tendent religions et morales, n'est qu'un très haut degré de comportement droit et sain. Le droit dont « la raison d'être est d'unir des individus »[3], n'en déroge pas et s'adresse aux comportements des particuliers afin de les conformer à certaines valeurs qu'il entend protéger. Le droit endigue ainsi le comportement des individus et les pousse vers un sens particulier, vers un point sublime. Le droit pénal tend, par exemple, maintenir la méchanceté qu'incarne toute personne à l'égard de son similaire[4]. Le droit civil, de son côté, ne vise qu'à faire triompher la bonne foi et le respect de la parole donnée, jugés indispensables à la vie humaine.

---

[1] FAGES, B., Quand la manière d'exécuter rejaillit sur le contenu du contrat, Droit et Patrimoine janvier 1999, n° 67, p. 28.

[2] Dictionnaire Le Petit Robert de la langue française « mots 2007 ».

[3] MESTRE, J., préface de la thèse de M. Fages, Le comportement du contractant, éd. PUAM 1997, p. 1.

[4] Un courant philosophique affirme que « l'homme est un loup pour l'homme » et que le rôle de l'Etat à travers le dispositif de répression qu'il retient est de limiter cette dangerosité et d'éviter que l'homme revienne à son état naturel où chacun préserve sa propre vie par tous les moyens. C'est surtout la théorie défendue par le philosophe anglais T. Hobbes (1588-1679).

La relation entre le contrat et le comportement a aussi été débattue en doctrine[1]. Le contrat contribue sensiblement à cette tendance de maîtrise du comportement. Le contrat de mariage, à titre d'exemple, est présenté comme une sorte de cadre permettant de contenir le comportement des mariés. Il organise la vie conjugale, les devoirs et obligations des parties. L'obligation de fidélité entre époux n'est qu'une merveilleuse consécration d'un comportement soumis au contrat. Ce lien entre contrat et comportements a encore été mis en évidence par l'apparition de la nouvelle technique du PACS[2] qui pousse plus loin ce lien entre comportement et contrat.
Hormis le cas du contrat de mariage ou du PACS, la question de la relation entre le contrat et le comportement se pose avec une acuité particulière. Le comportement des parties fait-il partie du contenu contractuel ? Influe-t-il sur le contenu des obligations et des droits des contractants ? Une réponse affirmative s'impose, même accompagnée d'une certaine difficulté, car le contrat n'est pas un régulateur des comportements et ce dernier ne fait normalement pas partie du contenu contractuel.
Toutefois, une influence est possible. Entre le contrat et le comportement, une osmose est envisageable. Le contrat influe ainsi sur le comportement. L'inverse est aussi possible et le comportement influence parfois le contenu contractuel, dans le sens de l'extension, comme dans le sens inverse de la limitation. Cette influence est démontrée depuis un certain temps et personne, de nos jours, ne s'en plaint. Même avérée, elle apparaît sous des degrés variés ; parfois l'influence n'est qu'indirecte (§1) alors que dans certains autres cas elle est directe, sans détours (§2).

§1 – Une influence indirecte

342. Le propre d'un contrat est de créer des droits et des obligations. Il n'est guère de ses objectifs d'endiguer les comportements des parties. Le comportement est quelque chose d'extérieur au contenu contractuel, il lui est

[1] Voire à ce propos : G. Horsmans, L'exécution du contrat et le comportement des parties, Revue de Droit International et de Droit Comparé 1980, p. 301 où l'auteur se contente de citer des sentences arbitrales ayant fait référence au comportement des parties ; FAGES, B., Le comportement du contractant, éd. PUAM. 1997 ; Y. Le Magueresse, Des comportements fautifs du créancier et de la victime en droit des obligations, éd. PUAM 2007 ; S. Lebreton, L'exclusivité contractuelle et les comportements opportunistes. Etude particulière aux contrats de distributions, éd. Litec 2002 ; Z. Mrabet, Les comportements opportunistes du franchiseur : étude du droit civil et du droit international uniforme, revue juridique Thémis, volume 41, n° 2, 2007, p. 429. HAMMOUDA, M., De l'exécution de l'obligation avec loyauté *In* Mélanges S. Ben Halima, édition CPU 2005, p. 1081, spéc. p. 1052.
[2] Le pacte civil de solidarité crée en droit français par la loi n° 99-944 du 15 novembre 1999 telle que modifiée par la loi n° 2006-728 du 23 juin 2006 qui a introduit les articles de 515-1 à 515-7 au Code civil et qui n'a pas de similaire en droit tunisien. Voir aussi : J. Combret et A. Fouquet, Pacte civil de solidarité : formule de convention, Dr. famille 2000, Chr. p. 9 ; ROCHFELD, J., Réforme du PACS, RTD civ. 2006, p. 624.

extrinsèque[1]. C'est une chose postérieure à la conclusion du contrat. Pour qu'un élément puisse être considéré comme faisant partie du contenu contractuel, il doit normalement être envisagé ou impliqué lors de la conclusion du contrat. Un critère chronologique permet ainsi de distinguer comportement et contenu contractuel. Alors que le contenu est normalement scellé lors de la conclusion du contrat, le comportement n'apparaît normalement qu'a posteriori, lors de l'exécution du contrat. Une autre distinction basée sur le critère de la nature du comportement et celle du contenu contractuel, est possible. La nature, purement juridique et matérielle des obligations et des droits formant le contenu du contrat, est différente de la nature immatérielle, impalpable du comportement qui relève de la psychologie ou de la sociologie.

343. Cette analyse faisant du comportement un élément hors du contenu contractuel, est confirmée par l'absence, en droit français comme en droit tunisien, d'une disposition la contredisant et accordant au comportement une importance au sein du contenu contractuel. Le seul cas où une référence au comportement a été admise, c'est celui de l'interprétation du contrat où le juge ou l'interprète peuvent s'en référer pour accorder un sens à un point ambigu dans le contrat.

344. Au contraire de ces propos d'ordre général hostiles à la prise en considération du comportement, il est indispensable, dans certains cas et de manière générale, que le comportement contractuel soit soumis au contrat et à ses prescriptions. Cette soumission est valable même en l'absence de toute disposition spéciale la prévoyant. Elle tire son origine des règles et principes généraux qui dominent le contrat. Ainsi, l'influence n'est pas directe, mais indirecte, exercée par le biais des principes généraux. Au premier rang de ces principes qui assurent un rôle de guide des comportements des parties, l'on trouve la bonne foi et la loyauté. Cette obligation de bonne foi, rendue implicite ou sous-entendue dans tout contrat par l'article 1134, alinéa 3 du Code civil ou par l'article 243 du Code tunisien des obligations et des contrats, s'adresse en premier lieu aux comportements des contractants qui doivent s'y conformer.

345. Dire que le comportement ne fait pas normalement partie du contenu contractuel ne signifie pas qu'aucun lien est impossible. Le comportement est conçu, depuis longtemps, comme étant la manière pour un contractant d'exécuter un contrat. M. Fages définit le comportement du contractant comme étant « la manifestation, par celui-ci (le contractant), d'un ou de plusieurs faits susceptibles de caractériser une manière d'être ou d'agir particulière de sa part, et distincts des actes purement juridiques ou matériels se rapportant au contrat »[2]. Le comportement est la traduction de ce qu'a compris un contractant du

---

[1] FAGES, B., Le comportement du contractant, op. cit., p. 96.
[2] FAGES, B., op. cit., p. 20, n° 9.

contrat qu'il a signé. Le comportement n'est en fait que la manière dont les parties contractantes exécutent un contrat ; il doit donc être soumis à l'esprit qui anime la convention ou le contrat de telle sorte qu'il n'en puisse échapper. Une harmonie est ainsi nécessaire entre le comportement du contractant et l'esprit du contrat. Même en l'absence de toute clause contractuelle s'adressant directement au comportement, ce dernier doit être conforme à la morale et à ce qu'aspire l'autre contractant du contrat. L'implicite ne fait ici que donner expression à cette exigence sous-jacente. Deux idées sont donc ici de concours et s'adressent au comportement des contractants : la bonne foi (A) et les attentes des parties (B).

A – La bonne foi, critère du comportement contractuel

346. Sans revenir sur un sujet largement débattu en doctrine et en jurisprudence, française ou même, à un degré un peu moindre, tunisienne[1], l'on se contentera de préciser l'effet de la bonne foi sur le comportement des parties dans un contrat.

La bonne foi, le devoir de loyauté et les autres valeurs morales sont en effet des normes qui s'adressent en premier lieu aux comportements des contractants[2]. Les affirmations contenues dans les articles 1134 al. 3 du Code civil et 243 *in limine* du Code tunisien des obligations et des contrats, par la généralité qu'ils caractérisent, ne font que confirmer cette idée. La spécificité de cette notion de bonne foi, c'est qu'elle s'applique même en l'absence de toute stipulation contractuelle la prévoyant. Elle contribue ainsi manifestement à la protection du contrat et des contractants, contre des comportements malhonnêtes poursuivis par l'un d'eux. Elle joue ainsi, pour le contrat le rôle de « filet de sécurité »[3]. Une notion *impalpable*[4], *rétive à toute définition*[5], *qui est d'essence morale plutôt que juridique*[6], la bonne foi, ne peut, a priori[7] que servir à contrôler les comportements des contractants. La bonne foi, *in minima*, comme elle l'est à ce stade, s'adresse aux contractants afin de les obliger à adopter un comportement sain et honnête[8].

---

[1] HAMMOUDA, M., De l'exécution de l'obligation avec loyauté *In* Mélanges S. Ben Halima, édition CPU 2005, p. 1081.

[2] LE TOURNEAU, Ph., Droit de la responsabilité et des contrats, éd. Dalloz 2006-2007, p. 802, n° 3675.

[3] JALUZOT, B., La bonne foi dans les contrats. Etude comparative de droit français, allemand et japonais, éd. Dalloz 2001, p.338, n° 1200.

[4] O. Motéreau, Droit anglais des affaires, éd. Dalloz 2000, p. 13, n°22.

[5] MAHFOUD, M., Théorie des suites du contrat, RJL 2008, n° 6, p. 99, spéc. p. 102.

[6] O. Motéreau, Droit anglais des affaires, éd. Dalloz 2000, p. 13, n°22.

[7] Cet effet produit par la bonne foi ne signifie guère l'absence de tant d'autres effets produits par cette notion.

[8] Voir sur ce point : HAMMOUDA, M., De l'exécution de l'obligation avec loyauté *In* Mélanges S. Ben Halima, édition CPU 2005, p. 1081, spéc. p. 1052 ; MAHFOUD, M., Théorie des suites du contrat, RJL 2008, n° 6, p. 99, spéc. p. 103. M. Mahfoud parle en réalité de la notion de loyauté.

La bonne foi et la loyauté s'avèrent ainsi comme des outils permettant *l'évaluation de la conduite*[1] des contractants ou encore de prononcer *un jugement de valeur*[2] sur le comportement des parties contractantes. Planiol et Ripert confirment ce rôle exercé par la bonne foi sur le comportement lorsqu'ils précisent que « la conduite des contractants doit être conforme à la bonne foi. Elle doit, (la conduite) être jugée non seulement sous l'angle de la prudence et de l'habilité, mais aussi sous l'angle de l'honnêteté»[3]. Cette même idée a aussi été confirmée par certains auteurs lorsqu'ils distinguent la loyauté du contrat et la loyauté du contractant[4] ou lorsqu'ils parlent d'une loyauté subjective et une autre, objective[5]. Cette efficacité passe indubitablement par une conformité du comportement du contractant à la bonne foi et à la loyauté.

347. M. Stoffel-Munck distingue, dans sa thèse, deux sortes de loyauté : une loyauté contractuelle, régie par les dispositions de l'article 1135 du Code civil et une autre des contractants qui tire son origine de l'article 1134 al. 3 du Code civil. La loyauté des contractants ne vise qu'à « saisir le comportement » du contractant[6].

La bonne foi ou la loyauté, selon ce même auteur, ne tend pas ici à ajouter au contrat une nouvelle prestation, elle vise uniquement à contrôler l'exercice par le contractant de ses droits et obligations nés du contrat[7]. La loyauté du contractant est souvent réduite, à ce stade, à une forme abstentionniste qui oblige le contractant à ne pas faire tout ce qui contredit la bonne foi et la loyauté[8]. Il lui est interdit, au nom de cette obligation de bonne foi, d'utiliser le

---

[1] PICOD, Y., Le devoir de loyauté dans l'exécution du contrat, éd. LGDJ 1989, p. 25, n° 13.

[2] STOFFEL-MUNCK, Ph., L'abus dans le contrat : essai d'une théorie, éd. LGDJ 2000, p. 85, n° 86.

[3] PLANIOL, M. et RIPERT, G., Traité pratique de droit civil français, t 6, éd. LGDJ 1952, p. 509, n° 379.

[4]PICOD, Y., op. cit., p. 21, n° 12. L'auteur consacre la première partie de sa thèse à l'étude de la loyauté du contractant et la loyauté du contractuelle. Cette distinction est aussi adoptée par LE TOURNEAU, Ph., op. cit, p. 802 qui parle d'une loyauté contractuelle (p. 802, n° 3674) et d'une loyauté du contractant (p. 807, n° 3694-1).

[5] Voir aussi : STOFFEL-MUNCK, Ph., L'abus dans le contrat : essai d'une théorie, éd. LGDJ 2000 qui adopte une distinction entre les différents effets engendrés par le devoir de loyauté. Cette idée est également vérifiable chez certains auteurs tunisiens. Voir surtout : HAMMOUDA, M., De l'exécution de l'obligation avec loyauté *In* Mélanges S. Ben Halima, édition CPU 2005, p. 1031, spéc. p. 1066.

[6] STOFFEL-MUNCK, Ph., op. cit., p. 85, n° 86. L'auteur affirme dans ce sens que dans la loyauté des contractants « il ne s'agit pas d'en faire le débiteur d'une prestation nouvelle, mais de saisir son comportement alors même et en cela seulement qu'il exerce son droit ».

[7] STOFFEL-MUNCK, Ph., op. cit., p. 85, n° 86.

[8] PICOD, Y., op. cit., p. 27 et s. L'auteur énumère certains comportements malhonnêtes que les contractants doivent éviter. Voir aussi : JALUZOT, B., La bonne foi dans les contrats. Etude comparative de droit français, allemand et japonais, éd. Dalloz 2001, p.88, n° 321.

dol ou la duperie envers son contractant. Il lui est aussi interdit de porter un dommage à son cocontractant[1].

348. La bonne foi et la loyauté et beaucoup d'autres valeurs s'adressent au comportement du contractant. Cet effet attaché à ces valeurs n'est en réalité qu'indirect. Le comportement n'est pas directement visé. Ce qui est entendu en priorité, c'est l'exécution de bonne foi d'un contrat, la bonne exécution du contrat. Celle-ci peut être altérée par un comportement ne convenant pas très bien à l'esprit de la convention. Un contractant doit au cours de l'exécution de son contrat, faire preuve de sa bonne foi en facilitant à son cocontractant l'exécution de ses obligations et en lui favorisant l'obtention de l'objectif ou de l'attente de son contrat[2]. « La bonne foi, précise un auteur, implique un comportement loyal»[3].
De plus, cette bonne foi implique un *comportement coopératif*[4]. Un autre auteur est aussi du même avis, accordant ainsi à la bonne foi un rôle s'adressant aux attitudes et aux comportements qui doivent être tous « au service d'un intérêt contractuel commun »[5]. Entre dans ce cadre, un ensemble des comportements à suivre et à observer tout au long de l'exécution du contrat. L'esprit de coopération est certainement l'une des manifestations de l'exigence d'un comportement compatible avec l'objectif du contrat[6]. Exécuter loyalement, c'est coopérer à l'exécution du contrat[7]. Une telle obligation, ou plus exactement un tel environnement entourant d'exécution du contrat s'insère dans un souci de solidarisme qui marque le contrat selon une frange de la doctrine[8].

349. Ce comportement loyal que le contractant doit suivre est valable en cas d'exécution paisible du contrat comme dans le cas inverse. En cas d'exécution paisible, et loin de toute difficulté, le contractant doit exécuter ses obligations avec empressement et avec toute la diligence requise. La bonne foi interdit et exclut même implicitement tout relâchement dans l'exécution du contrat.

---

[1] MAHFOUD, M., Théorie des suites du contrat, RJL 2008, n° 6, p. 99, spéc. p. 102.
[2] MAHFOUD, M., Théorie des suites du contrat, RJL 2008, n° 6, p. 99, spéc. p. 102.
[3] FAGES, B., Le comportement du contractant, op. cit., p. 298, n° 552.
[4] FAGES, B., Le comportement du contractant, op. cit., p. 301, n° 558.
[5] MESTRE, J., Observations, RTD civ. 1986, p. 101.
[6] STOFFEL-MUNCK, Ph., L'abus dans le contrat : essai d'une théorie, op. cit., p. 84, n° 85. L'auteur critique le fait de fonder l'obligation de coopération sur l'exigence de bonne foi ou de loyauté. Il affirme que « l'obligation de coopération ne nous paraît donc pas née d'un ferment moral ».
[7] CABRILLAC, R. et BEN FADHEL, O., Introduction au droit des affaires. Abrégé de droit tunisien des obligations contractuelles, éd. CPU 2006, p. 159, n° 191.
[8] Voir surtout : L. Grynbaum et M. Nicod (direction), Le solidarisme contractuel, éd. Economica 2004. Dans ce même ouvrage consulter : MAZEAUD, D., Solidarisme contractuel et réalisation du contrat, p. 57 ; JAMIN, Ch., Le procès du solidarisme contractuel : brève réplique, p. 159. Consulter surtout : LEQUETTE, Y., Bilan des solidarismes contractuels, *In* Mélanges DIDIER, P., éd. Economica 2008, p. 247.

L'exécution du contrat doit être faite du moins avec le même degré de diligence sinon accru. En cas de crise dans l'exécution, le comportement du contractant revêt une importance cardinale. Il doit faire preuve d'un réel esprit d'ouverture[1] et éviter l'entêtement[2]. Chacun des contractants doit avoir une attitude conciliante et constructive[3]. Le comportement coopératif du contractant, nécessité sociale[4], entre dans le cadre d'une exécution avec un « maximum d'utilité »[5] qui concerne aussi bien le débiteur que le créancier. Cette obligation, ainsi que d'autres, dérivent d'une exigence d'exécution du contrat avec loyauté. Un autre auteur confirme cette idée lorsqu'il déclare que la bonne foi dans sa conception active exige du contractant de « se comporter ... agir comme le fait une personne de bonne foi, c'est-à-dire divulguer les informations...et coopérer avec son contractant de manière à rendre possible et même à faciliter l'exécution du contrat »[6].

350. Il apparaît ainsi que la bonne foi et la loyauté, ainsi que toutes les valeurs morales requises dans l'exécution du contrat, s'adressent essentiellement aux comportements des contractants en les endiguant vers un comportement moralement supérieur qui est plus bénéfique pour le contrat et les contractants. Dans ce contexte, le contractant, au cours de l'exécution du contrat, doit toujours faire preuve de sa bonne foi et éviter d'être opportuniste envers son partenaire[7]. L'opportunisme est l'un des maux qui attaque les comportements et les fait dévier de l'exigence de bonne foi et de loyauté. Le contractant est opportuniste lorsque le contractant s'abandonne à un comportement « contraire à la compréhension du contrat chez l'autre »[8].

351. Le comportement du contractant n'est pas non plus conforme aux exigences de la bonne foi lorsqu'il fait fi des intérêts de son cocontractant[9]. Il existe aussi un comportement égoïste[10] et opportuniste lorsque le contractant exerce ses prérogatives contractuelles abusivement. La bonne foi interdit

---

[1] FAGES, B., Le comportement du contractant, op. cit., p. 301, n° 559.
[2] FAGES, B., Le comportement du contractant, op. cit., p. 302, n° 559.
[3] FAGES, B., Le comportement du contractant, op. cit., p. 302, n° 559.
[4] PICOD, Y., Le devoir de loyauté dans l'exécution d contrat, éd. LGDJ 1989, p. 101.
[5] PICOD, Y., op. cit., p. 104, n° 87.
[6] C. Masse, La bonne foi dans la relation entre particuliers – dans l'exécution du contrat –, rapport général, *In* La bonne foi, travaux de l'association Henri Capitant, Tome XLIII 1992, éd. Litec 1994, p. 217, spéc. p. 223.
[7] Z. Mrabet, Les comportements opportunistes du franchiseur : étude du droit civil et du droit international uniforme, revue juridique Thémis 2007, n° 2, p. 429.
[8] T.-J. Muris, Opportunistic behavior and the law of the contract (cité par Z. Mrabet, art. préc., p. 441).
[9] HAMMOUDA, M., De l'exécution de l'obligation avec loyauté *In* Mélanges S. Ben Halima, édition CPU 2005, p. 1081, spéc. p. 1067.
[10] MAHFOUD, M., Théorie des suites du contrat, RJL 2008, n° 6, p. 99, spéc. p. 103.

d'invoquer abusivement une clause contractuelle[1]. Elle sert, comme l'a affirmé M. Bénabent, à « neutraliser le comportement d'une partie, qui, sans nier son obligation, viserait à la vider de sa substance »[2]. L'article 1178 du Code civil, selon M. Bénabent[3], y fait une illustration particulière. Cet article interdit celui qui est obligé sous une condition suspensive d'en empêcher lui-même l'accomplissement. Positivement, cette disposition met à la charge de tout contractant l'obligation de faciliter la réalisation de la condition suspensive ou du moins, négativement, ne pas empêcher sa survenance.

Par ailleurs, le comportement loyal du contractant oblige ce dernier à ne pas être à l'affût de la moindre faute de son cocontractant. Il y a des fautes légères, tel qu'un petit retard dans l'exécution des obligations assorties d'un délai, ou une légère inexécution. Il ne faut pas en tenir compte et les prendre comme prétexte pour sanctionner le contractant ou mettre en cause le contrat par l'invocation de certaines clauses relatives à la suspension ou à la résolution du contrat. Le contractant doit, afin d'éviter certains comportements pathologiques, exécuter le contrat dans une ambiance d'entraide et de bonne foi. Une obligation de sérieux s'impose aussi aux contractants qui doivent accorder à l'exécution du contrat le sérieux qu'il requiert. Le comportement doit donc être « sérieux et loyal »[4].

352. Le contractant doit également, selon certains auteurs, être actif au cours de l'exécution du contrat et ne doit pas rester « les bras croisés » attendant passivement la réalisation de certains événements pouvant affecter l'exécution[5]. Ce caractère actif, qui doit caractériser le comportement du débiteur comme celui du créancier, n'est en réalité qu'une application de l'exigence de bonne foi qui est exclusive de passivité et d'inertie.

La Cour d'appel de Paris a indiqué que l'inertie d'un contractant constituait une défaillance contractuelle[6]. D'une façon générale, le contractant doit œuvrer de bon aloi pour résoudre ou contribuer à résoudre les difficultés apparues au cours de l'exécution du contrat, et ayant rendu celle-ci difficile.

Au nom de cette bonne foi, critère d'exécution du contrat, le contractant, qu'il soit débiteur ou créancier, doit assurer la bonne exécution de ses obligations et

---

[1] CABRILLAC, R. et BEN FADHEL, O., Introduction au droit des affaires. Abrégé de droit tunisien des obligations contractuelles, éd. CPU 2006, p. 159, n° 191.

[2] BENABENT, A., La bonne foi dans la relation entre particuliers B – Dans l'exécution du contrat, rapport français, *In* La bonne foi, Travaux de l'association Henri Capitant, op. cit., p. 291, spéc. p. 295.

[3] BENABENT, A., art. préc. p. 295.

[4] H. Schönle, La bonne foi dans la relation entre particuliers – dans l'exécution du contrat –, rapport suisse, *In* La bonne foi, Travaux de l'association Henri Capitant, op. cit., p. 193, spéc. 210.

[5] LE TOURNEAU, Ph., op. cit., p. 808, n° 3698-2.

[6] Paris, 8 décembre 1995, GP 1996, n° 1, somm. p. 120. Cette même position est aussi adoptée par la Cour d'appel de Dijon, 17 novembre 2000, JCP E 2001, pan. 1307.

doit poursuivre la manière d'exécution la plus efficace pour que le contrat soit exécuté sans heurt ni accros.
La jurisprudence tunisienne a, depuis longtemps, reconnu l'existence d'un lien étroit entre la bonne foi et les comportements des contractants. Le tribunal de première instance de Tunis s'est référé, dans le jugement du 30 avril 1981[1], à la bonne foi pour statuer sur la régularité du comportement d'un contractant. En mettant en jeu cette notion, le tribunal a pu souligner « le comportement exemplaire de la demanderesse »[2]. Par ce comportement, Agrimoteur a pu sauvegarder « les biens de la société Ford et sa bonne réputation ».

La manière d'exécution du contrat, qui n'est que le comportement du contractant, doit être conforme à l'esprit du contrat et à l'objectif visé par les parties[3]. Se pose ainsi la question des attentes légitimes des parties et la conformité du comportement à ces attentes.

B – L'attente des parties, critère des comportements contractuels

353. De nos jours, l'attente légitime des parties, en tant que critère d'interprétation ou d'analyse des contrats ne cesse, de gagner du terrain. Pour certains, les attentes légitimes des parties constituent l'un des piliers sur lesquels repose le contrat aujourd'hui[4]. C'est une notion qui pourrait, par sa richesse et sa malléabilité, expliquer l'intégralité du droit des contrats. Un auteur affirme dans ce sens que « tout engagement contractuel génère des expectatives qu'il appartient à l'ordre juridique de protéger, peu importe qu'elles aient été exprimées ou même envisagées par les contractants lors de la formation de leurs contrats »[5].
Cette notion est également reconnue par la doctrine tunisienne qui ne cesse d'en faire usage. Le Professeur Mohamed Hammouda le prévoit en parlant des effets

---

[1] TPI Tunis 30 avril 1981 affaire Agrimoteur / Ford, RTD 1981, p. 423, Note A. Mezghani.
[2] TPI Tunis 30 avril 1981, RTD 1981, p. 423, Note A. Mezghani.
[3] HAMMOUDA, M., De l'exécution de l'obligation avec loyauté, *In* Mélanges S. Ben Halima, édition CPU 2005, p. 1031, spéc. p. 1071 (l'auteur cite une jurisprudence tunisienne).
[4] VINEY, G., préface de la thèse de : DANIS-FATOME, A., Apparence et contrat, éd. LGDJ 2004. Melle Geneviève Viney a souligné l'existence d'un mouvement au sein du droit des obligations « qui consiste à substituer les notions d'attente ou de croyance légitime à la volonté subjective des parties dans la création des obligations ». Voir aussi VINEY, G., Chronique, responsabilité civile, JCP 1994, I, 3809, spéc. p. 557, n°15 où l'auteur observe que « les tribunaux ont tendance à se référer à la notion d'attente légitime à laquelle les textes récents font volontiers allusion et qui tend à devenir aujourd'hui l'un des concepts essentiels du droit des obligations et des contrats ». Voir aussi récemment : F. Dupuy, La protection de l'attente légitime des parties au contrat, Etude de droit international des investissements à la lumière de droit comparé, thèse 2007 Paris II.
[5] LOKIEC, P., Le droit des contrats et la protection des attentes, D. 2007, Chr. p. 321.

de l'exigence de la bonne foi dans l'exécution du contrat[1]. Le Professeur Mohamed Mahfoud en parle lorsqu'il discute des notions qui cadrent l'exécution du contrat. Le contractant doit tenir compte des attentes de son cocontractant du contrat[2]. Cet auteur cite l'attente légitime des parties en même temps que la bonne foi[3].

354. A l'attente légitime des parties, se mêle aussi, l'idée de bonne foi. Il est de la bonne foi de ne pas tromper les attentes des parties. Il est possible de distinguer dans ce cadre entre plusieurs sortes d'attentes des parties. Il y a d'abord les attentes initiales des parties, dégagées lors de la conclusion du contrat. Ensuite, il y a les attentes constituées au cours de l'exécution du contrat et qui sont nées des nouvelles attitudes adoptées par les parties ou de l'une d'elles face à un point particulier[4]. L'attente prise en considération dans ce paragraphe est celle relative aux attentes initiales formulées lors de la perfection du contrat et uniquement du côté de sa relation avec le comportement des parties.

355. Un contractant, lorsqu'il entame l'exécution de ses obligations contractuelles, doit le faire de la manière qui convient le mieux avec l'attente de son partenaire[5]. Le comportement des contractants doit ainsi se plier devant les attentes des parties. Il doit les servir avec dévouement à défaut de quoi son comportement serait reprochable.
Un auteur a bien résumé cela lorsqu'il affirme que « la notion d'attentes renvoie en premier lieu à des attentes de comportement »[6]. Le comportement est ainsi au service des attentes des parties[7]. M. Philippe Jacques avoue dans ce sens qu'il est « de bonne foi au sens de l'article 1134, al. 3, le contractant dont le comportement effectif est en harmonie avec le but assigné à la convention »[8].

356. Une influence des attentes sur le comportement est ainsi avérée même si elle n'est qu'indirecte. Elle se trouve, en l'absence de toute disposition expresse dans un contrat, impliquée par la bonne foi, le raisonnable et l'économie du contrat. La notion d'obligation fondamentale peut, elle aussi, dans certains cas, servir les attentes des parties ; celui qui achète un ticket de parking entend

---

[1] HAMMOUDA, M., De l'exécution de l'obligation avec loyauté, *In* Mélanges S. Ben Halima, édition CPU 2005, p. 1081, spéc. p. 1065.
[2] MAHFOUD, M., Théorie des suites du contrat, RJL 2008, n° 6, p. 99, spéc. p. 103.
[3] MAHFOUD, M., Théorie des suites du contrat, RJL 2008, n° 6, p. 99, spéc. p. 103.
[4] Ce point sera débattu au paragraphe suivant.
[5] MAHFOUD, M., Théorie des suites du contrat, RJL 2008, n° 6, p. 99, spéc. p. 103.
[6] LOKIEC, P., art. préc., p. 323.
[7] Le comportement est encore source de création ou fertilisation des attentes. Voir paragraphe suivant.
[8] JACQUES, Ph., Regards sur l'article 1135 du Code civil, éd. Dalloz 2005, p. 306-307, n° 163

trouver sa voiture et son chargement en bon état[1]. Le propriétaire de ce parking est tenu de poursuive un comportement qui ne dément pas une telle attente. Il est ainsi évident que dans cette idée de soumission du comportement aux attentes, se mêlent plusieurs autres idées qui ne font que confirmer ce lien devenu étroit entre ces deux notions. Ainsi, l'on trouve la question de l'efficacité dans l'exécution d'un contrat. Le comportement poursuivi par le contractant, qu'il soit débiteur ou créancier, doit être celui qui apporte la plus grande efficacité aux aspirations du contractant. Il est enseigné, dans ce cadre, que « chaque partie cherche la grande efficacité pour son cocontractant »[2].
M. Fages a précisé, dans sa thèse, que le contractant doit exécuter son contrat en déployant «tous les efforts propres à assurer à son partenaire la satisfaction attendue »[3]. Le contractant doit ainsi opter pour un comportement utile pour son contractant. Ainsi entre plusieurs comportements envisageables, il doit favoriser celui qui convient le mieux aux attentes de son cocontractant. Un auteur l'a brillamment affirmé : « les contractants ne peuvent donc pas se confiner égoïstement dans une lecture desséchante de la lettre du contrat ; ils doivent s'inspirer de son esprit en vue de satisfaire les intérêts légitimes de leurs contractants »[4].
Le comportement doit être adressé dans le sens qui converge vers les attentes des parties. Le contractant ne doit pas uniquement œuvrer à protéger ses intérêts ; ceux de son partenaire doivent aussi être pris en compte. Dans tout contrat, chaque contractant doit adopter le comportement qui facilite davantage l'obtention de l'autre partie de l'objectif qu'il attend du contrat. Le comportement recherché est celui qui protège autant les intérêts des parties. Un débiteur doit adopter un comportement plus bénéfique pour le créancier, qui protège au mieux ses intérêts de telle sorte que son partenaire puisse tirer aisément du contrat l'intérêt qu'il cherche. De même, un créancier doit faciliter la tâche du débiteur, l'aider à exécuter ses obligations de la manière la plus convenable, ne lui faisant pas perdre l'intérêt qu'il attend du contrat. A titre d'exemple, dans un contrat de transport, le transporteur doit choisir, pour la livraison des marchandises commandées par son partenaire, le chemin le moins coûteux et le plus sécurisé. Ce choix conviendrait davantage aux attentes du contractant.

357. Cette exigence de protection des intérêts ou des attentes légitimes des parties oblige chaque contractant à tout faire pour faciliter l'exécution du contrat, par conséquent l'atteinte, par son partenaire, de l'objectif attendu. Le contractant doit, dans ce cadre, fournir à son contractant les pièces, les

---

[1] LOKIEC, P., art. préc. p. 324
[2] PICOD, Y., Le devoir de loyauté dans l'exécution du contrat, op. cit., p. 19, n° 11.
[3] FAGES, B., op. cit., p. 314, n° 583.
[4] MAZEAUD, D., Loyauté, solidarité, fraternité : la nouvelle devise contractuelle ? *In* Mélanges TERRE, F., éd. PUF/Dalloz 1999, p. 603, spéc. p. 617-618.

instructions ou objets nécessaires à l'exécution du contrat[1]. Le devoir d'agir dans le sens qui favorise la réalisation de l'attente légitime du cocontractant, engendre aussi une obligation pour le contractant d'éviter tout ce qui gène sa réalisation[2]. Le contractant doit ainsi éviter une légèreté[3] blâmable ou une négligence[4] néfaste au contractant et à ses attentes. Ce sérieux et cette attention accordée aux attentes des parties doivent caractériser le comportement du contractant. Cette exigence entre selon une frange de la doctrine dans une obligation de bonne fin à laquelle est tenu tout contractant durant l'exécution du contrat[5].

358. Cette obligation de bonne fin impose au contractant une diligence accrue[6]. Le degré de diligence avec laquelle un contractant exécute ses obligations est en lien étroit avec le comportement du contractant. La diligence n'est finalement qu'une qualité du comportement de ce même contractant. Généralement chacun attend de son partenaire d'exécuter ses obligations avec toute la diligence requise. Très souvent, cette diligence diffère selon la nature de l'obligation, objet du contrat, obligation de moyen ou obligation de résultat[7]. Elle est souvent déterminée selon les attentes des parties. Un auteur précise dans ce sens que « les attentes légitimes du créancier donnent donc la mesure de la diligence du débiteur dans l'exécution du contrat »[8].
Le contractant doit déployer toute sa diligence ou du moins, une diligence moyenne, de *bon père de famille*, dans l'exécution de son contrat et des obligations qui lui incombe. Le critère ou le standard de bon père de famille permet d'apprécier le comportement contractuel[9]. La référence est faite, dans ce cas, au comportement de l'homme honnête, diligent et soigné[10]. Ce critère renvoie en réalité à une intensité, degré de diligence dans l'exécution du contrat. Il n'est pas toujours exigé ni présumé. Le comportement peut avoir un degré

---

[1] LE TOURNEAU, Ph., op. cit., p. 811, n° 3706. Voir aussi sur ce point : MAHFOUD, M., Théorie des suites du contrat, RJL 2008, n° 6, p. 99, spéc. p. 103.
[2] LE TOURNEAU, Ph., op. cit., p. 811, n° 3706.
[3] FAGES, B., op. cit., p. 314, n° 583.
[4] FAGES, B., op. cit., p. 314, n° 583.
[5] FAGES, B., op. cit., p. 314, n° 583.
[6] FAGES, B., op. cit., p. 315, n° 584.
[7] CREPEAU, P.-A., L'intensité de l'obligation juridique ou des obligations de diligence, de résultat et de garantie, éd. Yvon Blaise. INC. 1989. Voir aussi : ZINE, M., Théorie générale des obligations, 1 – Le contrat, éd. Tunis 1997, p. 288-289, n° 357.
[8] AUBRY, H., Un apport du droit communautaire au droit français des contrats : la notion d'attente légitime, RID comp. 2005, n° 3, p. 627, spéc. p. 639.
[9] DARMAISIN, S., A la recherche du bon père de famille, *In* Mélanges LE TOURNEAU, Ph., éd. Dalloz 2008, p. 297, spéc. p. 302. Voir pour le droit tunisien : ZINE, M., Théorie générale des obligations, 1 – Le contrat, éd. Tunis 1997, p. 289, n° 357 ; HAMMOUDA, M., De l'exécution de l'obligation avec loyauté, *In* Mélanges S. Ben Halima, édition CPU 2005, p. 1031, spéc. p. 1056 (l'auteur cite ici une jurisprudence tunisienne).
[10] DARMAISIN, S., art. préc. p. 298.

plus faible comme un degré plus intense ; tout dépend des exigences des parties et de leurs attentes légitimes. Généralement, l'empressement dans l'exécution des obligations contractuelles constitue l'un des caractères devant normalement caractériser le comportement des contractants. La diligence exclut toute légèreté ou désinvolture[1] dans l'exécution du contrat. Le contractant doit les éviter, puisqu'elles ne facilitent pas la réalisation des attentes des parties.
La jurisprudence tunisienne a confirmé l'utilité de la notion de bonne foi pour statuer sur la diligence requise du contractant. Le contractant doit moduler sa diligence selon les exigences de son partenaire. Les affaires tranchées par les tribunaux tunisiens concernent l'exécution d'un ordre de vente en bourse d'un certain nombre d'actions. L'intermédiaire en bourse, en exécutant ces ordres, n'a pas fait preuve de sa bonne diligence. Il les a exécutés avec un retard remarquable, ce qui a causé une dévalorisation des actions de ses clients. La Cour d'appel de Sfax a fait référence à l'article 243 du Code des obligations et des contrats afin de statuer sur la régularité de l'exécution faite par un intermédiaire en bourse des ordres de son client. La diligence doit être appréciée à l'aune de la nature du contrat et de la relation entre les parties[2].
Dans une seconde espèce tranchée par la même Cour, cette dernière a dû se référer à l'article 243 du C.o.c afin de déterminer la diligence requise du débiteur. Elle s'est aussi référée à la nature des obligations de l'intermédiaire en bourse[3]. Les attentes légitimes des parties ne sont pas loin de ces arrêts. La faute de l'intermédiaire en bourse est également celle de tromper, par son comportement reprochable ou son manque d'empressement dans l'exécution des ordres qui lui ont été donnés, les attentes de ses clients.
En somme, les attentes légitimes, comme la bonne foi, s'associent pour endiguer le comportement des contractants. Ce comportement est indirectement maîtrisé par ces deux notions, ainsi que par d'autres directives et exigences. Cependant, dans certains cas, le comportement est directement visé par le contenu contractuel contenant des dispositions ou des stipulations s'adressant directement au comportement des contractants. Dès lors, l'influence du contenu contractuel sur le comportement est directe et sans détour.

§1 – Une influence directe

Dans certains cas, de plus en plus fréquents, le contenu contractuel contient des stipulations qui s'adressent directement au comportement, revêtant désormais une importance cardinale. Cette question se pose surtout dans certains contrats où la fidélité du contractant est singulièrement requise. Celle-ci est généralement requise dans les cas où la considération de la personne est importante. Les exemples sont nombreux. Dans un contrat de travail, un contrat

---

[1] FAGES, B., op. cit., p. 314, n° 583.
[2] CA Sfax arrêt n° 18563 du 6 décembre 1995, Etudes juridiques 1995-1996, p. 245.
[3] CA Sfax arrêt n° 18562 du 6 décembre 1995, Etudes juridiques 1995-1996, p. 217.

classiquement basé sur la considération de la personne, le comportement du salarié joue un rôle important dans l'exécution du contrat.
Le second exemple concerne le contrat de société. Celle-ci, même si elle est souvent analysée comme une institution, n'a pas complètement perdu ses caractères contractuels[1]. Du moins au moment de sa naissance, exception faite pour les EURL ou SUPRL[2], la société est indubitablement un contrat.
En matière du droit du travail ou de sociétés, le comportement incarne une importance capitale. C'est de ce comportement que dépend l'efficacité du contrat de travail ou celle de la société. Toutefois, il est utile de préciser que le comportement exigé pour un salarié n'est pas le même que celui attendu d'un associé. Le statut du salarié est complètement différent de celui de l'associé. Le point commun entre les deux est l'importance du comportement.

D'abord, c'est en matière du travail que le comportement va être étudié (A) avant de passer, par la suite, à la matière des sociétés **(B)**.

A – Le comportement des parties dans un contrat de travail :

359. Le contrat de travail ou le contrat de louage de service humain[3], ou encore le contrat de louage de services d'un homme libre comme l'indique son ancienne appellation[4], est un contrat qui s'adresse avant tout au comportement du contractant. Son objet est d'ailleurs « la personne du salarié »[5] dont « l'obligation de praestare porte sur un des aspects de la personne humaine, du corps humain »[6]. Le salarié s'engage ainsi, aux termes de son contrat, à adopter un comportement voulu et recherché par l'employeur, qui rend à ce dernier la satisfaction qu'il attendait. La subordination, qui constitue le critère distinctif du contrat de travail[7], englobe, entre autres, un comportement présentant certains

---

[1] Consulter : M. Germain et V. Magnier, Traité de droit commercial, Les sociétés commerciales, éd. LGDJ 2009, p. 13, n° 1056-18 ; Ph. Merle, Droit commercial, Sociétés commerciales, éd. Dalloz 2009, p. 39, n°21 ; Th. Favario, Regards civilistes sur le contrat de société, Rev. Sté, 2008, p. 53.

[2] Entreprise Unipersonnelle à Responsabilité Limitée. Cette forme est adoptée depuis la loi du 11 juillet 1985 en droit français (art. 1832 du C. civ.). Société Unipersonnelle à Responsabilité Limitée. C'est la dénomination retenue par le Code des sociétés commerciales tunisien (art.2 CSC).

[3] Cette appellation était valable en droit tunisien jusqu'à la promulgation du Code de travail. Cette appellation figure encore dans le Code tunisien des obligations et des contrats, les articles 828 et suivants.

[4] Cette appellation a été utilisée par Pothier. Voir dans ce sens : G.-H. Camerlynck, Le contrat de travail, tome 1, éd. Dalloz 1982, p. 3, n° 2 qui cite Pothier.

[5] FABRE-MAGNAN, M., Le contrat de travail défini par son objet, *In* Le travail en perspectives, sous la direction d'A. Supiot, éd. LGDJ 1998, p. 101, spéc. 110.

[6] FABRE-MAGNAN, M., art. préc. p. 115.

[7] T. Auber-Monpeyssen, Subordination juridique et relation de travail, éd. CNRS 1988, p. 86. Pour le droit tunisien, voir surtout : F. Mechri, Droit du travail en Tunisie, éd. Sud Editions 2009,

caractères[1] qui sont la conformité et la soumission aux instructions de l'employeur et au règlement du travail[2]. C'est une sorte de maîtrise du comportement du salarié qui serait soumis aux instructions de l'employeur. Le comportement du salarié est dirigé vers un sens qui sert davantage l'intérêt de l'entreprise.

360. La subordination qui est encore une des « apories de la soumission volontaire »[3], permet l'exercice d'un pouvoir conféré à *une personne sur une autre personne*[4].
Un auteur tunisien souligne dans ce sens que « l'exercice d'un pouvoir sur autrui constitue l'une des composantes de l'entreprise »[5].
Un autre auteur résumant les caractères du comportement souligne : « le salarié idéal ...diligent consciencieux, honnête, fidèle»[6]. Ce dernier doit aussi faire preuve de « conscience professionnelle, diligence et probité dans l'exécution de la prestation »[7].

361. En somme, le salarié doit être à la fois loyal[8] et consciencieux[9] dans l'exécution de ses obligations. La conscience du salarié est exigée, même non consacrée par un texte spécial, comme c'est le cas pour les journalistes où l'article L. 7112-5 du Code de travail leur accorde la possibilité de résilier leur contrat en cas d'atteinte à l'honneur ou aux intérêts moraux. Un salarié peut ainsi résilier légitiment son contrat lorsque l'entreprise est en dérive ou pratique une activité délictueuse ou attentatoire à l'honneur des salariés[10].

---

p. 60-61 ; MZID, N., Subordination juridique du salarié et liberté de la personne humaine, Etudes juridiques 1993-1994, p. 167.

[1] G.-H. Camerlynck, Le contrat de travail, tome 1, éd. Dalloz 1982, p. 238.

[2] Voir sur ce point pour le droit tunisien : F. Mechri, Droit du travail en Tunisie, éd. Sud Editions 2009, p. 96. L'auteur souligne que la subordination, c'est entre autres la soumission au règlement intérieur et au pouvoir disciplinaire de l'employeur.

[3] A. Supiot, Critique du droit du travail, éd. PUF 2007, p. 111.

[4] A. Supiot, Critique du droit du travail, éd. PUF 2007, p. 110.

[5] MZID, N., Subordination juridique du salarié et liberté de la personne humaine, Etudes juridiques 1993-1994, p. 167, spéc. p. 176, n° 20.

[6] Q. Urban, La bonne foi, un concept utile à la régulation des relations de travail, *In* Mélanges P. Ortscheidt, éd. Presse Universitaire de Strasbourg 2003, p. 330, spéc. 342.

[7] VIGNEAU, C., L'impératif de bonne foi dans l'exécution du contrat de travail, Dr. Soc. 2004, n° 7/8, p. 706, spéc. p. 708.

[8] G.-H. Camerlynck, op. cit., p. 244, n° 216. Voir aussi : F. Mechri, Droit du travail en Tunisie, éd. Sud Editions 2009, p. 102.

[9] G.-H. Camerlynck, op. cit., p. 239, n° 213. Voir aussi : F. Mechri, Droit du travail en Tunisie, éd. Sud Editions 2009, p. 102.

[10] A. Supiot, Critique du droit du travail, éd. PUF 2007, p. 101-102.

362. Dans ces exigences de comportement, l'idée de bonne foi dans l'exécution du contrat de travail n'est pas si lointaine[1]. Elle y contribue sensiblement. La bonne foi contractuelle de l'article 1134 al. 3 du Code civil a pu ainsi être présentée comme un facteur de normalisation de la conduite du salarié[2] en lui imposant de « contribuer loyalement et activement à la réalisation des objectifs fixés »[3]. Elle est selon certains auteurs « une attitude psychologique, un comportement moral »[4]. Cette obligation de bonne foi qui pèse sur le salarié, est souvent contestée ; d'une part à cause de son « caractère idéologique »[5], d'autre part, car est un «surcroît de sujétion du salarié »[6]. Le salarié est suffisamment accablé des obligations qu'il est inutile de lui en ajouter davantage[7].

363. Cette contestation n'est en fait que théorique puisque la jurisprudence fait systématiquement référence à la bonne foi du salarié[8]. De surcroît, le législateur, dans la modification du Code de travail du 17 janvier 2002, y fait expressément allusion à travers l'article L. 1222-1. Ledit article énonce que « le contrat de travail est exécuté de bonne foi ». D'ailleurs, certains auteurs précisent qu'il est devenu *terrain d'élection* de l'obligation de bonne foi[9]. Tous ces caractères qui doivent imprégner le comportement du salarié, peuvent ainsi être justifiés par la bonne foi et la loyauté dans l'exécution des contrats. Pour certains, l'obligation

---

[1] Voir sur ce point surtout: M. Buy, L'exigence de bonne foi dans l'exécution du contrat de travail, *In* le juge et l'exécution du contrat, éd. PUAM 1993, p. 77 ; D. Corrignan-Carsin, La loyauté et droit du travail, *In* Mélanges H. Blaise, éd. Economica 1995, p. 125 ; W. Roumier, Bonne foi et loyauté dans le contrat de travail : débat sémantique ou réalité juridique ?, TPS 2003, n° 2, p. 4 ; F. Vasseur-Lambry, La bonne foi dans les relations individuelles de travail, LPA 17 mars 2000, n° 55, p. 4 ; PLET, M., Bonne foi et contrat de travail, Droit Ouvrier mars 2005, p. 98 ; VIGNEAU, C., L'impératif de bonne foi dans l'exécution du contrat de travail, Dr. Soc. 2004, n° 7/8, p. 706.

[2] VIGNEAU, C., art. préc. p. 708.

[3] D. Corrignan-Carsin, art. Préc., p. 143.

[4] F. Mechri, Droit du travail en Tunisie, éd. Sud Editions 2009, p. 102.

[5] M. Buy, art. préc. p. 77.

[6] VIGNEAU, C., art. préc. p. 708.

[7] Cette idée est vérifiable dans certains arrêts de la Cour de cassation tunisienne, voir à titre d'exemple l'arrêt interdisant la clause pénale dans le contrat de travail (Cass. soc (tn). n° 8571 du 6 juin 2001, Revue de la Jurisprudence et de la Législation, n° 2, février 2004, note I. Lahmar). Voir aussi : F. Ben Salem, Cours de Droit social (non polycopié), faculté de droit et des sciences politiques de Tunis, 1996-1997.

[8] Plusieurs arrêts de la Cour de cassation française font référence à l'exigence de loyauté du salarié et de l'employeur. À titre d'exemple : cass. soc. 3 mai 1962, Bull. civ. IV, n° 392 ; cass. soc. 10 mai 2006, JCP S 2006, 1727, note B. Bossu. Pour les applications de la jurisprudence tunisienne, voir à titre d'exemple : Cass. civ (tn). n° 67916 du 7 juillet 1999, RJL 2001, n°3, p. 107 ; Conseil de Prud'hommes de Ben Arous, n° 29665 du 22 mai 2006 (inédit). Cette idée se trouve aussi dans l'arrêt de la Cour de cassation tunisienne sur l'interdiction de l'introduction de clause pénale dans le contrat de travail (précité).

[9] M. Buy, art. préc. p. 77.

de bonne foi à laquelle est tenu un salarié, justifie l'ensemble des obligations s'adressant à son comportement[1].
En droit tunisien, le législateur n'a fait aucune référence à la notion de bonne foi en droit du travail[2]. Et cette lacune est critiquée par la doctrine tunisienne[3]. Dans le domaine du droit du travail, comme ailleurs, « la bonne foi contractuelle a tout pour séduire »[4]. Son rôle est important aussi bien pour l'employeur que pour le salarié[5].
Face à l'absence d'une reconnaissance expresse de la bonne foi en droit du travail tunisien, la jurisprudence de ce pays a joué un rôle très important. Elle part d'un postulat selon lequel le droit civil assure le rôle du droit commun pour le droit du travail. Le résultat est que « le contrat de travail est soumis au droit commun pour ce qui n'est pas réglementé au Code du travail ou à la législation sociale »[6]. Il s'ensuit que lorsqu'il s'agit de la bonne foi en droit du travail, c'est vers l'article 243 du Code des obligations et des contrats applicable en en ce domaine comme ailleurs[7], que les regards doivent être portés. La jurisprudence tunisienne en a d'ailleurs fait certaines applications[8].

364. Le comportement est directement, implicitement ou explicitement, visé dans un contrat de travail. L'exécution consciencieuse du travail par le salarié exige que ce dernier évite la malfaçon, la détérioration du matériel ou encore le gaspillage des matières premières[9]. Il doit apporter à son travail la diligence nécessaire. Certains auteurs émettent le critère de « bon salarié » à l'aune duquel son comportement doit être apprécié et ce, par analogie au critère de bon père de famille répandu en droit civil[10]. D'ailleurs, l'absence d'une telle diligence, si elle porte dommage à l'employeur ou à l'entreprise, peut justifier le licenciement du salarié non consciencieux[11]. Un manque de conscience et de diligence peut être à l'origine d'un licenciement pour cause réelle et sérieuse du

---

[1] F. Gaudu et R. Vatinet, op. cit., p. 161, n° 185.
[2] F. Mechri, Le droit du travail en Tunisie, éd. Sud Editions 2009, p. 102.
[3] MZID, N., Le droit du travail à l'épreuve des nouvelles technologies, Etudes juridiques, 2007, n° 14, p. 9, spéc. p. 17, n°20 ; MZID, N., Subordination juridique du salarié et liberté de la personne humaine, Etudes juridiques 1993-1994, p. 167, spéc. p. 175, n° 18.
[4] MZID, N., Le droit du travail à l'épreuve des nouvelles technologies, Etudes juridiques, 2007, n° 14, p. 9, spéc. p. 17, n°20.
[5] MZID, N., Subordination juridique du salarié et liberté de la personne humaine, Etudes juridiques 1993-1994, p. 167, spéc. p. 175, n° 18 ; F. Mechri, Le droit du travail en Tunisie, éd. Sud Editions 2009, p. 102-103.
[6] Cass. Civ (tn), n° 45230 du 14 novembre 1994, Bull. 1994, p. 149.
[7] F. Mechri, Le droit du travail en Tunisie, éd. Sud Editions 2009, p. 102.
[8] Voir récemment : Jugement du Conseil de Prud'hommes de Ben Arous, n° 29665, du 22 mai 2006 (inédit). Ce jugement a annoncé que le salarié est tenu d'une obligation de loyauté. Il n'a pas cité explicitement l'article 243 du Coc mais il en a repris les termes.
[9] G.-H. Camerlynck, op. cit., p. 239, n° 213.
[10] VIGNEAU, C., art. préc. p. 708. Voir aussi : Q. Urban, art. préc., p. 342VIGNEAU, C., art. préc. p. 708.
[11] Voir sur ce point : Cass. Soc. 4 décembre 1985, JCP E, I, 15578, p. 260, n°6, obs. B. Teyssié.

salarié. Le cas est souvent subordonné à un dommage qui affecte l'entreprise ou l'employeur[1]. La jurisprudence tunisienne a qualifié de faute grave la négligence du salarié, voire son manque de diligence[2]
Le salarié doit ainsi exécuter son travail avec beaucoup de soin et de diligence. Le critère de bon père de famille n'est pas loin de cette exécution. Appliqué en matière de travail, il préconise un comportement du salarié conforme à celui de l'homme honnête, diligent et soigné[3]. Certains auteurs ont, à ce titre, directement fait référence à l'article 1137 du Code civil qui s'applique au salarié[4].

365. Ce comportement requis du salarié est souvent justifié dans le rapport de confiance qui unit les parties dans un contrat de travail et qui dépasse, dans une certaine mesure, le degré de confiance requise dans certains autres contrats. Cette confiance oblige le salarié à se montrer dévoué face à son travail[5] en lui apportant le soin nécessaire afin que l'employeur retrouve la satisfaction qu'il attend de ce travail. Un auteur précise dans ce sens que la bonne foi est exigée pour sanctionner « le comportement de ceux qui ne paient pas assez de leur personne dans l'exécution de leur travail »[6].
Le comportement du salarié est ainsi pris pour cible dans le contrat de travail. Les règlements du travail et autres directives ne visent qu'à maîtriser le comportement du salarié. Les obligations qui en découlent ne sont majoritairement que des obligations relatives à son comportement. Les obligations d'assiduité, de se conduire d'une façon décente au sein de l'entreprise en sont encore des illustrations avérées.

366. L'obligation de non concurrence entre, elle aussi, dans ce cadre[7]. Le salarié, lorsqu'il s'abstient de pratiquer une activité concurrentielle pour son employeur, adopte un comportement loyal. Cette obligation de non concurrence dérive en réalité d'une autre obligation de fidélité dont l'objet est essentiellement « d'empêcher le salarié de concurrencer son employeur »[8]. Le salarié adopte un comportement reprochable s'il établit des contacts avec les concurrents de son employeur à l'insu de ce dernier. Il en est de même s'il contribue d'une façon ou d'une autre au détournement de la clientèle de son employeur ou s'il agit pour le compte d'une entreprise concurrente[9].

---

[1] C'est un des cas de licenciement énuméré par l'article 14 du Code de travail tunisien.
[2] Cass. civ (tn). n° 6865 du 2 mars 2001, Bull. II, p. 295.
[3] DARMAISIN, S., art. préc. p. 298.
[4] G.-H. Camerlynck, op. cit., p. 239, n° 213.
[5] F. Mechri, Le droit du travail en Tunisie, éd. Sud Editions 2009, p. 103.
[6] A. Supiot, Critique du droit du travail, éd. PUF 2007, p. 100.
[7] F. Mechri, Le droit du travail en Tunisie, éd. Sud Editions 2009, p. 103-104.
[8] M. Buy, art. préc. p. 83.
[9] M. Buy, art. préc. p. 84.

Le comportement du salarié peut aussi être de mauvaise foi s'il abuse de la confiance qui lui est accordée par son employeur pour s'enrichir indûment ou pour favoriser ses connaissances. Il est également de mauvaise foi s'il reçoit, à l'insu de son employeur, une rémunération en nature ou en argent d'un tiers[1]. Tel est le cas du salarié responsable du service « marchés et achats » qui néglige la technique de consultation prescrite jusqu'alors dans le règlement de l'entreprise, et qui choisit, à plusieurs reprises, une offre qui n'est pas favorable à l'entreprise. Il est aussi de mauvaise fois lorsqu'il vide la technique de consultation de son intérêt par des agissements frauduleux et des intrigues[2]. En outre, le comportement du salarié est reprochable, lorsqu'il participe au capital social d'une société concurrente[3] alors qu'il est tenu par une obligation de non concurrence de son employeur.

367. Les obligations de réserve, de confidentialité, entrent dans ce même cadre. Le salarié est tenu conformément à ces obligations de ne pas divulguer le secret dont il a pris connaissance à l'occasion de son travail[4]. En effet, ces obligations de non concurrence, de réserve et de fidélité s'adressent tant aux cadres qu'aux simples salariés. Lorsqu'il s'agit des cadres, elles prennent souvent une intensité particulière et une ampleur encore plus grande[5].

368. L'emprise du contrat de travail sur le comportement ne concerne pas uniquement le salarié, l'employeur y est aussi tenu[6]. Dans ce contrat, comme dans les autres, chaque partie doit respecter les intérêts essentiels de l'autre[7]. L'employeur doit ainsi adopter un comportement loyal[8]. Il ne doit surtout pas harceler le salarié à l'occasion de l'exercice de son travail. Le harcèlement se définit comme « toute pratique ayant pour but de porter atteinte à une personne

---

[1] F. Mechri, Le droit du travail en Tunisie, éd. Sud Editions 2009, p. 104.

[2] La jurisprudence tunisienne a statué récemment sur un cas similaire. Conseil de Prud'hommes de Tunis, 4e Ch. affaire n° 18321, du 14 juin 2005. Cet arrêt a été confirmé en appel : Tribunal de 1re instance de Tunis, Ch. App. Prud'homal, affaire n° 55197 du 27 mars 2006. La Cour de cassation a aussi confirmé le jugement : cass. soc (tn), n° 9271 / 2006 du 19 mai 2006 (tous les jugements sont inédits).

[3] Cass. soc. 27 février 1991, Cah. Soc. Barreau n° 30, A 32 (cité par M. Buy, art. préc. p. 85).

[4] F. Mechri, Le droit du travail en Tunisie, éd. Sud Editions 2009, p. 104.

[5] PICOD, Y., op. cit., p. 146, n° 127.

[6] La majorité des auteurs qui ont parlé de la bonne foi en droit du travail consacrent un volet à la bonne foi ou à la loyauté de l'employeur. Voir surtout : M. Buy, art. préc. p. 78; VIGNEAU, C., art. préc. p. 711.

[7] F. Gaudu et R. Vatinet, Les contrats du travail : contrats individuels, conventions collectives et actes unilatéraux, éd. LGDJ 2001, p. 161, n° 185.

[8] MZID, N., Subordination juridique du salarié et liberté de la personne humaine, Etudes juridiques 1993-1994, p. 167, spéc. p. 175, n°18 ; F. Mechri, Le droit du travail en Tunisie, éd. Sud Editions 2009, p. 104.

en mettant en place un environnement intimidant, hostile, dégradant, humiliant ou offensant »[1].

369. Dans la définition du harcèlement, l'on trouve généralement l'idée de conjonction et de répétition dont la jurisprudence française ne cesse de vérifier l'existence[2]. Le harcèlement n'est donc que l'adoption par l'employeur d'un comportement provocant et gênant à l'égard du salarié. Il est souvent utilisé comme alibi afin d'obliger le salarié à quitter le travail ou à démissionner. Le droit français, même avant la directive européenne du 5 avril 2005, avait interdit le harcèlement dans les rapports du travail[3]. Le titre cinquième du livre premier du Code de travail est réservé au harcèlement, à ses formes et à ses sanctions. Ainsi l'article L.1153 – 1 du Code du travail interdit et définit le harcèlement sexuel. L'article L.1152 – 1 interdit quant à lui le harcèlement moral. Cette notion a en effet été introduite à l'occasion de la modernisation de la législation sociale du 17 janvier 2002. La jurisprudence française l'applique déjà et invite les juges de fond à apprécier souverainement si « le comportement de l'employeur est (ou n'est pas) constitutif de harcèlement moral »[4].

370. Il est à noter que le harcèlement n'est pas uniquement vertical, à savoir de l'employeur vis-à-vis du salarié, il est aussi horizontal, c'est-à-dire d'un salarié envers un autre[5] ou entre collègues du même niveau[6]. Dans tous les cas, le harcèlement, qu'il provienne d'un salarié envers un autre ou d'un directeur envers un salarié, est pénalement sanctionné. Mais lorsqu'il provient d'un employeur ou d'un chef d'entreprise agissant en cette qualité, le licenciement intervenu sur sa base est considéré comme dépourvu de cause réelle et sérieuse. L'employeur est condamné à la réparation du salarié victime de l'harcèlement. La jurisprudence française pousse encore plus loin la protection du salarié victime du harcèlement lorsqu'elle lui reconnaît le droit « de rompre son contrat de travail et d'en imputer la rupture à l'employeur»[7]. Quand le harcèlement provient d'un salarié, il est constitutif d'une faute grave justifiant une sanction disciplinaire, conformément à l'article L.1152 – 5 du Code du travail ou même le licenciement du salarié auteur du harcèlement[8]. Qui plus est, l'inspection du

---

[1] M. Meunier-Boffa, Droit des relations sociales au travail, éd. Litec 2005, p. 47, n° 86.
[2] A titre d'exemple voir les arrêts : cass. soc. 27 octobre 2004, Dr. soc. 2005, p. 100, note Roy-Loustaunau ; Paris 27 mars 2003, RJS 2003, p. 867, n° 1252.
[3] A. Viottolo, Le harcèlement sexuel dans les relations de travail, la spécificité française confrontée au droit communautaire, JCP E, n° 32-35 du 7-28 août 2003, 1202 ; LARDY-PELLISSIER, B., La prohibition légale du harcèlement, RJS 2006, p. 191.
[4] Cass. soc. 23 novembre 2005, Dr. Soc. 2006, p. 229, obs. J. Savatier.
[5] A. Cœuret, B. Gauriau et M. Miné, Droit du travail, éd. Sirey 2006, p. 447, n° 591.
[6] A. Mazeaud, Harcèlement entre salariés : apport de la loi de modernisation, Dr. Soc. 2002, p. 321.
[7] Cass. soc. 26 janvier 2005, RJS 2005, p. 253.
[8] C. App. Aix-en-Provence, 25 juin 2002, Cah. prud'h, Cahiers n° 3, 2003, p. 1.

travail, lorsqu'elle refuse d'autoriser le licenciement d'un salarié protégé, accusé de harcèlement moral, rend sa décision attaquable en excès de pouvoir puisqu'elle est susceptible de porter atteinte à une liberté fondamentale[1].
Dans une évolution récente, la jurisprudence française a poussé encore plus loin la volonté de protection du salarié contre une pression injustifiée exercée par l'employeur. Dans l'arrêt dit Mocka du 26 septembre 2002[2], la Cour de cassation a forgé la notion de démission motivée d'un salarié[3]. Dans cet arrêt, cette démission a été qualifiée de licenciement abusif, dénué de cause réelle et sérieuse[4].

371. Le droit tunisien du travail ne contient aucune disposition qui renvoie de façon expresse au harcèlement. Dans ce cas, les règles du droit commun, surtout le principe de bonne foi de l'article 243 du Code tunisien des obligations et des contrats, retrouvent normalement pleine vocation à régir toute question se rapportant à ce genre de comportements reprochables provenant des salariés et surtout des employeurs. La jurisprudence tunisienne n'a qu'à se référer à cet article qui fait toujours preuve de richesse et d'utilité inébranlable. Cette référence aux règles du Code des obligations et des contrats semble en parfaite harmonie avec les positions des tribunaux tunisiens. La Cour de cassation tunisienne a expressément opté pour cette solution[5]. Il ne reste pour la jurisprudence tunisienne qu'à aller plus loin en maximisant l'usage des principes de droit commun.
Une frange de la doctrine tunisienne semble favorable à l'application de l'article 243 du Code des obligations et des contrats en matière du travail[6].
La jurisprudence tunisienne a même appliqué, dans certaines espèces, la notion de harcèlement. La Cour de cassation tunisienne a qualifié de légitime le licenciement d'un salarié pour avoir agressé son collège sur son lieu de travail. Cette violence constitue une faute pouvant justifier le licenciement[7]
Dans un autre arrêt, la haute Cour tunisienne a qualifié de faute grave pouvant légitimer le licenciement du salarié, les injures contre l'employeur ou encore son agression physique ou morale ainsi que la simple menace.

---

[1] CE 4 octobre 2004, Dr. Soc. 2005, p. 608, note Reneaud.
[2] MARTINEL, A., L'office du juge dans la détermination et le contrôle des obligations contractuelles, Droit Ouvrier, mars 2005, p. 104.
[3] P. Y. Verkindt, démission motivée = licenciement sans cause réelle et sérieuse : l'équation infernale, Actualité Lamy social, mars 2003 ; G. Couturier, L'auto-licenciement n'est pas un droit, c'est un risque, Semaine soc. Lamy, 22 avril 2003, p. 11.
[4] D'autres arrêts adoptent la même position, voir à titre d'exemple : Cass. soc. 21 janvier 2003, Bull. civ. n° 13. Dans cet arrêt, il s'agit d'une démission motivée d'un salarié protégé.
[5] Cass. Soc (tn), n° 45230 du 14 novembre 1994, Bull. 1994, p. 149.
[6] F. Mechri, Le droit du travail en Tunisie, éd. Sud Editions 2009, p. 102 ; M. Tarchouna, Droit du travail, Relations individuelles, Cours non polycopiés, Faculté de droit et des sciences politiques et économiques de Sousse, 2005-2006.
[7] Cass. civ (tn), n° 63485 du 11 novembre 1998, Bull. 1998, II, p. 427.

Dans ces espèces, même si la Cour ne l'avoue pas expressément, il s'agit bien de cas de harcèlement. En l'absence de tout texte l'autorisant, la jurisprudence tunisienne fait un travail très méritoire.
Dans un jugement récent rendu par le tribunal de première instance de Tunis, l'idée de harcèlement en matière de travail a été vivement posée[1]. Le tribunal s'est montré favorable à l'idée d'indemnisation du salarié victime du harcèlement de son employeur. Le seul empêchement à la concrétisation est que le tribunal n'était pas compétent à connaître ce litige. Un litige de ce genre, opposant un salarié à son employeur, devrait, selon le tribunal de première instance de Tunis, être introduit devant le conseil des prud'hommes. L'empêchement n'était pas lié à l'absence d'un fondement légal à la demande d'indemnisation pour harcèlement ; mais il était d'ordre processuel.
La tendance législative semble favorable à cette évolution, car le législateur tunisien a introduit récemment une modification dans le Code pénal Tunisien à travers laquelle il réprime désormais le harcèlement sexuel. L'article 226 – ter – du Code Pénal issu de cette modification définit le harcèlement comme suit : « est considéré harcèlement sexuel toute persistance dans la gène d'autrui par la répétition d'actes ou de paroles ou de gestes susceptibles de porter atteinte à sa dignité ou d'affecter sa pudeur, et ce, dans le but de l'amener à se soumettre à ses propres désirs sexuels ou aux désirs sexuels d'autrui, ou en exerçant sur lui des pressions de nature à affaiblir sa volonté de résister à ses désirs »[2].

372. L'observation qui s'impose ci-dessus est que le législateur tunisien n'a parlé dans cet amendement que du harcèlement sexuel. Le harcèlement moral demeure donc non pénalisé et non répréhensible sur le plan pénal. Cependant, il l'est sur le plan civil puisqu'il dénote, d'une façon avérée et incontestable, de l'absence de la bonne foi et de la loyauté requises dans l'exécution des contrats. Le harcèlement moral est ainsi stigmatisé, en droit tunisien, même en l'absence de toute disposition le prévoyant explicitement. Les textes de droit commun retrouvent ainsi leur plein effet et assurent un rôle de premier plan en cas de harcèlement moral.
En l'absence d'une disposition dans le Code travail tunisien relative à l'exigence de bonne foi dans l'exécution du contrat, et ce, contrairement au droit français, l'on ne peut songer qu'à l'application de l'article 243 du Code tunisien des obligations et des contrats en cas de harcèlement moral.

373. Le législateur tunisien a récemment adopté une nouvelle loi sur la protection des données à caractère personnel[3] qui impose la dignité de la

---

[1] TPI Tunis, jugement n° 59850, du 09 décembre 2005 (inédit).
[2] Loi n° 2004-73 du 2 août 2004, modifiant et complétant le Code pénal concernant la répression des atteintes aux bonnes mœurs et du harcèlement sexuel, publiée au JORT n° 63 du 6 août 2004.
[3] La loi organique n° 2004-63 du 27 juillet 2004 portant sur la protection des données à caractère personnel. Voir sur ce point surtout : MZID, N., Le droit du travail à l'épreuve des nouvelles

personne humaine et la nécessité de la protection de sa vie privée comme limite infranchissable de tout pouvoir permettant le traitement de telles données[1]. Cette loi a aussi pour vocation de s'appliquer en matière de travail afin de limiter les pouvoirs de l'employeur.

374. Le comportement de l'employeur est encore inadmissible s'il porte atteinte à la personne du salarié. Il est tenu de poursuivre un comportement respectueux vis-à-vis de celui-ci, de ses droits fondamentaux et de sa vie privée. Au sein de l'entreprise, le salarié ne perd pas sa qualité d'être humain. Le Code du travail français réserve le titre huitième du livre deuxième au droit d'expression des salariés[2].
Ici, l'ancienne citation de Balzac « accablé au travail sevré des plaisirs »[3] ne trouve pas sa pleine consécration. Le salarié n'est pas obligé de travailler sans broncher, sa liberté d'expression est garantie même au sein de l'entreprise, ce qui lui permet de critiquer, dans une certaine mesure, ce qui n'y marche pas à condition de ne pas tenir de propos injurieux diffamatoires.

375. L'arrêt *Clavaud* illustre parfaitement la mise en œuvre de cette liberté d'expression dont bénéficie le salarié[4]. La limite avérée à cette liberté, comme à bien d'autres, est l'abus. Cette liberté d'expression pose des problèmes avec l'évolution des techniques et des moyens de communication. L'utilisation de l'Internet ou de l'Intranet rend la diffusion d'une information au sein de l'entreprise beaucoup plus facile[5]. La vie privée du salarié et ses droits fondamentaux constituent une limite avérée, une ligne rouge, au pouvoir de l'employeur. Est annihilé tout comportement de l'employeur attentatoire à ces libertés[6].

---

technologies, Etudes juridiques, 2007, n° 14, p. 9, spéc. p. 21, n° 27. Voir aussi récemment : JERBI, S., Une illustration innovatrice des droits fondamentaux : la protection des données personnelles, *In* Les droits fondamentaux dans la constitution, regards croisés, colloque Tabarka, Tunisie, 16-17 avril 2009 (non publié).

[1] L'article 1er de la loi du 27 juillet 2004 dispose que « toute personne a le droit à la protection des données à caractère personnel relatives à sa vie privée comme étant l'un des droits fondamentaux garantis par la constitution et ne peuvent être traités que dans le cadre de la transparence, la loyauté et le respect de la dignité humaine et conformément aux dispositions de la présente loi ».

[2] Les articles L. 2281 – 1 et suivants du Code du travail.

[3] Citation trouvée dans Le Petit Robert « mots » 2007 sous le mot « sevrer ».

[4] Pour l'application jurisprudentielle de cette limite voir : arrêt *Clavaud* cass. soc. 28 avril 1988, D. 1988, p. 437, note Wagner ; Dr. ouvrier 1988, p. 252, note A. Jeammaud et M. Le Friant.

[5] PELISSIER, J., A. Supiot et A. Jeammaud, Droit du travail, éd. Dalloz 2006, n° 677, spéc. p. 811.

[6] La jurisprudence et la doctrine françaises ne cessent de confirmer cette limite aux pouvoirs de l'employeur : A. Lepage, la vie privée du salarié, une notion civiliste en droit du travail, Dr. Soc. 2006, p. 364 ; LYON-CAEN, G., Les libertés publiques et l'emploi, La documentation française, 1992. Voir aussi en droit tunisien : Internet et vie privée, acte de colloque organisé par la faculté de droit et des sciences politiques de Tunis le 26 février 2008, unité de recherche « commerce électronique » et l'ensemble des interventions qui y sont dispensées (colloque non encore publié).

Le droit tunisien est, comme le souligne un auteur, curieusement muet sur la question du respect de la vie personnelle du salarié face au pouvoir patronal[1]. Les notions de loyauté et de proportionnalité[2] sont avancées par la doctrine comme étant une limite aux pouvoirs de l'employeur[3]. Elles permettent de garantir un minimum de protection de la personne du salarié et de ses droits fondamentaux. En outre, la protection de la vie privée du salarié est à rechercher dans certains articles du Code des obligations et des contrats. Dans le droit commun, même si un texte de portée générale n'existe pas, la protection est à rechercher dans quelques applications éparses. C'est ainsi que l'article 118 du Code des obligations et des contrats annule toute clause de nature à priver une personne de ses droits essentiels comme celui de se marier. L'article 1462 du C.o.c interdit de transiger sur les droits personnels, telle que la liberté. Dans ce même cadre, l'article 832 du Code des obligations et des contrats prohibe les engagements à perpétuité[4].

Le recours au droit commun, afin d'étayer certaines idées en droit du travail, confirme l'utilité du premier pour le second. Le droit commun assure un rôle « d'infrastructure du droit du travail »[5]. Le recours est encore plus nécessaire lorsqu'il s'agit de protéger la personne du salarié, sa vie privée ou ses droits fondamentaux.

La jurisprudence tunisienne a récemment qualifié de licenciement abusif le refus par un employeur de renouveler le contrat de travail d'un de ses salariés en prétextant ses appartenances politiques[6]. Elle a dû se référer au droit commun pour instaurer la protection. Cette position de la jurisprudence tunisienne entre dans une volonté de garantir les droits fondamentaux du salarié.

La protection du salarié et de sa vie privée est quelque chose d'essentiel. Elle a aussi, au nom du respect de la dignité humaine, stigmatisé l'usage de certains

---

[1] MZID, N., Le droit du travail à l'épreuve des nouvelles technologies, Etudes juridiques, 2007, n° 14, p. 9, spéc. p. 20, n° 26.

[2] La jurisprudence tunisienne a appliqué à plusieurs reprises le principe de proportionnalité en droit du travail. Dans un arrêt de la Cour de cassation n° 30117 du 16 décembre 1993 la Cour a souligné : « la sanction doit être appropriée à la faute du salarié, sinon licenciement est abusif » (Bull. 1993, p. 184). Le défaut de proportionnalité constitue selon la Cour de cassation tunisienne une présomption de licenciement abusif. Dans un autre arrêt la Cour de cassation tunisienne s'arroge un droit de contrôler la proportionnalité entre la faute reprochée au salarié et la sanction qui lui a été infligée (cass. civ. n° 67736 du 07 octobre 1998, Bull. 1998, II, p. 47). Voir sur ce point aussi : LAHMAR, I., Le contrôle jurisprudentiel sur le licenciement, RJL 2007, n°4, p. 43, spéc. p. 54.

[3] MZID, N., Le droit du travail à l'épreuve des nouvelles technologies, Etudes juridiques, 2007, n° 14, p. 9, spéc. p. 20, n° 26.

[4] Tous ces exemples sont cités par : MZID, N., Subordination juridique du salarié et liberté de la personne humaine, Etudes juridiques 1993-1994, p. 167, spéc. p. 172, n° 13.

[5] MZID, N., Subordination juridique du salarié et liberté de la personne humaine, Etudes juridiques 1993-1994, p. 167, spéc. p. 173,n° 13.

[6] Jugement de Conseil de Prud'hommes de Ben Arous n° 29665, du 22 mai 2006 (inédit) ; Cass. Soc (tn), n° 20530/2007, du 28 mai 2007 (inédit).

moyens d'investigation dans l'entreprise[1]. Dans une première espèce, la Cour de cassation tunisienne, a réprimandé un employeur ayant procédé à un enregistrement, pendant le travail, d'images et de paroles réalisées à l'insu du salarié[2]. Elle a également réprimandé un employeur qui a procédé à l'insu du salarié, à la collecte d'informations concernant la vie privée du salarié[3].

376. En somme, il s'avère que le comportement, que se soit du salarié ou de l'employeur, revêt en matière du droit du travail une importance capitale qui ne trouve pas son égale dans les autres branches du droit privé. De fait, l'implicite touche au comportement des contractants qui doit être conforme à l'exigence de bonne foi et à l'attente des parties. Cette exigence va sans dire. Chaque contractant attend de son partenaire d'adopter un comportement sain mais aussi efficace. Le contrat de travail répond parfaitement à cette exigence en obligeant, d'une part, le salarié à avoir un dévouement pour son travail et d'autre part, l'employeur à respecter la personne et les droits du salarié.

377. Le juge détecte les maux qui affectent les comportements des contractants et procède à leur stigmatisation par différents moyens. La sanction la plus efficace dans ce cadre est celle de ne pas tenir compte du comportement dévoyant et de contraindre les parties à revenir au comportement enjoint par la bonne foi et la loyauté, mais aussi par l'esprit du contrat. Un comportement dévoyant provenant d'un salarié peut, en cas de sa gravité, constituer une faute lourde de la part de ce salarié, ce qui conduirait à la résiliation du contrat et rendrait par conséquent son licenciement justifié. Lorsque le comportement maladroit provient de l'employeur, non seulement le licenciement ou la sanction disciplinaire décidée est infondée et doit être annulée, mais le salarié peut également réclamer des dommages-et-intérêts proportionnels au préjudice causé.

Le cas du harcèlement est souvent évoqué dans ce contexte car il est fréquent que le salarié victime d'un tel comportement dévoyé, réclame réparation et se constitue partie civile lorsqu'une action pénale est introduite. L'auteur du harcèlement peut se disculper en montrant que son comportement trouve sa justification[4] dans des « éléments objectifs étrangers à tout harcèlement »[5].

[1] F. Mechri, Le droit du travail en Tunisie, éd. Sud Editions 2009, p. 105.
[2] Cass. civ (tn), n° 18692 du 29 novembre 2002 (inédit). Cité par F. Mechri, Le droit du travail en Tunisie, éd. Sud Editions 2009, p. 105.
[3] Cass. Civ (tn), n° 12442 du 6 mars 2002 (inédit). Cité par F. Mechri, Le droit du travail en Tunisie, éd. Sud Editions 2009, p. 105.
[4] M. Meunier-Boffa, op. cit., p. 50, n° 92.
[5] Article L. 1154 – 1 al. 2 du Code du travail.

L'implicite restaure la morale dans le contenu contractuel en annihilant le comportement présentant une certaine aporie par rapport à l'esprit du contrat et à l'ambiance saine dans laquelle son exécution doit se dérouler.
Cette importance du comportement dans un contrat s'accentue aussi et atteint son paroxysme lorsque l'analyse est focalisée sur le comportement des associés.

B – Le comportement des associés

378. Même si la société est souvent analysée comme une institution, personne ne peut nier qu'elle offre toujours certains aspects contractuels. Sa naissance est régie par un contrat. Il en est même pour la relation entre les associés. Durant ces dernières années, avec la multiplication des conventions statutaires et extrastatutaires, on assiste même à un renouveau de la nature contractuelle de la société[1]. L'instauration de la société par action simplifiée qui est d'inspiration essentiellement contractuelle[2], prouve de la nature contractuelle de la société rebondit de nouveau.
La société, fruit de la collectivisation des efforts, des capitaux et des individus, repose essentiellement sur une collaboration intense entre les associés qui la forment. Elle s'adresse, plus qu'un autre contrat, au comportement de ces associés[3]. Ces derniers, en intégrant la société, doivent adopter un nouveau comportement qui convient à cette entité nouvellement créée. La société implique ainsi, de par sa nature intrinsèque, un comportement très singulier qui exige une grande collaboration et une certaine entraide. C'est d'ailleurs le paradigme, souvent cité, d'une collaboration entre contractants. René Demogue confirme indirectement cette idée lorsqu'il précise que le contrat devient, par l'introduction de l'obligation de coopération, une sorte de société de *microsome*[4]. Le comportement de l'associé est un modèle à suivre pour les autres contrats.

379. Le comportement, à travers certaines exigences, est au cœur de la société. La collaboration, manifestation du comportement, est plaquée à l'idée de société. D'ailleurs, la définition communément accordée à *l'affectio societatis*, cet élément essentiel de la société, confirme cette idée. La collaboration se situe

---

[1] Voir à cet égard : Y. Guyon, Les sociétés. Aménagements statutaires et conventions entre associés, éd. LGDJ 2002.
[2] Y. Guyon, Les sociétés. Aménagements statutaires et conventions entre associés, éd. LGDJ 2002, p. 27, n° 11.
[3] Est exclue du domaine de cette étude la loyauté du dirigeant. La loyauté du dirigeant n'est majoritairement que la loyauté du cadre. Ce qui est valable en droit du travail s'applique normalement pour le dirigeant.
[4] R. Demogue, Traité des obligations en général, t.VI, p. 9, n° 3. L'auteur précise qu' « à l'opposition entre le droit du créancier et l'intérêt du débiteur tend à se substituer une certaine union. Le créancier quant à la prestation qu'il doit recevoir n'est pas seulement créancier, il peut avoir un devoir de collaboration ».

au centre de la définition de *l'affectio societatis*. Jurisprudences et doctrines, en droit français mais aussi en droit tunisien, s'accordent pour affirmer que l'*affectio societatis* est la collaboration volontaire et active, intéressée et égalitaire[1].

Pour une partie de la doctrine, l'*affectio societatis* est une « notion multiforme dont le plus petit commun dénominateur englobe la volonté des associés de collaborer ensemble, sur un pied d'égalité, au succès de l'entreprise commune »[2].

380. La collaboration entre associés démontre la nécessité pour l'associé dans une société d'adopter un comportement positif et de se débarrasser de sa passivité. Il est de *l'affectio societatis* de participer activement à la vie de la société et de prendre part à ses réunions et assemblées. La collaboration est antonyme à la soumission et à la subordination. La situation de l'associé au sein de la société est de loin incomparable à la situation du salarié au sein de l'entreprise. Bref, les associés doivent adopter un comportement qui s'accommode avec l'objectif de la société et qui démontre toujours l'existence de l'*affectio societatis*.

Un auteur affirme dans ce sens que l'associé doit forcément « se comporter comme son statut le lui impose et de se soumettre, singulièrement, à l'intérêt commun ; ce qui génère pour lui une série d'obligations, de faire et de ne pas faire »[3].

381. Le comportement de l'associé est ainsi directement visé dans le contrat de société. Il est souvent apprécié à l'aune de la loyauté ou de la bonne foi de l'article 1134 al. 3 du Code civil et dont le rayonnement est diffus. La loyauté ou la bonne foi sont renfermées dans l'*affectio societatis*. M. Le Tourneau affirme que la loyauté « existait à l'état latent dans le droit des sociétés, notamment par le biais de l'affectio societatis »[4]. Elle est toujours un concept sous-jacent dans ce domaine[5]. Un autre auteur confirme également cette idée lorsqu'il souligne que « l'affectio societatis n'est que la manifestation, dans le

---

[1] P. Serlooten, L'*affectio societatis*, une notion à réviser, *In* Mélanges Y. Guyon, éd. Dalloz 2003, p. 1007, spéc. p. 1009 ; M. Cozian, A. Viandier et F. Deboissy, Droit des sociétés, éd. Litec 2008, p. 70, n° 147. Voir pour le droit tunisien : MELLOULI, S. et FRIKHA, S., Les sociétés commerciales, éd. IME 2008, p. 39, n° 154 ; LABASTIE-DAHDOUH, Ch. et DAHDOUH, H., Droit commercial, Volume 2, Entreprises sociétaires, Tome 1, Règles communes, éd. IHE 2003, p. 68.

[2] Ph. Merle, Droit commercial, Sociétés commerciales, éd. Dalloz 2005, p. 74, n° 43.

[3] LE NABASQUE, H., Le développement du devoir de loyauté en droit des sociétés, RTD com. 1999, n° 2, p. 273, spéc. p. 275.

[4] LE TOURNEAU, Ph., L'éthique des affaires et du management au XXIe siècle, éd. Dalloz 2000, p. 181.

[5] M. Lathelize-Bonnemaizon, Bilan et perspective du devoir de loyauté en droit des sociétés, LPA, 23 juin 2000, n° 125, p. 7, spéc. p. 8.

contrat de société de l'obligation générale de bonne foi édictée par l'alinéa 3 de l'article 1134 du Code civil »[1].

La bonne foi, qui est un « mode de vie, un comportement continu guidant les faits et gestes de toutes les parties contractantes du début de leur rapport jusqu'à leur achèvement »[2], s'accommode parfaitement avec le comportement et les obligations de l'associé. Plusieurs auteurs parlent ainsi de la loyauté de l'associé ou de la loyauté et de la bonne foi en droit des sociétés[3]. D'ailleurs, certains auteurs disent qu' « affectio societatis et bonne foi ne font qu'une »[4].

Une frange de la doctrine tunisienne, ayant adopté cette analyse, souligne que la bonne foi et la loyauté constituent une partie des engagements de l'associé[5]. Cette obligation de bonne foi est, selon ces auteurs, déduite de l'article 1273 du Code des obligations et des contrats[6] qui met à la charge de tout associé une obligation de diligence.

Cette idée de référence à l'article 1273 Code des obligations et des contrats afin d'instaurer une obligation de bonne foi à la charge des associés ne semble pas pertinente. L'article permettant aisément d'étayer cette obligation en matière des sociétés comme ailleurs, est l'article 243 du Code et non l'article 1273. Qui plus est, ce dernier article exige une diligence simple, peu compatible avec l'idée de société où l'on requiert plus de diligence que d'ordinaire. L'*affectio societatis* justifie pleinement cette exigence.

Ce qui conforte cette idée de référence à l'article 243 du C.o.c afin d'instaurer une obligation de bonne foi en droit des sociétés, c'est ce que fait la doctrine française dans pareil cas. Elle se réfère souvent à l'article 1134-3 du Code civil[7].

382. L'associé, à partir de la date de la signature des actes de société, est tenu envers celle-ci de poursuivre un nouveau comportement toujours fidèle à sa volonté de s'unir. Il doit collaborer avec les autres associés en vue de brandir très haut l'intérêt de cette société. Sa collaboration peut prendre plusieurs

---

1 A. Viandier, La notion d'associé, éd. LGDJ 1978, p. 79, n° 78.

2 LE TOURNEAU, Ph., L'éthique des affaires et du management au XXIe siècle, op. cit., p. 205.

3 Voir dans ce sens surtout : D. Legeais, Droit commercial et des affaires, éd. Sirey 2007, *Passim* ; M. Cozian, A. Viandier et F. Deboissy, Droit des sociétés, éd. Litec 2008, n° 271, p. 134 où il aborde la loyauté des dirigeants sociaux ; LE TOURNEAU, Ph., L'éthique des affaires et du management au XXIe siècle, éd. Dalloz 2000 ; LE NABASQUE, H., Le développement du devoir de loyauté en droit des sociétés, RTD com. 1999, n° 2, p. 273 ; M. Lathelize-Bonnemaizon, Bilan et perspective du devoir de loyauté en droit des sociétés, LPA, 23 juin 2000, n° 125, p. 7 ; J.-F. Barbiéri, Morale et droit des sociétés, LPA, 07 juin 1995, n° 68, p. 13 ; OPPETIT, B., Ethique et vie des affaires, *In* Mélanges A. Colomer , éd. Litec 1993, p. 319.

4 A. Viandier, La notion d'associé, éd. LGDJ 1978, p. 79, n° 78.

5 LABASTIE-DAHDOUH, Ch. et DAHDOUH, H., Droit commercial, Volume 2, Entreprises sociétaires, Tome 1, Règles communes, éd. IHE 2003, p. 108.

6 Article 1273 *in fine* du Coc : « tout associé est tenu d'apporter dans l'accomplissement de ses obligations envers la société la diligence qu'il apporte dans ces propres affaires ».

7 Voir les références citées ci-dessus.

formes. La présence aux assemblées de la société, ce droit qui connaît selon certains, *grandeur et décadence*[1], s'avère indispensable et important. L'associé doit normalement assister aux assemblées de la société. Cette présence reflète l'importance qu'il accorde à son entreprise et démontre qu'il est toujours animé de la volonté d'y rester. Au contraire, lorsqu'il néglige son obligation d'assister aux assemblées, il néglige en réalité son devoir et son droit de participer au fonctionnement de la société. Un tel comportement est révélateur, dans certains cas, de la disparition de l'*affectio societatis*.

383. Toutefois, de récentes études menées sur les comportements des associés démontrent que ces derniers négligent de plus en plus leur droit d'assister aux assemblées de la société. Les associés « ne se soucient pas particulièrement de la vie sociale et s'intéressent plutôt à percevoir leurs dividendes ou à réaliser des gains en spéculant sur leurs titres »[2].
Le droit des sociétés a modifié certaines de ses techniques et règles en vue de répondre favorablement à cette catégorie d'associés n'accordant d'importance qu'aux droits pécuniaires. Les certificats d'investissement, les actions à dividendes prioritaires sans droit de vote, illustrent parfaitement cette nouvelle tendance du droit des sociétés[3].

384. Le problème se pose avec une acuité particulière pour les sociétés cotées où le petit actionnaire « ne s'intéresse qu'à l'évolution du cours de titre boursier et non pas à l'activité économique de la société »[4]. Cette évolution de droit des sociétés ne concerne essentiellement que les sociétés anonymes faisant appel public à l'épargne[5] ou celles regroupant un grand nombre d'associés[6].

385. Le comportement de l'associé a ainsi subi une énorme évolution ; il n'est plus ce qu'il était avant l'apparition de la technique d'appel public à l'épargne, ni ce qu'il devrait être. La participation à la vie de la société n'est plus que l'affaire des « grands » associés, ceux qui détiennent la grande part du capital. Dans ces cas, l'*affectio societatis*, selon certains, s'est évanoui puisque les associés n'ont pas le sentiment de participer à une œuvre commune[7]. Un tel comportement négligeant certains des droits ou obligations de l'associé, met l'idée même de société en question car cette dernière n'est pas uniquement une

---

[1] C. Ducouloux-Favard, Grandeur et décadence des Assemblées Générales d'Actionnaires, Mélanges Y. Guyon, éd. Dalloz 2003, p. 359.
[2] MELLOULI, S. et FRIKHA, S., Les sociétés commerciales, éd. IME 2008, p. 39, n° 155.
[3] LABASTIE-DAHDOUH, Ch. et DAHDOUH, H., Droit commercial, Volume 2, Entreprises sociétaires, Tome 1, Règles communes, éd. IHE 2003, p. 106 ; MELLOULI, S. et FRIKHA, S., Les sociétés commerciales, éd. IME 2008, p. 245, n° 930.
[4] C. Ducouloux-Favard, art. préc. p. 361.
[5] D. Legeais, Droit commercial et des affaires, éd. Sirey 2007, p. 220, n° 398.
[6] MELLOULI, S. et FRIKHA, S., Les sociétés commerciales, éd. IME 2008, p. 39, n° 155.
[7] P. Serlooten, L'affectio societatis, une notion à réviser, art. préc., p. 1009.

participation aux résultats financiers ; c'est avant tout une collaboration et une entraide entre les associés.

386. D'une façon générale, l'étude du comportement de l'associé comprend deux volets ; un volet théorique, où sont exposés les comportements devant être poursuivis normalement par les associés, un second volet, inspiré de la pratique et de l'évolution récente du droit des sociétés, dénotant une grande vicissitude du comportement de l'associé, un éloignement du paradigme du comportement à adopter. Pour certains auteurs, le danger le plus grand est celui incarné par la société par actions simplifiées « S.A.S »[1], créée en droit français en 1994, profondément modifiée en 1999, et n'ayant pas de similaire en droit tunisien. Le risque est de « faciliter les comportements déloyaux »[2].
Dans cette nouvelle forme de société, les droits des actionnaires, notamment celui à l'information, à la participation et à l'expression, sont sensiblement réduits. Par contre, les organes de direction bénéficient d'une grande indépendance et d'une liberté[3]. Ainsi, l'associé peut se voir facilement privé de son droit de participer aux assemblées de la société, les règles du quorum et de majorité étant totalement libéralisées[4]. La participation de l'associé dans cette société peut n'être qu'un leurre. Il pourrait être acculé à la passivité. C'est le règne de la liberté[5] que l'on trouve dans plusieurs points de la vie de cette société.

387. Abstraction faite de cette évolution, le comportement de l'associé incarne une grande importance et doit satisfaire plusieurs exigences. Il est depuis longtemps enseigné que le comportement de l'associé doit être irréprochable. Il doit éviter de porter atteinte à la société et favoriser la protection de son intérêt général en évitant l'égoïsme, en négligeant ses intérêts personnels et imminents devant l'intérêt lointain et durable de la société. Le comportement de l'associé qui n'est pas conforme à l'objectif de la société ou à son intérêt social est ainsi reprochable. Tel est le cas d'une personne qui se porte concurrente à la société à laquelle elle est associée. Ce comportement est d'ailleurs en parfaite antinomie avec l'*affectio societatis*[6].
L'associé se porte concurrent à la société de différentes façons ; tel est le cas lorsqu'il apporte à la société un fonds de commerce et s'établit à proximité afin d'exercer la même activité. Il vide son apport de tout intérêt, ce qui met en question le sérieux de son intention d'être en société. Tel est encore le cas s'il

---

[1] Les articles de L. 227-1 à L. 227-20 du Code commerce.
[2] M. Lathelize-Bonnemaizon, Bilan et perspective du devoir de loyauté en droit des sociétés, LPA, 23 juin 2000, n° 125, p. 7 spéc. p. 12.
[3] M. Lathelize-Bonnemaizon, art. préc. p. 12.
[4] M. Lathelize-Bonnemaizon, art. préc. p. 12.
[5] M. Cozian, A. Viandier et F. Deboissy, op. cit., n° 901, p. 394.
[6] LE NABASQUE, H., art. préc. p. 276.

participe ultérieurement à une société concurrente, dont les intérêts sont diamétralement opposés[1].

388. Durant le fonctionnement de la société et dans les assemblées, l'associé doit voter dans le sens qui est au service de l'intérêt social. Il doit éviter les concertations malhonnêtes qui tendent à protéger l'intérêt d'une fraction des associés au détriment des autres ou parfois même au détriment de l'intérêt supérieur de la société. Dans ce cadre, se pose la question des conventions de vote et celle de l'abus qui en est souvent inhérent.

389. Les conventions de vote[2], généralement occultes[3], sont des conventions ayant pour objet le droit de vote dont bénéficie normalement tout associé. Ces conventions, bien qu'elles favorisent, dans une certaine mesure, une stabilité nécessaire à la réalisation d'objectifs complexes et de longue durée[4], illustrent parfois le comportement malhonnête de l'associé.
Afin d'éviter une telle anomalie, ces conventions doivent respecter l'intérêt social et ne doivent pas déboucher uniquement sur la protection des intérêts des signataires ou sur d'autres intérêts, étrangers à ceux de la société. Dans cet objectif, la jurisprudence française, face à une incertitude *regrettable*[5] de la solution légale, en droit français, a pu forger les conditions de validité de ces conventions.
Au premier rang de ces conditions, l'on trouve l'exigence de protection de l'intérêt social[6]. Il y a également la nécessité de ne pas annihiler le droit *sacré*[7] de l'associer de voter librement[8]. Ces conventions sont donc valables, si elles ne

---

[1] Voir sur l'obligation de non concurrence de l'associé en droit tunisien surtout : LABASTIE-DAHDOUH, Ch. et DAHDOUH, H., Droit commercial, Volume 2, Entreprises sociétaires, Tome 1, Règles communes, éd. IHE 2003, p. 108.
[2] CONSTANTIN, A., Réflexions sur la validité des conventions de vote, *In* Mélanges GHESTIN, J., éd. LGDJ 2001, p. 253 ; DIDIER, P., Les conventions de vote, *In* Mélanges J. Foyer, éd. PUF 1997, p. 341 ; A. Viandier, Après l'article de M. Jeantin sur les conventions de vote, in Mélanges M. Jeantin, Dalloz 1999, p. 311 ; A. Viandier, Observations sur les conventions de vote, JCP E 1986, 15405 ; M. Jeantin, Les conventions de vote, RJC. 1990, p. 124.
[3] LABASTIE-DAHDOUH, Ch. et DAHDOUH, H., Droit commercial, Volume 2, Entreprises sociétaires, Tome 1, Règles communes, éd. IHE 2003, p. 394.
[4] Y. Guyon, Les sociétés, Aménagements statutaires et conventions entre associés, éd. LGDJ 2001, p. 415, n° 287 ; CONSTANTIN, A., Réflexions sur la validité des conventions de vote, *In* Mélanges GHESTIN, J., éd. LGDJ 2001, p. 255, n° 3 qui précise que l'utilité de ses conventions de vote n'est pas à démontrer.
[5] Y. Guyon, Les sociétés, Aménagements statutaires et conventions entre associés, op. cit., p. 415, n° 287.
[6] Paris 17 décembre 1954, GP 1955, I, 149 conc. Lancien ; Trib. Com. Paris 4 mai 1981, Rev Jurisp. Com. 1982, 7, note Fontbressin.
[7] CONSTANTIN, A., Réflexion sur la validité des conventions de vote, *In* Mélanges GHESTIN, J., op. cit. p. 256. L'auteur précise que le droit de vote de l'associé, après avoir subi un durant quelque temps une descente aux enfers, «revient actuellement en odeur de sainteté ».
[8] D. Legeais, op. cit., p. 185, n° 341.

visent qu'à organiser le vote au sein des assemblées sans aliéner la liberté de l'associé à voter, qui est un droit d'ordre public[1] et « en dehors du commerce »[2]. »[2]. Toutefois, un désordre lors du vote dans les assemblées, risque de mettre en cause les grandes orientations de la société[3]. L'intérêt social commande ou du moins justifie, dans une certaine mesure, l'existence de ces conventions de vote. Cette même solution semble transposable en droit tunisien. En effet, avant la promulgation du Code des sociétés commerciales par la loi de 3 novembre 2000[4], la matière était régie, surtout pour les sociétés anonymes, par l'article 194 du Code de commerce qui soumet la validité au critère de l'intérêt social. Cette solution, « par oubli ou par volonté préméditée »[5], n'a pas été reprise par le Code des sociétés commerciales. Dans cette hypothèse, la doctrine tunisienne, s'inspirant de certaines solutions particulières adoptées par le droit tunisien[6], favorise la validité des conventions de vote tout en y disposant certaines limites.

Les conventions sont à *soumettre à un tri*[7] « en tenant compte de la gravité de l'atteinte portée à la liberté de vote, de l'intérêt que la convention peut présenter à la société et de la présence ou de l'absence de fraude à une règle d'ordre public »[8]. Il s'ensuit « qu'une convention poursuivant des intérêts égoïstes et ne ne prenant pas en compte l'intérêt social voir desservant cet intérêt serait certainement reprochable »[9]. La même solution est à prévoir lorsqu'il s'agit d'une convention qui prive définitivement l'associé de son droit de vote. Cette convention porte atteinte à l'existence même du droit de vote[10]. Par contre, une clause est valable si elle ne vise qu'à faciliter le vote dans les assemblées et si elle ne contrevient pas l'intérêt social.

A l'occasion d'une modification de certaines dispositions du Code tunisien des sociétés commerciales, le législateur a souligné l'importance des droits

---

[1] D. Legeais, op. cit., p. 185, n° 341. L'auteur précise que la convention de vote «ne saurait aboutir à nier le droit qu'a tout associé de participer aux décisions collectives ».

[2] Y. Guyon, Les sociétés, Aménagements statutaires et conventions entre associés, op. cit., p. 415, n° 287.

[3] Y. Guyon, Les sociétés, Aménagements statutaires et conventions entre associés, op. cit., p. 415, n° 287.

[4] Cette loi a été modifiée à plusieurs reprises dont la dernière date de 16 mars 2009.

[5] LABASTIE-DAHDOUH, Ch. et DAHDOUH, H., Droit commercial, Volume 2, Entreprises sociétaires, Tome 1, Règles communes, éd. IHE 2003, p. 395.

[6] Dans certaines hypothèses, le droit tunisien envisage une validité pour les conventions de vote. Ex : loi 14 novembre 1994 sur la réorganisation du marché financier qui autorise la création des actions de concert où l'article 10 autorise les actions de concert.

[7] LABASTIE-DAHDOUH, Ch. et DAHDOUH, H., Droit commercial, Volume 2, Entreprises sociétaires, Tome 1, Règles communes, éd. IHE 2003, p. 396.

[8] LABASTIE-DAHDOUH, Ch. et DAHDOUH, H., Droit commercial, Volume 2, Entreprises sociétaires, Tome 1, Règles communes, éd. IHE 2003, p. 396.

[9] LABASTIE-DAHDOUH, Ch. et DAHDOUH, H., Droit commercial, Volume 2, Entreprises sociétaires, Tome 1, Règles communes, éd. IHE 2003, p. 396.

[10] LABASTIE-DAHDOUH, Ch. et DAHDOUH, H., Droit commercial, Volume 2, Entreprises sociétaires, Tome 1, Règles communes, éd. IHE 2003, p. 396.

fondamentaux de l'associé. Par un dernier alinéa ajouté à l'article 11 du CSC, le législateur souligne que ces droits ne peuvent être ni réduits ni limités par les statuts ou les décisions des assemblées. Il parle certainement du droit au vote et de celui de participer aux bénéfices. Ces droits sont cités aux alinéas précédents du même article.
Il est essentiel de signaler que l'interdiction que dispose l'alinéa dernier de l'article 11 ne concerne que les limitations édictées par les statuts ou les décisions des assemblées. Une interprétation *a contrario* laisse entendre que les limitations extrastatutaires sont normalement valables. Toutefois, cette validité déduite des conventions extrastatutaires ne permet pas d'aller si loin. Les limitations qui attaquent l'existence des droits des associés sont nulles, car elles affectent l'essence de la société. Egalement, les conventions contraires à l'intérêt de la société sont nulles. Pour les limitations extrastatutaires, c'est le droit commun qui s'applique.
Les idées de bonne foi et de loyauté peuvent aussi servir de fondement pour annuler les conventions de vote extrastatutaires dévoyées.
L'associé ou les associés témoignent d'un comportement malhonnête s'ils signent une convention de vote dans une intention portant atteinte à l'intérêt de la société ou à un droit fondamental d'un ou plusieurs associés. Ce comportement met parfois en question l'existence de l'*affectio societatis*. La collaboration, l'entraide entre associés et la suprématie de l'intérêt social sont mises en cause par un comportement malhonnête caractérisé dans ce cas par la signature d'une convention de vote qui porte atteinte à l'intérêt social. La mauvaise foi est manifeste dans ces conventions, d'où l'absence de *l'affectio societatis.*

390. A côté des conventions de vote, les associés, plus spécifiquement les actionnaires dans les sociétés importantes, signent souvent des pactes d'actionnaires[1]. Ces pactes sont « des conventions conclues entre actionnaires, figurant soient dans les statuts (les pactes statutaires) soit en dehors des statuts (pactes extrastatutaires) »[2]. Ils posent davantage de problèmes lorsqu'ils sont extrastatutaires où seul un nombre réduit d'actionnaires le signe. Seuls, les signataires en ont connaissance et en profitent. Le pacte d'actionnaires est donc un terrain propice où peuvent foisonner les comportements déloyaux des actionnaires.
Dans les pactes occultes, les associés signataires entendent généralement organiser et préserver leur contrôle sur la société. Ces pactes peuvent constituer, dans une certaine mesure, une atteinte à une exigence de transparence éminemment requise dans le domaine boursier. L'article L. 233-11 du Code de

---

[1] Voir en droit français surtout : Pactes et opérations de M&A, Droit et Patrimoine novembre 2009, n° 186, p. 55 (dossier).
[2] D. Legeais, op. cit., p. 183, n° 339.

commerce impose la transmission à l'Autorité du Marché Financier et la publicité de certains pactes d'actionnaires[1].

391. Les principaux reproches adressés aux pactes d'actionnaires sont le fait qu'ils incarnent, du moins pour les sociétés par actions, un regain de *l'intuitus personae*[2]. En outre, ils entravent la fluidité des marchés[3] et favorisent la constitution des communautés d'intérêts au sein de la même société[4]. Ces pactes d'actionnaires ne sont pas en eux-mêmes nuls, mais certaines conditions doivent être remplies afin de leur éviter de tombent sous le glaive des tribunaux. Ils doivent satisfaire les conditions de validité des contrats et être en conformité avec les principales idées du droit des sociétés. Ainsi, ils ne portent pas atteinte aux traits distinctifs de certaines sociétés[5]. Un pacte d'actionnaires est jugé nul s'il porte atteinte au principe de la libre négociabilité des actions ou à l'interdiction des clauses léonines[6].

392. Les pactes d'actionnaires, même s'ils sont fondés sur le droit pour les associés de se rapprocher ou de s'entendre et s'organiser[7], ne doivent pas déboucher sur le détournement de cette finalité ou sur la création d'un lien plus solide ou plus important que celui noué par la société elle-même. Le pacte d'actionnaires ne doit pas porter atteinte à l'intérêt de la société et ne doit pas non plus être source de discrimination entre les associés d'une même société. Récemment, la jurisprudence française exige que le pacte d'actionnaires ne doive pas porter atteinte aux droits des tiers. C'est l'enseignement à tirer de l'arrêt de la Chambre commerciale de la Cour de cassation française du 18 mars 2009[8].

393. La concertation, la synergie entre certains associés d'une même société, à travers les différents moyens envisageables, conventions de vote ou pactes d'actionnaires[9], favorisent la formation des clans au sein de la société, devenant

---

[1] D. Legeais, op. cit., p. 183, n° 339.
[2] G. Parléani, Les pactes d'actionnaires, Revue des Sociétés 1991, 1, p. 1 spéc. p. 2.
[3] G. Parléani, art. préc. p. 2.
[4] G. Parléani, art. préc. p. 3.
[5] D. Legeais, op. cit., p. 183, n° 340.
[6] D. Legeais, op. cit., p. 183, n° 340.
[7] G. Parléani, art. préc. p. 3.
[8] Cass. Com. 18 mars 2009, n° 07-45.212, RJDA, 06/2009, n° 552. Dans cet arrêt la Cour de cassation française énonce : « dès lors qu'un pacte d'actionnaires prévoit que le licenciement de certains salariés doit être autorisé par le Conseil de surveillance, à une majorité déterminée de ses membre, les salariés concernés sont en droit de se prévaloir de cette clause, dont le non respect rend leur licenciement de cause réelle et sérieuse ».
[9] La différence entre pacte d'actionnaires et convention de vote n'est pas toujours évidente puisqu'on trouve dans certains cas des pactes d'actionnaires renfermant des clauses relatives au vote. D'ailleurs, certains auteurs tunisiens les traitent ensemble. Voir sur ce point : LABASTIE-

ainsi lieu de protection des intérêts du clan et non de la société. Cette ambiance en favorise également les combines. L'ambiance tourne mal et dégénère en conflit d'intérêts entre associés au lieu d'être un lieu de convergence d'intérêts. L'essence même de la société peut être affectée par la signature d'un pacte d'actionnaires ou d'une convention de vote. L'associé qui procède à la signature d'un pacte ou d'une convention uniquement dans l'intention de protéger ses intérêts sans se soucier de celui de la société, adopte un comportement reprochable qui ne dénote que sa mauvaise foi et l'absence, chez lui, de l'*affectio societatis*.

Le législateur tunisien, après une longue indifférence à l'égard des pactes d'actionnaires, vient de revoir sa position. En effet, à l'occasion de la dernière modification introduite sur le Code tunisien des sociétés commerciales par la loi 2009-16 du 16 mars 2009, le législateur a formulé sa position sur ce genre de conventions. L'alinéa troisième de l'article 3 dudit Code énonce que « les pactes entre associés en raison de la société sont valables et obligent leurs parties lorsqu'ils se limitent à régir des droits qui sont propres à ceux-ci et qu'ils ne sont pas contraires aux dispositions des statuts ». Le législateur tunisien a repris ici les mêmes conditions de validité des pactes d'actionnaires appliqués en France que la logique préconise. L'intervention est pourtant méritoire, car le législateur met en évidence les conditions de validité de ces pactes. L'alinéa suivant du même article (3) du Code des sociétés commerciales, ajoute que certains pactes accordant des conditions préférentielles pour l'achat ou la vente des titres, doivent être transmis à la société concernée et au conseil du marché financier. Dans ce dernier alinéa, le droit tunisien reprend la même position du droit français formulée à travers l'article L. 233-11 du Code de commerce qui impose la transmission à l'Autorité du Marché Financier et la publicité de certains pactes d'actionnaires.

L'intervention du législateur tunisien démontre sa volonté de lutter contre des pratiques devenues courantes en Tunisie provoquant un dévoiement avéré du comportement des associés.

394. Le comportement de l'associé est aussi reprochable dans les cas d'abus de la majorité ou de la minorité[1]. L'on peut en déduire qu'un groupe d'associés, majoritaires ou minoritaires, doit également adopter un comportement sain et adroit, conforme à l'intérêt de la société. Dans ce cadre, se pose surtout la

---

DAHDOUH, Ch. et DAHDOUH, H., Droit commercial, Volume 2, Entreprises sociétaires, Tome 1, Règles communes, éd. IHE 2003, p. 394.

[1] Pour une plus ample étude sur la question voir : A.-L. Champetier de Ribes-Justeau, L'abus de la majorité, de minorité et d'égalité : étude comparative des droits français et nord américain des sociétés, thèse Paris 1 2006 ; M. Cozian, A. Viandier et F. Deboissy, Droit des sociétés, éd. Litec 2008, p. 186, n° 376. Pour le droit tunisien voir surtout : MELLOULI, S. et FRIKHA, S., Les sociétés commerciales, éd. IME 2008, p. 249, n° 949 ; LABASTIE-DAHDOUH, Ch. et DAHDOUH, H., Droit commercial, Volume 2, Entreprises sociétaires, Tome 1, Règles communes, éd. IHE 2003, p. 394.

question de l'abus de la majorité ou encore celui de la minorité. Il y a abus de la majorité « lorsqu'une résolution est prise contrairement à l'intérêt général et dans l'unique dessein de favoriser les membres de la majorité au détriment de ceux de la minorité »[1]. C'est un cas de « comportement collectif contraire à l'intérêt social au profit de quelques-uns »[2].

395. Deux conditions doivent être remplies pour pouvoir parler de l'abus de la majorité : la violation de l'intérêt social et la rupture d'égalité entre associés. La concertation entre associés de la majorité dans l'unique objectif de protéger leur intérêt constitue un comportement qui contrarie celui devant être poursuivi normalement par un associé[3]. C'est un dévoiement du comportement pratiqué par la majorité. Cette dernière, usant de sa voix prépondérante dans les assemblées de la société, empiète sur le droit de la minorité de participer effectivement dans la prise de résolutions sociales. Cependant, et c'est là le plus grave, elle adopte des décisions complètement contre l'intérêt social. Le comportement poursuivi par les associés de la majorité est dans ce cas déloyal. En l'absence d'une disposition légale l'envisageant, la notion d'abus de la majorité a été forgée par la jurisprudence française dont le fameux arrêt reste celui du 18 avril 1961[4]. Selon cet arrêt, il y a abus de la majorité lorsqu'une résolution litigieuse a été prise contrairement à l'intérêt général et dans l'unique dessein de favoriser les membres de la majorité au détriment de ceux de la minorité[5]. La jurisprudence française n'a cessé depuis lors, de donner de l'ampleur à cette forme d'abus[6].

En droit tunisien, l'abus de la majorité est aussi envisageable. L'article 290 du Code des sociétés commerciales citant les cas d'annulation des décisions de l'assemblée extraordinaire, reconnaît la notion d'abus de la majorité en droit tunisien et en précise les cas. Selon cet article, il y a abus de la majorité si des décisions sont prises contrairement aux statuts ou portant atteinte aux intérêts de la société. Il y a également abus si les décisions sont prises dans l'intérêt d'un ou de quelques actionnaires ou encore au profit d'un tiers. Le premier cas d'abus cité par l'article 290 paraît suffisant et englobe le second. En citant le deuxième cas d'abus, le législateur ne fait qu'expliquer le premier. Quand une décision est adoptée contrairement aux intérêts de la société, elle est forcément dans l'intérêt d'un ou de plusieurs actionnaires. L'innovation apparaît dans

---

[1] M. Cozian, A. Viandier et F. Deboissy, Droit des sociétés, op. cit., p. 184, n° 372.

[2] LABASTIE-DAHDOUH, Ch. et DAHDOUH, H., Droit commercial, Volume 2, Entreprises sociétaires, Tome 1, Règles communes, éd. IHE 2003, p. 380.

[3] MELLOULI, S. et FRIKHA, S., Les sociétés commerciales, éd. IME 2008, p. 250, n° 951.

[4] Cass. com. 18 avril 1961, JCP 1961, 12164, note D. B.

[5] Ce sont les termes de : M. Cozian, A. Viandier et F. Deboissy, Droit des sociétés, éd. Litec 2008, p. 186, n° 376.

[6] Voir à titre d'exemple : Cass. com. 23 juin 1987, Bull. civ. IV, n° 160 ; Cass. Com. 22 janvier 1991, RJDA 5/1991, n° 410 ; cass. com. 03 juin 2003,n°912, RJDA 11/2003, n° 1074, 2e espèce ; CA Reims 10 septembre 2007, n° 04-2958, RJDA 10/2008, n° 1028.

l'élargissement des cas d'annulation pour inclure les décisions profitant aux tiers.
L'article 474 du Code des sociétés commerciales est plus explicite et les conditions qu'il avance sont plus souples. Il prévoit notamment un cas d'abus de majorité dans le cadre d'un groupe de sociétés. Cet article énonce que « la minorité des associés dans une société appartenant à un groupe de sociétés dont la participation n'est pas inférieure à dix pour cent peut exercer l'action sociale contre les associés représentant la majorité dans la société mère, en cas de prise de décision portant atteinte aux intérêts de la société et ayant un objectif de servir les intérêts de la majorité au détriment des droit légitimes de la minorité ».
Il est utile de signaler à cet égard, que ce cas d'abus de majorité relatif au groupe de sociétés, a aussi été reconnu par la jurisprudence française[1].

396. L'idée de l'abus de la majorité, notion forgée par la jurisprudence, protège la minorité contre l'abus ; mais que dire lorsque l'abus provient de la minorité elle-même ? Contrairement à ce qui est généralement affirmé : la minorité n'a qu' « à courber en permanence la tête sous la loi d'airain de la majorité »[2], cette dernière exerce une sorte d'abus ou de *tyrannie*[3]. « L'abus de la minorité est caractérisé, affirme un auteur, lorsqu'un groupe d'actionnaires refuse de voter »[4] une résolution pourtant nécessaire ne cherchant, dans tout cela, que la protection de ses propres intérêts au détriment de l'intérêt des autres associés et de celui de la société elle-même.
La minorité, dans certains cas pour lesquels la loi où les statuts exigent une majorité plus forte que d'ordinaire, adopte un comportement maladroit et refuse de voter pour le projet de résolution dans l'unique dessein de bloquer la prise de décision. On parle souvent ici d'une minorité de blocage[5]. Ce comportement dénote, dans certains cas, un écart par rapport à la bonne foi et à l'intérêt social mais surtout par rapport à l'*affectio societatis*. La prospérité de la société n'est plus recherchée, on s'acharne à protéger les intérêts privés.
La jurisprudence française, après avoir annoncé l'abus de la majorité, proclame aussi que l'abus peut provenir de la minorité et précise les conditions d'une telle

---

[1] Cass. com. 21 janvier 1997, RJDA 04/ 1997, n° 525 ; CA Paris 25 mai 1965, JCP 1995, II, 14274 bis (affaire Fruehauf).
[2] J.-F. Barbiéri, Morale et droit des sociétés, LPA, 07 juin 1995, n° 68, p. 13, spéc. p. 17.
[3] CONSTANTIN, A., La tyrannie des faibles. De L'abus de minorité dans en droit des sociétés, Mélanges Y. Guyon, éd. Litec 2003, p. 213.
[4] D. Legeais, op. cit., p. 174, n° 328.
[5] LABASTIE-DAHDOUH, Ch. et DAHDOUH, H., Droit commercial, Volume 2, Entreprises sociétaires, Tome 1, Règles communes, éd. IHE 2003, p. 380.

qualification[1]. L'intérêt social est toujours avancé comme critère de qualification.
En droit tunisien, le Code des sociétés commerciales a omis, soit par hasard ou à dessein, d'évoquer le cas d'abus de minorité. Les articles 290 et 474 du Code des sociétés commerciales ne parlent que des cas de prise de décision contrairement aux intérêts de la société, et ne citent pas le cas d'impossibilité de prise de décision à cause d'un blocage émanent de la minorité. L'abus de la minorité, lorsqu'il est établi, ne doit pas rester impunissable. Le fondement est à rechercher dans les sentiers du droit commun. Certains auteurs tunisiens[2] ont avancé comme fondement l'article 275 du Code des obligations et des contrats[3] ; d'autres n'en voient pas l'utilité[4]. L'abus de la minorité comme celui de la majorité, n'est qu'un cas d'abus de droit connu en droit civil[5], ce qui signifie que la solution passe forcément par le droit civil. Dans ce cas, les idées de bonne foi et de loyauté retrouvent leur pleine utilité et permettent de fonder cette notion d'abus de minorité.
Récemment, la jurisprudence tunisienne a comblé cette lacune législative et a admis l'existence d'un abus de minorité[6]. Cette évolution préconise un bon traitement de l'abus dans le droit des sociétés.

397. Quelle que soit l'origine de l'abus, de la majorité ou de la minorité, la jurisprudence, que se soit en France ou en Tunisie, ne s'attarde pas à appliquer la sanction adéquate. Les sanctions diffèrent selon la source de l'abus. Les deux sortes d'abus ne sont pas traitées de la même manière. Ce qui est commun pour les deux cas, c'est le passage par le juge. Des actions sont alors introduites entre associés. Celles introduites en cas d'abus de majorité ou de minorité visent, comme l'a ainsi qualifié M. Le Tourneau, à sanctionner *une anomalie de portée générale*[7] concrétisée dans l'apparition d'un conflit d'intérêts entre associés.

---

[1] Voir à titre d'exemple : Cass. com. 20 mars 2007, Dr. Sociétés mai 2007, n° 87, obs. H. Lecuyer ; JCP E 2007, 1755, note A. Viandier. Dans cette espèce, la minorité a refusé de voter une augmentation du capital social indispensable à la survie de la société.
[2] MELLOULI, S. et FRIKHA, S., Les sociétés commerciales, éd. IME 2008, p. 253, n° 957.
[3] Art. 275 C.o.c.: « l'obligation de faire une chose se résout en dommages-intérêts en cas d'inexécution. Cependant, si l'obligation consiste en un fait dont l'accomplissement n'exige pas l'action personnelle du débiteur, le créancier peut être autorisé à la faire exécuter lui-même aux dépens de ce dernier ».
[4] LABASTIE-DAHDOUH, Ch. et DAHDOUH, H., Droit commercial, Volume 2, Entreprises sociétaires, Tome 1, Règles communes, éd. IHE 2003, p. 380. Les dispositions de cet article, soulignent ces auteurs, ne paraissent pas particulièrement adaptées pour trouver une solution à ce genre de crise.
[5] M. Cozian, A. Viandier et F. Deboissy, Droit des sociétés, éd. Litec 2008, p. 186, n° 377. Ces auteurs parlant de l'abus de la majorité, soulignent que ce dernier n'est que la transposition en droit des sociétés (avec tout de même des nuances) de la théorie civiliste de l'abus de droit.
[6] Ordonnance du Président du TPI Ben Arous n° 30879 du 23 janvier 2007 (inédite). Citée par MELLOULI, S. et FRIKHA, S., Les sociétés commerciales, éd. IME 2008, p. 253, n° 958.
[7] LE TOURNEAU, Ph., L'éthique des affaires et du management au XXIe siècle, éd. Dalloz 2000, p. 181.

Pour le cas d'abus de la majorité, la jurisprudence applique souvent la nullité de résolution prise abusivement. Une possibilité d'octroi de dommages-et-intérêts est pourtant envisageable[1]. Généralement, deux conditions doivent être remplies pour appliquer cette sanction. Une contrariété de la résolution prise avec l'intérêt social constitue la pièce maîtresse de cette procédure car, en l'absence d'une telle condition, il n'y a aucun dévoiement de comportement. La décision est prise dans l'unique dessein de favoriser les membres de la majorité, au détriment de la minorité[2]. En cas de réalisation de ces conditions, la jurisprudence française n'hésite pas à prononcer la nullité de la décision abusive. Les exemples sont nombreux[3]. Les actions en annulation des délibérations abusives sont souvent fondées sur l'article 1844-10 du Code civil.
A cet égard, une spécificité du droit tunisien est à signaler. En effet, celui-ci prévoit un traitement spécial de l'abus de la majorité. L'article 290 du Code des sociétés commerciales est présenté par la doctrine tunisienne comme étant le fondement permettant d'annuler les abus dans la prise de décision[4]. Il énumère les conditions de l'exercice de cette action. Il pose d'abord une condition relative à la portion du capital détenue par le ou les actionnaires désirant agir en annulation ; cette portion est de dix pour cent (10%) du capital social. Sur ce point, le législateur tunisien vient récemment d'innover. Avant la modification du Code des sociétés commerciales par la loi du 27 décembre 2007, le pourcentage requis était de vingt pour cent (20%). La modification constitue une protection de plus accordée à la minorité qui peut désormais agir plus facilement. Ainsi, des actions ayant été auparavant déclarées irrecevables pour défaut de la portion de 20 % du capital social, peuvent être déclarées recevables après la modification[5]. La nouvelle modification a aussi l'avantage de mettre en harmonie les articles 290 et 474 du Code des sociétés commerciales qui exigent désormais la même portion de capital social. Cette condition relative à la fraction du capital social devant être détenue par la minorité, et qui n'a pas de similaire en droit français, est approuvée par la doctrine tunisienne. Elle permet d'éviter que les actionnaires minoritaires ne se fassent « juges, à travers les

[1] M. Cozian, A. Viandier et F. Deboissy, Droit des sociétés, éd. Litec 2008, p. 187, n° 378.
[2] Cass. com. 18 avril 1961, JCP 1961, II, 12164, note D. Bastian. Voir aussi : M. Lathelize-Bonnemaizon, art. préc. p. 10.
[3] Cass. com.24 juin 1976, D. 1976, p. 4 note Bousquet ; Cass. civ. 13 avril 1983, Bull. Joly 1983, p. 512 ; cass. com. 06 juin 1990, Bull. civ. IV n° 171 ; cass. com. 01 janvier 2003, n° 1077, RJDA 11/ 2003, n° 1074.
[4] MELLOULI, S. et FRIKHA, S., Les sociétés commerciales, éd. IME 2008, p. 250, n° 952. En effet, il existe aussi l'article 474 du Code des sociétés commerciales. Cet article ne concerne que le cas de groupe de sociétés. Il est ainsi analysé comme un texte spécial.
[5] Le tribunal de première instance de Tunis avait déclaré irrecevable une action introduite par une minorité contre des décisions abusives prises par la majorité pour défaut de la condition de 20 % du capital social. TPI Tunis, n° 13017 du 15 février 2005 (inédit).

tribunaux de la politique de la société »[1]. Elle évite également de faciliter l'intrusion du juge dans les affaires sociales.

L'article 290 ajoute en réalité d'autres conditions. La première est que la décision adoptée est contraire à l'intérêt social. La seconde, qualifiée de sage par une frange de la doctrine tunisienne[2], est que cette décision est prise dans l'intérêt particulier d'un ou de quelques actionnaires ou au profit d'un tiers.

Pour ce qui est de l'abus de la minorité, le traitement présente une certaine spécificité. Dans ce cadre, les sanctions disposant la nullité sont à écarter. Concernant l'abus de la minorité, il n'existe pas de décision à annuler. On est face à une position de refus, la minorité refuse de donner son consentement pour la décision projetée.

La jurisprudence française a prévu récemment une possibilité de condamner la minorité à des dommages-et-intérêts[3]. Dans cette espèce, la minorité a refusé de voter une augmentation du capital social nécessaire à la survie de la société. L'augmentation du capital social était indispensable au renouvellement de la concession d'exploitation du casino par les pouvoirs publics. L'actionnaire minoritaire avait l'intention d'ouvrir lui-même un nouveau casino. La minorité n'avait de dessein que d'acculer la majorité à prendre en charge les risques correspondants[4].

Dans une autre espèce, la Cour d'appel de Lyon, devant une position de refus de la minorité d'adhérer à une décision d'augmentation du capital social pourtant nécessaire à la survie de la société, a décidé de la condamner à des dommages-et-intérêts. Cette condamnation a été fixée à 30% du préjudice subi par le président fondateur de la société du fait de la disparition de celle-ci[5].

Dans d'autres affaires, la jurisprudence française semble favorable à la désignation d'un mandataire *ad hoc* chargé de voter à la place et au nom des minoritaires défaillants[6], la solution adoptée dans plusieurs hypothèses. C'est le cas d'un arrêt dit *Flandin* rendu par la Cour de cassation française[7]. D'autres arrêts et jugements ont aussi adopté la même solution[8].

Par ailleurs, le Tribunal de Commerce de Paris a ordonné l'adoption de la mesure qui s'impose[9]. Cette solution, plus attentatoire que les autres aux droits

---

[1] LABASTIE-DAHDOUH, Ch. et DAHDOUH, H., Droit commercial, Volume 2, Entreprises sociétaires, Tome 1, Règles communes, éd. IHE 2003, p. 380.

[2] MELLOULI, S. et FRIKHA, S., Les sociétés commerciales, éd. IME 2008, p. 250, n° 952.

[3] Cass. com. 18 juin 2002, Bull. Joly 2002, p. 1197, note L. Godon. Voir aussi dans ce même sens : Cass. Com. 6 juin 1990, Bull. civ. IV, n° 171 ; CA Versailles, 20 juin 2006, n° 05-2777, RJDA 2/2007, n° 156.

[4] M. Cozian, A. Viandier et F. Deboissy, Droit des sociétés, éd. Litec 2008, p. 188, n° 382 (note de bas de page n°17).

[5] CA Lyon, 20 décembre 1984, D. 1986, p. 506, note Y. Reinhard.

[6] M. Cozian, A. Viandier et F. Deboissy, Droit des sociétés, éd. Litec 2008, p. 188, n° 382.

[7] Cass. com. 9 mars 1993, JCP E 1993, II, 448, note A. Viandier.

[8] Cass. com. 5 mai 1998, RJDA 7/1998, n° 862 ; LPA 22 février 1999, n° 37, p. 10, note S. Almaseaunu ; CA Paris, 6 juillet 2005, n° 05-13969, RJDA 7/ 2006, n° 782.

[9] T. Com. Paris, 31 octobre 2000, Dr. Sociétés, mai 2001, p. 17, obs. F.-X. Lucas.

de la minorité et favorisant une intrusion plus grave du juge dans les affaires de la société, apparaît la plus simple et la plus efficace. Le juge examine l'objet du litige et s'il estime que la minorité a tort, il ordonne l'adoption de la position de la majorité.

Dans une position récente, la Cour de cassation française a statué sur cette question. La Chambre commerciale a souligné qu'« après avoir qualifié d'abus d'égalité le refus de M. Jean François X.., l'arrêt a fixé la rémunération du gérant ; en statuant ainsi, alors que le juge ne peut se substituer aux organes sociaux légalement compétents, la Cour d'appel[1] a violé les textes susvisés »[2]. En intervenant ainsi, la Cour de cassation française semble imposer une limite avérée à l'intervention du juge au sein de la vie sociale. Décider à la place des organes sociaux constitue, aux yeux de la Cour de cassation, « une immixtion intolérable du juge dans le cours des sociétés »[3].

En droit tunisien, l'article 290 du Code des sociétés commerciales ne concerne que l'abus causé par la majorité et ne permet pas de lutter contre tous les abus prenant la forme *des comportements collectifs*[4]. Le cas d'abus de minorité paraît plus délicat que le cas d'abus de majorité. Même si dans les deux hypothèses l'intervention du juge paraît indispensable, la tâche de ce dernier semble plus facile en cas d'abus de majorité. Dans ce dernier cas, une décision existe et le juge ne fait que vérifier la réalisation des conditions de l'article 290 pour l'annuler. Dans le cas d'abus de minorité, la décision n'a pas pu être prise. Le juge se trouve alors face à une position de refus adoptée par la minorité, empêchant l'assemblée de prendre une décision. Si le juge se substitue aux parties et vote à leur place, les principes essentiels du droit des sociétés seront horriblement bafoués.

Une frange de la doctrine tunisienne réclame un retour aux règles de droit commun et envisage une possibilité de s'inspirer de la jurisprudence tunisienne sur la promesse de vente[5]. Celle-ci oblige, depuis longtemps, le promettant récalcitrant à signer l'acte de vente définitif dans un délai imparti. Dans le cas de son refus, le jugement prend effet et place de l'acte définitif de vente[6].

La similarité entre ces deux cas n'est pas très évidente. Dans le cas d'une promesse de vente, le promettant a déjà donné son consentement. Les juges ne font que l'obliger à tenir sa promesse. Alors que dans le cas d'abus de la minorité, celle-ci n'a pas exprimé sa volonté, voire elle l'a exprimée dans le

---

[1] Il s'agit de la cour d'appel de Rennes 04 décembre 2007.

[2] Cass. Com. 31 mars 2009, n° 08-11.860, D. 2009, p. 1242, obs. M.-L. Belaval ; RLDA 2009, n°38, n° 2278. Voir aussi : MESTRE, J., Quelques éclairages récents sur le rôle du juge dans la vie des sociétés, RLDA 2009, n°40, p. 14, spéc. p. 18.

[3] MESTRE, J., Quelques éclairages récents sur le rôle du juge dans la vie des sociétés, RLDA 2009, n°40, p. 14, spéc. p. 18.

[4] LABASTIE-DAHDOUH, Ch. et DAHDOUH, H., Droit commercial, Volume 2, Entreprises sociétaires, Tome 1, Règles communes, éd. IHE 2003, p. 380.

[5] MELLOULI, S. et FRIKHA, S., Les sociétés commerciales, éd. IME 2008, p. 252, n° 957.

[6] Cass. civ (tn), n° 32771 du 20 août 1992, RTD 1995, p. 218, note A. Abouda.

sens du refus d'adopter la décision. Lorsque le juge prend un jugement ordonnant de passer outre l'opposition de la minorité, il décide contre la volonté explicite de cette dernière.
La solution doit être recherchée ailleurs. Tout d'abord, la condamnation aux dommages-et-intérêts de la minorité est une solution qu'il ne faut pas négliger. Elle présente le mérite de dissuader la minorité de prendre des positions contraires à l'intérêt de la société sans motif légitime. En outre, cette sanction est plus respectueuse des droits des associés, même minoritaires. Dans certains cas dangereux où la vie de la société est menacée, la désignation d'un mandataire *ad hoc* est préférée. Cette dernière mesure, vu sa gravité, ne doit être appliquée que dans les cas de délicatesse extrême où la question nécessite une instruction et une vaste connaissance de la spécificité de la société. Dans certains cas où l'abus est manifestement contre l'intérêt de la société, le juge peut même ordonner l'adoption de la position de la majorité.
La question d'abus de minorité a été récemment posée devant les tribunaux tunisiens. Le tribunal de Première Instance de Ben Arous semble emprunter la solution adoptée par la jurisprudence française en matière d'abus de minorité. Le Président dudit tribunal tunisien a ordonné la nomination d'un séquestre sur les parts sociales revenant aux associés minoritaires dont la mission est de voter en leur nom conformément à l'intérêt social[1].

398. Un autre cas de comportement reprochable poursuivi par un associé, concerne la mésintelligence entre associés. Cette situation prouve que l'ambiance au sein de la société tourne mal et que les associés ne s'entendent plus. Cette situation peut, si elle persiste, mettre en cause la société en provocant sa résolution. Elle démontre aussi, d'une façon indubitable, la disparition de la volonté de rester en société, du moins pour l'associé, source de mésintelligence grave.
La jurisprudence tunisienne confirme ce lien entre mésintelligence grave et disparition de l'*affectio societatis*[2]. La Cour de cassation tunisienne a, dans ledit arrêt, établi un lien étroit entre la mésintelligence entre associés et la disparition de l'*affectio societatis*. Elle insiste sur le qualificatif grave de la mésintelligence, nécessaire pour établir une présomption probante de la disparition de l'*affectio societatis*. La sanction du comportement déloyal de l'associé en cas de mésintelligence grave est parfois très sévère ; elle peut déboucher sur l'exclusion de l'associé[3].

---

[1] Ordonnance du Président du TPI Ben Arous n° 30879 du 23 janvier 2007 (inédite). Citée par MELLOULI, S. et FRIKHA, S., Les sociétés commerciales, éd. IME 2008, p. 253, n° 958.
[2] Cass. civ. tunisienne n° 48915 du 25 avril 1996, Bull. Section civile, 1997, n° 16.
[3] Voir en ce sens : Martin, L'exclusion d'un actionnaire, Revue de la jurisprudence commerciale (ancien journal des agrégés) 1990, numéro spécial, p. 94 ; S. Dariosecq et N. Métais, Les clauses d'exclusion..., Bull. Joly, 1998, p. 908 ; J. –J. Daigre, La perte de la qualité d'actionnaire, Rev. Soc., 1999, p. 535. P. Hoang, La sanction de l'inexécution du contrat-organisation par exclusion d'un membre, *In* Mélanges DIDIER, P., éd. Economica 2008, p. 205. Pour le droit tunisien, voir

L'article 1327 du Code tunisien des obligations et des contrats prévoit cette exclusion en cas de persistance de la mésintelligence entre associés. Cette exclusion devient fréquente de nos jours. D'ailleurs, la loi elle-même la prévoit, dans certains cas, comme pour la réglementation française de la SAS où une possibilité d'exclusion de l'associé est envisageable[1], celle-ci étant souvent analysée comme la sanction d'un comportement personnel[2].
En droit tunisien, certaines dispositions prévoient une possibilité d'exclusion de l'associé. Ainsi, hormis le cas de l'article 1327 du C.o.c, le Code tunisien des sociétés commerciales renferme beaucoup d'autres hypothèses d'exclusion d'un associé. L'article 65 du même Code prévoit pour la société en nom collectif un cas d'exclusion de l'associé. Pour les sociétés à capital variable, le droit tunisien prévoit une possibilité de stipuler dans les statuts une éventuelle augmentation ou diminution du nombre des associés[3]. L'exclusion d'un associé est aussi envisageable si ce dernier ne libère pas le reliquat du montant de sa souscription dans le capital social.
La dernière modification du Code des sociétés commerciales introduit, en droit tunisien, une possibilité de retrait volontaire des associés de la société détenant moins que cinq pour cent (5%) du capital social[4]. Ce retrait, d'abord volontaire, peut déboucher sur une mesure obligatoire de rachat[5]. L'associé qui sent que la société ne lui convient plus et qui remplit les conditions de l'article 290 - ter – du CSC n'a qu'à mettre en œuvre cette faculté de se retirer de la société. C'est une issue qui sauve la face de l'associé, ce qui est mieux que d'être exclu, surtout lorsque l'associé est source de mésintelligence.
Ce cas de retrait facultatif de l'associé prévu à l'article 290 – ter – du CSC, est l'inverse de ce que dispose l'article 237-1, al. 1 du Règlement général de l'Autorité du Marché Financier. Selon cet article, l'actionnaire ou le groupe majoritaire détenant au moins 95 % des droits de vote, peut imposer aux minoritaires qui n'auraient pas répondu à l'offre, de lui transférer leurs titres moyennant indemnisation. C'est un cas d'exclusion forcée d'associés. Par cette

---

surtout : LABASTIE-DAHDOUH, Ch. et DAHDOUH, H., Droit commercial, Volume 2, Entreprises sociétaires, Tome 1, Règles communes, éd. IHE 2003, p. 94 et s.

[1]Voir sur ce point l'étude de : P. Hoang, La sanction de l'inexécution du contrat-organisation par exclusion d'un associé, *In* Mélanges DIDIER, P., éd. Economica 2008, p. 205. Il existe aussi des cas où c'est le législateur qui dispose également l'exclusion. Il en est ainsi de l'associé qui ne libère pas ses actions ou de celui qui refuse de mettre ses actions cotées sous forme nominative en vue de leur inscription en compte dans les délais déterminés. Voir sur ce point surtout : M. Germain, Traité de droit commercial, t1 – volume 2 Les sociétés commerciales, éd. LGDJ 2002, p. 377, n° 1600.

[2] LABASTIE-DAHDOUH, Ch. et DAHDOUH, H., Droit commercial, Volume 2, Entreprises sociétaires, Tome 1, Règles communes, éd. IHE 2003, p. 380.

[3] Article 407 du CSC (tunisien).

[4] Voir la loi n° 2009-16 du 16 mars 2009 qui a modifié certaines dispositions de Code des sociétés Commerciales. Cette loi a aussi crée l'article 290 -ter- du CSC qui permet le retrait de l'associé.

[5] Art. 290 ter du CSC.

mesure, la majorité peut éviter les opérations de guérilla ou de chantage de la minorité[1].
Le droit français envisage aussi d'autres cas d'exclusion ou de rachat forcé. Ce sont des cas d'exclusions légales[2]. C'est d'abord le cas d'incapacité ou de vice de consentement d'un associé risquant d'entraîner l'annulation de la société[3]. L'exclusion est aussi envisageable dans les sociétés à capital variable[4]. Dans le cadre d'une procédure collective, l'exclusion est également possible[5].
Il existe des cas où l'exclusion de l'associé est prévue dans des conventions extrastatutaires. Dans cette hypothèse, elles ne sont pas opposables à la société[6].

399. La jurisprudence française paraît favorable à la validité des clauses d'exclusion statutaires, incluses dans les statuts d'origine[7]. Il y a ainsi une tendance jurisprudentielle à admettre la validité de ces clauses d'exclusion[8]. Si un associé adopte un comportement gênant pour la société ou pour les associés, son exclusion constitue certainement une solution radicale mais aussi définitive des problèmes dont il est l'origine[9] ; elle est préférable et moins grave que la disparition de la société. Dans certains autres cas, c'est la jurisprudence elle-même qui ordonne l'exclusion ; celle-ci serait ainsi judiciaire[10].
Dans tous ces cas d'abus en matière de sociétés, l'intérêt social est érigé en une règle de conduite. Le comportement, personnel ou collectif des associés ou des groupes d'associés, est mesuré à l'aune de cette notion[11].
En somme, le comportement de l'associé revêt une importance capitale en droit des sociétés, explicable par le degré supérieur de confiance requise en cette matière. L'associé doit poursuivre dès la constitution de la société jusqu'à sa dissolution un comportement favorisant la survie de cette entité et la réalisation de l'objectif escompté.

---

[1] M. Cozian, A. Viandier et F. Deboissy, Droit des sociétés, éd. Litec 2008, p. 431, n° 983.
[2] C'est surtout le cas de sociétés à capital variable, incapacité ou vice de consentement d'un associé.
[3] Art. 1844-12 du CC.
[4] Art. L. 231-1 du C. com.
[5] Art. L.626-4 du C. com.
[6] LABASTIE-DAHDOUH, Ch. et DAHDOUH, H., Droit commercial, Volume 2, Entreprises sociétaires, Tome 1, Règles communes, éd. IHE 2003, p. 97.
[7] D. Legeais, op. cit., p. 184, n° 339.
[8] M. Germain, Traité de droit commercial, op. cit., p. 377, n° 1601. L'auteur cite en appui à cette idée un nombre important d'arrêts et de décisions. Des arrêts sont très anciens tel : Cass. Req. 16 novembre 1943, S. 1944, p. 1, J. Soc. 1944, 215, concl. Picard. D'autres sont plus ou moins récents : Orléans, 26 septembre 1989, Dr. des socs. 1990, n° 163 ; cass. com. 13 décembre 1994, Le Midi Libre, Bull. Joly, 1995, p. 152, note Le Cannu.
[9] En droit tunisien voir : S. Khaled, L'exclusion de l'associé en droit tunisien des sociétés, thèse de doctorat, faculté de droit et des politiques de Tunis 2006.
[10] La jurisprudence ne décide l'exclusion de l'associé que si cette mesure s'avère indispensable à la survie de la société.
[11] LABASTIE-DAHDOUH, Ch. et DAHDOUH, H., Droit commercial, Volume 2, Entreprises sociétaires, Tome 1, Règles communes, éd. IHE 2003, p. 381.

Les exigences relatives au comportement du contractant ne s'arrêtent pas à ce stade. Ce dernier doit normalement satisfaire certaines caractéristiques qui sont souvent implicites, non exprimées, mais dont l'existence est rendue indispensable. Se pose ainsi la relation entre implicite et comportement du contractant.

Section II : Implicite et comportement du contractant

En acceptant de se contracter, chaque contractant attend de son partenaire que son comportement soit aussi bien stable que non contradictoire. Deux idées seront ainsi évoquées : il y a tout d'abord la question de l'intensité de l'obligation, où le contractant attend de son partenaire d'adopter un comportement qui n'affaiblit pas l'intensité de son obligation (§1). En second lieu, le contractant attend de son partenaire de poursuivre un comportement cohérent et non contradictoire. S'impose ainsi l'idée de la cohérence du comportement (§2).

§1 – Comportement et intensité de l'obligation

400. L'exécution du contrat prend parfois une importance particulière. Non seulement elle est exigée, mais encore une intensité dans l'exécution est souvent requise[1]. Le débiteur ou le contractant, d'une façon générale, est non simplement tenu d'exécuter ses obligations, mais encore l'exécution doit être faite avec une certaine intensité. Le comportement, comme étant la manière d'exécution du contrat, doit être en parfaite harmonie avec cette intensité. Un lien est ainsi brodé entre le comportement et l'intensité du contrat[2].
Dans ce cadre, le comportement du contractant doit emprunter deux caractères essentiels; il doit être stable (A), mais il doit être également compatible avec la nature de l'obligation (B).

A – Un comportement stable

L'intensité d'une obligation est en lien étroit avec le comportement. Elle est souvent confondue avec l'empressement et la diligence du contractant au point que lorsqu'on parle de l'intensité, la question de la diligence est systématiquement évoquée.
La diligence n'est en réalité qu'une qualité qui doit imprégner le comportement du contractant. La définition qui lui est souvent accordée est réconfortante. Selon G. Cornu la diligence n'est que « le soin apporté, avec célérité et

---

[1] ZINE, M., Théorie générale des obligations, 1 – Le contrat, éd. 1997, p. 291, n° 361.
[2] Certains auteurs précisent que l'intensité exclut dans certains cas toute référence au comportement ou à la conduite du contractant. Voir : Viney et JOURDAIN, P., Traité de droit civil, Introduction à la responsabilité, éd. LGDJ 2008, p. 426, n° 168-2.

efficacité, à l'accomplissement d'une tâche »[1]. Elle est aussi, une « qualité d'attention et d'application caractérisant une personne ou attendue d'elle »[2]. La diligence est ainsi une qualité qui caractérise le comportement du contractant ou déduite d'une analyse du comportement de ce dernier.

Quant à l'intensité, qui est un « degré d'activité, de force ou de puissance »[3], elle est intimement liée à la diligence du contractant dont le degré varie en fonction de l'intensité. Le comportement du contractant varie lui aussi en fonction de l'intensité.

Il est utile de signaler à cet égard que l'intensité d'une obligation n'est pas la même dans tous les contrats ; elle varie de l'un à l'autre. Cette différence s'explique par le fait que « les engagements d'un débiteur ne comportent pas toujours les mêmes exigences »[4]. L'intensité de l'obligation varie ainsi d'un contrat à un autre, elle varie aussi au sein d'un même contrat.

Le contractant doit adopter un comportement qui s'accommode avec l'intensité du contrat qu'il a signé. Il ne doit jamais la défavoriser ni la démentir. Son comportement doit être toujours le même, durant toute la période de l'exécution, en harmonie avec cette intensité.

Dans ce cadre, se pose la question de la stabilité du comportement du contractant. La stabilité, dont le terme renvoie à tant de « fermeté, de solidité ou d'équilibre »[5], implique, lorsqu'elle est appliquée au comportement, que ce dernier soit invariable et ferme. Cette exigence de stabilité du comportement qui est souvent requise, signifie que celui-ci doit être le même durant toute la période de l'exécution du contrat. Cette stabilité est normalement implicitement attendue dans tout contrat. Cela va sans dire. L'atonie ou l'inertie dans l'exécution du contrat sont deux caractères à éviter, qui affaiblissent l'intensité d'une obligation. Le contractant doit, tout au long de l'exécution du contrat, faire preuve de son empressement et de sa diligence. La stabilité est antonyme de négligence, de froideur ou de lenteur.

La jurisprudence française semble accorder au comportement du contractant une importance particulière. Elle a souligné depuis un certain temps qu'un comportement grave du contractant peut justifier une mise en œuvre des sanctions contractuelles, même les plus graves, telle la résiliation unilatérale du contrat. C'est ce qui ressort du moins de l'arrêt dit *Tocqueville* rendu par la Cour de cassation française en 1998[6]. Récemment, le débat semble être de nouveau rouvert sur ce point. Deux arrêts rendus par la Cour de cassation

---

[1] G. Cornu, Vocabulaire juridique, Association H. Capitant, éd. PUF 2007.

[2] G. Cornu, Vocabulaire juridique, Association H. Capitant, éd. PUF 2007.

[3] Le Petit Robert « mots » 2007.

[4] CREPEAU, P.-A., L'intensité de l'obligation juridique ou des obligations de diligence, de résultat et de garantie, éd. Les éd. Yvon Blais INC, p. 1, n° 1.

[5] A. Martinon, Essai sur la stabilité du contrat de travail à durée indéterminée, éd. Dalloz 2005, p. 1, n° 1.

[6] Cass. 1re civ., 13 octobre 1998, n° 96-21.485, Bull. civ. I, n° 300.

française ont discuté de l'effet du comportement grave du contractant sur la mise en œuvre de la faculté de résiliation unilatérale du contrat[1].

401. Il est utile de préciser que stabilité ne signifie pas monotonie. Le contractant doit adapter son comportement aux circonstances entourant l'exécution. C'est ainsi que son effort se dédouble lorsqu'un événement imprévu surgit et met en péril l'exécution du contrat ou sa pérennité. Il s'ensuit ainsi que la stabilité du comportement est une stabilité amovible, en adaptation permanente avec le contexte de l'exécution du contrat. Elle signifie ainsi que le contractant déploie un « effort constant, persévérant, tendant à adopter une attitude la plus adaptée pour se rapprocher de l'objectif »[2].

Rien n'empêche qu'un contractant multiplie sa diligence afin de mieux satisfaire les attentes de son cocontractant[3]. Même si le contrat ne stipule qu'une diligence moyenne, le contractant peut déployer ses « best efforts »[4].

Le contractant est tenu implicitement d'adopter un comportement dont l'intensité varie selon les circonstances entourant l'exécution du contrat, un comportement évolutif. Lorsque l'exécution du contrat est paisible, et n'est entourée d'aucun risque de gravité particulière, le contractant peut garder un comportement de moyenne diligence. Seulement, lorsque l'exécution est entourée de certaines circonstances graves pouvant mettre en cause l'exécution du contrat ou sa pérennité, le contractant doit déployer une diligence encore plus grande afin d'assurer la réalisation de l'objectif attendu du contrat.

402. Un contractant présuppose dès le début que son partenaire déploie des efforts supplémentaires en cas de survenance d'un danger menaçant l'exécution du contrat. Le contractant compte, dans ce qu'il présuppose, sur la bonne foi de son partenaire. Cette évolution du comportement est implicitement attendue. Il ressort que la stabilité ne signifie guère la stagnation du comportement du contractant. Ce dernier doit adopter un comportement garantissant en permanence la stabilité de la satisfaction du cocontractant.

Ce qui est visé finalement, c'est la satisfaction du contractant, et c'est à cette exigence que le comportement du contractant doit se plier. Un auteur l'a pertinemment affirmé : « l'obligation de moyens a donc une nature complexe, elle est un comportement tendant vers un but ; elle contraint le débiteur à une attitude en vue de réaliser une tâche définie. Le débiteur ne promet pas

---

[1] Cass. Com. 31 mars 2009, n° 07-20.991, RTD civ. 2009, p. 320, obs. B. Fages ; Droit et Patrimoine, février 2010, n° 189, p. 69, note L. Aynès et Ph. Stoffel-Munck. Voir également : Cass. Com.15 décembre 2009, n° 08-10.148, Droit et Patrimoine, février 2010, n° 189, p. 70, note L. Aynès et Ph. Stoffel-Munck.

[2] LE TOURNEAU, Ph., J. -Cl. Civil, articles 1136 à 1145, fascicule 20, n° 5.

[3] MAHFOUD, M., Théorie des suites du contrat, RJL 2008, n°6, p. 99, spéc. p. 106.

[4] Sur cette notion voir surtout : M. La Fontaine, Best efforts, reasonable care, due diligence et règles d'art dans les contrats internationaux, RDAI 1988, p. 983.

d'atteindre le but envisagé, mais son action a une direction »[1]. Il s'avère ainsi que le comportement est étroitement lié à la nature de l'obligation qui fait l'objet du contrat. Le contractant doit moduler son comportement selon l'objet de son obligation.

B – Un comportement approprié à l'objet de l'obligation

403. La distinction entre obligation de résultat et obligation de moyens[2] n'est pas sans une certaine utilité. Cette distinction, dont certains prônent l'origine divine[3], et dont d'autres soulignent qu'elle est brouillée[4], est depuis longtemps adoptée aussi bien en France[5] qu'en Tunisie[6]. Elle est souvent déduite en droit français de l'article 1147 du Code civil et de l'article 277 du Code des obligations et des contrats[7] en droit tunisien[8].
Le comportement du contractant et l'effort qu'il déploie sont au cœur de cette distinction entre obligation de moyens et obligation de résultat. Avec la variation de la nature de l'obligation, varie concomitamment le comportement du contractant.

404. Dans les obligations de moyens, le comportement du contractant revêt une importance cardinale encore plus importante que celle dont il bénéficie dans

---

1 J. Frossard, La distinction des obligations de moyens et des obligations de résultat, éd. LGDJ 1965, p. 53, n° 104.
2 SIMLER, Ph., J. –Cl. Civ., Art. 1136 à 1145, Classification des obligations, Distinction des obligations de donner, de faire et de ne pas faire, 2004.
3 J. Bellissent, Contribution à l'analyse de la distinction des obligations de moyens et des obligations de résultat. A propos de l'évolution des ordres de responsabilité civile, éd. LGDJ 2001, p. 11, n° 1.
4 SAVAUX, E., La théorie générale du contrat mythe ou réalité !, éd. LGDJ 1997, p. 6. L'auteur précise que le manque de netteté de la distinction entre obligations de moyens et obligations de résultat contribue au laminage de la théorie générale du contrat.
5 Cette distinction a été avancée par R. Demogue, Traité des obligations en général, Paris 1925, T5, n° 1237, p 536. Voir aussi : Esmein, Remarques sur la nouvelle classification des obligations, *In* Mélanges H. Capitant, p. 235 ; G. Marton, Obligations de résultat et obligations de moyens, RTD civ. 1955, p. 499 ; J. Frossard, La distinction des obligations de moyens et des obligations de résultat, éd. LGDJ 1965 ; J. Bellissent, Contribution à l'analyse de la distinction des obligations de moyens et des obligations de résultat : à propos de l'évolution de l'ordre de la responsabilité civile, éd. LGDJ 2001.
6 ZINE, M., Théorie générale des obligations, 1 – Le contrat, éd. Tunis 1997, p. 287, n° 356. La jurisprudence tunisienne a adopté cette distinction depuis longtemps. Voir surtout : TPI La Mahdia, jugement civil n° 212 du 29 octobre 1962, RJL 1963, n° 7, p. 63 ; cass. civ. n° 10624 du 17 janvier 1985, Bull. I. p. 190.
7 Article 277 du Coc : « les dommages intérêts sont dus, soit à raison de l'inexécution de l'obligation, soit à raison du retard dans l'exécution, et encore qu'il n'y ait aucune mauvaise foi de la part du débiteur ».
8 Voir sur ce point pour le droit tunisien : CABRILLAC, R. et BEN FADHEL, O., Introduction au droit des affaires. Abrégé de droit tunisien des obligations contractuelles, éd. CPU 2006, p. 224, n° 270.

l'obligation de résultat. Le contractant est, dans le cadre de l'obligation de moyens, jugé sur son comportement. Ce dernier incarne l'objet de l'obligation. Frossard avait affirmé, dans ce sens, que dans cette catégorie d'obligations « les moyens, c'est-à-dire le comportement du débiteur, sont l'objet de l'obligation »[1].
Cette même idée est soutenue par un autre auteur lorsqu'il affirme que « la conduite à tenir, le comportement général du débiteur est ici [obligation de moyens] l'objet du contrat »[2]. Cette idée, même critiquée par une partie de la doctrine[3], repose du moins sur une constatation avérée : le comportement joue, dans les obligations de moyens, un rôle capital et contribue indubitablement à la réalisation de l'objet du contrat. Ici, le lien est solide entre le comportement et l'objet du contrat. Cette importance ne se retrouve d'ailleurs pas dans les obligations de résultat où le comportement ne revêt pas la même importance. Dans la catégorie des obligations de résultat, la conduite du contractant n'a aucune place et son appréciation ne se pose normalement pas[4].
André Tunc a confirmé à son tour cette idée, lorsqu'il avait précisé que dans l'obligation des moyens, le débiteur est moins astreint à procurer un fait qu'à suivre une certaine conduite[5]. Pour l'obligation de résultat, ce qui compte, c'est la réalisation de l'objectif ou l'atteinte du résultat arrêté par les parties sans qu'il soit nécessaire de jeter un coup d'œil sur le comportement du contractant ou sur sa diligence[6].

405. Dans la catégorie des obligations de moyens, le débiteur, afin d'écarter sa responsabilité, doit montrer qu'il a déployé un effort qui convient parfaitement à la nature de l'engagement qu'il a assumé. Généralement, une analyse du comportement est indispensable, surtout en cas d'inexécution où celle-ci est souvent assimilée à « un comportement condamnable »[7].

406. L'inexécution « suppose que l'on tienne compte du comportement déployé par le débiteur dans l'accomplissement de ses engagements »[8]. Le juge se livre ainsi à une analyse minutieuse du comportement du contractant et du degré de

---

[1] J. Frossard, op. cit., p. 49, n° 92.
[2] N.-S. BenYahia, L'évolution du concept d'obligation de moyens et d'obligation de résultat, thèse Rennes I, 1990, n° 122.
[3] FAGES, B., Le comportement du contractant, op. cit., p. 124, n° 213.
[4] VINEY, G. et JOURDAIN, P., Traité de droit civil, Introduction à la responsabilité, op. cit., p. 427, n° 168-2. Les auteurs précisent que dans les obligations de résultat les parties ne laissent aucune place à l'appréciation de la conduite du débiteur .
[5] A. Tunc, Le contrat de garde, thèse Paris 1941, éd. Dalloz 1941, n° 65.
[6] Le comportement peut avoir une importance en cas d'obligation de résultat pour la détermination du montant des dommages-et-intérêts, comme il pourrait avoir une importance lorsqu'il s'agit de discuter son exonération. Pour ce dernier cas, voir : FAGES, B., Le comportement du contractant, op. cit., p. 126, n° 215.
[7] FAGES, B., Le comportement du contractant, op. cit., p. 120, n° 207.
[8] FAGES, B., Le comportement du contractant, op. cit., p. 120, n° 208.

diligence qu'il a déployé. L'obligation de moyens comme l'a justement précisé un auteur, « requerrait un examen attentif et constant de la conduite du débiteur »[1]. Il est nécessaire ainsi, de « porter un jugement sur le conduite du débiteur »[2]. Lorsque le comportement poursuivi par le contractant démontre sa diligence et qu'il n'y a aucune légèreté, sa responsabilité peut être écartée. En cas de négligence, de légèreté ou d'insouciance, le comportement du contractant doit être sanctionné puisqu'il entre dans ce que certains qualifient de « variété des comportements sanctionnés »[3].

407. Cependant, avant d'arriver à ce stade de l'inexécution, le contractant, afin d'éviter une éventuelle responsabilité, doit donc exécuter ses obligations avec la diligence nécessaire : la diligence d'un bon père de famille. Le comportement s'apprécie ainsi normalement par référence au critère du bon père de famille[4] qui peut être remplacé de nos jours, comme le préconisent certains auteurs, par le critère de « bon professionnel »[5], surtout dans les contrats entre professionnels et consommateurs. Le critère de bon professionnel n'est qu'un *modèle de conduite*[6].

Le législateur tunisien, à travers la modification introduite dans le Code des sociétés commerciales, celle du 16 mars 2009, recommande d'apprécier le comportement du dirigeant de la société selon le critère du mandataire loyal[7]. Il s'ensuit que le dirigeant d'une société ne peut dégager sa responsabilité envers la société que s'il prouve qu'il a poursuivi le comportement d'un mandataire diligent et loyal. Ce nouveau critère n'est en réalité qu'une application du critère de « bon père de famille », critère générique permettant de tout inclure.

408. De nos jours, la netteté de cette distinction entre obligation de moyens et obligation de résultat, longtemps prônée, n'est plus si évidente. Sous l'influence des droits anglo-saxons[8], l'on assiste à une évolution de l'obligation de moyens, mais aussi de l'obligation de résultat. Les formules, surtout, de *best efforts*, *due*

---

[1] A. Tunc, Le contrat de garde, op. cit., p. 134, n° 64.

[2] CARBONNIER, J., Droit civil, tome 4, Les obligations, éd. PUF 2000, p. 299, n° 156.

[3] JALUZOT, B., La bonne foi dans les contrats. Etude comparative des droits français, allemand et japonais, éd. Dalloz 2001, p. 338, n° 1200.

[4] LE TOURNEAU, Ph., op. cit., p. 735, n° 3216. Pour le droit tunisien voir surtout : ZINE, M., Théorie générale des obligations, 1 – Le contrat, éd. Tunis 1997, p. 289, p. 357.

[5] DELEBECQUE, Ph., et F.-J. Pansier, Droit des obligations, Contrat et quasi-contrat, éd. Litec 2006, p. 245, n° 475.

[6] TERRE, F., SIMLER, Ph. et LEQUETTE, Y., droit civil, Les obligations, éd. Dalloz 2005, p. 567, n° 579.

[7] Article 214 al. 2 : « les personnes indiquées ci-dessus ne sont exonérées de la responsabilité que si elles établissent qu'elles ont apporté à la gestion de la société toute l'activité et la diligence d'un entrepreneur avisé et d'un mandataire loyal ».

[8] D. Caramalli, Remarques et mise en garde pour la rédaction de la clause de « meilleure diligence » (« best effort »), LPA, 10 juin 2003, n° 116, p. 4. L'auteur précise que cette clause est d'origine anglo-américaine.

diligence, rangées par certains auteurs dans la catégorie des clauses directives[1], souvent rencontrées dans les contrats, aussi bien internationaux qu'internes, qui « obligent le débiteur à faire preuve de la plus grande diligence en vue d'atteindre le résultat fixé par les parties au contrat »[2], rapprochent la diligence requise du même débiteur dans une obligation de moyens de celle d'un débiteur dans une obligation de résultat. Elles renseignent l'interprète ou le juge sur « l'étendue de l'obligation en spécifiant un certain comportement »[3].
Le critère de bon père de famille, souvent érigé en une référence d'appréciation des comportements des contractants, perd du terrain face à ces nouvelles formules. Des degrés plus élevés de diligence sont souvent recherchés grâce à ces formules. Le contractant, plus particulièrement le débiteur, doit déployer, sous l'impulsion de ces clauses, davantage d'efforts que d'ordinaire.

409. De même, une autre formule est souvent insérée dans les contrats ; c'est la clause de «faire au mieux », capable aux yeux de la Cour de cassation française de transformer l'obligation du débiteur en une obligation de résultat[4].

410. Dans tous ces cas, ce qui est visé, c'est le comportement du contractant endigué dans ces différentes formules. Ces clauses influent directement sur la manière dont une obligation doit être exécutée et sur son intensité[5].
Ces clauses ou formules de *best effort*, *due diligence* ont engendré l'apparition de nouvelles subdivisions dans le cadre de la dichotomie classique des obligations entre une catégorie de moyens et une autre de résultat. Certains auteurs parlent, dans ce même contexte d'une variété des degrés des obligations de moyens[6] ou d'une graduation des obligations de moyens[7]. On y trouve une obligation de moyen renforcée[8] où le contractant est tenu de déployer encore plus d'efforts que d'ordinaire, une diligence particulièrement élevée[9]. L'obligation de moyens se rapproche ainsi de l'autre versant de l'obligation de

---

[1] MEKKI, M., Le nouvel essor du concept de clause contractuelle, 1re partie, RDC octobre 2006, p. 1051, spéc. p. 1066.
[2] D. Caramalli, art. préc. p. 6. Voir aussi : FONTAINE, M., art. préc. p. 1006.
[3] FAGES, B., Le comportement du contractant, op. cit., p. 93, n° 144.
[4] Cass. com. 20 février 2007, n° 05-18.882, RLDC 2007, 2477 « faire au mieux c'est s'engager pour l'obtention d'un résultat ».
[5] FONTAINE, M., art. préc. p. 986.
[6] VINEY, G. et JOURDAIN, P., Traité de droit civil, Les conditions de la responsabilité, éd. LGDJ 2008, p. 516, n° 33.
[7] LE TOURNEAU, Ph., op. cit., p. 740, n° 3238.
[8] VINEY, G. et JOURDAIN, P., Traité de droit civil, Les conditions de la responsabilité, op. cit., p. 516, n° 533-1.
[9] VINEY, G. et JOURDAIN, P., Traité de droit civil, Les conditions de la responsabilité, op. cit., p. 516, n° 533-1.

résultat[1]. Le débiteur est sur la ligne de crête, tout prêt à se retrouver sur le versant de l'obligation de résultat[2].
D'autres auteurs parlent aussi d'obligation de résultat, allégée ou atténuée[3]. Dans certains cas, celle-ci peut être aggravée en faisant assumer au débiteur les conséquences d'un cas de force majeure[4].

411. Les formules de *due diligence*, *best efforts* et autres, s'adressent essentiellement aux obligations de moyens, là où l'obtention d'un résultat n'est pas certaine ni exigée. On les conçoit difficilement dans les contrats comportant une obligation de résultat. Ainsi, l'on ne rencontre pas de clauses par lesquelles une partie s'engagerait seulement à « faire ses meilleurs efforts » ou « toute diligence raisonnable », pour payer un prix, une redevance ou un loyer, ou encore pour livrer un objet vendu[5]. Ces obligations pour lesquelles ces formules n'ajoutent rien, sont de résultat.
Il est souvent fait référence dans certains contrats aux *règles de l'art*. Dans cette hypothèse souvent confirmée dans le contrat d'entreprise[6] ou dans d'autres contrats concernant les professionnels[7], on exige que le comportement du contractant soit en conformité avec les normes souvent respectées dans un domaine déterminé. Il est exigé un « comportement technique approprié, accessible à l'ensemble du corps professionnel dont son application relève, et qui correspond à l'état de la technique au moment de la réalisation de l'acte »[8]. Lorsque cette référence aux règles de l'art est insérée dans un contrat, le débiteur doit poursuivre un comportement particulier, compatible avec sa compétence.

412. Dans certains cas, la loi elle-même impose au contractant une diligence au-dessus de la moyenne. L'article 1131 du Code tunisien des obligations et des contrats dispose dans ce sens que « le mandataire est tenu d'apporter à la gestion dont il est chargé la diligence d'un homme attentif et scrupuleux »[9]. Le mandataire assume ainsi une obligation de diligence intense et plus grave que d'ordinaire. L'article 1928 du Code civil met à la charge du dépositaire à titre

---

[1] TERRE, F., SIMLER, Ph. et LEQUETTE, Y., op. cit., p. 567, n° 579.
[2] TERRE, F., SIMLER, Ph. et LEQUETTE, Y., op. cit., p. 567, n° 579.
[3] VINEY, G. et JOURDAIN, P., Traité de droit civil, Les conditions de la responsabilité, op. cit., p. 519, n° 534 ; TERRE, F., SIMLER, Ph. et LEQUETTE, Y., op. cit., p. 568, n° 580.
[4] TERRE, F., SIMLER, Ph. et LEQUETTE, Y., op. cit., p. 568, n° 580. Voir aussi : VINEY, G. et JOURDAIN, P., Traité de droit civil, Les conditions de la responsabilité, op. cit., p. 520, n° 534 – 2 .
[5] FONTAINE, M., art. préc. p. 1005.
[6] F. Labarthe et C. Noblot, Le contrat d'entreprise, éd. LGDJ 2008, p. 289, n° 507.
[7] Les médecins sont également tenus, comme les architectes et les entrepreneurs, de respecter les règles de l'art.
[8] A. Penneau, Règles de l'art et normes techniques, éd. LGDJ 1989, p. 105, n° 145.
[9] Voir sur ce point : ZINE, M., Théorie générale des obligations, 1 – Le contrat, éd. Tunis 1997, p. 290, n° 360.

onéreux une diligence encore plus rigoureuse lorsque le dépôt n'est pas gratuit ou dans certains autres cas recensés par le même article. L'obligation du dépositaire s'apprécie plus sévèrement ; c'est une obligation de moyens renforcée[1].
Dans un autre cas, le législateur met à la charge du débiteur une obligation de moyens plus renforcée. Il en est ainsi de l'exemple cité par l'article 1882 du Code civil, qui oblige l'emprunteur à assumer les conséquences de la perte de la chose si certaines conditions sont remplies. C'est ainsi qu'un débiteur, dans une obligation normalement de moyens, se trouve obligé de répondre de la perte de la chose. Une telle obligation n'est en fait qu'une obligation de moyens renforcée[2]. L'idée que l'on tire de ces nombreux exemples, c'est que la loi elle-même reconnaît et adopte l'idée de graduation des obligations de moyens.

413. L'illustration la plus courante d'une obligation de moyens est celle d'un médecin ou d'un avocat. Les deux praticiens assument normalement une obligation de moyens, « ils s'engagent à faire tout leur possible, à utiliser tous les moyens médicaux ou juridiques disponibles, mais non à garantir la guérison ou le gain du procès »[3]. Les obligations assumées par ces deux praticiens et par certains autres[4] ont subi, en réalité, une nette évolution.

414. Pour le médecin, qui « promet ses soins et non la guérison »[5] selon l'ancienne formule de Voltaire, dont l'obligation essentielle est réduite à « un comportement d'homme de science»[6], la classification de son obligation n'est plus unanimement admise en doctrine et des auteurs dénotent « une glissade » de son obligation de celle de moyens vers une autre de résultat[7]. Même si la jurisprudence française a depuis longtemps[8] dit son mot concernant l'obligation de moyens du médecin, le progrès technologique rapproche son obligation de celle de résultat[9]. Cette évolution est surtout valable pour certains actes

---

[1] AVANZINI, I., Les obligations du dépositaire. Contribution à l'étude du contrat de dépôt, éd. Litec 2007, p. 91, n° 153.
[2] VINEY, G. et JOURDAIN, P., Traité de droit civil, Les conditions de la responsabilité, op. cit., p. 516, n° 533-1.
[3] BENABENT, A., Droit civil, Les obligations, éd. Montchrestien 2007, p. 291, n° 407.
[4] On songe surtout aux notaires. Voir dans ce sens : H. Slim, La responsabilité professionnelle des notaires, éd. Litec 2003.
[5] Voltaire, Diatribe du docteur Akakia.
[6] J. Frossard, op. cit., p. 51, n° 95.
[7] G. Mémeteau, La responsabilité civile médicale en droit comparé français et québécois, éd. Montréal 1990, p. 163, n° 261. L'auteur parle d'une « glissade » vers la responsabilité sans faute de la responsabilité médicale.
[8] Cass. civ. 20 mai 1936, arrêt dit Mercier, DP 1936, I, p. 88, rapp. JOSSERAND, L.,concl. Matter, note E. P.
[9] G. Mémeteau, op. cit., p. 163, n° 261.

médicaux, tel que le diagnostic et le dépistage de la maladie[1]. La responsabilité du médecin est engagée s'il n'arrive pas à déterminer, de façon indubitable, la nature de la maladie ou s'il fait un mauvais diagnostic ne lui permettant pas de connaître la maladie dont le patient est atteint[2].

Un auteur tunisien, retraçant l'évolution de la responsabilité du médecin en droit tunisien[3], invite celui-ci à veiller sur ses patients dans un premier lieu, et à veiller sur sa personne en second lieu. Le médecin voit sa responsabilité s'aggraver de jour en jour, ce qui l'oblige à être encore plus vigilant. La jurisprudence tunisienne a, elle aussi, affirmé que l'obligation du médecin était de moyens. Depuis, elle n'a cessé de confirmer cette position.

Dans un arrêt que la doctrine tunisienne[4] rapproche de l'arrêt Mercier, la Cour de cassation tunisienne a rappelé : « que l'obligation du médecin ne consiste pas à guérir le malade mais à lui dispenser les soins conformément aux données de la médecine »[5]. La haute Cour tunisienne ajoute aussi que « l'obligation du médecin est une obligation de moyens. Il s'engage à déployer toute la diligence pour améliorer l'état de son malade sans qu'il soit débiteur d'une obligation de résultat »[6].

Peu après cet arrêt, la jurisprudence tunisienne a commencé à nuancer. L'obligation du médecin n'est pas toujours de moyens. Elle est dans certaines hypothèses de résultat. La Cour de cassation a précisé dans un arrêt du 12 avril

---

[1] Voir sur ce point surtout : VINEY, G. et JOURDAIN, P., Les conditions de la responsabilité, éd. LGDJ 2006, p. 537 et s, n° 548 et s. Les auteurs citent une abondante jurisprudence. L'article R.4127-33 du Code de la santé publique (transcrivant le Code de déontologie médicale) énonce que « le médecin doit toujours élaborer un diagnostic avec le plus grand soin, en y consacrant le temps nécessaire, en s'aidant dans toute la mesure du possible des méthodes scientifiques les mieux adaptées et, s'il y a lieu, de concours appropriés ». En ce sens, l'article R.4127-32 du Code de la santé publique oblige le médecin à donner les soins consciencieux et fondés sur les données acquises de la science. Voir pour ce dernier point : BOUTON, J., Le Code de déontologie médicale, un code singulier pour un colloque singulier, *In* Mélanges G. Wiederkehr, éd. Dalloz 2009, p. 27, spéc. p. 31. Pour le droit tunisien : Le Code de déontologie médicale (décret n°93-1155 du 17 mai 1993) dispose dans l'article 32 que : « le médecin doit toujours élaborer son diagnostic avec la plus grande attention et s'il y a lieu en s'aidant ou en se faisant aider, dans toute la mesure de possible, des conseils les plus éclairés et des méthodes scientifiques les plus appropriées ». Voir sur ce point notamment : N. Brahmi-Zouaoui, L'évolution de la responsabilité du médecin, RTD 2005, p. 107.

[2] ZINE, M., op. cit., p. 267, n° 357. Voir aussi : LE TOURNEAU, Ph., op. cit., p. 740.

[3] JERBI, S., La jurisprudence et la responsabilité médicale : la fin de l'arythmie paroxystique, *In* Mélanges Ch. Lapoyade-Deschamps, éd. Presse Universitaire de Bordeaux, 2003, p. 209.

[4] JERBI, S., La jurisprudence et la responsabilité médicale : la fin de l'arythmie paroxystique, *In* Mélanges Ch. Lapoyade-Deschamps, éd. Presse Universitaire de Bordeaux, 2003, p. 209, spéc. p. 213.

[5] Cass. civ. n° 16638 du 3 mai 2002, inédit, cité par JERBI, S., La jurisprudence et la responsabilité médicale : la fin de l'arythmie paroxystique, *In* Mélanges Ch. Lapoyade-Deschamps, éd. Presse Universitaire de Bordeaux, 2003, p. 209, p. 213.

[6] Cass. civ (tn). n° 16638 du 3 mai 2002, inédit, cité par JERBI, S., La jurisprudence et la responsabilité médicale : la fin de l'arythmie paroxystique, *In* Mélanges Ch. Lapoyade-Deschamps, éd. Presse Universitaire de Bordeaux, 2003, p. 209, p. 213.

2005 que la responsabilité du dentiste était de résultat concernant la mise en place d'une prothèse dentaire et de dents. Elle a ajouté : « attendu qu'il s'agit de la mise en place des dents l'obligation est une obligation de résultat »[1].

415. Pour l'avocat[2], son obligation est principalement de moyens ; il ne garantit point à son client le gain de cause. Seulement, sur certains points relatifs à la procédure (délais de recours…), à l'information, son obligation est rehaussée à celle de résultat. Les interventions législatives en droit tunisien récentes ne cessent de renforcer cette catégorie des obligations pour lesquelles l'avocat est tenu d'une obligation de résultat. On songe systématiquement, en droit tunisien, aux dernières modifications du Code des droits réels dont les dispositions mettent à la charge de l'avocat, ainsi que les différents rédacteurs des contrats portant sur des immeubles immatriculés, une obligation de consultation du registre foncier et de vérification des opérations dont le titre fait objet[3]. La même obligation concerne la rédaction des actes relatifs au fonds de commerce pour lesquels l'avocat doit s'enquérir de sa situation et en informer son client[4].

416. Au sein d'un même contrat coexistent ainsi différentes sortes d'obligations ; c'est ce que certains appellent la juxtaposition et la succession d'obligations de portée différente[5]. Cette situation démontre que la ligne de démarcation entre les deux sortes d'obligations n'est pas rigide et que certaines positions intermédiaires sont envisageables.[6]

417. En somme, le comportement du contractant doit être en conformité avec l'intensité de l'obligation assumée. Il doit être stable tout au long de l'exécution du contrat[7]. Un comportement en *dents de scie* est un comportement reprochable qui peut engendrer la responsabilité de son auteur. Un comportement instable signifie forcément l'exécution instable du contrat.

Ces qualités, devant caractériser le comportement du contractant, sont implicitement exigées dans tout contrat. Elles tirent leur existence de la nature

---

[1] Cass. civ (tn), n° 7234, 12 avril 2005 – inédit – cité par BOUROUROU, A., La jurisprudence en matière de responsabilité civile du médecin, RJL 2007, n° 2, p. 13, spéc. 20.
[2] H. Salim, La responsabilité professionnelle des avocats, avoués et conseil juridique, éd. Litec 2002.
[3] Les modifications introduites aux articles 377 et suivants du Code des droits réels dont la première remonte à 1992.
[4] La loi tunisienne n° 2003-31 du 28 avril 2003 relative à la modification et à l'ajout d'un article du Code de commerce. Cette loi a ajouté l'article 189 bis au Code de commerce tunisien.
[5] VINEY, G. et JOURDAIN, P., Traité de droit civil, Les conditions de la responsabilité, op. cit., p. 521 , n° 535.
[6] VINEY, G. et JOURDAIN, P., Traité de droit civil, Les conditions de la responsabilité, op. cit., p. 5212, n° 535.
[7] HAMMOUDA, M., De l'exécution de l'obligation avec loyauté, *In* Mélanges S. Ben Halima, édition CPU 2005, p. 1031, spéc. p. 1081.

même des choses mais aussi de la bonne foi qui implique l'engagement implicite du contractant de poursuivre un comportement stable et convenable à l'intensité de l'obligation et à l'objectif du contrat. La bonne foi justifie également une attente implicite du contractant de voir son cocontractant adopter un comportement s'accommodant avec l'objet de l'obligation et avec l'objectif assigné à l'opération.
Le comportement du contractant doit également être non contradictoire, ce qui est une autre exigence de comportement que doivent satisfaire les contractants. L'implicite donne ainsi une expression à une exigence de cohérence du comportement.

§2 – Un comportement cohérent

Le contractant attend de son partenaire qu'il adopte un comportement cohérent qui ne se contredit pas au cours de l'exécution du contrat. C'est à une exigence de cohérence que le comportement est soumis. Deux idées sont souvent évoquées dans ce cadre ; le fondement de l'exigence de cohérence (A) et la sanction de la contradiction (B)

A – Le fondement de l'exigence de cohérence du comportement

418. M. Laurent Aynès souligne que la loyauté exige « d'adopter une attitude cohérente, une unité de comportement, qui permet à autrui de déterminer avec confiance sa propre conduite»[1]. Il s'ensuit que le contractant, dans l'exécution de ses obligations contractuelles, doit encore faire preuve de cohérence. Il lui est interdit de se contredire. Cette interdiction constitue indubitablement une règle comportementale[2].

419. La contradiction, illustration avérée de l'incohérence, est ainsi à éviter par le contractant[3]. Elle signifie en général, une « relation entre deux termes, deux propositions qui affirment et nient le même élément de connaissance »[4]. En droit, la contradiction signifie l'« incohérence qui résulte dans un même acte de deux propositions incompatibles »[5].
Ramenée en matière de comportement dans l'exécution du contrat, la contradiction signifie l'adoption par le contractant de deux attitudes

[1] AYNES, L., L'obligation de loyauté, APD 2000, t 44, p. 195, spéc. 197.
[2] MAZEAUD, D., La confiance légitime et l'estoppel, RIDC, n° 2, 2006, p. 363, n° 1.
[3] MAHFOUD, M., Théorie générale des obligations, Acte unilatéral, Contrat et Responsabilité civile, Publications du Centre d'études Juridiques et Judiciaires, éd. Orbis 2008, p. 137, n° 187.
[4] Dictionnaire Le Petit Robert « mots » 2007.
[5] Vocabulaire Juridique de G. Cornu, éd. PUF 2005.

contradictoires dont l'une nie l'autre[1]. Selon le professeur Michel Grimaldi, la contradiction « c'est dire une chose et son contraire. Dire au sens le plus large : par parole ou par geste, par assertion ou par un comportement…. [Elle] naît de messages contraires, incompatibles, inconciliables »[2] . Mme Fauvarque-Cosson cite une définition de la doctrine anglaise qui présente la contradiction comme le fait de « souffler à la fois le chaud et le froid, d'affirmer d'un côté et de dénier de l'autre »[3].

420. Le droit romain contenait déjà, parmi son immense réserve de brocards, un adage qui préconisait la cohérence et condamnait la contradiction : « non concedit venire contra factum proprium : Il n'est pas permis d'aller à l'encontre de son propre fait »[4]. Les règles d'Unidroit consacrent le principe de l'interdiction de se contredire au détriment d'autrui. L'article 1.8 desdits principes dispose qu' « une partie ne peut pas agir en contradiction avec une attente qu'elle a suscitée chez l'autre partie ».

421. Aux antipodes de ces affirmations, le droit français ne contient aucune disposition adoptant clairement ce principe. « Le droit français, comme le souligne un auteur, ne voit pas, en effet, d'un très bon œil l'intrusion d'un tel concept »[5]. Aucun texte du Code civil français ne consacre exactement ce principe. La doctrine cherche toujours à l'ancrer dans l'article 1134 al. 3 du Code civil, en la rapprochant de l'exigence de bonne foi dans l'exécution des contrats qui paraît être « un fondement tout à fait adéquat »[6]. La Cour de cassation française a confirmé, dans une espèce récente, l'utilisation de la bonne

---

[1] MAHFOUD, M., Théorie générale des obligations, Acte unilatéral, Contrat et Responsabilité civile, Publications du Centre d'études Juridiques et Judiciaires, éd. Orbis 2008, p. 137, n° 187.

[2] GRIMALDI, M., Les contradictions légitimes au détriment d'autrui en droit patrimonial et extrapatrimonial de la famille, *In* L'interdiction de se contredire au détriment d'autrui, acte de colloque organisé sous la direction de Mme. BEHAR-TOUCHAIS, M., éd. Economica 2001, p. 161.

[3] FAUVARQUE-COSSON, B., L'estoppel en droit anglais, *In* L'interdiction de se contredire au détriment d'autrui, op. cit., p. 3 qui cite Cave v. Mills, 1862, 7 H&N 913. Voir aussi du même auteur : La confiance légitime et l'estoppel, rapport général, *In* La confiance légitime et l'estoppel, sous la direction de FAUVARQUE-COSSON, B., Société de législation comparée, éd. 2007, p. 9.

[4] Cet adage n'a pourtant pas été cité dans l'ouvrage « adages de droit français ». Voir : H. Roland et L. Boyer, Adages de droit français, éd. Litec 1999. Certains auteurs parlent d'ailleurs de l'origine romaine de cette règle. Voir en ce sens : F. Ranieri, Le principe de l'interdiction de se contredire au détriment d'autrui ou de venire *contra factum proprium* dans le droit allemand et suisse et sa diffusion en Europe, *In* L'interdiction de se contredire au détriment d'autrui, éd. Economica 2001, p. 83, p. 25.

[5] MAZEAUD, D., art. préc., p. 1, n° 1.

[6]. BEHAR-TOUCHAIS, M., Les autres moyens d'appréhender les contradictions illégitimes en droit des contrats, *In* L'interdiction de se contredire au détriment d'autrui, éd. Economica 2001, p. 83, spéc. p. 95.

foi afin de stigmatiser l'incohérence du comportement dans un contrat[1]. Selon la haute Cour, celui qui se contredit, manque « à son obligation de l'exécuter [le contrat] de bonne foi »[2].

422. Par ailleurs, certains auteurs érigent l'interdiction de se contredire en un principe général de droit[3] prônant la cohérence dans l'exécution des contrats[4]. Ce principe, non expressément cité par le législateur, peut être déduit d'une lecture de certains articles du Code civil. M. Houtcieff précise dans ce sens que « le rapprochement des articles 1628 et 1719, ou encore 1174 et 1178, conduit à penser qu'au-delà de ces dispositions gît un principe général de cohérence »[5]. Une lecture des articles cités par M. Houtcieff confirme l'idée qu'il propose.
Le législateur français, même s'il n'a pas reconnu explicitement le principe de l'interdiction de cohérence, ne l'a pas totalement ignoré ; certains articles du Code civil l'adoptent d'une façon implicite. Ainsi, l'interdiction de se contredire « est tapie sous d'autres noms au sein du droit positif français, prête à éclore »[6]. Selon Madame Behar-Touchais, les jalons sont posés pour préparer l'avènement d'une nouvelle maxime : « laisser croire et contredire ne vaut »[7]. Monsieur Denis Mazeaud est du même avis, lorsqu'il précise que le concept de confiance comme fondement à l'exigence de cohérence contractuelle et d'une interdiction de se contredire au détriment d'autrui « fait petit à petit son chemin en droit français, même s'il n'a pas encore reçu le label de principe de notre droit des contrats »[8].

423. Aux antipodes de ces positions favorables à l'interdiction de se contredire et à l'exigence de cohérence, nous trouvons une partie de la doctrine française qui ne cache pas son hostilité à ce principe et qui refuse de le voir érigé en un principe cardinal de droit français des contrats[9]. « L'exigence de cohérence contractuelle et l'interdiction de changer de cap en cours du rapport contractuel contraindraient alors les opérateurs à une continuité stérilisante, briderait tout esprit d'initiative et conduiraient à un système juridique qui sacrifiait une flexibilité indispensable à son effectivité et au dynamique de l'environnement

---

[1] Cass. com. 8 mars 2005, D. 2005, panorama, 2843, obs. B. Fauvarque-Cosson ; RDC 2005, p. 1015, obs. D. Mazeaud ; Revue Lamy droit civil, juillet/ août 2005, p. 5, note D. Houtcieff ; RTD civ. 2005, p. 391, obs. J. Mestre et B. Fages.
[2] Cass. com. 8 mars 2005 précité.
[3] HOUTCIEFF, D., Le principe de cohérence en matière contractuelle, thèse Paris XI 2000.
[4] HAMMOUDA, M., De l'exécution de l'obligation avec loyauté *In* Mélanges S. Ben Halima, édition CPU 2005, p. 1031, spéc. p. 1081.
[5] HOUTCIEFF, D., thèse précitée, p. 255, n° 380.
[6] HOUTCIEFF, D., thèse précitée, p. 176.
[7] BEHAR-TOUCHAIS, M., art. préc. p. 97.
[8] MAZEAUD, D., art. préc., p. 376, n° 14.
[9] MAZEAUD, D., art. préc., p. 366, n° 5.

économique et sociale qu'il cadre, au profit d'une rigidité inhibante et sclérosante »[1].

Dans le même contexte, un auteur avoue aussi que le principe de l'interdiction de se contredire produit un « effet stérilisant, brimant la libre expression »[2] et ne fait que « compliquer l'agencement sophistiqué »[3] des sources du droit des contrats. Le droit français véhicule des notions permettant d'atteindre le même résultat. Il est inutile d'accueillir les principes d'outre-manche[4]. En revanche, pour d'autres auteurs, la cohérence, lorsqu'elle est préconisée, permet «une souplesse et une précision peu commune. Elle autorise la diversité infinie du contenu contractuel sans se départir...Elle restitue sa cohérence à la volonté des parties plutôt qu'elle l'annihile ou ne l'enferme dans un acte mineur »[5].

Un auteur tunisien semble prendre une position médiane[6]. Il est pour une obligation de cohérence du comportement du contractant et préconise aussi une souplesse dans l'application de cette exigence[7].

424. De son côté, le Code tunisien des obligations et des contrats adopte ce principe de l'interdiction de se contredire depuis 1906. En effet, l'article 547 dudit Code dispose que « nul ne peut venir contre son propre fait si la loi ne le permet expressément ». Le droit tunisien s'affiche ainsi en avant-garde par rapport au Code civil français sur ce point. C'est un point apparent de divergence entre droit français et droit tunisien. Cette différence de position est certainement due à une différence de sources d'inspiration des deux codes[8]. L'article du code tunisien est probablement d'inspiration religieuse[9] ; le législateur tunisien, dès 1906 l'a emprunté aux règles du Code Ottoman[10] qui n'est qu'une codification des rites Hanéfite et Malékite.

---

[1] MAZEAUD, D., art. préc., p. 365, n° 3.

[2] H. Muir Watt, Rapport de synthèse, *In* L'interdiction de se contredire au détriment d'autrui, éd. Economica 2001, p. 175.

[3] H. Muir Watt, art. préc., p. 176.

[4] H. Muir Watt, art. préc. P. 181.

[5] HOUTCIEFF, D., thèse précitée, p. 330, n° 488.

[6] HAMMOUDA, M., De l'exécution de l'obligation avec loyauté *In* Mélanges S. Ben Halima, édition CPU 2005, p. 1031, spéc. p. 1082.

[7] HAMMOUDA, M., De l'exécution de l'obligation avec loyauté *In* Mélanges S. Ben Halima, édition CPU 2005, p. 1031, spéc. p. 1082.

[8] Pour ample idée sur les différentes sources d'inspiration du législateur tunisien de 1906 consulter surtout : ZINE, M., Centenaire de la codification en Tunisie, le Code des obligations et des contrats, *In* « La codification », sous la direction de B. Beignier, éd. Dalloz 1996, p. 187 ; SAKRANI, R., Sources doctrinales du Code des obligations et des contrats tunisien, thèse Paris II, 2003.

[9] ROUATBI, H., Le Code des obligations et du contrat et l'islam (en arabe), *In* Livre du centenaire du Code des obligations et des contrats 1906 – 2006, éd. CPU 2006, p. 185.

[10] M. Bouzghiba, Les origines doctrinales du Code des obligations et des contrats (en arabe), *In* « livre du centenaire du Code des obligations et des contrats 1906 – 2006, op. cit., p. 39. L'auteur recense les articles d'inspiration religieuse et qui sont repris du Code Ottoman.

425. L'interdiction de se contredire au détriment d'autrui trouve, en droit tunisien, un fondement légal, étant ainsi doublement ancrée. La bonne foi dont parle l'article 243 du Code tunisien des obligations et des contrats peut pleinement la justifier ; de plus l'article 547 du même code la consacre d'une façon non équivoque.
Une observation frappe ici ; l'article 547 est cité non parmi les règles relatives au contrat mais parmi celles érigées en *règles générales de droit* pour lesquelles le paragraphe 2 du chapitre 2 du titre VIII du code a été réservé. Il s'ensuit qu'en droit tunisien, l'interdiction de se contredire préconisée par l'article 547, bénéficie d'une portée générale et s'applique à tous les domaines et non uniquement en matière contractuelle. Le colloque, ayant pour titre l'interdiction de se contredire au détriment d'autrui, confirme cette idée puisqu'on trouve des débats sur l'application de cette règle dans plusieurs spécialités, en droit de la famille[1], en droit international[2], en passant par le droit de l'entreprise[3].

426. La jurisprudence tunisienne a fait, elle aussi, certaines applications de ce principe dans des domaines variés[4]. Cette position fait, entre autres, la gloire de certains auteurs tunisiens qui ne cessent de prôner la conformité des solutions du Code des obligations et des contrats aux solutions adoptées sur la scène internationale[5].

427. Cette règle comportementale interdisant au contractant de se contredire, est souvent évoquée en même temps que le principe de confiance légitime, connu sous le nom d'estoppel[6]. Elle est, en droit anglais, l'application la plus usuelle et universelle[7] ou encore sa version la plus classique[8]. Le comportement, lorsqu'il est contradictoire et incohérent, peut anéantir une confiance légitimement constituée chez l'autre contractant. Un auteur affirme dans ce sens que « le

---

[1] F. Dreifuss-Netter, Les autres moyens d'appréhender les contradictions illégitimes en droit patrimonial et extra patrimonial de la famille, In L'interdiction de se contredire au détriment d'autrui, op. cit., p. 111.
[2] O. Hillel et M.-N. Jobard-Bachellier, Les applications du principe en droit contentieux interne et international, In L'interdiction de se contredire au détriment d'autrui, op. cit., p. 53.
[3] R. Vatinet, Les autres moyens d'appréhender les contradictions illégitimes en droit de l'entreprise, L'interdiction de se contredire au détriment d'autrui, op. cit., p. 99.
[4] Cass. civ (tn). n° 11882 du 29 juin 1976, Bull. 1976, II, p. 156 ; Cass. Civ (tn), n° 51264 du 4 décembre 1997, Bull. 1997, II, p. 91 ; Cass. Civ (tn). n° 59588 du 12 janvier 1999, Bull. 1999, II, 84 ; cass. Civ (tn), n° 9524 du 25 avril 2005, Bull. II, 2005, p. 81.
[5] L. Chedly, Les principes du Code des obligations et des contrats et les principes de la Lex Mercatoria, In Livre du centenaire du Code des obligations et des contrats 1906 – 2006, éd. CPU 2006, p. 635.
[6] FAUVARQUE-COSSON, B., L'estoppel en droit anglais, In L'interdiction de se contredire au détriment d'autrui, op. cit., p. 3 ; H. Muir Watt, Pour l'accueil de l'estoppel en droit français, In Mélanges Y. Loussouarn, éd. Dalloz 1994, p. 303 ; O. Motéreau, L'estoppel et la protection de la confiance légitime, thèse Lyon 1990.
[7] MAZEAUD, D., art. préc., p. 367, n° 7.
[8] MAZEAUD, D., art. préc., p. 373, n°12.

contrat est avant tout une affaire de confiance dans l'autre, le cocontractant, car c'est de lui que dépend en grande partie la bonne exécution du contrat….Il porte l'espoir de la bonne exécution de l'engagement »[1].

428. Abstraction faite de ce lien tissé entre l'interdiction de se contredire et l'estoppel en droit anglais, de la réception ou non de cette institution par le droit français, nul ne peut contester qu'il est interdit au contractant de se contredire et de changer d'avis ou d'attitude d'une façon inexplicable et injustifiée. Une telle position est indubitablement rejetée et stigmatisée. La bonne foi, la loyauté, ainsi que les autres valeurs prônées tel que le raisonnable, stigmatisent ce genre de versatilité.
En effet, ce qui est stigmatisé n'est pas la versatilité en elle-même, mais la manière et la façon dont elle est faite. Un contractant, lorsqu'il adopte une attitude quelconque durant une longue période, est tenu s'il désire la changer, de préparer son cocontractant et de l'en avertir avant de l'adopter. Son cocontractant a compté sur la stabilité et la continuité de son comportement et commence à composer avec cette stabilité, ce qui fait que tout changement qui y sera apporté peut perturber ses prévisions et le mettre en émoi. M. Houtcieff confirme cette idée lorsqu'il affirme : « le changement du comportement doit s'opérer dans la continuité. La brusquerie et la légèreté sont les oripeaux factuels de la contradiction juridique »[2]. Yves Marie Laithier approuve cette idée en soulignant que seule « l'incohérence préjudiciable de son comportement qui est stigmatisée »[3].

429. Cette idée a aussi été confirmée par un arrêt de la Cour de cassation française qui précise : « attendu qu'en retenant de la circonstance que le concédant n'ait pas utilisé de sa faculté conventionnelle de résiliation en raison des impayés précédents ne le privait pas du droit de s'en prévaloir par la suite, d'autant que le contrat prévoyait qu'une telle tolérance ne valait pas renonciation »[4]. De cet arrêt, l'on peut déduire que la non invocation d'un pouvoir contractuel ne signifie pas forcément une renonciation ni son abandon d'une façon irrévocable. L'on a pu aussi déduire que la passivité initiale du concédant vis-à-vis des impayés de son partenaire et de la clause de résiliation unilatérale qui les visait n'interdisait pas de changer d'attitude de fermeté[5]. La

---

[1] D. Krajeski, Les croyances et le contrat, In « Croyances et gestion », huitièmes rencontres, 25 et 26 novembre 1999, Presse de l'Université des Sciences Sociales de Toulouse 2000, p. 521, spéc. 522.
[2] HOUTCIEFF, D., thèse précitée, n° 905.
[3] LAITHIER, Y.-M., Etude comparative des sanctions de l'inexécution du contrat, thèse Paris 1 2002, p. 270, n° 172 et suivants.
[4] Cass. com. 17 juillet 2001, RTD civ. 2002, n° 1, p. 93, note J. Mestre et B. Fages « De l'interdiction de se contredire au détriment d'autrui ».
[5] J. Mestre et FAGES, B., observations précitées, p. 94.

non utilisation d'une clause contractuelle n'engendre pas toujours sa modification.

Un arrêt récent de la Cour de cassation française semble adopter la même analyse. L'assemblée plénière de la cette Cour a censuré l'arrêt de la Cour d'appel d'Orléans[1] qui a déclaré contradictoire le comportement adopté par une société envers son partenaire. La société a en effet introduit une action en exécution forcée, puis une autre en nullité du contrat. Selon la Cour de cassation, aucune contradiction n'est à reprocher à cette société car « les actions engagées par la société Sédéa n'étaient ni de même nature, ni fondées sur les mêmes conventions et n'opposaient pas les mêmes parties »[2].
Dans un arrêt plus récent, la Cour de cassation française va encore plus loin en procédant à la définition de l'estoppel en matière de procédure. Il consiste en « un changement de position, en droit, de nature à induire en erreur sur ses intentions »[3].

430. Pour certains auteurs, il ne suffit pas d'éviter de se contredire, obligation basée essentiellement sur une attitude abstentionniste, il est encore recommandé d'agir avec cohérence[4]. De ce fait, le comportement du contractant doit, être cohérent. La cohérence implique « qu'une ligne de conduite [soit] choisie »[5] et qu'il est « impossible d'en changer »[6]. Le principe de cohérence, lorsqu'il est ramené au comportement du contractant, indique que ce dernier doit assumer un devoir de cohérence avec soi-même[7] durant l'exécution du contrat. Le contractant doit alors être cohérent avec ses anciennes attitudes.

431. Eviter la contradiction, agir et exécuter le contrat dans la cohérence et l'harmonie du comportement, sont des attentes sous-jacentes dans tout contrat. Il est implicitement exigé que chaque contractant soit cohérent. De même, il est également implicitement exigé d'éviter la brusquerie.

432. Ainsi, la question du changement d'attitude se pose très souvent au sujet de certaines clauses ou prérogatives contractuelles que le contractant abandonne

---

[1] CA. Orléans, 10 juillet 2007.
[2] Cass. Ass. Plén. 27 février 2009, D. 2009, p. 723, note X. Delpech ; D. 2009, p. 1245, note D. Houtcieff. Voir aussi sur ce point : HOUTCIEFF, D., Essai de maïeutique juridique : la mise au jour du principe de cohérence, JCP G du 16 novembre 2009, n°47, p. 42.
[3] Cass. 1re civ., 3 février 2010, n° 08-21.288 (publié au Bulletin). Voir également : E. Kleiman, Définition nécessaire de l'estoppel, entre faveur à l'arbitrage et droit d'accès au juge, JCP G 15 mars 2010, n°11, 303.
[4] FAGES, B., Le comportement du contractant, op. cit., p. 320, n° 592.
[5] CECILE, B., Les réserves et le non-vouloir dans les actes juridiques, éd. LGDJ 1968, p. 101, n° 174.
[6] CECILE, B., op. cit., p. 101, n° 174.
[7] FAGES, B., Le comportement du contractant, op. cit., p. 341, n° 630 ; HOUTCIEFF, D., thèse précitée, éd. PUAM 2001,p. 939.

l'utilisation pendant un laps de temps et en reprend l'utilisation d'une façon subite. La jurisprudence française a statué sur maintes espèces concernant ce point. Dans plusieurs décisions, les tribunaux confirment la même position au point que cette dernière est devenue presque une position statique ; ils stigmatisent la contradiction et l'incohérence du comportement du contractant.

433. A titre d'exemple, dans un arrêt souvent évoqué, qualifié de *phare* par certains auteurs[1], la Cour de cassation française a statué sur un cas d'école. Il s'agissait en fait d'un créancier qui n'avait pas réclamé, au débirentier depuis plus de dix ans, les arrérages de la rente. Puis, à la suite d'une mésentente entre les deux parties, il les lui réclama et fit jouer la clause résolutoire insérée dans le contrat. Les juges avaient décidé que cette clause n'était pas invoquée de bonne foi aux motifs d'une part, qu'en ne réclamant pas la rente pendant dix ans, le crédirentier avait accrédité chez son partenaire la conviction que la rente ne serait plus réclamée ; d'autre part, que le brusque changement de comportement du crédirentier avait constitué une situation imprévisible pour le débirentier, empêché de se mettre en règle dans le délai prévu[2]. Dans un arrêt similaire, la Cour d'appel de Paris a jugé de mauvaise foi le bailleur qui invoquait brusquement une clause résolutoire après avoir auparavant et à plusieurs reprises, laissé au locataire la possibilité de solliciter un délai de grâce du juge de référé[3].
Dans une autre espèce, relevant, cette fois-ci, de la Cour d'appel de Paris en date du 13 mai 2002, cette dernière a rejeté une demande de résolution d'un contrat au motif que le créancier n'avait réagi que très tardivement, ce qui montre que le contrat présentait pour lui une certaine utilité[4].

434. Le domaine de distribution commerciale semble être très propice au comportement contradictoire et par conséquent très sensible à cette exigence de cohérence du comportement[5]. Les nombreuses décisions jurisprudentielles en sont une preuve irréfutable[6]. Dans ce même contexte, la Cour de cassation a qualifié de contradictoire, dans un arrêt qui a fait couler beaucoup d'encre, le

---

[1] BEHAR-TOUCHAIS, M., art. préc. p. 90.
[2] BEHAR-TOUCHAIS, M., art. préc. p. 90 ; Cass. civ. 8 avril 1987, JCP 1988, II, 21037, note Y. Picod ; RTD civ. 1988, p. 146, obs. Ph. Rémy.
[3] C. App. Paris 19 juin 1990, RTD civ. 1992, p. 92 obs. J. Mestre.
[4] Paris, 13 mai 2002, cité par M. Genicon, La résolution du contrat pour inexécution, éd. LGDJ 2007, p. 331.
[5] Z. Mrabet, Les comportements opportunistes du franchiseur : étude du droit civil et du droit international uniforme, revue juridique Thémis, volume 41, n° 2, 2007, p. 429. Voir aussi : S. Lebreton, L'exclusivité contractuelle et les comportements opportunistes. Etude particulière aux contrats de distributions, éd. Litec 2002
[6] Cass. Com. 5 avril 1994, CCC 1994, comm. n° 195, obs. L. Leveneur ; Cass. Com. 20 janvier 1998, CCC 1998, n° 56, obs. L. Leveneur ; Cass. Com. 9 avril 2002, RDT civ., 2002, p. 811, obs. J. Mestre et B. Fages. Voir également sur ce point : MAZEAUD, D., La confiance légitime et l'estoppel : rapport français, art. préc., spéc. p. 255.

comportement d'un concédant, qui avait, en invoquant une conjoncture économique difficile, imposé de nombreux sacrifices aux membres de son réseau, alors qu'il a distribué, peu de temps après, des dividendes de montants importants aux actionnaires[1].

435. Dans un arrêt récent[2], révélateur de l'adoption progressive de la jurisprudence française du principe de cohérence en matière contractuelle[3], la Cour de cassation a jugé que le banquier contrevenait à l'exigence de cohérence du comportement lorsqu'il se prévalait ultérieurement de l'unité de deux comptes ouverts par un même client, alors qu'il les avait déjà traités auparavant comme étant des comptes indépendants. L'enseignement à tirer de cet arrêt est que « la banque (éventuellement tout contractant dans une situation similaire) ne pouvait, au nom de l'exigence de bonne foi, ignorer délibérément une clause contractuelle et en invoquer, ensuite, le bénéfice »[4].

436. Une partie de la doctrine rapproche l'interdiction de se contredire à l'obligation fondamentale. Dans cette optique Mme Behar-Touchais range l'arrêt *Chronopost* parmi ceux dans lesquels la jurisprudence française sanctionne l'incohérence et la contradiction.
Dans cet arrêt, ajoute l'auteur, il y a « changement d'attitude du contractant, entre son attitude initiale, destinée à séduire le contractant, en mettant en avant la clause essentielle, à grand renfort de publicité, et l'attitude ultérieure qui consiste une fois le retard survenu, à invoquer une clause qui prive d'intérêt le contrat et trompe ainsi l'attente légitime du contractant »[5]. L'obligation fondamentale, selon cet auteur, assure une fonction de cohérence de comportement. Bertrand Fages précise, dans cet ordre d'idées, que l'obligation fondamentale influe même, dans certains cas, sur le comportement du contractant. L'auteur prend comme exemple le contrat de vente qui met à la charge du vendeur une obligation de délivrance, qui en constitue une obligation fondamentale, et que le vendeur peut altérer en adoptant un comportement ultérieur contradictoire[6].

437. L'adage selon lequel « qui doit garantie ne peut pas évincer » conforte aussi cette idée d'obligation fondamentale, fondement favorisant la cohérence

---

[1] Cass. com. 15 janvier 2002, D. 2002, p. 1974, note Ph. Stoffel-Munck et somm. p. 2841, obs. D. Mazeaud ; JCP 2002, 10157, obs. Ch. Jamin ; RTD civ. 2002, p. 294, obs. J. Mestre et B. Fages.
[2] Cass. com. 8 mars 2005 précité.
[3] D'ailleurs D. Mazeaud intitule son commentaire « Petit à petit, l'exigence de cohérence fait son nid… », RDC 2005, p. 1015.
[4] MAZEAUD, D., note précitée, p. 1016
[5] BEHAR-TOUCHAIS, M., Les autres moyens d'appréhender les contradictions illégitimes en droit des contrats, *In* L'interdiction de se contredire au détriment d'autrui, éd. Economica 2001, p. 83, spéc. p. 87.
[6] FAGES, B., Le comportement du contractant, op. cit., p. 338, n° 626.

du comportement. Cette position est pourtant critiquable, car l'obligation fondamentale n'a pas pour effet de garantir une incohérence ultérieure du comportement ; son rôle est plutôt de maintenir une résonance interne du contrat, entre les différentes clauses et ce, lors de la conclusion en éliminant les clauses pouvant l'enrayer. Une référence au critère des attentes légitimes des parties paraît plus soutenable. Au cours de l'exécution, le contrat est vu dans sa globalité, de telle sorte que la distinction entre obligation fondamentale et autres accessoires n'est plus très significative.
Les attentes des parties résument l'intégralité du contrat, à ce stade, plus que la notion d'obligation fondamentale. M. Denis Mazeaud affirme dans ce sens que l'obligation fondamentale fonde une « exigence de cohérence contractuelle interne »[1]. La stigmatisation des clauses de responsabilité est justifiée par le fait qu'elles ruinent la cohérence interne du contrat[2]. L'incohérence interne du contrat est une incohérence entre les diverses clauses et engagements souscrits dans un même contrat.
Mme Muir Watt est aussi favorable à une distinction entre interdiction de se contredire et obligation fondamentale. Elle affirme en ce sens que ces deux notions « séparées par ce facteur chronologique, interdiction de se contredire et obligation fondamentale [...] paraissent plutôt être deux sœurs, filles ou petites filles de l'idée de cohérence »[3]. La cohérence est un point commun entre les deux institutions, sauf que chacune a sa sphère d'intervention.
L'exigence de cohérence ne doit pas être violée ; sa violation entraînerait l'application d'une sanction.

B – La sanction de la contradiction

438. Une question s'impose dans ce cadre : celle de la sanction de l'incohérence contractuelle. Il est à signaler, de prime abord, que le comportement, lorsqu'il est incohérent, peut justifier la mise en œuvre de certaines sanctions contractuelles, même d'une façon prématurée. Tel est le cas de l'exception d'inexécution qui peut être admise pour un risque d'inexécution[4]. Cela est fréquent en matière de crédit où les règles du Code de commerce uniforme permettent au banquier dispensateur du crédit, lorsque la confiance en son client et en sa compétence se dégradent manifestement, de prendre toutes les mesures nécessaires pour la sauvegarde de ses intérêts. Une absence de confiance, par un comportement non raisonnable poursuivi par un contractant, pourrait ainsi justifier une mise en œuvre prématurée de la technique de l'exception pour inexécution[5]. Dans certains autres cas, la violation du principe de cohérence est

[1] MAZEAUD, D., La confiance légitime et l'estoppel, art. préc., p. 377, n° 16.
[2] MAZEAUD, D., La confiance légitime et l'estoppel, RIDC, n° 2, 2006, p. 379, n° 17.
[3] H. Muir Watt, art. préc. P. 178.
[4] A. Pinna, L'exception pour risque d'inexécution, RTD civ. 2003, p. 31, spéc. p. 46.
[5] A. Pinna, art. préc., p. 46.

à l'origine de la mise en œuvre de la résolution du contrat. L'incohérence s'apparente ainsi à une sorte d'inexécution[1] du contrat.

439. D'une façon générale, plusieurs idées ont été évoquées par la doctrine en vue de prévoir une sanction au comportement incohérent. Selon M. Houtcieff, la solution est de donner une fin de non recevoir à la demande du créancier de se prévaloir du manquement du débiteur qu'il a lui-même provoqué[2]. Le créancier ne peut pas, dans ce cadre, se prévaloir de la disposition du contrat qui l'invoque[3]. Il ne peut pas non plus invoquer l'exception d'inexécution ou même la résolution du contrat[4].
Mme Behar-Touchais souligne, de son côté, l'existence d'une variété de sanctions possibles. Elle déplore l'absence d'une seule sanction contre l'incohérence contractuelle et elle avoue que cette variété de sanction « nuit à l'émergence du principe »[5]. Les sanctions selon cet auteur, sont de trois sortes : l'auteur de l'incohérence est condamné aux dommages-et-intérêts, il est déchu de son droit d'invoquer la clause contractuelle ou la prérogative. En dernier lieu, il est considéré comme étant débiteur d'un engagement qu'il n'a absolument pas voulu et doit alors l'exécuter[6].
M. Mazeaud, après avoir recensé les sanctions proposées par la doctrine, que ce soit la condamnation aux dommages-et-intérêts, qui n'est concevable que si elle provoque un préjudice spécifique pour le cocontractant[7], ou la fin de non-recevoir qui l'envisage difficilement provisoire[8], se rallie à l'idée de M. Mestre qui conçoit la sanction dans le maintien de la situation sur laquelle le contractant a fondé ses espoirs[9].

440. Les sanctions proposées par la doctrine ne sont en effet que celles adoptées par la jurisprudence dans les affaires se rapportant à ce domaine. Cette dernière a, dans certains cas, décidé la condamnation de l'auteur de la contradiction aux dommages-et-intérêts[10]. Dans d'autres, elle a décidé de déchoir l'auteur de l'incohérence de la possibilité de se prévaloir de son droit[11]. Dans d'autres

---

[1] RIGALLE-DUMETZ, C., La résolution partielle du contrat, éd. Dalloz 2003, p. 143, n° 236.
[2] HOUTCIEFF, D., thèse précitée, p. 756.
[3] HOUTCIEFF, D., thèse précitée, n° 1272.
[4] HOUTCIEFF, D., thèse précitée, p. 761.
[5] BEHAR-TOUCHAIS, M., art. préc. p. 93.
[6] BEHAR-TOUCHAIS, M., art. préc. p. 91-92.
[7] MAZEAUD, D., La confiance légitime et l'estoppel, art. préc., p. 385, n° 24.
[8] MAZEAUD, D., La confiance légitime et l'estoppel, art. préc., p. 386, n° 27.
[9] MESTRE, J., Rupture abusive et maintien du contrat, RDC 2005, p. 99, spéc. p. 105.
[10] Cass. com. 5 octobre 2004, RDC 2005, p. 288, obs. Ph. Stoffel-Munck et p. 384, obs. M. Behar-Touchais ; RTD civ. 2005, p. 128, obs. J. Mestre et B. Fages.
[11] Cass. civ. 8 avril 1987, JCP 1988, II, 21037, note Y. Picod ; RTD civ. 1988, p. 146, obs. Ph. Rémy.

espèces, la Cour de cassation oblige l'auteur de la cohérence à maintenir la situation sur laquelle le contractant a fondé ses espoirs[1].

441. En droit tunisien, les termes de l'article 547 du Code des obligations et des contrats, mais aussi l'interprétation qui en est faite, semble favoriser la sanction de la fin de non-recevoir, plus qu'aucune autre sanction envisageable. Les termes dudit article, surtout dans sa version arabe, qui est en l'occurrence la version officielle devant être adoptée devant les tribunaux, favorise l'adoption de cette sanction.

Dans une traduction littéraire de l'article 547, la sanction de celui qui se contredit est de lui rétorquer ses moyens. D'ailleurs, c'est le sens quasiment toujours admis par les tribunaux tunisiens dans les espèces évoquant cet article où l'idée d'allocation de dommages-et-intérêts ne se posait même pas[2].

442. Dans une espèce particulièrement originale, la Cour de cassation tunisienne, au visa de l'article 547 du Code des obligations et des contrats, a obligé un vendeur qui a poursuivi un comportement contradictoire tendant à empêcher la réalisation de la condition dont le contrat était assorti, à signer le contrat définitif de vente. La sanction était alors de faire abstraction des machinations ourdies par le vendeur[3].

M. Philippe Delebecque affirme, dans ce sens, que la bonne foi « commande de faire un usage loyal des prérogatives contractuelles et à défaut celui qui entend s'en prévaloir en est privé»[4]. Cette sanction, qui vise un manquement à la bonne foi dans l'exercice des attributs contractuels, peut être facilement applicable en cas d'incohérence du comportement du contractant, surtout que cette dernière n'est finalement qu'une déloyauté.

Cette sanction paraît la plus défendable, puisqu'elle prive une personne de se prévaloir de sa propre turpitude en annihilant sa démarche, mauvaise et malsaine, par laquelle elle ne vise qu'à ruiner son partenaire. Dans ce cas, le droit n'est pas attaqué dans sa profondeur, mais seulement dans sa mise en œuvre. Cette sanction s'accommode davantage aux dernières positions de la jurisprudence française. C'est l'un des enseignements que l'on peut tirer de l'arrêt de la Cour de cassation française du 10 juillet 2007[5] ou de celui du 9 décembre 2009[1].

---

[1] Cass. com. 8 mars 2005 précité.

[2] Cass. civ. n° 11882 du 29 juin 1976, Bull. 1976, II, p. 156 ; Cass. civ. n° 51264 du 4 décembre 1997, Bull. 1997, II, p. 91 ; Cass. civ. n° 59588 du 12 janvier 1999, Bull. 1999, II, 84 ; cass. civ. n° 9524 du 25 avril 2005, Bull. II, 2005, p. 81.

[3] Cass. civ (tn). n° 8461 du 7 juillet 1983, Bull. 1983, II, p. 267 ; RJL 1985, n° 2, p. 90.

[4] DELEBECQUE, Ph., La bonne foi contractuelle : quid novi sub sole ? Revue Lamy Droit Civil, février 2008, p. 6, spéc. p. 7.

[5] Cass. com. 10 juillet 2007. Cet arrêt est très commenté par la doctrine. Voir surtout à titre d'exemple : DELEBECQUE, Ph., La bonne foi contractuelle : quid novi sub sole ? Revue Lamy

443. Au demeurant, tout contractant attend implicitement de son partenaire de poursuivre un comportement cohérent et non contradictoire, de telle sorte que lorsqu'il abandonne l'utilisation de l'une de ses prérogatives, il ait la certitude de ne plus l'invoquer ultérieurement. Le contractant se fie ainsi au comportement poursuivi par son contractant lors de l'exécution du contrat.

444. Aux antipodes de cette idée, dans certains cas, la loi admet elle-même la contradiction et la protège. Des contradictions sont considérées comme légitimes[2] et n'engendrent aucune responsabilité à leur auteur. Des inexécutions du contrat, des comportements contradictoires sont ainsi considérés comme licites[3].

445. Le législateur tunisien, en adoptant le principe de l'interdiction de se contredire au détriment d'autrui et en l'érigeant en règle générale de droit, en avait aménagé une exception qui ne pouvait être que légale. Un principe aussi important que l'interdiction de se contredire ne peut être enfreint que par la loi elle-même et d'une façon expresse. La contradiction est inadmissible pour que personne ne puisse l'admettre et composer avec. L'exception à un tel principe ne peut reposer sur une interprétation. C'est un domaine duquel est exclue l'interprétation. Le législateur a usé de cette faculté d'autoriser la contradiction, l'a prévue et organisée dans certains domaines. L'exemple le plus frappant est celui du délai de rétractation ou de réflexion accordé au consommateur. Le législateur tunisien[4], mais aussi français[5], ainsi que d'autres, ont accordé au consommateur la possibilité de se rétracter et de revenir sur sa décision d'acheter un produit ou de bénéficier d'un service. Seul un souci impérieux de

---

Droit Civil, février 2008, p. 6 ; MAZEAUD, D., La mauvaise foi du créancier ne permet pas au juge de réviser le contenu obligationnel du contrat, RDC 2007, n° 4, p. 1111.

[1] Cass. 3e civ. 9 décembre 2009, n° 04-19.923, D. 2010, p. 87 ; L'essentiel, Droit des contrats, n° 2 février 2010, note O. Deshayes (La troisième chambre civile fait sienne la jurisprudence « Les Maréchaux » sur l'exécution de bonne foi des contrats).

[2] GRIMALDI, M., Les contradictions légitimes au détriment d'autrui en droit patrimonial et extrapatrimonial de la famille, *In* L'interdiction de se contredire au détriment d'autrui, op. cit., p. 161 ; MAZEAUD, D., Les contradictions légitimes au détriment d'autrui en droit des contrats, *In* L'interdiction de se contredire au détriment d'autrui, op. cit., p. 127 ; C. Saint-Alary-Houin, Les contradictions légitimes en droit de l'entreprise, *In* L'interdiction de se contredire au détriment d'autrui, op. cit., p. 147.

[3] CHABAS, C., L'inexécution licite du contrat, éd. LGDJ 2002.

[4] Voir en droit tunisien surtout : REKIK, N., Les clauses abusives et la protection du consommateur, Etudes juridiques 2000, n°7, p. 111 ; REBAÏ, A., Le principe de proportionnalité et le droit de la consommation *In* Mélanges S. Ben Halima, éd. CPU 2005, p. 969. Pour le droit français : MAZEAUD, D., Les contradictions légitimes au détriment d'autrui en droit des contrats, *In L'interdiction* de se contredire au détriment d'autrui, op. cit., p. 127.

[5] En droit français, le délai de rétractation ou de réflexion diffère d'un domaine à un autre. A titre d'exemple, il est de trente jours pour le crédit immobilier (art. L. 312-10 C. consom). Il est de sept jours lorsqu'il s'agit d'un contrat à distance (L. 121-20 C. consom). Voir sur ce point : J. Calais-Auloy et F. Steinmetz, Droit de la consommation, éd. Dalloz 2006, p. 193, n° 169.

protection de la partie faible dans les rapports contractuels peut justifier un accueil favorable de la contradiction.
Cette possibilité de contradiction s'insère en réalité dans ce que certains appellent « la protection de la partie faible dans le droit civil des contrats »[1] et qui constitue, selon eux, l'une des constantes de cette branche du droit[2]. Toutefois, cette protection, pour louable et méritoire qu'elle soit, ne doit pas être sans limite. Un auteur affirme dans ce cadre que « la restauration d'équilibre ne doit pas entrainer vers une surprotection qui, infailliblement, finirait par se retourner contre celui qu'elle entendait protéger »[3]. D'un autre côté, cette protection, si elle est poussée à l'extrême, risque d'engendrer une injustice provenant dans ce cas d'un acharnement contre la partie censée être plus forte dans un contrat. Il est ainsi obligatoire de concilier entre les différents impératifs envisageables. La solution se résume comme l'a justement prévu un auteur, par la devise suivante : « protéger le faible, certes, mais, en faisant preuve de mesure »[4].

[1] STRICKLER, Y., La protection de la partie faible en droit civil, LPA 2004, n° 213, p. 6.
[2] STRICKLER, Y., art. préc., p. 6.
[3] STRICKLER, Y., art. préc., p. 6.
[4] STRICKLER, Y., art. préc., p. 7.

Conclusion de la première partie

Dans cette première étape, l'implicite s'est contenté de donner expression à ce qui est enfoui dans le contrat, ce qui y est d'évidence même en l'absence de tout indice. Il permet à la morale contractuelle de se révéler et de produire certains effets sur le contenu contractuel exprimé. Cette exigence permet de donner au contrat un brin de souplesse. L'implicite permet ici de rouvrir la discussion sur la clause de révision implicite du contrat. Même si cette clause trouve dans la bonne foi un fondement soutenable, les tribunaux ne doivent pas en abuser. L'admission de la théorie de l'imprévision dans les contrats doit toujours demeurer exceptionnelle. Les jurisprudences française et tunisienne semblent rester fidèles au caractère exceptionnel de cette théorie. Ceci est vrai même si certaines dérogations sont souvent enregistrées de part et d'autre.
La morale contractuelle permet également d'étayer une exclusion implicite de l'abus de la sphère contractuelle. C'est contre l'abus et les clauses abusives que s'acharne l'implicite.
Sur un autre plan, l'implicite a permis de révéler une exigence de cohérence, permettant, dans une première étape, de remettre en ordre les obligations formant le contenu contractuel. L'obligation fondamentale est replacée sur son piédestal, ce qui lui permet d'être toujours inviolable.
D'un autre côté, la cohérence s'adresse au comportement du contractant qui doit être en parfaite harmonie avec l'objectif du contrat. L'implicite aide à lutter contre la versatilité et l'incohérence.

L'utilité de l'implicite pour le contenu contractuel ne s'arrête pas à ce stade. Il permet également d'aller plus loin en offrant au juge la possibilité de l'enrichir en y injectant de nouvelles obligations. C'est le second effet produit par l'implicite sur le contenu contractuel.

Deuxième Partie

L'implicite et l'enrichissement du contenu contractuel

446. Le roman « Notre – Dame de Paris », chef d'œuvre de Victor Hugo, a été publié pour la première fois alors qu'il manquait quelques chapitres qui s'étaient égarés. Lors de la 8e édition de ce roman, ces chapitres furent retrouvés et réinsérés. L'éditeur précisa aux lecteurs qu'il ne s'agissait point d'un ajout ni d'un enrichissement du roman. Ce qui a été ajouté faisait initialement partie de l'ouvrage. D'une façon générale, l'éditeur s'est aussi montré très hostile à l'idée d'ajouter quelque chose au roman *a posteriori*. Il a affirmé : « la greffe et la soudure prennent mal sur les œuvres de cette nature [les romans], qui doivent jaillir d'un seul jet et rester telles quelles. Une fois la chose est faite, ne vous ravisez pas, n'y touchez plus. Une fois que le livre est publié, une fois que le sexe de l'œuvre, virile ou non, a été reconnu et proclamé, une fois que l'enfant a poussé son premier cri, il est né, le voilà, il est ainsi fait, ni père ni mère n'y peuvent plus rien, il appartient à l'air et au soleil, laissez-le vivre ou mourir comme il est. Votre livre est-il manqué ? Tant pis. N'ajoutez pas de chapitres à un livre manqué. Il est incomplet. Il fallait le compléter en l'engendrant. Votre arbre est noué ? Vous ne le redressez pas. Votre roman est phtisique[1] ? Votre roman n'est pas viable ? Vous ne lui rendrez pas le souffle qui lui manque. Votre drame est né boiteux ? Croyez-moi, ne lui mettez pas de jambe de bois »[2]. Transposée au droit des contrats, cette idée permet de montrer que le contrat, qui n'est normalement que l'œuvre de parties, ne peut sous aucun prétexte, être complété ou modifié. Il doit toujours garder la texture qui lui est attribuée par ses créateurs. Qui plus est, le contrat, même s'il est incomplet et *boiteux*, ne permettant pas de réaliser l'objectif voulu par les parties, le juge ne peut pas le compléter. Né incomplet, il doit garder ce caractère, sauf si les parties, de leur propre chef, procèdent à sa correction.

447. Une telle position était dominante en doctrine et en jurisprudence. L'arrêt Canal de Craponne s'inscrit parfaitement dans cette logique. La Cour de cassation a précisé dans cet arrêt que « dans aucun cas, il n'appartient aux

---

[1] Atteint de consomption, maladie qui vient d'être caractérisée par Laennec comme tuberculose pulmonaire (note insérée au roman).
[2] Note ajoutée le 20 octobre 1832 à l'occasion de la 8e édition de « Notre Dame de Paris ». (V. Hugo, Notre dame de Paris, Collection Livre de Poche, éd. Librairie Générale de France, 1988, p. 55-56).

tribunaux, quelque équitable que puisse leur paraître leur décision, de **prendre en considération le temps et les circonstances** pour modifier les conventions des parties et substituer des clauses nouvelles à celles qui ont été librement acceptées par les contractants »[1]. Nombreux sont les auteurs qui soutiennent cette position et refusent de voir le contrat complété par une personne autre que les parties elles-mêmes. La position était la même, qu'on soit en matière littéraire ou en droit, un respect dévot de la volonté et un refus absolu d'y remédier. En matière littéraire, les idées de respect de l'œuvre empêchent d'y apporter la moindre modification. Ce respect a été préservé jusqu'à aujourd'hui puisque les droits moraux de l'auteur, au sens du droit de la propriété littéraire, empêchent de porter atteinte à l'œuvre ou d'en modifier la teneur[2].

En droit des contrats, ce qui empêche de compléter un contrat, c'est le principe de l'autonomie de la volonté, qui accorde à la convention des parties la valeur d'une loi et interdit particulièrement au juge d'en modifier le contenu. Le contrat a toujours été présenté comme étant le fruit d'une volonté libre. Le professeur Denis Mazeaud résume cette idée : « les parties, parce qu'elles contractent en toute liberté et sur un pied d'égalité, sont les meilleurs juges de leurs propres intérêts et doivent donc assumer les risques du contrat »[3]. Une telle affirmation était valable pour des grands interstices dans lesquels le contrat présentait « une citadelle imprenable »[4]. De nos jours, l'analyse individualiste du contrat commence à s'ébranler et à perdre beaucoup de son éclat sous « les coups de boutoir d'un juge de moins en moins servile, face à la loi du contrat qu'il n'hésite pas à réécrire, lorsqu'elle révèle une loi d'airain »[5]. Le résultat est que « nombre de pans de la forteresse contractuelle n'ont plus la fière allure d'antan »[6]. Ce changement d'idées a été fait d'une façon progressive et à l'aide des « petits chevaux de Troie»[7] : la bonne foi et l'équité.

448. A côté de ces notions, un autre article devrait être indubitablement cité, c'est l'article 1135 du Code civil qui selon certains auteurs, provient des

---

[1] Civ., 6 mars 1876, De Galliffet c/ Commune de Pelissanne, D. 1876, 1, 193, note Giboulot.

[2] Pour le droit français, il y a les articles L. 111-1 et suivants du Code de la Propriété Intellectuelle. Concernant la doctrine voir surtout : M. Vivant et J.-M. Bruguière, Droit d'auteur, éd. Dalloz 2009, p. 357, n° 539 ; F. Pollaud-Dulian, Le droit d'auteur, éd. Economica 2005, p. 371-372, n° 547. En droit tunisien : il y a les dispositions de la loi 94-36 du 24 février 1994 relative à la propriété littéraire et artistique (article 9).

[3] MAZEAUD, D., Le juge et le contrat : variation optimistes sur un couple illégitime, *In* Mélanges J.-L. Aubert, éd. Dalloz 2005, p. 235, spéc. p. 236.

[4] PAISANT, G., "Introduction", *In* Que reste-t-il du principe de l'intangibilité des contrats ? Droit et Patrimoine, n° 58, mars 1998, p. 42, spéc. p. 43.

[5] MAZEAUD, D., art. préc., p. 237.

[6] PAISANT, G., art. préc. p. 43.

[7] MAZEAUD, D., Constats sur le contrat, sa vie, son droit, LPA 6 mai 1998, n° 54, p. 8, spéc. p. 10.

limbes[1]. En droit tunisien, c'est vers l'article 243 *in fine* du Code des obligations et des contrats que les regards se tournent. Ces articles, « **QG** » de l'implicite, permettent au juge ou à l'interprète d'entamer « un processus d'adjonction au contrat »[2]. L'implicite passe ainsi d'un rôle cantonné dans une simple révélation du sous-entendu dans le contenu contractuel, à un moyen permettant d'enrichir ce contenu. L'implicite, après avoir permis au juge ou à l'arbitre de donner expression à ce qui est sous-jacent dans un contrat, pousse son effet d'un cran et permet un passage à des choses plus épineuses, en mettant à l'ordre du jour la possibilité d'un complément du contenu contractuel en y joignant de nouvelles obligations. Cette tâche assumée par le juge, sur recommandation de la loi, le met au milieu de la tourmente et l'expose à divers risques et dangers ; a-t-il le droit de l'accomplir ? Sur quelle base peut-il le faire ?

L'enrichissement du contenu contractuel que le juge est appelé à accomplir au nom de l'implicite, n'est en réalité qu'un ajout de nouvelles obligations au contrat. L'effet est ainsi poussé encore plus loin, puisqu'on passe d'une simple révélation et dévoilement du supposé existant dans le contrat, à un ajout pur et simple au contrat. L'opération est, cette fois-ci, une opération d'enrichissement du contenu contractuel. Les parties ont posé la première pierre de l'édifice et c'est au juge de la compléter en faisant bon usage de l'implicite. L'image prête à une construction inachevée, que l'implicite prend la mission de parfaire. L'objectif est le même dans les deux cas : le perfectionnement du contenu contractuel en vue de le rendre plus conforme aux aspirations des parties mais aussi à l'objectif qu'elles ont escompté.
L'enrichissement du contenu contractuel par l'implicite pose maintes questions ; la première est celle du régime juridique de l'enrichissement **(Titre 1er)** ; la seconde est relative aux finalités de cette opération d'enrichissement **(Titre 2e).**

---

[1] JACQUES, Ph., Regards sur l'article 1135 du Code civil, éd. Dalloz 2005, p. 104.
[2] VINEY, G., La responsabilité contractuelle en question, *In* Mélanges GHESTIN, J., éd. LGDJ 2001, p. 921, spéc. 939, n° 19.

Titre premier

Le régime juridique de l'enrichissement du contenu contractuel

D'emblée, se pose la question du fondement de l'enrichissement que permet l'implicite (Chapitre 1er). Dans une deuxième étape, se pose la question des critères de cette opération du contenu contractuel (Chapitre 2e).

Chapitre premier

Le fondement de l'enrichissement du contenu contractuel

Enrichir, selon le Petit Robert, c'est *ajouter un élément de valeur ou un élément fertilisant.* Pour le contrat, enrichir le contenu contractuel, c'est le compléter en lui ajoutant des obligations non expressément choisies par les parties contractantes ou plus exactement ne figurant pas dans le contenu explicite du contrat. L'idée d'adjonction au contrat n'est pas nouvelle. Depuis presqu'un siècle, les tribunaux français se sont ingéniés en vue d'enrichir le contenu contractuel par l'adjonction des obligations qu'ils estimaient nécessaires. On songe directement à la jurisprudence de 1911 sur l'adjonction d'une obligation de sécurité au contenu obligationnel du contrat de transport[1]. Cette jurisprudence a produit au début un tollé, mais au fil du temps, et avec la multiplication des arrêts adoptant la même philosophie, le phénomène ne représente pas, en lui-même, un problème. Ce qui pose vraiment des difficultés, c'est le fondement juridique pouvant le justifier. Les propositions étaient nombreuses. Il existe des fondements qui sont classiquement avancés par la doctrine mais aussi par la jurisprudence **(Section I)**. De l'autre côté, se pose la question de savoir quel est le fondement approprié à ce procédé d'enrichissement du contrat **(Section II)**.

Section I : Les fondements classiques de l'enrichissement du contenu contractuel

Classiquement, l'adjonction au contenu contractuel est alternativement justifiée par une interprétation du contrat (§1) ou par un forçage du contrat (§2).

[1] L'arrêt de principe est ici : Cass. civ. 21 novembre 1911, DP, 1913, I, p. 249, note L. Sarrut ; S. 1912, I, p. 73, note Ch. Lyon-Caen.

§1 : L'interprétation : procédé possible d'enrichissement du contenu contractuel ?

Traditionnellement, l'interprétation, du fait qu'elle n'est qu'une recherche de la volonté des parties, était présentée comme le procédé le plus soutenable afin d'enrichir le contrat par l'ajout de certaines obligations non exprimées par les contractants. Elle présente l'avantage d'être en harmonie avec les principes gouvernant le droit des contrats. Dans ce cadre se pose deux questions : de quelle interprétation s'agit-il ? (A) et quelle est la portée de ce procédé ? (B).

A – La vocation de l'interprétation à servir l'enrichissement du contenu contractuel

449. Le dictionnaire Le Petit Robert définit l'interprétation comme étant l'« action d'expliquer, de donner une signification claire à une chose obscure ; son résultat »[1]. En matière juridique, l'interprétation est « l'opération qui consiste à discerner le véritable sens d'un texte obscur »[2]. L'interprétation comme opération juridique n'est pas l'apanage du contrat, elle se pose également pour la loi. Un texte de loi doit, dans certains cas, être élucidé afin de savoir la réelle intention du législateur[3]. Dans d'autres hypothèses, le législateur tend lui-même à s'expliquer et à dissiper le flou qui plane autour d'une loi adoptée, en avançant une loi explicative[4]. Ramenée au contrat, l'interprétation est définie comme étant « la recherche de la volonté des parties »[5]. Dans l'interprétation, l'objectif est essentiellement de clarifier ce qui est obscur ou peu clair afin de donner un sens soutenable à une affirmation ou à une clause contractuelle. Il s'ensuit qu'interpréter le contrat, « c'est avant tout rechercher la commune intention »[6] des parties. L'objectif de l'interprétation est ainsi de déceler la volonté des parties et de clarifier ce qui est obscur. Le juge tente à travers le mécanisme de l'interprétation d'un contrat, de « dénouer le nœud des volontés »[7]. L'interprétation apparaît alors intimement liée à la volonté des parties. Elle ne cherche qu'à la clarifier et à dissiper l'ambiguïté l'entourant. A priori, aucun lien ne peut exister entre interprétation et enrichissement du contrat.

---

[1] Dictionnaire Le Petit Robert 2007 « mots ».
[2] Vocabulaire juridique de G. Cornu, éd. PUF 2007.
[3] GHESTIN, J., JAMIN, Ch. et BILLIAU, M., Traité de droit civil, Les effets du contrat, éd. LGDJ 2001, p. 15, n°8.
[4] Pour une comparaison entre interprétation des lois et des contrats voir surtout : CARBONNIER, J., Droit civil, T 4, Les obligations, éd. PUF 2000, p. 277, n° 142.
[5] MALAURIE, Ph., AYNES, L. et STOFFEL-MUNCK, Ph., Les obligations, éd. Défrenois 2007, p. 395. Voir également sur ce point : GRIMALDI, C., Paradoxes autour de l'interprétation du contrat, RDC 2008, n°2, p. 207.
[6] J. Marty, Le rôle du juge dans l'interprétation des contrats, TAHC 1949, p. 84.
[7] DUPICHOT, J.,Pour un retour aux textes : défense et illustration de « petit-guide-âne » des articles 1146 à 1164, *In* Mélanges J. Flour, éd. Défrenois 1979, p.184, spéc. 186.

L'interprétation n'a pas pour objectif d'ajouter au contrat ; son but ultime est d'élucider le sens du contrat en éliminant le flou pouvant l'entourer et rendre sa signification imprécise.

450. Le Code civil et le Code tunisien des obligations et des contrats semblent fidèles à cette spécificité de l'interprétation. Les articles 1156 et suivants du Code civil, qualifiés par certains auteurs comme « des points de ralliement »[1] et les articles 513 et suivants du Code tunisien des obligations et des contrats font preuve de cette fidélité. L'article 1156 du Code civil, qui constitue « la clef de voûte de tout le système d'interprétation »[2], incite l'interprète à « rechercher quelle a été la commune intention des parties contractantes, plutôt que de s'arrêter au sens littéral des termes »[3]. En droit tunisien, l'article 515 *in limine,* considéré par certains auteurs tunisiens comme *le portail de l'interprétation en droit tunisien*[4]*,* adopte la même formulation ou presque : « lorsqu'il y a lieu d'interprétation, on doit rechercher quelle a été la volonté des parties ». Au nom de ces articles, l'interprète doit « reconstituer ce qu'ont véritablement voulu les cocontractants, ce sur quoi ils sont réellement tombés d'accord »[5]. Ainsi, le message est clair : l'interprétation est un procédé de recherche de la volonté des parties.

451. Ces deux textes ont été critiqués par la doctrine pour avoir fait référence à la commune intention des parties. Il est artificiel et vain de faire de la recherche de la commune intention des parties la règle d'interprétation unique des contrats[6]. Celle-ci n'est en effet qu'une fiction[7]. La doctrine tunisienne critique cette référence à la commune intention des parties et y voit une dissonance inacceptable de la part du législateur mais aussi de la jurisprudence[8].
Lorsqu'il se livre à une opération d'interprétation d'un contrat ambigu, la mission du juge est de connaître la volonté des parties et d'éclairer ce flou par un brin de lumière qu'il tire de cette volonté. Cette directive d'interprétation

---

[1] Cambacérès, Discours préliminaire prononcé lors de la présentation du troisième projet du Code civil (Messidor an IV), FENET, A.,Recueil complet des travaux préparatoires du Code civil, Tome premier, éd. Otto Zeller Osnabrück 1968, p. 140, spéc. p. 171.
[2] DELEBECQUE, Ph., et F.-J. Pansier, Droit des obligations, Contrat et quasi-contrat, éd. Litec 2006, p. 149, n° 289.
[3] DELEBECQUE, Ph., et F.-J. Pansier, op. cit., p. 149, n° 28. Voir également : GRIMALDI, C., Paradoxes autour de l'interprétation du contrat, RDC 2008, n°2, p. 207.
[4] JERBI, S., l'interprétation du contrat (en arabe), éd. CPU 1999, p. 72, n° 72.
[5] SERIAUX, A., Manuel de droit des obligations, éd. PUF 2006, p. 71, n° 62.
[6] TERRE, F., SIMLER, Ph. et LEQUETTE, Y., Droit civil, Les obligations, éd. Dalloz 2005, p. 451, n° 448.
[7] MALEVILLE, M.-H., L'interprétation des contrats d'assurance terrestre, éd. LGDJ 1995, p. 175, n° 176.
[8] JERBI, S., L'interprétation du contrat, thèse de doctorat Tunis, éd. CPU 1999, p. 110, n° 119.

prouve un attachement du législateur au principe de l'autonomie de la volonté et que le droit français est axé sur ce principe[1].

452. En cherchant la volonté, le juge ou plus généralement l'interprète ne saurait normalement ajouter au contrat de nouvelles obligations complétant l'opération que les parties avaient pour dessein d'atteindre. La recherche de la volonté ne saurait être un prétexte pour ajouter au contenu du contrat des obligations dont le juge estime l'utilité. Cette opération doit se limiter à son strict cadre dressé par la loi : la recherche de la volonté. Les cas d'interprétation cités par la loi, que se soit en droit français ou en droit tunisien, réconfortent cette idée. Dans tous ces cas, l'objectif est de lever l'ambiguïté qui empêche de connaître de façon avérée la volonté des parties. La Cour de cassation française, qui a depuis longtemps[2] qualifié l'interprétation comme élément de fait relevant du pouvoir souverain des juges de fond, n'hésite pas à préserver la spécificité de la technique d'interprétation en censurant pour dénaturation les décisions qui passent outre le respect de la volonté des parties et interprètent le contrat alors que les clauses sont claires[3]. La jurisprudence du Canal de Craponne peut aussi être rangée sous cet angle. C'est la même philosophie qui est appliquée.
L'interprétation du contrat doit ainsi toujours être liée à la volonté des parties. M. Simler précise qu' « interpréter un contrat, par hypothèse obscur, c'est plus précisément, rechercher le sens exact que les parties ont entendu donner aux dispositions contractuelles qu'elles ont souscrites »[4].
En général, l'interprétation ne permet pas d'ajouter au contrat des obligations non voulues par les parties contractantes. Elle permet uniquement de dégager ce qui est dans l'intention de ces parties. L'article 1163 du Code civil dispose dans ce même courant d'idées que « quelques généraux que soient les termes dans lesquels une convention est conçue, elle ne comprend que les choses sur lesquelles il paraît que les parties se sont proposées de contracter ». « Les juges n'ont pas, affirme un auteur, à étendre la convention au-delà de ce que les parties avaient à l'esprit »[5]. Ce texte interdit de prendre l'interprétation comme alibi afin d'ajouter au contrat des obligations non voulues par les contractants. Un auteur précise dans ce sens que « le juge n'est pas certainement chargé d'imaginer le contrat qui lui paraîtrait raisonnable et approprié »[6]. Il doit se contenter, quand il s'agit d'interprétation, de rechercher la volonté des parties.

---

[1] Y. Buffelan-Lanore, Droit civil, deuxième année, éd. Sirey 2006, p. 113, n° 214.
[2] Arrêt des chambres réunies de la Cour de cassation du 2 février 1808, S. 1808, I, p. 183.
[3] Cass. civ. 15 avril 1872, Foucauld et Coulombe, DP 1872, I, p. 176. La cour affirme dans cet arrêt : « il n'est pas permis aux juges, lorsque les termes de ces conventions sont clairs et précis, de dénaturer les obligations qui en résultent et de modifier les stipulations qu'elles renferment ». Voir également : BORE, J., Un centenaire : le contrôle de la Cour de cassation de la dénaturation des actes, RTD civ. 1972, p. 249.
[4] SIMLER, Ph., Juris-classeur civil, Fasc. 30, V° articles 1156 à 1164, n° 6.
[5] FABRE-MAGNAN, M., Les obligations, éd. PUF 2004, p. 431, n° 164.
[6] ATIAS, Ch., Précis élémentaire de contentieux contractuel, éd. PUAM 2006, p. 52, n° 43.

453. L'interprétation est majoritairement subjective en droit français. Ce caractère de l'interprétation en droit français le distingue de l'interprétation dans d'autres systèmes juridiques tel qu'en droit anglo-saxon[1]. Cette affirmation, même conforme à la loi, paraît un peu dépassée et une convergence avec le droit anglais commence à apparaître[2]. L'apparition de l'interprétation objective est au cœur du rapprochement. En effet, la doctrine française distingue depuis longtemps interprétation subjective liée à la volonté, et interprétation objective dépassant la volonté des parties[3]. Cette interprétation objective, basée sur certaines règles adoptées par le Code civil, permet aux juges de dépasser la recherche de la volonté des parties et d'interpréter sur la base des critères objectifs. Dans ces cas, lorsque le juge ne parvient pas à déceler la volonté des parties, le contrat s'interprète selon le sens que lui donnerait une personne raisonnable placée dans une situation semblable. Ce procédé d'interprétation objective du contrat trouve son fondement dans certains articles du Code civil qui marquent un glissement vers une approche plus objective d'interprétation des contrats[4]. Les articles 1158, 1159, 1160, 1161 et 1162 adoptent des règles d'interprétation permettant, a priori, un certain dépassement de la volonté des parties en faisant appel à des éléments qui lui sont extérieurs. Certains auteurs ont pu déduire que « le Code civil a fait une place à certaines directives purement objectives »[5]. Les articles 1158, 1159, 1160 et 1161 sont souvent évoqués lorsqu'il s'agit d'interprétation objective du contrat ; ils réconfortent ce côté objectif des règles légales d'interprétation[6].

Ces règles, qui n'altèrent pourtant pas le caractère essentiellement subjectif de l'interprétation des contrats en droit français, ont été utilisées par la doctrine en vue de justifier un ajout au contrat des obligations nouvelles non voulues par les parties. A partir de ces règles, le juge a pu ajouter souverainement au contrat des obligations auxquelles les parties n'ont jamais songé et qui n'ont aucun lien avec la volonté des parties. De cette sorte, sous couvert de l'interprétation ou sous le manteau traditionnel[7] de l'affirmation de la volonté présumée ou

[1] FAUVARQUE-COSSON, B., L'interprétation du contrat : observations comparatives, RDC 2007, n° 2, p. 481. L'auteur affirme que « traditionnellement, on oppose l'interprétation objective du droit anglais et celle, subjective, des pays de tradition civiliste, dont le droit français ».

[2] FAUVARQUE-COSSON, B., art. préc., p. 482.

[3] Voir à titre d'exemple : Pour les ouvrages anciens : R. Demogue, Cours de droit civil positif français, t II, Théorie générale des obligations, Les principaux contrats de droit civil, Les sûretés, éd. Sirey 1939, p. 137, n° 239. Cette distinction est également valable chez des auteurs contemporains : GHESTIN, J., JAMIN, Ch. et BILLIAU, M., Traité de droit civil, Les effets du contrat, éd. LGDJ 2001, p. 15 et suivants ; TERRE, F., SIMLER, Ph. et LEQUETTE, Y., Droit civil, Les obligations, éd. Dalloz 2009, p. 462, n°448.

[4] TERRE, F., SIMLER, Ph. et LEQUETTE, Y., Droit civil, Les obligations, op. cit., p. 455, n° 451.

[5] GHESTIN, J., JAMIN, Ch. et BILLIAU, M., Les effets du contrat, éd. LGDJ 2001, n° 42, p. 58

[6] DUPICHOT, J.,art. préc., p. 193, n° 14.

[7] J. Marty, Le rôle du juge dans l'interprétation des contrats, TAHC 1949, p. 84, spéc. 96

supposée des contractants, les juges dosent le contrat d'une partie des obligations imposées aux parties.

454. Ainsi, « sous le voile fallacieux d'une prétendue recherche de la volonté interne, il est possible de prendre en main le destin du contrat »[1]. L'interprétation a pris subséquemment de nouvelles connotations qui démontrent son éloignement de la volonté des parties. Certains auteurs parlent ainsi d'une interprétation *créatrice*[2] permettant d'attacher au contrat des obligations diverses[3]. Pour d'autres, l'interprétation est simplement « objective »[4] ou «constitutive»[5], ou encore « amplificatrice et dynamique »[6] ; elle est aussi « intégrative »[7] pour quelques-uns. Madame Maleville ajoute dans ce même courant d'idées, que les obligations adjointes aux contrats trouvent leur source dans une « interprétation personnalisée » [8] des contrats par l'équité. D'autre auteurs parlent d'une interprétation *régulatrice*[9] ou encore *corrective*[10] du contrat.
L'interprétation est ainsi devenue un moyen permettant au juge d'ajouter au contenu contractuel ; c'est un procédé d'enrichissement du contenu obligationnel du contrat. De ce fait, l'interprétation n'est plus liée à la volonté des parties ; elle devient un procédé d'amplification ou de densification du contenu contractuel. On ne se trouve plus devant une interprétation proprement dite[11], mais devant une opération de comblement du contrat[12]. A travers cette forme d'interprétation objective, le contenu obligatoire du contrat n'est pas nécessairement déterminé par la commune volonté des parties[13].

455. A plusieurs reprises, la jurisprudence française a fait, des applications à cette interprétation objective. La matière des assurances semble propice, plus que les autres, à cette forme d'interprétation[14]. Une espèce reflète

---

[1] DUPICHOT, J.,art. préc., p. 204.
[2] TERRE, F., SIMLER, Ph. et LEQUETTE, Y., Droit civil, Les obligations, op. cit., p. 457, n° 453.
[3] TERRE, F., SIMLER, Ph. et LEQUETTE, Y., Droit civil, Les obligations, op. cit., p. 458, n° 453.
[4] LEVENEUR, L., Le forçage du contrat, Droit et Patrimoine, n° 58, mars 1998, p. 74.
[5] GHESTIN, J., JAMIN, Ch. et BILLIAU, M., Les effets du contrat, éd. LGDJ 1998, n° 42, p. 58.
[6] PICOD, Y., Articles 1134 et 1135 du Code civil, Juris-classeur civil, fascicule 11, n° 36.
[7] ROCHFELD, J., Cause et type de contrat, éd. LGDJ 1999, n° 386, p. 350.
[8] MALEVILLE, M.-H., Pratique de l'interprétation des contrats, étude jurisprudentielle, éd. Presse Universitaire de Rouen, 1991, n°514, p. 253.
[9] B. Gelot, Finalité et méthodes objectives d'interprétation des actes juridiques. Aspects théoriques et pratiques, éd. LGDJ 2003, p. 187, n° 332.
[10] B. Gelot, op. cit., p. 189, n° 333.
[11] FAGES, B., Droit des obligations, éd. LGDJ 2007, p. 239, n° 317.
[12] FAGES, B., Droit des obligations, op. cit., p. 239, n° 241, n° 320.
[13] GHESTIN, J., JAMIN, Ch. et BILLIAU, M., Les effets du contrat, éd. LGDJ 2001, n° 42, p. 58
[14] MALEVILLE, M.-H., L'interprétation des contrats d'assurance terrestre, éd. LGDJ 1995.

particulièrement cette idée d'interprétation objective utilisée en vue d'étendre le contenu du contrat. Dans un arrêt rendu par la Cour de cassation française le 10 décembre 1985, cette dernière a adopté une méthode objective afin de déterminer les bénéficiaires d'une assurance maladie dépassant la volonté des parties dans le contrat. La cour a énoncé : « si les conditions d'application du contrat d'assurance-décès doivent être appréciées au moment de la réalisation du risque, la détermination des enfants à charge vivant au foyer doit être faite en se conformant aux principes généraux de droit, spécialement à celui d'après lequel l'enfant conçu est réputé né chaque fois qu'il y va de son intérêt »[1]. D'autres arrêts de la jurisprudence française font preuve de cette interprétation objective au service du renforcement du contenu contractuel.

456. La jurisprudence, dans l'objectif d'ajouter au contenu contractuel des obligations non exprimées par les contractants, utilise, à côté des articles du code réservés à l'interprétation, les articles 1134 al. 3 et 1135 du Code civil. Elle élargit ainsi les règles d'interprétation afin d'en accueillir de nouvelles. Un auteur affirme dans ce cadre que l'article 1135 est *admis au rang des méthodes d'interprétation*[2]. La référence à ces articles, lorsqu'il s'agit d'interprétation, est devenue systématique, selon certains auteurs[3], et ne pose plus de problèmes[4]. L'article 1135 est rangé du même côté que l'article 1160[5]. Cette position est vérifiable dans de récents arrêts rendus par la Cour de cassation française dans lesquels cet article est cité avec l'article 1160[6]. Le premier devient ainsi une véritable règle d'interprétation des contrats[7]
Il apparaît alors que la jurisprudence française ajoute au contrat certaines obligations en procédant à son interprétation. Les obligations d'information, de sécurité, d'assistance souvent ajoutées au contrat sont déduites d'une interprétation objective du contrat mais avec le concours de l'article 1135 du Code civil. MM Malaurie, Aynès et Stoffel-Munck confirment cette idée lorsqu'ils affirment que « sous couvert d'interprétation les juges du fond ont,

---

[1] Cass. 1re civ. 10 décembre 1985, Bull. civ. I, n° 339 ; D. S 1987, p. 449, note G. Paire. Voir aussi : GHESTIN, J., JAMIN, Ch. et BILLIAU, M., Les effets du contrat, éd. LGDJ 2001, n° 45, p. 61 où les auteurs citent plusieurs arrêts et jugements.
[2] B. Gelot, Finalités et méthodes objectives d'interprétation des actes juridiques. Aspects théoriques et pratiques, éd. LGDJ 2003, p. 222, n° 387.
[3] Plusieurs auteurs évoquent systématiquement l'article 1135 lorsqu'il s'agit d'interprétation. A titre d'exemple : GHESTIN, J., JAMIN, Ch. et BILLIAU, M., op. cit.,p. 58, n° 42 ; MALINVAUD, Ph., Droit des obligations, éd. Litec 2007, p. 342, n° 472 ; MALEVILLE, M.-H., Pratique de l'interprétation des contrats, étude jurisprudentielle, éd. PU Rouen 1991, n° 516 ; J. Flour et J.-L. Aubert, Les obligations, L'acte juridique, éd. Sirey 2008, p. 354-355, n° 397 ; BENABENT, A., Droit civil, Les obligations, éd. Montchrestien 2007, p. 209, n° 270.
[4] B. Gelot, op. cit., p. 224, n° 391.
[5] GHESTIN, J., JAMIN, Ch. et BILLIAU, M., op. cit.,p. 58, n° 42.
[6] Cass. Soc. 21 février 2007, n° 05-10461 (inédit) ; Cass. Com. 7 juin 2006, n° 03-12659 (inédit).
[7] B. Gelot, op. cit., p. 224, n° 391.

depuis plus de soixante-dix ans, découvert que le contrat de transport de voyageurs comportait une obligation de sécurité »[1].

En droit tunisien, l'on trouve pratiquement la même chose. Un législateur optant principalement pour une interprétation subjective intimement liée à la volonté des parties, mais corrigée partiellement par certaines règles qui glissent légèrement vers des critères objectifs d'interprétation des contrats. L'article 516 du Code des obligations et des contrats permet de se référer à l'usage. L'article 529 ordonne d'interpréter dans le sens de l'allégement mais jamais dans le sens de l'alourdissement. D'autres articles peuvent également être rangés sous cette rubrique.

On peut ainsi constater que le Code tunisien des obligations et des contrats, contient pratiquement, en matière d'interprétation des contrats, les mêmes règles adoptées par le Code civil. Toutefois, certaines solutions ne sont pas les mêmes car le législateur tunisien de 1906 était influencé par le droit allemand et le BGB[2] ou encore par le droit musulman[3]. On en déduit que ce qui est valable en droit français est normalement valable en droit tunisien. La jurisprudence tunisienne, même si elle fait généralement preuve de servilité envers le principe de l'autonomie de la volonté, en s'attachant solidement à la volonté des parties lors de l'interprétation des contrats, se montre dans certains cas, pour une interprétation objective du contrat en se basant sur quelques articles du Code des obligations et des contrats[4]. Elle demeure majoritairement fidèle aux directives d'interprétation subjective, ne se référant à l'interprétation objective que subsidiairement[5]. Elle n'utilise des critères objectifs que dans le but d'élucider le sens voulu par les parties. La Cour de cassation tunisienne, dans plusieurs cas, a fait référence à l'usage en vue de savoir ce qu'ont entendu les parties par un terme figurant dans leur contrat. Tel est le cas où le contrat est laconique sur l'exactitude du sens d'un mot inséré dans un contrat de location[6] ou dans un contrat de vente[7]. La référence à l'usage permet, dans ces cas, d'élucider le sens voulu par les parties, surtout que certains termes ont une signification régionale.

---

[1] MALAURIE, Ph., AYNES, L. et STOFFEL-MUNCK, Ph., Les obligations, éd. Défrenois 2007, p. 399, n° 775.

[2] ZINE, M., Théorie générale des obligations, 1 – Le Contrat, éd. Tunis 1993, p. 59, n°62.

[3] Voir sur ce point : JERBI, S., L'interprétation du contrat, éd. CPU 1999, p. 19, n° 12. L'auteur dresse un tableau dans lequel il précise le degré d'influence des différentes sources de droit sur les règles du Code des obligations et des contrats ; y sont incluses les dispositions relatives à l'interprétation. Voir aussi : CABRILLAC, R. et BEN FADHEL, O., Introduction au droit des affaires. Abrégé de droit tunisien des obligations contractuelles, éd. CPU 2006. Les auteurs précisent au prologue que le C.o.c a été influencé par diverses écoles.

[4] Voir à titre d'exemple : Cass. civ. (tn) n° 3027 du 26 mai 1981, Bull. II, p. 72.

[5] ZINE, M., op. cit., p. 67, n° 71. L'auteur affirme que la jurisprudence tunisienne n'applique l'interprétation objective que rarement et d'une façon non explicite.

[6] Cass. civ. (tn) n° 8024 du 28 avril 1983, Bull. II, p. 271.

[7] Cass. civ. (tn) n° 3084, du 25 janvier 1979, Bull. 1979, p. 41.

D'une façon générale, les législateurs français et tunisien, lorsqu'il s'agit de l'interprétation des contrats, sont bien attachés à la volonté des parties. Ils n'admettent la référence aux critères objectifs que dans le strict but de clarifier la volonté des parties. Il s'ensuit que ce qui est voulu par les parties doit constituer l'objectif de toute opération d'interprétation faite par le juge. Toute utilisation des éléments extrinsèques ne vise en réalité qu'à fournir d'autres outils en vue d'arriver à élucider la volonté des parties. L'utilisation de l'usage ou le recours à d'autres éléments extrinsèques à la volonté[1] ne se fait qu'en cas d'ambiguïté du contrat, dans le seul objectif de rechercher une volonté probable des parties. Ces techniques ne sauraient normalement permettre au juge de faire un ajout flagrant ou important au contrat.

457. Il n'est pas sans utilité, de signaler dans ce cadre, l'existence en droit français de certaines autres règles d'interprétation hors du Code civil. L'exemple le plus significatif est celui de l'article L. 132 – 2 du Code la consommation, qui préconise une règle spéciale d'interprétation recommandant d'interpréter les clauses des contrats proposés par les professionnels aux non-professionnels « dans le sens le plus favorable au consommateur ou au non-professionnel ». Cet article n'est en fait qu'une explication de l'article 1162 du Code civil disposant que « dans le doute, la convention s'interprète contre celui qui l'a stipulé, et en faveur de celui qui a contracté l'obligation ». Cette redondance[2] ou ce double emploi s'explique par une volonté impérieuse du législateur de protéger la partie faible. Ceci s'explique également par l'impulsion du droit communautaire dont la directive du 5 avril 1993 contenait un article relatif à l'interprétation des clauses abusives[3]. Cette directive d'interprétation en faveur du consommateur s'impose aux juges de fond qui doivent la respecter sous peine de cassation[4] et ce, contrairement aux autres règles d'interprétation qui ne sont pas impératives[5]. Même si l'article L.132-2 n'est pas de nature à changer beaucoup les choses[6], il confirme un traitement spécial réservé aux consommateurs. La différence entre les deux dispositions, celle du droit commun et celle du droit de la consommation réside dans le caractère impératif de l'article L. 132-2[7]. La Cour de cassation a censuré la

---

[1] VOIRIN, P. et GOUBEAUX, G., Droit civil – Personnes – Famille – Personnes protégées – Biens – Obligations –Sûretés, Tome 1, éd. LGDJ 2007, p. 407, n° 902.

[2] LAMOUREUX, M., L'interprétation des contrats de consommation, D. 2006, II, doc. p. 2848, spéc. p. 2849.

[3] LAMOUREUX, M., art. préc., p. 2848.

[4] LAMOUREUX, M., art. préc., p. 2849.

[5] Cass. 1re civ. 6 mars 1979, Bull. civ. I, n° 81 ; Cass. 1re civ. 19 décembre 1995, Bull. civ. I, n° 466 ; RTD civ. 1996, p. 611, obs. J. Mestre.

[6] CLARET, H., L'interprétation des contrats d'assurance et le droit de la consommation, note sous cass. 1re, civ. 21 janvier 2003, D. 2003, p. 2600, spéc. p. 2601.

[7] CLARET, H., note précitée, p. 2601. L'article 1162 du Code civil n'a pas un caractère impératif. La Cour de cassation a affirmé depuis longtemps que l'article 1162 n'est pas impératif pour le

décision de la Cour d'appel au motif qu'elle a *débouté un assuré de sa demande en garantie, alors que la clause définissant le risque était ambiguë, de sorte qu'elle devait être interprétée dans le sens le plus favorable à cet assuré*[1]. Une frange de la doctrine française observe dans ce cadre que « la protection du consommateur emprunte la voie de la technique d'interprétation »[2].

458. La protection du débiteur ou de la partie faible est, à l'instar du droit français, une directive d'interprétation des contrats en droit tunisien. Celui-ci est encore plus clair puisqu'il adopte cette règle dans deux endroits différents du Code des obligations et des contrats. D'abord, dans l'article 541 du code qui érige la règle en un principe général de droit, l'instruction est claire, « l'interprétation peut, en cas de nécessité, modérer la rigueur de la loi ; elle ne doit jamais l'aggraver ». Quant à l'article 529, il l'adopte comme directive d'interprétation des contrats. Aux termes de cet article « dans le doute, l'obligation s'interprète dans le sens le plus favorable à l'obligé ». Cette règle, hormis le fait qu'elle est adoptée par plusieurs législations, est, selon une frange de la doctrine tunisienne, empruntée au droit musulman[3], elle est déduite de la bonne foi[4].

459. D'une façon générale, le droit tunisien se montre plus rigoureux que le droit français en matière d'interprétation des contrats. L'article 514 du Code des obligations et des contrats, qui n'a pas d'équivalent dans le Code civil, énumère les cas dans lesquels l'interprétation est admise[5]. Normalement, hormis ces cas, l'interprétation n'est plus possible. La jurisprudence tunisienne qualifie d'inadmissible toute interprétation qui ne répond pas aux cas d'interprétation prévus à l'article 514 du Code des obligations et des contrats[6]. Cette énumération évite normalement que l'interprétation soit utilisée en vue d'ajouter au contenu d'un contrat. Elle doit toujours répondre aux critères énumérés par la loi. L'ambiguïté est hissée très haut dans le cadre de cet article au point que l'interprétation n'est pas concevable en son absence. Et même si le Code tunisien adopte certains critères objectifs, leur utilisation n'est

---

juge qui peut se prononcer en faveur d'un des contractants (Cass. Civ. 11 mai 1948, GP, 1948, II, p.41).

[1] Cass. 1re, civ. 21 janvier 2003, Bull. civ. I, n° 19; D. 2003, p. 2600, note H. Claret.

[2] GHESTIN, J., JAMIN, Ch. et BILLIAU, M., Les effets du contrat, éd. LGDJ 2001, n° 33, spéc. p. 47.

[3] JERBI, S., thèse précitée, p. 289, n° 255.

[4] JERBI, S., thèse précitée, p. 289. Voir aussi sur ce point : O. Ben Fadhel, Le droit applicable et la protection de la partie faible dans les contrats internationaux, In Mélanges HACHEM, M.-L., éd. CPU 2005, p. 194.

[5] ZINE, M., op. cit., p. 62, n° 66. La Cour de cassation tunisienne insiste toujours sur ces conditions ex : cass. civ. n° 1268 du 29 mars 1979, Bull. I. p. 158.

[6] Cass. civ (tn). n° 6382 du 26 mai 1969, Bull. 1969, p. 64 ; cass. civ. (tn) n° 796 du 4 août 1976, Bull. 1976, III, p. 22 ; cass. civ. (tn) n° 3746 du 21 mai 1981, Bull. II, p. 57. Voir aussi : ZINE, M., op. cit., p. 64, n° 68.

normalement possible que dans le cadre d'une recherche de la volonté des parties et en cas de remplissage des conditions de l'interprétation.

En somme, l'interprétation du contrat, qu'elle soit subjective ou subsidiairement objective, ne saurait être un moyen d'enrichissement du contenu contractuel, son objectif étant toujours d'expliquer ce qui est exprimé dans le contenu contractuel, ce qui pose la question de la portée de l'interprétation comme procédé proposé par certains en vue d'ajouter au contrat.

B – La portée de l'interprétation comme procédé d'enrichissement du contenu contractuel

460. L'interprétation permet-elle vraiment au juge d'ajouter au contrat ? La réponse passe indubitablement par une analyse de la technique de l'interprétation, de l'objectif qui lui est assigné par la loi et d'une précision de son rôle.
L'objectif de l'interprétation, tel qu'il est précisé par la loi, est de rechercher la volonté des parties. Cet objectif est valable aussi bien en droit français qu'en droit tunisien ; c'est la raison d'être de cette technique.
D'ailleurs, c'est le même objectif que l'interprétation des lois. L'analogie avec l'interprétation de la loi, même partiellement contestée par certains auteurs[1], réconforte cette idée. Dans l'interprétation des textes de loi, on ne cherche, en principe qu'à découvrir l'intention du législateur. Interpréter une loi, « c'est décrypter le message de la loi, en dissiper l'ambiguïté, de manière à choisir, entre les divers sens possibles d'un texte, celui qui doit prévaloir »[2]. En matière contractuelle, le juge doit décrypter le message contenu dans le contrat et choisir parmi les différentes possibilités, la solution qui s'accommode le plus avec la volonté des parties ou celle qui l'ont voulue. Dire que le juge procède au décryptage du contenu contractuel, signifie que ce dernier est entouré d'une ambiguïté et d'une équivoque empêchant de connaître la signification exacte des termes du contrat et de l'intention des parties. L'interprétation n'est pas ainsi envisageable en dehors de ces hypothèses.

461. En droit français, cette condition d'ambiguïté n'est pas expressément exigée par la loi, on la déduit de l'ensemble des articles 1156 à 1164 du Code civil. Ces articles invitent le juge, lorsqu'il s'agit d'interprétation, à rechercher la volonté des parties et à ne pas s'arrêter « au sens littéral du terme », ce qui implique la nécessité de l'existence d'un flou qui plane autour de la signification des termes du contrat. L'ambiguïté s'avère être une condition sous-entendue dans les articles du Code civil. Par ailleurs, la jurisprudence place l'ambiguïté comme condition indispensable à l'opération d'interprétation. Ceci

---

[1] CARBONNIER, J., op. cit., p. 277, n° 142.
[2] G. Cornu, Droit civil, Introduction au droit, éd. Montchrestien 2007, p. 203, n° 386.

se réalise par la limite de dénaturation établie par la jurisprudence française qui sanctionne toute interprétation d'un acte clair ne présentant pas d'ambiguïté[1]. Le droit tunisien est plus clair sur ce point, puisque l'article 514 du Code des obligations et des contrats, précise que l'interprétation est envisageable, entre autres, « lorsque les termes employés ne sont pas clairs par eux-mêmes, ou expriment incomplètement la volonté de leur auteur ».

Cette ambiguïté assure tout à la fois deux fonctions ; elle conditionne l'interprétation des contrats en droit tunisien et en droit français, elle limite aussi la portée de cette technique[2]. Elle pose concomitamment son déclenchement et retrace sa limite de telle sorte que l'interprétation n'est pas envisageable en son absence et qu'elle n'est permise que dans la limite de ce qui permet de la dissiper ; et le juge ne peut aller plus loin[3]. Même les critères dits objectifs d'interprétation ne sont prévus que pour élucider le sens voulu par les contractants et non pour accorder au juge une possibilité ou un moyen lui permettant d'ajouter au contrat. Il est utile, dans certains cas, de jeter un regard sur le contexte dans lequel le contrat est conclu (ex : usage du lieu de conclusion) ou sur celui de son exécution en vue de préciser le sens exact de certains termes et stipulations. L'objectif n'est jamais celui d'éloigner le contrat de la volonté de ses auteurs mais plutôt de lui attribuer le sens exact qui s'accommode avec le contexte qui l'entoure. Un auteur tunisien a précisé dans ce sens : « l'objectif de l'interprétation n'est pas uniquement celui de rechercher la volonté des parties, mais encore de mettre le contrat dans son contexte socio-économique »[4]. Dans la même perspective, un autre auteur tunisien avance : « l'intention des parties n'est pas l'élément central de l'interprétation, elle coexiste avec des éléments objectifs »[5].

Le juge doit se faire aider par certains éléments extérieurs en vue de se rapprocher autant que faire se peut de la volonté des parties et de ce qu'elles ont voulu. La référence à l'usage, au sein de l'article 1160 du Code civil ou de l'article 516 du Code des obligations et des contrats, doit être analysée dans ce sens : celui de l'interprétation et non celui du complément du contrat. C'est là que réside la distinction entre l'usage cité par l'article 1135 et celui de l'article 1160 ; le premier tend à compléter le contrat alors que le second ne vise qu'à comprendre le contrat et la volonté de ses auteurs. La référence aux usages, préconisée par l'article 1160 du Code civil, n'est exigée que pour retrouver ce

[1] La position de la jurisprudence est statique sur ce point depuis 1872, année de l'arrêt du 15 avril 1872 (DP 1872, I, p. 176.

[2] BEN AMMOU, N.,Le pouvoir de contrôle de la Cour de cassation, Thèse Tunis 1996, p. 222, n° 484.

[3] BEN AMMOU, N.,Le pouvoir de contrôle de la Cour de cassation, Thèse Tunis 1996, p. 222, n° 484.

[4] ZINE, M., op. cit., p. 67, n° 71.

[5] BEN AMMOU, N.,Le pouvoir de contrôle de la Cour de cassation, Thèse Tunis 1996, p. 231, n° 504.

qui est normalement et couramment voulu[1], celui-ci « n'est pas d'ordre quantitatif mais sémantique »[2].

462. Une affaire tranchée par la Cour d'appel de Rouen paraît ici importante puisqu'elle a précisé de façon limpide la portée de l'article 1160 du Code civil. La Cour de Rouen affirme : « que si l'article 1160 du Code civil autorise à suppléer dans les contrats les clauses qui y sont d'usage, quoiqu'elles n'y soient point exprimées, ce texte ne peut avoir pour but et pour effet de modifier l'économie du contrat en y introduisant, en raison du silence des parties, une clause qui modifie l'essentiel de leurs droits et de leurs obligations ; qu'une clause ne peut être dite d'usage au sens du texte susvisé que si, d'une part, il est à présumer que son omission a été involontaire et que les parties entendaient de toute façon en faire application et si, d'autre part, cette application est possible sans que le juge ait à fixer les éléments de fait dont le choix et la détermination n'appartient qu'aux parties aux volontés desquelles il ne peut substituer la sienne »[3]. Cet arrêt trace donc les limites de l'utilisation de l'article 1160 du Code civil. Il démontre, selon certains auteurs, l'inopportunité de la correction d'un contrat par ajout d'une clause par le juge[4].

463. Les règles de l'interprétation, même celles préconisant des critères objectifs, ne permettent pas un ajout pur et simple au contrat, mais permettent uniquement d'ajouter une précision mineure qui n'en modifie pas la matière. Lorsque le travail requiert autant de profondeur, c'est l'article 1135 qui prend la relève et permet au juge de passer d'une simple précision du contenu contractuel à un vrai enrichissement de son contenu. En cas de déficience de l'interprétation, l'article 1135 entre en service et fournit le remède nécessaire.
L'interprétation sous toutes ses formes ne permet pas d'ajouter au contenu du contrat, elle ne permet que « d'en élucider les recoins obscurs, les culs-de-sacs absurdes, et de jeter tout à coup une vive lumière sur la psyché enchaînée au fond de cet antre »[5]. Lorsque le juge, saisi d'un problème d'interprétation, procède à l'ajout au contrat sous prétexte de l'interpréter, il ne fait que déformer cette technique en la sortant de son berceau naturel qui lui est attribué par le législateur. Dans ces cas, on n'est plus dans le cadre de l'interprétation. Celles dites objectives, créatrices ne sont qu'une excroissance de l'interprétation au sens strict ou une déformation de cette technique. Ces interprétations représentent un cas de dysfonctionnement de cette institution.

---

[1] JACQUES, Ph., Regards sur l'article 1135 du Code civil, éd. Dalloz 2005, p. 261-262, n° 139.
[2] JACQUES, Ph., Regards sur l'article 1135 du Code civil, éd. Dalloz 2005, p. 262, n° 139.
[3] Rouen, 29 novembre 1968, D. 1969, Juri. p. 146.
[4] Voir sur ce point : G. Piette, La correction du contrat, éd. PUAM 2004, p. 583-584, n° 1102. La clause objet du litige et qui a été ajoutée par le tribunal de commerce de Rouen est une clause de révision.
[5] V. Hugo, Notre-Dame de Paris, op. cit., p. 248.

464. L'interprétation, qu'elle soit objective ou subjective, ne permet pas en réalité au juge d'ajouter au contrat de nouvelles obligations non exprimées par les parties contractantes. Cette technique est en effet incapable d'assurer un véritable enrichissement du contenu contractuel. L'interprétation permet essentiellement de préciser le sens de ce qui est exprimé et de découvrir sur la base de certains signes extérieurs ce qu'ont entendu les contractants. Ajouter au contrat ne fait pas partie de son objectif. Christian Larroumet l'a justement observé : lorsque le juge procède, par voie d'interprétation à l'inclusion de nouvelles obligations dans le contrat, « il ne s'agit plus d'interprétation. Il s'agit, pour le juge, de créer purement et simplement une règle de droit »[1]. La distinction s'avère ainsi évidente, entre l'interprétation et un processus d'enrichissement du contrat préconisé par l'implicite. D'abord, l'interprétation est conditionnée par l'existence d'une ambiguïté entourant les dispositions du contrat[2]. Cette condition n'est pas requise lorsque le juge procède à l'ajout au contenu contractuel en utilisant l'implicite. Un auteur tunisien établit une distinction entre l'adjonction des suites et l'interprétation ; « alors que l'interprétation tend par l'usage de certaines techniques subjectives à découvrir l'intention des parties, l'adjonction des suites, le procédé est objectif, le juge ajoute au contrat des obligations rendues exigibles par la nature du contrat, la loi ou même les usages »[3].
La jurisprudence commet certainement une faute lorsqu'elle range du même bord l'article 1135 et ceux relatifs à l'interprétation alors que des différences obvies séparent les deux textes. En premier lieu, l'article 1135 n'est pas un texte d'interprétation du contrat ; l'utiliser dans le cadre de cette opération, c'est ignorer sa nature et sa fonction intrinsèque. Au soutien de cette idée, l'emplacement de l'article 1135 est important ; il figure dans la section première du chapitre III réservé aux effets des obligations et non dans la section V réservée à l'interprétation des conventions. Quatre sections séparent ainsi l'article 1135 de ceux sur l'interprétation. Rapprocher cet article 1135 des règles d'interprétation serait méconnaître l'enchaînement des articles du Code civil voulu par ses rédacteurs. Le critère de *distribution des textes*[4] permet ainsi de défendre la distinction. Cet argument est aisément réfutable selon certains auteurs[5] du fait que l'on trouve des règles d'interprétation hors de la section V du Code civil et que ces règles ont été refondues à plusieurs reprises[6]. D'ailleurs, l'emplacement de l'article L. 132 – 2 du Code de la consommation réconforte cette idée.

---

[1] LARROUMET, Ch., Droit civil, Tome III, Les obligations, Le contrat, 1re Partie, Conditions de formation, éd. Economica 2007, n° 141, p. 121.
[2] BEN AMMOU, N.,Le pouvoir de contrôle de la Cour de cassation, Thèse Tunis 1996, p. 222, n° 484.
[3] MAHFOUD, M., Théorie des suites du contrat, RJL 2008, n° 6, p. 99, spéc. p. 101.
[4] SIMLER, Ph., Juris-classeur civil, fasc. 30, articles 1156 à 1164 (2001).
[5] B. Gelot, op. cit., p. 223, n° 389.
[6] B. Gelot, op. cit., p. 223, n° 389.

En droit tunisien, le professeur Sami Jerbi[1], mais également le professeur Mohamed Hammouda[2] soutiennent cette idée de l'indétermination de l'emplacement du texte dans la fonction qu'on lui attribue. Il s'ensuit que l'article 243 du Code des obligations et des contrats, même situé sous une section ne concernant pas l'interprétation du contrat pourrait y être intégré. Aux antipodes de cette position, un auteur soutient une différence de fonction entre l'article 1135 du Code civil et l'interprétation. Mademoiselle Rachel Blough souligne que « l'article 1135 ne vise pas à dégager le sens de l'accord, il ne constitue dès lors pas une règle d'interprétation. Il ne s'applique d'ailleurs qu'une fois que le sens de l'accord est établi »[3].

465. D'un autre côté, l'interprétation, même si elle est « une notion à contours incertains »[4], se distingue nettement, du moins théoriquement,[5] de l'opération de détermination du contenu contractuel. Le Professeur Philippe Simler, dans son commentaire des articles 1156 à 1164, précise que l'interprétation devrait être distinguée de la recherche du contenu d'un acte, de sa force obligatoire, de l'exécution de bonne foi et de la qualification[6]. Avec la détermination du contenu contractuel, la différence est évidente. D'abord, cette opération de détermination n'est pas basée sur l'existence d'un flou entourant la volonté des parties. Le juge peut procéder à l'enrichissement du contenu contractuel en l'absence du moindre doute. Les dispositions de l'article 1135 du Code civil « démontrent de la manière la plus claire que la détermination du contenu des conventions ne peut se réduire à une recherche des intentions »[7]. Elle est autre chose de plus[8] ; c'est une tâche objective qui n'a rien à voir avec la recherche de la volonté des parties et leur intention. Ranger l'article 1135 parmi les règles d'interprétation engendre un appauvrissement des percepts qu'il édicte[9] ; au lieu de l'utiliser comme moyen pour enrichir le contenu contractuel loin de la volonté des parties, c'est le réduire en une répétition ou une récapitulation des articles sur l'interprétation des conventions. MM. Ghestin, Billiau et Jamin avouent que « le comblement des lacunes du contrat relèverait d'une autre méthodologie »[10].

---

[1] JERBI, S., L'interprétation du contrat, éd. CPU 1999, p. 400, n° 329.
[2] HAMMOUDA, M., De l'exécution de l'obligation avec loyauté *In* Mélanges S. Ben Halima, éd. CPU 2005, p. 1031, spéc. p.1091.
[3] BLOUGH, R., Le forçage, du contrat à la théorie générale, Thèse Paris XI 2008, p. 236, n° 354.
[4] SIMLER, Ph., Juris-classeur civil, fasc. 10, articles 1156 à 1164 (2001).
[5] SIMLER, Ph., Juris-classeur civil, fasc. 30, articles 1156 à 1164 (2001). M. Simler avoue que la distinction est nette théoriquement mais qu'elle est difficile dans la pratique.
[6] SIMLER, Ph., Juris-classeur civil, fasc. 10, articles 1156 à 1164 (2001).
[7] SIMLER, Ph., Juris-classeur civil, fasc. 30, articles 1156 à 1164, précité, n° 10.
[8] SIMLER, Ph., Juris-classeur civil, fasc. 30, articles 1156 à 1164, précité, n° 10.
[9] MOULY-GUILLEMAUD, C., Retour sur l'article 1135 du Code civil : une nouvelle source du contenu contractuel, éd. LGDJ 2006, p. 26, n° 25.
[10] GHESTIN, J., M. Billiau et JAMIN, Ch., op. cit., p. 16, n° 9 qui citent Ph. Simler.

466. Cette nette distinction entre interprétation du contrat et enrichissement de son contenu, les tribunaux ne la reconnaissent pas facilement. Dans une tendance *évidente*, afin d'échapper au reproche d'injonction arbitraire des suites non voulues, et, en définitive, d'une violation du principe d'autonomie des volontés, les tribunaux tentent de recouvrir d'un voile l'interprétation des volontés, ce qui, en réalité, répond davantage à l'idée de compléments justifiés par l'équité[1]. Ils font de ce fait, référence à l'interprétation même si le contexte ne la réclame pas en vue de justifier l'ajout au contenu du contrat. Un effroi saisit les juges lorsqu'ils veulent compléter le contenu du contrat et les empêche de se référer uniquement à l'article 1135 du Code civil ; ils gardent toujours une déférence envers l'article 1134 al. 1 dont ils n'ont pu se débarrasser.
Dans ce même contexte de comparaison entre les articles sur l'interprétation des conventions et l'article 1135, Philippe Jacques affirme que l'interprétation d'un accord de volonté est une action étrangère à l'article 1135. L'article 1135 du Code civil ne partage pas avec les articles 1156 et suivants, les traits caractéristiques des règles d'interprétation[2]. Il s'ensuit l'absence d'un rapport entre l'article 1135 et ceux relatifs à l'interprétation ; « l'enrichissement du champ contractuel pouvant s'opérer à partir d'un accord clair et précis »[3].
L'interprétation est préalable dans certains cas à toute opération d'adjonction au contenu contractuel. Le même auteur ajoute : « alors que les règles d'interprétation précisent ce qui a été convenu, l'article 1135 détermine ce qui a été conclu »[4]. Un autre auteur approuve cette idée en affirmant que « l'article 1135 est certes une directive d'interprétation, dans la mesure où les parties se sont exprimées, et en ce sens, elle s'inscrit bien à la suite des articles 1156 et suivants, mais il permet aussi, en dehors de toute expression des parties, de préciser l'exacte étendue de l'exécution du contrat »[5].

467. En somme, l'interprétation se distingue de l'opération d'enrichissement du contenu du contrat à plus d'un niveau. Les conditions de mise en œuvre de ces deux processus ne sont pas les mêmes. Pour l'interprétation, une ambiguïté et une équivoque sont indispensables à sa mise en œuvre[6]. Pour l'enrichissement du contenu contractuel, la question n'a rien à voir avec la volonté des parties ni avec un flou qui l'entoure ; tout ce qui est exigé, c'est l'existence d'un laconisme du contrat de nature à rendre nécessaire son enrichissement par le juge ou par l'arbitre. D'un autre côté, l'interprète cherche à se conformer à la volonté des parties, à ce qu'elles ont voulu et désiré réellement, alors que dans

[1] SIMLER, Ph., Juris-classeur civil, fasc. 30, articles 1156 à 1164, précité, n° 12.
[2] JACQUES, Ph., Regards sur l'article 1135 du Code civil, éd. Dalloz 2005, p. 258, n° 137.
[3] JACQUES, Ph., Regards sur l'article 1135 du Code civil, éd. Dalloz 2005, p. 258, n° 137.
[4] JACQUES, Ph., Regards sur l'article 1135 du Code civil, éd. Dalloz 2005, p. 259, n° 137.
[5] BERTHIAU, D., Le principe d'égalité et le droit civil des contrats éd. LGDJ 1997, p. 342, n° 646.
[6] BEN AMMOU, N.,Le pouvoir de contrôle de la Cour de cassation, Thèse Tunis 1996, p. 222, n° 484.

la seconde opération, le complément est fait sans aucune référence à la volonté des parties. L'objectif des deux techniques n'est alors pas le même.

468. Ce qui fait l'amalgame et confirme la confusion entre ces deux techniques, c'est l'application jurisprudentielle de la question qui n'a pas respecté la spécificité de chacune de ces techniques. Ainsi, la jurisprudence fait référence, quand il s'agit de la densification du lien contractuel ou de son enrichissement, aux règles de l'interprétation qui les cite à côté de l'article 1135 du Code civil. Aussi, lorsqu'il s'agit d'interprétation, elle fait référence entre autres à l'article 1135. La jurisprudence, et son respect exagéré du principe de l'autonomie de la volonté est à l'origine de cet affadissement des frontières entre les articles de l'interprétation et l'article 1135. La jurisprudence dénature la fonction de ces articles du Code civil.
En droit tunisien, l'on trouve pratiquement la même chose, une distinction nette dans la théorie entre interprétation et enrichissement du contenu contractuel, et une confusion dans la pratique. Dans ce cadre, des auteurs tunisiens adoptent cette confusion, puisque certains d'entre eux rangent l'article 243 du Code des obligations et des contrats parmi les règles d'interprétation[1]. D'autres classent l'article 516 du même, équivalent de l'article 1160 du Code civil, parmi les règles permettant au juge d'ajouter au contrat certaines obligations non exprimées par les contractants[2].
Affirmer que l'interprétation permet d'enrichir le contenu contractuel, c'est en réalité appliquer cette technique dans un milieu qui n'est pas le sien. C'est aussi renier l'utilité de la répartition et la classification des articles du Code.
Cette déformation judiciaire est aussi vérifiable au niveau d'une autre technique proposée par la doctrine, en vue de parfaire le contenu contractuel qui est le forçage.

§2 : Le forçage du contenu contractuel, technique de son enrichissement?

La jurisprudence française a pressenti depuis longtemps la nécessité d'enrichir la convention des parties en lui ajoutant de nouvelles obligations non voulues ou du moins non explicitées par les parties contractantes. Le forçage du contrat a été présenté depuis bientôt un siècle, comme une technique permettant le perfectionnement du contenu contractuel. Deux questions se posent dans ce cadre ; celle de l'apparition de cette technique (A) et celle de son utilité (B).

---

[1] ZINE, M., op. cit., p. 67, n° 71. L'auteur classe la bonne foi, l'équité et l'usage parmi les directives d'interprétation des contrats sans citer directement l'article 243 du Code des obligations et des contrats.
[2] JERBI, S., thèse précitée, p. 438 - 439, n° 346.

A – Apparition de la technique de forçage du contrat

469. Définition du forçage. Le dictionnaire Le Petit Robert définit le forçage comme étant la « culture des plantes hors de saison, ou dans un milieu pour lequel elles ne sont pas faites»[1]. A priori, cette notion n'a rien à voir avec le droit de façon générale ni *à fortiori* avec le droit des contrats. Toutefois, ce terme a été utilisé dans ce domaine au début du siècle dernier pour décrire un phénomène permettant au juge d'intervenir dans un contrat et d'en enrichir la matière. L'ont doit ce terme à Louis Josserand qui a été le premier à l'avoir utilisé et qui l'a placé dans le cadre d'un dirigisme contractuel alors envahissant[2].

Bénédicte Guiderdoni définit dans sa thèse le forçage du contrat comme « le fait par le juge d'apporter une modification, allant dans le sens d'une extension, à la convention initialement passée par les parties, indépendamment de toute autorisation législative (et de toute manifestation de volonté des parties) »[3]. A travers le forçage « le juge ajoute au contrat une obligation à laquelle les parties n'avaient pas songé, et peut-être même qu'elles avaient implicitement écartée »[4].

Certains auteurs s'insurgent contre l'idée de cantonner le forçage au seul domaine du contenu contractuel ; cette technique dépasse le contrat pour s'affubler d'une théorie générale[5]. « Le forçage couvrirait alors un phénomène plus large et d'envergure plus large dont le sens exact resterait à formaliser, à préciser et à délimiter »[6]. On trouve ainsi le forçage de qualification, ou le forçage d'une clause pénale[7]. Le droit du travail connaît lui aussi une sorte de forçage, lorsqu'une certaine catégorie de travailleurs se trouve assimilée aux salariés et soumises par forçage au Code du travail[8]. Les règles de la preuve ou celles relatives aux conditions de la responsabilité sont aussi susceptibles de forçage[9]. Le droit international éprouve également le forçage[10]. Rachel Blough

---

[1] Le Petit Robert 2007 « mots ».

[2] JOSSERAND, L.,Le contrat dirigé, DH, 1933, Chr. p. 89 ; L'essor moderne du concept contractuel, *In* Mélanges F. Geny, T. II, p. 333. Voir aussi du même auteur : Les dernières étapes du dirigisme contractuel : Le contrat forcé et le contrat légal (contrat dit de salaire différé), D. 1940, Chr. p. 5. L'auteur affirme dans ce dernier article que : « ces différents aspects de l'évolution du droit des contrats se relient, pour la plupart, à un même phénomène qui en représente le dénominateur commun et qui est celui du dirigisme » (Chronique précitée, p. 5).

[3] GUIDERDONI, B., Le forçage du contrat par le juge, thèse Caen 2002, p. 411, n° 444.

[4] MALAURIE, Ph., AYNES, L. et STOFFEL-MUNCK, Ph., Les obligations, éd. Défrenois 2007, p. 398, n° 774.

[5] BLOUGH, R., Le forçage, du contrat à la théorie générale, thèse Paris XI 2008.

[6] BLOUGH, R., Le forçage, du contrat à la théorie générale, thèse Paris XI 2008, p. 4, n° 2.

[7] BLOUGH, R., Le forçage, du contrat à la théorie générale, thèse précitée, p. 3, n° 2.

[8] BLOUGH, R., Le forçage, du contrat à la théorie générale, thèse précitée, p. 3, n° 2.

[9] BLOUGH, R., Le forçage, du contrat à la théorie générale, thèse précitée, p. 3, n° 2.

[10] BLOUGH, R., Le forçage, du contrat à la théorie générale, thèse précitée, p. 3, n° 2.

dénonce ainsi une cristallisation du forçage sur la seule question du pouvoir du juge face au contenu contractuel[1] alors que le contrat n'était que « le berceau du forçage »[2].
Cette idée de pluralité du forçage et non de son unicité, a aussi été défendue par Bénédicte Guiderdoni qui précise dans sa thèse qu'à côté du forçage du contenu contractuel[3], on en trouve, celui du domaine contractuel[4]. Dans cette dernière hypothèse, le juge repousse les limites du contrat, soit dans son existence, soit dans son rayonnement[5]. Le forçage peut aussi être, selon Guiderdoni, un forçage des catégories contractuelles[6]

470. Dans le cadre de cette étude, et abstraction faite des critiques pouvant être adressées à cette extension spectaculaire du domaine de la technique du forçage, ce qui nous intéresse est le forçage dans le sens qui lui a initialement été attribué et qui le met en lien étroit avec le contenu contractuel.
Le forçage apparaît dans ce contexte comme un outil forgé par le juge afin de modifier le contenu obligatoire d'un contrat ; il lui permet surtout d'ajouter à celui-ci les obligations qui lui apparaissent utiles et nécessaires. Le forçage s'avère ainsi être un mécanisme jurisprudentiel. « Il s'agit globalement d'un phénomène jurisprudentiel »[7].
C'est ainsi que ce dernier intervient sur le contenu obligatoire du contrat. Il complète l'accord des parties, en perfectionne le contenu contractuel. Le forçage est présenté comme un mécanisme d'enrichissement du contenu contractuel. « Si le juge emprunte cette voie, souligne un auteur, il peut en venir à découvrir après coup dans la convention des parties, des obligations que les parties n'avaient pas prévu lorsqu'elles ont contracté »[8]. Le forçage est en opposition évidente avec le principe de l'intangibilité du contrat. Suite à ce forçage, le contrat n'est plus intangible ; « son contenu obligatoire est susceptible d'une amplification judiciaire »[9].
Les tribunaux français ont appliqué le forçage du contrat à une époque où le principe de l'autonomie de la volonté régnait sans partage. Le forçage constituait ainsi une tentative hardie pour se libérer du principe de l'autonomie de la volonté. Louis Josserand a mis d'emblée l'accent sur cette opposition entre la technique de forçage et le principe de l'autonomie de la volonté lorsqu'il a

---

[1] BLOUGH, R., Le forçage, du contrat à la théorie générale, thèse précitée, p. 5.
[2] BLOUGH, R., Le forçage, du contrat à la théorie générale, thèse précitée, p. 8.
[3] GUIDERDONI, B., Le forçage du contrat par le juge, thèse précitée, n° 261.
[4] GUIDERDONI, B., Le forçage du contrat par le juge, thèse précitée, n° 261.
[5] GUIDERDONI, B., Le forçage du contrat par le juge, thèse précitée, n° 261.
[6] GUIDERDONI, B., Le forçage du contrat par le juge, thèse précitée, n° 261.
[7] BLOUGH, R., Le forçage, du contrat à la théorie générale, thèse précitée, n° 194, spéc. p. 138.
[8] LEVENEUR, L., Le forçage du contrat, Droit et Patrimoine, n° 58, mars 1998, p. 69, spéc. p. 70.
[9] LEVENEUR, L., Le forçage du contrat, art. préc., p. 70.

observé que le procédé de forçage était « la négation même de la règle de l'autonomie de la volonté contractuelle »[1].

471. Apparition du forçage. Le forçage que pratiquaient les tribunaux français a été déclenché par un accident de voyageur. C'était en 1911, quand la Cour de cassation française l'avait proclamé en vue d'ajouter à un contrat de transport une obligation de sécurité[2]. La Haute Cour a précisé dans cet arrêt : « le contrat de transport comporte, en effet, pour le transporteur, l'obligation de conduire le voyageur sain et sauf à destination ». « Transporter, ce n'est donc pas seulement, observent certains auteurs, emmener une personne d'un lieu à un autre, mais la conduire en bon état jusqu'à l'arrivée »[3].
Ce qui est original dans cette nouvelle jurisprudence, c'est que la découverte de l'obligation de sécurité, et le forçage du contrat, ne sont pas liés à la volonté des parties. L'absence de cette référence à la volonté des parties paraît justifiable selon certains auteurs. Le débiteur n'était pas si généreux pour penser à une clause de sécurité au profit du créancier et ce dernier, n'a pas non plus songé à formuler cette exigence[4]et la Cour n'a pas analysé la question de ce côté. Le terme forçage souffle ainsi l'absence d'un fondement légal pouvant expliquer cet ajout au contenu du contrat. La jurisprudence « découvre, institue à la charge des parties ou de l'une d'elles des obligations jusque-là insoupçonnées et qui lui paraissent découler de plein droit, tant naturellement, de tel ou tel contrat dont la productivité se trouve ainsi accrue sans que le législateur, ni les parties aient eu à intervenir »[5].

472. Suite à ce forçage du contrat, des obligations dites *jurisprudentielles*[6] s'ajoutent systématiquement au contenu obligatoire de certains contrats. D'ailleurs, le contrat de transport suivant ce forçage doit beaucoup à la jurisprudence[7], son contenu s'est enrichi sous l'impulsion de la jurisprudence qui n'hésite pas à lui adjoindre de nouvelles obligations telle l'obligation de ponctualité[8].

---

[1] JOSSERAND, L.,Le contrat dirigé, DH, 1933, Chr. p. 89, spéc. p. 91.
[2] Cass. civ. 21 novembre 1911, DP, 1913, I, p. 249, note L. Sarrut ; S. 1912, 1, p. 73, note Ch. Lyon-Caen.
[3] STARCK, B., ROLAND. H. et BOYER, L., Droit civil, Les obligations, 2. Contrat, éd. Litec 1998, p. 426, n° 1222.
[4] JOSSERAND, L.,Le contrat dirigé, préc. p. 90.
[5] JOSSERAND, L.,L'essor moderne du concept contractuel, *In* Mélanges F. Geny, T. II, p. 333, spéc. p. 339.
[6] JOSSERAND, L.,L'essor moderne du concept contractuel, art. préc., p. 340.
[7] DELEBECQUE, Ph., et F. Collart Dutilleul, Contrats civil et commerciaux, éd. Dalloz 2007, 696, n° 773. Voir aussi : DELEBECQUE, Ph., L'évolution du transport de passagers, *In* Mélanges VINEY, G., éd. Litec 2008, p. 307.
[8] DELEBECQUE, Ph., L'évolution du transport de passagers, *In* Mélanges VINEY, G., éd. Litec 2008, p. 307, spéc. p. 316, n° 18.

Selon JOSSERAND, L.,« c'est la loi elle-même qui, en tournant le regard du juge vers la bonne foi, vers l'équité et vers l'usage, l'invite à fouiller le fond contractuel pour y découvrir des obligations nouvelles, susceptibles de varier et de se multiplier au cours des âges, sous la pression des phénomènes individuels, économiques et sociaux »[1]. Le forçage s'avère ainsi fondé sur des nécessités économiques et sociologiques. La bonne foi, l'équité et l'usage justifient selon cet auteur, cette création jurisprudentielle et ces « additions hardies au contrat»[2]. Pour une autre frange de la doctrine française, le forçage du contrat aboutit à l'ajout d'un « plus contractuel »[3]. Le contrat oblige ainsi le débiteur à accomplir envers le créancier une prestation à laquelle il n'aurait pas été tenu en l'absence de toute convention[4].
La première obligation qui a été découverte par la Cour de cassation était celle de sécurité qui a été *incorporée de vive force*[5] dans le contrat de transport avant que cette obligation n'ait été proliférée dans plusieurs autres contrats, à tel point que certains parlent de sa généralisation ou encore de sa dispersion dans des contrats spéciaux[6].

473. Le forçage a été pratiqué en vue de répondre à des questions humanitaires alors urgentes et pressantes évoquées par l'évolution de la société et de son industrialisation. La société ne devrait pas évoluer au détriment des droits des faibles. Il faut comprendre le forçage dans ce contexte. Cette découverte présente un intérêt considérable, surtout en matière de transport. Au niveau de la preuve, la victime peut réclamer l'indemnisation sans avoir à prouver les circonstances de l'accident, sans avoir, notamment, à prouver la faute du voiturier, ce qui est difficile dans la majorité des cas[7]. Cette solution facilite sensiblement la mise en œuvre de la responsabilité du transporteur[8] et contribue à la protection de la partie faible dans le contrat de transport.

Quant à la doctrine tunisienne, elle semble majoritairement favorable au forçage que pratiquaient les tribunaux. Un auteur a récemment invité les tribunaux à le pratiquer afin de découvrir de nouvelles obligations : « ils [les tribunaux] peuvent procéder, précise un auteur, à un forçage du contrat en découvrant des obligations en dehors de toute stipulation et ce par référence à la nature du

---

[1] JOSSERAND, L.,L'essor moderne du concept contractuel, art. préc., p. 340.
[2] MARTY, G., Le rôle du juge dans l'interprétation des contrats, TAHC 1949, p.84 spéc. p. 94.
[3] TERRE, F., SIMLER, Ph. et LEQUETTE, Y., Droit civil, Les obligations, éd. Dalloz 2005, p. 554, n° 566. Les auteurs citent : M. Bacache, La relativité des conventions et les groupes de contrats, thèse Paris II, 1996.
[4] TERRE, F., SIMLER, Ph. et LEQUETTE, Y., op. cit., p. 458, n° 454.
[5] JOSSERAND, L.,L'essor moderne du concept contractuel, art. préc., p. 341-342.
[6] DELEBECQUE, Ph., La dispersion de l'obligation de sécurité dans les contrats spéciaux, GP du 21-23 septembre 1997, p. 10.
[7] STARCK, B., ROLAND. H. et BOYER, L., op. cit., p. 426, n° 1224.
[8] TERRE, F., SIMLER, Ph. et LEQUETTE, Y., op. cit., p. 458, n° 454.

contrat »[1]. Un autre auteur tunisien, en parlant du contrat médical et de l'effort que fait la jurisprudence tunisienne afin de l'enrichir, remarque que c'est grâce au forçage que certaines obligations ont vu le jour : « les obligations de sécurité, d'information se sont greffées sur le contrat médical, opérant un forçage et une hypertrophie du contrat médical »[2]. Le forçage est justifié selon auteur tunisien par une nécessité de protection de la partie faible dans les rapports contractuels[3]. Le professeur Mohamed Zine, sans soutenir directement la technique de forçage, insiste sur l'utilité et l'importance de l'obligation de sécurité découverte dans les contrats qui trouve sa justification dans une volonté de protection de la partie faible, car ni la volonté des parties ni encore l'usage permettent de la justifier[4].

La jurisprudence tunisienne a également pratiqué le forçage, même de façon très discrète. Elle a ainsi depuis un certain temps découvert l'obligation de sécurité. La première application remonte à l'année 1954 où le tribunal de première instance de Tunis[5] a enrichi un contrat de spectacle par l'adjonction d'une obligation de sécurité. Depuis, il est devenu courant que la jurisprudence tunisienne ajoute à certains contrat des obligations de sécurité ou d'autres non songées par les parties contractantes[6].

474. Prolifération de la technique de forçage. Les jurisprudences française et tunisienne[7], adoptant toujours la voie du forçage, n'ont cessé de donner une impulsion à la découverte de cette obligation de sécurité dans un grand nombre de contrats au point qu'elle devient vérifiable pratiquement partout. L'obligation de sécurité bénéficie ainsi d'un retentissement extraordinaire comme l'affirment certains auteurs[8] permettant à son domaine d'application de s'élargir manifestement. L'élargissement du domaine de l'obligation de sécurité

---

[1] CABRILLAC, R. et BEN FADHEL, O., Introduction au droit des affaires. Abrégé de droit tunisien des obligations contractuelles, éd. CPU 2006, p. 164, n° 199.

[2] JERBI, S., La jurisprudence et la responsabilité médicale : la fin de l'arythmie paroxystique, *In* Mélanges Chr. Lapoyade-Des champs, éd. Presse Universitaire de Bordeaux 2003, p. 209, spéc. p. 211.

[3] BEL HAJ HAMMOUDA, A., La franchise, contrat né de la pratique des affaires, *In* La codification du droit des affaires en Tunisie (acte de colloque organisé à Tunis les 14-15 décembre 2007), RJL février 2008, n° spécial, p. 137, spéc. p. 141.

[4] ZINE, M., Théorie générale des obligations, 1 – Le contrat, éd. Tunis 1993, p. 259, n° 348.

[5] TPI Tunis jugement du 16 janvier 1954, RTD 1954, p. 406.

[6] Voir surtout : R. Jlassi, L'obligation de sécurité corporelle dans la jurisprudence tunisienne, *In* Livre du Cinquantenaire de la jurisprudence tunisienne 1959-2009, éd. CPU 2010, p. 991.

[7] Pour la jurisprudence tunisienne voir surtout les arrêts cités par : ZINE, M., Théorie générale des obligations, 1 – Le contrat, éd. Tunis 1993, p. 259, n° 348 et p. 270, n° 363 ; JERBI, S., L'interprétation du contrat, éd. CPU 1999, p. 446, n° 348. Voir aussi : JERBI, S., La jurisprudence et la responsabilité médicale : la fin de l'arythmie paroxystique, In Mélanges Chr. Lapoyade-Des champs, éd. Presse Universitaire de Bordeaux 2003, p. 209.

[8] STARCK, B., ROLAND. H. et BOYER, L., op. cit., p. 426, n° 1225.

a été fait tout azimut. Cette dernière concerne désormais tous les contrats de transport aériens et terrestres, mais encore d'autres contrats où elle a été introduite par la jurisprudence[1].

475. Ce procédé de forçage du contenu contractuel ne s'est pas arrêté au stade de la découverte d'une obligation de sécurité ; il a été massivement utilisé par la jurisprudence en vue d'ajouter plusieurs autres obligations au contrat. D'une façon concomitante à la découverte de l'obligation de sécurité, une clause implicite de stipulation pour autrui a été découverte par la Cour de cassation dans les contrats de transport. La Cour de cassation a décidé que le voyageur qui stipule tout d'abord pour lui, est également censé stipuler au profit de ses proches : son conjoint, ses enfants, ses ascendants[2]. Elle précise : « en vertu du contrat de transport, la compagnie des chemins de fer assume envers la personne transportée l'obligation de la conduire saine et sauve à destination ; qu'en cas d'accident mortel survenu au cours de l'exécution du contrat, le droit d'obtenir réparation du préjudice s'ouvre, en vertu de l'article 1147 du Code civil au profit du conjoint et des enfants de la victime, en faveur de qui celle-ci a stipulé, sans qu'il ait été besoin de le faire expressément, dans la mesure de leur intérêt »[3]. Selon JOSSERAND, L.,le contrat de transport, au vu de cette jurisprudence est « élevé au rang des contrats en faveur des tiers : il vaut et il implique stipulation pour autrui »[4]. On peut déduire de cet arrêt que la même logique ayant permis à la Cour de cassation d'ajouter au contrat de transport une obligation de sécurité, permet aussi de justifier l'ajout d'une clause implicite de stipulation pour autrui.
Dans les deux cas, ce sont des impératifs sociaux et humanitaires qui justifient l'ajout plus que toute autre idée. D'ailleurs, la Cour de cassation fait allusion au fait que cette solution convient plus aux intérêts de la famille de la victime.
L. Josserand confirme cette logique : « comme toujours, c'est afin d'atteindre un objectif pratique et équitable que la Cour de cassation utilise une vue théorique »[5]. La stipulation pour autrui a été présentée par la Cour de cassation comme étant l'autre face de l'obligation de sécurité, l'unique changement concernant la personne du bénéficiaire qu'est le voyageur, c'est-à-dire le contractant, pour l'obligation de sécurité et les héritiers pour la stipulation pour autrui. L. Josserand résume cette corrélation entre les deux clauses implicites ; « le voyageur tout en stipulant tacitement pour sa propre sécurité, avait stipulé, toujours implicitement, pour le compte de sa famille »[6].

---

[1] STARCK, B., ROLAND. H. et BOYER, L., op. cit., p. 427 et s, n° 1226 et s. Les auteurs passent en revue la majorité de l'œuvre jurisprudentielle en la matière.
[2] Il s'agit au début de deux espèces : Cass. civ. 6 décembre 1932 et 24 mai 1933, D. 1933, I, p. 137, note L. Josserand ; S. 1934, I, p. 84, note Esmein.
[3] Cass. civ. 6 décembre 1932.
[4] JOSSERAND, L.,note sous Cass. civ. 6 juillet 1932, D. 1933, I, 137.
[5] JOSSERAND, L.,note précitée, p. 137.
[6] JOSSERAND, L.,note précitée, p. 138.

476. L'imagination de la jurisprudence est ainsi poussée plus loin que l'on pense. Elle greffe sur le contrat une obligation de sécurité et sur cette même obligation, elle en greffe une autre au profit des héritiers. Josserand a décrit parfaitement ce qu'a fait la jurisprudence : « sur une première fiction, déjà fort contestable, introduite pour assurer au voyageur le bénéfice de la responsabilité contractuelle, elle vient [la jurisprudence] en superposer une autre destinée à donner la sécurité juridique à la famille du voyageur »[1].

477. D'un autre côté, et à la suite de ces premières découvertes datant du début du siècle, la jurisprudence n'a cessé de renforcer cette voie empruntée en faisant ressortir du contenu contractuel d'autres obligations implicites. De nouvelles obligations ont ainsi rejoint le cortège de celles greffées initialement sur le contrat[2]. C'est ainsi qu'elle a ajouté à cette construction une obligation d'information. Dans certains autres cas, c'est une obligation de conseil ou une autre de renseignement qui a été découverte par la jurisprudence française. Certains auteurs affirment dans ce cadre que « la jurisprudence découvre dans des contrats de plus en plus nombreux, l'obligation pour l'une des parties de délivrer à son partenaire les informations nécessaires à la bonne exécution du contrat »[3].

Dans les cas d'adjonction des obligations d'information, de conseil ou de renseignement, l'objectif de la jurisprudence n'est pas le même que celui de l'addition de l'obligation de sécurité. Pour l'obligation d'information et ses corollaires, de conseil de renseignement ou de mise en garde, l'objectif est l'efficacité de l'exécution du contrat et la facilitation de l'exécution pour les parties.

La jurisprudence tunisienne a fait aussi la même chose. Après avoir découvrir l'obligation de sécurité dans les contrats de transport ou même dans d'autres contrats, elle a découvert une stipulation implicite pour autrui[4]. Il en est de même pour les obligations d'information et de conseil.

La prolifération de l'obligation de sécurité et des autres obligations ajoutées au contrat par voie de forçage a rendu ce procédé commun dont l'utilisation

---

[1] JOSSERAND, L.,note précitée, p. 139.

[2] MARTINEAU-BOURGNINAUD, V., L'obligation contractuelle de surveillance, LPA, 03 mai 2001, n° 88, p. 4, spéc. n° 6.

[3] TERRE, F., SIMLER, Ph. et LEQUETTE, Y., op. cit., p. 459, n° 455. Voir aussi : FABRE-MAGNAN, M., De l'obligation d'information dans les contrats, essai d'une théorie, éd. LGDJ, 1992 ; M. Tchendjou, L'alourdissement du devoir d'information et du conseil du professionnel, JCP G 2003, I, 141.

[4] Voir à titre d'exemple : Cass. Civ (tn), n° 58210, du 28 mars 1967 (inédit) ; Cass. Civ (tn), n°58082, du 13 décembre 1966 (inédit) ; Cass. Civ (tn), n°58238 du 13 décembre 1966 (inédit). Cités par ZINE, M., Théorie générale des obligations, 1- Le contrat, éd. Tunis 1997, p. 350, n° 431.

n'étonne plus[1]. Le forçage est devenu une technique admise selon certains auteurs[2].

478. Fondement du forçage. Normalement, le forçage, comme l'indique son nom, se fait sans aucun fondement plausible, sinon il n'y aurait pas de forçage. Un auteur signale à cet égard que la découverte de l'obligation de sécurité souffre d'un déficit théorique[3]. A son apparition, la jurisprudence française ne s'est référée à aucun fondement permettant d'étayer son raisonnement. D'ailleurs, dans les premiers arrêts sur le forçage du contenu contractuel, l'on constate l'absence d'un visa express d'un quelconque article du Code civil ou d'un autre fondement. Rachel Blough, après avoir cité la majorité des arrêts rendus en la matière, confirme cette constatation[4].

479. Le professeur Leveneur confirme lui aussi cette absence de fondement dans plusieurs cas de forçage jurisprudentiel du contrat. Ce forçage dénué de fondement est baptisé selon lui *forçage ostensible*[5]. M. Leveneur ajoute dans ce sens que le forçage est ostensible « lorsque le juge dit que tel contrat comporte telle obligation, sans se référer aucunement à l'intention des parties »[6]. Il classe sous cet angle les arrêts de 1911 et les autres arrêts où la découverte de l'obligation de sécurité dans le contrat de transport ou dans les autres contrats n'était pas liée à une volonté présumée. L'obligation d'information avec ses corollaires de conseil, de renseignement et de mise en garde sont le fruit d'un forçage ostensible[7]. Le même forçage était à l'origine de l'obligation d'assistance mise à la charge du vendeur du matériel informatique[8]. Dans tous ces cas où la jurisprudence ne fait qu'étoffer le contenu des contrats, « le renforcement du contenu contractuel n'est pas placé sous le signe de la commune intention des parties »[9]. Le forçage se fait sans fard ni masque.
Le forçage est ostensible, selon Laurent Leveneur, lorsqu'il ne s'étaye pas sur la volonté présumée des parties. Cette idée paraît discutable, puisque le forçage, pour qu'il soit qualifié comme tel, doit être dénué de tout fondement et non uniquement de toute référence à la volonté des parties. Les arrêts de 1911 et

[1] LAMOUREUX, M., L'aménagement des pouvoirs du juge par les contractants. Recherche sur un possible imperium des contractants, éd. PUAM 2006, p. 498, n° 450.
[2] G. Piette, La correction du contrat, éd. PUAM 2004, p. 578, n° 1090.
[3] HALPERIN, J.-L., La naissance de l'obligation de sécurité, GP n° 21 du 23 septembre 1997, p. 2, spéc. p. 7.
[4] BLOUGH, R., Le forçage, du contrat à la théorie générale, thèse précitée, n° 143, p. 112.
[5] LEVENEUR, L., Le forçage du contrat, Droit et Patrimoine, n° 58, mars 1998, p. 69, spéc. p. 72.
[6] LEVENEUR, L., art. préc. p. 72.
[7] LEVENEUR, L., art. préc. p. 73.
[8] Pour une étude sur l'obligation d'assistance en général consulter : SERIAUX, A., L'œuvre prétorienne *in vivo* : l'exemple de la convention d'assistance, *In* Mélanges M. Cabrillac, éd. Litec 1999, p. 299.
[9] LEVENEUR, L., art. préc. p. 74.

suivants, confirment cette idée puisqu'on n'y trouve aucune référence à n'importe quel fondement. La Cour de cassation a ajouté l'obligation de sécurité au contrat de transport sans se baser sur un fondement légal apparent. Le forçage sonne l'illégalité et l'absence de fondement défendable, ce qui signifie que lorsque le juge fonde l'obligation qu'il ajoute au contrat sur un fondement quelconque, « tout forçage est exclu »[1]. Le forçage est fait en dehors de toute loi[2]. Bénédicte Guiderdoni définit le forçage ostensible comme étant la situation dans laquelle « le juge affirme l'existence d'une obligation en la justifiant aucunement, que se soit par référence à la volonté présumée des parties ou bien encore par référence à un texte »[3].

480. Dans d'autres cas, les tribunaux, afin d'éviter de s'opposer carrément aux principes régnant sur le droit des contrats, ont procédé à l'utilisation de certains fondements pouvant justifier l'ajout d'obligations au contenu des contrats. Le forçage prend ainsi la connotation de *forçage inavoué,* inavoué, parce qu'il se cache derrière le voile de la volonté tacite des parties : c'est la découverte d'une commune intention supposée ou présumée des parties qui permet de justifier l'extension du contenu obligatoire du contrat[4]. Les juges se retranchent derrière la volonté implicite des parties pour pratiquer le forçage du contenu contractuel[5] ou pour exercer leur *pouvoir exorbitant* de créer des obligations que les parties n'avaient sans doute pas imaginé lors de la conclusion de leur convention[6]. Dans ce cas de forçage, le juge choisit la volonté inexprimée des parties comme fondement à l'obligation qu'il ajoute au contrat. Le forçage se confond alors avec l'interprétation du contrat. L'objectif des deux institutions est le même ; celui d'accorder à la volonté des parties sa pleine affirmation. D'ailleurs, plusieurs auteurs parlent du forçage dans le cadre de l'interprétation des contrats[7]. Cette recherche d'un fondement sur lequel le juge peut fonder les obligations qu'il ajoute au contrat est explicable, selon certains auteurs ; en effet, « le juge n'a pas en principe le pouvoir de mettre à la charge des individus des obligations inventées par lui. Il essaie donc de fonder toutes les obligations

---

[1] GUIDERDONI, B., Le forçage du contrat par le juge, thèse précitée, p. 411, n° 444.
[2] BENABENT, A., Droit civil, Les obligations, éd. Montchrestien 2007, p. 218, n° 280.
[3] GUIDERDONI, B., Le forçage du contrat par le juge, thèse précitée, n° 206.
[4] LEVENEUR, L., art. préc. p. 71
[5] LAMOUREUX, M., L'aménagement des pouvoirs du juge par les contractants. Recherche sur un possible imperium des contractants, éd. PUAM 2006, p. 498, n° 450
[6] MARTINEAU-BOURGNINAUD, V., L'obligation contractuelle de surveillance, LPA, 03 mai 2001, n° 88, p. 4, spéc. n° 6
[7] Voir à titre d'exemple : BENABENT, A., Droit civil, Les obligations, éd. Montchrestien 2007, p. 218, n° 279, l'auteur parle du forçage dans le cadre du complément de la volonté des parties qui n'est qu'un paragraphe de l'interprétation des contrats. Voir aussi : J. Flour, J.-L. Aubert et SAVAUX, E., op. cit., p. 327, n° 398. Les auteurs parlent du forçage dans le cadre d'une interprétation divinatoire.

qu'il entend sanctionner, soit sur la volonté des parties, soit encore sur un texte légal »[1].

481. Quant à la jurisprudence tunisienne, elle est aussi consciente d'une nécessité d'enrichir le contenu contractuel lorsqu'elle lui ajoute certaines obligations auxquelles les parties n'ont pas songé. L'exemple le plus courant est celui de l'obligation d'information que les tribunaux tunisiens avaient l'habitude d'ajouter[2]. L'obligation de sécurité est aussi très attractive pour les tribunaux tunisiens qui n'ont pas hésité à l'ajouter à un très grand nombre de contrats[3]. Le fondement sur lequel la jurisprudence a étayé l'adjonction d'une obligation de sécurité varie d'une espèce à une autre. Dans certains cas, ce sont les exigences de l'équité et de la bonne foi qui justifient l'ajout des obligations aux contrats[4]. Ceci est surtout vérifiable en matière médicale[5]. Dans d'autres cas, la jurisprudence tunisienne s'est ouvertement référée à l'article 243 du Code des obligations et des contrats.

482. La spécificité des tribunaux tunisiens, c'est qu'ils n'ont pas appliqué le forçage en tant que tel, comme c'est le cas en jurisprudence française, dénuée de tout fondement. Ils se réfèrent toujours à la notion de bonne foi et à celle de l'équité afin d'instaurer à la charge du débiteur, une obligation de sécurité ou d'information non exprimée par les parties contractantes[6]. Aussi la jurisprudence tunisienne se réfère souvent à la volonté implicite des parties afin de déduire l'existence d'une obligation non exprimée. Elle déplace ainsi la question au stade de l'interprétation des contrats. Le forçage en tant que tel n'est pas connu en droit tunisien. Un manque de hardiesse ou un excès de

---

[1] FABRE-MAGNAN, M., De l'obligation d'information dans les contrats. Essai d'une théorie, éd. LGDJ 1992, p. 361, n° 450

[2] ZINE, M., Théorie générale des obligations, éd. Cérès 1993, p. 241, n° 325

[3] Voir aussi la jurisprudence citée par : ZINE, M., Théorie générale des obligations, 1 – Le contrat, éd. Tunis 1993, p. 270, n° 363 ; JERBI, S., L'interprétation du contrat, éd. CPU 1999, p. 446, n° 348. Voir aussi : JERBI, S., La jurisprudence et la responsabilité médicale : la fin de l'arythmie paroxystique, *In* Mélanges Chr. Lapoyade-Des champs, éd. Presse Universitaire de Bordeaux 2003, p. 209.

[4] Voir sur ce point surtout : ZINE, M., op. cit., p. 259, n° 348 ; JERBI, S., L'interprétation du contrat, éd. CPU 1999, n° 348 et suivants. L'auteur insiste sur l'utilité de l'équité dans la découverte des obligations par la jurisprudence tunisienne.

[5] Voir aussi : JERBI, S., La jurisprudence et la responsabilité médicale : la fin de l'arythmie paroxystique, *In* Mélanges Chr. Lapoyade-Des champs, éd. Presse Universitaire de Bordeaux 2003, p. 209, spéc. p. 211. Voir aussi sur ce point mais concernant l'obligation d'information : MAHFOUD, M., L'obligation d'information du médecin en droit privé tunisien, RJL 2006, n° 12, p. 69.

[6] Voir sur ce point les développements de Sami Jerbi, L'interprétation du contrat, thèse Tunis, éd. CPU 2000, p. 409, n° 333 et s. L'auteur affirme que les tribunaux tunisiens ajoutent au contrat une obligation d'information ou de renseignement déduite de la bonne foi et de la loyauté dans l'exécution du contrat.

respect envers le principe d'autonomie de la volonté empêche les tribunaux tunisiens de le pratiquer sans le rapprocher d'un fondement acceptable.
Ce fondement de volonté implicite s'accommode aux idées gouvernant le droit des contrats de l'époque. Il a ainsi l'avantage d'être plus facilement acceptable.
La référence à la volonté des parties, implicite ou exprimée, démontre que les tribunaux sont attachés au mythe de l'autonomie de la volonté[1]. Seule, une volonté même tacite peut expliquer l'élargissement du contenu obligatoire du contrat à des obligations non expressément stipulées[2].
Une frange de la doctrine française affirme que ces dernières additions aux contenus des contrats ne sont pas dénuées de tout fondement ; la jurisprudence se réfère souvent à l'article 1134 al. 3, voire à l'article 1135 afin de justifier ses positions[3].
Les tribunaux rattachent ainsi de plus en plus ces obligations adjointes au contenu du contrat « aux effets que la loi ajoute au contrat, non à une prétendue volonté implicite des contractants»[4]. Un glissement est ainsi fait d'un forçage dénué de fondement, basé uniquement sur une volonté hypothétique, effectivement inexistante, à un forçage justifié par certains articles du Code civil. Ce glissement met en question l'utilité du forçage longtemps pratiqué par les tribunaux français ; dès lors n'est-il pas plus plausible de s'en débarrasser et de choisir un autre fondement qui permettrait d'enrichir le contenu du contrat encore plus paisiblement ?

B – L'utilité du forçage comme technique d'enrichissement du contenu contractuel ?

483. Afin de statuer sur l'utilité du forçage, il est impératif de revoir ses raisons d'être et de débattre de leur nécessité ; si celles-ci existent et assurent encore un rôle, le forçage est alors utile ; cependant, si ces raisons disparaissent, l'utilité du forçage est mise en cause.
Contrairement à ce que pensent certains auteurs, l'utilisation du forçage étonne puisqu'il apparaît inutile de nos jours. Il était utile et méritoire lorsque le volontarisme accaparait le contrat. Maintenant, alors que cette analyse éprouve une crise consistant dans la régression de sa place de la volonté au sein de l'analyse du contrat, le forçage s'avère inutile et vain. Les problèmes qu'il pose dépassent l'intérêt que l'on peut en tirer.

---

[1] PICOD, Y., Effet obligatoire des conventions – Exécution de bonne foi des conventions, J-Cl. Civil, Les articles 1134 à 1135, n° 36.
[2] PICOD, Y., art. préc., J-Cl. Civil, n° 36.
[3] J. Calais-Auloy et F. Steinmetz, Droit de la consommation, éd. Dalloz 2006, p. 56, n° 53 et p. 301, n° 250.
[4] MALAURIE, Ph., AYNES, L. et STOFFEL-MUNCK, Ph., Les obligations, éd. Défrenois 2007, p. 400, n° 776.

484. Forçage et protection de la partie faible. Le forçage est, selon certains, un outil de protection de la partie faible dans les rapports contractuels. Il « consiste soit à créer de toute pièce des obligations à la charge de la partie forte, obligation qu'elle n'a selon toute probabilité pas entendu insérer dans le contrat ; soit en cas de doute, d'en faire profiter la partie faible »[1]. Un auteur range déjà la technique de forçage parmi celles permettant la protection de la partie faible dans les rapports contractuels[2].

L'utilité du forçage était liée à un contexte précis dont la disparition a amoindri sensiblement son utilité. La protection de la partie faible constitue l'objectif essentiel du forçage. Christian Larroumet, adopte indirectement le même avis lorsqu'il affirme que la protection de la partie faible, même si c'est inavoué, est très ancienne en droit français. Il cite à titre d'exemple la jurisprudence de 1911 sur la découverte de l'obligation de sécurité[3]. Ainsi, il affirme : « bon nombre d'hypothèses dans lesquelles, en dehors de toute intervention du législateur, la jurisprudence a créé des obligations implicites de sécurité, de renseignements à la charge d'une partie au contrat correspondant à des contrats d'adhésion, en vertu desquels un contractant s'en remet à l'autre »[4].

Le professeur Larroumet précise également que cet ajout autoritaire au contrat cadre avec un dirigisme contractuel, dont les lignes sont ici tracées par la jurisprudence. Cet ajout est plus facile à entreprendre dans les contrats non constatés par écrit, mais il est encore envisageable dans les contrats constatés par écrit. Dans les deux cas où la jurisprudence a intégré au contrat des obligations que les parties n'auraient pas envisagées, « il s'agit de protéger, par le contenu implicite du contrat, un contractant qui s'en remet à l'autre parce que celui-ci est un professionnel et qu'il compte sur sa loyauté et sa compétence »[5].

Cette idée est la première raison d'être du forçage et elle constitue son objectif initial. Denis Mazeaud confirme cette idée lorsqu'il souligne que l'obligation de sécurité est créée par la jurisprudence « par compassion pour les victimes d'atteinte corporelle »[6]. Le forçage incarnait, du moins à son apparition, une certaine utilité. Il avait permis d'assurer une certaine protection de la partie faible. Ce souci de protection de la partie faible alors naissant justifiait l'apparition du forçage et son application par les tribunaux. Un examen de la liste des obligations adjointes au contrat réconforte cette idée. Les obligations créées, que se soit celle de sécurité ou celles d'information, de renseignements ou de mise en garde, ne font qu'accorder des avantages aux parties faibles et

---

[1] STRICKLER, Y., La protection de la partie faible en droit civil, LPA 2004, n° 213, p. 6, spéc. p. 10.

[2] STRICKLER, Y., art. préc., p. 10.

[3] LARROUMET, Ch., Droit civil, T3, Les obligations, Le contrat, 1re partie, Conditions de formation, éd. Economica 2007, p. 102-103, n° 126.

[4] LARROUMET, Ch., op. cit., p. 103, n° 126.

[5] LARROUMET, Ch., op. cit., p. 106, n° 128.

[6] MAZEAUD, D., Constats sur le contrat, sa vie, son droit, LPA 6 mais 1998, n° 54, p. 8, spéc. 11.

leur assurer un minimum de protection. La même idée d'un forçage justifié par une volonté de protection de la partie faible est aussi vérifiable chez un auteur français qui souligne notamment que « le forçage du contrat, expression d'un pouvoir normatif du juge, permet alors de remédier à un déséquilibre anormal résultant de l'inégalité des parties par adjonction que la partie faible aurait (peut-être) imposée dans le cadre d'une négociation égalitaire »[1].

485. De l'autre côté de la méditerranée, une frange de la doctrine tunisienne semble, elle aussi, favorable à l'utilisation du forçage en vue de protéger entre autres la partie faible dans les rapports contractuels. Le Professeur Ajmi Bel Haj Hammouda souligne dans ce sens que : « le juge, malgré le principe de l'effet obligatoire du contrat entre les parties, doit intervenir par le biais de la notion de bonne foi, du contrôle des clauses abusives et la référence au devoir de collaboration entre les parties et au concept des attentes raisonnables de celles-ci, pour redresser le déséquilibre contractuel en faveur de la partie la plus faible, au besoin par le forçage du contrat »[2].

486. De nos jours, la protection de la partie faible est devenue l'un des soucis impérieux du législateur, que se soit en France ou en Tunisie, elle est « l'une des constantes du droit civil des contrats »[3]. Dès lors, tout un arsenal de règles protégeant la partie faible a été adopté. L'obligation de sécurité a été consacrée et unifiée par la loi du 21 juillet 1983 dont les dispositions ont été par la suite incorporées au Code de la consommation dont l'article L. 221-1 précise que « les produits et les services doivent, dans des conditions normales d'utilisation ou dans d'autres conditions raisonnablement prévisibles par le professionnel, présenter la sécurité à laquelle on peut légitiment s'attendre et ne pas porter atteinte à la santé des personnes ». Tout un titre du Code de la consommation est réservé à la sécurité[4].

L'obligation d'information bénéficie elle aussi de la même préoccupation et le législateur l'a adoptée depuis fort longtemps. En effet, cette obligation d'information est consacrée en droit français à travers l'article 1602 du Code civil qui dispose que « le vendeur est tenu d'expliquer clairement ce à quoi il s'oblige ». Cette obligation d'information se trouve même dans les œuvres de Pothier qui l'attache à une exigence de bonne foi[5] ; elle était auparavant

---

[1] EUDIER, F., Modèles et anti-modèles dans le rôle du juge en matière contractuelle, *In* Code civil et modèles, des modèles du Code au Code comme modèle, sous la Direction de REVET, Th., éd. LGDJ 2005, p. 225, spéc. p. 255.

[2] BEL HAJ HAMMOUDA, A., La franchise, contrat né de la pratique des affaires, *In* La codification du droit des affaires en Tunisie (acte de colloque organisé à Tunis les 14-15 décembre 2007), RJL février 2008, n° spécial, p. 137, spéc. p. 141.

[3] STRICKLER, Y., La protection de la partie faible en droit civil, LPA 2004, n° 213, p. 6.

[4] Titre II du Livre 2 du Code de la consommation.

[5] « Dans les contrats intéressés, du nombre desquels est le contrat de vente, la bonne foi ne défend pas seulement tout mensonge, mais toute réticence de tout ce que celui avec qui nous contractons

cantonnée au contrat de vente. La jurisprudence française l'a généralisée dans les autres contrats et l'a intensifiée[1], et le Code de la consommation lui a réservé une place importante. En effet, tout le livre premier dudit Code est réservé à l'obligation d'information. Dans tous ces exemples et dans bien d'autres, le législateur a pris la relève de la jurisprudence et c'est lui qui assure très souvent la protection de la partie faible dans les contrats. L'incorporation des obligations, jadis fruit du forçage au Code de la consommation, confirme l'objectif qui leur est assigné, celui de la protection de la partie faible. L'objectif était le même mais le moyen était inadapté.

487. Dans le cadre de la protection de la partie faible en matière contractuelle, le forçage peut toujours présenter une certaine utilité ; il fonctionne là où le droit de la consommation ne fonctionne pas et où ses conditions d'application ne se trouvent pas remplies. Les tribunaux, par le biais du forçage, peuvent étendre l'application du protectionnisme du droit de la consommation à des domaines non touchés ou à des catégories de contractants non concernées par ce droit.
Toutefois cette utilité est à relativiser, car d'après la loi LME du 3 août 2008, une possibilité de lutter contre les clauses abusives dans les rapports entre professionnels est envisageable. En effet, l'article L. 442-6-I du Code de commerce issu de cette modification permet d'annuler les clauses insérées dans les contrats entre professionnels et causant un équilibre significatif.

488. En droit tunisien, la même chose ou presque est vérifiable. Ainsi, l'on trouve un texte du Code des obligations et des contrats qui oblige le vendeur à faire connaître les défauts de ses produits et à les transmettre à l'acheteur. C'est l'article 655 dudit Code. En matière de location, on trouve aussi l'article 778 du Code des obligations et des contrats, qui met à la charge du locataire une obligation d'informer le bailleur de tout ce qui concerne la chose louée. Cette obligation d'information est également consacrée pour d'autres contrats nommés ; l'article 1134 du Code des obligations et des contrats oblige le mandataire à rendre compte à son mandant. En matière d'assurance, l'assuré doit informer l'assureur de tout événement nouveau.

489. La jurisprudence tunisienne n'a pas hésité, elle non plus à reconnaître l'existence de cette obligation d'information et à la consolider[2]. La doctrine tunisienne semble également favorable à l'adjonction ou à la découverte de cette obligation d'information dans les contrats. Mohamed Zine est même pour une généralisation de cette obligation d'information puisqu'elle facilite

---

a intérêt de savoir touchant la chose qui fait l'objet du contrat », Pothier, Traité du contrat de vente, I, n° 323.

[1] J. Calais-Auloy et F. Steinmetz, Droit de la consommation, éd. Dalloz 2006, p. 301, n° 250 et s.

[2] Cass. civ (tn). n° 7945 du 16 mars 1972, RJL 1973, n° 5-6, p. 67.

l'exécution du contrat et assure l'atteinte de l'objectif visé par les parties[1]. L'auteur souligne que cet élargissement du champ d'application de l'obligation d'information pourrait facilement se faire même en l'absence d'un texte spécial et ce, en usant des facultés offertes par l'article 243 du Code des obligations et des contrats[2]. Le professeur Sami Jerbi ne cache pas son enthousiasme de voir cette obligation d'information poussée plus loin en droit tunisien[3]. Cet auteur, après avoir recensé les textes consacrant l'obligation d'information, essentiellement le texte de l'article 655 du Code des obligations et des contrats relatif à la vente, déplore une timidité de la jurisprudence tunisienne qui a empêché une affirmation complète de cette obligation[4].
Cette timidité était, selon M. Jerbi, un facteur essentiel de la promulgation de certains textes relatifs à la protection du consommateur. En droit tunisien, comme d'ailleurs en droit français, plusieurs textes sur la protection du consommateur ont été adoptés. Ces textes mettent à la charge du vendeur une obligation d'information et de sécurité des produits[5]. La loi tunisienne sur la protection du consommateur consacre déjà l'intégralité du titre 2 à « l'information du consommateur et à la garantie du produit ». L'article 16 de cette loi dispose d'ailleurs que « le fournisseur est tenu d'informer le consommateur, par les notices d'avertissement, des caractéristiques, de la compositions, du mode d'emploi, des risques éventuels et de la durée d'utilisation prévisible du produit ou, le cas échéant, de sa date limite d'utilisation ». Le même texte réserve le titre premier à la sécurité des produits. L'article 3 de ladite loi dispose que « les produits doivent, dans les conditions normales de leur utilisation, présenter la sécurité à laquelle on peut légitimement s'attendre et ne pas porter atteinte aux intérêts matériels des personnes ou à leur santé ». Le législateur a pris ainsi à sa charge la protection du consommateur en édictant en sa faveur une obligation de sécurité et une autre d'information.

490. L'intervention du législateur, pour méritoire qu'elle soit, n'est pas tout à fait satisfaisante puisque la protection n'est prévue que dans le cadre d'un rapport entre consommateur et fournisseur. De plus, cette protection ne concerne que quelques contrats en dépit des autres. Ces inconvénients laissent aux juges tunisiens un rôle à jouer en matière d'enrichissement du contenu contractuel. Ce qui est fait par le législateur tunisien ne les prive pas d'une possibilité d'intervention visant à enrichir le contenu des contrats par l'ajout de nouvelles obligations. Ils n'ont pour ce faire qu'à utiliser l'article 243 du Code

---

[1] ZINE, M., op. cit., p. 241, n° 325.
[2] ZINE, M., op. cit., p. 241, n° 325.
[3] JERBI, S., thèse précitée, p. 409, n° 333 et s.
[4] JERBI, S., thèse précitée, p. 410, n° 333.
[5] Loi n° 92-117 du 7 décembre 1992, relative à la protection du consommateur, JORT du 15 décembre 1992, n° 83, année 1992, p. 1583.

des obligations et des contrats qui constitue un fondement suffisant pour toute tentative d'ajout d'obligations aux contrats[1].
Le professeur Sami Jerbi voit dans l'article 655 du Code des obligations et des contrats, un texte qui peut, s'il est bien exploité par la jurisprudence tunisienne, dispenser le législateur tunisien d'adopter un texte sur la protection du consommateur[2]. Le droit sur la protection du consommateur en droit tunisien ne fait selon lui que ranimer cet article 655[3].
Contrairement à cette idée, certains auteurs voient que l'exigence de loyauté ou de bonne foi n'est qu'une redondance en droit de la consommation, ce dernier ayant pour objectif premier de protéger la partie la plus faible, et donc d'assurer la loyauté dans les transactions avec les consommateurs[4].
Le forçage est ainsi inutile en droit tunisien, mais également en droit français, tant qu'il existe des textes assurant la protection de la partie faible, première raison d'être de ce mécanisme. Ces textes mettent à la charge du contractant les mêmes obligations jadis découvertes par la jurisprudence au moyen d'un forçage du contrat.

491. Forçage et volonté implicite. L'une des raisons d'être du forçage, c'est qu'il permet de dévoiler des obligations non exprimées, attachées souvent à la volonté implicite des parties. Cette volonté implicite n'est en fait qu'un leurre, car personne ne songe à une éventualité d'accidents lorsqu'il contracte un contrat de transport. Louis Josserand précisait dans ce sens : « il est douteux que le voyageur ait voulu imposer au voiturier une obligation absolue tendant à sa propre sécurité et aboutissant à le traiter ainsi qu'un ballot de marchandise ; et surtout il n'est pas croyable que le transporteur ait entendu, de gaité de cœur, assumer une obligation, étendue au point d'être irréalisable, et jouer ainsi le rôle du guillotiné par persuasion »[5]. Le même auteur, critiquant le lien que noue la jurisprudence entre obligation de sécurité et forçage de façon générale et volonté des parties, ajoute que « la Cour de cassation prête aux parties au contrat de transport de personne, une intention qui ne fut nullement la leur : ni le voiturier n'a entendu englober, dans sa promesse de sécurité, déjà divinatoire en ce qui concerne la personne de son client, la famille, même immédiate, du voyageur ; ni le voyageur n'a songé en prenant place dans un train, une automobile ou un tramway, aux dommages qu'entraînait pour ses siens un écrasement subi »[6]. D'autres auteurs sont du même avis ; ainsi ils soulignent en s'interrogeant sur la réalité de ce lien : « mais qui a jamais songé à la

[1] ZINE, M., op. cit., p. 242, n° 325.
[2] JERBI, S., thèse précitée, p. 410, n° 333.
[3] JERBI, S., thèse précitée, p. 410, n° 333. « La loi sur la protection du consommateur ne fait qu'enlever poussière et rouille accumulées sur le texte de l'article 655 ».
[4] OUTIN-ADAM, A., La loyauté dans le droit de la consommation, LPA 2000, n° 340, p. 36.
[5] JOSSERAND, L.,L'essor moderne du concept contractuel, *In* Mélanges F. Geny, éd. Sirey 1934, Tome II, p. 333.
[6] JOSSERAND, L.,note précitée, p. 138.

perspective d'un accident, en prenant son billet de chemin de fer ou en montant dans l'autobus ? Et si, par miracle, cette éventualité avait été prévue, comment le transporteur aurait-il accepté ce que souhaitait le voyageur ?[1] ». Dans de tels cas, «le juge ne constate pas ce que les parties ont voulu : il devine, non pas d'ailleurs au hasard, mais d'après ce que, personnellement, il estime juste »[2].

492. De nombreux auteurs dénoncent le caractère fictif du recours à la volonté implicite des parties, car le fondement de l'œuvre jurisprudentielle de renforcement du contenu obligatoire du contrat ne réside nullement dans cette prétendue volonté implicite, mais dans *un désir créateur des tribunaux* de faire du contrat l'instrument de certains objectifs jugés souhaitables soit pour les contractants eux-mêmes, soit pour l'intérêt général[3].
Il s'avère donc que le lien que noue la jurisprudence entre volonté implicite et forçage ne l'a pas épargnée de tout reproche. Au contraire, certains lui reproche la dénaturation de la technique de l'interprétation qui ressort déformée du forçage pratiqué en son nom par les tribunaux.
D'un autre côté, un auteur critique l'utilisation de l'interprétation pour ajouter au contrat D'abord, cette volonté d'élargir le champ contractuel, supposant qu'elle existe, « émane d'une seule personne, le créancier »[4]. Ensuite, cette adjonction « relève alors plus de l'imagination du juge que d'une logique volontariste »[5]. Marty avait aussi critiqué cette référence à la volonté présumée qu'il qualifie « d'absolument creuse »[6]. Le même auteur dénonce « une fiction qui cache la véritable règle d'interprétation qu'on n'a pas voulu avouer »[7].
Les professeurs Viney et Jourdain analysent ce phénomène en faisant un retour au contexte dans lequel la jurisprudence a décidé d'adjoindre au contrat certaines obligations. Cette tentative a été accomplie selon ces auteurs à une époque où il était impossible de rattacher au contrat une obligation sans la relier à la volonté des contractants[8].
En effet, cette volonté implicite ne justifie pas toujours l'adjonction de nouvelles obligations au contrat. Il n'est pas toujours possible de lui imputer toute découverte faite dans ce sens. Elle ne peut justifier l'ajout que dans des cas rarissimes dans lesquels l'obligation est rendue vraisemblable par le contexte entourant l'exécution du contrat, et par le concours de certains autres

---

[1] J. Flour, J.-L. Aubert et SAVAUX, E., Droit civil, Les obligations, 1. L'acte juridique, éd. Sirey 2006, p. 328, n° 399.
[2] J. Flour, J.-L. Aubert et SAVAUX, E., op. cit., p. 328, n° 399.
[3] FABRE-MAGNAN, M., De l'obligation d'information dans les contrats. Essai d'une théorie, éd. LGDJ 1992, p. 361, n° 450.
[4] V. Marthineau-Bourgninaud, L'obligation contractuelle de surveillance, art. préc., n° 8.
[5] V. Marthineau-Bourgninaud, art. préc., n° 8.
[6] MARTY, G., Le rôle du juge dans l'interprétation des contrats, TAHC 1949, p.84 spéc. p. 90.
[7] MARTY, G., art. préc., p. 90.
[8] VINEY, G. et JOURDAIN, P., Traité de droit civil, Les conditions de la responsabilité, éd. LGDJ 1998, n° 514.

éléments. En l'absence de ce contexte et de ces indices, il est peu défendable d'étayer la nouvelle obligation sur la volonté implicite des contractants ou de l'un d'eux. De surcroît, cette volonté implicite est difficile à établir, ce qui amoindrit manifestement son utilité.

493. Par ailleurs, une autre partie de la doctrine française tente de justifier le forçage par l'équité et par d'autres valeurs morales. Ainsi MM. Terré, Simler et Lequette affirment : « bien qu'on justifie parfois cette solution (forçage) par l'intention des parties, c'est le souci d'équité qui a commandé la décision des magistrats »[1]. Gaël Piette semble fonder le forçage sur des considérations morales lorsqu'il avoue que « l'équité semble vouloir que le contractant blessé à l'occasion de l'exécution de la convention soit indemnisé, ou encore que la partie qui dispose d'informations susceptibles d'intéresser son contractant les lui communique »[2].

494. En effet, cette raison d'être du forçage, pour méritoire et séduisante qu'elle soit, ne convainc pas vraiment sur le plan juridique. Pour toucher au contenu du contrat, il n'est pas suffisant de se fonder directement sur les valeurs morales, la solution doit être ancrée en droit positif et doit s'étayer sur un texte précis. Les tribunaux avaient la possibilité de joindre les deux finalités en s'abritant derrière l'article 1135 du Code civil ou 243 du Code des obligations et des contrats. L'utilisation de l'équité ou de la bonne foi, sans les ancrer dans un texte légal, n'aboutit qu'à l'arbitraire et à l'anarchie. Parmi les reproches adressés à la technique du forçage, il est souligné qu'elle favorise l'arbitraire des juges qui trouvent dans cette procédure l'occasion de refaire le contrat à leur guise. Or, comme l'affirme un auteur : « personne, sauf erreur, ne plaide en faveur du chaos contractuel ou de l'arbitraire du juge»[3]. Josserand lui-même avait peur de cet arbitraire que les tribunaux peuvent appliquer en cas de forçage, « car il aboutit à créer des contrats forcés ou, si l'on veut, des contrats à contenu forcé, dans le cadre desquels on situe arbitrairement des obligations dites contractuelles, et qui, dans la vérité profonde, ont une origine purement légale »[4].

495. D'un autre côté, un auteur observe que la notion du forçage nécessite un certain éclaircissement, son utilisation renfermant une certaine confusion. Concernant l'obligation de sécurité, elle n'est pas, selon l'auteur, toujours issue d'un forçage ; lorsqu'elle constitue le prolongement naturel de l'obligation principale ou qu'elle est indispensable à la bonne réalisation de cette dernière «

---

[1] TERRE, F., SIMLER, Ph. et LEQUETTE, Y., op.cit., p. 458, n° 454.
[2] G. Piette, La correction du contrat, op. cit., p. 581, n° 1094.
[3] CHAZAL, J.-P., Les nouveaux devoirs des contractants. Est-on allé trop loin ? *In* La nouvelle crise du contrat, éd. Dalloz 2003, p. 99, spéc. p. 127.
[4] JOSSERAND, L.,note sous Lyon du 7 décembre 1928, DP, 1929, 2, p. 17.

elle ne relève pas, dans cette hypothèse, du phénomène du forçage »[1]. Dans les autres cas d'ajout d'une obligation de sécurité, il n'y a pas non plus forçage du contrat, mais un ajout qui puise son fondement dans une délégation accordée par la loi au juge lui permettant de « découvrir en toute légitimité, des obligations accessoires »[2].
La thèse de Bénédicte Guiderdoni constitue en effet un véritable réquisitoire contre la technique du forçage. Elle conclut que le forçage est le plus souvent *inefficace*[3] mais aussi *inutile*[4]. Elle réclame que « ce phénomène peut et doit dès lors [...] disparaître »[5].
Témoignant de l'absence de clarté dans l'utilisation que font les tribunaux de la technique du forçage, Josserand lui-même analyse la question d'une façon nuancée. Il distingue ainsi l'obligation de sécurité des autres effets ajoutés. Ces derniers effets sont selon lui « parfaitement justifiés ; ils cadrent avec l'intention probable, avec l'intention légitime des parties »[6]. D'ailleurs, l'auteur précise que la liste de ces effets va connaître d'autres allongements. Il cite à titre d'exemple l'obligation tacite pour le garagiste de garantir contre le gel la voiture dont il a assumé la garde. Pour l'obligation de sécurité, l'auteur précise que son adjonction a engendré « la dénaturation systématique de la volonté des parties ou du moins de l'une d'elles , dans le transport des personnes par exemple il est douteux que le voyageur ait voulu imposer au voiturier une obligation absolue tendant à sa propre sécurité et aboutissant à le traiter ainsi qu'un ballot de marchandises ; et surtout il n'est pas croyable que le transporteur ait entendu, de gaité de cœur, assumer une obligation, étendue au point d'être irréalisable, et jouer ainsi le rôle du guillotiné par persuasion »[7].

496. La jurisprudence elle-même semble dans certains cas vouloir se débarrasser ou du moins limiter l'ampleur du phénomène du forçage qu'elle a inventé. C'est dans ce sens que pourrait être cité un arrêt récent de la Cour de cassation dans lequel elle semble vouloir mettre un frein à ces stipulations pour autrui implicites, découvertes jadis au moyen du forçage[8]. M. Lardeux précise dans ses observations sous cet arrêt que « l'arrêt, après avoir énoncé que les demandeurs, victimes par ricochet, n'étaient pas ayants cause de leurs parents décédés, n'agissant ni en qualité de cessionnaire ni d'héritiers, a exactement décidé qu'ils ne pouvaient bénéficier d'une stipulation pour autrui implicite au

---

[1] GUIDERDONI, B., Le forçage du contrat par le juge, thèse précitée, p. 48, n° 54.
[2] GUIDERDONI, B., Le forçage du contrat par le juge, thèse précitée, p. 412, n° 446.
[3] GUIDERDONI, B., Le forçage du contrat par le juge, thèse précitée, p.13, n° 21.
[4] GUIDERDONI, B., Le forçage du contrat par le juge, thèse précitée, p.13, n° 21.
[5] GUIDERDONI, B., Le forçage du contrat par le juge, thèse précitée, p.13, n° 21.
[6] JOSSERAND, L.,L'essor moderne du concept contractuel, art. préc., p. 345.
[7] JOSSERAND, L.,L'essor moderne du concept contractuel, *In* Mélanges F. Geny, éd. Sirey 1934, Tome II, p. 333.
[8] Cass. Civ 1re 28 octobre 2003, RTD civ. 2004, p. 96, obs. J. Mestre et B. Fages ; D. 2004, p. 233, note DELEBECQUE, Ph., ; JCP 2004, II, 10006, note G. Lardeux.

titre du contrat de voyage, de sorte qu'il était exclu que leur action soit fondée sur la responsabilité contractuelle de l'agence de voyages »[1]. Cet arrêt, bien qu'il concerne essentiellement la question de l'autonomie du préjudice par ricochet[2], peut être utilisé comme révélateur d'une hésitation de la jurisprudence envers l'application, jadis systématique, du forçage. Cet arrêt échafaude ainsi toute une jurisprudence[3].

497. Aux antipodes de ces constations, certains auteurs gardent de l'optimisme et assurent la survie du phénomène du forçage. Le professeur Leveneur affirme qu'il y a encore une place pour le forçage[4]. Monsieur Piette opte pour cette même idée et précise que « il n'y a guère d'auteurs à l'heure actuelle pour songer à contester cette pratique (le forçage), malgré l'atteinte portée au dogme de l'autonomie de la volonté »[5]. Le même auteur ajoute que « les critiques portent davantage sur les artifices généralement employés par la jurisprudence pour parvenir à ses fins que sur le forçage lui-même »[6].

498. Si le forçage, comme le notent certains auteurs, démontre l'adoption d'une nouvelle appréhension du contrat[7] composé de données objectives et subjectives[8], et si cette transformation existe réellement, il n'a pas de raison d'être. Au lieu de détordre des notions ou des institutions afin d'ajouter au contrat des obligations qui lui sont nécessaires, mieux que tout cela, il aurait fallu utiliser l'article 1135 qui assure un enrichissement du contrat, mais en toute légitimité. Cet article, comme le souligne un auteur constitue « l'évident fondement de cette élasticité contractuelle »[9]. Il constitue encore « une habilitation légale du pouvoir des tribunaux d'ajouter aux obligations prévues par les parties d'autres obligations implicites»[10]. Ledit article permet à l'implicite, dans tout contrat, de prendre surface et de rebondir en toute légitimité alors que le forçage, même s'il parvient à ajouter au contenu contractuel de nouvelles obligations, pose davantage de problèmes et de complications qui rendent son utilisation périlleuse et parfois, peu fructueuse. Si le juge procède à l'enrichissement du contenu contractuel, il ne fait qu'utiliser le

---

[1] G. Lardeux, note sous Cass. Civ 1re 28 octobre 2003, JCP 2004, II, 10006.
[2] DELEBECQUE, Ph., Le préjudice par ricochet : quelle autonomie ?, D. 2004, I, Juri. p. 233.
[3] DELEBECQUE, Ph., Le préjudice par ricochet : quelle autonomie ?, art., préc., p. 233, n° 2.
[4] LEVENEUR, L., Le forçage du contrat, art. préc., p. 76.
[5] G. Piette, La correction du contrat, op. cit., p. 581, n° 1095 .
[6] G. Piette, La correction du contrat, op. cit., p. 581, n° 1095 .
[7] V. Marthineau-Bourgninaud, art. préc., n° 6.
[8] V. Marthineau-Bourgninaud, art. préc., n° 6.
[9] V. Marthineau-Bourgninaud, art. préc., n° 6.
[10] V. Marthineau-Bourgninaud, art. préc., n° 3.

pouvoir qu'il tient de l'article 1135[1] ou de son similaire 243 du Code des obligations et des contrats pour le juge tunisien.

499. Le forçage ne doit normalement incarner aucune utilité. Il n'est qu'une technique du passé utilisée par les tribunaux en vue de briser un tabou constitué par le principe de l'autonomie de la volonté et qualifiant de sacrilège toute tentative l'outrageant. Normalement, s'il y avait eu une appréhension convenable des textes du Code civil, le forçage n'aurait pas dû exister. Le seul mérite du forçage, c'est qu'il démontre que les juges étaient depuis longtemps conscients de la nécessité d'un enrichissement du contenu contractuel ; ce que formulaient les parties n'était pas suffisant et un complément était indispensable. Son péché majeur, c'est que l'outil de cet enrichissement n'était pas approprié. Un article suffit à parvenir au même résultat recherché par le forçage mais sans heurts ni accros : c'est l'article 1135 du Code civil pour le droit français et l'article 243 *in fine* du Code des obligations et des contrats pour le droit tunisien. Madame Catherine Thibierge-Gullfucci souligne que lorsque le juge ajoute au contrat, « il ne s'agit ni d'interprétation, ni de forçage, mais de l'exercice du pouvoir de compléter le contrat grâce à l'équité, l'usage et la loi, comme les articles 1135 et 1160 l'y invitent »[2]. Dans le même sens, Laurent Leveneur remarque que « tout renforcement n'est pas exclu, seulement, il convient d'y procéder autrement »[3]. Le forçage doit alors se justifier autrement, par une référence à un texte figurant dans le Code civil ou dans le Code des obligations et des contrats mais insuffisamment exploité jusqu'à présent. Philippe Malaurie, Laurent Aynès et Philippe Stoffel-Munck précisent que le forçage peut mieux se justifier par l'article 1135 du Code civil[4]. Lorsqu'une référence est faite à cet article, il n'y a plus de quoi parler du forçage, mais de l'exercice d'un pouvoir accordé au juge par les rédacteurs du Code civil.

Si le forçage permet, selon certains auteurs, l'enrichissement du contenu contractuel, cette fonction ne fait pas l'unanimité. C'est ainsi qu'il est classé selon un auteur parmi les sanctions contractuelles[5]. Un autre souligne l'inopportunité du terme forçage qui ne rend pas correctement compte de

---

[1] Cass. 1re civ, 13 octobre 1987, Bull. civ. I, n° 262 cité par Mme Marthineau-Bourgninaud, art. préc., n° 6. Dans cet arrêt la Cour de cassation a précisé : « attendu que la Cour d'appel en retenant que la mise à disposition par Relais Formation d'une antichambre attenante au salon loué et aménagée en vestiaire entraînant une obligation de surveillance accessoire au contrat de location, a usé du pouvoir qu'elle tient de l'article 1135 du Code civil ».

[2] C. Thibierge-Gullfucci Libres propos sur la transformation du droit des contrats, RTD civ. 1997, 2, p. 357, spéc. p. 368.

[3] LEVENEUR, L., Le forçage du contrat, art. préc., p. 72.

[4] MALAURIE, Ph., AYNES, L. et STOFFEL-MUNCK, Ph., Les obligations, éd. Defrénois 2007, n° 774, p. 398.

[5] STRICKLER, Y., art. préc. p. 9. Le forçage assure selon l'auteur une protection a posteriori de la partie faible dans les rapports contractuels.

l'intervention de l'article 1135[1]. La recherche d'un fondement approprié à l'opération d'enrichissement semble s'imposer.

Section II : Un fondement approprié

500. En réalité, les législateurs français et tunisiens n'ignorent pas la question de l'enrichissement du contenu du contrat. Chacun dans sa propre législation, ils ont prévu des textes permettant de parachever la construction[2] dont les parties ont mis les soubassements. En droit français, plusieurs articles du Code civil peuvent être cités. On peut songer à tous les articles qui recommandent d'ajouter au contrat ses suites. Les articles entrant dans ce cadre sont vérifiables partout dans le Code ; en matière de vente[3], de location[4], ou même en matière de sûretés[5]. Ces textes donnent un feu vert à l'enrichissement du contenu contractuel. On songe également à l'article 2293 du Code civil relatif au cautionnement[6]. Cet article semble en réalité incarner à merveille cette idée d'enrichissement du contenu contractuel. D'ailleurs, certains auteurs le rattachent à l'article 1135[7].
En ressassant tous ces articles, il apparaît que leur généralisation n'est pas possible. Ils ne s'appliquent que pour le cadre qui leur est choisi par la loi. Afin de trouver un article de portée générale pouvant instaurer un véritable pouvoir pour le juge d'enrichir le contrat, c'est à l'article 1135 du Code civil qu'il faut s'adresser. Celui peut servir d'outil à cette idée d'enrichissement du contenu du contrat. Il a le privilège d'être de portée générale et de s'appliquer à tous les contrats et les engagements ; son emplacement dans le Code et sa teneur, lui donnent la possibilité d'assurer en toute aisance le rôle d'un fondement aux opérations d'enrichissement du contenu contractuel. L'article 1135 apparaît dans ce cadre le droit commun par rapport aux autres articles qui ne lui sont que des applications particulières. Un auteur de XIXe siècle avait déjà souligné cette idée. Duranton, en procédant à l'analyse de l'article 1135, avait recensé les différentes applications que consacre le Code civil à cet article[8].

---

[1] JACQUES, Ph., Regards sur l'article 1135 du Code civil, éd. Dalloz 2005, p. 468-469, n° 232.
[2] JERBI, S., L'interprétation du contrat, thèse précitée, n° 349, p. 447.
[3] Art. 1615 C. civ. « l'obligation de délivrer la chose comprend ses accessoires et tout ce qui a été destiné à son usage perpétuel ».
[4] Le bailleur est tenu de délivrer les accessoires de la chose louée. C'est ce que déduit souvent la jurisprudence française de l'article 1719 C. civ. Voir à titre d'exemple : Cass. Com. 4 avril 2006, Bull. civ. II, n° 86.
[5] Art. 2359 C. civ. : « le nantissement s'étend aux accessoires de la créance à moins que les parties n'en conviennent autrement ».
[6] Art. 2293 C. civ. : « le cautionnement indéfini d'une obligation principale s'étend à tous les accessoires de la dette ».
[7] P. Grosser, La Cour de cassation et l'article 2293 du Code civil, *In* Mélanges GOUBEAUX, G., éd. LGDJ 2009, p. 203, spéc. p. 212.
[8] DURANTON, M.,Cours de droit français suivant le Code civil, Tome 6e, éd. Alex-Gobelet, Paris 1834. Il y a l'article 1626 sur la garantie du vendeur ; article 1759 et 1776 sur le

En droit tunisien, la même chose est envisageable. L'enrichissement est admis à plus d'un endroit[1], mais seul l'article 243 *in fine* du Code des obligations et des contrats permet d'instaurer un pouvoir général d'enrichissement du contenu contractuel.
Les articles 1135 du Code civil et 243 *in fine* du Code des obligations et des contrats sont ainsi les fondements indispensables et inévitables à cette opération d'enrichissement du contenu du contrat. Ils permettent au juge de conduire le contrat au dernier point de perfection (§1). Ce ne sont pas pourtant un feu vert accordé au juge lui permettant de reconstruire le contenu du contrat de toute pièce, une exigence de mesure et de modération limite son action (§2).

§ - 1 : Les articles 1135 du C. civ. et 243 *in fine* du C.o.c. comme fondement

Les articles 1135 et 243, figurant dans les deux codes dès leur promulgation[2], respectivement en 1804 pour le Code civil et 1906 pour le Code des obligations et des contrats, ont été oubliés. Leur sens exact et leur rôle ont manifestement été oblitérés[3]. Cette oblitération trouve sa justification dans un contexte peu favorable à la philosophie que renferment ces articles. De nos jours, il est impératif de relire les articles 1135 et 243 (A) avant de leur assigner leur propre rôle (B).

A - Pour une relecture des articles 1135 et 243

Les deux articles 1135 et 243 sont voilés. Pesant sur lesdits articles 1135 du Code civil et 243 du Code des obligations et des contrats, ce voile est formé essentiellement par une absence de reconnaissance de leur autonomie envers l'article 1134 du Code civil pour le droit français et 242 du Code des obligations et des contrats pour le droit tunisien (a) et par une confusion entre équité et bonne foi (b).

---

reconduction tacite de la location si le locataire continue la jouissance sans opposition de la part du locateur ; 696 disposant que celui qui a promis une servitude, est censé avoir promis de concéder les moyens de l'exercer ; 2016 sur le cautionnement (actuellement 2293) ; 1137 énonçant que celui qui promet de donner ou livrer une chose, est censé s'obliger à apporter à la conservation de cette chose toutes les soins d'un bon père de famille (les exemples sont cités à la page 400, sous le n° 385).

[1] Ex : Pour la vente : Art. 610 *in limine* C.o.c : « l'obligation de délivrer la chose comprend également ses accessoires selon les conventions des parties ou selon l'usage ». Pour la location : Art. 742 in limine c.o.c : « le bailleur est tenu de livrer la chose et ses accessoires… ».

[2] Voir sur ce point surtout : COHEN, D., La bonne foi contractuelle : éclipse et renaissance, *In* 1804 – 2004, Le Code civil. Un passé, un présent, un avenir, éd. Dalloz 2004, p. 517. L'auteur parlant surtout de l'alinéa 3 de l'article 1134 précise que « rien n'a en effet jamais bougé ». Cet article, ajoute M. Cohen, « paraît avoir traversé les époques, et désormais les siècles, dans une position parfaitement figée ». Pour le droit tunisien voir surtout : HAMMOUDA, M., De l'exécution de l'obligation avec loyauté, *In* Mélanges S. Halima, éd. CPU 2005, p. 1031.

[3] D. Ferrier, Préface de la thèse de Mme MOULY-GUILLEMAUD, C., Retour sur l'article 1135 du Code civil. Une nouvelle source du contenu contractuel, éd. LGDJ 2006.

a – L'autonomie des articles 1135 CC et 243 *in fine* du COC

501. Lorsqu'on parle de l'autonomie des articles 1135 et 243, se pose d'emblée la question de leur relation avec les articles qui les précèdent. Ces articles figurant dans le Code civil et dans le Code des obligations et des contrats, n'assuraient au début aucun rôle significatif. Ils ont été analysés selon certains auteurs comme une redondance de l'article 1134 du Code civil[1] ou son similaire en Tunisie, l'article 242 du Code des obligations et des contrats, adoptant le principe de l'autonomie de la volonté. L'article 1135 n'est, selon un auteur, qu'un « prolongement modeste et redondant de l'article 1134 »[2]. Ces analyses ont apparu dès la promulgation du Code civil[3].
A titre d'exemple, François Laurent ne voit dans les articles 1134 et 1135 qu'une même idée. Il les a analysés en même temps et dans le même paragraphe. Il commence par l'alinéa 1er de l'article 1134, puis il passe au 3e alinéa de l'article 1134, avant d'analyser l'article 1135. En dernier lieu, il revient à l'analyse de l'alinéa 2e de l'article 1134[4]. Cet auteur va encore plus loin en précisant que « l'article 1135 contient une conséquence du principe formulé par l'article 1134 »[5]. Pour Marcadé, « l'article suivant [1135] n'est que le développement de cette idée [contenue dans l'article 1134] »[6]. Cette même idée est vérifiable chez Duranton. Cet auteur ne distingue pas entre l'article 1134-3 et l'article 1135. Il les reformule ensemble : « les conventions doivent être exécutées de bonne foi, et elles obligent non seulement à ce qui y est exprimé, mais encore à toutes les suites que l'équité, l'usage ou la loi donnent à l'obligation d'après sa nature »[7].

502. Cette idée n'est en fait pas dénuée de tout fondement. En effet, la formulation de l'article 1135 prête à confusion. Cet article *in limine* ne fait que rappeler la règle déjà avancée par l'article 1134, alinéa 1er, en précisant que le contrat oblige d'abord dans le cadre de ce qui est exprimé. On peut flairer une redondance. Christophe Albiges précise : « la lettre de ce texte (1135) prévoit

---

[1] GRIDEL, J.-P., Introduction au droit et au droit français, éd. Dalloz 1994, p. 698.
[2] GRIDEL, J.-P., op. cit., p. 698.
[3] Voir sur ce point surtout : DEROUSSIN, D., Histoire du droit des obligations, éd. Economica 2007, p. 443 – 444. L'auteur passe en revue des différentes analyses classiques de l'article 1135 et souligne ensuite l'évolution de ces analyses.
[4] LAURENT, F., Principes de droit civil français, Tome 6, éd. Bruylant-Christophe et Librairie A. Marescq. Ainé 1878, p. 243 et s, n° 181 et s.
[5] LAURENT, F., Principes de droit civil français, Tome 6, éd. Bruylant-Christophe et Librairie A. Marescq. Ainé 1878, p. 244, n° 182.
[6] MARCADE, V.,Explication théorique et pratique du Code civil, éd. Delamotte 1873, Tome 4 (articles 967 à 1314), p. 404, n° 466.
[7] DURANTON, M.,Cours de droit français suivant le Code civil, Tome 6e, éd. Alex-Gobelet, Paris 1834,p. 399, n° 384.

que les contrats obligent non seulement à ce qui est exprimé, affirmation qui ne constitue qu'un rappel de principe énoncé à l'alinéa 1er de l'article 1134 »[1]. Cette même idée trouve en réalité dans l'œuvre de la jurisprudence sa pleine confirmation. La jurisprudence, que se soit en Tunisie ou en France cite, souvent de concert les deux articles, « par précautions de style »[2]. A titre d'exemple, dans la jurisprudence tunisienne, les articles 242 et 243 sont systématiquement cités lorsqu'il s'agit d'une question relative à la détermination du contenu d'un accord ou qu'il s'agit de protéger la volonté des contractants[3]. La même observation est aussi valable pour la jurisprudence française où la Cour de cassation française ne cesse de rendre des arrêts au visa de ces deux articles. Ce n'est que tout récemment que ces articles furent dissociés[4]. Ils ne font qu'un aux yeux de la jurisprudence ; une consécration de principe de l'autonomie de la volonté.

503. Cette méconnaissance de l'autonomie des articles 243 et 1135 paraît complètement injustifiée. En effet, même si les articles 1135 et 1134 sont relatifs à l'exécution des obligations et aux effets obligatoires des contrats[5], chacun d'eux recouvre un volet et une mission précise, différente de celle de l'autre article.

L'article 1134 al. 1er du Code civil, équivalent de l'article 242 du C.o.c, reconnaît aux contrats légalement formés la force contraignante d'une loi. Les contractants sont tenus par leur contrat de la même façon que par une loi. Cet article, en accordant aux contrats légalement formés la force obligatoire, prévoit une garantie de l'efficacité du contrat. Il encourage par là-même les individus à y croire et à l'utiliser en vue de satisfaire leur besoin.

L'article 1135 détermine de son côté, l'entendue de ce lien sur lequel est étalée la force obligatoire. C'est un jeu du contenu et du contenant comme l'a justement affirmé Monsieur Pascal Ancel[6]. L'article 1134 al. 1er s'intéresse au contenant alors que l'article 1135 s'intéresse plutôt au contenu. L'article 1134 al. 1er détermine la relation entre le contrat et les autres normes et lui accorde une force qui égale celle de la loi. Lorsqu'on choisit de se lier par un contrat,

---

[1] ALBIGES, Ch., De l'équité en droit privé, éd. LGDJ 2000, p. 311, n° 473.

[2] MAZEAUD, H. et L., MAZEAUD, J. et CHABAS, F., Leçons de droit civil, Obligations, Théorie générale, Tome II, volume 1er, éd. Montchrestien 1998, p. 339, n° 351.

[3] A titre d'exemple on peut citer : Cass. civ (tn). n° 4252 du 17 novembre 1981, RJL 1982, n° 7, p. 102 ; Cass. civ (tn). n° 17957 du 5 février 1991, Bull. 1991, p. 249 ; Cass. civ (tn). n° 37937 du 12 juin 1995, RJL 1997, n° 4, p. 119 et Bull. p. 448 ; Cass. civ (tn). n° 15 octobre 1999, Bull. 1999, I, p. 375 (dans ce dernier arrêt la Cour de cassation tunisienne ne cite pas explicitement l'article 243 mais, elle cite son contenu en l'associant à l'article 242 du Code des obligations et des contrats).

[4] Cette observation est valable surtout pour le droit tunisien où l'article 243 ne se trouve uniquement cité que récemment.

[5] PICOD, Y., Articles 1134-1135. Effet obligatoire des conventions – exécution de bonne foi des conventions, Juris-classeur civil.

[6] ANCEL, P., Force obligatoire et contenu obligationnel du contrat, RTD civ. 1999, n° 4, p. 771.

cela ne signifie en aucun cas l'absence de toute contrainte. Le législateur, en accordant au contrat une force obligatoire, s'adresse à ceux qui ne craignent que la loi et qui prennent à la légère toute autre source d'obligation. Le législateur les prévient de la force obligatoire des contrats. Dans l'article 1135, le regard n'est plus porté sur la relation du contrat avec les autres normes, mais sur le contrat lui-même et sur son contenu, ainsi que sur le cercle des engagements auquel il donne naissance. Le regard est porté sur son rayonnement obligatoire[1]. L'article définit le contenu du contrat.

Un passage est fait d'un débat extérieur à un autre, intérieur. Il ne cherche qu'à déterminer ce que produit ce contrat. La force obligatoire du contrat est l'idée qu'on décèle de l'article 1134 al. 1. Le contenu obligatoire du contrat est l'objet de l'article 1135 du Code civil. Un auteur l'a constaté ; l'article 1134 parle des contrats légalement formés et l'article 1135 des contrats légalement composés[2]. Cet auteur affirme : « c'est grâce à l'article 1135, que s'opère [...] le passage d'accords de volonté légalement formés aux conventions légalement composées »[3]. Chacun des deux articles possède un domaine qui lui est propre et distinct de celui de l'autre article. Madame Mouly-Guillemaud résume cette idée en soulignant : « l'article 1134, alinéa 1, n'envisage que l'autorité du contrat, et ne porte nullement sur son contenu obligationnel. A l'inverse, l'article 1135 ne traite que de ce contenu et non du contrat. Les champs d'application de ces articles sont distincts, excluant toute possibilité d'antinomie ou de contradiction»[4].

Le rapprochement que soutient souvent la doctrine entre les articles 1134-3 et 1135 du Code civil est également justifié par la référence que font lesdits articles à la morale ; bonne foi et équité.

b – Bonne foi et équité

504. Ce qui pose encore plus de complications, c'est en réalité la comparaison entre le dernier alinéa de l'article 1134 et l'article 1135 du Code civil. En exigeant que les obligations doivent être exécutées de bonne foi, l'alinéa 3e sème la confusion avec l'article 1135 qui recommande d'adjoindre au contrat les suites déduites de l'équité. Pour certains auteurs, l'article 1135 n'est qu'une redondance, voire un rappel de l'alinéa dernier de l'article 1134. Le professeur

---

[1] THIBIERGE-GULLFUCCI, C., Libres propos sur la transformation du droit des contrats, RTD civ. 1997, 2, p. 357, spéc. p. 365.
[2] JACQUES, Ph., Regards sur l'article 1135 du Code civil, éd. Dalloz 2005, p. 778, n° 368. Voir aussi MAZEAUD, D., Le juge et le contrat : « Variation optimiste pour un couple illégitime», *In* Mélanges J.-L. Aubert, éd. Dalloz 2005, p. 235, spéc. p. 244.
[3] JACQUES, Ph., op.cit., p. 780, n° 368.
[4] MOULY-GUILLEMAUD, C., Retour sur l'article 1135 du Code civil. Une nouvelle source du contenu contractuel, op. cit., p. 120, n° 112.

Atias affirme que l'article 1135 du Code civil constitue « une sorte de prolongement, de note explicative de l'alinéa 3 de l'article précédent et de la référence de la bonne foi qu'il comporte »[1]. Certains auteurs vont encore plus loin en affirmant que l'article 1135 est une « application d'une règle plus générale, en sorte qu'il pourrait disparaître du Code civil pourvu que cette règle, celle portée par l'article 1134, al. 3, y demeurât »[2]. Pour une frange de la doctrine française, la bonne foi « est la trace de l'équité au cœur du contrat»[3]. Dans ce même courant d'idées, d'autres auteurs critiquent ceux qui analysent l'équité comme un simple rappel de l'exigence de bonne foi[4].
Le rapprochement entre les articles 1135 et 1134, al. 3e, est en effet un rapprochement entre bonne foi et équité qui ne font qu'un, selon certains auteurs, ces dernières représentent une consécration de la morale dans le droit positif. Pour un autre auteur, la bonne foi de l'article 1134 al. 3e et l'équité de l'article sont des principes de droit naturel[5]. Elles ne sont alors qu'une consécration du droit naturel.
Ce rapprochement entre bonne foi et équité n'est pas nouveau. La doctrine l'a signalé dès la promulgation du Code civil. A titre d'exemple, il est vérifiable chez François Laurent qui, parlant de la bonne foi citée à l'article 1134 al. 3 du Code civil, la qualifie comme étant « la part de l'équité dans la matière des obligations »[6]. La même idée est valable pour Marcadé qui analyse l'article 1135 comme un développement de l'idée de l'exécution des contrats de bonne foi[7]. Quant aux Baudry-Lacantinerie et Barde[8], l'article 1135 ne fait que déduire une conséquence du principe de l'exécution de bonne foi des conventions annoncé à l'article 1134 alinéa 3e.

505. Ce rapprochement auquel se livrent jurisprudence et doctrine méconnaît en effet l'emplacement dans lequel est citée chacune de ces deux notions. Pour la bonne foi, elle talonne l'affirmation du principe de la force obligatoire du contrat. Elle est dans ce cadre conçue comme une modération à ce principe ou

---

[1] ATIAS, Ch., Précis élémentaire du contentieux contractuel, éd. PUAM 2006, p. 129, n° 168.
[2] JACQUES, Ph., op.cit., n° 126, p. 243. L'auteur remarque que cette idée est vérifiable chez beaucoup d'auteurs qu'il cite.
[3] DELEBECQUE, Ph., et F.-J. Pansier, Droit des obligations, Contrat et quasi-contrat, éd. Litec 2006, p. 159, n° 317.
[4] TERRE, F., SIMLER, Ph. et LEQUETTE, Y., Droit civil, Les obligations, éd. Dalloz 2005, n° 442, p. 448.
[5] EUDIER, F., Modèles et anti-modèles dans le rôle du juge en matière contractuelle, *In* Code civil et modèles, des modèles du Code au Code comme modèle, sous la direction de T. Revet, éd. LGDJ 2005, p. 225, spéc. p. 235.
[6] LAURENT, F., Principes de droit civil français, Tome 6, éd. Bruylant-Christophe et Librairie A. Marescq. Ainé 1878, p. 243, n° 181.
[7] MARCADE, V.,Explication théorique et pratique du Code civil, éd. Delamotte 1873, Tome 4 (articles 967 à 1314), p. 404, n° 466.
[8] BAUDRY-LACANTINERIE, G et BARDE, L, Traité théorique et pratique du Code civil, Les obligations, Tome 1er, éd. Paros 1897, p. 319, n° 343.

une atténuation de sa rigueur[1]. Le législateur, après les avoir rassurées sur la force obligatoire de leur convention, signale aux parties qu'il ne faut pas oublier les enseignements de la bonne foi. Le contrat n'est pas une loi d'airain. Certains auteurs en déduisent que les rédacteurs du Code civil n'ont probablement pas entendu faire du contrat « une loi implacable qui permettrait à l'une des parties d'imposer à l'autre avec la dernière rigueur le respect littéral du contrat, abstraction faite de toute autre considération »[2]. Cette exigence de bonne foi, ayant fait l'objet de l'alinéa dernier de l'article 1134 du Code civil, montre aussi que les rédacteurs du Code n'étaient pas insensibles à une autre conception du contrat[3], ce qui laisse ainsi présager « l'avènement d'un monde contractuel meilleur »[4].

Dans ce même sens, le professeur Christophe Jamin affirme : « l'article 1134 n'a donc point pour objet de placer les parties sur un piédestal en la situant au même niveau que le législateur, ce qui constitue une lecture spiritualiste de son dispositif, mais d'assurer le maintien intangible de l'ordre social »[5]. L'auteur défend ainsi la double philosophie de l'article 1134, en conciliant intangibilité du contrat et souplesse déduite de l'alinéa dernier de l'article 1134. La bonne foi apparaît ainsi comme un édulcorant de l'âcreté dont peut se doter la force obligatoire du contrat et c'est ce qui justifie qu'elle ait été citée dans le même article prônant la force obligatoire du contrat.

Certains précisent à cet égard que des atteintes à la force obligatoire du contrat sont dictées par l'exigence de bonne foi[6]. Un auteur affirme ici qu' « en usant de l'article 1134, alinéa 3, nous aurions trouvé la parade à l'article 1134, alinéa 1er ; un moyen susceptible d'assouplir dans un certain nombre de cas la règle technique de l'intangibilité »[7]. L'exigence de bonne foi ou de loyauté marque ainsi les frontières de la force obligatoire du contrat. Dans ce même courant d'idée, M. Christophe Jamin indique que « l'article 1134, alinéa 1er, Code civil est alors débordé par l'interprétation particulière et nouvelle de son alinéa 3 et par l'article 1135 »[8].

D'auteurs auteurs voient dans la prescription de la bonne foi, dans le cadre de l'article 1134, un frein naturel porté à la force obligatoire[9]. Sur ce point, bonne

---

[1] VAN OMMESLAGHE, P., La rigueur contractuelle et ses tempéraments selon la jurisprudence de la Cour de cassation de Belgique, *In* Mélanges GHESTIN, J., éd. LGDJ 2001, p. 881.

[2] TERRE, F., SIMLER, Ph. et LEQUETTE, Y., Droit civil, Les obligations, op. cit. , n° 438, p. 442.

[3] TERRE, F., SIMLER, Ph. et LEQUETTE, Y., Droit civil, Les obligations, op. cit., n° 439, p. 443.

[4] TERRE, F., SIMLER, Ph. et LEQUETTE, Y., Droit civil, Les obligations, op. cit., n° 41, p. 43.

[5] Chr. Jamin, Révision et intangibilité du contrat ou la double philosophie de l'article 1134 du Code civil, Droit et Patrimoine, 1998, n° 58, p. 46, spéc. 51.

[6] PICOD, Y., articles 1134-1135 du Code civil, J-Cl civil, art. préc., n° 78.

[7] Chr. Jamin, Révision et intangibilité du contrat…., art. préc., p. 54.

[8] JAMIN, Ch., Une brève histoire politique des interprétations de l'article 1134 du Code civil, D. 2002, n° 11, p. 901, spéc. p. 905.

[9] TERRE, F., SIMLER, Ph. et LEQUETTE, Y., op. cit., n° 438, p. 442.

foi et équité s'analysent comme deux idées confluentes puisqu'elles peuvent être analysées toutes deux comme une limitation de la force obligatoire du contrat. Un auteur approuve cette idée en avançant l'équité comme l'un des outils permettant aux tribunaux d'atténuer la rigueur de la loi contractuelle. L'auteur précise que les juges de fond « marquent une propension à corriger la rigueur contractuelle en se fondant sur l'équité, à laquelle se réfère l'article 1135 du Code civil »[1].

506. Ce rapprochement prôné par certains auteurs ne voile pourtant pas la distinction entre bonne foi et équité ou entre les articles 1135 et 1134 al. 3. Concernant la fonction de ces deux notions, l'on peut préciser que l'article 1135, et l'article 243 *in fine* du Code des obligations et des contrats, s'adressent essentiellement au juge en lui recommandant de compléter le contrat dont le germe est assuré par les parties. La bonne foi s'adresse en même temps au juge et aux parties. Pour celles-ci l'exigence de bonne foi est quelque chose d'inhérent à tout contrat et sur laquelle il faut toujours compter. Elle permet également de limiter leur pouvoir et leur prérogative.
Le législateur, dans l'article 1134 al. 3, soit l'équivalent de l'article 243 *in limine*, ***explique aux parties*** ce que chacun doit à l'autre. Chaque contractant doit à son partenaire ce que la bonne foi exige. Il leur précise dans ce sens que tout contrat doit être exécuté de bonne foi, les invitant ainsi à s'éloigner de la duperie, de la tromperie et à poursuivre un comportement de parfaite honnêteté. Ce qui est visé dans ce cas, c'est essentiellement le comportement des parties. Un auteur a précisé, dans ce sens, que la bonne foi ou la loyauté « exprimait une composante constante de tout droit, souvent inexprimée, mais toujours sous-entendue »[2].
Dans l'article 1135, le législateur ***explique au juge***, que le contrat ne contient pas exclusivement ce qui y est exprimé par les parties contractantes ; le juge peut, le cas échéant, lui adjoindre ce qui découle de la nature même du contrat, qu'il soit épuisé dans la loi, dans les usages ou encore dans l'équité. Tout contractant est tenu en même temps et au-delà de ses obligations expressément fixées dans le contrat, d'une obligation de bonne foi. L'équité ne s'adresse ainsi qu'au juge et ne concerne pas les parties. L'équité dans un sens propre ne s'adresse qu'à celui qui rend une décision, en lui demandant de la rendre en toute équité[3]. Par contre, l'on ne peut pas exiger des parties d'être équitables, il leur suffit d'être de bonne foi en évitant toute intention malsaine. L'équité rime davantage avec fonction de justice.

---

[1] VAN OMMESLAGHE, P., La rigueur contractuelle et ses tempéraments selon la jurisprudence de la Cour de cassation de Belgique, art. préc., p. 883.
[2] AYNES, L., L'obligation de loyauté, APD T44, 2000, p. 195, spéc. 197.
[3] Le terme arabe équivalent de l'équité reflète plus ce sens. « Al Insaf » est un caractère qu'on droit trouver chez celui qui va rendre justice.

507. De surcroît, l'objet de l'équité paraît différent de celui de la bonne foi, car il permet de « conférer au juge la faculté d'apprécier la bonne exécution du contrat en se plaçant en dehors de ces obligations expressément formulées, de l'extérieur, avec un but déterminé : compléter le contrat dans l'hypothèse de lacunes, afin d'assurer un équilibre entre les intérêts des cocontractants »[1]. Dans cette même optique, un auteur pense que l'équité permet « au juge de déterminer l'étendue des obligations des contractants, alors que la bonne foi est déjà dans le contenu du contrat et s'impose aux contractants »[2]. Celle-ci ne permet pas un ajout à proprement parler au contrat, elle fournit par contre un environnement garantissant au contrat une exécution, fructueuse et satisfaisante. Les contractants favorisent cette ambiance en évitant la mauvaise foi et ses dérivés comme la fraude, la duperie et la tromperie. La bonne foi signifie entre autres que le contractant n'épargne aucun de ses efforts afin de parvenir à la bonne exécution du contrat.
La Cour de cassation tunisienne a confirmé dans un arrêt récent cette fonction de la bonne foi[3]. Elle a annoncé que la bonne foi ou la loyauté signifiait que le contractant prenait au sérieux l'exécution du contrat et déployait une diligence appropriée à la nature de son obligation[4]. La bonne foi est ainsi une qualité que doit emprunter le comportement des parties contractantes. Le rôle essentiel du juge est de sanctionner celui qui en manque. L'équité et la bonne foi semblent être distinctes. Des auteurs affirment dans ce sens : « si les deux notions ont manifestement des fonctions voisines en ce qu'elles [bonne foi et équité] tendent toutes deux à éviter qu'une partie ne puisse s'enfermer dans la lettre du contrat pour en éluder l'esprit, elles le font en se plaçant à des points de vue différents. Alors que la bonne foi agit en quelque sorte de l'intérieur en veillant à une exécution loyale de la part de chaque contractant, l'équité le fait de l'extérieur en se plaçant à un point de vue élevé, celui de la justice et en courant à définir ce qui est dû »[5].
Il semble utile de signaler que l'équité citée dans l'article 1135 du Code civil ou encore dans l'article 243 du Code des obligations et des contrats, n'est pas forcément un ajout au contrat. Cette fonction complétive est tributaire en réalité du contexte dans lequel elle est invoquée et de la nature du contrat ou de l'obligation à compléter. Elle n'exerce pas son effet directement sur le contenu du contrat, mais surtout à travers la notion de la nature du contrat.

508. Une question se pose dans ce même contexte ; qui est le premier ou qui passe avant l'autre, l'exécution de bonne foi ou l'ajout au contrat ? Autrement

---

[1] ALBIGES, Ch., De l'équité en droit privé, éd. LGDJ 2000, p. 306, n° 462.
[2] R. Desgorges, La bonne foi dans le droit des contrats : rôle actuel et perspectives, thèse Paris 2, 1998, p. 56.
[3] Cass. civ. (tn). n° 7461 du 4 avril 2005, Bull. 2005, II, p. 67.
[4] Cass. civ (tn). n° 7461 précité.
[5] TERRE, F., SIMLER, Ph. et LEQUETTE, Y., op. cit., n° 442, p. 448.

dit, qui s'applique le premier, l'article 1134 al. 3e ou l'article 1135 ? La question est en fait liée au contexte entourant l'invocation de ces deux articles et à leur nature. En effet, si l'application de l'article 1135 ne se pose qu'en cas de désaccord des parties sur le contenu du contrat, l'exigence de bonne foi s'impose dès le début et les parties doivent l'observer durant toutes les étapes de la vie du contrat. L'application de la bonne foi dans les contrats est a priori spontanée, le juge n'intervenant dans ce sens que pour sanctionner la mauvaise foi d'un contractant. Pour l'article 1135, ou pour l'article 243 *in fine*, l'application est subordonnée à une intervention du juge et au remplissage d'un certain nombre de conditions. L'utilisation de cet article est laissée à la merci du juge[1]. Lorsque le juge y croit peu, son utilisation est moins abondante. Il s'ensuit que l'article 1134 et l'exigence de la bonne foi qu'il renferme, s'applique avant l'article 1135. Dans ce sens, l'ordre de succession de ces deux articles dans le Code civil paraît logique.

509. Pour certains auteurs, l'ordre logique d'intervention des articles 1134 et 1135 serait l'inverse de l'ordre adopté par le Code. Philippe Jacques affirme dans ce cadre : « l'appréciation, action spécifique de l'article 1135, intervient en amont de la vérification de la qualité de l'exécution, laquelle ne peut être effectuée utilement qu'une fois établi ce que les parties ont voulu (interprétation en cas de doute) ainsi que ce à quoi elles sont tenues (appréciation) »[2]. L'auteur rejoint Fagnart qui prévoit qu' « il faut déterminer d'abord à quoi les parties sont tenues, et qu'ensuite seulement, il est possible d'examiner comment les parties doivent exécuter la convention »[3]. Un auteur va encore plus loin et réclame une remise en ordre de ces deux articles du Code civil[4]. Certaines législations ont déjà adopté ce nouvel ordre proposé et prévoient ainsi l'équivalent de l'article 1135 avant l'autre article équivalent à l'article 1134, alinéa 3 du Code civil. L'exemple est celui du droit italien où le Code civil adopte cette nouvelle redistribution des articles, soutenue par Philippe Jacques[5].

510. Pour la doctrine tunisienne, les principes de bonne foi et d'équité s'entremêlent en vue de permettre au juge d'intervenir au sein du contrat afin d'en contrôler l'exécution ou de le compéter en cas de besoin[6]. D'autres auteurs tunisiens ne distinguent pas la bonne foi et l'équité, les deux notions assurant

---

[1] Voir sur ce point : MAHFOUD, M., Théorie des suites du contrat, RJL 2008, n° 6, p. 99, spéc. p. 100.

[2] JACQUES, Ph., Regards sur l'article 1135 du Code civil, op. cit., n° 170, p. 342-343.

[3] J.-L. Fagnart, note sous Cass. Belge, 19 septembre 1983, RCJB 1986, p. 282, n° 7. (Cité par JACQUES, Ph., op. cit.)

[4] JACQUES, Ph., Regards sur l'article 1135 du Code civil, op. cit., n° 170, p. 343.

[5] JACQUES, Ph., Regards sur l'article 1135 du Code civil, op. cit., n° 170, p. 343.

[6] HAMMOUDA, M., De l'exécution de l'obligation avec loyauté, *In* Mélanges S. Halima, éd. CPU 2005, p. 1031, spéc. p. 1063.

pour eux les mêmes fonctions[1] et l'idée de la primauté de l'une sur l'autre ne se pose même pas.

511. En effet, l'idée de préciser ce qui s'applique avant, à savoir l'exigence de bonne foi ou l'ajout au contrat, apparaît comme une question plutôt casuistique pour laquelle une systématisation n'est pas conseillée. Néanmoins, du point de vue chronologique, l'exigence de bonne foi semble être la première, puisqu'elle naît dès la perfection du contrat. Elle subsiste même en cas de suspension de l'exécution du contrat, c'est-à-dire même en cas d'empêchement à l'exécution du contrat. D'un autre côté, l'exigence de l'exécution du contrat de bonne foi englobe aussi bien le contenu contractuel arrêté *ab initio* par les parties que celui ajouté par le juge sur la base de l'article 1135 ou 243 *in fine* du COC. L'intégralité du contenu contractuel, dans toutes ses composantes doit être exécutée de bonne foi, ce qui implique que cette exigence de bonne foi est requise, même lorsque le contenu n'est pas encore définitivement déterminé.
Un auteur défend dans sa thèse l'existence de différence entre l'article 1135 et l'alinéa dernier de l'article 1134 sur plus d'un niveau. D'abord, « l'article 1135 permet de répondre à la question de savoir ce qui est dû, l'article 1134, alinéa 3e, à la question de savoir comment accomplir ce qui est dû »[2]. *L'article 1135 analyse le contenu contractuel d'un point de vue quantitatif en s'intéressant à la matière à exécuter, alors que l'article 1134, al. 3, concerne une analyse qualitative de l'exécution et s'intéresse à la manière d'exécuter*[3].

512. En droit tunisien, il existe une spécificité ; le législateur tunisien a parlé du principe de la force obligatoire dans l'article 242 du Code des obligations et des contrats, alors qu'il a exigé la bonne foi, l'équivalent du troisième alinéa de l'article 1134 du Code civil, et des obligations implicites, l'équivalent de l'article 1135 dans l'article 243 du Code des obligations et des contrats. Cette nouvelle répartition, empruntée au droit allemand selon une frange de la doctrine tunisienne[4], réconforte l'idée d'un lien étroit entre la bonne foi et le contenu contractuel.
La bonne foi est présentée, en droit tunisien, comme faisant partie du contenu contractuel. Elle dépasse aussi en droit tunisien, le contenu contractuel exprimé pour intéresser le contenu contractuel inexprimé, ajouté sur la base de l'équité, la loi ou les usages[5]. La bonne foi et l'équité sont citées dans un même

---

[1] MAHFOUD, M., Théorie générale de l'obligation, op. cit., p. 136-137, n° 186.
[2] JACQUES, Ph., Regards sur l'article 1135 du Code civil, op. cit., p. 315, n° 166.
[3] JACQUES, Ph., Regards sur l'article 1135 du Code civil, op. cit., p. 316, n° 166. L'auteur afin de bien cerner la différence entre ces deux articles, dresse un tableau comparatif à la page 316.
[4] HAMMOUDA, M., De l'exécution de l'obligation avec loyauté, *In* Mélanges S. Halima, éd. CPU 2005, p. 1031, spéc. pp. 1046 et 1069. L'auteur précise que « l'article 243 du Code des obligations et des contrats apparaît attaché à l'article 242 BGB plus qu'il n'en est à l'article 1134 du Code civil français » (p. 1046).
[5] HAMMOUDA, M., art. préc., p. 1049.

article qui est 243. Cette double citation de la morale dans un même article constitue-t-elle une redondance ? A priori, toute redondance ou tautologie est à exclure car la coexistence de l'équité et de la bonne foi au sein d'un même article ne signifie guère qu'elles assurent le même rôle. Chacune des notions remplit une fonction qui lui est propre.
En outre, comme c'est le cas pour le droit français, la bonne foi s'adresse aux parties, le législateur les mettant au courant de son utilité et de son implication dans tout contrat. Pour l'équité de l'article 243 du Code des obligations et des contrats, elle s'adresse au juge qui peut en puiser certaines obligations à adjoindre au contrat. Citer donc la bonne foi à côté du texte disposant l'ajout au contrat, ne touche en rien à sa fonction de modération du principe de l'autonomie de la volonté.
Une autre spécificité du droit tunisien des contrats est à signaler dans ce contexte : l'article 243 du Code des obligations et des contrats parle des obligations et non des conventions, et ce, contrairement à son similaire français, l'article 1135 du Code civil[1]. Cette particularité de l'article 243 du Code des obligations et des contrats est justifiable selon une frange de la doctrine tunisienne[2] par le fait qu'en droit tunisien, les sources des obligations ne sont pas limitées aux contrats, les actes unilatéraux engagent aussi leurs auteurs qui sont ainsi concernés par cet article. L'article 243 peut apparaître plus précis dans l'exigence de bonne foi durant l'exécution du contrat ; cette exigence accompagne toutes les obligations nées du contrat et non uniquement celles figurant dans le contenu arrêté *ab initio*. La même idée est valable pour l'adjonction au contrat qui peut se faire selon la nature de chaque obligation et non selon celle du contrat.

513. En somme, les articles 1135 et 243 sont indépendants des articles qui les précèdent. Cette observation est valable même s'ils abordent de la même question, en l'occurrence les effets du contrat, une différence d'optique réconforte la distinction. La jurisprudence et la doctrine, que se soit en France ou en Tunisie, doivent croire en l'autonomie de ces articles et la défendre. Cette reconnaissance constituerait un pas nécessaire sur la voie de leur parfaite consécration.

Dans ce contexte, certains auteurs réclament un retour à l'article 1135 afin de lui donner sa véritable signification qui a été oblitérée pas des analyses

---

[1] Particularité à développer plus tard dans la thèse. Voir infra.
[2] MAHFOUD, M., Théorie générale des obligations, Acte unilatéral, Contrat et Responsabilité civile, Publications du Centre d'études Juridiques et Judiciaires, éd. Orbis 2008, p. 135, n° 185 (en Arabe).

déformantes[1]. Se pose alors la question du véritable rôle des articles 1135 et 243 *in fine*.

B – Le véritable rôle des articles 1135 et 243

Les articles 1135 du Code civil et 243 du Code des obligations et des contrats sont capables, selon les dires d'un auteur tunisien, de « servir de fondement à toutes les audaces »[2]. Ils assurent un double rôle extrêmement précieux pour le contrat ; ils autorisent son enrichissement (a) et délimitent le pouvoir accordé au juge au sein du contenu contractuel (b).

a – Autoriser l'enrichissement du contrat

514. Les articles 1135 du Code civil et 243 du Code des obligations et des contrats incarnent en réalité une définition légale du contenu contractuel implicite. Ce dernier s'adjoint à celui arrêté expressément par les parties afin de constituer un tout harmonieux et intelligible. Le contenu du contrat s'avère alors irrigué par une dichotomie entre implicite et exprimé. Afin d'ajouter au contrat et d'enrichir son contenu, il n'est requis que de passer de l'article 1134 en droit français, ou 242 en droit tunisien, aux articles suivants, respectivement 1135 et 243. Ces deux articles permettent en toute légitimité d'ajouter au contrat de nouvelles obligations et de compléter l'opération débutée par les parties contractantes. Ils favorisent un « comblement du contrat »[3]. Ainsi, au nom de ces articles, « l'étendue de l'obligation d'exécuter ne se limite donc pas à ce qui était expressément prévu »[4].

515. Tout enrichissement du contrat passe forcément par ces deux articles, ils sont donc indispensables. Il est par conséquent inutile d'ajouter au contrat en usant d'autres techniques et procédés. Ces articles permettent d'atteindre la même finalité, voire davantage mais en toute légitimité.
L'article 1135 du Code civil même incarnant de grandes potentialités[5], n'a été utilisé par la jurisprudence qu'avec parcimonie[6]. « Le juge n'use et ne s'abuse pas de ce texte pour compléter et façonner le contrat »[7]. L'article 1135 après

---

[1] MOULY-GUILLEMAUD, C., Retour sur l'article 1135 du Code civil. Une nouvelle source du contenu contractuel, éd. LGDJ 2006.
[2] ZINE, M., De l'esprit et de l'effectivité de certaines dispositions du Code des obligations et des contrats, *In* Le livre du centenaire du Code des obligations et des contrats, 1906-2006, éd. CPU 2006, p. 437, spéc. p. 447.
[3] FAGES, B., Droit des obligations, éd. LGDJ 2007, p. 241, n° 320.
[4] FAGES, B., Droit des obligations, éd. LGDJ 2007, p. 241, n° 320.
[5] LEVENEUR, L., Le forçage du contrat, Droit et Patrimoine n° 58, mars 1998, 1998, p. 69, spéc. p. 74.
[6] MAZEAUD, D., Le juge et le contrat : Variations optimistes pour un couple illégitime, art. préc., p. 246.
[7] MAZEAUD, D., Le juge et le contrat …., art. préc., p. 244.

être longtemps *assoupi*[1], est sorti des limbes où il semblait flotter[2]. Le principe de l'autonomie de la volonté[3] consacré essentiellement à travers les articles 1134 et 242 voile l'utilité de cet article[4]. Au lieu de s'ingénier à trouver un fondement permettant l'enrichissement du contenu contractuel, par la distorsion de certaines techniques du droit des contrats, et en les appliquant d'une façon déformante ou par l'incorporation de nouvelles obligations contractuelles sans arriver à les fonder, ce qui constitue un forçage, il est plus simple d'appliquer un texte du Code civil qui assure tout uniment la réalisation de la même finalité recherchée. Cet article permet de faire l'enrichissement du contenu contractuel loin de toute critique.

Il n'est requis que de bien examiner le Code afin de sortir cet article du lieu de sa proscription. Toutefois, il ne suffit pas de le faire émerger, il importe aussi lui accorder sa signification exacte qui lui a été assignée par les rédacteurs du Code.

516. Le législateur, que se soit en Tunisie ou en France, n'est donc pas insensible à l'idée d'un enrichissement du contenu contractuel. Les articles 1135 et 243 accordent au juge ou à l'interprète le pouvoir de le faire. Le juge peut ainsi compléter et parachever l'œuvre des parties contractantes en y adjoignant de nouvelles obligations non explicitées par les contractants. Ces articles, faisant partie respectivement du droit français et du droit tunisien, n'ont reçu que des applications rares et parfois peu fidèles au sens orthodoxe des textes.

A force de ne recevoir que de rares applications, ces articles sont archaïques. Un tel phénomène trouve son explication dans un manque d'utilisation ou une utilisation inappropriée, non conforme à l'objectif gisant derrière leur insertion dans les deux Codes. Le phénomène a été décrit par Madame Mouly-Guillemaud qui y voit du « darwinisme juridique»[5] ; un article non utilisé depuis deux siècles dégénère et perd toute utilité.

517. Toutefois, dans certains cas, ne pas utiliser un article, n'est pas pire que de l'utiliser dans une finalité qui n'est pas la sienne. Dans ce dernier cas, l'on assiste à ce que certains auteurs appellent depuis peu *forçage d'une institution*[6] ou d'une catégorie juridique[7]. Ici, non seulement l'on méconnaît l'utilité des articles 1135 et 243, mais on déforme encore des institutions et des techniques afin de les utiliser dans des domaines qui ne sont pas les leurs. Ce forçage et les

---

[1] BENABENT, A., Droit civil, Les obligations, éd. Montchrestien 2007, p. 209, n° 270.
[2] JACQUES, Ph., Regard sur l'article 1135 du Code civil, op. cit., p. 104.
[3] HAMMOUDA, M., art. préc., p. 1031.
[4] MAHFOUD, M., Théorie générale des obligations, Acte unilatéral, Contrat et Responsabilité civile, op. cit., p. 136, n° 185.
[5] MOULY-GUILLEMAUD, C., Retour sur l'article 1135 du Code civil…, op. cit., p. 10, n° 5.
[6] BLOUGH, R., Le forçage, du contrat à la théorie générale, thèse Paris XI 2008, p. 3, n° 2.
[7] GUIDERDONI, B., Le forçage du contrat par le juge, Thèse Caen 2002, n° 261.

autres techniques d'enrichissement du contenu contractuel ne sont que des expédients prescrits par des circonstances qui ont entouré leur apparition et ne sont pas des solutions durables, ce qui demeure, c'est la solution tirée de la loi puisqu'elle peut s'exercer en toute légitimité et loin de toute critique. Le forçage et les autres techniques ne sont nés que d'une conscience des tribunaux de la nécessité d'ajouter au contenu exprimé par les parties. L'idée est noble sauf que le fondement s'avère inapproprié. Ce qui est réclamé, c'est le retour à l'article 1135 qui seul permet un enrichissement du contenu contractuel. Cet article devrait être ressuscité à cor et à cri.

518. Dans les dernières années, les jurisprudences française et tunisienne se réfèrent aux articles 1135 et 243[1]. Cette référence constitue un début de reconnaissance de l'utilité de cet article en matière contractuelle. Toutefois, cette utilisation est très souvent accompagnée d'une mauvaise appréhension de ces articles qui sont souvent classés sous une catégorie juridique qui n'est pas la leur (interprétation). L'utilisation de ces articles comme règle d'interprétation des contrats et de la volonté des parties voit leur véritable rôle déformé. Les articles 1135 et 243 n'ont rien à voir, ni avec l'interprétation ni avec la volonté des contractants. Ils ne visent qu'un enrichissement du contenu du contrat afin de lui ajouter ce qui a été omis par les parties contractantes et qui en fait pourtant partie intégrante sans aucun conteste.
L'utilisation de ces articles dans le cadre des opérations d'interprétation est justifiée selon une partie de la doctrine par l'intention des tribunaux « d'échapper au reproche d'adjonction arbitraire des suites non voulues et, en définitive, de violation du principe d'autonomie des volontés – à couvrir du voile de l'interprétation des volontés ce qui, en réalité, répond davantage à l'idée de compléments justifiés par l'équité »[2]. Un auteur a bien précisé cette idée lorsqu'il affirme qu'« il est certain que l'article 1135 n'était pas, dès les origines, une simple directive d'interprétation. Sa fonction s'étendait à l'appréciation de l'exacte étendue de l'exécution du contrat en dehors de toute expression du contrat »[3]. Certains auteurs défendent le double rôle de ces articles ; ils contribuent à l'interprétation mais aussi à la détermination de l'étendue du contenu contractuel[4]. Denis Berthiau va aussi dans ce sens : « l'article 1135 est certes une directive d'interprétation, dans la mesure où les parties se sont exprimées, et en ce sens, elle s'inscrit bien à la suite des articles

[1] Pour les arrêts de la jurisprudence tunisienne citant l'article 243 du Code des obligations et des contrats, voir surtout : HAMMOUDA, M., art. préc.. Voir aussi : JERBI, S., thèse précitée, p. 446-447, n° 348. Pour le droit français, voir surtout : JACQUES, Ph., Regards sur l'article 1135 du Code civil, thèse précitée et MOULY-GUILLEMAUD, C., Retour sur l'article 1135 du Code civil, thèse précitée.
[2] SIMLER, Ph., Interprétation des contrats – articles 1156 à 1164, Juris-classeur civil, n° 12.
[3] BERTHIAU, D., Le principe d'égalité et le droit civil des contrats, éd. LGDJ 1997, p. 342, n° 645.
[4] BERTHIAU, D., Le principe d'égalité et le droit civil des contrats, op. cit., p. 342, n° 646.

1156 et suivants, mais il permet aussi, en dehors de toute expression des parties, de préciser l'exacte étendue de l'exécution du contrat »[1]. En droit tunisien, Mohamed Hammouda défend la même position, avouant que l'article 243 du Code des obligations et des contrats assure en même temps une fonction interprétative[2] et une fonction complétive[3].

519. Ce double rôle des articles 1135 et 243, même s'il constitue déjà un progrès par rapport à ceux envisageant lesdits articles dans le cadre d'une interprétation ou par rapport à ceux n'y voyant aucune utilité, demeure lui aussi critiquable, puisqu'il n'est pas non plus conforme au véritable rôle assigné par la loi à ces articles. Rachel Blough affirme dans ce contexte : « l'article 1135 ne vise pas à dégager le sens de l'accord, il ne constitue dès lors pas une règle d'interprétation. Il ne s'applique d'ailleurs qu'une fois que le sens de l'accord est établi»[4]. Les articles 1135 et 243, loin d'avoir une portée interprétative, remplissent une portée fondamentale[5].

520. Ces articles permettent un ajout pur et simple au contrat ni lié ni subordonné à aucune interprétation ni à toute autre technique similaire. Ils permettent indubitablement un enrichissement du contenu du contrat. Les rédacteurs du Code civil et du Code des obligations et des contrats ne les ont envisagés que dans ce sens, toute autre utilisation étant peu conforme à l'esprit de ces deux législations. Ces articles ne servent qu'à une *appréciation du contenu du contrat* [6] et leur raison d'être n'est que de donner au contenu son *entière texture*[7]. Ils concernent les obligations non prévues initialement par les parties[8], permettant ainsi de compléter l'ensemble des obligations auxquelles seront soumis les cocontractants[9].

Ces articles ont pour objet de préciser que dans chaque contrat, il existe des obligations à joindre à celles exprimées par les parties contractantes. Et ils en constituent le fondement. Grâce à ces articles, le contenu du contrat atteint une meilleure composition. « L'article 1135 du Code civil vient ainsi opportunément, rappeler que le contrat s'intègre dans un ordre juridique qui le transcende. La volonté des parties ne crée pas à elle seule tout l'univers des obligations qui naissent du contrat. Elles s'imbriquent au contraire dans un ensemble des règles supérieures qui expriment ce qu'il est juste de le faire dans

---

[1] BERTHIAU, D., Le principe d'égalité et le droit civil des contrats, op. cit., p. 342, n° 646.
[2] HAMMOUDA, M., art. préc., p. 1063.
[3] HAMMOUDA, M., art. préc., p. 1064.
[4] BLOUGH, R., Le forçage, du contrat à la théorie générale, op. cit., p. 236, n° 354.
[5] MOULY-GUILLEMAUD, C., Retour sur l'article 1135 du Code civil, op. cit., p. 115, n° 108.
[6] JACQUES, Ph., Regards sur l'article 1135 du Code civil, op. cit., p. 282, n° 149.
[7] JACQUES, Ph., Regards sur l'article 1135 du Code civil, op. cit., p. 754, n° 354.
[8] ALBIGES, Ch., De l'équité en droit privé, éd. LGDJ 2000, p. 309, n° 471.
[9] ALBIGES, Ch., De l'équité en droit privé, op. cit., p. 310, n° 472.

un rapport contractuel, que cette justice s'appuie directement sur le droit naturel (équité) ou, médiatement, sur les règles du droit positif (la loi et les usages) »[1].

521. A travers ces articles, le législateur, qu'il soit tunisien ou français, veut démontrer que le contenu du contrat n'est pas uniquement composé de ce qu'ont prévu les parties contractantes. Au-delà de ce contenu volontaire explicité, s'ajoute un autre implicite, non-exprimé, voire non songé par les parties contractantes et auquel celles-ci sont tenues de la même manière que l'exprimé. Le contenu du contrat n'est pas uniquement l'œuvre des parties contractantes, on y ajoute des obligations non voulues. A chaque contenu contractuel exprimé par les parties, s'adjoint d'autorité un autre déduit, dont le fondement est à trouver dans les articles 1135 du Code civil et 243 *in fine* du Code des obligations et des contrats. Le fondement de cet ajout est légal, tiré de la loi elle-même. Ces articles constituent dès lors « l'évident fondement »[2] de cette opération de remplissage du contrat[3] ou de gonflement des obligations[4]. L'existence de ce fondement légal écarte une critique pouvant être adressée au processus d'enrichissement du contenu contractuel. Si le forçage du contrat a été critiqué par la doctrine pour absence de fondement, et si l'interprétation divinatoire présente le défaut d'être peu compatible avec le sens orthodoxe de la technique de l'interprétation, l'enrichissement du contenu du contrat, lorsqu'il est accompli sous l'égide de l'article 1135, ou l'article 243, est normalement irréprochable.

522. Le Code, qui consacre le principe de l'autonomie de la volonté et la force obligatoire du contrat, ouvre la possibilité d'un enrichissement autoritaire de l'accord des parties par des éléments extrinsèques et non forcément liés à leur volonté. Il en aménage un dépassement en permettant d'adjoindre au contrat des obligations non tirées de la volonté des parties. Madame Géneviève Viney et Monsieur Patrice Jourdain précisent que l'article 1135 du Code civil qui *paraît prophétique*[5] est passé plus ou moins inaperçu. L'importance de cet article a été longtemps occultée[6], parce qu'il ne s'accordait pas avec la théorie, alors dominante, de l'autonomie de la volonté. Le contenu du contrat, à la suite de cet enrichissement, s'avère être un mélange, un assortiment d'éléments voulus et ajoutés, d'éléments explicités et d'autres implicites, déduits selon un procédé

---

[1] SERIAUX, A., Droit des obligations, éd. PUF 1992, p. 159.

[2] MARTINEAU-BOURGNINAUD, V., L'obligation contractuelle de surveillance, LPA, 03 mai 2001, n° 88, p. 4, spéc. n° 6.

[3] Chr. Lapoyade Deschamps, note sous Cass. 1re. Civ. 26 février 1991, D. 1991, Juri. p. 605, spéc. p. 606.

[4] Chr. Lapoyade Deschamps, note précitée. p. 606.

[5] VINEY, G. et JOURDAIN, P., Les conditions de la responsabilité, éd. LGDJ 2006, p. 431, n° 484.

[6] VINEY, G. et JOURDAIN, P., Les conditions de la responsabilité, éd. LGDJ 2006, p. 431, n° 484.

délimité par l'article 1135. Dans ce sens, plusieurs auteurs distinguent le contenu de l'accord du contenu du contrat. Monsieur Philippe Delebecque a précisé à cet égard : « le contenu obligationnel du contrat dépasse l'accord préalable des volontés »[1]. Le contenu du contrat est enrichi par « un apport extérieur »[2] à la volonté des parties. La composition du contrat apparaît ainsi duale et non unitaire[3]. Celui-ci est composé de ce qui est exprimé et de ce qui y est adjoint sur la base des critères prévus par l'article 1135 du Code civil ou de son similaire dans le Code des obligations et des contrats, l'article 243 *in fine.* Dans ce cas, la volonté des parties se conjugue avec d'autres éléments pour parfaire le contenu contractuel[4] et pour en constituer un tout indissociable.
Ces articles 1135 et 243 *in fine,* comme ils incarnent « intrusion du législateur dans les effets du contrat »[5], offrent au juge un superbe outil d'intervention au sein du contenu contractuel. Ils cadrent le pouvoir du juge dans le contenu contractuel.

b – La précision du pouvoir du juge au sein du contenu contractuel

523. Le juge est souvent présenté comme l'ennemi numéro un de la loi contractuelle. La relation entre les deux est présentée comme conflictuelle, chacun tendant à prendre sa revanche sur l'autre[6]. Cette conception hostile à l'intervention du juge dans la vie du contrat est en parfaite harmonie avec une conception individualiste qui analyse le contrat comme la chose des parties. Dans ce cadre-ci, la volonté n'est pas souveraine si le juge peut refaire ou modifier le contrat dont les stipulations sont claires et précises[7].
La jurisprudence française a, depuis longtemps, adopté en précepte ce principe de l'autonomie de la volonté. Elle a ainsi refusé au juge la possibilité de s'immiscer dans la vie du contrat même au nom de l'équité. L'arrêt de Canal de Craponne en constitue une parfaite illustration. La jurisprudence tunisienne a adopté le même principe[8]. Le principe de l'autonomie de la volonté interdit

---

[1] DELEBECQUE, Ph., Les clauses allégeant les obligations dans les contrats, thèse Aix-Marseille, 1981, p. 322, n° 286.
[2] DELEBECQUE, Ph., Les clauses allégeant les obligations dans les contrats, thèse précitée, p. 371, n° 330.
[3] MOULY-GUILLEMAUD, C., Retour sur l'article 1135 du Code civil…, op. cit., p. 14, n° 9.
[4] DELEBECQUE, Ph., et F.-J. Pansier, Droit des obligations, Contrat et quasi-contrat, éd. Litec 2006, p. 163, n° 320.
[5] PLANIOL, M. et RIPERT, G., Traité pratique de droit civil français, Tome 6, éd. LGDJ 1952, p. 479, n° 379 bis.
[6] MAZEAUD, D., Le juge et le contrat : variations optimistes pour un couple illégitimes, *In* Mélanges J.-L. Aubert, éd. Dalloz 2005, p. 235.
[7] LARROUMET, Ch., Droit civil, Les obligations, Le contrat, 1re partie, Conditions de formation, éd. Economica 2007, p. 120, n° 140.
[8] Plusieurs arrêts peuvent être cités ici. A titre d'exemple, l'on peut citer l'arrêt sur l'interdiction de la révision de la clause pénale. Cass. Civ (tn). Chambres réunies, n° 7919 du 28 avril 1975, RTD 1976, II, p. 166, note F. Nemchi.

formellement aux juges de modifier le contenu du contrat, une telle éventualité, si elle se réalise, tue le contrat. Les mots de Niboyet sont toujours résonnants : « du jour où le juge peut refaire un contrat, il n'y a plus vraiment un contrat, mais une obligation légale qui prend la place de celle qui existait... le contrat révisé n'a plus du contrat que le nom, et c'est au milieu de ces décombres que vient s'établir la réglementation du juge »[1]. Le culte de la volonté, entretenu surtout aux XXIe et XXe siècles avait empêché les commentateurs d'accorder au juge un rôle déterminant dans la vie du contrat[2].

524. Cette conception qui semble a priori « hors du temps »[3] n'a pas duré longtemps, car au fil du temps, l'idée d'accorder au juge un rôle au sein du contrat a commencé à avoir des ramifications. Ce changement d'idées est né à la suite d'une récession du principe de l'autonomie de la volonté[4] qui a déposé, selon certains auteurs, son bilan[5]. Le rôle du juge n'est pas aussi contestable qu'avant. L'idée d'accorder à ce dernier un pouvoir au sein du contrat est reconnue, même partiellement en doctrine et en jurisprudence. Dans ce rôle, se mêlent « des notions très antiques, comme la bonne foi, et d'autres très modernes, comme l'intérêt économique commun »[6]. De nouveaux slogans ont ainsi été adoptés faisant du juge « l'artisan de la justice contractuelle » ou « le pacificateur des relations entre contractants »[7]. « Le juge n'est plus étranger au contrat »[8], il fait même partie du contrat[9].
Dans d'autres cas, non seulement le juge reconnaît l'existence d'un contrat[10], mais il peut encore *le créer*. Certains auteurs parlent de contrats judiciairement

[1] J. –P. Niboyet, La révision des contrats par le juge, Rapport général, *In* La révision des contrats par le juge, Travaux de la semaine internationale de droit, Paris 1937, p. 11.
[2] BENABENT, A., Droit civil, Les obligations, éd. Montchrestien 2007, p. 216, n° 276.
[3] PAISANT, G., Introduction au colloque : Que reste-t-il du principe de l'intangibilité des contrats ? Droit et Patrimoine, mars 1998, n° 58, p. 42.
[4] MAHFOUD, M., Théorie générale des obligations, Acte unilatéral, Contrat et Responsabilité civile, op. cit., p. 136, n° 185.
[5] PAISANT, G., Introduction au colloque : Que reste-t-il du principe de l'intangibilité des contrats ? Droit et Patrimoine, art. préc., p. 42.
[6] REMY, Ph., La genèse du solidarisme, *In* Le solidarisme contractuel – Mythe ou réalité ? Sous la direction de L. Gryunbaum et M. Nicolas, éd. Economica 2004, p. 3.
[7] EUDIER, F., Modèles et anti-Modèles dans le rôle du juge en matière contractuelle, *In* Code civil et modèles, des modèles du Code au Code comme modèle, éd. LGDJ 2005, p. 225, spéc. 228.
[8] EUDIER, F., Modèles et anti-Modèles dans le rôle du juge en matière contractuelle, art. préc.,p. 228.
[9] CADIET, L., Une justice contractuelle, l'autre, *In* Mélanges GHESTIN, J., éd. LGDJ 2000, p. 177, spéc. 181. L'auteur précise que le juge devient partie au contrat puisqu'il fait bien souvent le contrat à la place des parties.
[10] LAUDE, A., La reconnaissance par le juge de l'existence d'un contrat, éd. PUAM 1992.

formés[1]. Ici, on passe alors « d'un juge notaire, simple constatant du classique contrat judiciaire, au juge créateur d'un contrat forcé »[2].

525. Cette évolution de l'analyse du rôle du juge au sein du contrat n'est pas infondée. Très souvent, afin d'étayer une intervention du juge au sein du contrat, la doctrine se réfère à la notion de la bonne foi de l'alinéa 3e de l'article 1134 du Code civil ou à l'article 243 *in limine* du C.o.c.
Aux yeux d'une frange de la doctrine, c'est cette notion qui permet au juge de se mêler aux affaires contractuelles. Elle constitue une perche tendue vers les juges qui leur ouvre une voie royale pour un revirement opportun[3].
La notion de bonne foi s'associe à d'autres notions pour former *les petits chevaux de Troie* permettant au juge de modifier substantiellement la loi contractuelle[4]. Il s'est doté de moyens de plus en plus importants pour s'immiscer dans le contrat.
Toutefois, cette notion de bonne foi n'offre au juge qu'un simple pouvoir de contrôle lui permettant de neutraliser les abus, la malhonnêteté, sans qu'elle accorde un pouvoir d'adjonction au contrat que seul l'article 1135 permet d'étayer. La bonne foi dont parle l'article 1134 ne permet qu'une intervention à portée limitée qui débouche très souvent sur « un réputé non écrit » d'une clause ou la limitation de son effet ou encore sur une stigmatisation d'un comportement déloyal de l'un des contractants. La bonne foi de l'article 1134 al. 3 ou de l'article 243 *in limine* du Code des obligations et des contrats ne permet pas au juge d'enrichir la matière du contrat en y injectant de nouvelles obligations auxquelles les parties n'avaient pas songé.

526. Cette affirmation, n'acquérant pas forcément le consentement de la majorité de la doctrine[5], paraît la plus défendable. La bonne foi ne permet qu'une révélation de certaines exigences telle que l'exclusion de l'abus et l'instauration d'une exigence de cohérence de comportement[6]. Le juge ne peut pas s'attaquer, au nom de cette notion, à la matière du contrat. Il peut uniquement contrôler la mise en œuvre des prérogatives contractuelles. C'est l'enseignement que l'on peut tirer de l'arrêt de la Cour de cassation française du

---

[1] ENGEL-CREACH, A., Les contrats judiciairement formés, éd. Economica 2002.
[2] BENABENT, A., Préface de l'ouvrage de Mme ENGEL-CREACH, A., Les contrats judiciairement formés, éd. Economica 2002, op. cit., p. VII.
[3] FAUVARQUE-COSSON, B., Le changement des circonstances, RDC 2004, n° 1, p. 67, spéc. n° 7.
[4] MAZEAUD, D., Constats sur le contrat, sa vie, son droit, LPA 6 mai 1998, n° 54, p. 8, spéc. p. 10
[5] Plusieurs auteurs accordent à la bonne foi un rôle lui permettant de compléter la volonté des parties. Dans ce sens Christophe Radé précise que la bonne foi sert à enrichir le contenu du contrat de travail en complétant les devoirs qui pèsent sur l'employeur. (RADE, C., Le solidarisme contractuel en droit du travail : mythe ou réalité ? *In* Le solidarisme contractuel – Mythe ou réalité ? Op. cit., p. 75, spéc. p. 88, n°18).
[6] Voir sur ce point la première partie de cette thèse.

10 juillet 2007[1] ou également de celui du 9 décembre 2009[2]. Au contraire de cette notion de bonne foi, l'article 1135 permet d'aller encore plus loin en accordant au juge le pouvoir d'ajouter au contrat des obligations qui lui sont nécessaires et dont l'omission est préjudiciable à l'opération visée par les parties. Il instaure au profit du juge un vrai pouvoir d'enrichissement[3] du contenu contractuel et des obligations et des devoirs qui y sont exprimés par les contractants.

527. Même si l'on dit souvent que le consentement doit se retrouver sous chacun des éléments du contrat, cette affirmation n'est en fait que théorique. A ce qu'a choisi le contractant, le juge peut ajouter un lacis d'obligations non songées et par conséquent, non acceptées. Ces obligations s'imposent pourtant au contractant et ce, par l'effet de la loi. C'est en fait l'article 1135 du Code civil qui en dispose et décrit le phénomène.
Cet article, en disposant ainsi, accorde au juge une autorisation d'intervention au sein du contenu contractuel lui permettant d'en densifier la matière. Même si les articles 1135 et 243 *in fine* ne citent pas expressément le juge, son intervention paraît indispensable puisque cet ajout, ainsi que les notions auxquelles les articles font référence, exigent une intercession judiciaire dans la détermination de leur contenu[4]. L'utilisation d'une notion-cadre recèle une délégation législative au juge, car elle requiert nécessairement une entremise judiciaire dans la détermination de son contenu (équité, usage, nature du contrat). Ces articles constituent ainsi un feu vert légal accordé au juge lui permettant de labourer, de planter et de fertiliser le *jardin contractuel*[5].

528. Il est toutefois nécessaire de signaler que le juge n'a pas la main libre au sein du contrat, sa mission se limitant à compléter ce qui est choisi par les parties contractantes en se basant sur les critères avancés par les articles 1135 et 243. Dans le cadre de cette opération, il lui est permis d'ajouter au contrat certaines obligations non songées par les parties, mais dont l'existence est rendue vraisemblable et indispensable. En lui permettant d'ajouter au contrat, le législateur lui accorde indubitablement un pouvoir qu'il exerce au sein du contenu contractuel.

---

[1] Voir sur ce point surtout : MESTRE, J., Pour un principe directeur de bonne foi mieux précisé, RLDC n° 58, mars 2009, p. 7. L'auteur cite certains arrêts récents inclus celui du 10 juillet 2007.
[2] Cass. 3e civ. 9 décembre 2009, n° 04-19.923, D. 2010, p. 87.
[3] RADE, C., Le solidarisme contractuel en droit du travail : mythe ou réalité ? *In* Le solidarisme contractuel – Mythe ou réalité ? Op. cit., p. 75, spéc. p. 88.
[4] EUDIER, F., art. préc., p. 234. Voir aussi : MAHFOUD, M., Théorie des suites du contrat, RJL 2008, n° 6, p. 99, spéc. p. 100.
[5] MAZEAUD, D., Regards positifs et prospectifs sur le nouveau monde contractuel, LPA 07 mai 2004, p. 47, spéc., n° 4.

Ce pouvoir que détient le juge au nom de l'article 1135 du Code civil est qualifié de pouvoir normatif par certains[1]. En droit tunisien, des auteurs parlent d'un même pouvoir accordé au juge tunisien sur le fondement de l'article 243 du Code des obligations et des contrats lui permettant d'ajouter au contrat de nouvelles obligations[2]. Cette possibilité dépend, dans une large mesure, de ce qu'appelle un éminent auteur tunisien « une lecture intelligente des articles »[3] du Code des obligations et des contrats et essentiellement l'article 243 du Code.

529. Le juge, aux termes de ces articles, n'est plus « le spectateur passif de la querelle contractuelle, prisonnier d'un prétendu principe de l'autonomie de la volonté qui lui impose de respecter les termes de la convention et lui interdit d'en modifier le contenu, fût-ce pour rétablir entre les parties, un équilibre injustement rompu »[4]. Le juge est devenu « l'artisan de la justice contractuelle »[5]. « L'article 1135 fonde ainsi le droit pour les juges d'extraire de la relation contractuelle les exigences qui y sont virtuellement contenues »[6].
La doctrine, surtout contemporaine, analyse généralement l'article 1135 dans le même sens. Monsieur Guillaume Wicker souligne que le juge peut découvrir de nouvelles obligations dans les contrats « sur la base de l'autorité que lui confère l'article 1135 du Code civil »[7]. « Le juge se trouve investi, continue le même auteur, de la faculté de doser le potentiel obligatoire du contrat»[8]. Une autre frange de la doctrine française affirme que si le pouvoir de révision du contrat n'est pas expressément accordé à la jurisprudence, cette dernière en détient un

---

[1] EUDIER, F., art. préc., p. 234.
[2] MELLOUI, S., Jurisprudence, source de droit ? *In* Mélanges CHARFI, M., éd. CPU 2001, p. 203. L'auteur tout en reconnaissant à la jurisprudence un pouvoir de création, ne cite pas l'article 243, mais d'autres articles ex : 535 du Code des obligations et des contrats. En matière contractuelle, l'auteur cite l'exemple de l'interprétation faite par la Cour de cassation tunisienne de l'article 273 du Code des obligations et des contrats relativement à la résolution pour inexécution et le choix que détient le créancier entre l'exécution en nature et la résolution. Voir aussi : JERBI, S., Thèse précitée, p. 408, n° 332. L'auteur précise que le juge peut introduire dans le contrat les obligations commandées par la bonne foi. Il cite dans ce sens aussi l'article 243 du Code des obligations et des contrats et ses effets prodiges sur le contenu contractuel. M. Jerbi précise aussi dans la même thèse que le juge détient un pouvoir de greffer sur le contrat les devoirs qui s'accommodent avec sa nature (p. 438-439, n° 346).
[3] HACHEM, M.-L., Le Code des obligations et des contrats : cent ans de solitude ?, *In* Mélanges CHARFI, M., éd. CPU 2001, p. 231, spéc. p. 240.
[4] CADIET, L., Une justice contractuelle, l'autre, *In* Mélanges GHESTIN, J., éd. LGDJ 2000, p. 177, spéc. p. 181
[5] CADIET, L., art. préc., p. 181.
[6] SERIAUX, A., Droit des obligations, éd. PUF 1992, p. 159.
[7] WICKER, G., Les fictions juridiques. Contribution à l'analyse de l'acte juridique, éd. LGDJ 1997, p. 30, n° 20.
[8] WICKER, G., Les fictions juridiques. Contribution à l'analyse de l'acte juridique, op. cit., p. 30, n° 20.

autre, « celui d'adjoindre au contrat des conséquences que les parties n'avaient pas voulues. Elle ne fait d'ailleurs ainsi que se conformer aux textes »[1].
De son côté, Jean Carbonnier confirme lui aussi ce pouvoir détenu par les tribunaux en affirmant qu'« il faut comprendre que le juge a le pouvoir d'attacher au contrat des conséquences que les parties n'ont pas réellement envisagées, si elles paraissent commandées par la nature de l'opération, son économie générale, son esprit »[2]. Dans ce même contexte, un auteur a parlé depuis longtemps du pouvoir créateur du juge[3].
Dans ce même contexte, un auteur tunisien affirme que sur le fondement de l'article 243 du Code des obligations et des contrats, « le juge peut compléter la volonté des parties en ajoutant au contrat des obligations que les parties auraient incluses elles-mêmes dans le contrat si elles avaient envisagé la question »[4].

530. Le juge détient ainsi un pouvoir qui peut s'exercer en plein jour et non en catimini ou discrètement. Cet exercice ostensible d'un pouvoir d'enrichissement du contenu contractuel, ou *cette œuvre véritablement créatrice de la jurisprudence*[5], n'était pas possible auparavant non pour l'absence d'un texte le permettant, mais par un voile indûment étendu et brandi qui empêchait d'atteindre la véritable signification de l'article 1135 et de l'utiliser dans le sens initialement prévu par les rédacteurs du Code. Cette analyse de l'article 1135 s'accommode avec les idées gouvernant l'époque car, comme le disaient certains auteurs, « chaque époque a sa façon de comprendre et d'interpréter »[6]. Toutefois, rien ne peut expliquer une dénaturation de la véritable signification d'une disposition légale au point de lui ôter toute utilité. Une telle interprétation ou analyse ne saurait être admise. Un auteur affirme dans ce sens que les interprètes étaient plus aveuglés que le Code[7]. Tous les reproches sont ainsi adressés aux interpréteurs et non au Code.

531. Eveillée sur l'importance de certains articles du Code, la jurisprudence commence depuis ces dernières années, à reconnaitre petit à petit à l'article 1135, son véritable rôle lui permettant de s'arroger un pouvoir de regard et

---

[1] TERRE, F., SIMLER, Ph. et LEQUETTE, Y., Droit civil, Les obligations, éd. Dalloz 2005, p. 449, n° 442. Les auteurs citent ensuite l'article 1135 du Code civil.
[2] CARBONNIER, J., Droit civil, Tome 4, Les obligations, éd. PUF 2000, p. 87, n° 34.
[3] CHABAS, F., Le pouvoir créateur du juge, RTD civ. 1962, p. 746. L'auteur même s'il parle d'un pouvoir créateur du juge ne cite pas l'article 1135 du Code civil.
[4] BEL HAJ HAMMOUDA, A., La volonté est-elle encore l'élément moteur du processus contractuel ? *In* Le livre du centenaire du Code des obligations et des contrats, 1906-2006, éd. CPU 2006, p. 607, spéc. 619.
[5] VINEY, G. et JOURDAIN, P., Les conditions de la responsabilité, éd. LGDJ 2006, p. 499, n° 515.
[6] CHARMONT, J. et CHAUSSE, A., Les interprètes du Code civil, *In* Le Code civil 1804-1904 Livre du centenaire, éd. Rousseau 1904, réédition Dalloz 2004, p. 131, spéc. p. 134.
[7] BENABENT, A., Droit civil, Les obligations, op. cit., p. 216, n° 276. L'auteur en citant l'article 1135 précise que le Code était moins aveuglé que les interprètes.

d'adjonction au contenu contractuel. La doctrine a le mérite, par ses divers et incessants appels, de désabuser la jurisprudence et d'ouvrir ses yeux sur l'utilité de cet article, tout comme sur la nécessité d'une intervention judiciaire au sein du contenu contractuel. Celle-ci ne constitue guère un sacrilège ou une violation des dispositions légales. Une telle intervention s'impose au juge qui doit l'exercer si les conditions sont réunies.
Le rôle accru du juge s'accommode plus avec un solidarisme contractuel dont certains auteurs ne cessent de prôner. Le juge apparaît selon cette doctrine comme « le bras armé du solidarisme contractuel ...en son nom peut et doit exercer un contrôle dynamique et subjectif »[1]. Selon cette « nouvelle [2]» analyse du contrat, on lui accorde une importance considérable au juge. Il constitue le pilier, voire « le levier du solidarisme »[3] contractuel. Cette conception, en réclamant une intervention accrue du juge met en avant son rôle ; elle fait de son intervention une de ses devises[4]. Certains auteurs, imbus de cette philosophie, indiquent tout en parodiant Lacordaire, qu'« entre le fort et le faible, c'est la liberté qui asservit, le juge (et non pas la loi) qui affranchit »[5]. Le professeur Yves Lequette résume dans un récent article l'analyse du courant solidariste du rôle du juge dans le contrat : « pour les solidaristes la réponse au déficit de justice contractuelle doit être recherchée, non dans un renforcement du cadre contraignant ni dans la restauration des conditions d'un débat équilibré, mais dans une intervention accrue du juge »[6]. Cette nouvelle tendance oscille toujours entre défenseurs et détracteurs[7].

---

[1] MAZEAUD, D., Solidarisme contractuel et réalisation du contrat, *In* Le solidarisme contractuel – Mythe ou réalité ? Op. cit., p. 57, spéc. p. 59, n° 5.

[2] Cette analyse n'est pas en effet si nouvelle. Certains auteurs précisent que ses origines remontent à la fin du XIXe siècle. Voir sur ce point surtout : REMY, Ph., La genèse du solidarisme, *In* Le solidarisme contractuel – Mythe ou réalité ? Op. cit., p. 3. L'auteur précise que le solidarisme est une doctrine philosophique et sociale née à la charnière des XIXe et XXe siècles. L'œuvre-princeps est : « la solidarité » de Léon Bourgeois publiée en 1896. Cette doctrine a même séduit des professeurs de droit ce qui a donné naissance à un courant de solidarisme juridique. L'auteur cite dans ce sens L. Duguit pour les publicistes et Saleilles chez les privatistes.

[3] EUDIER, F., art. préc. p. 233. Voir aussi : CEDRA, J., Liberté –Egalité – Contrat. Le solidarisme contractuel en doctrine et devant la Cour de cassation, *In* Rapport de la Cour de cassation 2003, p. 2.

[4] MAZEAUD, D., Regards positifs et prospectifs sur le nouveau monde contractuel, art. préc., spéc. n° 30. L'auteur parle d'une réclamation « encore plus de juge ».

[5] Voir sur ce point notamment : TERRE, F., SIMLER, Ph. et LEQUETTE, Y., op. cit., p. 43, n° 41.

[6] LEQUETTE, Y., Bilan des solidarismes contractuels, *In* Mélanges DIDIER, P., éd. Economica 2008, p. 247, spéc. p. 265.

[7] Parmi les défenseurs les plus véhéments, on trouve les professeurs : Denis Mazeaud et Christophe Jamin. Au rang des détracteurs, on peut citer les professeurs : Philippe Delebecque, Yves Lequette, Laurent Aynès. A titre d'exemple, Monsieur Laurent Aynès affirme que cette notion ne fait que « tordre la notion même du contrat en prétendant en faire un instrument de solidarité sociale » (AYNES, L., L'imprévision en droit privé, Revue de la jurisprudence commerciale 2005, p. 397, spéc. p. 400, n° 11).

532. Quelle que soit la portée et l'exactitude de ces différentes analyses du rôle du juge dans le contrat, ce dernier trouve dans les 1135 du Code civil et de l'article 243 *in fine* du Code des obligations et des contrats un fondement approprié lui autorisant de ***contribuer à la composition du contenu contractuel***, ce qui fait de ce dernier le fruit de plusieurs contributions de parties différentes. Les parties posent la première pierre, le juge en complète l'édifice. Monsieur Denis Mazeaud note dans ce sens : « la détermination du contenu du contrat est alors le fruit d'une œuvre collective : la volonté des contractants qui en détermine partiellement l'objet, et l'intervention du juge qui participe à la composition de la matière du contrat en complétant cet objet »[1]. Les articles 1135 et 243 permettent au juge de contribuer à la détermination du contenu obligatoire du contrat et de rivaliser par conséquent avec le pouvoir détenu par les parties. L'idée est plutôt de complémentarité. Les deux forces vont de pair, se complètent en vue de permettre au contenu du contrat d'avoir sa pleine texture et d'arriver à son apogée. Dans ce sens, un auteur affirme que le contrat fait parfois figure de véritable « ménage à trois »[2]. Il est l'association d'une triade d'efforts, celui des parties, du juge et du législateur.
Ces articles, pour importants qu'ils soient, du fait qu'ils remettent le principe de l'autonomie de la volonté à sa juste place tout en rappelant qu'il ne s'agit pas d'un dogme absolu[3], doivent être utilisés avec mesure et retenue pour qu'on ne replonge pas de nouveau dans une situation pire que celle du gouvernement des juges.

Ce pouvoir offert au juge par les articles 1135 ou 243 *in fine*, ne saurait ainsi être exercé librement, sans aucune limite.

§ - 2 : Un fondement à utiliser avec mesure

533. Les articles 1135 et 243, en permettant au juge de fortifier le contenu contractuel, en y greffant de nouvelles obligations, présentent à la fois un avantage et un risque[4]. L'avantage, c'est qu'ils autorisent un enrichissement du contenu contractuel, permettant à l'opération d'avoir une concrétisation sinon parfaite, du moins satisfaisante. Quant au risque qui accompagne cette intervention, c'est celui d'un abus provenant cette fois-ci du juge et non plus des parties, qui empiète indûment sur la volonté de celles-ci pour façonner le contrat à sa guise et pour y inculquer sa propre conception des choses. Le pouvoir qu'accordent les articles 1135 et 243 doit être exercé avec modération

---

[1] MAZEAUD, D., Regards positifs et prospectifs sur le nouveau monde contractuel, art. préc., spéc. n° 33.
[2] MAZEAUD, D., Constats sur le contrat, sa vie, son droit, LPA 06 mai 1998, n° 54.
[3] MAZEAUD, D., Regards positifs et prospectifs sur le nouveau monde contractuel, art. préc., spéc. n° 14.
[4] MAHFOUD, M., Théorie des suites du contrat, art. préc., p. 100.

et uniquement dans la limite de ce qui est nécessaire. Ces articles ne doivent pas servir de prétexte pour une *mainmise*[1] *du juge* sur le contrat et le dénaturer[2].

534. Le juge, longtemps privé de toute intervention dans le contenu contractuel, ne doit pas en abuser lorsque l'occasion lui en est offerte. Il ne doit pas se venger de cette privation injuste en commettant des abus et des bévues. Dans ce sens, une exigence de mesure et de retenue s'impose à lui lorsque l'utilisation de l'article 1135 est envisageable. Un auteur a souligné, à cet égard, l'importance d'une exigence de retenue que le juge doit observer lorsqu'il décide d'ajouter au contrat[3]. La crainte de le voir abuser de l'utilisation de son pouvoir à contribuer au façonnement du contenu contractuel, le contraint à prévoir des conditions devant être remplies avant de mettre en œuvre un tel pouvoir (A). D'un autre côté, se pose la question de la possibilité pour les parties de limiter un tel pouvoir ou d'en rétrécir la marge (B).

A – Les conditions de mise en œuvre des articles 1135 du Code civil et 243 du Code des obligations et des contrats

535. Les articles 1135 du Code civil et 243 du Code des obligations et des contrats assurent tout à la fois le fondement et les limites du pouvoir d'enrichir le contenu contractuel qu'ils accordent au juge. Ils assurent conjointement ces deux fonctions. Pour les conditions de mise en œuvre de l'article 1135 ou de l'article 243, même si elles n'y sont pas explicitées, on pourrait les déduire des deux textes et de leur philosophie. L'enrichissement ou l'adjonction ne sont concevables que pour les contrats dont les contenus sont incomplets. La première des conditions de mise en œuvre de ces articles serait que le contenu du contrat à enrichir soit lacunaire sur certains points évoqués lors de l'exécution du contrat (b). Mais pour avoir droit à l'enrichissement, le contenu du contrat doit réunir au préalable les conditions nécessaires à la reconnaissance de son existence, il doit contenir un minimum d'obligations (a).

---

[1] MAZEAUD, D., Loyauté, solidarité, fraternité : la nouvelle devise contractuelle ! *In* Mélanges TERRE, F., éd. Dalloz 1999, p. 603.

[2] A. Belhadj Hammouda, La volonté est-elle encore l'élément moteur du processus contractuel ? *In* Livre du centenaire du Code des obligations et des contrats 1906 – 2006, éd. CPU 2006, p. 607, spéc. p. 619-620. L'auteur avoue sa crainte de voir le juge sous prétexte d'enrichir le contrat le dénaturant.

[3] PICOD, Y., Articles 1134-1135. Effet obligatoire des conventions – exécution de bonne foi des conventions, Juris-classeur civil. L'auteur souligne que « l'extension du pouvoir créateur du juge sur le fondement des suites équitables s'avère inévitablement déstabilisatrice lorsqu'elle s'exerce sans retenue » (n° 62). Afin d'en remédier, l'auteur exige que ce pouvoir soit exercé sous le contrôle de la Cour de cassation et qu'il ne soit mis en œuvre que dans le cadre d'un besoin impérieux de rééquilibrage des relations contractuelles.

a – Une condition préalable : un contrat contenant un minimum d'obligations

536. Dire qu'un contrat doit, pour pouvoir être soumis à une opération d'enrichissement, contenir les obligations nécessaires à son exécution, paraît une affirmation tout à fait logique et évidente. Le juge, inspirateur de cette opération d'enrichissement, ne crée pas le contrat à la place des parties[1] ; sa mission se limite à un complément qu'il ajoute à leur convention. Cette affirmation permet ainsi de distinguer les contrats judiciairement formés[2]. Le juge se contente d'enrichir ce qui est exprimé par les parties. Il ajoute les obligations dont l'absence est préjudiciable à la réalisation de l'objectif désiré par les parties.

537. Un contrat, pour être complété, doit avoir une existence légale. Il doit être exempt de toute cause de nullité[3]. Cette exigence de validité du contrat à parachever peut facilement être déduite de l'article 1135 du Code civil. Ce dernier, du fait qu'il parle des effets obligatoires du contrat, ne concerne que les contrats dûment formés puisque ceux qui sont nuls ne produisent normalement aucun effet[4]. Pour que le juge puisse engager un processus d'enrichissement, il doit s'agir d'abord d'un contrat valable. L'enrichissement n'est possible dans ce sens que pour les contrats valablement constitués. Cette existence passe par la réunion des obligations qui sont nécessaires à l'existence d'un contrat. Cette exigence pourrait aussi être déduite de la succession des articles 1134 et 1135 du Code civil ou 242 et 243 du Code des obligations et des contrats. Les articles 1135 et 243 ne concernent que les contrats dûment formés, c'est-à-dire ceux qui remplissent les conditions légales d'existence. Le passage se fait ainsi aisément des contrats légalement formés aux contrats légalement composés[5].

538. En effet, cette condition en renferme implicitement une autre : celle pour laquelle le contrat contient un minimum d'obligations, un contenu contractuel rudimentaire et basique, car en l'absence de ce contenu simple et primitif, l'existence du contrat est mise en cause. Cette question est expressément requise par le législateur tunisien où l'article 23 *in limine* du Code des

---

[1] Ceci, au rebours de ce qu'affirment certains auteurs qui avouent, au vu des dernières interventions législatives et des récentes positions jurisprudentielles, que le juge fait le contrat à la place des parties. Voir surtout : CADIET, L., Une justice contractuelle, l'autre, *In* Mélanges GHESTIN, J., éd. LGDJ 2000, p. 177, spéc. 181.

[2] ENGEL-CREACH, A., Les contrats judiciairement formés, éd. Economica 2002.

[3] La nullité qui empêche l'enrichissement est logiquement une nullité absolue. Il s'ensuit que l'enrichissement est possible pour un contrat entaché d'une nullité relative. Le juge enrichit le contrat entaché d'une nullité relative sauf si les parties ou l'une d'elles la soulève, auquel cas l'enrichissement n'est plus possible.

[4] Le contrat nul ne produit normalement aucun effet sauf celui de resituer ce qui a été fait, donné ou payé sur sa base.

[5] Selon l'expression de JACQUES, Ph., Regards sur l'article 1135 du Code civil, op. cit., n° 368.

obligations et des contrats dispose que « la convention n'est parfaite que par l'accord des parties sur les éléments essentiels de l'obligation aussi que sur toutes les autres clauses licites que les parties considèrent comme essentielles ». En droit français, cette disposition n'a pas d'équivalent dans le Code civil qui ne contient aucune directive générale et ce, contrairement à d'autres Codes[1]. En revanche, la jurisprudence l'a admise depuis longtemps. Dans ce sens, le professeur Philippe Delebecque cite dans sa thèse un ancien jugement rendu par le tribunal de Paris dans lequel ledit tribunal affirme qu'« un contrat ne peut légitimement exister s'il ne renferme pas les obligations qui sont de son essence, et s'il n'en résulte pas un lien de droit pour contraindre les contractants à les exécuter »[2]. A partir de cette ancienne jurisprudence, on pourrait déduire que l'existence du contrat elle-même dépend des obligations qu'il renferme. Chaque contrat doit ainsi contenir un minimum d'obligations lui permettant d'avoir une vie juridique. Une telle existence offre au contrat légalement formé, une possibilité d'enrichissement de son contenu.

539. Ces idées sont parfaitement retracées par le Code suisse des obligations qui précise dans son article 2 la nécessité pour le contrat de contenir les obligations essentielles. Pour les obligations secondaires, elles peuvent faire l'objet d'un complément judiciaire ultérieur[3]. Dans ces idées, se mêlent des questions relatives à l'offre, mais également la question de l'obligation fondamentale qui s'avère indispensable aussi bien pour la formation du contrat que pour son exécution.

540. L'offre de contracter[4]. L'offre constitue le point de départ du processus contractuel ; elle constitue l'extériorisation de la volonté de conclure un contrat. L'offre, pour qu'elle soit qualifiée en tant que telle, doit remplir certaines conditions déterminées par la loi et la jurisprudence. Elle doit, surtout être suffisamment précise, et nécessairement se présenter « sous la forme d'un projet

---

[1] BAKOUCHE, D., Formation du contrat et détermination de l'objet, Lexbase Hebdo, n° 321 (note sous Cass. civ. 3e, 10 septembre 2008, n° 07-16.858).

[2] Req. 19 janvier 1863, D.P. 1863, 1, 185 citée par M. Delebecque dans sa thèse précitée, les clauses allégeant…, p. 202-203, n° 169.

[3] Voir pour le droit suisse des contrats surtout : D. Guggenheim, Le droit suisse des contrats, principes généraux, éd. Georg, 1991, p. 131 ; ROUILLER, N., Droit suisse des obligations et Principes européen des contrats, éd. Lausanne 2007, p. 551. L'article 2 (alinéas 1 et 2) du Code suisse des obligations dispose que : « si les parties se sont mises d'accord sur tous les points essentiels, le contrat est réputé conclu, lors même que les points secondaires ont été réservés. A défaut d'accord sur les points secondaires, le juge les règles en tenant compte de la nature de l'affaire ».

[4] Concernant les caractéristiques de l'offre consulter surtout : J.-L. Aubert, Notions et rôles de l'offre et de l'acceptation dans la formation du contrat, éd. LGDJ 1970 ; J. Schmidt, Négociation et conclusion de contrats, éd. Dalloz 1982.

complet de contracter »[1] ce qui implique « qu'elle fixe les éléments essentiels du contrat proposé »[2]. Elle doit, dans ce sens, présenter les grandes lignes du contrat à conclure. L'offrant, affirment certains auteurs, doit nettement décrire le contrat éventuel en y indiquant, « au minimum, les éléments essentiels : c'est-à-dire ceux à défaut desquels il resterait impossible de savoir quelle sorte de convention est envisagée »[3]. Ces auteurs ajoutent que l'offre doit aussi contenir les conditions économiques avec lesquelles l'offrant souhaite conclure le contrat[4]. D'ailleurs, c'est cette précision qui permet de distinguer l'offre de contracter des autres techniques voisines[5].

541. La doctrine française et sa similaire tunisienne ne cessent de préconiser la nécessité d'une offre contenant les éléments essentiels du contrat projeté[6] et ce, en l'absence de plus amples indications législatives sur ce qui pourrait constituer les éléments essentiels d'un contrat[7]. Dans un contrat de bail, le loyer doit être précisé, ainsi que le bien loué et la durée de la location[8]. Dans un contrat de vente, il est indispensable de préciser la chose vendue mais aussi le

---

[1] GHESTIN, J., Traité de droit civil, La formation du contrat, éd. LGDJ / DELTA 1996, p. 261, n° 293.

[2] GHESTIN, J., Traité de droit civil, La formation du contrat, éd. LGDJ / DELTA 1996, p. 261, n° 293.

[3] J. Flour, J.-L. Aubert et SAVAUX, E., Droit civil, Les obligations, 1. L'acte juridique, éd. Sirey 2006, p. 96 – 97, n° 133.

[4] J. Flour, J.-L. Aubert et SAVAUX, E., Droit civil, Les obligations, 1. L'acte juridique, éd. Sirey 2006, p. 97, n° 133.

[5] Il y a surtout les propositions telles que l'invitation à enter en pourparlers et la lettre d'intention. Voir sur ce point : DELEBECQUE, Ph., et F.-J. Pansier, Droit des obligations, Contrat et quasi-contrat, éd. Litec 2006, p. 32, n° 63 ; H et L. Mazeaud, Jean Mazeaud et CHABAS, F., Leçons de droit civil, Tome II, 1er Volume, Obligations, Théorie générale, éd. Montchrestien 1998, p. 125, n° 132-133. Pour le droit tunisien voir surtout : MZID, N., Essai sur la négociation du contrat en droit civil, RTD 2000, p. 313.

[6] DELEBECQUE, Ph., et F.-J. Pansier, Droit des obligations, Contrat et quasi-contrat, éd. Litec 2006, p. 33, n° 64. En droit tunisien consulter surtout : ZINE, M., Théorie générale des obligations, éd. Tunis 1993, p.103, n°126 ; MAHFOUD, M., Théorie générale des obligations, Acte unilatéral, Contrat et Responsabilité civile, Publications du Centre d'études Juridiques et Judiciaires, éd. Orbis 2008, p. 39, n° 54.

[7] J. Flour, J.-L. Aubert et SAVAUX, E., Droit civil, Les obligations, 1. L'acte juridique, op. cit., p. 97, n° 133

[8] Pour ce qui est de la Jurisprudence française voir notamment : Cass. civ. 3e, 27 juin 1973, JCP 1973, IV, 308 ; Cass. Com. 16 juin 1961, RTD civ. 1962, p. 239, obs. J. Carbonnier ; Cass. 3e, civ.5 juillet 1995, Bull. civ. III, n° 164. La jurisprudence tunisienne adopte la même position, voir à titre d'exemple : Cass. civ. n° 3746 du 23 octobre 2000, Bull. I, p. 90. Dans cet arrêt la Cour de cassation tunisienne insiste sur la nécessité de préciser le loyer dans un contrat de location. Pour le droit tunisien voir surtout : BEN AMMOU, N.,Droit civil, Les contrats spéciaux La vente et l'échange (en arabe), éd. CPU 2007, p. 177, n° 151 ; K. Kharroubi, Les contrats nommés, Le mandat, La vente et la location (en arabe), éd. CPU 2007. Ces auteurs citent dans ce sens beaucoup d'arrêts tunisiens.

prix[1]. Dans ce sens, l'article 1591 du Code civil qui dispose que « le prix de la vente doit être déterminé et désigné par les parties ».
La jurisprudence française en déduit que le prix doit être défini ou tout au moins déterminable à la condition de ne pas le laisser à l'arbitraire de l'une des parties[2]. Cependant, cette jurisprudence est brouillée par les arrêts du 1er décembre 1995 sur la détermination du prix dans les contrats de vente rendus par l'Assemblée Plénière de la Cour de cassation française[3]. A la lumière de cette récente jurisprudence, un contrat de vente est valablement formé, même si la fixation du prix est laissée au soin de l'un des contractants. C'est ainsi qu'un contrat de vente peut être conclu, tout en étant dépourvu d'un de ses éléments essentiels ou sans que celui-ci ne soit définitivement connu.

542. En droit tunisien, il en est quasiment de même, hormis quelques nuances[4]. Ainsi, la détermination du prix par une tierce personne est légalement impossible[5]. D'un autre côté, la jurisprudence tunisienne, faisant toujours preuve de son attachement indéfectible à cette exigence de détermination du prix ou tout au moins à son caractère déterminable, a annulé un prix fixé sous forme de rente viagère. Aux yeux des tribunaux tunisiens, le contrat de vente avec rente viagère est nul pour défaut de détermination ou de déterminabilité du prix. Ces ventes sont ainsi nulles en Tunisie[6].

---

[1] L'article 1583 du Code civil exige que le bien vendu et le prix soient fixés.
[2] Cass. Req. 7 janvier 1925, Grands Arrêts de la Jurisprudence Civile, éd. Dalloz 2000, vol. 2, n° 246, p. 466. Voir aussi : MALINVAUD, Ph., Droit des obligations, éd. Litec 2007, p. 174, n° 238.
[3] Cass. Ass. Plén., 1er décembre 1995 (4 arrêts), Defrénois 1996, p. 747, obs. DELEBECQUE, Ph., ; JCP 1996, II, 22565, concl. Jéol et note J. Ghestin ; D. 1996, 13, concl. Jéol et note L. Aynès. D'une façon générale voir surtout : MOLFESSIS, N., Les exigences relatives au prix dans le droit des contrats, Le contrat, questions d'actualité, LPA 5 mai 2000, p. 41.
[4] La vente est régie en droit tunisien par les articles 564 – 711 du Code des obligations et des contrats. A travers cette réglementation, on trouve quasiment la même chose qu'en droit français sauf quelques spécificités du droit tunisien qui se montre souvent influencé par le droit musulman. Ainsi l'article 580 du Code des obligations et des contrats, dans des termes similaires à ceux de l'article 1583 du Code civil, énonce : « la vente est parfaite entre les parties, dès qu'il y a consentement des contractants, l'un pour vendre l'autre pour acheter, et qu'ils sont d'accord sur la chose, sur le prix et sur les autres clauses du contrat ».
[5] Article 579 *in limine* du Code des obligations et des contrats qui dispose : « le prix de la vente doit être déterminé. On ne peut en rapporter la détermination à un tiers ni acheter au prix payé par un tiers, à moins que le prix soit connu des contractants ». Voir sur ce point : BEN AMMOU, N.,Droit civil, Les contrats spéciaux, La vente et l'échange (en arabe), éd. CPU 2007, p. 173, n° 149.
[6] Cass. civ (tn). n° 7009 du 10 mai 1983, Bull 1983, Section civ. II, p. 238. La Cour de cassation tunisienne a prononcé dans cet arrêt la nullité d'un contrat de vente dont le prix est fixé sous forme de rente viagère. Cass. civ. n° 41341 du 24 juin 1996 (inédit). Dans ce second arrêt, la Cour de cassation a réitéré l'interdiction de vente à rente viagère. Elle a ajouté que cette question était un élément de fait qui nécessite l'intervention des juges de fond et relève de leur pouvoir souverain d'appréciation. Dans ces arrêts, on peut facilement humer une influence du droit musulman qui interdit les contrats aléatoires et que le Code des obligations et des contrats l'a

La jurisprudence tunisienne estime qu'une telle convention, en plus du fait qu'elle table sur l'aléa, ce qui est reconnu en droit français[1], présente l'inconvénient de l'indétermination du prix de la vente. Cette jurisprudence est en effet influencée par les enseignements du droit musulman qui interdisent de pronostiquer sur la vie et la mort des gens[2]. D'ailleurs, l'interdiction des contrats aléatoires constitue, selon certains auteurs, un point d'ancrage du droit positif tunisien dans le droit musulman[3].

543. Ce que reproche généralement la doctrine tunisienne à la jurisprudence de son pays, surtout en matière de détermination de prix dans les ventes, c'est qu'elle ne s'est pas montrée avant-gardiste alors que les textes le permettaient. Mohamed Larbi Hachem a invité les tribunaux afin de sortir de cette impasse, à faire un bon usage de l'article 243 en matière de détermination de prix dans les ventes[4]. Les juges doivent mettre en œuvre le pouvoir d'appréciation que leur accorde l'article 243 du Code des obligations et des contrats, leur permettant d'aller plus loin en matière de détermination des prix[5].
Un autre auteur tunisien voit la solution dans une analyse combinée des articles 518 – 531 du Code des obligations et des contrats qui ne sont, selon le Professeur Sami Jerbi, qu'une application de l'article 579 du Code des obligations et des contrats[6]. Mohamed Larbi Hachem est critiqué pour ne pas les avoir cités dans sa note précitée[7].

---

emprunté. Voir notamment sur ce point : BEN AMMOU, N.,Droit civil, Les contrats spéciaux La vente et l'échange (en arabe), éd. CPU 2007, p. 177, n° 151. Voir aussi : CABRILLAC, R. et BEN FADHEL, O., Introduction au droit des affaires. Abrégé de droit tunisien des obligations contractuelles, éd. CPU 2006, p. 53, n° 60.

[1] Voir sur ce point : V. Viatte, L'aléa dans les ventes d'immeubles à charge de rente viagère, GP 1975, I, doc. p. 297 ; G. Klein, Aléa et équilibre contractuel dans la formation du contrat de vente d'immeubles en viager, RTD civ. 1979, p. 13. En effet, le législateur français par les conditions qu'il exige pour la validité des ventes (article 1968 - 1983 du Code civil), la jurisprudence, par l'interprétation de ces dispositions, tendent à protéger le caractère aléatoire du contrat. Voir sur ce point : F.-C. Dutilleul et DELEBECQUE, Ph., Contrats civils et commerciaux, éd. Dalloz 2007, p. 166 et s, n° 176. Voir aussi : P.-H. Antonmattei et J. Raynard, Droit civil, Les contrats spéciaux, éd. Litec 2007, p. 407, n° 550. Les auteurs précisent que « l'aléa est la cause du contrat de rente viagère. Son absence est une cause de nullité ».

[2] Voir sur ce point : SAKRANI, R., Codifier la morale ? La morale dans les Codes civils français et tunisien, RIDC, n° 2, 2008, p. 461, spéc. 476. L'auteur souligne que l'avant-projet du Code des obligations et des contrats contenait des dispositions adoptant l'aléa, mais qui ont été supprimées lors de la révision faite par les Ulémas qui y voyaient une transgression des préceptes du droit musulman.

[3] ROUATBI, H., Le Code des obligations et du contrat et l'islam (en arabe), *In* Livre du centenaire du Code des obligations et des contrats 1906 – 2006, éd. CPU 2006, p. 185.

[4] HACHEM, M.-L., note sous Cour d'appel de Tunis, arrêt n° 68494 du 12 novembre 1975, RTD 1976, I, p. 111.

[5] HACHEM, M.-L., note précitée, p. 126 - 127.

[6] JERBI, S., L'interprétation du contrat (en arabe), éd. CPU 1999, p. 487 – 488, n° 371.

[7] JERBI, S., L'interprétation du contrat, éd. CPU 1999, p. 487 – 488, n° 371.

544. L'enrichissement du contrat dépend, dans une large mesure, de sa formation, voire de l'offre de contracter. La Convention de Vienne sur la Vente Internationale de Marchandises est ici d'une éloquence remarquable lorsqu'elle exige que l'offre soit « suffisamment précise »[1].

La question est, dans ce cas, de connaître l'étendue de l'accord nécessaire à la formation du contrat[2] car, sur la base de ce qui est dans l'accord, le juge peut aller au-delà. Le contrat doit *au minima* contenir les conditions substantielles dont l'existence permet au contrat de fonctionner « bien qu'en boitant »[3]. Cette condition est aussi bien nécessaire à la vie du contrat qu'à son enrichissement ultérieur par le juge. Le juge, lorsqu'il reconnaît l'existence légale d'un contrat peut lui ajouter ce qui a été omis par les contractants.

La première étape serait donc de reconnaître l'existence d'un contrat, laquelle reconnaissance passe par l'absence des causes de nullité et par le renfermement dans son contenu des obligations qui lui sont vitales ou cardinales. On passe ainsi des contrats *judiciairement reconnus*[4] aux contrats *judiciairement enrichis.*

La notion de l'offre est ici d'un grand secours puisqu'elle garantit par ses conditions au contrat, un contenu contractuel minimum lui permettant d'avoir droit, en cas de besoin, à l'enrichissement. Afin de faciliter la tâche du juge, il faut qu'apparaisse dans l'offre tout ce qui fait la spécificité du contrat choisi[5]. Une telle clarté permet au juge d'ajouter harmonieusement au contrat de nouvelles obligations sans qu'il risque de le dénaturer ou d'aller plus loin que ce que désirent les parties.

A cette notion de l'offre, qui contribue à l'identification des éléments essentiels du contrat, s'ajoute une autre notion dont l'effet est indéniable sur le contenu du contrat, c'est l'obligation fondamentale.

545. La notion d'obligation fondamentale. L'obligation fondamentale n'est pas inutile ici. Elle est déterminante pour reconnaître l'existence à un contrat, ainsi que pour statuer sur l'exécution ou l'inexécution. Bref, elle accompagne toutes les étapes de la vie du contrat, depuis sa naissance jusqu'à son extinction ; son rôle est assez diffus[6]. Au stade de la formation du contrat, celui-ci existe et peut être exécuté dès lors qu'il contient son obligation essentielle.

---

[1] L'article 14 de la CVIM. Le même article ajoute que l'offre doit contenir des indications sur la marchandise, la quantité et sur le prix. Cette exigence de précision soulève selon certains auteurs des difficultés uniquement concernant le prix. Voir sur ce point : HEUZE, V., La vente internationale de marchandises, Droit Uniforme, éd. LGDJ 2000, p. 142, n° 164.

[2] CARBONNIER, J., Droit civil, Tome IV, Les obligations, éd. PUF 2000, p. 80, n° 30.

[3] CARBONNIER, J., Droit civil, Les obligations, op. cit., p. 80, n° 30.

[4] LAUDE, A., La reconnaissance par le juge de l'existence d'un contrat, éd. PUAM 1992.

[5] J.-L. Aubert, Notions et rôle de l'offre et de l'acceptation dans la formation du contrat, éd. LGDJ 1970, p. 59, n° 53.

[6] DELEBECQUE, Ph., Les clauses allégeant les obligations dans les contrats, thèse Aix-Marseille 1981, p. 169, n° 139.

L'obligation fondamentale revêt ainsi une importance dans la conclusion du contrat avant de l'épouser au stade de l'exécution. L'offre de contracter, pour qu'elle soit sérieuse et précise, doit du moins contenir l'obligation essentielle du contrat projeté. L'obligation fondamentale représente à ce stade la composition *minimale irréductible* d'un contrat. Le contenu du contrat ne peut pas être en deçà. L'obligation fondamentale garantit ainsi à ce stade « un minimum contractuel »[1], « un quorum » nécessaire à la naissance du contrat et à sa reconnaissance ultérieure par le juge. Elle est « le noyau irréductible »[2] du contenu du contrat.

Le professeur Philippe Delebecque confirme dans sa thèse ce rôle qu'assure l'obligation fondamentale dans la conclusion du contrat. Son rôle est important « puisque dans cette période [conclusion du contrat] les obligations ne sont pas encore concrétisées. Elles n'existent qu'en germe. Leur considération – et à travers elle, celle des éléments objectivement essentiels – est cependant déterminante »[3].

L'obligation fondamentale assure au sein du contrat des rôles importants ; c'est elle qui lui donne vie en lui garantissant un contenu contractuel minimum et essentiel, obligeant le juge à en reconnaître l'existence. C'est aussi elle qui sert d'unité de mesure pour la satisfaction ou l'insatisfaction du créancier[4].

Dans ce contexte, Madame Sefton-Green a précisé que l'obligation fondamentale permet de « combler l'abîme entre la formation et l'exécution du contrat »[5]. Elle assure une « passerelle entre la formation et l'exécution du contrat »[6]. On part généralement d'un postulat : ce qui est cardinal pour l'exécution l'est a fortiori pour la conclusion du contrat.

546. Le juge doit donc vérifier l'existence de l'obligation fondamentale au sein du contrat. Cette existence est essentielle non seulement pour se prononcer sur l'existence du contrat mais encore pour son enrichissement éventuel. L'existence de l'obligation fondamentale dans un contrat offre au juge la possibilité d'avoir une idée sur le contrat ce qui lui permet de déterminer sûrement les obligations à adjoindre.

A défaut d'une obligation fondamentale convenue par les parties, incarnant un minimum d'obligations, le juge ne peut rien faire. Le pouvoir qu'il puise dans l'article 1135 ou dans son similaire tunisien 243, ne lui permet que de compléter

---

[1] P. Durand, Des conventions d'irresponsabilité, Paris 1931, n° 85.

[2] VINEY, G. et JOURDAIN, P., Les conditions de la responsabilité, éd. LGDJ 2006, p. 440, n° 489.

[3] DELEBECQUE, Ph., Les clauses allégeant les obligations dans les contrats, op. cit., p. 169, n° 139.

[4] Voir la première partie de cette thèse.

[5] SEFTON-GREEN, R., La notion d'obligation fondamentale : comparaison franco-anglaise, éd. LGDJ 2000, p. 334, n° 592.

[6] SEFTON-GREEN, R., La notion d'obligation fondamentale : comparaison franco-anglaise, op. cit., p. 334, n° 593.

le contenu du contrat. Il ne lui accorde aucune possibilité d'enrichir le contrat à tâtons, en l'absence de tout indice sur la nature de l'opération voulue par les parties. Le contrat auquel une obligation fondamentale fait défaut frôle l'inexistence. Cette sanction est plus radicale que la nullité, car cette dernière concerne un contrat « que contient tous les éléments essentiels ; mais dont l'un ne répond pas aux exigences légales, ou encore entaché de vice »[1].

547. A ce stade, la difficulté provient du fait que les parties ont la possibilité de modifier l'arrangement ou l'agencement normal des obligations, de telle sorte que ce qui est normalement essentiel peut devenir secondaire. C'est une faculté d'essentialiser un élément secondaire ou au contraire de reléguer au rang de secondaire un élément normalement essentiel[2]. Cette possibilité est envisageable en droit tunisien, où l'article 23 du Code des obligations et des contrats la prévoit expressément, en exigeant des parties de se mettre d'accord sur ce qui est normalement essentiel dans un contrat, mais également sur les clauses qu'elles considèrent comme essentielles dans leur accord.
En droit français, cette possibilité, même non prévue par la loi, est envisageable. La jurisprudence française l'admet[3]. Dans ce cas, la tâche du juge devient plus difficile. Il ne peut plus compter sur une analyse objective des éléments du contrat ; il doit se livrer à une analyse subjective basée sur un certain nombre des données telles que les circonstances entourant la conclusion du contrat. L'objectif est de découvrir ce que les parties considèrent comme nécessaire dans leur accord. Dans cette analyse, l'idée de la cause retrouve sa pleine efficacité puisqu'elle permet au juge de découvrir l'intérêt qu'incarne le contrat pour les parties[4]. Celui-ci se confond dans beaucoup de cas avec l'obligation fondamentale. Cette dernière est aussi fondamentale dans un contrat par l'intérêt qu'elle représente pour les parties. La détermination de l'obligation fondamentale n'est pas très aisée lorsque les parties ne l'ont pas exprimée de façon non équivoque. Dans ce cas, le juge doit la dévoiler si elle a implicitement été précisée par les parties, ou si plusieurs indices obligent le juge à aller dans un sens particulier.

548. Le juge doit avant l'enclenchement du processus d'adjonction au contrat, s'assurer que ce dernier contient déjà les obligations qui sont essentielles à sa vie et à la reconnaissance de celle-ci. Le contrôle de la validité du contrat et de son existence précède ainsi le contrôle de la consistance de son contenu. Le juge

---

[1] DELEBECQUE, Ph., Les clauses allégeant les obligations dans les contrats, op. cit., p. 172, n° 141.
[2] LAUDE, A., La reconnaissance par le juge de l'existence d'un contrat, éd. PUAM 1992, p. 255, n° 390. L'auteur parle d'une possibilité d'essentialisation et d'une autre de des-essentialisation (p. 255-256).
[3] Aix 4e ch. 25 mai 1876, Bull. Aix 1876 / 2, n° 123 (cité par M. Delebecque, thèse précitée, p. 170).
[4] ROCHFELD, J., Cause et type de contrat, éd. LGDJ 1999, Passim.

commence instinctivement par un contrôle de la régularité du contrat avant de passer à son remplissage. Cette succession paraît logique et conforme au bon sens, car lorsqu'un contrat est nul ou qu'il ne contient pas les obligations nécessaires à son existence, il est vain et inutile de le compléter, et son enrichissement ne doit pas même se poser[1]. Madame Anne Laude souligne dans ce même ordre d'idées que « le juge saisit d'un litige, constate qu'à défaut d'élément essentiel, l'accord des parties doit être ôté de la sphère contractuelle, c'est-à-dire qu'il ne pourra pas produire les effets d'un contrat »[2]. Cette idée est expliquée depuis longtemps par Pothier[3] qui précise que le contrat ne peut pas exister sans les *essentialia* qui sont les choses sans lesquelles il ne peut subsister. Lorsque ces *essentialia* font défaut, il n'y a pas de contrat, ou bien c'est une autre espèce de contrat[4].

549. Cette condition de contenu du contrat renfermant les obligations essentielles exclut implicitement du domaine de l'enrichissement les contrats cadres[5]. Sont aussi exclus, les accords parcellisés ou ceux nés de *punctuation*[6].

---

[1] Une question similaire se pose souvent en doctrine, celle de savoir si le juge commence par ajouter au contrat les nouvelles obligations, objet de l'article 1135 du Code civil, avant d'examiner la qualité de l'exécution faite par les parties des obligations expressément exigées par celles-ci. Voir dans ce sens : JACQUES, Ph., Regards sur l'article 1135 du Code civil, op. cit., p. 342-343, n° 170. L'ordre inverse paraît pourtant plus conforme à la logique et au bon sens. Un juge, avant d'ajouter au contrat, examine ce qu'ont fait les parties et la manière avec laquelle elles ont exécuté le contrat.

[2] LAUDE, A., La reconnaissance par le juge de l'existence d'un contrat, éd. PUAM 1992, p. 213, n° 333

[3] Pothier, Traité des obligations, 1re partie, n° 6 et s.

[4] Voir surtout sur ce point : DELEBECQUE, Ph., Les clauses allégeant les obligations dans les contrats, thèse Aix-Marseille, 1981, p. 197, n° 162.

[5] Sur cette notion consulter : J. Gasti, Le contrat – cadre, éd. LGDJ 1996. L'auteur définit le contrat cadre comme « un contrat qui fixe les grandes lignes de la volonté des contractants, en laissant à des contrats d'applications le soin de les préciser et de les appliquer » (p. 10, n° 9).

[6] A. Rieg, La punctuation, contribution à l'étude de la formation successive du contrat, *In* Mélanges A. Jauffret, éd. PUAM 1974, p. 593. L'auteur défend l'idée d'une possible transposition de cette technique au droit français des contrats. Voir aussi pour le droit français : J.-Chr. Serna, Le refus de contracter, éd. LGDJ 1967, p. 199 et s. En droit tunisien, cette technique de punctuation est selon une frange de la doctrine tunisienne interdite en droit tunisien. C'est l'article 24 du Code des obligations et des contrats qui est avancé comme fondement. Cet article dispose : « le contrat n'est point parfait lorsque les parties ont expressément réservé certaines clauses comme devant former objet d'accord ultérieur ». Voir sur ce point : MAHFOUD, M., op. cit., p.51, n° 75. L'auteur précise que l'article 24 ne s'applique pas aux accords de négociation qui demeurent valables. En revanche, Mohamed – Larbi Hachem semble être implicitement favorable à la transposition de cette technique au droit tunisien. Il la fonde sur l'article 23 du Code des obligations et des contrats « qui s'inspire largement de la théorie germanique de la punctuation » (HACHEM, M.-L., note sous Cour d'appel de Tunis n° 68494, du 12 novembre 1975, RTD 1976, I, p. 111, spéc. p. 127). Voir aussi sur ce point : ZINE, M., Théorie générale des obligations, 1 – Le contrat, éd. Tunis 1997, p. 125-126, n°149 ; MZID, N., Essai sur la négociation du contrat en droit civil, RTD 2000, p. 313 ; REBAÏ, A., La période précontractuelle dans le Code des obligations et des contrats, *In* Livre du centenaire du Code des obligations et des contrats 1906 –

Ces accords ne peuvent pas normalement faire l'objet d'un ajout au contrat car ils ne constituent pas en eux-mêmes des accords finalisés et définitivement arrêtés. De plus, très généralement, ils ne donnent pas naissance à des obligations spécifiques, leur rôle est de cadrer les relations contractuelles des parties contractantes.
L'opération d'enrichissement du contenu contractuel que le juge a la possibilité d'exercer sur la base de la 1135 du Code civil pour le droit français ou l'article 243 *in fine* du Code des obligations et des contrats pour le droit tunisien, débute par une vérification de la régularité de la conclusion du contrat avant d'aller plus loin et de prendre la relève des parties pour compléter ce qu'elle ont posé.
Les idées de l'offre et de l'obligation fondamentale s'associent pour accorder au contrat, un contenu contractuel minimum, lui valant une reconnaissance judicaire et lui offrant, le cas-échéant, une possibilité d'enrichissement.
Un contrat, même s'il contient un *contenu fondamental*[1] et basique, n'est pas forcément susceptible d'enrichissement, il doit en sus être lacunaire. Cette seconde condition s'ajoute à la première afin de justifier une intervention du juge en vue de parachever un contenu contractuel.

b – Un contrat lacunaire :

550. Pour que le juge mette en œuvre le pouvoir qui lui est offert par les articles 1135 du Code civil et 243 *in fine* du Code des obligations et des contrats, faut-il que le contenu du contrat à enrichir soit lacunaire, incomplet ou *silencieux*[2] ? En d'autres termes, l'enrichissement du contrat est-il subordonné à l'existence d'un contrat à contenu lacunaire ? La réponse à cette question évoque en fait d'autres interrogations : tout d'abord, qu'est-ce qu'on entend par contrat lacunaire ou incomplet ? Ensuite, comment apprécier le caractère lacunaire d'un contrat quelconque ?

551. C'est au stade de l'exécution du contrat que l'on pourrait normalement vérifier si un contenu contractuel est lacunaire ou non. C'est sur ce terrain que les défauts et les insuffisances deviennent normalement ostensibles. Dans ce sens, un contrat est lacunaire, s'il ne résout un problème survenu lors de son exécution ou s'il ne prévoit pas de solution pour une question objet de litige[3].

2006, éd. CPU 2006, p. 265, spéc. p. 284 et s, n° 25 et s. L'auteur cite uniquement l'article 24 du Code des obligations et des contrats qui permet, selon lui, d'introduire en droit tunisien la notion du projet de contrat. Voir aussi récemment : Oualid Gadhoum, L'accord de principe, Etudes Juridiques 2008, p. 171.

[1] DELEBECQUE, Ph., Les clauses allégeant les obligations dans les contrats, op. cit., p. 198, n° 164.

[2] TERRE, F., SIMLER, Ph. et LEQUETTE, Y., Droit civil, Les obligations, éd. Dalloz 2005, p. 457, n° 453.

[3] TERRE, F., SIMLER, Ph. et LEQUETTE, Y., Droit civil, Les obligations, op. cit., p. 457, n° 453.

Madame Marie-Hélène Maleville souligne dans ce contexte qu'« une convention est incomplète lorsque les droits et obligations des parties n'ont pas été totalement précisés ou lorsque sa construction n'est pas si rigoureuse »[1].
Un contrat lacunaire est un contrat auquel manquent certaines clauses ou certaines stipulations dont l'utilité se pose au cours de l'exécution. Le manquement n'affecte pas un élément essentiel, car dans ce cas, le contrat n'a aucune existence juridique ; c'est un élément accessoire ou secondaire qui manque au contrat. Le juge se trouve alors devant un contrat dont l'existence n'est pas douteuse, mais dont le contenu présente une certaine insuffisance à résoudre certains points, ayant surgi lors de l'exécution. Face à cette hypothèse, c'est au juge qu'incombe la mission de combler ce vide du contenu contractuel en consultant les sources offertes par l'article 1135 du Code civil ou 243 du Code des obligations et des contrats. Il met ainsi en œuvre le pouvoir que lui attribuent les articles 1135 et 243 afin de trouver la solution applicable. Il dépasse ainsi l'insuffisance de l'accord des parties en choisissant une solution qui s'accommode avec l'esprit de la convention.

552. Rencontrer un contrat lacunaire ne réglant pas le détail de l'opération contractuelle est chose fréquente. Généralement, les parties n'accordent d'importance qu'aux éléments essentiels du contrat et omettent ce qui est secondaire. Le professeur Alain Bénabent observe dans ce contexte que « nul ne peut tout prévoir, pas plus les contractants que le législateur lui-même ...Même dans les contrats les plus détaillés, il apparaît des situations exceptionnelles ou intermédiaires qui n'ont pas été réglées. A plus forte raison dans les contrats simples et quotidiens »[2]. Dans certains cas, les parties craignant de retarder ou de compromettre la conclusion du contrat[3], n'invoquent pas les détails de leur accord.
L'essentiel est de conclure le contrat dans son principe, ce qui est accessoire vient après et peut être réglé en cas de survenance. Dans ce sens, Gérard Cornu précise que « la perfection du contrat n'attend pas que tous ses détails soient réglés »[4]. L'absence d'un accord des parties sur les détails de leur contrat n'affecte ainsi en rien la validité de leur accord.
Dans cette même perspective, Jean Carbonnier souligne qu'« il suffit que le consentement se porte sur le principe de contrat à conclure... sur le schéma juridique voulu par moi-même - un contrat de vente – la loi, la coutume, le juge dessineront ensuite, au besoin, tout un tissu d'obligations, que je n'ai pas directement voulues, peut-être même pas soupçonnées...le mécanisme est décrit

[1] MALEVILLE, M.-H., Pratique de l'interprétation des contrats, étude jurisprudentielle, éd. Presse Universitaire Rouen 1991, p. 84, n° 131.
[2] BENABENT, A., Droit civil, Les obligations, éd. Montchrestien 2007, p. 216, n° 276.
[3] TERRE, F., SIMLER, Ph. et LEQUETTE, Y., Droit civil, Les obligations, op. cit., p. 457, n° 453.
[4] G. Cornu, RTD civ. 1966, p. 364.

dans l'article 1135 »[1]. Ce qui manque au contrat, ce ne sont en effet que de simples précisions[2], qui n'ajoutent rien à sa matière.

553. Un contrat est lacunaire si les obligations arrêtées par les parties ne sont pas à même d'atteindre l'objectif escompté par les parties contractantes. Pour savoir si un contrat est ou non lacunaire, il faut se demander s'il permet, avec son contenu fixé initialement par les parties, d'atteindre l'objectif qu'elles avaient ciblé. Si oui, le contrat est parfait et ne nécessite pas d'être enrichi. Si la réponse est négative, le contrat est incomplet et l'enrichissement est indispensable.

Un contrat lacunaire n'est autre qu'un contrat boiteux[3], qui referme les éléments essentiels à sa conclusion mais qui n'arrive pas au plus haut degré de perfection, à sa meilleure composition. Le contrat fonctionne, mais il pourrait mieux faire s'il était complété[4]. C'est vers le juge qu'il faut alors se tourner[5]. Celui-ci reste dans cette hypothèse le dernier refuge. C'est à lui qu'il faut s'adresser afin d'ajouter ce qui handicape la réalisation par le contrat de son objectif.

554. Un autre critère peut être évoqué pour savoir si le contrat est lacunaire ou non : celui de l'intérêt des parties et leur satisfaction. Dans ce contexte, un contrat est lacunaire s'il ne permet pas d'assurer au contractant la satisfaction qu'il attend de lui. Le contrat, avec son contenu arrêté par les parties n'est pas capable de réaliser l'objectif escompté par les parties contractantes. Dans cette idée de satisfaction et d'objectif du contrat, l'idée d'intérêt des parties se pose avec une acuité particulière.

L'intérêt dans le contrat, notion traduisant la cause du contrat selon certains auteurs[6], est remis à la une des discussions en droit français. Le projet de réforme du droit des contrats, proposé en septembre 2008 par la chancellerie, remet cette notion d'intérêt au cœur des événements. L'article 49 dudit projet ne cite pas la cause parmi les conditions de validité des contrats. L'article 85 du même projet remplace la notion de cause par celle d'intérêt. C'est lui désormais qui doit justifier l'engagement du débiteur. Ce projet de réforme a été vivement

---

[1] CARBONNIER, J., Droit civil, Les obligations, Tome VI, éd. PUF 2000, n° 27, p. 64.

[2] MALEVILLE, M.-H., Pratique de l'interprétation des contrats, étude jurisprudentielle, éd. Presse Universitaire Rouen 1991, p. 84, n° 132. L'auteur cite quelques exemples de précisions qui manquent souvent aux contrats : date de payement, lieu de payement, choix de la loi applicable dans un contrat international. Ces précisions relèvent du domaine de l'interprétation plutôt que celui de l'article 1135 (adjonction des obligations contractuelles nouvelles au contenu initialement arrêté par les parties contractantes).

[3] CARBONNIER, J., Droit civil, Les obligations, Tome IV, op. cit., p. 80, n° 30

[4] CARBONNIER, J., Droit civil, Les obligations, Tome IV, op. cit., p. 80, n° 30

[5] CARBONNIER, J., Droit civil, Les obligations, Tome IV, op. cit., p. 80, n° 30

[6] ROCHFELD, J., Cause et type de contrat, éd. LGDJ 1999. L'auteur défend un lien étroit entre la cause et l'intérêt. La cause n'est selon cet auteur que l'intérêt qu'incarne le contrat pour les parties. Cet intérêt est typique pour les contrats typiques, il est atypique pour les contrats atypiques.

critiqué par la doctrine[1] notamment pour avoir abandonné la notion de la cause dans le contrat et pour avoir adopté à sa place la notion d'intérêt[2], notion qu' « il fallait simplement taire »[3] et « qui ne sert strictement à rien » [4]. Elle est nébuleuse aux yeux d'un autre auteur[5].

555. Quels que soient les reproches adressés à cette notion d'intérêt en droit des contrats, celle-ci peut aider le juge à déterminer si un contrat est lacunaire ou non. Suivant cette optique un contrat est lacunaire et mérite dès lors un enrichissement, s'il ne permet pas dans sa composition initialement arrêtée de parcourir l'intérêt que les parties attendent. A titre d'exemple, dans un contrat de vente de matériel informatique, l'acheteur ne pourra bénéficier des avantages du matériel vendu si le vendeur ne le met pas au courant de la manière d'utilisation du matériel et de ses secrets. L'acheteur, en l'absence de cette obligation d'information, ne peut tirer grand intérêt du contrat qu'il a conclu. Ce dernier, puisqu'il ne mentionne pas cette obligation d'information, est lacunaire.

556. Dans cette hypothèse, l'idée d'intérêt n'est pas si ridicule. Elle permet au juge de constater l'existence d'une lacune du contrat et de procéder ensuite à son comblement en greffant sur le contenu initialement arrêté par les parties de nouvelles obligations.

Toutefois, l'intérêt des parties dans un contrat, s'il est adopté comme critère permettant de savoir si ce contrat est lacunaire ou non, invoque des questions supplémentaires. Il y a surtout la question concernant la manière permettant de déterminer l'intérêt des parties. Dans cette recherche, doit-on adopter une analyse objective faisant abstraction des situations en cause, ou une analyse subjective adaptée au contrat en cause et aux parties concernées ? Cette idée d'intérêt n'est pas à pousser très loin, car ses contours ne sont pas si nets.

Qui plus est, l'absence d'intérêt dans un contrat ne doit pas être totale. Dans ce cas, le contrat peut être annulé pour défaut de cause. La jurisprudence française a déjà, à deux reprises au moins, annulé un contrat pour absence totale d'intérêt.

---

[1] LEVENEUR, L., Projet de chancellerie de réforme du droit des contrats : à améliorer, Contrats, concurrence, consommation, n° 11 du 01 novembre 2008, p. 1 ; GHOZI, A. et LEQUETTE, Y., La réforme du droit des contrats : brèves observations, D. n° 37 du 23 octobre 2008, p. 2609.

[2] O. Tournafond, Pourquoi il faut conserver la théorie de la cause en droit civil français, D. 2008, p. 2607.

[3] LARROUMET, Ch., De la cause de l'obligation à l'intérêt au contrat (à propos du projet de réforme du droit des contrats), D. 2008, p. 2441. L'auteur n'est pas en effet contre la suppression de la notion de cause comme condition des contrats ; il est plutôt contre son remplacement par la notion d'intérêt. Il affirme dans ce sens que « la référence à l'intérêt pour remplacer la cause ne règle rien. Il s'agit de la cause sous une autre dénomination ».

[4] LARROUMET, Ch., De la cause de l'obligation à l'intérêt au contrat (à propos du projet de réforme du droit des contrats), D. 2008, p. 2441.

[5] O. Tournafond, Pourquoi il faut conserver la théorie de la cause en droit civil français, D. 2008, p. 2607

Un arrêt datant du 3 juillet 1996[1] a fait couler beaucoup d'encre, ainsi qu'un autre plus récent, datant du 27 mars 2007[2]. Pour présumer l'insuffisance du contrat, l'intérêt doit tout au moins être altéré, car son absence totale anéantit le contrat et ne laisse aucune possibilité à son enrichissement.

557. Au cœur de cette discussion sur les lacunes d'un contrat, se pose une autre question, celle de savoir s'il est nécessaire que le contrat, pour être enrichi, soit lacunaire ?

Une frange de la doctrine, sans se prononcer explicitement sur la question, aborde l'étude de l'article 1135 dans le cadre d'un effort que déploie la jurisprudence, en vue de combler un manque ou une brèche dans le contrat. Telle est la position de MM Terré, Simler et Lequette qui précisent que l'article 1135 du Code civil invite le juge à combler les lacunes du contrat[3]. Christian Larroumet parle, de son côté, du rôle qu'assure le juge au sein du contenu contractuel lui permettant de *combler le vide contractuel*[4]. Le professeur Alain Bénabent est aussi du même avis. Il affirme que c'est ce caractère lacunaire qui justifiera l'intervention du juge au sein du contenu contractuel[5]. Madame Marie-Hélène Maleville affirme que l'adjonction au contrat des obligations nouvelles est subordonnée au caractère incomplet du contrat[6].

Un autre auteur affirme plus explicitement que le caractère lacunaire du contenu du contrat est indispensable pour que le juge puisse enrichir le contrat. L'enrichissement n'est concevable que dans l'hypothèse de lacunes[7]. L'article 1135 est présenté dans ce contexte comme un outil permettant au juge de combler un silence voulu ou non des parties contractantes[8]. « La référence au silence des parties, poursuit M. Albiges, est donc inhérente à l'intervention de l'équité et à sa fonction supplétive »[9]. Cette idée est aussi confirmée par un

---

[1] Cass. 1re civ. 3 juillet 1996, Defrénois 1996, art. 36381, p. 1015, note DELEBECQUE, Ph., ; RTD civ. 1996, p. 903, obs. J. Mestre ; JCP 1997, I, 4015, note F. Labarthe.

[2] Cass. com. du 27 mars 2007, D. du 29 novembre 2007, panorama, p. 2970, note S. Amrani Mekki et B. Fauvarque-Cosson : « une impression déjà vue… ».

[3] TERRE, F., SIMLER, Ph. et LEQUETTE, Y., Droit civil, Les obligations, op. cit., p. 457, n° 453. Ces auteurs se posent la question suivante : « le Code civil invite-t-il l'interprète à combler les lacunes du contrat en prenant appui sur les suites que lui attachent l'équité, l'usage ou la loi (article 1135)».

[4] LARROUMET, Ch., Droit civil, Les obligations, Le contrat, Conditions de formation, éd. Economica 2007, p. 120, n° 140.

[5] BENABENT, A., Droit civil, Les obligations, éd. Montchrestien 2007, p. 216, n° 276. L'auteur distingue en effet les compléments supplétifs des effets impératifs qui s'appliquent indépendamment de la volonté des parties. Ces compléments s'imposent aux parties.

[6] MALEVILLE, M.-H., Pratique de l'interprétation des contrats, étude jurisprudentielle, éd. Presse Universitaire de Rouen 1991, n° 105, p. 71.

[7] ALBIGES, Ch., De l'équité en droit privé, éd. LGDJ 2000, p. 306, n° 463.

[8] ALBIGES, Ch., De l'équité en droit privé, éd. LGDJ 2000, p. 306, n° 464. L'auteur ne parle en fait que de l'équité.

[9] ALBIGES, Ch., De l'équité en droit privé, éd. LGDJ 2000, p. 306, n° 464.

autre auteur qui précise que le rôle du juge dans ce contexte est de suppléer au silence des parties[1].

558. Ainsi, seuls les contrats lacunaires sont susceptibles de faire l'objet d'introduction ponctuelle d'obligations non prévues par les parties. En effet, cette exigence de contrat lacunaire comme condition indispensable au passage à l'opération d'enrichissement paraît non dénuée de toute logique, car si l'on admettait que l'enrichissement puisse s'établir en l'absence d'une telle condition, le juge saisirait cette possibilité pour façonner le contrat à sa guise, selon ses convictions.
Pour respecter la volonté des parties et le principe d'autonomie de la volonté, le juge ne peut intervenir qu'en cas d'existence d'un contenu contractuel manifestement lacunaire. Une insuffisance futile du contenu contractuel ne serait pas de nature à initier un procédé d'enrichissement. Le problème qui se pose ici est celui de départir entre une insuffisance manifeste et une autre, insignifiante. Les idées de l'intérêt des parties dans le contrat, de l'obligation fondamentale, s'arborent de nouveau comme critère permettant un tel départ. Le juge, afin de déterminer l'importance de l'insuffisance du contenu du contrat doit se placer du côté de l'objectif du contrat et des attentes des parties. Si l'insuffisance empêche le contrat de réaliser l'objectif lui étant assigné, le contrat est manifestement lacunaire. Si l'insuffisance n'altère pas manifestement la réalisation de l'objectif contractuel, elle est insignifiante et le juge peut s'en passer.

559. L'article 1135 mais aussi son similaire en droit tunisien, l'article 243 *in fine* du Code des obligations et des contrats, laissent entendre que seul le contrat lacunaire peut être enrichi. La philosophie de ces articles est d'ajouter au contrat les obligations qui sont inhérentes à sa nature en l'absence de toute expression de volonté des parties. Le contrat est au début manquant, et le juge, sur la base de ces articles, l'amène à un degré plus haut de perfection.
Enrichir le contenu d'un contrat, c'est donc le conduire au dernier point de perfection. Ces articles tendent à combler les accords lacunaires[2] et à remédier au silence des parties[3], silence qui endommage le contenu contractuel et que le juge est habilité à combler. Les articles 1135 et 243 prévoient dans ce sens un complément à la volonté des parties qui s'applique en cas de lacune ou d'insuffisance de celle-ci[4]. C'est la même philosophie que dessine l'article 2 du

---

[1] CREPEAU, P.-A., Le contenu obligationnel d'un contrat, Revue du Barreau Canadien, mars 1965, n° 1, p. 1.
[2] JACQUES, Ph., Regards sur l'article 1135 du Code civil, éd. Dalloz 2005, p. 730, n° 344.
[3] JACQUES, Ph., Regards sur l'article 1135 du Code civil, éd. Dalloz 2005, p. 732, n° 346.
[4] Plusieurs auteurs citent déjà l'article 1135 lorsqu'ils parlent d'un comblement du contrat ou l'insuffisance de son contenu. Voir à titre d'exemple : FAGES, B., Droit des obligations, éd. LGDJ 2007, p. 241, n° 320 ; BENABENT, A., Droit civil, Les obligations, op. cit., p. 216, n° 276.

Code suisse des obligations, accordant au juge le pouvoir d'ajouter des compléments à la volonté des parties.
Bien que cette intervention du juge semble nécessaire au contrat et aux parties en permettant de conduire le contenu du contrat à une meilleure configuration et en aidant les parties à atteindre un degré plus haut de satisfaction, elle est souvent confrontée à quelques obstacles. Elle tombe parfois sous le glaive des parties, qui essaient sinon d'enrayer tout effet, du moins de la rétrécir sensiblement. Se pose ainsi la question des obstacles au pouvoir d'adjonction que détient le juge.

B – Les obstacles à l'application des articles 1135 du Code civil et 243 *in fine* du Code des obligations et des contrats

560. Le pouvoir d'enrichissement que le juge tire des articles 1135 du Code civil et 243 du Code des obligations et des contrats, doit être utilisé avec retenue. Cette exigence signifie que le pouvoir du juge ne saurait être sans limite. Au juge incombe une exigence de modération qui l'oblige à bien savoir doser le contrat qui se trouve entre ses mains. Cette exigence est d'autant plus nécessaire que les résultats de l'enrichissement peuvent répercuter sur d'autres contrats liés d'une façon ou d'une autre au contrat faisant l'objet de l'enrichissement. On songe systématiquement aux contrats de cautionnement et aux contrats des assurances. L'enrichissement d'un contrat produit des effets souvent indésirables sur les contrats ou les opérations qui lui sont accessoires. Un élargissement du contenu d'un contrat principal a des retombées sur l'étendue de l'engagement de la caution ou sur celui de l'assureur.
Devant tous ces risques, il est indispensable de soumettre l'opération d'enrichissement à des conditions claires et précises afin d'éviter qu'elle ne produise des effets indésirables sur d'autres rapports contractuels.
Il est ainsi légitime de poser à l'enrichissement des limites indépassables. La nature du contrat est la première limite à prévoir (a). Toutefois, d'autres tiennent à la résistance des parties (b). Dans cette dernière hypothèse, ce sont ces dernières qui se protègent contre un effet perturbateur pouvant accompagner l'incorporation de l'implicite.

a – L'obstacle tenant à la nature du contrat[1]

561. Le pouvoir d'enrichissement du contrat ne doit pas déboucher sur une déformation de la nature du contrat voulu par les parties. Comme en matière

---

[1] Ce débat relatif à la nature du contrat comme limite au parachèvement du contenu contractuel sera réservé dans l'essentiel au chapitre suivant. Ici on se contente d'affirmer que la nature du contrat constitue une limite au pouvoir du juge au sein du contenu contractuel. Elle l'oblige à utiliser les sources citées à l'article 1135 du Code civil ou à l'article 243 *in fine* du Code des obligations et des contrats avec mesure et retenue.

d'interprétation, la dénaturation constitue une limite avérée au pouvoir du juge d'enrichir le contenu d'un contrat. Le juge doit toujours préserver l'identité du contrat, qui constitue en effet une limite à l'enrichissement. Il est donc interdit au juge d'ajouter au contrat des suites dénaturantes, dont le lien avec le contrat n'est qu'artificiel[1]. Il doit respecter « ses propriétés caractéristiques »[2]. Dans ce cadre, il ne doit pas rendre le contrat méconnaissable par les parties.
Un auteur tunisien a récemment opté pour cette idée en signalant : « l'inconvénient majeur de la théorie des suites du contrat, est qu'elle permette au juge de s'immiscer dans le contrat qui n'hésiterait pas à ajouter au contrat de nouvelles obligations non soupçonnées par les contractants au point de rendre leur contrat méconnaissable, différent de celui dont elles sont convenues »[3].
Le juge, lorsqu'il modifie profondément le contenu contractuel, ne se trouve plus devant un enrichissement ou un complément de contrat, mais devant une opération de réfaction[4] du contrat par le juge qui abuse du pouvoir qui lui a été attribué par le législateur afin de refaire le contrat selon ses convictions.
Louis Josserand détermine ce qui incombe au juge lorsqu'il désire enrichir un contenu contractuel : « pratiquement, les parties ne prévoient pas expressément toutes les éventualités possibles, leur accord formel est limité à l'essentiel ; pour le surplus, c'est la loi ou c'est le juge qui, en cas de conflit, interprètent leur volonté ou leur suppléent ; et ils doivent poursuivre cette double tâche, non arbitrairement, mais conformément à l'esprit du contrat et de l'institution, dans un sentiment d'équilibre et d'équité »[5]. Ce que le juge ajoute au contrat doit être en parfaite harmonie avec ce qui a été exprimé par les parties. Dans cette même ligne, le Professeur Christian Atias affirme que « le juge n'est certainement pas chargé d'imaginer le contrat qui lui paraîtrait raisonnable et approprié »[6]. Le juge doit ainsi partir de ce qu'ont choisi les contractants. « Le contrat a son unité, sa logique, son esprit, son économie ; ils doivent être respectés »[7]. Ces traits généraux permettant d'identifier le contrat s'imposent au juge lorsqu'il procède à l'enrichissement.

---

[1] LE TOURNEAU, Ph., Droit de la responsabilité et des contrats, éd. Dalloz 2008-2009, p. 828, n° 3208.
[2] Cambacérès, Discours préliminaire prononcé lors de la présentation du troisième projet du Code civil (Messidor an IV), FENET, A.,Recueil complet des travaux préparatoires du Code civil, Tome premier, éd. Otto Zeller Osnabrück 1968, p. 140, spéc. p. 171.
[3] MAHFOUD, M., Théorie des suites du contrat, RJL 2008, n°6, p. 99, spéc. p. 104.
[4] ALBIGES, Ch., Le développement discret de la réfaction du contrat, *In* Mélanges M. Cabrillac, éd. Dalloz – Litec 1999, p. 3.
[5] JOSSERAND, L.,Essais de théologie juridique, I, De l'esprit des droits et de leur relativité, théorie dite de l'abus de droit, éd. Dalloz 1939, n° 119.
[6] ATIAS, Ch., Précis élémentaire de contentieux contractuel, éd. PUAM 2006, p. 52, n° 43.
[7] ATIAS, Ch., Le contentieux contractuel, éd. LUAP 2008, p. 141, n° 157.

562. La nature du contrat oblige le juge à utiliser la *délégation*[1] qui lui est accordée par les articles 1135 du Code civil et 243 du Code des obligations et des contrats avec modération. Il s'ensuit que cet article ne permet pas au juge d'ajouter au contrat une obligation essentielle. Il peut dévoiler une obligation fondamentale, mais il ne peut la créer. Le pouvoir dont il bénéficie lui permet uniquement de faire certains prolongements qui ne font que compléter ce qui est voulu par les parties. Un auteur souligne que « les textes invoqués ne permettent pas pour autant d'allonger indéfiniment la liste des obligations : l'article 1135 bien compris, même combiné à l'article 1134, alinéa 3e, n'autorise que des alluvions à l'obligation déjà inscrite au contrat et d'après la nature de cette obligation »[2].

Le pouvoir du juge est limité par la nature que les parties ont choisie à leur contrat. Ce choix s'impose au juge. A défaut de cette exigence de retenue, le pouvoir du juge devient inévitablement déstabilisateur[3]. Monsieur Yves Picod affirme dans ce cadre : « l'extension du pouvoir créateur du juge sur le fondement des suites équitables s'avère inévitablement déstabilisatrice lorsqu'elle s'exerce sans retenue »[4]. L'article 1135 n'est pas comme le souligne un auteur *un permis de construire de toute pièce* le contrat ou un *blanc seing* délivré aux juges[5]. Il n'est pas non plus une « permission donnée au juge de faire ce que bon lui semble en matière de détermination du contenu des conventions »[6].

Dans cette même optique, le professeur Denis Mazeaud poursuit ; les obligations que le juge ajoutent au contrat à travers le canal de l'article 1135 « ne doivent rien au hasard ou à la fantaisie du juge, lequel, en sollicitant la loi, les usages et l'équité, se borne à faire en sorte que l'accord dont les parties sont convenues soit conforme au modèle de convention auquel il correspond »[7]. Le juge, lorsqu'il désire ajouter au contrat de nouvelles obligations, doit respecter ce qui est choisi par les parties. Ce respect concerne en effet l'esprit du contrat plutôt que sa lettre. Il s'inspire de ce qui est exprimé par les parties pour déduire ce qui devrait y être adjoint.

---

[1] Terme emprunté à M. Denis Berthiau, Le principe d'égalité et le droit civil des contrats, éd. LGDJ 1997, p. 335, n° 635. L'auteur précise que l'article 1135 du Code civil constitue une délégation générale d'équité au juge.

[2] Chr. Lapoyade Deschamps, note sous Cass. 1re civ. 26 février 1991, D. 1991, Juri. p. 605, spéc. p. 606.

[3] PICOD, Y., Juris-classeur civil – articles 1134 à 1135. Effet obligatoire des conventions – exécution de bonne foi des conventions, n° 62.

[4] PICOD, Y., Juris-classeur civil – articles 1134 à 1135. Effet obligatoire des conventions – exécution de bonne foi des conventions, n° 62.

[5] JACQUES, Ph., Regards sur l'article 1135 du Code civil, éd. Dalloz 2005, p. 709, n° 333.

[6] JACQUES, Ph., Regards sur l'article 1135 du Code civil, éd. Dalloz 2005, p. 349, n° 174.

[7] MAZEAUD, D., Le juge et le contrat : variations optimistes pour un couple illégitime, *In* Mélanges J.-L. Aubert, éd. Dalloz 2008, éd. Dalloz 2005, p. 235, spéc. p. 244, n° 14.

563. Le Doyen Gabriel Marty avait depuis longtemps observé : « c'est par le contrat, dans ce qu'il a de plus contractuel, c'est-à-dire par la volonté, que le juge s'efforce d'aller au-delà du contrat »[1]. Dans ce cadre, certains auteurs ont pu déduire de l'article 1135 *in limine* une condition supplémentaire de son application, ce qui est déclaré détermine ce qui va être ajouté[2]. En effet, cette condition est parfaitement logique ; elle est déduite d'une interdiction pour le juge de dénaturer ce qui est clair dans un contrat. La jurisprudence française l'a déjà annoncé depuis un certain temps en affirmant que « le juge ne saurait faire état de l'équité et de l'usage pour soustraire l'un des contractants à l'accomplissement des engagements clairs et précis qu'il a librement assumés »[3]. Dans ce même d'ordre d'idées, un auteur a souligné : « il est sans doute excessif de concevoir l'article 1135 comme un outil d'élargissement inconsidéré du champ contractuel. Si ce texte permet de compléter le contenu du contrat, c'est en considération de la finalité de ce que les parties sont convenues »[4].
Le juge doit donc respecter ce qui est clair dans le contrat non seulement lorsqu'il interprète mais aussi lorsqu'il ajoute au contrat sous le visa de l'article 1135 du Code civil ou encore sur l'article 243 du Code des obligations et des contrats.

564. Toutefois, cette obligation de respect ne se conçoit pas d'une façon rigide, mais d'une façon souple permettant au juge d'outrepasser la lettre pour ne vénérer que l'esprit. Il peut ainsi considérer qu'une clause est réputée non écrite même si elle est claire et précise tant qu'elle déséquilibre manifestement un contrat[5]. Il peut aussi dans un souci d'établir l'harmonie dans le contenu contractuel, biffer[6] du contenu du contrat une clause manifestement discordante avec l'esprit du contrat ou qui anéantit une obligation fondamentale dans un contrat.
Ainsi, ce qui est le plus important pour le juge, c'est de ne pas dénaturer le contrat en le conduisant dans un sens qui s'accommode peu avec son esprit et avec l'objectif dont les parties ont fait le dessein. Mohamed Hammouda souligne dans ce sens que le juge, lorsqu'il intervient sous le visa de l'article

---

[1] J. Marty, Le rôle du juge dans l'interprétation des contrats, TAHC 1949, spéc. p. 96.
[2] MOULY-GUILLEMAUD, C., Retour dur l'article 1135 du Code civil. Une nouvelle source du contenu contractuel, éd. LGDJ 2006, p. 118, n° 110.
[3] Cass. com. 2 décembre 1947, GP 1948, I, p. 36.
[4] GUEZ, Ph., Dépôt nécessaire ou obligation accessoire de surveillance ? (A propos de la remise d'une bague dans un salon de manucure (Cass. 1re civ. 8 février 2005), LPA, 31 janvier 2006, p. 19, spéc. n° 10).
[5] C'est la question des clauses abusives. Pour la question de la sanction de « réputée non écrite », consulter surtout la thèse de : Sophie Gaudemet, La clause réputée non écrite, éd. Economica 2006.
[6] Le terme est emprunté au Professeur Philippe Delebecque, Que reste-t-il du principe de la validité des clauses de responsabilité ? D. Affaires, n° 8 1997, p. 23, spéc. p. 24.

243 du Code des obligations et des contrats, doit favoriser l'esprit du contrat sur sa lettre[1].
La Cour de cassation tunisienne recommande au juge de fond d'ajouter au contrat les obligations ou les suites qui s'accommodent avec sa nature et son esprit. Elle assure que « le contrat de vente doit être exécuté avec toutes les suites que commandent son esprit et de son objectif »[2]. Cette limite est inhérente même à l'idée d'enrichissement qui ne permet que de compléter ce qui est voulu par les parties en permettant au juge de compléter l'ébauche de l'opération que les parties désirent implicitement accomplir.
Aux parties, il incombe une obligation de clarté permettant au juge de comprendre ce qu'elles veulent du contrat. L'enrichissement du contrat ne sera efficace et aisé que si le juge parvient à savoir ce que les parties entendent et attendent de leur contrat. En l'absence de cette intelligibilité du contenu contractuel explicité par les parties, le juge ne peut rien faire au contrat et son enrichissement peut être impossible, du moins périlleux.

En somme, la nature du contrat choisie par les parties s'impose dans une certaine mesure au juge. Il doit la respecter lorsqu'il estime qu'un contrat est lacunaire et qu'il mérite par conséquent d'être enrichi. Cette opération ne doit en aucun cas s'éloigner de son objectif essentiel sous peine d'être annulée par la Cour de cassation. Certains auteurs avancent dans ce domaine le contrôle de la Cour de cassation comme une garantie de la bonne application de l'article 1135 du Code civil[3].
Cette solution s'impose d'autant qu'on assiste de plus en plus à un foisonnement de clauses interdisant au juge de s'immiscer au sein du contenu contractuel, ce qui constitue un cas de résistance des parties à l'adjonction des obligations que prévoit l'article 1135 du Code civil ou l'article 243 du Code des obligations et des contrats.

b – L'obstacle tenant à la résistance des parties

565. La résistance des parties constitue un second obstacle à une intervention du juge en vue de parachever un contenu contractuel lacunaire. Cette résistance des

[1]HAMMOUDA, M., De l'exécution de l'obligation avec loyauté *In* Mélanges S. Ben Halima, éd. CPU 2005, p. 1031, spéc. p. 1063.
[2] Cass. civ (tn). n° 3928 du 12 octobre 1982, Bull. 1982, III, p. 151. Voir aussi : HAMMOUDA, M., De l'exécution de l'obligation avec loyauté *In* Mélanges S. Ben Halima, éd. CPU 2005, p. 1031, spéc. p. 1071 qui cite d'autres arrêts de la jurisprudence tunisienne.
[3] PICOD, Y., Juris-classeur civil – articles 1134 à 1135. Effet obligatoire des conventions – exécution de bonne foi des conventions, n° 62. Voir aussi sur ce point : STARCK, B., ROLAND. H. et BOYER, L., Droit civil, Les obligations, 2. Contrat, éd. Litec 1998, p. 76, n° 212.

parties est qualifiée d'*imperium des parties*[1] par opposition à l'imperium qu'exerce normalement le juge[2].
Le contrat, même s'il voit son analyse évoluer, demeure toujours la chose des parties contractantes et personne ne peut facilement accéder à cet *antre*. Partant de ce postulat, les parties peuvent écarter l'application de certaines règles légales qui ne sont que supplétives. Elles peuvent aussi imposer au juge une signification qu'elles arrêtent dans leur contrat ou encore lui interdire formellement toute intervention au sein de ce contrat.
Dans le cadre de la résistance des parties au pouvoir qu'accordent les articles 1135 du Code civil et 243 *in fine* du Code des obligations et des contrats, il est plausible de distinguer deux formes de résistance : les clauses d'exclusion d'application de ces articles (α) et les clauses d'intégralité (β).

α – Les clauses d'exclusion d'application des articles 1135 et 243

566. Discuter de l'effet de ces clauses par lesquelles les parties tendent à exclure l'application des articles 1135 du Code civil ou 243 du Code des obligations et des contrats, pose avant tout la question de la nature juridique de l'article 1135 du Code civil ou celle de son similaire 243 *in fine* du Code des obligations et des contrats ; représentent-ils des règles supplétives ou impératives ?
Cette dichotomie classique, encore poursuivie, entre règles supplétives et règles impératives, qui suscite toujours l'attention[3], est basée essentiellement sur le caractère contraignant ou la force obligatoire de chacune de ces deux règles. Elle est aussi déduite d'une lecture a contrario de l'article 6 du Code civil qui dispose qu'« on ne peut déroger, par des conventions particulières, aux lois qui intéressent l'ordre public et les bonnes mœurs »[4].
Partant de cet article, l'on peut déduire l'existence de deux catégories de règles, une à laquelle on ne peut pas déroger et une autre dont on peut écarter l'application. Une règle impérative est celle à laquelle « la volonté individuelle ne peut déroger »[5]. C'est une règle qui s'impose aux parties et leur volonté ne peut la décliner. Cette règle est souvent confondue avec les règles d'ordre public[6].

---

[1] LAMOUREUX, M., L'aménagement des pouvoirs du juge par les contractants. Recherche sur un possible imperium des contractants, éd. PUAM 2006.
[2] Sur l'imperium du juge de façon générale, consulter à titre d'exemple : DESOLNEUX, M.-F., L'imperium du juge, RJC n° 11 du 01 novembre 1995, p. 98.
[3] Une thèse récente est consacrée à cette question : PERES-DOURDOU, C., La règle supplétive, éd. LGDJ 2004.
[4] L'article 6 du Code civil n'a pas de similaire en droit tunisien, toutefois, il est à rapprocher de l'article 117 du Code des obligations et des contrats.
[5] Vocabulaire juridique de G. Cornu, Association Henri Capitant, éd. PUF 2007.
[6] Cette distinction entre règles impératives et règles d'ordre public a suscité beaucoup d'engouement en droit français, surtout en droit international privé. D'un autre côté, la notion de l'ordre public a subi elle-même une évolution avérée, au lieu d'un seul ordre public, on se trouve de nos jours devant toute une gamme à intensité variée. Voir sur ce point l'étude récente de Mme

567. Aux antipodes de cette règle impérative, se trouve la règle supplétive qui ne s'impose aux parties qu'à défaut d'une solution différente. Elle « se dit d'une règle applicable à défaut d'autres dispositions, légales ou conventionnelles »[1]. Elle se dit encore « d'une loi applicable dans le silence des parties, c'est-à-dire, en l'absence d'un choix volontaire différent de leur part, fonction de suppléance qui manifeste la valeur du modèle proposé à défaut de volonté contraire »[2]. La même idée est analysée par le Doyen Jean Carbonnier lorsqu'il affirme qu'il est des lois qui ne s'appliquent aux individus qu'autant qu'ils n'ont pas manifesté de volonté différente[3].
Un auteur ajoute aussi dans ce même contexte : « la règle supplétive de volonté n'est autre que la suppléance du vouloir individuel saisie par la règle de droit. A ce titre, elle forme donc un remède objectif que l'ordre juridique, conscient de l'étendue circonscrite de la prévoyance humaine, prévoit et applique lorsque les individus, alors qu'ils disposaient d'une liberté de principe à cet effet, n'ont pas manifesté leur volonté de définir eux-mêmes le contenu d'un acte juridique »[4].
La règle supplétive est une règle à l'application de laquelle on peut échapper[5] en choisissant une solution différente, mais à défaut d'un tel choix, elle retrouve sa pleine force et s'impose normalement aux parties. La règle supplétive apparaît ainsi comme celle dont l'application ne se fait pas d'office, mais par défaut[6].
Jean Carbonnier ajoute, dans ce même cadre, que dans le contenu contractuel, il existe une fraction du contrat qu'on ne choisit pas, « consentie par le seul silence, le seul fait de n'avoir pas dit le contraire »[7]. Les parties contractantes, lorsqu'elles ne sont pas précises ou si elles se contentent de dire l'essentiel, un ensemble de règles juridiques s'ajoutent automatiquement au contenu de leur contrat, ce sont les règles supplétives. Généralement, la majorité de la réglementation des contrats nommés est supplétive de telle sorte qu'elle ne s'applique qu'en cas de défaut d'une solution contraire choisie par les parties[8].

568. Dans l'optique de cette étude, ce qui nous intéresse le plus, c'est de savoir si l'article 1135 constitue une règle supplétive que les parties peuvent écarter ou une règle impérative qui s'impose aux parties. Les parties peuvent-elles écarter

---

FAUVARQUE-COSSON, B., L'ordre public : 1804-2004, Le Code civil, un passé, un présent, un avenir, Université Paris 2, éd. Dalloz 2004, p. 473.
[1] Vocabulaire juridique de G. Cornu, Association Henri Capitant, éd. PUF 2007.
[2] Vocabulaire juridique de G. Cornu, Association Henri Capitant, éd. PUF 2007.
[3] CARBONNIER, J., Droit civil, Introduction, éd. PUF 2002, p. 237, n° 126.
[4] PERES-DOURDOU, C., La règle supplétive, éd. LGDJ 2004, p. 370, n° 394.
[5] LARROUMET, Ch., Droit civil, Tome 1, Introduction à l'étude du droit privé, éd. Economica 2006, p. 26, n° 47
[6] PERES-DOURDOU, C., La règle supplétive, éd. LGDJ 2004, p. 370, n° 394.
[7] CARBONNIER, J., Droit civil, Tome 4, Les obligations, éd. PUF 1996, n° 34, p. 82.
[8] Cette affirmation est en effet à nuancer car beaucoup de règles relatives aux contrats nommés sont impératives.

l'application de l'article 1135 du Code civil ou son similaire de l'article 243 du Code des obligations et des contrats ?
Cette question est en effet étroitement liée aux différentes analyses doctrinales du contrat. Pour ceux qui soutiennent une analyse purement volontariste du contrat, l'article 1135 du Code civil n'est qu'une simple règle supplétive dont l'application dépend de la volonté des parties. La volonté de rester cohérent justifie cette analyse de la force obligatoire de l'article 1135 du Code civil[1]. Pour ceux qui considèrent que le contrat est le lieu de confluence d'une variété d'idées et de principes, les choses ne vont pas de la même façon.

569. Passons au vif de la discussion ; pour François Laurent, l'article 1135 est supplétif et son application peut être exclue par une volonté expresse des parties. Cet auteur avait observé : « autre est la question de savoir si l'on doit suivre l'équité et l'usage par préférence aux clauses contractuelles. En règle générale, il faut répondre négativement. Si les conventions obligent aux suites que l'équité et l'usage donnent à l'obligation d'après sa nature, c'est que telle est la volonté tacite des parties contractantes. Or quand elles ont réglé leur convention, il y a une volonté expresse, et l'on ne peut invoquer la volonté tacite contre la volonté expresse »[2]. La même idée est également vérifiable chez Marcadé qui avait remarqué : « cette idée que les conventions doivent s'apprécier de bonne foi et recevoir tous les effets qu'il a été dans l'intention des parties de leur donner. Cette intention n'est pas seulement dans les termes de l'écrit constatant la convention qu'il faut la rechercher ; c'est aussi dans les principes de l'équité, dans l'usage pays, dans les règles générales de la loi, auxquelles les parties n'auraient pas manqué de déroger par une déclaration expresse, si elles n'avaient pas entendu s'y conformer »[3]. Pour les auteurs G. Baudry – Lacantinerie et L. Barde « pour que l'article 1135 soit applicable, il faut que la volonté des parties ne s'y oppose pas »[4]. A partir de ces affirmations, l'on peut avancer qu'aux yeux de ces auteurs, l'article 1135 constitue une règle supplétive dont les parties peuvent en écarter l'application. G. Baudry – Lacantinerie et L. Barde s'expliquent en affirmant que « lorsque les parties ont exprimé leur volonté sur un certain point, la question de savoir si un usage

[1] Voir sur ce point surtout : GHESTIN, J., Chr. Jamin et M. Billiau, Traité de droit civil, Les effets du contrat, éd. LGDJ 2001, p. 58, n° 42.
[2] LAURENT, F., Principes de droit civil français, Tome 6, éd. Bruylant-Christophe et Librairie A. Marescq. Ainé 1878, p. 244, n° 182. L'auteur souligne également que dans certains cas l'usage doit l'emporter sur la volonté expresse des parties : « Il y a toutefois des contrats dans l'exécution desquels nous donnerions la préférence à l'usage sur les clauses mêmes de l'acte. Tels sont les contrats d'assurance » (p. 244-245, n° 182).
[3] MARCADE, V.,Explication théorique et pratique du Code civil, éd. Delamotte 1873, Tome 4 (articles 967 à 1314), p. 404, n° 467.
[4] BAUDRY-LACANTINERIE, G et BARDE, L, Traité théorique et pratique de droit civil, Les obligations, Tome 1er, éd. Librairie de la Société du Recueil Général des Lois et des Arrêts et du journal du Palais, Paris 1897, n° 343, p. 320, n° 343.

contraire doit s'appliquer ne se pose pas »[1]. Ainsi, l'article 1135 ne s'applique ainsi qu'à défaut d'une volonté contraire des parties. Un relent de volontarisme est évident à travers cette position ; à défaut de volonté expresse, les parties sont censées se référer aux règles supplétives[2].
Non très loin de cette position, une frange de la doctrine française précise que les parties peuvent écarter l'application de l'article 1135 du Code civil, sauf qu'il faut une manifestation expresse de volonté pour l'exclure[3] et éviter ses préceptes. A travers toutes ces analyses, l'article 1135 du Code civil semble être une règle supplétive[4] que les parties peuvent exclure.
Au contraire de cette position, certains auteurs affirment que l'article 1135 du Code civil français constitue « un complément indispensable de la liberté contractuelle »[5].
Il s'ensuit que l'article 1135 du Code civil, et les suites qu'il ordonne d'ajouter au contrat, constituent quelque chose d'impératif qui s'impose aux parties et elles ne peuvent normalement pas y échapper. Cette dernière position paraît dans une certaine mesure défendable, car si l'on admet que l'article 1135 est une règle supplétive dont l'application peut être gênée par la convention des parties, il faut se résigner à admettre de voir des contrats bancals dont le contenu est tronqué, ne permettant pas la réalisation des finalités assignées par les contractants ou l'un d'entre eux. Il faut aussi se résigner à tolérer qu'un contractant puisse tromper les attentes légitimes de son partenaire.

570. L'article 1135 du Code civil et son similaire tunisien 243 *in fine* du Code des obligations et des contrats apparaissent logiquement comme impératifs, s'imposant aux parties qui ne peuvent pas les exclure de leur contrat. Cette constatation est en effet conforme, même avec les termes utilisés par lesdits articles, le temps utilisé étant l'impératif qui ne laisse la possibilité ni aux parties ni au juge d'hésiter sur la nature de sa force obligatoire.
On peut ainsi déduire la nullité des clauses qui excluent la bonne foi de la sphère contractuelle ou celles qui excluent les suites commandées par l'équité sont d'ordre public[6].

---

[1] BAUDRY-LACANTINERIE, G et BARDE, L, Traité théorique et pratique de droit civil, Les obligations Tome I, éd. Librairie de la Société du Recueil Général des Lois et des Arrêts et du journal du Palais, Paris 1897, n° 343, p. 320, n° 343.
[2] GHESTIN, J., Chr. Jamin et M. Billiau, Traité de droit civil, Les effets du contrat, éd. LGDJ 2001, p. 58, n° 42
[3] VOIRIN, P. et GOUBEAUX, G., Droit civil, Personnes, Famille, Personnes protégées, Biens, Obligations, Sûretés, Tome 1, éd. LGDJ 2007, p. 407, n° 902.
[4] PICOD, Y., Le devoir de loyauté dans l'exécution du contrat, éd. LGDJ 1989, p. 92, n°79. Cet auteur précise que : « cet article – 1135 – est toutefois considéré par la doctrine classique et moderne comme supplétif ».
[5] LE TOURNEAU, Ph., Droit de la responsabilité et des contrats, éd. Dalloz 2008/2009, p. 827, n° 3207-1.
[6] BENABENT, A., Droit civil, Les obligations, éd. Montchrestien 2007, p. 225, n° 286.

571. La jurisprudence, même si elle ne s'est prononcée de façon expresse ni sur la nature de l'article 1135 ni sur l'exigence de bonne foi de l'article 1134 *in fine,* a annulé à plusieurs reprises des clauses excluant certaines suites du contrat déduites de ces préceptes. Il en est ainsi de celles qui excluent les obligations de sécurité, de renseignement ou de conseil du contenu d'un contrat[1]. Monsieur Philippe Delebecque, commentant un arrêt de la Cour de cassation statuant sur la validité d'une clause exonérant un professionnel d'un devoir de conseil, a affirmé : « une clause éludant le devoir de conseil de tel ou tel professionnel doit certainement être combattue. Ce que la jurisprudence fait, les parties ne peuvent le défaire. En outre, le devoir de conseil participe de l'ordre public de protection ce qui condamne toutes les clauses qui chercheraient à l'éradiquer »[2]. La même position a également été adoptée vis-à-vis d'une clause qui écarte une obligation de surveillance[3].
Il s'ensuit que les obligations que le juge ajoute au contrat au visa de l'article 1135 du Code civil ou même de l'alinéa 3 de l'article 1134 sont d'ordre public. On ne saurait par une clause du contrat exclure l'équité et les obligations qui en découlent, pas plus que la bonne foi[4]. Le Doyen Jacques Mestre a récemment observé qu'il était « inconcevable qu'une clause contractuelle puisse valablement mettre entre parenthèses directement ou indirectement l'exigence de la bonne foi »[5].
D'autres auteurs ont affirmé qu'il était difficile d'admettre que les parties peuvent écarter, même par une clause expresse[6] les obligations créées par la jurisprudence au nom de l'équité et de la bonne foi. Ces obligations ne sont pas sous l'emprise de la volonté des parties[7]. Un auteur a récemment approuvé cette discussion en affirmant : « l'exigence de loyauté est dotée d'une portée impérative en droit positif, entendons par là que les contractants ne peuvent pas l'éliminer, ni même l'aménager conventionnellement »[8]. Monsieur Denis Mazeaud cite à l'appui de son idée Domat qui précisait : « la liberté d'augmenter, ou de diminuer les engagements est toujours bornée à ce qui se

---

[1] Voir à titre d'exemple : Cass. civ. 1re, 2 décembre 1997, Defrénois 1998, p. 330, obs. DELEBECQUE, Ph., . Voir aussi sur ce point : VINEY, G. et JOURDAIN, P., Les conditions de la responsabilité, éd. LGDJ 2006, p. 500 – 501, n° 517 – 518.

[2] DELEBECQUE, Ph., note sous Cass. civ. 1re, 2 décembre 1997, Defrénois 1998, p. 330, spéc. p. 331.

[3] Cass. civ. 1re, 1er mars 1998, Bull. civ. I, n° 57 (cité par BENABENT, A., op. cit., p. 226, n° 286).

[4] BENABENT, A., Droit civil, Les obligations, éd. Montchrestien 2007, p. 225, n° 286.

[5] MESTRE, J., Pour un principe directeur de bonne foi mieux précisé, RLDC 2009, n° 58, p. 7, spéc. 9.

[6] VINEY, G. et JOURDAIN, P., Les conditions de la responsabilité, éd. LGDJ 2006, p. 500, n° 516.

[7] VINEY, G. et JOURDAIN, P., Les conditions de la responsabilité, éd. LGDJ 2006, p. 500, n° 516.

[8] MAZEAUD, D., La réforme du droit des contrats en question…, *In* Mélanges J. Héron, éd. LGDJ 2008, p. 347, spéc. p. 363, n° 23.

peut dans la bonne foy»[1]. Cependant, les parties peuvent jouer sur la portée et l'intensité des obligations[2]. Elles ne sont pourtant pas entièrement maîtresses de la liste des obligations attachées au contrat[3]. Il en ressort ainsi qu'un réel souci de justice et de sécurité juridique impose de ne pas ranger l'article 1135 parmi les règles supplétives.

572. Cette même idée est aussi soutenue par une frange de la doctrine tunisienne qui avoue que l'article 243 du Code des obligations et des contrats est un texte à caractère impératif que les parties ne peuvent ni exclure ni en limiter la portée[4]. Mohamed Zine, sans l'avouer expressément, a signalé que les suites que commande l'article 243 in fine du Code des obligations et des contrats s'ajoutent impérativement au contenu du contrat[5]. Un autre auteur tunisien, sans parler de l'intégralité des suites que préconise l'article 243, précise que l'obligation d'information du dépositaire, qu'il fonde sur ledit article 243, constitue une obligation d'ordre public qui s'impose aux parties[6].
Le professeur Sami Jerbi a abordé la question dans sa thèse portant sur l'interprétation du contrat, sans préciser sa position ; il s'est contenté de citer le débat qui alimente cette question[7]. Cet auteur affirme en fait que la bonne foi et l'équité sont des valeurs supérieures, allant au-delà de la volonté des parties[8], ce qui sous-tend une position a priori hostile aux clauses excluant l'application des suites prévues à l'article 234 *in fine*. D'ailleurs, le même auteur souligne que la volonté ne peut ni les exclure ni choisir une solution qui leur contrevient[9]. Le

---

[1] Domat cité par MAZEAUD, D., art. préc., p. 363, n° 23.

[2] En modifiant l'intensité de cette obligation dans le sens de l'aggravation, d'une obligation de moyens, on passe à une obligation de résultat, ou dans le sens de l'allégement en atténuant son intensité, de résultat à une autre de moyens. Dans ce cadre se pose surtout l'idée de l'obligation fondamentale comme limite à cette action portée par les parties. Voir sur ce dernier point surtout : DELEBECQUE, Ph., Les clauses allégeant les obligations dans le contrat, Thèse Aix-Marseille, 1981, p. 469, n° 411. Le professeur Philippe Delebecque précise également que « les parties devraient, cependant, conserver la possibilité de délimiter l'entendue de l'obligation » (note sous Cass. civ. 1re, 2 décembre 1997, Defrénois 1998, p. 331). Voir aussi sur ce même point : VINEY, G. et JOURDAIN, P., Les conditions de la responsabilité, éd. LGDJ 2006, p. 502, n° 519 et suivants.

[3] VINEY, G. et JOURDAIN, P., Les conditions de la responsabilité, éd. LGDJ 2006, p. 502, n° 518.

[4] HAMMOUDA, M., De l'exécution de l'obligation avec loyauté *In* Mélanges S. Ben Halima, éd. CPU 2005, p. 1031, spéc. p. 1032.

[5] ZINE, M., Théorie générale des obligations, 1 – Le contrat, éd. Tunis 1993, p. 270, n° 363.

[6] REKIK, N., Le contrat de dépôt et la prolifération des textes juridiques, RJL décembre 2006, p. 35, spéc. p.54, n° 26.

[7] JERBI, S., L'interprétation du contrat (en arabe), éd. CPU 1999, p. 381, n° 317. Cet auteur tunisien présente les suites du contrat commandées par l'article 243 du Code des obligations et des contrats comme une suite à la volonté des parties. Il précise également que les notions de bonne foi et d'équité sont des notions impératives (p. 611, n° 451).

[8] JERBI, S., L'interprétation du contrat, éd. CPU 1999, p. 382, n° 317.

[9] JERBI, S., L'interprétation du contrat, op. cit., p. 382, n° 317.

professeur Mohamed Mahfoud laisse entendre de son côté que les suites contractuelles sont impératives du fait que le juge impose aux parties[1].
Quant à la jurisprudence tunisienne, connue souvent par la suprématie qu'elle accorde aux valeurs morales[2], équité et bonne foi, elle devrait normalement annuler les clauses qui excluent la bonne foi de la sphère du contrat. Ce pronostic, vu l'absence de jurisprudence publiée dans ce sens, semble être altéré par un arrêt rendu par la Cour de cassation tunisienne. Dans cet arrêt qui date du 1er novembre 1996, la Cour sans se prononcer directement sur la force obligatoire de l'article 243 du C.o.c et les préceptes qu'il renferme, a déclaré irrecevable pour un plaidant de soulever pour la première fois au stade de la cassation, un nouveau moyen consistant dans le manquement de son cocontractant à la bonne foi que prévoit l'article 243 du Code des obligations et des contrats. Un tel article ne concerne pas l'ordre public pour être soulevé pour la première fois devant la Cour de cassation. La Cour annonce que « l'article 243 ne concerne pas les conditions du contrat mais uniquement l'exécution du contrat avec bonne foi ». Cet arrêt nous permet de déduire que la Cour de cassation tunisienne qualifie cet article et le précepte qu'il commande de supplétif, ce qui permet de prévoir la validité des clauses excluant l'application des dispositions de l'article 243 du C.o.c[3].
Cet arrêt de la Cour de cassation tunisienne n'est qu'un arrêt isolé, incapable de constituer une jurisprudence favorable aux clauses d'exclusion d'application de l'article 243 du C.o.c et de ses préceptes.

573. En effet, il apparaît que l'interdiction de l'exclusion du jeu de l'article 243 *in fine* du Code des obligations et des contrats, est une idée en parfaite harmonie avec les termes, très fermes, utilisés par ledit article 243 qui laissent penser que l'article bénéficie d'un caractère d'ordre public. Cette même position est aussi soutenue en droit français par Philippe Jacques qui estime que « l'article 1135 nous paraît devoir être considéré comme une loi impérative»[4].

574. Dans cette même perspective, il paraît utile de souligner qu'il existe des obligations qui doivent impérativement s'adjoindre au contenu contractuel arrêté par les parties contractantes. Ces obligations sont celles que la loi préconise pour certains types de contrats. Il s'agit des règles impératives qui s'ajoutent d'office au contenu contractuel annihilant toute clause contraire. Ces

---

[1] MAHFOUD, M., Théorie des suites du contrat, RJL juin 2008, p. 99, spéc. p. 100.
[2] Voir sur ce point : JERBI, S., L'interprétation du contrat, op. cit., p. 382, n° 317.
[3] Cass. civ (tn). n° 31569 du 1er novembre 1996, RJL 1997, n° 6, p. 145.
[4] JACQUES, Ph., Regards sur l'article 1135 du Code civil, éd. Dalloz 2005, p. 929, n° 439. Cet auteur établit ensuite une nuance entre le mécanisme d'ajout qui est impératif et les différentes suites qu'il commande d'ajouter, qui ne sont pas toutes impératives.

obligations sont des *compléments impératifs*[1] s'ajoutant au contrat indépendamment de toute volonté des parties.
En effet, les obligations d'ordre public ne cessent de foisonner dans les contrats, ce qui rétrécit sensiblement la marge de manœuvre de la volonté des parties. On cite ici l'effet indéniable de la notion d'ordre public de protection, qui ne cesse de prendre de l'ampleur et qui rétrécit sensiblement la place laissée à la volonté des parties[2]. Ces obligations, s'ajoutant autoritairement au contenu du contrat, abstraction faite de toute volonté contraire, ne sont autres que celles dites *essentialias* visées par Pothier dans ses analyses ; elles s'ajoutent obligatoirement à l'accord des parties. Ces obligations ne peuvent pas être exclues du contrat sans l'endommager et perturber sa nature intrinsèque.

575. Un arrêt plus ou moins récent, rendu par la Cour cassation française laisse planer un certain scepticisme concernant la force obligatoire de l'article 1135 du Code civil[3]. Dans cet arrêt, la Cour de cassation a donné plein effet à une clause contractuelle interdisant d'adjoindre au contrat les suites nées de l'usage. L'arrêt concerne la cession d'un droit d'auteur.
En effet, une agence de photographie a accordé à un éditeur de presse la possibilité de la reproduction des clichés sur la couverture d'une revue de cinéma. Peu après cette autorisation, l'agence de photographie avait découvert l'utilisation des clichés dans des affiches scotchées dans des kiosques. Cette pratique est en effet d'usage dans le domaine de la presse et de la publicité. En saisissant les tribunaux, l'agence de photographie a soutenu l'idée que cette pratique, même si elle est d'usage, n'a pas été autorisée par l'auteur, constituant ainsi une atteinte aux droits d'auteur qu'elle ne saurait tolérer. Qui plus est, cette pratique est exclue expressément par le contrat de cession qui contient une clause stipulant qu'aucune des photographies ne peut être utilisée à des fins publicitaires sans l'autorisation écrite de l'agence.
En réponse à ces allégations, la Cour de cassation a annoncé : « la prohibition contractuelle de l'emploi publicitaire d'un cliché dont le droit de reproduction avait été acquis pour illustrer la couverture d'un magazine ne s'étend pas, eu égard à la suite que l'usage donne à l'obligation d'après sa nature et sauf clause contraire spéciale expresse non relevée en l'espèce, à l'exposition de celle-là lorsqu'elle est faite pour la promotion de vente de celui-ci ».
La Cour de cassation s'éloigne dans cet arrêt d'une jurisprudence souvent poursuivie en matière de droits d'auteur qui commande une interprétation

---

[1] BENABENT, A., Droit civil, Les obligations, éd. Montchrestien 2007, p. 218, n° 279.
[2] Sur ce point, voir pour le droit tunisien : HAMMOUDA, M., De l'exécution de l'obligation avec loyauté *In* Mélanges S. Ben Halima, éd. CPU 2005, p. 1031, spéc. p. 1032 qui explique le caractère d'ordre public de l'obligation de bonne foi et de l'article 243 du Code des obligations et des contrats par son application entre autres en matière de protection du consommateur.
[3] Cass. civ. 1re, 15 mai 2002, n° 99 – 21.090, Bull. civ. I, n° 130, JCP E 2002, n° 1121, note Chr. Caron (L'article 1135 du Code civil au pays du droit d'auteur : boîte à merveilles ou boîte de Pandore ?).

restrictive des termes des contrats s'y rapportant[1]. Cet arrêt, qui produisit selon certains auteurs l'effet d'un miracle[2], a été rendu sous le visa de l'article 1135 du Code civil. Au nom de cet article, la Cour déduit que l'exploitation contestée doit être incluse dans la cession initiale car il est, en quelque sorte, d'usage qu'elle le soit[3].

576. A partir de cet arrêt, certains auteurs ont pu déduire que les suites commandées par l'article 1135 n'ont pas la même force obligatoire. Mlle Marie Lamoureux précise dans ce sens que seules les suites de l'équité s'imposent aux parties. Elles ne sauraient être exclues par les clauses contractuelles. Concernant les autres suites à l'instar de celles commandées par l'usage, elles peuvent êtres exclues[4]. Cet auteur justifie son opinion par le lien que noue constamment la jurisprudence entre l'équité et la bonne foi du dernier alinéa de l'article 1134 du Code civil[5].
Il est utile de signaler, à cet égard, qu'il ne faut trop exagérer sur l'utilité de cet arrêt. Celui-ci est conforme à l'article L. 131-3 du Code de la propriété intellectuelle qui préconise en matière de cession des droits d'auteur que : « la transmission des droits de l'auteur est subordonnée à la condition que chacun des droits cédés fasse l'objet d'une mention distincte dans l'acte de cession et que le domaine d'exploitation des droits cédés soit déterminé quant à son étendue et à sa destination, quant au lieu et quant à la durée ». Cet article exige ainsi une précision dans la cession des droits d'exploitation dont l'absence ne signifie que l'application des règles du droit commun, c'est-à-dire essentiellement l'article 1135 du Code civil pour statuer sur un éventuel problème relatif à l'étendue d'une cession.
La Cour de cassation, dans l'arrêt du 15 mai 2002 n'a fait qu'appliquer l'article L. 131-3 du Code de la propriété intellectuelle. C'est un argument juridique qui vient au soutien de la solution adoptée par la Cour de cassation de cet arrêt[6]. Il s'ensuit que, dans cette position de la Cour de cassation, ce qui est visé, ce n'est pas l'article 1135 du Code civil, et ce n'est pas lui non plus qui pourrait être exclu par une clause expresse, c'est l'article L. 131-3 du Code de la propriété, qui trouve ici sa pleine application, même s'il n'a pas été expressément cité. Pour cette raison, il ne faut pas en tirer trop de leçons et ni en étendre l'application. Il n'incarne qu'une solution spéciale qui ne saurait être généralisée. D'ailleurs, même les spécialistes du droit d'auteur ne souhaitent pas que cette utilisation de l'article 1135 du Code civil soit généralisée en cette

---

[1] Chr. Caron, note précitée et les références qui y sont citées.
[2] Chr. Caron, note précitée.
[3] Chr. Caron, note précitée.
[4] LAMOUREUX, M., La clause d'intégralité en droits français, anglais et américain, RLDC, n° 35, février 2007, p. 35 , spéc. n° 10.
[5] LAMOUREUX, M., La clause d'intégralité en droits français, anglais et américain, RLDC, n° 35, février 2007, p. 35 , spéc. n° 11.
[6] Chr. Caron, note précitée.

matière. Un auteur désire que « l'intervention de l'article 1135 ne soit que ponctuelle, voire chirurgicale, sauf à ruiner les grands équilibres du droit d'auteur »[1].

577. Dans le cadre de l'enrichissement que permet l'article 1135 du Code civil, il n'est pas plausible de faire la distinction, comme l'a fait un auteur[2], entre les compléments supplétifs que les parties peuvent écarter et d'autres, impératifs, s'imposant aux parties, et pour lesquels une volonté contraire n'est pas possible. Cette analyse ne fait qu' « amputer véritablement l'article 1135 »[3]. Cet article du Code civil est un tout homogène qu'il faut soumettre au même régime. La philosophie qu'il véhicule interdit normalement qu'on nuance entre les différentes suites qu'il ordonne d'adjoindre au contrat.
Une distinction entre la force des différentes suites ne fait que ternir et évanouir l'effet de l'article 1135, qui doit normalement être couvert par la même force obligatoire accordée au contenant car il ne fait en réalité que lui préciser le contenu. L'article 1135 du Code civil tire sa force obligatoire de l'article le précédant ; il met en évidence le fait que « l'effet obligatoire du contrat s'exerce sur une plus grande assiette »[4], c'est un « élargissement matériel ... du rayonnement obligatoire du contrat »[5]. C'est également l'idée de Toullier et de Duvergier qui avaient observé : « les obligations qui résultent des clauses sous-entendues par la loi, l'usage et l'équité, n'ont pas moins de force que celles qui résultent des clauses expressément insérées dans le contrat. Les parties ont dû connaître quelles étaient les obligations accessoires de leur convention ; elles sont censées s'y être expressément soumises »[6].
Par ailleurs, la clause contractuelle qui exclut l'application de l'article 1135 ou celle de l'article 243 *in fine* du Code des obligations et des contrats, peut être annulée puisqu'elle est contraire aux bonnes mœurs et à la loi (ici le mot loi renvoie aux articles 1135 et 243)[7].

---

[1] Chr. Caron, note précitée.
[2] BENABENT, A., Droit civil, Les obligations, éd. Montchrestien 2007. Cet auteur distingue compléments supplétifs (p. 216, n° 277) et compléments impératifs (p. 218, n° 279).
[3] BENABENT, A., Droit civil, Les obligations, éd. Montchrestien 2007, p. 217, n° 278.
[4] THIBIERGE-GULLFUCCI, C., Libres propos sur la transformation du droit des contrats, RTD civ. 1997, 2, p. 357, spéc. p. 365.
[5] THIBIERGE-GULLFUCCI, C., Libres propos sur la transformation du droit des contrats, RTD civ. 1997, 2, p. 357, spéc. p. 365.
[6] TOULLIER, C.-.B-M. et DUVERGIER, J.-B., Le droit civil français suivant l'ordre du Code, 3e Volume, 2 partie, éd. Cotillon, et Jules Renouard, Paris 1843, p. 127, n°197.
[7] L'article 117 *in limine* du Code des obligations et des contrats qui peut servir de fondement à cette annulation dispose que « toute condition d'une chose impossible, ou contraire aux bonnes mœurs ou à la loi, est nulle ». Le juge peut s'inspirer de cet article pour annuler la clause qui exclut l'application de l'article 243 du Code des obligations et des contrats. Cependant, la nullité doit être limitée à la clause et ne doit pas affecter le reste du contrat. La même solution est prévue en droit français dans l'article 1172 C. civ. qui dispose que « toute condition d'une chose impossible, ou contraire aux bonnes mœurs, ou prohibée par la loi, est nulle, et rend nulle la

Toutefois dans la pratique, l'exclusion de l'application de l'article 1135 ou de l'article 243 ne se fait pas d'une façon explicite. Souvent, le débiteur d'une des suites tirée sur la base de l'un de ces deux articles, se contente d'exclure ce qui le concerne. A titre d'exemple, un banquier exclut pour lui ce qu'engendre l'obligation de mise en garde ou d'information. Une pratique devient courante en France : le banquier donne à son client une attestation à signer dans laquelle ce dernier reconnaît l'exécution par le banquier de son devoir de mise en garde et le décharge de toute responsabilité. Dans cette hypothèse, c'est à un problème de preuve que la question sera réduite. Le banquier, en faisant signer à son client ou à sa caution un papier prouvant qu'il a rempli son obligation de mise en garde, renverse la charge de la preuve de l'accomplissement de cette obligation. Cette pratique, approuvée par certains auteurs[1], entre dans le cadre d'un principe de précaution que le banquier applique[2]. Toutefois, la validité et la force probante de ces documents pourraient être mises en cause par une jurisprudence qui a souvent tendance à protéger les emprunteurs et les cautions surtout lorsqu'ils ne sont pas avertis[3]. Dans un arrêt récent, la Chambre commerciale de la Cour de cassation française a souligné que c'est au banquier « de démontrer qu'il a rempli son obligation de mise en garde »[4]. Cet arrêt très protectionniste du consommateur ne déroge pas à la tendance des tribunaux. Un auteur, parlant du traitement que réserve la jurisprudence aux banquiers, souligne que « la sévérité jurisprudentielle n'est que le reflet en matière bancaire de l'évolution générale de la responsabilité civile qui tend à protéger le faible contre le fort »[5].

D'un autre côté, il est aussi fréquent que le transporteur exclut sa responsabilité pour un manquement à la sécurité du voyageur. Il est aussi possible qu'il exclut sa responsabilité pour toute avarie éventuelle de la marchandise.

Dans ces pratiques, bien que si l'article 1135 et son similaire tunisien, 243 *in fine*, ne soient pas cités nommément, c'est bien de leur effets que l'on se soustrait. L'annulation de ces pratiques semble être évidente. D'ailleurs, c'est la loi elle-même qui dispose l'annulation de certaines de ces pratiques ou en limite

---

convention qui en dépend ». La jurisprudence française limite depuis longtemps la nullité à la clause (Paris, 30 avril 1963, D. 1963, p. 428, note Rouast (à propos de la clause de célibat figurant au règlement intérieur de la Cie Air France) « la nullité d'une clause d'un contrat n'entraîne la nullité du contrat lui-même que si la stipulation exprimée apparaît comme une condition dont les parties ont entendu faire dépendre l'existence de l'obligation »).

[1] R. Routier, Obligations et responsabilités du banquier, éd. Dalloz 2005, p. 273, n° 351.41.

[2] R. Routier, Obligations et responsabilités du banquier, éd. Dalloz 2005, p. 273, n° 351.41.

[3] Th. Bonneau, Droit bancaire, éd. Montchrestien 2009, p. 331, n° 420.

[4] Cass. Com., 17 novembre 2009, pourvoi n° 08-70.197 (publié au bulletin). Voir également sur ce point : Cass. 1re Civ., 19 novembre 2009 (n° 07-21.382), RTD civ. 2010, n°1 p. 110, obs. P. Jourdain. Voir aussi sur ce point : BOISMAIN, C., L'obligation de mise en garde du banquier dispensateur de crédit, JCP G, n° 11 du 15 mars 2010, 301, spéc. n°8.

[5] Th. Bonneau, Droit bancaire, éd. Montchrestien 2009, p. 331, n° 420.

les effets[1]. La question est souvent discutée dans le cadre des clauses sur la responsabilité.

La résistance des parties prend une autre forme : celle de l'insertion d'une clause d'intégralité.

B – La clause d'intégralité

578. La résistance des parties contre le pouvoir d'enrichissement qu'accordent l'article 1135 du Code civil et son similaire ; l'article 243 *in fine* du Code des obligations et des contrats, peut prendre un autre sens[2], c'est notamment le cas de la clause d'intégralité. Cette clause, d'apparition récente, ne cesse de poser des questions concernant sa validité et sa force envers le juge. Elle est souvent baptisée clause des quatre-coins ou *four corners* du contrat. Depuis ces dernières années, la clause d'intégralité commence à susciter l'attention de la doctrine française[3] même si la jurisprudence reste encore rare[4].

579. La clause d'intégralité a pour objectif « d'enfermer les droits et obligations des parties dans le contenu exprès du contrat écrit et de faire obstacle à ce que le juge ou l'arbitre puisse, en cas de litige, faire produire des effets juridiques aux éléments qui lui sont extérieurs »[5]. Les parties tendent par l'insertion de cette clause à rendre le contenu de leur contrat hermétiquement fermé. Elles recherchent de la sorte à assurer « l'imperméabilité de leur accord par rapport à

---

[1] Ex : Art. 1386-15 C. civ. ; art. L. 121-1 du Code de la consommation. En tunisien : ex : art. 849 du C.o.c et art. 739 du Code de commerce.

[2] Entre clause d'intégralité et clause qui exclut toute application de l'article 1135 du Code civil, une petite différence existe. Dans le cas de clause d'intégralité, le juge est lié par cette clause, de telle sorte qu'il ne pourrait ajouter que conformément à ce qu'elle dispose alors que dans le cadre des clauses excluant l'article 1135, il ne peut pas normalement ajouter au contrat des nouvelles obligations. Entre une clause qui ne vise que circonscrire le pouvoir du juge et une autre qui l'annihile complètement, la différence est évidente.

[3] Voir sur ce point : LAMOUREUX, M., L'aménagement des pouvoirs du juge par les contractants. Recherche sur un possible imperium des contractants, éd. PUAM 2006 ; LAMOUREUX, M., La clause d'intégralité en droits français, anglais et américain, RLDC, n° 35, février 2007, p. 35 ; VELARDOCCHIO, D., Clause d'intégralité, Droit et Patrimoine, n° 114, avril 2003, p. 45 ; LE TOURNEAU, Ph., De l'art et de la manière de négocier et de conclure des contrats internationaux, GP. n° 5 du 05 janvier 1996, p.2 ; WICKER, G., Force obligatoire et contenu du contrat, *In* Les concepts contractuels français à l'heure des principes du droit européen des contrats, éd. Dalloz 2003, p. 175 ; FAGES, B., Portée de la clause désignant la version linguistique qui fait foi entre les parties, note sous CA Versailles, 12e Chambre, section 2, 7 juin 2007, RTD civ. 2007, p. 772. En droit tunisien, cette clause semble encore ignorée. Le seul auteur qui y a fait allusion est : MZID, N., Essai sur la négociation du contrat en droit civil, RTD 2000, p.313.

[4] JACQUES, Ph., Regards sur l'article 1135 du Code civil, éd. Dalloz 2005, p. 926, n° 437. L'auteur déplore une jurisprudence rare en cette matière.

[5] LAMOUREUX, M., La clause d'intégralité en droits français, anglais et américain, RLDC, n° 35, février 2007, p. 35, n° 1.

leurs échanges extérieurs »[1]. Le contenu du contrat demeure « figé dans l'état dans lequel il se trouve au jour de sa conclusion »[2].
Dans ces hypothèses, les parties s'emparent de certaines questions qui relèvent normalement du pouvoir du juge et de ses fonctions[3]. Il en est ainsi des clauses d'interprétation[4]ou de la clause de conflit de traduction, qui désigne, en cas de pluralité de versions linguistiques, la version faisant foi[5]. Il y a également les clauses de non-renonciation indiquant que le comportement des parties ne saurait être interprété comme valant renonciation aux droits conférés par le contrat[6].

580. Par ces clauses, les parties contractantes limitent la possibilité pour le juge de s'immiscer au sein du contenu de leur contrat, mettant une limite à la parfaite application de l'article 1135 du Code civil et au pouvoir d'enrichissement du contenu contractuel que le juge en retire. Cette clause endigue le pouvoir du juge dans un sens voulu par les parties et l'empêche d'aller au-delà. La première question qui se pose en traitant ces clauses est celle relative à leur validité ; sont-elles valables ou méritent-elles le glaive des tribunaux ?
La clause d'intégralité est connue et utilisée plutôt en droit anglais et américain[7]. Elle est baptisée clause « four corners of the contract » ou « entire agreement clauses »[8]. En droit anglais, elle est souvent justifiée par une volonté d'éviter des surprises lorsqu'un contractant prétend qu'une obligation est oralement convenue. Afin de se prémunir d'un tel risque, la clause de « entire agreement » est souvent insérée[9]. La clause d'intégralité manifeste ici plus

---

[1] LAMOUREUX, M., La clause d'intégralité en droits français, anglais et américain, RLDC, n° 35, février 2007, p. 35.
[2] LAMOUREUX, M., La clause d'intégralité en droits français, anglais et américain, RLDC, n° 35, février 2007, p. 35.
[3] FAGES, B., Droit des obligations, éd. LGDJ 2007, p. 240, n° 319.
[4] Voir sur ce point surtout : DE LY, F., Les clauses d'interprétation dans les contrats internationaux (qualification, définition, accord complet, intitulés, langues, modification, renonciation et nullité partielle), RDAI 2000, n°6, p. 719.
[5] FAGES, B., Droit des obligations, éd. LGDJ 2009, p. 256, n° 319. Voir aussi : FAGES, B., Portée de la clause désignant la version linguistique qui fait foi entre les parties, note sous CA Versailles, 12e Chambre, section 2, 7 juin 2007, art. préc., p. 772.
[6] FAGES, B., Droit des obligations, éd. LGDJ 2009, p. 257, n° 319.
[7] LAMOUREUX, M., La clause d'intégralité en droits français, anglais et américain, RLDC, n° 35, février 2007, p. 35.
[8] MCKENDRICK, E., Contract law. Text, Cases, and Materials, Published by Oxford University Press 2005, p. 440. A titre d'exemple des clauses « entire agreement » l'auteur cite : « the parties agree that this terms and conditions (together with any other terms and conditions expressly incorporated in the contract) represent the entire agreement between the parties relating to the sale and purchase of the Equipment and that no statement or representations made by either party have been relied upon by the other inagreeing to enter into the contract » (p. 441).
[9] Voir sur ce point : H. Collins, Regulating contracts, Oxford Press University 2002, p. 159. L'auteur affirme : « In order to prevent these oral assurances from becoming binding and disrupting the planning documents, it is common for lawyers to include an ''entire agreement''

ostensiblement le désir de prévisibilité et de sécurité juridique[1]. Cette clause ne visait pas, au début, à interdire au juge de s'immiscer dans le contrat. La clause d'intégralité tendait à exclure *implied terms* et un éventuel conflit entre *formal and unformal agreements*[2]. Cette clause a été analysée par la jurisprudence anglaise avec scepticisme. Elle ne donne lieu qu'à une présomption simple qui peut être combattue par la preuve contraire[3].

581. Dans d'autres hypothèses, non seulement la clause est reconnue valable mais elle est aussi réglementée par des dispositions spéciales. Il en est ainsi des Principes de Droit Européen des Contrats (PDEC) qui annoncent dans l'article 2. 105 la validité de la clause d'intégralité et les conditions exigées pour qu'elle soit valable. Les principes européens du droit des contrats subordonnent la validité de la clause d'intégralité au fait qu'elle soit négociée entre les parties. Ils évitent ainsi par cette exigence qu'elle soit imposée par le contractant le plus fort au contractant considéré comme une partie faible. Dans cette hypothèse, la clause d'intégralité peut être qualifiée d'abusive si elle remplit les critères exigés par le droit de la consommation[4].

582. Dans les principes européens, la clause d'intégralité est acceptable si elle est individuellement négociée[5], c'est-à-dire si elle n'est pas imposée. Lorsqu'elle n'est pas négociée, elle ne constitue qu'une simple présomption qui admet la preuve contraire. Toutes ces mesures exigées par les PDEC ne tendent

---

clause under which the written agreement proclaims that it constitutes the complete contract between the parties and that any oral promises should not be regarded as binding ».

[1] LAMOUREUX, M., La clause d'intégralité en droits français, anglais et américain, RLDC, n° 35, février 2007, p. 35, n° 7.

[2] H. Collins, Regulating contracts, Oxford Press University 2002, p. 158. Dans un autre ouvrage anglais certains auteurs précisent : « the purpose of such a clause is to achieve, by a somewhat roundabout route, the exclusion of liability for statements other than those set out in the written contract. The effect of the clause will necessarily depend upon its precise wording. It has been stated (Entrepreneur Pub Co Ltd v East Crown Ltd (2000) 2 Lloyd's Rep. 611, 614) that the entire agreement clause operates to denude what would otherwise constitute a collateral warranty of legal effect, although an alternative explanation could be that it renders inadmissible extrinsic evidence to prove terms other than those in the written contract, since the parties have by the clause expressed their intention that the documents is to contain all the terms of their agreement » (Chitty On Contracts, Volume I, General Principales, Published by : Sweet & Maxwell 2004, p. 758, n° 12-104. Voir aussi : LAMOUREUX, M., La clause d'intégralité en droits français, anglais et américain, RLDC, n° 35, février 2007, p. 35, n° 11. L'auteur affirme qu'en droit anglais et américain, « la clause d'intégralité prétend boquer la possibilité offerte au juge de découvrir des implied termes ».

[3] H. Collins, Regulating contracts, Oxford Press University 2002, p. 159. Pour la jurisprudence anglaise : Evans (J) & son (Portsmouth) Ltd *v* Andrea Mereario Ltd (1976), 2 All ER 930, (1976) 1 WLR 1078, CA; Amalgamated Investment & Property Co Ltd *v* Texas Commerce International Bank Ltd (1981) 3 All ER 577, CA.

[4] LEVENEUR, L., Le forçage du contrat, *In* Que reste-t-il du principe de l'intangibilité du contrat ? , GP, n° 58 mars 1998, p. 69, spéc. P. 76.

[5] Article 2.104 des PDEC.

finalement qu'à protéger la partie faible de ce que cette clause pourrait engendrer sur ses droits[1]. Les principes d'Unidroit font aussi allusion à cette clause d'intégralité. C'est ainsi que l'article 2.1.17 desdits principes dispose que « le contrat écrit qui contient une clause stipulant que le document renferme toutes les conditions dont les parties sont convenues, ne peut être contredit ou complété par la preuve de déclarations ou accords antérieurs. Ces déclarations ou accords peuvent cependant servir à l'interprétation du document ».

583. En droit français, cette clause semble être inconnue, le Code civil français ne contenant aucune disposition la concernant. Certains auteurs ont pu déduire que la validité de cette clause ne pouvait être contestée surtout qu'aucune règle impérative contraire n'existe[2]. Une telle position de validité de la clause d'intégralité s'accommode avec un a priori de validité, ce qui est ignoré est normalement valable, sauf preuve contraire. La clause est donc valable tant qu'elle ne heurte pas une limite que préconise le droit français. Elle est pour une autre partie de la doctrine française, valable sur la base du principe de la liberté contractuelle[3].

Toutefois, la question de la validité ou non de la clause d'intégralité peut être analysée au vu de l'évolution qu'a enregistrée le droit français par rapport au droit romain. En droit romain, où l'on distinguait les contrats de bonne foi des contrats à droit strict, se contenter de ce qui est exprimé par les contractants ne s'impose que pour la seconde catégorie des conventions, alors que pour les contrats de *bonœ fidei,* à ce qui a été expressément voulu par les contractants doit s'adjoindre toutes les suites naturelles. Le législateur français, en abandonnant cette distinction, en choisissant de classer tous les contrats sous l'égide de la bonne foi[4], semble faire de l'adjonction des suites à ce qui est expressément voulu par les contractants, quelque chose d'impératif s'imposant

---

[1] WICKER, G., Force obligatoire et contenu du contrat, *In* Les concepts contractuels français à l'heure des principes du droit européen des contrats, éd. Dalloz 2003, p. 151, spéc. p. 159.

[2] VELARDOCCHIO, D., Clause d'intégralité, Droit et Patrimoine, n° 114, avril 2003, p. 45.

[3] DROSS, W., Dictionnaire des clauses ordinaires et extraordinaires des contrats de droit privé interne, éd. Litec 2008, p. 307.

[4] MARCADE, V.,Explication théorique et pratique du Code civil, éd. Delamotte 1873, Tome 4 (articles 967 à 1314), p. 404, n° 466. L'auteur, après avoir analysé les contrats à Rome, souligne : « le Code civil, dans notre troisième alinéa, pose comme principe fondamental que la bonne foi devra toujours présider à l'exécution du conventions. Il n'y a donc pas chez nous d'actions de droit strict ; **il n'y a plus de ces règles, de ces formules, dont la rédaction doive l'emporter sur la volonté des contractants** : le juge doit toujours prononcer ex œquo et bono, en recherchant par tous les moyens possibles quelle a été la commune intention des parties, pour donner tout son effet à cette intention. L'article suivant [1135] n'est que le développement de cette idée » (p. 404, n° 406). Voir également sur ce point : AUBRY. C et RAU. C, Cours de droit civil d'après la méthode de Zacharie, Tome 4, éd. Techniques 1942, p. 479, note bas de page n° 2 : « on peut donc dire qu'en droit français, tous les contrats engendrent des actions bonœ fidei, dans le sens que le droit romain attachait à cette qualification ».

aux parties et dont elles ne peuvent se dispenser en insérant des clauses d'intégralité.
Cette idée est soutenue par certains auteurs du XIXe siècle. Toullier et Duvergier peuvent être cités. Ceux-ci étudient l'article 1135 en faisant le comparant aux contrats connus en droit romain. « Dans ces derniers [contractus stricti juris], on ne pouvait rien demander au-delà de ce qui avait été expressément promis, ou de ce qui était expressément contenu dans le contrat. Dans les premiers [contractus bonœ fidei] au contraire, on pouvait demander non-seulement ce qui était expressément contenu dans le contrat, mais encore ce qui ne s'y trouvait pas exprimé, si l'équité et la bonne foi l'exigeaient. Dans notre droit français, au contraire, suivant l'article 1135, les conventions obligent non seulement à ce qui y est exprimé, mais encore à toutes les suites que l'équité, l'usage ou la loi donnent à l'obligation d'après sa nature »[1]. La clause d'intégralité, en obligeant l'interprète à tenir uniquement compte de ce qui est exprimé dans l'écrit, sans qu'il puisse aller au-delà, nie, voire contrarie, la spécificité du droit français et l'évolution qu'il marque par rapport au droit romain. Sur cette base, elle peut être annulée.

584. Par ailleurs, dans ce cadre, se pose d'emblée la question de la possibilité de classer la clause d'intégralité sous la bannière des clauses abusives. Un auteur a déjà envisagé cette hypothèse et l'admet tant que les critères de l'article L. 132 du Code de la consommation se trouvent remplis[2]. Un autre propose que la clause d'intégralité soit analysée comme une clause de style[3], soumise ainsi au même régime prévu pour cette dernière. Cette proposition peut être justifiée par une utilisation de plus en plus fréquente de la clause d'intégralité dans les contrats surtout internationaux, au point qu'elle y figure toujours sans que les parties s'en rendent compte[4]. Pour un autre auteur, l'efficacité de la clause d'intégralité en droit français est moins assurée, par rapport à son efficacité en

---

[1] TOULLIER, C.-.B-M. et DUVERGIER, J.-B., Le droit civil français suivant l'ordre du Code, 3e Volume, 2 partie, éd. Cotillon, et Jules Renouard 1843, p. 126, n°195.
[2] LEVENEUR, L., art. préc., p. 76. Cet auteur souligne : « quant aux clauses manifestant expressément une volonté opposée à la naissance des obligations que le juge souhaite faire découler du contrat, il convient seulement de les traiter conformément au droit commun. Dans un contrat conclu entre un professionnel et un consommateur, leur annulation peut être envisagée en tant que clauses abusives, du moins chaque fois que le critère de l'article L. 132 -1 du Code de la consommation sont remplis ». En dehors de ce rapport, l'auteur précise que certaines limites sont à prévoir, ainsi cette clause ne doit priver le contrat de ses obligations essentielles ou le vider de tout intérêt.
[3] LAMOUREUX, M., La clause d'intégralité en droits français, anglais et américain, RLDC, n° 35, février 2007, p. 35, n° 2.
[4] Cette idée d'une clause d'intégralité devenue clause de style dans les contrats est aussi l'idée de J. Mestre et B. Fages (RTD civ. 2006, p. 111, obs. sous Paris, 15 juin 2005, 5e ch. A). Pour la notion de clause de style voir surtout : DENIS, D., La clause de style, *In* études J. Flour, éd. Défrenois 1979, p. 117. En droit tunisien voir : JERBI, S., Interprétation du contrat, thèse Tunis 1998, éd. CPU 1999, p. 152 et s, n° 147 et s.

droit anglo-américain[1]. L'article 1135 du Code civil empêche cette clause de produire la plénitude des effets. Toutefois, la clause produit un effet atténué en invitant le juge « à modérer sa recherche des suites équitables du contrat »[2]. Le juge lorsqu'il trouve cette clause insérée présume la « complétude du contrat »[3]. Parmi tous ces fondements avancés afin d'étayer un traitement idoine à la clause d'intégralité en droit français, l'idée de la considérer comme une clause abusive et de la traiter selon le régime prévu pour cette catégorie de clauses, semble avoir récemment trouvé un écho favorable. En effet, le décret n° 2009-302 du 18 mars 2009 portant application de l'article L. 132-1 du Code de la consommation ajoute à la liste noire une nouvelle clause celle permettant « d'accorder au seul professionnel le droit de déterminer si la chose livrée ou les services fournis sont conformes ou non aux stipulations du contrat ou **lui conférer le droit exclusif d'interpréter une quelconque clause du contrat »** [4]. Cette disposition permet de considérer comme irréfutablement abusive la clause d'interprétation unilatérale accordée au professionnel. La clause d'interprétation du contrat n'est en effet qu'une variété de la clause d'intégralité. La solution adoptée dans cet article se rapproche autant de la solution prévue par les Principes de Droit Européen des Contrats (PDEC) qui annule la clause d'intégralité si elle n'est pas négociée. Toutefois, le droit Français dépasse d'un cran le droit européen en considérant la clause d'intégralité irréfutablement abusive si elle accorde l'interprétation du contrat ou de l'une de ses clauses exclusivement au professionnel. La question n'est pas liée au fait qu'elle ait été négociée ou non. Il est important de préciser, à cet égard, que le décret n'annule que la clause qui donne un pouvoir unilatéral d'interprétation, ce qui fait que la clause d'interprétation qui n'est pas unilatérale n'est pas concernée par cette sanction. Cette dernière clause d'interprétation n'est pas présumée abusive. C'est à la jurisprudence d'aller plus loin et d'étendre la sanction en s'inspirant de la volonté du législateur de combattre toutes les formes d'abus.

585. Pour la jurisprudence française, la clause d'intégralité n'a pas crée trop de discussions ; le contentieux portant sur la clause d'intégralité n'est pas si dense, contrairement à ce qui se passe en Angleterre ou en Amérique[5]. Dans certaines espèces rares, la jurisprudence française a eu l'occasion de statuer sur cette clause. La Cour d'appel de Paris a reconnu la validité d'une clause d'intégralité

---

[1] PUTMAN, E., L'introuvable contrat complet, RRJ 2008, Cahiers de méthodologie juridique, n° 22, p. 2477, spéc. p. 2482.
[2] PUTMAN, E., L'introuvable contrat complet, RRJ 2008, Cahiers de méthodologie juridique, n° 22, p. 2477, spéc. p. 2482.
[3] PUTMAN, E., L'introuvable contrat complet, RRJ 2008, Cahiers de méthodologie juridique, n° 22, p. 2477, spéc. p. 2482, n° 19.
[4] Art. R-132-1, 3° du Code de la consommation.
[5] Voir surtout : LAMOUREUX, M., La clause d'intégralité en droits français, anglais et américain, RLDC, n° 35, février 2007, p. 35.

insérée dans un contrat de prestation de service. Au nom de cette clause, cette Cour d'appel a rejeté les allégations du contractant qui soutenait l'existence d'une obligation sur la charge de son partenaire, formulée dans un courrier et un e-mail, mais qui n'a pas été citée au texte final du contrat[1].
Dans cet arrêt, la Cour d'appel de Paris a donné plein effet à la clause d'intégralité en affirmant : « aucune des parties ne pourra être tenue à autre chose que ce qui a été expressément convenu par le présent contrat ». C'est l'implicite qui est ici écarté. Les termes sont diamétralement opposés à ceux utilisés par l'article 1135 du Code civil. L'efficacité de la clause d'intégralité « peut ainsi aller jusqu'à écarter la prise en compte, au titre du comblement du contenu contractuel, d'une offre antérieure deux fois formulée, et qu'il était dans l'intérêt de son destinataire d'accepter »[2].
La Cour de cassation s'est, elle aussi, prononcée dans le même sens lorsqu'elle a précisé que la stipulation d'une clause d'intégralité, faisait obstacle à ce qu'un document publicitaire soit élevé par le juge au rang de documents contractuels[3].
La question peut également être posée pour les contrats dont la conclusion était précédée d'une période de négociation. Souvent, en arrivant à la signature de l'accord final, les parties insèrent au préambule ou au corpus du contrat une clause qui annule tout autre document antérieur à la signature. Cette clause, si l'on applique la position de la Cour de cassation de l'arrêt 3 avril 2002, est valable et s'impose au juge[4].

586. Dans ces arrêts, la jurisprudence française s'est montrée accueillante à la clause d'intégralité. Dans une autre espèce, elle a poussé encore plus loin l'accueil, laissant entendre la validité d'une clause interdisant au juge d'ajouter au contrat tout ce qui découle de l'usage[5]. Dans ce dernier arrêt, la Cour de cassation ôte à l'article 1135 sa qualification de règle impérative et permet aux parties d'en exclure certaines de ses applications[6]. Cette idée semble aussi avoir

---

[1] CA Paris, 5e Ch. A, 15 juin 2005, RTD civ. 2006, p. 111, obs. J. Mestre et B. Fages. Voir aussi : LAMOUREUX, M., La clause d'intégralité en droits français, anglais et américain, RLDC, n° 35, février 2007, p. 35, n° 8.
[2] J. Mestre et FAGES, B., observations sous CA Paris, 5e Ch. A, 15 juin 2005, RTD civ. 2006, p. 112.
[3] Cass. civ. 3e, 3 avril 2002, n° 01 – 01.647, cité par LAMOUREUX, M., La clause d'intégralité en droits français, anglais et américain, RLDC, n° 35, février 2007, p. 35, n° 8.
[4] Voir sur ce point : LABARTHE, F., La notion du document contractuel, éd. LGDJ 1994, p. 191, n°302.
[5] Cass. civ. 1re, 15 mai 2002, n° 99 – 21.090, Bull. civ. I, n° 130, JCP E 2002, n° 1121, note Chr. Caron (L'article 1135 du Code civil au pays du droit d'auteur : boite à merveilles ou boite de Pandore ?).
[6]JACQUES, Ph., Regards sur l'article 1135 du Code civil, op. cit., p. 926, n° 437. L'auteur précise que « le jeu de l'article 1135 ne peut que se trouver limité, puisqu'il prend en considération ce dont les parties sont convenues. Cependant, il ne nous semble pas possible que ces mêmes parties soient admises à écarter totalement le principe même d'appréciation du contenu de l'accord, tel qu'il est institué par l'article 1135 ».

été adoptée par un autre auteur qui admet une possibilité d'exclure par le jeu d'une clause, les suites naissant des usages, et non celles commandées par l'équité[1].

587. Pour le droit tunisien, un auteur semble implicitement adopter cette même idée d'impossibilité d'exclure par une clause les suites commandées par la bonne foi et l'équité, lorsqu'il avoue que les suites de l'article 243 du Code des obligations et des contrats sont conçues comme une limite à la volonté des parties ; il cite à titre d'illustration les règles d'Unidroit[2]. Mohamed Zine semble être également favorable à cette même solution lorsqu'il a précisé que les suites devaient impérativement s'adjoindre au contenu du contrat[3].
Quant au professeur Nouri Mzid, la clause de *quatre coins* du contrat est valable sur la base de la volonté des parties. Ce fondement la rend opposable au juge qui doit la respecter[4] ; « le juge devrait alors, continue cet auteur, respecter la volonté commune des parties »[5].
Pour ce qui est de la jurisprudence tunisienne, les applications sont rarissimes, voire inexistantes du moins en ce qui concerne les arrêts publiés. Si la question se pose, cette jurisprudence très attachée aux idées de bonne foi et d'équité annulera probablement une clause contractuelle qui les exclut ; du reste rien n'est sûr.

588. En effet, le sort de cette clause, en droit français comme en droit tunisien, doit être décidé en fonction de la suffisance ou de l'insuffisance du contenu du contrat la renfermant. Si sa présence ne prive pas le contrat de grand-chose, son objectif peut être atteint, sa validité peut être soutenue. En revanche, si son existence rend le contrat boiteux et l'empêche d'atteindre son objectif, la clause doit être écartée. Dans cette hypothèse, son existence ne doit pas faire obstacle à l'intervention du juge au nom des articles 1135 du Code civil et 243 *in fine* du Code des obligations et des contrats.

---

[1] LAMOUREUX, M., La clause d'intégralité en droits français, anglais et américain, RLDC, n° 35, février 2007, p. 35, n° 13. L'auteur précise que « le fait que les obligations créées par la jurisprudence sur le fondement de ce texte, telles les obligations de sécurité et d'information soient d'ordre public, ne signifie pas nécessairement que l'article 1135 lui-même le soit. Mais on peut penser qu'il l'est dans sa branche relative à l'équité. Les liens étroits unissant l'équité de l'article 1135 et la bonne foi opinent en outre en ce sens ».

[2] JERBI, S., L'interprétation du contrat, éd. CPU 1999, p. 381, n° 317.

[3] ZINE, M., Théorie générale du contrat, 1 – Le contrat, éd. Tunis 1993, p. 270, n° 363.

[4] MZID, N., Essai sur la négociation du contrat en droit civil, RTD 2000, p. 313, spéc. p. 356. Cet auteur est en effet le seul auteur tunisien qui a parlé expressément de la clause d'intégralité en droit tunisien. Il l'a analysée comme étant celle qui détermine « le sort des documents préparatoires ». La validité de cette clause semble s'imposer : « étant incluse dans le contrat qui fait la loi des parties, on peut penser qu'elle sera valable ».

[5] MZID, N., Essai sur la négociation du contrat en droit civil, RTD 2000, p. 313, spéc. p. 356.

En plus, si elle traduit un rapport de force déséquilibré entre les parties, son annulation est plutôt défendable. Elle peut être considérée comme abusive, ce qui signifie qu'elle sera réputée non écrite.

En somme, l'article 1135 du Code civil, ainsi que son similaire en droit tunisien, 243 du Code des obligations et des contrats, constituent malgré les résistances et les contestations, un fondement légal à l'enrichissement du contenu du contrat que le juge est autorisé à appliquer. Toutefois, l'existence d'un fondement légal ne laisse pas à ce dernier une totale liberté. Afin d'éviter l'arbitraire, l'enrichissement doit être soumis à des critères précis.

Chapitre second

Les critères de l'enrichissement du contenu contractuel

589. L'enrichissement du contenu contractuel n'est pas une tâche facile que le juge peut accomplir avec aisance. La difficulté de cette mission, c'est qu'elle doit reposer sur des critères précis permettant d'endiguer le pouvoir du juge et d'éviter que ce dernier saisisse cette occasion afin d'imposer aux parties les obligations qu'il estime nécessaires[1].

Imposer au juge des critères pouvant l'aider à concevoir les obligations à ajouter, c'est quelque chose qui sert aussi bien l'intérêt des parties que celui des tiers. Pour les premières, les obligations que le juge adjoint au contenu de leur accord ne font que compléter ce dernier en ajoutant ce qui a été omis : celui dont l'absence est préjudiciable pour leurs objectifs et leurs attentes légitimes. Pour les tiers, exiger que l'enrichissement se fasse selon des critères bien établis, c'est éviter l'arbitraire du juge et accroître ainsi la prévisibilité des solutions. On songe ici aux cautions et aux garants qui ont composé avec la fixité du contenu du contrat cautionné.

A partir du texte de l'article 1135 du Code civil et de l'article 243 *in fine* du Code des obligations, se dégagent facilement les critères que le juge doit observer lors de l'enrichissement du contenu contractuel qu'il entend accomplir. Il y a d'abord la nature du contrat, critère qui constitue la pierre angulaire de l'opération d'enrichissement **(section I)**. En second lieu, se pose la question des sources d'épuisement des obligations à ajouter au contenu contractuel initial **(section II)**.

Section I : La nature du contrat, critère essentiel de son enrichissement

590. Larombière a souligné que l'une des idées essentielles contenues dans l'article 1135, c'est le renvoi qu'il a fait à la nature du contrat[2]. Il a souligné « s'il est vrai que l'effet immédiat et essentiel de tout contrat soit de produire une obligation, il est également vrai que cette obligation dépend est toujours en rapport avec la nature et l'espèce du contrat qui la produit »[3]. Cette importance accordée à la nature du contrat est vérifiable chez la majorité des auteurs du XIXe[4], voire des siècles précédents[1]. Plus récemment, Gérard Cornu précise que

---

[1] MAHFOUD, M., Théorie des suites du contrat, RJL 2008, n° 6, p. 99, spéc. p. 100.

[2] LAROMBIERE, L.,Théorie et pratique des obligations ou commentaire des titres III et IV, Livre II du Code civil, articles 1101 à 1386, éd. Durand 1885, p. 383.

[3] LAROMBIERE, L.,Théorie et pratique des obligations ou commentaire des titres III et IV, Livre II du Code civil, articles 1101 à 1386, éd. Durand 1885, p. 383.

[4] Voir à titre d'exemple : Charles Demolombe, Traité des contrats ou des obligations conventionnelles en général, Tome 2, éd. Durand et Hachette, Paris 1871, p. 15, n° 15 ; TOULLIER, C.-.B-M. et DUVERGIER, J.-B., Le droit civil français suivant l'ordre du Code, 3e Volume, 2 partie, éd. Cotillon, et Jules Renouard 1843, p. 127, n° 197.

l'application de l'article 1135 du Code civil relative à la détermination du contenu obligationnel dépend, au moins en partie, d'une analyse de la nature de l'obligation[2]. La nature du contrat est *érigée ainsi en un repère*[3] d'adjonction au contrat, constituant un critère indispensable à son enrichissement.

591. Toutefois, cette idée ne fait pas en réalité l'unanimité de la doctrine puisque plusieurs auteurs avancent la nature du contrat comme une des sources d'épuisement des obligations à adjoindre au contenu contractuel. Elle est avancée de concert avec les suites découlant de l'équité, de la loi ou de l'usage. Dans ce cas, les sources des obligations seraient quatre et non trois.
A titre d'exemple, Paul-André Crépeau distingue, dans un article qu'il consacre au contenu obligationnel du contrat, les obligations découlant de la nature du contrat de celles résultant de l'équité, de l'usage ou de la loi[4]. En effet, cette interprétation ne tient pas sur tous les plans ; la construction des deux articles 1135 du Code civil et 243 du Code des obligations et des contrats favorise l'adoption de la nature du contrat comme un critère général devant être respecté dans toutes les suites à adjoindre au contrat, qu'elles soient puisées dans l'équité, la loi ou les usages. Clémence Mouly-Guillemaud est du même avis lorsqu'elle souligne que l'article 1135 édicte que « les suites sont celles de l'obligation, d'après sa nature, et [qui] lui sont données par l'équité, l'usage ou la loi »[5].

592. Un auteur a souligné que « l'obligation a une nature qui est fixée par la position des parties, par leurs besoins et intérêts, par leur projet, mais aussi « par l'équité, l'usage ou la loi » *; la nature de l'obligation détermine les suites qu'elle comporte nécessairement pour aboutir au résultat souhaité et loyalement accepté »*[6]. Une corrélation doit ainsi exister entre la nature du contrat et la suite à ajouter au contrat[7]. Les notions d'équité, d'usage et de la loi n'interviennent qu'aux seules fins de légitimer le lien unissant la suite à la nature du contrat. Le juge doit donc ajouter au contrat, les obligations qui y manquent et dont l'adjonction est préconisée par la nature du contrat, ce qui

---

[1] A titre d'exemple Pothier en a parlé.
[2] G. Cornu, Regards sur le titre III du livre III du Code civil « des contrats ou des obligations conventionnelles en général » (essai de lecture d'un titre du Code civil), collection cours de droit, 1976, p. 60, n° 73.
[3] JACQUES, Ph., Regards sur l'article 1135 du Code civil, éd. Dalloz 2005, p. 89, n° 38.
[4] CREPEAU, P.-A., Le contenu obligationnel du contrat, Revue du barreau canadien, mars 1965, n° 1, p. 1, spéc. p. 6. Voir aussi dans le même cadre : J.-L. Baudouin, Les obligations, éd. Les éditions Yvon Blais Inc., Canada 1996, p. 247, n° 432.
[5] MOULY-GUILLEMAUD, C., Retours sur l'article 1135 du Code civil. Une nouvelle source du contenu contractuel, éd. LGDJ 2006, p. 165, n° 165.
[6] ATIAS, Ch., Le contentieux contractuel, éd. Librairie de l'Université d'Aix-en-Provence 2008, p. 141, n° 158.
[7] MOULY-GUILLEMAUD, C., Retours sur l'article 1135 du Code civil. Une nouvelle source du contenu contractuel, éd. LGDJ 2006, p. 165, n° 165.

érige la nature du contrat d'une simple source d'obligations en un critère général de l'enrichissement du contenu contractuel. Devant cette place très importante de la nature du contrat dans l'article 1135 du Code civil ou dans son similaire l'article 243 *in fine* du Code des obligations et des contrats, il est parfaitement raisonnable d'exiger que le juge peut d'abord découvrir la nature du contrat avant de procéder à son complément.
Dans ce cadre, le juge se trouve obligé de découvrir préalablement la nature du contrat (§1) avant d'en faire usage, en vue d'enrichir le contenu contractuel, ce qui permet à cette notion de jouer ses divers rôles (§2).

§ - 1 : L'obligation pour le juge de découvrir au préalable la nature du contrat à enrichir

593. L'article 1135, mais aussi l'article 243 *in fine,* tout en accordant à la nature du contrat la place d'un critère de rattachement de nouvelles obligations au contrat, invitent indirectement le juge à la découvrir, à la cerner. Cette découverte apparaît ainsi comme une obligation préalable à toute tentative d'adjonction au contrat. L'enrichissement du contenu contractuel par l'adjonction des suites présuppose, pour le juge, comme l'a affirmé Monsieur Alain Sériaux, « une juste (ré)connaissance de sa nature »[1]. Le juge qui enrichit un contenu contractuel sans découvrir de prime abord sa nature, risque l'épée de Damoclès de la Cour de cassation qui ne tardera certainement pas à tomber afin de censurer sa démarche.
Certes, il est indubitablement logique et raisonnable, dans ce cadre, qu'une frange de la doctrine française réclame de soumettre toute l'œuvre d'enrichissement du contenu contractuel au contrôle de la Cour de cassation. C'est ainsi que Monsieur Yves Picod souligne que « l'extension du pouvoir créateur du juge sur le fondement des suites équitables s'avère inévitablement déstabilisatrice lorsqu'elle s'exerce sans retenue ». « Cette extension ne peut se justifier, selon l'auteur, que si elle s'exerce sous le contrôle harmonisateur de la Cour de cassation »[2]. En l'absence de ce contrôle de la Cour de cassation, l'enrichissement confinerait à l'arbitraire.

594. Le juge doit donc, afin d'éviter à la foi l'arbitraire et la censure de la Cour de cassation, découvrir la nature du contrat qu'il a devant les yeux. Cette mission que l'article 1135 du Code civil et l'article 243 *in fine* du Code des obligations et des contrats mettent à sa charge, n'est pas facile à entreprendre.

---

[1] SERIAUX, A., L'œuvre prétorienne *in vivo* : l'exemple de la convention d'assistance, *In* Mélanges M. Cabrillac, éd. Litec 1999, p. 299, spéc. 306.
[2] PICOD, Y., Juris-classeur civil – articles 1134 à 1135. Effet obligatoire des conventions - Exécution de bonne foi des conventions, n° 62. L'auteur ajoute en effet une autre condition à celle du contrôle de la Cour de cassation qui est de répondre à un besoin impérieux de rééquilibrage des relations contractuelles.

Le premier obstacle qui se pose à ce stade est celui de définir ce que l'on entend par le mot « nature du contrat » (A). Dans un second stade, la tâche du juge se trouve compliquée par une large marge laissée aux parties leur permettant de modifier la nature de leur contrat. Se pose ainsi la question de la relation entre volonté des parties et nature du contrat (B).

A – Définition de la nature du contrat

595. D'emblée, il est impératif de faire allusion à une différence entre les termes de l'article 1135 du Code civil et ceux de l'article 243 du Code des obligations et des contrats[1]. Alors que le premier parle de la nature de la convention, le second relate la nature de l'obligation[2]. Cette différence n'est pas de grande importance selon la doctrine tunisienne qui analyse majoritairement l'article 243 du Code des obligations et des contrats comme une copie intégrale de l'article 1135 du Code civil[3]. La différence entre les deux articles, même d'importance minime, existe. L'article tunisien avance l'enrichissement comme un complément de l'obligation ou de l'engagement, alors que l'article 1135 avance la même opération comme un prolongement du contrat tout entier. Un auteur tunisien en déduit que le droit tunisien envisage l'ajout des suites même pour les actes unilatéraux[4].

596. Cette différence démontre que, sur ce point, le droit tunisien est probablement influencé par le droit allemand et non par le droit français[5]. Que l'article 243 soit influencé par l'un ou l'autre droit ne change pas beaucoup tant que l'inspiration européenne est avérée[6]. Cette même référence à la nature de

---

[1] L'article 243 du Code des obligations et des contrats annonce que : « tout engagement doit être exécuté de bonne foi, et oblige, non seulement à ce qui y est exprimé, mais aussi à toute les suites que la loi, l'usage ou l'équité donnent à l'obligation d'après sa nature ». L'article 1135 du Code civil annonce que : « les conventions obligent non seulement à ce qui y est exprimé, mais encore à toute les suites que l'équité, l'usage ou la loi donnent à l'obligation d'après sa nature ».

[2] MAHFOUD, M., Théorie générale de l'obligation. Acte unilatéral, Contrat et Responsabilité civile, Publications du Centre d'Etudes Juridiques et Judiciaires (CEJJ), éd. Orbis 2008, p. 135-136, n°185. Voir aussi pour le même auteur : MAHFOUD, M., Théorie des suites du contrat, RJL 2008, n° 6, p. 99 ; R. Jlassi, L'obligation de sécurité corporelle dans la jurisprudence tunisienne, *In* Cinquante ans de jurisprudence civile 1959-2009, éd. CPU 2010, p. 991.

[3] MAHFOUD, M., op. cit., p. 135, n°185 ; JERBI, S., L'interprétation du contrat, éd. CPU 1999, p. 397, n° 327 ; ZINE, M., Théorie générale des obligations, Le contrat, éd. Tunis, 1993, p. 238, n° 322.

[4] MAHFOUD, M., Théorie des suites du contrat, art. préc. p. 100.

[5] MAHFOUD, M., Théorie des suites du contrat, art. préc. p. 100.

[6] ZINE, M., De l'esprit et de l'effectivité de certaines dispositions du Code des obligations et des contrats, *In* Livre du centenaire du Code des obligations et des contrats 1906 – 2006, éd. CPU 2006, p. 437, spéc. p. 438.

l'obligation que l'on trouve dans l'article 243 du Code tunisien est aussi vérifiable en droit marocain et en droit mauritanien[1].

597. Concernant le droit français, certains auteurs ont débattu de cette question. Philippe Jacques s'est fondé sur des arguments relevant de la grammaire et sur d'autres raisons pour affirmer que le terme obligation dont fait allusion l'article 1135 *in fine* renvoie en effet à la convention elle-même[2]. Le point commun entre les articles tunisien et français est la référence à la nature du contrat comme critère de sélection des obligations complémentaires à adjoindre au contenu contractuel. Il s'ensuit que le juge doit choisir parmi les différents prolongements possibles du contrat, ceux qui s'accommodent parfaitement à la nature du contrat choisi par les parties. Un passage par la nature du contrat s'avère ainsi inévitable pour le juge ; c'est en s'inspirant de cette notion qu'il décide d'un éventuel ajout au contenu contractuel.

598. La nature du contrat, même érigée par les articles 1135 du Code civil et 243 *in fine* du Code des obligations et des contrats comme critère essentiel de l'enrichissement du contenu contractuel, n'a reçu aucune définition légale ; le Code civil, mais encore le Code des obligations et des contrats, ne sont ici d'aucun secours.
Cette absence de définition du terme de la nature du contrat ne signifie pas que le législateur la méconnaît. Loin s'en faut, dans le Code civil, le législateur français renvoie à maintes fois à la nature du contrat. C'est ainsi que cette dernière est citée dans des articles épars du Code civil français. Tel est le cas de l'article 1719 relatif au contrat de louage de choses recensant les obligations incombant aux bailleurs et qui y ajoute celles découlant de « la nature du contrat ». En matière de dépôt, l'article 1180 du Code civil ordonne à l'emprunteur de la chose, dans le cadre d'un prêt à usage, de ne « s'en servir qu'à l'usage déterminé par sa nature ou par la convention ». En droit tunisien, le Code des obligations et des contrats prévoit pratiquement la même chose[3].

599. Les principes du droit européen des contrats (PDEC) renvoient aussi à la

---

[1] Art. 231 du Dahir marocain des obligations et des contrats : « tout engagement doit être exécuté de bonne foi, et oblige, non seulement à ce qui y est exprimé, mais encore à toutes les suites que la loi, l'usage ou l'équité donnent à l'obligation d'après sa nature ». Art. 248 du C.o.c. de la Mauritanie (promulgué par l'ordonnance n° 89-126 du 1' septembre 1989 : « tout engagement doit être exécuté de bonne foi et oblige, non seulement à ce qui y est exprimé, mais encore à toutes les suites que la loi, l'usage ou l'équité donnent à l'obligation d'après sa nature ».
[2] JACQUES, Ph., Regards sur l'article 1135 du Code civil, éd. Dalloz 2005, p. 80, n° 32.
[3] L'article 742 du Code des obligations et des contrats précise que « le bailleur est tenu de livrer la chose et ses accessoires et les entretenir, pendant la durée du contrat, en état de service à leur destination, selon la nature des choses louées ». L'article 1062 du Code des obligations et des contrats dispose que « l'emprunteur ne peut se servir de la chose prêtée que de la manière et dans la mesure déterminées par le contrat ou par l'usage, d'après sa nature ».

nature du contrat. Dans ce cadre, l'article 6. 102 desdits principes énonce qu' « en plus des clauses expresses, un contrat peut contenir des clauses implicites qui découlent... de la nature et du but du contrat ». Les Principes d'Unidroit prévoient aussi à travers l'article 5-1 que des obligations implicites peuvent être déduites de la nature du contrat et de son but[1]. La notion de nature du contrat, même si elle a reçu de nombreuses consécrations, demeure toujours sans définition.

600. L'absence de définition du critère de la nature du contrat ne fait que compliquer la tâche du juge et soumettre davantage l'opération d'adjonction à une certaine fragilité. Quant le critère essentiel devient incertain, toute l'opération risque d'être mise en doute. Toutefois, l'absence de définition de la nature du contrat ne signifie guère que cette notion ne revêt aucune importance ou qu'elle est inutile, loin s'en faut. L'exigence de la découverte par le juge de la nature du contrat, même accompagnée de difficultés avérées, garantit un brin de raisonnable dans l'opération d'enrichissement du contenu contractuel et évite ainsi que ce dernier ne soit indûment saturé[2] ou hypertrophié[3].

601. Tentatives de définition de la nature du contrat. Même si la notion de la nature du contrat s'annonce au départ sinon inintelligible[4], du moins à sens multiples[5], la doctrine a pourtant tenté depuis longtemps d'en donner une définition.

Grotius a affirmé que « la nature d'une convention pourrait s'entendre de ce sans quoi elle ne subsisterait pas ou serait autre, de l'opération qu'elle organise ou sur laquelle elle porte ou de son contenu licite »[6]. Pothier, en abordant la question du contenu contractuel, a aussi discuté, de la nature du contrat. Il a précisé qu'au sein du contenu du contrat, il existe une fraction des obligations qui fait partie de la nature même du contrat. Il souligne à cet effet : « les choses qui sont seulement de la nature du contrat sont celles qui, sans être de l'essence du contrat, font partie du contrat, quoi que les parties contractantes ne s'en

[1] Article 5.1.2, des Principes Unidroit : « implied obligations stem from (a) the nature and the purpose of tne contract ».

[2] PICOD, Y., Juris-classeur civil – articles 1134 à 1135. Effet obligatoire des conventions - Exécution de bonne foi des conventions, n° 36. L'auteur est contrat une amplification « saturateurs du contenu obligatoire du contrat ».

[3] JACQUES, Ph., Regards sur l'article 1135 du Code civil, éd. Dalloz 2005, p. 89, n° 37. L'auteur précise que « la crainte d'une hypertrophie du contenu des conventions n'est pas pourtant totalement justifiée : selon l'article 1135, in fine, les suites viennent d'après la nature de l'obligation ».

[4] MOULY-GUILLEMAUD, C., Retour sur l'article 1135 du Code civil. Une nouvelle source du contenu contractuel, éd. LGDJ 2006, p. 167, n° 166.

[5] ROUVIERE, F., Le contenu du contrat : essai sur la notion d'inexécution, éd. PUAM 2004, p. 176, n° 206.

[6] Grotius, Le droit de la guerre, Tome 1, p. 440, § 26, n° 3 cité par JACQUES, Ph., Regards sur l'article 1135 du Code civil, éd. Dalloz 2005, p. 90, n° 38.

soient point expliquées, étant de la nature du contrat que ces choses y soient renfermées et sous-entendues. Ces choses tiennent un milieu entre les choses qui sont de l'essence du contrat, et celles qui sont accidentelles au contrat »[1].
Toullier et Duvergier, en traitant de la question de la nature du contrat, évoquent cette distinction faite par Pothier entre les différents éléments du contenu contractuel : « que les choses qui sont de la nature du contrat sont celles qui sans tenir à son essence, en font néanmoins parties, quoi que les contractants ne s'en soient pas expliqués, en un mot les choses qui sont sous-entendues par loi, l'usage et l'équité : c'est ce que dit l'article 1135. Les conventions obligent à toutes les suites que l'équité, l'usage ou la loi donnent à l'obligation, suivant sa nature »[2].

602. Plus récemment, d'autres auteurs ont aussi tenté de donner une définition à la notion de la nature du contrat prévue à l'article 1135. Selon Gérard Cornu, celle-ci est classée parmi les notions-cadres pour lesquelles le juge est tenu d'en développer l'utilisation. La tâche du juge ou de l'interprète ne se limite pas à définir celles utilisées par le législateur, sa vraie mission, constituant pour lui un défi à lever, vise à les exploiter convenablement[3].
Monsieur Laurent Leveneur, sans définir la nature du contrat, insiste sur la nécessité d'existence d'un critère permettant de choisir entre les différentes extensions possibles, envisageables devant le juge. Il ne voit pas le critère dans la notion de la nature du contrat, mais dans l'équité. Il affirme dans ce sens que « le contenu du contrat peut être forcé lorsqu'il paraît équitable de le faire »[4]. Monsieur Leveneur ajoute : « certes, il peut parfois s'avérer juste et bon d'imposer aux contractants des obligations qu'ils n'ont pas prévues et sur lesquelles ils ne se seraient sans doute pas accordés, mais il ne faut le faire qu'en cas de criante iniquité »[5]. C'est l'équité qu'il faut consulter pour savoir si une telle extension est possible ou non. La nature du contrat n'exerce ici, selon cet auteur, aucun effet. Cette analyse, même si elle est conforme à l'application jurisprudentielle du texte, ne l'est pas par rapport au texte de l'article 1135 du Code civil présentant l'équité comme une source d'enrichissement du contenu contractuel et non comme un critère à toute l'opération.

---

[1] Pothier, Traité des obligations, 1re partie, n° 6.
[2] TOULLIER, C.-.B-M. et DUVERGIER, J.-B., Le droit civil français suivant l'ordre du Code, 3e Volume, 2 partie, éd. Cotillon, et Jules Renouard 1843, p. 127, n°197.
[3] G. Cornu, Regards sur le titre III du livre III du Code civil, Des contrats ou des obligations conventionnelles en général (essai de lecture d'un titre du Code civil), collection cours de droit, 1976, p. 56, n° 69. L'auteur ne dit pas expressément que la nature du contrat est une notion-cadre, mais il l'étudie au sein du paragraphe qu'il réserve aux notions-cadres.
[4] LEVENEUR, L., Le forçage du contrat, Droit et Patrimoine, mars 1998, n° 58, p. 69, spéc. p. 76.
[5] LEVENEUR, L., Le forçage du contrat, Droit et Patrimoine, mars 1998, n° 58, p. 69, spéc. p. 77.

603. Pour ce qui est de la doctrine tunisienne, même si elle insiste sur l'importance de la nature du contrat, aucun auteur n'a donné de définition à cette notion. Et ni Mohamed Zine[1] ni Monsieur Sami Jerbi[2] n'ont défini ce terme. La même observation est valable pour Monsieur Mohamed Hammouda qui a bien décortiqué l'article 243 du Code des obligations et des contrats sans pourtant faire la moindre allusion à la nature du contrat à laquelle ledit article faisait renvoi[3].

Un autre auteur tunisien a vanté, de son côté, une ressemblance inouïe entre les principes d'Unidroit et les règles du Code des obligations et des contrats[4]. Cette ressemblance est vérifiée entre autres dans la référence à la nature du contrat que l'on trouve dans les deux corps de règles[5].

Le professeur Mohamed Mahfoud apparaît comme le seul à avoir abordé de façon claire la question de la nature du contrat dans sa relation avec les suites que le juge a la possibilité d'ajouter au contrat[6]. Cet auteur affirme que la nature du contrat renvoie à la distinction rudimentaire entres les obligations de donner, de faire ou de ne pas faire[7]. Il invoque aussi, dans ce cadre, la distinction entre obligations de résultat et de moyens[8]. L'auteur présente la nature du contrat comme une limite au pouvoir que l'article 243 *in fine* du Code des obligations et des contrats accorde au juge en matière contractuelle[9]. Ce renvoi que fait Mohamed Mahfoud à la distinction entre obligations de faire, de ne pas faire ou de donner afin de déterminer la nature du contrat, est aussi critiqué en France, car cette distinction est « non révélatrice de la nature du contrat »[10]. Elle n'épuise pas l'intérêt de l'article 243 du Code des obligations et des contrats ou

---

[1] Aucune référence n'est faite par cet auteur à la nature du contrat, ni dans son ouvrage (théorie générale du contrat, op. cit.) ni même dans son article publié à l'occasion du centenaire du Code des obligations et des contrats.

[2] JERBI, S., L'interprétation du contrat, éd. CPU 1999. Dans la thèse de cet auteur, on ne trouve pas une définition de la nature du contrat bien qu'il ait parlé à plusieurs endroits de l'article 243 du C.o.c et des suites qu'il ordonne d'ajouter au contrat. L'auteur, tout en insistant sur le caractère objectif de ces suites, ne fait pas d'allusions à la nature du contrat. Voir sur ce point les pages 380 et s, n° 317 et s.

[3] HAMMOUDA, M., De l'exécution de l'obligation avec loyauté *In* Mélanges S. Ben Halima, éd. CPU 2005, p. 1031. L'auteur assure que l'article 243 du Code des obligations et des contrats permet au juge de ramener le contrat au comble de sa composition en lui permettant d'ajouter ce qui découle de la loi, de l'usage ou de l'équité sans citer la nature du contrat. Voir les pages : 1084 et 1093.

[4] S. Kammoun, Problématique pour un Etat émergent, la Tunisie et les principes d'Unidroit relatifs aux contrats de commerce international, *In* La codification du droit des affaires en Tunisie (acte de colloque organisé à Tunis les 14-15 décembre 2007), RJL février 2008, p. 99.

[5] S. Kammoun, art. préc., p. 118.

[6] MAHFOUD, M., La théorie des suites du contrat, RJL juin 2008, n° 6, p. 99.

[7] MAHFOUD, M., La théorie des suites du contrat, art. préc., p. 105.

[8] MAHFOUD, M., La théorie des suites du contrat, art. préc., p. 105.

[9] MAHFOUD, M., La théorie des suites du contrat, art. préc., p. 105.

[10] MOULY-GUILLEMAUD, C., Retour sur l'article 1135 du Code civil. Une nouvelle source du contenu contractuel, éd. LGDJ 2006, p. 169, n° 168.

l'article 1135 du Code civil. Pour une frange de la doctrine tunisienne, l'ajout des suites se fait selon la nature du contrat qui s'impose ici comme un critère d'adjonction des suites. Ces auteurs, sans définir cette notion, lui accordent un rôle prépondérant, la rehaussant au rang de source d'obligations nouvelles à adjoindre au contrat. Les tribunaux « peuvent procéder, soulignent ces auteurs, à un forçage du contrat en découvrant des obligations en dehors de toute stipulation et ce par référence à la nature du contrat (article 243 du Code des obligations et des contrats) »[1].

604. Par ailleurs, dans les récentes études portant sur l'article 1135 du Code civil ou sur d'autres points touchant au contenu du contrat, on constate une tendance à analyser la nature du contrat comme la finalité ou le but que recherchent les parties en se contractant. Dans ce sens, certains auteurs soulignent que la nature du contrat est en étroit lien avec les notions d'objet et de cause. Pour Madame Lucas-Puget « l'opération juridique poursuivie par les parties impose parfois le contrat, soit dans sa nature soit dans certains de ses éléments »[2]. L'objet du contrat contribue ainsi à la détermination de la nature du contrat.

Le juge, en désirant connaître la nature juridique d'un contrat, n'a qu'à déterminer son objet, ce dernier permettrait d'entrevoir le premier. Cette idée a déjà été défendue par un auteur : « la nature de l'obligation ne renvoie certainement pas à la seule distinction rudimentaire des obligations de faire, de ne pas faire et de donner. Elle dépend nécessairement des biens en cause de l'objet du contrat »[3].

Concernant la relation entre la cause du contrat et la nature juridique de celui-ci, Madame Judith Rochfeld, en défend une nouvelle analyse basée sur l'introduction de l'intérêt. Elle observe qu'« avant de s'imposer comme présumée et attachée au type de contrat, la cause-finalité en construit donc la structure typique, assignant à chaque obligation sa place selon son importance dans la poursuite du but recherché, et ainsi dans sa hiérarchie en tant qu'élément essentiel naturel ou accessoire. Elle assigne une organisation logique au type de contrat »[4]. Elle ajoute aussi que « la nature du contrat regroupe ainsi les éléments logiquement essentiels à sa finalité, qui se cristallisent en exigences typiques et objectives : la cause typique »[5]. Selon Madame Rochfeld, la cause d'un contrat détermine sa nature du juridique.

---

[1] CABRILLAC, R. et BEN FADHEL, O., Introduction au droit des affaires. Abrégé de droit tunisien des obligations contractuelles, éd. CPU 2006, p. 164, n° 199.

[2] LUCAS-PUGET, A.-S., Essai sur la notion d'objet du contrat, éd. LGDJ 2005, p. 380, n° 645.

[3] ATIAS, Ch., La chose dans le contrat : un bien en général ou des biens spéciaux ? *In* La relativité du contrat, TAHC 1999, éd. LGDJ 1999, p. 87.

[4] ROCHFELD, J., Cause et type de contrat, éd. LGDJ 1999, p. 192, n° 198.

[5] ROCHFELD, J., Cause et type de contrat, éd. LGDJ 1999, p. 193, n° 199.

605. Dans d'autres thèses encore plus récentes, l'on trouve pratiquement la même idée qui réduit la nature du contrat au but que les parties recherchent dans celui-ci. Fréderic Rouvière souligne à cet égard que « la nature du contrat n'est que l'expression d'un rapport d'adéquation entre le contenu essentiel du contrat et le but poursuivi »[1]. Pour Madame Clémence Mouly-Guillemaud, la nature du contrat dont parle l'article 1135 du Code civil, renvoie tout à la fois à la fonction[2] de l'obligation à compléter et à ses caractères[3]. Elle affirme aussi que « la détermination de la nature de l'obligation renvoie à la finalité objectivement attribuée à l'obligation, en considération de la fin qu'elle tend à assouvir, souvent connue, sinon, raisonnable »[4].

606. Cette idée d'association entre but du contrat et nature juridique du contrat est aussi vérifiable chez Monsieur Philippe Jacques qui a affirmé : « la nature du contrat renvoie donc à une cohérence, à une organisation raisonnable de son contenu autour d'un but, afin de l'atteindre»[5]. « Ce but, poursuit le même auteur, structure le contrat, assignant alors à chaque obligation sa place selon son importance...et ainsi sa hiérarchie en tant qu'élément essentiel, naturel ou accessoire »[6].

Cet auteur, rejoignant ici Judith Rochfeld, souligne l'existence d'un lien très resserré entre la nature du contrat et la notion de type de contrat. Il souligne à cet égard que « lorsqu'il existe, le type peut donc constituer ce repère qu'érige l'article 1135, in fine, destiné à placer les suites dans le sillage de l'accord de volontés intervenu. Ce type, modèle de référence, vient, en effet, dessiner les éléments de la convention qui permettent de satisfaire l'attente des parties, attente manifestée par le recours à un type donné »[7].

607. L'idée de type de contrat permet de servir de « point de repère qui peut donner un sens et une direction »[8] à l'élargissement du contenu contractuel. Le type est important puisqu'il éclaire le juge sur ce que les parties attendent normalement de leur contrat. Le juge enrichit le contrat en rapprochant le type

---

[1] ROUVIERE, F., Le contenu du contrat : essai sur la notion d'inexécution, op. cit., p. 176, n° 208.

[2] MOULY-GUILLEMAUD, C., Retour sur l'article 1135 du Code civil. Une nouvelle source du contenu contractuel, op. cit., p. 171, n° 171. Cet auteur affirme que la nature d'une obligation renvoie à sa fonction.

[3] MOULY-GUILLEMAUD, C., Retour sur l'article 1135 du Code civil. Une nouvelle source du contenu contractuel, op. cit., p. 174, n° 174. L'auteur souligne que : « le terme nature renvoie à l'analyse des propriétés et caractères du concept envisagé ».

[4] MOULY-GUILLEMAUD, C., Retour sur l'article 1135 du Code civil. Une nouvelle source du contenu contractuel, op. cit., p. 173, n° 173.

[5] JACQUES, Ph., Regards sur l'article 1135 du Code civil, éd. Dalloz 2005, p. 91, n° 38. L'auteur cite une doctrine italienne.

[6] JACQUES, Ph., Regards sur l'article 1135 du Code civil, éd. Dalloz 2005, p. 91, n° 38.

[7] JACQUES, Ph., Regards sur l'article 1135 du Code civil, op. cit., p. 93, n° 39.

[8] JACQUES, Ph., Regards sur l'article 1135 du Code civil, op. cit., p. 94, n° 40.

de l'objectif voulu par les parties. La nature du contrat se confond, selon Philippe Jacques, avec le type du contrat de telle sorte que la recherche du type auquel le contrat appartient n'est qu'une recherche de la nature du contrat. Dans cette logique, le problème se pose pour les contrats non soumis à un type prédéfini. Dans cette hypothèse, « la nature d'un contrat ne peut être déterminée que par la finalité singulière qu'il sert. Cette finalité permet, face à un contrat particulier, d'en déterminer les éléments logiquement nécessaires, au sein desquels pourraient prendre rang les suites de l'article 1135 »[1]. C'est uniquement dans le cadre des contrats atypiques que l'affirmation de l'article 1135 sur la nature du contrat, selon Philippe Jacques, retrouve sa pleine utilité, en permettant au juge de le compléter suivant la finalité qui lui est assignée.

608. Nature du contrat et qualification. La confusion entre la nature du contrat et le type, vérifiable chez de nombreux auteurs, n'est en effet que le reflet d'un rapprochement avéré entre les deux opérations de détermination de la nature du contrat et de la qualification. La définition que certains auteurs donnent à la nature du contrat confirme cette idée. Dans ce cadre, l'on peut citer, à titre d'exemple, la définition avancée par le professeur Philippe Jestaz : « la nature du contrat n'est rien d'autre que le moule préfabriqué à partir d'une volonté type, moule qui va désormais s'offrir à l'adhésion des volontés particulières »[2].

Dans cette définition, le renvoi à la qualification est manifeste au point de rendre la détermination de la nature juridique d'un contrat une opération qui s'identifie à la qualification. Le rapprochement est aussi visible dans les définitions données à la qualification. Selon Gérard Cornu, la qualification est une « opération intellectuelle d'analyse juridique... consistant à prendre en considération l'élément qu'il s'agit de qualifier et à le faire entrer dans une catégorie juridique préexistante en reconnaissant en lui les caractéristiques essentiels de la catégorie de rattachement »[3]. Selon Marty et Raynaud, la qualification, « c'est la détermination de la nature du contrat, de la catégorie juridique à laquelle il appartient et dont le régime lui sera applicable »[4].

609. Dans la qualification, on trouve la recherche des éléments essentiels au contrat qui consiste dans la même démarche requise pour déterminer la nature juridique d'un contrat. Un auteur tunisien souligne à cet égard que « pour insérer un contrat dans telle ou telle catégorie juridique, cela passe nécessairement par la vérification d'un certain nombre d'éléments et de critères qui mènent au rattachement à une catégorie spécifique. Ce sont ces éléments et

---

[1] JACQUES, Ph., Regards sur l'article 1135 du Code civil, op. cit., p. 94-95, n° 40.

[2] JESTAZ, Ph., L'obligation et sa sanction : à la recherche de l'obligation fondamentale, *In* Mélanges P. Raynaud, éd. Dalloz –Sirey 1985, p. 273, spéc. 294.

[3] Vocabulaire juridique de G. Cornu, éd PUF 2007.

[4] G. Marty et P. Raynaud, Droit civil, Tome II, Volume 1er, Les obligations, n° 197, p. 216.

ces critères qui vont déterminer les liens juridiques qui nouent d'une part entre les parties et d'autre part avec les tiers »[1]. Le Professeur Nadir Ben Ammou note, de son côté, ce rapprochement en affirmant que la qualification passe par deux étapes dont la première est la détermination des éléments constitutifs d'un contrat[2]. La Cour de cassation tunisienne semble elle aussi convaincue de cette idée lorsqu'elle annonce que la qualification passe par la détermination de la nature juridique du contrat[3]. Dans un autre arrêt, la Cour de cassation tunisienne est plus explicite. Elle invité les juges de fond à interpréter le contrat avant de le qualifier[4]. L'interprétation s'impose selon la jurisprudence tunisienne même si les termes du contrat sont clairs et non équivoques[5]. La Cour en utilisant le terme interprétation entend certainement une analyse du contenu contractuel.

610. Entre la qualification et la détermination de la nature juridique d'un contrat, un point est commun, celui de la recherche des éléments essentiels et caractéristiques du contrat. Madame Muriel Fabre-Magnan semble confirmer cette idée lorsqu'elle affirme que la qualification « consiste à identifier le type de contrat »[6]. Le professeur François Terré précise dans ce sens que la qualification n'est qu'une recherche de « correspondance entre les éléments réunis et ceux qui servent de supports à la qualification »[7].
D'un autre côté, dans la qualification, l'on trouve la détermination de la nature juridique d'un contrat. Le juge lorsqu'il cherche à qualifier un contrat sous un régime juridique connu, doit d'abord en déterminer la nature. Cette détermination apparaît ainsi comme une étape dans la qualification. Lorsqu'on qualifie un contrat en déterminant ses obligations essentielles, sa nature juridique se trouve déterminée. Dans les deux cas, il faut fureter le contenu contractuel et vérifier l'existence des obligations nécessaires au contrat. MM

---

[1] BEL HAJ HAMMOUDA, A., La franchise, contrat né de la pratique des affaires, *In* La codification du droit des affaires en Tunisie (acte de colloque organisé à Tunis les 14-15 décembre 2007), RJL février 2008, n° spécial, p. 137, spéc. p. 139. Voir aussi en droit tunisien surtout : BEN AMMOU, N.,La qualification en droit civil, *In* La qualification, journée d'étude dédiée à M. Larbi Hachem, faculté de droit et des sciences politiques de Tunis 2008 (non publié) ; H. Raïed, La qualification en droit commercial, *In* La qualification, journée d'étude dédiée à HACHEM, M.-L., faculté de droit et des sciences politiques de Tunis 24 février 2009 (non publié) ; GARA, N., La qualification à travers la jurisprudence tunisienne (en arabe), In Cinquante ans de jurisprudence civile 1959-2009, éd. CPU 2010, p. 589. Voir aussi : BEN AMMOU, N.,Droit civil, Les contrats spéciaux, La vente et l'échange (en arabe), éd. CPU 2007, p. 8, n°7.

[2] BEN AMMOU, N.,Droit civil, Les contrats spéciaux, La vente et l'échange, éd. CPU 2007, n° 7, p. 8.

[3] Cass. civ. (Tu), n° 9463 du 3 octobre 2006, RJL décembre 2006, p. 111.

[4] Cass. Civ (tn), n°25055 du 4 novembre 2003, Bull. 2003, II, p. 77.

[5] GARA, N., La qualification à travers la jurisprudence tunisienne (en arabe), *In* Cinquante ans de jurisprudence civile 1959-2009, éd. CPU 2010, p. 589, spéc. p. 591.

[6] FABRE-MAGNAN, M., Les obligations, éd. PUF 2004, p. 169, n° 72.

[7] TERRE, F., L'influence de la volonté individuelle sur les qualifications, éd. LGDJ 1957, p. 522, n° 652. L'auteur parle d'une sorte de qualification qu'il a baptisée qualification réflexe.

Ghestin, Jamin et Billiau affirment dans ce cadre que « ce sont les obligations principales qui, une fois qualifiées, conditionnent la nature juridique du contrat tout entier »[1].
Dans cette même optique, un autre auteur souligne la nécessité de déterminer les éléments du contrat pour pouvoir le qualifier. Le professeur Jean Pélissier, parlant du contrat de travail, précise que « les éléments du contrat sont alors entendus comme les éléments qui permettent de qualifier le contrat, de le définir par rapport aux autres contrats »[2]. Avant de le qualifier, il est donc inévitable de déterminer « les quatre piliers du socle contractuel »[3].

611. Un autre point est aussi commun : dans les deux opérations de qualification ou de détermination de la nature juridique d' un contrat, le juge ou l'interprète, travaille sur le contenu contractuel, l'examine, le scrute en vue d'en ressortir ce qui va lui permettre de connaître son identité. Dans les deux opérations, le contenu contractuel constitue le point de départ. C'est lui qui permet de départir entre différentes qualifications envisageables. La décision, ou la constatation dépend assurément de la matière du contrat, des éléments y figurant. Monsieur Terré l'a précisé : « normalement si plusieurs éléments sont réunis au sein du contenu analysé, la qualification correspondant à cet ensemble sera adoptée par l'interprète, qui se fondera sur l'ensemble des éléments réunis »[4].

612. L'idée d'obligation fondamentale n'est ici pas inutile. Elle permet de déterminer la nature juridique d'un contrat et de le qualifier. L'obligation est fondamentale puisqu'elle permet entre autres d'identifier un contrat et de le qualifier. Ce sont les éléments essentiels qui accordent au contrat son identité et qui l'impriment de sa coloration propre, en l'absence desquels ce dernier ne peut pas être caractérisé[5]. La même idée a été soutenue par le professeur Philippe Jestaz qui affirme que l'obligation fondamentale emprunte son caractère à la nature du contrat[6]. « La nature des choses permet de déceler l'obligation fondamentale et inversement »[7].

---

[1] GHESTIN, J., Chr. Jamin et M. Billiau, Les effets du contrat, éd. LGDJ 2001, p. 101, n° 82.
[2] PELISSIER, J., La détermination des éléments du contrat de travail, Droit Ouvrier, mars 2005, p. 92.
[3] MARTINEL, A., L'office du juge dans la détermination et le contrôle des obligations contractuelles, Droit Ouvrier, mars 2005, p. 104.
[4] TERRE, F., L'influence de la volonté individuelle sur les qualifications, éd. LGDJ 1957, p. 522, n° 652.
[5] LAUDE, A., La reconnaissance par le juge de l'existence d'un contrat, éd. PUAM 1992, p. 153.
[6] JESTAZ, Ph., L'obligation et la sanction : à la recherche de l'obligation fondamentale, *In* Mélanges P. Raynaud, éd. Dalloz-Sirey 1985, p. 273, spéc. p. 294.
[7] SEFTON-GREEN, R., La notion d'obligation fondamentale : comparaison franco-anglaise, éd. LGDJ 2000, p. 315-316, n° 552. L'auteur avoue ne pas être convaincu par ce constat.

Dans ce sens, un auteur défend une distinction entre éléments essentiels du contrat qui sont déterminants pour la qualification et d'autres qui ne sont qu'accessoires. Cet auteur observe : « dans la plupart des contrats, deux sortes d'obligations peuvent être distinguées : d'une part, les obligations principales qui sont de l'essence du contrat et, d'autre part, les obligations accessoires qui sont seulement de la nature de la convention. Les premières sont indispensables pour qualifier le contrat. Les secondes, tout en s'incorporant à la convention principale, sont sans influence sur la qualification. Une vente étant un contrat à titre onéreux, ne se conçoit pas sans l'obligation pour l'acquéreur de payer un prix sérieux ; il y a là une obligation principale. En revanche, il est possible de passer un tel contrat sans prévoir une date déterminée pour le transfert de propriété ou pour la délivrance de l'objet ; ce sont des obligations accessoires. L'obligation de garantie à sa place dans cette classification ; elle se range parmi les obligations accessoires »[1].

613. Le rapprochement entre qualification et détermination de la nature du contrat ne doit pas en voiler une différence indubitable ; entre ces deux mécanismes, les différences ne sont pas à nier. La distinction la plus importante entre les techniques de qualification et la détermination de la nature du contrat, est relative à l'objectif de chacune d'elles. Si par la qualification, le juge tend à ranger le contrat sous une catégorie contractuelle connue « afin d'en déduire le régime »[2], il ne vise la détermination de la nature juridique d'un contrat que pour enrichir son contenu. La détermination de la nature du contrat, obligation déduite de l'article 1135 du Code civil ou de l'article 243 du Code des obligations et des contrats, s'insère dans un processus d'enrichissement du contenu contractuel. Le juge, lorsqu'il essaie de rapprocher le contrat en cause des modèles ou des types de contrats qu'il connaissait, ne cherche qu'ajouter au contrat dont le contenu est inachevé, les obligations qui lui manquent par rapport à ses similaires du même modèle et dont l'absence est préjudiciable.

614. Nature du contrat et économie du contrat. Pour certains auteurs, la nature du contrat évoque une autre notion : la notion d'économie du contrat. Le lien entre cette notion et la nature du contrat paraît indéfectible du moment que la notion d'économie du contrat ne vise finalement que « la structure du contrat », « le cœur de la convention »[3]. Un passage par une analyse

---

[1] B. Gross, La notion d'obligation de garantie dans le droit des contrats, thèse Nancy, 1962, n° 44. Cité Par : GOUBEAUX, G., La règle de l'accessoire en droit privé : étude sur la maxime "accessorium sequitur principale", éd. LGDJ 1969, p. 217-218, n° 144.

[2] TERRE, F., SIMLER, Ph. et LEQUETTE, Y., Droit civil, les obligations, éd. Dalloz 2005, p. 450, n° 444.

[3] ZELCEVIC-DUHAMEL, A., La notion d'économie du contrat en droit privé, JCP, G, 2001, 300.

économique du contrat semble inévitable pour pouvoir déterminer de façon avérée la nature du contrat.
L'économie du contrat, est, selon certains auteurs, l'essence du contrat, *l'essentialia* dont parlait Pothier[1], c'est un instrument indispensable pour analyser le contrat[2]. Il s'ensuit que déterminer la nature d'un contrat, c'est déterminer entre autres l'opération économique qu'il véhicule. Un auteur précise que « la structure juridique est inféodée à l'unité économique qui en justifie l'existence »[3].

615. Cette idée de lien entre la nature du contrat et son économie est défendue par Madame Judith Rochfeld qui souligne que la notion d'économie du contrat retrouve sa pleine efficacité lorsque le contrat est atypique, qu'il soit le fruit d'une pure création des parties[4] ou lorsqu'il présente une finalité spéciale par rapport au contrat nommé[5]. Dans les deux cas, *la qualification juridique relève son inaptitude à offrir une structure juridique idoine et l'économie du contrat joue le rôle de son type*[6]. L'économie du contrat contribue ainsi à la détermination de la nature juridique du contrat[7].
D'ailleurs, la jurisprudence française s'est appuyée sur cette notion d'économie pour favoriser une qualification du contrat face à une autre, envisageable[8]. Un auteur a pu ainsi conclure : « les effets du contrat découlant de sa nature ou de type –effets typiques – sont indirectement justifiés par l'économie même du contrat »[9].
Un autre a, quant à lui, souligné une éventuelle utilité de la notion d'économie du contrat dans le cadre de la détermination de la nature du contrat. Monsieur Philippe Jacques, rejoignant sur ce point Madame Rochfeld, précise que la notion d'économie du contrat peut s'avérer utile lorsque le contrat est atypique. Il affirme à cet égard qu' « il est légitime – dans le seul cadre de l'atypique – de lire à l'article 1135, in fine, un renvoi à la notion d'économie du contrat »[10]. Selon cet auteur, la détermination de la nature du contrat passe, dans l'hypothèse d'un contrat atypique, par la détermination de l'économie du contrat. Cette dernière notion contribue à la détermination de ce que les parties attendent de leur contrat.

---

[1] ZELCEVIC-DUHAMEL, A., art. préc., JCP, G, 2001, 300, n° 1.
[2] ZELCEVIC-DUHAMEL, A., art. préc., JCP, G, 2001, 300, n° 1.
[3] PIMONT, S., L'économie du contrat, éd. PUAM 2004, p. 66, n° 78.
[4] ROCHFELD, J., Cause et type du contrat, op. cit., p. 59, n° 59.
[5] ROCHFELD, J., Cause et type du contrat, op. cit., p. 61, n° 61.
[6] PIMONT, S., L'économie du contrat, op. cit., p. 110, n° 162.
[7] PIMONT, S., L'économie du contrat, op. cit., p. 202, n° 299.
[8] Cass. 3e civ. 4 novembre 1998 (inédit) cité par PIMONT, S., op. cit., p. 203, n° 300.
[9] PIMONT, S., L'économie du contrat, op. cit., p. 204, n° 300.
[10] JACQUES, Ph., Regards sur l'article 1135 du Code civil, éd. Dalloz 2005, p. 94-95, n° 40.

Pour le professeur Mohamed Hammouda, le juge est appelé, aux termes de l'article 243 du Code des obligations et des contrats, à combler les lacunes du contrat par référence aux données économiques[1].
Il apparaît de tous ces rapprochements que la détermination de la nature du contrat n'est pas chose aisée. Pour y arriver, le juge doit indubitablement se faire aider de certaines autres notions qui lui permettent de découvrir la nature du contrat et de parvenir enfin à enrichir en toute harmonie son contenu qui souffre d'une « incomplétude ».

616. En somme, parmi les différentes définitions avancées par la doctrine de la nature juridique du contrat à laquelle l'article 1135 du Code civil et l'article 243 *in fine* du Code des obligations et des contrats font allusion, celle qui rapproche la nature du contrat de l'objectif des parties semble être la plus soutenable et avoir plus de crédit. Définir la nature du contrat comme étant le but recherché par les parties contractantes serait la définition qui rallie et emporte tous les suffrages. C'est celle qui est quasiment adoptée par la doctrine[2].

617. Le choix de cette définition semble confirmé par les Principes d'Unidroit et des Principes de Droit Européen du Contrat (PDEC) qui unissent, en parlant des obligations implicites, la nature du contrat au but de celui-ci. Cette référence constitue une reconnaissance d'un lien indéfectible qui réunit les deux notions. Il s'ensuit que le juge doit enrichir le contrat en tenant compte de ce que les parties recherchent ou attendent de leur contrat. Celui-ci apparaît, au vu de cette définition, comme une addition des obligations et des clauses au service d'un objectif.
Le juge, en examinant un contrat, doit lui ajouter tout ce qui favorise la réalisation de cet objectif. Il doit en même temps éliminer tout ce qui y fait obstacle. L'idée de type ou de modèle n'est pas ici sans aucune utilité. Un auteur a signalé dans ce sens : « la nature du contrat est d'ailleurs compatible tant avec un complément individualisé, purement casuistique, qu'avec un complément recourant à une règle générale applicable aux cas semblables »[3].

618. L'article 1135 du Code civil mais également l'article 243 du Code des obligations et des contrats doivent être analysés comme étant des appels adressés au juge l'invitant à faciliter la réalisation des objectifs contractuels, à garantir l'efficacité des conventions. Il s'ensuit que la nature du contrat doit être

[1] HAMMOUDA, M., De l'exécution de l'obligation avec loyauté *In* Mélanges S. Ben Halima, éd. CPU 2005, p. 1031, spéc. p. 1090.
[2] C'est la définition adoptée par la majorité des auteurs qui voient dans la nature du contrat un renvoi au but poursuivi par les parties. Voir à cet effet les définitions précédemment avancées notamment de ROCHFELD, J., op. cit., p. 193, n° 199 ; ROUVIERE, F., op. cit., p. 177, n° 208 ; MOULY-GUILLEMAUD, C., op. cit., p. 173, n° 173 ; JACQUES, Ph., op. cit., p. 91, n° 38.
[3] ROUILLER, N., Droit suisse des obligations et Principes du droit européen des contrats, éd. CEDIDAC Lausanne 2007, p. 556.

appréhendée comme étant l'objectif choisi par les parties. Les suites à ajouter au contrat doivent répondre à ce critère de servir la finalité du contrat. Un auteur approuve cette idée en affirmant que les principes d'Unidroit entendent que « le but global du contrat soit pleinement réalisé »[1]. Cette « réalisation nécessite le respect des obligations implicites »[2].

619. La Cour de cassation tunisienne semble avoir adopté cette analyse lorsqu'elle a énoncé : « le contrat de vente ainsi que ses suites doivent être exécutés en tenant compte de la finalité et de l'objectif du contrat »[3]. La réalisation de l'objectif contractuel *constitue* ainsi la justification des suites que le juge doit ajouter au contenu des conventions.
Dans un autre arrêt rendu par les Chambres réunies de la Cour de cassation tunisienne, l'idée de lien entre nature du contrat et objectif des parties semble être encore plus manifeste. Dans cet arrêt, la Cour de cassation tunisienne a analysé la nature du contrat et sa spécificité par rapport à ses similaires. Elle a signalé ensuite que tout ce qui entrait dans le cadre de cet objectif devait être ajouté au contenu du contrat. Le contrat en cause était de vente d'un immeuble immatriculé. Dans ce genre de contrats, le transfert de propriété n'est effectif qu'une fois la vente inscrite au registre foncier. L'objectif est spécial par rapport aux autres contrats de vente. La Cour de cassation a commencé par confirmer cette spécificité pour conclure que la nature spéciale de ce contrat obligeait les parties à accomplir tout ce qui facilite l'inscription de la vente sur le registre foncier. Cette obligation est due, même si le contrat ne prévoit rien là-dessus. Elle fait partie de la nature du contrat. La Cour de cassation tunisienne s'est référée à l'article 243 du Code des obligations et des contrats pour contraindre le vendeur à signer un acte de précision[4]. Aux yeux de la Cour de cassation tunisienne, tout ce qui entre dans le cadre de la nature du contrat doit y être ajouté.
Dominique Ledouble, partant du fait que les parties ne sont pas toujours en mesure de fixer tous les éléments de leur contrat, précise que le juge les fixera

---

[1] V. Mayr, Une obligation de sécurité est-elle concevable au sein des principes d'Unidroit ? Revue du droit Uniforme, 2005, n° 3, p. 485, spéc. p. 496.
[2] V. Mayr, Une obligation de sécurité est-elle concevable au sein des principes d'Unidroit ? Revue du droit Uniforme, 2005, art. préc., p. 496.
[3] Cass. civ. n° 3928 du 12 octobre 1982, Bull. 1982, III, p. 151. Cet arrêt est cité par HAMMOUDA, M., De l'exécution de l'obligation avec loyauté *In* Mélanges S. Ben Halima, éd. CPU 2005, p. 1031, spéc. p. 1071. L'auteur cite dans ce cadre d'autres arrêts de la Cour de cassation tunisienne.
[4] Cass. civ (tn), Chambres Réunies, n° 11976, du 26 février 2004, Recueil des arrêts des Chambres Réunies de la Cour de cassation tunisienne, éd. CEJJ 2005, p. 113. Voir sur ce point : BEN TALEB, A., Le Code des obligations et des contrats devant les chambres réunies de la Cour de cassation (en arabe), *In* Livre du centenaire du Code des obligations et des contrats 1906 – 2006, éd. CPU 2006, p. 241.

au vu des objectifs poursuivis par les parties[1]. L'ajout se fait à la lumière des objectifs du contrat.
Les obligations implicites dont parlent les Principes de l'Unidroit et les Principes de Droit Européen des Contrats s'insèrent dans un souci de garantir l'efficacité des conventions.
La nature du contrat, elle-même de nature compliquée, pose davantage de problèmes lorsqu'elle est analysée au regard de la volonté des parties.

B – Nature du contrat et volonté des parties

620. La nature du contrat à laquelle font référence les articles 1135 du Code civil et 243 du Code des obligations et des contrats pose encore deux questions à propos de sa relation avec la volonté des parties. D'abord, elle est présentée comme une limite avérée à la volonté de celles-ci (a). D'un autre côté, les parties peuvent elles-mêmes, par leur volonté libre et saine, jouer sur la nature du contrat (b). Les deux questions s'avèrent contradictoires ; d'un côté, on avoue une limitation de la volonté des parties et de l'autre, on enregistre un triomphe.

a - Nature du contrat, limite à la volonté

621. Les articles 1135 et 243 respectivement du Code civil et du Code des obligations et des contrats, lorsqu'ils annoncent que les suites sont ajoutées au contrat selon sa nature, marquent indubitablement un dépassement de la volonté des parties. Aucune référence ne peut normalement être faite à la volonté des parties lors de l'adjonction des suites commandées par l'équité, les usages ou la loi[2]. La seule référence possible est la nature du contrat, ce qui est volontaire est cantonné à ce qui est exprimé. Inversement, tout ce qui n'est pas exprimé n'est pas normalement lié à la volonté des parties.
Le contenu du contrat semble avoir deux sources de nature différente ; la volonté pour ce qui est exprimé, la nature du contrat pour ce qui est implicite. MM. Christian Atias et Rémy Cabrillac observent que « le contenu du contrat se compose, à la fois, de la déclaration de volonté et de la nature de l'obligation»[3].

622. Dans la détermination du contenu contractuel, la volonté des parties contractantes est rivalisée par la notion de la nature du contrat qui, comme la volonté, génère de nouvelles obligations que les parties sont tenues de respecter. Les rôles de création des obligations, au sein du contenu contractuel sont ainsi distribués entre la volonté des parties et la nature du contrat. Le principe de

---

[1] D. Ledouble, L'entreprise et le contrat, éd. Litec 1980, p. 94.
[2] Selon la formulation de l'article 1135 du Code civil qui est différente de celle de l'article 243 du Code des obligations et des contrats.
[3] Avant propos de la thèse de Mme MOULY-GUILLEMAUD, C., Retour sur l'article 1135 du Code civil. Une nouvelle source du contenu contractuel, éd. Dalloz 2006.

l'autonomie de la volonté apparaît, aux termes d'un auteur, comme « un fondement perdu »[1].

623. Accorder à la nature du contrat, qui est une notion purement objective, un rôle générateur d'obligations, est en quelque sorte fouler aux pieds le principe de l'autonomie de la volonté. Un auteur a essayé de justifier cet ajout au contrat déduit sur la base de la nature du contrat, en affirmant : « il paraît raisonnable de penser que les parties en concluant le contrat entendent se conformer à sa nature et admettre les effets ordinaires qui en découlent »[2]. Un autre auteur tunisien présente, sans citer la nature du contrat, l'article 243 du Code des obligations et des contrats comme une limitation à la volonté des parties ; c'est un article qui offre au juge la possibilité de faire usage de certains éléments objectifs en vue de compléter le contenu du contrat et de combler ses lacunes et ses insuffisances[3]. Pour le Professeur Sami Jerbi, les suites du contrat annoncent « une rupture entre effets de la volonté et les effets du contrat »[4].
La nature du contrat apparaît ainsi comme une limite à la volonté des parties contractantes[5]. Elle s'impose, dans une certaine mesure, à la volonté des parties qui doivent en tenir compte. Elle s'impose dans les deux sens : pour l'adjonction au contrat et pour l'amputation ou l'élimination du contenu contractuel. Dans le premier sens, elle ajoute à la matière du contrat ce que les parties ont omis. Dans cette hypothèse, elle enrichit le contrat en lui ajoutant ce qui lui est nécessaire, ce qui est au service de la finalité arrêtée par les parties. Dans une seconde hypothèse, la nature du contrat, permet d'éliminer, de *biffer*[6] du contrat, ce que les parties y ont inséré.

624. Contrairement à l'enrichissement du contenu contractuel assuré par la référence à la nature du contrat, se situe une fonction d'élimination que préconise cette même notion. Dans ce contexte, un auteur a affirmé : « cet accroissement du contenu obligatoire du contrat est exactement l'inverse de l'amputation que réalise, sur un fondement voisin, le contrôle des clauses abusives »[7]. La nature du contrat limite ainsi la volonté des parties dans le sens de l'enrichissement, en permettant l'ajout des obligations nouvelles qui ne sont

---

[1] THIBIERGE-GULLFUCCI, C., Libres propos sur la transformation du droit des contrats, RTD civ. 1997, n° 2, p. 357.
[2] MALEVILLE, M.-H., L'interprétation des contrats d'assurance terrestre, éd. LGDJ 1995, p. 202, n° 204.
[3] HAMMOUDA, M., De l'exécution de l'obligation avec loyauté *In* Mélanges S. Ben Halima, éd. CPU 2005, p. 1031, spéc. p. 1093.
[4] JERBI, S., L'interprétation du contrat, op. cit., p. 282, n° 317.
[5] MAHFOUD, M., La théorie des suites du contrat, article précité, où l'auteur avance la nature du contrat comme une limite au pouvoir du juge et non comme une limite à la volonté des parties.
[6] Terme emprunté à Monsieur DELEBECQUE, Ph., Que reste-t-il du principe de la validité des clauses limitatives de responsabilité ? D. Aff., n° 8 1997, p. 23, spéc. p. 24.
[7] LEVENEUR, L., Le forçage du contrat, *In* Que reste-t-il du principe de l'intangibilité du contrat ? Droit et Patrimoine, n° 58, mars 1998, p. 69, spéc. p. 74.

justifiées que par la nature du contrat, ou dans le sens de l'appauvrissement de ce qui est choisi et voulu par les contractants en préconisant l'élimination de ce qui enfreint la nature du contrat. Il s'ensuit que les suites que commandent la nature du contrat ne vont pas forcément dans le sens de l'ajout.

625. Domat, dans son traité des lois, précise que les engagements volontaires ou involontaires comportent diverses suites. Il existe des suites qui ajoutent ou affermissent l'engagement ; d'autres qui le diminuent ou l'anéantissent[1]. Avouant l'importance de la nature du contrat, Domat affirme que « les conventions obligent non seulement à ce qui y est exprimé, mais encore à tout ce que demande la nature de la convention : et à toutes les suites que l'équité, les loix et l'usage donnent à l'obligation où l'on est entré »[2].
Ceci permet de déduire que, même aux yeux des ancêtres du Code civil français, la nature du contrat est envisagée comme une source des obligations contractuelles de la même façon qu'est présentée la volonté des parties. La nature du contrat et la volonté de ces dernières partagent entre elles le contenu du contrat. La volonté est cantonnée dans ce qui est exprimé, alors que la nature du contrat se réserve le non exprimé dans un contrat. Elle est ainsi présentée comme une source des obligations contractuelles complémentaires au contrat. Plus précisément, « la nature de la convention qui résulte de l'association du type de la convention (vente, louage…) et de ses caractères (synallagmatiques, onéreuses…) détermine un ensemble d'effets indépendants de la volonté des parties »[3]. Elle contribue, comme la volonté des parties, à la détermination des effets produits par un contrat. Certains auteurs ont déjà déduit de l'affirmation de l'article 1135 du Code civil, la dualité des sources du contenu contractuel[4].

626. Marty et Raynaud notent : « l'article 1135 affirme que la volonté exprimée par les parties n'est pas tout le contrat »[5]. Un autre auteur précise qu'« il faut bien voir qu'avec l'article 1135 l'objet de la recherche de l'interprète se déplace : il ne s'agit plus de scruter l'intention réelle des parties, mais de rechercher objectivement quelles sont les suites du contrat imposées par la loi, les usages ou l'équité »[6].

---

[1] Voir sur ce point : DEROUSSIN, D., Histoire du droit des obligations, éd. Economica 2007, p. 441. L'auteur en parlant des origines de l'article 1135 du Code civil cite Domat et certains autres auteurs.

[2] Voir sur ce point : DEROUSSIN, D., Histoire du droit des obligations, éd. Economica 2007, p. 441. L'auteur en parlant des origines de l'article 1135 du Code civil cite Domat (Loix civiles, I, I, I, III, I).

[3] DEROUSSIN, D., Histoire du droit des obligations, éd. Economica 2007, p. 442.

[4] Voir à cet égard la thèse de Madame MOULY-GUILLEMAUD, C., Retour sur l'article 1135 du Code civil. Une nouvelle source du contenu contractuel, éd. LGDJ 2006.

[5] G. Marty et P. Raynaud, Droit civil, Tome II, Volume 1er, Les obligations, n° 219, p. 200.

[6] GOUBEAUX, G., La règle de l'accessoire en droit privé : étude sur la maxime "accessorium sequitur principale", éd. LGDJ 1969, p. 147, n° 94.

L'ajout des suites que commandent l'article 1135 du Code civil ou l'article 243 *in fine* du Code des obligations et des contrats, ne dépend pas de la volonté des parties contractantes. La découverte de ces suites ne requiert pas de scruter la volonté des parties, « il ne s'agit que de déterminer objectivement quelles sont les conséquences en fonction de la situation de fait, quelles sont les conséquences de l'acte passé par les parties...Les contractants ont mis en mouvement un mécanisme légal qu'on peut seulement, par fidélité à l'autonomie de la volonté, estimer tacitement accepté par les parties, mais qu'elles n'ont en tout cas pas organisé elles mêmes »[1]. Le professeur Gille Goubeaux précise également que la suite, pour être attachée au contrat, doit être « conforme à la nature de l'opération »[2].

627. L'article 1135 permet indubitablement « une détermination objective du contenu contractuel en complétant l'accord des parties par des obligations inhérentes à l'objet poursuivi »[3]. Ce point demeure d'ailleurs inchangé dans les projets de réforme du Code civil[4], ce qui prouve que le législateur accorde beaucoup d'importance à la nature du contrat en tant que source des obligations implicites.

628. En droit tunisien, un auteur range l'article 243 du Code des obligations et des contrats parmi les articles permettant d'introduire dans le contrat certains éléments objectifs non liés à la volonté des parties. Cet auteur remarque que les obligations ajoutées au contrat au nom de cet article, cadrent davantage avec une analyse objective du contrat[5].

Mohamed Mahfoud est aussi du même avis lorsqu'il précise que c'est sur la base « d'un procédé objectif, que le juge ajoute au contrat des obligations

---

[1] GOUBEAUX, G., La règle de l'accessoire en droit privé : étude sur la maxime "accessorium sequitur principale", éd. LGDJ 1969, p. 147, n° 94.

[2] GOUBEAUX, G., La règle de l'accessoire en droit privé : étude sur la maxime "accessorium sequitur principale", op. cit., p. 148, n° 94.

[3] FENOUILLET, D., Les effets du contrat entre les parties : ni révolution, ni conservation, mais un « entre-deux » perfectible, RDC 2006, p. 67, spéc. 82.

[4] Voir surtout : FENOUILLET, D., Les effets du contrat entre les parties : ni révolution, ni conservation, mais un « entre-deux » perfectible, RDC 2006, p. 67, spéc. 82. L'auteur souligne un maintien de ce principe en matière du contenu du contrat dans l'avant-projet dit Avant-projet Pierre Catala. Voir aussi à ce propos du nouveau projet de réforme du Code civil dit projet de la Chancellerie : HOUTCIEFF, D., Le contenu du contrat, *In* Pour une réforme du droit des contrats, sous la direction de TERRE, F., éd. Dalloz 2009, p. 183. Dans ce dernier projet, l'article 136 garde la même formulation que l'actuel article 1135 *in fine* y incluse une référence à la nature du contrat. Pour une étude sur les différents projets de réforme du Code civil, consulter essentiellement : MAZEAUD, D., La réforme du droit des contrats : trois projets en concurrence, *In* Liber Amicorum LARROUMET, Ch., éd. Economica 2010, p. 329.

[5] ZINE, M., De l'esprit et de l'effectivité de certaines dispositions du Code des obligations et des contrats, *In* Livre du centenaire du Code des obligations et des contrats 1906 – 2006, éd. CPU 2006, p. 437, spéc. p. 446.

rendues exigibles par la nature du contrat »[1]. La position d'un autre auteur tunisien est identique ; la théorie des suites du contrat déduites des articles 1135 et 243 représente une limite à la volonté des parties au sein du contrat[2].

629. Au nom de la nature du contrat, le juge est en droit d'ajouter au contenu du contrat de nouvelles obligations qui ne puisent pas leur fondement dans la volonté des parties, mais dans des références qui sont objectivement inoculées. La nature du contrat apparaît, dans une certaine mesure, comme une donnée qui s'impose aux parties et qui génère des obligations auxquelles les parties seront tenues de la même façon que les obligations qu'elles ont exprimées. Ce qu'ajoute le juge au contenu contractuel exprimé, il ne le crée pas du néant, il l'ajoute s'inspire de la nature du contrat.
Il doit d'abord appréhender ce que les parties recherchent de leur accord et ajouter ensuite ce qui en découle. Dans la pratique, les choses se passent de la façon suivante : « lorsque les parties prévoient expressément une obligation, d'autres obligations peuvent en découler, parce qu'elles en constituent un complément normal »[3]. Il suffit de choisir le principe pour que la suite soit ajoutée. Il s'ensuit que les parties, en choisissant l'exprimé, arrêtent indirectement ce qui sera rajouté au contrat. Ceci implique que la nature du contrat est soumise dans une certaine mesure à la volonté des parties contractantes.

b - Nature du contrat déterminée par la volonté des parties ?

630. Dire que la nature du contrat s'impose aux parties et qu'elles ne font qu'adhérer aux moules préétablis, ne reflète pas la réalité des choses. En effet, les parties comme elles peuvent choisir une des formes connues, ont également la possibilité d'en confectionner de nouvelles. Cette possibilité découle directement du principe de la liberté contractuelle, qui ouvre la voie aux parties afin qu'elles imaginent des formes diverses de contrats appelées à contenir leur prévision.

631. Les parties peuvent, selon le choix qu'elles adoptent, influer sur la nature du contrat. Louis Josserand, l'a affirmé depuis longtemps « le jeu en est libre : soit quant à la forme, puisque la règle de la consensualité s'est substituée à celle de la solennité ; soit quant au fond, à raison du principe de l'autonomie de la volonté qui domine l'ensemble du droit contractuel»[4]. Il ajoute aussi que « Le

---

[1] MAHFOUD, M., La théorie des suites du contrat, RJL 2008, n° 6, p. 99, spéc. p. 101.
[2] JERBI, S., L'interprétation du contrat, op. cit., p. 382, n° 317.
[3] VOIRIN, P. et GOUBEAUX, G., Droit civil, Personnes – Famille, Personnes protégées – Biens – Obligations – Sûretés, Tome I, éd. LGDJ 2007, p. 407, n° 902.
[4] JOSSERAND, L.,Essor moderne du concept contractuel, *In* Mélanges F. Geny, Tome II, p. 333, spéc. p. 335

clavier contractuel, mis à contribution plus que jamais, offre à qui l'utilise de nouveaux sons et de nouvelles combinaisons »[1]. Le choix est immense pour les parties, elles ne sont pas prisonnières de ce qui est connu et répandu.

632. La nature du contrat dépend ainsi de la volonté des parties. Ce sont elles qui décident de leur propre gré. Si elles choisissent des contrats stéréotypés, la nature de leur contrat est facilement repérable par le juge ; le contrat dans ce cas ne présente pas de grande spécificité par rapport à ses similaires. Mais si elles optent pour d'autres solutions, et s'éloignent des types contractuels connus, la détermination de la nature du contrat devient encore plus difficile.
Puisque la nature du contrat s'identifie au but ou à la finalité arrêtée par les parties, ces dernières, pour choisir une nouvelle nature pour leur contrat, n'ont qu'à attribuer une autre finalité à leur accord. A titre d'exemple, un contrat de vente perd sa nature ordinaire si les parties lui adjoignent une finalité non habituelle. Il en est de même pour un contrat de bail qui perd sa nature originaire au profit d'une autre, si les parties lui assignent une nouvelle finalité. Cette variété justifie très souvent l'existence des subdivisions au sein d'une même catégorie de contrats. Par exemple, dans le cadre du contrat de dépôt, l'on trouve généralement plusieurs formes ; d'un côté le dépôt ordinaire, de l'autre les dépôts particuliers[2].

633. Dans d'autres cas, la poursuite d'une finalité originale pousse même à un panachage entre différentes catégories de contrats, en vue d'en sortir une nouvelle forme qui emprunte à chacune des catégories certains aspects. Il en est ainsi pour le contrat de *leasing*, qui n'est en réalité que le résultat de l'introduction de nouvelles finalités sur le contrat de vente, ou le contrat de bail, voire sur le contrat de crédit[3]. D'ailleurs, les études portant sur ce contrat commencent toujours par son identification par rapport au contrat de vente ou de bail, et par l'affirmation de sa nature complexe[4]. Comme preuve du fait qu'il

---

[1] JOSSERAND, L.,Essor moderne du concept contractuel, art. préc., p. 335.
[2] Voir sur ce point pour le droit français : F.-C. Dutilleul et DELEBECQUE, Ph., Contrats civils et commerciaux, éd. Dalloz 2007, p. 730, n° 793 pour le dépôt ordinaire et p. 752, n° 812 pour les dépôts particuliers. Voir aussi : BENABENT, A., Droit civil, Les contrats spéciaux civils et commerciaux, éd. Montchrestien 2008, p. 487, n° 1020. Cet auteur distingue contrat de dépôt soumis à un régime général (p. 497, n° 1035) et contrats de dépôts soumis à des régimes spéciaux (p. 515, n° 1070). Pour le droit tunisien, voir surtout récemment : REKIK, N., Le contrat de dépôt et la prolifération des textes juridiques, RJL 2006, n° 10, p. 35.
[3] Voir sur ce point : F.-C. Dutilleul et DELEBECQUE, Ph., Contrats civils et commerciaux, éd. Dalloz 2007, p. 782, n°833 ; BENABENT, A., Droit civil, Les contrats spéciaux civils et commerciaux, éd. Montchrestien 2008, p. 595, n° 1260.
[4] Ph. Malaurie, L. Aynès et P.-Y. Gautier, Les contrats spéciaux, éd. Defrénois 2007, p. 457, n° 811. Les auteurs précisent que « le crédit-bail est une convention complexe ».

est le fruit d'un mixage de plusieurs contrats[1], il peut être étudié sous la rubrique du contrat de vente, de location ou de crédit prêt[2]. D'ailleurs, certains auteurs traitent le *leasing*, le crédit bail, parmi « les contrats variés d'échanges »[3].

634. En somme, afin de satisfaire leur besoin et d'atteindre leur finalité, les parties peuvent choisir un des modèles connus lorsqu'ils conviennent parfaitement à ce qu'elles cherchent. Elles peuvent y introduire quelques modifications. Dans ce dernier cas, il y a essentiellement adjonction d'une nouvelle finalité à des contrats nommés[4]. L'attribution de nouvelles finalités engendre ainsi la naissance de formes de contrats à nature juridique nouvelles, des contrats *sui generis* ou *mixtes*[5].
En effet, cette modification de finalité, normalement associée aux contrats nommés et connus, est expliquée par un changement des besoins des contractants dont la satisfaction pousse à modifier ce qui est connu, voire à confectionner de nouvelles formes contractuelles. Dans tous ces cas, c'est la nature du contrat qui se trouve *in fine* modifiée.

635. Les articles 1135 du Code civil et 243 du Code des obligations et des contrats, en préconisant un enrichissement du contrat conforme à sa nature, invitent ainsi les juges à l'enrichir par ce qui complète sa finalité et qui s'accommode avec l'objectif que les parties ont retracé. La nature du contrat, du fait qu'elle est liée à la finalité arrêtée par les parties, s'avère être une notion dont la recherche ne peut être que majoritairement subjective. Il faut d'abord arrêter ce que veulent les parties, éléments généralement subjectifs, et ensuite, au vu de ce que confirme cette recherche, enrichir le contenu.

---

[1] BENABENT, A., Droit civil, Les contrats spéciaux civils et commerciaux, éd. Montchrestien 2008, p. 598, n° 1265. L'auteur précise dans ce même endroit que le contrat de leasing est un « mixage de trois contrats indivisibles »

[2] Après sa réglementation en droit français par la loi du 2 juillet 1966 et son incorporation au Code monétaire et financier (de l'article L. 313 -7 à l'article L. 313-11) son étude avec les contrats de prêt ou crédit paraît s'imposer. D'ailleurs, la majorité des auteurs français le traitent désormais sous cette rubrique, avec les contrats de prêt ou de crédit. Voir à titre d'exemple : F.-C. Dutilleul et DELEBECQUE, Ph., Contrats civils et commerciaux, op. cit., p. 782, n°833 ; BENABENT, A., Droit civil, Les contrats spéciaux civils et commerciaux, op. cit., p. 595, n° 1260 ; P.-H. Antonmattei et J. Raynard, Droit civil, Contrats spéciaux, éd. Litec 2007, p. 289, n° 397. En droit tunisien, le contrat de leasing est régi par les dispositions la loi n° 94-89, du 26 juillet 1994 relative au leasing, JORT n° 6à du 02 août 1994, p. 1343. Le leasing est devenu en Tunisie une pratique courante. Le nombre croissant des sociétés de leasing en Tunisie en fait preuve probante.

[3] Ph. Malaurie, L. Aynès et P.-Y. Gautier, Les contrats spéciaux, éd. Defrénois 2007, p. 449, n° 800. Pour le crédit bail voir p. 457, n° 811.

[4] ROCHFELD, J., Cause et type du contrat, éd. LGDJ 1999, p. 61, n° 61.

[5] ROCHFELD, J., Cause et type du contrat, op. cit., p. 61, n° 61.

Afin de dépasser ce blocage, le juge doit ressasser le contrat. Il doit aussi examiner le contexte entourant le contrat. A partir de tous ces éléments, il peut en déduire la nature du contrat que les parties ont conclu. Son droit de regard peut même aller jusqu'à examiner des questions qui relèvent de la conclusion du contrat et de l'échange de volonté ; car c'est généralement à partir de cette date que la forme du contrat commence à s'affubler une nature. Il examine ainsi *l'instrumentum et le negotium.* Il examine même le préambule qui résume généralement ce que les parties veulent atteindre par le contrat.

636. Dans certains autres cas, les parties peuvent aussi agir sur la nature du contrat, mais indirectement, en modulant l'architecture habituelle des obligations[1]. Dans ce cadre, elles peuvent reléguer au rang d'accessoire une obligation normalement essentielle, ou inversement en choisissant, de rehausser ce qui est secondaire au rang d'essentiel[2]. Cette manœuvre, même périlleuse, puisque menacée par le glaive des tribunaux, est envisageable, tant qu'une limite d'ordre public est respectée et tant qu'un minimum d'obligations n'y fait pas défaut. En jouant sur la hiérarchie des obligations, les parties modulent, même indirectement, la nature de leur accord. La volonté des parties modifie ainsi la nature d'un contrat[3]. L'idée de finalité n'est pas loin car, tout en modifiant l'agencement normal des obligations, les parties s'assignent de nouvelles finalités.

637. Dans certains cas, la volonté des parties affronte un certain échec. C'est le cas par exemple lorsqu'elles attribuent au contrat une qualification qui ne s'accommode pas avec les éléments qu'il renferme. Cette qualification n'est pas opposable au juge qui peut, lorsqu'il est saisi, et lorsqu'il juge opportun de le faire, attribuer au contrat sa qualification correcte. C'est donc à lui que revient le dernier mot en matière de qualification. Les parties ont alors la possibilité de modifier l'ordonnancement des obligations contenues dans leur accord mais elles ne peuvent lui attribuer une qualification qui ne s'accommode pas à sa contenance.
La relation entre la composition du contenu contractuel et la qualification qui resurgit de nouveau est très étroite. Le professeur François Terré a souligné à cet égard : « du moment que les parties auront choisi un contenu donné, celui-ci impliquera nécessairement un cadre donné »[4]. Cet auteur précise dans ce sens que « si les volontés individuelles agissent sur les qualifications, ce n'est pas sur

---

[1] M. Faure-Abbad, Le fait générateur de la responsabilité contractuelle. Contribution à la théorie de l'inexécution des contrats, éd. LGDJ 2003, p. 80, n° 96.
[2] Voir sur ce point surtout : LAUDE, A., La reconnaissance par le juge de l'existence d'un contrat, thèse précitée, p. 258, n° 393 et s.
[3] S. Gac-Pech, La proportionnalité en droit privé des contrats, éd. LGDJ 2000, p. 128, n° 313.
[4] TERRE, F., L'influence de la volonté individuelle sur les qualifications, thèse précitée, p. 3, n° 4.

l'opération de qualification elle-même, mais sur le résultat qu'elle permet d'atteindre que porte l'effort déployé »[1]. Ceci est vrai car « le but poursuivi réagit sur le régime de l'acte »[2]. Il est vrai car, c'est « qu'en fonction du but recherché que les parties plaideront en faveur de telle ou telle qualification »[3], ce qui implique que la qualification ressort normalement du domaine de la volonté des parties. C'est au juge en cas d'inexactitude de la qualification faite des parties de requalifier le contrat[4]. Cette solution est en effet confirmée en jurisprudences française et tunisienne.
La Cour de cassation française ne cesse de préconiser au juge la nécessité d'accorder aux actes leur qualification exacte indépendamment de ce qu'ont stipulé les parties. Tel est le cas par exemple pour un contrat de vente qui devrait être qualifié de prêt[5] ou un contrat de construction[6].

638. La Cour de cassation tunisienne, à son tour, a précisé : « les qualifications juridiques opérées par les parties en cause ne lient pas le juge ; que celui-ci est tenu, après avoir apprécié les actes conclus par les parties, de procéder à leur qualification exigée par la loi et sans prendre en considération leurs prétentions »[7]. Dans un autre arrêt très célèbre en Tunisie, la Cour d'appel de Tunis, statuant sur un cas de conflit de qualification[8], et confirmant le même principe, a dépassé la qualification faite par les parties, en l'occurrence le contrat d'entreprise, et a favorisé une autre qualification. Le contrat a été qualifié comme étant de vente d'une chose à fabriquer[9].
En somme, les parties, en arrêtant le contenu de leur accord déterminent même inconsciemment, sa nature. Toutefois, seul le juge peut le qualifier et le soumettre à un régime juridique s'imposant. Le choix des parties est la pierre angulaire dans ce processus. Elles orientent, par leur volonté, le juge sur la nature du contrat. Elles lui insinuent le régime qu'il doit appliquer par la suite.

---

[1] TERRE, F., L'influence de la volonté individuelle sur les qualifications, thèse précitée, p. 4, n° 5.
[2] TERRE, F., L'influence de la volonté individuelle sur les qualifications, thèse précitée, p. 5, n° 6.
[3] LABARTHE, F., Les conflits de qualifications. Eléments de réflexion à partir de la distinction entre le contrat d'entreprise et d'autres contrats , *In* Mélanges B. Bouloc, éd. Dalloz 2006, p. 539, spéc. p. 541, n° 5.
[4] Ph. Malaurie, L. Aynès et P.-Y. Gautier, Les contrats spéciaux, éd. Defrénois 2007, p. 13, n° 16.
[5] Cass. 3e civ. 29 janvier 1970, Bull. civ. III, n° 73.
[6] Cass. 3e civ. 11 janvier 1972, Bull. civ. III, n° 27.
[7] Cass. civ. n° 12082 du 30 janvier, 1976, RTD 1976, p. 103, note M.-L. Hachem.
[8] LABARTHE, F., Les conflits de qualifications. Eléments de réflexion à partir de la distinction entre le contrat d'entreprise et d'autres contrats, *In* Mélanges B. Bouloc, éd. Dalloz 2006, p. 539. Cet auteur définit le conflit de qualification en affirmant qu' « un conflit de qualification apparaît quand, au sein d'une même convention, certains éléments sont susceptibles de relever de plusieurs contrats » (spéc. p. 550, n° 20). C'est typiquement qu'à un cas similaire que la Cour d'appel de Tunis avait affaire dans l'arrêt n° 68494, 12 novembre 1975.
[9] C. Appel Tunis n° 68494, 12 novembre 1975, RTD 1976, p. 111, note M.-L. Hachem.

La volonté des parties, même si elle n'est pas seule, et si elle souffre plusieurs limites, demeure essentielle dans la détermination de la nature du contrat et du régime applicable à ce dernier, fût-ce indirectement.
Une fois la nature du contrat découverte et arrivant à une certitude sur ce point, le juge exploite cette notion en la mettant en œuvre ; elle est capable de faire des prodiges au sein du contenu contractuel.

§ 2 : Les fonctions de la nature du contrat

La nature du contrat est citée par les articles 1135 du Code civil et 243 du Code des obligations et des contrats, dans l'objectif de favoriser l'enrichissement du contenu contractuel par le juge ou l'interprète. Elle doit normalement servir de référence à cette opération d'enrichissement ; c'est elle qui définit l'enrichissement et détermine sa matière. Le professeur Christian Atias a résumé le rôle pouvant être joué par la nature du contrat lorsqu'il souligne que « la nature du contrat impose sa loi »[1]. Ce que la nature du contrat impose touche aussi bien le contrat, (A) que le juge (B).

A – Pour le contrat

639. La détermination de la nature du contrat est lourde de conséquences, essentiellement pour le contrat lui-même. Dans ce même contexte, la nature du contrat permet d'établir une distinction entre les contrats administratifs et les contrats de droit privé[2].
Déterminer la nature juridique d'un contrat, c'est fixer le régime juridique qui lui est applicable. Dans ce cadre, le professeur Jean Louis Bergel a affirmé : « dans le rapport entre la nature juridique et le régime juridique d'une notion ou d'une catégorie, c'est la nature qui est l'élément premier et le régime juridique, l'élément déduit. Ce n'est pas le régime d'un concept qui en détermine la nature »[3]. Quand on détermine la nature du contrat, on peut normalement aisément lui appliquer le régime juridique approprié.

640. Cette constatation n'est pourtant pas toujours valable, surtout pour les contrats dont le régime est inconnu. Dans ce cas, c'est généralement la jurisprudence qui tisse autour de ces créations de nouveaux régimes, avant que

---

[1] ATIAS, Ch., Le contentieux contractuel, éd. Librairie de l'Université d'Aix-en-Provence 2008, p. 150, n° 168.
[2] J.-H. Stahl, A quelle date s'apprécie la nature administrative ou privée d'un contrat ? Bulletin juridique des contrats publics, n° 49 du 1er décembre 2006, p. 419 ; DOIREAU, S., Date d'appréciation de la nature d'un contrat, RLDC n° 45 du 1er janvier 2008, p. 13 ; LANDAIS, C. et LENICA, F., La nature juridique d'un contrat s'apprécie à la date de sa conclusion, AJDA, n° 43, du 18 décembre 2006, p. 2382.
[3] BERGEL, J.-L., Différence de nature (égale) différence de régime, RTD civ. 1984, p. 255, spéc. p. 263, n°10.

la loi en reconnaisse la spécificité et procède à la réglementation de ce nouveau type de contrat. Le contrat de franchise est ici systématiquement évoqué. Ce contrat, n'a pas, au début, un régime qui lui est propre. C'est la jurisprudence qui est chargée de le faire. Cette constatation est valable aussi bien en droit français[1] qu'en droit tunisien[2].

641. Par ailleurs, la nature du contrat joue le rôle d'une police du contenu contractuel[3]. Elle permet au juge de faire le tri entre plusieurs extensions possibles du contenu contractuel et de ne choisir que celui qui se réclame de la nature du contrat. Elle joue ainsi le rôle d'un tamis permettant au juge de séparer le bon grain de l'ivraie.
De cette façon, la nature du contrat présente un outil permettant de rationaliser l'enrichissement du contenu contractuel. Elle permet ainsi d'éviter que ce dernier soit l'immondice de toutes les obligations. Loin de là, le contenu du contrat est réservé aux obligations dont la nature de même contrat réclame l'adjonction. De cette façon, les craintes qu'ont présentées certains auteurs de voir le contrat comblé *au-delà de ses lacunes*[4], ne sont même pas envisageables. La nature du contrat, adoptée comme critère général d'enrichissement du contenu contractuel se charge d'éviter une telle hypothèse d'hypertrophie. Tant que le critère de nature de contrat est respecté, celui-ci ne risque pas un gonflement démesuré ni une surcharge. Il ne sera dosé que dans la limite de ce que réclame sa nature et de ce qui sert sa finalité.

---

[1] Voir sur ce point le numéro spécial LPA consacré au contrat de franchise. Le premier point concerne : « Identification du contrat de franchise », LPA, 04 décembre 2008, n° 243, p. 11. Même s'il est constaté l'absence d'une définition légale du contrat de franchise, une « définition précise se dégage en jurisprudence » (n°1). Voir aussi au même sujet : F.-C. Dutilleul et DELEBECQUE, Ph., Contrats civils et commerciaux, éd. Dalloz 2007, p. 937, n° 951 où les auteurs précisent qu' « à défaut de réglementation du contrat de franchise, la pratique et la jurisprudence se sont efforcées d'équilibrer les relations existant entre les parties ». Pour la franchise en général, consulter : LE TOURNEAU, Ph., Les contrats de franchisage, éd. Litec 2003 ; J.-M. Leloup, La franchise, éd. Delmas 2000 ; Ph. Bessis, Le contrat de franchise, éd. LGDJ 1990.

[2] BEL HAJ HAMMOUDA, A., La franchise, contrat né de la pratique des affaires, *In* La codification du droit des affaires en Tunisie (acte de colloque organisé à Tunis le 14-15 décembre 2007), RJL février 2008, n° spécial, p. 137. Récemment en Tunisie, une loi vient d'être adoptée ; elle contient certaines dispositions relatives au contrat de franchise : loi n° 2009-69 du 12 août 2009 relative au commerce de distribution. Les articles 14 au 17 de cette loi concernent les contrats de franchise.

[3] Le terme de police des contrats est de nos jours fréquemment utilisé par de nombreux auteurs. On peut citer dans ce sens à titre d'exemple : GAUDEMET, S., La clause réputée non écrite, éd. Economica 2006, p. 223, n° 442. L'auteur confirme que la sanction réputée non écrite « assure le rôle de police de cohérence des obligations contractuelles ».

[4] HOUTCIEFF, D., Le principe de cohérence en matière contractuelle, thèse université de Paris XI 2000, p. 731, n° 1211.

642. Quand on élève la nature du contrat au rang d'un critère d'enrichissement, le contrat demeure fidèle à l'image ébauchée par les parties. Cette idée est vérifiable car la nature du contrat est, dans une certaine mesure, le respect de la volonté exprimée des parties.
Le contrat demeure ainsi grâce au bon usage du critère de la nature du contrat fidèle à lui-même, à ses caractères intrinsèques. La situation n'est pas la même si le critère de la nature du contrat n'est pas respecté lors de l'enrichissement du contenu contractuel. Dans ce cas, on risque de voir le contrat s'éloigner de sa nature et de la finalité qui lui est assignée par les contractants.
Il est nécessaire, comme le souligne un auteur tunisien, pour que le contrat reste toujours un acte de prévision, comme il est très souvent présenté, que le critère de la nature du contrat soit respecté. Mohamed Mahfoud souligne dans ce contexte l'existence de plusieurs risques qui accompagnent une opération d'adjonction au contrat de suites commandées par l'article 243 du Code des obligations et des contrats dont le plus redoutable est celui « de rendre leur contrat méconnaissable, un contrat différent de celui dont elles sont convenues »[1].
La nature du contrat apparaît ainsi comme une garantie de fidélité du contrat aux prévisions des parties[2]. D'auteurs auteurs, partageant le même avis, parlent d'un danger de « bouleverser le contrat »[3].

643. Par ailleurs, la nature du contrat assure à l'intérieur de celui-ci, un rôle de cohérence et d'harmonie. Cette notion fait que tout le contrat, obligations essentielles et accessoires, se trouve au service de la finalité visée par les contractants. Ce qui y est ajouté, à la suite d'une opération d'enrichissement ne fait que confirmer, voire consolider cette cohérence. D'ailleurs, cette idée de cohérence se trouve associée à la définition que certains auteurs ont donnée à la nature du contrat[4]. Dans le même sens, certains auteurs justifient l'ajout de certaines obligations par souci d'assurer au contrat une cohérence[5].

644. La nature du contrat paraît ainsi une notion attachée à l'idée de cohérence au sein du contenu contractuel. Elle assure en réalité une double cohérence du contrat ; une cohérence interne, qui concerne les différentes obligations entre

---

[1] MAHFOUD, M., La théorie des suites du contrat (en arabe), RJL 2008, n° 6, p. 99, spéc. p. 104.
[2] MAHFOUD, M., La théorie des suites du contrat (en arabe), RJL 2008, n° 6, p. 99, spéc. p. 107. L'auteur précise dans ce sens : « Les limites à la théorie des suites du contrat, permettent au contrat de demeurer un acte de prévision qui permet d'enserrer le futur et non une source de surprise et du non prévu ».
[3] G. Marty et P. Raynaud, Droit civil, Tome II, 1er volume, Les obligations, éd. Sirey 1962, p. 201-202, n° 219.
[4] JACQUES, Ph., Regards sur l'article 1135 du Code civil, op. cit., p91, n° 89. L'auteur précise que « la nature du contrat renvoie donc à une cohérence, à une organisation raisonnable de son contenu autour de son but, afin de l'atteindre ».
[5] GAUDEMET, S., La clause réputée non écrite, éd. Economica 2006, p. 223, n° 442.

elles, gravitant autour d'un objectif contractuel, et une cohérence externe, concernant le contrat et la catégorie dont il fait partie. Sophie Gaudemet souligne dans ce contexte : « la cohérence du contrat peut être appréciée en elle-même, cohérence de l'ensemble des obligations souscrites les unes par rapport aux autres ; elle peut également être appréciée au regard de la catégorie de contrats dans laquelle s'inscrit éventuellement le contrat, eu égard à son objet et à sa finalité poursuivie par les parties »[1].

645. La nature du contrat préconise ainsi que celui-ci soit parfaitement harmonieux et qu'on n'y trouve pas la moindre dissonance. L'harmonie s'apprécie ici au regard de la nature du contrat. Ces deux idées de nature du contrat et de cohérence sont confluentes, et sont au service d'un même objectif. Comme preuve de cette confluence, un exemple est probant, celui de la clause réputée non écrite. Cette clause est doublement stigmatisée ; d'abord parce qu'elle vide le contrat de sa substance et parce qu'elle s'écarte de sa nature. Ensuite, elle est stigmatisée, parce qu'elle est dissonante par rapport à la finalité du contrat. Elle sème incohérence et trouble au sein du contenu contractuel. D'ailleurs, Sophie Gaudemet qualifie de *moment troublé*, l'existence d'une clause incohérente par rapport à la fin du contrat[2]. On pourrait en conclure que ce qui corrompt la cohérence au sein du contrat corrompt par là-même la nature du contrat.
En somme, la nature du contrat, par la rationalisation qu'elle impose à l'opération d'enrichissement du contenu contractuel, assure au contrat des services inestimables. Ces rôles sont encore plus grands lorsqu'ils sont analysés du côté du juge.

B – Pour le juge

646. Le juge est indispensable pour la mise en œuvre de l'article 1135 du Code civil ou de l'article 243 du Code des obligations et des contrats. L'enrichissement du contrat ne peut l'outrepasser. La référence faite par ces deux articles à la notion de la nature du contrat ne fait que confirmer cette idée. Le juge assure le *remplissage*[3] du contenu contractuel par les obligations découlant de la nature du contrat. Il doit normalement veiller au respect de la nature du contrat par les parties. Ce passage inévitable du processus d'enrichissement par le juge présente une double facette. D'un côté, le passage est au profit du contrat, le juge en protège la nature contre les empiétements provenant des parties (a). De l'autre, le juge peut incarner lui-même le risque de

[1] GAUDEMET, S., La clause réputée non écrite, op. cit., p. 223, n° 443.
[2] GAUDEMET, S., La clause réputée non écrite, op. cit., p. 223, n° 443.
[3] Terme emprunté à C. Lapoyade-Deschamps, note sous Cass. 1re, civ. 26 février 1991, D. 1991, Juri. p. 605.

non observance de la nature du contrat ; dans ce cas, il est soumis au contrôle de la Cour de cassation (b).

a – Le juge veille au respect de la nature du contrat

647. La nature du contrat constitue pour ce dernier une condition d'intelligibilité et d'efficacité. Le contrat ne peut être intelligible que si sa nature se dégage facilement. Au milieu de cette discussion, le juge assure un rôle indispensable. C'est lui qui scrute le contenu du contrat afin d'en séparer le bon grain de l'ivraie. Les bons grains sont les volets du contrat qui s'accommodent parfaitement avec sa nature et sa finalité ; les autres sont ceux qui s'écartent de l'objectif des parties et de la nature du contrat. Ils causent une dérive, une protubérance au sein du contenu contractuel.
Le juge doit donc veiller au respect de la nature du contrat de tout risque pouvant l'altérer. Un auteur tunisien souligne dans cette perspective que « le juge a une obligation de vigilance contre les clauses qui vident le contrat de toute obligation »[1]. Cette obligation de vigilance est aussi valable pour les clauses distordant la nature du contrat. Ainsi, le juge ne doit pas hésiter à sanctionner toute clause qui contrarie la nature du contrat ou qui y jette de l'incohérence ou de l'intelligibilité.

648. Dans ce rôle assuré par le juge, ce dernier ne fait que protéger la nature du contrat contre un empiètement provenant des parties contractantes. Parmi ces empiétements possibles, l'on trouve les clauses qui vident le contrat de sa substance. Ce sont surtout celles de non responsabilité ou de non obligation. Il existe aussi les clauses limitatives de responsabilité qui affectent, lorsqu'une certaine limite est atteinte, la nature du contrat[2]. Les clauses allégeant les obligations sont aussi classées sous la même bannière. Cette relation entre la nature du contrat et les clauses limitative de responsabilité est normalement vérifiée, car ce qui vide un contrat de sa substance, affecte par là-même la nature de ce contrat. Dans ce contexte, le professeur Mohamed Mahfoud discute des clauses limitatives de responsabilité, dans le cadre de la théorie des suites du contrat[3]. D'ailleurs, ce même auteur, avance l'article 243 du Code des obligations et des contrats comme fondement à une sanction éventuelle appliquée contre les clauses limitatives de responsabilité. Il s'ensuit que le critère de la nature du contrat, peut aider le juge à statuer sur la validité de ces clauses.

649. Cette relation, entre ces clauses et la nature du contrat est doublement

---

[1] MAHFOUD, M., La théorie des suites du contrat, RJL 2008, n° 6, p. 99, spéc. p. 105.
[2] Voir sur ce point surtout : DELEBECQUE, Ph., Les clauses allégeant les obligations dans le contrat, thèse Aix-Marseille, 1981.
[3] MAHFOUD, M., La théorie des suites du contrat (en arabe), RJL 2008, n° 6, p. 99, spéc. p. 105

justifiée. D'abord, ces clauses en s'attaquant à l'obligation fondamentale du contrat, elles altèrent la nature du contrat. Ensuite, ces clauses touchent à la finalité assignée au contrat par les parties, finalité qui se confond, dans une certaine mesure, avec la nature du contrat. Le juge, en éliminant les clauses affectant la responsabilité ou l'obligation fondamentale, protège, même sans s'en rendre compte, la nature du contrat.

650. Ainsi, la nature du contrat ne cesse de produire des effets inouïs au sein du contenu contractuel. Elle permet au juge d'instaurer, souvent sans le savoir, harmonie et cohérence au sein du contenu contractuel. À l'aide de cette notion, le juge fait face aux empiétements provenant des parties contractantes. En annihilant toute démarche dévoyante de la nature du contrat provenant des parties, il ne fait en réalité qu'obliger les parties à se soumettre à la nature du contrat qu'elles ont choisi.
Le juge expurge dans ce cas le contenu du contrat de ce qui affecte sa nature. Il dissipe tout trouble pouvant être semé par une clause s'écartant de la nature du contrat. Les articles 1135 du Code civil et 243 du Code des obligations et des contrats intronisent le juge aux fonctions de véhément protecteur de la nature du contrat. Il doit faire le guet au seuil de la nature du contrat, la protégeant contre tout dépassement et toute dérive.
Il doit avoir une vigilance toute particulière contre les clauses déguisées. Ces clauses ont l'apparence normale, ne présentant aucun danger apparent, alors qu'en réalité elles rongent le contrat et le vident de toute substance. L'exemple le plus courant est celui d'une clause fixant un petit montant de réparation. Cette clause n'est en fait qu'une clause de dispense de responsabilité. Les arrêts *Chronopost* sont ici un exemple probant.
Dans d'autres cas, plus graves cette fois-ci, l'empiétement sur la nature du contrat ne provient pas des parties contractantes, mais du juge lui-même qui est normalement censé la protéger. La solution est alors de le soumettre au contrôle de la Cour de cassation.

b – Le juge soumis au contrôle de la Cour de cassation

651. La nature du contrat, comme d'autres notions floues ou aux contenus variables, présente un risque d'abus provenant du juge qui en profite, non pour servir la finalité arrêtée par le législateur, mais pour intervenir injustement et doser le contrat d'une part de ses convictions. Ces notions deviennent dans ces cas source d'arbitraire et d'insécurité. La nature du contrat permettant au juge d'étendre le contenu contractuel, en lui ajoutant des obligations non soupçonnées des parties contractantes, présente le même risque, qui est ici de voir le contrat indûment enrichi. On revient dans cette hypothèse à un

phénomène largement dénoncé qui est le forçage du contrat[1]. Il n'est qu'une extension infondée du contenu contractuel. Afin d'éviter ce risque, plusieurs auteurs ont réclamé de soumettre l'œuvre du juge sur la base de l'article 1135 au contrôle de la Cour de cassation.
Marty et Raynaud voyaient : « la seule garantie contre cet arbitraire est dans le contrôle de la Cour de cassation »[2]. D'autres auteurs plaident aussi pour la même idée. Le professeur Laurent Leveneur précise dans ce sens que « pour limiter (l'extension du contrat), il est évidemment souhaitable que la Cour de Cassation exerce son contrôle »[3]. Monsieur Yves Picod, indique d'abord le risque d'étendre arbitrairement le contenu du contrat, avant de proposer de soumettre toute l'œuvre au contrôle de la Cour de cassation. Il affirme que « l'extension du pouvoir créateur du juge sur le fondement des suites équitables s'avère inévitablement déstabilisatrice lorsqu'elle s'exerce sans retenue »[4]. La retenue dont parle le Doyen Picod est assurée par un contrôle de la Cour de cassation qui exerce un pouvoir harmonisateur[5].

652. Le contrôle de la Cour de cassation, réclamé par la doctrine, permet d'éviter que le contrat ne soit injustement étendu ou enrichi par le juge. Seule, la nature du contrat peut justifier l'ajout des obligations contractuelles. Philippe Guez souligne à cet égard : « il est sans doute excessif de concevoir l'article 1135 comme un outil d'élargissement inconsidéré du champ contractuel. Si ce texte permet de compléter le contenu du contrat, c'est en considération de la finalité de ce que les parties sont convenues »[6]. La nature du contrat introduit une certaine logique dans l'extension du contenu contractuel. En obligeant le juge à respecter la nature du contrat, l'opération d'enrichissement aura son propre et réel sens, celui de compléter ce qui exprimé par les parties. Cette opération ne permet en fait que de prendre la relève des parties.

653. Pour le juge comme pour les parties, la nature du contrat constitue une limite à son pouvoir d'enrichissement du contenu contractuel. C'est un critère permettant de juger de l'utilité et de l'opportunité de l'enrichissement assuré par

---

[1] Sur le forçage voir surtout récemment : BLOUGH, R., Le forçage, du contrat à la théorie générale, Thèse Paris XI, Université Paris Sud, 2008. Voir aussi : LEVENEUR, L., Le forçage du contrat, Droit et Patrimoine, n° 58, mars 1998, p. 69 ; GUIDERDONI, B., le forçage du contrat par le juge, thèse Caen 2002.

[2] G. Marty et P. Raynaud, Droit civil, Tome II, 1er volume, Les obligations, éd. Sirey 1962, p. 202, n° 219

[3] LEVENEUR, L., Le forçage du contrat, art. préc., p. 76.

[4] Y. Picod Juris-classeur civil – articles 1134 à 1135. Effet obligatoire des conventions - Exécution de bonne foi des conventions (date de fraicheur 19 décembre 2006), n° 62.

[5] Y. Picod Juris-classeur civil – articles 1134 à 1135. Effet obligatoire des conventions - Exécution de bonne foi des conventions (date de fraicheur 19 décembre 2006), n° 62.

[6] GUEZ, Ph., Dépôt nécessaire ou obligation accessoire de surveillance ? (A propos de la remise d'une bague dans un salon de manucure (Cass. 1re civ. 8 février 2005), LPA, 31 janvier 2006, p. 19, spéc. n° 10).

le juge. La nature du contrat, s'imposant aux parties, s'impose du même coup au juge qui doit la respecter dans l'addition qu'il désire faire au contenu contractuel. Beaucoup d'auteurs ont déjà présenté la nature du contrat comme une limite à l'intersession du juge. Mohamed Mahfoud précise dans ce contexte : « la nature du contrat constitue une limite avérée à la théorie des suites du contrat »[1], qui s'impose au juge comme une limite infranchissable. Christian Atias souligne dans ce même sens que « la question de savoir jusqu'où il [le juge] peut aller. Il ne peut changer la nature même de l'opération, en conférant au créancier un avantage différent de celui qui avait été convenu. En particulier, les catégories juridiques cloisonnent en quelque sorte l'intervention judiciaire »[2].

654. La nature du contrat endigue ainsi le pouvoir du juge. Elle trace pour l'opération d'enrichissement à la fois le fondement et la limite ; au nom de la nature du contrat, le juge peut ajouter au contrat de nouvelles extensions et au nom de cette notion, la Cour de cassation peut censurer l'ajout injustifié.
Devant l'immenses choix d'extensions, le juge doit opter pour ce qui convient à la nature du contrat, l'y adjoindre, et éviter ce qui s'en écarte. La question qui se pose dans ce cadre est celle de connaître la frontière entre les suites conformes à la nature du contrat et celles qui ne le sont pas. Selon Madame Marianne Faure-Abbad, « la frontière entre les suites naturelles et les suites artificielles de l'obligation contractuelle peut donc être tracée à l'aide de la définition fonctionnelle de l'obligation : ces suites ne méritent le qualificatif de naturelles que lorsqu'elles complètent les obligations des parties dans leur fonction matérielle de réalisation de celle de l'objectif contractuel. Une suite poursuivant une finalité différente de celle de l'obligation à laquelle elle est rattachée ne peut lui être naturelle. Par conséquent, chaque fois que les juges ajoutent au contrat des suites qui n'ont pas parties liée avec l'opération économique voulue par les parties, ils se livrent à une interprétation dénaturante du contrat »[3]. Frédéric Rouvière souligne dans sa thèse que « la nature du contrat permet de délimiter le champ d'application de l'article 1135 et par là même de savoir si les obligations découvertes dans le contrat peuvent se réclamer d'un tel fondement »[4].

655. Dans cet ordre d'idées, Laurent Leveneur a précisé que le juge, devant l'immense variété d'extensions possibles, doit faire un choix. L'extension n'est possible selon cet auteur que si elle se trouve justifiée par l'équité. Dans ce

---

[1] MAHFOUD, M., La théorie des suites du contrat, RJL 2008, n° 6, p. 99, spéc. p. 105.
[2] ATIAS, Ch., Précis élémentaire du contentieux contractuel, éd. PUAM 2006, p. 124, n° 161.
[3] M. Faure-Abbad, Le fait générateur de la responsabilité contractuelle. Contribution à la théorie de l'inexécution du contrat, éd. LGDJ 2003, p. 80, n° 95.
[4] ROUVIERE, F., Le contenu du contrat : essai sur la notion d'inexécution, éd. PUAM 2004, p. 176, n° 206.

même contexte, Monsieur Laurent Leveneur souligne l'importance du contrôle que doit exercer la Cour de cassation sur les juges de fond[1]. Ce contrôle assure une « unification de la jurisprudence »[2]. Cette unification est nécessaire puisqu'il est inadmissible de voir une obligation ajoutée à un contrat par un tribunal et de la voir refuser devant un autre tribunal[3].

656. Le travail du juge est artificiel et mérite la censure de la Cour de cassation s'il n'a aucun lien avec la nature du contrat. Dans ce cas, le juge ne fait que dénaturer le contrat en lui ajoutant de nouvelles obligations non justifiées par sa nature. Cette dénaturation du contrat par l'ajout d'obligations nouvelles, ne s'accommodant pas avec sa nature, est très proche de la dénaturation d'une clause claire et précise proclamée depuis longtemps par la Cour de cassation en matière d'interprétation. Dans les deux cas, il y a un empiétement sur la volonté des parties. Une volonté caractérisée dans une clause claire et précise pour l'interprétation, et une volonté exprimée dont on peut déduire la nature du contrat pour l'enrichissement du contenu contractuel. Le juge, lorsqu'il décide autoritairement d'ajouter au contrat une obligation contractuelle nouvelle, sans que cet ajout ne soit réclamé par la nature du contrat, méconnaît en quelque sorte la volonté des parties contractantes.

657. La dénaturation, par le non respect des conditions d'enrichissement du contenu contractuel dictées par l'article 1135 ou de l'article 243, est le fait de déformer le contrat en le faisant sortir de la catégorie à laquelle il appartient lorsqu'il est typique, ou en l'éloignant de la finalité spécifique qui lui est assignée par les parties contractantes, lorsqu'il est atypique. Elle est aussi une violation en quelque sorte de l'homogénéité et de l'harmonie qui doivent caractériser les obligations formant le contenu contractuel. Le juge dénature un contrat lorsqu'il ajoute une obligation qui n'est pas au service de la finalité assignée au contrat.
La jurisprudence française a depuis longtemps examiné une affaire touchant à ce point. La Cour de cassation française avait reproché à la Cour d'Appel de Bruxelles d'avoir « dénaturé un contrat et changé son essence »[4]. Ce qui

---

[1] LEVENEUR, L., Le forçage du contrat, art. préc., p. 76.
[2] LEVENEUR, L., Le forçage du contrat, art. préc., p. 76.
[3] LEVENEUR, L., Le forçage du contrat, art. préc., p. 76.
[4] Cass. 28 mai 1806. Cité par TOULLIER, C.-.B-M. et DUVERGIER, J.-B., Le droit civil français suivant l'ordre du Code, 3e Volume, 2 partie, éd. Cotillon, et Jules Renouard 1843, p. 123-124. La Cour de cassation, dans l'arrêt du 28 mai 1806, avait cassé une décision de la Cour d'appel de Bruxelles par le motif « qu'elle avait dénaturé un contrat et changé son essence en déclarant une société contractée le 24 octobre 1808, entre Moke et Vandaneghem, société en commandite, quoi que ce fût une société générale et ordinaire » (cité par Toullier et Duvergier qui citent Merlin, Nouveau répertoire, V° Société, sect. 2, §3, art. 2). Cette affaire a été renvoyée devant la cour de Douai qui n'a pas suivi l'analyse adoptée par la Cour de cassation. Sur un nouveau pourvoi, la Cour de cassation a examiné la question avec toutes ses sections (8 février 1808 cité par Toullier et Duvergier à la page123-124) et a précisé que les tribunaux de fond n'ont

implique que la préservation de l'essence du contrat et le respect de sa nature constitue une limite à l'enrichissement du contenu contractuel. La Cour de cassation en contrôlant les juges de fond doit s'assurer qu'ils n'ont pas franchi cette limite.

Dans ce contexte, une affaire récente tranchée par la Cour de cassation française apparaît particulièrement importante. L'affaire touche à un contrat d'assurance obsèques. Les faits sont les suivants : une personne avait souscrit une assurance intitulée « convention d'obsèques » prévoyant le versement par la société d'assurance d'une somme de 3000 euros en cas de décès. Les bénéficiaires sont de deux catégories : un bénéficiaire principal et des bénéficiaires subsidiaires. Après le décès du souscripteur, le bénéficiaire principal, étant donné qu'il n'a pas participé aux frais funéraires, a été assigné par les bénéficiaires subsidiaires en paiement du capital versé par l'assureur. Le tribunal de proximité (tribunal d'instance de Château-Thierry), en se basant sur la dénomination du contrat, sur son objet relatif aux obsèques et sur les annexes, a conclu qu'il s'agissait évidemment d'un contrat souscrit en vue de « régler par avance les problèmes financiers liés aux obsèques ». Ainsi, les sommes versées par la compagnie d'assurance auraient donc dû servir au règlement des frais d'obsèques comme l'avait voulu le souscripteur et comme le prévoyait le contrat. Ce raisonnement n'a pas obtenu l'assentiment de la Cour de cassation qui énonce « qu'en se déterminant ainsi, alors que le contrat souscrit par Jean-Claude X... ne prévoit pas l'affectation du capital garanti à la couverture des frais funéraires, la juridiction de proximité, qui l'a dénaturé, a violé le texte susvisé »[1]. Les idées de la nature du contrat et de l'objectif contractuel assurent dans cette affaire un rôle important. Le *de cujus,* en souscrivant un contrat d'obsèques, n'a-t-il pas voulu couvrir les frais de ses funérailles ? N'est-il pas de la nature de ce contrat, sans nécessité de l'exprimer de s'affecter aux frais funéraires ? Le tribunal de proximité paraît imbu des notions de nature du contrat et de l'objectif contractuel. C'est en se référant à ces notions qu'il a étayé son jugement. En revanche, la Cour de cassation, pour censurer cette solution, s'est placée au niveau de la volonté du souscrivant qui n'a pas exigé expressément que le capital reçu soit affecté au paiement des frais de ses obsèques. Elle dénonce une dénaturation de la volonté du souscrivant et une violation de l'article 1134 du Code civil. En effet, cette question n'a rien à voir avec la volonté et la référence à l'article 1134 apparaît inopportune. La question touche en réalité aux obligations engendrées par le contrat en cause. La Cour de cassation aurait dû d'abord déterminer la nature du contrat signé par le souscrivant et préciser

---

pas dénaturé l'essence du contrat ni ses traits caractéristiques, car aucune loi ne réglemente la question. En la matière, il n'y avait que des usages

[1] Cass. 1re civ, 17 mars 2010, n° 08-20426, JurisData n° 2010-002005, RLDC mais 2010, n° 71, p. 14 (n° 3800) (la convention « obsèques » ne sert pas à en payer les frais) ; JCP N et I, n° 13, 2 avril 2010, actu. 335 (interprétation judiciaire de l'objet « d'une convention d'obsèques ») ; Droit de la famille, n°5, mai 2010, comm. p. 84, commentaire B. Beignier.

ensuite s'il engendrait normalement l'obligation pour le bénéficiaire d'affecter la somme versée aux frais funéraires du souscrivant. La référence aurait dû être faite à l'article 1135 du Code civil et non à l'article 1134. Le péché de dénaturation existe sauf qu'il est analysé par référence à la nature du contrat et non à la volonté des parties.

658. Afin d'éviter la censure de la Cour de cassation, le juge doit au préalable arrêter la nature du contrat, bien dégager la finalité escomptée par les parties, et aller ensuite tout droit dans ce sens, en ajoutant ce qui lui est assorti et en éliminant ce qui ne l'est pas. La nature du contrat, c'est la boussole qui indique le droit chemin. La première propose l'enrichissement, la deuxième exécute.

659. Il incombe au juge une *obligation de minutie* concernant le choix des suites à adjoindre au contrat ; il ne choisit que ce que préconise la nature du contrat. Philippe Jacques souligne dans ce sens que « la nature de ce qui est exprimé serait donc reprise comme garde fou pour que le lecteur n'aille pas imaginer des suites qui contrarieraient ce qui est convenu, précisé et identifiable comme tel »[1]. Un contrôle de la Cour de cassation s'avère ainsi opportun puisqu'il permet de contenir l'opération d'enrichissement du contenu contractuel dans des limites raisonnables et évite toute dérive pouvant l'entacher. D'ailleurs, cette crainte des dérives, justifie dans une large mesure, l'absence d'utilisation de cet article par la jurisprudence en vue d'étayer ses solutions. Selon la logique de la jurisprudence, garder le contrat incomplet, c'est parfois mieux que l'ouvrir à l'arbitraire du juge. Cette crainte n'est pas envisageable si ce dernier procède à une application correcte de l'article 1135 du Code civil ou 243 du Code des obligations et des contrats (pour le juge tunisien). Ces deux articles renferment eux-mêmes des limites au pouvoir qu'ils accordent au juge et ce, en attelant l'enrichissement à la nature du contrat.

La Cour de cassation semble admettre le fait de soumettre l'œuvre qu'édifient les juges du fond sur la base de l'article 1135 à son contrôle. Elle le fait non pas en qualifiant l'article 1135 de délimitation légale du contenu contractuel, mais en le qualifiant de règle d'interprétation objective du contrat. La même constatation paraît s'imposer en Tunisie[2]. Le contrôle permet dans certains cas de confirmer l'adjonction d'une nouvelle obligation ou de la refuser[3]. Ce contrôle qu'exerce normalement la Cour de cassation semble parfois inutile,

---

[1] JACQUES, Ph., Regards sur l'article 1135 du Code civil, op. cit., p. 85, n° 34.

[2] Voir sur le contrôle de la Cour de cassation en droit tunisien : BEN AMMOU, N.,Le pouvoir de contrôle de la Cour de cassation, Thèse Tunis 1996.

[3] Exemple de cas de refus d'inclure une obligation de sécurité dans un contrat de vente effectuée dans un local commercial (cass. 1re civ. 7 novembre 1961, Bull. civ. I, n° 509 ; cass. 2e civ. 19 novembre 1964, Bull. civ. I. n° 277. Ces arrêts sont cités par : J Boré et L. Boré, La cassation en matière civile, éd. Dalloz 2009/2010, p. 278, n° 62.124.

puisque très souvent, c'est elle qui crée les obligations adjointes au contrat sur la base de l'article 1135 du Code civil[1].

660. En somme, la nature du contrat citée dans les articles 1135 du Code civil et 243 du Code des obligations et des contrats, rend au contrat d'énormes services. Elle lui permet d'arriver à une meilleure composition. Pour le juge, si ces articles n'existaient pas, il « ne pourrait jamais corriger l'architecture des obligations en fonction de ce que l'équité, l'usage ou la loi présentent comme utile »[2]. Les articles 1135 et 243, tout en offrant aux juges cette occasion de se mêler au contrat, leur tracent les limites de cette intervention. Cette limitation du pouvoir du juge est aussi vérifiable au niveau des sources de l'enrichissement.

Section II : Les sources de l'enrichissement

661. Le juge, en voulant compléter le contrat par les obligations qui s'accommodent à sa nature, n'a pas tout à fait la main libre. Il doit en effet consulter certaines sources qui peuvent lui inspirer les obligations à adjoindre au contrat incomplet. Ces sources d'épuisement sont généralement au nombre de trois, ce qui pose d'abord l'idée de les consulter (§1) avant de s'interroger sur la possibilité d'aller au-delà (§2).

§ - 1 : Le triptyque classique

662. Le législateur, que ce soit en Tunisie ou en France, renvoie à une trilogie des sources qui sont les mêmes, abstraction faite de l'ordre de leur survenance au sein de chaque texte ; l'article 243 du Code des obligations et des contrats et l'article 1135 du Code civil. Dans le cadre de ce *triptyque*[3], il est opportun de les décrire (A) avant de parler de la succession des sources (B).

A – Description des sources de l'enrichissement

Les articles 1135 du Code civil et 243 du Code des obligations et des contrats énumèrent trois sources pour l'enrichissement du contenu contractuel. Ce sont les mêmes dans les deux articles, ce qui prouve que l'article 243 du Code des obligations et des contrats, du fait qu'il a été promulgué postérieurement à

---

[1] Voir sur ce point : J. Boré et L. Boré, La cassation en matière civile, éd. Dalloz 2009/2010, p. 278, n° 62.124.
Les auteurs soulignent que « la Cour suprême a créé des obligations légales sous-entendues, dont elle se réserve de contrôler l'existence et la portée ».

[2] M. Faure-Abbad, Le fait générateur de la responsabilité contractuelle. Contribution à la théorie de l'inexécution des contrats, éd. LGDJ 2003, p. 80, n° 96.

[3] Le terme est emprunté au Professeur Philippe Delebecque. Voir : DELEBECQUE, Ph., note sous Cass. com. 16 janvier 1996, DMF 1996, p. 627, spéc. 629.

l'article 1135 du Code civil, n'en est qu'une exacte réplique[1]. Se pose ici la question des sources d'épuisement des obligations à ajouter au contenu contractuel initial. Ces sources sont la loi (a), l'usage (b) et l'équité (c)[2].

a- La loi

663. Parmi les sources d'enrichissement proposées au juge par les articles 1135 du Code civil et 243 du Code des obligations et des contrats, on trouve la loi. Une question se pose d'emblée ici : celle de savoir si la loi a besoin d'être citée pour que le juge aille la consulter lorsqu'il désire adjoindre au contrat de nouvelles obligations.

Le juge a normalement une propension naturelle à appliquer la loi. Ce qui n'est pas normal, c'est de ne pas la consulter. Naturellement, lorsqu'il se trouve devant un contrat lacunaire dont les conditions de son enrichissement sont réalisées, il doit *ipso facto* rechercher l'extension en consultant d'abord la loi. Cette réaction va normalement sans dire, c'est instinctif pour lui. Ce réflexe découle d'ailleurs de la mission même du juge qui est celle d'appliquer la loi. Cette idée est vérifiable dans les définitions très souvent accordées au juge. C'est ainsi qu'il est communément admis de définir le juge comme étant un « magistrat chargé d'appliquer les lois et de rendre la justice »[3].

664. Le recours à la loi constitue une réaction normale du juge face à un contrat qu'il désire compléter. Ce renvoi que fait l'article 1135 du Code civil ou l'article 243 du Code des obligations et des contrats à la loi comme source d'enrichissement peut paraître inutile, du moment que le juge le fait automatiquement. D'ailleurs certains auteurs, en l'occurrence Aubry et Rau, ont

---

[1] CABRILLAC, R. et BEN FADHEL, O., Introduction au droit des affaires, Abrégé de droit tunisien des obligations contractuelles, éd. CPU 2006, p. 159, n° 191. Les auteurs affirment que l'article 243 du Code des obligations et des contrats est une exacte réplique à l'article 1134, alinéa 3 du Code civil. Cette idée n'est en réalité pas partagée par tous les auteurs tunisiens puisque certains voient dans l'article 243 du Code des obligations et des contrats une influence du BGB et du droit allemand plutôt qu'une influence du droit français. Voir à titre d'exemple : HAMMOUDA, M., De l'exécution de l'obligation avec loyauté *in* Mélanges S. Ben Halima, éd. CPU 2005, p. 1031, spéc. p. 1046 qui précise qui l'article évoque l'article 242 du BGB plus que l'alinéa 3 de l'article 1134 du Code civil français.

[2] L'ordre d'étude des sources du parachèvement du contenu contractuel n'est pas celui de leur citation au sein de l'article 1135 du Code civil. Cet ordre est généralement poursuivi par la majorité de la doctrine. Voir essentiellement : VINEY, G. et JOURDAIN, P., Les conditions de la responsabilité, éd. LGDJ 2006, p. 433 et s, n° 485 et s. PICOD, Y., Effet obligatoire des conventions – Exécution de bonne foi des conventions, J-Cl. Civil, Les articles 1134 à 1135 (date de fraîcheur 19 décembre 2006), n° 53 ; JACQUES, Ph., regards sur l'article 1135 du Code civil, éd. Dalloz 2005, p.475, n° 236. Pour un avis contraire consulter : MOULY-GUILLEMAUD, C., Retour sur l'article 1135 du Code civil. Une nouvelle source du contenu contractuel, éd. LGDJ 2006, p. 188, n° 188. L'auteur analyse les sources dont parle l'article 1135 dans leur ordre de survenance au sein de cet article.

[3] Dictionnaire Le Petit Robert 2007.

déduit cette exigence pour le juge de consulter la loi de l'alinéa 1er de l'article 1134 du Code civil. Cet article, en énonçant que les conventions légalement formées tiennent lieu de loi entre les parties, permet de déduire que « les dispositions légales, simplement déclaratives de la volonté présumée des contractants, ne doivent être appliquée qu'aux points sur lesquels ils ne se sont pas expliqués, ou ne l'ont fait que d'une manière incomplète »[1]. Cependant, ce renvoi doit être compris comme étant une sorte de rappel adressé au juge qui ne doit pas oublier que la loi a souvent son mot à dire concernant le contenu contractuel. Le juge ne doit pas oublier, au milieu de la brume constituée par les principes gouvernant le contrat qui font généralement l'apologie de la volonté des parties, que sa mission est d'appliquer la loi lorsqu'elle existe. La redondance n'est donc pas inutile. Le juge doit revenir à l'essence de sa mission.

665. Celui-ci, en cas de lacune d'un contrat, doit se tourner vers la loi et la consulter afin d'y puiser l'enrichissement qu'il entend accomplir. Le retour est ici un retour à la mission naturelle du juge qui se libère, même partiellement, des exigences du principe de l'autonomie de la volonté qui l'oblige à respecter et à faire respecter la volonté des parties, de l'appliquer comme une loi. En effet, en se tournant vers la loi, il ne se libère pas vraiment de la volonté des parties, il le fait en tenant compte de la volonté qu'elles ont exprimée. Cette volonté constitue ici une référence pour le juge.

666. Une observation paraît ici utile concernant la signification du mot loi. Une distinction est avérée entre le mot loi utilisé par l'article 1134, alinéa 1, du Code civil, ou l'article 242 du Code des obligations et des contrats et ce même mot employé par les articles 1135 et 243. Si la signification du terme loi utilisé dans l'article 1134 crée l'amalgame en doctrine depuis longtemps[2], il n'est pas censé produire la même chose au sein de l'article 1135. La référence à la loi dans ce dernier article ne pose normalement pas de problèmes ; le sens de la loi, c'est le sens commun et cela ne peut être autre chose.
Le renvoi est ici fait à la loi *lato sensu*[3], c'est-à-dire aux « textes législatifs et réglementaires qui décrivent les obligations attachées à tel ou tel type de

[1] AUBRY. C et RAU. C, Cours de droit civil français d'après la méthode de Zacharie, Tome 4e, éd. Imprimerie et Librairie générale de jurisprudence 1871, p. 326, n° 346.
[2] Voir sur ce point essentiellement : CHAZAL, J.-P., De la signification du mot loi dans l'article 1134 alinéa premier du Code civil, RTD civ. 2001, p. 265. En droit tunisien, le mot loi peut avoir quelque chose de spécial. Voir sur ce point essentiellement : REBAÏ, A., La classification des sources de l'obligation dans le Code tunisien des obligations et des contrats, in Mélanges JESTAZ, Ph., éd. Dalloz 2006, p. 481, spéc. p. 489, n° 14. L'auteur affirme dans ce cadre : « dans un pays musulman comme la Tunisie, le mot loi peut, dans l'esprit des rédacteurs du Code, avoir un sens large susceptible d'englober le droit musulman ».
[3] ZINE, M., Théorie générale des obligations, 1 – Le contrat, éd. Tunis 1993, p. 255, n°341. L'auteur semble adopter implicitement cette position.

contrat »[1]. L'objection que la doctrine classique adresse à l'usage du mot loi dans l'article 1135, est qu'elle permettrait au juge d'imposer aux parties des solutions légales, ce qui représente selon cette doctrine, une atteinte au principe de l'autonomie de la volonté. Louis Josserand l'a signalé, avec cet ajout d'autorité au contrat : « on voit reculer le dogme de l'autonomie de la volonté qui cède devant celui de la contrainte »[2].

667. Loin de toute cette discussion, le mot loi, ou le renvoi à la loi comme source d'enrichissement du contenu contractuel, doit être analysé comme étant un moyen permettant au juge d'enrichir le contenu contractuel. Le juge, en consultant la loi, y puise des solutions omises par les parties contractantes mais qui leur sont utiles. Philippe Jacques souligne dans ce sens qu'il ne faut oublier que l'enrichissement du contenu contractuel est essentiellement d'origine légale[3]. Cependant, l'objectif est un peu spécifique. Le juge, en consultant la loi *lato sens,* n'est animé que d'une seule finalité, celle de conduire le contrat à un degré plus haut de perfection. Il est aussi au service de la volonté des parties contractantes.
Le juge consulte ainsi les lois que les parties ont omis d'inclure dans la matière de leur contrat. Se pose dans ce cadre, la traditionnelle séparation entre règles supplétives et règles impératives[4]. Même si ces deux catégories font partie du renvoi auquel fait allusion le mot loi utilisé dans l'article 1135 du Code civil ou 243 du Code des obligations et des contrats[5], le terme est général et rien ne justifie sa restriction ; leur incorporation au sein du contenu contractuel ne se fait pas de la même façon. D'abord, pour les règles impératives, elles s'imposent aux parties et leur omission ne fait normalement pas obstacle à leur adjonction ultérieure au contenu contractuel. La tâche de qualifier une règle comme impérative ou supplétive, revient au juge qui doit d'abord déterminer la nature de la règle en cause[6] ; cette tâche est préalable[7] à toute utilisation éventuelle.

668. Lorsqu'il s'agit d'une règle impérative, le juge l'applique sans se soucier de son harmonie avec le contenu du contrat exprimé, elle s'y adjoint autoritairement. Dans ce cas, il ne fait qu'adapter le contenu du contrat aux

---

[1] G. Viney et JOURDAIN, P., Les conditions de la responsabilité, éd. LGDJ 2006, p. 433, n° 485.
[2] JOSSERAND, L., L'essor moderne du concept contractuel, in Mélanges F. Geny, éd. Sirey 1934, Tome II, p. 333, spéc. p. 346.
[3] JACQUES, Ph., Regards sur l'article 1135 du Code civil, op. cit., p. 478, n° 237.
[4] ZINE, M., Théorie générale des obligations, 1 – Le contrat, éd. Tunis 1993, p. 255, n°341. L'auteur distingue dans l'étude qu'il réserve à cet article règles impératives et règles supplétives.
[5] Une frange de la doctrine considère que cette référence à la loi dans l'article 1135 ou dans l'article 243 ne concerne que les règles impératives. Voir sur ce point : JERBI, S., L'interprétation du contrat (en arabe), éd. CPU 1999, p. 449, n° 350.
[6] JERBI, S., L'interprétation du contrat, op. cit., p. 449, n° 351.
[7] JERBI, S., L'interprétation du contrat, op. cit., p. 449, n° 351

exigences de l'ordre public[1]. Les clauses d'ordre public sont introduites de force dans le contenu contractuel. Elles sont dotées d'un pouvoir de substitution automatique. Elles écartent ce qui est choisi par les parties et y prennent place, sauf si la possibilité de survie du contrat n'est pas possible. Dans ces hypothèses, des stipulations contractuelles sont puisées au sein des textes normatifs[2].

669. Cette idée de clauses imposées par la loi dont le juge est tenu de protéger, est souvent fréquente en matière du droit de la consommation et en matière du droit du travail. Pour le premier, où l'on parle généralement d'un ordre public de protection des consommateurs[3], cette notion a reçu, depuis ces dernières années, une impulsion nouvelle et prend des proportions envahissantes[4]. Dans le cadre de cette branche de droit, la protection est souvent synonyme de la lutte contre les clauses abusives. Ces clauses sont réputées non écrites dans un contrat et souvent remplacées par le régime légal[5] ou par ce que prévoit la loi *lato sensu* dans ce domaine.

A titre d'exemples peuvent être cités les cas des clauses sur la responsabilité. Ces clauses, lorsqu'elles sont réputées non écrites, pour avoir enfreint une disposition d'ordre public, sont systématiquement remplacées par le régime légal.

Dans cette matière, le pouvoir du juge semble être renforcé. En effet, après les dernières modifications introduites sur le Code de la consommation, le juge se trouve doté de nouveaux moyens lui permettant de lutter plus efficacement contre les clauses abusives. D'abord, il peut désormais soulever d'office une clause abusive. Cette possibilité, qui est le fruit d'une impulsion communautaire, est créée par la loi du 3 janvier 2008 qui a modifié l'article L. 141-4 du Code de la consommation[6]. Il s'ensuit que les questions procédurales ne doivent pas empêcher le juge de lutter contre les clauses abusives. En renforçant les pouvoir du juge, la loi renforce par là-même la mainmise de l'ordre public sur le contrat. Le juge retrouve dans ce domaine un pouvoir que le législateur lui a ôté depuis 1978[7].

---

[1] JERBI, S., L'interprétation du contrat, op. cit., p. 450, n° 351.

[2] REVET, Th., La clause légale, *In* Mélanges M. Cabrillac, éd. Litec 1999, p. 277, spéc. p. 280, n° 5. L'auteur, même s'il l'avoue difficile, souligne une distinction entre la clause légale et les dispositions législatives ou réglementaires impérativement reproduites dans le contrat (spéc. n°6, p. 281).

[3] VINEY, G. et JOURDAIN, P., Les conditions de la responsabilité, op. cit., p. 444, n° 494.

[4] VINEY, G. et JOURDAIN, P., Les conditions de la responsabilité, op. cit., p. 444, n° 494.

[5] DELEBECQUE, Ph., Que reste-t-il du principe de la validité des clauses limitatives de responsabilité ? D. Affaires, n° 8, 1997, p. 23.

[6] Art. 141-4 Code de la consommation : « le juge peut soulever d'office toutes les dispositions du présent code dans les litiges nés de son application ».

[7] L'article 35 de la loi de 1978 a été analysé par la doctrine française comme une volonté du législateur de contourner l'appareil judiciaire. Voir sur ce point surtout : A. Pirovano et M. Salah,

D'un autre côté, la loi sur la modernisation de l'économie du 4 août 2008 a introduit une sorte de protection contre les clauses abusives dans les rapports entre professionnels. Même si la philosophie n'est pas ici la même que celle des rapports entre professionnels et consommateurs, du fait que la sanction n'est pas la considération de la clause comme réputée non écrite[1], l'évolution est nette, ce qui donne davantage d'ampleur à la lutte contre l'abus entre professionnels[2]. En outre, cette nouvelle disposition donne encore plus de pouvoir au juge, ce qui décourage l'abus entre les professionnels[3]. D'un autre côté, cette modification du Code de commerce élargit l'immixtion de la loi dans les contrats. Les lois dont les dispositions sont impératives s'incorporent automatiquement et autoritairement au contenu contractuel. Elles évincent ce qui est contraire et en prennent la place[4].

Ce phénomène est d'autant plus évident en matière du travail, où la loi garantit au nom de l'ordre public social, appelé aussi *principe de faveur*[5], un minimum de protection. Lorsque le juge statue sur une question de ce type, il écarte ce qui est choisi par les parties contractantes et applique ce que prévoit la loi ou les conventions collectives.

En effet, cette notion d'ordre public de protection n'a cessé d'évoluer et de prendre de l'ampleur au point que certains auteurs parlent d'une relation de travail au lieu de contrat de travail, façon pour eux de démontrer l'intervention législative accrue au sein du contenu du contrat de travail[6]. D'ailleurs, des auteurs soulignent : « le contenu du contrat de travail s'amenuise progressivement, la détermination des conditions du travail ne relève presque

---

L'abus de dépendance économique : une notion subversive ? (1re partie), LPA n° 114, 21 septembre 1990, p. 4 spéc. 7.

1 Art. L. 442-6 du Code de commerce permet au juge de lutter contre les pratiques entre professionnels permettant « de soumettre ou de tenter de soumettre un partenaire commercial à des obligations créant un déséquilibre significatif dans les droits et obligations des parties ».

2 BEHAR-TOUCHAIS, M., Sanction du déséquilibre significatif dans les contrats entre professionnels, RDC 2009, p. 202.

3 MALAURIE, Ph., AYNES, L. et STOFFEL-MUNCK, Ph., Les obligations, éd. Défrenois 2009, p. 374, n° 754.

4 Voir en droit tunisien : JERBI, S., L'interprétation du contrat (en arabe), éd. CPU 1999, p. 448, n° 350.

5 Cette nouvelle appellation est généralement admise en doctrine ; elle est déduite des effets que produit la notion d'ordre public social. Voir sur ce point : A. Mazeaud, Droit du travail, éd. Montchrestien 2006, p. 50, n° 68 ; F. Favennec-Hévy et P.-Y. Verkindt, Droit du travail, éd. LGDJ 2007, p. 42, n° 29 ; F.-J. Pansier, Droit du travail, Relations individuelles et collectives, éd. Litec 2008, p. 44, n° 89. Voir aussi sur la notion en général : BOCQUILLON, F., Que reste-t-il du principe de faveur ? Dr. Soc. 2001, p. 255 ; JEAMMAUD, A., Le principe de faveur. Enquête sur une règle émergente, Dr. Soc. 1999, p. 115. En droit tunisien consulter : F. Mechri, Le droit du travail en Tunisie, éd. Sud Editions 2009, p.17 ; SAFI, Z., Droit du travail, éd. CPU 2006 ; LAHMAR, I., Les conflits du travail : Les solutions légales et l'interprétation jurisprudentielle (en arabe), éd. SIFEDE 2008.

6 P. Durand et A. Vitu, Traité du droit du travail, Tome II, n° 118 (cité par VINEY, G. et JOURDAIN, P., Les conditions de la responsabilité, op. cit., p. 444, n° 493).

plus de l'autonomie des parties, elle est l'œuvre des lois, de décrets, de règlements intérieurs, des conventions collectives, parfois même d'usages impératifs »[1].

670. Lorsqu'il s'agit d'une règle supplétive, le juge doit vérifier que le contrat ne prévoit rien à ce sujet, c'est-à-dire qu'il ne prévoit pas de solution contraire ou qu'il est silencieux. L'exclusion d'une règle supplétive peut même être déduite de la matière du contrat et des clauses qui le forment ; les parties, en choisissant une organisation nouvelle de leur accord qui diffère de celle prévue par la loi, sont censées exclure cette dernière. Dans ce cas, l'exclusion des règles supplétives est implicite et le juge doit assurer le comblement du contrat sans se lier au modèle contractuel ; il peut s'en être inspiré mais il ne peut pas l'appliquer directement.

671. Cette idée d'exclusion implicite d'une loi supplétive semble être admise par certains auteurs français du XIXe siècle. Selon Demolombe, une loi supplétive peut être exclue par une manifestation expresse de volonté, comme par une manifestation tacite de volonté[2]. Toutefois, cette solution semble ne pas acquérir l'assentiment de la jurisprudence de la Cour de cassation française qui a précisé que la renonciation à des dispositions supplétives ne saurait résulter du silence des parties[3]. A l'inverse de cette position de la jurisprudence française, une frange de la doctrine tunisienne admet la possibilité d'une exclusion implicite d'une règle supplétive[4].

672. Dans le cadre de l'enrichissement du contrat pour lequel le juge a recours à la loi, l'idée de type contractuel ou de modèle contractuel recouvre une utilité indéniable. Le juge, se trouvant face à un contrat incomplet, et dont les conditions de son enrichissement sont réunies, s'adresse d'abord aux règles légales prévues pour le même type de contrat. Il complète ainsi le contrat par référence au modèle légal. Cette référence au modèle contractuel doit se faire en tenant compte de la finalité du contrat et du but qui lui a été assigné par les contractants. Les règles à consulter, où le juge peut puiser l'enrichissement, doivent être en parfaite complémentarité avec ce qu'ont exprimé les contractants. Une exigence d'harmonie s'impose ainsi au juge, l'obligeant de n'ajouter que ce qui convient à ce qui a été expressément choisi par les parties ou qui va avec l'esprit du contrat.

---

[1] P. Durand et A. Vitu, Traité du droit du travail, Tome II, n° 118 (cité par VINEY, G. et JOURDAIN, P., Les conditions de la responsabilité, op. cit., p. 444, n° 493).

[2] Charles Demolombe, Traité des contrats ou des obligations conventionnelles en général, Tome 2, éd. Durand et Hachette, Paris 1871, p. 20-21, n° 19 bis.

[3] Cass. 1e civ. 24 mars 1998, RTD civ. 1999, p. 377, obs. J. Mestre.

[4] M.-L. Hachem, La coutume devant la Cour de cassation, *In* La cassation, Tunis 1989, p. 383, spéc. p. 390.

673. Le juge, en cas de silence des parties, donne au contenu du contrat l'étendue ordinaire correspondant à la nature de l'opération. Il le fait à la lueur des règles supplétives prévues à cet égard. Les exemples de ces règles supplétives applicables en cas de silence des parties sont nombreux. En droit tunisien, lorsqu'il s'agit de la vente d'un fonds de commerce, l'article 620 du Code des obligations et des contrats énonce que l'opération englobe par défaut les livres de commerce, les notes, les pièces et les dossiers qui s'y rattachent[1]. Quand il s'agit de la vente d'un navire, celle-ci comprend la vente « de ses agrès, de ses apparaux, c'est-à-dire des ancres, mâts, câbles, voiles, poulies, vergues, ainsi que celle des chaloupes et canots et tous autres objets qui y sont attachés par destination »[2]. Dans le même ordre d'idées, l'article 621 du Code des obligations et des contrats dispose que « la vente d'une marchandise comprend l'emballage, les enveloppes, les marques et estampilles extérieures et autres objets destinés à la protéger ou en garantir l'authenticité »[3].

Pour le droit français, les articles 1615-1619 du Code civil semblent incarner ici une importance capitale. Au sujet du contrat de vente, ces articles déterminent le contenu basique d'une telle opération. D'abord, la vente du principal emporte celle des accessoires[4]. Ce qui fait que la vente d'une voiture emporte celle de sa carte grise[5]. Ensuite, la contenance de la livraison est déterminée selon ce qui est indiqué au contrat[6]. Sauf convention contraire des parties, le juge présume que l'accessoire de la chose est englobé par la vente et que la contenance de la vente doit être conforme à celle exprimée au contrat.

---

[1] Art. 620 *in limine* C.o.c : « la vente d'un fonds de commerce ou d'une industrie comprend celle des livres de commerce, des notes, pièces et dossiers qui s'y rattachent, de l'outillage et objets nécessaires à l'exploitation, de l'enseigne, du matériel et marchandises, des marques de fabrique dûment spécifiées, de l'achalandage, du brevet d'invention et du secret industriel, de tout, s'il n'y a pas convention contraire ». Cet article est à rapprocher de l'article 189 du Code de commerce tunisien qui énumère les éléments du fonds de commerce. Certains auteurs tunisiens soutiennent que l'article 620 C.o.c n'est plus applicable (Cf. : H. Raïed, Le Code des obligations et des contrats et le droit commercial, *In* Livre du centenaire du Code des obligations et des contrats 1906-2006, éd. CPU 2006, p. 541, spéc. p. 549-550).

[2] C'est l'article 620 du C.o.c qui le prévoit. Cet article est à rapprocher de l'article 14 du Code tunisien de commerce maritime disposant « sont considérés comment faisant partie du navire, tous les accessoires nécessaires à son exploitation, à savoir toutes les choses qui, sans constituer une partie du navire sont destinées à être utilisées avec lui ». Pour la vente d'un navire en droit tunisien, c'est à l'article 16 du Code maritime qu'il faut s'adresser.

[3] Voir surtout : MELLOUI, S., L'objet de la délivrance dans le contrat de vente.(Etude des sources historiques du C.o.c), RTD 2001, p. 409, spéc. 424-427.

[4] Art. 1615 C. civ. : « l'obligation de délivrer la chose comprend ses accessoires et tout ce qui a été destiné à son usage perpétuel ». C'est l'équivalent dans le C.o.c de l'article 610 *in limine* : « l'obligation de délivrer la chose comprend également ses accessoires selon les conventions des parties ou selon l'usage ».

[5] Cass. 1re civ., 26 mars 1963, Bull. civ. I, n° 187, p. 161 ; cass. 1re civ., 5 octobre 1994, Cont. Conc. Consomm. 1995, 4, note L. Leveneur.

[6] Art. 1616 C.civ. : « le vendeur est tenu de délivrer la contenance telle qu'elle est portée au contrat, sous les modifications ci-après exprimées ».

A défaut des clauses contraires, le juge délimite le contrat par référence à ces règles du Code civil. Les clauses contractuelles, lorsqu'elles existent, donnent au contrat une étendue spéciale[1]. A titre d'exemple, dans un contrat de vente d'une maison, l'opération englobe la vente des objets attachées à cette maison et devenus immeubles par destination[2], telle l'installation électrique individuelle d'un immeuble destiné à l'habitation[3]. C'est également le cas pour une bibliothèque réalisée sur mesure qui doit être livrée avec la chose vendue[4]. Il en est de même, pour les plantations ou les servitudes[5]. Dans ce cas, le manque de précision donne une ampleur logique au contrat de vente.

Dans ces hypothèses, le contenu du contrat prend l'étendue déterminée par les règles supplétives. Les parties, lorsqu'elles ne précisent rien à ce sujet, elles sont présumées accorder à leur accord le contenu légal. Dans ce contexte, la règle de « l'accessoire suit le principal » retrouve une grande efficacité. Le juge l'applique si les parties n'ont rien précisé. Elle lui permet de donner au contrat l'étendue que lui est souvent reconnue.

674. Cette question de l'effet complétif de la loi a été en fait envisagée par les premiers commentateurs du Code civil. Selon Demolombe, en cas de silence des parties, le contrat se contente de produire « les effets généraux des obligations conventionnelles que le législateur lui-même a déterminés »[6]. Le terme « effets généraux » est souvent utilisé par opposition aux « effets individuels »[7]. Larombière observe que « les parties cependant peuvent ne pas tout prévoir, tout définir, tout expliquer. Les conséquences même les plus prochaines de leur convention peuvent leur échapper ; à plus forte raison, les conséquences éloignées. Aussi la loi a-t-elle pris soin de déterminer l'étendue de chaque obligation, suivant la nature du contrat duquel elle dérive. Elle supplée par des dispositions le silence des contractants ; elle fixe le sens et la portée du contrat sur tous les points où il n'y a pas dérogation conventionnelle aux principes ordinaires qu'elle a posés. Lors donc qu'il y a lieu d'apprécier une

---

[1] Concernant ces clauses consulter : F. Collart Dutilleul et DELEBECQUE, Ph., Contrats civils et commerciaux, éd. Dalloz 2007, p. 218, n° 238.

[2] Consulter : BENABENT, A., Droit civil, Les contrats spéciaux civils et commerciaux, éd. Montchrestien 2008, p. 129-130, n° 312. Voir pour le droit tunisien : JERBI, S., L'interprétation du contrat, thèse Tunis, éd. CPU 1999, p. 201-202, n° 188.

[3] Ex : Cass. 3e civ., 6 octobre 2004, n° 02-20755 (cité par : F. Cohet-Cordey, B. Laborrier, J. Lafond, Ventes d'immeubles, éd. Litec 2007, p. 240, n° 578).

[4] F. Cohet-Cordey, B. Laborrier, J. Lafond, Ventes d'immeubles, éd. Litec 2007, p. 240, n° 578.

[5] F. Cohet-Cordey, B. Laborrier, J. Lafond, Ventes d'immeubles, éd. Litec 2007, p. 240, n° 578.

[6] DEMOLOMBE, Ch.Traité des contrats ou des obligations conventionnelles en général, Tome 2, éd. Durand et Hachette, Paris 1871, p. 3, n°1.

[7] DEMOLOMBE, Ch.Traité des contrats ou des obligations conventionnelles en général, Tome 2, éd. Durand et Hachette, Paris 1871, p. 3, n° 1.

convention, il s'agit de savoir, non pas si les parties se sont soumises au droit commun, ce qui est la règle, mais si elles ont dérogé, ce qui est l'exception »[1]. François Laurent a aussi exprimé la même idée. En parlant de l'article 1135 du Code civil, il souligne : « le Code a retracé les règles des contrats usuels pour dispenser les parties de les écrire dans leurs actes ; il suffit de deux lignes pour rédiger un acte de vente ; inutile de dire quelles sont les obligations du vendeur et de l'acheteur »[2]. Pour Toullier et Duvergier, « la loi est le supplément des contrats, lorsque les parties n'y ont dérogé »[3].

675. Il est essentiel de préciser dans ce contexte, que la référence à la loi, telle que prévue à l'article 1135 du Code civil ou à l'article 243 du Code des obligations et des contrats, ne saurait être en aucun cas source de remous et de contradiction au sein du contenu contractuel. L'enrichissement perd toute son utilité si le juge ne préserve pas ces exigences. L'exigence de respect de la nature du contrat doit être interprétée dans ce sens.

676. Ces exigences d'harmonie, de respect de la finalité et de la spécificité du contrat sont valables aussi bien pour les contrats ordinaires que pour les contrats *sui generis*, même si ce n'est pas avec le même degré. A titre d'exemple, dans les contrats *sui generis*, où il n'y a pas de modèle légal, le juge, en consultant la loi, ne va pas trouver une règle parfaitement compatible avec le contrat en cause ; cependant, il peut tirer la solution des règles applicables aux contrats qui lui sont proches. Dans toutes ces hypothèses, une exigence de cohérence s'impose à lui, l'obligeant à préserver l'harmonie du contenu contractuel. Il doit aussi préserver l'utilité du contrat pour les parties.
Bref, lorsqu'il se trouve devant un contrat dont les conditions de son enrichissement sont remplies, le juge doit consulter prioritairement la loi afin de rechercher les règles qui peuvent constituer un prolongement[4] naturel du contrat, et les adjoindre. Il lui incombe dans le tri qu'il va faire des règles juridiques, une obligation de préservation de l'harmonie et de la nature du contrat. En cas d'insuffisance de la loi, il ne s'arrête pas à ce stade ; les autres sources de l'enrichissement du contenu contractuel assurent la relève. Ce sont les usages qui arrivent juste après.

---

[1] LAROMBIERE, L.,Théorie et pratique des obligations ou commentaire des titres III et IV, Livre II du Code civil, articles 1101 à 1386, éd. Durand 1885, p. 383-384.
[2] LAURENT, F., Principes de droit civil français, Tome 6, éd. Bruylant-Christophe et Librairie A. Marescq. Aîné 1878, p. 244, n° 182.
[3] TOULLIER, C.-.B-M. et DUVERGIER, J.-B., Le droit civil français suivant l'ordre du Code, 3e Volume, 2 partie, éd. Cotillon, et Jules Renouard, p. 222, n° 340.
[4] MOULY-GUILLEMAUD, C., Retour sur l'article 1135 du Code civil. Une nouvelle source du contenu contractuel, éd. LGDJ 2006. L'auteur parle à plusieurs reprises du prolongement que permet la nature du contrat au contenu contractuel.

b – Les usages

677. Aux termes des articles 1135 du Code civil et 243 du Code des obligations et des contrats, le juge doit consulter l'usage en vue de puiser une obligation contractuelle à adjoindre au contrat. Les usages sont rehaussés selon ces articles au rang des sources des suites contractuelles[1]. Ce renvoi n'est pas curieux, les usages talonnent toujours les lois *lato sensu.* En outre, la loi y fait souvent délégation à plus d'un endroit. A titre d'exemple, la loi NRE n°2001-420 du 15 mai 2001y a fait une référence. Cette loi, par la modification qu'elle a opérée sur l'article L. 442-6, I, 5° du Code de commerce, a ajouté une nouvelle référence à l'usage. Cet article annonce que le préavis de rupture des relations commerciales établies doit être assorti d'un délai déterminé, le cas échéant, selon les usages de commerce.
Il est utile de préciser dans ce contexte que cet article, même s'il a le mérite d'élargir les cas de recours à l'usage, a rétréci le domaine de l'implicite. Avant cette modification, l'obligation de donner un préavis était souvent attachée à l'article 1135 du Code civil, ayant était analysée comme une suite naturelle aux relations commerciales établies[2]. Elle s'applique même en l'absence d'une volonté exprimée. Désormais, le préavis est une obligation légale. C'est la loi qui l'exige, abstraction faite de toute volonté, voire qu'elle s'impose aux parties[3].

678. Au milieu des références légales aux usages, les articles 1135 et 243 *in fine* apparaissent bien plus qu'une simple délégation faite par la loi[4]. En effet, ces

---

[1] FABRE-MAGNAN, M., Droit des obligations, 1 – Contrat et engagement unilatéral, éd. PUF 2008, p. 119, n° 55. En droit tunisien voir surtout : REBAÏ, A., La classification des sources des obligations dans le Code tunisien des obligations et des contrats, *In* Mélanges JESTAZ, Ph., éd. Dalloz 2006, p. 481. L'auteur consacre cet article en fait à l'étude des sources des obligations en général et non uniquement aux sources des obligations contractuelles. Pour le droit français voir la récente étude du professeur : STOFFEL-MUNCK, Ph., Les sources des obligations contractuelles, *In* Pour une réforme du Code civil, sous la direction de TERRE, F., éd. Dalloz 2009, p. 67.
[2] K. Le Couviour, Regards critiques sur la rupture brutale des relations commerciales établies, RTD com. 2008, n°1, p. 1, spéc. n°5.
[3] Cass. Com. 25 septembre 2007, n° 06-15.517 (n° 1008 F-D), D. 2008, Jur. p. 1115, note C. Mouly-Guillemaud ; JCP E 2008, 1638, n° 2, obs. D. Mainguy.
[4] En droit français, le Code civil fait plusieurs renvois aux usages et coutumes. Voir à ce sujet : CARBONNIER, J., Droit civil, Introduction, éd. PUF 2002, p. 257, n° 135 ; G. Cornu, Droit civil, Introduction au droit, éd. Montchrestien 2007, p. 49, n° 76 ; LARROUMET, Ch., Droit civil, Introduction à l'étude du droit privé, éd. Economica 2006, p. 183, n° 300. Voir aussi : ZENATI-CASTAING, F., Le Code civil et la coutume, *In* Mélanges JESTAZ, Ph., éd. Dalloz 2006, p. 607. En droit tunisien, voir surtout : HACHEM, M.-L., La coutume devant la Cour de cassation (en arabe), *In* La cassation, acte de colloque organisé par la faculté de droit et des sciences politiques de Tunis 1988, p. 386, spéc. p. 387 où l'auteur recense les articles auxquels le Code des obligations et des contrats a fait référence à l'usage ou à la coutume. Voir aussi : CHARFEDDINE, M.-K.,Introduction à l'étude du droit civil (en arabe), éd. IORT 2002 ; S.

articles représentent une autorisation générale d'adjonction des usages au contrat. L'autorisation est valable même en l'absence de toute autorisation légale spéciale. Il s'ensuit que dans un domaine déterminé ou pour une activité déterminée, l'usage s'ajoute systématiquement au contrat sans qu'il soit nécessaire qu'une volonté ait été exprimée dans ce sens ou qu'une loi autorise cette adjonction.
Il est utile de préciser dans ce contexte que cette référence à l'usage au sein de l'article 1135 du Code des obligations et des contrats n'est en réalité que le reflet de la place très importante qu'occupait l'usage lors la promulgation du Code civil. Même si le mot « usage » utilisé par l'article 1135 a suscité quelques remarques lors de l'adoption du projet du Code civil[1], la majorité des premiers commentateurs du Code civil mettent en évidence l'importance de l'usage en matière contractuelle. Pour Demolombe, « l'usage est, en effet, la meilleure expression et la plus vraie, des intérêts et des besoins de tous ; ce sont les conventions, qui servent à le former en matière d'obligations ; et il est tout simple qu'il réagisse lui-même à son tour sur les conventions »[2]. Larombière accorde à l'usage une place importante. Selon cet auteur : « l'usage a toujours été d'un grand secours et d'une grande autorité dans l'appréciation des contrats. Il est tout naturel que, jusqu'à preuve contraire, on soit censé ne pas vouloir contracter et s'obliger autrement que les autres.... En se référant à l'usage, elle [la loi] lui laisse la place qui lui convient dans la détermination des engagements »[3]. Pour Marcadé « l'article 1135 nous avait déjà dit que l'usage doit être consulté non-seulement pour éclaircir les clauses de l'acte, mais même pour le compléter »[4].

679. De nos jours, cette place réservée à l'usage en matière contractuelle est également confirmée. Sur la scène internationale, certaines conventions internationales font aussi référence aux usages. C'est ainsi que la Convention de Vienne sur la vente internationale de marchandises leur accorde un rôle

---

Melloulli, Droit civil, Introduction à l'étude du droit, éd. IORT 2000, p. 104, n° 345 ; CHARFI, M., Introduction à l'étude du droit, éd. Cérès 1997, p. 170, n° 334. Voir aussi : S. El Euche Mallak, L'usage et la coutume dans le Code des obligations et des contrats, *In* Le centenaire du Code des obligations et des contrats 1906-2006, éd. CPU 2006, p. 135.

[1] Le Conseil d'Etat a précisé dans la discussion portant sur l'article 1135 à la séance du 3 novembre 1803 « qu'il ne s'agit pas de permettre que l'usage ajoute aux engagements, mais seulement d'en constituer l'interprète ». Voir sur ce point : LOCRE, M.,La législation civile, commerciale et criminelle de la France ou commentaire et complément des Codes français, éd. Treuttel et Wurtz 1828, Tome 12, p. 90 où il reproduit les discussions du CE, séance du 3 novembre 1803 (11 brumaire an XII).

[2] DEMOLOMBE, Ch.Traité des contrats ou des obligations conventionnelles en général, Tome 2, éd. Durand et Hachette, Paris 1871, p. 16, n°16.

[3] LAROMBIERE, L.,Théorie et pratique des obligations ou commentaire des titres III et IV, Livre II du Code civil, articles 1101 à 1386, éd. Durand 1885, p. 384.

[4] MARCADE, V.,Explication théorique et pratique du Code civil, éd. Delamotte 1873, Tome 4 (articles 967 à 1314), p. 406, n° 470.

primordial[1]. L'article 9 de la convention de Vienne annonce que « les parties sont liées par les usages auxquels elles ont consenti et les habitudes qui se sont établies entre-elles. Sauf convention contraire des parties, celles-ci sont réputées s'être tacitement référées dans le contrat et pour sa formation à tout usage dont elles avaient connaissance ou auraient dû avoir connaissance et qui, dans le commerce international, est largement connu et régulièrement observé par les parties à des contrats de même type dans la branche commerciale considérée ». Selon cet article, non seulement les usages convenus s'appliquent au contrat, mais il en existe d'autres qui sont objectivement applicables[2]. « Ils [les usages] s'appliquent, par l'effet de la convention, c'est-à-dire de la loi » [3] et s'imposent ainsi aux parties au même titre qu'un texte de loi[4].

680. Pour les Principes du Droit Européen des Contrats (PDEC), les usages n'ont pas été cités comme sources d'obligations implicites, l'article 6 :102 ne les cite pas parmi les différentes sources des obligations implicites. Toutefois, l'article 1.105 desdits principes annonce : « (1) les parties sont liées par les usages auxquels elles ont consenti et les pratiques qu'elles ont établies entre elles (2) Elles sont liées par tout usage que des personnes placées dans la même situation qu'elles tiendraient pour généralement applicable, à moins que son application ne soit déraisonnable ». Cet article offre possibilité à l'incorporation des usages à la loi contractuelle[5]. L'incorporation est envisageable aussi bien lorsque les parties l'entendent expressément ou lorsqu'elles ne le font qu'implicitement[6], par leur silence.

Quant aux Principes d'Unidroit, les usages se trouvent cités parmi les sources d'obligations implicites, c'est l'article 5.1.1 qui l'assure. Les usages sont mentionnés au second rang avant la bonne foi et le raisonnable[7]. De surcroît, l'article 1.8 desdits principes ajoute que « les parties sont liées par les usages auxquels elles ont consenti, ainsi que par les pratiques qu'elles ont établies entre elles. Elles sont liées par tout usage qui, dans le commerce international, est

---

[1] Voir sur cette convention surtout : AUDIT, B., La vente internationale de marchandises. Convention des Nations Unies du 11 avril 1980, éd. LGDJ 1990, p. 44, n° 48. Voir aussi sur cette même convention encore plus récemment : HEUZE, V., La vente internationale de marchandises, Droit uniforme, éd. LGDJ 2000.

[2] AUDIT, B., La vente internationale de marchandises. Convention des Nations Unies du 11 avril 1980, éd. LGDJ 1990, p. 45, n° 50.

[3] AUDIT, B., La vente internationale de marchandises. Convention des Nations Unies du 11 avril 1980, éd. LGDJ 1990, p. 45, n° 50.

[4] AUDIT, B., La vente internationale de marchandises. Convention des Nations Unies du 11 avril 1980, éd. LGDJ 1990, p. 45, n° 50.

[5] MESTRE, J., Usages et pratiques, *In* Regards croisés sur les principes du droit européen des contrats et sur le droit français, éd. PUAM 2003, p. 113.

[6] MESTRE, J., Usages et pratiques, *In* Regards croisés sur les principes du droit européen des contrats et sur le droit français, éd. PUAM 2003, p. 113-114.

[7] L'article 5.1.2 des Principes D'Unidroit, annonce que « implied obligations stem from (a) .... (b) practices established between the parties and usages ».

largement connu et régulièrement observé par les parties à des contrats dans la branche commerciale considérée à moins que sont application ne soit déraisonnable ».

L'utilité des usages est indéniable que se soit sur la scène internationale ou la scène interne. Ils sont d'autant plus nécessaires et utiles que beaucoup d'accords sont conclus succinctement, les parties se contentant de fixer les éléments essentiels du contrat : nature de la marchandise et quantité ; le prix lui-même n'est pas toujours convenu[1].

Il est donc tout à fait normal, voire obligatoire, que le juge consulte les usages dans le cadre d'un enrichissement contractuel qu'il entend opérer. L'usage assure dès lors le rôle de complétant du contenu contractuel fixé par les parties[2]. Il s'ensuit que « ce qui manque au contrat peut être comblé par l'usage et la coutume »[3]. C'est là un cas, parmi d'autres, d'interactivité entre le contrat et les usages[4].

681. Le renvoi à l'usage pose de nombreuses questions ; d'abord celle de la signification exacte du mot « usage » inséré dans lesdits articles. Ce mot concerne-t-il uniquement les usages au sens strict ou englobe-t-il aussi la coutume, l'habitude et même la pratique ? Tout dépend de la définition qu'on adopte de ce terme cité dans les articles 1135 du Code civil et 243 du Code des obligations et des contrats.

Le dictionnaire Le Petit Robert définit ainsi le mot usage : « pratique que l'ancienneté ou la fréquence rend normale, dans une société ». Ce même dictionnaire avance le mot usage comme synonyme de coutume ou habitude. L'usage, souvent synonyme de coutume[5], est « une pratique particulière à une profession (usage professionnel), à une région (usages régionaux) ou à une localité (usages locaux) et dont la force obligatoire est variable »[6]. Il s'ensuit que lorsqu'on parle des usages, les mots coutume, habitude sont systématiquement invoqués.

682. Sur le plan juridique, la distinction est pourtant possible. Selon Gérard Cornu, les usages « sont des diminutifs de la coutume »[7]. Entre usages et autres

[1] AUDIT, B., La vente internationale de marchandises. Convention des Nations Unies du 11 avril 1980, éd. LGDJ 1990, p. 44, n° 48.

[2] JERBI, S., L'interprétation du contrat, éd. CPU 1999, p. 196, n° 184.

[3] S. El Euche Mallak, L'usage et la coutume dans le Code des obligations et des contrats (en arabe), *In* Centenaire du Code des obligations et des contrats 1906-2006, éd. CPU 2006, p. 135, spéc. p. 161, n° 49.

[4] JERBI, S., L'interprétation du contrat, éd. CPU 1999, p. 196, n° 183. L'auteur ne cite pas sous ce paragraphe l'article 243 du Code des obligations et des contrats mais il étudie l'article 516 du Code des obligations et des contrats qui a pour similaire l'article 1160 du Code civil.

[5] Vocabulaire juridique de l'Association Henri Capitant.

[6] Vocabulaire juridique de l'association Henri Capitant.

[7] G. Cornu, Droit civil, Introduction au droit, éd. Montchrestien 2007, p. 221, n° 423.

notions similaires, particulièrement coutume, la différence est avant tout de force obligatoire. Normalement, la coutume bénéficie d'une force obligatoire plus importante que les autres.
D'un autre côté, il ne s'agit pas d'un seul usage, mais d'une variété. Il est souvent admis de distinguer entre usages professionnels et usages conventionnels. L'utilité des usages conventionnels est indéniable, selon certains auteurs, ils servent à déterminer dans certains contrats, des obligations secondaires qui demeurent implicites[1]. Ils « concourent ainsi à déterminer le contenu des obligations découlant d'un contrat »[2]. Le principe de cette détermination complémentaire du contenu du contrat par les usages conventionnels est énoncé à l'article 1135 du Code civil[3].

683. Ce terme polysémique « usage »[4] doit être pris dans un sens plus large qui englobe toutes les significations possibles du terme. De là, le renvoi que font les articles 1135 et 243 s'avère général, englobant non seulement les usages au sens strict mais aussi la coutume et les habitudes, à la condition qu'elles soient établies de façon irréfutable. Un point commun entre ces différentes notions favorise cette acception large du mot « usage », c'est qu'elles désignent une règle dont la substance et la raison de l'application sont extérieures à la volonté des contractants[5].
Dans tous ces cas, le juge dépasse la volonté des parties en vue d'ajouter au contrat quelque chose de l'extérieur. Cette interprétation extensive est compatible avec la philosophie de l'article 1135 ou de son similaire l'article 243. Un auteur tunisien semble adopter le même avis lorsqu'il précise que dans le renvoi à l'usage, on doit sous-tendre également un renvoi aux usages conventionnels[6]. Selon cet auteur, quand il existe une délégation légale permettant aux usages et aux coutumes de jouer un rôle, il n'est plus besoin de chercher l'existence d'une stipulation contractuelle qui adopte un usage ou une coutume, la délégation suffit en elle-même pour que le juge y ait recours. L'usage et la coutume ont la force obligatoire de la loi[7]. C'est également la même idée du Professeur Yves Picod qui observe que : « l'usage ne tire pas ici

[1] G. Cornu, Droit civil, Introduction au droit, éd. Montchrestien 2007, p. 223, n° 426.
[2] G. Cornu,. Droit civil, Introduction au droit, éd. Montchrestien 2007, p. 223, n° 426.
[3] G. Cornu, Droit civil, Introduction au droit, éd. Montchrestien 2007, p. 223, n° 426.
[4] Consulter : DEUMIER, P., De l'usage prudent des « usages honnêtes », Réflexions sur un – éventuel-malentendu, *In* Mélanges JESTAZ, Ph., éd. Dalloz 2006, p. 119, spéc. p. 123 ; JESTAZ, Ph., Les rapports privés, sources de droit privé, *In* Autour du droit civil. Ecrits dispersés, idées convergentes, éd. Dalloz 2005, p. 187, spéc. p. 188-189.
[5] Jacques, Regards sur l'article 1135 du Code civil, éd. Dalloz 2005, p. 77, n° 30-4.
[6] HACHEM, M.-L., La coutume devant la Cour de cassation (en arabe), in La cassation, acte de colloque organisé par la faculté de droit et des sciences politiques de Tunis 1988, p. 383, spéc. p. 386-387.
[7] HACHEM, M.-L., La coutume devant la Cour de cassation (en arabe), art. préc. p. 386.

[article 1135] sa force de la volonté des parties mais de la force obligatoire du texte légal qui renvoie aux usages »[1].

684. Les articles 1135 du Code civil et 243 du Code des obligations et des contrats, citant les usages parmi les sources auxquelles le juge peut avoir recours en vue d'enrichir le contenu contractuel, ne visent qu'à permettre au contrat d'arriver à une meilleure composition en lui ajoutant ce qui est réclamé par sa nature, pouvant être trouvé dans un usage, dans une coutume ou même dans une habitude. Le mot « usage » ne doit pas ainsi empêcher le juge de consulter la coutume ou l'habitude, ni même les pratiques lorsque leur intégration au sein du contenu contractuel est rendue nécessaire par la nature du contrat. Un auteur tunisien semble aussi favorable à l'adoption d'une acception large de ce mot[2]. Il s'ensuit que « rien ne s'oppose à ce que la référence à « l'usage » *qu'effectue l'article 1135 soit analysée comme désignant ce qui, aujourd'hui, est qualifié de pratique. Bien au contraire, la logique l'impose »*[3].

685. Plusieurs auteurs s'insurgent en fait contre cette extension de la signification du mot « usage ». Philippe Jacques, même s'il est pour l'extension du domaine de ce mot, exclut du domaine du renvoi de l'article 1135 l'habitude ; « l'habitude, répétition circonstanciée et volontaire, par essence individuelle et, sinon infra juridique, du moins plutôt factuelle, ne saurait de toute façon convenir à l'idée qui commence à émerger de l'article 1135, in fine, celle d'un élargissement du champ contractuel sur des bases objectives »[4].
Un auteur tunisien partage aussi cette même idée. Selon lui, la coutume conventionnelle est un élément volontaire qui s'accommode peu avec l'article 243 du Code des obligations et des contrats ne permettant qu'un ajout objectif[5]. Gérard Cornu, sans l'avouer expressément, précise que l'article 1135 du Code civil permet une détermination complémentaire du contenu contractuel par le recours aux usages conventionnels[6]. Selon cet auteur, seuls les usages conventionnels ou professionnels peuvent contribuer à la détermination du contenu contractuel.

---

[1] PICOD, Y., Articles 1134-1135. Effet obligatoire des conventions – exécution de bonne foi des conventions, Juris-classeur civil, n° 56.
[2] HAMMOUDA, M., De l'exécution de l'obligation avec loyauté (en arabe) *In* Mélanges S. Ben Halima, éd. CPU 2005, p. 1031, spéc. p. 1085.
[3] MOULY-GUILLEMAUD, C., Retour sur l'article 1135 du Code civil. Une nouvelle source du contenu contractuel, éd. LGDJ 2006, p. 207, n° 213.
[4] JACQUES, Ph., Regards sur l'article 1135 du Code civil, éd. Dalloz 2005, p. 78, n° 30-4.
[5] S. El Euche Mallak, L'usage et la coutume dans le Code des obligations et des contrats (en arabe), *In* Centenaire du Code des obligations et des contrats 1906-2006, éd. CPU 2006, p. 135, spéc. p. 151, n° 31-32
[6] G. Cornu, Droit civil, Introduction au droit, op. cit., p. 223, n° 426.

686. Un autre problème paraît amoindrir l'utilité du recours du juge à l'usage afin de compléter un contenu contractuel manquant. C'est le problème de la preuve de l'usage. Si le juge est censé connaître la loi, il n'en est pas de même pour les usages, surtout lorsque ces derniers ne sont que professionnels ou conventionnels. Ceci prouve que l'usage est « délicat à manier »[1]. Pour le juge, l'usage n'est qu'un élément de fait dont les parties doivent établir l'existence. Cette difficulté de rapporter la preuve de l'existence d'un usage, amoindrit sensiblement son utilité comme source d'enrichissement du contenu contractuel et rend son secours très secondaire. Le Code des obligations et des contrats est très clair sur ce point. Il considère l'usage comme un élément de fait et invite les parties à les prouver[2].

687. Dans le cadre de l'intégration de l'usage au sein du contenu contractuel, se pose la question de la clause de style[3]. Cette clause, souvent associée au droit notarial[4], est de style parce qu'elle est d'usage insérée dans un contrat sans qu'elle soit vraiment voulue par les parties. A force d'être toujours insérée dans un contrat, elle se détache progressivement du contrat et accède au rang d'usage (conventionnel)[5]. Cette clause de style n'est selon certains qu'une clause usuelle[6]. Elle est insérée au contrat par un usage poursuivi par les contractants sans qu'elle fasse très souvent l'objet de négociation entre les parties. Elle passe parfois même inaperçue. Les clauses de styles sont, selon Jean Carbonnier, « reproduites dans l'acte par imitation purement mécanique, et non pas été réellement pensées ni voulues par les contractants »[7]. Elles sont souvent d'aucune utilité pour le contrat[8] et leur insertion est purement mécanique[9]. Dans

---

[1] BENABENT, A., Droit civil, Les obligations, éd. Montchrestien 2007, p. 217, n° 278.
[2] Voir sur ce point l'article 544 *in limine* du COC qui énonce que « celui qui invoque l'usage doit en justifier l'existence ».
[3] DENIS, D., La clause de style *In* Mélanges J. Flour, éd. Défrenois 1979, p.117. En droit tunisien, consulter surtout : JERBI, S., L'interprétation du contrat (en arabe), éd. CPU 1999, p. 152, n° 147 et p. 157, n° 152.
[4] JERBI, S., L'interprétation du contrat, op. cit., p. 157-158, n°152 ; ZINE, M., Théorie générale des obligations, 1 – Le contrat, éd. Tunis 1993, p. 258, n° 347. Voir aussi sur ce point : BEN AMMOU, N.,Droit civil, Les contrats spéciaux, La vente et l'échange (en arabe), éd. CPU 2007, p. 328-329, n° 308. Cet auteur cite une nouvelle application jurisprudentielle des clauses de style. C'est en l'occurrence l'arrêt : cass. civ (tn), n° 28132 du 1- février 2004, Bull. civ. 2004, p. 33. La Cour a ôté l'efficacité d'une clause contractuelle insérée dans le contrat de vente par laquelle l'acheteur déclare avoir visité l'immeuble vendu et l'a accepté dans l'état auquel se trouve. Cette clause est de style selon la Cour de cassation tunisienne.
[5] JACQUES, Ph., Regards sur l'article 1135 du Code civil, op. cit., p. 71, n° 30-2 qui cite Gounot, thèse, p. 193.
[6] DENIS, D., La clause de style *In* Mélanges J. Flour, éd. Défrenois 1979, p. 117, spéc. p. 123.
[7] CARBONNIER, J., droit civil, Les obligations, Tome IV, éd. PUF 2000, p. 278, n° 142.
[8] DEMOLOMBE, Ch.Traité des contrats ou des obligations conventionnelles en général, Tome 2, éd. Durand et Hachette, Paris 1871, p. 15, n°15.
[9] PLANIOL, M. et RIPERT, G., Traité pratique de droit civil français, Tome 6, éd. LGDJ 1952, p. 483, n° 373 bis.

ces hypothèses, la clause de style doit être traitée comme ne faisant pas partie du contenu contractuel effectif. Elle doit être réputée non écrite surtout lorsqu'elle trouble l'harmonie du contrat.

En somme, le juge, par le renvoi que lui offrent les articles 1135 du Code civil et 243 du Code des obligations et des contrats, doit consulter les usages en vue de permettre au contenu contractuel de prendre toute son ampleur et de s'affirmer parfaitement. Tout doit se faire en respectant la référence qu'impose la loi, celle du respect de la nature du contrat. C'est elle qui permet d'intégrer ou non un usage au giron contractuel.

688. Les usages constituent normalement une source des obligations complémentaires à adjoindre au contrat. Le juge en fait usage en vue d'enrichir l'opération choisie par les parties contractantes. La jurisprudence s'y réfère pour ajouter au contrat de nouvelles obligations qui n'étaient pas exprimées par les parties contractantes.
Dans ce contexte, la jurisprudence française fait constamment emploi de cette faculté qui lui est offerte. Elle a puisé dans plusieurs hypothèses des obligations de l'usage[1]. Ainsi, la Cour d'appel de Paris a décidé que la garde des vêtements est transférée au restaurateur en vue d'un usage poursuivi en ce domaine[2]. Il a aussi été jugé que le contrat de location d'une salle des fêtes supposait la surveillance du vestiaire[3]. Dans cette espèce, la Cour de cassation française a ajouté à un contrat une obligation de surveillance en se basant sur les usages[4]. La jurisprudence française s'est montrée, dans certaines hypothèses, très exigeante quand il s'agit d'incorporer les usages à un contrat.

689. L'utilité de l'usage est parfois encore plus importante. Il permet de délimiter de façon précise le contenu contractuel. Il permet également de statuer sur la conformité du comportement des parties contractantes aux obligations contractuelles et à l'esprit du contrat. C'est ce qui ressort d'un arrêt récent de la Cour de cassation française. Ladite Cour a souligné, après avoir fait référence à un usage local invoqué par le locataire que ce dernier, en habitant dans le local commercial loué, n'a pas violé ses obligations contractuelles[5]. Un usage local permettant aux épiciers de se loger dans leur lieu d'activité vient au secours de

---

[1] PICOD, Y., Effet obligatoire des conventions – Exécution de bonne foi des conventions, J-Cl. Civil, Les articles 1134 à 1135, n° 58. L'auteur cite plusieurs arrêts dans lesquels la jurisprudence s'est référée à l'usage en vue d'ajouter au contrat des nouvelles obligations.
[2] CA Paris, 10 février 1991, Juris-Data n° 1991-021433 (cité par PICOD, Y., art. préc. n° 58).
[3] Cass. 1re civ. 13 octobre 1987, Bull. civ. I, n° 262; JCP G 1987, IV, 391.
[4] COULON, C., L'obligation de surveillance, éd. Economica 2003, p. 196 – 197, n° 263. L'auteur avoue par la suite qu'il n'est pas si convaincant de fonder cette obligation de surveillance sur les usages. L'usage lui paraît à cet égard insuffisant et inopportun (p. 196, n° 264).
[5] Cass. 3e civ. 20 janvier 2010, n° de pourvoi: 08-18684 (Non publié au bulletin).

l'épicier. La Cour a fait référence à l'usage tel que prévu à l'article 1135 pour déterminer l'étendue de l'accord des parties.
Dans un autre arrêt du 20 janvier 2010, la Cour de cassation a refusé la référence faite par la Cour d'appel de Paris pour déduire l'obligation pour le locataire d'une chambre meublée de souscrire une assurance locative. Elle reproche à la Cour d'appel « se fonder sur un prétendu usage pour reprocher à la locataire un manquement à des obligations qui ne résultaient ni de la loi, ni du contrat ; qu'en prononçant ainsi la résiliation du bail, notamment au prétexte que la locataire n'avait pas souscrit un contrat d'assurance, la cour d'appel a violé, par fausse application, l'article 1135 du code civil »[1]. La Cour de cassation a qualifié le bail de droit commun et non d'une location meublée du fait de l'absence d'un écrit entre les parties[2]. Selon la Cour de cassation, l'usage de souscrire une assurance locative n'est pas compatible à la location objet du litige. Cet arrêt semble très significatif, car il précise que l'usage ne peut être consulté par le juge et adjoint au contrat que s'il est en conformité avec la nature du contrat. C'est exactement la philosophie de l'article 1135 du Code civil. Le juge ne doit consulter que les usages en conformité avec le contrat en cause.

690. Généralement, l'usage prend une ampleur très grande dans les relations commerciales établies entre les parties. Ce qui est souvent pratiqué entre les parties s'applique même sans qu'il y ait une nécessité de le citer. Ce qui est d'usage entre les parties s'adjoint automatiquement au contrat. Par exemple, dans ce genre de contrats, il n'est pas nécessaire de préciser dans chaque contrat que les litiges doivent être soumis à l'arbitrage. Cette clause est d'usage dans le contrat. Elle fait partie du contenu implicite du contrat sans nécessité de la préciser expressément[3].
Dans le même ordre d'idées, certaines clauses contractuelles peuvent être considérées comme des éléments naturels[4] au contrat lorsqu'il est d'usage de les pratiquer et de leur donner une signification déterminée, les parties étant présumées s'y être implicitement référées. Le juge français a eu l'occasion de vérifier par référence à l'usage, l'existence dans un contrat de concession d'une clause d'exclusivité implicite[5]. Selon la Cour d'appel de Basse-Terre « dans l'hypothèse d'un contrat de concession, lorsqu'il est mis à la charge du

---

[1] Cass. 3e civ. 20 janvier 2010, n° de pourvoi: 09-65791 (publié au bulletin).
[2] L'article L. 632-1 (réd. L. n° 2007-290 du 5 mars 2007) du Code de la construction et de l'habitation impose l'établissement du contrat par écrit. Voir sur ce point : F. Collart Dutilleul et DELEBECQUE, Ph., Contrats civils et commerciaux, éd. Dalloz 2007, p. 350, n° 406.
[3] La question a été posée devant les tribunaux tunisiens. Toutefois, une incompétence du tribunal saisi l'a empêché de statuer sur ce point. Voir : TPI Sousse (Tunisie) jugement n°2117 du 14 décembre 2005 (inédit).
[4] ERESEO, N., L'exclusivité contractuelle, éd. Litec 2008, p. 157, n° 263.
[5] ERESEO, N., L'exclusivité contractuelle, éd. Litec 2008, p. 157, n° 263.

concessionnaire une obligation d'achat exclusif, l'exclusivité devient certes, selon les usages du commerce, réciproque pour le concédant »[1].

691. La jurisprudence tunisienne n'a pas manqué, elle non plus, de faire référence aux usages à plusieurs reprises, même sans citer expressément l'article 243 du Code des obligations et des contrats. La consultation des usages par les tribunaux tunisiens remonte au début du XXe siècle. Dans un arrêt qui date de 1934, la Cour de cassation tunisienne s'était référée à l'usage afin de déterminer dans un contrat de bail ce qui incombait au bailleur et ce qui incombait au preneur[2]. Elle a fait, dans cet arrêt référence à l'article 742 du C.o.c[3] qui recommande de recourir à l'usage afin de compléter un contrat de bail. Dans un autre arrêt, plus ancien, datant de 1931, la Haute Cour de la Tunisie, a également fait référence à l'usage, mais cette fois, dans un contrat de vente[4]. Ladite Cour a souligné que la vente d'une chose englobe ce que les usages qualifient d'accessoire. C'est sur l'article 610 du c.o.c que la cour a étayé sa position[5]. L'objectif était de déterminer l'étendue de la vente.
En matière rurale, l'importance des usages semble être plus grande. Dans ce contexte, la Cour de cassation tunisienne a déclaré la responsabilité d'un métayer pour manquement à des obligations lui incombant selon des usages poursuivis en ce domaine. La Cour a déjà cité dans l'arrêt quelques obligations non accomplies, rendues obligatoires suivant les usages[6]. Dans un autre arrêt, la Cour de cassation tunisienne a précisé qu'en cas de désaccord sur les conditions de fonctionnement d'une société agricole, celles-ci pouvaient être déterminées, le cas échéant, selon les usages poursuivis dans le domaine agricole[7].

692. De ces arrêts et, certainement de beaucoup d'autres, un auteur tunisien déduit que la Cour de cassation tunisienne accorde une importance cardinale à l'usage[8] et à la coutume. Elle les considère comme faisant partie intégrante du

---

[1] CA Basse-Terre, 15 juin 1998, BICC n° 485 du 15 janvier 1999. Cet arrêt est cité par : ERESEO, N., L'exclusivité contractuelle, éd. Litec 2008, p. 157, n° 263.Voir également : BOSCO, D., L'obligation d'exclusivité, éd. Bruylant et FEC 2008, p. 3, n°4.
[2] Cass. Civ (tn), n° 1541 du 23 février 1934, RJL 1960, n° 9-10, p. 177.
[3] Art. 742 in fine C.o.c : « la bailleur est tenu de livrer la chose et ses accessoires et les entretenir, pendant la durée du contrat, en état de servir à leur destination, selon la nature des choses louées, sauf les stipulations des parties et dans le cas de location d'immeubles, les menues réparations qui seraient à la charge du preneur d'après l'usage local ».
[4] Cass. Civ (tn), n° 1385 du17 décembre 1931, RJL 1960, n° 9-10, p. 27.
[5] Art. 610 *in limine* c.o.c : « l'obligation de délivrer la chose comprend également ses accessoires selon les conventions des parties ou selon l'usage ».
[6] Cass. civ (Tn). n° 9619, 16 avril 1984, Bull. 1984, section civile, p. 305. Cet arrêt est cité par HACHEM, M.-L., La coutume devant la Cour de cassation, art. préc., p. 388.
[7] Cass. civ (Tn). n° 9272, 5 mars 1984, Bull. 1984, section civile, p. 305. Cet arrêt est cité par HACHEM, M.-L., La coutume devant la Cour de cassation, art. préc., p. 388.
[8] HACHEM, M.-L., La coutume devant la Cour de cassation, art. préc., p. 389.

contrat[1]. Ils sont complémentaires[2] du contenu contractuel. L'usage revêt dans ce cas une importance capitale ; il contribue manifestement à la détermination du contenu contractuel et les tribunaux ne peuvent l'outrepasser[3]. Cette importance est encore plus manifeste dans certains domaines spécifiques. Il en est ainsi en matière commerciale et spécialement en matière de commerce international[4].
L'usage apparaît, au vu de ce qui précède, comme une source d'obligations complémentaires des obligations contractuelles ; le juge peut le consulter dans le cadre d'une opération d'enrichissement du contenu contractuel. Le phénomène est décrit par Gérard Cornu qui souligne : « aux obligations principales, exprimées, viennent s'ajouter divers obligations accessoires sur lesquelles les parties, en contractant, ne se prononcent pas formellement »[5].

L'usage même d'utilité indéniable peut paraître, dans certaines hypothèses, insuffisant et d'aucun secours. Dans ce cas, le juge, afin d'assurer l'enrichissement le contrat, a encore l'équité, qui, en la consultant, peut lui inspirer les obligations à adjoindre au contenu contractuel.

c – L'équité

693. La dernière source d'enrichissement du contenu contractuel, c'est l'équité. Les deux articles, 1135 du Code civil et 243 du Code des obligations et des contrats y font référence. Ils invitent le juge à la consulter ; pourrait-elle lui insinuer la part des obligations à adjoindre au contrat souffrant d'une insuffisance ? Ces articles font partie de ceux, plus rares, auxquels les législateurs de la France et de la Tunisie ont fait référence à l'équité[6].

694. L'équité a suscité à la fois inquiétude et attention. Certains auteurs, et même une partie de la jurisprudence, par crainte du pouvoir exorbitant que l'équité accorde au juge, ont appelé à l'éviter et à ne l'appliquer que dans des circonstances extrêmes. L'équité a souffert des préjugés classiques[7]. Le célèbre arrêt du Canal de Craponne s'insère dans cette tendance. Dans cet arrêt, la Cour de cassation a vertement tancé les juges de fond pour avoir fait usage de l'équité

---

[1] HACHEM, M.-L., La coutume devant la Cour de cassation, art. préc., p. 389.
[2] HACHEM, M.-L., La coutume devant la Cour de cassation, art. préc., p. 389.
[3] ZINE, M., Théorie générale des obligations, 1 – Le contrat, éd. Tunis 1993, p. 258, n° 347. L'auteur cite à cet endroit plusieurs exemples.
[4] A. Kassis, Théorie générale des usages de commerce, éd. LGDJ 1984.
[5] G. Cornu, Droit civil, Introduction au droit, éd. Montchrestien 2007, p. 223, n° 426.
[6] Pour le droit français voir à titre d'exemple : FABRE-MAGNAN, M., Droit des obligations, 1 – Contrat et engagement unilatéral, éd. PUF 2008, p. 463, n° 186. L'auteur cite dans ce même cadre les autres articles citant l'équité dans le Code civil. Pour le droit tunisien voir : ZINE, M., Théorie générale des obligations, 1 – Le contrat, éd. Tunis 1993, p. 259, n°348.
[7] MOULY-GUILLEMAUD, C., Retour sur l'article 1135 du Code civil. Une nouvelle source du contenu contractuel, éd. LGDJ 2006, p. 36, n° 35.

dans un sens leur permettant de déduire une révision du contrat pour changement de circonstances[1]. L'équité était directement visée, ce qui constitue un cas d'exclusion de la fonction correctrice de l'équité en matière contractuelle[2].

695. Il est utile de signaler dans ce sens, que l'équité dont parlait l'arrêt 1876 de la Cour de cassation française, n'est pas la même que celle dont parle l'article 1135 du Code civil. La première étant correctrice, adoucissante de la rigueur du contenu contractuel, alors que la seconde, sans se soucier directement de rasséréner le contenu contractuel, vise à le compléter. D'ailleurs, la jurisprudence française semble adopter cette dualité d'acception de l'équité et à chacune de ces acceptions, elle a réservé un traitement spécial. Dans l'arrêt du Canal de Craponne, c'est l'acception correctrice de l'équité qui a été stigmatisée. En 1911, avec les arrêts proclamant le forçage du contrat, c'est la seconde acception de l'équité qui a été admise. Entre les acceptions de l'équité, il existe, en réalité, une différence sur plus d'un plan. D'abord, l'équité qui adoucit la rigueur d'un contrat trouve son fondement dans l'alinéa dernier de l'article 1134 du Code civil. Cet article, même s'il n'y fait pas allusion directement, peut l'assurer, en joignant dans ce cas l'équité à la bonne foi. Quant à l'équité, qui permet un ajout au contrat de nouvelles obligations, elle trouve son fondement dans l'article 1135 du Code civil. La principale application de l'équité citée à l'article 1135 consiste « à permettre l'adjonction au contrat d'obligations non prévues par les parties, plutôt que la modération des obligations existantes »[3].
Cette différence d'effet et de fondement des différentes acceptions de l'équité, explique dans une certaine mesure, la différence de traitement que fait et que préserve jusqu'à présent la jurisprudence française à certaines questions relatives au contrat. Celle-ci accepte très souvent d'ajouter au contrat de nouvelles obligations contractuelles, en pratiquant un forçage[4], mais elle refuse toujours d'admettre la révision du contrat pour imprévision[5].
L'équité de l'article 1135 du Code civil ou de l'article 243 *in fine* du Code des obligations et des contrats est toute autre. Elle est citée afin que le juge la

[1] Cass. Civ. 6 mars 1876, 1, p. 193, note A. Giboulot ; F. Terré et LEQUETTE, Y., Les grands arrêts de la jurisprudence civile, éd. Dalloz 1994, p. 406.
[2] Ch. Albiges, De l'équité en droit privé, éd. LGDJ 2000, p. 197, n° 300.
[3] BAKOUCHE, D., Quelques observations relatives à l'équité correctrice en matière contractuelle (Deuxième Parties), Lexbase Hebdo, n° 81 du Jeudi 31 juillet 2003.
[4] La jurisprudence française n'a pas cessé, depuis 1911, d'adjoindre au contrat des nouvelles obligations contractuelles. Madame Muriel Fabre-Magnan confirme cette idée. Elle affirme dans ce sens que « la jurisprudence n'a ainsi pas cessé de découvrir dans le contrat des obligations auxquelles les parties n'avaient pas songé ». (FABRE-MAGNAN, M., Droit des obligations, 1 – Contrat et engagement unilatéral, éd. PUF 2008, p. 364, n° 186).
[5] La jurisprudence française, malgré certaines exceptions rarissimes, maintient toujours un refus de principe d'admettre la révision du contrat pour imprévision. Voir sur ce point la première partie de cette étude.

sollicite en vue d'enrichir un contrat incomplet[1]. Elle lui offre un outil de plus lui permettant d'enrichir le contrat en lui ajoutant ce qui lui manque tout en préservant le respect nécessaire à la nature du contrat. Dans cette équité, normalement, le risque d'arbitraire et de dérive n'est pas envisageable. Un auteur souligne dans ce sens : « l'équité n'est pas, il s'en faut beaucoup, l'arbitraire. Son invocation n'affranchit pas le juge de toute contrainte. Si elle l'autorise à puiser d'abondance à son propre sens du droit c'est pour n'en tirer que les conséquences qui s'imposent en stricte justice, ni peu ni prou. Ce sens affiné de juste doit le conduire à dégager d'une opération juridique quelconque sa structure naturelle : ce qu'elle implique par la nature même des choses. L'article 1135 du Code civil....ne dit rien de moins mais aussi rien de plus »[2]. Un auteur français avait également précisé que l'équité peut justifier toutes les suites qu'on peut attacher au contrat. Toutefois, afin d'éviter l'arbitraire du juge, une répartition est faite entre les différentes sources d'obligations complémentaires. Cette idée est de Duranton qui observe : « bien que tous ces cas (exemples cités) eussent pu être décidés par les seuls principes de l'équité, néanmoins ils le sont formellement aussi par la loi, et l'ont dois s'en applaudir, puisque moins elle laisse de latitude à l'arbitraire du juge, moins elle livre de cas à ses doutes et ses incertitudes, plus elle est parfaite »[3]. Dans ce même sens des auteurs ont également observé que « l'équité guide souvent le juge dès qu'il n'est plus tenu par une volonté clairement exprimée »[4].

696. Certains auteurs tunisiens mettent l'accent sur l'utilité de l'équité dont parle l'article 243 *in fine* du Code des obligations et des contrats, afin de soutenir un usage possible de cette notion en vue de pratiquer un forçage du contrat, lui permettant de donner naissance à de nouvelles obligations. C'est dans ce sens qu'ils affirment : « d'une manière plus marquante encore, en se fondant sur la bonne foi, l'équité [art. 243 du Code des obligations et des contrats] ou plus souvent sur une intention présumée mais bien fictive des parties, ils [es tribunaux] peuvent procéder à un forçage du contrat en

---

[1] En Tunisie certains auteurs soutiennent une admission de la révision du contrat pour imprévision sur la base de l'article 243 du Code des obligations et des contrats et spécialement sur la base de l'équité qu'il cite. Voir dans ce sens : MELLOUI, S., Le juge et l'équité. Réflexions sur le recours à l'équité par le juge en droit privé interne, RTD 1983, p. 507, spéc. p. 513 ; HAMMOUDA, M., De l'exécution de l'obligation avec loyauté *In* Mélanges S. Ben Halima, éd. CPU 2005, p. 1031, spéc. p. 1106 ; JERBI, S., L'interprétation du contrat, éd. CPU 1999, p. 601, n° 446. Ce dernier, afin d'instaurer une intervention du juge en cas d'imprévision, associe les deux articles 243 et 531 du Code des obligations et des contrats.

[2] SERIAUX, A., L'œuvre prétorienne *in vivo* : l'exemple de la convention d'assistance, *In* Mélanges M. Cabrillac, éd. Litec 1999, p. 299, spéc. p. 307-308, n° 4.

[3] DURANTON, M.,Cours de droit français suivant le Code civil, Tome 6e, éd. Alex-Gobelet, Paris 1834, p. 401, n° 385.

[4] MAZEAUD, H. et L., MAZEAUD, J. et CHABAS, F., Leçons de droit civil, Obligations, Théorie générale, Tome II, volume 1er, éd. Montchrestien 1998, p. 339, n° 351.

découvrant des obligations en dehors de toute stipulation et ce par référence à la nature du contrat [article 243 du Code des obligations et des contrats]»[1].

697. La jurisprudence tunisienne n'est pas, selon le dire d'un auteur tunisien, très hostile à l'équité[2], voire qu' « elle n'avait pas honte à l'appliquer »[3]. Les craintes qui font horreur à la jurisprudence française ne sont pas totalement justifiées en Tunisie. La Cour de cassation tunisienne[4] elle-même, fait souvent référence à l'équité, même si c'est à *l'affront de la loi*[5]. Il est utile de signaler ici que la jurisprudence tunisienne n'a pas beaucoup exploité la notion d'équité en matière contractuelle dans le sens de l'enrichissement du contenu contractuel ; rares sont les cas pour lesquels elle s'est référée à l'équité.

698. Cependant, dans de rares espèces, la jurisprudence tunisienne s'est directement fondée sur l'équité de l'article 243 du Code des obligations et des contrats en vue d'ajouter au contrat de nouvelles obligations. Tel est le cas pour le tribunal de première instance de Tunis qui a mis à la charge de l'hôtelier une obligation de sécurité qu'elle qualifie de résultat envers son client[6]. Ledit tribunal s'est ouvertement référé à l'équité de l'article 243 et a qualifié l'obligation de sécurité comme étant « une obligation née du contrat »[7]. Le tribunal cantonal de Sfax a poursuivi la même démarche dans une espèce concernant le domaine hôtelier[8]. Dans tous ces cas, ainsi que dans d'autres, l'équité est à l'origine « d'un enrichissement miraculeux des obligations contractuelles »[9].

699. Dans un récent arrêt, la jurisprudence tunisienne a utilisé l'équité de l'article 243 du Code des obligations et des contrats[10]. Dans le contrat de vente d'un immeuble immatriculé, la nature du contrat et l'équité obligent le vendeur

---

[1] CABRILLAC, R. et BEN FADHEL, O., Introduction au droit des affaires. Abrégé de droit tunisien des obligations contractuelles, éd. CPU 2006, p. p. 164, n° 199.

[2] JERBI, S., L'interprétation du contrat, éd. CPU 1999, p. 428, n° 341.

[3] JERBI, S., L'interprétation du contrat, éd. CPU 1999, p. 428, n° 341.

[4] La référence la plus célèbre à l'équité en Tunisie demeure celle de 1980 : Cass. civ. n° 3784 du 11 mars 1980, RJL 1980, p. 127 et RTD 1980, p. 247. La référence la plus récente et qui concerne le droit des contrats est celle de 1994 (Cass. Civ. n° 42624 du 28 avril 1994, RTD 1996, p. 237, note N. Ben Ammou).

[5] MELLOUI, S., Le juge et l'équité. Réflexion sur le recours à l'équité par le juge en droit privé interne, RTD 1983, p. 507, spéc. p. 522.

[6] TPI de Tunis jugement n° 11802, du 1e mars 1976 (inédit)

[7] Jugement de TPI Tunis précité. Voir aussi : ZINE, M., Théorie générale des obligations, 1 – Le contrat, op. cit., p. 259, n° 348.

[8] Tribunal cantonal de Sfax, jugement n° 16810, du 15 mars 1985 (inédit) – cité par JERBI, S., op. cit., p. 447, n° 348 – .

[9] JERBI, S., L'interprétation du contrat, op. cit., p. 447, n° 348.

[10] Cass. Tun. Chambre réunies, arrêt n° 11976 du 26 février 2004, Recueil des arrêts des chambres réunies 2004, p. 113.

à faciliter à l'acquéreur l'inscription de la vente au titre foncier. Le vendeur, même si le contrat de vente ne le prévoit pas expressément, est tenu de signer un acte de précision que l'administration foncière exige pour inscrire la vente sur le registre foncier. Un auteur tunisien en déduit que le vendeur est tenu implicitement d'accomplir tout ce que requiert le transfert de la propriété de la chose vendue[1]. L'équité est exploitée dans le sens que commande l'article 243 du Code des obligations et des contrats, permettant au contenu contractuel d'avoir de nouveaux oripeaux tout en demeurant fidèle à sa nature, qui n'est que le résultat attendu du contrat.

700. L'objectif de l'équité cité aux articles 1135 du Code civil et 243 *in fine* du Code des obligations et des contrats est d'assurer au contrat un enrichissement qui lui est nécessaire, enrichissement. Ces articles consacrant « expressément la présence de l'équité au sein de la matière contractuelle »[2], permettent de contribuer positivement au *remplissage*[3] du contenu contractuel.

701. Certains auteurs ont rendu l'utilité de cet article résidant dans sa référence à l'équité et ont réduit toute l'extension que permet de fonder l'article 1135 du Code civil, dépendante de l'équité[4]. Monsieur Laurent Leveneur souligne à cet égard que le critère de l'ajout au contrat est l'équité. Ce qui est équitable devrait être ajouté au contrat et ce qui ne l'est pas ne devrait pas l'être[5]. Un autre auteur voit que seule l'équité permettrait « une véritable fonction complétive »[6] du contrat.
Cédric Coulon justifie l'usage fréquent que fait la jurisprudence de l'équité en vue d'imposer de nouvelles obligations aux contractants par les caractères inhérents à cette notion ; « le flou qui entoure cette notion [équité] la rend particulièrement commode pour expliquer la plupart des obligations imposées par le juge en dehors des prévisions des parties »[7].

702. L'abolition de ces craintes, qui ont longtemps régné et ont empêché l'article 1135 de remplir pleinement ses fonctions, ne doit pas conduire au

---

[1] BEN TALEB, A., Le Code des obligations et des contrats devant les chambres réunies de la Cour de cassation, *In* Livre du centenaire du Code des obligations et des contrats 1906 – 2006, éd. CPU 2006, p. 241, spéc. p. 251, n° 14.
[2] BAKOUCHE, D., Quelques observations relatives au rôle et à la place de l'équité correctrice en matière contractuelle, Lexbase Hebdo, n° 82, 31 juillet 2003, éd. Affaires.
[3] Terme emprunté à Christian Lapoyade Deschamps, note sous Cass. 1re civ. 26 février 1991, D. 1991, Juri. p. 605.
[4] Entre dans le cadre de ce courant l'étude du professeur Laurent Leveneur qui voit que l'équité conditionne toute la technique offerte par l'article 1135 du Code civil. Consulter : LEVENEUR, L., Le forçage du contrat, art. préc., p. 69, spéc. p. 77.
[5] LEVENEUR, L., Le forçage du contrat, *In* Que reste-t-il du principe de l'intangibilité du contrat ? Droit et Patrimoine, n° 58, mars 1998, p. 69, spéc. p. 77.
[6] FAGES, B., Droit des obligations, éd. LGDJ 2007, p. 242, n° 323.
[7] COULON, C., L'obligation de surveillance, éd. Economica 2003, p. 197, n° 265.

versant opposé en faisant l'apologie de l'équité et en y réduisant le précepte de l'article 1135. Les craintes sont assurément *surannées*[1] et rien ne les justifie de nos jours. Face à ces deux tendances, une est réductrice de l'équité et l'autre fait son apologie ; il est alors opportun de prendre le juste milieu, en n'accordant à l'équité que la place que lui permettent les textes la consacrant. Dans l'article 1135 du Code civil, il ne faut voir dans l'équité qu'un outil parmi d'autres, cités par le même article, permettant d'adjoindre au contrat de nouvelles obligations rendues nécessaires par la nature du contrat.

703. L'équité n'est qu'une source d'enrichissement comme les autres dont il ne faut pas exagérer l'utilité. Philippe Jacques dénonce dans ce sens une « tendance très marquée, qui voudrait réduire l'article 1135 à la mention de l'équité qui y figure »[2]. Cet auteur voit que l'équité est une notion qu'il faudrait taire[3]. Elle ne contribue qu'indirectement à l'élargissement du contenu contractuel et d'une façon moins significative que le sont la loi et la norme coutumière[4]. L'équité n'est, selon un auteur, qu'un feu vert accordé à la jurisprudence pour s'immiscer dans le contrat et y assurer un rôle important, lui permettant d'être source d'effets complétifs[5]. Cyril Bloch a bien résumé le rôle que doit assurer l'équité dont parle l'article 1135 du Code civil. Il a souligné dans sa thèse que « l'article 1135 du Code civil ne donne droit de cité à l'équité qu'autant que l'obligation qui en résulte est une suite, un prolongement naturel du contrat »[6].
Pour la jurisprudence française, l'équité est la première source d'enrichissement utilisée. Elle a été fréquemment utilisée par les tribunaux depuis 1911. Les obligations de sécurité, d'information sont souvent attachées à l'équité. Ceci est vérifiable aussi bien pour des arrêts anciens que pour des récents[7].

En somme, loin de négliger tout rôle pouvant être joué par l'équité en tant que source des obligations complétives du contrat, et même si cette notion paraît imperceptible et floue, il est plus opportun de lui réserver un rôle, même de dernier rang parmi les sources d'enrichissement citées par l'article 1135, en reversant la succession adoptée, par hasard ou à dessein, par les rédacteurs du Code civil. L'équité doit occuper le dernier plan ; c'est la dernière ressource, puisqu'il ne s'agit pas, dans ce cas, de règles perceptibles mais d'un ensemble de principes que personne ne saurait recenser ni cerner d'une façon exhaustive.

---

[1] BAKOUCHE, D., Quelques observations relatives au rôle et à la place de l'équité correctrice en matière contractuelle, Lexbase Hebdo, n° 82, 31 juillet 2003, éd. Affaires.
[2] JACQUES, Ph., Regards sur l'article 1135 du Code civil, éd. Dalloz 2005, p. 478, n° 237.
[3] JACQUES, Ph., Regards sur l'article 1135 du Code civil, éd. Dalloz 2005, p. 652, n° 316.
[4] JACQUES, Ph., Regards sur l'article 1135 du Code civil, éd. Dalloz 2005, p. 667, n° 322.
[5] JACQUES, Ph., Regards sur l'article 1135 du Code civil, éd. Dalloz 2005, p. 697, n° 328.
[6] BLOCH, C., L'obligation contractuelle de sécurité, éd. PUAM 2002, p. 43, n° 56.
[7] Voir les arrêts cités au dernier titre de cette étude.

Après avoir passé en revue des sources d'enrichissement du contenu contractuel, se pose ainsi la question de la succession de ces sources au sein des articles 1135 du Code civil et 243 du Code des obligations et des contrats.

B – L'ordre des sources d'enrichissement

704. Entre les articles 1135 du Code civil et 243 *in fine* du Code des obligations et des contrats, même si la parenté est indéniable, une différence existe concernant l'ordre de citations des sources d'enrichissement mises à la disposition du juge lorsqu'il désire compléter un contrat souffrant d'une insuffisance.
Alors que l'article 1135 cite ces sources en commençant par l'équité, usage et loi, l'article 243 *in fine* du Code des obligations et des contrats inverse le classement en commençant par la loi, usage et équité figurant en dernier lieu.

705. Cette différence est explicable selon plusieurs raisons. Il est fort probable que la Tunisie, en promulguant le Code des obligations et des contrats, a voulu remédier à certains défauts ou à un manque d'adresse, qui ont accompagné le Code civil français. L'article 243 du Code des obligations et des contrats, en renversant l'ordre maladroit de citation des sources des obligations complétives, ne voulait en fait que redresser les choses et donner à ces sources l'ordre que préconisent la logique et le bon sens.
Cette différence s'explique aussi par le fait que le Code civil ne constitue pas l'unique source d'inspiration du Code des obligations et des contrats, le BGB avait également son charme et son influence avérée[1]. Les rédacteurs du Code des obligations et des contrats citent même l'article 1124 du Code civil italien comme source d'inspiration de l'article 243, l'article 266 dans le projet préliminaire du Code[2].

706. Ceci prouve que le Code des obligations et des contrats ne peut être réduit à une seule et unique inspiration[3]. L'influence du Code civil français, qui

---

[1] Voir sur ce point surtout : HAMMOUDA, M., De l'exécution de l'obligation avec loyauté *In* Mélanges S. Ben Halima, éd. CPU 2005, p. 1031, spéc. p. 1046 -1047. L'auteur précise que le même article a pris en même temps du droit allemand *(in limine)* et du droit français *(in fine)*.
[2] Voir sur ce point : HAMMOUDA, M., De l'exécution de l'obligation avec loyauté *In* Mélanges S. Ben Halima, éd. CPU 2005, p. 1031, spéc. p. 1046 -1047 (voir surtout la note de bas de page n° 42). Cette référence au droit italien paraît tout à fait logique, Davis Santillana, Rapporteur de la commission de préparation du projet du Code civil et commercial, n'était qu'un italien. Le rôle de Santillana au sein de la commission a suscité en effet beaucoup d'interrogations. Consulter sur ce point surtout : SAKRANI, R., Sources doctrinales du Code des obligations et des contrats tunisien, thèse Paris II, 2003, p. 182, n° 174. Elle pose la question de la vraie mission de Santillana, rapporteur ou législateur ?
[3] BEN AMMOU, N.,L'influence du droit français sur le système juridique tunisien, *In* Les droits de tradition civiliste en question - A propos des rapports *Doing Business* de la Banque Mondiale, éd. Société de Législation Comparée, 2006, p. 139. L'auteur s'affirme d'emblée contre un préjugé

s'insère dans un rayonnement plus grand, est avérée mais elle n'est pas la seule. Le droit musulman a exercé lui aussi une influence énorme de l'aveu de David Santillana, rapporteur de la commission qui a préparé le projet du Code des obligations et des contrats[1]. Un auteur tunisien ne voit, dans l'article 243 du Code des obligations et des contrats, qu'une transcription d'une règle morale issue du droit musulman[2]. Certains auteurs résument la véritable appartenance du Code en affirmant : « double langage, double appartenance, double culture, telle est la caractéristique principale du Code des obligations et des contrats »[3]. Par ailleurs, un auteur tunisien défend une spécificité du Code des obligations et des contrats par rapport aux Codes connus à sa promulgation. Ce apparaît ainsi comme un Code dont « la tunisianité ...ne fait aucun doute »[4]. Il n'est ni « un code transplanté ni un code d'imitation »[5].

Ce qui est sûr, c'est que les rédacteurs du Code des obligations et des contrats ont adopté les mêmes mots que l'article 1135 du Code civil, mais ils en ont inversé l'ordre. Selon un auteur tunisien, l'intégralité du livre premier du Code des obligations et des contrats semble être d'une inspiration essentiellement

---

réduisant le droit tunisien en une simple imitation du droit français. L'auteur ne nie pourtant pas une influence.

[1] HAMMOUDA, M., De l'exécution de l'obligation avec loyauté *In* Mélanges S. Ben Halima, éd. CPU 2005, p. 1031, spéc. p. 1046 -1047. L'auteur précise que les rédacteurs du Code des obligations et des contrats ont cité en marge de l'article 243 (qui avait alors le numéro 266) des références bibliographiques de certains jurisconsultes musulmans.

[2] RAÏESS, H., Le Code des obligations et des contrats et la morale, *In* Livre du centenaire du Code des obligations et des contrats 1906 – 2006, éd. CPU 2006, p. 215, spéc. p. 223, n° 16 et aussi p. 227, n° 29 – 32. Voir aussi : ROUATBI, H., Le Code des obligations et du contrat et l'islam, *In* Livre du centenaire du Code des obligations et des contrats 1906 – 2006, op. cit., p. 185, spéc. p. 191. L'auteur cite un auteur égyptien, Mohamed Abdeljaoued – qui voyait dans le Code des obligations et des contrats une consécration fidèle et parfaite du rite malékite. Pour l'article 243 du Code des obligations et des contrats et l'article 242. L'auteur souligne également que la formulation de ces textes est intégralement empruntée du Code civil français (p. 210-211).

[3] CABRILLAC, R. et BEN FADHEL, O., Introduction au droit des affaires, Abrégé de droit tunisien des obligations contractuelles, éd. CPU 2006 (Prologue du livre). Dans ce même sens, Emile Larcher précise que le Code a tenté, dans certaines matières, « de combiner les règles du Code civil français et celles du droit musulman » (Code tunisien des obligations et des contrats, accompagné d'observations critiques d'LARCHER, E.éd. Typologie Adolphe Jourdan, Alger, 1907, p. VII). Voir sur ce point aussi : JERBI, S., L'interprétation du contrat, op. cit., p. 428 et s, n° 341 et s.

[4] CHARFEDDINE, M.-K.,Le Code des obligations et des contrats : esquisse d'une évaluation de l'œuvre, *In* Livre du centenaire du Code des obligations et des contrats 1906 – 2006, op. cit., p. 675, n° 1.

[5] CHARFEDDINE, M.-K.,Le Code des obligations et des contrats : esquisse d'une évaluation de l'œuvre, *In* Livre du centenaire du Code des obligations et des contrats 1906 – 2006, op. cit., p. 675, n° 1.

européenne[1]. L'auteur cite à titre d'exemple les articles 243 et 242 qui sont des répliques des articles 1134 et 1135 du Code civil français[2].
D'un autre côté, David Santillana, qui était à l'époque un juriste renommé, n'était peut-être pas satisfait de l'ordre adopté par le Code civil français et a préféré inverser cet ordre pour le Code des obligations et des contrats. La différence entre l'ordre de citation des sources d'obligations implicites trouve ainsi sa justification dans plusieurs raisons.

707. Selon un auteur français, le Code des obligations et des contrats ne fait que restituer l'ordre hiérarchique[3] malmené dans l'article 1135 du Code civil. En effet, l'ordre adopté par l'article 1135 semble, de l'aveu de certains auteurs français, maladroit[4], puisque « le juge remédie à la carence des parties, en s'interrogeant d'abord sur l'existence d'une loi supplétive, puis celle d'un usage, en l'absence de texte, et peut recourir à l'équité, faute de loi et d'usage »[5]. La hiérarchie des règles de droit commande normalement de s'attacher en premier lieu à la loi puis dans le silence de celle-ci, à l'usage et subsidiairement à l'équité[6].

708. Il est utile d'observer, dans ce contexte, que l'ordre de citations des sources d'enrichissement adopté par l'article 1135 du Code civil a été différemment analysé par la doctrine du XIXe siècle. Certains auteurs l'ont désapprouvé. Pour Larombière « on ne doit recourir à l'équité et à l'usage que dans le silence absolu de la loi. Elle est la règle supérieure et l'autorité souveraine. Quelles que soient les sollicitations de l'équité, où il y a un texte précis, il n'y a pas moyen d'aller contre ni de passer outre »[7].
Pour d'autres auteurs, l'ordre adopté par l'article 1135 est pleinement justifiable. La spécificité de la matière contractuelle le justifie. Telle est l'idée de François Laurent : « l'équité et l'usage peuvent-ils déroger à la loi ? En matière des contrats, la loi ne fait que prévoir ce que les parties ont voulu ; les parties sont libres de manifester une volonté contraire. En ce sens, on peut

---

[1] BELKNANI, F., Code des obligations et des contrats et la codification, *In* Livre du centenaire du Code des obligations et des contrats 1906 – 2006, éd. CPU 2006, p. 5, spéc. p. 21.
[2] BELKNANI, F., Code des obligations et des contrats et la codification, *In* Livre du centenaire du Code des obligations et des contrats 1906 – 2006, op. cit., p. 5, spéc. p. 21(voir surtout bas de page n° 90).
[3] J.-L. Respaud, L'obligation de contracter dans le contrat cadre de distribution, thèse dactyl Montpellier 2000, p. 175, n° 165 (voir surtout la note de bas de page n° 708).
[4] PICOD, Y., Effet obligatoire des conventions – Exécution de bonne foi des conventions, J-Cl. Civil, Les articles 1134 à 1135, n° 53.
[5] PICOD, Y., Effet obligatoire des conventions – Exécution de bonne foi des conventions, J-Cl. Civil, Les articles 1134 à 1135, n° 53.
[6] J.-L. Respaud, L'obligation de contracter dans le contrat cadre de distribution, thèse dactyl Montpellier 2000, p. 175, n° 165.
[7] LAROMBIERE, L.,Théorie et pratique des obligations ou commentaire des titres III et IV, Livre II du Code civil, articles 1101 à 1386, éd. Durand 1885, p. 385.

admettre que la volonté des parties a été de s'en rapporter à l'usage plutôt qu'à la loi ; car elles connaissent l'usage mieux que le droit écrit. On peut dire la même chose pour l'équité »[1]. Cette idée peut également être déduite des écrits de Charles Demolombe qui a donné une suprématie à l'usage par rapport à la loi : « c'est, en effet, d'après l'usage et d'après la loi que la convention doit être interprétée »[2]. Pour d'autres auteurs, l'ordre de citation ne soulève aucun problème, et ils l'adoptent sans faire aucune observation[3].

709. Au grand malheur des juristes soutenant la nécessité d'inverser l'ordre des sources des obligations implicites citées à l'article 1135 du Code civil, les projets de réforme de ce dernier n'ont rien prévu de nouveau à ce sujet. Dans l'avant-projet de réforme du droit des obligations et de la prescription, dit avant-projet Catala, l'article 1135 garde la même séquence des sources en citant toujours « équité, usages et loi »[4].
Dans le projet de réforme du Code civil proposé par la Chancellerie, en septembre 2008, la question est analysée à deux endroits différents. A travers l'article 80 du projet consacré aux obligations implicites, c'est la loi qui est citée en premier lieu, suivie par les usages, puis l'équité. L'ordre de citation des sources est donc conforme à la logique. Contrairement à ce classement dont on ne peut être que satisfait, l'article 135 du même projet, en parlant des effets du contrat, souligne que les conventions obligent également « à toutes les suites que la loi, l'équité, les usages et pratiques, donnent au contrat d'après sa nature »[5]. Cet article du projet de réforme garde un classement maladroit puisqu'il cite l'équité avant les usages. Cette proposition de réforme du Code civil ne résout pas la question du classement des sources des obligations à adjoindre au contrat. En outre, en faisant une distinction discutable entre les obligations implicites et les suites du contrat, le projet complique davantage la situation.

710. Entre les différentes sources d'obligations à adjoindre au contrat, il existe certainement une hiérarchie que le juge est tenu de respecter. Normalement, il doit consulter prioritairement la loi, si elle s'avère insuffisante, il passe aux usages, et si le besoin persiste, c'est à l'équité que l'on s'adresse. Cette idée de

---

[1] LAURENT, F., Principes de droit civil français, Tome 6, éd. Bruylant-Christophe et Librairie A. Marescq. Aîné 1878, p. 244, n° 182.
[2] DEMOLOMBE, Ch.Traité des contrats ou des obligations conventionnelles en général, Tome 2, éd. Durand et Hachette, Paris 1871, p. 20-21, n°19 bis.
[3] MARCADE, V., Explication théorique et pratique du Code civil, éd. Delamotte 1873, Tome 4 (articles 967 à 1314), p. 404, n° 467. Voir également : DURANTON, M.,Cours de droit français suivant le Code civil, Tome 6e, éd. Alex-Gobelet, Paris 1834, p. 399, n° 384.
[4] Avant-projet de réforme du droit des obligations et de la prescription (Pierre Catala), Ministère de la justice, La documentation française 2006.
[5] Voir sur ce point : HOUTCIEFF, D., Le contenu du contrat, *In* Pour une réforme du Code civil, F. Terré (dir), éd. Dalloz 2009, p. 183, spéc. p. 203.

hiérarchie est d'autant plus défendable, qu'elle permet de laisser la question de l'enrichissement à la guise du juge. Une telle liberté, si elle lui était laissée, aurait pour effet de bafouer la philosophie de l'article 1135 du Code civil et de son similaire 243 du Code des obligations et des contrats. Dans cette hypothèse, le travail du juge frôle l'arbitraire. En outre, le juge, toujours séduit par l'équité, n'en verrait dans les articles 1135 et 243 qu'un renvoi à l'équité et négligerait ainsi indubitablement les autres sources des obligations implicites. Défendre la hiérarchie entre les différentes sources des suites contractuelles, c'est préserver l'utilité des articles 1135 et 243 contre de probables dérives. Certains auteurs[1] sont contre cette hiérarchie. Philippe Jacques souligne qu'il ne faut pas tenir compte de l'ordonnancement en séquence des termes « équité, usage et loi »[2]. D'autres adoptent la même idée lorsqu'ils précisent que « le législateur, en visant successivement l'équité, l'usage puis la loi, n'a certainement pas voulu indiquer par là un ordre de préférence croissant ni décroissant »[3].

711. Abordant l'intérêt pratique de cette discussion relative à la hiérarchie des sources au sein de l'article 243 *in fine* du Code des obligations et des contrats, un auteur tunisien, Mohamed Mahfoud, qui s'affiche implicitement pour un respect de la hiérarchie entre les différentes sources des suites contractuelles, en tire une conséquence : l'équité ne peut être utilisée dans un sens qui contrevient à une disposition légale. Selon cet auteur ; « le droit tunisien en citant l'équité en dernier lieu, entend affirmer que l'utilisation de l'équité n'est possible que si la loi l'autorise »[4]. Avec l'équité, l'on ne peut pas aller contre de la loi[5]. Il en déduit que « l'utilisation de l'équité, afin de justifier la révision du contrat pour imprévision n'est pas possible tant que la loi ne la permet pas ; la question de la révision pour imprévision s'avère ainsi une question législative qui doit être résolue par le législateur et ce n'est pas au juge de l'imposer »[6].

712. Cette idée de hiérarchie et de priorité de consultation des sources de l'enrichissement se pose surtout dans le cas, ordinairement théorique, de conflit positif entre les différentes sources citées par l'article 1135 du Code civil ou par l'article 243 du Code des obligations et des contrats[7]. Le juge se trouve ici devant une variété d'enrichissements possibles, ce qui l'oblige à établir une

---

[1] L'utilisation de la conjonction « ou » permet de déduire une égalité entre les différentes sources citées par l'article 1135 du Code civil ou l'article 243 du Code des obligations et des contrats. Le juge a la possibilité de choisir.

[2] JACQUES, Ph., Regards sur l'article 1135 du Code civil, op. cit., p. 712, n° 337.

[3] G. Henaff, Les usages en droit des obligations. Notions et rôles, thèse dactyl. Bordeaux 1993, n° 85 (cité par JACQUES, Ph., op.cit).

[4] Mohamed Mahfoud, Théorie des suites du contrat, RJL 2008, n° 6, p. 99, spéc. p. 106.

[5] Ceci contrairement à ce que défendait depuis longtemps un auteur tunisien envisageant l'équité à l'affront de la loi. En l'occurrence, c'est le professeur MELLOUI, S., Le juge et l'équité. Réflexions sur le recours à l'équité par le juge en droit privé interne, RTD 1983, p. 507.

[6] Mohamed Mahfoud, Théorie des suites du contrat, RJL 2008, n° 6, p. 99, spéc. p. 106.

[7] JACQUES, Ph., Regards sur l'article 1135 du Code civil, op. cit., p. 712, n° 335.

priorité entre les différents prolongements, très souvent selon la source qui les commande. En effet, la vraie priorité est celle d'être plus convenable à la nature du contrat qui assure le rôle de partiteur.

713. Néanmoins, il existe certaines règles en droit tunisien pouvant servir à résoudre un éventuel conflit positif entre les différentes sources des obligations implicites. A titre d'exemple, l'article 543 du Code des obligations et des contrats qui n'a pas de similaire en droit français[1], revêt ici une très grande utilité. Il annonce que la coutume et l'usage ne peuvent pas contredire une loi expresse. Cette suprématie du texte de la loi sur les usages n'est concevable, selon une frange de la doctrine tunisienne, que pour les lois impératives[2]. Malgré la clarté et la logique qui caractérisent cette conclusion, la jurisprudence tunisienne ne fait pas la distinction entre règle supplétive et règle impérative lorsqu'il s'agit d'appliquer l'article 543 du Code des obligations et des contrats[3]. Rares sont les arrêts ayant admis qu'un usage contredit une règle supplétive[4].

Pour le conflit négatif que certains auteurs présentent[5], il paraît peu envisageable, car l'utilité de ces sources que citent les articles 1135 ou 243 est qu'elles ne permettent pas au contrat de rester *boiteux*[6]. D'ailleurs, dans cette hypothèse, l'équité retrouve toute son utilité, puisqu'elle peut aller jusqu'à permettre au juge de confectionner une règle spéciale, idoine uniquement pour le contrat en cause. L'idée de conflit positif ne rime qu'avec le rôle limité accordé à l'équité. Philippe Jacques, en accordant à l'équité ce rôle limité, envisage une possibilité de conflit négatif[7].

714. En se tournant vers la jurisprudence et la position qu'elle a prise envers cette séquence des sources des obligations implicites, l'on constate que la jurisprudence française, afin d'éviter d'entrer dans un débat qui cause

---

[1] JACQUES, Ph., Regards sur l'article 1135 du Code civil, op. cit., p. 713 et s, n° 336 et s.

[2] S. El Euche Mallak, L'usage et la coutume dans le Code des obligations et des contrats (en arabe), *In* Livre du centenaire du Code des obligations et des contrats 1906-2006, éd. CPU 2006, p. 135, spéc. p. 168, n° 59. Pour un avis contraire consulter surtout : CHARFI, M., Introduction à l'étude du droit, éd. Cérès 1997, spéc. p. 354. L'auteur affirme que « la coutume ne peut contredire une loi claire, que cette loi soit supplétive ou impérative, quelle soit ancienne ou récente ».

[3] Voir sur ce point les arrêts cités par Mme El Euche, article précité : Cass. civ. n° 9670, 30 octobre 1956, RJL 1960, p. 790 ; Cass. civ. n° 8560, 26 juin 1973, Bull. I, p. 127 ; Cass. civ. n° 4730, 23 juin 1982, Bull. III, p. 239.

[4] Cass. civ. 27747, 4 septembre 1990, Bull. p. 123.

[5] JACQUES, Ph., Regards sur l'article 1135 du Code des obligations et des contrats, op. cit., p. 709, n° 333.

[6] Terme emprunté au Doyen Jean Carbonnier, Droit civil, Les obligations, éd. PUF 2000, p. 80, n° 30.

[7] JACQUES, Ph., Regards sur l'article 1135 du Code des obligations et des contrats, op. cit., p. 709, n° 333.

certainement des questions supplémentaires, quand elle rend un jugement au visa de l'article 1135 du Code civil, cite « par précautions de style »[1] de concert les trois sources comme fondement d'une obligation nouvelle[2]. Cédric Coulon, en prenant l'exemple de l'arrêt de la Cour de cassation du 13 octobre 1987[3], note : « la chambre civile [a pris le] soin de fonder l'obligation de surveillance sur l'article 1135 du Code civil, sans toutefois préciser si celle-ci trouvait spécialement son siège dans la loi, usage et équité »[4]. Cette solution est plus « confortable pour les juges »[5]. Parfois, elle se réfère à l'équité sans citer l'article sur lequel elle s'est fondée. C'est surtout le cas de l'arrêt 1911 qui a donné naissance au phénomène du forçage.

715. La jurisprudence tunisienne, très souvent, ne se réfère à l'article 243 du Code des obligations et des contrats que pour s'inspirer de l'équité et de la bonne foi qui les cite en même temps. L'existence de ces deux valeurs morales au sein d'un même article, lui permet de devenir par excellence, le lieu où se confondent droit et morale[6]. D'ailleurs, la Cour de cassation tunisienne a poursuivi cette même démarche dans le célèbre arrêt de 1994 relatif à la révision de la clause pénale[7]. Cette démarche a aussi été adoptée dans l'arrêt de la Cour d'appel de Tunis de 2000, stigmatisant les clauses abusives[8].

716. Toutefois, dans un arrêt récent, la Cour d'appel de Tunis, inspirée de la séquence de l'article 243 du Code des obligations et des contrats, a appliqué les usages en matière de commerce international sans que les parties y fassent référence[9]. Les usages se trouvent dans cet arrêt promus[10]. Cet arrêt, puisqu'il a écarté l'application d'une loi étatique normalement applicable en cas de défaut du choix des parties, fait preuve « d'une attestation fulgurante des usages du commerce international au sein de la hiérarchie des normes, elle ne manque pas de perturber l'ordonnancement juridique classique longtemps marqué par le

---

[1] MAZEAUD, H. et L., MAZEAUD, J. et CHABAS, F., Leçons de droit civil, Obligations, Théorie générale, Tome II, volume 1er, éd. Montchrestien 1998, p. 339, n° 351.
[2] JACQUES, Ph., Regards sur l'article 1135 du Code civil, op. cit., p. 652, n° 316.
[3] Cass. 1re civ. 13 octobre 1987, Bull. civ. I, n° 262 ; JCP G, 1987, IV, 391.
[4] COULON, C., L'obligation de surveillance, éd. Economica 2003, p. 196, n° 263.
[5] JACQUES, Ph., Regards sur l'article 1135 du Code civil, op. cit., p. 635, n° 316.
[6] RAÏESS, H., Le Code des obligations et des contrats et la morale, *In* Livre du centenaire du Code des obligations et des contrats 1906 – 2006, éd. CPU 2006, p. 215. Voir aussi : SAKRANI, R., Codifier la morale ? La morale dans les Codes civils français et tunisien, RIDC, n° 2, 2008, p. 461.
[7] Cass. Civ. n° 42624 du 28 avril 1994, RTD 1996, p. 237, note N. Ben Ammou.
[8] Cour d'appel de Tunis, Arrêt n° 65016 du 4 avril 2000 - inédit - .
[9] C. App. Tunis, n° 48119 du 09 février 2001, RTD 2005, p. 441.
[10] Sami Bostanji, De la promotion des usages du commerce international par la jurisprudence étatique, JDI 2005, n° 4, p. 1067.

sceau du positivisme étatique »[1]. Il confirme l'importance accordée aux usages en matière de commerce international qui leur attribue même une supériorité par rapport à une loi supplétive. Les usages tirent cette priorité du fait qu'ils sont davantage compatibles avec la spécificité de la vie commerciale internationale. Dans cet arrêt, la hiérarchie des sources d'enrichissement de l'article 243 in fine C.o.c se trouve mise à mal.

En somme, les articles 1135 du Code civil et 243 du Code des obligations et des contrats mettent à la disposition du juge des sources pouvant lui insinuer l'obligation à ajouter au contrat. Ces sources ne sont que des planches de salut, permettant au contrat de prendre tout son éclat et de sortir de l'incomplétude dont il souffre. L'objectif est donc de mener le contenu du contrat à sa meilleure composition. Cette finalité pourrait-elle également légitimer la possibilité d'aller encore plus loin, en permettant au juge de consulter d'autres sources afin qu'il y puise de nouvelles obligations implicites ?

§ 2 – Une possibilité d'aller au-delà ?

717. Peut-on aller au-delà de ce qu'énonce l'article 1135 du Code civil ou l'article 243 *in fine* du Code des obligations et des contrats en puisant les obligations implicites ailleurs que dans les sources qu'ils citent ? La réponse à cette question est étroitement liée à la détermination de l'objectif ou de la raison d'être de l'article 1135 du Code civil ou de l'article 243 du Code des obligations et des contrats. En effet, l'article 1135, en renvoyant aux sources des obligations complétives « équité, usage et loi », ne vise en dernier lieu que de donner au contenu du contrat sa pleine texture. Dans le même sens, un auteur a précisé : « composer le contenu d'une convention de tout ce qui justifie sa force obligatoire, tel nous semble bien la raison d'être, le but réel de l'obligation complétive »[2].
L'élargissement des sources de puisement des obligations implicites paraît aussi défendable du fait que les articles 1135 et 243 ne visent qu'à joindre des éléments objectifs aux éléments subjectifs au sein du contenu contractuel[3]. Ajouter d'autres données objectives ne nuit donc pas à la philosophie de ces deux articles. Bien au contraire, l'ouverture sur de nouvelles notions enrichit la matière du contrat, le conduit à son meilleur rendement.

---

[1] Sami Bostanji, De la promotion des usages du commerce international par la jurisprudence étatique, JDI 2005, n° 4, p. 1067.
[2] JACQUES, Ph., Regards sur l'article 1135 du Code civil, éd. Dalloz 2005, p. 756, n° 355.
[3] Voir sur ce point pour le droit tunisien : ZINE, M., De l'esprit et de l'effectivité de certaines dispositions du Code des obligations et des contrats, *In* Livre du centenaire du Code des obligations et des contrats 1906 – 2006, éd. CPU 2006, p. 437, spéc. p. 446. L'auteur analyse l'article 243 du Code des obligations et des contrats comme l'une des manifestations de l'approche objective de l'obligation au sein du Code des obligations et des contrats.

La poursuite de cet objectif peut ainsi légitimer l'idée de permettre au juge de faire recours à certaines autres sources non citées par les articles 1135 et 243 mais ayant vocation à participer peu ou prou à la floraison du contenu contractuel ou à identifier les suites à y adjoindre. Dans cet élargissement des sources d'obligations implicites, le juge doit observer une seule et unique limite, celle du respect de la nature du contrat. Cette limite ne saurait être dépassée dans une opération d'enrichissement du contenu contractuel quel qu'en soit le fondement.
Très souvent, cette question de dépassement des sources citées à l'article 1135 du Code civil ou à son similaire du droit tunisien (243 du Code des obligations et des contrats) se pose surtout pour une possibilité d'utiliser la notion du raisonnable (A) ou celle de l'économie du contrat (B).

A – Le raisonnable

718. Le raisonnable est une notion très à la mode aujourd'hui[1]. Cependant, avant d'arriver à ce stade, « hier encore, l'étude du raisonnable semblait réservée aux seuls esprits férus de droit comparé et des concepts mous »[2]. Le raisonnable, cette notion cadre[3], réapparaît sur la scène juridique grâce à certaines règles internationales qui y font souvent référence et qui sont généralement friandes des standards en général et du standard du raisonnable en particulier[4]. D'ailleurs, certains auteurs parlent d'une omniprésence de cette notion dans les conventions internationales[5]. C'est le cas surtout de la Convention de Vienne sur la Vente Internationale de Marchandises (CVIM) qui y fait référence dans plusieurs articles[6]. Au sein de cette convention, l'article 25 renvoie au raisonnable pour statuer sur l'existence ou non d'une contravention essentielle[7]. De même, l'article 39 – 1 renvoie à la notion de raisonnable, mais en matière de délai de se prévaloir d'un défaut de non conformité. Le renvoi au

---

[1] De nombreuses recherches sont réservées à l'étude de cette notion. Consulter surtout : H. Ramparany-Ravololomiarana, Le raisonnable en droit des contrats, éd. LGDJ 2009.
[2] FLAMENT, L., Le raisonnable en droit du travail, Droit Social, 2007, n° 1, p. 16.
[3] MAZEAUD, D., Un droit européen en quête d'identité. Les principes de droit européen du contrat, *In* Le contrat en Europe aujourd'hui et demain, éd. Société de Législation Comparée 2008, p. 97, spéc. p. 108, n° 20.
[4] FLAMENT, L., Le raisonnable en droit du travail, Droit Social, 2007, n° 8, p. 18.
[5] FLAMENT, L., Le raisonnable en droit du travail, Droit Social, 2007, n° 8, p. 18.
[6] Certains auteurs recensent au sein de la CVIM 88 renvois à la notion de raisonnable. Voir ce point : JERBI, S., L'interprétation du contrat, éd. CPU 1999, p. 439, n° 346. L'auteur cite dans ce cadre : FILALI, O., Les principes généraux de la Lex Mercatoria. Contribution à l'étude d'un ordre juridique anational, éd. LGDJ 1992, p. 245.
[7] PEROVIC, J., La contravention essentielle au contrat comme fondement à la résolution des contrats dans les codifications de droit uniforme, Revue de Droit International et de Droit Comparé (RDIDC), 2008, n° 3, p. 272, spéc. p. 292.

raisonnable, dans ces cas et dans d'autres[1], n'est pas en lien direct avec la détermination du contenu contractuel. Le raisonnable ne permet pas ici d'ajouter au contrat les obligations implicites. Il ne s'insère pas dans un processus d'enrichissement judiciaire du contenu contractuel.

719. Le lien entre les obligations implicites et la notion de raisonnable, a surtout été mis en évidence par les principes d'Unidroit. L'article 5.1 desdits principes énonce que les obligations implicites sont déduites, entre autres, « de ce qui est raisonnable »[2]. Le renvoi au raisonnable est explicite et bien cadré puisqu'il est fait en vue d'enrichir le contenu contractuel en lui ajoutant de nouvelles obligations. Le raisonnable est présenté comme une source des obligations complétives du contrat. Il est au même rang que les autres sources citées par le même article.

720. Les Principes de Droit Européen des Contrats (PDEC), font aussi allusion à plus d'un endroit au raisonnable[3]. Tel est le cas de l'article 1.108 desdits principes annonçant ceci : « doit être tenu pour raisonnable aux termes des présents principes ce que des personnes de bonne foi placées dans la même situation que les parties regardaient comme tel. Eu égard en particulier à la nature et au du contrat, aux circonstances de l'espèce et aux usages et pratiques des professions ou branches d'activité concernées ». L'article 6.104 fait de son côté, référence au raisonnable au sujet de la détermination du prix[4]. Le mot « raisonnable » est utilisé 81 reprises dans les PDEC[5], ce qui a poussé certains auteurs à constater une omniprésence du raisonnable dans les principes[6].
Une remarque ressort de toutes ces citations : aucun lien direct n'est établi entre le raisonnable et la détermination des obligations complémentaires d'un contrat. L'article 6.102 des PDEC se contente de citer comme sources des obligations

---

[1] D'autres conventions font aussi référence au raisonnable. On cite ici à titre d'exemple : la Convention de La Haye du 1er juillet 1964 portant loi uniforme sur la vente internationale des objets mobiliers corporels. Dans cette convention, le mot raisonnable est cité à vingt-deux reprises. Voir sur ce point : FILALI, O., Les principes généraux de la Lex Mercatoria. Contribution à l'étude d'un ordre juridique anational, éd. LGDJ 1992, p. 245.
[2] Pour une étude récente sur les principes d'Unidroit, consulter surtout : DEUMIER, P., Les Principes d'Unidroit ont dix ans : bilan en demi teinte, RDC 2004, p. 774.
[3] Le mot raisonnable est cité dans plusieurs articles. Voir sur ce point : I. De Lamberterie, G. Rouhette et D. Tallon (Direction), Les principes du droit européen du contrat. L'exécution, l'inexécution et ses suites, La documentation française, 1997, p. 60 – 61. Les auteurs citent les articles qui ont fait référence au mot raisonnable ou déraisonnable.
[4] Article 6.104 des PDEC « lorsque le contrat ne fixe pas le prix ou la façon de le déterminer, les parties sont censées être convenues d'un prix raisonnable ».
[5] DUONG, L., Le raisonnable dans les principes du droit européen des contrats, RIDC 2008, p. 701, spéc. p. 702.
[6] DUONG, L., Le raisonnable dans les principes du droit européen des contrats, RIDC 2008, p. 701, spéc. p. 702.

implicites « (a) l'intention des parties, (b) la nature du contrat et le but du contrat (c) et la bonne foi ».
Toutefois, dans un ouvrage récent portant sur des principes contractuels communs, un groupe de juristes tente d'y remédier en proposant d'ajouter un second alinéa à l'article 6.102 permettant de faire intégrer une clause implicite, « dès lors qu'elle a pu être raisonnablement entendue »[1]. Pour certains auteurs, le raisonnable est en filigrane des sources des obligations implicites citées à l'article 6.102 ; ces ressources « semblent se rejoindre sous l'égide d'un concept unique, ce qui rend la question de leur combinaison un peu moins cruciale.... le raisonnable »[2].

721. Selon une frange de la doctrine, même si, la notion du raisonnable souffle Outre-manche[3], c'est une notion *exogène*[4] ; elle a ses racines en droit français ou en droit tunisien où elle n'est pas totalement inconnue. La notion de bon père de famille[5], célèbre en droit français, mais également en droit tunisien[6], n'est en quelque sorte qu'une des applications du raisonnable[7].
En outre, la notion du raisonnable n'est pas non plus complètement inconnue des premiers commentateurs du Code civil. Duranton avait observé que « la loi ne peut pas tout prévoir : les législateurs ne sont pas des Dieux ; mais du moins les juges sont des hommes, et, à ce titre, les lumières de la raison naturelle peuvent les guider dans les cas obscurs, difficiles et à l'égard desquels la loi serait muette ou insuffisante ». Cet auteur invite les juges à faire usage de ce

---

[1] Voir sur ce point : G. Wicker et J.-B. Racine (direction), Principes contractuels communs, éd. Société de Législation Comparée 2008, p. 508. L'alinéa second que l'ouvrage propose d'ajouter à de l'article 6.102 le paragraphe suivant « en l'absence de clause d'intégralité, une obligation implicite peut encore être déduite de la déclaration faite par une partie avant la conclusion du contrat dès lors qu'elle a pu être raisonnablement entendue ainsi par le cocontractant eu égard aux circonstances... ».
[2] BOSCO, D., Obligations implicites (article 6 : 102 des principes de droit européen des contrats), *In* Regards croisés sur les principes du droit européen du contrat et sur le droit français, éd. PUAM 2003, p. 325, spéc. p. 330.
[3] FLAMENT, L., Le raisonnable en droit du travail, Droit social, 2007, p. 17, spéc. n°3. L'auteur précise que le raisonnable en droit français est une réception du droit anglo-américain. Voir aussi : MALEVILLE, M.-H., Pratique de l'interprétation des contrats. Etude jurisprudentielle, éd. PUR 1991, p. 258, n° 532. L'auteur souligne un usage fréquent de la notion du raisonnable par les magistrats anglo-saxons.
[4] FLAMENT, L., Le raisonnable en droit du travail, Droit social, 2007, p. 16, spéc. n°2.
[5] DARMAISIN, S., A la recherche du bon père de famille, *In* Mélanges LE TOURNEAU, Ph., éd. Dalloz 2008, p. 397. En droit tunisien consulter surtout : HAMMOUDA, M., De l'exécution de l'obligation avec loyauté *In* Mélanges S. Ben Halima, éd. CPU 2005, p. 1031, spéc. p. 1056. L'auteur cite une jurisprudence tunisienne qui s'est fondée sur la notion de *bon père de famille* afin d'ajouter au contrat une obligation d'information (TPI de Sfax, jugement n° 1793 du 17 mai 1993 – inédit –).
[6] ZINE, M., Théorie générale des obligations, 1 – Le contrat, éd. Tunis 1997, p. 289, n° 357.
[7] Voir sur ce point surtout : DARMAISIN, S., A la recherche du bon père de famille, *In* Mélanges LE TOURNEAU, Ph., éd. Dalloz 2008, p. 297.

que commande la raison[1]. Cette même idée est également adoptée par Larombière qui a parlé du bon sens et du raisonnable en analysant l'article 1135 du Code civil. Larombière observait dans ce sens : « la loi elle-même peu infaillible que l'homme dont elle est l'ouvrage, peut être incomplète et insuffisante. C'est à l'équité, à la loi naturelle de la compléter. Le bon sens est alors législateur et juge »[2]. On en déduit que le juge en cas d'insuffisance de la loi et du contrat peut se faire guider par les règles de la raison et du bon sens.

En outre, le raisonnable est évoqué tant en France qu'en Tunisie[3] en matière d'interprétation des contrats. D'ailleurs, certains textes des deux côtés (Code civil et Code des obligations et des contrats) peuvent étayer un tel usage de la notion. Madame Marie-Hélène Maleville réserve dans sa thèse tout un paragraphe à l'interprétation raisonnable du contrat qui la définit comme « une interprétation mesurée qui respecte les droits de chaque parties. Elle est fondée sur la modération, l'adaptation et la correspondance à un modèle »[4]. C'est à la fois une interprétation moyenne[5] et une interprétation sensée[6].

722. En droit tunisien, le professeur Sami Jerbi soutient une interprétation raisonnable du contrat[7] qui l'étaye sur l'article 531 du Code des obligations et des contrats[8], recommandant à l'interprète de poursuivre le sens raisonnable[9]. L'article 531 du Code des obligations et des contrats est une frange de la doctrine tunisienne en parfaite harmonie avec la place que réservent les Principes d'Unidroit au raisonnable[10]. Ce texte, dont certains auteurs soutiennent les origines religieuses[11] et dont les termes évoquent ceux de l'article 1157 du Code civil, permet à la foi de « fonder et de révéler des règles

[1] DURANTON, M.,Cours de droit français suivant le Code civil, Tome 6e, éd. Alex-Gobelet, Paris 1834, p. 401, n° 385.
[2] LAROMBIERE, L.,Théorie et pratique des obligations ou commentaire des titres III et IV, Livre II du Code civil, articles 1101 à 1386, éd. Durand 1885, p. 389.
[3] Cass. civ (tn), n° 2562, du 21 novembre 2005, Bull. civ. 2005, Section civile, p. 115. Voir sur ce point MAHFOUD, M., Théorie générale des obligations, Acte unilatéral, Contrat et Responsabilité civile, Publications du Centre d'études Juridiques et Judiciaires, éd. Orbis 2008, p. 134, n°183.
[4] MALEVILLE, M.-H., Pratique de l'interprétation des contrats. Etude jurisprudentielle, éd. PUR 1991, p. 258, n° 533.
[5] MALEVILLE, M.-H., Pratique de l'interprétation des contrats. Etude jurisprudentielle, op. cit., p. 259, n° 536.
[6] MALEVILLE, M.-H., Pratique de l'interprétation des contrats. Etude jurisprudentielle, op. cit., p. 260, n° 537.
[7] JERBI, S., L'interprétation du contrat, op. cit., p. 436, n° 346.
[8] JERBI, S., L'interprétation du contrat, op. cit., p. 436, n° 346.
[9] Article 531 du Code des obligations et des contrats dispose que « lorsqu'une interprétation, soit au propre, soit au figuré, ne donne pas un sens raisonnable et conforme à la loi, la clause est non avenue ».
[10] JERBI, S., L'interprétation du contrat, op.cit., p. 438, n° 346.
[11] JERBI, S., L'interprétation du contrat, op. cit., p. 436, n° 346.

raisonnables au sein du contrat »[1]. Dans ces cas, l'interprétation dépasse son cadre initial lié à la volonté décelable des parties, pour supposer une volonté objective qui convient avec les spécificités du contrat. Dans ces hypothèses, le juge présume que les parties ont voulu ce que préconise la raison.

723. La notion de raisonnable pose en réalité beaucoup de problèmes dont le plus important est celui de savoir ce qu'on entend par cette notion. L'idée est souvent de le rapprocher de certains concepts voisins. Dans l'idée de raisonnable, on trouve la proportionnalité, « l'idée de la juste mesure »[2]. Ce qui est raisonnable se confond dans ce cas avec ce qui est proportionnel. Ramener au raisonnable une action, c'est la rendre proportionnelle[3]. La proportionnalité, c'est l'exclusion du déraisonnable[4].
Dans ce sens, un auteur précise que l'exigence de proportionnalité « s'abrite très souvent derrière des appellations autres, toutes aussi floues ou imprécises – contrôle de l'abus, de la bonne foi, de l'équité, sanction des excès, des déséquilibres ou encore du déraisonnable »[5]. Madame Martine Behar-Touchais souligne dans ce même cadre que « si les deux notions sont très proches, elles ne doivent pas être confondues…la proportionnalité est une application de la notion du raisonnable, mais qu'elle n'est pas tout le raisonnable »[6].

724. Les idées d'abus de droit, de bonne foi ou d'équité sont aussi évoquées lorsqu'on parle du raisonnable. Le raisonnable paraît très proche de l'équité au point de se confondre avec elle. Généralement, ce qui est raisonnable est normalement équitable et ce qui équitable est normalement raisonnable. Certains auteurs tunisiens approuvent parfaitement ce rapprochement en traitant en même temps et sous le même titre l'équité et le raisonnable[7].
« Le raisonnable, souligne Sami Jerbi, commande la solution juste et équitable »[8]. Cette idée est aussi soutenue par une frange de la doctrine française qui depuis longtemps souligne que le raisonnable et l'équité « partagent des racines profondes »[9]. Elles « peuvent poursuivre des

---

[1] JERBI, S., L'interprétation du contrat, op. cit., p. 436, n° 346.
[2] BEHAR-TOUCHAIS, M., Conclusion, *In* Existe-t-il un principe de proportionnalité en droit privé ? LPA 30 septembre 1998, n° 117, p. 69.
[3] DUONG, L., Le raisonnable dans les principes du droit européen des contrats, art. préc., p. 703-704.
[4] REBAÏ, A., Le principe de proportionnalité et le droit de la consommation *In* Mélanges S. Ben Halima, éd. CPU 2005, p. 969.
[5] MOLFESSIS, N., Le principe de proportionnalité et l'exécution du contrat, LPA 30 septembre 1998, n° 117, p. 21.
[6] BEHAR-TOUCHAIS, M., Rapport introductif, *In* Existe-t-il un principe de proportionnalité en droit privé, LPA 30 septembre 1998, n° 117, p. 3, spéc. p. 8.
[7] JERBI, S., L'interprétation du contrat, op. cit., p. 435, n° 346.
[8] JERBI, S., L'interprétation du contrat, op. cit., p. 436, n° 346.
[9] KHAIRALLAH, G., Le raisonnable en droit privé français. Développements récents, RTD civ. 1984, p. 439, spéc. 444.

buts semblables : échapper à la rigidité des règles et instituer un véritable pouvoir modérateur du juge afin de dégager le juste dans le cas concret »[1]. Cette idée semble même séduire la jurisprudence tunisienne qui a précisé que le raisonnable permettait d'exclure l'abus et l'excès du contrat[2].
En effet, le raisonnable même très proche de l'équité paraît, dans certains cas, bénéficier d'une certaine autonomie, ce qui lui permet de s'affirmer indépendant. Cette différence apparaît dès la définition des deux notions. Tandis que le raisonnable signifie ce « qui correspond à la mesure normale »[3], l'équité est « une atténuation modification apportée au Droit, à la loi, en considération des circonstances particulières »[4]. De l'équité, une morale s'exhale d'une façon évidente, alors que c'est plutôt la raison qui se dégage du terme raisonnable.

725. A ce stade, une précision est à faire entre plusieurs sortes de raisonnable. Le raisonnable auquel le critère de bon père de famille et la proportionnalité font allusion, est celui lié au comportement des contractants ou des individus et à la mise en œuvre des prérogatives contractuelles. Ce raisonnable ne permet pas d'enrichir le contenu contractuel de nouvelles obligations, il permet seulement de l'expurger de l'abus et de la mauvaise foi. Le second type de raisonnable est celui qui permet d'ajouter au contrat de nouvelles obligations non explicitées par les parties contractantes. Ce raisonnable lié au contenu contractuel est celui auquel les principes d'Unidroit renvoient ; il est cité en même temps que la nature du contrat et que les autres sources des obligations implicites. Il permet ainsi de déduire de nouvelles obligations à ajouter au contenu explicite du contrat. Dans ce cas, en référence à cette notion, le juge, a la possibilité d'ajouter au contrat une obligation non-exprimée mais qui doit raisonnablement figurer dans un contrat selon sa nature. D'ailleurs, c'est dans ce sens que certains auteurs français du XIXe siècle ont parlé de la notion du bon sens et celle de la raison. Ils les ont évoquées en faisant le commentaire de l'article 1135 du Code civil[5], ce qui prouve la conformité de l'article 1135 avec les règles de bon sens et de la raison.

726. La démarche est toute simple : avant d'ajouter une obligation, le juge apprécie le contenu contractuel. Est-il capable, dans sa composition arrêtée par

---

[1] KHAIRALLAH, G., Le raisonnable en droit privé français. Développements récents, RTD civ. 1984, p. 439, spéc. 444.
[2] App. Tunis n° 54485 du 21 juillet 1967, RJL 1962, p. 722. Cité par : JERBI, S., L'interprétation du contrat, op. cit., p. 436, n° 346.
[3] Le Petit Robert 2007.
[4] Vocabulaire juridique de L'Association Henri Capitant sous la direction de G. Cornu, éd. PUF 2000.
[5] Voir sur ce point : LAROMBIERE, L.,Théorie et pratique des obligations ou commentaire des titres III et IV, Livre II du Code civil, articles 1101 à 1386, éd. Durand 1885, p. 389 ; DURANTON, M.,Cours de droit français suivant le Code civil, Tome 6e, éd. Alex-Gobelet, Paris 1834, p. 401, n° 385.

les parties, de réaliser l'objectif escompté ? Si la réponse est négative, le juge procède à l'ajout de ce qui favorise la réalisation d'un tel objectif en ajoutant ce qui doit raisonnablement y figurer.
Dans ce cas, c'est le contenu contractuel qui est apprécié dans sa globalité à l'aune de l'objectif fixé par les parties. Le raisonnable apparaît ainsi comme une notion permettant une appréciation objective du contenu contractuel. Il s'ajoute à la *trilogie* des sources mises à la disposition du juge en vue d'y puiser des obligations complétives. « Le contrat peut, comme le souligne un auteur, contenir des obligations sans qu'il y ait eu de promesse préexistante car elles correspondent à ce que l'autre peut raisonnablement attendre du contrat. Ces obligations sont une suite naturelle, une conséquence implicite, mais raisonnable, de la transaction économique »[1]. Ce même auteur ajoute aussi que le contenu des obligations « est susceptible de s'élargir pour accueillir celles auxquelles les parties peuvent raisonnablement s'attendre dans le contexte et les circonstances de l'espèce »[2].

727. C'est encore le critère de la nature du contrat qui permet à une obligation raisonnable, d'accéder au contenu du contrat. Le recours au raisonnable paraît conforme à l'idée d'implicite, car ce qui est raisonnable est implicitement sous-entendu dans un contrat. Un auteur précise à cet égard : « est raisonnable ce qui va dans le sens d'une exécution praticable et satisfaisante du contrat par les parties. Autrement dit si les parties ont conclu un certain contrat, elles attendent de ce support juridique la réalisation d'effets censés favoriser le bon développement de leurs échanges économiques »[3] . Le raisonnable permet au juge d'ajouter, d'un côté ce qui lui paraît désiré par les parties contractantes en fonction des circonstances et de l'autre, des données spécifiques de chaque contrat. Il lui permet également d'enrichir le contenu du contrat par tout ce qui lui paraît raisonnablement faire partie de la nature du contrat. C'est toujours cette dernière qui décide ou qui impose sa loi[4].

728. Une lecture libérale de l'article 1135 du Code civil et de son similaire 243 *in fine* du Code des obligations et des contrats, ne fait que favoriser un recours à la notion du raisonnable comme source d'obligations implicites à côté de l'équité, de l'usage et de la loi. La philosophie de ces articles, leur objectif, réconfortent l'éventualité de ce recours. Ils ne visent entre autres qu'à donner au contenu contractuel une configuration qui s'accommode avec le raisonnable. Jean Carbonnier l'a prédit, le juge « essaie de refaire le contrat tel que l'aurait

---

[1] DUONG, L., Le raisonnable dans les principes du droit européen des contrats, art. préc., p. 709.
[2] DUONG, L., Le raisonnable dans les principes du droit européen des contrats, art. préc., p. 719.
[3] DUONG, L., Le raisonnable dans les principes du droit européen des contrats, art. préc., p. 719.
[4] ATIAS, Ch., Le contentieux contractuel, éd. Librairie de l'Université d'Aix-en-Provence 2008, p. 150, n° 168.

fait un homme raisonnable et équitable »[1]. Le professeur Philippe Delebecque, souligne à son tour que « les contrats deviennent de moins en moins la chose des parties et de plus en plus la chose que des parties raisonnables auraient voulu »[2], c'est-à-dire, « ce que l'usage et la normalité commande qu'il soit »[3]. C'est l'invasion du contenu contractuel par le raisonnable.
En Tunisie, le professeur Sami Jerbi confirme dans sa thèse, l'existence d'une liaison indéfectible entre l'article 243 du Code des obligations et des contrats et le raisonnable[4], ce qui prouve que cette dernière notion n'est pas loin d'une lecture raisonnée et réfléchie de l'article 243.

Une lecture libérale de l'article 1135 du Code civil ou de l'article 243 du Code des obligations et des contrats, les remettant à leur place véritable, peut encore justifier un recours à l'économie du contrat.

B – L'économie du contrat

729. L'économie du contrat n'a atteint son apogée que récemment, grâce surtout à l'impulsion du droit anglo-saxon. Toutefois, elle n'est point inconnue des jurisconsultes français du début du XXe siècle. C'est ainsi que Louis Josserand a, depuis longtemps, fait référence à la notion d'économie du contrat. Elle est selon lui un critère de distinction entre les contrats de gré à gré et les contrats d'adhésion. L. Josserand définit le contrat d'adhésion comme étant un « contrat dont l'économie est préparée par une seule partie, l'autre contractant se bornant à entrer dans la combinaison qui lui est soumise, à l'approuver, à y adhérer »[5]. L'économie du contrat *sert selon Josserand de critère de distinction entre contrats d'adhésion et contrats de gré à gré*[6]. Georges Ripert quand il a écrit sur le capitalisme, était en toute connaissance de la spécificité de cette notion et de son effet prodige sur le contrat[7]. Paul Voirin a souligné dans ce cadre : « ce qui est essentiel dans l'acte juridique est le but économique, c'est le moteur de l'acte...quand le but économique est mis à nu, il faut l'habiller d'une forme juridique »[8].

---

[1] CARBONNIER, J., Droit civil, Tome IV, Les obligations, éd. PUF 2000, p. 284, n° 146.
[2] DELEBECQUE, Ph., Les clauses allégeant les obligations dans les contrats, thèse Aix-Marseille 1981, p. 313-314, n° 278.
[3] DELEBECQUE, Ph., Les clauses allégeant les obligations dans les contrats, thèse Aix-Marseille 1981, p. 313-314, n° 278.
[4] JERBI, S., L'interprétation du contrat, op. cit., p. 549, n° 410.
[5]. JOSSERAND, L.,L'essor moderne du concept contractuel, *In* Mélanges F. Geny, éd. Sirey 1934, Tome II, p. 333, spéc. p. 336.
[6] JOSSERAND, L.,L'essor moderne du concept contractuel, art. préc., p. 336.
[7] G. Ripert, Aspects juridiques du Capitalisme moderne, éd. LGDJ 1951.
[8] P. Voirin, note sous Lyon, 11 mai 1942, JCP 1942, II, 2007.

730. L'utilité de la notion d'économie est indéniable et personne ne saurait la négliger. D'ailleurs, la jurisprudence ne cesse d'en faire usage. C'est une tendance nouvelle de la Cour de cassation[1] dont certains sont satisfaits et dont d'autres s'inquiètent et n'en voient pas l'utilité[2]. « Cette notion d'économie du contrat, souligne le doyen Mestre, est de nature à bouleverser les solutions de droit les plus éprouvées »[3].
Dans ce même sens, certains craignent que cette notion aboutisse à « l'accroissement des pouvoirs du juge, au détriment de la prévisibilité »[4]. Au contraire de ces détracteurs, d'autres auteurs jugent la référence à l'économie du contrat ou à l'économie de l'opération conforme au « bon sens »[5] et louable. « La notion d'économie du contrat, avoue Madame Fabre-Magnan, sert à identifier la finalité du contrat dans l'esprit et donc dans l'accord des parties »[6]. C'est un outil qui permet au juge de comprendre le contrat et les souhaits des parties. Christian Atias a récemment souligné l'importance de l'économie dans la réalisation des objectifs contractuel en affirmant : « le contrat tend à la réalisation d'objectifs qui ne sont pas nécessairement convergents, mais qui sont, au moins compatibles, sinon complémentaires, mis en corrélation. Il ne peut remplir son office qu'en parvenant à établir une économie des relations des parties, une distribution relative des rôles, des risques, des informations, des profits et des pertes »[7].

731. En l'absence d'un texte légal permettant le renvoi à cette notion d'économie du contrat, celle-ci est inconnue du Code civil et des autres codes de droit privé[8], cette référence est analysée comme un « ajout prétorien contemporain »[9]. La jurisprudence française l'a découverte depuis longtemps. L'arrêt dit Fourrures Renel du 6 juillet 1959[10] était le premier à en faire usage.

---

[1] LE TOURNEAU, Ph., Droit de la responsabilité et des contrats, éd. Dalloz 2008-2009, p. 887, n° 3618.
[2] MESTRE, J., L'économie du contrat, RTD civ. 1996, p. 901.
[3] MESTRE, J., L'économie du contrat, RTD civ. 1996, p. 902.
[4] MALAURIE, Ph., AYNES, L. et STOFFEL-MUNCK, Ph., Les obligations, éd. Defrénois 2007, p. 322, n° 624.
[5] DELEBECQUE, Ph., Les parties peuvent-elles renoncer aux conséquences de l'interdépendance reconnues entre deux contrats ? D. 2000, somm. p. 364. L'auteur fait le commentaire de Cass. com. 15 février 2000, n° 97-19.793.
[6] FABRE-MAGNAN, M., Droit des obligations, 1 – Contrat et engagement unilatéral, éd. PUF 2008, p. 426, n° 171.
[7] ATIAS, Ch., Qu'est ce qu'un contrat ? *In* Droit et économie des contrats, Chr. Jamin (dir), éd. LGDJ 2008, p. 3, spéc. p. 19.
[8] ZELCEVIC-DUHAMEL, A., La notion d'économie du contrat en droit privé, JCP G, I, 300, spéc. n°1.
[9] LE TOURNEAU, Ph., Droit de la responsabilité et des contrats, éd. Dalloz 2008-2009, p. 887, n° 3618.
[10] Cass. 1re civ. 6 juillet 1959, RCDIP 1959, p. 708, note H. Batiffol ; B. Ancel et Y. Lequette ; Grands arrêts de la jurisprudence française de droit international privé, éd. 1998, n° 35, p. 262. Dans cet arrêt, la Cour de cassation française reproche à la Cour d'Appel de Rabat d'avoir

Dans cet arrêt, selon certains auteurs, la Cour, en évitant de se référer aux termes du contrat, lui préférant la notion d'économie du contrat a laissé « au juge la possibilité de tenir compte de l'ensemble des caractères de l'opération »[1]. Depuis cet arrêt, la Cour de cassation n'a cessé d'y faire référence[2].
Elle va même plus loin en voulant protéger l'économie du contrat contre les clauses qui la bafouent[3]. Dans un récent arrêt, la Cour de cassation française a fait référence à l'économie du contrat afin d'annuler un contrat de location pour défaut d'utilité économique[4]. La notion d'économie du contrat est y rapprochée à la notion de cause dans le contrat. L'atteinte à l'économie du contrat est qualifiée d'absence de cause[5].

732. La jurisprudence tunisienne semble elle aussi y faire référence, ne serait-ce qu'indirectement. Dans un arrêt rendu par le tribunal de première instance de Tunis[6], ledit tribunal a ordonné la résolution d'un contrat de location d'un espace d'exposition situé dans un hôtel. L'espace était peu commode, sombre et peu fréquenté, au point qu'il faisait perdre à l'exposant toute utilité. Le tribunal, même s'il ne cite pas directement la notion d'économie du contrat, celle-ci justifie pleinement sa position. D'ailleurs, la logique poursuivie par le tribunal de Tunis est proche de celle de la Cour de cassation française dans les arrêts sur le « point club vidéo ».

733. La doctrine tunisienne, elle non plus, ne méconnaît pas la notion de l'économie du contrat. Le professeur Sami Jerbi précise que cette notion constitue l'une des clés de compréhension du contrat. Il indique que le juge sollicite entre autres les données de l'économie en vue de combler une lacune

---

appliqué la loi marocaine sans se baser sur une analyse objective de l'économie du contrat qui aurait pu favoriser l'application d'une autre loi.

[1] B. Ancel et LEQUETTE, Y., Les grands arrêts de la jurisprudence française de droit international privé, éd. Dalloz 2006, n° 35, p. 301.

[2] Beaucoup d'arrêts récents renvoient à la notion d'économie du contrat. Voir notamment : Cass. 1re civ. 3 juillet 1996, RTD civ. 1996, 901, obs. J. Mestre ; Defrénois 1996, p. 1015, obs. DELEBECQUE, Ph., ; D. 1997, p. 500, obs. Ph. Reigné ; Cass. com. du 27 mars 2007, D. 29 novembre 2007, panorama, p. 2970, Une impression déjà vue..., note S. Amrani Mekki et B. Fauvarque- Cosson.

[3] Cass. com. 15 février 2000, n° 97-19.793, D. 2000, somm. 364. Dans cet arrêt , l'économie du contrat a été présentée comme une limite à la validité d'une clause.

[4] Cass. com. du 27 mars 2007, D. 29 novembre 2007, panorama, p. 2970, Une impression déjà vue..., note S. Amrani Mekki et B. Fauvarque- Cosson.

[5] Cass. com. du 27 mars 2007, D. 29 novembre 2007, panorama, p. 2970, Une impression déjà vue..., note S. Amrani Mekki et B. Fauvarque- Cosson. Cet arrêt en rappelle en fait un autre : Cass. 1re civ. 3 juillet 1996, RTD civ. 1996, 901, obs. J. Mestre ; Defrénois 1996, p. 1015, obs. DELEBECQUE, Ph., ; D. 1997, p. 500, obs. Ph. Reigné.

[6] TPI Tunis, jugement n° 80051, du 8 décembre 2000 (inédit).

contractuelle[1]. Mohamed Hammouda insiste de son côté sur l'utilité de la notion d'économie du contrat pour fonder une obligation implicite de renégociation du contrat, en cas de survenance des événements imprévus qui rendent l'exécution très onéreuse[2]. Le contrat n'est, selon cet auteur, dans sa profondeur qu'un moyen d'échange économique[3]. Mohamed Zine souligne de son côté, que l'économie du contrat n'est pas loin de l'esprit des rédacteurs du Code des obligations et des contrats. Elle est prévue comme une limite au principe de l'autonomie de la volonté qui « se trouve mis à mal à travers plusieurs articles du code des obligations et des contrats »[4].
Pour le Professeur Mohamed Mahfoud, l'économie du contrat n'est pas non plus inconnue. Cet auteur y fait référence lorsqu'il parle de la cause dans le contrat. Elle permet selon lui de déterminer l'objectif des parties et de ce qu'elles attendent du contrat[5]. L'analyse que donne l'auteur à la notion de l'économie du contrat est conforme à la position qu'a adoptée la jurisprudence française dans l'arrêt de club vidéo en 1996. En outre, l'auteur associe à l'économie du contrat la notion de l'obligation fondamentale. Ce sont deux outils permettant de garantir au contrat un minium d'équilibre contractuel[6]. Il s'ensuit que le contrat doit être économiquement équilibré[7].
De même, un autre auteur tunisien fait référence à la notion d'économie du contrat. Monsieur Sami Bostanji vante l'utilité de cette notion dans la détermination de l'obligation fondamentale du contrat. L'obligation fondamentale est « l'obligation autour de laquelle s'articule l'économie du contrat, obligations qui constitue en quelque sorte le centre de gravité de la relation juridique »[8]. L'économie du contrat apparaît ainsi comme une notion permettant de comprendre le contrat.

734. L'utilité de la notion d'économie du contrat s'accroît davantage lorsqu'elle est mise en relation avec le contenu du contrat. Dans cette hypothèse, le juge en

---

[1] JERBI, S., L'interprétation du contrat, op. cit., p. 373, n° 311. L'auteur parle d'une multitude des sources que le juge sollicite en vue de combler une lacune contractuelle ou légale.
[2] HAMMOUDA, M., De l'exécution de l'obligation avec loyauté *In* Mélanges S. Ben Halima, éd. CPU 2005, p. 1031, spéc. p. 1104-1105.
[3] HAMMOUDA, M., De l'exécution de l'obligation avec loyauté *In* Mélanges S. Ben Halima, éd. CPU 2005, p. 1031, spéc. p. 1102.
[4] ZINE, M., De l'esprit et de l'effectivité de certaines dispositions du Code des obligations et des contrats, *In* Le livre du centenaire du Code des obligations et des contrats, 1906-2006, éd. CPU 2006, p. 437, spéc. p. 441.
[5] MAHFOUD, M., Théorie générale des obligations, Acte unilatéral, Contrat et Responsabilité civile, Publications du Centre d'études Juridiques et Judiciaires, éd. Orbis 2008, p. 84, n° 108.
[6] MAHFOUD, M., Théorie générale des obligations, Acte unilatéral, Contrat et Responsabilité civile, Publications du Centre d'études Juridiques et Judiciaires, éd. Orbis 2008, p. 84, n° 108.
[7] MAHFOUD, M., Théorie générale des obligations, Acte unilatéral, Contrat et Responsabilité civile, Publications du Centre d'études Juridiques et Judiciaires, éd. Orbis 2008, p. 85, n° 108.
[8] Sami Bostanji, De la promotion des usages du commerce international par la jurisprudence étatique, JDI 2005, n° 4, p. 1067, spéc. p. 1081, n° 16.

fait usage afin de comprendre l'opération désirée par les parties contractantes ; elle devient ainsi un facteur lui permettant, selon le cas, d'enrichir le contenu contractuel ou d'*élaguer*[1] certaines de ses clauses dévoyées. Il peut alors utiliser cette notion dans deux sens : soit dans un sens qui lui permet de compresser le contenu contractuel, lorsqu'il lui semble que certaines clauses sont surabondantes ; soit dans un sens lui permettant de consolider l'opération désirée par les parties lorsqu'il estime qu'elle ne peut pas être réalisée, si le contrat garde sa configuration initiale.

735. Jean Beauchard l'a bien résumé : l'économie du contrat est « le substrat de l'économie du contrat, son objet est une pièce essentielle de sa structure juridique globale. Bref elle est la nature juridique profonde du contrat...c'est le ciment de la cohérence du contrat. C'en est vraiment la clé »[2]. En effet, beaucoup d'auteurs ont mis en évidence cette relation entre économie du contrat et le contenu ou la matière de ce dernier. Madame Anne Laude opte pour cette idée : « le but économique de l'opération, moteur du contrat, permet dans une large mesure de déterminer les éléments essentiels dont dépend la réalisation des objectifs du contrat »[3]. D'ailleurs, certains auteurs vont plus loin en voyant dans l'article 1135 du Code civil un renvoi, même en filigrane, à la notion de l'économie du contrat. Madame Anne Laude affirme aussi dans ce même sens que « l'usage, l'équité et l'économie objective du contrat sont des éléments nécessaires pour préciser le contenu du contrat et attribuer un sens aux stipulations qui ne sont pas suffisamment claires ». Ainsi, au triptyque classique de l'article 1135, Anne Laude ajoute l'économie du contrat comme étant inhérente à la lecture de ce dernier[4].

736. Ce lien entre l'article 1135 et la notion d'économie du contrat est confirmé par Sébastien Pimont qui souligne que « l'article 1135 est une terre d'élection pour l'économie du contrat»[5]. Le professeur Philippe Stoffel-Munck affirme : « l'article 1135 du Code civil permet de compléter objectivement la convention selon le critère amoral du but économique »[6]. Le professeur Sami Jerbi souligne, de son côté, la possibilité d'utiliser la notion d'économie en vue de reconstruire le contrat. Il classe l'économie parmi les valeurs qui animent, même discrètement[7], l'interprète. L'économie, selon cet auteur tunisien, côtoie

---

[1] JACQUES, Ph., Regards sur l'article 1135 du Code civil, éd. Dalloz 2005, p. 748, n° 352.
[2] J. Beauchard, Préface de la thèse de PIMONT, S., L'économie du contrat, éd. PUAM 2004.
[3] LAUDE, A., La reconnaissance par le juge de l'existence d'un contrat, éd. PUAM 1992, p. 222, n° 345.
[4] LAUDE, A., La reconnaissance par le juge de l'existence d'un contrat, éd. PUAM 1992, p. 286, n° 443.
[5] PIMONT, S., L'économie du contrat, éd. PUAM 2004, n° 293.
[6] STOFFEL-MUNCK, Ph., L'abus dans le contrat. Essai d'une théorie, éd. LGDJ 2000, p. 104, n°114.
[7] JERBI, S., L'interprétation du contrat, op. cit., p. 370.

d'autres valeurs aussi bien morales que sociales et permet au juge de combler une lacune contractuelle[1]. On en déduit que celui-ci peut tout en usant de cette notion et de ses implications, ajouter au contrat les obligations qui lui manquent.

737. Au vu de ce qui précède, il s'avère que le juge peut se faire guider, dans une opération d'enrichissement, par le but économique voulu par les parties contractantes. A la lumière des données économiques relatives au contrat, il ajoute les obligations qui lui semblent économiquement nécessaires. L'objectif économique de l'opération indique au juge les obligations à joindre au contrat. Il ajoute ce qui est nécessaire à l'accomplissement de l'opération économique désirée par les parties. En ajoutant au contrat les obligations économiquement justifiées, le juge ne fait qu'accroître les chances de réalisation de la finalité désirée par les parties. Cette utilisation de la notion d'économie du contrat est confirmée par Madame Ana Zelcevic-Duhamel qui précise que cette notion constitue un « instrument d'analyse du contrat »[2] et qu'il est opportun d'y avoir recours pour « remédier à l'obscurité ou à l'insuffisance du contrat »[3]. Elle ajoute : « l'article 1135 du Code civil permet au juge, en tout domaine, de déduire de l'économie du contrat une obligation qui n'y est pas exprimée »[4]. Le juge peut, en faisant usage de cette notion d'économie du contrat, « faire ressortir l'existence d'une obligation »[5].
En somme, la notion d'économie du contrat, même très contestée par certains auteurs[6], peut paraître utile pour une bonne appréhension du contenu du contrat. Le juge a besoin, pour bien compléter un contrat, de tout savoir sur sa nature et sur sa spécificité. C'est dans ce sens qu'il faut comprendre cette possibilité de recours à la notion d'économie du contrat. L'article 1135 du Code civil, mais encore l'article 243 du Code des obligations et des contrats ne s'opposent guère à un tel usage tant qu'il respecte la nature du contrat qu'il aide à découvrir et à bien cerner. Dans ce contexte, Sébastien Pimont affirme que « l'économie du contrat s'impose comme une représentation de la matière de l'accord des volontés propre au droit commun »[7].

---

[1] JERBI, S., L'interprétation du contrat, op. cit., p. 373, n° 311.
[2] ZELCEVIC-DUHAMEL, A., La notion d'économie du contrat en droit privé, JCP G, I, 300, spéc. n°1.
[3] ZELCEVIC-DUHAMEL, A., La notion d'économie du contrat en droit privé, JCP G, I, 300, spéc. n°7.
[4] ZELCEVIC-DUHAMEL, A., La notion d'économie du contrat en droit privé, JCP G, I, 300, spéc. n°11. L'auteur cite en argumentation un arrêt de la Cour de cassation : cass. com. 10 février 1998, pourvoi n° 95-21.631.
[5] ZELCEVIC-DUHAMEL, A., La notion d'économie du contrat en droit privé, JCP G, I, 300, spéc. n°11.
[6] J. Mouly, Une embarrassante notion : l'économie du contrat, D. 2000, doc. p. 382. L'auteur voit qu'elle inutile et qu'elle n'ajoute rien à l'article 1135 du Code civil qui permet déjà d'aller au-delà de l'exprimé.
[7] PIMONT, S., L'économie du contrat, op. cit., p.111, n° 163.

Une fois le régime juridique de l'enrichissement du contenu contractuel connu, il ne reste qu'à déterminer l'objectif d'une telle opération.
Se pose dans ce cadre la question des finalités poursuivies lors d'une opération d'enrichissement d'un contrat.

Titre second

Les finalités de l'enrichissement du contenu contractuel

738. Parler des finalités de l'opération d'enrichissement, c'est en quelque sorte ressasser les raisons d'être de l'article 1135 du Code civil et de son similaire l'article 243 *in fine* du Code des obligations et des contrats. Ces articles ne visent, en ultime objectif, qu'à enrichir le contrat en permettant au juge ou à l'arbitre de lui adjoindre les obligations réclamées et commandées par sa nature. L'adjonction n'est pas arbitraire mais à dessein. Le juge en enclenchant le processus d'enrichissement du contenu contractuel, le fait indubitablement en ayant en vue certains objectifs qu'il entend atteindre. Il a en tête des visées qu'il désire réaliser.

739. L'idée générale est de donner au contenu contractuel sa pleine texture, sa pleine affirmation. Le contrat produit au terme de cet enrichissement ses pleins effets. Cette idée est facilement déduite des termes et de la structure des deux articles (1135 et 243). Le contrat « oblige non seulement à ce qui y est exprimé, **mais aussi** à toutes les suites… ». A ce qui y est exprimé, le juge doit adjoindre ce qui ne l'y est pas. Non seulement il ajoute ce contingent implicite du contenu contractuel, mais il le couvre encore de la même force obligatoire reconnue à ce qui est exprimé.
Entre les deux parties du contenu contractuel, implicite et explicite, il n'y a pas de différence de force obligatoire, tous deux obligent de la même façon. Il est dès lors clair que le juge, en faisant ressortir à la lumière du jour les obligations implicites, ne fait que consolider la force obligatoire du contrat qui s'exerce avec plus d'ampleur. C'est là l'idée de Madame Catherine Thibierge-Gullfucci qui a affirmé : «l'effet obligatoire du contrat s'exerce sur une plus grande assiette »[1]. On assiste ainsi à un « élargissement matériel … du rayonnement obligatoire du contrat »[2]. Cet élargissement *miraculeux*[3] comme le qualifie un auteur tunisien, permet en réalité au contrat d'être parfaitement exécuté[4], de produire la plénitude de ses effets.

---

[1] THIBIERGE-GULLFUCCI, C., Libres propos sur la transformation du droit des contrats, RTD civ. 1997, 2, p. 357, spéc. p. 365.
[2] THIBIERGE-GULLFUCCI, C., Libres propos sur la transformation du droit des contrats, RTD civ. 1997, 2, p. 357, spéc. p. 365.
[3] JERBI, S., L'interprétation du contrat, éd. CPU 1999, p. 447, n° 348.
[4] FAGES, B., Le comportement du contractant, éd. Presse Universitaire d'Aix-Marseille 1997, n° 587, p. 317. L'auteur qualifie cette exécution d'une exécution à fond.

740. A côté de cet objectif d'ordre général, le juge s'assigne certaines finalités qu'il escompte atteindre en procédant à l'enrichissement du contrat. Ces finalités, même s'il ne les exprime pas d'une façon explicite, sont souvent présentes dans chaque opération d'enrichissement ; elles apparaissent en filigrane. De plus, elles sont déduites d'une lecture réfléchie de l'article 1135 du Code civil et de l'article 243 *in fine* du Code des obligations et des contrats. L'ensemble de ces finalités vise à assurer aux parties contractantes une exécution satisfaisante du contrat[1].
Au sein de cette exécution hautement qualifiée, plusieurs objectifs s'entremêlent ; ils sont déduits indirectement des articles 1135 et 243. Ceux-ci, en préconisant de donner au contenu du contrat toute sa matière, laissent entrevoir une volonté d'assurer une correspondance entre le *negotuim* et *l'instrumentum*, une volonté d'adapter le contenu du contrat à sa nature, c'est-à-dire à son objectif assigné par les parties contractantes. Un auteur a ainsi précisé : « déterminer le contenu contractuel, c'est rechercher la meilleure correspondance possible entre ce que l'entreprise désire faire et ce qu'elle va demander de son partenaire au moyen du contrat »[2].

741. Les finalités sont nombreuses. Pour certains auteurs, le forçage est justifié par une volonté de faire triompher l'équité[3], c'est un procédé de moralisation du contrat. Cette variété d'objectifs et de finalités, que les articles 1135 du Code civil et 243 *in fine* du Code des obligations et des contrats permettent d'étayer, prouve la richesse de ces derniers. Ils peuvent servir de fondement à des finalités différentes, voire opposées. Ces articles, qui pourraient être qualifiés de « fourre-tout »[4], sont capables de « servir de fondements à toutes les audaces »[5]. Recenser tous les objectifs pouvant être poursuivis s'avère ainsi une tâche difficile, voire impossible. Qui plus est, cette recherche est basée sur une analyse synthétique de l'ensemble de l'œuvre jurisprudentielle fondée sur ces articles pour en déduire ce qui justifie l'adjonction au contrat des nouvelles obligations.

---

[1] FABRE-MAGNAN, M., De l'obligation d'information dans les contrats, essai d'une théorie, op. cit., n° 410, p. 332 ; voir aussi : FABRE-MAGNAN, M., Les obligations, éd. PUF 2004, n° 162, spéc. p. 421.
[2] D. Ledouble, L'entreprise et le contrat, éd. Litec 1980, p. 84, n° 91.
[3] LEVENEUR, L., Le forçage du contrat, *In* Que reste-t-il du principe de l'intangibilité du contrat ?, Droit et Patrimoine, n° 58, mars 1998, p. 69.
[4] Ce terme a été utilisé par M. Bosco qui qualifie l'article 6. 102 des PDEC comme une sorte de « fourre-tout ». BOSCO, D., Obligations implicites (article 6 : 102 des principes de droit européen des contrats), *In* Regards croisés sur les principes du droit européen du contrat et sur le droit français, éd. PUAM 2003, p. 325, spéc. p. 329.
[5] ZINE, M., De l'esprit et de l'effectivité de certaines dispositions du Code des obligations et des contrats, *In* Le livre du centenaire du Code des obligations et des contrats, 1906-2006, éd. CPU 2006, p. 437, spéc. p. 447.

742. La tâche est ici de scruter la psychologie des juges, tâche qui s'annonce sinon difficile, du moins délicate. Il est donc impératif de se contenter d'analyser cette œuvre jurisprudentielle au vu de certaines finalités qui animent souvent les juges. Le souci d'efficacité d'exécution du contrat apparaît comme une finalité supérieure que les juges tendent souvent à assurer dans la majorité des opérations d'enrichissement du contenu contractuel. Dans d'autres hypothèses, l'enrichissement s'assigne une autre finalité : celle de garantir une exécution paisible du contrat. Le juge fournit un cadre favorable à la bonne exécution du contrat.

743. Entre exécution efficace et exécution paisible, une différence avérée existe indubitablement. Dans le cadre de l'exécution efficace, l'enrichissement a pour dessein d'accroître les chances de la réalisation du but contractuel ; en fortifiant l'obligation essentielle du contrat, l'objectif est pragmatique et se situe au cœur du champ contractuel. Au contraire, dans le cadre d'une exécution paisible, l'enrichissement s'intéresse plutôt à l'environnement entourant l'exécution du contrat qu'à l'exécution des obligations nées du contrat proprement dit.

En se basant sur une analyse de l'ensemble de l'œuvre de la jurisprudence mais aussi doctrinale, que se soit en France ou en Tunisie, concernant les articles 1135 et 243 *in fine,* une distinction paraît possible entre les cas auxquels les tribunaux cherchent à garantir au contrat une exécution efficace (Chapitre 1er) et ceux où la finalité est de garantir une exécution paisible du contrat (Chapitre 2e).

Chapitre premier
L'exécution efficace du contrat

744. Faire de l'efficacité l'une des finalités de l'opération de l'enrichissement du contenu contractuel n'est pas quelque chose de nouveau. Un auteur l'a déjà précisé, « l'efficacité est dans le champ contractuel »[1]. Dans ce cadre, plusieurs questions se trouvent invoquées. Il y a d'abord la question de la définition de l'exécution efficace du contrat (section 1). La seconde question est de savoir quelles sont concrètement les obligations justifiées par la poursuite de cette finalité (section 2).

Section 1 : Définition de l'exécution efficace du contrat

745. Le dictionnaire le Petit Robert définit l'efficacité comme suit : « capacité de produire le maximum de résultats avec le minimum d'effort, de dépense »[2]. Ce même dictionnaire avance ce mot comme synonyme à « d'efficience, de productivité, de rendement »[3]. L'efficacité dans l'exécution du contrat est en effet une finalité commune aux deux effets associés à l'implicite. L'efficacité est très souvent recherchée[4].

746. Pour certains auteurs, l'« efficacité est au fond une conséquence de l'obligation de loyauté du contractant »[5]. Cette même idée est souvent vérifiable chez d'autres[6]. Le Doyen Yves Picod confirme aussi cette idée lorsqu'il précise qu' « exécuter loyalement, c'est exécuter en donnant à sa prestation la plus grande efficacité possible »[7]. Généralement, l'efficacité est souvent invoquée dans la cadre de relation entre professionnels et consommateurs. D'ailleurs,

---

[1] DELEBECQUE, Ph., Contrat d'assistance : l'efficacité est dans le champ contractuel, RDC 2005, n° 4, p. 1102. Récemment d'autres auteurs adoptent la même idée : M. Mekki et CHANTEPIE, G., L'efficacité attendue du contrat, RDC 2010, n°1, p. 347, spéc. p. 351.
[2] Le Petit Robert 2007.
[3] Le Petit Robert 2007.
[4] Voir sur la définition de l'efficacité récemment voir : MEKKI, M., Les doctrines sur l'efficacité du contrat en période de crise, RDC 2010, n°1, p. 383, spéc. p. 384-385, n° 3.
[5] LE TOURNEAU, Ph., Droit de la responsabilité et des contrats, éd. Dalloz 2008 / 2009, p. 918, n° 3726. L'auteur parle dans le cadre de ce paragraphe d'une obligation d'efficacité incombant au contractant qui diffère dans une certaine mesure de l'objectif d'efficacité que recherchent les tribunaux lorsqu'ils désirent enrichir un contrat en lui ajoutant les obligations commandées par sa nature et qui favorisent l'efficacité de son exécution.
[6] MALAURIE, Ph., AYNES, L. et STOFFEL-MUNCK, Ph., Les obligations, éd. Defrénois 2007, p. (à compléter).
[7] PICOD, Y., Juris-classeur civil – articles 1134 à 1135. Effet obligatoire des conventions - Exécution de bonne foi des conventions, n° 38.

certains parlent d'une obligation d'efficacité du professionnel[1]. D'autres l'associent à un devoir de diligence ou à une obligation de compétence du professionnel[2].
Il est utile de remarquer à cet égard que l'efficacité n'est pas toujours liée à l'idée de bonne foi ou de loyauté. Celle-ci commande à plusieurs reprises, de geler une clause ou de la considérer comme réputée non écrite. De plus, l'efficacité tirée de la bonne foi n'enrichit pas le contenu du contrat. Elle s'adresse essentiellement à ce qui y est exprimé. Alors que l'efficacité, que permet l'article 1135 du Code civil ou son similaire du Code des obligations et des contrats, l'article 243 *in fine*, se fait par l'adjonction au contrat de nouvelles obligations qui favorisent son efficacité et l'aident à produire la plénitude de ses effets. Dans cette hypothèse, des obligations implicites, découvertes, sont ajoutées au contenu du contrat dans un souci de lui donner encore plus d'efficacité. C'est cette opération d'ajout ou d'enrichissement qui va accroître l'efficacité du contrat.
Cette même finalité est assignée aux *emplied terms* de Common Law[3] ou encore aux obligations implicites des Principes de Droit Européen des Contrats (PDEC). Dans ce sens, un auteur observe que « l'enrichissement du contrat pourra se faire au nom de sa seule efficacité ou de ce qui semble équitable »[4]. Selon ces principes, l'idée est de sauvegarder l'efficacité du contrat au moyen d'une intervention judiciaire[5].

747. L'idée de la poursuite de l'efficacité de l'exécution du contrat, même si certains auteurs le contestent[6], est bien présente dans la philosophie de l'article 1135 du Code civil ou dans l'article 243 *in fine* du Code des obligations et des contrats. Quand on ouvre au juge la possibilité d'enrichir le contrat en ayant recours à des éléments objectifs, on ne fait en réalité qu'accroître l'efficacité du contrat.

---

[1] LE TOURNEAU, Ph., Droit de la responsabilité et des contrats, éd. Dalloz 2008 / 2009, p. 918, n° 3726.
[2] VINEY, G. et JOURDAIN, P., Les conditions de la responsabilité, éd. LGDJ 2006, p. 425 – 426, n° 480 -481.
[3] Voir aussi : BEATSON, J., Anson's Law of contract, 28th Edition, Oxford University Press 2002, p. 146. Cet auteur souligne : « the Courts do not imply terms where it would be reasonable to so but only where it is necessary to give business efficacity to the contract ».
[4] BOSCO, D., Obligations implicites (article 6 : 102 des principes de droit européen des contrats), *In* Regards croisés sur les principes du droit européen du contrat et sur le droit français, éd. PUAM 2003, p. 325, spéc. p. 329.
[5] BOSCO, D., Obligations implicites (article 6 : 102 des principes de droit européen des contrats), *In* Regards croisés sur les principes du droit européen du contrat et sur le droit français, éd. PUAM 2003, p. 325, spéc. p. 328.
[6] BOSCO, D., Obligations implicites (article 6 : 102 des principes de droit européen des contrats), art. préc.. p. 328. L'auteur souligne que « cette idée fondamentale (de recherche d'efficacité) en droit anglais, est, on l'a dit, **moins présente** en droit français où l'obligation implicite est plus volontiers découverte au nom de la justice contractuelle ».

748. Cette idée peut aussi être déduite de l'article 1157 du Code civil qui dispose au sujet de l'interprétation que « lorsqu'une clause est susceptible de deux sens, on doit plutôt l'entendre dans celui avec lequel elle peut avoir quelque effet, que dans le sens avec lequel elle n'en pourrait produire aucun ». Cet article instaure ce que certains appellent « l'interprétation efficace du contrat »[1]. La Cour de cassation tunisienne, dans l'arrêt du 16 février 2006[2], semble parcourir cette finalité d'efficacité du contrat. La Cour s'est référée à cette notion pour statuer sur la nature de l'exécution faite au contrat. Elle énonce que « l'exécution du contrat doit être jugée par référence au critère d'efficacité requise et non par une référence matérielle aux étapes accomplies »[3].
L'efficacité est également connue en matière de concurrence où certains auteurs parlent d'une efficacité concurrentielle[4]. Une obligation d'exclusivité, ou une distribution sélective sont souvent justifiées par une volonté d'accorder au contrat une plus grande efficacité.
Deux idées paraissent essentielles dans l'exécution efficace du contrat ; celle de l'objectif contractuel (§1) et celle de rendement contractuel (§2).

§1 – L'exécution efficace, renforcement de l'objectif contractuel

749. Afin de garantir l'efficacité du contrat, les tribunaux, dans le cadre du droit de regard sur le contenu contractuel qui leur accordent les articles 1135 du Code civil et 243 *in fine* du Code des obligations et des contrats, tendent d'assurer d'abord la réalisation du but contractuel que les parties se sont assignées. Cette manœuvre s'inscrit parfaitement dans la philosophie qui anime ces deux articles préconisant un enrichissement dans le respect de la nature du contrat, qui n'est entre autres que l'objectif désiré par les parties. Cette tendance des tribunaux d'assurer une efficacité au contrat prend souvent deux formes possibles : une négative, consistant à limiter l'efficacité de quelques clauses contractuelles afin d'y faire prévaloir l'efficacité du contrat (A) ; l'autre positive, consistant en un véritable ajout au contrat des nouvelles obligations que nécessite la poursuite de le finalité de l'efficacité du contrat (B).

---

[1] M. –H. Maleville, Pratique de l'interprétation des contrats. Etude jurisprudentielle, éd. Publication Universitaire de Rouen 1991, p. 261, n° 538.
[2] Cass. civ. (Tu), n° 4170, du 19 janvier 2006, Bull. 2006, p. 31. Dans cet arrêt, il s'agit d'un contrat de création d'un site web.
[3] Cass. civ. (Tu), n° 4170, du 19 janvier 2006, Bull. 2006, p. 31.
[4] BOSCO, D., L'obligation d'exclusivité, éd. Bruylant et FEC 2008, p. 43, n°28. Cet auteur souligne que le choix de l'exclusivité est souvent justifié par une volonté d'assurer une efficacité concurrentielle à la convention.

A – Efficacité du contrat et efficacité des clauses ?

750. Le contrat, qui est concrètement un ensemble de clauses entrelacées, peut souffrir d'une inefficacité l'empêchant de réaliser sa finalité. Cette inefficacité provient, dans certaines hypothèses, de sa structure interne, de ses clauses. La recherche de l'efficacité du contrat heurte ainsi l'efficacité des clauses. Entre deux efficacités souvent divergentes laquelle doit l'emporter ?
Même si certains auteurs défendent l'autonomie de certaines clauses contractuelles par rapport au reste du contrat[1], cette affirmation, même vérifiable pour certaines clauses[2], demeure pourtant exceptionnelle. La clause contractuelle est souvent soumise au contrat dans lequel elle est insérée. Elle doit servir sa philosophie et son objectif. Au cas où une clause contractuelle s'écarterait de l'objectif contractuel, elle serait soumise à diverses sanctions tendant à obliger la clause à l'obéissance au contrat. Les sanctions s'attaquant aux clauses contractuelles sont multiples. Un auteur a pu les recenser ; il y a la déchéance, l'éviction, et la révision[3].

751. Parmi les sanctions les plus récentes s'adressant uniquement aux clauses contractuelles, il est indispensable de citer la sanction de « réputée non écrite »[4]. Celle-ci est souvent associée au droit de la consommation qui considère certaines clauses qu'il qualifie d'abusives réputées non écrites. Certains auteurs traitent la question d'efficacité du contrat lorsqu'ils parlent des relations entre professionnels et consommateurs[5]. Selon ces auteurs, le consommateur, en s'adressant au professionnel, est animé d'un désir de garantir une efficacité à son contrat. « Lorsque quelqu'un recourt aux services d'un professionnel, c'est parce qu'il poursuit un dessein et espère un résultat (même dans les obligations de moyens). Dès lors, il compte sur l'efficacité de l'homme de l'art et la pertinence de son action comme de ses choix ; aussi celui-ci a-t-il l'obligation juridique d'être efficace »[6].

---

[1] MEKKI, M., Le nouvel essor du concept de clause contractuelle, 1re partie, RDC octobre 2006, p. 1051.
[2] L'exemple le plus courant est celui de la clause compromissoire qui bénéficie d'une autonomie indubitable reconnue en droit en jurisprudence.
[3] MEKKI, M., Le nouvel essor du concept de clause contractuelle, 2e partie, RDC avril 2007, p. 239, spéc. p. 244.
[4] Concernant cette sanction voir surtout : GAUDEMET, S., La clause réputée non écrite, éd. Economica 2006.
[5] LE TOURNEAU, Ph., Droit de la responsabilité et des contrats, éd. Dalloz 2008 / 2009, p. 918, n° 3726.
[6] LE TOURNEAU, Ph., Droit de la responsabilité et des contrats, éd. Dalloz 2008 / 2009, p. 918, n° 3726. Voir aussi sur ce point : VINEY, G. et JOURDAIN, P., Les conditions de la responsabilité, éd. LGDJ 2006, p. 426, n° 481. Les auteurs soulignent que « l'efficacité n'implique d'ailleurs pas seulement le soin et l'attention. Elle demande souvent la compétence ».

752. La lutte contre les clauses abusives, fer de lance des techniques du droit de la consommation, s'insère ainsi indirectement dans un souci de garantir aux contrats une certaine efficacité. Cette recherche de l'efficacité du contrat commande de rendre inefficace les clauses qui la violent. Dans ce procédé, c'est l'obligation fondamentale qui est en réalité protégée. C'est elle qui en sort plus efficace, plus affirmée. L'obligation fondamentale ne cesse de prodiguer ses mystères. De la formation à l'exécution, sans oublier l'inexécution, l'obligation fondamentale du contrat se montre toujours indispensable au contrat. La volonté d'assurer l'efficacité, finalité assignée à l'opération d'enrichissement du contrat, passe indubitablement par cette obligation. La fortification de cette obligation fondamentale, directement ou indirectement visée par la jurisprudence, est un accroissement de l'efficacité du contrat.

753. Dans le cadre des clauses abusives, la clause qui remplit les critères exigés par la loi, est dénuée de toute efficacité, c'est-à-dire qu'elle ne produit aucun effet. Dans cette hypothèse, la clause pour laquelle le juge inflige la sanction de « réputée non écrite », ne garde aucune utilité pour le contrat qui continue d'être exécuté en son absence. Le contrat, expurgé de cette clause, retrouve sa pleine utilité et toute son efficacité. Cette clause amoindrit donc l'efficacité du contrat pour les parties.

754. Pour accorder au contrat sa pleine efficacité, le juge se trouve obligé d'ôter à une ou plusieurs clauses du contrat toute efficacité. Cette idée a récemment été confirmée par Sophie Gaudemet qui intègre la sanction de « réputée non écrite » dans le souci de garantir l'efficacité et la cohérence du contrat[1]. L'efficacité anime ainsi le législateur qui la protège sans l'exprimer explicitement, poursuivant d'autres finalités comme la cohérence dans le contrat. Un auteur a récemment affirmé : « la convention doit donc, dans un premier temps, être apte à réaliser l'opération projetée, ce qui suppose que les moyens juridiques utilisés soient cohérents avec leur finalité »[2]. La poursuite de la finalité de l'efficacité du contrat passe souvent par l'usage de certains outils permettant de limiter l'efficacité des clauses contractuelles.

Un auteur tunisien a lui aussi souligné que le juge, afin de garantir au contrat son efficacité doit commencer par « déclarer inefficace »[3] certaines clauses contractuelles.

---

[1] GAUDEMET, S., La clause réputée non écrite, éd. Economica 2006, p. 223, n° 442.

[2] A. Etienney, La durée de la prestation. Essai sur le temps dans l'obligation, éd. LGDJ 2008, p. 596, n° 807.

[3] REKIK, N., Réflexions sur la nullité des clauses relatives à la garantie des vices cachés et du défaut de garantie dans le contrat de vente, Etudes juridiques 1997, p. 103, spéc. p. 120. L'auteur met cette sanction dans le cadre d'un objectif d'équilibrage du contrat et non dans un objectif de donner la pleine efficacité au contrat. Cet objectif d'efficacité paraît pourtant sous-jacent chez cet auteur qui fait, à plusieurs reprises à travers son article, référence à l'idée de l'efficacité du contrat.

755. Un conflit est souvent envisageable entre l'efficacité de la clause et celle du contrat. Dans le rapport entre les deux, c'est la seconde qui l'emporte très souvent. Ceci s'explique par le simple fait que « la clause, comme le souligne un auteur, ne peut produire ses effets qu'à la condition d'être compatible avec le contrat »[1]. Cette exigence de compatibilité réduit sensiblement l'efficacité de la clause, qui se voit sacrifiée en vue de sauvegarder et de faire prévaloir l'efficacité générale du contrat.

756. Dans certains autres cas, surtout concernant les clauses allégeant les obligations, ou en cas de clauses limitatives de responsabilité, la clause n'est pas dénuée de toute efficacité ; elle se trouve seulement limitée. La limitation est admise ou refusée selon qu'elle ôte ou non au contrat son efficacité. Les limitations sont admises si elles n'annihilent pas l'efficacité ou l'utilité du contrat. La limitation est réfutée si elle ne laisse au contrat aucune efficacité. Dans ces cas, l'efficacité est synonyme de protection de l'obligation fondamentale ; c'est elle qui sert de critère permettant de statuer sur l'utilité des clauses figurant dans un contrat.
En protégeant l'obligation fondamentale du contrat contre les clauses qui la réduisent, voire qui lui ôtent toute utilité, c'est l'efficacité du contrat qui est protégée. La poursuite de cet objectif supérieur peut conduire, dans certaines hypothèses, à limiter l'efficacité de certaines clauses contractuelles. Mohamed Mahfoud semble adopter implicitement cette idée lorsqu'il traite de la question de la validité des clauses limitatives de responsabilité et de non obligation dans le cadre d'une étude qu'il consacre à la théorie des suites du contrat[2].
Cette façon de protéger l'efficacité du contrat n'entre pas, en principe, dans un procédé d'enrichissement du contenu contractuel ; elle concerne l'effet premier accordé à l'implicite, celui de donner expression à une exclusion implicite de tout ce qui contrevient à la bonne foi et à l'harmonie au sein du contenu contractuel[3].

757. L'idée qui est nouvelle dans ce cadre, c'est que cet effet de l'implicite peut être aussi expliqué par une volonté législative ou judiciaire de garantir l'efficacité du contrat. Cette idée donne ainsi une nouvelle assise à la lutte contre l'abus et l'incohérence au sein du contenu contractuel. Le professeur Philippe Delebecque a présenté dans sa thèse la notion de l'obligation fondamentale comme limite à l'efficacité de certaines clauses contractuelles[4].

---

[1] MEKKI, M., Le nouvel essor du concept de clause contractuelle, 2e partie, RDC avril 2007, p. 239, spéc. p. 245.
[2] MAHFOUD, M., Théorie des suites du contrat, RJL 2008, n°6, p. 99, spéc. p. 104.
[3] Voir la première partie de cette étude.
[4] DELEBECQUE, Ph., Les clauses allégeant les obligations dans les contrats, thèse Aix-Marseille, 1981, p. 469, n° 411.

Cette obligation fondamentale restreint le jeu des clauses limitatives de responsabilité[1].
Dans toutes ces hypothèses, c'est l'efficacité du contrat qui est protégée et qui resurgit de tout son éclat. Cette efficacité qui prend ici une forme passive, n'ajoute rien au contrat, se contente de remettre en ordre le contenu contractuel ; elle justifie aussi dans d'autres hypothèses un ajout au contrat de nouvelles obligations. Dans ce dernier cas, c'est par un véritable enrichissement que le juge procède à la protection de l'efficacité du contrat. Il passerait dans cette dernière hypothèse d'un simple élagueur à un créateur des obligations contractuelles nouvelles.

B - Assurer l'efficacité du contrat par l'adjonction d'obligations contractuelles nouvelles

758. Dans certains cas, l'objectif contractuel ne souffre pas de l'existence de clauses qui limitent son efficacité. En effet, il souffre d'un silence du contenu contractuel qui le prive d'atteindre sa pleine consécration. Le contrat, dans sa configuration initiale arrêtée par les parties, ne garantit pas tout à fait la réalisation de l'objectif désiré par les parties contractantes. Dans ce cas, le juge, afin d'assurer au contrat sa pleine efficacité, doit lui ajouter de nouvelles obligations qui favorisent la réalisation de sa finalité. D'une autre façon, les tribunaux doivent ajouter au contrat tout ce qu'exige une exécution satisfaisante du contrat.

759. L'idée de l'obligation fondamentale n'est pas non plus lointaine. C'est cette obligation, entre autres, qui détermine le vecteur de l'adjonction au contrat. Sa protection et sa réalisation constituent l'objectif prioritaire de tout le contrat. Cette priorité de l'obligation fondamentale est légitimée par le fait qu'elle incarne l'essentiel du contrat. Son exécution rend normalement suffisante l'exécution du contrat[2]. Quand les tribunaux fortifient les chances de son exécution, c'est celle de tout le contrat qui est fortifiée. L'efficacité de l'exécution de cette obligation est une efficacité pour tout le contrat.
Cela n'implique pas de négliger les obligations accessoires ; elles contribuent, elles aussi, sensiblement à la réalisation de l'objectif contractuel. Très souvent, elles servent d'appui à l'obligation fondamentale. Sans leur contribution, l'objectif contractuel peut ne pas retrouver sa pleine consécration. Afin d'assurer la réalisation de la finalité du contrat, toutes ses composantes, qu'elles soient essentielles ou accessoires, concourent. D'ailleurs, dans plusieurs cas, le contrat ne produit pas l'effet désiré par ses contractants pour manquement à une

---

[1] DELEBECQUE, Ph., Les clauses allégeant les obligations dans les contrats, thèse Aix-Marseille, 1981, p. 469, n° 411.
[2] Pour un débat sur l'importance de cette notion dans la qualification de l'exécution, voir la première partie de ce travail.

obligation secondaire. Un auteur a récemment souligné que « l'efficacité est une notion qui allie la détermination d'un but à atteindre et la réussite dans cette action en raison de l'effet adéquat produit dans une situation particulière »[1].

760. Dans le contrat de vente où l'objectif essentiel du contrat est d'assurer le transfert de la propriété du bien vendu du vendeur à l'acquéreur, la jurisprudence, que se soit en France ou en Tunisie, a pris l'habitude de greffer sur le contrat de vente, de nouvelles obligations qui augmentent l'efficacité des obligations des parties et qui assurent un transfert de propriété ou de possession de la chose vendue[2].

Dans ce cadre, la jurisprudence française ajoute des obligations d'information, de conseil ou de mise en garde aux contrats de vente. Celles-ci ont été, au début, rattachées par la jurisprudence à l'obligation de délivrance qui incombe au vendeur. C'est à ce moment-là que la possession du bien vendu passe normalement du vendeur à l'acheteur. D'ailleurs, l'article 1604 du Code civil définit la délivrance comme étant « le transport de la chose vendue en la puissance et possession de l'acheteur ». Dans une seconde étape, l'obligation d'information du vendeur s'est vue rattachée à l'article 1135 du Code civil[3]. Pour une autre frange de la doctrine, l'article 1601 du Code civil représente aussi un fondement possible à cette obligation d'information dont sont tenus les vendeurs[4]. Cet article qui énonce que « le vendeur est tenu d'expliquer clairement ce à quoi il s'oblige », peut servir de fondement aux variétés d'obligation d'information lui incombant. Dans tous les cas, et abstraction faite du fondement sur lequel elles sont étayées, ces obligations épaulent l'obligation fondamentale et augmentent l'efficacité du contrat.

---

[1] DUONG, L., Le raisonnable dans les principes du droit européen des contrats, RIDC 2008, p. 709, spéc. p. 723.

[2] La nature juridique du transfert de propriété est à la base d'une controverse juridique : certains auteurs le considèrent comme une obligation incombant au vendeur, d'autres le qualifient d'effet né du contrat de vente. Afin d'éviter d'entrer dans un tel débat, qui paraît sans intérêt capital, on se contente d'affirmer que le transfert de propriété constitue l'essence du contrat de vente, même s'il n'en a pas l'apanage. En droit tunisien, le professeur N. Ben Ammou qualifie le transfert de propriété comme un effet de la vente et le traite dans son livre parmi les différents effets de la vente. Voir sur ce point : BEN AMMOU, N.,Droit civil, Contrats spéciaux, La vente et l'échange, éd. CPU 2007, p. 193, n° 163. En droit français voir : F. Collart-Dutilleul et DELEBECQUE, Ph., Contrats civils et commerciaux, éd. Dalloz 2007, p. 173, n°184. Voir aussi : Ph. Malaurie, L. Aynès et P.-Y. Gautier, Les contrats spéciaux, éd. Defrénois 2007, p. 161-162, n° 251-252.

[3] Voir sur ce point spécialement : M. Fabre-Magnant, De l'obligation d'information dans les contrats. Essai d'une théorie, éd. LGDJ 1992, p. 356, n° 446.

[4] F. Collart Dutilleul et DELEBECQUE, Ph., Contrats civils et commerciaux, éd. Dalloz 2007, p. 191, n° 211.

761. En effet, comme le soulignent certains auteurs[1], les obligations d'information, de conseil et de mise en garde ont dépassé les limites des carcans de l'obligation garantie de vices cachés ou de l'obligation de délivrance pour s'affirmer autonomes. Les nouvelles réglementations, qui ne cessent de mettre à la charge des vendeurs une obligation d'information, ne font que réconforter cette idée. Cette importance qu'occupe de plus en plus l'obligation d'information dans les contrats, est due en effet au rôle qu'elle assure dans l'exécution du contrat.
Cette obligation contribue manifestement à accroître l'efficacité de tout le contrat. Elle permet à l'acheteur de jouir du bien vendu selon l'usage auquel il est destiné ou selon son usage ordinaire. En l'absence de cette information, le contrat est incapable de réaliser l'objectif désiré par les contractants. Une personne qui vend un produit sophistiqué ou de haute technologie sans expliquer à l'acquéreur la manière de l'utiliser, trahit certainement les attentes de son partenaire qui ne pourra en faire usage selon ses besoins. Dans certains autres cas, c'est non seulement l'information qui est requise mais aussi l'assistance, le contractant devant assister son partenaire au cours de l'exécution du contrat. Cette assistance s'insère, elle aussi, dans un souci de garantir l'efficacité du contrat pour les contractants. Le contrat exécuté parvient à réaliser l'objectif dessiné par les parties contractantes.

762. Cette idée d'efficacité du contrat recherchée lors d'une opération d'enrichissement est souvent poursuivie en droit anglais, où l'ajout d'*implied terms* est justifié par la volonté des tribunaux de garantir l'efficacité du contrat. La jurisprudence anglaise l'a depuis longtemps appliqué. Dans une affaire qui date de 1918, un juge anglais l'a explicitement affirmé ; « une obligation implicite ne pourrait être ajoutée que si elle est nécessaire pour l'efficacité du contrat »[2].

---

[1] Certains auteurs présentent l'obligation d'information du vendeur comme une obligation autonome par rapport à celle de délivrance. Voir surtout sur ce point : F. Collart Dutilleul et DELEBECQUE, Ph., Contrats civils et commerciaux, éd. Dalloz 2007, p. 190, n° 208. En droit tunisien, cette obligation est généralement traitée par la doctrine comme une dérivée de l'obligation de délivrance de la chose vendue. Un auteur tunisien pose aussi la question d'un nouveau classement de ces obligations et cite dans ce sens l'ensemble des obligations ajoutées par la jurisprudence et la législation aux obligations classiques de délivrance et de garantie incombant au vendeur. Cet auteur cite entre autres l'obligation d'information. Voir sur ce point surtout : BEN AMMOU, N.,Les contrats spéciaux, Tome 1, Vente et échange, éd. CPU 2007, p. 226 – 227, n° 200.

[2] Scrutton LJ in Reigate v Union Manufacturing Co (1918): « A term will be implied only where it is necessary in a business sense to give efficacity to a contract » (la traduction est personnelle). Cette jurisprudence est citée par: L. Mulcahy and J. Tillotson, Contract law in perspective, Cavendish publishing 2004, p. 159. Voir aussi sur ce: G. Treitel, The law of the contract, ed. Thomson, Sweet & Maxwell, 2003, p. 202. En cas d'existence d'une lacune d'un contrat « the court will then be asked to imply a term or terms to remedy the deficiency ». BEALE, H. G.,

Cette idée de recherche de l'efficacité du contrat, efficacité qui permet au contrat de bien fonctionner est présente, même chez certains auteurs français. Le Doyen Jean Carbonnier y fait référence lorsqu'il précise que le contrat « fonctionnera mieux s'il est complété »[1]. Fonctionner mieux, c'est atteindre un très haut degré d'efficacité. Le complément d'un contrat ajoute ainsi de l'efficacité au contrat. Le professeur Gille Goubeaux a, lui aussi, parlé indirectement de l'efficacité du contrat lorsqu'il a souligné : « ajouter des nouvelles obligations greffées sur les clauses principales permet d'améliorer les effets que les parties attendent du contrat auquel elles souscrivent. L'opération contractuelle est plus complète, mieux adaptée aux objectifs poursuivis »[2]. Une obligation d'accroître l'efficacité des contrats incombe aux juges qui peuvent l'assumer en se fondant sur l'article 1135 du Code civil.

763. Dans ce cadre, la jurisprudence française, à plusieurs reprises, a mis à la charge du contractant une obligation d'information en se fondant directement sur l'article 1135 du Code civil. D'ailleurs, la découverte de cette obligation par la jurisprudence est antérieure à la découverte de l'obligation de sécurité. En effet, la Cour de cassation française a découvert l'obligation d'information depuis l'arrêt du 15 janvier 1894[3]. En filigrane, dans la majorité des interventions judiciaires, réside toujours une volonté de garantir au contrat l'efficacité qu'il aurait perdue si une obligation n'y avait pas été ajoutée. En effet, l'efficacité du contrat n'est pas souvent directement recherchée. Elle n'est qu'un outil permettant d'atteindre la satisfaction du contractant qui est visée en ultime dessein.

764. La jurisprudence française a poussé plus loin l'importance de l'obligation d'information dans les contrats lorsqu'elle a annulé une clause dispensant le vendeur de toute responsabilité en cas de manquement à son obligation d'information. Ainsi, elle a décidé qu'un vendeur manquait à son obligation d'information s'il ne signalait pas à l'acquéreur le non-raccrochement de l'immeuble vendu au réseau d'eau potable, malgré la clause contractuelle stipulant que l'acquéreur prenait l'immeuble vendu dans l'état où il se trouvait, sans garantie des vices cachés, et qu'il faisait son affaire personnelle de la continuation ou de la résiliation de tous les contrats d'abonnement à l'eau, au gaz et à l'électricité[4]. Dans un arrêt récent, la jurisprudence française a confirmé

Chitty on Contracts, Volume I, General Principles, éd. Sweet & Maxwell 2008, n° 13-002, p. 887. (La traduction est personnelle)

[1] CARBONNIER, J., Droit civil, Les obligations, Tome IV, éd. PUF 2004, p. 1972, n° 945.

[2] GOUBEAUX, G., La règle de l'accessoire en droit privé : étude sur la maxime "accessorium sequitur principale", éd. LGDJ 1969, p. 199, n° 132.

[3] Req., 15 janvier 1894, D. P. 1894, I, p. 207.

[4] Cass. 3e civ. 28 juin 2000, GP. 2001, p. 101, note Teilliais.

le lien entre l'obligation d'information et le contrat de vente[1]. L'obligation d'information à laquelle a manqué le vendeur, avait privé l'acheteur d'un usage auquel la chose vendue était normalement destinée. Priver l'acheteur de cette possibilité réduit sensiblement l'efficacité du contrat qu'il a conclu, ce qui peut justifier sa résolution ultérieure. Le manque d'efficacité est sanctionné par la résolution et non par une condamnation aux dommages-et-intérêts[2]. Ce qui étonne dans cet arrêt, c'est que l'obligation d'information est attachée à l'obligation de conformité[3].

765. Par ailleurs, cette obligation d'information et ses corollaires, de conseil ou de mise en garde, ne sont pas l'apanage du contrat de vente. En effet, on la trouve pratiquement partout. La place qu'elle occupe ne cesse d'agrandir et de prendre de l'ampleur. On la trouve par exemple en matière bancaire où elle prend une importance particulière, surtout en matière boursière[4]. En droit de sociétés, l'information est au cœur des droits de l'associé. Dans tous les cas où elles sont adjointes au contrat, c'est souvent le souci de garantir l'efficacité du contrat qui est recherchée.
En effet, l'obligation d'information n'est pas la seule qui réconforte l'idée de recherche d'efficacité dans l'exécution du contrat, d'autres obligations peuvent être aussi rangées du même côté. Figurent également l'obligation d'assistance et l'obligation d'entretien. Ce sont généralement les obligations que le Doyen Jean Carbonnier qualifie de « suites psychologiques »[5] ou « de relation pédagogique »[6].

766. La jurisprudence tunisienne, « après une longue période d'indifférence »[7], dans laquelle elle a obligé l'acheteur à se renseigner[1], commence à reconnaître

---

[1] VINEY, G., Les obligations du vendeur en cas d'évolution des données techniques affectant l'efficacité de la chose vendue, note sous cass. 1re. Civ., 7 mai 2008, RDC octobre 2008, p. 1172.
[2] VINEY, G., Les obligations du vendeur en cas d'évolution des données techniques affectant l'efficacité de la chose vendue, note sous cass. 1re. Civ., 7 mai 2008, RDC octobre 2008, p. 1172, spéc. p. 1176.
[3] VINEY, G., Les obligations du vendeur en cas d'évolution des données techniques affectant l'efficacité de la chose vendue, note sous cass. 1re. Civ., 7 mai 2008, RDC octobre 2008, p. 1172, spéc. p. 1175. Ce lien entre conformité et obligation d'information est pourtant confirmé par l'ordonnance du 17 février 2005 relative à la garantie et à la conformité dans la vente des biens meubles aux consommateurs qui a été intégrée au Code de la consommation (les articles L. 211-1 à L. 211-18).
[4] MATTOUT, J.-P., Le banquier, ses métiers, ses nouvelles obligations professionnelles, RJC, 2009, n°1, p. 10.
[5] CARBONNIER, J., Droit civil, Tome II, Les biens, Les obligations, éd. PUF 2004, p. 2120, n° 1030.
[6] CARBONNIER, J., Droit civil, Tome II, Les biens, Les obligations, éd. PUF 2004, p. 2120, n° 1030.
[7] BEN AMMOU, N.,Les contrats spéciaux, Tome 1, Vente et échange, éd. CPU 2007, p. 227, n° 200.

l'importance d'une obligation d'information, de conseil ou de mise en garde, surtout dans les rapports entre professionnels et consommateurs[2]. Ces obligations contribuent sensiblement à l'efficacité de l'exécution du contrat, même si une frange de la doctrine tunisienne les classe sous l'angle d'une volonté jurisprudentielle d'équilibrage des contrats[3].
Cette idée de recherche d'efficacité dans l'exécution des contrats est poussée encore plus loin dans les contrats de vente portant sur des immeubles immatriculés[4], où la vente ne produit ses effets que si elle est inscrite au registre foncier[5]. La jurisprudence tunisienne, a ajouté, à plusieurs reprises, au contenu du contrat une obligation implicite qui oblige le vendeur à signer tout acte de précision ultérieure afin de faciliter l'inscription de l'opération de vente sur le registre foncier. La jurisprudence ajoute cette obligation de signer un acte de précision en se fondant ouvertement sur l'article 243 du Code des obligations et des contrats. Elle considère cet acte comme une suite naturelle du contrat de vente d'un immeuble immatriculé.

767. Dans toutes ces hypothèses, derrière le transfert de propriété que ces actes assurent, c'est l'efficacité du contrat qui est favorisée. Sans ces actes de précision que la jurisprudence tunisienne exige, le contrat de vente resterait une lettre morte, ne présentant pas grande utilité pour les contractants. L'efficacité provient de l'obligation que la jurisprudence tunisienne greffe sur les obligations du vendeur. Par cet ajout au contrat, l'intégralité de l'acte de vente se trouve ressuscité[6].

768. Dans tous ces exemples, les obligations nouvelles que la jurisprudence,

---

[1] Cass. civ (tn), n° 11667, du 15 avril 1976, Bull. I, p. 94 ; Cass. civ. 2490 du 6 février 1979, Bull. I, p. 61 et RTD 1981 (partie en français), p. 401 note Y. Kenani.
[2] Voir sur ce point surtout : BEN AMMOU, N.,Les contrats spéciaux, Tome 1, Vente et échange, éd. CPU 2007, p. 226 - 227, n° 200.
[3] BEN AMMOU, N.,Les contrats spéciaux, Tome 1, Vente et échange, éd. CPU 2007, p. 227, n° 200.
[4] En droit tunisien, une distinction est toujours valable entre immeuble immatriculé à la conservation foncière et autre non immatriculé. Le régime juridique des opérations de ventes, hypothèques, partages ou autres diffère selon la nature de l'immeuble immatriculé ou non. La distinction garde ainsi un intérêt énorme. Voir sur ce point surtout : CHARFEDDINE, M.-K., L'effet constitutif de l'inscription au registre foncier selon la loi du 04 mai 1992, RTD, 1993, p. 99 ; Voir aussi du même auteur : Droit des biens, Cours polycopiés faculté de droit et des sciences politiques de Tunis 2005-2006. Voir aussi : BEN AMMOU, N.,Droit civil, Contrats spéciaux, La vente et l'échange, éd. CPU 2007, p. 205, n° 179.
[5] La loi tunisienne du 04 mai 1992 (modifiée à plusieurs reprises) accorde à l'inscription sur registre foncier des opérations portant sur des immeubles immatriculés un effet constitutif. Le droit ne prendrait naissance, même entre les parties, qu'une fois l'opération inscrite sur le titre foncier.
[6] Voir sur ce point : BEN TALEB, A., Le Code des obligations et des contrats devant les chambres réunies de la Cour de cassation, *In* Livre du centenaire du Code des obligations et des contrats 1906 – 2006, éd. CPU 2006, p. 241, spéc. p. 251, n° 14.

tant française que tunisienne, ajoute au contrat, viennent généralement se greffer sur les obligations des parties. Cette dose d'obligations fraîchement ajoutées imprègne les contrats d'une grande efficacité. Elle accroît aussi l'utilité des contrats, car pour un contractant, l'on ne se contente pas d'exiger l'exécution de ces obligations contractuelles, mais plus encore, il doit les exécuter utilement. Pothier en parle depuis longtemps ; « s'obliger à faire quelque chose, c'est s'obliger à le faire utilement »[1].

La recherche de l'efficacité du contrat cadre parfaitement avec l'obligation d'adjoindre les accessoires de la chose vendue ou louée à l'étendue du contrat conclu. L'accessoire n'est adjoint que pour garantir l'efficacité du contrat. Les articles du Code civil (ex. art. 1615) ou du Code des obligations et des contrats (ex. art. 610) commandant d'adjoindre les accessoires de chose à l'opération principale peuvent être justifiés par une volonté de garantir un maximum d'efficacité aux contrats. Les travaux préparatoires du Code civil démontrent que cette idée de recherche de l'efficacité n'était pas inconnue des rédacteurs du Code. Les termes de l'article 840 du troisième projet du Code civil qui correspond à l'article 1615 de l'actuel Code civil réconfortent cette idée[2].

Dans la pratique, cette idée est parfaitement vérifiable pour les contrats informatiques. Pour ces contrats, les accessoires assurent une très grande utilité[3]. En effet, dans ce domaine l'efficacité du contrat dépend étroitement de la délivrance des ses accessoires nécessaires[4]. En obligeant le vendeur à délivrer ce qui est accessoire au matériel informatique vendu, on ne fait qu'accroître l'efficacité du contrat. La jurisprudence française a observé la nécessité de la livraison du logiciel d'exploitation de l'ordinateur sans lequel le matériel ne présente aucune utilité[5]. La jurisprudence belge, très explicite sur ce point, cite directement une exigence d'efficacité afin de justifier l'importance des accessoires de la chose vendue[6].

En définitive, en ajoutant au contrat des nouvelles obligations, les tribunaux ont dans l'esprit une volonté indubitable, même non avouée expressément,

---

[1] Pothier, Traité de la vente, Paris 1825, n° 202 (cité par PICOD, Y., Articles 1134 – 1135 du Code civil, J – Cl, civil. art. préc.)

[2] Art. 840 du troisième projet du Code civil : « l'obligation de délivrer la chose comprend : - ses accessoires, - les dépendances sans lesquelles elle serait inutile, - Tout ce qui est naturellement destiné à son usage perpétuel». Voir : FENET, A.,Recueil complet des travaux préparatoires du Code civil, Tome premier, éd. Otto Zeller Osnabrück 1968, p. 292.

[3] LE TOURNEAU, Ph., Contrats informatiques et électroniques, éd. Dalloz 2008, p. 108, n° 3.72.

[4] Il est utile de préciser à cet égard que seuls les accessoires nécessaires à l'utilisation du matériel doivent être transférés avec la chose. Pour les autres, ils ne sont pas inclus par défaut dans la vente.

[5] Cass. 1re civ., 19 mai 1998, n° 96-17-872, Midi informatique, Expertises 1998, p. 266, obs. N. Courtier ; GP 1999, 1, pan. p. 104. CA Douai, 15 janvier 2003, Sté AB Informatique, CCE 2003, n°62, note Ph. Stoffel-Munck. Voir également : LE TOURNEAU, Ph., Contrats informatiques et électroniques, éd. Dalloz 2008, p. 109, n° 3.74 qui cite cette jurisprudence.

[6] Voir sur ce point : E. Montero, Les contrats de l'informatique et de l'internet, éd. Larcier 2005, p. 79, n°39. L'auteur cite le Trib. De comm. De Bruxelles, 29 janvier 1988, R.D.C 1989, p. 281.

d'assurer au contrat un minimum d'efficacité permettant aux parties d'en tirer un maximum de profit. Cette efficacité pose alors la question de rendement des contrats qui se trouve simultanément visé.

§2 - L'exécution efficace, augmentation du rendement du contrat

769. L'idée d'accroître le rendement du contrat et de le rendre plus rentable n'est pas nouvelle, Josserand l'a signalée depuis longtemps. N'a-t-il pas écrit : « la substance contractuelle se développe sans cesse, que le rendement de chaque opération devient toujours meilleur et que le rayonnement du contrat s'intensifie soit à l'égard des tiers, soit dans le cercle des parties et des personnes qui leur sont assimilées »[1].

Dans cette idée d'augmentation de rendement du contrat, on sent à la fois un relent de l'économie et de ses préceptes, ce qui pose une analyse du mot rendement de point de vue économique (B). Toutefois avant de passer à cette analyse, il serait plausible de préciser ce que ce mot engendre de point de vue juridique(A).

A – Un contrat plus productif d'un point de vue juridique

770. Quand Louis Josserand parlait d'un contrat sortant d'une opération de forçage plus productif et plus fécond, il ne visait certainement que le rendement d'un point de vue juridique. Ce rendement dont parlait cet auteur est un rendement mesuré du point de vue quantitatif. C'est-à-dire, le contrat produit un nombre d'obligations beaucoup plus important que celui cru par les parties. D'ailleurs, Louis Josserand utilise des termes qui évoquent indubitablement cette idée : « la substance du contrat se développe sans cesse »[2] ou « la substance obligatoire devient de plus en plus riche »[3].

771. Cette idée est vérifiable également chez certains autres auteurs qui soulignent que l'article 1135 du Code civil permet un *remplissage*[4] du contrat. L'idée est que le contrat produit ainsi ses pleins effets, non seulement ceux arrêtés par les parties mais aussi ceux ajoutés par le juge. Cette idée est également déduite du verbe doser que Josserand a utilisé[5], dérivé du mot dose,

---

[1] JOSSERAND, L.,L'essor moderne du concept contractuel, Mélanges Geny T II, p. 333, spéc. p. 338.
[2] JOSSERAND, L.,L'essor moderne du concept contractuel, Mélanges Geny T II, p. 333, spéc. p. 338.
[3] JOSSERAND, L.,L'essor moderne du concept contractuel, art. préc., p. 333, spéc. p. 339.
[4] Chr. Lapoyade Deschamps, note sous Cass. 1re. Civ. 26 février 1991, D. 1991, Juri. p. 605, spéc. p. 606.
[5] JOSSERAND, L.,L'essor moderne du concept contractuel, art. préc., p. 333, spéc. p. 339.

et renvoyant à l'idée de quantité[1]. Le contrat, à la fin d'une opération d'enrichissement voit accroître le nombre des obligations qu'il renferme.

772. L'accroissement du nombre des obligations contenues dans un contrat doit normalement augmenter le rendement du contrat qui s'affirme plus productif et plus fécond, selon les mots de Louis Josserand. Mais cet accroissement du nombre des obligations produites par un contrat est-il suffisant pour dire qu'un contrat devient efficace ? Le rendement du contrat doit-il être analysé du point de vue de la quantité ou de point de vue de la qualité ?

773. Un contrat peut être considéré comme efficace même s'il ne contient que peu d'obligations, celles qui sont nécessaires à la réalisation de son objectif et de la finalité poursuivie par les parties contractantes. Poursuivant cette logique, l'efficacité ne se mesure pas à l'aune du nombre des obligations engendrées par un contrat mais selon que ces obligations permettent ou non d'atteindre l'objectif du contrat. Il arrive souvent de trouver un contrat qui produit un nombre important d'obligations et pourtant, il n'apporte pas à ses contractants la satisfaction qu'ils attendaient de lui. L'ensemble des obligations qu'il contient, ne permettent pas de réaliser l'objectif du contrat. Il est donc logiquement soutenable de mesurer le rendement selon la qualité des obligations.
Les articles 1135 du Code civil et 243 du Code des obligations et des contrats doivent être analysés comme étant des articles qui cherchent à introduire, au sein du contenu contractuel, des obligations dont la qualité est avérée. C'est cette qualité qui garantit la rentabilité du contrat, ceci à l'inverse de l'idée de Monsieur Philippe Jacques, qui a soutenu l'idée que l'article 1135 du Code civil est un article recherchant la quantité de l'exécution plutôt que la qualité, objet de l'article 1134, alinéa 3, du Code civil[2] ou de l'article 243 *in limine* du Coc. L'ajout des obligations au contenu contractuel n'est pas une fin en soi. Ce qui visé *in fine,* c'est l'efficacité du contrat qui exige, dans certaines hypothèses, qu'on multiplie les obligations produites par un contrat en vue rendre possible la réalisation de l'objectif contractuel.

774. Dans le cadre de cette idée de qualité des obligations contractuelles ou de cette rentabilité du contrat, la notion de nature du contrat paraît précieuse. Cette idée évite que le contrat soit complété sans besoin ou sans qu'il y ait vraiment une nécessité impérieuse de le faire. Le rendement du contrat s'avère, selon les

---

[1] Le dictionnaire Le Petit Robert 2007 donne plusieurs définitions au mot « dose » qui renvoient toutes à l'idée de quantité. A titre d'exemple la dose est selon ce dictionnaire : « quantité de ce qui entre dans un composé quelconque ».

[2] JACQUES, Ph., Regards sur l'article 1135 du Code civil, éd. Dalloz 2005, p. 315, n° 166. L'auteur établit à la page 316 un tableau de comparaison entre les articles 1134 -3 et 1135 du Code civil.

articles 1135 du Code civil et 243 *in fine* du Code des obligations et des contrats, inhérent à la nation de la nature du contrat. C'est cette dernière qui dose en réalité le contrat de nouvelles obligations. Le juge ne fait que poursuivre ce que la nature du contrat indique et préconise. Il accroît le rendement du contrat, d'abord par sa référence à la nature du contrat et ensuite, par le fait d'y ajouter ce qu'elle enjoint.

775. Une autre idée paraît aussi utile ; celle de rechercher une correspondance entre l'objectif du contrat et son contenu. Elle a d'abord été soutenue par Dominique Ledouble qui a souligné : « déterminer le contenu contractuel, c'est rechercher la meilleure correspondance possible entre ce que l'entreprise désire faire et ce qu'elle va demander à son partenaire au moyen du contrat »[1]. Selon cet auteur, il est légitime de doser le contrat par ce qui est au service de l'objectif désiré par les parties contractantes. L'objectif du contrat retrace ainsi les contours de l'opération d'enrichissement. Cette idée est d'autant plus défendable que l'objectif n'est en réalité que la nature du contrat, ce qui implique que doser le contenu contractuel selon l'objectif du contrat, c'est le doser selon la nature du contrat.
Selon un autre auteur[2], la correspondance doit être faite entre *instrumentum* et *negocium.* D'après cette thèse, le *negocium* incarne l'objectif des parties et c'est à sa lumière que le contrat doit être complété. Tout ce qui entre dans le cadre du *negocium* doit être ajouté à l'*instrumentum*. Le dosage du contrat se fait selon ce que recherchent les parties, ce qui donne un sens et une direction à l'enrichissement du contenu contractuel. Selon cette thèse, le contrat doit être analysé comme un *projet*[3] que le juge affine en procédant à son enrichissement. Il efface ici la « distorsion » *entre* le but à atteindre et les engagements souscrits dans l'accord.[4]

776. Ces idées de correspondance que soutiennent certains auteurs, tendent en réalité à introduire un peu de raisonnable dans l'opération d'enrichissement qui se voit attribuer un objectif précis. Cette correspondance, bien qu'inutile dans une certaine mesure, puisque le critère de la nature du contrat permet de la réaliser plus facilement, paraît avoir l'avantage de simplifier la tâche pour le juge et évite que l'enrichissement ne se transforme en une opération insensée de remplissage du contrat. Ce qui est visé en filigrane, c'est la rentabilité du contrat qui se réalise efficacement par le respect de la nature du contrat. L'objectif est

---

[1] D. Ledouble L'entreprise et le contrat, éd. Litec 1980, p. 84, n° 91.
[2] ROUVIERE, F., Le contenu du contrat : essai sur la notion d'exécution, éd. Presse Universitaire Aix-Marseille, 2005, n°113, p. 108.
[3] ROUVIERE, F., Le contenu du contrat : essai sur la notion d'exécution, éd. Presse Universitaire Aix-Marseille, 2005, n°105 p. 101.
[4] ROUVIERE, F., Le contenu du contrat : essai sur la notion d'exécution, éd. Presse Universitaire Aix-Marseille, 2005, n°183, p. 158.

donc de garantir au contrat plus d'efficacité en lui ajoutant les obligations nécessaires à la réalisation de la finalité visée par les parties. Cet objectif a normalement l'avantage de permettre à l'opération d'enrichissement d'éviter « l'écueil de l'hypertrophie »[1]. L'essentiel est que le contrat produise ses pleins effets sans excès ni abus.

Cette rentabilité du contrat peut être aisément expliquée par une analyse économique du contrat.

B – Un contrat plus productif du point de vue économique

777. Le terme « rendement » renvoie directement à l'économie. Le dictionnaire Le Petit Robert avance entre autres une définition de ce mot, le rendant synonyme de « produit, gain »[2]. Dès lors, accroître le rendement du contrat, c'est rechercher l'opération économique qui le justifie. Derrière tout contrat réside normalement une finalité économique qui la justifie et qui peut expliquer l'intégralité du procédé. Dans cette optique, Frédéric Rouvière souligne dans sa thèse que « le contrat porte en son sein un objectif, une finalité, un projet qu'il a vocation à réaliser. La détermination de ce projet permet de saisir l'aspect concret et la valeur économique de l'avantage promis. C'est aussi le principe d'organisation de l'ensemble des engagements. Tous concourent au soutien de la réalisation du projet. Les engagements sont le moyen d'obtenir l'avantage stipulé »[3]. Afin d'accroître l'efficacité du contrat et de le rendre plus rentable, le juge peut faire usage des idées économiques qui permettent, elles aussi, d'enrichir le contrat de nouvelles obligations nécessaires à la réalisation de l'objectif économique. Cette efficacité pourrait ainsi comporter le qualificatif d'économique. D'ailleurs, Madame Muriel Fabre-Magnan parle, dans sa thèse, de l'efficacité économique de l'obligation d'information[4].

778. Dans cette idée de rendement du contrat, que l'opération d'enrichissement tend à réaliser, le juge quitte le domaine du droit à proprement parler pour s'aventurer dans une analyse économique du contrat. En effet, les objectifs économiques ne sont pas étrangers à la philosophie de l'article 1135 du Code civil ou à l'article 243 *in fine* du Code des obligations et des contrats[5]. Dans ces

---

[1] CHAZAL, J.-P., Les devoirs des contractants. Est-on allé trop loin ?, *In* La nouvelle crise du contrat, éd. Dalloz 2003, p. 99, spéc. p. 106.
[2] Le Petit Robert 2007.
[3] ROUVIERE, F., Le contenu du contrat : essai sur la notion d'inexécution, éd. PUAM 2005, p. 101, n° 104.
[4] FABRE-MAGNAN, M., De l'obligation d'information dans les contrats. Essai d'une théorie, op. cit., p. 108, n° 142. Voir également : A. Raynouard, Faut-il avoir recours à l'analyse économique du droit (AED) pour assurer l'efficacité économique du droit ? RRJ 2008, Cahiers de méthodologie juridique, n° 22, p. 2509.
[5] Voir le chapitre précédent.

articles, l'économique côtoie le juridique. Ils concourent afin de donner au contenu contractuel sa pleine affirmation et le conduire au meilleur de son effet. L'opération d'enrichissement, qui n'est qu'une façon d'étoffer les obligations nées d'un contrat, pourrait aisément être expliquée par une référence aux préceptes de l'économie. Le juge pourrait ainsi se faire aider par les notions économiques afin d'enrichir un contrat souffrant d'une incomplétude. Dans cette hypothèse, le juge analyse le contrat comme une opération économique que les parties ont désiré réaliser. Il y inocule tout ce qui est nécessaire à la réalisation de cette opération.

779. Selon un auteur, la prise en compte de l'économie dans l'analyse du contrat conduit à un passage du contrat-obligation au contrat-opération[1]. L'opération pour laquelle le contrat sert de cadre est objectivement analysée. Le juge pénètre dans les profondeurs du contrat afin d'appréhender son identité et l'opération économique qu'il véhicule. Une fois qu'il arrive à une certitude sur la nature de cette opération, il procède à l'enrichissement du contenu du contrat en lui ajoutant ce qui lui manque et qui est nécessaire à la réalisation du but économique visible en filigrane. A travers les ajouts que le juge réalise, le rendement du contrat est poussé à son plus haut degré ; il est maximisé. Chaque contractant tire, à la suite de l'enrichissement du contrat par le juge, tout le profit qu'il en espérait. L'enrichissement redonne alors au contrat son utilité et accorde aux parties la possibilité d'en tirer profit.

780. Dans un contrat de vente, le juge peut procéder à l'ajout au contrat de tout ce qui contribue à rentabiliser cette opération pour les parties. Du côté de l'acheteur, il ajoute ce qui lui facilite l'obtention de la propriété de la chose vendue. Du côté du vendeur, il lui ajoute tout ce qui lui facilite l'obtention du profit qu'il attend de la vente. Dans tous ces cas, le juge s'écarte de la volonté des parties et de l'intégralité du contexte entourant le contrat, pour ne voir dans celui-ci qu'une opération économique. La démarche est simple : il localise l'opération et la dose de tout ce qui favorise l'atteinte de l'objectif des parties, mais économiquement déterminé. L'économie paraît ici très utile puisqu'elle aide le juge à découvrir la réalité du contrat et ce qui anime les parties. Madame Muriel Fabre-Magnan a précisé dans ce sens : « la notion d'économie du contrat sert à identifier la finalité du contrat dans l'esprit et donc dans l'accord des parties »[2]. Cette utilité s'accroît davantage, puisque la notion d'économie du contrat « renvoie dès lors principalement à l'objet du contrat »[3].

---

[1] PIMONT, S., L'économie du contrat, éd. PUAM 2004, p. 23-24, n° 15.
[2] FABRE-MAGNAN, M., Droit des Obligations, 1- Contrat et engagement unilatéral, éd. PUF 2008, p. 426, n° 171.
[3] FABRE-MAGNAN, M., Droit des Obligations, 1- Contrat et engagement unilatéral, éd. PUF 2008, p. 426, n° 171.

781. En effet, cet enrichissement peut être doublement expliqué : juridiquement et économiquement. Lorsque le juge ajoute au contrat de nouvelles obligations, il accroît à la fois son contenu juridique et son ampleur économique. Le contrat produit son effet le meilleur sur le plan juridique mais également sur le plan économique. C'est le rendement du contrat qui se voit augmenté à la suite d'une opération d'enrichissement.
L'analyse économique du contrat apparaît de ce côté favorable au contrat et aux parties. Pour le premier, cette analyse lui permet d'atteindre sa pleine affirmation et de réaliser l'objectif justifiant son existence. Pour les secondes, chacun tire du contrat le profit qu'il attendait. L'inconvénient de cette analyse économique du contrat, c'est qu'elle peut, dans certains cas, justifier la résolution du contrat plutôt que son exécution. Cette idée est vérifiable surtout en cas de rupture efficace du contrat « efficient breach of the contract » très connue en droit anglais des contrats[1].

En définitive, l'efficacité du contrat, finalité supérieure de l'opération d'enrichissement, est visible de deux façons : d'abord par le renforcement de l'objectif contractuel, puis par l'augmentation du rendement du contrat. Elle est encore plus visible si certaines obligations contractuelles qui s'insèrent dans ce cadre sont analysées.

Section II : Quelques obligations favorisant l'efficacité

782. Recenser les obligations contractuelles favorisant l'efficacité du contrat paraît une tâche impossible. La difficulté provient en réalité de deux côtés. D'abord, les obligations contractuelles favorisant l'efficacité du contrat sont nombreuses et personne ne peut prétendre ici à l'exhaustivité. D'un autre côté, un problème de départ entre ce qui s'insère dans le cadre cette finalité et ce qui ne l'est pas imprègne l'étude d'une difficulté singulière.
Toutefois, d'une façon générale, certaines obligations, souvent ajoutées au contenu du contrat, s'insèrent plus facilement dans le cadre de cette finalité d'efficacité que dans tout autre cadre. Ce sont surtout l'obligation d'information (§- 1) et l'obligation d'assistance (§- 2).

§ - 1 : L'obligation d'information

783. L'obligation d'information, en visant en dernier lieu la satisfaction du contractant et la bonne exécution du contrat, s'insère indubitablement dans le cadre d'une volonté jurisprudentielle de garantir une efficacité au contrat. A

[1] GEOFFREY, S., Réalisme et efficacité du droit anglais des contrats, *In* La nouvelle crise du contrat, éd. Dalloz 2003, p. 69, spéc. p. 78. Voir aussi sur cette notion : FABRE-MAGNAN, M., De l'obligation d'information dans les contrats. Essai d'une théorie, op. cit., p. 68, n° 82.

travers cette obligation essentiellement *jurisprudentielle*[1], « l'accent est mis sur l'efficacité du contrat »[2].
L'obligation d'information répond en effet parfaitement au souci d'efficacité dans toutes ses acceptions, qu'elles soient juridiques ou économiques. Dans le cadre de l'étude de cette obligation d'information, deux idées se présentent : la richesse de l'obligation d'information (A) et son utilité pour le contrat (B).

A – La richesse de l'obligation d'information

L'obligation d'information est généralement définie comme étant « un devoir imposé par la loi, notamment à certains vendeurs professionnels ou à des sociétés, de fournir des indications sur l'objet du contrat ou de l'opération envisagée par les moyens adéquats »[3]. Elle est aussi l'obligation « pour l'une des parties, de transmettre à l'autre des informations lui permettant d'obtenir une pleine satisfaction de l'exécution du contrat »[4]. Elle est également « l'obligation qui consiste, pour celui qui est tenu de l'exécuter [le contrat], à informer le cocontractant de toutes les conséquences techniques ou pécuniaires du contrat envisagé »[5].

L'obligation d'information qui a atteint son apogée au cours du siècle révolu[6], est souvent présente dans la majorité des contrats. Elle a pris la même ampleur que l'obligation de sécurité[7], même si chacune d'elles s'insère dans une philosophie spéciale. La richesse de l'obligation d'information est visible à travers le domaine de son intervention (a) et à travers ses formes (b).

a- Le domaine de l'obligation d'information

784. L'obligation d'information accompagne toute la vie du contrat dès le moment qu'il n'est qu'une simple idée jusqu'à sa fin, elle survit même encore plus en devenant une obligation post-contractuelle[8].

---

[1] DELEBECQUE, Ph., et F.-J. Pansier, Droit des obligations, Contrat et quasi-contrat, éd. Litec 2006, p. 164, n° 323.
[2] DELEBECQUE, Ph., et F.-J. Pansier, Droit des obligations, Contrat et quasi-contrat, éd. Litec 2006, p. 164, n° 323.
[3] Vocabulaire Juridique de l'Association Henri Capitant sous la direction de G. Cornu, éd. PUF 2007.
[4] FABRE-MAGNAN, M., Droit des obligations, 1- Contrat et engagement unilatéral, éd. PUF 2008, p. 464, n° 186. Cette définition n'est valable que pour une catégorie de l'obligation d'information ; celle qui a incidence sur l'exécution du contrat.
[5] DELEBECQUE, Ph., et F.-J. Pansier, Droit des obligations, Contrat et quasi-contrat, éd. Litec 2006, p. 164, n° 323.
[6] GHESTIN, J., Chr. Jamin et M. Billiau, Traité de droit civil, Les effets du contrat, éd. LGDJ 2001, p. 56, n° 45.
[7] M.-B. Crescenzo-d'Auriac, Devoir d'information et de conseil en matière d'assurance, J-Cl Civil, V° Assurance, Fasc. 6 (date de fraicheur 05 avril 2005, n° 1).
[8] BLANC-JOUVAN, G., L'après contrat. Etude à partir du droit de la propriété littéraire et artistique, éd. PUMA 2003, p. 171, n° 202. L'auteur envisage une obligation d'information post-

L'obligation d'information est d'abord une obligation précontractuelle[1]. Elle permet, à ce stade, au futur contractant, de prendre sa décision de contracter ou non, en toute connaissance de l'objet de son contrat. Les affiches publicitaires qui envahissent les rues et qui vantent les avantages de quelques produits ne sont en réalité que des informations adressées à des contractants potentiels ou à des « candidats au contrat »[2].

Autant l'on avance dans le processus contractuel, autant l'information prend de l'ampleur et devient très utile. L'information passe ainsi d'une simple publicité à une autre qui permet au contractant de découvrir les secrets du produit qu'il désire acquérir. Elle vise dans cette étape à élucider le consentement du contractant[3]. C'est la conclusion du contrat qui est visée par l'obligation d'information. Dans cette étape, l'obligation d'information est au début fondée sur l'interdiction de la réticence comme un des moyens de la lésion[4]. Ensuite, surtout en droit français, elle est fondée sur tout un arsenal de textes obligeant le contractant à informer son partenaire sur tout ce qui concerne l'objet du contrat. Entrent normalement dans ce cadre, les textes sur le droit de la consommation qui ne font en réalité qu'étendre et cadrer l'obligation d'information.

Dans tous ces cas, c'est souvent à travers les vices de consentement et la responsabilité contractuelle que l'obligation d'information est sanctionnée[5]. En

---

contractuelle, mais il lui préfère une obligation de coopération post-contractuelle. Il traite toutes ces questions dans le cadre d'un paragraphe qu'il intitule « la naissance d'obligations post-contractuelles non prévues par les parties » (p. 145). Sur cette question voir aussi : FABRE-MAGNAN, M., De l'obligation d'information dans les contrats. Essai d'une théorie, éd. LGDJ 1992, p. 336, n° 416. L'auteur n'apparaît pas favorable à cette extension de l'obligation d'information à la période post-contractuelle. Elle souligne : « si une obligation d'information est imposée après que le contrat soit exécuté ; cela signifie que cette obligation ne peut avoir pour source ce contrat ; en réalité, elle a probablement sa source dans un autre contrat que les parties envisagent de conclure ».

[1] Pour l'obligation précontractuelle d'information, voir en droit français surtout : FABRE-MAGNAN, M., De l'obligation d'information dans les contrats, essai d'une théorie, éd. LGDJ 1992. Pour le droit tunisien voir : MZID, N., Essai sur la négociation du contrat en droit civil, RTD 2000, p. 313, spéc. p. 327.

[2] TERRE, F., SIMLER, Ph. et LEQUETTE, Y., Droit civil, Les obligations, éd. Dalloz 2005, p. 459, n° 455.

[3] DELEBECQUE, Ph., et F.-J. Pansier, Droit des obligations, Contrat et quasi-contrat, éd. Litec 2006, p. 66, n° 129. Les auteurs citent les lois qui ont institué une obligation d'information préalable au contrat.

[4] Voir sur ce point : FABRE-MAGNAN, M., Droit des obligations, 1- Contrat et engagement unilatéral, éd. PUF 2008, p. 464, n° 186. En droit tunisien, consulter surtout : ZINE, M., Théorie générale des obligations, 1- Le contrat, éd. Tunis 1993, p. 148, n° 178 ; MAHFOUD, M., MAHFOUD, M., Théorie générale des obligations, Acte unilatéral, Contrat et Responsabilité civile (en Arabe), Publications du Centre d'études Juridiques et Judiciaires, éd. Orbis 2008, p. 66-67, n° 93.

[5] TERRE, F., SIMLER, Ph. et LEQUETTE, Y., Droit civil, Les obligations, éd. Dalloz 2005, p. 459, n° 455.

droit tunisien, c'est pratiquement la même chose, sauf que les lois sont moins nombreuses, et ont une moindre ampleur[1].

785. Ce qui intéresse cette étude, c'est l'obligation d'information qui a une incidence non sur la conclusion mais sur l'exécution du contrat. Dans cette hypothèse, l'obligation d'information concerne l'exécution, et devient ainsi contractuelle, liée directement à la satisfaction du contractant[2]. Elle ne vise à ce stade que la bonne exécution du contrat[3]. Muriel Fabre-Magnan a souligné dans ce contexte que « si le créancier de l'obligation d'information avait connu l'information, il aurait émis le même consentement – par exemple conclu le même contrat – qui est, par hypothèse, parfait. Il en aurait cependant obtenu ce qui était prévu au contrat, c'est-à-dire que l'exécution de celui-ci aurait été satisfaisante pour lui »[4]. Le critère de distinction entre différentes sortes d'obligations d'information est donc la satisfaction du contractant. Ce critère est en réalité en parfaite harmonie avec l'efficacité du contrat et par conséquent, avec la philosophie de l'article 1135 du Code civil ou encore avec l'article 243 *in fine* du Code des obligations et des contrats. L'information est obligatoire si elle influe sur l'efficacité du contrat. L'efficacité de l'exécution est ainsi le critère de rattachement de l'obligation d'information au contrat.

786. Une jurisprudence récente confirme ce lien établi entre efficacité et obligation d'information[5]. L'obligation d'information contribue à l'efficacité du contrat lorsqu'elle est essentielle pour que le contractant puisse tirer du contrat l'utilité qu'il espère. Dans cette hypothèse, l'ajout de cette obligation peut être étayé sur l'article 1135 du Code civil ou l'article 243 *in fine* du Code des obligations et des contrats.

787. En effet, les droits français et tunisien n'ont pas prévu un texte de portée générale adoptant l'obligation d'information pour l'exécution du contrat. Ce qui existe, ce ne sont en effet que des bribes, des applications éparses. Madame Muriel Fabre-Magnan semble favorable à fonder l'obligation d'information

---

[1] Sur ce point voir pour le droit tunisien : REBAÏ, A., La période précontractuelle dans le Code des obligations et des contrats, *In* Livre du centenaire du Code des obligations et des contrats 1906 – 2006, éd. CPU 2006, p. 265.

[2] FABRE-MAGNAN, M., De l'obligation d'information dans les contrats. Essai d'une théorie, op. cit., p. 332, n° 410.

[3] TERRE, F., SIMLER, Ph. et LEQUETTE, Y., Droit civil, Les obligations, éd. Dalloz 2005, p. 459, n° 455. Voir aussi : FABRE-MAGNAN, M., Droit des obligations, 1- Contrat et engagement unilatéral, éd. PUF 2008, p. 464, n° 186. L'auteur précise que « le contrat étant ici valablement formé, il s'agit d'obligations contractuelles d'information, permettant une bonne exécution du contrat ».

[4] FABRE-MAGNAN, M., De l'obligation d'information dans les contrats. Essai d'une théorie, op. cit., p. 332, n° 410.

[5] VINEY, G., Les obligations du vendeur en cas d'évolution des données techniques affectant l'efficacité de la chose vendue, note sous cass. 1re. Civ., 7 mai 2008, RDC octobre 2008, p. 1172.

relative à l'exécution du contrat directement sur l'article 1135 du Code civil ou à la rigueur sur l'article 1134-3 du Code civil. Elle affirme dans ce sens que « l'obligation d'information ayant une incidence sur l'exécution du contrat devrait être fondée sur l'article 1135 – ou à la rigueur sur l'article 1134 – du Code civil »[1].

En l'absence de texte général prévoyant l'existence d'une obligation générale d'information dans tous les contrats, « le juge se fonde sur l'article 1135 du Code civil, texte général qui lui donne le pouvoir, dans certaines conditions, d'accroître le contenu du contrat »[2].

Monsieur Laurent Leveneur, parlant du contrat de vente, souligne que « la jurisprudence trouve dans l'article 1135 du Code civil, .., le moyen de charger le vendeur, même dans la vente entre professionnels, d'un devoir de conseil »[3]. Ce même fondement est aussi proposé par d'autres auteurs[4].

En l'absence d'un texte du Code civil de portée générale, certains textes de portées limitées reconnaissent l'obligation d'information durant l'exécution du contrat. Les exemples sont nombreux. Pour le contrat de mandat, l'obligation de rendre compte pesant sur le mandataire n'est qu'une variété de l'obligation d'information[5]. Pour d'autres contrats, l'obligation d'information existe indubitablement au cours de l'exécution du contrat sauf qu'elle masquée par d'autres obligations[6]. C'est le cas surtout pour le contrat de louage de chose et de la vente où elle absorbée par la garantie des vices cachés[7].

Dans d'autres domaines la reconnaissance de l'existence de l'obligation d'information est plus explicite. Il en est ainsi de l'article R. 4127-35 du Code de la santé publique dont les termes évoquent l'arrêt de 21 février 1961[8] qui annonce que « le médecin doit à la personne qu'il examine, qu'il soigne ou qu'il conseille une information loyale, claire appropriée sur son état, les investigations et les soins qu'il lui propose »[9]. Le même Code contient d'autres

---

[1] FABRE-MAGNAN, M., De l'obligation d'information dans les contrats. Essai d'une théorie, op. cit., p. 361, n° 450.

[2] FABRE-MAGNAN, M., De l'obligation d'information dans les contrats. Essai d'une théorie, op. cit., p. 361, n° 450

[3] LEVENEUR, L., Avant de vendre un matériel, il faut s'informer des besoins de l'acheteur et s'informer de l'aptitude du bien proposé à l'utilisation prévue (cass. com. 4 janvier 2005), Contrats Concurrence, Consommation, n° 6, juin 2005, comm. p. 108.

[4] TERRE, F., SIMLER, Ph. et LEQUETTE, Y., Droit civil, Les obligations, éd. Dalloz 2005, p. 459, n° 455. Voir aussi : DELEBECQUE, Ph., et F.-J. Pansier, Droit des obligations, Contrat et quasi-contrat, éd. Litec 2006, p. 164, n° 322. Les auteurs précisent que l'article 1135 est le fondement de toute la jurisprudence qui a découvert l'obligation de sécurité ou d'information.

[5] Art. 1993 C. civ.

[6] VINEY, G. et JOURDAIN, P., Les conditions de la responsabilité, éd. LGDJ 2006, p. 489, n° 510.

[7] VINEY, G. et JOURDAIN, P., Les conditions de la responsabilité, éd. LGDJ 2006, p. 489, n° 510 (pour le louage de chose) et p. 490, n° 511 (pour le vente).

[8] Cass. Civ., 21 févier 1961, JCP 1961, II, 12139, note R. Savatier.

[9] Ce texte est en effet issu de l'incorporation du Code de déontologie médicale au Code de la santé publique. Les Voir sur ce point : BOUTON, J., Le Code de déontologie médicale, un code

dispositions relatives à l'obligation d'information[1]. Dans ces derniers exemples, cette obligation concerne aussi bien la formation du contrat que son exécution.

788. En droit tunisien, le Code des obligations et des contrats ne contient aucune disposition d'ordre général instituant cette obligation lors de l'exécution du contrat. Le Code contient pourtant quelques dispositions obligeant certaines catégories de contractants à respecter une obligation d'information. Il en est ainsi pour le contrat de louage de la chose où l'article 778, obligeant le preneur à informer le bailleur de tout ce qui touche la location afin qu'il puisse intervenir et prendre le nécessaire. Le mandataire est tenu aussi d'informer le mandant de tout ce qui touche à l'objet de son mandat[2].
La doctrine tunisienne semble, elle aussi, favorable à l'utilisation de l'article 243 comme fondement à l'obligation d'information liée à l'exécution du contrat. Le professeur Mohamed Mahfoud a déjà étudié cette obligation d'information parmi les différents apports de la théorie des suites du contrat[3].
Un auteur tunisien voit d'ailleurs que l'article 243 du Code des obligations et des contrats est suffisant pour étayer une obligation générale d'information. Il n'est pas nécessaire, selon lui, de légiférer des textes spéciaux instaurant une telle obligation[4]. Le professeur Sami Jerbi ajoute aussi l'article 655 du Code des obligations et des contrats concernant la garantie des vices cachés par le vendeur[5]. Dans le même sens, un auteur tunisien a constaté que la jurisprudence tunisienne avait tendance à fonder l'obligation d'information du vendeur sur l'article 243 du Code des obligations et des contrats, plutôt que sur les textes relatifs à la garantie des vices cachés[6].

789. Cette réactivation de l'article 243 du Code des obligations et des contrats, en vue d'étayer une éventuelle obligation d'information, paraît en effet très opportune car elle permet de classer l'obligation d'information à sa juste place, comme une suite que commande « l'équité, l'usage et la loi » selon la nature du contrat. Elle doit être adjointe au contrat lorsqu'elle est réclamée par sa nature.

---

singulier pour un colloque singulier, *In* Mélanges G. Wiederkehr, éd. Dalloz 2009, p. 27, spéc. p. 31.

[1] Art. L. 1111-2 du Code de la santé publique.

[2] Voir l'article 1134 du Code des obligations et des contrats concernant le contrat de mandat.

[3] MAHFOUD, M., Théorie générale des obligations, Acte unilatéral, Contrat et Responsabilité civile, Publications du Centre d'études Juridiques et Judiciaires, éd. Orbis 2008, p. 137, n° 187 (en Arabe). L'auteur cite l'obligation d'information dans le cadre d'un devoir de transparence. Voir aussi : MAHFOUD, M., Théorie des suites du contrat, RJL 2008, n° 6, p. 99, spéc. p. 101.

[4] JERBI, S., L'interprétation du contrat (en arabe), éd. CPU 1999, p. 411, n° 333.

[5] JERBI, S., L'interprétation du contrat (en arabe), éd. CPU 1999, p. 410, n° 333.

[6] BEN AMMOU, N.,Droit civil, Les contrats spéciaux, La vente et l'échange (en arabe), éd. CPU 2007, p. 228, n° 200. Cet auteur souligne à partir d'une constatation qu'il déduit de l'œuvre récente de la jurisprudence tunisienne que cette dernière a réanimé l'article 243 du Code des obligations et des contrats.

Pour cette raison, un critère général d'adjonction de l'obligation d'information ne peut être adopté. Cette obligation doit rester, comme l'a souligné un auteur, « au gré des contrats »[1]. Seul un souci d'efficacité peut justifier son adjonction au contrat.
En effet, l'obligation d'information n'est pas une, mais plusieurs.

b – Les différentes formes de l'obligation d'information

790. L'obligation d'information, lorsqu'elle fut découverte par la jurisprudence français en 1894 était simple et ne présentait pas de grandes difficultés. De nos jours, elle est devenue *protéiforme*[2]. D'une seule obligation d'information, on est passé à une *triade*, deux nouvelles variétés sont venues rejoindre le cortège ; obligation de conseil et obligation de mise en garde[3].

791. Entre ces différentes formes d'obligation d'information, il n'existe pas une différence de nature, mais une différence d'intensité. Madame Muriel Fabre-Magnan souligne à cet égard qu'« entre obligation d'information, renseignement, de mise en garde et de conseil, il n'y a pas une différence de nature mais une différence de degré »[4]. Il s'agit en fait d'une « graduation au sein de l'obligation d'information »[5]. Avec chaque contrat, l'obligation d'information change de *contenu et d'étendue*[6].
D'une obligation à une autre, l'intensité est poussée d'un cran. On module l'intensité en fonction des circonstances spécifiques au contrat, selon sa nature, du moment qu'elle en constitue une suite naturelle. Il n'est pas aisé ici de stéréotyper, car dans un même rapport, l'on peut trouver ces différentes formes d'obligation d'information. Par exemple, dans une relation avec un banquier, ce dernier est tenu à la fois d'une obligation d'information, de mise en garde et de conseil. Dans la relation avec un avocat ou un notaire, la même chose se pose. Il en est de même pour un médecin. Parfois, dans un contrat de vente, le vendeur est tenu d'informer l'acheteur, de le conseiller et de le mettre en garde sur certains risques particuliers.

---

[1] FABRE-MAGNAN, M., Droit des obligations, 1- Contrat et engagement unilatéral, éd. PUF 2008, p. 464, n° 186.
[2] TERRE, F., SIMLER, Ph. et LEQUETTE, Y., Droit civil, Les obligations, éd. Dalloz 2005, p. 459, n° 455.
[3] Pour une étude générale et récente sur la question voir : F. Glansdorff (dir), Les obligations d'information, de renseignement, de mise en garde et de conseil, éd. Larcier 2006.
[4] FABRE-MAGNAN, M., De l'obligation d'information dans les contrats. Essai d'une théorie, op. cit., p. 9, n° 12.
[5] P. Mistretta, L'obligation d'information dans la théorie contractuelle : applications et implications d'une jurisprudence évolutive, LPA 05 juin 1998, n° 67, p. 4, spéc. p. 5.
[6] P. Mistretta, L'obligation d'information dans la théorie contractuelle : applications et implications d'une jurisprudence évolutive, art. préc., p. 4, spéc. p. 5.

792. Généralement, deux critères permettent d'accorder à ces obligations une intensité particulière : la qualité de « professionnel » et le rapport de confiance que met un contractant en la personne de son partenaire. L'intensité dépend aussi, dans une certaine mesure, de la spécificité de l'objet de l'opération contractuelle ; autant celui-ci est compliqué ou sophistiqué, autant l'intensité de l'information est grande[1]. Les attentes spéciales des parties légitiment dans certains cas une intensité particulière de l'obligation d'information.

793. Très souvent dans le cadre de l'obligation d'information, il est traditionnel de distinguer entre devoir d'information ou de renseignement, obligation de conseil et obligation de mise en garde. L'obligation de mise en garde est celle qui « consiste à attirer l'attention du cocontractant sur un aspect négatif du contrat, ou de la chose objet du contrat. C'est principalement contre un danger, un risque, que l'on est tenu de mettre en garde quelqu'un »[2]. Cette obligation est liée à un risque inhérent à l'objet du contrat qu'elle entend faire éviter au cocontractant[3].

794. L'obligation de conseil, que la jurisprudence applique dans certains cas avec une sévérité extrême[4], est souvent définie comme étant celle qui « consiste, pour son débiteur, à faire apparaître au créancier les conséquences techniques et pécuniaires du contrat envisagé »[5]. Cette obligation de conseil est souvent préalable à la formation du contrat. Elle peut néanmoins être liée à l'exécution du contrat.

Dans l'obligation de conseil, l'intensité est plus importante puisque le débiteur de cette obligation est tenu non seulement d'informer le créancier de cette obligation, mais encore de l'éclairer sur la décision à prendre. Elle se trouve très

---

[1] C'est l'idée d'un auteur tunisien : MAHFOUD, M., Théorie générale des obligations, Acte unilatéral, Contrat et Responsabilité civile, Publications du Centre d'études Juridiques et Judiciaires, éd. Orbis 2008, p. 137, n° 187 (en Arabe). Pour le droit français voir à titre d'exemple : MALAURIE, Ph., AYNES, L. et STOFFEL-MUNCK, Ph., Les obligations, éd. Defrénois 2007, p. 402, n° 777.

[2] FABRE-MAGNAN, M., De l'obligation d'information dans les contrats. Essai d'une théorie, éd. LGDJ 1992, p. 381, n° 467.

[3] P. Mistretta, L'obligation d'information dans la théorie contractuelle : applications et implications d'une jurisprudence évolutive, art. préc., p. 4, spéc. p. 5.

[4] Pour un contrat de vente voir surtout : VINEY, G., La responsabilité du vendeur pour manquement à l'obligation de conseil (note sous : cass. 1re civ. 30 mai 2006, pourvoi n° 03-14275), RDC, 2006, n°4, p. 1231. Dans cet arrêt la Cour de cassation a tenu pour responsable au manquement à une obligation de conseil un vendeur en dépit du fait que l'acheteur était assisté d'un technicien d'installation. Pour les agences de voyages voir sur tout : DELEBECQUE, Ph., L'agent de voyages doit informer ses clients sur les formalités de séjour dans un pays étranger (note sous cass. 1re civ. 07 février 2006), RDC 2006, n° 4, p. 1161. En droit tunisien voir surtout : BELKNANI, F., La faute dans la responsabilité civile du médecin, Etudes juridiques 2001, p. 209. L'auteur cite dans cet article une abondance des arrêts tunisiens.

[5] DELEBECQUE, Ph., Les clauses allégeant les obligations dans les contrats, thèse Aix-Marseille, 1981, p. 373-374, n° 331.

souvent dans les contrats conclus avec des praticiens de professions libérales. Elle est l'accessoire d'une prestation de service[1]. Dans tous ces cas, elle représente un des « aspects de l'efficacité »[2]. C'est le cas d'un architecte dont l'obligation de conseil porte non seulement sur les aspects techniques de la construction mais également sur les aspects juridiques[3]. Il doit avertir le maître de l'ouvrage de tous les inconvénients que présente la nature du sol, l'implantation de l'immeuble, la disposition du bâtiment[4].
La jurisprudence tunisienne a, elle aussi, mis à la charge des architectes et d'autres praticiens une obligation d'information et de mise en garde envers leurs clients[5]. En outre, elle semble donner une ampleur et une intensité très grandes à ces obligations qui pèsent également sur les techniciens et les ingénieurs conseil[6]. La Cour de cassation tunisienne étaye ces obligations directement sur l'article 243 du C.o.c. Elle les qualifie de suites naturelles du contrat conclus avec les architectes et les ingénieurs conseil[7].

795. Le notaire et l'avocat sont aussi tenus d'une obligation de conseil envers leurs clients. La jurisprudence française ne cesse à cet égard d'exiger du notaire de garantir à l'acte qu'il instrumentalise une efficacité qui passe certainement par une obligation de conseil et d'information. Dans ce sens, un auteur a souligné : « le principe d'efficacité impose que le notaire mette tout en œuvre pour que l'acte qu'il dresse soit juridiquement parfait »[8]. Jean Luc Aubert poursuit aussi : « l'obligation d'efficacité va visiblement plus loin que le respect des règles de forme de l'acte authentique. D'abord parce qu'elle ne se satisfait

---

[1] Y. Buffelan-Lanore et V. Larribau-Terneyre, Droit civil, Deuxième année, Les obligations, éd. Sirey 2008, p. 425, n° 1308. C'est cette obligation d'information accessoire à l'obligation principale d'un contrat qui constitue uniquement l'objet de cette étude.

[2] J.-L. Aubert, La responsabilité civile professionnelle des notaires, LPA 2002, n° 116, p. 9, spéc. P. 11.

[3] VINEY, G. et JOURDAIN, P., Les conditions de la responsabilité, éd. LGDJ 2006, p. 481, n° 505 ; Y. Buffelan-Lanore et V. Larribau-Terneyre, Droit civil, Deuxième année, Les obligations, éd. Sirey 2008, p. 425, n° 1308.

[4] Voir la jurisprudence citée par : VINEY, G. et JOURDAIN, P., Les conditions de la responsabilité, éd. LGDJ 2006, p. 481, n° 505.

[5] Cass. Civ (tn), n° 2713 du 3 octobre 2005, Bull. 2005, p. 21.

[6] Cass. Civ (tn), n° 24186, du 16 février 2009 (inédit). Arrêt cité par : FRIKHA, S., La contribution de la Cour de cassation à la promotion de la jurisprudence : le contrat comme exemple (1994-2007), *In* Cinquante ans de jurisprudence civile 1959-2009, éd. CPU 2010, p. 535, spéc. p. 565.

[7] Cass. Civ (tn), n° 24186, du 16 février 2009 (inédit) cité par FRIKHA, S., La contribution de la Cour de cassation à la promotion de la jurisprudence : le contrat comme exemple (1994-2007), *In* Cinquante ans de jurisprudence civile 1959-2009, éd. CPU 2010, p. 535, spéc. p. 565).

[8] J.-L. Aubert, La responsabilité civile professionnelle des notaires, LPA 2002, n° 116, p. 9, spéc. P. 11.

pas d'une simple régularité formelle de l'acte : l'exigence d'efficacité s'étend – et c'est à vrai dire essentiel – à la substance de l'acte »[1].
Dans un arrêt récent, la troisième Chambre civile de la Cour de cassation a déclaré responsable un notaire pour son manquement à une obligation de conseil qui a ôté au contrat qu'il a rédigé toute utilité et efficacité[2]. La Cour de cassation reprochait à la Société Civile Professionnelle des notaires d'avoir « directement contribué par son comportement à l'absence d'efficacité de son acte et au prononcé de la résolution de la vente »[3]. Dans cet arrêt, il aurait été plus soutenable de se fonder sur le manquement du notaire à son obligation de conseil ou de mise en garde. Cette dernière obligation oblige le notaire à vérifier la régularité des documents de son client et lui proposer la meilleure solution. Dans cette affaire, le notaire aurait dû avertir son client que le permis de construction n'était plus valable.

796. En matière médicale, l'obligation d'information et de conseil prend une intensité particulière[4]. L'obligation d'information, qui atteint ici son *paroxysme,*[5] semble *indissociable* à l'obligation de conseil[6]. Ceci s'explique par l'enjeu dans le contrat médical qui est la santé du contractant. Dans le contrat médical, le médecin est tenu d'informer son client de tout ce qui touche à son état de santé et doit solliciter son accord pour certains actes, le cas d'urgence étant souvent excepté[7]. Si l'obligation d'information du médecin est établie en

---

[1] J.-L. Aubert, La responsabilité civile professionnelle des notaires, LPA 2002, n° 116, p. 9, spéc. P. 10.

[2] Cass. 3e civ. 7 mai 2008, pourvoi n° 07-11.390 (5 arrêts 07. 11390 à 07.11394) (inédits), RDC 2008, n° 4, p. 1181, note O. Deshayes.

[3] Cass. 3e civ. 7 mai 2008, pourvoi n° 07-11.390 (5 arrêts 07. 11390 à 07.11394) (inédits) (précités).

[4] MAHFOUD, M., L'obligation d'information du médecin en droit privé tunisien, RJL 2006, n° 12, p. 69.

[5] BELKNANI, F., La faute dans la responsabilité civile du médecin, Etudes juridiques 2001, p. 209, spéc. p. 254.

[6] BELKNANI, F., La faute dans la responsabilité civile du médecin, Etudes juridiques 2001, p. 209, spéc. p. 260.

[7] En droit français, la loi du 4 mars 2002 sur les droits des malades énumère les droits des malades. Cette loi est insérée au Code de la santé publique dans un chapitre intitulé : Information des usagers du système de santé et expression de leur volonté qui correspond aux articles L.1111-1 à L.1111-9. Pour le droit tunisien, il n'y a pas un texte général instituant une obligation d'information à la charge des médecins, mais il existe des textes spéciaux qui forment des bribes à cette obligation. Il y a surtout le Code de déontologie médicale promulgué par le décret n° 93-1155 du 17 mai 1993 ; loi n° 92-71 du 27 juillet 1992, relative aux maladies contagieuses (article 6 oblige le médecin à informer le malade de sa situation) ; loi n° 91-22 du 25 mars 1991 relative au don d'organes (article 7 oblige le médecin d'informer le patient des risques qu'il encourt du fait de l'opération) ; loi de 2001 sur la procréation. Le professeur Mohamed Mahfoud, en analysant les différents textes en matière de santé a déduit l'existence « d'une tendance législative vers la consécration d'une obligation d'information dans le contrat médical » (MAHFOUD, M., L'obligation d'information du médecin en droit privé tunisien, art. préc., p. 78, n°23).Voir aussi surtout : JERBI, S., La jurisprudence et la responsabilité médicale : la fin de l'arythmie

jurisprudence française, les nombreux arrêts rendus en la matière en témoignent ; elle paraît, au dire d'une frange de la doctrine tunisienne, encore discutable en jurisprudence tunisienne[1].

797. Les obligations d'information, de conseil ou de mise en garde se posent particulièrement en matière bancaire et financière[2]. Le banquier, dans le cadre de la gestion du portefeuille de son client, assume en effet une obligation d'information bien particulière. L'information et le conseil prennent une importance singulière surtout lorsqu'il s'agit d'un placement financier où le banquier doit veiller sur les intérêts de son client avec une vigilance accrue. Les jurisprudences française[3] et tunisienne[4] ne cessent de le confirmer. Cette obligation de mise en garde est valable même si la cliente est avocate, titulaire d'un DEA droit des affaires. Elle est qualifiée de profane tant qu'elle n'est « jamais intervenue sur le nouveau marché »[5].
Cet arrêt adopte la même position qu'un autre rendu par la Cour de cassation en 29 juin 2007[6] dans lequel il a été précisé que *l'obligation de mise en garde n'est pas absolue*[7]. Elle *n'est reconnue que lorsque l'emprunteur concerné n'est pas un emprunteur* « averti »[8]. La Cour semble toujours accorder une importance

---

paroxystique, *In* Mélanges Chr. Lapoyade-Deschamps, éd. Presse Universitaire de Bordeaux 2003, p. 209.

[1] MAHFOUD, M., L'obligation d'information du médecin en droit privé tunisien, RJL 2006, n° 12, p. 69, n°1. L'auteur cite en fait certaines décisions qui ont admis la responsabilité du médecin pour manquement à son obligation d'information (un arrêt de la Cour d'appel de Tunis datant des années 1990, un jugement de TPI (correctionnel) de Gafsa datant de l'année 2002) et d'autres la réfutant (TPI de Sfax ; App. Tunis, n° 48788 du 29 avril 1999, RJL 1999, p. 201). Voir aussi surtout pour un avis contraire : JERBI, S., La jurisprudence et la responsabilité médicale : la fin de l'arythmie paroxystique, *In* Mélanges Chr. Lapoyade-Deschamps, éd. Presse universitaire de Bordeaux 2003, p. 209.

[2] BOUCARD, F., Les obligations d'information et de conseil du banquier, éd. PUAM 2002 ; BOUCARD, F., Le devoir de mise en garde du banquier à l'égard de l'emprunteur et sa caution : présentation didactique, RDBF 2007, p. 17 ; BOISMAIN, C., L'obligation de mise en garde du banquier dispensateur de crédit, JCP G, 15 mars 2010, n°11, 303.

[3] Voir surtout les récents arrêts : Cass. com. 26 mars 2008, pourvoi n° 07-11.554 et Cass. com. 8 avril 2008, pourvoi n° 07-13.013, RDC 2008, n° 4, obs. S. Carval.

[4] Voir surtout : App. Tunis n° 29370 et n° 29371 du 27 mars 1996 (arrêts inédits cités par HAMMOUDA, M., De l'exécution de l'obligation avec loyauté *In* Mélanges S. Ben Halima, éd. CPU 2005, p. 1031, spéc. p. 1055 – 1056). Ces deux arrêts sont très singuliers, la Cour d'Appel de Tunis a déduit en l'absence de toute disposition légale dans la loi 49-89 du 8 mars 1989 relative aux intermédiaires en bourse, que ces derniers sont tenus d'une obligation d'information et du conseil. La Cour a fait référence à l'article 243 du Code des obligations et des contrats et à la notion de bonne foi afin d'instaurer ces obligations. Voir aussi sur le même point : TPI de Sfax, jugement n° 1792 du 3 mai 1993 et jugement n° 1793 du 17 mai 1993 – inédits – (cités par HAMMOUDA, M., *ibidem)*.

[5] Cass. com. 26 mars 2008, pourvoit n° 07-11.554 (précité).

[6] Cass . Ch. Mixte, 29 juin 2007, n° 06-11.673, P+B+R+I, RLDC 2007/43, 2726, note B. Parance.

[7] DELEBECQUE, Ph., Le devoir de mise en garde du banquier, RLDC 2007/44, p. 44.

[8] DELEBECQUE, Ph., Le devoir de mise en garde du banquier, RLDC 2007/44, p. 44.

énorme à la qualité des emprunteurs[1]. Toutefois elle commence dans ses dernières décisions à accorder également une importance au risque de l'endettement[2].
La jurisprudence française n'a cessé ces dernières années de donner de l'ampleur et de la précision à cette obligation de mise en garde[3]. Elle l'applique dans les domaines les plus variés ; en matière de cautionnement[4]; en matière d'assurance de groupe [5]; ou en matière bancaire[6].
Cette obligation suscite ainsi une attention énorme de la jurisprudence et de la doctrine qui ne cessent d'ajouter de jour en jour quelques nouvelles précisions.

Cette attention croissante à l'obligation de mise en garde ou à l'obligation d'information en général atteste de leur utilité indéniable.

B – L'utilité de l'obligation d'information

798. L'obligation d'information est adjointe depuis longtemps aux contrats non par pure fantaisie, mais pour satisfaire un besoin pratique et concret ; celui de donner au contrat sa pleine utilité. Un souci d'efficacité et d'utilité justifie cet ajout. Les tribunaux, en ajoutant aux contrats, selon le cas, une des variétés de l'obligation d'information, accordent en réalité au reste du contrat une utilité sans laquelle ce dernier ne saurait produire.
Cette utilité peut se justifier autrement, à savoir par référence à la nature du contrat ou à l'objectif contractuel. Dans un contrat de vente, cette obligation d'information et ses corollaires permettent à l'acheteur ce que certains auteurs appellent « la jouissance utile »[7] du contrat ou de la chose vendue. Elle entre aussi dans le cadre de favoriser « la bonne utilisation de la chose »[8].

---

[1] Deux arrêts récents semblent parcourir la même philosophie : Cass. 1re civ., 19 novembre 2009, n° 08-13601 (inédits), Banque et Droit, n° 129, janvier-février 2010, Chr. p. 21, obs. Th. Bonneau. Voir : F. Guerchoun, Chronique (Devoir de mise en garde-Crédit adapté aux facultés de l'emprunteur (oui) – Recherche de la qualité de l'emprunteur non averti (non), GP 7 janvier 2010, n° 7, p. 15. Voir également : Cass. Com. 9 Février 2010, n° 09-13.432 (Inédit).

[2] Cass. Com. 7 juillet 2009, n° 08-13.536, D. 2009, p. 2318, note J. Lasserre Capdeville « Précisions utiles sur l'obligation de mise en garde du banquier »; M. -L. Bélaval, I. Orsini et R. Salomon, D. 2009, Chr. p. 2580.

[3] JOURDAIN, P., Nouvelles précisions sur les conditions et la preuve du devoir de mise en garde du banquier dispensateur de crédit (obs. sous Civ 1re, 19 novembre 2009, n° 08-13.601 et n° 07-21. 382), RTD civ. 2010, n°1, p. 109.

[4] Cass. Ch. Mixte, 29 juin 2007, n° 05-21.104 et n° 06-11.673, RLDC 2007/43, n° 2726, note DELEBECQUE, Ph., . Voir également : DELEBECQUE, Ph., Sûretés personnelles : actualité jurisprudentielle, RLDC 2008, n° 46 (supplément), p. 14.

[5] Cass. Ass. Plén., 2 mars 2007, n° 06-15.267, RLDC 2007/39, n°2556, note N. Bicheron.

[6] DELEBECQUE, Ph., Le devoir de mise en garde du banquier, RLDC 2007/44, p. 44.

[7] Ph. Malaurie, L. Aynès et P.-Y. Gautier, Les contrats spéciaux, éd. Defrénois 2007, p. 167, n° 270. Les auteurs parlent en fait sur la garantie des vices cachés.

[8] REKIK, N., Réflexions sur la nullité des clauses relatives à la garantie des vices cachés et du défaut de garantie dans le contrat de vente, Etudes juridiques 1997, p. 103, spéc. 104.

Cette obligation revêt une importance capitale dans les contrats portants sur des choses sophistiquées. L'acheteur du bien ne pourra tirer l'utilité qu'il attend du contrat en l'absence de cette obligation d'information. Celle-ci lui donne l'utilité et procure au contrat qu'il a conclu toute son efficacité. Les exemples qui démontrent l'utilité de l'obligation pour le contract et les contractants sont nombreux.

799. Un contrat ne produit pas ses pleins effets en l'absence d'un certain conseil. Un avocat qui rédige un contrat de vente d'un immeuble immatriculé et ne conseille pas son client de la nécessité de le déposer à la conservation foncière le prive de toute utilité[1]. La vente d'un fonds de commerce est souvent assortie d'un délai d'opposition que l'acheteur doit attendre avant de payer. L'avocat commet une grosse erreur s'il n'avertit pas son client de la nécessité d'attendre. Le notaire qui néglige son obligation de conseil amoindrit, néglige l'utilité du contrat qu'il a instrumenté. Les arrêts récents rendus par la Cour de cassation française en cette matière en sont une preuve irréfutable[2].

800. En matière médicale, les obligations d'information et de conseil sont très importantes ; elles permettent au contrat d'atteindre l'objectif escompté, celui de fournir toutes les conditions pour la guérison. Il s'ensuit que leur absence ôte au contrat médical beaucoup de son utilité. Tel est le cas pour un médecin qui ne conseille pas le patient de l'importance d'une période de convalescence ou qui ne lui précise pas le régime alimentaire à suivre après l'intervention chirurgicale qu'il a réalisée. Tel est également le cas si le médecin omet de lui préciser qu'il lui est interdit de se baigner[3].

801. Parmi tous ces cas et bien d'autres, l'information, quelle que soit sa forme, est au cœur du contrat. Elle permet au contractant de se procurer l'utilité qu'il attend de ce contrat et à celui-ci d'avoir sa pleine efficacité. Les obligations

---

[1] Ce cas est très fréquent en Tunisie où l'inscription de la vente d'un immeuble immatriculé au registre foncier est obligatoire afin que le contrat de vente produise ses pleins effets.

[2] Cass. 3e civ. 7 mai 2008, pourvoi n° 07-11.390 (5 arrêts 07. 11390 à 07.11394) (inédits), RDC 2008, n° 4, p. 1181, note O. Deshayes. Voir également : Cass. 1re civ., 25 février 2010, n° 09-11.591, JCP G 2010, 15 mars 2010, n°11, 282. La Cour de cassation observe que « le rédacteur de l'acte, tenu de vieller à assurer l'ensemble des intérêts en présence et de prendre l'initiative de conseiller les deux parties à la convention sur la portée et les incidences notamment fiscales des engagements souscrits de part et d'autre peu important que son concours ait été sollicité par l'une d'elles, doit rapporter la preuve qu'il a rempli cette obligation à leur égard, quelles que soient leurs compétences personnelles ».

[3] MAHFOUD, M., L'obligation d'information du médecin en droit privé tunisien, RJL 2006, n° 12, p. 69, spéc. p. 84, n°36. En droit français, l'article L. 1111-2 du Code de la santé publique met à la charge du médecin une obligation d'information l'obligeant à avertir le patient des risques nouveaux identifiés. Pour une idée globale sur les droits et devoirs des médecins et patients voir surtout : LAUDE, A., B. Mathieu et D. Tabuteau, Droit de la santé, éd. PUF 2007. Voir aussi : A. Laude et D. Tabuteau (dir), Information et produits de santé, quelles perspectives, éd. PUF 2006.

formant le contenu du contrat « ne peuvent être efficaces que dans ma mesure où on les accompagne de l'obligation, non point morale, mais juridique d'informer ses contractants »[1].
Cette idée est très évidente dans un arrêt rendu par la Cour d'appel de Tunis le 08 juillet 1996[2]. Celle-ci a en effet condamné un médecin à la réparation des dommages qu'il avait causés à un patient. Le médecin a refusé de communiquer au patient un compte rendu opératoire. Qui plus est, il l'a contraint à subir une nouvelle intervention chirurgicale qui avait pour objectif de couvrir les fautes accompagnant la première intervention chirurgicale. Cette mauvaise exécution du contrat médical, ne peut, selon la Cour d'appel de Tunis, qu'engendrer la responsabilité du médecin[3]. Le contrat aurait pu être bien exécuté si le médecin avait respecté l'obligation d'information lui incombant.

802. Par ailleurs, l'information n'est pas quelque chose d'adventice qui s'ajoute au contrat. Elle est réclamée par la nature du contrat et par l'objectif que les parties entendent réaliser. Sami Jerbi précise dans ce sens que « l'obligation d'information n'est que le fruit d'un lien étroit avec la nature de l'opération contractuelle »[4] ; c'est cette opération qui la réclame et détermine son intensité[5]. L'obligation d'information et ses dérivés constituent ainsi des prolongements indispensables à l'objet du contrat et à sa nature. Leur adjonction au contrat, dans le cadre d'un enrichissement du contenu contractuel, constitue une exigence qui s'impose au juge. Par cette adjonction ce dernier assure au contrat une certaine efficacité lui permettant de satisfaire les aspirations des parties contractantes.

La finalité de l'efficacité que les tribunaux recherchent souvent, justifie également l'adjonction d'une obligation d'assistance à certains contrats.

§ - 2 : L'obligation d'assistance

803. Toujours dans le cadre de l'efficacité du contrat et dans l'objectif de procurer au contractant toute l'utilité qu'il attend du contrat, il est fort probable qu'une obligation d'assistance soit adjointe au contrat. Celle-ci incarne plus que toute autre obligation, l'intérêt que porte un contractant à son partenaire. Elle peut ainsi s'insérer dans une philosophie de solidarisme contractuel désormais

---

[1] MAHFOUD, M., L'obligation d'information du médecin en droit privé tunisien, RJL 2006, n° 12, p. 69, spéc. p. 78, n°23.
[2] CA Tunis, arrêt n° 26426 du 08 juillet 1996, RJL 1998, n° 9, p. 329.
[3] CA Tunis, arrêt n° 26426 du 08 juillet 1996, RJL 1998, n° 9, p. 329.
[4] JERBI, S., L'interprétation du contrat, éd. CPU 1999, p. 412, n° 334.
[5] JERBI, S., L'interprétation du contrat, éd. CPU 1999, p. 412, n° 334.

en vogue[1]. Il est néanmoins utile de signaler à cet égard que l'ajout de cette obligation ne se fait pas sur la base de la notion de bonne foi ni ses corollaires, mais par référence à la nature du contrat qui la réclame et qui légitime son intégration au contenu contractuel.
Dans le cadre de cette obligation d'assistance, deux points doivent être élucidés. Tout d'abord, cette obligation d'assistance doit être distinguée de certaines techniques voisines, une précision mérite ainsi d'être faite (A). Ensuite, c'est sur le domaine de cette obligation qu'il faut se pencher (B).

A – Obligation d'assistance et convention d'assistance

804. L'obligation d'assistance, dont l'adjonction au contenu contractuel est justifiée par un souci impérieux d'efficacité que l'opération d'enrichissement s'est assignée, mérite dans une première étape d'être distinguée de certaines notions qui lui ressemblent.

805. La première des distinctions est celle à faire avec la convention d'assistance. Même si entre convention d'assistance et obligation d'assistance, un point commun existe, à savoir l'utilisation du mot « assistance », bien des différences séparent les deux notions. La convention d'assistance est en fait une convention autonome dont l'assistance fait l'objet et l'obligation essentielle. Ce genre de contrat sinon *judiciairement crée*[2] du moins uniquement révélé[3], n'a cessé de susciter la doctrine et la jurisprudence[4]. L'obligation d'assistance, n'est pas une convention à part ; elle n'est qu'une obligation pouvant être adjointe au contrat sur la base de sa nature. Dans la première hypothèse, l'assistance est l'essence du contrat sur lequel la jurisprudence peut greffer de nouvelles obligations qui en sont des prolongements. L'assistance est la plateforme sur laquelle s'ajoutent de nouvelles obligations en faisant usage de l'article 1135 du

---

[1] Voir sur point surtout : M. Behar Touchais, Solidarisme contractuel et contrat de distribution, RDC 2003, n° 1, p. 154 (Cass. com. 15 janvier 2002, pourvoi n° 99-21.172 et Cass. com. 6 mai 2002, pourvoi n° 99-14.093).

[2] La convention d'assistance est une pure création judiciaire. A. Sériaux souligne dans ce cadre que « c'est en 1959 que la convention d'assistance sortit toute armée du cerveau de notre Cour de cassation » SERIAUX, A., L'œuvre prétorienne *in vivo* : l'exemple de la convention d'assistance, *In* Mélanges M. Cabrillac, éd. Litec 1999, p. 299, spéc. 306. D'un autre côté, un auteur consacre une thèse récente aux contrats judiciairement formés. Voir : ENGEL-CREACH, A., Les contrats judiciairement formés, éd. Economica 2002.

[3] Selon Madame Anne Laude, le juge relève l'existence d'une convention d'assistance. Voir à cet égard : LAUDE, A., La reconnaissance par le juge de l'existence d'un contrat, éd. PUAM 1992, p. 323, n° 507.

[4] Beaucoup d'études sont consacrées à cette notion, voir surtout : S. Beaugendre, Contrat d'assistance et activité d'assurance, éd. LGDJ 2000 ; LE TOURNEAU, Ph., Les contrats d'assistance, Juris-Classeur Contrats de distributions, Fasc. 2040 ; M.-F. Rubio, La convention d'assistance bénévole : critique d'un contrat solidaire, RRJ 2007, n° 4, p. 1727 ; S. Hoquet-Berg, Remarques sur la prétendue convention d'assistance, GP 1996, Doc., p. 32 ; R. Bout, La convention dite d'assistance, *In* Mélanges P. Kayser, éd. PUAM 1979, Tome 1, p. 157.

Code civil ou l'article 243 *in fine* du Code des obligations et des contrats[1]. D'ailleurs, sur le contenu de cette convention d'assistance, les tribunaux ont déjà implanté « une obligation de réparation à l'assisté en usant du pouvoir que leur offre l'article 1135 du Code civil d'attacher au contrat les suites que donne l'équité »[2].
Une convention d'assistance semble spéciale : c'est la convention d'assistance bénévole[3]. La jurisprudence n'a ajouté à cette convention que ce que commande « la nature de l'opération, son économie générale, son esprit »[4]. En réalité, la jurisprudence ne s'est pas référée d'emblée, dans ces opérations d'enrichissement à l'article 1135 afin, d'ajouter une obligation implicite de réparation. Cette référence n'a été affirmée qu'un peu plus tard avec l'arrêt de la Cour de cassation de 1962[5] avant d'être fréquemment poursuivie[6].

806. Entre convention d'assistance et obligation d'assistance, une différence de nature existe. L'une représente une convention dont l'assistance constitue l'objet et l'obligation essentielle, c'est ce qui est vérifiable pour la convention d'assistance ; l'autre, où l'assistance ne fait normalement pas partie du contenu contractuel arrêté par les parties, sauf qu'elle a été adjointe sur la base du critère de la nature du contrat. L'assistance n'est dans ce dernier cas qu'un prolongement commandé par la nature du contrat. Ce sont les articles 1135 du Code civil et 243 *in fine* du Code des obligations et des contrats qui doivent normalement rendre possible cet enrichissement du contenu contractuel par l'adjonction d'une obligation d'assistance.

807. En effet, la question du fondement de cette obligation d'assistance a été discutée devant la jurisprudence française au cours de ces dernières années. C'était en fait à l'occasion des contrats de concession automobile. A travers cette jurisprudence, la question du fondement et l'opportunité de l'obligation d'assistance a été posée. Cette obligation a été rattachée à l'exigence d'exécution du contrat de bonne foi. La référence à la notion de bonne foi a été curieusement faite dans les deux sens : lorsque la Cour veut confirmer l'existence d'une obligation d'assistance, et lorsqu'elle entend la nier.

---

[1] Voir sur ce point : JACQUES, Ph., Regards sur l'article 1135 du Code civil, éd. Dalloz 2005, p. 840, n° 395.
[2] M.-F. Rubio, La convention d'assistance bénévole : critique d'un contrat solidaire, RRJ 2007, n° 4, p. 1727, spéc. p. 1737, n° 26.
[3] M.-F. Rubio, La convention d'assistance bénévole : critique d'un contrat solidaire, RRJ 2007, n° 4, p. 1727.
[4] CARBONNIER, J., Droit civil, Tome IV, Les obligations, éd. PUF 2000, p. 87.
[5] Cass. 2e civ. 23 mai 1962, Bull. I, n° 459.
[6] Voir sur ce point : SERIAUX, A., L'œuvre prétorienne *in vivo* : l'exemple de la convention d'assistance, *In* Mélanges M. Cabrillac, éd. Litec 1999, p. 299, spéc. 306. L'auteur cite dans ce sens un certain nombre d'arrêts.

Dans un premier temps, la jurisprudence s'est montrée favorable à l'apparition d'une telle obligation, la mettant sous la couverture de l'exécution du contrat de bonne foi[1]. Dans une seconde étape, la jurisprudence s'est montrée hostile à cette assistance[2]. L'existence d'un préavis d'une année suffisait selon la Cour de cassation, pour démonter que le concédant avait exécuté le contrat avec bonne foi sans qu'il soit nécessaire d'ajouter une obligation d'assistance à la reconversion à sa charge[3].

En réalité, l'assistance surgissant dans le cadre de ces relations d'affaires, n'est pas celle que visent les articles 1135 et 243. Cette obligation d'assistance cadre davantage avec la notion d'imprévision et du solidarisme contractuel[4]. L'obligation d'assistance qui concerne ce sujet, est celle qui est inhérente à la nature du contrat, non liée aux circonstances entourant l'exécution du contrat. De plus, l'assistance a été présentée dans ces arrêts comme un « succédané de l'indemnité de fin de contrat »[5], alors que l'obligation d'assistance déduite sur la base des articles 1135 du Code civil et 243 *in fine* du Code des obligations et des contrats est celle réclamée par la nature du contrat.

La jurisprudence tunisienne a statué depuis 1981 sur une affaire relative à une convention de concession commerciale[6]. La doctrine tunisienne a discuté, elle aussi, à propos de cette question[7].

L'observation à signaler à cet égard est que l'obligation d'assistance n'a pas été soulevée ni en jurisprudence ni même en doctrine concernant ce domaine, du moins pour la jurisprudence publiée. Toutefois, rien n'interdit pourtant de la concrétiser. Le fondement est là, l'article 243 *in fine* du C.o.c. Il ne requiert que le bon usage par les tribunaux tunisien. D'ailleurs, un auteur tunisien critique le

---

[1] Cass. com. 15 janvier 2002, JCP 2002, II, 10157, note Chr. Jamin ; D. 2002, II, n° 24, p. 1974, note Ph. Stoffel-Munck ; Cah. Dr. Entr. 2002, n° 5, p. 19, obs. D. Mazeaud.

[2] Cass. com. 6 mai 2002, JCP 2002, II, 10146, note Ph. Stoffel-Munck ; CCC 2002, comm. 134, obs. L. Leveneur. Voir aussi : Cass. com. 7 avril 2004, Cah. Dr. Entr. 3/2004, p. 30, obs. J.-L. Respaud.

[3] Arrêt de 6 mai 2002.

[4] Les auteurs qui ont fait le commentaire de ces arrêts ont tous parlé de la bonne foi ou du solidarisme contractuel. Voir aussi sur ce point : M. Malaurie-Vignal, Droit de la distribution, éd. Sirey 2006, p. 145, n° 527. Certains auteurs ont déjà analysé le refus par la jurisprudence de consacrer une obligation d'assistance comme étant une régression dans la consécration de la notion de bonne foi. Ph. Stoffel-Munck a déduit dans son commentaire précité de l'arrêt de 6 mai 2002 que : « le soleil se couche aussi sur l'empire de la bonne foi ».

[5] Voir STOFFEL-MUNCK, Ph., note sous cass. com. 6 mai 2002 : « la rupture d'un contrat de concession, en respectant le délai de préavis contractuel permettant au concessionnaire d'organiser sa reconversion, n'est pas abusive, le concédant n'étant pas tenu à une obligation d'assistance », JCP 2002, II, 10146.

[6] Jugement de TPI de Tunis du 30/04/1981 – Jugement dit souvent Ford/Agrimoteur –, RTD 1981, p. 423, note A. Mezghani.

[7] LEHYANI-HAMMAMI, N., Le contrat de concession commerciale, Etudes juridiques 2007, n° 14, p. 111. L'auteur se réfère à la notion de bonne foi et d'abus de droit, mais elle ne cite pas cette obligation d'assistance.

tribunal de première instance de Tunis, dans le jugement de 1981, pour n'avoir pas fait usage de l'article 243 du Code des obligations et des contrats[1].
Philippe Le Tourneau souligne dans ce sens que l'obligation d'assistance « est de la nature du contrat et, en théorie, n'a pas besoin d'être stipulée : elle découle selon nous de l'existence d'un intérêt commun des parties qui a pour effet de transformer l'obligation contractuelle (de droit commun) de renseignements en une obligation plus aiguë de conseil et d'assistance »[2]. Cette obligation d'assistance fait partie des obligations implicites adjointes au contrat[3].
La nature du contrat est ici le critère de l'ajout d'une obligation d'assistance au contenu contractuel. En effet, celui-ci permet d'affirmer que l'obligation d'assistance ne se trouve pas dans tous les contrats. Seuls certains contrats par leur objet spécifique se voient enrichis par l'adjonction d'une obligation d'assistance. Son ajout devrait être nécessaire de sorte qu'en l'absence de cette obligation, le contrat ne produirait pas le maximum de ses effets et ne serait pas efficace. Se pose alors la question du domaine de l'obligation d'assistance.

B – Domaine de l'obligation d'assistance

808. L'obligation d'assistance, obligation souvent associée à l'obligation d'information, de mise en garde ou de conseil[4], prend affirmation dans certains contrats en dépit des autres. Elle s'y affirme comme étant une obligation autonome non liée à l'obligation d'information, et elle s'insère souvent dans une volonté de garantir une plus grande efficacité au contenu contractuel. Le contractant s'implique encore plus dans ce souci et s'intéresse davantage à la satisfaction de son partenaire. Cette assistance va même sans le dire. Elle est liée à la nature du contrat et à l'objet de son opération. Ce lien étroit entre cette

---

[1] JERBI, S., L'interprétation du contrat, éd. CPU 1999, p. 422, n° 338.
[2] LE TOURNEAU, Ph., Les contrats de concession, Distribution sélective, Concession exclusive, Distribution automobile, Droit interne et communautaire, éd. Litec 2003, p. 26, n° 55.
[3] H. Bitan, Un an de droit des contrats informatiques, Commun. Comm. Elec. 2008, n°10, Chr. p. 9, spéc. n° 24.
[4] Plusieurs autres la traite comme une des variétés de l'obligation d'information. Pour le droit tunisien, il y a surtout : JERBI, S., L'interprétation du contrat, éd. CPU 1999, p. 417, n° 337. Mohamed Zine ne la cite pas, il se contente de parler de l'obligation d'information et de conseil comme suite d'une exécution loyale du contrat (ZINE, M., Théorie générale des obligations, Le contrat, éd. Tunis 1993, p. 241, n° 325). Même en droit français cette analyse existe : F. Collart Dutilleul et DELEBECQUE, Ph., Les contrats civils et commerciaux, éd. Dalloz 2007, p. 204, n° 222. Ces auteurs affirment à cet égard que « le devoir de conseil se prolonge dans une obligation d'assistance du client ». Voir aussi : LE TOURNEAU, Ph., Les contrats de concession, Distribution sélective, Concession exclusive, Distribution automobile, Droit interne et communautaire, éd. Litec 2003, p. 26, n° 55 ; P.-H. Antonmattei et J. Raynard, Droit civil, Contrats spéciaux, éd. Litec 2008, p. 152-153, n° 189. Ces derniers auteurs parlent d'une échelle de gradation de l'obligation d'information qui passe de l'inexistence à la très grande importance. Au bas de l'échelle, l'obligation d'information n'existe pas lorsqu'il s'agit d'une chose banale. Au sommet de l'échelle, il y a l'obligation d'aide à l'installation qui n'est qu'une manifestation de l'obligation d'assistance.

obligation et la nature du contrat suffit en général, afin de permettre aux tribunaux de l'adjoindre au contrat. Car en l'absence d'une telle obligation, le contrat ne peut pas fonctionner ou du moins fonctionnera mal.

809. L'idée de la nécessité d'une obligation d'assistance apparaît au début dans les contrats de vente ou de louage. En effet, lorsque le contrat porte sur un objet de technologie avancée ou d'une certaine complexité, le vendeur ou le bailleur est tenu d'une obligation d'assistance envers son partenaire. Cette dernière est souvent associée à l'obligation de délivrance du vendeur. Elle est analysée comme l'une des suites de la chose vendue et par conséquent, étayée sur l'article 1615[1] du Code civil qui dispose que « l'obligation de délivrer la chose comprend ses accessoires et tout ce qui a été destiné à son usage perpétuel »[2]. La Cour de cassation française a récemment utilisé cet article afin de mettre à la charge du vendeur une obligation de mise au point d'un appareil informatique[3].

810. L'obligation de délivrance des choses à objets complexes[4] prend une plus grande ampleur par rapport à l'ordinaire. L'objet du contrat est par conséquent l'une des variables dans la détermination des obligations du vendeur[5]. Pour les contrats informatiques, où souvent leur mise en marche nécessite une assistance du vendeur, l'obligation s'avère très indispensable pour que le contrat produise ses effets et apporte satisfaction aux parties. Dans ces hypothèses, l'assistance prolonge l'obligation de délivrance incombant au vendeur qui se trouve non seulement tenu de la livraison *stricto sensu* du matériel et ses accessoires, mais également d'accomplir tout ce qu'exige la *mise en route*[6] du produit et la nécessité de le rendre opérationnel[7]. C'est dans ce sens que la Cour d'appel de Paris précise que « la délivrance du matériel informatique n'a lieu que lorsque l'ensemble est en état de marche »[8]. La jurisprudence tunisienne a eu l'occasion

---

[1] J.-J. Burst, L'assistance technique dans les contrats de transfert de technologie (contrats de communication de savoir-faire et contrats de licence de brevets d'invention), D. 1979, I, Chr. p. 1, spéc. p. 4.

[2] En droit tunisien c'est l'article 610 du Code des obligations et des contrats qui correspond à l'article 1615 du Code civil. Cet article du C.o.c énonce que « l'obligation de délivrer la chose comprend également ses accessoires selon la convention des parties ou selon l'usage ».

[3] Cass. com. 11 juillet 2006, D. 2006, AJ. 2788, obs. Delpech ; CCC 2006, n° 248, note L. Leveneur. Voir dans ce sens: Cass. 1re civ. 25 juin 1996, Bull. civ. I, n° 274 ; D. 1996, IR. 188.

[4] STOFFEL-MUNCK, Ph., Obligation de délivrance du fournisseur de produits complexes, Communication Commerce électronique, n° 6, juin 2007, comm. p. 82.

[5] P.-H. Antonmattei et J. Raynard, Droit civil, Contrats spéciaux, éd. Litec 2008, p. 152, n° 188.

[6] LE TOURNEAU, Ph., J-Cl Contrats informatiques, date de mise à jour mai 2006, n° 22.

[7] LE TOURNEAU, Ph., J-Cl Contrats informatiques, date de mise à jour mai 2006, n° 22.

[8] CA. Paris, 21 avril 2004, RLDI 2005 – 9, n° 263. Cet arrêt est cité par LE TOURNEAU, Ph., J-Cl Contrats informatiques, date de mise à jour mai 2006, n° 22. Sur les contrats informatiques en général consulter surtout : LE TOURNEAU, Ph., Contrats informatiques et électroniques, éd. Dalloz 2008. L'auteur évoque l'existence de cette obligation tout au long de son ouvrage. Voir aussi : H. Bitan, Contrats informatiques, éd. Litec 2002.

de statuer sur des cas similaires et n'a pas hésité à joindre au contrat une obligation d'assistance. Dans un arrêt récent, la Cour de cassation a greffé sur l'obligation de délivrance, les obligations d'assistance et de mise en œuvre (en marche) d'un produit informatique, considérant que ces obligations sont les suites naturelles du produit vendu[1].
La même logique a également été poursuivie par la Cour de cassation tunisienne dans une autre espèce où elle a ajouté au contrat de création d'un site web une obligation d'assistance[2].

811. Pour les contrats de transfert de technologies, le devoir d'assistance est très important, car il permet au bénéficiaire de ce transfert de bien profiter du montage. Souvent, dans ce genre de contrats, l'assistance passe par « l'envoi de techniciens et ingénieurs du communicant du savoir faire dans les usines et ateliers du bénéficiaire ou inversement »[3]. Généralement, l'obligation d'assistance est aussi exigée lorsque l'objet de contrat ou l'opération qu'il véhicule consiste dans l'établissement d'un projet de montage quelconque. Elle facilite dans cette hypothèse la mise en œuvre du projet et accroît ses chances de réussite. Dans ce type de contrat, ce qui est visé, c'est « la réussite complète du projet »[4].
Dans tous ces cas, l'obligation d'assistance ajoute au contrat l'efficacité qui lui est nécessaire. Le contrat apporte toute la satisfaction que les parties attendent et réalise par là-même son objectif escompté. L'obligation d'assistante donne à l'opération contractuelle toute son utilité et sa rentabilité.

812. En effet, il est plus opportun d'attacher cette obligation d'assistance à la nature du contrat telle que prévue à l'article 1135 du Code civil ou à l'article 243 in fine du COC. C'est elle qui commande en réalité d'ajouter l'assistance aux obligations du vendeur et de les modeler suivant la complexité ou la technicité du produit. L'assistance apparaît ainsi comme un élément du contrat et de sa nature[5]. D'ailleurs, une frange de la doctrine française voit que l'obligation d'assistance peut être fondée sur l'article 1135 du Code civil[6].

813. Dans d'autres contrats, l'obligation d'assistance s'affirme très souvent comme indépendante et prend une plus grande importance ; il en est ainsi pour

---

[1] Cass. civ. n° 2101, du 7 juillet 2004, RJL 2005, n° 7, p. 285.
[2] Cass. civ. (Tu), n° 4170, du 19 janvier 2006, Bull. 2006, p. 31.
[3] J.-J. Burst, L'assistance technique dans les contrats de transfert de technologie (contrats de communication de savoir-faire et contrats de licence de brevets d'invention), D. 1979, I, Chr. P. 1, spéc. p. 2.
[4] LE TOURNEAU, Ph., De l'élaboration progressive d'un logiciel spécifique, D. 1997, p. 184.
[5] LE TOURNEAU, Ph., Droit de la responsabilité et des contrats, éd. Dalloz 2008/ 2009, p. 1169, n° 3570.
[6] LEVENEUR, L., Résolution de la vente pour défaut d'assistance du vendeur après la vente d'un système informatique (note sous Cass. com. 11 avril 1995), CCC juillet 1995, n° 125.

les contrats de franchise et de distribution. En matière de franchise, la jurisprudence a mis à la charge du franchiseur une obligation d'assistance à la fois technique et commerciale au profit de son partenaire. Un contrat de franchise n'est pas rentable pour le franchisé, s'il n'engendre pas l'obligation pour le franchiseur d'assister son partenaire. L'obligation d'assistance constitue donc le complément de cette transmission du savoir, son prolongement dans le temps[1]. Pour les contrats de distribution[2], elle est souvent requise, car en l'absence de cette assistance, le distributeur ne parvient pas à tirer du contrat de distribution l'utilité qu'il attendait.

814. En matière de propriété industrielle, l'assistance est également recherchée, elle est qualifiée par certains auteurs de « suite de perfectionnement »[3]. Généralement ces questions relatives à la propriété industrielle sont évoquées dans le cadre des contrats de concession ou de franchise où une licence est souvent établie entre les parties[4].

En définitive, l'obligation d'assistance cadre parfaitement avec un souci d'efficacité que les tribunaux tendent à réaliser en poursuivant une opération d'enrichissement du contrat. Cette efficacité n'est en réalité pas la seule finalité visée par les tribunaux ; une autre, qui tend à assurer une exécution paisible du contrat justifie très souvent une opération d'enrichissement du contenu contractuel.

---

[1] LE TOURNEAU, Ph., Les contrats de franchisage, éd. Litec 2007, p. 242, n° 525. Pour le droit tunisien consulter surtout : BEL HAJ HAMMOUDA, A., La franchise, contrat né de la pratique des affaires, *In* La codification du droit des affaires en Tunisie (acte de colloque organisé à Tunis les 14-15 décembre 2007), RJL février 2008, n° spécial, p. 137.

[2] M. Malaurie-Vignal, Droit de la distribution, éd. Sirey 2006 ; D. Ferrier, Droit de la distribution, éd. Litec 2008. Voir aussi : M.E. André, D. Destours, J. Raynard et J.-M. Vertut, Trente ans de droit de la distribution à travers la Lettre de la distribution, éd. LexisNexis 2007.

[3] A. Angel-Créach, Les contrats judiciairement formés, éd. Economica 2002, p. 234, n° 347.

[4] Voir sur ce point : J. Azéma et J.-Chr. Galloux, Droit de la propriété industrielle, éd. Dalloz 2006, p. 285 n° 462 et p. 305, n° 497.

Chapitre second

L'exécution paisible du contrat

815. Une analogie entre la vie humaine et la vie du contrat semble ici significative. Comme dans la vie humaine où toute personne aspire à la sérénité et désire que sa vie soit « un long fleuve tranquille », chaque contractant aspire à une exécution paisible de son contrat et souhaite que tout se déroule dans la sérénité. Le législateur aussi s'en inspire et tend à assurer au citoyen la sécurité et la tranquillité. La sérénité constitue l'un des objectifs prioritaires[1].

816. L'article 1135 du Code civil et l'article 243 du Code des obligations et des contrats sont deux articles à tout faire dans un contenu contractuel. Ils peuvent servir de moyen à des différentes finalités. Ils offrent la possibilité de poursuivre une finalité d'efficacité du contrat permettant aux tribunaux d'ajouter au contenu contractuel des obligations qui en augmentent l'efficacité. Ils leur permettent aussi d'ajouter de nouvelles obligations jamais songées par les parties, et qui assurent, cette fois-ci, une exécution paisible du contrat.

817. La poursuite par les tribunaux de l'une de ces finalités n'est pas exclusive de la poursuite de l'autre finalité pour le même contrat. Il peut ainsi arriver que, pour le même contrat, les tribunaux ajoutent des obligations qui entrent dans le cadre de la volonté d'assurer l'efficacité du contrat, ainsi que celles qui entrent dans le cadre de la recherche de l'exécution paisible du contrat. Le point commun entre les deux finalités de l'enrichissement, c'est la conformité à la nature du contrat. Ainsi, peuvent être ajoutées au contrat une obligation d'information qui cadre avec l'efficacité, et une obligation de sécurité qui s'insère dans le cadre d'une volonté d'assurer une exécution paisible du contrat.

Concernant l'exécution paisible du contrat que les tribunaux tendent à fournir en enrichissant un contrat, se pose d'abord la question de la définition de ce que signifie l'exécution paisible du contrat **(section I)**, avant d'étudier certaines obligations souvent adjointes à celui-ci afin de satisfaire cette finalité **(section II)**.

---

[1] MAHFOUD, M., Théorie générale des obligations, Acte unilatéral, Contrat et Responsabilité civile, Publications du Centre d'études Juridiques et Judiciaires, éd. Orbis 2008, p. 257-258, n° 334.

Section 1 : Définition de l'exécution paisible du contrat

818. Le mot « paisible » est connu et utilisé du Code civil et du Code des obligations et des contrats. Les deux Codes parlent de ce terme à plus d'un endroit. C'est le cas du contrat de vente où l'article 1625 du Code civil oblige le vendeur à garantir à l'acheteur « une possession paisible de la chose vendue ».
Dans le contrat de vente, l'une des obligations incombant au vendeur est de garantir à l'acheteur un transfert de propriété paisible, c'est-à-dire sans trouble. Il doit éviter de faire tout ce qui « tendrait à inquiéter l'acheteur »[1]. En matière de baux, le bailleur est tenu par la loi de garantir au preneur une « jouissance paisible » du bien loué[2]. C'est l'article 1719 du Code civil qui l'exige. La loi n° 89-462 du 6 juillet 1989 telle que modifiée par la loi n° 2007-297 du 5 mars 2007 va encore plus loin en mettant à la charge du preneur une obligation « d'user paisiblement des locaux loués ».
Le mot paisible du droit français semble être hérité du droit romain. Dans les travaux préparatoires du Code civil, en adoptant les articles 1625 et 1719 du Code civil, le mot paisible n'a suscité aucune observation[3]. Toutefois, le Tribun Faure l'a bien justifié : le mot a été puisé dans les « principes éternels consacrés par les droit romains, qui sont puisés dans l'équité naturelle »[4].
En remontant le droit romain, l'on trouve que le vendeur était tenu prioritairement d'une obligation d'assurer la possession paisible. Cette obligation était exigée alors que le transfert de propriété ne l'était pas. Un auteur observe : « si la garantie existe aujourd'hui dans le contrat de vente, comme elle existait en droit romain et dans notre ancien droit, l'obligation qu'elle fait peser sur le vendeur est plus lourde : en effet, tandis que le vendeur n'était pas obligé jadis de transférer à l'acheteur que la possession paisible, vacua possessio, de la chose vendue, il doit d'après les principes du Code, lui en transférer la propriété »[5]. Il s'ensuit qu' « à ce point de vue, les expressions de l'article 1625, portant que la garantie a pour objet « la jouissance paisible de la chose vendue », *étaient elles plus exactes dans notre ancien droit qu'elles ne le sont aujourd'hui* »[6]. Qui plus est, le vendeur qui n'assure pas à l'acheteur la

---

[1] Aubry et Rau, Droit civil français, éd. Techniques S.A 1952 (par P. Esmein), p. 61.
[2] La jurisprudence française n'a cessé d'exiger cette garantie. Voir sur ce point récemment : DE LA VAISSIERE, F., Etendue de l'obligation d'assurer la jouissance paisible au preneur, AJDI, février 2009, p. 120.
[3] LOCRE, M.,La législation civile, commerciale et criminelle de la France ou commentaire et complément des Codes français, éd. Treuttel et Wurtz 1828, Tome 14, p. 16 (pour l'article 1625) et p. 280 (pour l'article 1719.
[4] Rapport du tribun Faure, cité par FENET, A.,Recueil complet des travaux préparatoires du Code civil, T 14, éd. Otto Zeller Osnabrück 1968, p. 150.
[5] GUILLOUARD, L.,Traité de la vente, éd. Durand et Pedone-Lauriel, Paris 1889, Tome I, p. 307, n° 295.
[6] GUILLOUARD, L.,Traité de la vente, éd. Durand et Pedone-Lauriel, Paris 1889, Tome I, p. 307-308, n° 295.

jouissance paisible manque à son obligation de bonne foi : « les juristes classiques admettent le recours à l'action de bonne foi ouverte automatiquement à l'acheteur dans les hypothèses ou le vendeur a volontairement vendu une chose dont la propriété ou la possession libre et paisible par l'acheteur peut être perturbée, car il y a eu violation du devoir de bonne foi »[1].
Pour le droit tunisien, le Code des obligations et des contrats n'ignore pas, non plus, cette notion de jouissance paisible. Il l'exige en matière de vente[2], comme en matière de location[3].

La jouissance paisible ou la possession paisible, c'est l'absence de trouble et de tout ce qui gâche et perturbe la sérénité dans l'exécution du contrat. Dans ce même sens, quand les tribunaux exigent que le contrat soit paisiblement exécuté, ils le couvrent d'un environnement favorisant la paix et la sérénité.
Dans ce cadre, la jurisprudence tend à assurer au contrat, à travers l'enrichissement, une exécution paisible, en évitant tout ce qui peut inquiéter ou perturber les contractants.
L'exécution paisible du contrat est celle qui s'intéresse à l'environnement entourant l'exécution plus qu'à l'exécution elle-même (§1). Elle est aussi une exécution sur les confins de l'extracontractuel (§2).

§1- Une exécution s'intéressant plutôt à l'environnement de l'exécution

Dans le cadre du souci de garantir une exécution paisible au contrat, les tribunaux s'intéressent à l'environnement entourant le contrat plutôt qu'à l'exécution elle-même. Cette idée est ici confirmée car la jurisprudence, en ajoutant au contrat ce qui garantit une exécution paisible, s'éloigne de l'objectif du contrat (B) et de l'obligation essentielle (A).

---

[1] René-Marie Rampelberg, Repères romains pour le droit européen des contrats, éd. LGDJ 2005, p. 46.
[2] Article 631 du COC. Cet article met à la charge du vendeur une obligation de garantir « la jouissance et la possession paisible de la chose vendue ». Voir sur ce point aussi : BEN AMMOU, N.,Droit civil, Les contrats spéciaux, Vente et échange, éd. CPU 2007, p. 271, n° 235. L'auteur cite aussi un arrêt de la Cour de cassation tunisienne qui exige que la possession doit être paisible (cass. civ tu, n° 40811, du 7 Mai 1996, Bull. 1996, p. 313).
[3] Article 747 du COC. Cet article dans des termes similaires à ceux de l'article 631 C.o.c relatif à la vente exige que le bailleur garantisse « la jouissance et la possession paisible de la chose louée ». Voir sur ce point surtout : BELKNANI, F., La protection légale de la jouissance par le preneur de l'habitation à travers les obligations du bailleur (en arabe), Thèse Tunis 1996 – 1997.

A – Une exécution non liée à l'obligation essentielle

819. L'enrichissement du contrat doit normalement avoir comme finalité de fortifier l'exécution de l'obligation fondamentale du contrat. Cette obligation est nécessaire au point qu'elle incarne l'essentiel du contrat. Toutefois, si un tel critère s'accommode parfaitement avec la finalité de l'efficacité de l'exécution du contrat, il n'est pas tout à fait compatible avec le souci de garantir une exécution paisible du contrat. Cette dernière finalité que s'assigne l'enrichissement n'est pas étroitement liée à la notion d'obligation fondamentale. Elle n'est pas non plus d'atteindre la parfaite exécution du contrat. L'objectif de cet ajout est peu ou prou étranger au contrat.

820. Un auteur, parlant de l'obligation de confidentialité, a souligné dans ce sens : « le but de ce devoir n'est pas de contribuer à la parfaite exécution de l'obligation principale mais il consiste à assurer que le contractant ne subit pas de dommages lors de l'exécution du contrat et même par la suite. L'obligation principale pourrait en effet être exécutée de manière satisfaisante alors même que le devoir de collaboration serait violé »[1]. Dans cette même optique, d'autres auteurs ont pu signaler que, dans certains cas, l'obligation de sécurité pouvait être écartée[2]. Ceci s'explique par le fait que les obligations ajoutées au contrat dans le cadre d'une volonté jurisprudentielle de lui garantir une exécution paisible ne s'intéressent pas directement au contrat, mais plutôt à la psychologie des contractants.

821. Par exemple, dans un contrat de transport, l'obligation essentielle du transporteur est de porter ou de faire parvenir à un lieu déterminé une personne ou des biens[3]. Il ne relève pas en principe du contrat du transport ni des obligations du transporteur de garantir la sécurité du passager ni celle des produits transportés. La même chose est vérifiable pour le contrat médical où le médecin n'est normalement tenu que de déployer tous ses moyens en vue de ramener le patient à la guérison. Dans la configuration initiale du contrat médical, l'obligation de sécurité ne fait pas partie du contrat. Il en est de même pour un contrat de dépôt où l'obligation du déposant ne contient pas l'entretien de la chose déposée. Cette obligation n'a rien à voir avec l'obligation fondamentale du contrat de dépôt[4]. Elle est ajoutée par les tribunaux en vue

---

[1] V. Mayr, Une obligation de sécurité est-elle concevable au sein des principes d'Unidroit ? Revue de droit uniforme, 2005, n° 3, p. 485, spéc. p. 492.

[2] VINEY, G. et JOURDAIN, P., Les conditions de la responsabilité, éd. LGDJ 2006, p. 473, n° 501-1.

[3] Voir sur ce point : SERIAUX, A., La faute du transporteur, 2 éd. Economica 1998.

[4] Sur le contrat de dépôt en droit tunisien consulter surtout : REKIK, N., Le contrat de dépôt et la prolifération des textes juridiques, RJL 2006, n° 10, p. 35. En droit français consulter surtout : AVANZINI, I., Les obligations du dépositaire : contribution à l'étude du contrat de dépôt, éd. Litec 2007. Voir aussi : F. Collart Dutilleul et DELEBECQUE, Ph., Contrats civils et

d'assurer au contrat une exécution paisible de telle sorte que le déposant ne s'inquiète pas pour l'état de sa propriété mise en dépôt.
L'obligation de surveillance a, elle aussi, été ajoutée à certains contrats, dont l'obligation essentielle est manifestement différente de l'obligation qui y était greffée. Tel est le cas pour les contrats de prestation de services comme celui proposé par un restaurateur ou un hôtelier[1].

822. Dans tous ces cas, le contenu du contrat se voit enrichi par l'adjonction de nouvelles obligations sans que ces dernières aient des liens directs avec l'obligation fondamentale ou avec l'objectif contractuel. L'absence de ce lien a d'ailleurs mis toute l'œuvre jurisprudentielle en question. L'idée de forçage a été d'ailleurs utilisée afin de dénoncer cet ajout qui n'a rien à voir avec l'essence du contrat[2]. D'ailleurs, cette distorsion entre obligation fondamentale et obligations ajoutées ultérieurement par la jurisprudence accrédite la thèse des auteurs qui dénoncent l'existence d'un forçage du contenu contractuel[3]. On force le *sérail*[4] contractuel afin d'y faire entrer des obligations étrangères à l'objectif contractuel.

823. Une frange de la doctrine française, parlant de l'obligation de sécurité, a déjà évoqué cette question d'absence du lien entre la prestation et les dangers auxquels les contractants se trouvent exposés[5]. L'absence de ce lien rend

---

commerciaux, éd. Dalloz 2007, p. 739, n° 801 ; Ph. Malaurie, L. Aynès et P.-Y. Gautier, éd. Defrénois 2007, p. 508, n° 880. Sur l'obligation d'entretien en général voir surtout : N. Raynaud de Lage, L'entretien : contribution à l'étude de la notion de conservation, RRJ 2001/4, p. 1269.

[1] VINEY, G. et JOURDAIN, P., Les conditions de la responsabilité, éd. LGDJ 2006, p. 451, n° 498. En droit tunisien : JERBI, S., L'interprétation du contrat, éd. CPU 1999, p. 444, n° 348 ; ZINE, M., Théorie générale des obligations, 1. Le contrat, éd. Tunis 1993, p. 270, n° 363.

[2] JOSSERAND, L.,Le contrat dirigé, D. 1933, Chr. P. 89. Sur le forçage consulter surtout : BLOUGH, R., Le forçage, du contrat à la théorie générale, Thèse Paris XI 2008. Cet auteur souligne que « l'expression du forçage du contrat est une création doctrinale qui a été introduite dans le langage juridique français afin de stigmatiser une action, principalement du juge, sur le contrat qui était considérée comme illégitime » (p. 17, n° 12). Elle vise notamment à « dénoncer le fait de se substituer à la volonté des parties » (p. 17, n° 12).

[3] Hormis les références citées à la note ci-dessus, consulter surtout pour le droit tunisien : JERBI, S., La jurisprudence et la responsabilité médicale : la fin de l'arythmie paroxystique, *In* Mélanges Chr. Lapoyade-Des champs, éd. Presse Universitaire de Bordeaux 2003, p. 209. Cet auteur a affirmé que « les obligations de sécurité, d'information se sont greffées sur le contrat médical, opérant un forçage et une hypertrophie du contrat médical » (p. 211). La même idée est vérifiable chez : CABRILLAC, R. et BEN FADHEL, O., Introduction au droit des affaires, Abrégé de droit tunisien des obligations contractuelles, éd. CPU 2006, p. 164, n° 199 ; BEL HAJ HAMMOUDA, A., La franchise, contrat né de la pratique des affaires, *In* La codification du droit des affaires en Tunisie (acte de colloque organisé à Tunis le 14-15 décembre 2007), RJL février 2008, n° spécial, p. 137, spéc. p. 141.

[4] Terme emprunté à Madame Anne Laude, La reconnaissance par le juge de l'existence d'un contrat, éd. PUAM 1992.

[5] VINEY, G. et JOURDAIN, P., Les conditions de la responsabilité, éd. LGDJ 2006, p. 471, n° 501-1.

l'existence de cette obligation illusoire. « Ainsi, dans toutes les conventions où une obligation de sécurité est sans véritable relation avec l'objet du contrat, son existence confine-t-elle à l'artifice »[1].

824. En filigrane de ces créations jurisprudentielles, réside en réalité une volonté de fournir au contrat une atmosphère de quiétude et de sérénité qui permet indirectement au contrat de s'exécuter d'une façon plus fluide. En fournissant cette ambiance, les tribunaux garantissent par là-même au contrat une efficacité et un usage plus fréquent même indirectement. Sans cette obligation de sécurité, que greffent les tribunaux sur le contrat de transport, ce dernier n'allait pas subir l'évolution qu'il a connue[2] et ne gagnera pas ce qu'il a obtenu en richesse et développement. La même chose est vérifiable pour les autres contrats où les obligations greffées ne cherchent qu'à fournir une couverture de paix et de tranquillité durant l'exécution du contrat. Le contrat de transport, sous l'effet des coups de buttoir successifs adressés par la jurisprudence, a subi une évolution avérée au point d'intégrer dans son contenu rudimentaire les obligations greffées par jurisprudence. A force de procéder au forçage par la greffe de l'obligation de sécurité sur le contenu du contrat de transport, ce dernier a modifié le contenu au point de faire de cette obligation l'un de ses caractères indispensables et inhérents[3].

825. Ce n'est pas uniquement la jurisprudence qui a procédé ainsi ; ce sont également les législations. A titre d'exemple, le droit tunisien, organisant le contrat de transport au sein du Code de commerce[4], adopte expressément l'obligation de sécurité du passager. L'article 653 du Code de commerce tunisien énonce que « le transporteur de personnes est tenu de conduire le voyageur sain et sauf à destination et dans les conditions de temps prévues au contrat ». Pour le transport de marchandises, c'est vers l'article 640 du Code de commerce que les regards doivent se tourner. Ce dernier prévoit que « le transporteur est, à partir de la remise de la chose à transporter, responsable de la perte totale ou partielle de celle-ci, des avaries ou du retard dans la livraison ».

---

[1] VINEY, G. et JOURDAIN, P., Les conditions de la responsabilité, éd. LGDJ 2006, p. 471, n° 501-1.

[2] DELEBECQUE, Ph., L'évolution du contrat de transport, *In* Mélanges VINEY, G., éd. LGDJ 2008, p. 309. Voir aussi pour le même auteur : Pour une théorie du contrat de transport, *In* Mélanges J.-L. Aubert, éd. Dalloz 2005, p. 103.

[3] Cette remarque est valable surtout pour le contrat de transport de passagers. Pour celui de transport de marchandises, l'obligation de sécurité est légale (article 1784 du Code civil).

[4] Le Code de commerce tunisien a été promulgué en 1959. Son contenu a manifestement été appauvri à la suite de la promulgation du Code des sociétés commerciales dont la majorité des dispositions ont été retranchées du Code de commerce. Pour une idée plus générale sur la législation commerciale tunisienne, voir surtout : O. Ben Fadhel, L'expérience tunisienne en droit commercial, *In* Le bicentenaire du Code de commerce, Journée d'étude organisée par le Laboratoire de droit privé de la faculté de droit de Montpellier (non publié).

Le droit français lui-même a évolué dans le sens de la consécration de l'obligation de sécurité comme une obligation légale imposée au transporteur[1].

826. Certains auteurs ont déjà posé la question de l'autonomie de ces obligations ajoutées au contrat par rapport à l'obligation fondamentale[2]. L'autonomie de ces obligations ne fait en réalité aucun doute concernant son existence.
Il est toutefois utile de signaler, à cet égard, que même si l'obligation ajoutée n'entretient pas de lien direct avec l'obligation fondamentale du contrat, elle est souvent nécessaire pour que l'exécution se déroule dans la paix et la sérénité. Un souci de garantir une exécution paisible du contrat, qui s'adresse à la psychologie des parties en évitant qu'elles ne soient inquiétées, pourrait justifier son adjonction. Le contractant se fie à son partenaire et désire, même implicitement, que cela se passe en toute sérénité. Le passager se fie au transporteur et ne s'inquiète pas pour sa sécurité ni pour son intégrité physique[3]. Aussi, le client entre dans une aire de jeux sans s'inquiéter, puisqu'il sait que le propriétaire a pris toutes les mesures nécessaires pour la sécurité.
Lorsque les tribunaux cherchent à assurer une exécution paisible du contrat, ils s'éloignent un peu de l'essence du contrat. Par conséquent, même la finalité n'est plus celle de garantir au contrat de réaliser son objectif.

B – Une exécution non strictement liée à l'objectif contractuel

827. Très souvent, quand on conclut un contrat, on a toujours une finalité ou un objectif que l'on désire atteindre. Normalement, le juge ajoute au contrat tout ce qui favorise la réalisation de cet objectif. Ce postulat de départ n'est pas toujours vérifiable car il peut arriver qu'une obligation soit ajoutée au contrat sans qu'elle ait un lien direct avec l'objectif contractuel. C'est le cas par exemple d'une obligation de sécurité qui est souvent ajoutée au contrat sans que cela vise la réalisation de l'objectif contractuel. Dans un contrat de travail, une obligation de sécurité est ajoutée, alors qu'elle n'a rien à voir avec l'objectif contractuel. De même, dans un contrat de transport, l'objectif des parties est d'assurer le déplacement d'une personne ou d'une marchandise d'un lieu à un autre. La sécurité n'entre pas normalement dans l'objectif des parties.

828. Dans tous ces ajouts, ce n'est plus la réalisation de l'objectif contractuel qui est directement visée, mais plutôt une atmosphère de sérénité. Philippe Le

---

[1] Voir sur ce point surtout : F. Collart Dutilleul et DELEBECQUE, Ph., Contrats civils et commerciaux, éd. Dalloz 2007, p. 678, n° 761.
[2] VINEY, G. et JOURDAIN, P., Les conditions de la responsabilité, éd. LGDJ 2006, p. 453, n° 499.
[3] R. Jlassi, L'obligation de sécurité corporelle dans la jurisprudence tunisienne, *In* Cinquante ans de jurisprudence civile 1959-2009, éd. CPU 2010, p. 991.

Tourneau observe que les obligations ajoutées au contrat ne sont pas toutes liées à la réalisation de l'objectif contractuel. Parlant de l'obligation d'information ou de renseignement, il affirme qu'« il est des obligations de renseignements ou de conseil poursuivant, à l'instar de l'obligation de sécurité, un but étranger à la réalisation de l'objectif contractuel »[1]. Si certaines obligations d'informations sont étrangères à l'objectif contractuel, ce qui paraît très discutable du moment que ces obligations s'attachent directement à l'obligation fondamentale et à la satisfaction du contractant[2], les obligations de sécurité et de conservation sont majoritairement hors de l'objectif contractuel.

829. Les tribunaux, à travers l'enrichissement du contenu contractuel, instrumentalisent le contrat en l'utilisant au service d'une fin supérieure. Il est aussi utile de signaler que beaucoup d'obligations ajoutées au contrat, trouvent leur justification dans une volonté législative de protection de la partie faible dans les rapports contractuels et n'ont rien à voir avec l'essence du contrat et ses obligations essentielles. Cette idée est vérifiable aussi bien en droit français qu'en droit tunisien[3]. Ces obligations répondent plus à un souci social qu'à un souci juridique. C'est ainsi par exemple que l'obligation de sécurité a *été conçue dans l'intérêt des victimes*[4]. Dans ce même contexte, d'autres auteurs ont soutenu que l'obligation de sécurité a été crée par la jurisprudence « dans un but bien précis, celui de soustraire les accidents corporels de transport à l'application des principes de la responsabilité délictuelle, afin de donner certaines facilités de preuve aux victimes »[5]

830. A cet égard, un auteur tunisien a noté : « le juge, malgré le principe de l'effet obligatoire du contrat entre les parties, doit intervenir par le biais de la notion de bonne foi, du contrôle des clauses abusives et la référence au devoir de collaboration entre les parties et au concept des attentes raisonnables de celles-ci, pour redresser le déséquilibre contractuel en faveur de la partie la plus faible, au besoin par le forçage du contrat »[6]. Un autre auteur tunisien précise aussi, en parlant de la théorie des suites du contrat, que cette théorie s'assigne des objectifs variés[7]. Il y a entre autres le solidarisme contractuel[1]. Cette même

---

[1] LE TOURNEAU, Ph., Droit de la responsabilité et des contrats, éd. Dalloz 2008/2009, p. 847, n°3351.
[2] Voir sur ce point le paragraphe précédent.
[3] En droit tunisien voir sur ce point : BEL HAJ HAMMOUDA, A., La franchise, contrat né de la pratique des affaires, *In* La codification du droit des affaires en Tunisie (acte de colloque organisé à Tunis le 14-15 décembre 2007), RJL février 2008, n° spécial, p. 137, spéc. p. 141.
[4] JOURDAIN, P., Le fondement de l'obligation de sécurité, GP. 1997, n° 264, p. 22, spéc. p. 23.
[5] VINEY, G. et JOURDAIN, P., Les conditions de la responsabilité, éd. LGDJ 2006, p. 472, n° 501-1.
[6] BEL HAJ HAMMOUDA, A., La franchise, contrat né de la pratique des affaires, *In* La codification du droit des affaires en Tunisie (acte de colloque organisé à Tunis le 14-15 décembre 2007), RJL février 2008, n° spécial, p. 137, spéc. p. 141.
[7] MAHFOUD, M., La théorie des suites du contrat, RJL 2008, n° 6, p. 99, spéc. p. 100.

idée est également soutenue par une frange de la doctrine française qui analyse l'obligation de sécurité comme une des manifestations du solidarisme contractuel en droit de la consommation[2].

831. Dans l'enrichissement du contrat, celui-ci devient au service de certaines autres valeurs. Il est dirigé vers une finalité qui dépasse la volonté des parties. Louis Josserand parle depuis longtemps du contrat dirigé où il dénonce « une socialisation, une étatisation du contrat qui se poursuit sans relâche »[3]. A cette socialisation, les tribunaux ont indubitablement contribué en ajoutant au contrat des obligations, qui ne font pas normalement partie de son objectif. Ce sont des exigences sociales qui justifient souvent cet ajout. Il s'insère, selon Mohamed Zine, dans le « cadre d'une vision sociale de l'obligation »[4]. Des auteurs français classent aussi l'obligation de sécurité parmi les devoirs inspirés des considérations d'utilité sociales[5].

832. L'enrichissement s'assigne ainsi un objectif autre que celui du contrat. Il y a en effet beaucoup de choses qui se conjuguent afin de permettre la résurgence de nouvelles obligations non songées par les parties contractantes. Ces objectifs accréditent l'idée que l'enrichissement ne vise pas uniquement la bonne exécution du contrat ; il tend souvent à en assurer une exécution paisible lui permettant de s'exécuter d'une façon calme en évitant les troubles et les risques collatéraux pouvant surgir au cours de l'exécution.

Cette finalité de l'exécution paisible que les tribunaux tendent à assurer met en réalité en question la nature de l'opération de l'enrichissement du contrat.

§2- Une exécution s'éloignant du domaine contractuel ?

833. L'opération d'enrichissement du contenu contractuel, en s'éloignant quelque peu de l'obligation fondamentale du contrat et en poursuivant des objectifs plus ou moins étrangers par rapport à ceux voulus par les contractants, pose la question de la nature des obligations qu'elle engendre. Cette question ne se pose normalement que pour l'exécution paisible du contrat. Ceci s'explique

---

[1] MAHFOUD, M., La théorie des suites du contrat, RJL 2008, n° 6, p. 99, spéc. p. 100.

[2] RAYMOND, G., Solidarisme contractuel en droit de la consommation, *In* Le solidarisme contractuel, sous la direction de L. Grynbaum et M. Nicod, éd. Economica 2004, p. 107, spéc. p. 120.

[3] JOSSERAND, L.,Le contrat dirigé, D. H. 1933, p. 89.

[4] ZINE, M., De l'esprit et de l'effectivité de certaines dispositions du Code des obligations et des contrats, *In* Le livre du centenaire du Code des obligations et des contrats, 1906-2006, éd. CPU 2006, p. 437, spéc. p. 444. L'auteur cite à titre d'exemple l'obligation de sécurité (voir la page 447).

[5] VINEY, G. et JOURDAIN, P., Les conditions de la responsabilité, éd. LGDJ 2008, p. 421, n° 476.

par le fait que le juge, en essayant de fournir aux parties une ambiance favorable à l'exécution parfaite du contrat, s'éloigne de l'objectif contractuel et puise des solutions dans le domaine extracontractuel ; particulièrement, les obligations qu'il ajoute au contrat sont tirées des principes généraux. Toutefois, ces obligations, bien qu'elles soient puisées dans les principes généraux de droit (A), ont une nature contractuelle (B).

A – Des obligations souvent puisées dans les principes généraux de droit

834. Les tribunaux, en poursuivant la finalité d'assurer au contrat une exécution paisible permettant d'entourer le contrat d'une couverture réfutant l'inquiétude et l'affolement, consultent très souvent des principes généraux, ce qui laisse entrevoir un dépassement des limites du domaine contractuel. Les créations jurisprudentielles, dans ce cadre, peuvent être justifiées par un dépassement du contrat et une consécration de certains principes généraux.

835. Par exemple, l'obligation de sécurité est souvent puisée dans un principe général de sécurité qui n'est pas lié à la matière contractuelle. Ce principe exige que, dans tous les actes juridiques, voire les faits juridiques, l'intégrité corporelle des personnes doit toujours être préservée. Un autre a précisé que « même sans contrat, même sans prestation caractéristique, la sécurité est une attente légitime, une prestation due par tous et pour tous, contractants et non contractants »[1].
C'est le devoir général de prudence qui justifie l'adjonction d'une obligation de sécurité qui n'est pas prévu uniquement pour les contrats ; il « concerne en effet tous les types d'activités et oblige à prendre toutes les précautions usuelles afin d'éviter que ces activités n'engendrent pas plus de risque qu'elles n'en comportent normalement »[2].

836. Cette identité d'objectifs entre la matière contractuelle et celle extracontractuelle établit une ressemblance avérée entre ce que fait la jurisprudence en matière contractuelle en créant de nouvelles obligations et ce qu'elle fait en matière extracontractuelle[3]. Certains auteurs ont souligné que « dans l'aménagement des obligations incombant aux contractants, la jurisprudence s'est laissée guider exactement par les mêmes impératifs que lorsqu'elle s'est efforcée de déterminer les devoirs incombant aux particuliers dans leurs activités non contractuelles »[4].

---

[1] ANCEL, M.-E., La prestation caractéristique du contrat, éd. Economica 2002, p. 258, n° 341.
[2] VINEY, G. et JOURDAIN, P., Les conditions de la responsabilité, éd. LGDJ 2006, p. 421-422, n° 477.
[3] Voir aussi sur ce point : JOURDAIN, P., Le fondement de l'obligation de sécurité, GP 1997, n° 264, p. 22, spéc. p. 25.
[4] VINEY, G. et JOURDAIN, P., Les conditions de la responsabilité, éd. LGDJ 2006, p. 451, n° 498.

Poursuivant sur cette voie, certains auteurs estiment que la sécurité ne peut pas faire l'objet d'une obligation contractuelle, elle ne relève pas du contrat. Cette obligation n'est qu'une consécration du principe général de prudence et de l'interdiction de nuire à autrui. Baptisée souvent par ces auteurs « devoir de sécurité », elle n'a aucun caractère spécifiquement contractuel[1].

837. L'exclusion de la sécurité du domaine contractuel remet la sécurité systématiquement dans le domaine extracontractuel, son domaine naturel. Par conséquent toute responsabilité, pour manquement à la sécurité du contractant doit être faite sur le fondement des articles 1382 et 1383 du Code civil pour ce qui est du droit français, et les articles 82 ou 83 du Code des obligations et des contrats pour ce qui est du droit tunisien. Cette solution a été défendue depuis longtemps par le doyen Carbonnier qui a souligné dans des termes toujours résonnants : « c'est artifice que de faire entrer là-dedans (en matière de responsabilité contractuelle) des bras cassés et des morts d'hommes ; les tragédies sont de la compétence des articles 1382 et suivants »[2].

838. L'idée de considérer comme artifice le fait d'attacher l'obligation de sécurité au contrat est en effet accréditée dans certaines hypothèses par l'absence de lien entre cette obligation et la prestation principale[3], ce qui fait que son attachement *confine à l'arbitraire*[4].
C'est dans ce même sens que certains auteurs ont souligné : « la construction jurisprudentielle a pris des proportions envahissantes et apparaît aujourd'hui comme une excroissance injustifiée de la responsabilité contractuelle dans le domaine des accidents corporels où l'application des principes de la responsabilité délictuelle serait plus naturelle »[5]. Un auteur avance aussi dans ce même contexte que « les dommages corporels ne constituent pas des défaillances contractuelles, sauf le cas où le contrat porte sur la personne de la victime »[6].
Ces auteurs réconfortent leur position par ce qu'a disposé la convention de Vienne sur la vente internationale de marchandises dont l'article 5 annonce que la convention « ne s'applique pas à la responsabilité du vendeur pour décès ou

---

[1]VINEY, G. et JOURDAIN, P., Les conditions de la responsabilité, éd. LGDJ 2006, p. 471, n° 501-1.
[2] CARBONNIER, J., Droit civil, Les obligations, tome VI, éd. PUF 2000, p. 520, n° 295.
[3] JOURDAIN, P., Le fondement de l'obligation de sécurité, GP 1997, n° 264, p. 22, spéc. p. 25.
[4] JOURDAIN, P., Le fondement de l'obligation de sécurité, GP 1997, n° 264, p. 22, spéc. p. 25.
[5] VINEY, G. et JOURDAIN, P., Les conditions de la responsabilité, éd. LGDJ 2006, p. 472, n° 501-1.
[6] LE TOURNEAU, Ph., Droit de la responsabilité et des contrats, éd. Dalloz 2008-2009, p. 846, n° 3309.

lésions corporels causés à quiconque par la marchandise ». La loi de 1998 sur le fait des produits défectueux peut être interprétée dans ce sens[1].
Ce qui est valable pour l'obligation de sécurité l'est normalement pour les autres obligations ajoutées afin de servir cette finalité d'exécution paisible du contrat. Il en est ainsi pour les obligations d'entretien incombant au dépositaire ou pour l'obligation de non concurrence, de conservation[2]. Il en est également de même pour l'obligation de garde que les tribunaux ajoutent aux contrats. Toutes ces obligations peuvent être puisées dans des principes généraux de prudence ou même de bonne foi. Ceci est également valable pour l'obligation de surveillance.
Cette dualité de sources d'épuisement de ces obligations réconforte l'idée de leur nature extracontractuelle. Toutefois, ces obligations, même puisées d'ailleurs, ont une nature qui ne peut être que contractuelle.

B – La nature contractuelle des obligations adjointes

839. Même si des interrogations sur la nature des obligations adjointes au contrat, dans le cadre de la poursuite de la finalité d'assurer une exécution paisible du contrat peuvent logiquement se poser, leur nature contractuelle n'est pas normalement discutable. La consultation des principes généraux du droit ne signifie pas forcément la nature extracontractuelle des obligations attachées sur leur fondement au contrat. Lorsqu'une obligation est introduite au contrat, quelle que soit la source de son puisement, elle est d'emblée contractuelle. Un souci d'homogénéité du contrat conforte cette idée. En outre, le contrat n'a pas son monde à part, il ne vit pas isolé, ce qui fait qu'il est amené à emprunter à l'extérieur certaines solutions.
Qui plus est, une idée est devenue certaine aussi bien en droit français qu'en droit tunisien, le contenu du contrat n'est pas uniquement composé de tout ce qui est voulu par les parties contractantes, une partie est réservée à l'imposé. Cet imposé, puisé çà et là, sur la base de l'article 1135 du Code civil ou l'article 243 in fine du Code des obligations et des contrats, est contractuel. Il faut donc « admettre, comme le souligne un auteur[3], que les obligations qui sont imposées à l'extérieur font partie intégrante du contrat…et dont la violation est sanctionnée par la responsabilité contractuelle ».

840. Ces obligations ajoutées au contrat dans le cadre d'une exécution paisible du contrat doivent être analysées comme étant des obligations contractuelles

---

[1] En Tunisie, il n'y a pas de loi similaire à la loi française de 1998 sur le fait de produits défectueux.
[2] Voir une récente jurisprudence : Cass. 1re civ., 8 octobre 2009, n° 08-20.048, P+B, RLDC n° 66, note C. Le Gallou (Réparation et conservation de la voiture : le principal et l'accessoire).
[3] DELEBECQUE, Ph., Les clauses allégeant les obligations dans les contrats, thèse Aix-Marseille 1981, p. 405, n° 351.

même si elles trouvent leur inspiration ailleurs. Les articles 1135 du Code civil et 243 du Code des obligations et des contrats, en renvoyant à la loi, aux usages et à l'équité, permettent aux principes généraux de droit de pénétrer dans la sphère contractuelle et d'enrichir le contenu du contrat par l'adjonction d'une nouvelle catégorie d'obligations non liées à la volonté.
Ces principes, lorsqu'ils accèdent au contrat, prennent normalement sa coloration et ne perturbent pas l'harmonie de son régime. C'est le bon sens qui l'impose et c'est lui qui rend plausible le fait de qualifier les obligations déduites de ces principes comme contractuelles[1]. Ces principes généraux, lorsqu'ils accèdent au contrat, ne le font pas par ce qu'ils sont des principes généraux, mais parce que l'article définissant le contenu contractuel en autorise l'accès. Cet article renvoyant à la loi, aux usages et à l'équité offre une formidable porte d'accès aux principes généraux de droit à l'univers contractuel ou au *jardin contractuel*[2].

841. Qui plus est, ces principes généraux n'accèdent au contrat qu'à la condition d'être réclamés par la nature de ce contrat. C'est sur une invitation de la nature du contrat qu'ils y pénètrent. Cela implique que parmi les nombreux principes généraux n'accèdent à la sphère contractuelle que ceux qui sont puisés dans la loi, les usages ou l'équité et ceux qui sont en conformité avec la nature du contrat. Prenons l'exemple de l'exigence de prudence d'où est déduite l'obligation de sécurité. Elle n'accède au contrat que parce que l'exécution de celui-ci est de nature à mettre en danger la personne ou les biens du contractant. Les circonstances entourant le contrat sèment l'inquiétude, ce qui appelle le juge à la dissiper en ajoutant au contenu ce qui assure une exécution paisible au contrat. Cette obligation même déduite des principes généraux du droit et n'ayant aucun lien direct avec le contrat, n'y accède que parce qu'elle est réclamée par la nature du contrat. Une fois qu'elle y a accédé, elle doit être traitée comme une obligation contractuelle ordinaire à égalité avec les obligations voulues expressément par les parties contractantes. C'est dans ce sens qu'il faut comprendre les articles 1135 du Code civil et 243 *in fine* du Code des obligations et des contrats. Ceux-ci permettent d'un seul coup aux obligations déduites des principes généraux d'accéder au contrat et encore plus de les soumettre au régime contractuel.

842. Un auteur tunisien souligne que les obligations ajoutées au contrat au nom de l'équité, usage ou loi, doivent être considérées comme des obligations

[1] C'est en effet l'idée d'un auteur tunisien qui l'a annoncée en parlant de l'obligation de sécurité incombant aux médecins en droit tunisien. Voir à cet effet : Sami Jerbi, La jurisprudence et la responsabilité médicale : la fin de l'arythmie paroxystique, *In* Mélanges Chr. Lapoyade-Des champs, éd. Presse Universitaire de Bordeaux 2003, p. 209, spéc. p. 219-220.
[2] MAZEAUD, D., Regards positifs et prospectifs sur le nouveau monde contractuel, LPA du 07 mai 2004, p. 47, spéc. n° 4.

contractuelles engendrant une responsabilité contractuelle[1]. Ces obligations suivent forcément le contrat dans son régime[2] et sa finalité. D'ailleurs, la violation de ces obligations peut être sanctionnée de la même façon dont le sont les autres obligations contractuelles[3]. Cette solution semble être adoptée par la jurisprudence tunisienne qui a condamné à la réparation un hôtelier qui n'avait pas garanti la sécurité des résidents[4]. Cette solution est aussi confirmée par un autre jugement tunisien rendu cette fois-ci par le tribunal de Première Instance de Tunis qui a mis en œuvre la responsabilité contractuelle pour manquement d'un hôtelier à son obligation de sécurité[5]. Le tribunal cantonal de Sfax semble emprunter la même solution[6].
Dans un arrêt de la Cour de cassation tunisienne, cette dernière annonce d'une façon non équivoque la nature contractuelle de l'obligation de sécurité. Elle souligné que « la relation entre le transporteur et le voyageur (passager) est une relation contractuelle qui engage le transporteur à déposer le passager saint et sauf à sa destination »[7].
La nature de l'obligation de sécurité a été discutée en droit tunisien surtout en matière médicale. La jurisprudence tunisienne retient majoritairement la qualification contractuelle de l'obligation de sécurité.
Dans un autre arrêt de la Cour de cassation tunisienne du 18 janvier 2003, il a été souligné que : « les séquelles laissées sur le doigt de l'intimée étaient en lien étroit avec l'intervention chirurgicale ce qui prouve que le médecin avait commis une faute dans l'exécution de son obligation contractuelle »[8].

843. En doctrine, il semble que la qualification de contractuelle de l'obligation de sécurité obtient plus de suffrages. Beaucoup d'auteurs l'approuvent. C'est ainsi que Mlle Ancel souligne que l'obligation contractuelle de sécurité existe mais, « elle ne paraît pouvoir être imposée par le juge, sur le fondement de l'article 1135 du Code civil, que dans l'hypothèse où la réalisation de la prestation caractéristique du contrat peut être, rationnellement, l'occasion d'un dommage corporel pour le contractant, et pour luis seul »[9]. Selon certains, pour que l'obligation de sécurité demeure contractuelle, elle doit satisfaire à « la double condition, d'une part qu'un lien existe entre les prestations

---

[1] ZINE, M., Théorie générale des obligations, 1 – Le contrat, éd. Tunis 1993, p. 270, n° 363.
[2] ZINE, M., Théorie générale des obligations, 1 – Le contrat, éd. Tunis 1993, p. 270, n° 363.
[3] ZINE, M., Théorie générale des obligations, 1 – Le contrat, éd. Tunis 1993, p. 270, n° 363.
[4] Cass. civ. (tu), n° 10578 du 7 novembre 1974, Bull. II, p. 118.
[5] TPI Tunis jugement n° 11802 du 1er mars 1976 (inédit). Cet arrêt est cité par JERBI, S., L'interprétation du contrat, thèse Tunis, éd. CPU 1999, p. 446, n° 348.
[6] T. cantonal de Sfax, jugement n° 16810 du 15 mars 1985 (inédit). Cet arrêt est cité par JERBI, S., L'interprétation du contrat, op. cit., p. 447, n° 348.
[7] Cass. civ. (Tu) n° 10624 du 17 janvier 1985, RJL 1986, n° 5, p. 43.
[8] Cass. civ (tn), n° 22273 du 18 janvier 2003 (inédit). Cité par BOUROUROU, A., La jurisprudence en matière de la responsabilité civile du médecin (en arabe), RJL 2007, n°2, p. 13.
[9] ANCEL, M.-E., La prestation caractéristique du contrat, éd. Economica 2002, p. 260, n° 341.

contractuelles et les risques auxquels le créancier se trouve exposé du fait de l'exécution du contrat et, d'autre part, que les victimes trouvent un intérêt certain à s'en prévaloir de préférence à l'application des principes de la responsabilité délictuelle »[1].

844. D'ailleurs, la qualification de l'obligation de sécurité comme obligation contractuelle constitue une tendance en droit du commerce international : « dans le droit du commerce international, on constate, souligne un auteur, donc une tendance à soumettre l'ensemble contractuel avec ses accessoires, y compris ceux qui trouvent leurs racines dans la matière délictuelle, au droit du contrat »[2]. Cette qualification est d'autant plus défendable car « la reconnaissance d'une obligation de sécurité contractuelle ne conduit pas à surcharger le contenu contractuel, elle n'est pas –si certaines limites sont respectées – un forçage du contrat »[3]

845. En droit français, l'apparition de l'obligation de sécurité est contractuelle. La Cour de cassation française le clame depuis 1911 : « l'exécution du contrat de transport comporte pour le transporteur l'obligation de conduire le voyageur sain et sauf à destination »[4]. La jurisprudence française, même si elle la considère très souvent comme contractuelle, surtout en matière de transport, ne cesse de limiter son intervention, en précisant qu'elle peut coexister avec une autre, extracontractuelle. La Cour de cassation a refusé de qualifier de contractuelle une obligation de sécurité d'une clinique pour un accident survenu dans le hall d'accueil alors que la patiente cherchait à avoir un rendez-vous ; « le contrat passé entre le centre médical et le patient se limite à la consultation et aux soins »[5].
La même position est adoptée pour le contrat de transport où la jurisprudence n'a cessé de restreindre le domaine de l'obligation contractuelle de sécurité du transporteur. En matière de transport ferroviaire, elle ne joue, depuis un *revirement contemporain*[6], que pour la période de transport proprement dit[7].

---

[1] VINEY, G. et JOURDAIN, P., Les conditions de la responsabilité, éd. LGDJ 2006, p. 472, n° 501-1.
[2] V. Mayr, Une obligation de sécurité est-elle concevable au sein des principes d'Unidroit ? Revue de droit uniforme, 2005, n° 3, p. 485, spéc. p. 494.
[3] V. Mayr, Une obligation de sécurité est-elle concevable au sein des principes d'Unidroit ? Revue de droit uniforme, 2005, n° 3, p. 485, spéc. p. 495.
[4] Cass. civ. 21 novembre 1911, DP 1913, I, p. 249, note Sarrut ; S. 1912, I, p. 73, note Lyon-Caen.
[5] Cass. 2e civ. 10 janvier 1990, RTD civ. 1990, p. 481, obs. P. Jourdain. Voir sur ce point aussi : Y. Buffelan-Lanore et V. Larribau-Terneyre, Droit civil, Deuxième année, Les obligations, éd. Sirey 2008, p. 424, n° 1305.
[6] F. Collart-Dutilleul et DELEBECQUE, Ph., Contrats civils et commerciaux, éd. Dalloz 2007, p. 697, n° 773.
[7] Cass. 1re civ. 7 mars 1989, Bull. civ. I, n° 118 ; D. 1991, I, Jur. p. 1, note Ph. Malaurie. Voir sur ce point aussi : F. Collart-Dutilleul et DELEBECQUE, Ph., Contrats civils et commerciaux, éd. Dalloz 2007, p. 697, n° 773. Les auteurs citent dans ce même sens d'autres arrêts.

Dans cet arrêt, la Cour de cassation souligne que l'obligation de sécurité « n'existe à la charge du transporteur que pendant l'exécution du contrat, c'est-à-dire à partir du moment où le voyageur commence à monter dans le véhicule et jusqu'au moment où il achève d'en descendre ».

846. Ce rétrécissement du domaine de l'obligation de sécurité contractuelle présage d'un passage *in globo* du domaine de cette obligation du domaine contractuel, à un autre délictuel. Cette tendance est explicable par plusieurs raisons. Il y a d'abord une volonté de faciliter la tâche pour la victime qui a plus de liberté en matière extracontractuelle qu'en matière contractuelle. Il y a aussi la volonté de garantir le droit de réparation des victimes. La réparation est beaucoup plus ample en matière délictuelle qu'elle ne l'est en matière contractuelle où le juge est soumis à la règle du dommage prévisible[1]. Cette solution a pourtant été critiquée par une partie de la doctrine française. Le professeur Philippe Le Tourneau s'étonne de voir « partager un seul et même contrat en plusieurs périodes pour appliquer à chacune d'elles un régime spécifique »[2].

847. Il est utile de noter à ce stade qu'en droit tunisien, cette recherche de qualification de l'obligation de sécurité contractuelle ou non ne revêt pas une très grande importance, car ce droit offre une possibilité de cumul des deux responsabilités, ce qui fait que la victime n'est pas obligée de faire le choix entre les différents régimes de responsabilité envisageable[3].

848. Aux antipodes de cette solution, se situe le droit français où le cumul n'est pas possible, ce qui donne une grande importance à la qualification de l'obligation de sécurité et des autres obligations s'insérant dans le cadre de l'exécution paisible du contrat ; de la qualification naît tout un régime.

---

[1] Cette règle n'est pas valable en droit tunisien qui adopte le principe de la réparation intégrale qui dépasse d'un cran le principe de la réparation dans la limite de ce qui est prévisible. Voir sur ce point surtout : HAMMOUDA, M., De l'exécution de l'obligation avec loyauté *In* Mélanges S. Ben Halima, éd. CPU 2005, p. 1031, spéc. p. 1082.

[2] LE TOURNEAU, Ph., Droit de la responsabilité et des contrats, éd. Dalloz 2008-2009, p. 845, n° 3304.

[3] Voir sur ce point : JERBI, S., La jurisprudence et la responsabilité médicale : la fin de l'arythmie paroxystique, *In* Mélanges Chr. Lapoyade-Des champs, éd. Presse Universitaire de Bordeaux 2003, p. 209, spéc. p. 214. Voir aussi en général : BEN AMMOU, N.,L'évolution récente de la jurisprudence en matière de responsabilité civile, RTD 1996, p. 27. Cette affirmation qui se base sur les dispositions de l'article 523 du C.o.c est en réalité à nuancer au vu d'une position jurisprudentielle souvent hostile au cumul des responsabilités (cass. civ. (tn) n° 1996, du 20 décembre 1962, Bull. 1962, p. 67 ; cass. civ. (tn) n° 9939, Bull. 1974, I, p. 204). Une doctrine tunisienne autorisée semble abonder dans ce même sens : ZINE, M., La responsabilité délictuelle, cours polycopié, FDSPT 1999-2000. Pour une position contraire voir : CA Tunis arrêt n° 20553 du 13 décembre 1960, RTD 1961, p. 113, note M. Cabrillac.

Il est essentiel de noter, à ce stade, que ce qui est valable pour l'obligation de sécurité est normalement valable pour les autres obligations attachées au contrat dans le cadre de la poursuite de l'objectif de l'exécution paisible du contrat. Toutes les obligations attachées au contrat par référence à cette finalité sont contractuelles tant que c'est l'article 1135 du Code civil ou 243 du Code des obligations et des contrats qui les explique.

849. La nature de ces obligations a suscité pourtant les mêmes interrogations que celles de l'obligation de sécurité. Il en est ainsi, par exemple pour l'obligation de surveillance dont l'attachement présente, selon certains auteurs, la preuve d'« une nouvelle invasion du délictuel dans le contractuel »[1]. L'adjonction de cette obligation qui vient de « rejoindre le cortège des obligations greffées sur le contrat »[2], répond, selon une frange de la doctrine française, à un souci social plutôt que légal[3]. Cette obligation de surveillance « comparée aux obligations greffée de sécurité d'information, fait figure de parent pauvre du forçage contractuel »[4].

850. La jurisprudence, surtout française, n'a pas cessé d'adjoindre cette obligation et de lui donner sa pleine ampleur dans plusieurs contrats[5]. Il en est ainsi du contrat de dépôt hôtelier où elle a mis à la charge de l'hôtelier une obligation de surveiller les personnes « allant et venant dans l'hôtel »[6]. A l'hôtelier, incombe au vu de cette obligation de « contrôler les déambulations et ses clients et, a fortiori, celle des personnes non clientes »[7]. La modification introduite sur l'article 1953 du Code civil par la loi n° 2009-526 du 12 mai 2009 semble confirmer cette ampleur donnée à l'obligation de surveillance. Le législateur dans la dernière modification a remplacé le mot « étrangers » utilisé par l'article 1953 par le mot « tiers », ce qui donne encore plus de précision à cet article et par conséquent à l'obligation de surveillance.

---

[1] MARTINEAU-BOURGNINAUD, V., L'obligation contractuelle de surveillance, LPA, 03 mai 2001, n° 88, p. 4, spéc. n° 1.

[2] MARTINEAU-BOURGNINAUD, V., L'obligation contractuelle de surveillance, LPA, 03 mai 2001, n° 88, p. 4, spéc. n° 2.

[3] MARTINEAU-BOURGNINAUD, V., L'obligation contractuelle de surveillance, LPA, 03 mai 2001, n° 88, p. 4, spéc. n° 6. L'auteur cite à ce stade Ph. Malaurie et AYNES, L., Les obligations, n° 632.

[4] COULON, C., L'obligation de surveillance, éd. Economica 2003, p. 180, n° 241.

[5] Pour une récente application jurisprudentielle de cette obligation de surveillance voir surtout : BLOUD-REY, C., L'obligation de surveillance accessoire aux contrats de prestations de services (note sous cass. 1re civ, 8 février 2005), D. 2005, II, p. 2260

[6] LE TOURNEAU, Ph., Droit de la responsabilité et des contrats, éd. Dalloz 2008-2009, p. 1315, n° 6341.

[7] LE TOURNEAU, Ph., Droit de la responsabilité et des contrats, op. cit., p. 1315, n° 6341. L'auteur cite plusieurs arrêts et décisions consacrant cette obligation dont : CA Paris, 5 janvier 1996, D. 1996, IR 67. Cette obligation est en effet déduite de l'article 1953 du Code civil qui oblige l'hôtelier à répondre du vol commis dans l'hôtel.

Cette obligation est aussi greffée sur les contrats conclus entre les hommes de profession libérale et leurs clients. Il en est ainsi notamment pour l'architecte qui se trouve tenu d'une obligation de surveillance de travaux d'exécution de sa conception. Il en est de même pour le contrat d'entreprise où elle pourrait être déduite de l'article 1797 du Code civil. La jurisprudence a poussé cette obligation plus loin en la qualifiant de résultat[1]. Elle a ainsi suscité le même débat que son similaire, l'obligation de sécurité.

851. A côté de cette obligation de surveillance, l'obligation de garde est souvent greffée sur les contrats de dépôt, obligation souvent nommée « accessoire de garde »[2]. Cette obligation constitue l'un des premiers terrains d'expérimentation de la théorie des suites contractuelles. La jurisprudence a tendance à l'étendre par le biais de la théorie des suites du contrat[3]. La question de la garde a été posée surtout pour l'entretien de choses. La question est souvent posée pour le « contrat de garage »[4]. Ce « contrat ne comporte pas normalement comme suite de l'obligation ou des obligations assumées par le garagiste celle de vérifier si le client a pris les précautions que l'imminence du gel impose à tout automobiliste »[5]. La jurisprudence ajoute une obligation d'entretien qui la met à la charge du garagiste[6]. Elle a accompli dans ces arrêts une double tâche : annuler la clause d'exclusion de l'obligation de mettre de l'antigel et greffer sur le contrat une nouvelle obligation d'entretien, obligeant le garagiste à mettre dans le radiateur l'antigel nécessaire[7]. Cette obligation constitue en effet un cas typique de la poursuite des tribunaux d'une finalité d'assurer une exécution paisible du contrat, évitant l'affolement et l'inquiétude.

852. En somme, les obligations attachées au contrat dans le cadre de son exécution paisible sont normalement contractuelles tant qu'elles trouvent leur fondement dans l'article 1135 du Code civil ou 243 *in fine* du Code des obligations et des contrats. Ces articles l'affirment expressément en annonçant que ce qui est implicite oblige de la même façon que ce qui y a été initialement

---

[1] Cass. 3e civ. 14 décembre 1983, RDI 1984, p. 314, obs. Ph. Malinvaud et Ph. Jestaz ; Cass. 3e civ. 1er février 1990, JCP G IV, 140 ; Cass. 3e civ. 1995, Bull. civ. 1995, III, n° 188. Voir aussi sur ce point : LE TOURNEAU, Ph., Droit de la responsabilité et des contrats, op. cit., p. 1048, n° 4539.

[2] F. Collart Dutilleul et DELEBECQUE, Ph., Contrats civils et commerciaux, éd. Dalloz 2007, p. 742, n° 803.

[3] F. Collart Dutilleul et DELEBECQUE, Ph., Contrats civils et commerciaux, éd. Dalloz 2007, p. 742, n° 803.

[4] Terme utilisé par R. Rodière, voir note sous Cass. 1e civ. 23 octobre 1961, D. 1962, Jur. P. 45.

[5] R. Rodière, voir note sous Cass. 1e civ. 23 octobre 1961, D. 1962, Jur. P. 45.

[6] Cette jurisprudence remonte en effet à une date antérieure. CA Riom 12 janvier 1932, S. 1932, II, p. 94. Voir aussi : cass. 1e civ. 23 octobre 1961, D. 1962, Jur. P. 45, note R. Rodière.

[7] Voir aussi sur ce point : F. Collart Dutilleul et DELEBECQUE, Ph., Contrats civils et commerciaux, éd. Dalloz 2007, p. 742, n° 803.

prévu par les contractants[1]. D'ailleurs, le propre de ces articles est de permettre d'étendre le contrat en complétant son contenu sans en être à l'extérieur.
Ils permettent par là-même d'étendre le contenu du contrat et la responsabilité contractuelle du contractant. Non seulement les tribunaux ajoutent de nouvelles obligations contractuelles, jusque-là implicites, mais ils prévoient encore une responsabilité contractuelle en cas d'un manquement éventuel. C'est à la fois un élargissement du contenu contractuel et un alourdissement de la responsabilité contractuelle.
Parmi les obligations que les tribunaux ajoutent au contrat dans le cadre d'une opération d'enrichissement, certaines méritent d'être spécialement étudiées afin d'examiner l'œuvre jurisprudentielle *in vivo*[2].

Section 2 : Quelques obligations assurant une exécution paisible du contrat

853. Les obligations que les tribunaux greffent sur le contenu des contrats sont très nombreuses. La jurisprudence de cesse d'allonger la liste de ces obligations. Nombreuses sont les obligations pouvant servir cette finalité. Récemment, elle vient de greffer une obligation accessoire de conservation sur un contrat d'entreprise[3]. L'obligation de non concurrence peut également être citée ici.
Les justifications de ces créations sont également nombreuses et variées. Cela s'explique par la souplesse des critères adoptés par les articles 1135 du Code civil et 243 *in fine* du Code des obligations et des contrats, dont la jurisprudence profite très souvent. Le résultat est que ces articles sont capables de « servir de fondement à toutes les audaces »[4].
Dans le cadre de la finalité d'assurer à travers l'opération d'enrichissement du contenu contractuel une exécution paisible du contrat, deux obligations sont souvent citées ; l'obligation de sécurité (§1) et l'obligation de surveillance (§2).

Ces obligations cadrent parfaitement avec cette finalité.

---

[1] ZINE, M., Théorie générale des obligations, 1 – Le contrat, op. cit., p. 270, n° 363 ou n° 348, p. 259.
[2] Le terme est emprunté à : SERIAUX, A., L'œuvre prétorienne *in vivo* : l'exemple de la convention d'assistance, *In* Mélanges M. Cabrillac, éd. Litec 1999, p. 299.
[3] Cass. 1re civ., 8 octobre 2009, n° 08-20.048, P+B, RLDC n° 66, note C. Le Gallou (Réparation et conservation de la voiture : le principal et l'accessoire).
[4] ZINE, M., De l'esprit et de l'effectivité de certaines dispositions du Code des obligations et des contrats, *In* Livre du centenaire du Code des obligations et des contrats 1906 – 2006, éd. CPU 2006, p. 437, spéc. p. 446. L'auteur ne parle en fait que de l'article 243 du Code des obligations et des contrats.

§1- L'obligation de sécurité

854. L'obligation de sécurité est en effet le coup d'envoi d'une opération d'enrichissement du contenu du contrat, baptisée alors forçage du contrat. Cette obligation figure parmi celles qui ont « apporté les bouleversements les plus significatifs »[1] dans l'histoire du droit civil en France ou ailleurs. Cette obligation, dont l'existence est reconnue, suscite, entre autres, une certaine inquiétude concernant son domaine (A) et concernant son intensité (B).

A – Le domaine de l'obligation de sécurité

855. L'obligation de sécurité semble être d'abord née d'un débat relatif au droit du travail[2]. Ce débat, même s'il a gardé un peu de son utilité jusqu'à nos jours, puisqu'on parle encore d'une obligation de sécurité de l'employeur[3], semble être clos depuis la fin du XIXe siècle par une intervention légale mettant à la charge de l'employeur une obligation de sécurité, qui s'insère dans un principe général de prévention adopté par la législation du travail en France[4]. Dans ce pays comme en Tunisie, l'existence de l'obligation de sécurité a été posée en matière de transport de personnes ; c'est son berceau naturel. En droit français, l'on doit remonter aux années 1911[5] pour rencontrer la première application de cette obligation. L'affaire concernait alors un accident survenu à un passager lors d'une traversée maritime entre Tunis et Gênes.

856. En Tunisie, la même chose s'est produite, puisque cette obligation de sécurité a été introduite, surtout à l'occasion des problèmes relatifs au contrat du

[1] N. Vézina, L'obligation de sécurité. Etude de droit comparé (droits français et québécois), thèse Paris 2, 2006, p. 1, n° 1.
[2] Ex : Trib. Com. D'Anvers, 21 septembre 1885 ; Trib. Com. Mons, 14 novembre 1885, S. 1888, 4, p. 6 ; Grand, 18 juin 1887, S. 1889, 4, p.1. Voir sur ce point : Théophile Huc, Commentaire théorique et pratique du Code civil, Tome 7, Contrats et obligations – Effets des obligations – Condition – Solidarité – Indivisibilité – Clause pénale, éd. Librairie Cotillon 1894, p. 134, n° 90. L'auteur souligne que « les contrats entre patrons et ouvriers donnent fréquemment l'occasion d'appliquer cette règle [article 1135] ».
[3] RADE, C., L'obligation de sécurité de l'employeur plus forte que le pouvoir de direction, Lexbase Hebdo n° 297 du Jeudi 20 mars 2008 ; RDC 2008, n°4, p. 1267.
[4] Voir sur ce point : Les articles L. 4121-1 et suivant du Code de travail. Cet article annonce que « l'employeur prend les mesures nécessaires pour assurer la sécurité et protéger la santé physique et mentale des travailleurs ». Voir aussi : Favennac-Héry, Obligation de sécurité du salarié, Dr. Soc. 2007, p. 687 ; Pignarre, Obligation patronale de sécurité, RDT 2006, p. 150. En droit tunisien voir la loi no 95-103 du 27/11/1995, modifiant et complétant la loi no 94-28 du 21 février 1994 relative à la réparation des accidents du travail et des maladies professionnelles. Voir sur ce point : LAHMAR, I., Les conflits du travail : Les solutions légales et l'interprétation jurisprudentielle (en arabe), éd. CIFEDE 2008.
[5] Cass. civ. 21 novembre 1911, S. 1912, I, p. 73, note C. Lyon-Caen ; DP 1913, I, p. 249, note Sarrut.

transport de personnes[1]. Sa découverte en Tunisie, du moins selon la jurisprudence publiée, semble remonter à l'année 1954 à l'occasion d'un contrat de spectacle[2].

857. Une fois découverte, personne n'a pu cantonner cette obligation dans des limites prévisibles ; son adjonction aux contrats connaît une ampleur inconsidérable. L'obligation de sécurité se propage à la majorité du contrat, ce qui a posé la question de sa dispersion dans les contrats spéciaux[3]. Cette obligation « baigne désormais nombreuses personnes, mais aussi nombreuses terres »[4].

858. Selon le Professeur Denis Mazeaud, les juges ont la propension à ajouter artificiellement l'obligation de sécurité à bon nombre de contrats[5]. On la rencontre dans la majorité des contrats spéciaux. Une rapide consultation des monographies relatives aux contrats spéciaux confirme cette idée[6]. L'obligation de sécurité est vérifiable aussi bien en droit français qu'en droit tunisien dans bien de contrats. Hormis celui du transport[7] qui a vu sa naissance, on la trouve dans le contrat de vente[8], dans le bail[9], dans le contrat de spectacle[10], dans le contrat d'hôtellerie et le contrat médical.

859. Cette dispersion et propagation de l'obligation de sécurité dans les contrats engendre ainsi un élargissement de son domaine d'application, qui suscite en réalité deux remarques : la première est que cette obligation a dépassé la

---

[1] Cass. civ. (Tu) n° 7793 du 29 avril 1971, Bull. 1971, p. 64 ; Cass. civ. (Tu) n° 4458 du 1er avril 1980, Bull.1980, I, p. 85 ; Cass. civ. n° 10624 du 17 janvier 1985, RJL 1986, n° 5, p. 43 ; Cass. civ. (Tu) n° 55364 du 4 décembre 1996, Bull. 1996, II, p. 66.

[2] TPI Tunis jugement du 16 janvier 1954, RTD 1954, p. 406 (en sommaire).

[3] DELEBECQUE, Ph., La dispersion de l'obligation de sécurité dans les contrats spéciaux, GP 1997, II, p. 1184. Voir aussi sur ce point pour le droit tunisien : ZINE, M., Théorie générale des obligations, 1 – Le contrat, éd. Tunis 1993, p. 271, n° 363.

[4] DELEBECQUE, Ph., La dispersion de l'obligation de sécurité dans les contrats spéciaux, GP 1997, II, p. 1184

[5] MAZEAUD, D., Le régime de l'obligation de sécurité, GP 1997, n° 264, p. 28, spé. n° 2.

[6] Voir pour le droit français à titre d'exemple : F. Collart Dutilleul et DELEBECQUE, Ph., Contrats civils et commerciaux, éd. Dalloz 2007, n° 296 pour la vente, n° 411 pour le bail. Pour le droit tunisien voir surtout : BEN AMMOU, N.,Droit civil, Les contrats spéciaux, La vente et l'échange, éd. CPU 2007, p. 226, n° 200.

[7] Voir supra.

[8]. F. Collart Dutilleul et DELEBECQUE, Ph., Contrats civils et commerciaux, éd. Dalloz 2007, p. 256, n° 296. BEN AMMOU, N.,Droit civil, Les contrats spéciaux, La vente et l'échange, éd. CPU 2007, p. 226, n° 200.

[9] F. Collart Dutilleul et DELEBECQUE, Ph., Contrats civils et commerciaux, éd. Dalloz 2007, p. 353, n° 411.

[10] Pour la jurisprudence tunisienne voir : TPI Tunis jugement du 16 janvier 1954, RTD 1954, p. 406 (en sommaire). Pour la jurisprudence française : Cass. 1re civ. 11 février 1975, JCP 1975, II, 18179, note G. Viney ; Cass. civ. 9 octobre 1979, D. 1980 ; IR, p. 260.

question de sa légitimité. Personne ne s'en doute de nos jours et ce, au contraire de ce qui s'est passé lors de sa découverte où la question de son adjonction avait posé plusieurs interrogations. La seconde remarque concerne la logique de cet élargissement ; l'élargissement est-il fait de façon justifiée ou d'une façon plus ou moins arbitraire ?

860. Cette dernière remarque met en exergue la question du critère d'adjonction de l'obligation de sécurité dans les contrats. En effet, cette question a intrigué et intrigue toujours la doctrine. Plusieurs explications du rattachement de l'obligation de sécurité aux contrats ont été avancées par la doctrine, que se soit en France ou en Tunisie.

861. En France, la doctrine a proposé plusieurs critères[1] permettant de justifier l'attachement de l'obligation de sécurité aux contrats. Toutefois, elle reste incapable de trouver un critère fixe et permanent permettant d'expliquer tous les cas de l'attachement de cette obligation[2]. La question est casuistique[3] et apparaît rebelle à toute systématisation. Un auteur a récemment souligné que « le critère déterminant pour établir l'existence d'une obligation contractuelle de sécurité doit être la réalisation du but économique du contrat. Celle-ci présuppose que la personne du cocontractant et ses biens soient protégés tout au long de l'exécution du contrat »[4].

862. En droit tunisien, un auteur, commentant l'ensemble de l'œuvre des tribunaux tunisiens concernant cette obligation[5] précise que l'adjonction de cette obligation est liée à l'existence d'un risque auquel le contractant pourrait être exposé lors de l'exécution du contrat[6]. Pour une autre frange de la doctrine tunisienne, c'est l'équité qui pousse le juge à inventer une telle obligation et à la joindre au contrat[7].

---

[1] Sur les différents critères avancés par la doctrine en vue de justifier le rattachement de l'obligation de sécurité voir : VINEY, G. et JOURDAIN, P., Les conditions de la responsabilité, éd. LGDJ 2006, p. 469 et s., n° 501.

[2] Voir sur ce point : VINEY, G. et JOURDAIN, P., Les conditions de la responsabilité, éd. LGDJ 2006, p. 469, n° 501.

[3] VINEY, G. et JOURDAIN, P., Les conditions de la responsabilité, éd. LGDJ 2006, p. 469, n° 501.

[4] V. Mayr, Une obligation de sécurité est-elle concevable au sein des principes d'Unidroit ? Revue de droit Uniforme, 2005, n° 3, p. 485, spéc. p. 497.

[5] ZINE, M., Théorie générale des obligations, 1 – Le contrat, éd. Tunis 1993, p. 271, n° 363. Cette observation est valable selon cet auteur du moins concernant ce qui est publié.

[6] ZINE, M., Théorie générale des obligations, 1 – Le contrat, éd. Tunis 1993, p. 271, n° 363.

[7] JERBI, S., L'interprétation du contrat, thèse Tunis, éd. CPU 1999, p. 444 et p.446, n° 348. L'auteur cite en effet un jugement du tribunal de première instance de Tunis du 11802 du 1er mars 1976 (inédit) qui s'est fondé ouvertement sur l'équité de l'article 243 du Code des obligations et des contrats afin d'ajouter une obligation contractuelle de sécurité.

863. C'est aussi l'idée du Professeur Laurent Leveneur qui souligne que tout le phénomène du forçage doit être justifié par les exigences de l'équité[1]. Ce critère d'équité justifiant l'enrichissement du contrat par l'adjonction d'une obligation de sécurité, paraît moins convaincant pour certains auteurs qui cantonnent son utilisation aux cas où « son activité (le débiteur) fait courir au créancier des risques nouveaux liés à l'exécution du contrat »[2]. Le critère serait dans « un certain lien entre la prestation promise et les risques de dommages »[3].

864. La Cour d'appel de Tunis a tenté dans un arrêt concernant la responsabilité médicale de trouver un critère permettant d'adjoindre l'obligation de sécurité à un contrat[4]. Un auteur commentant cet arrêt a pu déduire : « l'arrêt de la Cour d'appel de Tunis n° 34413/34412 du 14 mai 1997 énonce que l'obligation de sécurité est inhérente à tout contrat où la personne du créancier est exposée à un risque, critère admis par la doctrine et qui signifie, en dépit des difficultés de définition, la promesse plus au moins étendue que l'exécution de l'obligation principale ne causera pas au créancier de dommages corporels »[5].

865. L'adjonction de l'obligation de sécurité semble répondre à un souci jurisprudentiel de garantir une exécution paisible du contrat. Cette exigence justifie son ajout au contrat même si l'objet de ce dernier n'a pas un lien direct avec l'obligation ajoutée. Les tribunaux fournissent une couverture de sérénité permettant au contrat de s'exécuter dans la paix. L'adjonction est pourtant liée à la nature du contrat et enracinée par conséquent dans les articles 1135 du Code civil et 243 du Code des obligations et des contrats. Lorsque l'exécution paisible du contrat risque d'être perturbée ou troublée par un risque quelconque, les tribunaux n'ont qu'à l'éviter en mettant à la charge des parties une ou des obligations permettant à l'exécution de retrouver une atmosphère propice à la bonne exécution.

866. Une remarque paraît ici essentielle : c'est que le domaine de l'obligation de sécurité commence à se rétrécir à la suite d'un certain nombre d'interventions législatives, ce qui fait que cette obligation est désormais plus

---

[1] LEVENEUR, L., Le forçage du contrat, *In* Que reste-t-il du principe de l'intangibilité du contrat ? Droit et Patrimoine, n° 58, mars 1998, p. 69, spéc. p. 77.

[2] VINEY, G. et JOURDAIN, P., Les conditions de la responsabilité, éd. LGDJ 2006, p. 470, n° 501.

[3] VINEY, G. et JOURDAIN, P., Les conditions de la responsabilité, éd. LGDJ 2006, p. 471, n° 501.

[4] CA de Tunis n° 34413/34412 du 14 mai 1997 (inédit). Cité par : JERBI, S., La jurisprudence et la responsabilité médicale : la fin de l'arythmie paroxystique, *In* Mélanges Chr. Lapoyade-Des champs, éd. Presse Universitaire de Bordeaux 2003, p. 209, p. 230.

[5] JERBI, S., La jurisprudence et la responsabilité médicale : la fin de l'arythmie paroxystique, *In* Mélanges Chr. Lapoyade-Des champs, éd. Presse Universitaire de Bordeaux 2003, p. 209, spéc. p. 230.

légale que jurisprudentielle. Les tribunaux n'ont plus à faire une très grande démonstration afin de l'étayer. Des dispositions légales, claires et précises que la jurisprudence n'a qu'à appliquer l'exigent expressément. Tel est le cas pour la loi sur le fait des produits défectueux de 1998[1]. On cite aussi le Code de la consommation qui l'instaure au profit des consommateurs.

867. En droit tunisien, même si une loi similaire à la loi française de 1998 relative aux faits de produits défectueux, n'a pas été adoptée, l'article 96 du Code des obligations et des contrats est présenté par une doctrine tunisienne autorisée comme fondement à une telle responsabilité[2] ; il assure le même objectif que la loi française de 1998[3]. D'un autre côté, la loi du 7 décembre 1992 sur la protection du consommateur met à la charge des professionnels une obligation de sécurité des produits qu'ils leur présentent[4].
Dans ce contexte, la Cour de cassation française vient de rendre un récent arrêt. La Cour de cassation a reproché à la Cour d'appel de Paris de restreindre le domaine de l'obligation de sécurité du vendeur en la limitant au cas du vendeur professionnel[5]. Cette obligation de sécurité n'est pas conçue uniquement dans le cadre de ce rapport.

L'obligation de sécurité suscite également une certaine interrogation concernant son intensité.

B – L'intensité de l'obligation de sécurité

868. Parler de l'intensité de l'obligation de sécurité, c'est préciser qu'elle est une obligation de résultat ou une obligation de moyens. Toutefois, avant de passer à cette discussion, il paraît plausible d'affirmer que cette obligation est qualifiée d'ordre public, ce qui permet de stigmatiser toutes les clauses tendant à exclure cette obligation du contenu contractuel[6]. Dans ce sens, il est utile de

[1] Loi n° 98-389 du 19 mai 1998 sur la responsabilité du fait des produits défectueux.

[2] ZINE, M., La responsabilité délictuelle, cours polycopié, FDSPT 1999-2000, p. 42. L'auteur souligne que l'article 96 du C.o.c par la généralité de ses termes, permet cette protection contre les produits défectueux ou dangereux.

[3] Voir surtout : JERBI, S., La jurisprudence et la responsabilité médicale : la fin de l'arythmie paroxystique, *In* Mélanges Chr. Lapoyade-Des champs, éd. Presse Universitaire de Bordeaux 2003, p. 209, spéc. p. 222-223. L'auteur est pourtant pour l'adoption d'un principe général de responsabilité de fait de chose.

[4] En droit français, ce sont surtout les articles de L. 221-1 à L. 225-5 du Code de la consommation qui s'intéressent à la sécurité des produits. L'article L. 221-1 exige que le produit doit « présenter la sécurité à laquelle on peut légitimement s'attendre et ne pas porter atteinte à la santé des personnes».

[5] Cass. 3e civ. 5 mai 2009, n° 08-13141 (inédit).

[6] En droit tunisien, cette qualification d'ordre public de sécurité peut être déduite de l'article 858 du Code des obligations et des contrats qui annule toute convention limitant ou dispensant l'employeur de toute responsabilité liée à son obligation de sécurité envers le salarié.

signaler que la clause qui limite le jeu de l'obligation de sécurité peut être considérée comme une clause abusive[1]. D'un autre côté, la jurisprudence a annulé, à plusieurs reprises, les clauses tendant à exclure les obligations de sécurité du contenu contractuel. En droit tunisien, même si la jurisprudence ne s'est pas prononcée sur cette question, la doctrine considère que les obligations adjointes au contrat par le jeu de l'article 243 in fine du Code des obligations et des contrats sont impérativement ajoutées au contrat[2]. Cette solution est également valable pour l'obligation de sécurité[3].

869. Même érigée en obligation d'ordre public, l'intensité de l'obligation de sécurité suscite souvent une certaine inquiétude. Pour la jurisprudence, les positions ne sont pas statiques. La jurisprudence *manque ainsi de l'unité*[4], ce qui rend l'intensité de l'obligation de sécurité variable selon le contrat. L'absence d'une position jurisprudentielle unique et stable a été critiquée par une frange la doctrine française qui souligne que l'intensité, devenue variable de l'obligation de sécurité, est la conséquence de son extension au-delà de son domaine naturel ; « en étendant l'obligation de sécurité au-delà de son domaine naturel, les tribunaux lui ont fait perdre de son énergie »[5].
Le passage de l'obligation de sécurité de résultat à celle de moyens est concomitant à l'élargissement du domaine de cette obligation. Le professeur Philippe Le Tourneau souligne dans ce sens : « alors que la jurisprudence étendait peu à peu le domaine de l'obligation de sécurité, elle restreignit la portée de l'extension en considérant le plus souvent que l'obligation de sécurité n'est qu'une obligation de moyens »[6].

870. L'extension du domaine de l'obligation de sécurité est néfaste pour son intensité. Si cette obligation gagne du terrain, elle perd en intensité. Cette idée est parfaitement juste, car en greffant l'obligation de sécurité sur de très nombreux contrats, on l'oblige à varier selon la nature du contrat et selon son objet.

---

[1] L'annexe précisant les clauses visées par le troisième alinéa de l'article L. 132-1 du Code de la consommation qualifie d'abusive la clause qui retreint ou exclut la responsabilité légale du professionnel en cas de mort d'un consommateur ou de dommages corporels causés à celui-ci, résultant d'un acte ou d'une omission de ce professionnel. En droit tunisien : voir la loi du 7 décembre 1992.
[2] ZINE, M., Théorie générale des obligations, 1- Le contrat, éd. Tunis 1993, p. 270, n° 363.
[3] ZINE, M., Théorie générale des obligations, 1- Le contrat, éd. Tunis 1993, p. 270, n° 363. Cette solution est en fait déduite et non expressément soulignée par l'auteur.
[4] CALAIS-AULOY, J., F. Steinmetz, Droit de la consommation, éd. Dalloz 2006, p. 301, n° 250.
[5] MALAURIE, Ph., AYNES, L. et STOFFEL-MUNCK, Ph., Les obligations, éd. Defrénois 2007, p. 510, n° 950.
[6] LE TOURNEAU, Ph., Droit de la responsabilité et des contrats, éd. Dalloz 2008-2009, p. 845, n° 3304.

La discussion sur l'intensité de l'obligation de sécurité est aussi, pour le Professeur Alain Bénabent, source de « désordre »[1]. Se pose dans ce cas la question de la prévisibilité des solutions. Cette instabilité des positions des tribunaux ne s'est fait ressentir que tout récemment. Au départ[2], l'obligation de sécurité était qualifiée d'obligation de résultat[3]. L'obligation est pour le transporteur de rendre le voyageur sain et sauf à sa destination. Cette obligation de sécurité de résultat, a d'abord été appliquée d'une façon extensive en donnant au contrat de transport une large définition couvrant la période « entre le portillon de départ et le portillon d'arrivée »[4]. Dans une seconde étape, cette obligation de sécurité de résultat a été transposée hors du contrat de transport pour gagner de nouveaux terrains. Tel était le cas pour l'exploitant d'un remonte-pente ou d'un manège forain[5].

871. La jurisprudence est restée sur cette position pendant un certain temps avant de la modifier et de concevoir progressivement une obligation de sécurité de moyens, ce qui prouve un recul avéré de l'obligation de sécurité de résultat[6]. Cette transformation a été inaugurée dès 1945, année où la jurisprudence française a commencé à qualifier de moyens, l'obligation de sécurité qu'elle greffe sur certains contrats avant que cette qualification ne soit admise, même actuellement[7]. Une frange de la doctrine critiquant cette nouvelle obligation de sécurité de moyens précise qu'elle ôte à la construction prétorienne, une bonne part de son intérêt au point qu'on risque de voir l'obligation de sécurité se retourner contre son bénéficiaire. Il est utile de signaler à cet égard que l'apparition de l'obligation de sécurité de moyens n'a pas engendré la disparition de celle de résultat, cette dernière gardant toujours une place au sein

---

[1] BENABENT, A., Droit civil, Les obligations, éd. Montchrestien 2007, p. 280, n° 281.

[2] En 1911, les expressions d'obligation de résultat et d'obligation de moyens n'existaient pas encore. Cette qualification est déduite du régime accordé par la jurisprudence à l'obligation de sécurité. Voir sur ce point surtout : VINEY, G. et JOURDAIN, P., Les conditions de la responsabilité, éd. LGDJ 2006, p. 542, n° 551.

[3] Voir sur point : LE TOURNEAU, Ph., Droit de la responsabilité et des contrats, éd. Dalloz 2008-2009, p. 844, n° 3303.

[4] VINEY, G. et JOURDAIN, P., Les conditions de la responsabilité, éd. LGDJ 2006, p. 543, n° 551.

[5] Voir sur ce point surtout : VINEY, G. et JOURDAIN, P., Les conditions de la responsabilité, éd. LGDJ 2006, p. 543, n° 551.Voir aussi la jurisprudence citée par : M. Faure-Abbad, Le fait générateur de la responsabilité contractuelle. Contribution à la théorie de l'inexécution du contrat, éd. LGDJ 2003, p. 426, n° 524

[6] VINEY, G. et JOURDAIN, P., Les conditions de la responsabilité, éd. LGDJ 2006, p. 543, n° 552.

[7] Sur cette extension du domaine de l'obligation de sécurité de résultat voir surtout : VINEY, G. et JOURDAIN, P., Les conditions de la responsabilité, éd. LGDJ 2006, p. 542-543, n° 552. Les auteurs citent une jurisprudence importante.

de l'œuvre jurisprudentielle sauf qu'elle rivalise avec l'obligation de sécurité de moyens[1].

872. Dans certains cas, ces deux variétés de l'obligation de sécurité coexistent au sein d'un seul et même contrat. Tel est surtout le cas pour le contrat médical où la Cour de cassation française a pu synthétiser : « le contrat formé entre le recours patient et le médecin met à la charge de ce dernier, sans préjudice de son recours en garantie, une obligation de sécurité de résultat en ce qui concerne les matériels qu'il utilise pour l'exécution d'un acte médical d'investigation et de soins »[2].

873. Cette dualité de qualifications possibles de l'obligation de sécurité pose en réalité la question de la nécessité d'un critère permettant de savoir quand une obligation de sécurité peut être qualifiée de résultat et dans quelle hypothèse elle est simplement de moyens. En effet, toute tentative de systématisation paraît vaine. D'abord, parce que la jurisprudence ne l'a pas faite. Elle traite la question de façon casuistique et s'éloigne de la systématisation. La jurisprudence statue sur la question de façon *empirique*[3]. Ensuite, parce que l'intensité de l'obligation de sécurité, comme son existence, est quelque chose de circonstancié, ce qui handicape la généralisation.

874. En matière de droit de la consommation, la sécurité s'annonce de moyens ; en témoigne l'utilisation de l'adverbe « légitimement » utilisé par l'article L. 221-1 du Code de la consommation. Un auteur a déduit de cet article que « le public ne peut pas exiger une sécurité absolue : il n'est en droit de s'attendre qu'à une sécurité compatible avec l'état technique et avec les conditions d'utilisation du produit ou du service »[4].
Au vu de ce qui précède, il apparaît que l'obligation de sécurité de moyens est triomphante.
Toutefois, par un arrêt récent du 28 novembre 2008, la chambre mixte de la Cour de cassation française semble relancer le débat sur la nature de l'obligation de sécurité dans le contrat de transport ferroviaire. Elle annonce que « le transporteur ferroviaire, tenu envers les voyageurs d'une obligation de sécurité de résultat, ne peut s'exonérer de sa responsabilité en invoquant la faute d'imprudence de la victime que si la faute, quelle qu'en soit la gravité, présente

---

[1] Voir aussi : VINEY, G. et JOURDAIN, P., Les conditions de la responsabilité, éd. LGDJ 2006, p. 546, n° 552.
[2] Cass. 1re civ.9 novembre 1999, D. 2000, I, Jur. p. 117, note P. Jourdain ; JCP 2000, II, 10251, note Ph. Brun ; Defrénois 2000, 251, obs. D. Mazeaud.
[3] VINEY, G. et JOURDAIN, P., Les conditions de la responsabilité, éd. LGDJ 2006, p. 548, n° 552.
[4] CALAIS-AULOY, J., F. Steinmetz, Droit de la consommation, éd. Dalloz 2006, p. 302, n° 250.

les caractères de la force majeure »[1]. Dans cet arrêt, la Cour de cassation s'est montrée très sévère avec le transporteur. Les circonstances de l'accident sont en réalité favorables à une décision qui dégage la responsabilité de la SNCF.

875. En droit tunisien, le même débat a été posé, car comme le disait un auteur tunisien, l'article 243 du Code des obligations et des contrats permet aux tribunaux d'attacher au contrat de nouvelles obligations déduites de la loi, l'usage ou l'équité, mais en plus, d'en déterminer les contours en précisant s'il s'agit d'obligations de résultat ou de moyens[2].

876. La jurisprudence tunisienne semble favoriser, dans certaines espèces publiées, la qualification de résultat de l'obligation de sécurité. C'est le cas par exemple de l'obligation de sécurité de l'hôtelier dont deux résidents ont péris à cause d'une fuite de gaz dans leur chambre[3]. Dans un autre arrêt, la Cour de cassation tunisienne a retenu la qualification de résultat pour l'obligation de sécurité du transporteur. Elle a souligné : « la relation entre le transporteur et le voyageur [passager] est une relation contractuelle qui engage le transporteur à déposer le passager saint et sauf à sa destination. Cette obligation de sécurité est de résultat. Le transporteur ne pourrait en être dispensé sauf en cas de dommage causé par le passager lui-même ou résultant d'une force majeure »[4].
Dans d'autres espèces, les tribunaux tunisiens n'ont pas choisi une solution stable. Le tribunal de première instance de Tunis a qualifié de résultat l'obligation de sécurité incombant à l'hôtelier envers le client qui s'était glissé dans une salle de bain qui n'avait pas été bien nettoyée[5].
Aux antipodes de cette position adoptée par la Cour de cassation et le tribunal de première instance de Tunis, le tribunal cantonal de Sfax a retenu, de son côté, la qualification de moyens pour une obligation de sécurité incombant à un hôtelier dont une cliente a été piquée par un insecte[6]. En effet, la qualification de moyens de l'obligation de sécurité en jurisprudence tunisienne semble être la plus ancienne. Les tribunaux l'ont adopté depuis longtemps. C'est ainsi que le tribunal de première instance de Tunis, dans le jugement du 16 janvier 1954, annonce : « dans un contrat qui se forme en vue d'un spectacle non gratuit, si l'entrepreneur s'engage nécessairement à assurer des conditions normales de sécurité, il ne s'oblige toutefois pas à rendre le spectateur sain et sauf, à la

---

[1] Cass. ch. mixte, 28 novembre 2008, n° 06-12.307, D. 2009, p. 461, note G. Viney ; JCP G 2009, II, 10011, note P. Grosset ; RLDC, mai 2009, n° 60, p. 17, note J. Julien (responsabilité du transporteur ferroviaire : pavane pour une exonération défunte).
[2] ZINE, M., Théorie générale des obligations, 1 – Le contrat, éd. Tunis 1993, p. 271, n° 364.
[3] Cass. civ. (Tu), n° 10578 du 7 novembre 1974, Bull. 1974, II, p. 118.
[4] Cass. civ (tu). n° 10624 du 17 janvier 1985, RJL 1986, n° 5, p. 43.
[5] TPI Tunis jugement n° 11802 du 1er mars 1976 (inédit). Cet est cité par JERBI, S., L'interprétation du contrat, thèse Tunis, éd. CPU 1999, p. 446, n° 348.
[6] Tribunal Cantonal de Sfax jugement n° 16810 du 15 mars 1985 (inédit). Cet est cité par JERBI, S., L'interprétation du contrat, thèse Tunis, éd. CPU 1999, p. 447, n° 348.

sortie ; l'entrepreneur ne peut, dès lors, être présumé responsable de tout accident survenu au cours du spectacle, et il appartient au demandeur en dommages-intérêts de prouver que l'exploitant n'a pas observé, dans l'organisation et le fonctionnement de son exploitation, les mesures de prudence et de diligence qu'exige la sécurité du spectateur »[1]. L'obligation de sécurité est ici qualifiée d'obligation de moyens.

877. Le professeur Sami Jerbi souligne une tendance des tribunaux tunisiens, en matière médicale, à reconnaître la dualité de l'obligation de sécurité du médecin[2]. Cette nouvelle tendance annonce en effet la fin d'une arythmie qui caractérise depuis longtemps la jurisprudence tunisienne en matière médicale. Par cette nouvelle tendance, « la jurisprudence tire le droit de la responsabilité médicale de sa longue nuit juridique dans laquelle le système subjectif l'a plongé. Elle reprend par là-même son rythme cardiaque normal »[3].
Dans un fameux arrêt de la Cour d'appel de Tunis, qualifié de véritable manifeste jurisprudentielle du droit de la responsabilité médicale, ladite Cour a ainsi affirmé : « attendu que le relation entre le médecin et le malade est d'ordre contractuel, que la nature de l'obligation du médecin varie selon le contenu du contrat, que cette obligation est de moyens, si elle est en rapport avec le traitement en soi, dans la mesure ou l'acte médical contient une part d'aléa et de sagesse dont il ne doit pas supporter les suites qu'elle est de résultat si l'acte est en rapport avec le diagnostic ; cela signifie que le médecin ne doit exposer le malade à aucun risque provenant des appareils et instruments utilisés dans le traitement et les médicaments prescrits. Le médecin ne doit pas lui transmettre non plus d'autres maladies à cause d'un sang transfusé ou de toute autre cause. Attendu que la preuve du dommage suffit pour mettre en œuvre cette présomption (de responsabilité) et qu'en plus la faute du médecin à été établie »[4].

878. En somme, l'obligation de sécurité se trouve ternie par cette distinction entre obligation de résultat et de moyens. Dans une perspective d'avenir, Philippe Le Tourneau, continuant sa défense de l'obligation de sécurité de résultat, souligne que « les obligations de sécurité n'ont d'intérêt que si elles sont de résultat, comme cela était le cas lorsqu'elles furent inventées ; il est

[1] TPI Tunis jugement du 16 janvier 1954, RTD 1954, p. 406 (publié en sommaire).
[2] JERBI, S., La jurisprudence et la responsabilité médicale : la fin de l'arythmie paroxystique, *In* Mélanges Chr. Lapoyade-Des champs, éd. Presse Universitaire de Bordeaux 2003, p. 209, spéc. p. 221.
[3] JERBI, S., La jurisprudence et la responsabilité médicale : la fin de l'arythmie paroxystique, *In* Mélanges Chr. Lapoyade-Des champs, éd. Presse Universitaire de Bordeaux 2003, p. 209, spéc. p. 230.
[4] CA Tunis n° 34413/34412, 14 mai 1997, (inédit). Cité par JERBI, S., La jurisprudence et la responsabilité médicale : la fin de l'arythmie paroxystique, *In* Mélanges Chr. Lapoyade-Des champs, éd. Presse Universitaire de Bordeaux 2003, spéc. p. 221.

donc souhaitable que disparaissent totalement celles qui sont qualifiées de moyens »[1].

Dans le cadre de la poursuite de la finalité de l'exécution paisible du contrat, les tribunaux ajoutent aussi au contrat l'obligation de surveillance.

§2- L'obligation de surveillance

879. Cette obligation de surveillance est souvent oubliée. Peu nombreux sont les auteurs qui la citent lorsqu'ils discutent de l'enrichissement jurisprudentiel du contenu contractuel[2]. Cette obligation de surveillance est pourtant « plus audacieuse que l'obligation de sécurité ou de renseignement...le juge ne se contente plus ici d'imposer au professionnel d'exécuter correctement et honnêtement ses propres prestations, mais le contraint à organiser la défense de son client contre certains risques dont la réalisation ne peut en principe lui être imputée»[3]. Cette idée prouve que le juge, en procédant à *l'élaboration de cette obligation*[4], s'éloigne de l'objectif contractuel et cherche à entourer le contrat d'une atmosphère de sérénité permettant au contractant d'attendre de son partenaire plus qu'une simple exécution du contrat ou de ses prestations contractuelles *stricto sensu*, de lui fournir une garantie de quiétude et de sérénité.

Dans le cadre de cette étude, il s'impose d'abord d'identifier l'obligation de surveillance en y apportant quelques précisions (A) avant de préciser ensuite le domaine de l'obligation de surveillance (B).

A – Précisions sur l'obligation de surveillance

880. La surveillance, comme la sécurité[5], peut faire à elle seule l'objet d'un contrat. C'est le cas des contrats de surveillance. Elle peut également ne représenter qu'une obligation accessoire annexée à un contrat ayant un objet différent. Cette seconde forme que prend la surveillance est la seule concernant cette étude. La jurisprudence ajoute dans cette hypothèse une suite de surveillance au contrat. Elle l'enrichit en lui joignant une obligation de surveillance. Cet ajout est souvent justifié par une volonté jurisprudentielle de garantir au contrat une exécution paisible repoussant l'inquiétude et l'affolement.

---

[1] LE TOURNEAU, Ph., Droit de la responsabilité et des contrats, éd. Dalloz 2008-2009, p. 846, n° 3309.

[2] COULON, C., L'obligation de surveillance, éd. Economica 2003, p. 180, n° 241. L'auteur précise que beaucoup d'ouvrages citent l'obligation de sécurité ou celle d'information et omettent de citer l'obligation de surveillance.

[3] COULON, C., L'obligation de surveillance, éd. Economica 2003, p. 181, n° 241.

[4] COULON, C., L'obligation de surveillance, éd. Economica 2003, p. 178, n° 238. L'auteur souligne que l'obligation de surveillance est le fruit d'une élaboration dans le contrat.

[5] Voir infra une comparaison entre obligation de sécurité et obligation de surveillance.

881. Un auteur, en parlant de l'obligation de surveillance d'un restaurateur, souligne que « l'office du hôte, maître des lieux et des réjouissances, est aussi de ne pas laisser gâter les plaisirs de sa table par l'ennui de dîner anxieux ou engoncé, ou celui de sortir contrarié, dépouillé et découvert »[1]. Cette obligation de surveillance donne sérénité et quiétude à l'exécution du contrat ; elle évite que le contractant soit affolé durant la période contractuelle, tant pour sa personne que pour ses biens. L'obligation de surveillance cadre ainsi parfaitement avec une finalité de garantir une exécution paisible du contrat que l'opération d'enrichissement s'assigne. Dans le cadre de cette obligation de surveillance comme dans certaines autres, la jurisprudence s'intéresse plus à l'environnement entourant l'exécution qu'à l'exécution elle-même.

882. Depuis longtemps, l'obligation de surveillance souffre de la concurrence du contrat de dépôt dans toutes ses variétés et surtout du dépôt nécessaire. La distinction entre différentes sortes de dépôt réside dans la manière de se dessaisir de la chose. Dans le dépôt ordinaire, la remise de la chose se fait volontairement alors que la remise est obligatoire dans le dépôt nécessaire. Pour le dépôt nécessaire qui « est une espèce de dépôt que le déposant a été contraint de faire sous l'empire d'un événement prévu (accident, incendie) et qui, en raison du caractère forcé du contrat, peut être librement prouvé »[2]. La question se pose surtout lorsqu'il s'agit d'un contrat complexe qui « fait à la fois appel au contrat d'entreprise et au contrat de dépôt »[3]. Dans cette hypothèse, lorsque quelqu'un remet une chose à l'occasion de l'exécution d'un contrat, est-ce à titre du contrat de dépôt[4] ? Un auteur propose de « réserver la qualification de dépôt qu'au seul cas où il a été dans l'intention évidente des parties de créer entre elles un véritable contrat de dépôt, on éviterait bien des incertitudes et des explications artificielles »[5]. Suivant cette proposition, l'obligation de surveillance est autonome par défaut, sauf si les parties ont expressément choisi le dépôt.

883. La jurisprudence française est *fluctuante*[6] sur cette question. Dans certaines espèces, vu que la qualification d'un contrat de dépôt ordinaire requiert l'existence d'un écrit, chose qui fait souvent défaut dans ces espèces, elle a retenu la qualification du contrat de dépôt nécessaire et ce, dans l'intention de

---

[1] G. Cornu, note sous Cass. 1re civ. 18 novembre 1975, RTD civ. 1975, p. 559, spéc. p. 560.
[2] Vocabulaire juridique de l'AHC, G. Cornu (dir), éd. PUF 2000.
[3] GUEZ, Ph., Dépôt nécessaire ou obligation accessoire de surveillance ? (à propos de la remise d'une bague dans un salon de manucure), LPA 31 janvier 2006, n° 22, p. 19, spéc. n° 8.
[4] AVANZINI, I., Les obligations du dépositaire, éd. Litec 2007, p. 133, n° 225.
[5] AVANZINI, I., Les obligations du dépositaire, éd. Litec 2007, p. 135, n° 226. L'auteur cite : Giverdon, note sous Paris, 21 octobre 1949, D. 1950, p. 761.
[6] GUEZ, Ph., Dépôt nécessaire ou obligation accessoire de surveillance ? (à propos de la remise d'une bague dans un salon de manucure), LPA 31 janvier 2006, n° 22, p. 19, spéc. n° 8.

faciliter aux parties la preuve qui devient libre dans cette hypothèse[1]. Dans certains autres cas, les tribunaux refusent la qualification du dépôt nécessaire, ce qui donne une certaine autonomie à l'obligation de surveillance par rapport au contrat de dépôt nécessaire[2].

884. Cette autonomie est chère pour certains auteurs car « l'état de nécessité du déposant exigé par l'article 1149 du Code civil relatif au dépôt nécessaire n'a, en effet, rien de commun avec le simple besoin d'un client d'avoir à se séparer d'une chose à l'occasion d'une prestation de service »[3]. Une frange de la doctrine relativise l'utilité de la distinction. Le régime juridique ne change pas dans les hypothèses de qualification[4].

885. Un arrêt récent de la Cour de cassation semble aviver la discussion. Dans cet arrêt, une femme s'est dessaisie de ses bagues dans un salon de coiffure à l'occasion de soins capillaires et de manucure. Deux bagues ont été volées. La Cour d'appel de Paris a condamné la société de coiffure au paiement du prix des bagues volées. La motivation adoptée par la Cour d'appel n'a pas obtenu l'assentiment de la Cour de cassation qui lui reproche « de statuer sans caractériser le dépôt nécessaire ni rechercher l'existence éventuelle, à la charge de la société Lucie Saint-Clair, d'une obligation accessoire de surveillance »[5]. Cet arrêt, même s'il n'a pas tranché la qualification[6], *devrait être approuvé*[7] selon une frange de la doctrine, car il envisage une possibilité de voir l'obligation de surveillance autonome par rapport au contrat de dépôt nécessaire.

886. L'affaire ne s'est pas arrêtée à ce stade. La Cour d'appel de Paris, statuant sur le renvoi de la Cour de cassation, « déboute la malheureuse cliente aux doigts nus au motif que celle-ci ne prouvait pas l'existence d'un contrat de

---

[1] L'article 1950 du Code civil offre la liberté de preuve dans le cadre du dépôt nécessaire. Voir concernant la jurisprudence allant dans ce sens celle citée par : AVANZINI, I., Les obligations du dépositaire, éd. Litec 2007, p. 133, n° 225-1.
[2] Voir à titre d'exemple: Cass. 1re civ. 22 novembre 1988, RTD com.1989, p. 525 obs., B. Bouloc ; Cass. 1re civ. 15 novembre 1988, RTD com. 1989, p. 285, obs. M. Cabrillac et B. Teyssié.
[3] BLOUD-REY, C., L'obligation de surveillance accessoire aux contrats de prestation de services, D. 2005, Jur. P. 2260, spéc. p. 2261, n° 6.
[4] GUEZ, Ph., Dépôt nécessaire ou obligation accessoire de surveillance ? (à propos de la remise d'une bague dans un salon de manucure), LPA 31 janvier 2006, n° 22, p. 19, spéc. n° 12.
[5] Cass. 1re civ., 8 février 2005, D. 2005, p. 2260, note C. Bloud-Rey et LPA 2006, n° 22, p. 19, note Ph. Guez.
[6] Cet arrêt ne parait exclure selon Ph. Guez aucune de ces deux qualifications (voir note précitée, n° 9).
[7] BLOUD-REY, C., L'obligation de surveillance accessoire aux contrats de prestation de services, D. 2005, Jur. P. 2260, spéc. p. 2261, n° 9.

dépôt »[1]. La Cour de cassation, saisie d'un pouvoir de la cliente, reproche à la Cour d'appel de Paris d'avoir statué « sans répondre aux conclusions soutenant que la société Lucie Saint-Clair pouvait être tenue d'une obligation accessoire du contrat d'entreprise, lui imposant de veiller à la sécurité des bijoux dont Mme X... avait dû se dessaisir pour recevoir les soins contractuellement attendus »[2].
Il apparaît ainsi que la Cour de cassation s'éloigne de la qualification du contrat de dépôt. Elle retient la qualification du contrat d'entreprise et fait de la surveillance une obligation accessoire à ce contrat. La Cour de cassation fait du dessaisissement obligatoire une condition à la naissance de cette obligation accessoire de veiller sur les bijoux des clients.
Ce qui est remarquable ici, c'est que la Cour de cassation ne fait aucune allusion au contrat de dépôt, ce qui paraît méritoire. Un auteur a vu dans cet arrêt « un rayonnement analogique des obligations du dépositaire au-delà de la sphère étriquée du contrat de dépôt »[3]. Dans ce dernier arrêt, la Cour de cassation met à la charge du coiffeur les obligations du dépositaire sans qualifier le contrat de dépôt. Cet arrêt semble pourtant être un pas en avant vers la consécration complète de l'autonomie de l'obligation de surveillance qui a longtemps été réclamée par une frange de la doctrine[4]. Le fait d'ajouter cette obligation de surveillance au contrat, objet du litige, sans se référer au contrat de dépôt augure son indépendance. Lorsqu'elle devient indépendante, l'obligation de surveillance, comme ses similaires, n'a de révérence qu'envers la nature du contrat. Son attache doit y être indéfectible.

887. D'une façon générale, l'obligation de surveillance, lorsqu'elle est autonome, n'est pas liée au contrat de dépôt. Elle est greffée au contrat sans passer par la recherche de l'existence d'un contrat de dépôt. Dans ce cadre, seuls les articles 1135 du Code civil ou 243 *in fine* du Code des obligations et des contrats peuvent justifier l'ajout de la suite de surveillance. C'est la finalité du contrat ou sa nature qui décide du prolongement ou non de l'obligation de surveillance. Dans ce sens un auteur précise que « l'article 1135 du Code civil répondant parfaitement à la réalité de la situation juridique du client. L'obligation de surveillance qui porte par définition sur la chose dont on se

---

[1] CA de Paris 17 novembre 2006 cité par PUIG, P., L'obligation de garde accessoire du contrat d'entreprise, RDC 2008, n° 2, p. 402. L'auteur fait dans cet arrêt le commentaire de cass. 1re civ. 2 octobre 2007.
[2] Cass. 1re civ. 2 octobre 2007, n° 06-21650 (inédit).
[3] PUIG, P., L'obligation de garde accessoire du contrat d'entreprise, RDC 2008, n° 2, p. 402. L'auteur fait dans cet arrêt le commentaire de cass. 1re civ. 2 octobre 2007.
[4] B. Moisson de Vaux, Pour l'avènement d'une obligation accessoire de surveillance (contribution à une meilleure qualification du dépôt), RRJ 1994, n°1, p. 47.

sépare (bijoux manteau, etc.) à l'occasion d'une prestation de service apparaît bien comme la suite, le prolongement de la prestation »[1].

888. En effet, l'obligation de surveillance peut être aisément attachée au contrat sur la base de l'article 1135 du Code civil ou de l'article 243 du Code des obligations et des contrats. Ceux-ci, en renvoyant aux suites que l'équité commande, accordent une autorisation à ces obligations d'intégrer le contrat à condition qu'elles soient réclamées par la nature de celui-ci. Lorsque l'exécution d'un contrat requiert qu'un contractant confie certains de ses effets à son partenaire ou s'en sépare afin de faciliter à son partenaire l'exécution de ses obligations, ce dernier se trouve normalement tenu automatiquement d'une obligation de surveillance. Le risque de disparition ou d'endommagement des objets confiés justifie pleinement cette obligation.

889. L'article 1135 du Code civil possède, comme le disait Gérard Cornu, une formidable « capacité d'accueil à toute sorte d'obligations accessoires de sécurité, de conseil ou de surveillance »[2]. Au sein de cet article, cet auteur attache l'obligation de surveillance à la suite de l'équité. C'est elle qui permet le plus efficacement d'entourer le contrat de cet environnement de quiétude et de sérénité. C'est elle aussi qui permet au juge d'aller un peu plus loin que le contrat tout en gardant un fil d'attache représenté par la nature du contrat, ce qui évite qu'une obligation soit totalement parachutée. Dans ce genre de contrats, l'obligation du contractant, très souvent professionnel, ne se limite pas à une exécution stricte de la prestation principale du contrat. Il doit entourer celui-ci de tout ce qui procure à son partenaire une exécution sereine et paisible du contrat.

890. Un auteur approuve cette même idée mais en l'analysant du côté de la responsabilité : « le contractant ne s'oblige pas seulement à la prestation convenue, il devient responsable des conséquences dommageables nées au cours de l'exécution de celle-ci, fût-elle correctement réalisée »[3]. Prenons encore l'exemple d'un contrat avec un coiffeur « le service proposé par le salon de coiffure ne se limite pas aux stricts soins de manucure. Il englobe toute une série d'autres prestations qui vont de la fourniture de produits de soins à la mise à disposition de diverses choses (sièges, coussins, serviettes, revues, etc.), en passant naturellement par la garde des effets personnels du client »[4].

---

[1] BLOUD-REY, C., L'obligation de surveillance accessoire aux contrats de prestation de services, D. 2005, Jur. P. 2260, spéc. p. 2262, n° 10.

[2] G. Cornu, note sous Cass. 1re civ. 18 novembre 1975, RTD civ. 1975, p. 559, spéc. p. 560.

[3] MARTINEAU-BOURGNINAUD, V., L'obligation contractuelle de surveillance, LPA, 03 mai 2001, n° 88, p. 4, spéc. n° 9.

[4] PUIG, P., L'obligation de garde accessoire du contrat d'entreprise, RDC 2008, n° 2, p. 402. L'auteur fait dans cet arrêt le commentaire de cass. 1re civ. 2 octobre 2007.

891. Pour le droit tunisien, l'obligation de surveillance semble avoir vraiment été oubliée par la doctrine tunisienne, comme c'est le cas pour le droit français[1], mais aussi par la jurisprudence tunisienne, du moins celle publiée. Elle aurait peut-être été éclipsée par l'obligation de sécurité dont on a beaucoup parlé en Tunisie, en doctrine et en jurisprudence. A titre d'exemple, le Professeur Mohamed Zine[2] a parlé de l'obligation de sécurité, mais il n'a pas fait allusion dans son livre ni dans ses autres écrits, à l'obligation de surveillance.
Le professeur Mohamed Mahfoud, même s'il a consacré un article à la théorie des suites du contrat et a fait allusion à la majorité des obligations qui y sont déduites, n'a pas discuté de l'obligation de surveillance[3]. Une étude récente sur le contrat de dépôt[4], même si elle attire l'attention sur la richesse de l'article 243 du Code des obligations et des contrats, sur une possibilité de son utilisation en vue d'ajouter au contrat certaines obligations comme celle d'information, ne cite pas l'obligation de surveillance[5].
Pour le professeur Sami Jerbi, l'absence de débat sur cette question en jurisprudence tunisienne revient en effet à ce que le droit tunisien, le Code des obligations et des contrats, contient un article qui adopte cette obligation de surveillance. C'est l'article 1021[6] du C.o.c qui adopte les mêmes solutions que la jurisprudence française[7].
A cet égard, il est utile de signaler que c'est le législateur tunisien qui exige, dans certains cas, l'obligation de surveillance. Ainsi, les articles 849 et 850 du Code des obligations et des contrats sur l'hôtelier, mettent à la charge de ce dernier une obligation de surveillance. Il doit protéger les objets de ses clients contre le vol ou la perte. L'article 849 du Coc dispose dans ce sens que « les hôteliers, aubergistes, logeurs en garni, propriétaires d'établissement de bains, cafés, restaurants spectacles publics, répondent de la perte, de la détérioration et du vol des choses et effets apportés dans leurs établissements par les voyageurs et personnes qui les fréquentent, qu'il soient arrivés par le fait de leurs serviteurs et préposés, ou par le fait des autres personnes qui fréquentent leur

---

[1] COULON, C., L'obligation de surveillance, éd. Economica 2003, p. 180, n° 241.
[2] Cet auteur fait allusion à beaucoup d'obligations déduites de l'article 243 *in fine* du Code des obligations et des contrats sans citer l'obligation de surveillance. Voir sur ce point : ZINE, M., théorie générale des obligations, 1 - Le contrat, éd. Tunis 1993, n° 363, p. 270.
[3] MAHFOUD, M., Théorie des suites du contrat, RJL 2008, n° 6, p. 99.
[4] Le Code des obligations et des contrats réserve les articles de 995 à 1053 au contrat de dépôt dans ses différentes formes (volontaire, nécessaire, séquestre). Le législateur a revu récemment cette réglementation par la loi n° 2000-57 du 13 juin 2000 à travers laquelle il a modifié entre autres l'article 1003 du COC relatif au dépôt nécessaire.
[5] REKIK, N., Le contrat de dépôt et la prolifération des textes juridiques, RJL octobre 2006, p. 35, spéc. p. 54, n° 26.
[6] Article 1021 du COC : « le dépositaire répond même de toute cause de perte ou de dommage contre laquelle il était possible de se prémunir : 1- quand il reçoit un salaire pour la garde du dépôt 2 – quand il reçoit des dépôts par état ou en vertu de ses fonctions».
[7] JERBI, S., L'interprétation du contrat, éd. CPU 1999, p. 248, n° 223.

établissement ». L'article va plus loin en annulant toute limitation de cette responsabilité. Quant à l'article 850 du C.o.c, il cite les cas où la responsabilité des personnes indiquées à l'article 849 ne peut être engagée. En examinant ces cas d'irresponsabilité, on peut déduire que le régime est celui d'une obligation de résultat.
Dans ces articles, on trouve pratiquement la même position adoptée par la jurisprudence française en matière de l'obligation de surveillance ; ce qui est découvert en France par la jurisprudence est adopté en Tunisie par le législateur. L'existence de cette reconnaissance légale de l'existence de l'obligation de surveillance explique peut-être l'absence d'une jurisprudence tunisienne abondante en cette matière.
Une fois le fondement trouvé, l'obligation de surveillance doit déployer ses ailes afin de planer au-dessus d'un bon nombre de contrats. Se pose ainsi la question du domaine de l'obligation de surveillance.

B – Domaine de l'obligation de surveillance

892. Le domaine de l'obligation de surveillance est très vaste ; celle-ci est greffée sur un grand nombre des contrats. Il est toutefois utile de signaler que le domaine de cette obligation souffre en réalité de la concurrence de l'obligation de sécurité, qui absorbe l'obligation de surveillance, tout au moins, elle la côtoie très souvent.
Cette rivalité est différemment expliquée par la doctrine. Un auteur l'explique par l'existence d'une certaine filiation entre obligation de sécurité et obligation de surveillance[1]. Pour une autre frange de la doctrine, l'obligation de surveillance n'est qu'une obligation complémentaire à la sécurité[2]. « Dans cette perspective, l'exécution de l'obligation de sécurité ne se conçoit que dans l'exercice d'une surveillance constante et efficace »[3].

893. Un auteur défendant l'autonomie de l'obligation de surveillance a récemment précisé : « l'obligation de surveillance va toutefois plus loin que l'obligation classique de sécurité, car elle impose au professionnel de renforcer la protection de ses clients en contrôlant leur attitude au cours du contrat, soit pour éviter qu'ils ne se blessent entre eux, soient même pour les empêcher pour

---

[1] MARTINEAU-BOURGNINAUD, V., L'obligation contractuelle de surveillance, LPA, 03 mai 2001, n° 88, p. 4.
[2] MARTINEAU-BOURGNINAUD, V., L'obligation contractuelle de surveillance, LPA, 03 mai 2001, n° 88, spéc. n° 10. L'auteur cite ici un arrêt ancien dans lequel la Cour de cassation énonce que l'hôtelier est tenu « d'observer dans l'organisation et le fonctionnement se son exploitation les règles de prudence et de surveillance qu'impose la sécurité du client » (cass. civ. 6 mai 1946, JCP 1946, II, 3326, note R. Rodière.
[3] MARTINEAU-BOURGNINAUD, V., L'obligation contractuelle de surveillance, LPA, 03 mai 2001, n° 88, p. 4, spéc. n° 12.

éviter de mettre en péril leur propre intégrité physique »[1]. L'obligation de surveillance dépasse ainsi d'un cran l'obligation de sécurité ; sa portée est plus vaste puisqu'elle tend à protéger le client ou ses biens, même du fait des tiers.

894. Toutefois, l'obligation de surveillance présente une certaine ressemblance avec l'obligation de sécurité. Elles sont toutes deux greffées sur le contrat, sur la base de l'article 1135 du Code civil. L'obligation de surveillance peut ainsi sans conteste être étayée sur l'article 1135 ; c'est d'ailleurs l'une des recommandations pour son autonomie[2]. En outre, ces deux obligations visent à fournir au contractant une sérénité lui évitant l'ennui et l'affolement.

895. Récemment, Madame Clémence Guillemaud-Mouly a tenté de faire une distinction entre les deux obligations[3]. Elle affecte à l'obligation de sécurité un objet restreint, « réduit à la seule innocuité des biens »[4]. Elle va jusqu'à proposer de qualifier cette obligation d'*une obligation d'innocuité*[5] au lieu de sécurité. Quant à l'obligation de surveillance, « elle naît de la nécessité de confier l'intégrité physique de cette personne au contractant comme cela est le cas en toute hypothèse où la réalisation de la prestation initiale recèle un péril »[6]. Cette répartition entre sécurité et surveillance présente l'inconvénient de provoquer une réduction très discutable du domaine de l'obligation de sécurité. Qui plus est, l'obligation de surveillance n'est pas uniquement liée à l'intégrité physique du contractant. L'objet de l'obligation de sécurité est plus vaste que la seule préservation de l'intégrité physique du contractant.

896. En effet, entre obligation de sécurité et obligation de surveillance, une parenté est indubitable et personne ne peut la contester. Toutefois, cette parenté ne permet pas de confondre les deux obligations. Du point de vue temporel, la sécurité paraît préalable à la surveillance. Prenons l'exemple d'un hôtelier ; celui-ci est obligé en premier lieu de garantir l'innocuité de ses installations et de ce qui pourrait endommager ses clients, en pulvérisant par exemple un

[1] COULON, C., L'obligation de surveillance, éd. Economica 2003, p. 206, n° 278.
[2] B. Moisson de Vaux, Pour l'avènement d'une obligation accessoire de surveillance (contribution à une meilleure qualification du dépôt), RRJ 1994,n°1, p. 47, spéc. p. 74, n° 53.
[3] C. Guillemaud-Mouly, Retour sur l'article 1135 du Code civil : une nouvelle source du contenu contractuel, thèse Montpellier 2005, éd. LGDJ 2006, p. 464, n° 453.
[4] C. Guillemaud-Mouly, Retour sur l'article 1135 du Code civil : une nouvelle source du contenu contractuel, éd. LGDJ 2006, p. 466, n° 454.
[5] C. Guillemaud-Mouly, Retour sur l'article 1135 du Code civil : une nouvelle source du contenu contractuel, op. cit., p. 459, n° 470.
[6] C. Guillemaud-Mouly, Retour sur l'article 1135 du Code civil : une nouvelle source du contenu contractuel, op. cit., p. 470, n° 477.

insecticide, afin d'éviter que les clients ne soient piqués[1]. Une fois tout remis en ordre, il advient dans ce cas l'obligation de surveillance mise à la charge de l'hôtelier qui l'oblige à contrôler le comportement de ses clients et des visiteurs de l'hôtel. L'obligation de surveillance paraît ainsi liée au comportement plutôt qu'à toute autre chose. Elle se rapproche alors de l'obligation de garde du comportement dont on parle souvent en matière de responsabilité extracontractuelle, des faits de choses[2].

897. La ressemblance entre ces deux obligations est aussi vérifiable dans le domaine de chacune d'elles. L'obligation de surveillance, rejoignant sur ce point l'obligation de sécurité, bénéficie d'un large domaine. Elle a été adjointe à un très grand nombre de contrats dont l'objet était différent. On la trouve dans le contrat conclu avec un hôtelier[3] sur lequel la jurisprudence l'a greffée depuis un certain temps[4]. L'obligation de surveillance a aussi été ajoutée au contrat conclu avec un garagiste[5]. Elle est aussi adjointe aux obligations d'un exploitant de magasin[6], d'un coiffeur[7], d'un restaurateur[8]. En matière médicale, l'obligation de surveillance est souvent requise. Le malade est gardé en surveillance[9] pour contrôler l'effet du médicament qui lui a été administré. Elle est aussi ajoutée au contrat d'entreprise[10] ou aux contrats sportifs[11]. Et la liste s'allonge de jour en jour[12]. Généralement, cette obligation de surveillance est souvent conçue comme accessoire à d'autres contrats.

---

[1] Ce sont les faits du jugement du tribunal cantonal de Sfax (jugement n° 16810, du 15 mars 1985 (inédit) – cité par JERBI, S., L'interprétation du contrat, éd. CPU 1999, p. 447, n° 348 –).

[2] Voir sur ce point pour le droit français surtout : LE TOURNEAU, Ph., Droit de la responsabilité et des contrats, éd. Dalloz 2008-2009, p. 1564, n° 7873 et la bibliographie que l'auteur cite. Pour le droit tunisien surtout : ZINE, M., La responsabilité délictuelle, cours polycopiés 2000-2001, faculté de droit et des sciences politiques de Tunis.

[3] Voir sur ce point : LE TOURNEAU, Ph., Droit de la responsabilité et des contrats, éd. Dalloz 2008-2009, p. 1315, n° 6341.

[4] CA Paris, 25 mai 1983, GP 1984, somm. 41.

[5] CA Paris, 21 juin 1945, GP 1945, p. 45 ; Cass. 1re civ. 6 février 1963, RTD civ. 1963, p. 753, obs. G. Cornu ; Cass. 1re civ. 7 juillet 1992, Bull. civ. I, n° 222.

[6] CA Paris, 14 novembre 1961, JCP G, II, 12424 et RTD civ. 1962, p. 312, obs. A. Tunc ; Cass. 2e civ. 23 décembre 1969, Bull. civ. II, n° 364.

[7] Cass. 1re civ., 8 février 2005, D. 2005, p. 2260, note C. Bloud-Rey et LPA 2006, n° 22, p. 19, note Ph. Guez.

[8] Cass. 1re civ. 18 novembre 1975, RTD civ. 1975, obs. G. Cornu, p. 559.

[9] Cass. 1re civ. 29 juin 1982, Bull. civ. I, n° 245. Voir sur ce point : F. Collart-Dutilleul et DELEBECQUE, Ph., Contrats civils et commerciaux, éd. Dalloz 2007, p. 738, n° 799.

[10] Voir sur point : F. Labarthe et C. Noblot, Le contrat d'entreprise, éd. LGDJ 2008.

[11] Voir sur ce point : AVANZINI, I., Les obligations du dépositaire, éd. Economica 2007, p. 137, n° 228.

[12] Des récentes applications jurisprudentielles prouvent que cette obligation occupe le front des événements juridiques. A titre d'exemple, il y a l'arrêt de la Cour de cassation du 8 février 2005

Une spécificité du droit tunisien mérite d'être signalée à cet égard. Le Code des obligations et des contrats, dans l'article 245[1], a instauré un système de responsabilité contractuelle pour faute d'autrui[2]. Ce principe trouve certaines applications spécifiques dans le Code des obligations et des contrats[3]. La responsabilité contractuelle pour fait d'autrui est souvent générée par un manquement à une obligation de surveillance. A titre d'exemple, on peut citer l'article 845 *in fine* du C.o.c qui énonce que « le locataire de l'ouvrage répond du fait et de la faute des personnes qu'il se substitue, qu'il emploie ou dont il se fait assister, comme de son propre fait ou de sa faute ». Cette responsabilité ne peut être poussée que si le locataire de l'ouvrage prouve « qu'il a employé toute la diligence nécessaire dans le choix et dans la surveillance de ces personnes »[4]. La même solution est prévue à l'article 1129 du C.o.c relatif au contrat de mandat. Selon cet article, le mandataire répond du fait et de la faute de la personne qu'il s'est fait substituer, « s'il a manqué de le surveiller lorsque cette surveillance était nécessaire d'après les circonstances »[5].

La jurisprudence tunisienne a fait certaines applications à ce genre de responsabilité. La Cour d'appel de Tunis a mis à la charge de la clinique une obligation de surveillance des médecins avec lesquels elle contracte[6]. La Cour a d'abord commencé par qualifier la relation entre le médecin et la clinique ; « le travail du médecin dans la clinique, souligne la Cour de Tunis, entre dans le cadre d'un contrat de prestation de service tel que défini par l'article 828 du Coc »[7]. Elle en a déduit par la suite que « la responsabilité de la clinique était basée sur son obligation de diligence dans le choix des médecins avec lesquels elle contractait. Elle devait en plus les surveiller conformément à ce que dispose l'article 845 du C.o.c »[8]. Dans cet arrêt, qui peut être qualifié d'école, la Cour d'appel de Tunis a bien réparti les domaines de l'obligation de sécurité et de

précité. Il y a aussi l'arrêt de 2 octobre 2007. Voir sur ce point : PUIG, P., L'obligation de garde accessoire du contrat d'entreprise, RDC 2008, n° 2, p. 42. L'auteur fait dans cet article le commentaire de l'arrêt : cass. 1re civ. 2 octobre 2007.

[1] Art. 245 C.o.c : « Le débiteur répond du fait et de la faute de son représentant et des personnes dont il se sert pour exécuter son obligation, dans les mêmes conditions qu'il devrait répondre de sa propre faut, sauf son recours tel que de droit contre les personnes dont il doit répondre ».

[2] MAHFOUD, M., Théorie générale des obligations, Acte unilatéral, Contrat et Responsabilité civile, Publications du Centre d'études Juridiques et Judiciaires, éd. Orbis 2008, p. 274, n° 357.

[3] MAHFOUD, M., Théorie générale des obligations, Acte unilatéral, Contrat et Responsabilité civile, Publications du Centre d'études Juridiques et Judiciaires, éd. Orbis 2008, p. 274, n° 358.

[4] Art. 845-1 du Coc. Pour en savoir plus en droit tunisien sur la responsabilité du fait d'autrui en matière contractuelle voir surtout : ZINE, M., note sous cass. civ (tn), n° 1925 du 1er juillet 1976, RTD 1978, p. 99.

[5] Art. 1129 *in fine* du Coc.

[6] CA Tunis, n° 48788 du 29 avril 1998, RTD 1999, p. 201.

[7] CA Tunis, n° 48788 du 29 avril 1998, RTD 1999, p. 201.

[8] CA Tunis, n° 48788 du 29 avril 1998, RTD 1999, p. 201.

l'obligation de surveillance : la sécurité envers le client, la surveillance envers les médecins.
La jurisprudence tunisienne fournit aussi d'autres applications à ce genre de responsabilité basée sur l'idée de surveillance[1].

898. En droit français, un texte similaire à l'article 245 du C.o.c n'existe pas[2]. Toutefois, il prévoit certaines applications éparses de la responsabilité contractuelle pour fait d'autrui[3]. Parmi ces applications, l'on peut citer les articles 1245[4], 1735[5], 1797[6] et 1953[7] du Code civil[8]. Il existe aussi des applications hors du Code civil. Il en est ainsi de la loi 13 juillet 1992 qui a mis à la charge des agences de voyage une responsabilité contractuelle du fait des prestataires de services auxquels elles s'adressent. Figure également l'article 15 de loi de confiance en l'économie numérique du 21 juin 2004.

899. Pour la jurisprudence française, celle-ci semble l'appliquer dans certaines espèces. Usant des dispositions de l'article 1797 du Code civil relatif au contrat d'entreprise la Cour de cassation française a décidé que l'entrepreneur répondait aux termes de l'article 1797 des conséquences de l'incendie « provoqué pendant ses heures de travail par un préposé de l'imprimeur »[9].
L'article 1735 du Code civil a reçu également quelques applications jurisprudentielles. La jurisprudence a d'abord donné une large définition à l'expression « personnes de sa maison » lui permettant d'y intégrer un plombier que le preneur ait chargé d'effectuer une réparation dans son appartement[10].

---

[1] Voir à titre d'exemple : cass. civ (tn), n° 3855 du 17 mars 1942, RJL 1960, n° 9-10, p. 3 ; cass.civ (tn), n° 4057 du 12 octobre 1981, Bull. 1982, III, p. 155.
[2] Voir sur ce point surtout : M. Bacache-Gibeili, Droit civil, Tome V, Les obligations, La responsabilité civile extracontractuelle, éd. Economica 2007, p. 248, n° 225.
[3] VINEY, G. et JOURDAIN, P., Les conditions de la responsabilité, éd. LGDJ 2006, p. 1036, n° 815.
[4] L'article 1245 fait partie du chapitre V du code intitulé « De l'extinction des obligations », et de la section I « Du paiement ». Art. 1245 C.civ. : « le débiteur d'un corps certain et déterminé est libéré par la remise de la chose en l'état où elle se trouve lors de la livraison, pourvu que les détériorations qui y sont survenues ne viennent point de son fait ou de sa faute, ni de celle des personnes dont il est responsable, ou qu'avant ces détériorations il ne fût pas en demeure ».
[5] Relatif au contrat de louage des choses. Art. 1735 C. civ. : « le preneur est tenu des dégradations et des pertes qui arrivent par le fait des personnes de sa maison ou de ses sous-locataire ».
[6] Relatif au contrat de louage d'ouvrage et d'industrie. Art. 1797 C. civ. : « le preneur répond du fait des personnes qu'il emploie ».
[7] Relatif au contrat de dépôt. Art. 1953 *in limine* C. civ. (loi n° 2009-526 du 12 mai 2009) : « ils sont responsables du vol ou du dommage de ces effets, soit que le vol ait été commis ou que le dommage ait été causé par leur préposés, ou par des tiers allant et venant dans l'hôtel ».
[8] Il existe en effet d'autres applications à cette responsabilité dans le Code civil. Ex : Art. 1994 (*in limine*) relatif au contrat de mandat qui dispose : « le mandant répond de celui qu'il s'est substitué dans la gestion ».
[9] Cass. 1re civ., 1à octobre 1995, JCP 1996, I, 3944, n° 16, obs. G. Viney.
[10] Cass. Soc., 29 mai 1954, D. 1954, p. 571 ; Cass. 3e civ., 19 janvier 2000, Resp. civ. et ass. 2000, p. 125, note Groutel.

Avec cet élargissement de la définition des expressions et des termes, c'est un élargissement du domaine de la responsabilité contractuelle pour fait d'autrui qui se trouve réalisé.

900. Toujours dans le cadre du contrat de bail, un arrêt récent reconnaît la responsabilité d'un bailleur pour le retard de la société de plomberie à l'exécution des travaux d'entretien dont il a été chargé d'accomplir sur le local loué[1]. Dans cette espèce la Cour de cassation ne s'est référée qu'à l'article 1719 1719 du Code civil qui oblige le bailleur à entretenir les lieux loués et qui ne met pas à la charge de ce dernier une obligation de répondre de fait des personnes qu'il charge de les faire.
A partir de cet arrêt, et de certains autres, un auteur conclut récemment que « la responsabilité contractuelle du fait d'autrui est aujourd'hui érigée en principe général : tout débiteur est responsable du fait des personnes participant à l'exécution des obligations contractuelles dont il est tenu »[2]. Ce même article 1135 du Code civil a reçu une nouvelle application par la jurisprudence. Dans l'arrêt du 10 novembre 2009, la Cour de cassation française a reproché à la Cour d'appel d'avoir donné une suite favorable à la demande du bailleur de résilier la location pour les troubles que ses enfants causaient au voisinage sans vérifier si ceux-ci étaient hébergés chez leurs parents ou non[3]. La Cour ne s'est pas montrée hostile à une obligation de surveillance que le preneur devait assurer contre les personnes de sa maison. Toutefois, cette application semble très restrictive de l'obligation de surveillance.
En élargissant le domaine de la responsabilité contractuelle du fait d'autrui, c'est le domaine de l'obligation de surveillance qu'on étend. Cette obligation aura plus de chance d'être greffée sur un nombre plus grand des contrats.

---

[1] GRIMALDI, C., La responsabilité du bailleur du fait de l'entrepreneur chargé d'entretenir le local loué, note sous cass. 3e civ., 29 avril 2009, pourvoi n° 08-12261, Bull. civ., III, n° 88, RDC 2009-4, p.1497.
[2] GRIMALDI, C., La responsabilité du bailleur du fait de l'entrepreneur chargé d'entretenir le local loué, note sous cass. 3e civ., 29 avril 2009, pourvoi n° 08-12261, Bull. civ., III, n° 88, RDC 2009-4, p.1497.
[3] Cass. 3e civ., 10 novembre 2009, n° 09-11.027, JCP G, 22 mars 2010, 314, note Ph. Rémy.

Conclusion de la deuxième partie

L'implicite, après avoir donné une expression à ce qui est sous-jacent dans le contenu contractuel, pousse plus loin son effet en offrant la possibilité d'enrichir le contenu du contrat de nouvelles obligations. Il permet au juge de prendre la relève des parties, continuant et fortifiant ce qu'elles ont commencé. C'est à un enrichissement du contenu contractuel que le juge se livre.

Dans cette étape, la tâche du juge n'est pas si facile. Il doit préalablement appréhender le contrat voulu par les parties. Se pose ainsi la question de la détermination de la nature du contrat. Cette détermination passe par ce qu'ont choisi les parties contractantes. Leur accord doit contenir un minimum d'obligations permettant au juge de flairer son identité et de découvrir sa spécificité. Une fois le juge arrivé à une certitude sur la nature du contrat, il doit le doser selon ses besoins. Seulement, surdosage tue le contrat, et un dosage de moins, laisse le contrat incapable de réaliser l'objectif désiré par les parties.

En dosant le contrat par de nouvelles obligations, le juge a certainement dans la tête des finalités qu'il entend atteindre. Celles-ci sont nombreuses et personne ne peut les recenser d'une façon exhaustive. Il est impératif de focaliser l'analyse sur certaines d'entre elles. Souvent, la finalité recherchée par le juge est celle de garantir une efficacité au contrat. Dans cette hypothèse, il lui inocule ce qui renforce son efficacité.

Le juge peut aussi avoir un penchant vers une autre finalité, celle d'assurer une exécution paisible du contrat. Dans cette seconde possibilité, il s'intéresse à l'environnement entourant l'exécution de ce contrat et s'éloigne ainsi de l'objectif de l'opération contractuelle. C'est souvent le cas lorsque le juge ajoute au contrat une obligation de sécurité. Le même objectif est poursuivi, lorsqu'il lui ajoute une obligation de surveillance ou une autre de non-concurrence.

Il est utile de souligner qu'il est difficile de décider par avance des obligations à adjoindre au contrat. Seules les circonstances entourant le contrat et sa nature intrinsèque peuvent favoriser la poursuite d'une finalité par rapport à une autre ou une application concomitante des deux finalités. Les finalités que le juge attribue à son intervention, ont le mérite de donner à l'opération d'enrichissement du contenu contractuel un sens et une direction.

Conclusion générale

Au terme de cette étude, l'implicite, jusque-là enfoui dans les profondeurs du contrat, sort à la lumière du jour produisant ainsi ses effets prodigieux. Il permet au contenu contractuel de réapparaître paré et d'être conduit à une meilleure configuration.

Cette nouvelle configuration du contrat est le fruit d'effets associés à l'implicite. Cet outil a permis, dans une première étape, de donner expression à ce qui est d'évidence dans le contrat et d'enrichir dans une seconde étape, ce qui est explicité.

Dans la première étape, il n'y a normalement pas d'ajout. L'implicite permet uniquement de donner une apparence physique à ce qui devrait normalement figurer dans tout contrat. Il fait sortir à la lumière du jour surtout ce que la morale ou la logique préconisent dans les rapports contractuels. Il donne expression à ce qui n'y est pas écrit, mais qui y être réputé écrit. C'est l'inverse de ce que fait « la clause réputée non écrite ». En revanche, l'implicite permet dans certaines autres hypothèses, de « réputer non écrit » ce qui est écrit en limitant, voire en givrant, ce qui contrarie la morale, la logique ou l'essence de l'opération entendue par les parties.

Lorsque c'est l'enrichissement qui est appliqué, l'implicite permet de doser le contrat de nouvelles obligations, complétant ainsi la construction dont les parties ont posé les soubassements. Le contenu du contrat retrouve ainsi sa pleine affirmation. L'opération contractuelle se trouve réconfortée par l'injection de nouvelles obligations qui lui assurent une bonne réalisation.

Cette étude de l'implicite dans sa relation avec le contenu contractuel a permis de mettre en évidence quelques constatations.

Premièrement, l'implicite, à travers ces deux effets, confirme l'idée que « la figure du contrat complet pourrait bien être un mythe. Un contrat ne se réduit jamais à ce qui y est exprimé »[1]. D'ailleurs, l'implicite prospère dans les contrats dits aux contenus imparfaits[2].

Ce résultat, dont l'implicite favorise la réalisation, ne « tombe pas du ciel » ; il est puisé dans le Code civil et dans le Code des obligations et des contrats. Il est lui-même latent et attend que quelqu'un le découvre. Son apparition exige une

---

[1] LAITHIER, Y.-M., Une nouvelle application de la fonction complétive de l'article 1135 du Code civil, RDC 2007, n° 3, p. 714. L'auteur fait le commentaire de l'arrêt Cass. Soc. 18 octobre 2006. Voir également sur ce point : PUTMAN, E., L'introuvable contrat complet, RRJ 2008, n° 22, p. 2477.

[2] Voir sur ce point : DRAPIER, S., Les contrats imparfaits, éd. PUAM 2001.

étude réfléchie, loin des préjugés, de quelques articles du Code civil et du Code des obligations et des contrats. Les préjugés[1], comme dans les relations humaines où ils sont malvenus, réduisent, en matière juridique, l'utilité de certains textes et leur accordent des rôles qui ne sont pas les leurs.

Les articles 1135 du Code civil, 243 *in fine* du Code des obligations et des contrats s'avèrent, au terme de cette étude, comme l'a affirmé un auteur tunisien, capables de servir de fondement à toutes les audaces[2]. Les juges, au moyen de ces articles se sont débarrassés de leur timidité décriée depuis longtemps par le Doyen Gabriel Marty[3] pour la remplacer par « trop d'audace »[4].

Toutefois, devant cette audace, il existe des citadelles imprenables. Le contrat doit toujours demeurer un acte de volonté et de prévision. La nature du contrat, que lesdits articles imposent comme critère indispensable à toute intervention du juge sous leur égide, est disposée afin de s'en assurer. Il ne faut pas aller jusqu'à le rendre méconnaissable à ses parties[5]. La modération est requise dans toutes les interventions sur le contrat.

Ce qui est rassurant, c'est qu'une nouvelle tendance des tribunaux français, et même tunisiens, semble parcourir ce chemin. Le pouvoir du juge doit toujours être cantonné dans des limites raisonnables. Ni l'implicite, ni la bonne foi ni les autres valeurs morales et économiques, ne permettent un débordement. Le contrat après usage de l'implicite et de ses prodiges doit toujours demeurer un acte de volonté. Le juge, au nom de l'implicite, est au service de la volonté des parties, de la finalité qu'elles désirent atteindre du contrat.

Deuxièmement, afin d'éviter l'implicite et ses effets, qui ne sont pas toujours les bienvenus surtout pour ceux qui ont intérêt à garder le contenu du contrat dans sa configuration connue, telles les cautions, le législateur a également un rôle à jouer. En légiférant, ce dernier doit épouser la précision et la complétude. Toute carence ou insuffisance va être certainement comblée par les articles favorisant l'implicite. A titre d'exemple, le législateur français en adoptant la technique de fiducie par la loi n°2007-211 du 19 février 2007[6] n'a pas tout précisé, ce qui laisse une place avérée à l'article 1135 du Code civil. Cet article

---

[1] BEN AMMOU, N.,L'influence du droit français sur le système juridique tunisien, *In* Les droit de tradition civiliste en question - A propos des rapports *Doing Business* de la Banque Mondiale, éd. Société de Législation Comparée, 2006, p. 139. L'auteur se montre contre les préjugés réduisant le COC en une reproduction du Code civil français.

[2] ZINE, M., De l'esprit et de l'effectivité de certaines dispositions du Code des obligations et des contrats, *In* Le livre du centenaire du Code des obligations et des contrats, 1906-2006, éd. CPU 2006, p. 437, spéc. p. 447.

[3] MARTY, G., Le rôle du juge dans l'interprétation des contrats, Travaux de l'Association H. Capitant 19949, p. 84, spéc. p.

[4] LEVENEUR, L.,

[5] MAHFOUD, M., Théorie des suites du contrat, RJL 2008, n°6, p. 99, spéc. p. 107.

[6] Dont certaines dispositions ont été modifiées par l'ordonnance n° 2009-112 du 30 janvier 2009.

va être mobilisé en vue de déterminer les obligations du fiduciaire qui ne sont pas explicitées dans le Code civil[1]. La responsabilité du fiduciaire souffre aussi de quelques imprécisions[2]

Puisque personne ne peut prétendre à l'exhaustivité, même le législateur, la place de l'implicite ne semble pas être menacée. Les projets de réforme du Code civil et du Code des obligations et des contrats n'ont pas altérée la place qu'il occupe.

Troisièmement, l'implicite, comme il a beaucoup profité de l'histoire de certaines clauses contractuelles, telle que la clause résolutoire sous-entendue ou la clause de *dessaisine-saisine*, souffre de nos jours de certaines autres clauses contractuelles. La clause d'intégralité, dont l'origine est anglo-américaine, menace l'existence et l'utilité de l'implicite. Elle oblige à se tenir à ce qui est exprimé et bannir ce qui ne l'est pas. Cette clause pose la présomption de complétude du contrat et limite « la marge d'appréciation du juge »[3]. De l'analyse que fera la jurisprudence à cette clause et à celles qui lui sont associées[4] dépend l'utilité et l'efficacité de l'implicite. Si cette clause sera validée, c'est la condamnation à mort de l'implicite. En revanche, si cette clause tombe sous le glaive des tribunaux, c'est l'implicite qui le remportera.

Dans l'état actuel du droit français ou du droit tunisien, la nullité de cette clause ou du moins la limitation de son efficacité semble la position la plus défendable. L'article 1135 du Code civil et son similaire tunisien, l'article 243 *in fine* du Code des obligations et des contrats, suffisent pleinement à étayer une limitation du jeu des clauses d'intégralité.

---

[1] C'est en effet l'idée de M. Thierry Revet qu'il a exprimée au colloque : « Le fiduciaire, un protagoniste au centre des réformes », organisé par l'Associations du Master 2 Droit Patrimonial Approfondi de l'université Paris 1, le 16 juin 2009.

[2] DELEBECQUE, Ph., La responsabilité du fiduciaire, Droit et Patrimoine, n°186, novembre 2009, p. 42.

[3] PUTMAN, E., L'introuvable contrat complet, RRJ 2008, Cahiers de méthodologie juridique, n° 22, p. 2477, spéc. p. 2482, n° 20.

[4] Ex : les clauses d'exclusion d'application de l'article 1135 C. civ. et 243 *in limine* C.o.c.

BIBLIOGRAPHIE

Ouvrages généraux du XIXe siècle, début du XXe :

AUBRY, C. et RAU, C., *Cours de droit civil français d'après la méthode de Zacharie, Tome 4e*, éd. Imprimerie et Librairie générale de jurisprudence 1871 ;
BAUDRY-LACANTINERIE, G. et BARDE, L., *Traité théorique et pratique de droit civil, Des obligations, Tome 1er et Tome 2e*, éd. Librairie de la société du recueil général des lois et des arrêts et du journal du palais, Paris 1897 ;
BEAUNE, H., *Les contrats*, éd. Delhomme & Briguet, Lyon 1889 ;
DEMOLOMBE, Ch., *Traité des contrats ou des obligations conventionnelles en général, Tome 2*, éd. Durand et Hachette, Paris 1871 ;
LARCHER, E., *Code tunisien des obligations et des contrats, accompagné d'observations critiques*, éd. Typologie Adolphe Jourdan, Alger, 1907 ;
DE MALEVILLE, J., *Analyse raisonnée de discussion du Code civil au conseil d'Etat, Tome 3*, éd. Paris 1807 ;
DEMANTE, A. M., *Cours analytique de Code Napoléon, Tome V (articles 1101-1386)*, éd. Henri Plon, Paris 1865 ;
DURANTON, M., *Cours de droit français suivant le Code civil, Tome 6e*, éd. Alex-Gobelet, Paris 1834 ;
FENET, A., *Recueil complet des travaux préparatoires du Code civil*, éd. Otto Zeller Osnabrück 1968 ;
GIRARD, P. F., *Manuel élémentaire de droit romain*, éd. Librairie Arthur Rousseau 1924 ;
GUILLOUARD, L., *Traité de la vente*, éd. Durand et Pedone-Lauriel, Paris 1889 ;
HUC, Th., *Commentaire théorique et pratique du Code civil, Tome 7, Contrats et obligations – Effets des obligations – Condition – Solidarité – Indivisibilité – Clause pénale*, éd. Librairie Cotillon 1894 ;
LAROMBIERE, L., *Théorie et pratique des obligations ou commentaire des titres III et IV, Livre II du Code civil, articles 1101 à 1386*, éd. Durand 1885 ;
LAURENT, F., *Principes de droit civil français, Tome 6*, éd. Bruylant-Christophe et Librairie A. Marescq. Ainé 1878 ;
LOCRE, M., *La législation civil, commerciale et criminelle de la France ou commentaire et complément des Codes français*, éd. Treuttel et Wurtz 1828 ;
MARCADE, V., *Explication théorique et pratique du Code civil*, éd. Delamotte 1873, Tome 4 (articles 967 à 1314) ;
SALEILLES, R., *Etude sur la théorie générale de l'obligation d'après le premier projet de Code civil Allemand*, éd. LGDJ 1925 ;

TOULLIER, C.-.B-M. et DUVERGIER, J.-B., *Le droit civil français suivant l'ordre du Code, 3e Volume, 2 partie*, éd. Cotillon, et Jules Renouard, Paris 1843 ;
VIOLLET, P., *Histoire du droit civil français*, éd. Société du Recueil Général des Lois et des Arrêts, Paris 1905 ;

Ouvrages généraux du XXe et XXIe:

ATIAS, Ch., *Précis élémentaire du contentieux contractuel*, éd. PUAM 2008 ;
AUDIT, B., *La vente internationale de marchandises. Convention des Nations Unies du 11 avril 1980*, éd. LGDJ 1990 ;
BENABENT, A., *Droit civil, Les obligations*, éd. Montchrestien 2005 ;
BEN AMMOU, N., *Droit civil, Les contrats spéciaux, La vente et l'échange* (en arabe), éd. CPU 2007 ;
CABRILLAC, R. et BEN FADHEL, O., *Introduction au droit des affaires. Abrégé de droit tunisien des obligations contractuelles*, éd. CPU 2006 ;
CARBONNIER, J., *Droit civil, T2, les biens, les obligations*, éd. PUF 2004 ;
CHARFEDDINE, M.-K., *Introduction à l'étude du droit civil* (en arabe), éd. IORT 2002 ;
CHARFI, M., *Introduction à l'étude du droit*, éd. Cérès 1997 ;
CHEHATA, C., *Essai d'une théorie générale de l'obligation en droit musulman*, éd. Dalloz 2005 ;
CHEVREAU, E., MAUSEN, Y. et BOUGLE, C., *Introduction historique au droit des obligations*, éd. Litec 2007 ;
DAVID, R., *Les contrats en droit anglais*, par D. Pugsley, éd. LGDJ 1985 ;
DE BELLEFONDS, Y.-L., T*raité de droit musulman comparé, t1 Théorie générale de l'acte juridique*, éd. Mouton & Co1965 ;
DELEBECQUE, Ph., et PANSIER, F.-J., *Droit des obligations*, éd. Litec 2006 ;
DEROUSSIN, D., *Histoire du droit des obligations*, éd. Economica 2007 ;
DROSS, W., *Dictionnaire des clauses ordinaires et extraordinaires des contrats de droit privé interne*, éd. Litec 2008 ;
DUTILLEUL, F.-C et DELEBECQUE, Ph., Contrats civils et commerciaux, éd. Dalloz 2008 ;
FABRE-MAGNAN, M., *Les obligations, 1- Contrat et engagement unilatéral*, éd. PUF 2008 ;
FAGES, B., *Les obligations*, éd. LGDJ 2009 ;
GHESTIN, J., *Cause de l'engagement et validité du contrat*, éd. LGDJ 2006 ;
GHESTIN, J., JAMIN, Ch. et BILLIAU, M., *Traité de droit civil, T1, la formation du contrat, T2, Les effets du contrat*, éd. LGDJ 2001 ;
JOSSERAND, L., *Cours de droit civil positif français, Tome II*, éd. Sirey 1933 ;

LABASTIE-DAHDOUH, Ch. et DAHDOUH, H., *Droit commercial, volume 1, Introduction générale, actes de commerce et commerçants, les biens du commerçant*, éd. IORT 2002 ;
LABASTIE-DAHDOUH, Ch. et DAHDOUH, H., *Droit commercial, Volume 2, Entreprises sociétaires, Tome 1, Règles communes*, éd. IHE 2003 ;
LARROUMET, Ch., *Droit civil : les obligations, le contrat*, éd. Economica 2007 ;
LE TOURNEAU, Ph., *L'éthique des affaires et du management au XXIe siècle*, éd. Dalloz 2000 ;
MAHFOUD, M., *Théorie générale des obligations, Acte unilatéral, Contrat et Responsabilité civile*, Publications du Centre d'études Juridiques et Judiciaires, éd. Orbis 2008 (en Arabe) ;
MALAURIE, Ph., AYNES, L. et STOFFEL-MUNCK, Ph., *Les obligations*, éd. Défrenois, 2007 ;
MALINVAUD, Ph., *Droit des obligations*, éd. Litec 2005 ;
MAZEAUD, H. et L., MAZEAUD, J. et CHABAS, F., *Leçons de doit civil, Obligations, Théorie générale*, éd. Montchrestien 1998 ;
MELLOUI, S., *Droit civil, Introduction à l'étude de droit*, éd. IORT 2000 ;
MELLOULI, S. et FRIKHA, S., *Les sociétés commerciales*, éd. IME 2008 ;
MELLOUI, S., *Responsabilité du transporteur maritime*, éd. CPU 1993 ;
MOTEREAU, O., *Droit anglais des affaires*, éd. Dalloz 2000 ;
PLANIOL, M. et RIPERT, G., *Traité pratique de droit civil français*, Tome 6, éd. LGDJ 1952 ;
ROUILLER, N., *Droit suisse des obligations et Principes européen des contrats*, éd. Lausanne 2007 ;
SERIAUX, A., *Droit des obligations*, éd. PUF 1992 ;
SERIAUX, A., *Manuel de droit des obligations*, éd. PUF 2006 ;
STARCK, B., ROLAND. H. et BOYER, L., *Les obligations, T1. Acte juridique*, éd. Litec 1998 ;
TERRE, F., SIMLER, Ph. et LEQUETTE, Y., *Droit civil, Les obligations*, éd. Dalloz 2009 ;
VINEY, G. et JOURDAIN, P., *Traité de droit civil : les conditions de la responsabilité*, éd. LGDJ 2006 ;
VOIRIN, P. et GOUBEAUX, G., *Droit civil, personne – famille – personnes protégées – biens – obligations – sûretés*, éd. LGDJ 2007 ;
ZINE, M., *La théorie générale des obligations, 1 – Le contrat*, éd. Tunis 1997 (en Arabe) ;

Ouvrages en anglais:

BEALE, H. G., *Chitty on contracts*, Volume I, General Principles, Sweet & Maxwell 2008 ;

BEALE, H. G., *Chitty on contracts*, Volume II, Specific contracts, Sweet & Maxwell 2008 ;
BEATSON, J., *Anson's Law of the contract*, 28th Edition, Oxford University Press 2002 ;
CORBIN, A. L., *Corbin on contracts*, West Group 1992;
MCKENDRICK, E., *Contract law. Text, cases, and Materials*, Oxford University Press 2005;
MULCAHY, L. & TILLOTSON, J., *Contract law in perspective*, Cavendish Publishing 2004;
TREITEL, G. H., *The law of the contract*, Sweet & Maxwell 2003;

Ouvrages spéciaux, thèses et monographies :

ALBIGES, Ch., *De l'équité en droit privé*, éd. LGDJ 2000 ;
ANCEL, M.-E., *La prestation caractéristique du contrat*, éd. Economica 2002 ;
AVANZINI, I., *Les obligations du dépositaire*, éd. Litec 2007 ;
BAKOUCHE, D., *L'excès en droit privé*, éd. LGDJ 2005 ;
BEN AMMOU, N., *Le pouvoir de contrôle de la Cour de cassation*, Thèse Tunis 1996 ;
BERTHIAU, D., *Le principe d'égalité et le droit civil des contrats*, éd. LGDJ 1997 ;
BLANC-JOUVAN, G., *L'après contrat. Etude à partir du droit de la propriété littéraire et artistique*, éd. PUMA 2003 ;
BLOCH, C., *L'obligation contractuelle de sécurité*, éd. PUAM 2002 ;
BLOUGH, R., *Le forçage, du contrat à la théorie générale*, Thèse Paris XI 2008 ;
BOUCARD, F., *Les obligations d'information et de conseil du banquier*, éd. PUAM 2002 ;
CECILE, B., *Les réserves et le non-vouloir dans les actes juridiques*, éd. LGDJ 1968 ;
CERMOLACCE, A., *Cause et exécution du contrat*, thèse Aix-Marseille, 2000 ;
CHABAS, C., *L'inexécution licite du contrat*, éd. LGDJ 2002 ;
CHANTEPIE, G., *La lésion*, éd. LGDJ 2006 ;
CHENEDE, F., *Les commutations en droit privé. Contribution à la théorie générale des obligations*, éd. Economica 2008 ;
COMAIR-OBEID, N., *Les contrats en droit musulman des affaires*, éd. Economica 1995 ;
COULON, C., *L'obligation de surveillance*, éd. Economica 2003 ;
COURDIER-CUISINIER, A.-S., *Le solidarisme contractuel*, éd. Litec 2006 ;
CREPEAU, P.-A., *L'intensité de l'obligation juridique ou des obligations de diligence, de résultat et de garantie*, éd. Les éditions Yvon Blais. INC, 1969 ;

DANIS-FATOME, A., *Apparence et contrat*, éd. LGDJ, 2004 ;
DARMAISIN, S., *Le contrat moral*, éd. LGDJ 2000 ;
DELEBECQUE, Ph., *Les clauses allégeant les obligations dans les contrats*, thèse Aix-Marseille 1981 ;
DRAPIER, S., *Les contrats imparfaits*, éd. PUAM 2001 ;
ENGEL-CREACH, A., *Les contrats judiciairement formés*, éd. Economica 2002 ;
ERESEO, N., *L'exclusivité contractuelle*, éd. Litec 2008 ;
FABRE-MAGNAN, M., *De l'obligation d'information dans les contrats, essai d'une théorie*, éd. LGDJ 1992 ;
FAGES, B., *Le comportement du contractant*, éd. PUAM 1997 ;
FAURE ABBAD, M., *Le fait générateur de la responsabilité contractuelle*, éd. LGDJ 2003 ;
FILALI, O., *Les principes généraux de la Lex Mercatoria. Contribution à l'étude d'un ordre juridique anational*, éd. LGDJ 1992 ;
FIN-LANGER, L., *L'équilibre contractuel*, éd. LGDJ 2002 ;
GATSI, J., *Le contrat-cadre*, éd. LGDJ 1996 ;
GAUDEMET, S., *La clause réputée non écrite*, éd. Economica 2006 ;
GOLDSCHMIDT, S., *L'obligation de sécurité. Etude jurisprudentielle*, éd. ICOLS, Besançon 1947 ;
GOUBEAUX, G., *La règle de l'accessoire en droit privé : étude sur la maxime "accessorium sequitur principale"*, éd. LGDJ 1969 ;
GRIMALDI, C., *Quasi-engagement et engagement en droit privé : recherches sur les sources de l'obligation*, éd. Defrénois 2006 ;
GUENZOUI, Y., *La notion d'accord en droit privé*, éd. LGDJ 2009 ;
GUIDERDONI, B., *Le forçage du contrat par le juge*, thèse Caen 2002 ;
HEUZE, V., *La vente internationale de marchandises*, Droit Uniforme, éd. LGDJ 2000 ;
HOUTCIEFF, D., *Le principe de cohérence en matière contractuelle*, thèse université Paris XI, 2000 ;
IDRISS, A., *Le contenu contractuel du contrat de travail. Contribution à l'étude de la modification du contrat de travail*, Thèse Orléans 2007 ;
JACQUES, Ph., *Regards sur l'article 1135 du Code civil*, éd. Dalloz 2006 ;
JALUZOT, B., *La bonne foi dans les contrats. Etude comparative des droits français, allemand et japonais*, éd. Dalloz 2001 ;
JENNEQUIN, A., *L'implicite en droit administratif*, Thèse Lille 2, 2007 ;
JERBI, S., *L'interprétation des contrats*, thèse, faculté de droit et des sciences politiques de Tunis 1997, éd. CPU 1999 ;
LABARTHE, F., *La notion du document contractuel*, éd. LGDJ 1994 ;
LAITHIER, Y.-M., *Etude comparative des sanctions de l'inexécution du contrat*, thèse Université de Paris I, 2002 ;

LAMOUREUX, M., *L'aménagement des pouvoirs du juge par les contractants. Recherche sur un possible imperium des contractants*, PUAM 2006 ;
LASBORDES, V., *Les contrats déséquilibrés*, éd. PUAM 2000 ;
LAUDE, A., *La reconnaissance par le juge de l'existence d'un contrat*, éd. PUAM 1992 ;
LE GAC-PECH, S., *La proportionnalité en droit privé des contrats*, éd. LGDJ 2000 ;
LUCAS-PUGET, A.-S., *Essai sur la notion d'objet du contrat*, ed. LGDJ 2005 ;
MALEVILLE, M.-H., *L'interprétation des contrats d'assurance terrestre*, éd. LGDJ 1995 ;
MALEVILLE, M.-H., *Pratique de l'interprétation des contrats, étude jurisprudentielle*, éd. PU Rouen 1991 ;
MAZEAUD, D., *La notion de clause pénale*, LGDJ 1992 ;
MEZGHANI, A., *Le cadre juridique des relations commerciales internationales de la Tunisie*, éd. Imprimerie officielle de la république tunisienne 1981 ;
MOULY-GUILLEMAUD, C., *Retour sur l'article 1135 du Code civil : une nouvelle source du contenu contractuel*, éd. LGDJ 2006 ;
PERES-DOURDOU, C., *La règle supplétive*, éd. LGDJ 2004 ;
PICOD, Y., *Le devoir de loyauté dans l'exécution du contrat*, éd. LGDJ 1989.
PIMONT, S., *L'économie du contrat*, éd. PUAM 2004 ;
RIGALLE-DUMETZ, C., *La résolution partielle du contrat*, éd. Dalloz 2003.
ROCHFELD, J., *Cause et type de contrat*, éd. LGDJ 1999 ;
ROUVIERE, F., *Le contenu du contrat : essai sur la notion d'inexécution*, éd. PUAM 2005 ;
SAKRANI, R., *Sources doctrinales du Code des obligations et des contrats tunisien*, thèse Paris II, 2003 ;
SAVAUX, E., *La théorie générale du contrat, mythe ou réalité*, éd. LGDJ 1997 ;
SEFTON-GREEN, R., *La notion d'obligation fondamentale : comparaison franco-anglaise*, éd. LGDJ 2000 ;
STOFFEL-MUNCK, Ph., *L'abus dans le contrat : essai d'une théorie*, éd. LGDJ, 2000 ;
STOFFEL-MUNCK, Ph., *Regards sur la théorie de l'imprévision : vers une souplesse contractuelle en droit privé français contemporain*, éd. PUAM 1994 ;
TERRE, F., *L'influence de la volonté individuelle sur les qualifications*, éd. LGDJ 1957 ;
WICKER, G., *Les fictions juridiques. Contribution à l'analyse de l'acte juridique*, éd. LGDJ 1997 ;

<u>**Articles, études, notes et chroniques :**</u>

ALBIGES, Ch., « Le développement discret de la réfaction du contrat », *In Mélanges M. CABRILLAC*, éd. Dalloz – Litec 1999, p. 3 ;
ANCEL, P., « Force obligatoire et contenu obligationnel du contrat », *RTD civ.* 1999, p. 771 ;
ANCEL, P., « La force obligatoire du contrat. Jusqu'où faut-il la défendre ? » *In La nouvelle crise du contrat*, éd. Dalloz 2003, p. 163 ;
ATIAS, Ch., « L'influence des doctrines dans l'élaboration du Code civil », *In Les penseurs du Code civil*, La documentation française 2009, p. 111 ;
ATIAS, Ch., « Les promesses implicites de stabilité (crédit, emploi) », *D.* 1995, Chr. 125 ;
ATIAS, Ch., « Qu'est ce qu'un contrat ? » *In Droit et économie des contrats*, éd. LGDJ 2008, p. 3 ;
AUBRY, H., « Un apport du droit communautaire au droit français des contrats : la notion d'attente légitime », *RID comp.* 2005, n°3, p. 627 ;
AYNES, L., « Le droit de rompre unilatéralement : fondements et perspectives », *Droit et Patrimoine* 2004, n° 126, p. 64 ;
AYNES, L., « L'imprévision en droit privé », *RJC* 2005, p. 397 ;
AYNES, L., « L'obligation de loyauté », *APD*, t 44, 2000, p. 195 ;
AYNES, L., « Rapport de synthèse du colloque : Durées et contrats », *RDC* 2004, p. 201 ;
BAGBAG, M., « De la possible réception de la notion de clause pénale par le Code des obligations et des contrats », *RTD* 1998, p. 41 ;
BAKOUCHE, D., « Formation du contrat et détermination de l'objet », *Lexbase Hebdo*, n° 321 (note sous Cass. civ. 3e, 10 septembre 2008, n° 07-16.858) ;
BAKOUCHE, D., « Obligation essentielle et clause limitative de responsabilité », *Lexbase Hebdo*, n° 250 ;
BAKOUCHE, D., « Quelques observations relatives à l'équité correctrice en matière contractuelle (Deuxième Parties) », *Lexbase Hebdo*, n° 81 du Jeudi 31 juillet 2003 ;
BAKOUCHE, D., « Quelques observations relatives au rôle et à la place de l'équité correctrice en matière contractuelle », *Lexbase Hebdo*, n° 82, 31 juillet 2003, éd. Affaires ;
BEHAR-TOUCHAIS, M., « Conclusions du colloque : Existe-t-il un principe de proportionnalité en droit privé », *LPA*. 30 septembre 1998, n° 117, p. 68 ;
BEHAR-TOUCHAIS, M., « Rapport introductif du colloque : Existe-t-il un principe de proportionnalité en droit privé », *LPA*. 30 septembre 1998, n° 117, p. 3.
BEHAR-TOUCHAIS, M., « Que penser de l'introduction d'une protection contre les clauses abusives dans le Code de commerce », *RDC* 2009, n°3, p. 1258 ;

BEHAR-TOUCHAIS, M., « Sanction du déséquilibre significatif dans les contrats entre professionnels », *RDC* 2009, p. 202 ;
BEL HAJ HAMMOUDA, A., « La franchise, contrat né de la pratique des affaires » *In La codification du droit des affaires en Tunisie (acte de colloque organisé à Tunis le 14-15 décembre 2007)*, RJL février 2008, n° spécial, p. 137 ;
BEL HAJ HAMMOUDA, A., « La volonté est-elle encore l'élément moteur du processus contractuel ? » *In Le livre du centenaire du Code des obligations et des contrats, 1906-2006*, éd. CPU 2006, p. 607 ;
BELKNANI, F., « La faute dans la responsabilité civile du médecin », *Etudes juridiques* 2001, p. 209 ;
BELKNANI, F., « Code des obligations et des contrats et la codification », *In Livre du centenaire du Code des obligations et des contrats 1906 – 2006*, éd. CPU 2006, p. 5 ;
BENABENT, A., « L'équilibre contractuel : une liberté contrôlée », *LPA*. 6 mai 1998, n° 54, p. 14 ;
BENABENT, A., « Un nouvel instrument jurisprudentiel : la gomme à effacer », In Mélanges LE TOURNEAU, Ph., éd. Dalloz 2008, p. 81 ;
BEN AÏCHA, N., « La révision du contrat pour exorbitance : développements récents », *In Mélanges HACHEM, M.-L.*, éd. CPU 2006, p. 166 ;
BEN AMMOU, N., « Les revirements de la jurisprudence », *In Mélanges BEN HALIMA, S.*, éd. CPU 2005, p. 95 ;
BEN AMMOU, N., « L'évolution récente de la jurisprudence en matière de responsabilité civile », *RTD* 1996, p. 27 ;
BEN AMMOU, N., « L'influence du droit français sur le système juridique tunisien », *In Les droits de tradition civiliste en question - A propos des rapports Doing Business de la Banque Mondiale*, éd. Société de Législation Comparée, 2006, p. 139 ;
BEN TALEB, A., « Le Code des obligations et des contrats devant les chambres réunies de la Cour de cassation (en arabe) », *In Livre du centenaire du Code des obligations et des contrats 1906 – 2006*, éd. CPU 2006, p. 241 ;
BERGEL, J.-L., « Différence de nature (égale) différence de régime », *RTD civ. 1984*, p. 255 ;
BLOUD-REY, C., « L'obligation de surveillance accessoire aux contrats de prestation de services », *D.* 2005, Jur. P. 2260, spéc. p. 2261, n° 9 ;
BOCQUILLON, F., « Que reste-t-il du principe de faveur », *Dr. Soc.* 2001, p. 255 ;
BOISMAIN, C., « L'obligation de mise en garde du banquier dispensateur du crédit », *JCP G,* 15 mars 2010, n°11, 301 ;
BORE, J., « Un centenaire : le contrôle de la Cour de cassation de la dénaturation des actes », *RTD civ.* 1972, p. 249 ;
BOSCO, D., « *Obligations implicites* », *In Regards croisés sur les principes du droit européen du contrat et sur le droit français*, éd. PUAM 2003, p. 325 ;

BOSTANJI, S., « De la promotion des usages du commerce international par la jurisprudence étatique », *JDI* 2005, n° 4, p. 1067 ;
BOUCARD, F., « Le devoir de mise en garde du banquier à l'égard de l'emprunteur et sa caution : présentation didactique », *RDBF* 2007, p. 17 ;
BOUROUROU, A., « La jurisprudence tunisienne en matière de la responsabilité civile du médecin (en arabe) », *RJL* 2007, n°2, p. 13 ;
BOUTON, J., « Le Code de déontologie médicale, un code singulier pour un colloque singulier », *In Mélanges G. Wiederkehr*, éd. Dalloz 2009, p. 27 ;
CACHARD, O., « L'ombre de la révision judiciaire du contrat », *RLDC*, 2008, n° 49, n° 2969 ;
CADIET, L., « Une justice contractuelle, l'autre », *In Mélanges GHESTIN, J.*, éd. LGDJ 2001, 177 ;
CALAIS-AULOY, J., « L'attente légitime une nouvelle source de droit subjectif », *In Mélanges Y. Guyon*, éd. Dalloz 2003, p.171 ;
CALAIS-AULOY, J., « Les sanctions en droit de la consommation », *In Mélanges BOULOC, B.*, éd. Dalloz 2007, p. 75 ;
CATALA, P., « Interprétation et qualification dans l'avant projet de réforme des obligations », *In Mélanges VINEY, G.*, éd. LGDJ 2008, p. 243 ;
CEDRA, J., « Liberté –Egalité – Contrat. Le solidarisme contractuel en doctrine et devant la Cour de cassation », *In Rapport de la Cour de cassation* 2003, p. 2 ;
CHABAS, F., « Le pouvoir créateur du juge », *RTD civ. 1962*, p. 746 ;
CHANTEPIE, G., « L'efficacité attendue du contrat », *RDC 2010*, n°1, p. 347 ;
CHARFEDDINE, M.-K., « Le Code des obligations et des contrats : esquisse d'une évaluation de l'œuvre », *In Livre du centenaire du Code des obligations et des contrats 1906 – 2006*, éd. CPU 2006, p. 675 ;
CHARMONT, J. et CHAUSSE, A., « Les interprètes du Code civil », *In Le Code civil 1804-1904 Livre du centenaire*, éd. Rousseau 1904, réédition Dalloz 2004, p. 131 ;
CHAZAL, J.-P., « De la signification du mot loi dans l'article 1134 alinéa premier du Code civil », *RTD civ.* 2001, p. 265 ;
CHAZAL, J.-P., « Les nouveaux devoirs des contractants. Est-on allé trop loin ? », *In la nouvelle crise du contrat,* éd. Dalloz 2003, p. 99 ;
CLARET, H., « L'interprétation des contrats d'assurance et le droit de la consommation (note sous cass. 1re, civ. 21 janvier 2003) », *D.* 2003, p. 2600 ;
COHEN, D., « La bonne foi contractuelle : éclipse et renaissance », *In 1804 – 2004, Le Code civil. Un passé, un présent, un avenir*, éd. Dalloz 2004, p. 517 ;
CONSTANTIN, A., « Réflexions sur la validité des conventions de vote », *In Mélanges GHESTIN, J.*, éd. LGDJ 2001, p. 253 ;
CREPEAU, P.-A., « Le contenu obligationnel d'un contrat », *Revue du barreau canadien*, mars 1965, n° 1, p. 1 ;

DARMAISIN, S., « A la recherche du bon père de famille », *In Mélanges LE TOURNEAU, Ph.,* éd. Dalloz 2008, p. 297 ;
DE JUGLART, M., « L'obligation de renseignement dans les contrats », *RTD civ.* 1945, p. 1 ;
DE LA VAISSIERE, F., « Etendue de l'obligation d'assurer la jouissance paisible au preneur », *AJDI*, février 2009, p. 120 ;
DELEBECQUE, Ph., « Faute lourde de la poste par son inaptitude à accomplir sa mission (note sous Cass. 1re civ. 19 septembre 2007, n° 05-17.769, SA. Sacer Atlantique c/ La Poste : Juris-Data n° 2007-040392), *JCP E* 2007, 2541;
DELEBECQUE, Ph., « La bonne foi contractuelle : quid novi sub sole ? », *RLDC*, n° 46, du 1er février 2008, p. 1 ;
DELEBECQUE, Ph., « La dispersion de l'obligation de sécurité dans les contrats spéciaux », *GP*, n° 21 du 23. 09. 1997, p. 10 ;
DELEBECQUE, Ph., « L'évolution du contrat de transport », *In Mélanges VINEY, G.,* éd. LGDJ 2008, p. 309 ;
DELEBECQUE, Ph., « Le préjudice par ricochet : quelle autonomie ? », *D.* 2004, I, Juri. p. 233 ;
DELEBECQUE, Ph., « Les parties peuvent-elles renoncer aux conséquences de l'interdépendance reconnues entre deux contrats », *D.* 2000, somm. p. 364 ;
DELEBECQUE, Ph., « L'agent de voyages doit informer ses clients sur les formalités de séjour dans un pays étranger (note sous cass. 1re civ. 07 février 2006) », *RDC* 2006, n° 4, p. 1161 ;
DELEBECQUE, Ph., Le devoir de mise en garde du banquier, RLDC 2007/44, p. 44 ;
DELEBECQUE, Ph., « Le droit de rupture unilatérale du contrat : genèse et nature », *Droit et Patrimoine 2004*, n° 126, p. 56 ;
DELEBECQUE, Ph., « Que reste-t-il du principe de la validité des clauses de responsabilité ? », *D.* Aff. n° 8, 1997, p. 23 ;
DELEBECQUE, Ph., « Pour une théorie de contrat de transport », *In Mélanges AUBERT, J.-L.*, éd. Dalloz 2005, p. 103 ;
DELEBECQUE, Ph., et MAZEAUD, D., « Les clauses de responsabilité : clauses de non responsabilité, clauses limitatives de réparation, clauses pénales (rapport français) », *In Les sanctions de l'inexécution des obligations contractuelles, Etude de droit comparé*, éd. Bruylant et LGDJ 2001, p. 361 ;
DE LY, F., « Les clauses d'interprétation dans les contrats internationaux (qualification, définition, accord complet, intitulés, langues, modification, renonciation et nullité partielle) », *RDAI* 2000, n°6, p. 719 ;
DELPECH, X., « Chronopost 5 : Office du juge et manquement du transporteur à une obligation essentielle », *D.* 2006, Jur. 1599 ;
DENIS, D., « La clause de style », *In Mélanges FLOUR, J.,* éd. Défrenois 1979, p.117.
DEROUSSIN, D., « Le contrat à travers le Code civil des français », *In Les penseurs du Code civil*, La documentation française 2009, p. 249 ;

DEUMIER, P., « De l'usage prudent des usages honnêtes. Réflexions sur un – éventuel- malentendu », *In Mélanges JESTAZ, Ph.*, éd. Dalloz 2006, p. 119 ;
DEUMIER, P., « Les Principes d'Unidroit ont dix ans : bilan en demi teinte », *RDC* 2004, p. 774 ;
DIDIER, P., « Les conventions de vote », *In Mélanges FOYER, J.*, éd. PUF 1997, p. 341 ;
DOIREAU, S., « Contrats interdépendants et manquement à une obligation essentielle », *RLDC*, n° 37, avril 2007, p. 12 ;
DOIREAU, S., « Date d'appréciation de la nature d'un contrat », *RLDC* n° 45 du 1er janvier 2008, p. 13 ;
DUONG, L., « Le raisonnable dans les principes du droit européen des contrats », *RIDC* 2008, p. 701 ;
DUPICHOT, J., « Pour un retour aux textes : défense et illustration du « petit guide-âne » des articles 1156 à 1164 du code civil », *In Mélanges FLOUR, J.*, éd. Défrenois 1979, p.184 ;
EL EUCHE-MALLAK, S., « L'usage et la coutume dans le Code des obligations et des contrats », *In Centenaire du Code des obligations et des contrats 1906-2006*, éd. CPU 2006, p. 135 (en arabe) ;
EUDIER, F., « Modèles et anti-modèles dans le rôle du juge en matière contractuelle », *In Code civil et modèles, des modèles du Code au Code comme modèle*, sous la Direction de REVET, T., éd. LGDJ 2005, p. 225, spéc. p. 255 ;
FAGES, B., « Le double jeu de la Cour de cassation à l'égard du contenu des conventions », *LPA*. 6 mai 1998, n° 54, p. 39 ;
FAGES, B., « Portée de la clause désignant la version linguistique qui fait foi entre les parties (note sous CA Versailles, 12e Chambre, section 2, 7 juin 2007), *RTD civ.* 2007, p. 772 ;
FAGES, B., « Quand la manière d'exécuter rejaillit sur le contenu du contrat », *Droit et Patrimoine*, n° 67, janvier 1999, p. 28 ;
FAGES, B. et MESTRE, J., « De l'interdiction de se contredire au détriment d'autrui », *RTD civ.* janvier / mars 2002, p. 93 ;
FAUVARQUE-COSSON, B., « La confiance légitime et l'estoppel, rapport général », *In La confiance légitime et l'estoppel,* Société de Législation Comparée, éd. 2007, p. 9 ;
FAUVARQUE-COSSON, B., « Le changement de circonstances », *RDC* janvier 2004, p. 67 ;
FAUVARQUE-COSSON, B., « L'estoppel en droit anglais », *In L'interdiction de se contredire au détriment d'autrui*, éd. Economica 2001, p. 3 ;
FAUVARQUE-COSSON, B., « L'ordre public : 1804-2004 », *In Le Code civil, un passé, un présent, un avenir*, Université Paris 2, éd. Dalloz 2004, p. 473 ;
FAUVARQUE-COSSON, B., « L'interprétation du contrat : observations comparatives », *RDC* 2007, n° 2, p. 481 ;
FENOUILLET, D., « Les clauses abusives », *RDC* avril 2007, p. 337 ;

FENOUILLET, D., « Les effets du contrat entre les parties : ni révolution, ni conservation, mais un « entre-deux » perfectible », *RDC* 2006, p. 67 ;
FENOUILLET, D., « Regards sur un projet en quête de nouveaux équilibres : présentation des dispositions du projet de réforme du droit des contrats relatives à la formation et à la validité du contrat », *RDC* 2009, n°1, p. 279 ;
FLAMENT, L., « Le raisonnable en droit du travail », *Droit Social*, 2007, n° 1, p. 16 ;
FONTAINE, M., « Fertilisation croisées du droit des contrats, » *In Mélanges GHESTIN, J.,* éd. LGDJ 2001, 347 ;
FORTIER, V., Le contrat du commerce international à l'aune du raisonnable, Clunet 1996, 2, 315 ;
FOURGOUX, J.-L., « Concurrence : la loi du 4 août 2008 de modernisation de l'économie, une révolution prometteuse mais ténébreuse », *GP* 16 septembre 2008, n° 260, p. 2 ;
FRIKHA, S., « La contribution de la Cour de cassation à la promotion de la jurisprudence : le contrat comme exemple (1994-2007) – en arabe –», *In Cinquante ans de jurisprudence civile 1959-2009*, éd. CPU 2010, p. 535 ;
GADHOUM, O., « L'accord de principe », *Etudes juridiques* 2008, p. 171 ;
GARA, N., « La qualification à travers la jurisprudence tunisienne (en arabe) », *In Cinquante ans de jurisprudence civile 1959-2009*, éd. CPU 2010, p. 589 ;
GEMEI, H., « L'équilibre contractuel en droit égyptien », *In Mélanges TERRE, F.*, éd. PUF 1999 ;
GEMEI, H., « Les clauses abusives dans les droits des pays arabes », *In Les clauses abusives dans les contrats type en France et en Europe*, éd. LGDJ 1991, p. 309 ;
GEOFFREY, S., « Réalisme et efficacité du droit anglais des contrats », *In La nouvelle crise du contrat*, éd. Dalloz 2003, p. 69 ;
GHOZI, A. et LEQUETTE, Y., « La réforme du droit des contrats : brèves observations », *D.* n° 37 du 23 octobre 2008, p. 2609 ;
GRIDEL, J.-P., « Les droits fondamentaux du contractant au quotidien sont l'objet d'une attention prétorienne renouvelée », *In Liber Amicorum LARROUMET, Ch.*, éd. Economica 2010, p. 195 ;
GRIMALDI, C., « La responsabilité du bailleur du fait de l'entrepreneur chargé d'entretenir le local loué (note sous cass. 3e civ, 29 avril 2009, pourvoi n° 08-12261), *RDC* 2009-4, p.44 ;
GRIMALDI, C., « Les clauses portant sur une obligation essentielle », *RDC 2008*, n° 4, p. 1095 ;
GRIMALDI, C., « Paradoxes autour de l'interprétation des contrats », *RDC 2008*, n°2, p. 207 ;
GRIMALDI, M., « Les contradictions légitimes au détriment d'autrui en droit patrimonial et extrapatrimonial de la famille », *In L'interdiction de se contredire au détriment d'autrui,* éd. Economica 2001, p. 161 ;

GUEZ, Ph., Dépôt nécessaire ou obligation accessoire de surveillance ? (à propos de la remise dans d'une bague dans un salon de manucure), *LPA* 31 janvier 2006, n° 22, p. 19 ;
HACHEM, M.-L., « Le Code des obligations et des contrats : cent ans de solitude ? », *In Mélanges CHARFI, M.*, éd. CPU 2001, p. 231 ;
M.-L. Hachem, « La coutume devant la Cour de cassation (en arabe) », *In La cassation*, Tunis 1989, p. 383 ;
HALPERIN, J.-L., « La naissance de l'obligation de sécurité », *GP*. N° 21 du 23. 09. 1997, p. 2 ;
HAMMOUDA, M., « De l'exécution de l'obligation avec loyauté », *In Mélanges BEN HALIMA, S.*, édition CPU 2005, p. 1031 ;
HOUTCIEFF, D., « Essai de maïeutique juridique : la mise au jour du principe de cohérence », *JCP G* 16 novembre 2009, n°47, p. 42 ;
HOUTCIEFF, D., « L'obligation essentielle ou le voile pudique de la cohérence contractuelle », *JCP G*, n° 36 du 5 septembre 2007, 10145 ;
JAMIN, Ch., « Quelle nouvelle crise du contrat ? Quelques mots en guise d'introduction », *In La nouvelle crise du contrat*, éd. Dalloz 2003, p. 7 ;
JAMIN, Ch., « Révision et intangibilité du contrat ou la double philosophie de l'article 1134 du Code civil », *Droit et Patrimoine*, n° 58, mars 1998, p. 46 ;
JALLOUI, A., « Chronique de droit des transports », *Etudes juridiques* 1993-1994, p. 219 ;
JEAMMAUD, A., « Le principe de faveur. Enquête sur une règle émergente », *Dr. Soc.* 1999, p. 115 ;
JERBI, S., « La jurisprudence et la responsabilité médicale : la fin de l'arythmie paroxystique », *In Mélanges de LAPOYADE-DES CHAMPS Chr.*, éd. Presse Universitaire de Bordeaux 2003, p. 209 ;
JERBI, S., « La résolution du contrat dans la jurisprudence tunisienne : un rythme en quatre temps », *In Cinquante ans de jurisprudence civile 1959-2009*, éd. CPU 2010, Partie en langue française, p. 5 ;
JESTAZ, Ph., « L'obligation et sa sanction : à la recherche de l'obligation fondamentale », *In Mélanges P. Raynaud*, éd. Dalloz – Sirey 1985, p. 273 ;
JESTAZ, Ph., « Les rapports privés, sources de droit privé », *In Autour du droit civil. Ecrits dispersés, idées convergentes,* éd. Dalloz 2005, p. 187 ;
JOSSERAND, L., « Le contrat dirigé », *DH.* 1933, p. 89 ;
JOSSERAND, L., « Les dernières étapes du dirigisme contractuel : Le contrat forcé et le contrat légal (contrat dit de salaire différé) », *D.* 1940, Chr. p. 5 ;
JOSSERAND, L., « L'essor moderne du concept contractuel », *In Mélanges F. Gény*, T II, p. 333 ;
JOURDAIN, P., « Le devoir de se renseigner (contribution à l'étude de l'obligation de renseignement) », *D.* 1993, Chr. p. 139 ;
JOURDAIN, P., « Le fondement de l'obligation de sécurité », *GP*, n° 21 du 23. 09. 1997, p. 22 ;

JOURDAIN, P., « Nouvelles précisions sur les conditions et la preuve du devoir de mise en garde du banquier dispensateur de crédit (obs. sous Civ 1re, 19 novembre 2009, n° 08-13.601 et n° 07-21. 382) », *RTD civ.* 2010, n°1, p. 109 ;
KARIMI, A., « Essai de systématisation sur l'application de la théorie de l'abus de droit en matière contractuelle », *In Mélanges SIMLER, Ph.*, éd. Dalloz 2006, p. 587 ;
KHAIRALLAH, G., « Le raisonnable en droit privé français. Développements récents », *RTD civ.* 1984, p. 439 ;
KOTRANE, H., « Liberté, égalité, citoyenneté : actualité en droit du travail », *In Mélanges CHARFI, M.*, éd. CPU 2000, p. 481 ;
KRIEGK, J.-F., « L'obligation de sécurité : de sa maturation à l'admission du risque de développement (à propos de la responsabilité médicale) », *GP*. n° 21 du 24. 04. 1997, p. 12 ;
KULLMANN, J., « Remarques sur la clause réputée non écrite », *D.* 1993, n° 9, ch. p. 59 ;
LABARTHE, F., « Les conflits de qualifications. Eléments de réflexion à partir de la distinction entre le contrat d'entreprise et d'autres contrats », *In Mélanges BOULOC, B.*, éd. Dalloz 2006, p. 539 ;
LAGARDE, X., « L'objet et la cause du contrat, entre actualités et principes », *LPA,* 2007, n° 70, p. 6 ;
LAGARDE, X., « Qu'est ce qu'une clause abusive ? Etude pratique », *JCP, éd. G.* n° 6, 8 février 2006, I, 110, p. 255 ;
LAITHIER, Y.-M., « L'éradication de la clause limitative de réparation en cas de manquement à une obligation essentielle : Chronopost, dix ans après », *RDC* octobre 2006, p. 1075 ;
LAHMAR, I., « Le contrôle judiciaire sur le licenciement », *RJL* 2007, n°4, p. 43 ;
LAMOUREUX, M., « La clause d'intégralité en droits français, anglais et américain », *RLDC*, n° 35, février 2007, p. 35 ;
LAMOUREUX, M., L'interprétation des contrats de consommation, D. 2006, II, doc. p. 2848 ;
LANDAIS, C. et LENICA, F., « La nature juridique d'un contrat s'apprécie à la date de sa conclusion », *AJDA*, n° 43, du 18 décembre 2006, p. 2382 ;
LARDY-PELLISSIER, B., « La prohibition légale du harcèlement », *RJS* 2006, p. 191 ;
LARROUMET, Ch., « De la cause de l'obligation à l'intérêt au contrat (à propos du projet de réforme du droit des contrats) », *D.* 2008, p. 2441 ;
LARROUMET, Ch., « Obligation essentielle et clause limitative de responsabilité », *D.* 1997, Chr. p. 145 ;
LECUYER, H., « Redéfinir la force obligatoire du contrat ? », *LPA*. 06 mai 1998, n° 54, p. 44;
LECUYER, H., « Le principe de proportionnalité et l'extinction du contrat », *LPA*. 30 septembre 1998, n° 117, p. 31 ;

LEFEBVRE, B., « La notion de contrat d'adhésion : portée et limite d'une définition », *In Mélanges MALINVAUD, Ph.*, éd. Litec 2007, 375 ;
LEHYANI-HAMMAMI, N., « Le contrat de concession commerciale », *Etudes juridiques* 2007, n° 14, p. 111 ;
LIBCHABER, R., « Réflexions sur les effets du contrat », *In Mélanges J.-L. Aubert*, éd. Dalloz 2005, p. 211 ;
LE NABASQUE, H., « Le développement du devoir de loyauté en droit des sociétés », *RTD com.* 1999, n° 2, p. 273 ;
LEQUETTE, Y., « Bilan des solidarismes contractuels », *In Mélanges DIDIER, P.*, éd. Economica 2008, p. 247 ;
LEQUETTE, Y., « L'efficacité des clauses de Hardship », *In Liber Amicorum LARROUMET, Ch.*, éd. Economica 2010, p. 267 ;
LE TOURNEAU, Ph., « De l'art et de la manière de négocier et de conclure des contrats internationaux », *GP*, n° 5 du 05 janvier 1996, p. 2 ;
LEVENEUR, L., « D'étonnants cavaliers législatifs civils dans la loi de modernisation de l'économie », *CCC*, 2008, n°11, p. 9 ;
LEVENEUR, L., « Le forçage du contrat », *Droit et Patrimoine*, n° 58, mars 1998, p. 69 ;
LEVENEUR, L., « Les recommandations de la commission des clauses abusives », *In Etudes à la mémoire de OPPETIT, B.*, éd. LGDJ 2009, p. 495 ;
LEVENEUR, L., « Projet de chancellerie de reforme du droit des contrats : à améliorer, *CCC*, n° 11 du 01 novembre 2008, p. 1 ;
LEVENEUR, L., « Résolution de la vente pour défaut d'assistance du vendeur après la vente d'un système informatique (note sous Cass. com. 11 avril 1995) », *CCC* juillet 1995, n° 125 ;
LOISEAU, G., « Le crépuscule des clauses limitatives de réparation », *RLDC*, n° 38 mai 2007, p. 6 ;
LOKIEC, P., « Le droit des contrats et la protection des attentes », *D.* 2007, Chr. p. 321 ;
LYON-CAEN, A., « A propos de l'adjectif « économique » dans la langue de droit », *In Le droit du travail confronté à l'économie*, éd, Dalloz 2005, p. 137 ;
LYON-CAEN, G., « L'obligation implicite », *APD*, t 44, 2000, p. 109 ;
MAHFOUD, M., « La théorie des suites du contrat (en arabe) », *RJL* 2008, n° 6, p. 99 ;
MAHFOUD, M., « L'extinction du contrat pour impossibilité d'exécution (en droit tunisien) », *Etudes juridiques* 2001, p. 167 ;
MAHFOUD, M., « L'obligation d'information du médecin en droit privé tunisien », *RJL* 2006, n° 12, p. 69 ;
MALEVILLE, M.-H., « Pratique de l'interprétation des contrats commerciaux internationaux », *RDAI* 1999, n°1, p. 100 ;
MARTINEAU-BOURGNINAUD, V., « L'obligation contractuelle de surveillance », *LPA*, 03 mai 2001, n° 88, p. 4 ;

MARTINEL, A., « L'office du juge dans la détermination et le contrôle des obligations contractuelles », *Droit Ouvrier*, mars 2005, p. 104 ;
MARTY, G., « Le rôle du juge dans l'interprétation des contrats », *Travaux de l'Association H. Capitant (TAHC)* 1949, p. 84 ;
MATTOUT, J.-P., « Le banquier, ses métiers, ses nouvelles obligations professionnelles », *RJC*, 2009, n°1, p. 10 ;
MAZEAUD, D., Constats sur le contrat, sa vie, son droit, PA. 6 mai 1998, n° 54, p. 8 ;
MAZEAUD, D., « Droit commun des contrats et droit de la consommation. Nouvelles frontières ? » *In Liber Amicorum CALAIS-AULOY, J., Etude de droit de la consommation*, édition Dalloz 2004, p. 697 ;
MAZEAUD, D., « Faut-il avoir peur d'un droit européen des contrats (bis sed non repitita…) », *In Mélanges MALINVAUD, Ph.,* éd. Litec 2007, 397 ;
MAZEAUD, D., « L'attraction du droit de la consommation », *In droit du marché et droit commun des obligations*, *RTD com.* 1998, n° 1, p. 95 ;
MAZEAUD, D., « La confiance légitime et l'estoppel », *RIDC,* n° 2, 2006, p. 363 ;
MAZEAUD, D., « La matière du contrat », *In Les concepts contractuels français à l'heure des principes du droit européen des contrats*, éd. Dalloz 2005, p. 81 ;
MAZEAUD, D., « La protection par le droit commun », *In Les clauses abusives entre professionnels*, éd. Economica 1998, p. 35 ;
MAZEAUD, D., « La réduction des obligations contractuelles », *Droit et Patrimoine*, n° 58, mars 1998, p. 58 ;
MAZEAUD, D., « La réforme du droit des contrats en question… », *In Mélanges J. Héron*, éd. LGDJ 2008, p. 347, spéc. p. 363, n° 23 ;
MAZEAUD, D., « La réforme du droit des contrats : trois projets en concurrence », *In Liber Amicorum LARROUMET, Ch.*, éd. Economica 2010, p. 329 ;
MAZEAUD, D., « Les conventions portant sur la réparation », *RDC*, janvier 2007, p. 149 ;
MAZEAUD, D., « Le juge et le contrat : variations optimistes sur un couple illégitime », *In Mélanges J.-L. Aubert,* éd. Dalloz 2006, 235 ;
MAZEAUD, D., « Le juge face aux clauses abusives », *In Le juge et l'exécution du contrat*, éd. PUAM 1993, p. 23 ;
MAZEAUD, D., « Le principe de proportionnalité et la formation du contrat », *LPA.,* 1998, 30 septembre 1998, n° 117, p. 12 ;
MAZEAUD, D., « Le régime de l'obligation de sécurité », *GP*, n° 21 du 23. 09. 1997, p. 28 ;
MAZEAUD, D., « Les contradictions légitimes au détriment d'autrui en droit des contrats », *In L'interdiction de se contredire au détriment d'autrui,* éd. Economica 2001, p. 127 ;

MAZEAUD, D., « Les nouveaux instruments de l'équilibre contractuel. Ne risque-t-on pas d'aller trop loin ? », *In la nouvelle crise du contrat*, éd. Dalloz 2003, p. 135 ;
MAZEAUD, D., « Loyauté, solidarité, fraternité : la nouvelle devise contractuelle ? », *In Mélanges TERRE, F.*, éd. PUF/Dalloz 1999, p. 603 ;
MAZEAUD, D., « Obligation de mise en garde (note sous Cass. Com., 20 octobre 2009, pourvoi n° 08-20274) », *RDC* 2010, n°1, p. 30 ;
MAZEAUD, D., « Solidarisme contractuel et réalisation du contrat », In Le solidarisme contractuel, collection Etudes juridiques, édition Economica 2004, p. 57 ;
MAZEAUD, D., « Un petit plomb en moins dans le solidarisme contractuel », *D.* 2003, n°2, p. 93 ;
MEKKI, M., Le nouvel essor du concept de clause contractuelle : 1re Partie, *RDC* 2006, p. 1051 & 2e Partie, *RDC* 2007, p. 239 ;
MELLOUI, S., « Jurisprudence, source de droit ? » *In Mélanges CHARFI, M.*, éd. CPU 2001, p. 203 ;
MELLOUI, S., « Le juge et l'équité. Réflexions sur le recours à l'équité par le juge en droit privé interne », *RTD* 1983, p. 507 ;
MELLOUI, S., « L'objet de la délivrance dans le contrat de vente. (Etude des sources historiques du C.o.c) », *RTD* 2001, p. 409 ;
MESTRE, J., « L'article 1131 du Code civil au service de la lutte contre les clauses abusives dans les relations entre professionnels (obs. sous. cass. com. du 22 octobre 1996 – Chronopost –) », *RTD civ.* 1997, n° 2, p. 418 ;
MESTRE, J., « L'économie du contrat », *RTD civ.* 1996, p. 901 ;
MESTRE, J., « Quelques éclairages récents sur le rôle du juge dans la vie des sociétés », *RLDA* 2009, n°40, p. 14 ;
MESTRE, J., « Pour un principe directeur de bonne foi mieux précisé », *RLDC* 2009, n° 58, p. 7 ;
MESTRE, J., « Rapport de synthèse », *In Que reste-t-il de l'intangibilité du contrat ? Droit et Patrimoine*, n° 58, mars 1998, p. 78 ;
MESTRE, J., « Rupture abusive et maintien du contrat », *RDC* 2005, p. 99 ;
MESTRE, J., « Usages et pratiques », *In Regards croisés sur les principes du droit européen des contrats et sur le droit français*, éd. PUAM 2003, p. 113-114 ;
MOLFESSIS, N., « Le principe de proportionnalité et l'exécution du contrat », *LPA.* 1998, 30 septembre 1998, n° 117, p. 21 ;
MOURY, J., « Une embarrassante notion : L'économie du contrat », *D.* 2000, n° 24, doc. p. 382 ;
MZID, N., « Essai sur la négociation du contrat en droit civil », *RTD* 2000, p. 313 ;
MZID, N., « Le droit du travail à l'épreuve des nouvelles technologies », *Etudes juridiques*, 2007, n° 14, p. 9 ;

MZID, N., « Subordination juridique du salarié et liberté de la personne humaine », *Etudes juridiques* 1993-1994, p. 167 ;
OPPETIT, B., « Ethique et vie des affaires », *In Mélanges A. Colomer*, éd. Litec 1993, p. 319 ;
OUTIN-ADAM, A., « La loyauté dans le droit de la consommation », *LPA* 2000, n° 340, p. 36 ;
PAISANT, G., « Introduction », *In Que reste-t-il de l'intangibilité du contrat*, Droit et Patrimoine, n° 58, mars 1998, p. 42 ;
PAISANT, G., « L'obligation de sécurité et le droit de la consommation », *GP*, n° 21 du 23. 09. 1997, p. 15 ;
PANHALEUX, L., « Le devoir d'information juridique », *Revue Juridique de l'Ouest* 1990, n° 2, 125 ;
PELISSIER, J., « La détermination des éléments du contrat de travail », *Droit Ouvrier* mars 2005, p. 92 ;
PEROVIC, J., « La contravention essentielle au contrat comme fondement de la résolution des contrats dans les codifications de droit uniforme », *RDIDC*, 2008, n° 2-3, p. 272 ;
PICOD, Y., « La clause résolutoire et la règle morale », *JCP* 1990, I, 3447 ;
PICOD, Y., « L'exigence de bonne foi dans l'exécution du contrat », *In Le juge et l'exécution du contrat*, éd. PUAM 1993, p. 57 ;
PICOD, Y., « Réflexions sur la refonte du Code de la consommation », *Cont. Conc. Consom.*, n° 12, décembre 2008, p. 12 ;
PLET, M., « Bonne foi et contrat de travail », *Droit Ouvrier*, mars 2005, p. 98 ;
PUIG, P., « L'obligation de garde accessoire du contrat d'entreprise », *RDC* 2008, n° 2, p. 402 ;
PUTMAN, E., « L'introuvable contrat complet », *RRJ* 2008, n° 22, p. 2477 ;
RADE, C., « Le solidarisme contractuel en droit du travail : mythe ou réalité ? » *In Le solidarisme contractuel – Mythe ou réalité ? Sous la direction de L. Gryunbaum et M. Nicolas*, éd. Economica 2004, p. 75 ;
RAÏESS, H., « Le Code des obligations et des contrats et la morale (en arabe) », *In Livre du centenaire du Code des obligations et des contrats 1906 – 2006*, éd. CPU 2006, p. 215 ;
RAYMOND, G., « Responsabilité des établissements de crédit pour manquement à l'obligation d'information », *CCC* 2010, n° 5, p. 35 ;
RAYMOND, G., « Solidarisme contractuel en droit de la consommation », *In Le solidarisme contractuel, sous la direction de L. Grynbaum et M. Nicod*, éd. Economica 2004, p. 107 ;
RAWACH, E., « La validité des clauses exonératoire de responsabilité et la convention de Vienne sur la vente internationale de marchandises », *RID comp.* 2001, n° 1, p. 141 ;
REBAÏ, A., « Le principe de proportionnalité et le droit de la consommation », *In Mélanges S. Ben Halima*, édition CPU 2005, p. 9 ;

REBAÏ, A., « La classification des sources de l'obligation dans le Code tunisien des obligations et des contrats », *In Mélanges JESTAZ, Ph.*, éd. Dalloz 2006, p. 481 ;
REKIK, N., « Le contrat de dépôt et la prolifération des textes juridiques », *RJL* 2006, n° 10, p. 35 ;
REKIK, N., « Les clauses abusives et la protection du consommateur », *Etudes juridiques* 2000, n°7, p. 118 ;
REKIK, N., « Réflexions sur la nullité des clauses relatives à la garantie légale des vices cachés et du défaut de qualité dans le contrat de vente », *Etudes juridiques* 1997, p. 103 ;
REMY, Ph., « La genèse du solidarisme », *In Le solidarisme contractuel – Mythe ou réalité ? Sous la direction de L. Gryunbaum et M. Nicolas*, éd. Economica 2004, p. 3 ;
REVET, Th., « La clause légale », *In Mélanges M. Cabrillac*, éd. Litec 1999, p. 277;
ROCHFELD, J., « Du statut du droit contractuel « de protection de la partie faible » : les interférences du droit des contrats, du droit du marché et des droits de l'homme », *In Mélanges VINEY, G.*, éd. LGDJ 2008, p. 835 ;
RODIERE, P., « Le juge et les appréciations économiques : opposition de deux approches », *In Le droit du travail confronté à l'économie*, éd, Dalloz 2005, p. 125 ;
ROUATBI, H., « Le Code des obligations et du contrat et l'islam (en arabe) », *In Livre du centenaire du Code des obligations et des contrats 1906 – 2006*, éd. CPU 2006, p. 185 ;
SAFI, Z., « Pérennité des dispositions du Code des obligations et des contrats. Exemple la garantie des dommages à l'ouvrage », *In Livre du centenaire du Code des obligations et des contrats*, 1906-2006, éd. CPU 2006, p.347 ;
SAKRANI, R., « Codifier la morale ? La morale dans les Codes civils français et tunisien », *RIDC*, n° 2, 2008, p. 461 ;
SAVAUX, E., « Une précision neuve et essentielle : la mauvaise foi du créancier n'est pas une cause d'extinction de l'obligation (note sous Cass. Com. du 10 juillet 2007) », *Défrenois* 2007, n° 20, p. 1454 ;
SERIAUX, A., « L'œuvre prétorienne in vivo : l'exemple de la convention d'assistance », *In Mélanges M. Cabrillac*, éd. Litec 1999, p. 299 ;
SERRA, Y., « Des clauses abusives cachées depuis la fondation du monde », *In Liber Amicorum CALAIS-AULOY, J.*, éd. Dalloz 2004, p. 997 ;
SIMLER, Ph., « La sanction de l'absence de cause », *In Mélanges SERRA, Y.*, éd. Dalloz 2006, p. 410 ;
STARK, B., « Observation sur le régime juridique des clauses de non responsabilité ou limitatives de responsabilité », *D.* 1974, Chr. p. 157 ;
STOFFEL-MUNCK, Ph., « Les répliques contractuelles », *RDC* 2010, n°1, p. 430 ;

STOFFEL-MUNCK, Ph., « Obligation de délivrance du fournisseur de produits complexes », *Communication Commerce électronique*, n° 6, juin 2007, comm. p. 82 ;
STRICKLER, Y., « La protection de la partie faible en droit civil », *LPA* 2004, n° 213, p. 6 ;
TALLON, D., « L'article 1184 du code civil : un texte à rénover ? » *In Clés pour le siècle*, Dalloz 2000, p. 253 ;
TALLON, D., « La révision du contrat pour imprévision au regard des enseignements récents du droit comparé », *In Mélanges d'Alain Sayag*, édition Litec 1997, p. 403 ;
TALLON, D., « Grandeur et décadence du code civil français », *In Mélanges FONTAINE, M.*, éd. Larcier 2003, p. 279 ;
THIBIERGE-GULLFUCCI, C., « Libres propos sur la transformation du droit des contrats », *RTD civ.* 1997, 2, 357 ;
THUNIS, X., « Une notion fuyante : l'obligation essentielle en droit des contrats », *In Mélanges FONTAINE, M.*, éd. Larcier 2003, p. 521 ;
VAN OMMESLAGHE, P., « La rigueur contractuelle et ses tempéraments selon la jurisprudence de la Cour de cassation de Belgique », *In Mélanges GHESTIN, J.*, éd. LGDJ 2001, p. 881 ;
VELARDOCCHIO, D., « Clause d'intégralité », *Droit et Patrimoine*, n° 114, avril 2003, p. 45 ;
VIGNEAU, C., « L'impératif de bonne foi dans l'exécution du contrat de travail », *Dr. Soc.* 2004, n° 7/8, p. 706 ;
VINEY, G., « La responsabilité contractuelle en question », In Mélanges GHESTIN, J., éd. LGDJ 2001, p. 921 ;
VINEY, G., « La responsabilité du vendeur pour manquement à l'obligation de conseil (note sous : cass. 1re civ. 30 mai 2006, pourvoi n° 03-14275) », *RDC*, 2006, n°4, p. 1231 ;
VINEY, G., « Les obligations du vendeur en cas d'évolution des données techniques affectant l'efficacité de la chose vendue (note sous cass. 1re. Civ., 7 mai 2008), *RDC* octobre 2008, p. 1172 ;
VINEY, G., « Rapport de synthèse », *In La naissance de l'obligation de sécurité*, GP, n° 21 du 23. 09. 1997, p. 39 ;
WAQUET, Ph., « Le droit du travail et l'économie à la Cour de cassation. L'exemple de licenciement pour motif économique », *In le droit du travail confronté à l'économie*, éd, Dalloz 2005, p. 115 ;
WEILLER, L., « Du bon usage de l'estoppel en droit français (note sous Cass. 1re Civ., 3 février 2010) », *Rev. Arb.* 2010, n°1, p. 93 ;
WEISZBERG, G., « Les premières années de la jurisprudence sur la contravention non essentielle dans la convention de Vienne de 11 avril 1980 sur la vente internationale de marchandises », *RDAI* 2006, n° 1, p. 106 ;
WICKER, G., « Force obligatoire et contenu du contrat », *In Les concepts contractuels français à l'heure des principes du droit européen des contrats,*

sous la direction de P. Rémy-Corlay et FENOUILLET, D., éd. Dalloz 2003, p. 151 ;

WITZ, C., « Effets, interprétation et qualification du contrat », *RDC* 2009, n°1, p. 318 ;

ZELCEVIC-DUHAMEL, A., « La notion d'économie du contrat en droit privé », JCP G, n° 9, 28 février 2001, 300 ;

ZENATI-CASTAING, F., « Le Code civil et la coutume », *In Mélanges JESTAZ, Ph.*, éd. Dalloz 2006, p. 607 ;

ZINE, M., « Centenaire de la codification en Tunisie, le Code des obligations et des contrats », *In La codification, sous la direction de B. BEIGNIER,* éd. Dalloz 1996, p. 187 ;

ZINE, M., « De l'esprit et de l'effectivité de certaines dispositions du Code des obligations et des contrats » , *In Le livre du centenaire du Code des obligations et des contrats*, 1906-2006, éd. CPU 2006, p. 437 ;

Index alphabétique

(Les chiffres renvoient aux numéros des paragraphes)

ANNEXES

Annexe n° 1 : Quelques articles du Code des obligations et des contrats

Des Effets des Obligations

ART 242. - Les obligations contractuelles valablement formées tiennent lieu de loi à ceux qui les ont faites, et ne peuvent être révoquées que de leur consentement mutuel ou dans les cas prévus par la loi.

ART 243. - Tout engagement doit être exécuté de bonne foi, et oblige, non seulement à ce qui y est exprimé, mais encore à toutes les suites que la loi, l'usage ou l'équité donnent à l'obligation d'après sa nature.

ART 245. - Le débiteur répond du fait et de la faute de son représentant et des personnes dont il se sert pour exécuter son obligation, dans les mêmes conditions où il devrait répondre de sa propre faute, sauf son recours tel que de droit contre les personnes dont il doit répondre.

De l'inexécution de l'obligation et de ses effets / De la mise en demeure du débiteur

ART 273. - Lorsque le débiteur est en demeure, le créancier a le droit de contraindre le débiteur à accomplir l'obligation si l'exécution en est possible ; à défaut, il pourra demander la résolution du contrat ainsi que des dommages-intérêts dans les deux cas.
Lorsque l'exécution n'est plus possible qu'en partie, le créancier pourra demander soit l'exécution du contrat pour la partie qui est encore possible, soit la résolution du contrat avec dommages-intérêts dans les deux cas.
On suivra, au demeurant, les règles établies dans les titres relatifs aux contrats particuliers.
La résolution du contrat n'a pas lieu de plein droit, mais doit être prononcée en justice.

ART 274. - Si les parties sont convenues que le contrat sera résolu dans les cas où l'une d'elles n'accomplirait pas ses engagements, la résolution du contrat s'opère de plein droit par le seul fait de l'inexécution.
ART 513. - Lorsque les termes de l'acte sont formes, il n'y a pas lieu à rechercher quelle a été la volonté de son auteur.

De l'interprétation des conventions et de quelques règles générales de droit
De l'interprétation des conventions

ART 514. - Il y a lieu à interprétation :

1. Lorsque les termes employés ne sont pas conciliables avec le but évident qu'on a eu en vue en rédigeant l'acte ;
2. Lorsque les termes employés ne sont pas clairs par eux-mêmes, ou expriment incomplètement la volonté de leur auteur ;
3. Lorsque l'incertitude résulte du rapprochement des différentes clauses de l'acte, qui fait naître des doutes sur la portée de ces clauses.

ART 515. - Lorsqu'il y a lieu à interprétation, on doit rechercher quelle a été la volonté des parties, sans s'arrêter au sens littéral des termes, ou à la construction des phrases.

ART 516. - On doit suppléer les clauses qui sont d'usage dans le lieu où l'acte a été fait ou qui résultent de sa nature.

ART 517. - Les clauses des actes doivent être interprétées les unes par les autres, en donnant à chacune le sens qui résulte de l'acte entier ; lorsque les clauses sont inconciliables entre elles, on s'en tient à la dernière dans l'ordre de l'écriture.

ART 518. - Lorsqu'une expression ou une clause est susceptible de deux sens, on doit plutôt l'entendre dans celui avec lequel elle peut avoir quelque effet, que dans les sens avec lequel elle n'en aurait aucun.

ART 519. - Les termes employés doivent être entendus selon leur sens propre et leur acception usuelle dans le lieu où l'acte a été fait, à moins qu'il ne soit justifié qu'on a voulu les employer dans une acception particulière. Lorsqu'un mot a une acception technique usuelle, c'est dans cette signification qu'on est censé l'avoir employé.

ART 520. - La qualification venant à la suite d'une énumération s'applique à tout ce qui précède, comme dans la phrase suivante : « Je donne à mes enfants et à mes petits-enfants mâles », à moins qu'il ne résulte clairement que l'attribut ne peut s'appliquer qu'à ce qui le précède immédiatement. Lorsque les deux parties de la phrase sont reliées par la particule «ensuite», l'attribut s'applique à ce qui le suit.

La condition exprimée à la suite d'une énumération s'applique à tout ce qui précède.

ART 521. - Un acte de libéralité doit être interprété moins rigoureusement qu'un acte à titre onéreux.

ART 522. - Les renonciations à un droit doivent être entendues strictement et n'ont jamais que la portée qui résulte évidement des termes employés par leur auteur, et ne peuvent être étendues au moyen de l'interprétation. Les actes dont le sens est douteux ne peuvent servir de fondement pour en induire la renonciation.

ART 523. - Lorsque deux actions sont ouvertes à une personne à raison de la même cause, le choix de l'une de ces actions ne saurait être considéré comme une renonciation à l'autre.

ART 524. - Lorsque, dans un acte, on a exprimé un cas pour l'explication de l'obligation, on n'est pas censé avoir voulu par là restreindre l'étendue que l'engagement reçoit de droit aux cas non exprimés.

ART 525. - Lorsqu'il s'agit de choses indivisibles, la mention de la partie équivaut à la mention du tout. Ainsi la renonciation partielle à l'exercice du droit de chefâa vaut renonciation totale.

ART 526. - Lorsque, dans obligation, la somme, mesure ou quantité, est indiquée approximativement par les mots : < environ, à peu près > et autre équivalents, il faut entendre la tolérance admise par l'usage du commerce ou du lieu.

ART 527. - Lorsque la somme ou quantité est écrite en toutes lettres et en chiffres, il faut, en cas de différence, s'en tenir à la somme écrite en toutes lettres, si l'on ne prouve avec précision de quel côté est l'erreur.

Cette règle s'applique aussi aux lettres de change.

ART 528. - Lorsque la somme ou quantité est écrite plusieurs fois en toutes lettres, l'acte vaut, en cas de différence, pour la somme ou quantité la moins forte, si l'on ne prouve avec précision de quel côté est l'erreur.

ART 529. - Dans le doute, l'obligation s'interprète dans le sens le plus favorable à l'obligé, mais à la charge par celui-ci de prêter serment à l'appui de ses déclarations.

ART 530. - Quelque généraux que soient les termes dans lesquels un acte est conçu, il ne comprend que les choses sur lesquelles il paraît que les parties se sont proposés de contracter, ou de s'obliger.

ART 531. - Lorsqu'une interprétation, soit au propre, soit au figuré, ne donne pas un sens raisonnable et conforme à la loi, la clause est non avenue.

Annexe n° 2 : Quelques articles des lois tunisiennes sur la consommation

Loi n° 92-117 du 7 décembre 1992 relative à la protection du consommateur

ART 10. - Le fournisseur final est responsable du dommage causé est responsable du dommage causé par le produit n'offrant pas la sécurité et la santé légitimement requises pour le consommateur, à moins qu'il ne donne la preuve de l'identité de celui qui lui a fourni le produit ainsi que la preuve de l'absence de sa responsabilité dans le dommage causé. Il en est de même d'un produit importé, lorsque l'identité de l'importateur n'est pas indiquée, même si le nom du producteur est connu. Dans tous ces cas, la responsabilité du fournisseur, ne peut être exclue ou limitée en vertu d'une clause contractuelle.

ART 17. - (*in limine*) Le fournisseur de tout produit est tenu de reconnaitre au consommateur le droit de bénéficier d'une garantie. Cette garantie se transmet de plein droit en cas de transfert de propriété. Toute convention ou contrat relatif à la non garantie est nulle.

Loi n°98-39 du 2 juin 1998 relative aux ventes avec facilités de paiement

ART 23. – Est réputée nulle et non avenue, toute clause du contrat ayant pour objet ou pour effet de réserver aux commerçants le droit de modifier unilatéralement les caractéristiques du bien à livrer ou du service à fournir.

Toutefois, il peut être stipulé que le commerçant puisse apporter des modifications liées à l'évolution technologique à condition qu'il n'en résulte ni augmentation du prix, ni altération de qualité ».

Annexe n° 3 : Quelques articles du Code civil (français)

Dispositions générales.

ART 1134. - Les conventions légalement formées tiennent lieu de loi à ceux qui les ont faites.

Elles ne peuvent être révoquées que de leur consentement mutuel, ou pour les causes que la loi autorise.

Elles doivent être exécutées de bonne foi.

ART 1135. - Les conventions obligent non seulement à ce qui y est exprimé, mais encore à toutes les suites que l'équité, l'usage ou la loi donnent à l'obligation d'après sa nature.

De l'interprétation des conventions.

ART 1156. - On doit dans les conventions rechercher quelle a été la commune intention des parties contractantes, plutôt que de s'arrêter au sens littéral des termes.

ART 1157. - Lorsqu'une clause est susceptible de deux sens, on doit plutôt l'entendre dans celui avec lequel elle peut avoir quelque effet, que dans le sens avec lequel elle n'en pourrait produire aucun.

ART 1158. - Les termes susceptibles de deux sens doivent être pris dans le sens qui convient le plus à la matière du contrat.

ART 1159. - Ce qui est ambigu s'interprète par ce qui est d'usage dans le pays où le contrat est passé.

ART 1160. - On doit suppléer dans le contrat les clauses qui y sont d'usage, quoiqu'elles n'y soient pas exprimées.

ART 1161. - Toutes les clauses des conventions s'interprètent les unes par les autres, en donnant à chacune le sens qui résulte de l'acte entier.

ART 1162. - Dans le doute, la convention s'interprète contre celui qui a stipulé et en faveur de celui qui a contracté l'obligation.

ART 1163. - Quelque généraux que soient les termes dans lesquels une convention est conçue, elle ne comprend que les choses sur lesquelles il paraît que les parties se sont proposé de contracter.

ART 1164. - Lorsque dans un contrat on a exprimé un cas pour l'explication de l'obligation, on n'est pas censé avoir voulu par là restreindre l'étendue que l'engagement reçoit de droit aux cas non exprimés.

De la condition résolutoire.

ART. 1184. - La condition résolutoire est toujours sous-entendue dans les contrats synallagmatiques, pour le cas où l'une des deux parties ne satisfera point à son engagement.

Dans ce cas, le contrat n'est point résolu de plein droit. La partie envers laquelle l'engagement n'a point été exécuté, a le choix ou de forcer l'autre à l'exécution de la convention lorsqu'elle est possible, ou d'en demander la résolution avec dommages et intérêts.

La résolution doit être demandée en justice, et il peut être accordé au défendeur un délai selon les circonstances.

Annexe n° 4 : Quelques articles du Code de la consommation (français)

Protection des consommateurs contre les clauses abusives.

ART. L132-1. – (Modifié par la loi LME n°2008-776 du 4 août 2008 - art. 86 (V)). Dans les contrats conclus entre professionnels et non-professionnels ou consommateurs, sont abusives les clauses qui ont pour objet ou pour effet de créer, au détriment du non-professionnel ou du consommateur, un déséquilibre significatif entre les droits et obligations des parties au contrat.
Un décret en Conseil d'Etat, pris après avis de la commission instituée à l'article L. 132-2, détermine une liste de clauses présumées abusives ; en cas de litige concernant un contrat comportant une telle clause, le professionnel doit apporter la preuve du caractère non abusif de la clause litigieuse.
Un décret pris dans les mêmes conditions détermine des types de clauses qui, eu égard à la gravité des atteintes qu'elles portent à l'équilibre du contrat, doivent être regardées, de manière irréfragable, comme abusives au sens du premier alinéa.
Ces dispositions sont applicables quels que soient la forme ou le support du contrat. Il en est ainsi notamment des bons de commande, factures, bons de garantie, bordereaux ou bons de livraison, billets ou tickets, contenant des stipulations négociées librement ou non ou des références à des conditions générales préétablies.
Sans préjudice des règles d'interprétation prévues aux articles 1156 à 1161, 1163 et 1164 du code civil, le caractère abusif d'une clause s'apprécie en se

référant, au moment de la conclusion du contrat, à toutes les circonstances qui entourent sa conclusion, de même qu'à toutes les autres clauses du contrat. Il s'apprécie également au regard de celles contenues dans un autre contrat lorsque la conclusion ou l'exécution de ces deux contrats dépendent juridiquement l'une de l'autre.
Les clauses abusives sont réputées non écrites.
L'appréciation du caractère abusif des clauses au sens du premier alinéa ne porte ni sur la définition de l'objet principal du contrat ni sur l'adéquation du prix ou de la rémunération au bien vendu ou au service offert pour autant que les clauses soient rédigées de façon claire et compréhensible.
Le contrat restera applicable dans toutes ses dispositions autres que celles jugées abusives s'il peut subsister sans lesdites clauses.
Les dispositions du présent article sont d'ordre public.

Interprétation et forme des contrats.

ART. L133-2. - Les clauses des contrats proposés par les professionnels aux consommateurs ou aux non-professionnels doivent être présentées et rédigées de façon claire et compréhensible.
Elles s'interprètent en cas de doute dans le sens le plus favorable au consommateur ou au non-professionnel. Le présent alinéa n'est toutefois pas applicable aux procédures engagées sur le fondement de l'article L. 421-6.

Partie réglementaire

ART. R132-1. - Modifié par le Décret n°2009-302 du 18 mars 2009 - art. 1.
Dans les contrats conclus entre des professionnels et des non-professionnels ou des consommateurs, sont de manière irréfragable présumées abusives, au sens des dispositions du premier et du troisième alinéa de l'article L. 132-1 et dès lors interdites, les clauses ayant pour objet ou pour effet de :
1° Constater l'adhésion du non-professionnel ou du consommateur à des clauses qui ne figurent pas dans l'écrit qu'il accepte ou qui sont reprises dans un autre document auquel il n'est pas fait expressément référence lors de la conclusion du contrat et dont il n'a pas eu connaissance avant sa conclusion ;
2° Restreindre l'obligation pour le professionnel de respecter les engagements pris par ses préposés ou ses mandataires ;
3° Réserver au professionnel le droit de modifier unilatéralement les clauses du contrat relatives à sa durée, aux caractéristiques ou au prix du bien à livrer ou du service à rendre ;
4° Accorder au seul professionnel le droit de déterminer si la chose livrée ou les services fournis sont conformes ou non aux stipulations du contrat ou lui conférer le droit exclusif d'interpréter une quelconque clause du contrat ;

5° Contraindre le non-professionnel ou le consommateur à exécuter ses obligations alors que, réciproquement, le professionnel n'exécuterait pas ses obligations de délivrance ou de garantie d'un bien ou son obligation de fourniture d'un service ;
6° Supprimer ou réduire le droit à réparation du préjudice subi par le non-professionnel ou le consommateur en cas de manquement par le professionnel à l'une quelconque de ses obligations ;
7° Interdire au non-professionnel ou au consommateur le droit de demander la résolution ou la résiliation du contrat en cas d'inexécution par le professionnel de ses obligations de délivrance ou de garantie d'un bien ou de son obligation de fourniture d'un service ;
8° Reconnaître au professionnel le droit de résilier discrétionnairement le contrat, sans reconnaître le même droit au non-professionnel ou au consommateur ;
9° Permettre au professionnel de retenir les sommes versées au titre de prestations non réalisées par lui, lorsque celui-ci résilie lui-même discrétionnairement le contrat ;
10° Soumettre, dans les contrats à durée indéterminée, la résiliation à un délai de préavis plus long pour le non-professionnel ou le consommateur que pour le professionnel ;
11° Subordonner, dans les contrats à durée indéterminée, la résiliation par le non-professionnel ou par le consommateur au versement d'une indemnité au profit du professionnel ;
12° Imposer au non-professionnel ou au consommateur la charge de la preuve, qui, en vertu du droit applicable, devrait incomber normalement à l'autre partie au contrat.

ART. R132-2. - Modifié par Décret n°2009-302 du 18 mars 2009 - art. 2
Dans les contrats conclus entre des professionnels et des non-professionnels ou des consommateurs, sont présumées abusives au sens des dispositions du premier et du deuxième alinéa de l'article L. 132-1, sauf au professionnel à rapporter la preuve contraire, les clauses ayant pour objet ou pour effet de :
1° Prévoir un engagement ferme du non-professionnel ou du consommateur, alors que l'exécution des prestations du professionnel est assujettie à une condition dont la réalisation dépend de sa seule volonté ;
2° Autoriser le professionnel à conserver des sommes versées par le non-professionnel ou le consommateur lorsque celui-ci renonce à conclure ou à exécuter le contrat, sans prévoir réciproquement le droit pour le non-professionnel ou le consommateur de percevoir une indemnité d'un montant équivalent, ou égale au double en cas de versement d'arrhes au sens de l'article L. 114-1, si c'est le professionnel qui renonce ;
3° Imposer au non-professionnel ou au consommateur qui n'exécute pas ses obligations une indemnité d'un montant manifestement disproportionné ;

4° Reconnaître au professionnel la faculté de résilier le contrat sans préavis d'une durée raisonnable ;
5° Permettre au professionnel de procéder à la cession de son contrat sans l'accord du non-professionnel ou du consommateur et lorsque cette cession est susceptible d'engendrer une diminution des droits du non-professionnel ou du consommateur ;
6° Réserver au professionnel le droit de modifier unilatéralement les clauses du contrat relatives aux droits et obligations des parties, autres que celles prévues au 3° de l'article R. 132-1 ;
7° Stipuler une date indicative d'exécution du contrat, hors les cas où la loi l'autorise ;
8° Soumettre la résolution ou la résiliation du contrat à des conditions ou modalités plus rigoureuses pour le non-professionnel ou le consommateur que pour le professionnel ;
9° Limiter indûment les moyens de preuve à la disposition du non-professionnel ou du consommateur ;
10° Supprimer ou entraver l'exercice d'actions en justice ou des voies de recours par le consommateur, notamment en obligeant le consommateur à saisir exclusivement une juridiction d'arbitrage non couverte par des dispositions légales ou à passer exclusivement par un mode alternatif de règlement des litiges.

ART. R132-2-1. -Modifié par Décret n°2009-302 du 18 mars 2009 - art. 3
I.-Le 3° de l'article R. 132-1 et les 4° et 6° de l'article R. 132-2 ne sont pas applicables :
a) Aux transactions concernant les valeurs mobilières, instruments financiers et autres produits ou services dont le prix est lié aux fluctuations d'un cours, d'un indice ou d'un taux que le professionnel ne contrôle pas ;
b) Aux contrats d'achat ou de vente de devises, de chèques de voyage ou de mandats internationaux émis en bureau de poste et libellés en devises.
II.-Le 3° de l'article R. 132-1 et le 6° de l'article R. 132-2 ne font pas obstacle à l'existence de clauses par lesquelles le fournisseur de services financiers se réserve le droit de modifier le taux d'intérêt dû par le non-professionnel ou le consommateur ou dû à celui-ci, ou le montant de toutes charges afférentes à des services financiers, sans aucun préavis en cas de motif légitime, pourvu que soit mise à la charge du professionnel l'obligation d'en informer la ou les autre parties contractantes dans les meilleurs délais et que celles-ci soient libres de résilier immédiatement le contrat.
III.-Le 8° de l'article R. 132-1 et le 4° de l'article R. 132-2 ne font pas obstacle à l'existence de clauses par lesquelles le fournisseur de services financiers se réserve le droit de mettre fin au contrat à durée indéterminée unilatéralement, et ce sans préavis en cas de motif légitime, à condition que soit mise à la charge du

professionnel l'obligation d'en informer la ou les autres parties contractantes immédiatement.
IV.-Le 3° de l'article R. 132-1 et le 6° de l'article R. 132-2 ne font pas obstacle à l'existence de clauses par lesquelles le contrat, lorsqu'il est conclu à durée indéterminée, stipule que le professionnel peut apporter unilatéralement des modifications liées au prix du bien à livrer ou du service à rendre à la condition que le consommateur en ait été averti dans un délai raisonnable pour être en mesure, le cas échéant, de résilier le contrat.
V.-Le 3° de l'article R. 132-1 et le 6° de l'article R. 132-2 ne font pas obstacle à l'existence de clauses par lesquelles le contrat stipule que le professionnel peut apporter unilatéralement des modifications au contrat liées à l'évolution technique, dès lors qu'il n'en résulte ni augmentation de prix, ni altération de la qualité et que les caractéristiques auxquelles le non-professionnel ou le consommateur a subordonné son engagement ont pu figurer au contrat.

Table des matières

Questions juridiques aux éditions L'Harmattan

RÉUSSIR SON CAS PRATIQUE EN DROIT DE LA FAMILLE
Sujets corrigés
Da Silva Valérie
Après une introduction consacrée à la méthode, sont évoqués le concubinage, le pacte civil de solidarité (pacs), les fiançailles, le mariage, le divorce, la séparation de corps et de fait, puis le droit de la filiation. Des cas pratiques transversaux permettent ensuite de réviser l'ensemble du programme de droit de la famille. Voici un outil pédagogique essentiel à la compréhension du cas pratique et à l'accompagnement dans l'apprentissage du cours.
(Coll. Bibliothèques de droit, 20.00 euros, 200 p.) *ISBN : 978-2-296-96065-7*

CHOISIR SON DROIT
Conséquences économiques du choix du droit applicable dans les contrats internationaux
Sous la direction de Pascal Durand-Barthez et François Lenglart
Parmi les différents objectifs de cette recherche, la Fondation pour le Droit Continental identifie les éléments déterminant le choix du droit dans les contrats internationaux, proposant une réponse aux interrogations que fait naître le «combat des normes» dans les institutions et négociations internationales. Ce rapport conforte ceux qui soutiennent qu'il peut être opportun, dans de nombreux cas de négociations internationales, d'utiliser un droit romano-germanique plutôt qu'un droit de *common law.*
(Coll. Entreprises et Management, 27.00 euros, 262 p.) *ISBN : 978-2-296-96070-1*

QUELLE PLACE POUR LES COLLECTIVITÉS TERRITORIALES DANS LA POLITIQUE DE L'EMPLOI ?
Sous la direction de Virginie Donier
La politique de l'emploi est une compétence qui demeure dans le giron étatique. Pourtant, les collectivités territoriales sont amenées à exercer des attributions susceptibles de servir et de compléter les orientations définies au niveau national. Ce livre analyse les relations des collectivités territoriales avec l'État dans le domaine de l'emploi afin de s'interroger sur la complémentarité de leurs interventions respectives, et sur la marge de manoeuvre dont disposent les échelons locaux.
(Coll. Grale, 28.00 euros, 282 p.) *ISBN : 978-2-296-96828-8*

ASSISTANCE (L') ÉLECTORALE MULTILATÉRALE
Promouvoir la paix par la démocratie
Nestorovic Sacha - Préface de Hervé Cassan
La démocratisation des États, activité essentielle des opérations de paix déployées dans les pays en sortie de conflit, est principalement réalisée par l'assistance électorale des organisations intergouvernementales, et se manifeste, sous sa forme la plus visible, par l'organisation d'élections régulières pour la mise en place d'un pouvoir démocratique. Cet ouvrage en analyse les contours juridiques et politiques, ainsi que sa véritable contribution à la construction d'une paix durable.
(Coll. Logiques Juridiques, 26.00 euros, 254 p.) *ISBN : 978-2-296-96689-5*

L'HARMATTAN, ITALIA
Via Degli Artisti 15; 10124 Torino

L'HARMATTAN HONGRIE
Könyvesbolt ; Kossuth L. u. 14-16
1053 Budapest

ESPACE L'HARMATTAN KINSHASA
Faculté des Sciences sociales,
politiques et administratives
BP243, KIN XI
Université de Kinshasa

L'HARMATTAN CONGO
67, av. E. P. Lumumba
Bât. – Congo Pharmacie (Bib. Nat.)
BP2874 Brazzaville
harmattan.congo@yahoo.fr

L'HARMATTAN GUINÉE
Almamya Rue KA 028, en face du restaurant Le Cèdre
OKB agency BP 3470 Conakry
(00224) 60 20 85 08
harmattanguinee@yahoo.fr

L'HARMATTAN CAMEROUN
BP 11486
Face à la SNI, immeuble Don Bosco
Yaoundé
(00237) 99 76 61 66
harmattancam@yahoo.fr

L'HARMATTAN CÔTE D'IVOIRE
Résidence Karl / cité des arts
Abidjan-Cocody 03 BP 1588 Abidjan 03
(00225) 05 77 87 31
etien_nda@yahoo.fr

L'HARMATTAN MAURITANIE
Espace El Kettab du livre francophone
N° 472 avenue du Palais des Congrès
BP 316 Nouakchott
(00222) 63 25 980

L'HARMATTAN SÉNÉGAL
« Villa Rose », rue de Diourbel X G, Point E
BP 45034 Dakar FANN
(00221) 33 825 98 58 / 77 242 25 08
senharmattan@gmail.com

L'HARMATTAN TOGO
1771, Bd du 13 janvier
BP 414 Lomé
Tél : 00 228 2201792
gerry@taama.net

Achevé d'imprimer par Corlet Numérique - 14110 Condé-sur-Noireau
N° d'Imprimeur : 88820 - Dépôt légal : juin 2012 - *Imprimé en France*

www.ingramcontent.com/pod-product-compliance
Lightning Source LLC
LaVergne TN
LVHW011217061026
849535LV00001BA/70